Thomas

LE MYSTÈRE HEISENBERG

L'Allemagne nazie et la bombe atomique

Traduit de l'anglais
par William Olivier Desmond

Albin Michel

Édition originale américaine .
HEISENBERG'S WAR :
THE SECRET HISTORY OF THE GERMAN BOMB
© 1993 by Thomas Powers

Traduction française :
© Éditions Albin Michel S.A., 1993
22, rue Huyghens, 75014 Paris

ISBN : 2-226-06309-9

A Robert G. Kaiser

... nos relations sont éternelles ; que comptons-nous les jours et les semaines ?
Emerson, dans une lettre à un ami

INTRODUCTION

Une chose et une seule explique que les États-Unis aient entrep
lancer dans le gigantesque et coûteux effort qu'exigeait la constru
la bombe atomique : la peur d'être précédés par l'Allemagne d
Même avant l'entrée des Américains dans la guerre, les deux manda
la recherche scientifique américaine, Vannevar Bush et James C
s'inquiétaient déjà à l'idée que l'Allemagne aurait eu six mois d'a
que les scientifiques allemands seraient en train de creuser l'écart et o
bombe atomique pourrait sauver les nazis de la défaite, à la onz
heure[1]. Ces craintes n'étaient pas sans fondement ; c'est en Allem
qu'on avait découvert la fission atomique ; les seules mines d'uran
existantes en Europe étaient contrôlées par l'Allemagne et, en mai 19
les armées du Reich s'étaient emparées de la seule centrale producti
d'eau lourde au monde, en Norvège.

C'était néanmoins les scientifiques allemands que redoutaient le plus l
Alliés, et notamment le plus éminent d'entre eux, Werner Heisenberg
homme encore jeune et considéré par beaucoup comme le plus grand
physicien en exercice au monde[2]. Au milieu de la guerre, le physicien
anglais James Chadwick déclara à des personnages officiels américains :
« Je crois que Heisenberg est l'Allemand le plus dangereux dans ce
domaine, à cause de sa puissance intellectuelle...[3] »

Les Alliés ne craignaient pas tant le génie de l'homme (celui-ci leur était
connu) que ce qu'il dissimulait dans son cœur. Depuis les années vingt,
Heisenberg faisait partie des sommités de la communauté scientifique
internationale. Parmi les chercheurs rassemblés dans le Nouveau-Mexique, en 1943, pour construire la bombe atomique américaine, nombreux
étaient ceux qui l'avaient fréquenté pendant des années. Edward Teller
l'avait eu comme directeur de thèse pour son doctorat ; Felix Bloch avait
été son assistant jusqu'à l'expulsion des Juifs des universités, en 1933 ;
Heisenberg avait offert le poste de Bloch à Hans Bethe ; et même le
directeur scientifique du laboratoire de Los Alamos, Robert Oppenheimer, l'avait connu au cours des années vingt. Tous respectaient son génie
et sa ténacité dans les discussions, ce qui ne les empêchait pas de l'estimer,
par ailleurs, comme quelqu'un d'amical et d'accessible, sans rien de la

ideur et des manières dictatoriales « correctes » de tant de *Herr professor* allemands. Mais il était un point sur lequel Heisenberg se montra intraitable, au cours des années trente : pas question, pour lui, de rompre avec son pays.

La montée d'Hitler, l'expulsion des Juifs et même les très inquiétantes attaques dont il fut personnellement l'objet (on le traita de « Juif blanc », sous prétexte qu'il aurait défendu la « physique juive ») ne purent ébranler sa détermination de rester en Allemagne, quoi qu'il advînt. En 1939, ses amis allèrent jusqu'à l'implorer d'accepter un poste aux États-Unis. Il refusa. Il déclara se sentir obligé de protéger ses étudiants, de partager le sort de son pays et de reconstruire son édifice scientifique à l'issue de la guerre. Ce que cachait cette obstination souleva d'interminables controverses entre les scientifiques du camp des Alliés qui le connaissaient : l'engagement d'Heisenberg vis-à-vis de son pays s'étendait-il à Hitler et à la guerre engagée par ce dernier ? Heisenberg mettrait-il ses capacités intellectuelles au service de l'effort de guerre ? Allait-il faire ce que tant de ses amis faisaient, outre-Atlantique — se lancer carrément dans la construction de la bombe atomique ?

Les scientifiques alliés, ainsi que les agents des services de renseignements qui les consultèrent, avaient la conviction que les capacités intellectuelles d'Heisenberg étaient à la hauteur de la tâche. Des rumeurs, s'infiltrant à l'Ouest via le réseau officieux de la communauté scientifique, rapportèrent bientôt qu'il travaillait pour l'armée à Berlin. En juin 1944, à la veille de l'invasion de l'Europe, Oppenheimer confia à un jeune officier de renseignements que « la situation d'Heisenberg est fondamentalement unique dans la physique allemande. Si nous cherchions à mettre sur pied un projet de [bombe atomique] en Allemagne, nous ferions des efforts désespérés pour avoir Heisenberg comme collaborateur[4] ». A force d'insister sur l'immense danger qu'auraient représenté Heisenberg et ses capacités intellectuelles, il était probablement inévitable que l'on ne suggérât pas, à un moment ou un autre, que puisque le problème était Heisenberg, c'était Heisenberg qu'il fallait éliminer. Quelqu'un fit cette suggestion. Qui ? comment ? et ce qui s'ensuivit font partie de l'enquête de ce livre.

Mais à la fin de la guerre, tandis que les scientifiques allemands, leurs laboratoires et leurs rapports d'expériences tombaient entre les mains de la mission Alsos (mise sur pied à cette fin par les services de renseignements américains), il devint rapidement évident que l'on avait bien mal jugé ou bien surestimé les capacités intellectuelles d'Heisenberg ; il n'y avait aucun projet de bombe atomique allemande, seulement un programme de recherche à petite échelle, programme qui s'était soldé par six ou sept tentatives, ayant toutes échoué, pour créer une réaction en chaîne auto-entretenue. Les hommes qui interrogèrent Werner Heisenberg et les autres scientifiques allemands, après être restés bouche bée devant le réacteur primitif installé dans une grotte de l'Allemagne du Sud, eurent beaucoup de difficulté à expliquer ce qui avait mal tourné. L'Allemagne disposait de tous les atouts, au début de la guerre : des scientifiques de premier plan, des ressources matérielles, le soutien et l'intérêt de la hiérarchie militaire. Par quel mystère avait-elle abouti à des résultats aussi médiocres ?

C'est au responsable scientifique de la mission Alsos, Samuel Goudsmit, que l'on doit la réponse qui fonda toutes les discussions subséquentes. Selon lui, l'échec allemand tenait à deux raisons ; d'un côté les nazis s'étaient immiscés au pas de l'oie dans des domaines scientifiques dont ils ignoraient tout, tandis que de l'autre même le génial Heisenberg avait commis des erreurs si grossières qu'il ne pouvait qu'avoir menti sur son rôle. Goudsmit avait pu consulter tous les documents secrets et était au courant de l'humiliante vérité : non seulement Heisenberg n'avait pas réussi à comprendre que l'on pouvait utiliser le nouvel élément créé dans les réacteurs (le plutonium) comme explosif d'une bombe, mais il avait toujours conçu la bombe atomique comme n'étant rien de plus qu'un réacteur emballé. Il n'est guère étonnant que Goudsmit, dans ces conditions, ait eu les plus grandes peines à contenir sa colère et son mépris lorsque Heisenberg, en 1947, déclara à un journaliste américain que les Allemands avaient parfaitement compris la manière dont il fallait construire une bombe atomique, mais qu'ils n'avaient eu aucune envie de le faire pour Hitler, et qu'ils avaient pu s'épargner une décision morale à cause des dimensions de la tâche, que même les militaires considéraient comme trop démesurée pour l'Allemagne en temps de guerre[5].

La vérité, sur ces événements, n'est pas facile à établir. Le refus d'Heisenberg de s'expliquer clairement après la guerre, s'il constitue un obstacle majeur, n'est pas le seul à s'opposer à la compréhension de ce qui s'est passé. On gardait tout secret, à l'époque ; se taire était une deuxième nature, et certains épisodes présentent une telle ambiguïté qu'on en reste déconcerté. Par exemple, Goudsmit et quelques autres apprirent pendant la guerre (le reste de la communauté scientifique ne tarda pas à être au courant par le bouche à oreille) qu'en 1941, Heisenberg avait été à Copenhague voir son vieil ami Niels Bohr pour parler de la bombe atomique allemande. Bohr serait sorti furieux de l'entretien, mais de quoi les deux physiciens ont-ils donc pu parler ? Bohr n'en fit jamais état et la version d'Heisenberg ne tient pas : il aurait voulu « discuter » de la question de la bombe. Or il faisait partie d'un programme secret de recherches militaires, tandis que le Danois était citoyen d'un pays occupé : de quoi auraient-ils pu discuter ?

Goudsmit s'appesantit sur le fait, que par orgueil, Heisenberg aurait menti pour cacher ses bourdes scientifiques. L'attitude de Bohr suggère que le physicien allemand était coupable de quelque chose de honteux, même en 1941. Il aurait « essayé » de construire une bombe pour Hitler. D'après Goudsmit, en 1944, en Suisse, un agent secret américain aurait surpris une conversation dans laquelle Heisenberg aurait déclaré à un ami

11

qu' « il aurait été merveilleux » que l'Allemagne gagnât la guerre. Tous ces arguments plaident contre lui. Mais on finit également par apprendre que Heisenberg ne s'affilia jamais au parti nazi, qu'il aida de nombreux amis ayant des ennuis politiques, qu'il prit toujours le parti de la vérité en physique alors même qu'un mot d'Himmler aurait pu mettre fin à sa liberté, voire à sa vie et que, par-dessus tout, il ne construisit jamais la bombe atomique — qu'il n'essaya même pas. Finalement, Heisenberg fut réintégré dans la communauté scientifique mais jamais il ne retrouva ses relations intimes et chaleureuses avec Niels Bohr. A sa mort, en 1976, les notices nécrologiques firent prudemment l'impasse sur le mystère, toujours pas dissipé, des années nazies.

L'échec de la bombe atomique allemande ne faisait pas les manchettes, en août 1945, et aux deux exceptions notables que nous mentionnons ci-dessous, il n'y eut guère de tentatives, de la part des historiens, pour faire la lumière sur ces événements. Les Allemands eux-mêmes s'en sont tenus à l'écart, redoutant sans doute d'être déconsidérés s'ils prenaient la défense d'un homme qui avait pris parti pour les nazis. D'autres auteurs se sont montrés réticents et bien peu curieux lorsqu'il s'est agi de rendre compte de ce qu'avait fait Heisenberg pendant la guerre. Même des aberrations aussi énormes que la visite à Bohr se virent rejetées comme des événements sans intérêt ou insondables. Un historien américain contemporain a décrit tous les mystères de cette histoire comme « le mythe de la bombe atomique allemande », un élément parmi toutes les « justifications d'après-guerre » d'Heisenberg[6]. Mais au fait, justification de quoi ? D'avoir *échoué* à construire la bombe atomique ? D'avoir *essayé* de la construire ? Nous ne pourrons juger Heisenberg tant que nous n'aurons pas résolu le mystère central : comment se fait-il qu'il n'y ait pas eu de bombe atomique allemande ?

Après la guerre, Heisenberg déclara (s'attachant à cette version des faits pour le reste de sa vie) que les scientifiques allemands s'étaient vu épargner la décision morale de la construction d'une bombe atomique pour Hitler, grâce au fait que la tâche était insurmontable[7]. Dans ses mémoires, toutes les décisions cruciales sont prises dans les coulisses : « Le gouvernement décida — en juin 1942 — que les travaux concernant le projet de réacteur ne pourraient être poursuivis que dans un cadre modeste. Rien ne nous fut demandé concernant la construction éventuelle de bombes atomiques... [8] » C'est un peu court. Il est exact qu'il revenait aux autorités militaires et civiles de décider s'il fallait ou non investir dans un projet aussi énorme que la mise au point de la bombe atomique ; il en allait de même aux États-Unis. Mais si les militaires pouvaient « décider » de construire une arme nouvelle à leur gré, ils choisiraient le rayon de la mort, des boucliers invisibles ou des machines anti-gravité. Dans la réalité, il faut commencer par poser la question de la faisabilité, à laquelle seuls peuvent répondre les hommes qui seront chargés de faire le travail ; en l'occurrence, les physiciens allemands, avec à leur tête Werner

Heisenberg, nommé théoricien en chef du projet de bombe atomique dès le premier mois des hostilités.

Heisenberg donna un avis peu encourageant ; les autorités passèrent outre. Nous possédons des témoignages inhabituellement vivants sur la réunion de juin 1942 au cours de laquelle des personnages officiels de haut rang, pourtant prêts à donner toute leur attention, furent gagnés par le découragement sous la litanie des impondérables difficultés mises en relief par Heisenberg, lequel refusa même de promettre que le globe terrestre ne serait pas consumé par le feu au cours d'une expérience qui tournerait mal. Si nous voulons savoir pour quelle raison il n'y eut pas de bombe allemande, ni même de programme sérieux pour en construire une, nous devons déterminer ce qui a poussé Heisenberg à donner cette opinion. En toute honnêteté, il y a deux manières d'aborder la question : soit la bombe atomique était théoriquement possible et aurait permis de gagner la guerre, mais sa mise au point allait exiger un immense effort sans que personne ne puisse prédire le temps qu'il prendrait ; dans ce cas l'avis d'Heisenberg n'était rien de plus et rien de moins qu'un point de vue réfléchi, donné honnêtement avec l'espoir d'empêcher l'Allemagne de se lancer dans une dispendieuse folie technologique. Soit Heisenberg a profité de la situation, de son prestige et des incertitudes d'une science balbutiante pour crever la bulle des espérances officielles.

Dans les années qui ont suivi Hiroshima, les pères de la bombe atomique américaine, réfléchissant à leur action, se sont tous fait une raison. Des centaines de fois, on leur a demandé s'ils se sentaient coupables. Ils ont répondu que non, et leur sincérité ne fait pas de doute : Hitler aurait pu la construire le premier, Hiroshima avait mis fin à la guerre... Mais en ce qui concerne les Allemands, ils n'ont fait que garder un silence poli. Ils ne sont pas sûrs du tout de ce qui est allé de travers dans le programme allemand, mais il est cependant un point sur lequel, pour eux, le doute n'est pas permis : *les scrupules moraux d'Heisenberg n'ont joué aucune part, même minime, dans son échec.* Essayer de construire une bombe atomique pour Hitler était déjà impardonnable. Mais prétendre hypocritement que les Allemands avaient échoué pour n'avoir pas vraiment essayé, voilà qui était encore pire... Attitude tout de même curieuse : pourquoi des hommes ayant fabriqué une bombe atomique pour sauver le monde de Hitler se montrent-ils aussi diaboliquement chatouilleux à l'idée que d'autres aient pu hésiter et même traîner les pieds dans le but d'aboutir au même résultat ?

La partie facile de la réponse à cette question réside dans la logique de la situation. Si l'on peut dire d'Heisenberg qu'il a refusé, à quelque degré que ce fût, de fabriquer une bombe pour Hitler, les scientifiques aux ordres des Alliés se trouvent en effet de facto invités à expliquer en quoi ils furent justifiés d'en construire une pour Roosevelt. Heisenberg ne s'est jamais enorgueilli d'un refus aussi hautain de sa part et n'a jamais, et en aucune manière, critiqué ses vieux amis pour avoir si activement participé au projet américain. Cependant, fondée sur la lecture des documents secrets effectuée par Samuel Goudsmit, l'idée circula dans la première année qui suivit la guerre que les physiciens allemands auraient concocté une soi-disant histoire de scrupules moraux pour expliquer l'absence de tout programme sérieux de bombe atomique allemande. Que des savants alliés, dont beaucoup étaient des Juifs souvent chassés d'Allemagne et portant le chagrin de l'Holocauste, puissent avoir à répondre à des questions posées par les Allemands, même indirectement, est quelque chose, comme j'ai pu en faire plusieurs fois l'expérience, qu'ils ne sont pas prêts à supporter sans rien dire.

Le reste de la réponse est toutefois soigneusement enfoui dans le secret — non pas le simple secret militaire conventionnel comme ceux qu'on impose sur les programmes sensibles en temps de guerre, mais aussi sous des couches et des couches de secrets individuels. Parallèlement à l'histoire officielle du conflit, a cours une sorte d'histoire officieuse, noyée dans l'ombre, celle de la vie réelle, dans les coulisses : la vie d'hommes en proie à des problèmes de conscience et affrontant les questions de leurs amis aux petites heures de la nuit. Des deux côtés, ces hommes ont envisagé de faire certaines choses (les ont même faites, parfois), dont ils n'avaient guère envie de se vanter après la guerre. Ces secrets personnels étaient faciles à dissimuler parmi les secrets officiels, en particulier pour ceux qui se trouvaient du côté des vainqueurs. Pendant un certain temps, Heisenberg, devenu libre de parler du fait de la défaite, imagina pouvoir s'expliquer. Par deux fois, il tenta une mise au point ; la première avec Niels Bohr, son ami le plus proche et le plus ancien, puis la seconde avec Goudsmit. Les deux fois, le ton monta, et il renonça. Il est évident qu'il trouva certaines choses trop difficiles à dire, tout comme d'autres trouvaient certaines explications trop difficiles à entendre. Il était plus simple de ne rien dire que de tout déballer jusqu'à ce que l'air fût clair. C'est pourquoi les survivants de ces événements sont encore aujourd'hui démangés de mille questions. Lorsque Weisskopf eut lu le manuscrit de cet ouvrage, il avoua que la chose qu'il regrettait le plus était de ne pas avoir été capable de prendre Heisenberg « entre quatre-z-yeux » et de le presser de questions. « Nous n'en parlions jamais, dit-il. Je m'en veux beaucoup pour ça. Jamais je n'ai été lui dire, j'ai tout le temps du monde, dites-moi ce qui s'est passé[9]. » Aveu qui me semble sonner juste et qui décrit ce que j'ai essayé de faire.

De nombreuses personnes m'ont aidé, sur une période de plusieurs années, à comprendre ce qui était arrivé au programme nucléaire allemand pendant la guerre, à prendre la mesure de ce que savaient les Alliés et à déterminer ce qu'ils avaient essayé de faire alors. Ma reconnaissance pour ces dettes importantes figure dans les « Remerciements », à la fin de ce livre. J'aimerais néanmoins exprimer dès maintenant ma gratitude à trois hommes qui se sont montrés exceptionnellement généreux par leur contribution, le temps qu'ils m'ont consacré et leur patience : Hans Bethe, Victor Weisskopf et Robert Furman.

I.

Incertitudes scientifiques et dilemmes moraux
1930-1939

CHAPITRE 1

En 1939, au cours de l'été, à la veille de la deuxième des deux plus grandes guerres du vingtième siècle, le physicien allemand Werner Heisenberg se rendit aux États-Unis. Invité à venir faire des conférences dans un certain nombre d'universités américaines, les véritables raisons de ce voyage restent difficiles à expliquer. Une remarque imprudente, après son retour dans l'Allemagne de Hitler, aurait laissé planer l'ombre d'une menace que peu d'Américains étaient en mesure de comprendre. Un mois ou deux plus tôt, Heisenberg avait acheté une maison dans les montagnes près d'Urfeld, en Allemagne du Sud, où il espérait que lui, sa femme et ses enfants pourraient attendre en sécurité la guerre qui, il le savait, n'allait pas tarder à éclater. Il voulait avoir un dernier entretien avec ses vieux amis, dont beaucoup étaient des Juifs chassés des universités allemandes après l'arrivée d'Hitler au pouvoir, en 1933. Heisenberg savait qu'il aurait besoin de leur aide lorsque viendrait le moment de reconstruire la science allemande, après la guerre. Il vint donc aux États-Unis pour s'expliquer une dernière fois ; ce projet avait été longuement mûri.

Les contributions de Heisenberg à la révolution de la physique théorique, entre les années vingt et trente (invention de la mécanique quantique et du « principe d'incertitude » attaché à son nom) lui avaient valu le prix Nobel en 1932, une place parmi les plus grands noms de la science et le respect de ses collègues. De tempérament lent, prudent, tenace et retenu, Heisenberg avait néanmoins du mal à s'expliquer. Son ami, le physicien danois Niels Bohr (qui, après quinze ans de la plus étroite collaboration, restait pour lui une sorte de mentor et de héros), estimait que, sur des sujets importants, on pouvait s'exprimer avec clarté ou précision, mais pas les deux à la fois, et certainement pas facilement. Cela rendait Niels Bohr prolixe ; Heisenberg, de son côté, allait droit à l'essentiel, sans toujours entrer dans les détails de son raisonnement. Sur la pratique de la science, il déclara une fois : « Il faut percer jusqu'au bois le plus dur, et poursuivre sa pensée même quand elle commence à faire mal[1]. » Il fit preuve de la même concentration obstinée pour s'attaquer aux dilemmes d'un homme qui aimait son pays, mais pas son régime politique. Si bien que lorsque Heisenberg faisait état de ses abruptes conclusions — son pays avait besoin de lui, il resterait en Allemagne — ses vieux amis le trouvaient dogmatique, voire même arrogant.

Tout le monde songeait à la guerre, au cours de cet été, mais c'était rarement Heisenberg qui mettait le sujet sur la table. A l'Université de Californie, à Berkeley, il n'en discuta jamais avec son hôte, Robert Oppenheimer — peut-être le jeune physicien américain le plus brillant et prometteur parmi tous ceux qu'on avait vus défiler dans les vieilles universités européennes, au cours de la décennie précédente. L'un des étudiants de troisième cycle d'Oppenheimer à l'époque, Philip Morrison, se souvient d'un Heisenberg oubliant joyeusement la crise européenne et s'étendant longuement, après un séminaire, sur le sujet des tramways à câbles de San Francisco. Il était fasciné par les mécanismes des intersections permettant aux rails et aux lignes électriques de se croiser à angle droit. Mais de la guerre, de Hitler et de ce thème qui portait déjà le nom de fission nucléaire, Heisenberg ne dit mot.

Morrison non plus. Les physiciens américains ne parlaient pas d'autre chose que de fission, à ce moment-là, mais pas devant des Allemands. En février 1939, seulement un mois après l'annonce spectaculaire de cette découverte par Niels Bohr, lors d'une conférence à Washington, Morrison et d'autres étudiants avancés d'Oppenheimer avaient fait l'esquisse, au tableau noir, d'un plan grossier de bombe à fission, dans la salle de séminaire voisine du bureau d'Oppenheimer [2]. Ces étudiants, convaincus qu'un tel engin exploserait, avaient néanmoins commis l'erreur classique des débutants, imaginant que la bombe ne serait en fait qu'un réacteur emballé et devenu incontrôlable. Leur croquis n'en était pas moins celui d'une bombe, au moins en intention ; pourtant personne ne discuta de la physique d'une bombe nucléaire avec Werner Heisenberg pendant l'été 1939. Ce qui troublait Oppenheimer et Morrison était la façon dont le physicien allemand évitait d'aborder la préoccupation que tout le monde avait alors à l'esprit, l'approche de la guerre. Plus tard, évoquant leurs impressions, ils trouvèrent qu'il y avait eu quelque chose d'inquiétant, voire même de vaguement menaçant, dans la manière dont Heisenberg avait parlé science d'un ton parfaitement détaché [3].

Heisenberg, néanmoins, pensait tout autant à la guerre que les autres. A l'université de Chicago, où il assista fin juin à une conférence sur les rayons cosmiques, un thème qui l'intéressa toute sa vie, il se départit de sa prudence habituelle et déclara sans détour à un Américain, Arthur Compton, que l'Allemagne était prête pour la guerre et avait pour objectif le contrôle de l'Europe. Qu'envisageaient de faire les Américains ? Compton lui répondit qu'à son avis, ils agiraient comme lors de la première guerre mondiale : la Grande-Bretagne viendrait au secours de la France, et les États-Unis finiraient par rejoindre les Anglais.

« Qu'est-ce qui vous le fait croire, alors que vos lois et ce que vous votez semblent systématiquement rechercher la paix ? » demanda Heisenberg.

Compton lui affirma que les Américains ont du mal à ne rien faire lorsqu'ils sont témoins d'une injustice, et qu'en outre : « Toute notre histoire montre qu'un sang combatif coule dans nos veines.

— Vous en êtes bien sûr ? » demanda alors Heisenberg.

Compton lui répondit que oui, et Heisenberg se demanda s'il n'y aurait pas un moyen de persuader le président Roosevelt de déclarer la même chose ; il avait l'impression que l'état-major général allemand, confiant dans sa victoire en Europe, y penserait à deux fois s'il savait que les Américains ne les laisseraient pas faire. Compton lui avoua que sur un plan politique, Roosevelt ne pouvait faire une telle déclaration ; l'opinion publique n'était pas prête. Les deux hommes tombèrent d'accord pour dire que bien des malheurs pouvaient découler de ce fait[4].

Heisenberg parcourut les États-Unis et partout, ses vieux amis l'encouragèrent vivement à rester. A l'Université de Rochester il passa un long après-midi, au domicile de Victor Weisskopf, à rejeter les arguments de ceux qui voulaient le voir quitter l'Allemagne. Hans Bethe était venu de Cornell et lui et Weisskopf se montrèrent très pressants. Ils demandèrent à Heisenberg s'il pensait que les Allemands gagneraient la guerre, et il répondit que oui. « Je crois que les nazis vont gagner. » Weisskopf se souvenait parfaitement qu'il avait employé le verbe allemand *Ich glaube* (je crois)[5], estimant toutefois qu'il s'agissait peut-être d'une simple prudence verbale. Un autre jeune physicien allemand se trouvait présent ce jour-là, Wolfgang Gentner ; il avait travaillé avec Ernest Lawrence à Berkeley et retournait également en Allemagne. Weisskopf avait vécu sous deux régimes totalitaires, celui de Hitler et celui de Staline, qu'il avait pu apprécier au cours de deux longs séjours en Russie, dans les années trente ; il savait par expérience personnelle que des paroles étourdiment proférées lors d'une soirée peuvent revenir vous hanter. Peut-être Heisenberg n'avait-il pas entièrement confiance en Gentner.

Heisenberg et Gentner déclarèrent tous les deux qu'ils ne voulaient pas émigrer et prendre les places dont les Juifs forcés de quitter l'Allemagne avaient un besoin tellement désespéré. Argument qui parut fondé à Weisskopf dans le cas de Gentner : c'était un bon physicien, mais pas de la classe de Heisenberg. Ce dernier, aux yeux de Weisskopf, était un monument en soi, pour lequel on créerait automatiquement un poste, où qu'il choisît d'aller. Mais Heisenberg restait inébranlable : pas question de quitter l'Allemagne. Il pouvait se montrer raide dans ses contacts interpersonnels, et répugnait à s'expliquer. Il n'avait rien de l'aisance et du charme tout viennois de Weisskopf. Les raisons de Heisenberg venaient du cœur ; pas les mots, secs, froidement positifs, qu'il employait pour les expliquer. L'une des remarques de Heisenberg resta cependant gravée dans l'esprit de Weisskopf : certes les choses allaient mal, mais il espérait néanmoins créer en Allemagne « des îlots d'honnêteté[6] ».

Ainsi se passèrent les choses. Hans Bethe revit Heisenberg à l'Université Purdue, lors d'une conférence de Karl Lark-Horovitz, un émigré viennois. Comme Weisskopf, Bethe se sentit troublé par l'allégeance dont Heisenberg faisait preuve vis-à-vis de l'Allemagne ; à ce moment-là, il le considérait cependant toujours comme un ami. Après tout, Heisenberg lui avait offert un travail, en 1933, au moment où Hitler chassait les Juifs des universités allemandes. A Purdue, les deux hommes bavardèrent sans contrainte, et posèrent côte à côte, souriants, pour l'objectif de l'un des étudiants de Lark-Horovitz, Raemer Schreiber. Lark-Horovitz aimait à conserver des témoignages de ses conférences et Schreiber lui donna la photo de Bethe et Heisenberg, mais garda le négatif qu'il rangea. Près de cinq ans plus tard, alors que Schreiber travaillait à Los Alamos, Robert Oppenheimer demanda à lui emprunter ce négatif. Il n'expliqua pas pour quelle raison, et Schreiber ne sut jamais qu'il atterrit entre les mains d'un officier de renseignements travaillant pour les responsables du projet américain de bombe nucléaire[7].

Toutefois, si Bethe continuait de ne croire Heisenberg coupable que de naïveté et d'aveuglement politiques, d'autres commençaient à le voir sous un jour bien différent. Maurice Goldhaber, par exemple. Ce jeune émigré avait connu Heisenberg en Allemagne, avant son départ, en mai 1933. Le physicien était déjà célèbre et difficile à approcher. Goldhaber ne lui parla pas personnellement à Purdue, mais assista à ses conférences et entendit d'autres savants se demander à voix haute si Heisenberg n'aurait pas été envoyé en mission de renseignements, afin de rassembler des informations sur les progrès accomplis dans ce nouveau champ d'investigation de la physique : la fission nucléaire[8].

La liste de ceux qui rencontrèrent Heisenberg au cours de cet été est longue. Eugene Wigner jouait un rôle actif, parmi les émigrés, pour convaincre Washington que la physique allait jouer un rôle critique au cours de la guerre. Il était au courant des efforts de Weisskopf et de Bethe pour convaincre Heisenberg de rester en Amérique et (s'exprimant en allemand, comme il le faisait lorsqu'il était seul avec lui) Wigner le pressa à son tour d'accepter un poste à Princeton[9]. Le jeune Américain I.I. Rabi, l'un des alliés de Wigner dans les efforts déployés par les émigrés, dit à Bethe qu'il avait vivement conseillé à Heisenberg d'accepter le poste que l'Université de Columbia lui avait offert dès 1937. Geste tout à fait naturel de la part de Rabi dans la mesure où, l'un des premiers physiciens juifs à avoir décroché un poste à Columbia, il devait celui-ci à Heisenberg. Ils s'étaient rencontrés au début de 1929, alors que Rabi était étudiant à Leipzig. Le deux hommes s'étaient fait mutuellement une forte impression. En mars de cette même année, Heisenberg se rendit aux États-Unis, où George Pegram lui demanda de lui proposer le nom d'un jeune

Américain pour un poste qui venait juste d'être ouvert. Pegram souhaitait quelqu'un de brillant, connaissant la mécanique quantique et ayant toute sa carrière à faire. Heisenberg lui chanta les louanges de Rabi, et Pegram se décida pratiquement sur-le-champ. Non seulement Rabi éprouvait du respect pour le génie de Heisenberg, mais aussi de la gratitude pour l'homme [10].

Tous deux vécurent cependant un moment difficile en 1939, lorsque, sollicité d'accepter l'offre de Pegram, Heisenberg fit à Rabi sa réponse habituelle : il devait refuser, son pays avait besoin de lui. Mais ce qu'il déclara à Rabi est quelque peu différent de ce que Weisskopf se souvenait avoir entendu. Rabi répéta les propos de Heisenberg à son ami Bethe : « Il est manifeste qu'il va y avoir la guerre, il est clair que l'Allemagne va la perdre. Mais je suis allemand, je dois essayer de sauver les jeunes physiciens qui travaillent avec moi, et il est important que je sois là à la fin des hostilités afin de restaurer la recherche en physique et de veiller à ce que les bonnes personnes occupent les bons postes dans les bonnes universités [11]. » Heisenberg estimait qu'il avait deux devoirs à remplir, protéger ses étudiants et aider la science allemande à se reconstituer après la guerre. Seuls les Allemands restés sur place et ayant partagé les souffrances de leurs compatriotes pourraient le faire, ajouta-t-il. Rabi n'acceptait pas ce raisonnement ; quant à Bethe, il le railla avec amertume : la guerre n'avait même pas commencé, et Heisenberg s'inquiétait déjà des mesquines rivalités académiques qui suivraient le désastre [12].

Il n'est pas facile d'expliquer la colère que ressentaient Wigner, Rabi et les autres scientifiques vis-à-vis de Heisenberg. Le souvenir qu'ils avaient conservé de ses déclarations paraît tout à fait cohérent : il aimait son pays, il voulait en partager le sort. Beaucoup de leurs confrères européens — Niels Bohr au Danemark, Joliot-Curie en France — allaient choisir, pour les mêmes raisons, de rester sous des régimes imposés par Hitler. Mais Heisenberg était un Allemand ; c'était son pays qui menaçait la paix de l'Europe et par moments, quand il s'expliquait, il paraissait sourd à certaines remarques. Il dit à Edward Teller, dont il avait dirigé la thèse de doctorat dix ans auparavant à Leipzig : « Abandonne-t-on son frère parce qu'il a volé une petite cuiller en argent [13] ? » La question n'était pas scandaleuse en soi, mais Heisenberg imaginait-il l'effet qu'elle pouvait produire sur un Juif comme Teller, chassé par la force du continent où il était né ?

La question fut une fois de plus longuement retournée dans tous les sens à l'Université du Michigan, à Ann Arbor, où Heisenberg logea chez le physicien Samuel Goudsmit, son ami depuis 1925. Goudsmit ne comprenait pas l'étendue des transformations imposées à l'Allemagne par Hitler. Présent en Angleterre l'été précédent pour une réunion de la British Association of the Advancement of Science, Goudsmit avait trouvé l'attitude de son vieil ami Walther Gerlach évasive et vague. Comme Heisenberg, Gerlach était un des grands physiciens allemands qui avaient choisi de rester en Allemagne lorsque Hitler avait pris le pouvoir et comme lui, il avait appris qu'il fallait prendre certaines précautions pour survivre sous un régime dictatorial. En toute innocence, Goudsmit avait invité Gerlach à venir en Hollande, après la réunion de 1938, sans se rendre compte un instant des dangers qu'aurait courus son ami s'il avait simplement dû expliquer pour quelles raisons il ne pouvait accepter. Pour les Allemands, l'ancienne liberté d'attitude du monde scientifique n'existait plus ; les nazis examinaient à la loupe toutes les demandes de déplacement à l'étranger ; même une visite amicale en Hollande pouvait susciter des interrogations dangereuses. Goudsmit désirait parler politique ; Gerlach, manifestement effrayé, éluda ses questions. Goudsmit ne lui trouva pas d'excuse et conclut que Gerlach avait pris parti pour les nazis [14].

Les discussions de Goudsmit avec Heisenberg, à Ann Arbor, suivirent le même schéma. Heisenberg lui répéta ce qu'il essayait de dire à tous ceux qui l'exhortaient à fuir l'Allemagne, cet été-là. Il était décidé à se consacrer à son pays et à ses étudiants de l'université de Leipzig, ce que Goudsmit interpréta comme une preuve d'orgueil. Il rejeta l'argument d'Heisenberg, selon lequel seuls ceux qui auraient partagé les malheurs de l'Allemagne seraient en mesure de la reconstruire. C'était de la prétention, non pas du réalisme, que Goudsmit crut déceler lorsque Heisenberg déclara : « Un jour, le régime de Hitler s'effondrera et c'est à ce moment-là que des gens comme moi devront prendre le relais [15]. »

Cet été-là, le savant italien Enrico Fermi se trouvait également à Ann Arbor ; il était venu aux États-Unis avec sa famille et quelques biens au début de l'année. Un dimanche après-midi, Goudsmit, Heisenberg, Fermi et quelques autres se trouvèrent réunis pour une réception, probablement donnée au début du mois d'août dans la maison de l'un des vieux amis de Heisenberg, à l'époque où ils étaient ensemble à Munich avec Arnold Sommerfeld et Otto Laporte [16]. Parmi les invités figurait aussi le jeune physicien italien Edoardo Amaldi, l'un des assistants de Fermi à Rome, au début des années trente, au moment où Fermi déduisit, sans savoir comment l'interpréter, le concept de fission des atomes d'uranium soumis à un bombardement de neutrons. En décembre 1938, Amaldi avait accompagné la famille Fermi à la *Stazione Termini* de Rome pour lui faire discrètement ses adieux. Il désirait maintenant quitter lui-même l'Italie et était venu aux États-Unis à la recherche d'un poste. I.I. Rabi, à Columbia et Merle Tuve, à Washington, lui avaient tous les deux demandé franchement s'il était absolument obligé de partir ; lorsque Amaldi eut admis que non, les deux hommes rejetèrent sa demande : les postes étaient rares, et les réfugiés à la situation désespérée nombreux. Néanmoins, Amaldi continuait à chercher. Goudsmit dit tout haut ce que tout le monde pensait tout bas : « Pourquoi êtes-vous si pressé de retourner là-bas ? demanda-t-il à Heisenberg. Amaldi, lui, voudrait bien ne jamais y retourner [17]. » Heisenberg expliqua qu'il ressentait le besoin de défendre la science allemande. Fermi et Amaldi admirent plus tard que Goudsmit avait manqué de tact en posant la question aussi brutalement, et n'insistèrent pas.

La conversation, qui porta sur de nombreux sujets, fut suivie attentivement par un jeune étudiant engagé par Laporte pour faire le service des boissons, Max Dresden. Ce dernier l'a décrite dans une lettre à *Physics Today*, plus de cinquante ans plus tard :

> Le point crucial de la conversation fut de savoir si un scientifique honnête et probe pouvait travailler et garder son intégrité scientifique et son amour-propre dans un pays où on avait mis entre parenthèses toutes les normes de la décence et de l'humanité. Heisenberg croyait qu'avec son prestige, sa réputation et sa loyauté bien connue à l'Allemagne, il serait en mesure d'influencer le gouvernement, et peut-être même de le guider sur des voies plus rationnelles. Fermi était tout à fait sceptique. « Ces gens [les fascistes] n'ont aucun principe ; ils sont capables de tuer tous ceux qui représentent une menace pour eux, sans hésiter une seconde. Vous ne disposez que de l'influence que l'on veut bien vous accorder. » Heisenberg ne croyait pas la situation aussi grave. Il me semble que c'est Laporte qui demanda ce que ferait Heisenberg au cas où serait signé un pacte germano-soviétique. Heisenberg refusa de seulement envisager une telle possibilité. « Aucun patriote allemand ne voudrait envisager cette hypothèse. » La discussion se poursuivit longtemps, sans aboutir. Heisenberg avait le sentiment que l'Allemagne avait besoin de lui et qu'il avait l'obligation d'y retourner... A la fin de la réception, tout le monde partit, plein d'appréhension et affligé [18].

Le compte rendu le plus détaillé des conversations qu'eut Heisenberg cet été-là reste néanmoins celui qu'il a rédigé lui-même. Il est impossible de savoir s'il ne fait que donner sa version de la discussion entendue par Amaldo et Dresden, ou si Heisenberg et Fermi eurent l'occasion de s'entretenir en tête à tête, soit lors de la réception de Laporte, soit à un autre moment de son séjour à Ann Arbor. Toujours est-il que telle que décrite par Heisenberg, la conversation évita soigneusement d'aborder la question qui menaçait de faire participer les physiciens aux préparatifs de la guerre.

Commencées à Rome en 1934, les expériences de Fermi sur l'uranium furent publiées dans la revue italienne *Ricerca Scientifica* et attirèrent l'attention du petit cercle de physiciens qui s'efforçaient de comprendre la structure de l'atome. En janvier 1939, Niels Bohr avait apporté en Amérique la nouvelle d'une découverte révolutionnaire : les atomes d'uranium de Fermi n'avaient pas été transformés par ses expériences du milieu des années trente, mais cassés ; processus qui, bientôt connu sous le nom de fission, libérait les énormes quantités d'énergie retenues dans les atomes [19]. Au cours de l'été 1939, Fermi était encore légalement un étranger aux États-Unis mais se considérait déjà comme un Américain ; ce n'était pas à la légère qu'il pouvait aborder la délicate question de la bombe atomique avec un Allemand sur le point de retourner en Allemagne, à la veille de la guerre.

Heisenberg et Fermi s'étaient rencontrés à Göttingen à la fin des années vingt, alors qu'ils suivaient les séminaires de Max Born. Born et Fermi étaient devenus depuis des réfugiés, Born à l'Université d'Edinburgh, en Ecosse, et Fermi aux États-Unis, où il avait obtenu un poste au département de physique de Columbia. A peine un an auparavant, alors qu'il était en visite à l'Institut de Physique théorique de Copenhague, Niels Bohr l'avait discrètement attiré dans un coin pour lui confier qu'il était le principal candidat pour le prix Nobel de physique, cette année : Fermi préférait-il que la remise fût repoussée jusqu'au moment où changeraient les lois italiennes sur la conversion des monnaies, de façon à pouvoir le recevoir sous une forme plus fiable que la lire italienne ? Fermi répondit que non ; Laura, sa femme, était juive ; ils n'avaient aucun avenir dans l'Italie de Mussolini ; s'il gagnait le prix, il se servirait de l'argent pour émigrer aux États-Unis. Fermi, évidemment, reçut le prix Nobel. N'emportant que les bagages correspondant à un court séjour à l'étranger, Fermi, sa femme et ses enfants se rendirent à Stockholm en décembre 1938 pour la cérémonie de remise des prix, puis de là, partirent pour New York, où un poste attendait Fermi à Columbia. Il se servit d'une partie de la somme pour acheter une maison dans le New Jersey et enterra le reste dans son sous-sol.

Approchant l'un et l'autre de la quarantaine, Heisenberg et Fermi étaient d'une certaine manière des hommes très différents. Heisenberg, bel homme à la chevelure blonde rejetée en arrière, était l'image même de l'Allemand. Il était indiscutablement brillant, mais aussi opiniâtre et prudent, n'avançant qu'avec lenteur et ne traitant qu'un grand problème à la fois. Fermi, petit et brun, esprit vif aux multiples talents, n'avait pas ce style intellectuel pesant, mais était aussi accompli dans la technique expérimentale que dans le travail théorique abstrait, combinaison rare chez les physiciens. Les amis romains de Fermi l'avaient surnommé « le Pape » parce que s'il n'était pas infaillible, il ne se trompait que rarement.

Mais en un autre sens, les deux hommes se ressemblaient, dans la mesure où ils gardaient leur vie intérieure pour eux. Comme ses autres amis avant lui, Fermi pressa Heisenberg de revenir sur sa décision de rester en Allemagne, advienne que pourra. Ni Heisenberg ni personne ne pouvait plus arrêter le processus qui conduisait à la guerre, objectait Fermi ; en Amérique, il serait libre de poursuivre ses travaux scientifiques. Lorsque Heisenberg lui opposa que sa place était chez lui, Fermi souleva alors la question la plus délicate : que ferait Heisenberg si le gouvernement l'obligeait à travailler sur cette terrible nouvelle bombe, qu'il était théoriquement possible de fabriquer depuis la découverte de la fission nucléaire en décembre 1938 ?

Plus tard, Heisenberg devait dire qu'au cours de cet été 1939, il aurait suffi qu'une douzaine de personnes s'entendissent pour empêcher la construction de la bombe atomique [20]. C'était une exagération, voire un simple regret pour ce qui aurait pu se passer ; il était déjà trop tard. On avait immédiatement saisi les implications militaires de la fission nucléaire en Russie, en France, en Grande-Bretagne comme aux États-Unis. Plus de cent articles scientifiques sur la fission nucléaire allaient paraître avant la fin de l'année. Le premier à prédire la possibilité d'une « machine à uranium » productrice d'énergie parut en juin 1939 dans la revue scientifique allemande *Die Naturwissenschaften* (« Les Sciences naturelles »), sous la plume du jeune physicien allemand Siegfried Flugge, qui avait également travaillé avec Otto Hahn et Lise Meitner à Berlin. Redoutant des décisions secrètes relatives à cette importante percée scientifique, Flugge publia une version vulgarisée de son article dans le journal *Deutsche Allgemeine Zeitung* en août, juste avant le retour de Heisenberg [21]. Heisenberg avait déjà discuté des implications de la fission avec son plus proche collaborateur et ami, Carl Friedrich von Weizsäcker, lequel travaillait à la *Kaiser Wilhelm Gesellschaft* à Berlin. Toutefois, Heisenberg n'ignorait pas qu'il faudrait accomplir de nombreux développements et progrès techniques si l'on voulait passer du germe d'une idée scientifique à une machine ou une arme d'utilisation pratique ; et chaque fois qu'on soulevait devant lui le sujet de la bombe atomique, il mettait l'accent sur ces difficultés techniques. En vérité, personne ne les a autant soulignées que lui.

Heisenberg et Fermi figuraient sans aucun doute parmi les douze scientifiques que tout directeur de projet aurait choisi pour construire la bombe atomique, si la nationalité n'avait joué aucun rôle. En réalité, Fermi travaillait déjà sur le problème à l'Université de Columbia et avait essayé sans succès d'intéresser la Marine, en mars, à un programme de recherches nucléaires. Au début de juillet, l'ami et collègue de Fermi à Columbia, le physicien hongrois Leo Szilard, gagna l'appui d'Albert Einstein lors d'une tentative pour avertir le président Roosevelt du risque de voir l'Allemagne construire la première la nouvelle arme. La nature avait déjà livré le secret essentiel : comment libérer l'énergie contenue dans le noyau de l'atome. Le reste n'était que détails techniques. Il n'existe aucune preuve, ni aucune raison de penser que Fermi aurait fait part à Heisenberg de ces premiers et hésitants efforts pour explorer la faisabilité d'une bombe à fission nucléaire aux États-Unis, ni que Heisenberg eût admis être au courant d'un semblable projet en Allemagne. Mais au courant, il l'était presque certainement. En avril, le chimiste allemand Paul Harteck avait écrit au ministère de la Guerre pour dire que « ... les derniers progrès de la physique nucléaire [...] rendront probablement possible de produire une explosion d'une ampleur de nombreuses fois plus grande que les explosifs conventionnels[22]. » Un rapport détaillé sur une réunion de scientifiques allemands, tenue à Berlin le 30 avril 1939, fut transmis aux Britanniques à la mi-mai et aux Américains peu de temps après. Les savants américains mirent du temps à s'inquiéter, mais les émigrés comme Fermi, Szilard, Wigner à Princeton, Edward Teller à l'Université George Washington, Hans Bethe à Cornell, Victor Weisskopf à l'Université de Rochester et Niels Bohr, qui passa le semestre de printemps à Princeton, en 1939, discutaient tous des risques que faisait courir une bombe atomique allemande, de la nécessité du secret scientifique et de la meilleure manière d'attirer l'attention des autorités américaines. Heisenberg ne participa pas officiellement aux premiers et timides efforts allemands pour explorer la question, mais des collègues comme le chimiste Otto Hahn, lequel avait découvert la fission en décembre 1938, jouèrent dès le début un rôle dans le programme. Fermi et Heisenberg savaient donc tous les deux qu'on pouvait utiliser la fission pour construire une bombe atomique. Et la véritable question autour de laquelle ils tournèrent lors de leurs entretiens de l'été 1939 sans jamais la poser, était : qui la construira le premier ?

Fermi se fit très insistant auprès de son ami. « Qu'est-ce qui peut bien te faire rester en Allemagne ? Tu n'as aucun moyen d'empêcher la guerre [...] En Italie, j'étais un homme célèbre ; ici, me voici de nouveau un jeune physicien, ce qui est incomparablement plus enthousiasmant. Pourquoi ne pas te débarrasser de tout ce lest, toi aussi, et prendre un nouveau départ ? En Amérique, chacun peut jouer son rôle dans les progrès de la science. Pourquoi renoncer à tant de bonheur[23] ? »

Manifestement, il y avait un calcul inavoué dans les exhortations de Fermi. En tant qu'ami, l'Italien était certainement inquiet pour le sort d'Heisenberg ; mais il connaissait également son talent. Il espérait pouvoir l'empêcher de travailler pour Hitler ou sinon, découvrir au moins où en était Heisenberg dans ses réflexions sur la fission. « Il y a un autre problème [...] Il existe maintenant une possibilité très réelle de construire une bombe atomique. Une fois la guerre déclarée, les deux côtés feront peut-être tout ce qui est en leur pouvoir pour accélérer sa mise au point... »

Heisenberg répondit à cette dernière observation aussi prudemment que Fermi avait formulé sa question. Il ne doutait pas que l'immigration le libérerait de la servitude vis-à-vis d'un maître diabolique, comme le sous-entendait Fermi. Dès 1920, le père de Heisenberg, lui-même spécialiste d'études byzantines à Munich, lui avait dit : « Ne vous laissez jamais entraîner par ce Hitler[24]. » Il aurait pu suivre ce conseil en 1939 en quittant son pays — c'est-à-dire, dans son esprit, en l'abandonnant. C'était précisément ce qu'il refusait, craignant, une fois réduit à l'état d'émigré, de se voir contraint de travailler à fabriquer une arme qui serait tournée contre son pays natal. Parmi tous les physiciens qui commençaient à prendre lentement conscience des implications morales qu'il y avait à travailler sur un engin de destruction de masse, Heisenberg était peut-être le plus profondément déchiré. En dehors de l'Allemagne, la communauté scientifique avait le sentiment d'avoir le droit pour elle, chose qui soulage beaucoup la conscience. Heisenberg ne disposait pas de cette consolation.

Ce n'était cependant pas là des sujets dont on pouvait facilement ou pleinement discuter à la veille de la guerre, avec des amis qui avaient déjà clairement choisi leur camp en traversant l'Atlantique. Heisenberg s'efforça de s'expliquer en termes prosaïques. « C'est là évidemment un risque terrible, déclare-t-il avoir répondu. Mais [...] j'ai la nette impression que ce développement sera tout de même assez lent, même si les gouvernements poussent à la roue ; que la guerre sera donc probablement terminée avant qu'il y ait des applications techniques de l'énergie atomique [25]. »

Heisenberg ne pouvait rester longtemps à Ann Arbor. Il expliqua au jeune Américain Glenn Seaborg que, réserviste dans l'armée allemande, il lui fallait retourner dans son pays pour une « formation à la mitrailleuse » dans les Alpes bavaroises [26]. A New York, peu avant d'appareiller pour l'Europe, début août, Heisenberg refusa le poste que lui offrait une dernière fois George Pegram ; il ne voulait pas abandonner les « brillants jeunes physiciens » qui travaillaient avec lui à Leipzig [27]. Pegram trouvait incompréhensible que Heisenberg choisît de partager la défaite de l'Allemagne, tandis que le physicien était troublé par son incapacité à faire comprendre son point de vue à Pegram, comme à tant d'autres avant lui.

Le vapeur *Europa* était presque vide lorsque Heisenberg monta à son bord pour rallier l'Allemagne, et la solitude de ce voyage de retour ne faisait que souligner, semblait-il, les arguments qu'avaient avancés tant de ses amis pour le pousser à rester. Mais rien n'indique que Heisenberg eût regretté sa décision, sur le moment ou plus tard. Il avait soigneusement pesé le pour et le contre, il savait ce qui se préparait, et il avait pris sa décision. Au cours de son séjour il avait tenté de s'expliquer une dernière fois, et s'il se doutait bien qu'il n'avait persuadé personne, il repartit en pensant que ses amis étaient toujours des amis. Il avait avec lui la photo où on le voyait avec l'un d'eux — Sam Goudsmit — devant la maison de ce dernier, à Ann Arbor. Une fois en Allemagne, il la fit encadrer et la plaça sur son bureau. Six ans plus tard, après bien des vicissitudes, la photo était toujours à sa place.

Heisenberg avait laissé derrière lui, aux États-Unis, une impression indélébile : il était sourd aux appels qu'on lui avait lancés, son pays signifiait davantage que ses amis ou la justice, il avait choisi le camp de l'Allemagne de Hitler. Aucun de ses nombreux vieux amis — le cercle des savants émigrés qui pressaient leur nouvelle patrie de construire la bombe atomique —, maintenant en Amérique, n'éprouva, au cours des cinq années suivantes, le moindre doute sur le fait qu'il fallait compter Heisenberg comme un ennemi. Et cela, Heisenberg l'ignorait.

CHAPITRE 2

Heisenberg fut de retour en Allemagne à la mi-août, à temps pour sa « formation à la mitrailleuse ». Il aimait ces sorties annuelles avec les *Alpenjäger* (« Chasseurs alpins ») ; elles lui rappelaient les nombreuses randonnées à pied qu'il avait faites dans la campagne allemande, encore jeune homme, juste après la première guerre mondiale. Il déclara une fois à Paul Rosbaud, le célèbre éditeur d'une importante maison de publications scientifiques de Berlin, que sa période militaire annuelle consistait essentiellement à « faire de l'alpinisme compliqué par la présence de sergents [1] ». Mais ce fut la guerre et non l'alpinisme qui surprit Heisenberg dans les Alpes bavaroises où il avait été rejoindre sa femme, dans leur nouvelle maison d'Urfeld. Le 1er septembre, alors qu'il se rendait au bureau de poste, il rencontra le propriétaire d'un hôtel local qui lui dit, excité, que l'Allemagne était entrée en guerre avec la Pologne. « Mais ne vous en faites pas, Professeur, ajouta l'homme, d'ici trois semaines, la guerre sera finie [2]. »

Heisenberg comptait plutôt que l'affaire prendrait un an. Il avait été rappelé, l'été précédent, au cours de la crise tchèque, et il s'attendait à recevoir à tout moment un ordre de mobilisation lui intimant de rejoindre sa brigade de Chasseurs alpins. Le 4 septembre, il écrivit à son ancien professeur à l'Université de Munich, Arnold Sommerfeld, maintenant à la retraite. Une amitié s'était nouée entre eux au cours des années ; en 1935, maître et élève avaient espéré que Heisenberg prendrait sa succession comme professeur de physique théorique. Heisenberg avait passé son enfance à Munich, où son père, comme nous l'avons déjà vu, était byzantiniste à l'Université ; il aurait aimé retourner dans la ville de sa jeunesse, mais il s'en voyait empêché pour des raisons politiques. On avait en effet attaqué Heisenberg pour son appui à la « physique juive » d'Einstein et de Niels Bohr et pendant un certain temps il se trouva réellement en danger. Les autorités de l'université, effrayées par la controverse, renoncèrent à lui et nommèrent un physicien plus « ortho-doxe », mais sans envergure, pour remplacer Sommerfeld. Dans sa lettre du 4 septembre, Heisenberg déclare attendre :

... mon rappel d'un moment à l'autre ; bizarrement, il n'est pas encore arrivé. Si bien que je n'ai pas la moindre idée de ce qui va m'arriver. Ma famille restera ici, dans les montagnes, jusqu'à la fin de la guerre. La question de votre professorat restera aussi pendante tant que la maîtrise de l'Europe n'aura pas été déterminée. Espérons que le chemin qui y mène ne coûtera pas trop de vies humaines[3].

Alors que Heisenberg attendait à Urfeld que la guerre commençât pour lui, l'un de ses jeunes assistants à l'Institut de Physique théorique de Leipzig, Erich Bagge, recevait l'ordre de se présenter au ministère de la Guerre, à Berlin. Bagge, également un ancien étudiant de Sommerfeld, avait demandé à son maître, à l'automne 1935, s'il pouvait rester à Munich pour y achever sa thèse ; mais Sommerfeld lui avait fait une autre proposition. « Ce ne serait pas une très bonne idée, expliqua-t-il à Bagge. Je prends en effet ma retraite dans deux mois, et mon successeur sera Heisenberg. Alors, pourquoi ne pas commencer tout de suite à travailler avec lui, à Leipzig[4] ? » Bagge accepta et deux jours plus tard, le 8 octobre 1935, arrivait à Leipzig pour y trouver Heisenberg en pleine bataille avec les nazis. Bagge resta à Leipzig, y obtint son doctorat et resta finalement à l'institut d'Heisenberg.

Lorsque Bagge débarqua avec sa valise au ministère de la Guerre, le 8 septembre 1939, s'attendant à être expédié au front comme simple soldat, il reconnut immédiatement l'une des deux premières personnes qu'il vit. Un an auparavant, le 30 mai 1938 à l'Université de Breslau, deux hommes l'avaient approché alors qu'il venait de donner une conférence sur le deutérium, l'isotope lourd d'hydrogène qui donne son nom à l'eau lourde. L'un d'eux, le physicien Heinz Pose, lui déclara qu'ils appartenaient à la *Heereswaffenamt* (Service de recherches de l'Artillerie) ; Bagge n'aimerait-il pas rendre visite à leur institut pour y parler des « processus nucléaires » et peut-être y accepter un poste ? Le jeune physicien avait refusé, disant qu'il préférait poursuivre une carrière académique sous l'égide d'Heisenberg. Alors que les hostilités étaient commencées depuis une semaine, Bagge apprit que les deux hommes travaillaient comme assistants de Kurt Diebner, le physicien auquel on avait donné la responsabilité des travaux de physique nucléaire à la *Heereswaffenamt*, en dépit du scepticisme manifesté en haut lieu — pour ces « foutaises atomiques », comme avait dit l'un des patrons de Diebner[5].

Diebner était un physicien de valeur qui ne s'en laissait pas compter. Il mit Bagge au travail et lui fit préparer la réunion qui, au ministère de la Guerre, devait étudier la possibilité d'exploiter la fission nucléaire avant la fin des hostilités. Bagge remarqua que la plupart des scientifiques qui figuraient sur la liste de Diebner étaient des expérimentateurs. « *Herr* Diebner, dit-il, nous devrions également avoir un physicien théoricien portant un grand nom ; je crois que nous devrions faire appel à Heisenberg[6]. » Diebner refusa ; lui-même expérimentateur, il travaillait pour l'armée depuis 1934 et ne voyait pas quelle pourrait être la contribution de théoriciens comme Heisenberg. Lorsque quelques années plus tôt, en outre, Diebner avait cherché à obtenir son habilitation (étape importante dans le cursus académique allemand) Heisenberg avait émis des réserves sur la qualité de son travail[7]. Il répondit à Bagge qu'il en parlerait avec Walther Bothe et Hoffmann, son ancien professeur. Le lendemain matin, Diebner fit savoir à Bagge que les deux hommes s'étaient opposés à l'inclusion de Heisenberg dans l'équipe ; le programme devait rester strictement expérimental.

Même en l'absence de Heisenberg, ce fut une équipe de talent qui se réunit au ministère de la Guerre, sur la *Hardenbergstrasse*, le 16 septembre suivant ; elle comprenait Otto Hahn, auteur de la découverte de la fission ; Hans Geiger, l'inventeur du compteur à mesurer les radiations qui porte son nom ; Siegfried Flugge, auteur de l'article qui avait contribué à attirer l'attention du ministère de la Guerre sur la fission ; Josef Mattauch, collègue de Hahn, les chimistes Walther Bothe et Paul Harteck, Diebner, Bagge et plusieurs autres. Le supérieur hiérarchique immédiat de Diebner, un certain Basche, ouvrit la séance avec un rapport des services de renseignements allemands à l'étranger faisant état de travaux sur l'uranium dans d'autres pays. Information qui n'avait rien de surprenant pour les savants réunis au ministère ; depuis neuf mois, leurs collègues en France, en Grande-Bretagne et aux États-Unis avaient publié des articles sur la fission nucléaire dans des revues scientifiques. Basche cita l'article de Flugge et souligna l'intérêt d'utiliser la fission pour produire de la chaleur, et donc de l'énergie électrique. Diebner intervint aussitôt pour remarquer : « On peut également fabriquer des armes avec ça[8]. » Basche enregistra obligeamment cette option sur sa liste de possibilités et dit que le travail du groupe consisterait à décider si l'Allemagne ou ses ennemis pourraient trouver un moyen de fabriquer des bombes atomiques ou des sources d'énergie.

Mais à ce tout premier stade des discussions, les scientifiques n'étaient guère capables de répondre autre chose qu'un timide « peut-être ». Il ne faisait aucun doute que la fission de l'uranium dégageait d'énormes quantités d'énergie, mais le problème était de la maîtriser. Otto Hahn fit rapidement observer qu'on se heurterait à d'importantes difficultés scientifiques ; son opinion était d'un grand poids, mais il n'avait pas que la science en vue. Probablement par l'entremise du jeune protégé de Heisenberg, Carl Friedrich von Weizsäcker, Hahn avait en effet appris quelques jours plus tôt que les militaires espéraient pouvoir exploiter la fission nucléaire en vue de produire une bombe atomique. Weizsäcker était jeune, brillant et ambitieux et espérait, à cette époque-là, qu'un programme d'application nucléaire militaire qui marcherait donnerait aux scientifiques une certaine influence sur les chefs nazis. Il avait incité Hahn à participer à ce projet, sous le prétexte que travailler pour les militaires lui donnerait les moyens de protéger les jeunes scientifiques de l'Institut de Physique-Chimie de la *Kaiser Wilhelm Gesellschaft* de Berlin, inquiétude que partageaient tous les grands scientifiques allemands de l'époque. En outre, avait ajouté Weizsäcker, ils ne feraient que franchir des étapes théoriques, et jamais leurs travaux ne déboucheraient sur la fabrication d'une telle bombe. A contrecœur, Hahn accepta de participer. « Mais si jamais mes travaux devaient conduire à une arme nucléaire, dit-il froidement à Weizsäcker, je me tuerais [9]. »

Hahn, toutefois, n'eut pas besoin d'inventer des difficultés imaginaires lors de la première réunion de la *Heereswaffenamt*; les problèmes bien réels ne manquaient pas. Il venait juste de lire un article de Niels Bohr et du jeune physicien John Archibald Wheeler dans la revue américaine *Physical Review*; il présentait la preuve théorique que c'était un isotope rare d'uranium (U-235) qui faisait l'objet d'une fission dans l'uranium naturel bombardé de neutrons. L'Allemagne possédait une source abondante d'uranium naturel dans les mines de Joachimsthal, dont elle s'était emparée en même temps que du reste de la Tchécoslovaquie. Mais personne ne savait comment séparer des quantités utilisables d'U-235 pur de l'uranium naturel : à cette date, il n'en existait pas un seul gramme au monde. Hahn était chimiste et comme tel, savait les efforts immenses qu'il fallait déployer pour séparer les isotopes de n'importe quel élément. Ils étaient chimiquement identiques et ne se distinguaient que par une différence de poids. Dans le cas de l'uranium, cette différence était tout à fait minime : trois particules entre l'U-238, abondant, et le rare U-235. Si pour réussir il fallait nécessairement de l'U-235, remarqua Hahn, la tâche serait insurmontable. Paul Harteck ne fut pas d'accord ; il avait travaillé sur la séparation isotopique par diffusion thermique et estimait que c'était faisable.

La discussion s'était prolongée plusieurs heures sans aboutir à une conclusion, lorsque Geiger, qui jusqu'ici n'avait fait qu'écouter, se leva pour prendre la parole. « Messieurs, dit-il, nous venons d'apprendre qu'il existe une *chance* que de l'énergie nucléaire soit produite par fission. Mon avis est que s'il existe ne serait-ce que l'ombre d'une telle chance, nous nous devons de la courir. Nous ne pouvons l'ignorer [10]. »

Cette intervention fut décisive. Après tout, comment des scientifiques pouvaient-ils refuser la possibilité *d'étudier* quelque chose ? La discussion porta alors sur des questions pratiques : quel genre d'études ? Qui devait les faire, et où ? Là-dessus, Bagge renouvela sa proposition d'inviter Heisenberg à se joindre à eux. Il savait que Heisenberg était réserviste et il craignait qu'il ne fût envoyé au front et tué au combat. Dans cette réunion ouverte, alors que plusieurs des amis de Heisenberg se trouvaient présents, Bothe et Hoffmann n'émirent aucune objection. Diebner céda, cette fois, et l'ordre de mobilisation de Heisenberg fut rédigé en conséquence ; il le reçut quatre jours plus tard, le 20 septembre. De retour à Leipzig, Bagge déclara à Heisenberg que le groupe de la *Heereswaffenamt* s'intéressait au problème du « contrôle de la fission nucléaire [11] », mais ne dit rien du rôle qu'il avait joué en poussant l'armée à l'inclure ; il se sentait « un peu gêné » par ça.

La guerre de Heisenberg commença donc le 26 septembre 1939, lorsqu'il se présenta au bureau de la *Heereswaffenamt*, seul nouveau membre dans le groupe qui s'était rassemblé dix jours auparavant. On l'affecta officiellement au groupe de recherche en physique nucléaire du ministère de la Guerre. La *Heereswaffenamt* aurait voulu réunir ce service de recherche sous un même toit, à Berlin, mais Heisenberg protesta : il tenait à poursuivre son enseignement à Leipzig, et fit observer que les chercheurs accompliraient un meilleur travail dans leurs Instituts respectifs. A contrecœur, les militaires acceptèrent [12]. Lors de cette réunion, le chimiste Paul Harteck proposa de construire une « machine à uranium » avec des couches alternées d'uranium naturel et de modérateur ; on envisagea l'eau lourde et une forme de graphite. Heisenberg vit tout de suite la nécessité d'une meilleure théorie de réacteur que celle esquissée par Flugge dans son article, et quitta la réunion avec pour mission d'étudier le problème.

Bagge était enchanté de pouvoir continuer à travailler avec son maître. Il n'éprouvait pas de doute quant à la validité du projet lui-même ; il ne lui vint pas à l'esprit de s'inquiéter de l'usage que l'on pourrait faire d'une bombe, si jamais ils arrivaient à en construire une. Ce n'était pas son affaire. Il était jeune, n'ayant pas encore trente ans ; il avait des ordres, la science était une aventure passionnante et s'il y avait une chance de réussir, « il fallait la tenter [13] ». Pour autant qu'il le sût, Heisenberg partageait ce point de vue et se mit au travail avec enthousiasme. Les progrès furent rapides. Un matin, à la fin du mois d'octobre, Heisenberg, tout excité, se heurta à Bagge au moment où ce dernier arrivait au travail. « Bagge ! Venez dans mon bureau. J'ai fait quelques calculs sur une machine à graphite. » Il alla droit au tableau noir et commença à aligner des chiffres, expliquant sa théorie au fur et à mesure : une fois que le réacteur atteignait un point critique et chauffait, se produisait un curieux phénomène. Alors que la température approchait 2 000 °C, la vélocité des neutrons augmentait, il y avait déclin du nombre moyen des captures de neutrons et la réaction se stabilisait. Autrement dit, la machine tournait toute seule. Heisenberg considérait que c'était tellement étrange et inattendu qu'il serait nécessaire d'élaborer une théorie complète du réacteur. C'est ce qu'il fit dans deux articles, l'un qu'il acheva en quelques jours, avant la fin du mois d'octobre, et l'autre qu'il compléta au cours du mois de février suivant. C'est sur ces deux articles que se fondèrent les recherches allemandes sur le réacteur nucléaire pour tout le reste de la guerre [14].

C'est ainsi que seulement deux mois après sa conversation avec Fermi aux États-Unis, Heisenberg se trouva obligé par le destin et son gouvernement de contribuer à inventer une arme nouvelle, aux terrifiants pouvoirs destructeurs. La manière dont il traita cette question eut des conséquences sur tout le reste de sa vie ; tout ce qu'il se sentit plus tard obligé de déclarer sur son rôle au cours de la guerre est d'un grand intérêt, mais ce sont des éléments fragmentaires et souvent abstraits, en particulier en ce qui concerne les deux premières années du conflit. A propos de cette première réunion de la *Heereswaffenamt*, il dit seulement que « Là [...] j'appris que j'aurais à travailler [...] à l'étude des applications techniques de l'énergie atomique [15]. » C'est ce qu'il fit au cours des cinq ans et demi qui suivirent, jusqu'au moment où l'armée américaine mit la main sur lui, en mai 1945. Il ne se targua jamais d'être à l'origine de l'échec de l'Allemagne, relativement à la construction de la bombe atomique, mais les témoignages que nous avons sur ce qu'il a dit et fait contredisent le tableau qu'il dresse de lui-même, se décrivant comme le témoin passif des décisions officielles. L'Allemagne nazie était un territoire dangereux, et à l'époque, Heisenberg ne s'exprimait librement que devant quelques rares amis ; parmi eux il cite son ancien étudiant Karl Wirtz, Friedrich George (« Fritz ») Houtermans, Hans Jensen et surtout Carl Friedrich von Weizsäcker. C'est ce dernier, fils du second personnage officiel du ministère des Affaires étrangères de Hitler, Ernst von Weizsäcker, qui était le confident le plus proche de Heisenberg. Weizsäcker n'avait que quatorze ans lorsqu'il avait rencontré Heisenberg pour la première fois, en 1927 à Copenhague, où son père était représentant de l'Allemagne au Danemark. Weizsäcker était un enfant studieux, attiré vers la philosophie par le biais d'ouvrages de vulgarisation sur l'astronomie.

> Un jour, ma mère me dit qu'elle venait de rencontrer un jeune scientifique allemand qui travaillait avec le célèbre physicien danois Niels Bohr (qu'elle ne connaissait que de nom) ; il jouait très bien du piano et était un homme charmant. Je lui demandai : « Quel est son nom ? » et elle me répondit : « Heisenberg. » Je lui répondis alors que je venais juste de lire ce nom dans l'un des périodiques pour les jeunes que je recevais et où il était question des choses nouvelles en science. « Il faut que je le rencontre, invite-le, Maman ! » Et c'est ainsi que nous invitâmes Werner Heisenberg alors qu'il avait vingt-cinq ans et moi quatorze. Nous eûmes de longues discussions et je fus très frappé par le fait que cet homme non seulement connaissait tout mieux que moi (car je n'étais pas peu fier de mes prouesses) en physique et en mathématiques, cela allait de soi, mais qu'il parlait le danois et l'anglais, savait jouer de la musique (dont j'ignorais tout), skier et même jouer aux échecs où j'étais légèrement meilleur [16].

Ils se retrouvèrent à nouveau quelques semaines seulement plus tard, dans un taxi qui conduisait Heisenberg d'une gare à une autre : le jeune scientifique partait voir ses parents à Munich. Heisenberg vivait alors une période d'intense et jubilatoire activité créatrice ; il venait juste d'achever l'article sur le « principe d'incertitude » qui allait le rendre célèbre lorsqu'il serait publié. Durant la traversée de Berlin, Weizsäcker dit s'intéresser à la philosophie ; Heisenberg lui conseilla de commencer par étudier la physique, tant qu'il disposait de l'énergie mentale de la jeunesse. « La physique est une occupation honnête, dit-il. Ce n'est que lorsque tu l'auras apprise que tu auras le droit de philosopher à son sujet [17]. » Encore sous l'effet de l'émerveillement qu'avait suscité en lui le nouveau principe qu'il avait conçu à Copenhague en février, Heisenberg ajouta : « Je crois que je viens de réfuter la loi de causalité. » Weizsäcker décida alors d'étudier la physique afin de pouvoir comprendre ce que voulait dire son aîné.

En dépit de leur différence d'âge, les deux hommes se lièrent d'une profonde amitié, parfois interrompue par des épisodes « d'état de tension [18] », qui dura jusqu'à la fin de la vie de Heisenberg. L'un des amis d'enfance de Weizsäcker, Fey von Hassel, se souvient d'avoir entendu Heisenberg et Weizsäcker jouer une partie d'échecs par téléphone [19]. Au cours des années trente, Weizsäcker vint à Leipzig pour occuper le poste d'assistant de Heisenberg. Mais au bout d'un an ou deux, un différend personnel s'éleva entre eux ; Heisenberg était tombé amoureux de Adelhide, sœur de Weizsäcker, mais finalement, les choses n'allèrent pas plus loin et cette amourette fut sans lendemain. Il s'ensuivit un certain « état de tension » et Weizsäcker alla travailler à la *Kaiser Wilhelm Gesellschaft* à Berlin. Pendant trois ans, entre 1936 et 1939, les deux hommes ne se virent qu'à peine. La brouille ne prit fin qu'avec la découverte de la fission par Otto Hahn et Fritz Strassmann, à la fin de 1938. Dès l'instant ou presque où Weizsäcker en entendit parler, il en apporta la nouvelle à Leipzig et la présenta au cours du séminaire de Heisenberg [20]. Weizsäcker avait déjà réfléchi à la possibilité d'explosions produites par l'énergie nucléaire, mais à partir du principe de la fusion, et non de celui de la fission ; sur le coup, il n'envisagea pas la possibilité d'utiliser les travaux de Hahn pour la fabrication d'une bombe atomique. D'ailleurs, durant une conférence (probablement faite lors d'un séminaire d'Heisenberg) au mois de janvier de cette même année, il déclara : « Nous avons de la chance ; nous ne pouvons pas fabriquer de bombes atomiques [21]. »

Son innocence ne dura pas longtemps. A peine deux mois plus tard, en février ou mars, Weizsäcker entendit Otto Hahn rapporter la découverte faite à Paris par les Joliot-Curie sur les neutrons secondaires libérés par la fission, et qui devait faire bientôt l'objet d'une publication. La douzaine de personnes qui se trouvaient là comprirent immédiatement ce que cela signifiait : une réaction en chaîne était possible. Ce soir-là, Weizsäcker discuta de la découverte des Joliot-Curie avec un vieil ami d'école, George Picht, professeur de lettres qui enseignait la philosophie grecque à l'Académie prussienne. Weizsäcker savait qu'une réaction en chaîne non contrôlée était synonyme de « bombe atomique » et il craignait, dit-il, qu'il soit « peut-être facile d'en fabriquer une[22] ». A la fin de la discussion, il avait tiré la conclusion que l'humanité se trouvait devant un choix terrible : l'autodestruction ou la renonciation à la guerre. En avril, Weizsäcker apprit de l'un des assistants d'Otto Hahn, Josef Mattauch, que les autorités allemandes pensaient déjà à la possibilité de construire la bombe atomique par ce nouveau procédé, et il poussa Siegfried Flugge à publier son article sur la question dans *Naturwissenschaften* en juin[23]. Weizsäcker, à ce stade, essayait-il d'avertir le monde du danger ou bien de donner de l'élan à la recherche ? ce n'est pas tout à fait clair. Mais il est indiscutable qu'il pensait beaucoup à la question, et qu'il était déterminé à jouer un rôle dans les événements.

Peu après les réunions de la *Heereswaffenamt* de septembre 1939, le ministère allemand de la Guerre prit la direction de l'Institut de Physique de la *Kaiser Wilhelm Gesellschaft,* si bien que Weizsäcker se retrouva d'office membre du Groupe de Recherche en Physique nucléaire, que l'on ne tarda pas à appeler *Unranverein* (Club-Uranium). Encore incertain sur les difficultés qu'il y aurait à construire une bombe, sur la durée de la guerre et sur ce qu'il devait faire, Weizsäcker se rendit à Leipzig pour en discuter avec Heisenberg, dont il respectait la sagesse et l'intelligence plus que celles de n'importe qui. A ce moment-là, ce qui pouvait rester de leur brouille se dissipa et toute froideur disparut entre eux. Heisenberg lui confia qu'il avait la certitude que l'Allemagne perdrait la guerre. « Hitler est engagé dans une fin de partie d'échecs avec une tour en moins que les autres, dit-il. Il perdra donc. Cela prendra un an[24]. »

Weizsäcker n'en était pas aussi sûr. Il retourna à Leipzig quelques semaines plus tard, début octobre. Erich Bagge faisait des calculs dans la salle de séminaire, à côté du bureau de Heisenberg, et entendit Weizsäcker dire : « Werner, mon père prétend que la guerre sera terminée dans quinze jours. » Heisenberg se montra sceptique. « Comment peut-on le savoir ? » demanda-t-il[25].

Weizsäcker expliqua : le long discours (prononcé le 6 octobre devant le Reichstag) dans lequel Hitler proposait la paix à l'Angleterre, s'appuyait sur quelque chose de solide. Quelques jours auparavant, l'ambassadeur italien en Allemagne, Bernardo Attolico, avait dit à Ernst von Weizsäcker qu'une majorité du cabinet français était en faveur d'une conférence de paix immédiate, pourvu que l'on pût trouver un prétexte convenable, qui « permettrait à la France et l'Angleterre de sauver la face[26] ». Cet espoir se révéla trompeur, comme beaucoup d'autres, mais il permet de mieux comprendre dans quel contexte Weizsäcker et Heisenberg essayèrent de déterminer l'attitude à adopter devant la question de la recherche atomique, au tout début de la guerre. Heisenberg pensait qu'elle durerait un an, Weizsäcker (au moins pour le moment) qu'elle risquait de s'achever en quelques semaines ; dans un cas comme dans l'autre, bien avant que les travaux sur la fission pussent aboutir à quelque chose de concret. Si bien que Weizsäcker était favorable à leur poursuite ; en tant que constructeur de la bombe atomique, il avait le sentiment qu'il pourrait même obtenir la respectueuse attention de Hitler en personne. Sans être nazi, Weizsäcker n'en était pas moins le fils de son père et croyait comme lui que des hommes de qualité, placés aux endroits stratégiques, pourraient au dernier moment éviter les ultimes conséquences de la folie du Führer. Bref, Weizsäcker était jeune, prisonnier de l'engrenage dramatique des événements, et avait encore des illusions.

La confiance de Weizsäcker et la prudence d'Heisenberg invitaient au compromis. Heisenberg aimait bien à faire la distinction entre « les choses qui signifient quelque chose et celles sur lesquelles on peut aboutir à un accord[27] ». Il préférait ces dernières, ainsi que les discussions qui se terminent par le règlement de la question débattue. Ce qu'il fallait faire dans le cas de la bombe atomique n'était pas l'une de ces questions. Weizsäcker et lui, toutefois, finirent par aboutir à une appréciation commune de la situation dans laquelle ils se trouvaient : la tentative de créer une réaction en chaîne qui s'auto-entretiendrait était en soi intéressante ; le succès pourrait permettre d'offrir une importante source d'énergie à l'Allemagne après la guerre ; et en attendant, cela les autorisait à recruter, et donc à protéger, les jeunes physiciens qui, sinon, n'avaient d'autres ressources que de rejoindre l'armée. Ils se rassurèrent mutuellement en estimant que la construction d'une bombe atomique était techniquement au-delà des moyens de l'Allemagne en temps de guerre et, de toute façon, le problème crucial, celui de la séparation de l'U-235, se trouvait entre d'autres mains. Le compte rendu que Heisenberg donne de cette conversation, rédigé longtemps après la guerre, paraît tout à fait plausible : les deux hommes préféraient la science au combat et pour le moment, au moins, étaient libres de penser que la tentative de construire un réacteur n'était qu'une recherche intéressante[28].

Mais cette rassurante conclusion ne tint pas longtemps. Weizsäcker possédait un esprit de théoricien de tout premier plan et un jour, dans le métro de Berlin qui l'emportait vers le KWG, à Dahlem, il se mit à se demander ce qu'il advenait de tous ces neutrons en excès libérés par la fission de l'U-235 dans l'uranium naturel : certains étaient manifestement captés par l'U-238, et puis ensuite ? Les détails n'étaient pas clairs, mais il tenait le point fondamental : l'U-239, trop instable, ne tarderait pas à se dégrader en un nouvel élément (qu'il baptisa « Eka-rhénium », étant donné sa similitude avec le rhénium dans la table périodique). Une chose était néanmoins évidente : l'article de Niels Bohr et Wheeler disait qu'il se fragmenterait comme l'U-235, mais, contrairement à l'U-235, le nouvel élément pouvait être séparé de l'uranium naturel par la chimie conventionnelle. Weizsäcker, loin de mettre cette théorie dans sa poche avec son mouchoir par-dessus, écrivit un article de huit pages qu'il fit parvenir aux autorités de la *Heereswaffenamt* en juillet 1940[29]. Une fois que Heisenberg fut au courant des travaux de Weizsäcker, il comprit que les réacteurs n'étaient pas innocents mais offraient une chance authentique de procurer à l'Allemagne, et à Hitler, la matière première nécessaire à la fabrication d'une bombe atomique.

N'anticipons pas, toutefois : à la fin de 1939 et au début de 1940, en association sans liens bien étroits avec Weizsäcker et Karl Wirtz à Berlin-Dahlem, Heisenberg participait aux travaux de l'*Uranverein* avec des études théoriques sur la fission dans un réacteur producteur d'énergie. Son ami Enrico Fermi se livrait à des recherches très voisines à l'Université de Columbia et partageait aussi (pour le moment) l'idée que jamais une bombe atomique ne pourrait être construite à temps pour une utilisation dans la guerre en cours. Presque chaque semaine, Heisenberg se rendait à Berlin pour discuter des progrès accomplis ; entre ces déplacements, il menait une vie paisible d'enseignant à Leipzig. La guerre avait réduit son univers à une poignée d'étudiants, quelques collègues et un groupe d'amis. L'un d'eux était le mathématicien hollandais Baertel van der Waerden qui, soutenu par Heisenberg, avait choisi de rester à Leipzig pendant la durée de la guerre pour que son poste ne fût pas occupé par un nazi. Un accord tacite prévalait, en cette période de guerre ; personne ne disait jamais rien qui pût mettre un ami en danger. Chaque dimanche, par exemple, van der Waerden allait passer une partie de l'après-midi à bavarder avec Karl Friedrich Bonhoeffer. Mais jamais van der Waerden n'entendit la moindre allusion au rôle qu'allait jouer Bonhoeffer dans la conspiration anti-nazie qui se terminerait par son exécution, après l'échec de la tentative d'assassinat d'Hitler, en 1944. Van der Waerden voyait Heisenberg presque tous les jours lorsqu'il était à Leipzig et n'entendit jamais parler des travaux que son ami poursuivait sur le programme atomique allemand. Heisenberg parlait cependant parfois de politique ; mais la guerre avait mis fin à son joyeux optimisme. Il déclara un jour à van der Waerden, au cours de la première année du conflit : « Ni les Allemands ni les Alliés ne vont gagner la guerre. Les seuls qui remporteront la victoire seront les Russes[30]. »

La tranquillité d'Heisenberg fut cependant de courte durée. Il avait commis deux erreurs. La guerre allait durer plus d'un an, et il y avait une autre manière, plus facile, de construire la bombe. Weizsäcker fut le premier à la trouver.

CHAPITRE 3

Dans sa solitude, personne ne manquait davantage à Heisenberg que le physicien danois Niels Bohr, son ami le plus proche dans la communauté scientifique. Les liens du sang n'auraient pas pu être plus forts entre eux. Au cours des années où le travail de Heisenberg fut le plus créatif (soit en gros entre 1924 et 1934) Niels Bohr fut son collaborateur, son critique et son inspirateur. C'est Bohr qui permit à Heisenberg de mobiliser toute son énergie intellectuelle et de se sentir à l'aise dans le monde. Néanmoins, la décision d'Heisenberg de rester en Allemagne après la prise du pouvoir par Hitler empoisonna peu à peu leurs relations et, une fois la guerre déclarée, Heisenberg resta près de huit ans sans revoir Niels Bohr, à une exception près. En septembre 1941, au moment de la plus grande suprématie de l'Allemagne, les deux hommes se rencontrèrent à Copenhague. Heisenberg dit à Niels Bohr des choses que celui-ci ne comprit pas et qu'il ne lui pardonna jamais.

Comme souvent, lorsqu'une relation d'amitié projette son influence sur toute une vie, leurs périodes d'intimité avaient été brèves et intenses. Tout avait commencé pendant l'été 1922, lorsque l'Université de Göttingen avait invité Niels Bohr, savant déjà éminent, à faire un cycle de conférences. Bohr, déjà proche de la quarantaine, était célèbre pour ses importants travaux sur la structure de l'atome, qui dataient d'une dizaine d'années. Heisenberg avait juste vingt et un ans et faisait simplement partie des nombreux étudiants prometteurs qui travaillaient avec Arnold Sommerfeld à Munich. Là, Heisenberg avait souvent eu l'occasion de discuter du modèle atomique de Bohr avec d'autres jeunes physiciens, comme Gregor Wentzel et l'Autrichien Wolfgang Pauli, qui passaient leur temps dans l'une des salles de Sommerfeld, baptisée « le Séminaire[1] ». Pauli, en particulier, devint un ami proche en dépit de sa langue bien pendue et de son franc parler. Du même âge que Heisenberg, un peu plus petit, la silhouette en torpille avec un cou presque inexistant, Pauli avait l'air de lancer des jugements cinglants qui n'épargnaient personne. Pour lui, rien n'était sacré. Même à propos de leur professeur, Arnold Sommerfeld, qu'ils admiraient tous. Il lâcha un jour : « Il a l'air d'un *Hussaroberst* », d'un commandant des hussards[2]. En présence de Sommerfeld, cependant, Pauli retenait sa langue : « Oui, *Herr Geheimrat*, oui, c'est extrêmement intéressant, mais je préférerais peut-être une formulation légèrement différente[3]. »

Personne d'autre n'échappait aux piques de Pauli. Tout au long de leur amitié, Heisenberg fut souvent en butte à Pauli qui qualifiait ses idées les plus audacieuses d'un « Quatsch ! » (Foutaises !) méprisant[4]. Il conseilla à Heisenberg de renoncer aux échecs et de consacrer le peu d'énergie intellectuelle dont il disposait à la physique. Heisenberg ne se formalisait pas de ces rosseries (il continua à jouer aux échecs) à l'inverse de tant d'autres — pour la plus grande joie du brillant Pauli. La variété des problèmes abordés au séminaire était grande, allant de tout ce qui pouvait paraître intéressant dans les Proceedings of the Royal Society à la dernière lettre d'Einstein ou de Bohr reçue par Sommerfeld.

Mais au cours de ces discussions des travaux les plus récents, c'était toujours Bohr qui paraissait le plus difficile à coincer. Une fois, Pauli rejeta un article de Niels Bohr sur la table périodique en disant : « Oh, cette histoire de résonance est une escroquerie et je n'en crois pas un mot[5]. » Heisenberg réagit très différemment. Contrairement à Pauli, qui savait toujours exactement ce qu'il pensait, il pouvait être pris de court. Il fut « stupéfait » de découvrir que la percée accomplie par Niels Bohr était le résultat de sa « fabuleuse intuition » et pas seulement de calculs mathématiques brillamment conduits jusqu'à leur terme. Heisenberg sentit instinctivement que Bohr tenait quelque chose et voyait juste mais dit à Pauli, qu'en toute franchise, il ignorait ce que c'était[6].

Heisenberg accepta avec enthousiasme, lorsque Sommerfeld l'invita à l'accompagner à la fête en l'honneur de Bohr, à Göttingen ; sur place, il commença toutefois par garder ses questions pour lui. Il se trouvait dans une compagnie impressionnante : les hommes célèbres, comme le physicien Max Born ou les mathématiciens David Hilbert et Richard Courant, emplissaient l'amphithéâtre. Hilbert aimait à commencer son séminaire hebdomadaire sur la matière avec la question empoisonnée : « Eh bien, messieurs, qu'est-ce qu'est exactement un atome[7] ? » Sommerfeld faisait preuve d'une confiance classique chez un physicien : il existait des réponses exactes à cette question. Dès la première conférence de Niels Bohr, Heisenberg remarqua que le physicien danois avait une approche bien différente. Il se heurtait à ce problème depuis déjà dix ans et recherchait toujours la forme à donner à la réponse, non pas en termes de nombres, mais d'intuition de la chose : ce qu'un atome est.

A la fin de sa deuxième conférence de Göttingen, Niels Bohr laissa une porte entrouverte. Il venait de discuter du travail de son assistant, Hendrik Kramers, sur l'effet Stark « quadratique » dans l'atome d'hydrogène, découverte qui avait valu à Johannes Stark et la célébrité, et le prix Nobel en 1919. Heisenberg avait rendu compte de l'article de Kramers au cours d'un séminaire de Sommerfeld, à Munich, et le connaissait donc en détail ; au cours de la discussion qui suivit la conférence de Bohr, il risqua une objection. Bohr défendit Kramers mais invita Heisenberg à l'accompagner pour une promenade sur les flancs du Hainberg, la hauteur boisée qui domine Göttingen. La discussion que Heisenberg eut avec Niels Bohr, ce jour-là, ne fut comparable à rien de ce qu'il avait connu jusqu'ici. Heisenberg était un mathématicien doué et un étudiant brillant, un peu orgueilleux, un peu refermé sur lui-même, ayant déjà une bonne connaissance du monde de la science allemand, monde dans lequel des professeurs divinisés dictaient leurs découvertes à la nature et répandaient la bonne parole au cours de leurs séminaires. Niels Bohr n'avait aucun goût pour la course à qui serait l'homme le plus intelligent au monde ; il courtisait la nature pour en découvrir la vérité. Heisenberg sentait qu'il avait affaire à un homme qui voulait avant tout comprendre les choses ; ce n'était qu'ensuite qu'on pouvait commencer à mettre de l'ordre dans les réponses, en les corsetant de chiffres et de lois. Dès le début, ce ne fut pas ce que pensait Bohr, mais la manière dont il le pensait qui provoqua le respect d'Heisenberg. Bohr fut aussi séduit par le jeune Allemand, et l'invita à venir lui rendre visite à Copenhague, ce qu'il fit dix-huit mois plus tard, au printemps de 1924.

A la fin du dix-neuvième siècle, beaucoup de physiciens crurent — et expliquèrent à leurs étudiants — que leur science était achevée, ses lois fondamentales connues et qu'il ne restait qu'à affiner leurs mesures jusqu'à la sixième décimale. Le directeur de thèse de Max Planck, à l'Université de Munich, l'avertit (on était dans les années 1870) que tout le travail intéressant avait été accompli. Néanmoins, le siècle n'était pas encore bouclé que déjà des expérimentateurs, inaugurant une ère nouvelle dans l'histoire de la physique, ouvraient une fenêtre sur la structure de l'atome par la découverte et la mesure d'éléments qui en provenaient : les rayons X, mis en évidence par le physicien allemand Wilhelm Röntgen, et la radioactivité (qui ne porta pas tout de suite ce nom), découverte par le Français Henri Becquerel un mois plus tard seulement. En 1897, une jeune Polonaise qui travaillait à Paris, Marie Curie, décida de faire sa thèse de doctorat sur le phénomène de Becquerel et consacra le reste de sa vie à ce sujet. Comme les autres savants de l'époque, elle mit longtemps à comprendre les dangers que présentaient la radioactivité (terme qu'elle imposa) et elle mourut en 1934 d'anémie aplastique, probablement pour avoir manipulé des produits radioactifs sans prendre de précautions ; ses livres de cuisine étaient encore radioactifs cinquante ans après. Se servant de la table périodique, Marie Curie ne tarda pas à établir que seuls l'uranium et le thorium, parmi les éléments alors connus, étaient radioactifs ; plus tard, utilisant un minerai provenant des mines de Joachimsthal, en Autriche-Hongrie (actuellement en Tchécoslovaquie), elle découvrit deux nouveaux éléments, le polonium et le radium.

L'étonnant phénomène de la radioactivité fit de l'uranium l'objet d'un sérieux intérêt scientifique, pour la première fois depuis que le chimiste

M. H. Klaproth, en 1789, en avait isolé un petit échantillon à partir de minerai de pechblende trouvé en Saxe. Le nouvel élément reçut le nom de la planète Uranus, découverte en 1781, mais il était rare et difficile à raffiner, sans compter qu'on ne lui trouva qu'un seul usage commercial au cours des cent ans qui suivirent, comme fixatif des couleurs en céramique. Mais dès que Becquerel publia sa découverte, les chercheurs, partout dans le monde, en apprenant que l'uranium dégageait de l'énergie, comprirent qu'il ne s'agissait pas simplement d'un phénomène curieux et se mirent à l'étudier. Les hommes et les femmes qui élaborèrent la nouvelle physique habitaient dans un monde unique faisant fi des frontières nationales et animé de fréquentes conférences, de discussions interminables et d'échanges de lettres, surtout en allemand et en anglais. Ce n'était numériquement qu'une petite communauté : quelques dizaines de scientifiques, tout au plus, chacun entouré d'un cercle d'étudiants, dans les rares universités où existait une chaire de physique théorique et des disciplines qui lui étaient associées.

Si ce petit monde avait une capitale, cependant, c'était sans aucun doute l'Institut de Physique théorique de Niels Bohr à Copenhague, où furent peu à peu mis à jour la vie interne de l'atome puis, plus tard, le mystère central de la théorie des quanta — découvertes dans lesquelles Niels Bohr joua un rôle déterminant — dans les décennies qui précédèrent la prise du pouvoir par Hitler et le déplacement du centre de gravité de la recherche scientifique vers les États-Unis. Niels Bohr fut la grande arche qui relia l'ancienne physique à la nouvelle, un héros mythique qui connut la gloire très jeune et resta l'objet de l'admiration générale pendant tout le reste de sa vie. On a parfois l'impression que personne n'a jamais passé une heure en sa compagnie sans se précipiter ensuite chez soi pour noter tout ce qu'il avait dit. Les témoignages écrits sur sa vie forment une pile impressionnante : on peut suivre sa progression depuis sa jeunesse presque jour après jour. Né à Copenhague en 1885, il était le fils d'un physiologiste et professeur bien connu qui avait l'amour des sciences, d'une manière générale. Son jeune frère, Harald, se tailla très jeune une réputation de mathématicien, mais à vingt ans, Niels Bohr avait lui aussi attiré l'attention de l'Université de Copenhague en physique, par une étude des surfaces de tension dans les courants fluides. En 1911, il se rendit en Grande-Bretagne pour étudier tout d'abord au laboratoire Cavendish de Cambridge, avec J.J. Thomson, puis bientôt à Manchester où il travailla sous la direction du Néo-Zélandais Ernest Rutherford, lequel déclara à ses collègues : « Ce jeune Danois est la personne la plus intelligente que j'aie jamais rencontrée [8]. »

Niels Bohr confirma rapidement ce jugement, dès 1912, avec la première mouture d'un article sur la structure de l'atome, au début de l'été. A la fin de juillet, il retourna au Danemark, épousa Margrethe Norlund et ne tarda pas à se remettre au travail pour amender et améliorer son article ; un processus lent, souvent laborieux, qui préfigure les nombreux combats qu'il allait mener par la suite pour trouver les mots exacts exprimant ce qu'il voulait dire. En mars 1913, Rutherford écrivit à Bohr que la nouvelle version lui plaisait, mais qu'il la trouvait un peu longue. « Je suppose que vous ne voyez pas d'objection à ce que je me serve de mon jugement pour retrancher tout ce que je considère comme n'étant pas absolument nécessaire dans votre article ? écrivit-il en post-scriptum. Répondez-moi, s'il vous plaît[9]. » Le mot « retrancher » suffit pour que Niels Bohr se précipitât à Manchester où, pendant toute une longue après-midi qui se prolongea tard dans la soirée, il passa en revue tout son texte en compagnie de Rutherford. Ce dernier fut-il convaincu, ou a-t-il simplement battu en retraite devant l'opiniâtreté du jeune homme ? Nous ne le saurons jamais, mais toujours est-il que lorsque Bohr repartit, pas une ligne n'avait été retirée de l'article et son auteur était aux anges.

Le texte parut donc in extenso dans le *Philosophical Magazine*, et provoqua le genre de réactions — accueil admiratif ici, horrifié là — qui rendent un homme célèbre. Lord Rayleigh, dont les travaux sur les ondes stationnaires à la surface des liquides étaient à l'origine des premières recherches de Bohr sur les courants fluides, le rejeta comme étant « inutilisable », au moins pour lui[10]. Max von Laue, en Allemagne, déclara que si les hypothèses de Bohr se vérifiaient, il renoncerait à la physique. A Hambourg, Otto Stern, comme von Laue, dit à des amis : « S'il ne se trompe pas, j'abandonne la physique. Ça ne sert vraiment à rien[11]. » L'article fut accueilli par des rires à Göttingen, même si Harald, le frère de Bohr qui étudiait à ce moment-là à l'université, soutint que si Niels disait qu'il en allait ainsi, c'est qu'il en allait ainsi, et que c'était important s'il disait que ça l'était. D'autres, cependant, trouvaient plus facile de digérer la perspicace intuition de Bohr, pour qui les électrons peuvent passer d'une orbite à une autre autour du noyau de l'atome selon le principe des quanta établi par Planck. L'un de ces enthousiastes était Arnold Sommerfeld, à Munich, qui déclara à un physicien français qui lui rendait visite : « Niels Bohr vient de publier un article extrêmement important qui fera date dans l'histoire de la physique théorique. » Sommerfeld écrivit à Bohr en septembre 1913 ; il reconnaissait se sentir « encore assez sceptique, quant au modèle atomique en général », mais il le félicitait néanmoins pour ce qui était « incontestablement une grande avancée[12] ».

L'été suivant les frères Bohr firent une randonnée pédestre à travers l'Allemagne qui leur permit de confronter les idées de Niels aux critiques d'un certain nombre de scientifiques comme le physicien hollandais Peter Debye et Max Born à Göttingen, tous deux sceptiques et pleins de questions, ou encore Arnold Sommerfeld, qui avait travaillé sur certaines des difficultés que présentait la théorie de la structure atomique de Bohr. Ce dernier adorait parler, et par-dessus tout, parler science. En juin, l'archiduc autrichien François Ferdinand avait été assassiné à Sarajevo et le vieil ordre européen volait en éclats pendant que voyageaient les deux frères. Début août, abrégeant leur randonnée, ils retournèrent au plus vite au Danemark avant la fermeture de la frontière, tandis que les Allemands envahissaient la Belgique. Chez lui, Niels Bohr découvrit dans les journaux, avec un profond malaise, qu'en Allemagne des foules énormes manifestaient, bannières en tête, et que des jeunes gens se présentaient par milliers pour s'engager, dans l'excitation fiévreuse de la guerre. L'univers de Niels Bohr était celui, international, de la science ; il trouvait difficile de concilier ces manifestations d'un enthousiasme belliciste primitif avec la dignité de la science académique allemande et se sentit choqué lorsqu'en automne, près d'une centaine de professeurs allemands — entre autres Max Planck — signèrent un manifeste de soutien aux armes germaniques. A ce moment-là, Bohr venait de gagner Manchester avec sa femme ; l'université l'avait engagé comme lecteur de physique au salaire de deux cents livres par an. Tandis que Rutherford poursuivait dans la discrétion des recherches militaires, Bohr continua son travail en recherche fondamentale, restant même en contact avec des scientifiques allemands ; en mars 1916 il reçut un ensemble d'articles de Sommerfeld, lequel avait approfondi les idées de l'article de Bohr de 1913.

De retour à l'Université de Copenhague pour le semestre d'automne 1916, Bohr prit un assistant, le physicien hollandais alors âgé de vingt et un ans Hendrik Kramers — l'homme qui allait écouter Bohr parler pendant dix ans. A l'étroit aussi bien dans son travail que dans ses quartiers comme professeur d'université, Niels Bohr commença à rêver d'établir son propre centre de recherches. Les instituts étaient une formule courante dans les structures académiques allemandes, mais le physicien danois avait quelque chose de réellement imposant à l'esprit : un centre d'étude, d'enseignement et d'expérimentation indépendant, disposant de ses propres bâtiments, de son propre personnel, sur un terrain en bordure d'un parc de Copenhague, le Blegdamsvej, acheté avec l'aide d'un vieil ami d'école. Du fait de la neutralité du Danemark, la demande d'une aide financière faite par Bohr auprès de la fondation Carlsberg reçut l'appui et de Rutherford en Angleterre et de Sommerfeld en Allemagne. Ce dernier exprima le vœu que « les scientifiques de tous les pays puissent se rencontrer pour des travaux particuliers [...] et poursuivre des idéaux culturels communs à l'Institut de Physique atomique de Niels Bohr[13] ».

Bohr adopta très tôt un idéal d'internationalisme ; le Danemark était un pays bien trop petit pour constituer un univers en soi. Toutefois, le jeune physicien ne pouvait s'empêcher de ressentir quelque chose comme une bouffée de joie victorieuse lorsqu'il écrivait à Rutherford, en novembre 1918 (c'est-à-dire à la fin de la guerre) : « Ici, au Danemark, nous sommes pleins de gratitude pour la possibilité offerte par la défaite de l'Allemagne d'acquérir le vieux port danois de Schleswig [...] Tout le monde, ici, est convaincu qu'il ne pourra plus jamais y avoir en Europe de conflit d'une telle dimension [14]. »

Deux ans plus tard, en janvier 1921, les bâtiments enfin achevés, Niels Bohr s'installa dans son Institut for Theorisk Fysik flambant neuf et commença à édifier cette communauté internationale de la science qui allait donner à son pays une place éminente dans le domaine de la physique ; parmi ses premiers visiteurs, on compte Lise Meitner et Gustav Herz, de Berlin. Niels Bohr venait d'être élu membre de la British Royal Society, rare et insigne honneur pour un étranger. En mars 1922, il alla rendre visite à Rutherford, qui avait quitté Manchester pour le Cavendish Laboratory de Cambridge, où tous ceux qui n'étaient pas au premier rang, lors des conférences de Bohr, se plaignirent qu'il était aussi difficile à entendre qu'à suivre : la chasse à l'expression juste, en anglais, le poussait parfois à torturer la langue jusqu'aux limites de la compréhension. Néanmoins, la profondeur de sa pensée lui gagnait la patience de son auditoire. Ce même été, d'ailleurs, lorsqu'il fut l'hôte d'honneur du colloque de Göttingen resté célèbre sous le nom de « Bohr Fest », la discussion allait souvent ensuite au-delà des difficultés inhérentes au sujet lui-même, pour s'enfoncer dans les arcanes aussi déconcertants qu'insaisissables de la question de savoir ce qu'il avait voulu dire [15].

Ce ne fut pas seulement l'univers de Bohr mais la problématique qu'il soulevait, qui fascinait Heisenberg lorsque ce dernier accepta d'aller à Copenhague au printemps 1924. Au cours des premiers jours qu'il passa à l'institut danois, Heisenberg se sentit intimidé par le brio des jeunes gens qu'il y trouva : tous d'une grande érudition, ils parlaient plusieurs langues étrangères, jouaient d'un instrument de musique et, avant tout, s'attaquaient aux problèmes les plus abscons de la physique atomique. Mais Bohr avait senti la valeur d'Heisenberg et s'intéressa tout de suite à son travail. Pour commencer, il exigea de lui qu'il lise l'ouvrage sur la thermodynamique de l'Américain Willard Gibbs ; il rechercha sa conversation, lui garantissant par là une place dans le cercle restreint de ses proches [16]. Ce n'était pas donné à tout le monde ; les jeunes physiciens qui n'arrivaient pas à attirer l'attention de Niels Bohr (par exemple I.I. Rabi ou Eugene Wigner) souffraient de solitude à l'institut et ne tardaient pas à disparaître discrètement. Mais lorsque Bohr s'intéressait à un jeune chercheur, l'attention qu'il lui accordait était si intime et pleine de séduction que toute résistance devenait impossible. Pour le restant de sa vie, Heisenberg devait se souvenir de la façon dont avait été scellée leur amitié, lors d'une randonnée de quelques jours en Zélande du Nord — signe incontestable de la faveur du maître. Bohr montra à Heisenberg le château de Hamlet et lui parla des sagas scandinaves qu'il aimait. Sur la plage, le long du détroit de Kattegat séparant le Danemark de la Suède, les deux hommes s'amusèrent à lancer des cailloux sur un espar flottant ; sur quoi Bohr lui dit qu'une fois, il en avait fait autant avec Kramers, mais en prenant pour cible une mine flottante, vestige de la guerre, jusqu'au moment où ils se rendirent compte qu'ils auraient pu perdre la vie en cas de succès.

A un moment donné, Bohr demanda à Heisenberg de lui parler des souvenirs qu'il avait gardés de la guerre. « Des amis de ma famille se trouvaient en voyage en Allemagne au cours des premières journées d'août 1914 ; ils nous ont par la suite parlé de la grande vague d'enthousiasme qui s'était emparée du peuple allemand, dit Bohr, omettant poliment de préciser que lui-même s'y trouvait à cette époque. N'est-il pas curieux qu'un peuple parte en guerre dans une sorte d'ivresse, faite d'enthousiasme authentique [...][17] ? »

A cette question, Heisenberg fit une longue réponse : il n'avait que douze ans au moment du début des hostilités, mais il n'avait jamais oublié l'atmosphère dramatique exacerbée et les sentiments nationalistes qui régnaient dans les rues, encombrées par la foule, tandis qu'il accompagnait son père, réserviste qui venait d'être rappelé, à la gare de Munich. Mais bien sûr, le jeune garçon n'avait aucune idée des raisons du conflit. La mort en France d'un cousin qu'il aimait beaucoup, pendant les premiers mois de la guerre, l'avait affecté profondément, et il s'était senti plein d'anxiété pour le sort de son père, qu'une blessure, reçue sur le front occidental, renvoya dans ses foyers en 1916. Le traumatisme de la défaite, en 1918 — et son ambiance bien différente des sentiments de victoire éprouvés par Rutherford et Bohr — fut immédiatement suivi du chaos de la révolution de Munich. A dix-sept ans, Heisenberg s'était retrouvé membre d'une milice anticommuniste. Il ne prit part à aucun affrontement et trouva même le temps, tôt un matin, de grimper sur le toit des quartiers de la milice, sur Ludwigstrasse, face à l'université, et de lire le *Timée*, dans lequel on trouve tout ce qu'a dit Platon des atomes. Ce qui n'empêcha pas Heisenberg de vivre des expériences terribles : il vit un jour, impuissant, un camarade mourir après s'être accidentellement blessé à l'estomac en voulant nettoyer son arme ; une autre fois, il dut passer la nuit à garder un homme condamné à mort ; au matin, il réussit à convaincre son supérieur que l'homme était innocent et ne méritait pas d'être exécuté. Mais les cadavres pendus aux réverbères ne furent pas une chose exceptionnelle à Munich, pendant cette période où la nourriture se faisait rare et où le combustible devenait introuvable. En réaction à la guerre et à la révolution, Heisenberg se jeta dans le mouvement de la jeunesse allemande. Le terme de « mouvement » n'implique cependant pas ici « organisation, discipline », ni rien qui soit synonyme de démarche politique cohérente. Heisenberg et ses amis faisaient ensemble de longues randonnées dans les montagnes, veillaient autour de feux de camp en chantant de vieilles chansons folkloriques allemandes, discutaient sans fin et s'efforçaient de trouver à employer leurs sentiments patriotiques dans un nouveau cadre, après le vide laissé par l'effondrement du militarisme prussien. Tout cela était passionné, romantique et vague. Et en 1924, tandis qu'il s'expliquait devant Niels Bohr, Heisenberg était toujours sans opinion politique au sens habituel du terme. Il aimait l'Allemagne ; il rêvait de paix et d'ordre pour son pays ; il redoutait les foules armées.

Lorsque son cousin partit pour la guerre, expliqua Heisenberg, c'était pour son pays et parce que les autres le faisaient, et parce qu'il avait l'impression qu'autour de lui le monde s'effondrait comme un beau rêve. Aurait-il pu agir autrement ? « Croyez-vous qu'il aurait dû se dire que cette guerre était une absurdité, une fièvre, de la suggestion de masse et refuser de mettre sa vie en jeu ? » Ce n'était pas un accès de fièvre qu'évoquait pour lui 1914, mais le sentiment que tous les hommes s'étaient retrouvés fraternellement unis par le destin. « Il ne me plaisait pas d'effacer ce souvenir de ma mémoire. »

Bohr ne fut pas convaincu. « Ce que vous me dites me rend très triste », répondit-il. Il avait l'impression de comprendre l'exaltation altruiste décrite par Heisenberg, mais elle lui semblait aussi primitive que le comportement des oiseaux qui se rassemblent pour migrer. Jamais cette question ne fut réglée entre eux. La réaction allemande, en août 1914, avait tout eu d'un « accès de fièvre guerrière » aux yeux de Niels Bohr, en dépit de ce que pouvait dire Heisenberg, et il lui semblait en entendre l'écho dans les manifestations antisémites qui agitaient déjà l'Allemagne de l'après-guerre. A la vérité, la résistance de Bohr paraissait provenir d'une impression instinctive dont il n'avait pas conscience : que son jeune élève, en un certain sens, avait déjà pris parti pour l'autre bord. Lui-même nationaliste lorsqu'il était question du Danemark, Bohr se méfiait du même sentiment chez les Allemands ; il lui rappelait trop la vénération toute prussienne de l'État. Si le Danemark était resté neutre, Bohr, au fond de lui-même, avait pris position ; et c'était avec Rutherford, un Britannique, qu'il avait partagé sa joie à la fin du conflit. La politique, toutefois, n'arrivait que très loin dans ses préoccupations, en second derrière la physique, au début de leur relation ; et leur amitié ne s'en trouva pas moins scellée lors de ces journées passées à parler au bord de la mer.

Au cours des trois années suivantes, qui comptent parmi les plus créatives de sa vie sur le plan scientifique, Heisenberg passa une grande partie de son temps avec Niels Bohr à Copenhague, mettant peu à peu au point une théorie générale de la structure atomique. A l'issue de son doctorat, passé à Munich avec Sommerfeld, Heisenberg avait été travailler à Göttingen avec le mathématicien Max Born comme Privatdozent, premier barreau dans l'échelle académique allemande. Après son premier séjour auprès de Bohr à Copenhague au printemps 1924, il y revint pendant l'hiver 1924-1925 et les deux hommes eurent de longues discussions sur le problème de l'éparpillement de la lumière sur les atomes. Bohr résistait aux efforts déployés par Heisenberg pour trouver les formules mathématiques susceptibles de résoudre les contradictions dans lesquelles on tombait ; après une longue matinée passée au tableau noir, Heisenberg crut avoir convaincu Bohr, mais pour découvrir que ce dernier avait parlé avec Kramers pendant le déjeuner et revenait muni de nouvelles objections. Au cours de la discussion qui suivit, les deux hommes en arrivèrent à la conclusion qu'il fallait renoncer aux modèles intuitifs ; le fait de ne pouvoir visualiser telle interprétation de l'organisation interne de l'atome ne l'écartait pas forcément. C'est une idée que Bohr acceptait : mais elle ne lui plaisait pas. Il désirait que les réponses fussent non seulement congruentes, mais eussent un sens.

Pour Heisenberg, les mathématiques présentaient cependant une sorte « d'attraction magique » et il retourna à Göttingen, au printemps 1925 [18], avec son bagage d'idées à demi conçues. Il avait l'impression d'avoir remporté une première victoire sur Bohr et Kramers, mais que beaucoup restait à faire. Son travail n'avançait que lentement et un violent accès du rhume des foins, à la fin de mai, l'envoya sur l'île d'Helgoland, dans la mer du Nord, chercher un peu de soulagement. Là, il n'avait rien à faire, sinon marcher, nager et réfléchir. Il commença par jeter par-dessus bord les vieilles formulations. Puis il entrevit une nouvelle approche et finalement, en une nuit d'un travail mathématique épuisant, il résolut le dernier problème, celui d'une apparente contradiction dans la loi de conservation de l'énergie. « Au premier moment, cela me remplit d'une profonde angoisse, écrivit-il plus tard. J'avais l'impression qu'il m'était donné de regarder, à travers la surface des processus atomiques, un phénomène plus profond, d'une étrange beauté intérieure ; et j'avais presque le vertige en pensant qu'il me fallait maintenant étudier cette foule de structures mathématiques que la nature avait étalées sous mes yeux [19]. » Trop excité pour dormir, il marcha jusqu'à la pointe méridionale de l'île, escalada un rocher et regarda le soleil se lever.

De retour à Göttingen début juin 1925, Heisenberg écrivit à Pauli pour lui parler de sa découverte et fut ravi de ne pas recevoir un « Quatsch » ! péremptoire en réponse, mais au contraire des encouragements. Peu après son retour d'Helgoland, il alla à Leiden où il discuta de ses dernières hypothèses avec Paul Ehrenfest, Samuel Goudsmit et George Uhlenbeck, puis se rendit à Cambridge pour présenter des conférences au laboratoire Cavendish. Ce que Heisenberg venait de faire n'était rien moins que la première formulation mathématique de la théorie des quanta, base de la mécanique quantique. Pendant qu'il se trouvait en Angleterre, Max Born s'était attaqué à l'une des bizarreries de l'approche de Heisenberg et y avait reconnu des similitudes avec l'outil mathématique connu sous le nom d'algèbre matricielle, que Heisenberg n'avait jamais étudiée. Pauli, qui se trouvait à ce moment-là à Göttingen, refusa l'invitation de Max Born à travailler sur les aspects mathématiques de la nouvelle approche de Heisenberg : il craignait de ne faire que détruire les idées de son ami par un excès de « formalisme ennuyeux et compliqué [20] ».

Max Born s'adressa alors à un autre de ses assistants, le jeune physicien

Pascual Jordan, et ensemble, les trois hommes formalisèrent les calculs mathématiques d'Heisenberg, publiant leurs résultats à la mi-novembre. Cette question des mathématiques rendait Heisenberg nerveux et, dans une lettre à Pauli, il se demande s'il n'est pas « simplement trop stupide » pour pouvoir la comprendre. Il n'aimait pas appeler le nouvel instrument « physique matricielle ». Il trouvait que le terme de « matrice [...] est l'un des plus idiots qui existent en mathématiques », et doutait que l'on pût en tirer autre chose que des « déchets formels[21] ». Mais ce travail plut en fin de compte à Pauli qui commença à faire ses propres calculs. Bohr, excité, couvrait ces recherches de louanges. Il écrivit à Rutherford :

> Heisenberg est un jeune Allemand plein de talent et de potentiel. En fait, les perspectives ouvertes par ses derniers travaux, réalisés en un seul coup de maître, même si elles ne sont encore que vaguement appréhendées, rejoignent ce qui a longtemps été au centre de nos préoccupations. Nous voyons maintenant la possibilité de développer une théorie quantitative de la structure atomique[22].

Mais la mécanique matricielle de Heisenberg était un outil encombrant ; ce n'est qu'avec les plus grandes peines et angoisses, assorties de concessions difficiles (renoncer par exemple à l'idée d'« orbite » à l'intérieur des atomes) qu'on aboutissait à des solutions. Voilà qui réveilla le harceleur qui s'était assoupi chez Pauli : comme la lune, l'électron occupait un état stationnaire et cependant se déplaçait sur une orbite. Si la nature avait prévu une place pour les orbites autour des sphères, pourquoi Heisenberg les bannissait-il des atomes et tenait-il tellement à ce qui était « observable » ? « La physique est décidément confuse, en ce moment, observa Wolfgang Pauli en 1925. De toute façon, c'est beaucoup trop difficile pour moi et j'aurais mieux aimé [...] n'en avoir jamais entendu parler[23]. »

Une menace plus sérieuse sur les hypothèses d'Heisenberg apparut l'année suivante avec un article du physicien autrichien Erwin Schroedinger, un homme de la génération de Niels Bohr qui enseignait à Zurich. Pauli en fit état le premier dans une lettre à Heisenberg, au début du printemps 1926. Schroedinger était parti d'une note de bas de page d'un article d'Einstein, citant les travaux du physicien français Louis de Broglie (1924), travaux qui suggéraient que les particules atomiques pouvaient également se comporter comme des ondes. A l'instar d'Heisenberg, Schroedinger inventa un nouvel instrument mathématique — la mécanique ondulatoire — qui expliquait nombre des phénomènes sur lesquels Heisenberg et Bohr avaient si longtemps buté, et présentait les vertus supplémentaires de l'élégance et de la simplicité. Il semblait également pouvoir se passer des « sauts quantiques » des premiers travaux de Bohr, formule qui troublait les physiciens classiques. Schroedinger considérait sa découverte comme son plus grand triomphe et déjà, certains de ceux qui rejetaient encore la nouvelle physique se sentaient prêts à changer de point de vue. Heisenberg reconnut l'utilité du modèle mathématique de Schroedinger tout en protestant contre le préjudice qu'il causait à leur compréhension de l'atome.

Ce mois de juillet, tandis qu'il rendait visite à ses parents à Munich, Heisenberg eut l'occasion de se retrouver face à face avec Schroedinger lorsque ce dernier donna une conférence sur la mécanique ondulatoire, à l'université. Il fit observer que l'interprétation ondulatoire annihilait des travaux antérieurs aux résultats considérés comme acquis ; elle ne pouvait même pas expliquer la loi de la radiation de Planck. Le physicien « classique » Wilhelm Wien, qui occupait une chaire de physique expérimentale à Munich, vint à la rescousse de Schroedinger, rejetant vigoureusement le « mysticisme atomiste » d'Heisenberg et de Bohr et disant que le moment était venu de se débarrasser des sauts quantiques et des autres difficultés introduites par la nouvelle physique avant la guerre par Planck, Einstein et Bohr. Wien ajouta qu'il comprenait la répugnance qu'éprouvait Heisenberg à l'idée que la mécanique quantique pût être finie, et l'assura que Schroedinger ne tarderait pas à régler les derniers détails encore obscurs. A la fin de cette attaque, férocement personnelle, Heisenberg éprouva le sentiment déprimant que tout le monde était contre lui, y compris son professeur et ami Arnold Sommerfeld, apparemment ébloui par la luminosité des démonstrations mathématiques de Schroedinger. Un ou deux jours après, Heisenberg écrivit à Bohr une lettre dans laquelle il lui rapporte la douloureuse échauffourée intellectuelle. Sa détresse ne fit que croître lorsque Schroedinger réussit à inclure, peu de temps après, la loi de Planck dans ses démonstrations, court-circuitant ainsi l'objection initiale d'Heisenberg[24].

Mais Bohr n'allait pas abandonner le concept de saut quantique sans combattre. Bien déterminé à résoudre certaines contradictions relevées dans la théorie de Schroedinger, Bohr l'invita à venir en parler à Copenhague en septembre 1926 ; les discussions commencèrent dès que l'Autrichien fut descendu du train pour se poursuivre, pratiquement sans reprendre haleine, pendant des jours. Bohr donna à Schroedinger une chambre sous son propre toit pour s'assurer qu'il n'aurait pas le moindre répit. Le bombardement de questions commençait au petit déjeuner et ne s'achevait que lorsqu'un Schroedinger suppliant demandait l'autorisation de se retirer, le soir. Heisenberg, qui travaillait à ce moment-là à Copenhague, assista en témoin à la bataille, mais ce fut Bohr qui mena les attaques, citant tous les travaux qui semblaient faire état de brusques changements à l'intérieur des atomes — des sauts quantiques, quoi d'autre ? Pressé de toutes parts, incapable de répondre au déluge de questions dont on l'inondait, Schroedinger finit par exploser, au désespoir : « Si ces damnés sauts quantiques devaient subsister, je regretterais de m'être jamais occupé de physique atomique. » A quoi Bohr répondit, avec douceur : « Mais nous autres, nous vous sommes très reconnaissants de vous en être occupé [...] Car votre mécanique ondulatoire [...] a fait faire un pas en avant décisif à la physique atomique[25]. »

Ce qui n'empêcha pas les attaques de reprendre, avec une effrayante intensité. Niels Bohr était capable, écrivit plus tard Heisenberg, d' « insister avec une implacabilité fanatique, terrifiante, jusqu'à ce qu'on ait fait toute la lumière, dans les moindres détails[26] ». Au bout de quelques jours, Schroedinger tomba malade et garda le lit, la femme de Niels Bohr le soignant avec du thé et des petits gâteaux. Bohr ne manquait pas de courtoisie, mais ne faisait preuve d'aucune miséricorde ; il poursuivit Schroedinger jusque dans sa chambre de malade et, assis sur le bord du lit, continua de le presser de questions à coups de « Mais, Schroedinger, vous devez au moins admettre que... vous devez bien voir... vous devez bien voir...[27] » Lorsque Schroedinger quitta finalement le Danemark, il était épuisé et découragé, mais Bohr était ravi : les sauts quantiques avaient survécu.

Ce fut au tour d'Heisenberg de sentir dans toute sa force la terrifiante exigence de clarté de Niels Bohr. Celui-ci inclinait de plus en plus vers une sorte de dualisme dans son approche de la théorie des quanta et cherchait un modèle conceptuel capable d'accepter l'existence des particules dans un contexte et des ondes dans un autre. Heisenberg penchait pour un formalisme mathématique avec lequel il espérait pouvoir se débarrasser complètement des ondes. A la mi-octobre 1926, peu de temps après le départ de Schroedinger de Copenhague, Heisenberg reçut une longue lettre de Pauli, alors à Hambourg, qui soutenait que les « ondes » de Schroedinger n'étaient en fait nullement des ondes mais seulement l'expression mathématique de la probabilité qu'une particule devait se trouver à un endroit donné à un moment donné.

Heisenberg occupait alors une chambre sous les combles à l'institut et Bohr venait fréquemment lui rendre visite, le soir, pour discuter très tard des nouvelles idées qui fermentaient alors dans l'esprit de son élève. A la fin de l'année, les deux hommes sombrèrent dans un quasi-désespoir lorsqu'ils se rendirent compte qu'ils n'arrivaient pas à se mettre d'accord. Après une discussion particulièrement animée en février 1927, Heisenberg partit se promener dans le parc qui jouxtait l'institut ; là, il lui vint à l'esprit que la difficulté tenait à ce qu'il était impossible d'établir, à un instant donné quelconque, à la fois la vitesse acquise [momentum] et l'emplacement d'une particule. Peu après, Bohr partit faire du ski en Norvège ; à la vérité, les deux hommes s'évitaient. Pendant l'absence de Bohr, Heisenberg rédigea le premier jet d'un article démontrant ce qui allait être connu comme son « principe d'incertitude ». Une longue lettre à Pauli lui valut cette réaction : « Morgenrote einer Neuzeit », une aube se lève sur des temps nouveaux[28].

Mais Bohr, de son côté, avait aussi réfléchi. Le résultat fut une nouvelle contribution de son cru au langage de la physique, la complémentarité, concept qu'il utilisa pour réconcilier les deux aspects apparemment contradictoires, particule et onde, de la matière. C'était maintenant à propos de leurs approches différentes que s'affrontaient furieusement les deux chercheurs. Bohr déclara à Heisenberg que son nouveau modèle mathématique était en contradiction avec ses anciennes interprétations et l'exhorta à ne pas publier l'article. La bagarre se prolongea pendant des semaines. Finalement, Heisenberg éclata en sanglots. « Je n'arrivais plus à supporter la pression exercée par Bohr[29]. » Pendant plusieurs jours, vraiment en colère l'un contre l'autre, les deux hommes gardèrent leurs distances. Puis ils finirent par se laisser l'un et l'autre fléchir et par trouver un moyen de sortir de l'impasse. Ils convinrent que la complémentarité de Bohr et le principe d'incertitude d'Heisenberg n'étaient au fond que deux méthodes différentes pour dire la même chose.

Peu après la parution du nouvel article d'Heisenberg, Bohr l'emmena faire de la voile avec Niels Bjerrum, un ami d'enfance. Comme le physicien danois décrivait l'analyse d'Heisenberg et les redoutables difficultés qu'elle résolvait, et s'exclamait qu'enfin, la science voyait au cœur même de l'atome, Bjerrum protesta : « Mais voyons, Niels, c'est ce que tu me dis depuis que nous étions enfants[30]! »

C'est donc ainsi que Bohr associa son travail à celui d'Heisenberg. Ce rapprochement de concepts peu compatibles, élaborés dans la souffrance, devint connu sous le nom d' « Ecole de Copenhague » dans la théorie des quanta. Considérée comme l'orthodoxie à Copenhague, la nouvelle pensée, ailleurs, faisait l'objet de quelques réserves. A Munich, Arnold Sommerfeld ne se fatigua pas à essayer d'en pénétrer les points les plus subtils ; en 1928, il déclara au jeune physicien Hans Bethe, qui avait suivi la bataille entre Heisenberg, Schroedinger et Wien : « Evidemment, nous pensons tous sincèrement que Heisenberg est celui qui en sait le plus en physique, mais nous calculons comme Schroedinger[31]. »

Les années passées avec Bohr constituent la période héroïque de la jeunesse scientifique d'Heisenberg, la période de ses plus grandes découvertes ; elles lui avaient été douloureusement et laborieusement arrachées par l'impitoyable exigence de clarté du physicien danois. Mais ce fut aussi pour lui une époque délicieuse ; à la pension de famille de Mme Maar, à Copenhague, Heisenberg avait appris le danois et l'anglais. Les seize ans qui le séparaient de Niels Bohr donnaient à leur relation une profonde intimité. Considéré comme le fils favori dans l'institut de Bohr, Heisenberg avait aussi été accepté dans le cercle intime de la famille de Bohr, où il avait un statut proche de celui d'un véritable fils. Il jouait à cache-cache avec les enfants du couple, se mettait souvent au piano de la maison, le soir, et était fréquemment invité à séjourner dans la maison d'été que les Bohr possédaient à Tsivilde, sur la côte danoise. Margrethe, la femme de Bohr, n'acceptait cependant pas complètement la présence d'Heisenberg. Elle le trouvait difficile, renfermé ; la moindre chose le blessait[32]. Bohr ne prenait jamais leurs brouilles à cœur ; il avait lui-même ses moments de bouderie et sentait bien que Heisenberg était à la fois son plus grand étudiant et son plus prestigieux collaborateur. Il avait la conviction que la complémentarité représentait le couronnement de sa vie intellectuelle et savait que Heisenberg avait joué un rôle déterminant de catalyseur. Leurs batailles sur des questions de physique, loin de menacer leur amitié, ne firent que l'approfondir ; à l'aube des années trente, elle était plus solide que jamais.

CHAPITRE 4

Si Wolfgang Pauli avait salué l'arrivée d'une aube nouvelle dans la mécanique quantique, beaucoup d'autres ne partageaient pas son sentiment. Il n'y eut pas opposant plus farouche à « l'interprétation de Copenhague » que Albert Einstein, qui refusait d'accepter la notion de « relation d'incertitude » comme autre chose qu'un outil pratique. Le modèle mathématique fonctionne, admettait le grand savant, mais, objectait-il, des probabilités floues ne pouvaient être la façon dont la nature, ou Dieu, gère les choses. A la conférence Solvay de Bruxelles de l'automne 1927, Bohr et Heisenberg durent monter chaque jour au créneau pour se battre contre Einstein, pour lequel « Dieu ne joue pas aux dés[1] ». Il se peut que l'homme ne sache pas pour quelle raison une chose en suit une autre dans le monde sub-atomique, ajoutait Einstein, mais les particules, elles, le savent. Comme tout dans la création divine, les événements qui se produisent ont une raison, en accord avec une loi et seulement d'une manière. Einstein n'en démordait pas. Bohr estimait que c'était du pur entêtement, une attitude trop logique, trop prosaïque, trop dépendante de l'antique notion de causalité. « Mais ce n'est pas à nous, déclara Bohr, de prescrire à Dieu comment il doit gouverner le monde[2]. »

A Bruxelles, Einstein arrivait tous les matins au petit déjeuner avec de nouvelles objections théoriques au principe d'incertitude ; à la tombée de la nuit, Bohr, Heisenberg et les autres les avaient mises en pièces. Einstein continuait à se battre car la notion d'incertitude violait ses conceptions les plus profondes sur l'harmonie fondamentale de l'univers. Sa résistance à Bohr et Heisenberg, lors de la conférence Solvay, est entrée dans la légende des grandes confrontations intellectuelles qui émaillent l'histoire de la physique moderne. De profondes questions de philosophie se trouvaient en jeu, et tout le monde scientifique suivit l'affrontement entre Bohr, Heisenberg et Einstein, au cours des douze années qui précédèrent la deuxième guerre mondiale. A l'arrière-plan, cependant, se déroulait un autre combat sur l'avenir de la science. Les objections d'Einstein à la théorie des quanta n'étaient pas les seules. En Allemagne, notamment, une coterie de physiciens newtoniens traditionalistes, avant tout formés au travail de laboratoire, n'aimait pas les nouveaux modèles théoriques pour deux raisons : parce qu'ils étaient difficiles à comprendre et parce qu'ils avaient été inventés par des Juifs.

Leur difficulté était indéniable. On disait en manière de boutade, dans les années vingt ou trente, que seulement une douzaine d'hommes, voire six ou même trois, comprenaient la théorie de la relativité générale d'Einstein — et qu'ils n'étaient pas d'accord entre eux. Les hommes de laboratoire, aussi bons et honnêtes qu'ils fussent, se sentaient souvent perplexes et frustrés par la nouvelle physique et en venaient à haïr ces tableaux noirs débordant de symboles mathématiques qui valaient le prix Nobel à ces théoriciens — lesquels n'auraient pas été fichus de faire un point de soudure. Parmi ceux-ci, on comptait deux expérimentateurs âgés, Philipp Lenard et Johannes Stark, qui avaient reçu le prix Nobel (respectivement en 1905 et 1919) pour des découvertes fondamentales dans les processus atomiques mais qui avaient pris en grippe, sans doute parce qu'ils n'arrivaient pas à la comprendre, l'évolution de la théorie des quanta, alors même qu'elle justifiait leurs propres travaux[3]. « Ce Stark est devenu fou », disait Wolfgang Pauli à Heisenberg, à l'époque où ils étaient étudiants à Munich. « Il renonce à la théorie des quanta au moment même où elle devient convaincante[4]. » Le grand rival de Sommerfeld, à l'Université de Munich, était l'expérimentateur Wilhelm Wien, partisan de Schroedinger qui avait attaqué Heisenberg avec l'espoir de pouvoir bannir les sauts quantiques de la physique.

Mais des courants d'émotions plus sombres alimentaient cette guerre entre expérimentateurs et théoriciens. En dépit de ses réalisations, Lenard, né en 1862, passa l'essentiel de sa vie à remâcher des rancœurs. Il avait travaillé six mois en Angleterre, dans les années quatre-vingt-dix, une période de labeur et de solitude ; plus tard, il arriva à se convaincre que s'il n'avait pas fait preuve de distraction professionnelle, c'était lui et non Röntgen qui aurait connu la gloire d'avoir découvert les rayons X en 1895. La maladie sapa son énergie presque tout de suite après qu'il eut décroché le prix Nobel pour ses travaux sur les effets photo-électriques, et il fut personnellement brisé par la défaite allemande, à l'issue de la première guerre mondiale. Mais de toutes ses déceptions, aucune ne fut plus grande que celle qu'il éprouvait en voyant la physique passer de plus en plus sous le contrôle de sorciers théoriciens comme Albert Einstein et Niels Bohr, qui bannissaient « l'éther » de son univers conceptuel. Le monde scientifique fut en émoi en 1919, lorsqu'une équipe de scientifiques britanniques annonça que grâce à une expérience élaborée, elle venait de démontrer que la lumière d'une étoile lointaine s'infléchissait en passant à côté du soleil, ce qui prouvait qu'elle avait une masse et réagissait donc à la gravité — un élément central dans la théorie de la relativité. L'exaspérante célébrité d'Einstein et l'échec de Lenard à se faire des alliés lors de la conférence de Nauheim, en 1920, donnèrent une couleur politique ignoble à leurs désaccords scientifiques. Au cours des deux années suivantes, les ressentiments de Lenard commencèrent à se concentrer sur le fait qu'Einstein était juif ; lors d'une deuxième conférence, tenue à Leipzig pendant l'été 1922, certains des étudiants de Lenard distribuèrent des tracts grossiers attaquant les travaux d'Einstein comme étant de « la physique juive [5] ».

L'animosité atteignit un tel degré, à Leipzig, qu'il fallut annuler une conférence d'Einstein ; au dernier moment, Max von Laue prit sa place. Le jeune Heisenberg ignorait ce qui s'était passé lorsqu'il arriva pour la conférence, avec l'espoir d'être présenté au grand homme par Sommerfeld. Au moment où il entrait dans l'amphithéâtre

> Un jeune homme me fourra dans la main un tract rouge, lequel disait en gros que la théorie de la relativité n'était que des spéculations juives sans preuve et qu'elle n'avait été poussée au premier rang que grâce à l'appui et aux manigances de la presse juive pour le compte d'Einstein, qui appartenait à leur race. Je crus tout d'abord qu'il s'agissait de la manifestation d'un fou, tel qu'on en rencontre, parfois, lors de semblables réunions. Mais lorsque je me rendis compte que ce tract était distribué par l'un des physiciens expérimentateurs allemands les plus respectés [Philipp Lenard], avec son approbation manifeste, je sentis voler en éclats l'un de mes espoirs les plus chers. Ainsi donc, la science pouvait-elle être, elle aussi, empoisonnée par les passions politiques... [6]

Certes, Philipp Lenard n'a pas inventé l'antisémitisme allemand, mais il n'empêche que sa réputation donnait du poids et de la respectabilité à l'idée qu'il existait vraiment quelque chose comme « la physique juive » — soit, caricaturalement, une approche subtile, complexe et difficile de la théorie mathématique qui mettait le monde à l'envers. Au milieu des années trente, Lenard donna le titre de *Deutsche Physik* à un recueil en quatre volumes de ses conférences ; il y démontrait qu'il existait une physique allemande aussi sûrement qu'existait une littérature allemande ; « Une physique allemande ? vont me demander les gens. J'aurais aussi bien pu dire une physique aryenne ou une physique des Nordiques, physique des découvreurs de la réalité, des chercheurs de la vérité, la physique de ceux qui ont fondé la recherche naturelle [7]. »

Le germe empoisonné auquel Heisenberg fut pour la première fois confronté en 1922, à Leipzig, se développa vigoureusement ; la « physique juive » alla rejoindre l'« art juif » et la « littérature juive » dans le lexique national-socialiste des courants modernistes qui menaçaient les valeurs allemandes traditionnelles. Tout d'abord considéré par Heisenberg et d'autres comme les délires d'une bande de cinglés, le racisme nazi finit par pénétrer dans les universités allemandes. Un jeune diplômé américain, Will Allis, qui se trouvait à Munich au printemps 1931, a conservé un souvenir très vif d'un matin où Arnold Sommerfeld, avant de commencer un cours, fit lentement remonter le tableau de sa salle de séminaire. Il l'avait laissé la veille couvert d'équations sur un point de physique atomique. S'adressant à ses étudiants, le professeur ne comprit pas tout de suite les raisons du silence consterné qui venait de les frapper en lisant les mots tracés à la craie dans son dos. Puis il se tourna et vit alors les mots VERDAMMTE JUDEN (« maudits Juifs[8] ! ») griffonnés en travers du tableau. Ce matin-là, Hans Bethe se trouvait dans l'auditoire de Sommerfeld ; il se leva et dénonça dans les termes les plus vigoureux cette insulte faite à leur science et à leur professeur.

Il était cependant un peu tard pour protester. L'une des premières décisions de Hitler, lorsqu'il eut pris le contrôle du gouvernement de l'Allemagne en 1933, fut de publier un décret bannissant tous les Juifs des postes officiels — mesure qui eut comme effet pratique de chasser tous les Juifs des universités, celles-ci étant des institutions d'État. La conséquence fut une émigration à grande échelle des scientifiques et des enseignants juifs, en dépit des timides efforts d'Heisenberg et de quelques autres pour protester contre ces expulsions. L'un de ceux qui partirent les premiers fut Hans Bethe, qui occupait un poste à l'Université de Tübingen auprès de Hans Geiger depuis novembre 1932. Geiger l'avait accueilli chaleureusement : mais c'est à Tübingen que, pour la première fois, Bethe vit des étudiants portant le brassard nazi en classe. Au printemps 1933, après le décret pris par Hitler, Geiger congédia sèchement Bethe par lettre, sans un mot de sympathie ou de regret. Le principal assistant d'Heisenberg à Leipzig, Felix Bloch, venait également d'être chassé, et Heisenberg écrivit à Bethe pour lui offrir le poste. Bethe répondit qu'il ne pouvait l'accepter ; sa mère était juive, il lui était interdit de l'occuper[9].

L'expulsion des Juifs constitua un désastre sans précédent pour la science allemande ; mais même ceux des scientifiques allemands qui en avaient conscience étaient loin d'être d'accord sur la meilleure manière de réagir. L'un des rares Juifs à lutter contre la vague d'expulsions fut le mathématicien Richard Courant, de l'Université de Göttingen. Deux de ses collègues (James Franck avec de violentes protestations, Max Born en silence) venaient de quitter l'université, mais Courant et plusieurs de ses amis rédigèrent une pétition contre son expulsion ; en mai, il invita soixante-cinq scientifiques allemands parmi les plus connus à la signer. On aurait pu prédire le destin des Juifs allemands à la réaction qu'il obtint : seize des soixante-cinq scientifiques ne répondirent jamais à la demande ; vingt et un autres refusèrent de signer la pétition, certains avouant en toute franchise qu'ils avaient peur de le faire. L'éminence de ceux qui vinrent à l'aide de Courant — Max Planck, Max von Laue, Sommerfeld et Heisenberg, notamment — ne fut d'aucun secours pour Courant, qui ne tarda pas à conclure qu'un Juif devait être fou pour rester en Allemagne[10].

Heisenberg se sentait déchiré et se demandait désespérément ce qu'il devait faire. Personne, parmi tous ceux qui l'ont connu, ne l'a jamais accusé d'antisémitisme et il était manifestement horrifié par l'arrêté d'expulsion. Avec quelques-uns de ses jeunes collègues (Friedrich Hund, Karl Friedrich Bonhoeffer, Baertel van der Waerden) il envisagea l'éventualité de démissionner pour protester[11]. Mais en même temps, il espérait sauver des hommes comme Courant, Born et Franck, au bénéfice de la science allemande, se disant que comme tant d'autres, la révolution de Hitler finirait par se modérer avec le temps[12]. Dans cette incertitude, Heisenberg décida de consulter le grand homme de la physique allemande de la génération précédente, Max Planck, avant de se joindre à ses collègues de Leipzig dans un geste qui mettrait pour lui un terme à toute possibilité de travailler et vivre en Allemagne.

Planck, hélas ! n'avait guère de réconfort à lui offrir. En tant que président de la Kaiser Wilhelm Gesellschaft de Berlin, il avait rendu la visite protocolaire traditionnelle au nouveau chancelier de l'Allemagne, Adolf Hitler, et lui avait dit un mot « en faveur de mon collègue juif Fritz Haber », le chimiste qui avait sauvé l'industrie allemande des munitions pendant la première guerre mondiale. « Je n'ai rien contre les Juifs eux-mêmes, lui avait répondu Hitler. Mais ce sont tous des communistes. »

Planck avait alors commis l'erreur fatale de suggérer qu'il y avait « Juif et Juif », certains étant « des éléments de grande valeur, d'autres ne valant rien... » Hitler rétorqua : « C'est faux. Un Juif est un Juif. Tous les Juifs se tiennent ensemble comme des sangsues. Il suffit qu'il y ait un Juif quelque part, et d'autres viennent se coller autour de lui [...] Je dois agir de la même manière vis-à-vis de tous les Juifs. » La pauvre défense de Haber fut balayée dans le torrent de paroles qui suivit. Hitler « parlait de plus en plus vite et se mit dans un tel état de frénésie, raconte Planck dans un compte rendu de la rencontre qu'il rédigea après la guerre, que je ne pus que garder le silence et m'en aller[13] ».

Ce fut seulement quelques jours après cette pénible entrevue où il avait été confronté au fanatisme de Hitler que Planck reçut Heisenberg dans le salon démodé de sa maison de Grünewald, un faubourg de Berlin où il habitait depuis longtemps. Dans ses mémoires, *Physics and beyond*, Heisenberg décrit longuement son entretien avec Planck. « Le sourire qu'il m'adressa en me saluant avait quelque chose de tourmenté, il avait l'air infiniment fatigué[14] », note-t-il. Planck déclara :

Vous venez [...] prendre conseil auprès de moi sur des questions politiques, mais je crains de ne plus pouvoir vous donner de conseil. Je n'ai plus aucun espoir que l'on puisse arrêter la catastrophe, pour l'Allemagne et par conséquent aussi pour les universités allemandes. [...] On ne peut plus influencer sur le cours d'une avalanche une fois qu'elle a été déclenchée [...] Je peux donc seulement vous dire ceci : N'espérez pas, quoi que vous fassiez, pouvoir empêcher beaucoup de malheurs d'ici à la fin de la catastrophe. Pensez cependant, en prenant votre décision, à l'époque d'après.

Ce qu'il venait de confier à Heisenberg, Planck le répéta à Otto Hahn, venu le voir pour avoir son opinion sur une protestation de masse de la part des savants et lettrés allemands. Planck lui répondit que les choses avaient été trop loin pour être amendées par un remède conventionnel. « Si aujourd'hui trente professeurs se dressent et protestent contre les actes du gouvernement, dès demain il y en aura cent cinquante pour déclarer leur solidarité avec Hitler, simplement parce qu'ils voudront leur place [15]. » Le conseil que Planck donna aux deux hommes était désespéré : il est inutile de protester, il est inutile d'intervenir, on ne peut qu'attendre. Mais évidemment, Planck s'était arrangé pour apercevoir au moins une lueur d'espoir dans la harangue de Hitler, et il en fit part à Heisenberg : le Führer aurait dit que l'ordre d'expulsion mettrait un terme à son intervention dans le monde de la science allemande. Heisenberg venait juste de signer la lettre qui protestait contre l'expulsion de Courant et semblait penser que la bataille était presque gagnée. Le 2 juin 1933, il écrivit à Max Born, alors en Italie, l'exhortant à revenir à Göttingen :

Planck a parlé [...] avec le chef du régime et a reçu l'assurance que le gouvernement ne fera qu'appliquer la nouvelle loi du service civil, mais rien qui puisse porter tort à la science. Etant donné par ailleurs que seulement les plus médiocres sont affectés par la loi — vous et Franck certainement pas, pas plus que Courant — la révolution politique pourrait se faire sans causer de dommages à la physique de Göttingen [...] En dépit des [expulsions], je sais que parmi les responsables de la nouvelle situation politique, on trouve des hommes pour lesquels il vaut la peine de tenir bon. Sans aucun doute, avec le temps, les choses splendides se sépareront-elles des choses ignobles. C'est pourquoi je voudrais vous persuader, au mieux de mes capacités, de ne pas voir que l'ingratitude dans l'attitude de Göttingen [16].

Il est difficile d'imaginer ce que Heisenberg avait à l'esprit en évoquant les « choses splendides », ou à qui il pensait lorsqu'il mentionnait des responsables du nouveau régime pour lesquels il valait la peine de « tenir bon » (peut-être à Ernst von Weizsäcker, le père de son ami Carl Friedrich ?) [17]. Mais Born, Franck, Courant et d'autres, innombrables, ne tardèrent pas à voir clairement ce à quoi Heisenberg restait aveugle : qu'il n'y avait aucun avenir pour les Juifs dans une Allemagne qui les rejetait en tant que tels. Ils étaient des milliers à avoir quitté le pays à la fin de l'année, avec souvent dans leur poche la promesse d'un emploi pour lequel Niels Bohr et d'autres savants de renom s'étaient entremis. Le spectacle de cet exode massif fit exulter Philipp Lenard : « De son propre chef, l'esprit étranger quitte déjà les universités et de fait, le pays [18] ! » Les Allemands qui restaient furent peu à peu contraints de s'incliner et de se tenir cois. En 1934, lors de la cérémonie d'inauguration d'un nouvel institut de la KWG à Stuttgart, Max Planck se vit contraint de saluer le régime. Sa douloureuse humiliation eut pour témoin Paul Ewald, éminent physicien de Stuttgart [19] qui s'était lié d'amitié avec Bethe vers la fin des années vingt et n'allait pas tarder à devenir son beau-père :

> [...] Nous observions tous Planck, attendant de voir ce qu'il ferait au moment du discours d'inauguration, car à cette époque il était officiellement prescrit de toujours commencer ce genre de speech par un « Heil Hitler ! » Planck se tenait sur l'estrade ; il leva à demi la main et la laissa retomber. Il recommença son geste une deuxième fois. Puis, finalement, il la leva complètement et dit : « Heil Hitler ! » [...] Avec le recul du temps, on se rend compte que c'était la seule chose que l'on pouvait faire si l'on ne voulait pas mettre en péril toute la Kaiser Wilhelm Gesellschaft [20].

Les « choses splendides » promises à Born ne se produisirent jamais ; non seulement Heisenberg fut impuissant à protéger ses amis des universités allemandes, mais il ne tarda pas à devenir lui-même la cible d'attaques personnelles lorsque les « physiciens aryens » se mobilisèrent massivement pour faire campagne contre sa nomination à la place de son ancien professeur de l'Université de Munich, Arnold Sommerfeld, qui devait prendre sa retraite au printemps 1935, après trente ans d'enseignement. Sommerfeld espérait que Heisenberg lui succéderait et en juillet, un comité de faculté nomma ce dernier comme l'un de trois principaux candidats au poste. Heisenberg paraissait un choix idéal : en tant que prix Nobel, il était l'élève le plus distingué du vieux professeur et l'un des plus grands spécialistes de physique théorique au monde ; de plus, il était chez lui à Munich. Mais Heisenberg avait refusé de rejoindre le parti nazi ; il avait été en butte à des démonstrations de protestation d'étudiants nazis à Leipzig et on savait qu'il était l'ami et le défenseur de célèbres théoriciens juifs comme Einstein et Niels Bohr. A Berlin, le ministère de l'Education du Reich rejeta, sans commentaire, la nomination d'Heisenberg. Il s'ensuivit une âpre bataille bureaucratique qui se poursuivit pendant plusieurs années, livrée dans le plus pur style académique avec lettres, rapports et manœuvres souterraines des responsables qui tiraient les ficelles et comptaient leurs alliés ; affrontement que tout le monde ressentit, à l'époque, comme un combat pour l'âme même de la science allemande [21].

Dans ce combat, Heisenberg se heurta de plein fouet à la violence irrationnelle des passions nazies ; ses ennemis ne comprenaient guère la nature de son travail et concentraient sur lui la colère accumulée pendant des années. L'un des plus acharnés contre lui fut Johannes Stark, exaspéré par les mathématiciens théoriciens qui le chapeautaient. Sommerfeld s'était même moqué de lui en l'appelant « Giovanni Fortissimo », par allusion à son nom (Stark signifie « fort » en allemand)[22]. En décembre 1935, Stark prit Heisenberg, le successeur choisi par Sommerfeld, comme cible principale dans un discours, lors de la cérémonie où l'on rebaptisa l'institut de physique de Heidelberg en lui donnant le nom de Philipp Lenard, l'accusant d'être « l'esprit de l'esprit d'Einstein[23] ». Heisenberg réagit par des propos mesurés, défendant la physique théorique et la théorie de la relativité, dans un article qui parut au *Volkischer Beobachter,* le journal du parti nazi, en février 1936. Mais les éditeurs y ajoutèrent une contre-attaque de Stark rejetant les travaux d'Heisenberg, traités d' « aberration de l'esprit juif...[24] ».

Par voie de presse, les salves continuèrent de fuser au cours de l'année qui suivit, jusqu'en juillet 1937, date à laquelle Heisenberg se trouva acculé dos au mur par une agression verbale effrénée publiée dans le journal des SS, *Das Schwarze Korps,* qui le traitait de « Juif blanc ». Cette fois, plus rien ne restait de ce qui aurait dû se cantonner à n'être qu'une polémique scientifique ; l'attaque de Stark, entièrement personnelle, accusait Heisenberg d'avoir fait carrière grâce à ses amis juifs et à leur influence. Baertel van der Waerden, l'ami d'Heisenberg à Leipzig, lui dit que c'était une insulte dont il pouvait être fier[25]. Honneur chèrement payé. L'Université de Munich renonça à nommer Heisenberg au poste de Sommerfeld, mais la vendetta de Stark exigeait beaucoup plus : dans une note anonyme, les éditeurs de *Das Schwarze Korps* recommandaient que l'on fît « disparaître » les Juifs blancs comme Heisenberg[26]. Les SS constituant l'armée et la police privées du parti nazi, les Juifs étant battus ouvertement dans la rue et les communistes et autres opposants d'Hitler ayant tendance à disparaître dans les camps de concentration, il fallait prendre très au sérieux cette menace sans ambiguïté.

A ce stade, l'affrontement d'Heisenberg avec les physiciens aryens prit un tour burlesque : sa mère, en effet, pouvait se réclamer d'un lien ténu avec le chef des SS, Heinrich Himmler, leurs pères respectifs, enseignants au même lycée de Munich, le Max Gymnasium, ayant été amis. Avec l'espoir de joindre directement Himmler et de lui faire parvenir une lettre protestant contre les attaques de *Das Schwarze Korps,* Heisenberg demanda à sa mère de lui procurer un truchement privé par la mère de Himmler, Anna Maria Heyder, alors veuve et âgée d'un peu plus de soixante-dix ans, qui vivait dans un confortable appartement de Munich. Les deux mères se comprirent tout de suite. Longtemps après la guerre, Heisenberg a rapporté à l'historien Alan Beyerchen ce qu'il savait de la conversation des deux femmes :

Elle m'a confié que Mme Himmler dit immédiatement : « Grands dieux ! Si mon Heinrich savait seulement ça, il ferait certainement tout de suite quelque chose. On trouve quelques personnes un peu déplaisantes dans son entourage, mais cette affaire est vraiment dégoûtante. Mais j'en parlerai à mon Heinrich. C'est un garçon tellement gentil ! Il me félicite toujours pour mon anniversaire et m'envoie des fleurs. Il suffira que je lui dise un mot, et tout rentrera dans l'ordre[27]. »

Avec un mot d'introduction de Mme Himmler mère, Heisenberg écrivit à Himmler le 21 juillet, protestant avec vigueur contre les attaques de Stark dans *Das Schwarze Korps,* et disant qu'il ne pouvait que démissionner de son poste de Leipzig, si Himmler n'était pas capable de mettre un terme aux accusations dont il était l'objet dans le journal SS. La deuxième femme d'Heisenberg, Elizabeth (ils n'étaient mariés que depuis quelques mois) fut très inquiète quand elle entendit parler de cette lettre ; elle trouvait extrêmement dangereux d'attirer ainsi l'attention des SS. Mais il ne s'ensuivit aucun coup de tonnerre ; au contraire, les réactions à l'initiative d'Heisenberg furent d'une glaciale lenteur. Ce n'est finalement qu'en novembre que Himmler réagit, invitant sèchement Heisenberg à se défendre de manière précise et détaillée contre les accusations de Stark. Ce qu'il fit immédiatement, alors qu'au cours des mois, d'autres personnalités volaient à son secours, y compris Ernst von Weizsäcker, deuxième personnage du ministère des Affaires étrangères à ce moment-là, et Ulrich von Hassell, ambassadeur d'Allemagne à Rome. On déclencha une enquête officielle, sous la direction personnelle de Reinhard Heydrich, chef de la Gestapo et homme de confiance de Himmler ; elle se poursuivit jusqu'à la mi-1938. Plus d'une fois, au printemps précédent, on convoqua Heisenberg au quartier général de la Gestapo, sur la Prinz Albrechtstrasse, à Berlin, pour l'interroger sur « l'affaire Einstein[28] ». Ces séances étaient pleines de risques, dans la mesure où les SS essayaient de contrôler les implications politiques d'une science qu'ils ne comprenaient pas. Dans sa défense de l'objectivité de la science, Heisenberg reçut l'aide de l'un de ses anciens étudiants entré dans les SS, Johannes Juilfs[29]. Mais en dépit du traitement courtois auquel il eut droit, Heisenberg vit clairement sur le visage d'autres personnes amenées pour être interrogées, au cours de ces déprimantes entrevues, qu'il était loin d'en aller de même pour tout le monde.

Pour quiconque ne vivait pas en Allemagne, ces conflits politiques paraissaient mesquins et bizarres, et il aurait été imprudent, de la part d'Heisenberg, d'expliquer par lettre en quoi ses efforts en valaient la chandelle. Dans leur conversation, Niels Bohr soutenait Heisenberg dans sa défense risquée de la physique, mais l'affrontement s'éternisait[30]. « Chez nous, la physique devient de plus en plus une affaire de solitaires », écrivit Heisenberg à Niels Bohr, au cours de la première année de la bataille pour la succession de Sommerfeld[31]. Dix-huit mois plus tard, aucune décision n'avait été encore prise. Heisenberg écrivit à Sommerfeld, à la fin de 1938 que « parfois je perds tout espoir de voir les gens honnêtes l'emporter en Allemagne[32] ». Si la décision de Munich était intervenue plus tôt, Heisenberg aurait pu effectivement perdre tout espoir, définitivement cette fois, et accepter la situation que lui offrait toujours George Pegram à l'Université de Columbia. En décembre 1937, Heisenberg pria Pegram de bien vouloir attendre encore « quelques semaines », ajoutant : « Il semble maintenant que des mesures officielles vont être prises dans quelques jours contre les impudentes attaques de M. Stark. » Cinq mois plus tard, Heisenberg attendait toujours. « Les choses évoluent très lentement en Allemagne, écrivit-il à Pegram. J'essaierai de mon mieux de contraindre le ministerium à décider de cette question — Leipzig ou Munich — mais d'ordinaire, notre ministère de l'Education ne décide rien et attend [33]. »

Finalement, un an jour pour jour après l'envoi de sa lettre de protestation, Himmler lui écrivit pour lui dire qu'il avait été blanchi : « Comme vous m'avez été recommandé par ma famille, j'ai fait examiner votre cas scrupuleusement et minutieusement. J'ai le plaisir de vous faire connaître [...] que j'ai pris des mesures pour que de telles attaques ne se renouvellent pas [34]. » Dans un post-scriptum, le nazi ajoutait une condition : à l'avenir, Heisenberg devait s'en tenir aux problèmes scientifiques en discussion, sans mentionner les noms des hommes (Einstein, Bohr) qui les avaient soulevés. Pour Heisenberg, c'était une mise au pas. Les choses, néanmoins, auraient pu tourner beaucoup plus mal. Le jour même où Himmler écrivit à Heisenberg, soit le 21 juillet 1938, il envoya également une lettre à Heydrich dans laquelle il concluait que « Heisenberg est une personne honnête et nous ne pouvons nous permettre de la perdre ou de la réduire définitivement au silence [oder tot zu machen] car c'est un homme encore jeune et qui peut former la génération montante de la science [35] ».

La « réhabilitation » d'Heisenberg arriva toutefois trop tard pour sauver sa nomination à la chaire de Sommerfeld. Le problème, lui expliqua-t-on, était Rudolf Hess, responsable politique du parti nazi, qui s'opposait à cette nomination pour des raisons politiques. Heisenberg hésitait toujours à émigrer, disant à Columbia qu'il envisageait d'enseigner encore pendant un semestre, mais refusant de s'engager définitivement et de fixer une date. En fin de compte, il n'alla passer que quelques semaines aux États-Unis pendant l'été 1939, non pas pour venir y vivre et y travailler, mais pour faire ses adieux à ses amis.

CHAPITRE 5

Rares furent les scientifiques juifs qui échappèrent aux purges ordonnées par Hitler en avril 1933 ; et ceux qui y parvinrent, comme le physicien Fritz Reiche de l'Université de Breslau, n'eurent pas forcément à s'en féliciter. Assistant de Max Planck avant la première guerre mondiale, Reiche était un chercheur prometteur de Berlin, qui se lia d'amitié durable avec Max von Laue, Einstein, Otto Hahn et bien d'autres. Mais après la défaite de 1918, la science allemande, à court de fonds, ne put offrir à Reiche qu'un poste, à Breslau, où il devait consacrer l'essentiel de son énergie créatrice à résoudre des problèmes administratifs. Avec l'aide d'amis, il put tenir à son poste pendant une année ; mais lorsqu'on le congédia définitivement, en 1934, il se rendit compte que toutes les portes se fermaient devant lui. La première vague d'émigration juive avait saturé les universités du monde entier, et Reiche retourna à Berlin, vivre avec sa famille grâce à une très modeste pension [1].

Autre survivant des purges de 1933, Lise Meitner, physicienne autrichienne, travaillait à Berlin depuis 1907 où elle avait suivi Reiche en tant qu'assistante de Planck, devenant presque un membre de sa famille. Trois choses protégeaient Meitner à la Kaiser Wilhelm Gesellschaft : sa citoyenneté autrichienne, le fait que l'institut était un organisme privé et ses liens d'amitié avec les plus grands scientifiques allemands, notamment Planck et Otto Hahn. Après les expériences d'Enrico Fermi à Rome de 1934 prouvant qu'un bombardement de neutrons provoquait une certaine transformation dans l'uranium, Meitner et Hahn collaborèrent étroitement pour expliquer le phénomène. Comme nombre de Juifs assimilés, elle n'avait jusqu'ici jamais eu maille à partir avec ce que l'on pourrait appeler la « germanitude » ; la main sur le cœur, elle avait un jour fièrement déclaré, à propos d'un nouvel élément qu'elle avait découvert avec Hahn : « Le protactinium est un élément allemand [2] ! » Son statut protégé au KWG, néanmoins, ne pouvait la mettre entièrement à l'abri du sort commun à tous les Juifs ; elle se trouva forcée de porter l'étoile jaune en public, fut souvent l'objet de réflexions grossières et même de violences physiques [3].

Meitner avait tout d'abord décidé de rester en Allemagne car il lui répugnait de prendre à l'étranger un travail dont un autre Juif aurait eu davantage besoin qu'elle ; elle espérait en outre que les nazis ne tarderaient pas à être chassés du pouvoir. Mais sa situation changea radicalement lorsque Hitler annexa l'Autriche lors de l'Anschluss, en mars 1938. Elle se retrouvait allemande, la pression politique montait, et on rapporta à Hahn les propos tenus par un chimiste de la KWG : « Le fait d'avoir Meitner sous son toit peut être la ruine de l'institut [4]. » La nouvelle de sa fâcheuse situation se répandit rapidement et elle reçut bientôt des invitations de Niels Bohr à Copenhague et de Paul Scherrer en Suisse. L'un et l'autre parlaient de conférences, mais il était manifeste qu'on lui offrait un refuge. Meitner, cependant, hésitait toujours ; cela faisait trente ans qu'elle vivait en Allemagne. En juin, Scherrer renouvela son offre, se faisant encore plus pressant : « Resaisissez-vous et venez dès cette semaine ; par avion, ce n'est qu'un saut de puce [5]. »

Mais alors qu'elle s'était enfin décidée à émigrer, surgirent de nouvelles difficultés : les autorités refusaient de l'autoriser à quitter le pays et sans passeport, elle se retrouvait prisonnière de l'Allemagne. Depuis 1933, une sorte de réseau occulte s'était constitué en Europe dans le monde scientifique pour aider les Juifs et les autres réfugiés ; ce réseau commença à mettre toute son énergie au service d'une nécessité urgente, celle de faire sortir Meitner d'Allemagne. On verrait à lui trouver un travail et les autres détails une fois qu'elle serait libre. Lettres et coups de téléphone s'échangèrent entre le physicien hollandais Peter Debye, directeur du KWG pour la physique, et Niels Bohr, Paul Rosbaud (directeur de publication de l'éditeur d'ouvrages scientifiques allemand Springer Verlag), Dirk Coster (un physicien hollandais) et d'autres ailleurs. Coster réussit finalement à convaincre les autorités hollandaises de laisser entrer Lise Meitner aux Pays-Bas sans passeport, et lui-même arriva à Berlin le jeudi 12 juillet pour l'escorter personnellement au-delà de la frontière. Dans la nuit, Rosbaud l'aida à faire ses valises et Otto Hahn lui donna un solitaire qui avait appartenu à sa mère, à utiliser en cas de besoin. Le lendemain, Rosbaud l'accompagna à la gare, où elle retrouva Coster. En dépit des craintes de la physicienne, ils passèrent sans encombre la frontière avec la Hollande. Un mois plus tard, elle partit pour Stockholm, où on lui avait trouvé un travail dans le laboratoire de Manne Siegbahn [6].

Bohr se montra infatigable dans ses efforts pour trouver du travail aux Juifs et autres réfugiés, tout au long des années trente, écrivant des lettres, dirigeant des comités, récoltant des fonds, envoyant ses jeunes protégés (comme Victor Weisskopf) dans des endroits aussi reculés que le nouvel institut qui venait de s'ouvrir à Kharkov, en Ukraine, à la recherche de places. C'était cependant la science, et non la politique, qui restait au centre de ses préoccupations, et l'un des principaux problèmes théoriques avec lequel il se colletait (comme tous les autres physiciens) était cette question insaisissable : qu'arrivait-il exactement, lorsqu'on bombardait l'uranium de neutrons ? Enrico Fermi avait commencé des recherches là-dessus en 1934, tout d'abord par simple curiosité, puis n'avait pas tardé à faire une surprenante découverte. Une fois les neutrons ralentis par le passage à travers un milieu consistant essentiellement en atomes d'hydrogène (du bois, tout d'abord, puis de la paraffine), une infime fraction de l'uranium se trouvait transformée en quelque chose de nouveau. Fermi en avait conclu que le produit était un « transuranien », un nouvel élément super-lourd, placé au-delà de l'uranium sur la table périodique. Mais la découverte soulevait bien des difficultés et personne n'arrivait à expliquer de manière satisfaisante les processus de ce phénomène. Meitner et Hahn n'étaient que deux des nombreux physiciens qui s'attaquèrent au problème, à cette époque, et on suivait avec passion, à Copenhague, les lents progrès qui se faisaient dans ce domaine.

Dans l'histoire de la physique, Niels Bohr occupe une place unique. Il n'est pratiquement de mémoires de scientifique de l'époque qui n'évoquent son action et son rôle, sinon de père, du moins d'oncle tout dévoué à la physique moderne, cherchant la manière d'exprimer, mot après mot, douloureusement, l'étrangeté fondamentale du monde subatomique. Homme à la stature imposante, à la tête volumineuse et au visage contracté par la réflexion, ceux qui le rencontraient ne risquaient pas de l'oublier. Heisenberg lui présenta Weizsäcker en 1932 ; le jeune homme (il avait dix-neuf ans) écouta en silence pendant que parlaient ses deux aînés. Mais leur entretien n'avait rien d'ordinaire : c'était une conversation épuisante, une chasse verbale impitoyable à l'exactitude et à la clarté, les deux buts que s'imposait Niels Bohr et qui souvent entraient en conflit. « C'est la première fois que je voyais un physicien », écrivit Weizsäcker dans son journal à propos de Bohr. « Il souffre quand il pense [7]. »

Bohr allait et venait dans la pièce, massif, imposant, tenant une éponge humide dans sa main gauche velue, et un morceau de craie entre les gros doigts de sa main droite, parlant soit en allemand, soit en anglais, soit même en danois, s'encourageant dans les trois langues à coups de : « Bon, ça vient maintenant, ça vient [8] ! » Une bonne partie de ce qui « venait » se retrouvait sur le tableau noir en épais fourrés de symboles mathématiques parmi les plus vagues (« plus grand que », « plus petit que », « à peu près identique à »). Il fallait comprendre rapidement, avant qu'il n'eût tout effacé d'un coup d'éponge.

Comme on lui posait un jour la question de savoir vers où se dirigeait la physique, selon lui, Bohr répondit d'une citation tirée du *Faust* de Goethe : « Quelle est la voie ? Il n'y a pas de voie, pour pénétrer dans l'inconnu [9]. » Il aimait à dire que l'on reconnaît une grande vérité à ce que son contraire est également une grande vérité, que vérité et clarté étaient complémentaires et qu'aucune pensée ne devait être exprimée plus clairement qu'elle pouvait être honnêtement conçue. Il respectait ces préceptes avec férocité. Lorsque quelqu'un d'autre faisait paraître les choses trop simples, Bohr protestait : « Non, non, vous ne réfléchissez pas ! Vous vous contentez d'être logique [10]. »

L'effort était continuel ; les moments de compréhension, rares, abrupts, étourdissants. En 1934 et 1935, il tendit toute son énergie pour comprendre le comportement du noyau de l'atome soumis à un bombardement de neutrons. Une conférence de Hans Bethe (septembre 1934), traitant de cette question, le laissa insatisfait. Un mois plus tard, à Rome, Enrico Fermi démontrait que la plupart des éléments devenaient radioactifs lorsqu'ils étaient bombardés par des neutrons. Dans le cas de l'uranium, Fermi estimait que la capture d'un neutron créait un nouvel isotope, plus lourd, qu'il baptisa « transuranien ». L'un des jeunes physiciens de l'institut de Bohr, l'Autrichien Otto Frisch, connaissait l'italien ; il fut chargé de traduire les fréquents articles de Fermi, dès leur parution dans *Ricerca Scientifica*. Au printemps 1935, un autre des jeunes poulains de Niels Bohr, le Danois Christian Möller, alla à Rome voir sur place les travaux de Fermi. A son retour, en avril, Bohr l'interrompit pendant qu'il faisait son compte rendu, esquissant un début d'explication. S'il n'alla pas plus loin ce jour-là, la question ne cessa pas de le tarabuster. Quelque temps plus tard, même scénario : pendant que quelqu'un commentait devant lui un article de Hans Bethe (dans lequel il se demandait pourquoi le neutron capté par un noyau ne se contentait pas tout simplement de le traverser), Bohr bondit sur ses pieds pour soulever une objection, puis se rassit, le visage dénué d'expression, ses épais sourcils froncés. Un moment s'écoula. Soudain il se releva : « J'ai compris, maintenant », dit-il[11].

C'est en cet instant qu'il avait eu l'intuition de ce qu'il allait appeler « le noyau composé » : une vision de l'intérieur du noyau de l'atome conçu comme un brouet de particules amené au point d'ébullition par la capture des neutrons. Ce fut la grande découverte de la deuxième partie de sa carrière scientifique. Deux années plus tard, il définit un peu plus précisément le noyau qu'il décrivit comme se présentant, à certains égards, à l'image d'une goutte de liquide maintenue par la tension de surface. Il s'appuyait sur une notion proposée pour la première fois par le physicien russe émigré George Gamow en 1928[12].

A Berlin, après la fuite de Lise Meitner, Otto Hahn continua de travailler sur les transuraniens avec un nouvel assistant, l'Autrichien Fritz Strassmann. Comme tous les autres physiciens, Lise Meitner restait convaincue que les transuraniens étaient proches de l'uranium en poids atomique. S'attaquant au problème en tant que chimiste, Hahn s'intéressa en priorité au produit qu'il obtenait dans son laboratoire lorsqu'il bombardait de l'uranium par des neutrons. A l'automne de 1938, il décrivit ses découvertes à l'institut de Bohr, à Copenhague. Lorsqu'il explorait les résultats de ces bombardements, il constatait qu'une grande partie de la radioactivité était entraînée par le baryum qu'il utilisait comme vecteur. Etant donné que le baryum, qui ne fait que la moitié de la masse atomique de l'uranium, semblait un produit improbable, Hahn pensait avoir peut-être produit du radium, chimiquement voisin du baryum mais plus proche de l'uranium par la masse. Pour Hahn, il n'y avait qu'une conclusion possible : Fermi avait produit un isotope du radium. Mais Bohr restait sceptique. Comment l'uranium pouvait-il émettre deux particules alpha et se transformer en radium, plus léger de quatre particules ?

C'est peut-être l'entêtement avec lequel Bohr s'interrogeait qui poussa Hahn à revenir sur ses conclusions. Tandis qu'il poursuivait ses expériences, il en arrivait peu à peu à la conclusion que le produit qu'il obtenait n'était nullement du radium mais du baryum, ou au moins quelque chose de chimiquement identique au baryum. Le 19 décembre, il écrivit à Lise Meitner, à Stockholm, lui disant que Niels Bohr avait peut-être au moins en partie raison.

> Voilà ce qu'il en est : il se passe quelque chose de tellement étrange avec ces isotopes de radium que, pour le moment, je ne veux en parler à personne qu'à vous [...] Nos isotopes de Ra se comportent comme du Ba [...] Vous pourrez peut-être avancer quelque explication fantastique [...] Nous avons nous-mêmes pris conscience qu'il [l'uranium-cible] ne peut pas réellement se transformer en Ba quand il explose [...] Mais nous devons éclaircir ce point [13].

Le mot « explose » était heureusement choisi. Deux jours après il lui écrivait de nouveau, joignant à sa lettre la copie d'un article écrit pour *Naturwissenschaft*, et lui disant que : « En tant que chimistes, nous devons tirer la conclusion que les trois isotopes, étudiés à fond, ne sont nullement du radium, mais du baryum, de notre point de vue de chimistes [14]. » Cette prudence était bien compréhensible ; quelques jours auparavant à peine, Enrico Fermi avait reçu le prix Nobel de physique, à Stockholm, pour sa transformation des éléments à l'aide des neutrons lents et sa découverte des transuraniens ; or voici que le chimiste Hahn se permettait de suggérer que le produit des expériences de Fermi n'était pas du tout un nouvel élément, mais seulement du simple baryum.

Depuis quelques années, Lise Meitner et son neveu, Otto Frisch, avaient coutume de passer ensemble les fêtes de Noël ; en 1938, Frisch, qui travaillait avec Niels Bohr au Danemark, traversa le détroit qui séparait le pays de la Suède pour aller rejoindre sa tante dans le petit village de Kungalv, près de Götteborg. Là, la veille de la Noël, il la trouva avec la dernière lettre d'Otto Hahn, très impatiente de parler avec lui de la stupéfiante découverte de leur ami. Frisch restait sceptique, mais pour Meitner, le produit du bombardement de l'uranium devait être forcément du baryum. « Si Hahn, avec toute son expérience de radiochimiste, nous dit que c'est du baryum, c'est qu'il a de bonnes raisons pour cela [15]. »

Ils continuèrent à discuter du problème pendant une promenade à travers bois, Frisch à skis et Meitner à pied. Ils n'ignoraient ni l'un ni l'autre que les neutrons lents n'ont pas l'énergie suffisante pour faire exploser un noyau, mais le modèle d'un atome en « goutte liquide » de Bohr offrait une explication : pénétré par un neutron, le noyau d'uranium se comportait comme une goutte d'eau surchargée et se fendait en deux. Chaque moitié devenait un atome de baryum. Frisch et Meitner, assis sur un tronc d'arbre, se servirent du dos de la lettre de Hahn pour calculer rapidement que les deux nouveaux atomes seraient un peu plus légers de l'équivalent d'un cinquième de proton de l'atome d'uranium dont ils étaient issus. La masse manquante avait manifestement été convertie en énergie. A l'aide de la formule classique d'Einstein, $E = mc^2$, ils calculèrent que l'énergie ainsi libérée équivalait à 200 millions d'électrovolts — de quoi faire osciller un brin de poussière. Après cette promenade inspirée, ils passèrent le reste de leurs vacances à préciser les détails.

Le Jour de l'An, Frisch retourna à Copenhague avec « l'explication fantastique » de la découverte de Hahn dans la poche. Niels Bohr comprit immédiatement, se frappa le front et s'exclama : « Que nous avons été idiots ! Mais c'est merveilleux ! Nous aurions tous pu y penser ! C'est exactement comme ça que ça doit être [16] ! » Bohr était alors sur le point de partir aux États-Unis pour un séjour de trois mois, au cours duquel il envisageait de batailler une fois de plus avec Einstein sur la théorie des quanta, à Princeton. Il promit à Frisch de ne rien dire de sa découverte, une fois en Amérique, tant que lui et Meitner ne l'auraient pas eux-mêmes publiée. Bohr était un homme honorable, mais ne pas dire un seul mot d'une découverte aussi prodigieuse était au-delà de ses forces. Dès qu'il fut à bord du *Drottingholm*, dans le port de Göteborg, le 7 janvier 1939, il en parla à Leon Rosenfeld, son assistant de l'institut qui l'accompagnait aux États-Unis. Les deux hommes passèrent l'essentiel des neuf jours de traversée dans une cabine à couvrir un tableau noir de chiffres et de symboles. Bohr oublia néanmoins de signaler à Rosenfeld qu'il fallait garder le silence, une fois arrivé. Ce qui suivit illustre parfaitement le fonctionnement en « système nerveux » de la science, la nouvelle passant d'un chercheur à un autre, d'un laboratoire à un autre, d'un pays à un autre.

Lorsque le *Drottingholm* se mit à quai dans le port de New York, le 16 janvier, Bohr fut accueilli par Enrico Fermi (arrivé lui-même d'Europe deux semaines auparavant, seulement) et par John Wheeler, qui avait travaillé à l'institut de Copenhague pendant l'hiver 1934-1935. Incapable de se contrôler, Bohr glissa dans l'oreille de ce dernier que l'atome avait été cassé. Plus tard dans la journée, Wheeler conduisit Rosenfeld à Princeton (Bohr devant passer la journée à New York) et lui demanda de prendre la parole lors de la réunion régulière du lundi du Journal Club, où l'on discutait des derniers articles parus sur la physique. Il y avait beaucoup de monde, et Wheeler s'arrangea pour qu'elle commençât à temps en ne disposant pas suffisamment de chaises : les retardataires devaient rester debout [17]. Ne sachant rien de la promesse faite par Bohr à Frisch, Rosenfeld parla librement ; en deux jours, tout le monde était au courant à Princeton, et la nouvelle ne tarda pas à se répandre ailleurs. Deux physiciens de l'université de Columbia, présents à la réunion du Journal Club de Princeton, Rabi et Willis Lamb, la rapportèrent à Fermi un peu plus tard dans la semaine (probablement le 20 janvier). Le savant italien comprit enfin ce qu'il avait fait à Rome, en 1934 ; il se lança immédiatement dans une série de nouvelles expériences avec John Dunning.

Bohr lui-même apporta la nouvelle à Washington, où il devait assister à une conférence. Dès son arrivée, le soir du 25, il en parla au physicien russe George Gamow, un habitué de Copenhague, lequel téléphona presque sur-le-champ à Edward Teller auquel il dit : « Bohr vient juste d'arriver. Il est devenu fou ! Il dit qu'un neutron peut casser un atome d'uranium[18]. » Mais cela ne paraissait insensé qu'un instant ; évidemment, raisonna Teller. Le neutron ne fait pas exploser le noyau ; il se glisse à l'intérieur et surcharge la goutte liquide qui ne peut plus maintenir sa cohésion ! Le lendemain, à la cinquième conférence sur la physique théorique de l'Université George Washington, manifestation dirigée par Gamow et Teller, Bohr se sentit finalement libre de parler ouvertement des expériences de Hahn et Strassmann, publiées dans *Naturwissenschaften*, le 6 janvier. Il fit sensation. Deux jours plus tard, après le dîner, un groupe important de chercheurs se réunit au laboratoire de Washington, où deux d'entre eux avaient préparé une expérience démontrant la fission. Niels Bohr, son fils Erik, Enrico Fermi, Edward Teller, Gregory Breit et une demi-douzaine d'autres physiciens étaient présents dans la salle (on y avait fait l'obscurité) où leurs collègues bombardaient l'uranium de neutrons. A chaque fois que les atomes se fractionnaient, ils libéraient d'infimes quantités d'énergie enregistrées par l'écran de l'oscilloscope sous forme de traits lumineux erratiques. Scène fondatrice de l'âge nucléaire : Frisch à Copenhague, John Dunning et Herbert Anderson à Columbia, Ernest Lawrence à Berkeley, les Joliot-Curie à Paris — à Berlin, à Moscou, à Leningrad, à Munich, à Rome — partout où on se creusait la tête sur la structure de l'atome, des physiciens se retrouvaient dans des laboratoires aux stores baissés pour regarder les mystérieux éclairs verts provoqués par le fractionnement de noyaux d'uranium en deux parties pratiquement égales.

Mais cette découverte promettait bien davantage que la simple compréhension de ce qui se passe à l'intérieur de l'atome. Pendant des dizaines d'années, on avait su que le matériau de base de l'univers n'était pas inerte, qu'il était constitué d'une matrice de particules maintenues ensemble par de l'énergie. La matière était énergie. En 1905, dans la théorie de la relativité restreinte, Einstein donnait la formule de quantification de cette énergie : elle était équivalente à la masse d'une particule par la vitesse de la lumière au carré, ce qui s'écrit simplement : $E = mc^2$. Dès 1903, Rutherford avait remarqué que : « Si l'on pouvait trouver le détonateur convenable, il était tout à fait concevable d'amorcer une vague de désintégration de la matière qui réduirait en fumée notre vieux monde [19]. » Cette préoccupation restait toujours présente à l'esprit des physiciens tandis qu'ils mettaient en pièces les structures de l'atome ; la spectaculaire aventure intellectuelle s'accompagnait d'un courant sous-jacent d'angoisse et d'espoir : comment trouver le moyen de libérer progressivement l'énergie de l'atome dans une machine, pour en faire une source d'énergie utilisable, ou d'un seul coup dans une explosion ?

Cela paraissait à la fois possible et impossible. En 1914, l'assistant de Rutherford, Ernest Marsden, avait signalé un résultat bizarre lorsqu'on bombardait de l'azote avec des particules alpha ; quelque chose en rebondissait avec une vélocité encore plus grande. S'il ne s'était agi d'un fait vérifié expérimentalement, on l'aurait considéré comme impossible ; Rutherford déclara plus tard qu'il n'aurait pas été davantage surpris si Marsden avait tiré une balle qui aurait rebondi sur une feuille de papier ! En février 1916, Rutherford semblait près d'expliquer la découverte de son assistant et y fit allusion lorsqu'à propos du radium, il déclara qu' « à partir d'une livre de ce produit, on pourrait obtenir pratiquement autant d'énergie qu'avec cent millions de livres de charbon [20] ». La difficulté était de trouver une méthode de libération de cette énergie qui en utilisât moins qu'elle n'en produisait. Rutherford finit par publier une explication de l'expérience de Marsden en 1919 : les légères particules alpha, entrant en collision avec le noyau d'un atome d'azote, le cassent en libérant des atomes d'hydrogène (des protons) et de l'énergie. Mais les particules alpha sont de charge positive, comme les noyaux d'azote, si bien qu'elles sont presque tout le temps déviées. Trois sur un million réussissent à pénétrer un noyau, pourcentage qui rendait illusoire toute utilisation pratique de l'énergie de l'atome. Rutherford était satisfait ; seuls « les secrets les plus profonds de la nature [21] » l'intéressaient. Pas de découvrir une nouvelle source d'énergie.

Le physicien néo-zélandais avait de bonnes raisons d'être sceptique. D'autres, qui en savaient moins que lui, virent plus vite en quel sens évoluaient les choses. Peu avant la première guerre mondiale, l'écrivain H. G. Wells, l'imagination aiguillonnée par le livre de Frederick Soddy *The Interpretation of Radium* (1909), rédigea en Suisse un roman, *The World Set Free* (1914) ; il y prédit la maîtrise de « l'énergie atomique » (d'un point de vue scientifique, son récit est « bidon ») et l'ère de prospérité économique qui s'ensuit, puis la production de « bombes atomiques » et enfin une terrible guerre européenne qui, commençant en 1958, réduit les villes en monceaux de ruines débordant de radioactivité. C'est ainsi que la bombe atomique reçut son nom trente avant que ne fût dépensé le premier dollar pour sa recherche. La critique, dans *The Time Literary Supplement*, éreinta l'ouvrage (« de la bouillie pour les chats ») ; mais il donna cependant forme aux pressentiments les plus sombres des scientifiques pendant la période d'une vingtaine d'années qu'il leur fallut pour envisager ce que Wells avait imaginé en un instant. Heisenberg et Leo

Szilard avaient tous deux lus *The World Set Free* et, chacun à sa manière, craignaient que Wells n'eût vu juste.

Szilard avait le nez creux, en ce qui concernait les mauvaises nouvelles ; à Berlin, au début des années trente, il avait toujours une valise prête pour pouvoir partir à l'improviste, et c'est avec celle-ci à la main qu'il traversa la frontière autrichienne un jour avant que les autorités allemandes ne commencent à en interdire le passage aux réfugiés juifs, en 1933. En septembre, à Londres, Szilard fut une fois de plus alerté lorsqu'il lut dans le *Times* que Rutherford, la veille, « avait lancé un avertissement [...] à ceux qui cherchent des sources d'énergie dans les transmutations atomiques ; de telles espérances sont de pures balivernes [22] ». Voilà qui paraissait bien trop optimiste aux yeux de Szilard. En un jour ou deux, il conçut une méthode prometteuse pour libérer l'énergie atomique et demanda à son ami Patrick Blackett s'il pensait que le gouvernement britannique allouerait des fonds qui permettraient de mener les expériences adéquates afin de vérifier ses hypothèses. A quoi Blackett lui répondit : « Ecoute, tu n'as pas une chance avec des idées aussi fantastiques, en Angleterre. Mais en Russie, peut-être. Si un physicien russe allait voir son gouvernement pour lui dire, nous devons produire une réaction en chaîne, on lui donnerait tout l'argent et les moyens dont il aurait besoin. Mais pas en Angleterre [23]. »

Blackett avait raison. En juin 1934, inquiet à l'idée que l'on pût arriver aux mêmes conclusions que lui dans l'Allemagne d'Hitler, Szilard déposa son brevet de réaction en chaîne et le confia à la garde de l'Amirauté britannique. Peu de temps après, à court de fonds, il abandonna les expériences qu'il menait dans un laboratoire qu'on lui avait prêté et prit un poste à Oxford ; mais il gardait toujours l'inquiétant pressentiment que la construction d'une bombe atomique était à portée de la main.

Par sa capacité de transformer les nouvelles idées scientifiques en une profonde source d'angoisse existentielle, Szilard était un cas à part dans la communauté des chercheurs ; il n'était cependant pas le seul à se rendre compte que les neutrons pouvaient ouvrir une voie jusqu'au cœur de l'atome. Ce même été, Rudolf Peierls, un ami de Szilard, fit une randonnée dans le Caucase en compagnie du physicien russe Lev Landau. Un ami de Landau qui les accompagnait leur demanda un jour : « Qu'est-ce que c'est que cette histoire d'énergie atomique dont on parle ? De la science-fiction, ou bien existe-t-il réellement une possibilité ? » Landau répondit que le problème était loin d'être facile à résoudre ; que les neutrons découverts par le physicien anglais James Chadwick pourraient faire l'affaire, mais que jusqu'ici, le seul moyen connu d'obtenir ces neutrons consistait à bombarder les noyaux de particules alpha, méthode qui consommait plus d'énergie qu'elle n'en produisait. « Mais si un jour, quelqu'un trouve une réaction dans laquelle l'impact d'un neutron produit des neutrons secondaires, la question sera réglée [24]. »

L'idée était donc dans l'air. Mais en public, Rutherford continuait à la repousser : « balivernes » n'est pas vraiment un terme neutre. Il le répéta à Copenhague quelques années plus tard (probablement au printemps 1936) lors d'une conversation avec Niels Bohr et Heisenberg à propos du bombardement des atomes[25]. Le hasard avait voulu que Heisenberg et Rutherford rendissent visite à Bohr en même temps ; ils séjournaient dans la superbe maison récemment mise à la disposition de l'institut par la fondation Carlsberg et le gouvernement danois. Au cours d'une promenade dans le parc voisin, tandis qu'ils discutaient des interactions de particules dans l'atome, Heisenberg fit allusion à la « bombe atomique » du roman de Wells (il avait oublié le titre et le nom de l'auteur), l'écartant comme une simple « vue de l'esprit ». Il ne pouvait néanmoins s'empêcher de se demander si le physicien allemand Walther Nernst n'avait pas eu raison lorsqu'il avait décrit le monde comme une « sorte de tonneau de poudre ». Bohr fit remarquer que même si l'on arrivait à déclencher une telle réaction, elle se détruirait elle-même sur-le-champ, tandis que Rutherford s'en tenait à son objection habituelle : l'énergie libérée restait inférieure à l'énergie produite. « Parler d'une exploitation technique de l'énergie des noyaux atomiques est pure absurdité », déclara-t-il[26]. Niels Bohr et Heisenberg répondirent qu'ils étaient d'accord.

Mais Rutherford cachait son jeu. Il était britannique ; Heisenberg, dont la décision de rester en Allemagne sous le régime hitlérien faisait déjà l'objet de nombreux commentaires dans bien des salles de séminaire, était allemand. Peu de temps avant (la date est incertaine : il semble que ce fût au début des années trente), Rutherford avait discrètement fait part de ses inquiétudes à Sir Maurice Hankey, secrétaire du Comité de Défense de l'Empire. L'ayant pris à part à l'issue d'un banquet de la Royal Society, à Londres, il lui avait dit que les expériences nucléaires du laboratoire Cavendish pourraient se révéler un jour de la plus grande importance pour la défense du pays et que le gouvernement devrait rester attentif à cette question[27]. Rutherford faisait-il allusion à une source d'énergie ou à la bombe atomique ? Toujours est-il qu'il mourut l'année suivante sans en dire davantage ; mais en 1936, il n'aurait pas partagé ce genre de réflexions avec l'Allemand Heisenberg.

Un peu partout, les scientifiques saisirent les implications éventuelles des nouvelles que Niels Bohr apporta en Amérique, en janvier 1939. Il avait fallu un coup de génie pour se rendre compte de ce qu'était la fission ; mais comprendre l'importance de l'énergie libérée dans le processus était élémentaire[28]. Partout où l'on parlait de fission, on ne tardait pas à aborder la question de la bombe. Personne, toutefois, ne vit ces implications plus vite que Leo Szilard. Il apprit la nouvelle de manière détournée, par son ami Eugene Wigner ; ce dernier avait manqué l'exposé de Rosenfeld du 16 janvier, car il souffrait d'une jaunisse qui le clouait au lit. Mais il recevait cependant des visiteurs, et l'un d'eux lui fit part de la découverte de Hahn. Wigner la communiqua à Szilard, venu lui rendre visite de New York.

Depuis son arrivée aux États-Unis, Szilard hantait l'Université de Columbia, à Manhattan, et vivait à l'hôtel King's Crown, sur la 116e rue. Le lendemain de sa visite à Wigner, Szilard prit froid et se coucha avec la fièvre ; au lit, ses inquiétudes ne firent que croître. Il songea qu'il fallait convaincre les grands expérimentateurs comme Fermi et Frédéric Joliot-Curie de rester discrets, dans le faible espoir que les scientifiques aux ordres d'Hitler ne songeraient pas de leur côté aux neutrons secondaires et aux réactions en chaîne. Le 25, il eut assez d'énergie pour écrire à l'un de ses amis, Lewis Strauss, un banquier, lui disant qu'une découverte récente pouvait conduire à une nouvelle source d'énergie et « malheureusement aussi, peut-être, à la bombe atomique [29] ».

Deux jours plus tard, à Washington, où Niels Bohr annonça finalement publiquement la découverte de la fission, Teller se souvient qu'à peine la nouvelle donnée, un scientifique l'avait entraîné dans un coin pour lui dire : « Soyons prudents. N'en parlons pas trop [30]. » Merle Tuve, physicien à l'Institut Carnegie, convainquit un journaliste présent dans la salle que le reste de la discussion serait trop technique pour lui. Mais la grande information avait déjà franchi les murs et, le lendemain, le *New York Times* et le *New York Herald Tribune* publiaient des comptes rendus de la nouvelle.

A Berkeley, Robert Oppenheimer lut ces articles et réveilla George Gamow d'un coup de téléphone transcontinental pour lui demander ce qui se passait exactement. Sa première réaction fut d'aller au tableau noir pour prouver que ça ne pouvait pas se produire, que quelqu'un avait dû commettre une erreur. Mais Luis Alvarez et un autre jeune physicien procédèrent à une expérience de fission et les éclairs verts, sur l'oscilloscope, persuadèrent Oppenheimer comme tout le monde [31]. Il se mit alors à bombarder ses amis de lettres sur les implications de la nouvelle théorie, notamment Robert Serber, de l'Université d'Illinois [32], George Uhlenbeck à Columbia, William Fowler, au California Institute of Technology. Dans les premiers moments d'enthousiasme le brillant Oppenheimer, personnage à l'humeur changeante et parfois un peu théâtral, n'eut aucun pressentiment de mauvais augure. Il était simplement surexcité. Fin janvier, il écrivit à Fowler :

Cette histoire d'uranium est incroyable. On l'a tout d'abord découverte dans les journaux, on a cherché partout davantage de renseignements, et nous disposons maintenant de nombreux rapports [...] De nombreux points manquent encore de clarté [...] Plus que tout, y a-t-il beaucoup de neutrons qui jaillissent du fractionnement, ou des éléments excités ? car dans ce cas, 10 cm³ d'hydrure lourd d'uranium (on en aurait besoin pour les ralentir sans les capturer) devraient donner quelque résultat. Qu'en penses-tu ? A mon avis, c'est passionnant, non pas sur le plan rare des positrons et des mésons, mais sur le strict plan pratique[33].

Il fut plus explicite vis-à-vis d'Uhlenbeck : « Je ne crois donc pas improbable que 10 cm³ d'hydrure lourd d'uranium [...] puissent faire une explosion infernale[34]. » En quelques jours, les étudiants de fin de cycle d'Oppenheimer avaient couvert le tableau noir, dans sa salle de séminaire, d'équations et de dessins approximatifs — celles et ceux d'une bombe atomique[35].

La première question que se posa immédiatement Oppenheimer, comme tant d'autres, était de savoir si la fission de l'uranium produisait des neutrons secondaires. Si le noyau d'uranium émettait deux neutrons ou davantage en cours de fission, le fractionnement pouvait alors se propager en progression géométrique — deux, puis quatre, puis huit et ainsi de suite, chaque fission libérant une impulsion d'énergie, infime en elle-même mais se transformant rapidement en une explosion puissante. A Columbia, Fermi donna un coin de laboratoire à Szilard et Walter Zinn, afin d'y mener une expérience qui mesurerait l'émission de neutrons. A l'aide d'un échantillon de radium acheté deux mille dollars grâce à l'appui financier d'un ami, Szilard et Zinn mirent au point un protocole qui permettrait de bombarder du métal d'uranium avec des neutrons lents, que l'on distingue facilement, sur les écrans d'un oscilloscope, des éclairs de neutrons rapides émis par la fission. « Nous avons tourné le commutateur, raconta plus tard Szilard, et nous avons vu les éclairs. Nous avons continué à regarder pendant un moment, puis nous avons tout coupé et sommes rentrés chez nous. Ce soir-là, je n'éprouvai guère de doute : le monde était sur la voie de moments douloureux[36]. » Il téléphona à Teller, à Washington, et lui dit : « J'ai trouvé les neutrons[37]. » Plus tard, ce même mois, paraissait dans *Nature* un article des Joliot-Curie rapportant la même découverte[38].

Depuis Berlin, Otto Hahn avait suivi les progrès issus de sa découverte. Avant même la fin de la conférence de Washington, Bohr lui envoya un télégramme pour le féliciter sur « sa merveilleuse découverte[39] ». Peu après son vieil ami Rudolf Ladenburg, qui enseignait à Princeton depuis 1933, lui écrivit pour lui décrire l'excitation qui s'était emparée de Washington lorsque Bohr avait fait sa retentissante annonce. Les travaux de mesure des neutrons secondaires effectués à Paris par les Joliot-Curie convainquirent Hahn que la bombe atomique était possible, perspective dont il discuta avec Carl Friedrich von Weizsäcker. Cette éventualité déprima tellement Otto Hahn qu'il envisagea de se suicider. Lors d'une discussion entre amis, à la Kaiser Wilhelm Gesellschaft, quelqu'un proposa de rendre la construction de cette bombe impossible en jetant à la mer tous les stocks d'uranium disponibles — idée farfelue aussitôt rejetée lorsqu'une autre personne fit remarquer que les ressources des mines de Joachimsthal n'attendaient que d'être exploitées [40].

Avec la découverte de la fission, de nombreux scientifiques conclurent immédiatement qu'il allait être facile de construire une bombe atomique. Niels Bohr n'en faisait pas partie ; il consacra même son génie, au cours des mois qui suivirent, à chercher à comprendre pour quelles raisons une telle bombe ne pourrait pas marcher. En 1936, il avait déclaré à Rutherford et Heisenberg que la construction d'une bombe atomique était impossible, car la chaleur d'une réaction nucléaire, au cours de son expansion, réduirait en morceaux toute masse d'uranium en réaction avant qu'elle puisse exploser. C'était exact, dans le cadre des neutrons lents ou thermiques. On n'avait pas encore compris l'utilité des neutrons rapides. A Washington, toujours en janvier 1939, Bohr imagina une autre raison qui rendrait la bombe impossible : il dit à Maurice Goldhaber (venu d'Urbana, dans l'Illinois) que certes la fission produisait des neutrons secondaires mais que ceux-ci, très vraisemblablement, se trouveraient retardés ; la réaction se ralentirait, et donc il ne pouvait y avoir de bombe. Mais il en fallait plus pour ébranler Goldhaber. « En tant que personne, répondit-il à Bohr, vous espérez que les neutrons secondaires se trouveront retardés ; mais en tant que scientifique, vous savez qu'il n'en est rien [41]. »

CHAPITRE 6

Lorsque le *Drottningholm* accosta à New York, le 16 janvier 1939 au début de l'après-midi, Laura Fermi trouva Niels Bohr vieilli et fut frappée par son expression angoissée. Les Fermi venaient pourtant de passer quelque temps chez les Bohr un mois auparavant, à Copenhague ; néanmoins, dès qu'elle repéra le physicien danois, debout près du bastingage, elle remarqua le changement. Plus tard, pendant qu'ils attendaient sur le quai la descente des bagages, elle dut faire un effort pour comprendre ce qu'il disait ; il parlait doucement, de manière un peu brouillée et son accent en anglais (langue qu'elle commençait tout juste à apprendre elle-même) rendait les choses encore plus difficiles. Elle ne saisit que quelques paroles inquiétantes de son discours : « L'Europe... la guerre... Hitler... le Danemark... danger... occupation [1]. » Elle le revit souvent au cours des trois mois qui suivirent et finit par se faire peu à peu à son langage un peu particulier. Il lui parut essentiellement obsédé par une question : les risques de guerre en Europe. Mais de l'autre danger dont Bohr discuta souvent avec Enrico Fermi, celui de voir les scientifiques allemands donner la bombe atomique à Hitler, elle n'entendit pas parler.

Un moment, Bohr espéra que les réactions en chaîne explosives dans l'uranium se révéleraient impossibles. Dès qu'il se fut installé ou presque à Princeton, en février, pour le semestre de printemps, il se mit à étudier de plus près la théorie de la fission. Au petit déjeuner, un matin, le physicien George Placzek, frais émoulu de l'institut de Copenhague, lui fit remarquer que la nouvelle découverte résolvait l'énigme des « transuraniens » de Fermi et entreprit de le titiller sur les torts que la fission faisait à sa théorie de la structure atomique : pourquoi la fission semblait-elle exiger des neutrons lents, et pour quelle raison si peu d'atomes se fractionnaient-ils ? Au bout d'un moment, Bohr arrêta de discuter. Son visage se détendit et adopta cette expression neutre et lointaine qu'il avait lorsqu'une idée nouvelle germait en lui. Il quitta la table du Nassau Hall et traversa le campus enneigé pour se rendre à Fine Hall, où il se mit à travailler au tableau noir avec Rosenfeld. Plus tard, dans la matinée, John Wheeler et Placzek passèrent et eurent droit à la première mouture de la réponse de Niels Bohr : ce n'était pas l'uranium comme tel qui se fractionnait, mais un isotope beaucoup plus rare, l'U-235. En deux jours de travail intense — rapidité sans équivalent dans la carrière de quelqu'un d'aussi perfectionniste — il rédigea une note d'un millier de mots décrivant son intuition et l'expédia par la poste, le 7 février, au périodique *Physical Review*[2].

Au cours des deux mois suivants, Bohr, secondé par Wheeler, continua à travailler sur la question avec sa ténacité fanatique habituelle. Il donnait des coups de cure-pipe au fourneau de sa pipe tandis qu'il arpentait le bureau qu'on lui avait attribué, jonchant le sol d'allumettes et de débris de tabac. Lorsque ses réflexions s'enlisaient, il cassait un morceau de craie après l'autre, en écrivant au tableau par accès furieux. Tel était Bohr le magnifique, au sommet de sa puissance intellectuelle. Travailler avec ce grand homme était un privilège dont le jeune Wheeler avait conscience ; pas le concierge de Princeton, qui ne tarda pas à demander à Bohr de bien vouloir faire le ménage avant d'éteindre les lumières et de partir. Bohr se contenta par la suite de prendre le tapis par les coins, d'en faire tomber les débris de tabac et de craie, et de soigneusement reposer le tapis par-dessus.

C'est ainsi que Bohr alla chatouiller les secrets de la fission, nourrissant l'espoir qu'on ne pourrait jamais fabriquer de bombe atomique. Placzek n'était pas le seul à faire preuve de scepticisme ; Fermi doutait aussi que c'était l'U-235 seul qui se fractionnait dans ses expériences. Ces réserves avaient le don de mettre Bohr hors de lui. Il avait le sentiment que Fermi s'obstinait à dessein, parce que son hypothèse était théoriquement cohérente. Il n'avait pas achevé un deuxième article, écrit et réécrit avec Wheeler, lorsqu'il repartit au Danemark, à la fin avril. Bohr espérait que ses arguments mettraient un terme aux spéculations sur la bombe atomique ; l'U-235 se trouvait au taux d'une partie sur 140 dans l'uranium naturel ; les neutrons secondaires seraient pour la plupart absorbés par l'U-238, qui ne se fractionnerait pas ; la séparation d'U-235 en grande quantité s'avérerait impraticable ; une réaction en chaîne dans de l'uranium naturel ferait long feu avant qu'ait pu se produire une véritable explosion. Comme l'avait bien senti Maurice Goldhaber, c'était Bohr l'homme et non le scientifique qui s'acharnait à clouer le couvercle du cercueil dans lequel il voulait enfouir la bombe atomique. Bohr allait garder une confiance inébranlable dans son raisonnement jusqu'à l'automne 1941, lorsque Heisenberg lui dit, sans le convaincre tout à fait, qu'il se trompait.

Mais même avant la publication de l'article Bohr-Wheeler, en septembre, des expériences avaient montré que Bohr avait raison sur un point : le fractionnement de l'U-235 par les neutrons lents. La plupart des physiciens furent convaincus qu'il était presque impossible de construire une bombe atomique. Au cours de l'été 1939, alors qu'il mettait encore la dernière touche à son article, Bohr alla en Grande-Bretagne pour répandre la bonne parole parmi les scientifiques anglais[3]. L'un d'eux était très certainement le physicien d'Oxford F. A. Lindemann (plus tard Lord Cherwell) devenu un proche de Churchill pendant les années de « traversée du désert » de ce dernier — on ne lui offrait aucune place au gouvernement, et personne n'écoutait ses avertissements à propos d'Hitler. Cet été-là, alors que l'imminence de la guerre était perceptible par tous, Churchill s'inquiétait aussi beaucoup de la possibilité d'une « bombe allemande », mais d'une manière un peu particulière. Un compte rendu alarmiste de la découverte de la fission, publié dans un journal britannique, venait de le convaincre qu'une arme puissante secrète, aux mains d'Hitler, pourrait faire reculer le Premier ministre, Neville Chamberlain, et servir de prétexte à l'abandon de la Pologne. Churchill avait confiance en Lindemann sur le plan scientifique et ce dernier lui répondit sans ambages que la fabrication d'une telle bombe était impossible. Le 5 août, moins d'un mois avant le déclenchement des hostilités, Churchill écrivit à son ami Sir Kingley Wood, secrétaire d'État à la Guerre, afin de l'encourager par des propos qui constituent un véritable précis de la position de Bohr destiné aux profanes :

... C'est pourquoi il est essentiel de bien comprendre qu'il n'y a aucun danger de voir cette découverte (quel que soit par ailleurs son intérêt scientifique et peut-être, ultérieurement, son importance pratique) produire des résultats susceptibles d'être mis en œuvre sur une vaste échelle avant plusieurs années.

[...] D'abord, selon les avis les plus autorisés, seul un constituant secondaire de l'uranium permet de provoquer cette réaction et il serait nécessaire d'entreprendre l'extraction du minerai avant que des résultats importants puissent être obtenus. Ce sera l'affaire de plusieurs années. Deuxièmement, la chaîne de réactions n'est possible que si l'uranium est concentré en grande quantité. Dès que l'énergie est libérée elle provoque une explosion accompagnée d'une faible détonation, trop tôt pour que puissent être obtenus des effets d'une réelle puissance [...] Troisièmement, de telles expériences ne peuvent être réalisées à une petite échelle. Or si elles l'avaient été avec succès sur une vaste échelle [...] il aurait été impossible de les tenir secrètes. Quatrièmement, seule une quantité relativement faible de l'uranium existant sur les territoires de ce qui fut autrefois la Tchécoslovaquie se trouve sous le contrôle de Berlin.

Pour toutes ces raisons, la crainte que cette découverte ait fourni aux nazis un nouvel explosif — à la fois tenu secret et d'une puissance terrifiante — pour anéantir leurs ennemis, est évidemment dénuée de tout fondement. Sans doute répandra-t-on à mots couverts des bruits sinistres, [...] mais il faut espérer que nul ne s'y laissera prendre[4].

Lindemann et Churchill ne furent pas les seuls à se sentir rassurés par les découvertes de Niels Bohr : Otto Frisch, venu de Copenhague s'installer en Angleterre pendant l'été 1939, rendit compte des positions de Bohr comme de paroles d'Evangile dans un long article sur la fission. Nombreux étaient cependant les scientifiques à penser que le physicien danois sifflait dans le noir. Le jour même où il faisait son annonce à Washington, en janvier, un collègue d'Edward Teller lui faisait part de ses craintes et de la nécessité de garder le silence et le secret. Mais le plus inquiet de tous était Leo Szilard. Il arriva à Washington au soir du dernier jour de la conférence et, retrouvant Teller à son domicile, lui demanda avec excitation : « Vous avez entendu ce qu'a dit Bohr de la fission ? »

Teller répondit que oui.

« Vous savez ce que ça signifie ! » Quelques étapes évidentes, expliqua-t-il, les séparaient encore de la mise au point d'une bombe atomique. « La victoire d'Hitler pourrait en dépendre[5] ! »

Certes, Szilard ignorait exactement ce que seraient ces étapes, mais il avait la certitude que si jamais bombe pouvait être construite, l'Allemagne en serait capable. De retour à New York fin janvier ou début février, Szilard fit part de ses appréhensions à Isaac Rabi qui depuis le début des années trente se demandait, avec ses amis, quelles raisons avait Heisenberg de rester en Allemagne. Au cours de l'été 1937, Hans Bethe, ami de Rabi, avait été voir sa mère restée là-bas et avait ramené des nouvelles d'Heisenberg, alors en train de perdre la bataille pour la chaire de Sommerfeld. « Heisenberg tient à s'accrocher en Allemagne, pour autant que je le sache, écrivit-il à Rabi après son retour. Stark vient de lancer encore une grande attaque contre lui et avec Sommerfeld, ils veulent contre-attaquer jusqu'à ce que Stark s'excuse. Cela devrait le mener soit dans un camp de concentration, soit aux États-Unis[6]. »

Prédiction erronée ; dix-huit mois plus tard, Heisenberg occupait toujours son poste à Leipzig. Rabi trouvait peut-être stupide de la part d'Heisenberg de rester en Allemagne, mais il éprouvait le plus grand respect pour le génie du physicien. Szilard n'eut donc pas de difficulté à persuader Rabi que la science allemande ne manquait pas des talents qui lui permettraient de construire une bombe atomique. Du point de vue de Szilard, le danger le plus immédiat était de voir des chercheurs impatients comme Fermi et Joliot-Curie faire le travail pour les Allemands, trouver les neutrons secondaires au cours de leurs expériences actuelles et vendre la mèche dans le cadre normal de leurs publications. Szilard demanda à Rabi d'inciter Fermi à la prudence : qu'il s'emploie à ce travail par tous les moyens, mais qu'il ne publie rien ! Rabi transmit le message. Fermi, qui maîtrisait de mieux en mieux l'anglais, lui fit une réplique de titi : « Des clous ! » Szilard fut horrifié lorsque Rabi lui rapporta cette réaction. Les deux physiciens se rendirent ensemble au bureau de Fermi pour s'expliquer. « Eh bien, reconnut l'Italien, c'est vrai qu'il existe une possibilité lointaine que des neutrons soient émis en cours de fission par l'uranium ; une réaction en chaîne peut alors peut-être avoir lieu.

— Que voulez-vous dire, par possibilité lointaine ? demanda Rabi.

— Dix pour cent », répondit Fermi.

A ce moment-là Rabi partageait pleinement les inquiétudes de Szilard. « Dix pour cent ! Ce n'est pas une possibilité lointaine, surtout si cela signifie que nous pouvons en mourir. Si j'avais une pneumonie et que le médecin me disait que j'ai une lointaine possibilité d'y rester et que celle-ci est de dix pour cent, je me ferais fichtrement du souci[7] ! »

Mais Fermi ne cédait du terrain qu'à contrecœur. Pourquoi s'inquiéter d'avance ? semblait-il dire. Remettons ça au moment où nous saurons que la bombe atomique pose un problème. Szilard maintenait que la prudence devait être de règle.

Pendant huit semaines frénétiques après cette entrevue, Szilard et deux de ses amis, Victor Weisskopf et Eugene Wigner, tentèrent d'endiguer le flot croissant des publications touchant à la question de la fission, en particulier celles qui traitaient de la production de neutrons secondaires. Szilard avait écrit aux Joliot-Curie dès le 2 février, leur expliquant la nécessité d'être prudent si l'on ne voulait pas que les nouvelles découvertes missent des bombes « excessivement dangereuses » entre « les mains de certains gouvernements[8] ». A la mi-mars, lors d'une réunion à Washington, Szilard et Teller, soutenus par George Pegram, persuadèrent Fermi de ne pas publier certains résultats expérimentaux, au moins pour le moment. Deux semaines plus tard, Weisskopf attirait l'attention de Blackett en Angleterre et de Hans von Alban (un assistant des Joliot-Curie) à Paris sur l'importance du secret dans les télégrammes. Wigner fit une démarche semblable auprès de Paul Dirac, également en Angleterre. Mais il s'avéra qu'il y avait trop de trous dans la digue et pas assez de doigts disponibles pour les boucher. Le 5 avril, Joliot-Curie, Halban et un autre collègue, le Russe Lev Kowarski, répondirent brièvement par câble à Szilard. Son appel était arrivé trop tard ; ayant appris que des Américains s'apprêtaient à publier des résultats similaires, ils avaient décidé d'en faire autant pour leurs propres travaux[9]. Le groupe de Paris avait été mal informé, mais il n'en était pas moins trop tard. Ainsi s'acheva la première tentative du prévoyant Szilard pour imposer la censure de guerre sur la recherche scientifique, avant même l'ouverture des hostilités.

Szilard n'était cependant pas le seul scientifique à s'inquiéter de plus en plus, au cours de cette année 1939, du silence menaçant de l'Allemagne. Ceux qui avaient noué des liens d'amitié au cours des années vingt et trente continuaient d'échanger des lettres, de se rencontrer aux conférences ou à titre personnel. Mais en dépit de ces contacts, les Allemands se retrouvèrent progressivement isolés derrière une sorte de rideau opaque. Il devenait de plus en plus dangereux de parler librement en Allemagne, et ils avaient appris à tenir leur langue à l'étranger. Les lettres pouvant être ouvertes, on n'écrivait rien de compromettant. Au-delà des frontières allemandes, ce danger n'était guère compris. La confiance mourut au cours des années qui suivirent la prise du pouvoir par Hitler et c'est dans le terreau du silence que germèrent les graines de la peur.

Les scientifiques firent de leur mieux pour garder pour eux cette peur. Comme nous l'avons vu, Merle Tuve avait essayé d'éloigner les journalistes de la conférence de Washington, quand la question de la bombe atomique arriva sur le tapis, en janvier ; ce qui n'empêcha pas les informations, dans leurs grandes lignes, de parvenir à la presse ; les journalistes, comme les scientifiques avant eux, ne manquèrent pas d'additionner rapidement deux et deux. L'un des plus rapides fut William Laurence, du *New York Times*, qui assista à une réunion de l'American Physical Society, à l'Université Columbia, le 24 février ; à l'issue de celle-ci, ayant retrouvé Bohr et Fermi pour discuter informellement avec eux du « fractionnement des atomes », Laurence comprit tout lorsqu'il entendit Fermi utiliser l'expression de « réaction en chaîne ».

Le journaliste se trouvait assis à côté de John Dunning, qui était à la fois son ami et le collaborateur de Fermi. Il lui demanda quel était le rapport, en termes de puissance explosive, entre le TNT et l'énergie libérée par l'uranium. Dunning lui répondit que cette dernière était vingt millions de fois plus puissante. Combien de temps faut-il, demanda-t-il ensuite, pour qu'une réaction en chaîne se développe dans un kilo d'uranium ? « Un millionième de seconde », répondit Dunning, qui l'avertit toutefois qu'il faudrait utiliser de l'U-235 pur, un matériau encore « loin d'être accessible ». Cette réserve était devenue le leitmotiv instinctif de tous les scientifiques. Mais Laurence ne s'y laissa pas prendre. Un moment après, il demanda carrément à Bohr et Fermi si l'on pouvait se servir d'un kilo d'U-235 pour fabriquer une bombe géante. La réponse fut anormalement longue à venir. « Nous ne devons pas sauter à des conclusions trop hâtives, finit par dire Fermi. Cela prendra de nombreuses années. »

Combien d'années ?

« Au moins vingt-cinq, peut-être même cinquante. »

Laurence, néanmoins, était sur la piste. « Supposons que Hitler décide que c'est exactement l'arme dont il a besoin pour conquérir le monde, demanda-t-il. Alors, combien de temps ? » Fermi essaya de clore la conversation par une plaisanterie compliquée, mais Laurence le perça à jour et fit part de ce qu'il avait compris un peu plus tard à sa femme Florence, le soir, alors qu'ils promenaient leur chien (appelé Einstein) près de leur domicile de Sutton Place. Fermi et Bohr n'avaient rien reconnu, mais Laurence sut reconstruire le puzzle : la fission était synonyme de bombe, l'Allemagne était le pays où s'étaient faites les découvertes fondamentales et Hitler était résolu à s'emparer du monde... [10]

A partir de ce jour-là, Laurence se mit patiemment à recueillir toutes les informations possibles sur ce que mijotaient les Allemands. Il n'obtint l'aide d'aucun des physiciens émigrés aux États-Unis ; personne ne lui avoua la double inquiétude qui les rongeait, à savoir que la bombe était possible et que les « scientifiques nazis » la fabriquaient. Mais dans l'univers restreint de la physique théorique d'avant-guerre, tout le monde connaissait tout le monde et les allées et venues étaient incessantes. Méthodiquement mais avec discrétion, Laurence posait la même série de questions aux visiteurs venus d'Europe et aux Américains qui rentraient d'Allemagne : « Qu'est-ce que fait Heisenberg, en ce moment ? [...] Où se trouve Hahn ? Travaille-t-il encore sur la fission [11] ? »

Après la guerre, Fermi et Bohr avouèrent à Laurence qu'ils avaient été frappés d'horreur par la précision de ses questions : c'était justement celles auxquelles ils n'avaient aucune envie de répondre. Mais la démarche à suivre, face au danger que présentait l'Allemagne, était loin de faire l'unanimité. Bohr choisit une méthode curieuse : prouver que la bombe atomique était une impossibilité, au moins à court terme. Fermi préférait laisser la question de côté tant que les expériences n'auraient pas prouvé que le problème devenait imminent. Szilard souhaitait procéder comme si la détermination allemande de construire la bombe atomique était un fait avéré. Wigner espérait susciter l'intérêt du gouvernement et éveiller son inquiétude. Le matin du 16 mars, Fermi, Szilard et Wigner se réunirent avec George Pegram, à l'Université de Columbia pour décider de leur stratégie. Fermi devait partir l'après-midi même pour Washington ; Pegram prit des dispositions pour lui permettre de rencontrer, dès le lendemain, un représentant de la US Navy — client idéal pour une machine capable de produire de l'énergie. Il n'en sortit pas grand-chose : la Marine demanda seulement à être tenue au courant.

Entre-temps, Szilard et Wigner étaient partis en train pour Princeton afin d'y rencontrer Bohr le soir même, dans le bureau de Wigner. Wheeler, Rosenfeld et Teller assistaient aussi à la réunion. Szilard poursuivait un but : faire de Niels Bohr le leader de leur groupe de Cassandres. Après Einstein, il était le physicien le plus célèbre au monde et constituerait un allié de très grand poids. Szilard n'aurait pu choisir meilleur jour pour le recruter : alors que se réunissait le groupe de physiciens, les armées d'Hitler occupaient ce que Munich avait laissé de la Tchécoslovaquie ; la radio avait retransmis la nouvelle toute la journée. Comme le savaient tous ces scientifiques, ce geste plaçait les mines de Joachimsthal sous contrôle allemand. Au tableau noir, Szilard commenta les dernières expériences qu'il avait menées à Columbia et démontra qu'en moyenne, chaque fission d'atome produirait deux neutrons secondaires. Aux oreilles de Rosenfeld, ces « deux neutrons en moyenne » sonnèrent comme le glas de l'apocalypse [12]. Bohr reconnut que des chercheurs allemands comme Werner Heisenberg, Otto Hahn et Carl Friedrich von Weizsäcker étaient capables de grandes choses ; il les connaissait tous intimement et avait travaillé avec eux pendant des années. Lorsque Hahn avait annoncé que la fission produisait du baryum (et non les « transuraniens » de Fermi) ils avaient accepté ses conclusions sans discuter ; qui aurait pu remettre en question l'autorité d'Otto Hahn [13] ?

Bohr, cependant, trouvait toujours l'attitude de Szilard trop alarmiste. Une bombe atomique exigeait de l'U-235 pur et le physicien danois ne doutait pas de l'avoir définitivement établi avec Wheeler. Séparer les isotopes d'un élément soulevait des difficultés techniques inouïes. « Oui, on peut fabriquer une bombe, admit-il, mais cela prendrait les efforts de tout un pays comme les États-Unis pour y parvenir [14]. » Il faudrait transformer la nation en « une énorme usine [15] ». En outre, fit remarquer Bohr, trop de choses avaient déjà été publiées sur la fission et il était trop tard pour refermer la boîte de Pandore. Lorsque la réunion se termina, tard dans la soirée, Bohr tenait toujours que le problème n'en était pas un, que la nature elle-même excluait la construction d'une bombe atomique avant des années.

Le rythme des expériences se ralentit à Columbia, cet été-là, lorsque Fermi partit pour le colloque de l'Université du Michigan qui se tenait à Ann Arbor, où il allait rencontrer Werner Heisenberg en juillet. Lorsque prirent fin les privilèges de chercheur invité de Szilard à Columbia, le 1er juin, il n'eut guère d'autre chose à faire que réfléchir. L'une des idées qui lui vint à l'esprit fut une nouvelle approche visant à produire une réaction en chaîne en utilisant du graphite au lieu d'eau pour modérer les neutrons lents. Mais la lettre dans laquelle il communiqua son idée à Fermi ne souleva pas ce dernier d'enthousiasme ; et tandis que les choses traînaient en longueur dans la chaleur de l'été, Szilard lut dans *Naturwissenschaften*, le journal scientifique allemand, un article qui faisait le point sur les diverses études de fission ; dû à l'un des assistants d'Otto Hahn, Siegfried Flugge, il était intitulé : « Est-il possible de domestiquer l'énergie contenue dans le noyau atomique ? » Szilard ignorait tout du contexte dans lequel Flugge avait rédigé son papier, qui datait de début juin, mais le texte lui-même suffit à l'inquiéter : Flugge y discutait de la faisabilité d'une « machine à uranium » qui utiliserait un « modérateur » [16]. Si l'on parvenait à libérer l'énergie d'un mètre cube d'oxyde d'uranium, écrivait-il : « Cela suffirait à soulever un mètre cube d'eau... de vingt-sept kilomètres dans les airs [17] ! » En ce dernier été de paix, la revue circulait librement ; Szilard venait d'y trouver tous les indices dont il avait besoin pour comprendre que la recherche allemande s'engageait dans des voies dangereuses. Il lui semblait que tout le monde prenait trop à la légère la menace allemande. Devant Wigner, venu le voir depuis Princeton, il s'inquiéta de ce que les Allemands ne fussent en mesure d'acheter de grandes quantités de minerai d'uranium en provenance du Congo belge.

C'est de leur conversation que naquit, en quelques semaines, ce qui est peut-être l'une des lettres les plus célèbres au monde. Szilard fit remarquer à Wigner que Einstein connaissait la reine de Belgique ; peut-être pourrait-on le persuader de lui écrire une lettre d'avertissement ? Un dimanche de la mi-juillet, Wigner et Szilard se rendirent en voiture dans la maison de Long Island où le célèbre physicien passait l'été. Einstein comprit immédiatement l'importance de la question, mais proposa d'écrire plutôt à un autre Belge qu'il connaissait, membre du cabinet. Wigner se demanda s'il ne serait pas bon d'informer le Département d'État. Un ami de Szilard, au fait de ses démarches, en avait parlé à Alexander Sachs, financier d'origine russe qui avait des contacts avec le président Roosevelt ; Sachs disait que c'étaient les présidents qui agissaient, aux États-Unis, et l'idée plut à Szilard ; à la fin de juillet, il revint voir Einstein, avec Teller comme chauffeur, cette fois. Einstein approuva la nouvelle approche et quelques jours plus tard, le 2 août, signait la plus longue des deux lettres que Szilard avait préparées. Comportant deux pages, elle est adressée au président Roosevelt et l'avertit que la découverte de la fission pourrait déboucher sur « des bombes d'un nouveau genre, extrêmement puissantes », suffisamment pour détruire « tout un port et une partie du territoire adjacent ». Einstein incitait le président à nommer une personne en qui il avait confiance qui serait chargée de suivre les progrès des travaux scientifiques, voire de débloquer des fonds gouvernementaux pour entreprendre des recherches. Dans le dernier paragraphe, Einstein insiste sur le principal danger :

> J'ai appris que l'Allemagne avait en fait arrêté de vendre l'uranium des mines tchèques dont elle s'est emparée. Qu'elle ait pris si rapidement une telle décision s'explique peut-être par le fait que le fils du sous-secrétaire d'État de l'Allemagne, von Weizsäcker, travaille à l'Institut Kaiser Wilhelm de Berlin, où l'on reproduit actuellement certaines des expériences américaines sur l'uranium [18].

On savait évidemment très bien, dans les cercles scientifiques, que Carl Friedrich von Weizsäcker appartenait à la KWG depuis plusieurs années. Le seul élément de preuve concrète connu de Szilard (et donc d'Einstein) était la décision allemande de cesser ses ventes de minerai d'uranium. Derrière les craintes et les démarches pressantes de Szilard il n'y avait que soupçons, rapports vagues, conjectures hasardeuses. Ces maigres informations ne s'accrurent que lentement. A la mi-août, le journal allemand *Deutsche Allgemeine Zeitung* publia une version grand public de l'article de Siegfried Flugge, et les savants américains de retour d'Allemagne, à la fin de l'été, signalèrent une importante concentration de recherches sur la fission à Berlin. Il fut question de séparation isotopique à l'aide de la diffusion thermique, technique nouvelle élaborée en Allemagne [19]. Ce genre d'indices n'aurait jamais permis de gagner un procès devant un tribunal, mais il suffisait à maintenir le sixième sens de Szilard en éveil.

Alexander Sachs ne put trouver l'occasion de transmettre le message d'Einstein à Roosevelt avant le mois d'octobre. On établit un comité sous la direction du responsable du Bureau des Normes US, Lyman Briggs, qui ne tarda pas à exaspérer Szilard et ses amis scientifiques par sa nonchalance, sa pingrerie et son sens aberrant de la sécurité : à un moment donné, Briggs, qui s'occupait de science pour le gouvernement depuis plus de quarante ans, voulut empêcher Fermi et Szilard de faire partie du comité sous prétexte qu'ils étaient étrangers et qu'on ne pouvait donc pas leur faire confiance. Cette aberration fut rapidement réglée, mais elle donne une idée de la méfiance qui régnait et de la difficulté qu'il y avait à progresser ; cela poussa Szilard à proposer à Einstein d'écrire une deuxième lettre, au début de 1940. Signée le 7 mars, et adressée à Sachs, Einstein y rappelle la présence de Weizsäcker à la KWG et ajoute :

Depuis le début de la guerre, l'intérêt pour l'uranium s'est intensifié en Allemagne. J'ai appris que les recherches s'y poursuivaient dans le plus grand secret et qu'elles s'étendaient jusqu'à un autre des instituts Kaiser Wilhelm, l'Institut de Physique. Ce dernier est passé sous l'autorité du gouvernement et d'un groupe de physiciens placés sous la direction de C. F. von Weizsäcker, et on y travaille sur l'uranium en collaboration avec l'Institut de Chimie. L'ancien directeur a été mis en congé pour une durée qui sera apparemment celle de la guerre[20].

Ce fragment d'information, le premier à être transmis au gouvernement américain sur la question de la bombe atomique, marque l'émergence de ce que l'on connaîtra plus tard sous le nom de « scientific underground », réseau informel et plus ou moins occulte de scientifiques, surtout des physiciens dont la plupart avaient fui l'Allemagne d'Hitler, qui transmettaient les renseignements glanés auprès d'amis restés au pays ou demeurant dans des nations neutres[21]. Le premier rapport annonçait bien ceux qui suivirent : suggestif, approximatif et difficile à confirmer. Encore une fois, ce que Einstein savait venait de Szilard, qui le tenait pour sa part du Hollandais Peter Debye, prix Nobel de Chimie en 1936.

Les quelques membres des représentants du président Roosevelt appartenant au Comité consultatif n'avaient probablement jamais entendu parler de Debye ; mais ce dernier était bien connu de la communauté internationale des physiciens. Il avait mené une carrière tout à fait représentative de l'époque, avec d'incessants va-et-vient d'un poste universitaire à l'autre, émaillée d'innombrables conférences et articles. A l'exception de sept années passées en Suisse dans les années vingt, l'essentiel de sa vie active s'était déroulée en Allemagne. En 1935, le nom de Debye figurait à côté de celui d'Heisenberg sur la liste des trois candidats susceptibles de reprendre la chaire de Sommerfeld à Munich. La vigoureuse opposition de Stark et Lenard bloqua les trois candidatures, mais les champions de la *Deutsche Physik* échouèrent quelques années plus tard lorsque Max Planck choisit Debye comme directeur de l'Institut de Physique Kaiser Wilhelm, ouvert en janvier 1938 avec des fonds fournis par la Fondation Rockefeller.

Debye, toutefois, n'occupa pas longtemps cette responsabilité à Berlin-Dahlem. Au cours des premiers six mois il défendit l'indépendance de l'institut contre les attaques des nazis et aida Lise Meitner à s'échapper ; en dépit de son long séjour en Allemagne, il continuait à se déplacer sous passeport hollandais. Une fois l'institut passé sous l'autorité du *Heereswaffenamt* pour les recherches sur l'uranium, en octobre 1939, on plaça Debye devant un choix radical : soit il renonçait à sa nationalité hollandaise pour devenir Allemand, soit il abandonnait la direction de l'institut à quelqu'un qui l'avait. On trouva un compromis à la fin de l'année : l'institut lui accorda un congé pour aller enseigner à l'Université Cornell[22]. Mais avant de quitter l'Allemagne, en février 1940, il eut un entretien privé avec un représentant de la Fondation Rockefeller, Warren Weaver. Debye lui confia que l'armée avait pris la direction de l'institut avec l'espoir d'y mettre au point « une arme offensive irrésistible », mais que les scientifiques qui y travaillaient avaient des objectifs bien différents à l'esprit. Dans son compte rendu de la rencontre, Weaver écrivit :

Comme [Debye] ils considèrent qu'il est tout à fait improbable d'arriver à satisfaire aux exigences que l'armée a en tête ; mais, en attendant, ils auront une magnifique occasion de poursuivre certaines recherches fondamentales en physique nucléaire. En résumé, [Debye] a tendance à considérer que la situation est une bonne plaisanterie faite à l'armée allemande[23].

On ne sait pas exactement comment Szilard et Einstein apprirent que l'armée allemande avait placé l'Institut Kaiser Wilhelm sous son autorité ; toujours est-il que le célèbre physicien en parle dans sa lettre à Sachs du 7 mars 1940. Les deux sources les plus probables sont Warren Weaver et Peter Debye lui-même, qui fit un arrêt en Grande-Bretagne avant de gagner les États-Unis.

Debye devait tenir les détails de son ami Otto Hahn. Tout d'abord peu disposé à se joindre au programme de recherches mis sur pied par Weizsäcker, Hahn finit par se laisser convaincre. Après la réunion secrète avec les officiels du *Heereswaffenamt* du 16 septembre 1939, il jeta quelques notes sibyllines dans son journal : « Conférence Schumann. Présents, des physiciens nucléaires, mais pas Schumann. On fixe un programme. Esau a téléphoné, doit venir me voir. (Von Laue, Debye, Heisenberg.)[24] » On sait que Hahn a discuté du dilemme personnel et scientifique posé par la bombe allemande avec Laue et Heisenberg, et il est vraisemblable que Debye ait été mis dans la confidence.

Toujours est-il que la nouvelle précéda l'arrivée de ce dernier aux États-Unis, qui eut lieu le 28 avril 1940, six semaines après l'envoi de la deuxième lettre d'Einstein. Lors d'une réunion de l'American Chemical Society, quelques jours plus tard, le reporter du *New York Times*, William Laurence, put lui parler et vit se confirmer ce qu'il soupçonnait viscéralement depuis un certain temps : que fission était synonyme de bombe atomique, et que l'Allemagne travaillait sur ce programme. Debye s'exprima avec prudence, mais ses propos furent néanmoins sans ambiguïté : il déclara à Laurence que les autorités de Berlin voulaient son institut « pour d'autres objectifs » et que d'après les questions qu'il avait posées, on y travaillerait officiellement sur des recherches concernant l'uranium. Laurence savait déjà que les Allemands disposaient d'une source de minerai d'uranium en Tchécoslovaquie et que l'invasion de la Norvège, qui venait d'avoir lieu trois semaines auparavant, leur donnait le contrôle de la seule source d'eau lourde connue au monde. Laurence dit au directeur de rédaction du *Times*, Edwin James, qu'il tenait une histoire sensationnelle et qu'il aurait besoin de beaucoup d'espace. James aimait à rappeler aux journalistes trop bavards que l'histoire de la création, dans la *Genèse,* tenait en dix lignes, mais Laurence réussit à lui arracher cinq colonnes pleines, qui parurent en première page dans l'édition du dimanche 5 mai. Le point essentiel de l'article se réduisait à ceci : les Allemands travaillent à la bombe atomique [25].

Laurence avait souhaité (d'ailleurs, il s'y attendait) une réaction d'inquiétude de la part des autorités ; rien ne venant, il renouvela sa tentative avec un article pour le *Saturday Evening Post* qui parut dans le numéro du 7 septembre 1940. A quelques rares et mineures exceptions près, ce furent les dernières grandes discussions publiques de la question de la bombe atomique dans la presse américaine pendant presque cinq ans. Laurence craignait que le problème fût passé aux oubliettes, mais en réalité, les scientifiques étaient tout aussi inquiets qu'il aurait pu le souhaiter. Pendant les deux années suivantes ils ne cessèrent de multiplier les interventions auprès des autorités afin que le gouvernement soutînt la recherche atomique, tandis que leurs collègues du « scientific underground » continuaient à recueillir un mince filet d'informations sur les travaux des Allemands. Les nouvelles transmises par ce réseau tournaient presque obsessionnellement autour d'un personnage, Werner Heisenberg, le seul homme, croyait-on partout, dont le génie était assez puissant pour mettre au point une bombe atomique allemande.

CHAPITRE 7

Pendant que Leo Szilard et ses amis mobilisaient toute leur énergie pour donner l'alarme aux États-Unis, les choses se déroulaient de manière bien différente en Allemagne. Autorités militaires et civiles n'avaient pas tardé à saisir les terribles promesses que contenait la fission nucléaire, fait qui excitait certains scientifiques tout autant qu'il en inquiétait d'autres. Parmi ceux qui assistèrent à la première conférence officielle sur la question, tenue à Berlin le 29 avril 1939 par le ministère de l'Éducation du Reich, se trouvait Josef Mattauch, l'assistant de Hahn. Le physicien Abraham Esau, qui présidait la réunion, voulait une intensification des recherches ; il proposa l'enrôlement de tous les grands physiciens allemands et l'achat immédiat de tous les stocks d'uranium disponibles. L'un des assistants d'Esau, Wilhelm Dames, insista sur l'importance du secret en ce domaine et critiqua Otto Hahn, qui avait publié au début de l'année sa découverte de la fission. Mattauch défendit vigoureusement son collègue et quitta la réunion, plein d'une inquiétude qu'il lui tardait de partager[1]. Parmi ceux avec qui il s'entretint, il y eut Weizsäcker et Flugge ; ce dernier publia peu après, avec le soutien de ses amis, un article sur les dangers potentiels de la fission qui parut dans *Naturwissenschaften*.

Mais la nouvelle de l'intérêt que portaient les Allemands à ce sujet atteignit la Grande-Bretagne par une voie encore plus rapide ; ce fut le premier de l'un des nombreux rapports extraordinaires qui réussirent à filtrer des cercles scientifiques allemands tout au long de la guerre. Dès le lendemain de la conférence de Berlin, Mattauch raconta ce qui s'était passé à son ami Paul Rosbaud, chimiste de formation et rédacteur et conseiller scientifique de l'éditeur Springer Verlag. Ses fonctions le mettaient en contact avec la plupart des cercles scientifiques ; c'était d'ailleurs Rosbaud qu'avait appelé Otto Hahn en décembre 1938, pour lui demander de réserver un emplacement dans *Naturwissenschaften* à son article sur la fission, écrit en collaboration avec Strassmann. Parmi les nombreux amis de Rosbaud, on comptait le métallurgiste de Cambridge R. S. Hutton, de passage à Berlin pendant la première semaine de mai. Rosbaud croyait à cette époque qu'il faudrait au moins cinq ans, sinon cinquante, pour mettre au point une bombe atomique utilisable ; le rapport détaillé de Mattauch ne l'en inquiéta pas moins. Hutton quitta Berlin quelques heures après et, à son tour, communiqua la troublante information à l'un de ses amis et collègues du Cavendish Laboratory, J. D. Cockroft, lequel avait ses entrées dans les milieux politiques[2]. Certains indices laissent même à penser que ce rapport traversa l'Atlantique et atteignit Leo Szilard[3]. Un peu plus tard au cours de l'été, Paul Rosbaud, qui séjournait en Grande-Bretagne, reçut la visite de son ami Hutton, venu de Cambridge. A première vue, les nouvelles qu'apportait le journaliste allemand paraissaient rassurantes. Dans ses mémoires, *Recollections of a Technologist*, Hutton écrit :

> Il m'avait demandé de le retrouver à Londres, car il avait une importante nouvelle à me communiquer. Nous trouvâmes un endroit discret dans le Mall et il me demanda de transmettre l'information aux personnes qu'elle concernait le plus. Hitler avait apparemment envisagé de faire de la bombe atomique son arme secrète numéro un, mais il fallait y renoncer car les seuls physiciens allemands capables de la mettre au point avaient refusé de coopérer[4].

Cet extraordinaire message permettait une double lecture : alarmante, dans la mesure où il confirmait l'intérêt d'Hitler pour la bombe, rassurante, dans celle où il rapportait que les scientifiques allemands « avaient refusé de coopérer ». Mais quel pouvait être le degré de fermeté de ce refus ? La guerre risquait de tout changer. C'était là que blessait le bât : l'aspect rassurant de l'information pouvait s'évanouir, alors qu'on ne pouvait que trop faire confiance à Hitler quand il disait vouloir faire de la bombe atomique son « arme secrète numéro un ». Le refus de coopérer des physiciens ne faisait pas illusion bien longtemps ; en revanche, l'effrayante idée d'un Hitler disposant de la bombe atomique laissait une impression indélébile.

La peur d'une bombe atomique allemande ne s'enracina pas solidement en Grande-Bretagne tant que les savants anglais n'envisagèrent pas sérieusement d'en construire une eux-mêmes. Il fallait commencer par surmonter le scepticisme officiel, qui était grand. Intrigué par les travaux de Joliot-Curie sur les neutrons secondaires, le physicien britannique G. P. Thomson se mit à préparer ses propres expériences. L'idée que ses travaux pussent conduire à une arme le mettait cependant mal à l'aise. Il s'adressa aux autorités militaires pour obtenir une tonne d'oxyde d'uranium, l'équivalent approximatif de ce qu'une fabrique de céramique utiliserait en un an ; c'était bien plus que ce que lui aurait permis d'acheter le maigre budget alloué aux professeurs du Collège impérial pour la Science et la Technologie où il travaillait. La demande, inhabituelle, rebondit d'un bureau à un autre et finit par atteindre celui de Sir Henry

Tizard, recteur du Collège impérial et président du Comité d'Analyse scientifique de la Royal Air Force. Lorsqu'il rencontra Tizard, Thomson éprouva du mal à « défendre une proposition si absurde en apparence[5] », et Tizard, effectivement, ne fut nullement convaincu par les possibilités de la fission nucléaire. Mais la rumeur rapportait avec inquiétude certains travaux des Allemands et le 9 mai Tizard écrivit au directeur de la recherche scientifique du ministère de l'Air, David Pye, donnant son soutien à un effort de recherche. Le secrétaire du Comité de la Défense impériale, le général Hastings Ismay, écrivait Tizard, « souhaite vivement qu'une recommandation intervienne dans les meilleurs délais, car on a beaucoup insisté, auprès des ministres, sur l'urgence de la question. Je ne suis pas d'accord avec les raisons de cette insistance, mais tant de personnes parlent actuellement de la question que je crois qu'il serait sage de répondre positivement[6] ». Thomson finit donc par obtenir sa tonne d'oxyde d'uranium.

En mai, la seule idée de la bombe mettait Thomson mal à l'aise ; en juillet, il prenait suffisamment au sérieux la menace allemande pour suggérer un audacieux coup de bluff. « S'il est exact, écrivit-il à Tizard, que les Allemands essaient vraiment de fabriquer une bombe à uranium, ils redoutent peut-être que d'autres ne cherchent à en faire autant[7]. » Pourquoi ne pas demander aux gens des renseignements de faire circuler des rapports inquiétants sur les progrès des Britanniques ? Tizard trouva l'idée intéressante. Thomson concocta un document qui décrivait les essais imaginaires d'une bombe atomique assez puissante pour laisser un cratère de cent cinquante mètres de diamètre, et Tizard essaya de faire passer subrepticement le faux rapport dans le réseau allemand de renseignements. Mais les autorités ne tardèrent pas à être soulagées de l'échec de cette tentative : une fois la décision prise par les Américains et les Anglais de tout mettre en œuvre pour construire une bombe atomique, elles déployèrent un maximum d'efforts pour empêcher les Allemands d'avoir vent de leur projet.

En dépit de son scepticisme persistant, Tizard prit au sérieux la menace que constituait l'éventualité d'une bombe allemande. Le lendemain du jour où il avait écrit à Pye en donnant un avis favorable à la demande de Thomson, il rencontra Edgar Sengier, directeur de mines belge. A cette époque, la principale source mondiale de minerai d'uranium se trouvait à Shinkolobwe, dans le haut Katanga, au Congo belge. Sengier dirigeait la mine au nom de sa société, l'Union Minière. Il rejeta la proposition de Tizard, qui lui offrait d'acheter la totalité du minerai qui sortirait de Shinkolobwe, mais prit cependant au sérieux l'avertissement qu'il lui donna au moment où les deux hommes se séparaient. « Soyez prudent, dit Tizard, et n'oubliez jamais que vous détenez quelque chose qui peut être synonyme de catastrophe pour votre pays comme pour le mien, si cette matière première tombait aux mains d'un ennemi éventuel[8]. »

Telle était la manière prudente de s'exprimer de Tizard ; rien ne sortirait peut-être jamais de ces rumeurs de nouvelle bombe (les comptes rendus gouvernementaux de cette époque insistent invariablement sur son scepticisme), mais barrer la route aux Allemands ne pouvait pas faire de mal. Cette même attitude prudente poussa Tizard, en mai 1939, à mettre sur pied un service de renseignements scientifiques, domaine mal couvert par les services secrets britanniques, surchargés de travail. Tizard voulait vraisemblablement en apprendre un peu plus sur les recherches allemandes concernant l'uranium, mais personne ne mentionna la possibilité d'un nouveau type de bombe devant R. V. Jones, jeune scientifique anglais recruté comme analyste par le secrétaire au Comité de Défense aérienne, Woodward-Nutt. On dit seulement à Jones que Tizard se demandait pour quelle raison il recevait si peu de renseignements sur les progrès allemands dans le domaine de la guerre aérienne et ce que l'on pourrait faire pour améliorer cette situation. Jones était mûr pour ce genre de mission. Il avait obtenu son doctorat en physique au Clarendon Laboratory d'Oxford, mais abandonné la recherche afin de travailler pour le gouvernement ; il avait déjà rendu quelques menus services aux Renseignements britanniques. A vingt-sept ans, il commençait à s'ennuyer ferme à son travail, une recherche sans avenir que lui avait confiée l'Amirauté et il répondit à Woodward-Nutt : « Un homme pourrait perdre la guerre, à ce poste — je le prends[9] ! » Le contrat était de six mois, mais ne devait prendre effet qu'au 1er septembre ; ce délai généreux avait pour but de permettre à l'Amirauté de lui trouver un remplaçant.

Un samedi soir, ce même mois de juillet, alors qu'il attendait le bus, à Oxford, en compagnie de son ami le physicien James Tuck, Jones entendit dire pour la première fois que l'idée d'une bombe atomique ne pouvait plus être rejetée comme pure fantaisie. Son travail pour le gouvernement l'avait isolé de ses collègues et il n'avait pas été mis au fait des premières rumeurs sur les recherches des Allemands dans ce domaine, rumeurs qui s'étaient propagées parmi les physiciens britanniques pendant le printemps et l'été. Amis depuis l'époque où ils étudiaient ensemble à Oxford, Jones et Tuck appartenaient à des services différents de l'Amirauté, où Tuck travaillait comme assistant de F. A. Lindemann. La bombe atomique tracassait Lindemann, mais il avait dit à Churchill qu'elle n'était pas pour demain. Tuck n'était pas d'accord. Lorsque Jones lui apprit qu'il passait dans un service de renseignements scientifiques pour le compte de l'Armée de l'Air et qu'il demanda à Tuck ce qu'il devait rechercher, l'autre répondit aussitôt : « Un jour, Reginald, il y aura un grand boum ! » Il expliqua que l'on pouvait employer la fission pour fabriquer une bombe à uranium et que les Allemands envisageaient déjà cette possibilité. A l'appui de ses dires, Tuck cita un article étonnamment explicite paru un mois plus tôt dans *Naturwissenschaften*, et se demanda même s'il ne constituait pas, de la part de son auteur, Siegfried Flugge, un effort conscient pour avertir le monde de ce nouveau danger. Tout en mettant de l'ordre dans ses dossiers à l'Amirauté, en vue de son départ le mois suivant, Jones réfléchissait à ce que Tuck lui avait appris [10].

La Grande-Bretagne se mit à craindre le pire après la déclaration de guerre, le 3 septembre : la première alerte aérienne, en effet, eut lieu un quart d'heure plus tard. Six années d'horreur attendaient les Anglais, mais ce fut tout d'abord l'inconnu qui leur fit le plus peur. Le travail de Jones au ministère de l'Air consistait à déterminer dans quelle mesure ces peurs étaient fondées. La première algarade sérieuse se produisit à l'occasion d'un discours d'Hitler, prononcé le 19 septembre, moins de trois semaines après le début des hostilités. Parlant de Dantzig [Gdansk] la ville que ses troupes venaient d'enlever, il menaça d'employer une arme [*Waffe* en allemand] contre laquelle « toutes les défenses seraient impuissantes [11] ». Le Premier ministre s'inquiéta ; personne n'arrivait à lui préciser ce qu'était cette nouvelle arme. Il s'adressa au chef du SIS, l'amiral Hugh Sinclair, pour obtenir des éclaircissements ; Sinclair, âgé, luttait alors contre le cancer qui allait l'emporter six semaines plus tard. Au quartier général du SIS, au 54 Broadway, non loin du siège du gouvernement britannique de Whitehall, Sinclair confia cette tâche au Group Captain F. Winterbotham, responsable des renseignements aériens du SIS. Winterbotham ne connaissait Jones que depuis le jour où ce dernier s'était présenté à sa nouvelle affectation, et c'est à lui qu'il demanda d'éplucher les dossiers, à la recherche d'indices permettant d'identifier ce que serait cette nouvelle *Waffe*.

Tâche qui s'avéra difficile. Dans la crainte générale de raids aériens dévastateurs, on avait transféré les services de documentation du SIS à Bletchley Park, grande demeure en briques rouges du dix-neuvième, sise à environ une heure de Londres et connue sous le nom de « Station X » ; elle abritait également les services du code du gouvernement, qui travaillaient à ce moment-là sur la machine allemande à encoder connue sous le nom d'Enigma. Jones suivit les dossiers jusqu'à Bletchley et dut se frayer laborieusement un chemin au milieu d'un ramassis de rumeurs sur des engins tous plus cauchemardesques les uns que les autres, y compris des « rayons de la mort », des machines à produire des tremblements de terre et des gaz secrets qui « faisaient exploser tout le monde dans un rayon de trois kilomètres [12] »... Jones n'avait pas oublié l'avertissement de Tuck sur l'intérêt que les Allemands portaient à la fission, mais il ne trouva pas la moindre trace d'un projet d'arme atomique dans la collection d'histoires d'épouvante du SIS. Manifestement, le SIS était très ignorant sur le plan scientifique. Ce n'était pas le cas de Jones, et la guerre lui fournit sa vocation. N'empêche, il ne trouvait aucun candidat plausible pour la nouvelle *Waffe* d'Hitler.

La réponse lui vint finalement de l'un des hommes qu'il rencontra à Bletchley, un lettré spécialisé dans le Moyen Age allemand appartenant au

King's College de Londres, Frederick Norman. Jones lui demanda de procéder à une nouvelle traduction du discours d'Hitler à partir d'un enregistrement fourni par la BBC. Norman ne tarda pas à lui rapporter que la phrase du Führer avait été sortie de son contexte. Dans ce discours, il avait raillé la confiance que les Anglais mettaient dans leur propre « arme, qu'ils croient invincible, je veux dire leur Marine » ; et il poursuivait en avertissant : « Le moment risque d'arriver très vite où nous emploierons une arme avec laquelle *nous* ne pourrions pas être attaqués [13]. » Par le contexte, il était clair que Hitler faisait allusion à « l'arme aérienne » allemande, la *Luftwaffe*. Le 11 novembre, Jones remit un rapport disant qu'il n'y avait aucune arme secrète à redouter, que Hitler menaçait seulement l'Angleterre d'attaques aériennes.

Tandis que Jones travaillait à son rapport sur l'arme secrète, au début novembre, il reçut de Winterbotham un autre document, traduction d'un compte rendu anonyme de sept pages, obtenu en Norvège et concernant les derniers progrès techniques allemands [14].

Il put rejeter tout de suite comme matériellement impossible le premier renseignement, qui prétendait que les Allemands fabriquaient cinq mille bombardiers par mois. Mais le deuxième avait manifestement été écrit par quelqu'un disposant d'une solide formation technique ; il décrivait de nouveaux modèles de torpilles, un système de détection à distance applicable aux avions, le détail de nouveaux types de fusibles, des recherches sur les systèmes de propulsion des fusées et des planeurs contrôlés par radio que l'on mettait au point au centre d'essai de Peenemünde — nom qui ne disait rien à personne. Mais à l'époque peu de gens partageaient la conviction de Jones qu'il fallait prendre ce document au sérieux, et le « rapport d'Oslo » disparut dans les classeurs du SIS ; seul Jones continua à le consulter.

Si la recommandation de Jones de mettre sur pied un nouveau service de renseignements scientifiques n'aboutit à rien, il avait toutefois gagné la confiance du SIS avec l'affaire de « l'arme secrète » dans le discours d'Hitler, et il continuait aussi à analyser des renseignements scientifiques pour le ministère de l'Air. Dans sa situation particulière, il restait toujours en alerte, attentif à toute marque d'intérêt des Allemands pour la bombe atomique. Néanmoins, ce souci était loin d'être majeur, dans l'échelle de ses préoccupations, pour la simple raison que sa première analyse sérieuse des progrès techniques des Allemands (que ce soit en épluchant les dossiers du SIS ou le rapport d'Oslo [15]) n'avait laissé filtré aucun indice en ce sens. Si bien qu'en Grande-Bretagne comme aux États-Unis, c'était surtout sous la forme de rumeurs et de conjectures circulant dans les milieux scientifiques que l'on s'inquiétait d'une éventuelle bombe atomique allemande.

L'un des scientifiques à s'intéresser à la question de la bombe atomique en Angleterre, au début de 1939, était le jeune physicien polonais Joseph Rotblat, arrivé à l'Université de Liverpool en avril et impatient de se lancer dans une expérience de recherche de neutrons secondaires dans l'oxyde d'uranium. Il les trouva bien, mais l'article de Joliot-Curie parut dans *Nature* avant que Rotblat eût trouvé un traducteur pour l'aider à rédiger ses propres résultats, car son anglais était encore rudimentaire. Rotblat avait clairement envisagé l'étape suivante, la réaction en chaîne conduisant à une bombe. Il sentait instinctivement qu'il serait moralement mal de travailler sur le projet d'une arme aussi terrifiante et ne dit rien sur le moment ; mais l'idée que les physiciens allemands pussent fabriquer une telle bombe devint « une inquiétude qui le rongeait en permanence au fond de lui-même [16] ». L'article de Flugge dans *Naturwissenschaften*, paru peu après, le convainquit que le danger était bien réel, mais il garda toujours le silence.

En août, Rotblat retourna dans sa famille, en Pologne, et alla rendre visite à son vieux professeur, Ludwig Wertenstein, pionnier de la science nucléaire de son pays qui avait autrefois travaillé avec Marie Curie à Paris. Entre-temps, Rotblat s'était livré à certains calculs sur une esquisse de bombe atomique, calculs qu'il montra à Wertenstein, après lui avoir expliqué en quoi consistait son travail. Puis il posa une question toute simple à son vieux professeur : « Que dois-je faire ? »

La réponse de Wertenstein fut tout aussi directe : « C'est quelque chose qu'aucun scientifique ne doit entreprendre [17]. »

Rotblat avait coutume de respecter les conseils de Wertenstein, mais l'invasion de la Pologne, seulement deux jours après son retour à Liverpool, jetait une lumière nouvelle et dramatique sur les choses. Peu à peu, Rotblat en vint à surmonter ses scrupules à l'aide de ce simple raisonnement : si les Alliés construisaient eux aussi une bombe, l'Allemagne pourrait hésiter à employer la sienne. Ce postulat posé, il en conclut que si fabriquer une bombe atomique était possible, il fallait s'y mettre sans délais.

Au cours des premières semaines de guerre, Rotblat garda ses réflexions pour lui ; la plupart des scientifiques confirmés de Liverpool étaient plongés dans les premiers travaux sur le radar et le directeur du laboratoire de Liverpool, James Chadwick, s'était laissé surprendre par la guerre au cours de vacances en Norvège. En novembre, à son retour, Chadwick reçut la visite de Rotblat, venu lui parler des deux problèmes qui le préoccupaient le plus : un, de quoi allait-il vivre ? Deux, la Grande-Bretagne devait-elle essayer de fabriquer la bombe atomique ? Le besoin de résoudre le premier devenait de plus en plus pressant ; la guerre le privait de fonds en provenance de sa patrie et il n'avait pas un sou vaillant. Chadwick s'était pris d'amitié pour le jeune Polonais (il l'avait invité à prendre le thé chez lui, au mois d'avril précédent, et Rotblat apprit par la suite avoir été le premier étudiant gratifié de cet honneur depuis 1935) et d'intérêt pour son travail. Le problème financier fut immédiatement résolu : l'université, dit-il à Rotblat, trouverait des fonds pour lui.

Sur la question de la bombe atomique, Chadwick ne dit rien, sur le moment, se contentant de pousser quelques grognements. Il revint de lui-même sur le sujet une semaine plus tard et déclara : « Oui, je crois que nous devrions nous y mettre. » Sur quoi Rotblat se concentra sur le problème de physique que posait la bombe. Il arriva à la conclusion que la diffusion thermique offrait la meilleure méthode de séparation de l'U-235 et tenta de repérer où se trouvaient les deux scientifiques les plus à même de se livrer à ce genre de recherches en Allemagne, Karl Clusius et Gerhard Dickel, lesquels avaient inventé cette technique seulement un an auparavant. Rotblat communiqua ses réflexions à Chadwick, cette fois ; mais il ne sut pas ce qu'en fit son maître.

En fait, Chadwick était impliqué jusqu'au cou dans des travaux des plus sérieux sur la bombe atomique, mais ne se sentait pas libre d'en discuter avec un Polonais. L'agitation provoquée par la demande de Thomson, au printemps précédent, avait fait son chemin jusqu'au Cabinet britannique, qui demanda à Lord Hankey (l'homme que Rutherford avait mis en garde, au début des années trente) d'étudier la faisabilité d'une telle bombe. Bien entendu, Hankey passa la corvée à Sir Edward Appleton, responsable du Département de la Recherche scientifique et industrielle, lequel s'en débarrassa en en chargeant qui ? Chadwick à Liverpool. Le 5 décembre, Chadwick s'excusa de « ne pouvoir encore donner de réponse définitive à la question »... Une quantité suffisante d'uranium pourrait certainement produire une explosion, expliqua-t-il à Appleton, mais personne n'était capable de chiffrer ce qu'était cette quantité suffisante. « L'estimation varie d'une tonne à trente ou quarante... » Il laissait néanmoins clairement entendre qu'en cas de succès, l'explosion serait démesurée [18]. Lorsque ces informations remontèrent jusqu'à Hankey, celui-ci choisit d'être rassuré et déclara : « Je crois comprendre que nous pouvons dormir assez tranquillement sur nos deux oreilles [19]. »

C'est pratiquement une loi des services de renseignements qu'aucune bureaucratie n'est capable de s'intéresser à quelque chose qu'elle ne craint pas déjà ; elle ne le voit même pas. Hankey continua à jouir d'un sommeil paisible jusqu'au moment où Tizard, Lindemann, Chadwick et quelques autres devinrent convaincus de la faisabilité de la bombe atomique. Cela prit environ six mois et commença avec les « qu'est-ce qui se passerait si... ? » d'un émigré de l'Université de Birmingham, interdit de recherches militaires en tant qu'étranger. On considérait l'étude de la fission atomique comme inoffensive, encore à cette époque ; et c'est pourquoi Rudolf Peierls, un physicien allemand, put s'intéresser aux calculs du physicien français Francis Perrin qui avait estimé que la masse critique (la quantité d'uranium nécessaire pour soutenir une réaction en chaîne) exigerait la fabrication d'une sphère d'uranium de trois mètres de diamètre, lourde de plusieurs tonnes. Lorsque Peierls refit les calculs, il conclut comme Perrin que la « bombe » serait un dinosaure impossible à manier, mais il hésita à publier ses résultats d'estimation de la masse critique, car la question était trop manifestement liée à la conception d'une bombe atomique. Il aborda le problème avec son ami Otto Frisch, en visite à Birmingham au moment de la déclaration de guerre et resté depuis en Grande-Bretagne. A cette époque, Frisch était alors lui-même sur le point de publier un article qui concluait à l'impossibilité de construire une telle bombe. La question lui paraissait académique, et il ne voyait donc pas d'objection à la publication des travaux de Peierls. Toutefois, ce dernier hésitait toujours.

Quelques mois plus tard, au début de 1940, Frisch se demanda s'ils n'avaient pas ignoré un point pourtant évident. Peierls, comme Perrin et nombre de physiciens s'étant attaqués une première fois à la question, avait essayé d'évaluer la masse critique dans l'uranium naturel. Mais si l'on arrivait à séparer l'U-235 du reste, demanda Frisch, quelle serait alors la masse critique ? Peierls appliqua sa nouvelle formule et aboutit à deux résultats stupéfiants : la masse critique serait d'environ une livre (soit une sphère d'uranium plus petite qu'une balle de tennis) et il y aurait le temps de se produire quatre-vingts générations de fission avant que la chaleur ne mît la masse en miettes. Cela signifiait que les 200 millions d'électrovolts libérés à chaque fission doubleraient quatre-vingts fois avant que la réaction ne s'interrompît dans une gigantesque explosion d'une chaleur phénoménale. Sa puissance serait immense.

Une livre d'U-235 n'était pas un chiffre décourageant, et Frisch calcula que cent milles tubes Clusius-Dickel de diffusion thermique d'isotopes d'uranium pourraient la produire en quelques semaines. Certes, il faudrait faire un investissement industriel coûteux, mais, conclurent les deux hommes, « même si l'usine revient aussi cher qu'un croiseur, cela vaudrait la peine [20] ». Avec les encouragements officiels de Marc Oliphant, chef du laboratoire de Birmingham, Frisch et Peierls rédigèrent rapidement deux articles, en mars 1940 ; l'un était technique, l'autre d'ordre plus général. Dans ce dernier, ils se demandaient si « le grand nombre de civils » qui périraient certainement par la dispersion de la radioactivité sous l'effet du vent, ne risquait pas de rendre la bombe « impropre à être utilisée comme arme par ce pays »... Il y avait néanmoins une bonne raison de ne pas abandonner :

> Si l'on part de l'idée que l'Allemagne est, ou sera, en possession de cette arme, il faut bien se rendre compte qu'il n'existe aucun abri disponible qui serait à la fois efficace et utilisable sur une grande échelle. La réaction la plus appropriée consisterait à répondre à la menace par la menace d'une arme identique [21].

... l'argument qu'avait précisément retenu Rotblat pour vaincre ses scrupules. Comme lui, Peierls et Frisch suggéraient d'essayer de découvrir où en étaient les physiciens allemands. Oliphant envoya les deux articles à Tizard, accompagnés d'une note disant qu'il était « convaincu qu'il fallait prendre toute cette affaire au sérieux [22] ». Toujours sceptique,

Tizard fit ce que font tous les responsables politiques dans ces cas-là : il constitua un comité à la tête duquel il plaça G. P. Thomson et dans lequel figuraient aussi Chadwick (au courant des idées de Rotblat à Liverpool), J. D. Cockroft (mis au fait des inquiétudes exprimées par Rosbaud par l'intermédiaire de Hutton) et plusieurs autres personnalités.

Ce groupe de travail, auquel on n'avait même pas encore donné de nom, tint sa première réunion au Burlington House, siège de la Royal Society à Londres. Les événements se chargèrent de les aiguillonner merveilleusement : la veille, l'Allemagne avait abruptement mis fin à ce que l'on appelait « la drôle de guerre », ces six mois d'un calme surnaturel qui avaient suivi l'agression de la Pologne, en envahissant brusquement la Norvège et en occupant le Danemark. C'est donc dans une ambiance tendue et inquiète que le comité de Thomson écouta les mauvaises nouvelles qu'apportait un visiteur français, le banquier devenu officier de renseignements Jacques Allier.

A Paris, les proches de Frédéric Joliot-Curie, de même que leurs collègues anglais, allemands et américains, avaient immédiatement saisi les implications pratiques de la production de neutrons secondaires. Sollicité, le ministre des Affaires économiques du gouvernement français, Raoul Dautry, avait finalement accepté le principe d'un début de recherche sur la bombe atomique, dans les mois qui avaient suivi la publication de l'article de Joliot-Curie, en avril 1939. En tant qu'officier du Deuxième Bureau, Allier déclara au comité Thomson, dès sa première réunion, que le géant de l'industrie allemande, I.G. Farben, avait essayé d'acheter toute l'eau lourde entreposée à la centrale norvégienne de Rjukan ; à cette époque, c'était la seule source connue de ce produit. Avant d'entrer dans les services de renseignements français, Jacques Allier occupait un poste de responsabilité à la Banque de Paris et des Pays-Bas, l'un des principaux actionnaires de Norsk-Hydro, propriétaire de la centrale. En mars 1940, Allier et deux autres agents secrets français s'étaient rendus en Norvège et avaient obtenu l'appui et la confiance du directeur général de Norsk-Hydro, Axel Aubert, qui leur vendit toutes les réserves d'eau lourde en sa possession, soit 185 litres. D'ailleurs, ajouta Allier, cette eau lourde, entreposée dans vingt-six bouteilles spéciales, était arrivée par avion en Ecosse ; de là, on l'avait amenée par rail jusque dans le sud de l'Angleterre, d'où elle avait traversé la Manche pour rejoindre Paris. Elle se trouvait entreposée, à l'heure actuelle, au fond d'un coffre à l'épreuve des bombardements, dans le sous-sol du Collège de France, près du laboratoire de Joliot-Curie. Ce dernier comptait s'en servir pour commencer des expériences secrètes sur une pile atomique.

Immédiatement après avoir quitté le comité de travail de Thomson, au Burlington House, Allier rencontra Tizard, auquel il raconta la même histoire, insistant sur l'importance de garder le secret et lui montrant la liste des scientifiques allemands probablement impliqués dans un effort de recherche relevant du même domaine. Il serait bon de savoir où se trouvent ces gens et ce qu'ils font en ce moment, observa-t-il. Mais Tizard n'était pas facile à convaincre. Le lendemain, 11 avril, il transmit au Cabinet de Guerre un mémo dans lequel il précisait : « M. Allier semble très excité par les éventuels débouchés de la recherche sur l'uranium, mais je reste pour ma part sceptique [...] Par ailleurs, il n'est pas sans intérêt de remarquer que les Allemands ont essayé d'acheter une quantité considérable d'eau lourde en Norvège [23]. » Il suggéra de demander à l'Union minière de Belgique si par hasard l'Allemagne ne chercherait pas aussi à se procurer du minerai d'uranium (pechblende, oxyde d'uranium) ; cela n'empêchait pas Tizard de s'interroger : l'appétit des Allemands n'aurait-il pas été tout simplement éveillé par les renseignements qu'ils auraient reçus sur l'intérêt porté à la chose par les Britanniques ? « C'est toujours une possibilité », concluait-il [24].

Mais le scepticisme de Tizard ne tarda pas à être balayé par la conviction croissante, chez les scientifiques d'Angleterre, que la fabrication d'une bombe atomique était bel et bien possible. Frisch présenta ses calculs lors d'une deuxième réunion du comité Thomson, le 24 avril ; au cours des semaines qui suivirent, des informations sur la soif des Allemands pour l'eau lourde, fragmentaires mais significatives, parvinrent jusqu'en Grande-Bretagne. Le 3 mai, la ville de Rjukan tomba aux mains de l'Allemagne et le ministre britannique chargé de l'Economie de Guerre apprit que les Allemands avaient donné l'ordre à Norsk-Hydro d'augmenter la production d'eau lourde jusqu'à 1 500 litres par an. A la demande de Tizard, on avait entre-temps entamé des négociations avec l'Union minière pour le transfert des stocks d'uranium de Belgique en Angleterre, Tizard pensant toujours que l'achat pur et simple de ces stocks n'était pas une dépense indispensable. On ne sait pas si le ministère apprit ou non, au cours des négociations, que l'Allemagne avait déjà acheté une tonne de minerai à l'Union minière par mois, depuis quelque temps, mais le prix exorbitant de certaines économies de bouts de chandelle ne tarda pas à lui sauter aux yeux : lorsque les Allemands envahirent la Belgique, le 10 mai suivant, ils s'emparèrent de milliers de tonnes de minerai. Seulement quelques semaines plus tard, ils manquèrent de peu d'en faire autant avec l'eau lourde stockée au Collège de France, à Paris ; Hans Halban, l'assistant de Joliot-Curie, la chargea dans sa voiture alors qu'approchaient les armées allemandes. Et pendant que les forces françaises se désintégraient sous les coups de boutoir de la *Blitzkrieg,* il pilota son précieux chargement en direction du sud-ouest, arrivant finalement à Bordeaux, où il le transféra sur le minéralier anglais *Broompark* et l'accompagna jusqu'en Angleterre, battant de peu la progression allemande.

De nombreux physiciens français fuirent leur pays tandis que la France se résignait à la reddition du 22 juin ; Joliot-Curie, pour sa part, choisit de rester dans sa patrie, comme Niels Bohr dix semaines auparavant. La veille de l'invasion de la Norvège, Niels Bohr avait assisté, en présence du roi, à un dîner de gala qui concluait un séjour scientifique à Oslo, avant de prendre le train pour Copenhague. Le lendemain matin, tandis que le train quittait le ferry qui lui avait fait franchir le détroit du Kattegat, Bohr fut réveillé aux cris de « Les nazis envahissent le Danemark ! La Norvège est attaquée ! »[25] Une fois à Copenhague, Niels Bohr trouva Lise Meitner, venue rendre visite à l'institut. Elle retourna promptement en Suède, non sans avoir promis d'envoyer en Angleterre un télégramme destiné à rassurer les nombreux amis que Bohr avait là-bas. Le câble arriva chez le physicien O. Richardson, qui le transmit à J. Cockroft le 16 mai. Le texte comportait l'adresse complète d'une gouvernante anglaise ayant élevé les enfants des Bohr, mais sa transmission l'avait rendu confus. On pouvait lire : « Rencontré Niels et Margrethe récemment vont bien mais tristes à cause événements SVP informez Cockroft et Maud Ray Kent. »

Cockroft n'ayant jamais entendu parler de cette Maud Ray en conclut que les trois derniers mots avaient un sens caché. Le 20 mai, il écrivit à Chadwick (avec une copie pour Thomson) : « Vous remarquerez que les trois derniers mots forment un anagramme approximatif pour " uranium taken " [uranium pris]. Cela concorde avec d'autres informations nous rapportant que les Allemands mettent la main sur tout le radium qu'ils peuvent trouver[26]. » Le gendre de Rutherford, R. Fowler, écrivit à Tizard le 28 mai que les différentes interprétations du message crypté étaient toutes « assez délirantes, mais néanmoins suffisamment raisonnables pour justifier quelque inquiétude[27] ».

Marc Oliphant (le physicien responsable du laboratoire Cavendish) suggéra que l'ambassade britannique de Stockholm éclaircît le mystère en demandant tout simplement à Lise Meitner ce qu'elle avait voulu dire. On ne sait pas si cette démarche eut lieu, mais le SIS se trouva sans aucun doute en contact avec elle un peu plus tard pendant la guerre, et tout laisse à penser que la relation s'établit à ce moment-là. Cet épisode produisit manifestement le plus grand effet sur le comité Thomson, aussi affamé d'informations qu'il était inquiet de celles qu'il risquait de recevoir : le 20 juin, il adopta officiellement l'acronyme de Comité M.A.U.D., ajoutant les points pour que les Allemands se creusent la tête.

Les événements avaient effectivement rendu Bohr malheureux, mais pas au point de quitter le Danemark, en dépit des nombreuses offres d'aide et d'asile qu'il reçut. L'automne précédent, John Wheeler, à Princeton, lui avait proposé de prendre avec lui l'un de ses enfants pendant la durée de la guerre ; Bohr avait refusé. Il eut droit à de nouvelles propositions d'émigration à la suite de l'occupation de son pays, y compris une émanant de l'ambassade des États-Unis ; on lui promettait de lui faire quitter le Danemark en toute sécurité, avec sa famille. Bohr refusa de nouveau, déterminé à partager le sort de son pays et à faire ce qu'il pourrait pour garder l'institut ouvert et protéger les réfugiés qui restaient.

Dès le premier jour des hostilités, le 1er septembre 1939, Bohr prit l'habitude, qu'il conserva toute la guerre, d'écouter la BBC. Il se courbait un peu plus chaque jour devant son poste, l'oreille à proximité du haut-parleur. Au début, il n'était question que de succès allemands, mais il semble que le physicien danois n'ait jamais douté de la victoire finale des Alliés. Il était également sûr d'une autre chose : ses recherches avec Wheeler avaient prouvé que la fabrication d'une bombe atomique était impraticable. Il en était même tellement certain qu'il avait donné une conférence à ce sujet en décembre à Copenhague : après avoir expliqué en détail les mécanismes théoriques d'une telle bombe, il avait ajouté : « Dans l'état présent des recherches, il est cependant impossible de produire l'isotope rare d'uranium, dans un état pur et en quantités suffisantes, qui permettrait à la réaction en chaîne d'avoir lieu[28]. » Ses propres travaux sur la fission de 1940 n'ébranlèrent en rien sa conviction. Aidé de Stefan Rozental, jeune Polonais qui avait remplacé Leon Rosenfeld au poste d'assistant en février, Niels Bohr continua de faire de la physique à sa manière habituelle, s'efforçant de décrypter les mystères de la fission, parlant sans fin, écrivant et réécrivant. A l'exception de ses notes personnelles, Bohr prenait rarement lui-même la plume. « Faisons taper ça, disait-il à la fin d'une journée de travail. Nous aurons ainsi quelque chose à modifier[29]. » Bohr n'hésita pas à faire parvenir des textes sur l'état de ses travaux à la publication *Physical Review* par l'intermédiaire de l'ambassade américaine[30] et il permit même au journal danois *Fyssik Tidsskrift* de reproduire le texte de sa conférence sur la bombe atomique de 1941.

Coupé du reste du monde comme il l'était, Niels Bohr n'avait cependant pas l'intention de rester les bras croisés. Au début de 1941, après d'harassantes dictées et des prodiges de révision avec Rozental, Bohr publia une introduction à un ouvrage en six volumes dont le commanditaire était la Danish Society, sur *La Culture au Danemark pendant l'année 1940*. Projet conçu franchement comme politique, et dans lequel Bohr mit toute son âme. Il dit à Rozental qu'il voulait des paragraphes tous de longueur identique et ne comportant qu'une seule idée. Cela donnerait une forme poétique à son introduction et augmenterait son impact. Reconnaissant « l'humble place que nous occupons dans le concert des nations », écrivit-il, et que le « sentiment d'appartenance cosmopolite » était quelque chose de naturel dans toute la Scandinavie, il ajoutait que chaque Danois, cependant, avait hérité quelque chose d'unique et d'irréductible. Puis il citait un poème de Hans Christian Andersen : « Au Danemark suis-je né, et là est ma patrie [...] c'est là qu'a commencé mon univers[31]. »

Bohr l'internationaliste se retrouva bouclé chez lui, coupé de tout contact avec le monde, mis à part les voix ténues des speakers de la BBC. La plupart des réfugiés et des visiteurs étrangers étaient partis, et les quelques Américains encore présents au Danemark n'allaient pas tarder à les imiter. Même le flot des périodiques scientifiques étrangers s'était réduit à un mince filet, et Bohr ne remarqua jamais l'arrêt de publications sur la fission après un dernier papier paru dans le numéro du 15 juin 1940 dans *Physical Review* sur la découverte d'un nouvel élément, produit de la dégradation d'un neutron capté par de l'U-238 [32]. On allait bientôt démontrer, aux États-Unis, que le 93e élément se dégradait à son tour en un élément nouveau, le 94e. On le baptisa plutonium, du nom de la planète la plus éloignée du système solaire ; mais, pendant toute la durée de la guerre il eut simplement « 49 » comme nom de code [33]. Presque en même temps en Allemagne, le jeune ami de Bohr et d'Heisenberg, Carl Friedrich von Weizsäcker, faisait les mêmes calculs et arrivait aux mêmes résultats. Dans les deux pays, on comprit immédiatement que ce nouvel élément se fractionnerait, qu'il serait possible de l'isoler chimiquement, et qu'il serait idéal pour fabriquer une bombe atomique. Mais Niels Bohr ne savait rien de tout cela ; la guerre avait mis un terme aux libres échanges entre scientifiques.

CHAPITRE 8

Le terme d'*Uranverein* (Cercle Uranium) fut inventé à Berlin, lors de la réunion d'avril 1939 au ministère de l'Education, pour décrire la petite communauté de physiciens et de chimistes qui voulaient pousser les recherches sur la fission nucléaire — ou étaient contraints de le faire par les autorités. Le terme de *Verein*, toutefois, implique une association plus formelle, serrée et disciplinée que ce qui fut jamais le cas. Sous une forme ou une autre, l'*Uranverein* continua de travailler et de se réunir tout au long de la guerre, mais ceux qui se livraient à des recherches nucléaires, en Allemagne, ne furent jamais organisés hiérarchiquement, ne travaillèrent jamais dans un même laboratoire et ne dépendirent jamais d'objectifs identiques fixés par un calendrier commun. Les études se poursuivaient à Berlin, Hambourg, Leipzig, Heidelberg et dans une demi-douzaine d'autres villes, sous autant de responsables en compétition pour les fonds, le matériel et les exemptions militaires de leurs étudiants les plus prometteurs[1]. Tous ces scientifiques disaient beaucoup plus vite ce qu'ils voulaient que ce qu'ils pensaient. En Allemagne, plus personne ne s'exprimait ouvertement depuis 1933. Parmi les quelque quarante à cinquante scientifiques qui orbitèrent dans le champ d'attraction de l'*Uranverein*, le seul attribut commun fut le nez creux pour le danger. A propos d'Hitler et de la guerre, les personnes un peu intelligentes ne disaient pas grand-chose et n'écrivaient rien. Parmi ceux qui s'enrôlèrent dans les rangs des nazis et appelaient ouvertement la victoire de leurs vœux, certains étaient sincères. Mais il y en avait peut-être autant que soulagerait une défaite allemande. Les autres, Heisenberg y compris, adoptaient une attitude prudente et un profil bas.

Les militaires allemands espéraient bien que les travaux de l'*Uranverein* déboucheraient à terme sur une bombe atomique. Certains scientifiques, comme Kurt Diebner, pensaient possible d'y parvenir et quelques-uns, à l'instar d'Erich Bagge, croyaient innocemment que c'était ce qu'ils cherchaient à faire. Lorsque Paul Rosbaud demanda à son ami Otto Hahn, en 1942, s'ils avaient une chance de fabriquer la bombe, Hahn répondit : « Croyez-vous réellement, cher ami, que je ferais sauter Londres[2] ? » Hahn espérait que la tâche serait impossible, mais avec

Weizsäcker, il se montrait plus explicite, disant qu'il se suiciderait si ses travaux aboutissaient à une bombe atomique. Walther Gerlach, responsable en titre du programme nucléaire à la fin de la guerre bien que n'étant pas nazi, espéra jusqu'à la dernière minute que le succès, même avec un simple réacteur, épargnerait peut-être une défaite totale à son pays. Nous pouvons parler de « programme nucléaire militaire allemand » par commodité, comme s'il s'agissait d'une organisation structurée marchant au doigt et à l'œil, mais l'expression « Cercle Uranium » est plus proche de la réalité : une liste désordonnée de scientifiques en compétition, qui ne partageaient en réalité qu'un espoir, survivre à la guerre.

C'est cependant par le biais de ces différences d'opinion que nous pouvons espérer trouver l'explication des avatars de l'optimisme scientifique qui, au début de la guerre, avait éveillé l'intérêt des autorités pour l'énergie nucléaire. Personne ne se trouvait plus près du cœur de l'*Uranverein* que Werner Heisenberg, son principal théoricien, et personne n'était plus proche d'Heisenberg que Carl Friedrich von Weizsäcker ; dans l'essai qu'il écrivit longtemps après la guerre, ce dernier remarque : « Bien que les différences entre les diverses personnes fussent importantes, je ne les ai jamais décrites en détail dans mes déclarations publiques[3]. » Précision curieuse de la part de quelqu'un qui cherche à s'expliquer et qui laisse à penser que certaines choses sont maintenues sous le boisseau. Ces choses sont-elles ou non d'un intérêt purement académique ? Les différences d'opinion, cependant, sont quelque chose d'impalpable ; ce que les gens ont pensé, ce qu'ils ont voulu, leurs intentions (dans le cas d'Heisenberg comme des autres) ont sans aucun doute évolué avec le sort des armées allemandes. Au début, Heisenberg avait cru que Hitler perdrait la guerre et que tout serait terminé en un an. Deux ans plus tard, alors que les troupes soviétiques étaient sur le point de s'effondrer (automne 1941), il dut prendre en considération qu'il s'était peut-être fondamentalement trompé. Encore un an, et la défaite écrasante des Allemands à Stalingrad changeait tout. Le graphique des variations de réflexions que Heisenberg dut se faire tout au long des hauts et des bas de la guerre est impossible à reconstituer à partir des informations dont nous disposons. Mais au milieu du chaos titanesque de la guerre et de celui, moins spectaculaire, de l'*Uranverein*, se sont dites et faites des choses dont on ne peut celer l'importance. Ce sont celles-ci qui nous indiqueront ce que Heisenberg a pensé, ce qu'il a voulu, les objectifs qu'il a poursuivis.

Pendant les deux premières années de la guerre ou presque, Weizsäcker s'accrocha à l'espoir que l'inventeur de la bombe atomique jouirait d'un grand pouvoir politique dans l'Allemagne nazie. Il imagina même qu'il pourrait jouer ce rôle :

> Les côtés techniques de cette affaire ne m'intéressaient nullement.
> D'un point de vue scientifique, je trouvais d'autres sujets beaucoup
> plus intéressants. Mais je considérais l'aspect politique comme

important. Et je crus être à même d'acquérir de l'influence politique en devenant un interlocuteur obligé d'Hitler[4].

La jeunesse de Weizsäcker explique peut-être qu'il ait pu nourrir ces illusions ; il n'avait pas encore trente ans au début de la guerre. A moins qu'il n'ait pris exemple sur son père, resté auprès de Ribbentrop comme premier adjoint, au ministère allemand des Affaires étrangères, tout en conspirant activement avec des officiers dissidents qui rêvaient, par une action audacieuse, d'arracher le contrôle de l'État à Hitler et à ses sbires. Il fallait à Ernst von Weizsäcker une grande confiance en soi et un courage à toute épreuve pour jouer à ce jeu dangereux, mais il fallait également s'être voué corps et âme à la défense de cette Allemagne que Hitler avait bâtie, aussi prêt qu'il fût à se débarrasser d'Hitler lui-même[5]. « De ce que font les nazis, tout n'est pas entièrement mauvais », écrivit le jeune Weizsäcker à son ami Edward Teller à Copenhague, pendant la première année du régime de Hitler[6]. Comme son père, il semble avoir été galvanisé par l'émergence d'une Allemagne nouvelle, forte, unifiée et redoutée. Et comme son père, il paraît n'avoir pas douté que le caporal petit-bourgeois en Hitler pût être apprivoisé ou évincé, le moment voulu, par l'action politique et les manœuvres des modérés. C'était une époque d'illusions et les Weizsäcker n'étaient pas les seuls à penser que les choses pourraient rentrer dans l'ordre au prix de quelques ajustements. La conviction du jeune Weizsäcker qu'une intelligence supérieure et une influence adroitement exercée pussent être à l'origine de grandes choses ne fit que croître en pratique, au cours des premiers mois de la guerre, lorsque l'*Uranverein* passa sous le contrôle de l'armée. Avec Karl Wirtz, il réussit en effet à enrôler Heisenberg dans le projet et à en faire une sorte de rempart entre les scientifiques qui travaillaient à la KWG et les autorités militaires représentées par Kurt Diebner, du *Heereswaffenamt*. Même Otto Hahn s'était laissé persuader de prêter son autorité à l'entreprise. Les victoires remportées à la hussarde par les armées allemandes en 1940 donnèrent au groupe un accès inopiné aux matériaux indispensables à tout programme nucléaire sérieux : l'eau lourde de la centrale de Norsk-Hydro, en Norvège, tombée en mai ; des milliers de tonnes d'uranium de l'Union minière saisies en Belgique quelques semaines plus tard ; et enfin, l'usage du seul cyclotron (dont la construction n'était toutefois pas terminée) du continent européen, trouvée dans le butin de la chute de Paris, en juin.

Le chimiste allemand Walther Bothe arriva au Collège de France en juillet, dans les fourgons de l'armée, impatient de mettre la science française au service de la recherche allemande. Il fut rejoint en septembre par Kurt Diebner et le général Erich Schumann, son supérieur hiérarchique dans le corps de l'artillerie. Frédéric Joliot-Curie venait juste de rentrer du sud de la France. Diebner et Schumann arrivèrent bardés d'informations : dans un wagon abandonné, les Allemands avaient en effet découvert toute la correspondance de Joliot-Curie avec son ministre de tutelle, Raoul Dautry. Il fut impossible au chercheur français de jouer l'ignorance lorsque les deux hommes lui demandèrent ce qu'étaient devenus l'eau lourde, ramenée de Norvège six semaines auparavant, seulement, et le minerai d'uranium acheté en Belgique. Joliot-Curie réussit à les convaincre que l'eau lourde avait été chargée sur un cargo (qui n'était pas le *Broompark*) coulé au moment où il quittait le port de Bordeaux. Quant à l'uranium (que l'on avait en réalité convoyé jusqu'en Algérie, où il demeura jusqu'à la fin de la guerre) il savait seulement qu'on l'avait emporté vers le sud, lorsque le gouvernement avait fui [7].

Dans leurs relations avec les scientifiques français, les Allemands s'étaient fourvoyés dans une sorte d'impasse. Pour d'évidentes raisons de sécurité ils ne pouvaient rien dire des bombes à uranium et des machines à produire de l'énergie ; ils firent même la promesse à Joliot-Curie que les recherches conjointes qu'ils espéraient entreprendre n'auraient aucun aspect militaire. En l'absence de toute pression de cet ordre, ils n'avaient aucune raison de traiter les Français autrement que comme d'éminents collègues. Il en résulta que le laboratoire de Joliot-Curie fut l'objet d'un contrôle des plus lâches. Diebner et Schumann promirent de l'aider à achever le cyclotron, et arrachèrent son accord à la présence d'un représentant de la recherche allemande dans son laboratoire : ils désignèrent le jeune physicien allemand qu'ils avaient emmené avec eux comme interprète, Wolfgang Gentner, lequel avait travaillé avec Joliot-Curie en 1934-1935 et avec Lawrence, en Californie, au moment de la découverte de la fission, et qui s'était demandé s'il devait retourner en Allemagne, alors qu'il séjournait chez Weisskopf, aux États-Unis, l'été qui précéda la guerre.

Comme Heisenberg et bien d'autres physiciens allemands, Gentner, rappelé par les autorités militaires au début des hostilités, avait été détaché auprès du *Heereswaffenamt ;* ainsi s'était-il retrouvé en mission à Paris. Mais Gentner était avant tout fidèle à ses amitiés. A la fin de l'entretien de Joliot-Curie avec Diebner et Schumann, il s'arrangea pour prendre discrètement rendez-vous avec le physicien français, qu'il retrouva au cours de la soirée, dans l'arrière-salle d'un café du boulevard Saint-Michel. Il lui déclara carrément qu'il ne resterait pas à Paris sans son assentiment formel. Joliot-Curie le lui donna, et pendant les deux années suivantes, Gentner défendit opiniâtrement les scientifiques français au cours de leurs fréquents conflits avec l'occupant allemand ; il fit même mine de ne rien voir lorsque des résistants entreprirent la fabrication de bombes dans les sous-sols du Collège de France [8].

Au milieu de l'année quarante, les conquêtes militaires de l'Allemagne lui avaient donné tout ce dont elle avait besoin pour se lancer vigoureusement dans un programme de recherche nucléaire — tout, mis à part l'urgence que seules peuvent conférer les nécessités militaires, car la guerre paraissait gagnée. Sans le besoin pressant d'armes nouvelles, la recherche allemande ralentit ; d'ailleurs, les scientifiques étaient encore loin d'avoir trouvé une théorie solide pour la production de matière fissile. Depuis qu'il avait pris le contrôle de la recherche dans ce domaine, le *Heereswaffenamt* avait divisé le travail entre deux groupes parallèles ; l'un, à la *Kaiser Wilhelm Gesellschaft* autour d'Heisenberg, Weizsäcker et Karl Wirtz, à Dahlem, faubourg de Berlin, et l'autre directement sous les ordres de Diebner, au laboratoire de recherche de l'armée de Gottow. Les deux centraient leurs efforts sur des expériences de réacteurs, comme aussi le chimiste Paul Harteck, à l'Université de Hambourg. Mais les choses ne se passaient pas très bien ; la tentative de Harteck, consistant à utiliser de la glace sèche empruntée à I.G. Farben comme modérateur dans un réacteur, fut un échec. Heisenberg refusa courtoisement de lui rétrocéder de l'uranium sur les stocks dont il disposait à la KWG [9], sous le prétexte qu'il en avait besoin pour ses propres expériences. En même temps, plusieurs autres universités poursuivaient des travaux sur la séparation de l'U-235, mais leurs résultats systématiquement décevants ne faisaient que souligner la difficulté du projet.

Tandis qu'avaient lieu toutes ces expériences, Weizsäcker s'attaquait à l'un des points théoriques restés encore flous depuis la découverte de la fission : ce qui se passait après l'absorption par résonance de neutrons dans l'U-238. Plusieurs articles de *Physical Review* traitèrent de cette question au début de 1940 ; le périodique arrivait avec des semaines ou même des mois de retard, par l'Espagne ; Weizsäcker le lisait dans le tramway en se rendant au travail, le matin, sans se soucier des regards méfiants des autres passagers, quand ils remarquaient qu'il était en anglais. C'est ainsi qu'en juillet, pendant le trajet qui le conduisait de chez lui à Dahlem, Weizsäcker eut soudain l'intuition de ce qui se passait. Fermi, les Joliot-Curie, Otto Hahn et les autres avaient tous remarqué la présence d'un élément d'une demi-vie de 23 minutes, lorsqu'on bombardait l'uranium naturel de neutrons. Weizsäcker extrapola ce qui devait se passer ensuite : l'élément de 23 minutes (un isotope d'uranium), se dégradait encore et en produisait un nouveau, qu'il appela « Eka Re », autrement dit « un point au-delà du rhénium dans la table périodique ». D'après la théorie de Bohr/Wheeler publiée dans le numéro de septembre 1939 de *Physical Review* qu'avait aussi lu Weizsäcker, son nombre impair de particules devait en faire un bon candidat à la fission. Dans un laboratoire, la production de neutrons était naturellement limitée et on ne pourrait fabriquer expérimentalement qu'une infime quantité du nouvel élément. Mais il n'y avait bien entendu aucune raison de confiner le procédé au laboratoire : le but d'une réaction en chaîne, dont on savait déjà qu'elle exigerait une énorme machinerie et des tonnes de matière première, était la production en grand de neutrons. Weizsäcker décrivit les implications dans un article de cinq pages qu'il data du 17 juillet 1940 : le bombardement de l'uranium dans une pile à réaction en chaîne produisait un nouvel élément, facile à séparer, qui pourrait être utilisé dans une bombe. La difficulté extrême qu'il y avait à se procurer de l'U-235 — la raison pour laquelle Niels Bohr pensait impossible de construire une bombe atomique — se trouvait évacuée d'un seul coup. Il fallut un certain temps pour qu'on comprenne pleinement la découverte de Weizsäcker ; mais lui savait ce qu'il avait fait et ne perdit pas de temps à coucher cela sur le papier, encore convaincu qu'il était que la réussite, dans le programme nucléaire militaire, lui donnerait du pouvoir et de l'influence. Il fit parvenir des copies de son article à Heisenberg, Wirtz et Diebner [10].

Le rêve grandiose de Weizsäcker ne dura pas longtemps ; une ou deux algarades où il eut affaire aux méthodes inquiétantes des autorités suffirent à le convaincre qu'il était tout à fait incapable de négocier un quelconque pouvoir politique contre des découvertes scientifiques. Il s'était imaginé la porte du bureau privé d'Hitler s'ouvrant magiquement devant lui et expliquant au Führer la folie de la guerre. En dépit de ses grandes ambitions, Weizsäcker était prudent, réservé et de tempérament rêveur — nullement un héros napoléonien susceptible de s'imposer sur la scène politique. La chose devint parfaitement claire pour lui lorsque, terrifié, il vit la police arriver dans son bureau pour le questionner brutalement [11].

Mais les réflexions de Weizsäcker subirent une autre influence, dans l'année qui suivit sa prédiction théorique du plutonium, celle due aux questions insistantes et aux jugements sans équivoque d'un ami physicien qui venait de faire une réapparition aussi soudaine que dramatique à Berlin, cet été, après une absence de sept années passées en Russie, dont les deux dernières en prison. Friedrich Georg Houtermans, appelé Fritz ou Fizzl par ses amis, était un personnage protéiforme du monde scientifique allemand des années vingt et trente ; auteur d'importants articles, l'homme était en outre doué d'un humour féroce, d'un mépris total pour le danger et d'un sens moral sans compromis. Aucune vie n'illustre mieux les lignes de clivage politiques de l'entre-deux-guerres, ni ne prouve plus définitivement que tout le monde connaissait tout le monde. Mais l'histoire personnelle de Houtermans est encore importante à un autre titre : son bref passage dans l'existence de Weizsäcker et Heisenberg éclaire puissamment certains épisodes que les deux amis, après la guerre, se sont toujours contentés de décrire en termes laconiques et vagues. Là où ils sont passés rapidement, il nous faut nous attarder.

Fritz Houtermans se fit un nom dans les années vingt avec un article sur la production d'énergie dans les étoiles, écrit conjointement avec le physicien britannique Robert Atkinson, et qui est à la base de travaux ultérieurs de Weizsäcker et Hans Bethe, à la fin des années trente, sur le cycle stellaire du carbone. Ces travaux théoriques marquent le début des études sur la fusion qui conduiront à l'invention des bombes thermiques ou à hydrogène. Mais Houtermans, physicien de premier plan, était fort différent des scientifiques brillants mais détachés des contingences terrestres qui hantent habituellement les revues spécialisées et les salles de séminaire. Il avait de l'esprit, du style et de l'éclat, mais aussi quelque chose de plus : des principes politiques et un caractère trempé pour agir en s'y conformant. Né à Dantzig [Gdansk] en 1903 et fils d'un riche banquier hollandais, il avait rejeté avec colère le mode de vie opulent de son père, passionné de chasse et de photographie. Elevé à Vienne par sa mère à demi juive, Houtermans adopta très tôt une position politique radicale qui idéalisait la révolution bolchevique de 1917. Un bref moment, au cours de son adolescence troublée, il fut traité par Sigmund Freud ; mais le psychanalyste mit fin à sa thérapie lorsque le jeune homme avoua avoir inventé ses rêves. Il dut de même interrompre la fin de ses études secondaires : on le chassa de l'*Akademische Gymnasium* pour avoir lu devant ses camarades, 1er mai, *Le Manifeste du Parti communiste*. Placé à Wickersdorf, établissement considéré comme le plus progressiste d'Europe centrale, pour sa dernière année de secondaire, Houtermans se lia rapidement d'amitié avec deux autres étudiants ayant des sympathies de gauche : Heinrich Kurella, qui allait devenir le rédacteur en chef de la petite feuille communiste *Rote Fahne*, et Alexander Weissberg, qui entra au Parti communiste en 1927 et devint un chimiste connu [12].

Fasciné depuis l'enfance par l'astronomie, Houtermans alla étudier la physique avec James Franck à Göttingen, où il resta cinq ans ; là, il fit la connaissance de toute une pléiade de jeunes physiciens qui commençaient à se faire un nom : Werner Heisenberg, venu donner des conférences sur la mécanique quantique en 1926, Wolfgang Pauli, l'Autrichien Victor Weisskopf, les Italiens Enrico Fermi et Gian Carlo Wick, les Américains H. Robertson et Robert Oppenheimer. Houtermans et Oppenheimer passèrent leur doctorat en même temps, au printemps 1927, et tous deux bénéficiaient d'une aide financière substantielle de la part de leur famille alors que leurs amis devaient se débrouiller avec des revenus de famine. Houtermans et sa future femme, Charlotte Riefenstahl, assistèrent à la soirée d'adieu qui eut lieu dans l'appartement d'Oppenheimer la veille de son départ de Göttingen [13], et peu après, Houtermans gagna Berlin pour y occuper le poste d'assistant de Gustav Hertz à la *Technische Hochschule*; Hertz avait mis au point une méthode pour séparer les isotopes du néon et de l'hydrogène.

Houtermans épousa Charlotte Riefenstahl lors d'une conférence sur la physique qui se tenait à Odessa, en août 1931, avec Wolfgang Pauli et Rudolf Peierls comme témoins. A Berlin, au début des années trente, le jeune couple tenait maison ouverte une fois par semaine pour « *Eine kleine Nacht Physik* », une « petite physique de nuit [14] ». Comme tant d'autres choses, le décret d'expulsion des Juifs allemands de l'administration pris par Hitler en avril 1933 y mit un terme. Houtermans aurait pu rester à Berlin — il n'était juif que par un quart de sang, du côté de sa mère — mais il était fier de son ascendance ; il aimait à dire à ses amis *goyim* : « Quand vos ancêtres vivaient encore dans les arbres, les miens faisaient déjà des chèques en bois [15] ! »

Houtermans n'ignorait cependant pas que ses opinions politiques de gauche étaient une source de danger ; pendant la première année de la « révolution » d'Hitler, des étudiants nazis appuyés par des effectifs des S.A. fouillaient parfois les maisons, à la recherche de pièces à conviction. Les Houtermans brûlèrent les documents qu'ils pensaient compromettants et commencèrent à envisager de solliciter un poste à l'étranger. Comme Houtermans traînait un peu des pieds, Charlotte prit les choses en main. Parmi les personnes assidues à « la petite physique de nuit », il y avait eu Victor Weisskopf. Au début de 1933, Charlotte lui demanda, alors qu'il passait par Berlin avant de gagner Copenhague, d'aider son mari à trouver une telle situation. Avec l'aide de Weisskopf, on ne tarda pas à lui en offrir une dans une entreprise installée non loin de Cambridge qui faisait des recherches sur la télévision. Avant de quitter l'Allemagne, Houtermans fit une visite d'adieu à son père, en Prusse-Orientale, traversant le couloir de Dantzig à l'aller et au retour. Il avait un appétit insatiable d'information (Charlotte disait de lui que non seulement il fumait à la chaîne mais lisait les journaux à la chaîne) ; sur le chemin du retour, cet appétit attira l'attention de la Gestapo, à la frontière [16]. On s'empara du paquet de journaux et revues de gauche qu'il ramenait et on menaça de l'emprisonner comme communiste. Les policiers restaient insensibles à ses arguments : il voulait, disait-il, être simplement au courant de tous les points de vue et fit remarquer qu'il y avait également des journaux de droite dans le paquet. Néanmoins, ils se laissèrent fléchir lorsqu'ils découvrirent un document qui s'était retrouvé par inadvertance au milieu des journaux, un inventaire (relié en cuir !) de la cave à vins de son père, avec le nom des crus et les prix. Voilà manifestement quelque chose qui ne pouvait appartenir à un communiste qui se respectait, et on relâcha Houtermans, très secoué, car l'alerte avait été chaude. Au printemps de 1933 il quitta l'Allemagne pour Cambridge en passant par Copenhague ; sa femme le rejoignit en juin, et son départ fut salué par tout un groupe d'amis venus l'accompagner à *Bahnhof Zoo*, la gare de Berlin qui vit tant de séparations douloureuses en cette année d'expulsions. Le dernier à la saluer fut Max von Laue, qui lui confia des messages pour ses amis à l'étranger.

A Cambridge, Houtermans commença par prendre une chambre avant de se chercher une maison ; dans la pension, il fit la connaissance du physicien italien Giuseppe Occhialini et renoua avec Blackett et Leo Szilard (ce dernier arrivait également de Berlin). Houtermans ne tarda pas à se joindre à Szilard et à Rutherford, qui en était l'initiateur, dans leurs efforts pour trouver des situations à la foule d'universitaires allemands juifs jetés dehors par Hitler. Les activités anti-nazies d'Houtermans n'en demeurèrent pas là. Il installa une chambre noire dans sa nouvelle maison de Hayes et là, aidé par un ami, il apprit à reproduire les pages du *Times*

111

de Londres sous un format tellement petit que le document pouvait être caché par un timbre-poste. Première méthode employée pour envoyer en Allemagne des nouvelles de l'extérieur.

Houtermans, toutefois, s'impatientait en Angleterre. La banlieue de Hayes était trop calme pour lui, les riches échanges scientifiques de ses années à Berlin lui manquaient, et un ami de passage, le Russe Alexander Weissberg, le convainquit de prendre un poste à l'institut de physique d'Ukraine de Kharkov. Weissberg était un vieil ami, il y travaillait depuis 1931 et Victor Weisskopf y avait fait un stage de huit mois en 1932. En 1934, Niels Bohr y était passé pour donner une conférence. Néanmoins, ce n'était un secret pour personne que l'Union soviétique était devenue un pays dangereux ; pendant l'été de 1934, le physicien russe Peter Kapitsa, qui avait travaillé une douzaine d'années avec Rutherford à Cambridge, fut arrêté par les autorités soviétiques pendant la visite annuelle qu'il faisait à sa famille et retenu contre sa volonté et en dépit des vigoureuses protestations de la communauté scientifique mondiale [17]. Plus inquiétant encore, on avait assassiné Serguëi Kirov, chef du Parti communiste de Leningrad, dans son bureau, le 1er décembre 1934 ; une purge de l'opposition politique à Staline avait aussitôt été déclenchée. Cela se passait au moment où Houtermans envisageait de partir. De passage à Cambridge, Pauli lui déconseilla très vivement de se rendre à Kharkov, mais Houtermans refusa de l'écouter ; sa décision était prise. Lors d'un dîner à Londres en compagnie de Szilard et Maurice Goldhaber, il rejeta les objections que ceux-ci soulevaient à leur tour et demanda même : « Pourquoi ne viendriez-vous avec moi, les amis [18] ? » Szilard et Goldhaber crurent que Houtermans était devenu fou et se contentèrent de rire ; comme leur ami, ils ne pouvaient un instant imaginer le calvaire qu'il allait subir.

La lente et inexorable descente dans le cauchemar stalinien commença pour Houtermans dès son arrivée en Russie, en 1935. La sévérité de la police d'État fut immédiatement apparente : les locaux de l'institut étaient quadrillés de gardes en uniformes armés de fusil, baïonnette au canon. Lorsque les bagages des Houtermans arrivèrent de Londres, un inspecteur de police palpa longuement leurs affaires, parmi lesquelles se trouvaient plusieurs éditions de la Bible et les *Geschichten von lieben Gott* de Rilke. Finalement, Houtermans réussit à convaincre l'inspecteur que les livres étaient destinés à son usage personnel, non à faire de la propagande religieuse. Il régnait une terrible famine en Russie, résultat de la collectivisation forcée de la paysannerie par Staline. L'Ukraine souffrait les pires tourments et, à Kharkov, la nourriture était rare. Comme les autres épouses, Charlotte devait passer une bonne partie de chaque journée à essayer de compléter ce que fournissait l'institut par des œufs, de la viande et des légumes achetés au marché noir local. Le résultat n'en était pas meilleur pour autant et ils ne faisaient qu'un vrai repas par jour. Les Houtermans s'étaient néanmoins vu attribuer un grand appartement, selon les normes soviétiques (deux pièces), et pendant un certain temps Friedrich travailla efficacement, aidé de son jeune collaborateur russe Valentin Fomine, cosignant avec lui plusieurs articles en 1936 et 1937.

Au moment de l'arrivée d'Houtermans en Russie, au milieu des années trente, la science soviétique venait d'être aspirée dans l'univers stalinien, autre « front » créé dans la guerre pour imposer la discipline idéologique. Dès les années vingt, le Parti communiste avait décrété que les théories d'Einstein violaient les principes fondamentaux du marxisme-léninisme, et Heisenberg ne tarda pas à subir le même sort ; seule la mécanique ondulatoire de Schroedinger était officiellement acceptable. Lorsque George Gamow, ami d'Houtermans depuis leurs années d'études à Göttingen, était revenu en 1931 d'un long séjour à Copenhague, il avait immédiatement trouvé l'atmosphère changée. Ses amis de l'Université de Moscou lui demandaient par quelle aberration il avait décidé de rentrer — à quoi il répondait innocemment : « Eh bien, pourquoi pas [19] ? » Mais il comprit très vite ; à peine eut-il mentionné le nom d'Heisenberg durant une leçon qu'il donnait sur la théorie quantique à la Maison des Savants de Leningrad, qu'un sbire du Parti l'interrompit pour le faire taire. Une semaine plus tard, il recevait l'ordre de ne plus jamais parler en public des relations d'incertitude. Là où pointe le nez de la discipline idéologique, la police manque rarement de bonnes raisons pour arriver sur ses talons. Le prétexte, à Kharkov, fut une remarque anodine, une simple plaisanterie, faite pendant la visite de deux scientifiques étrangers, l'un et l'autre de vieux amis d'Houtermans.

Pendant l'été 1935, Weisskopf quitta Zurich, où il avait travaillé avec Pauli, pour Copenhague, où Niels Bohr lui offrait un poste temporaire pendant que lui-même faisait le tour du monde grâce à l'appui de la fondation Carlsberg, « pour vendre mes Juifs », comme il disait [20]. Déjà, Weisskopf recherchait une situation permanente et à l'automne 1936, il avait le choix entre plusieurs offres. Soit un poste modeste que Bohr lui avait trouvé à l'Université de Rochester à New York, soit deux autres, nettement plus prestigieux, en URSS. Le premier était celui de conseiller pour la physique théorique auprès de Kapitsa à Moscou ; le second, à l'Université de Kiev, lui promettait un salaire élevé, la titularisation et le droit de se rendre librement à l'étranger. Mais Weisskopf venait juste de se marier, la situation politique en URSS lui paraissait inquiétante et il prit ses dispositions pour faire une visite préalable avant de se décider. Son ami George Placzek l'accompagna.

Weisskopf connaissait Houtermans et Alexander Weissberg (il avait été à l'école avec Weissberg à Vienne, dans les années vingt) et il rencontra ce dernier à Moscou, en décembre, avant de se rendre à Kharkov. Weisskopf se souvenait que la vie avait été dure, pendant les six mois qu'il y avait passés, en 1932 ; mais en 1936, il se rendit immédiatement compte que les choses avaient empiré dans des proportions dramatiques : la Terreur était là. Au téléphone, de vieux amis faisaient semblant de ne pas le reconnaître et il comprit que pour quiconque vivant sous le régime soviétique, le seul fait d'avoir la moindre relation avec un étranger était dangereux. Placzek était moins sensible à ce climat ; homme ayant son franc-parler et plein d'humour, il ne tint pas autant sa langue. Il appela un jour Weissberg de son hôtel de Moscou et lui suggéra un rendez-vous « dans la rue qui porte le nom du traître », référence elliptique au président de l'Internationale communiste, le Bulgare Georgi Dimitrov, autrefois accusé de trahison en Allemagne (comme auteur de l'incendie du Reichstag). Cette inutile plaisanterie, jeu de mots sur le nom de la rue *Bolchaïa Dimitrovka*, rendit Weissberg furieux. Mais lorsqu'il tenta d'expliquer un peu plus tard les réalités de la vie soviétique à Placzek, ce dernier balaya ses objections en quelques mots : « Ce pays s'en va à vau-l'eau. Le sens de l'humour disparaît complètement. Je le vois décliner en toi. Il y a douze mois, tu étais pourtant presque humain [21]. »

Placzek continua ses plaisanteries, une fois arrivé à Kharkov, où il logea chez Weissberg en compagnie de Weisskopf. Un soir, le physicien allemand Martin Ruhemann (il travaillait sur la physique des basses températures à l'institut de la ville) organisa une réception pour présenter les visiteurs aux membres du personnel, étrangers et Soviétiques. Avec son ton persifleur habituel, Placzek entreprit la femme de Ruhemann, Barbara, une communiste pure et dure ; il lui déclara que la Troisième Internationale partait à vau-l'eau depuis la mort de Lénine, que le moment était venu de confier le mouvement révolutionnaire mondial à la Quatrième Internationale dirigée à l'étranger par Trotski, le grand ennemi de Staline, expulsé de Russie en 1929. Barbara bouillait d'indignation.

Mais Placzek ne s'en tint pas là. On lui avait offert un poste à l'institut et l'un des invités lui demanda s'il avait décidé d'accepter. Il répondit (en plaisantant) que oui, sous réserve que soient remplies cinq conditions. Lesquelles ? lui demanda-t-on imprudemment. En premier lieu, il devait recevoir un salaire de tant. En second lieu, un tiers de ce salaire devrait être payé en dollars ou en livres afin qu'il puisse voyager à l'étranger deux ou trois mois par an. En troisième lieu, il exigeait deux jeunes assistants. En quatrième lieu, ceux-ci devaient être également bien payés. La dernière des conditions de Placzek était simple : « Le *khasain* doit partir [22]. »

C'était le cœur de la petite plaisanterie. En russe, *khasain* signifie « patron » et l'on employait beaucoup ce terme, quoique avec prudence, pour se référer à Staline. Dans l'URSS de 1936, au moment où les grandes purges du dictateur resserraient leur étau autour de ses ennemis, on risquait sa vie non seulement si on riait d'une telle blague, mais même du seul fait de l'avoir entendue. Barbara Ruhemann ne perdit pas de temps et dès le lendemain, rapporta toute l'histoire au secrétaire du Parti communiste de l'institut, lequel rédigea un rapport à la police secrète. Lorsqu'il apprit cette terrible gaffe, Weissberg dit à Placzek qu'il avait été trop loin : il ne voulait plus rien savoir de lui et il le chassa immédiatement de son domicile. Il était cependant trop tard. Peu après, le journal du Parti communiste local signalait que l'institut abritait un nid d'espions allemands[23].

« Staline doit partir » avait suffi. Très vraisemblablement, l'attaque aurait de toute façon eu lieu. La fureur glaciale de la police d'État s'abattit sur l'institut. A la fin de janvier, Weissberg reçut une convocation de la Guépéou (ancêtre du KGB) de Kharkov et fut accusé d'être un espion allemand ; toutefois, on ne l'arrêta pas tout de suite. Commença un jeu du chat et de la souris de six semaines, au cours desquelles la Guépéou porta les accusations les plus fantaisistes sur Weissberg, lui promettant la bienveillance s'il se confessait tout de suite mais l'avertissant que, de toute façon, il avouerait. Weissberg répondit comme il put aux accusations, fou d'angoisse entre les interrogatoires, et se demandant s'il ne pourrait pas échapper à ce cauchemar en se portant volontaire pour aller lutter aux côtés des communistes, en Espagne. A ce moment-là, le régime de terreur s'était abattu dans toute son horreur sur Kharkov ; plus personne n'osait s'exprimer ouvertement, en particulier sur les arrestations. Avant un entretien, au cours de la première semaine de son calvaire, Weissberg passa la matinée à l'institut avec Alexander Leipunsky et Houtermans ; ce dernier prenait des mesures à l'aide d'un compteur Geiger et commentait les questions de physique sur son ton habituel, c'est-à-dire comme si les mystères de la nature n'avaient été créés par Dieu que pour son amusement personnel. Weissberg était malade d'angoisse mais se rendit néanmoins à la convocation de la Guépéou sans dire un mot.

Un soir, à la fin de cette première semaine, Weissberg se rendit dans l'appartement d'Houtermans, où un certain nombre de scientifiques s'étaient rassemblés autour du poste de radio pour écouter les jugements prononcés à Moscou contre Grigori Piatikov, Karl Radek, N. Mouralov et quatorze autres accusés ; il s'agissait du deuxième des grands procès destinés à affaiblir le principal adversaire de Staline, Nikolaï Boukharine. Les Ruhemann se trouvaient également présents, tandis que tous écoutaient en silence le procureur Andreï Vychinsky faire le récit de l'incroyable complot, avoué par Mouralov, destiné à assassiner Molotov avec l'aide de son chauffeur, Arnold. Weissberg n'en crut pas un mot, mais garda ses doutes pour lui. Les autres s'exprimèrent en termes mesurés sur cette incroyable histoire. « Ce qui me frappe le plus de la part de ces conspirateurs, dit Houtermans une fois la radio coupée, n'est pas tellement leur infamie que leur stupidité. Ce coup monté avec Arnold a de quoi faire dresser les cheveux sur la tête[24]. »

Weissberg fut arrêté le 1er mars 1937. On ne sut rien de plus, à Kharkov, et personne n'osa aborder ouvertement le sujet de sa disparition. Mais presque immédiatement, Houtermans sentit que son tour allait venir. Il fut convoqué en avril à la prison de Kharkov, probablement pour être interrogé sur le jour où, en Autriche, en 1932, lui et Weissberg, en vacances au bord du Grundsee, avaient rencontré par hasard Karl Frank, un vieil ami de Weissberg du temps du Parti communiste, alors considéré comme un agent trotskiste. Méthode caractéristique dans les interrogatoires de la Guépéou. La veille, on avait demandé à Weissberg quand il avait vu Frank pour la dernière fois ; il avait mentionné cette rencontre, encore convaincu qu'à force de répondre la vérité, il finirait par retrouver la liberté. Il suffisait à la Guépéou d'une poignée de « faits » semblables pour concocter une conspiration d'espionnage antisoviétiques d'inspiration boukharino-trotskiste. Tandis que Houtermans attendait dans un couloir de la prison, il vit soudain apparaître Weissberg accompagné d'un garde. Il venait tout juste d'être interrogé. Houtermans devint blanc comme un linge ; on emmena bientôt son ami.

Houtermans et sa femme avaient enfin compris qu'il leur fallait quitter l'URSS le plus vite possible et, au début de l'été, Charlotte réussit à obtenir un visa de sortie pour l'Angleterre, afin d'aller y chercher du travail pour son époux. Les autorités soviétiques ne tardèrent pas à interroger Houtermans sur cette absence. Par télégramme, il demanda à Charlotte de revenir tout de suite. Peu après son retour, deux policiers vinrent à l'institut pour se saisir de l'assistant d'Houtermans, Valentin Fomine, afin de le questionner sur son frère que l'on venait tout juste d'arrêter. Fomine demanda le temps de rassembler quelques affaires, monta à l'étage, avala le contenu d'un flacon d'acide sulfurique et se jeta par la fenêtre. Ce geste horrifia Houtermans qui passa la nuit suivante à ne parler que de ça, affolé. Charlotte persuada leur ami Leipunsky de tenter de le rassurer, mais les angoisses d'Houtermans reprirent de plus belle quelques jours plus tard, lorsque la police passa, un soir, pour se faire donner l'adresse de l'appartement de Fomine. La nuit suivante, Houtermans rêva qu'il était arrêté.

S'imaginant qu'ils seraient peut-être plus en sécurité à Moscou, les Houtermans s'y rendirent à l'automne et entreprirent les laborieuses démarches qui devaient leur permettre de quitter le pays. Le 1er décembre 1937, on arrêta Houtermans à l'office des Douanes de Moscou, où il s'était rendu pour relancer les fonctionnaires chargés de régulariser la liste des objets personnels qu'il comptait emporter. On ne dit rien à Charlotte, mais ce qui se passait était évident. Avec l'aide de Peter et Anya Kapitsa, elle parvint à quitter l'URSS à la mi-décembre, avec leurs deux enfants. Accueillie à Copenhague la veille de la Noël par Christian Möller, assistant de Niels Bohr, Charlotte entama une longue bataille pour enrôler la communauté scientifique dans la défense de son époux. Elle partit au mois d'avril suivant pour les États-Unis, où elle réussit à entrer en contact avec Eleanor Roosevelt et finit par apprendre, à la suite d'une longue enquête diplomatique, que son mari était vivant. Après quoi retomba la chape de silence.

Houtermans passa deux ans et demi dans les prisons soviétiques ; son expérience illustre parfaitement ce que vécurent tous ceux qui furent arrêtés pour crime politique pendant l'ère stalinienne. Il fut tout d'abord transféré à la prison de la Loubianka, où se trouvait aussi le quartier général de la Guépéou, puis immédiatement après, à la Boutyrka, la plus grande des cinq prisons de Moscou, construite au dix-huitième siècle, à l'origine, pour incarcérer les hommes capturés pendant la rébellion de Pougatchev. La première phase de l'emprisonnement d'Houtermans, pendant son premier mois à la Boutyrka, fut consacrée à son interrogatoire ; il était installé, avec cent quarante autres prisonniers, dans une cellule conçue pour vingt-quatre. Au cours de longues séances, on établit avec une minutie maniaque tous les faits de sa vie — où il avait vécu, qui il avait connu, les sujets dont il avait discuté. En même temps, on lui disait ce que l'on attendait de lui, à savoir qu'il avouât avoir espionné pour le compte d'une cabale boukharino-trotskiste impliquant d'autres personnes de l'Institut de Kharkov. Le mari de Barbara Ruhemann lui-même se trouvait sur la liste de la Guépéou. Houtermans, naturellement, refusa d'avouer quoi que ce soit ; jamais il n'avait été impliqué dans le moindre complot. Ceux qui l'interrogeaient riaient de ses dénégations, l'assurant qu'il finirait par se confesser : *tout le monde* avouait.

Début janvier 1938, on le transféra à la prison Kholodjana Gora de Kharkov, où l'entassement des prisonniers était encore plus grand qu'à Moscou. Le 10 janvier, nouveau transfert, pour la prison centrale de la Guépéou de Kharkov, cette fois. Dès le lendemain, on soumit Houtermans au système connu sous le nom du « convoyeur » : un interrogatoire continu, vingt-quatre heures sur vingt-quatre, les interrogateurs se relayant toutes les huit heures. On ne lui posait que deux questions, sans fin : « Qui vous a poussé à rejoindre le mouvement contre-révolutionnaire ? « et « Qui avez-vous poussé vous-même à le rejoindre ? » Pendant les trois premiers jours du convoyeur, on l'autorisa à rester assis. A partir du troisième jour, il ne lui fut plus permis que d'occuper le bout de la chaise. Le quatrième, on l'obligea à rester debout. Lorsqu'il s'évanouissait, épuisé, on le ranimait avec un seau d'eau froide. Au bout de dix jours, il s'évanouissait toutes les vingt ou trente minutes. Il avait les pieds tellement gonflés qu'il dut entailler ses chaussures. Le douzième jour, on lui dit que s'il n'avouait pas, on emprisonnerait sa femme et ses enfants sous des faux noms et qu'il ne les reverrait jamais. C'est ce qui le fit craquer. Si l'on autorisait sa famille à quitter le pays, dit-il, sans savoir qu'elle était déjà en sécurité à l'Ouest, il signerait toutes les confessions qu'on voudrait. On lui tendit un texte, bref, dans lequel il reconnaissait avoir espionné pour le compte de la Gestapo. Il signa. Après quoi on le fit manger et on le ramena dans sa cellule, où il dormit trente-six heures durant. Lorsqu'il eut repris des forces, il rédigea des aveux beaucoup plus longs (une vingtaine de pages en allemand), prenant soin de n'impliquer que des personnes qu'il pensait en sécurité à l'étranger et remplissant le texte d'absurdités pseudo-scientifiques ; il espérait vaguement que si Peter Kapitsa voyait le document, il pourrait comprendre ainsi que ses aveux lui avaient été arrachés.

Cela fait, ses interrogateurs se désintéressèrent de lui ; il retourna dans l'anonymat de la population pénale et au cours des deux années qui suivirent sa vie connut la monotone routine d'une alimentation immonde, de transferts d'une cellule à une autre, d'une prison à une autre ; il passait quelques heures tous les jours à faire des mathématiques dans sa tête, prenant des notes sur un morceau de savon avec une allumette (il crut même à un moment donné avoir résolu le dernier théorème de Fermat) et remâchait les dernières rumeurs et informations que les prisonniers essayaient de grappiller sur ce qui se passait dans le monde extérieur. Une vie terrible. Lorsqu'on introduisit Konstantin Shteppa, un professeur russe d'histoire ancienne et médiévale, dans la cellule d'Houtermans, il crut un instant à quelque cruelle plaisanterie : la forme immobile qui gisait sur la paillasse supérieure était tellement amaigrie que tous les os en saillaient, sous une peau devenue grisâtre. Mais ni Houtermans ni son sens de l'humour n'étaient morts : « Je m'appelle Fritz Houtermans... ancien membre du Parti socialiste... ancien émigrant de l'Allemagne fasciste... ancien directeur de l'Institut des Sciences de Kharkov... ancien être humain... et vous, qui êtes-vous ? »

La deuxième question d'Houtermans fut d'ordre pratique : « Fumez-vous... ? Si oui, j'espère à l'occasion pouvoir fumer vos mégots[25]. »

Shteppa ne fumait pas, mais il lui était permis de recevoir de l'argent de sa famille ; il le partageait avec Houtermans, et les deux hommes devinrent amis pour la vie.

Fin septembre 1939, on transféra Houtermans une fois de plus ; après être passé par la Boutyrka, il se retrouva une fois de plus à la Loubianka, à Moscou. Weissberg, qui moisissait à la Boutyrka, entendit Houtermans donner son nom en réponse à l'appel d'un gardien ; il fut bouleversé. Il avait entendu parler de l'arrestation de son ami, en février 1938, et avait considéré que ses chances de survie étaient faibles. En novembre, à la Loubianka, Houtermans passa six heures dans la cellule voisine de celle de Weissberg, sans le savoir ; ce dernier essaya frénétiquement de communiquer avec lui grâce au procédé vieux comme le monde des coups en « morse » (tant de coups par lettre selon sa place dans l'alphabet) contre le mur, mais Houtermans ne comprit pas le système ; il avait passé la plupart de son temps en cellule d'isolement, dans les prisons les plus secrètes de la Guépéou, et n'avait jamais appris le code grossier des prisonniers. Les deux hommes ne se revirent qu'en 1948. En décembre 1939, Houtermans retourna une fois de plus à la Boutyrka ; c'est là qu'il termina sa tournée des prisons soviétiques[26]. Un mois plus tard, il apprit que la guerre était déjà commencée depuis quatre mois. A la fin du mois d'avril 1940, il fit partie d'un groupe emmené en voiture jusqu'à la ville-frontière de Brest-Litovsk et remis aux mains de la Gestapo. La plupart de ces hommes furent rapidement rendus à la liberté, une fois en Allemagne, mais Houtermans et une poignée d'autres prisonniers se retrouvèrent de nouveau incarcérés, à la prison d'Alexander Platz de Berlin, non loin du domicile qu'il avait quitté sept ans auparavant. Il avait perdu toutes ses dents.

CHAPITRE 9

Un mois encore, au début de l'été 1940, Houtermans continua de languir dans sa cellule d'Alexander Platz, tourmenté par les poux pour la première fois, jusqu'au jour où un compagnon, libéré, put faire passer un message pour lui. Il lui avait demandé de contacter un vieil ami à la *Technische Hochschule*, Robert Rompe, et de lui dire simplement : « Fizzl est à Berlin. » Rompe comprit tout de suite ce que cela signifiait : « Si Fizzl se trouve à Berlin, il ne peut être qu'en prison[1] ! » Rompe entra alors en contact avec Max von Laue, le dernier ami à avoir salué Charlotte Houtermans à la *Bahnhof Zoo* de Berlin, le jour de son départ, sept ans auparavant. Laue fit le tour des bureaux de la police, finit par apprendre où Houtermans était emprisonné, vint lui rendre visite en lui apportant nourriture et argent, et obtint sa libération fin juillet.

Enfin libre, Houtermans renoua immédiatement avec ses vieux amis. En août, il soumit à la revue *Naturwissenschaften* une note de dix lignes concernant la demi-vie du tantale radioactif, à laquelle il joignit son adresse (185 Uhlandstrasse, à Berlin Charlottenburg) comme moyen de faire savoir à tout le monde où il se trouvait. Il avait déjà rendu visite au *Technische Hochschule*, où il avait travaillé avec Gustav Hertz jusqu'en 1933. Il y avait rencontré le jeune physicien Otto Haxel, lequel découvrit avec stupéfaction qu'un scientifique du niveau d'Houtermans, l'auteur du célèbre article sur la production d'énergie dans les étoiles, n'avait que quelques années de plus que lui. Houtermans possédait l'art de se mettre très vite au courant ; quelques jours à peine après avoir été libéré, il avait appris l'existence du programme secret de recherches sur l'uranium de la *Heereswaffenamt* ; c'est probablement Haxel qui lui en parla le premier. Haxel avait un rôle en quelque sorte périphérique dans l'*Uranverein*, et venait de procéder à des mesures de coupes de carbone pour déterminer s'il ne serait pas possible d'utiliser ce matériau comme modérateur dans la production d'une réaction en chaîne. Quelques mois plus tôt, il avait jeté l'esquisse d'une proposition pour un programme de recherche sur la bombe, arguant du fait que l'Allemagne devait construire une telle arme avant l'ennemi ; il ne croyait pas, en fait, que sa réalisation fût possible et espérait avant tout obtenir des fonds pour l'institut de physique

119

dépendant de la *Technische Hochschule*. Lorsqu'il discuta de cette proposition avec ses amis Georg Joos et Helmut Volz, toutefois, ceux-ci eurent une réaction horrifiée. Une année auparavant, Joos, physicien à l'Université de Göttingen, avait écrit au ministère de l'Education en suggérant une étude des possibilités de la fission comme source d'énergie. Mais un réacteur était une chose, une bombe une autre. « Ne fais jamais ça ! » le supplièrent les deux hommes ; Haxel abandonna son idée[2].

Au cours de ces discussions, Haxel avait appris que beaucoup de physiciens allemands prenaient au sérieux l'idée de la bombe et que certains d'entre eux s'opposaient à toute tentative d'en construire une. Avec des amis comme Joos et Volz, qui avaient grandi comme lui dans la région d'Ulm, Haxel se sentait libre de s'exprimer ; avec d'autres, comme Hans Geiger, il était davantage circonspect. Volz travaillait alors en étroite collaboration avec Heisenberg, mais Haxel connaissait mal ce dernier, même s'il avait eu l'occasion de faire un exposé lors du colloque Heisenberg de Leipzig, à la fin de 1938. Après le commencement du conflit, Haxel apprit de Volz que Heisenberg travaillait sur la théorie de la réaction en chaîne et bientôt Haxel lui-même se trouva enrôlé dans cette recherche à la *Technische Hochschule*. Haxel discuta à plusieurs reprises avec Heisenberg des problèmes de coupes, sans jamais s'écarter, au cours de ces entretiens, des questions techniques ; Heisenberg était l'un des grands personnages de la science allemande alors que Haxel sortait à peine de l'école. On n'octroyait que lentement sa confiance à quelqu'un, dans l'Allemagne d'Hitler ; avec les vieux amis, on pouvait dire tout ce que l'on voulait, pas avec les nouveaux : ce n'était que progressivement, à force de petites remarques prudentes, que naissait la confiance. Haxel connaissait non seulement Heisenberg mais aussi Weizsäcker et savait qu'ils étaient tous deux au centre de l'*Uranverein* ; il les voyait lors des réunions, parlait science avec eux mais n'avait aucune idée de ce qu'ils pensaient de la guerre et du régime et était trop prudent pour poser la question.

Il n'en allait pas de même avec Houtermans. Haxel se rendit compte qu'il était politiquement suspect, que souvent des agents de la Gestapo le suivaient et qu'il était une relation dangereuse. Néanmoins, il lui fit presque immédiatement confiance et ils ne tardèrent pas à devenir amis intimes. Comme Leo Szilard, Houtermans était de ces hommes qui saisissent sur-le-champ les implications politiques des choses. A son avis, déclara-t-il à Haxel, la possibilité d'obtenir de l'énergie par fission était très réelle, mais construire une bombe atomique pour Hitler tournerait au cauchemar. Haxel le rassura : c'était une tâche redoutable, et si la chose avait été facile la nature aurait déjà fait exploser la planète. Ce n'était pas une remarque en l'air ; Haxel avait procédé à des calculs. Il avait fait une estimation de la concentration du minerai d'uranium existant dans la nature et conclu que même si l'on rassemblait en un seul point toutes les réserves mondiales, elles ne suffiraient pas à produire une réaction en chaîne et encore moins une explosion. Mais Houtermans ne se laissa pas rassurer à si bon compte. Il savait qu'une cinquantaine de scientifiques allemands, éparpillés dans différents centres, travaillaient sur la question ; il craignait de voir la Gestapo les rassembler et leur procurer tout ce dont ils auraient besoin pour accélérer la cadence. Il dit à Haxel qu'il avait appris quelque chose en URSS : à savoir que la pression politique et les méthodes d'intimidation les plus brutales peuvent produire des résultats inimaginables.

Il y avait cependant une leçon que le rétif Houtermans avait refusé de retenir des prison de Staline : la prudence. Ce qu'il apprenait de l'*Uranverein* le troublait. Il était choqué de voir que Heisenberg et Weizsäcker s'y trouvaient embrigadés. Il souleva le problème avec Max von Laue qui se montra lui aussi rassurant, affirmant que rien n'en sortirait. « Mon cher collègue, déclara von Laue, on n'a jamais inventé quelque chose qu'on n'a pas vraiment envie d'inventer [3]. » Le sous-entendu était clair : les scientifiques ne faisaient que suivre le mouvement. Houtermans savait cependant qu'on peut obliger des hommes à faire ce qu'ils n'ont pas envie de faire et il ne tarda d'ailleurs pas à se retrouver en personne attelé de force au problème même de la fission nucléaire. Comme il lui était interdit, pour des raisons politiques, d'obtenir un poste universitaire ou de travailler sur des projets gouvernementaux, Laue se débrouilla pour le faire engager par le chercheur et inventeur indépendant Manfred von Ardenne, personnage atypique qui avait créé son propre laboratoire en 1926 à Lichterfeld, une banlieue de Berlin, et qui le faisait fonctionner grâce aux revenus des brevets de ses nombreuses inventions ou de ses contrats avec l'industrie ou des organismes gouvernementaux.

Ardenne s'était tout de suite intéressé à la question de l'énergie nucléaire après la découverte de la fission, en 1938. Il n'était pas physicien (il n'avait fait que des études superficielles dans ce domaine), mais après l'invention du microscope électronique, cette même année, il en avait construit un pour son laboratoire. L'appareil attira de nombreux physiciens de premier plan à Lichterfeld, et Ardenne participa de fait à des discussions sur la fission et l'énergie atomique. Débordant d'esprit d'entreprise, il sentit que ce nouveau domaine ouvrait de grandes possibilités pour son laboratoire. Max von Laue vint voir l'instrument le 20 décembre 1939 ; ce qu'il en dit à Max Planck poussa le doyen de la science allemande à se rendre à son tour à Lichterfeld, le 2 février 1940 [4]. La mine grave et un peu compassée de Planck s'éclaircit lorsqu'il vit les énormes agrandissements stéréoscopiques du monde microscopique qu'il contemplait pour la première fois.

A la fin de la visite, Ardenne s'offrit à reconduire le vieux savant jusque chez lui, à Grünewald. Ils s'installèrent côte à côte à l'avant de la Mercedes d'Ardenne. Planck prit un exemplaire du *Volkische Beobachter* qui traînait sur le siège arrière et lut une manchette à voix haute : « Nos forces aériennes continuent leurs missions de reconnaissance en

Grande-Bretagne. » L'absence de toute activité militaire allait durer encore deux mois. Ardenne demanda : « Qu'est-ce qui va se passer ?

— On peut le lire dans le *Volkische Beobachter*, répondit Planck. Nous allons attaquer l'Angleterre. Vous ne croyez pas ? Vous avez des doutes ?

— Oui, répondit Ardenne. Je connais les États-Unis et l'incroyable potentiel industriel de ce pays.

— Vous pensez donc que les États-Unis nous déclareront un jour la guerre ?

— Oui.

— Alors nous avons la même analyse. Nos succès militaires actuels ne doivent pas faire illusion à un scientifique ayant appris à manier l'esprit critique. Malheureusement, il y a encore beaucoup de gens qui se paient d'illusions. » Planck se tut quelques instants puis ajouta : « Je suis très inquiet.

— Pensez-vous à la découverte de la fission nucléaire par Hahn ? demanda Ardenne. Quelles conséquences aura-t-elle ?

— Les conséquences seront inimaginables. » Tout le plaisir qu'il avait eu à contempler les merveilles produites par le microscope électronique d'Ardenne s'était évanoui chez Planck. Son visage et sa voix trahissaient à la fois le poids des ans et une profonde appréhension. Il reprit à voix basse, presque comme s'il parlait pour lui : « Si cet instrument de pouvoir tombe entre de mauvaises mains... »

Ardenne se sentit mal à l'aise. La notion de « mauvaises mains » est un concept politique ; Planck s'avançait en terrain miné. « C'est la nature, la source d'énergie la plus puissante, dit-il sans conviction.

— Oui, répondit Planck, et elle doit être utilisée au profit de l'humanité. » Il garda encore quelques instants le silence. « Mais les choses ne se passeront pas ainsi », conclut-il[5].

Bien conscient que la fission pouvait servir à faire des bombes comme à produire de la chaleur et donc de l'électricité, Ardenne continua à explorer les possibilités de ce nouveau champ d'investigation. Le problème était double : se donner un objectif et trouver des fonds pour le financer. C'est d'une source inattendue que vinrent les deux solutions : des services postaux allemands. Déjà, en 1930, Ardenne avait attiré l'attention de Wilhelm Ohnesorge, haut fonctionnaire à la Poste et ami de son père, lorsqu'il avait fait une proposition destinée à améliorer les systèmes de radiodiffusion. Devenu chef des services postaux en 1933, Ohnesorge avait présenté Ardenne à Hitler lors d'une démonstration de télévision organisée par la Poste ; il s'agissait des toutes premières recherches sur le sujet, une spécialité d'Ardenne, et en 1937, la Poste signait un contrat de recherche avec le laboratoire de Lichterfeld. Cela n'avait rien d'anormal, dans la mesure où la Poste était responsable de la radiodiffusion et d'autres moyens techniques de communication, mais Ohnesorge manifestait un intérêt personnel pour la science ; il était l'ami du physicien nazi Philipp Lenard, dont il avait suivi les cours à Kiel, et en 1942, c'est lui qui fit le discours principal lors de la célébration des quatre-vingts ans de Lennard[6].

Au cours des années 1939-1940, Ardenne se lança dans ses premiers travaux sur la fission avec une recherche expérimentale sur les séparateurs de masse électromagnétiques pour les isotopes, technique théoriquement capable de produire de petites quantités d'U-235, et avec un gros cyclotron que l'on pouvait utiliser aux mêmes fins, bien que les quantités obtenues par ce deuxième procédé fussent trop faibles pour pouvoir espérer faire autre chose que des travaux expérimentaux. Mais étant donné que l'Allemagne, à l'époque, ne disposait d'aucun échantillon pur d'U-235, même ces minuscules quantités seraient précieuses pour la mesure des coupes, première et essentielle étape dans l'estimation précise de la masse critique requise pour une bombe. La Poste soutenait cet effort de recherche et il est évident que son directeur, Ohnesorge, savait qu'une bombe atomique était un résultat possible ; il en fit même part à Hitler lors d'une réunion, un peu plus tard — entrant dans le champ de la grande politique par une porte dérobée ouverte grâce au photographe personnel d'Hitler, Heinrich Hoffmann, un ami d'Ohnesorge. Il semble vraisemblable que Ohnesorge ait été mis au courant de cette possibilité de bombe atomique par Ardenne[7]. Ce dernier l'a nié farouchement : « Jamais Ohnesorge n'a été informé par moi ou par mes collaborateurs de la possibilité technique de fabriquer une bombe atomique[8]. »

Il n'en est pas moins clair que Ohnesorge savait, que Ardenne savait aussi, que Ohnesorge finançait des travaux d'Ardenne ayant un rapport avec la production d'une bombe atomique, et que Ardenne était au courant de l'ambivalence de certains scientifiques allemands sur la question. Planck s'était montré très clair, en février 1940, et Carl Friedrich von Weizsäcker lui avait déclaré la même chose quelques mois plus tard. Dès les premiers jours de la guerre, le frère cadet de Weizsäcker, Heinrich, ami intime du frère d'Ardenne, Ekkehard, depuis qu'ils avaient accompli leur service militaire dans le même régiment, avait été tué en Pologne. En mai 1940, Ekkehard fut aussi tué sur le front belge ; peu de temps après, Ernst von Weizsäcker invita Ardenne et d'autres membres de sa famille chez lui. Après s'être mutuellement exprimé leur chagrin, la conversation entre Ardenne et les deux Weizsäcker porta, en toute franchise, sur les questions politiques. Ernst von Weizsäcker déclara qu'il restait à son poste, auprès de Ribbentrop, seulement afin de transformer « les mauvaises décisions en bonnes » (ce qu'il espérait encore faire, même à cette date) et ajouta qu'il n'avait rien dit de la possibilité d'une bombe atomique au chef de la diplomatie allemande, sujet dont il avait parlé avec son fils après la publication de l'article de Siegfried Flugge, l'été précédent[9]. Ardenne repartit, à l'issue de cette conversation, avec l'impression que le jeune Weizsäcker partageait l'ambivalence qu'avait exprimée Planck à propos de la bombe. Ce n'était pas tout à fait vrai : Weizsäcker travaillait encore activement aux problèmes physiques de la bombe atomique et espérait toujours qu'un succès lui donnerait de l'influence sur Hitler. Mais, prudent, il se garda de dire le fond de sa pensée à Ardenne.

Peu de temps après la conversation d'Ardenne avec les Weizsäcker, probablement en automne 1940, Houtermans rencontra Carl Friedrich qui se fit rassurant lorsqu'il lui expliqua que l'*Uranverein* concentrait ses efforts sur la mise au point d'une machine à produire de l'énergie. C'était une réaction de prudence. Weizsäcker connaissait bien entendu les vraies raisons de l'intérêt des militaires mais, déjà à cette époque, le groupe de Berlin-Dahlem avait adopté une sorte de ligne officielle vis-à-vis des étrangers et on ne parlait, logiquement, que de la première étape, la création d'une réaction en chaîne, objectif considéré comme « sûr » et contrôlable. Weizsäcker ne lui cacha pas que le projet était placé sous l'autorité de la sécurité militaire et qu'il ne pourrait lui offrir un poste de recherche, mais il fut au courant de celui que Houtermans trouva chez Ardenne, et il est même possible qu'il ait contribué à le lui faire obtenir [10].

A Lichterfeld, Ardenne mit Houtermans au travail sur la théorie de la réaction en chaîne ; à la fin de l'année ce dernier avait reconstitué le raisonnement fait par Weizsäcker le mois de juillet précédent : l'absorption des neutrons par l'U-238 devait produire un nouvel élément fissile. Comme Weizsäcker, Houtermans fondait ses travaux théoriques sur l'article de Bohr/Wheeler de septembre 1939 et sur le rapport concernant les neutrons secondaires publié en avril de la même année par Joliot-Curie. Il n'était pas au courant des nombres moyens de captures pour neutrons lents et rapides dans l'U-235, ni des nombres moyens d'absorption de résonance dans l'U-238 ; mais il en savait assez pour deviner qu'elles seraient assez grandes pour produire des quantités séparables d'un nouvel élément, le 94e. De fait, il inventait sur le papier le principe du surgénérateur. Houtermans se rendit compte que telle était la ligne de recherche que devrait emprunter tout effort sérieux pour produire une bombe atomique.

Au cours des premiers mois de 1941, Houtermans éprouva le besoin de discuter de ces dangereuses possibilités qui s'ouvraient devant lui. Mais cette fois-ci, il s'en entretint non seulement avec Weizsäcker, mais aussi avec Heisenberg. Après ses deux articles de décembre 1939 et février 1940 sur la théorie de la réaction en chaîne, le rôle d'Heisenberg, au sein du *Heereswaffenamt*, se trouva réduit, en gros, à une visite hebdomadaire ; dans le train qui le conduisait de Leipzig à Berlin, il tuait le temps en mémorisant de la poésie allemande. Il continua de jouer un rôle administratif, écrivant des lettres à Kurt Diebner et à d'autres scientifiques travaillant sur le projet, mais laissa à d'autres le détail des calculs théoriques et le soin de procéder aux expériences pratiques. Weizsäcker reprit un certain temps cette partie du travail, mais ne tarda pas à en charger ses assistants à Berlin-Dahlem, Karl-Heinz Hocker et Paul Müller. En juillet 1940, le *Heereswaffenamt* avait entrepris la construction d'un bâtiment qui devait être consacré à la recherche nucléaire, sur le périmètre de la *Kaiser Wilhelm Gesellschaft* de Berlin (on lui donna le nom de « maisons des virus » pour décourager les visiteurs). Les travaux, supervisés par Karl Wirtz, furent achevés en octobre ; et en décembre, Heisenberg, Weizsäcker et Wirtz dirigèrent les premières tentatives pour construire une pile à réaction en chaîne.

Tout au long de 1940 et 1941, les efforts du *Heereswaffenamt* se concentrèrent sur deux lignes de recherche : comment fabriquer une pile de réaction en chaîne, et comment séparer l'U-235 de l'uranium naturel. Les articles d'Heisenberg recommandaient l'emploi de l'eau lourde comme modérateur, étant donné que son faible taux d'absorption des neutrons lents autorisait l'emploi d'une moindre quantité d'uranium ; mais il admettait que d'autres modérateurs pourraient tout aussi bien faire l'affaire, pourvu qu'ils fussent suffisamment purs. C'est parmi les différentes formes de carbone que l'on trouvait les alternatives les plus prometteuses. Les expériences de Paul Harteck avec du gaz carbonique sous forme de glace sèche, au milieu de l'année quarante, n'avaient pas été concluantes ; le physicien Walther Bothe, à l'Université de Heidelberg, obtint des résultats tout aussi décevants avec le graphite, pourtant une forme très pure de carbone. Le graphite allemand était à vrai dire de qualité très médiocre et contaminé par du bore, matériau qui absorbe fortement les neutrons. En deux séries d'expérience, Bothe démontra que ni le graphite ordinaire, ni l'électro-graphite que lui avait fourni la société Siemens ne pouvaient servir de modérateurs. Le second article de Bothe, rédigé en collaboration avec Hans Jensen et soumis au *Heereswaffenamt* en janvier 1941, ne laissait que l'eau lourde comme modérateur possible ; conclusion d'importance, étant donné que le graphite était abondant et bon marché, alors que l'eau lourde, comme on l'a vu, provenait de la seule centrale de Norsk-Hydro, en Norvège[11].

Outre ses expériences avec le gaz carbonique, Paul Harteck avait travaillé sur la séparation isotopique à l'aide de la méthode Clusius-Dickel inventée en juillet 1938. Le but initial était simplement d'enrichir de l'uranium ordinaire en U-235 afin de pouvoir alimenter un réacteur qui utiliserait de l'eau ordinaire comme modérateur. Mais ces expériences, commencées à la fin de 1939, se heurtèrent à d'incessants problèmes, tenant surtout à l'extrême pouvoir corrosif de l'hexafluorure d'uranium utilisé dans le processus. En avril 1941, Harteck informa le *Heereswaffenamt* que la séparation de l'U-235 revenait beaucoup trop cher, sauf « pour des applications particulières, dans lesquelles le profit est une considération secondaire[12] ». Autrement dit, pour une bombe atomique. Tout au long des années 1940 et 1941, de nombreux autres scientifiques, y compris Erich Bagge, Karl Clusius, Rudolf Fleischmann et Alfred Klemm de l'institut d'Otto Hahn, mais aussi Wilhelm Walcher et Horst Korsching, proposèrent tous différentes méthodes d'extraction de l'U-235 sans qu'aucune n'obtînt de résultats significatifs. Au début de 1941, au moment où Houtermans faisait part de ses préoccupations à Heisenberg et Weizsäcker, le *Heereswaffenamt* cherchait avant tout à mettre au point une pile à réaction en chaîne utilisant de l'eau lourde — la ligne de recherche que Heisenberg considérait comme « sûre ». Aucune autre, parmi toutes celles qu'il étudia attentivement, ne lui parut contenir le moindre espoir de production d'U-235 en quantité suffisante pour fabriquer une bombe atomique. A la fin de l'année, Harteck allait d'ailleurs reconnaître qu'aucun enrichissement de l'uranium n'avait été obtenu[13]. C'est à ce moment-là que se présenta Houtermans, se disant pressé d'écrire un article qui démontrait que la recherche que Heisenberg considérait comme « sûre », à savoir la construction d'un réacteur, déjà en route à Berlin-Dahlem, offrait une méthode prometteuse pour construire un nouveau matériau fissile, utilisable dans une bombe atomique.

Ce que déclara plus tard Heisenberg sur ses réflexions au cours des années de guerre reste toujours intéressant mais évasif ; ses propos sont aussi soigneusement calculés, par moments, que les phrases alambiquées dont se servait Niels Bohr lorsqu'il éprouvait des difficultés particulières à exprimer avec précision ce qu'il voulait dire. Heisenberg pouvait se montrer disert et nuancé dans son argumentation, mais lorsqu'on en arrivait aux prosaïques questions : Qui ? Quoi ? Quand ? Où ? et en particulier à la plus importante de toutes : Pourquoi ? il se montrait très souvent d'un flou irritant. Néanmoins, il a toujours jeté un peu de lumière sur les épisodes les plus importants, à une exception près : ses entretiens avec Houtermans et Weizsäcker au cours des premiers mois de 1941[14].

Les trois hommes se retrouvaient probablement à Berlin ; Weizsäcker et Houtermans y travaillaient et y vivaient, et Heisenberg y faisait un séjour hebdomadaire. Plus tard, Heisenberg décrivit à un ami l'une des tortures subies par Houtermans en URSS et dont ce dernier lui avait fait la démonstration. Les bras tendus, il s'appuya juste du bout des doigts contre un mur, puis recula progressivement les pieds jusqu'à ce que le poids de son corps fût basculé dans le bout de ses doigts. Ça n'avait pas l'air si terrible, avait expliqué Houtermans, mais au bout de quelques minutes, la douleur devenait insupportable[15]. Heisenberg, qui avait eu l'occasion de passer près des cellules de la Gestapo, sur la Prinz Albrechtstrasse, respectait Houtermans pour ce qu'il avait vécu et souffert. La confiance s'établit entre eux. Heisenberg lui déclara que son but était de faire franchir la tourmente de la guerre à la science allemande, et pas de construire la bombe atomique. Il renversa un slogan nazi de l'époque et lui dit qu'il voulait « mettre la guerre au service de la science[16] ». Houtermans répondit à Heisenberg et Weizsäcker qu'il se sentait piégé par Ardenne : il lui avait explicitement demandé de travailler sur la théorie de la réaction en chaîne, il exigeait des résultats et son statut politique de suspect ne lui laissait guère de choix : il devait faire ce travail[17]. Il y avait un danger évident de voir quelqu'un avertir les autorités militaires de l'importance des résultats d'Houtermans ; après quoi viendrait l'ordre de consacrer tous les efforts de la recherche à la construction de la bombe. Mais d'après Robert Jungk, les trois hommes ne se contentèrent pas de gémir sur leur sort :

> Au cours de l'hiver 1941, [Houtermans] eut un nouvel entretien confidentiel avec Weizsäcker. Il le mit au courant de ses travaux avec Ardenne et déclara ne pas avoir fait état des possibilités de construction d'une arme atomique sur laquelle débouchaient ceux-ci. L'aveu d'Houtermans encouragea son compagnon à faire preuve de davantage de franchise qu'auparavant. Après une longue discussion, les deux hommes tombèrent d'accord pour admettre que la première et plus importante tâche d'une « politique de l'uranium » devait être de laisser leurs départements dans l'ignorance de la faisabilité imminente d'une telle arme. Heisenberg et Weizsäcker promirent également à Houtermans qu'ils traiteraient ses travaux de la même manière, au cas où ils leur seraient officiellement soumis [18].

Autrement dit, Weizsäcker et Heisenberg tombèrent d'accord pour garder sous le boisseau l'importance du plutonium et n'en rien dire au *Heereswaffenamt*, tandis que Houtermans, de son côté, s'engageait à faire traîner le plus possible son article pour Ardenne. Au premier abord, cette présentation des faits paraît limpide, mais rien, dans l'histoire de la bombe atomique allemande, ne reste limpide bien longtemps. Trente-cinq ans plus tard, Jungk en arriva à la conclusion qu'il s'était fait mener en bateau et écrivit : « Que j'aie contribué à répandre le mythe de la résistance passive des physiciens allemands les plus importants est avant tout dû à l'estime que je ressentais pour ces impressionnantes personnalités ; j'ai depuis compris que cette estime n'était pas justifiée [19]. »

Des trois hommes qui discutaient de ces graves questions au début de 1941, un seul est encore vivant aujourd'hui, Weizsäcker, lequel n'a encore jamais donné publiquement sa version des faits. Jungk ne dit pas, dans *Brighter Than a Thousand Suns*, qui lui a dit quoi, mais il a interrogé Weizsäcker comme Houtermans, et il est probable que ce sont eux qui, à l'origine, l'ont conduit à croire qu'avait été conclu quelque accord pour étouffer les travaux d'Houtermans sur le plutonium. Weizsäcker était arrivé à des résultats similaires dans l'article de juillet 1940 qu'il avait soumis au *Heereswaffenamt*, et il est donc impossible de conclure que les trois scientifiques aient pu espérer systématiquement faire obstacle à la construction d'une bombe atomique allemande dès le début. Mais en même temps, il est exact qu'un étrange silence officiel a continué de régner sur la question du plutonium, même après l'article de Weizsäcker de 1940, contrairement à la façon dont les événements évoluèrent aux États-Unis : là, la découverte du plutonium se traduisit rapidement par un effort soutenu, couronné de succès, pour en fabriquer dans des réacteurs et en équiper la bombe qui détruisit Nagasaki. En Allemagne, ni le *Heereswaffenamt*, ni le Conseil de Recherche du Reich ne produisirent le moindre document évoquant le plutonium ; l'article de Weizsäcker disparut comme s'il n'avait jamais existé et le travail d'Houtermans, comme nous le verrons, sombra également dans l'oubli.

Pour le moment, tout ce que nous pouvons dire avec certitude est que Houtermans, comme Weizsäcker avant lui, avait en effet découvert le plutonium, avait compris qu'on pouvait l'utiliser dans une bombe, en avait discuté avec Weizsäcker et Heisenberg ; on peut ainsi affirmer que les résultats de ses travaux ne furent pas couchés sur le papier avant août 1941, date à laquelle Ardenne les fit circuler. Cela prouve-t-il que Houtermans traînait des pieds, ou qu'il travaillait lentement ? Pour sa part, Heisenberg fit une allusion au plutonium au cours d'une conférence pour les autorités militaires en février 1942, parlant d' « un explosif d'une puissance inimaginable [20] » ; et pourtant le *Heereswaffenamt* ne comprit manifestement pas que des réacteurs pourraient produire ce plutonium, et que celui-ci pourrait entrer dans la fabrication d'une bombe atomique. Cela prouve-t-il que Heisenberg cafouillait volontairement, ou que les militaires étaient un peu simplets ? La meilleure réponse à ces questions se trouve dans ce que Heisenberg et Houtermans ont fait ensuite.

Le fidèle Houtermans n'avait pas seulement confiance en Heisenberg et Weizsäcker. Il discuta aussi de son travail avec deux nouveaux amis, Hans Suess et Hans Jensen ; ils lui avaient été présentés par Robert Rompe, qui affirmait qu'ils étaient anti-nazis [21]. Houtermans déclara aussi à Otto Haxel, comme il l'avait fait devant Weizsäcker, qu'il n'avait pas d'autre choix que de poursuivre ses travaux, aussi inquiétants qu'ils fussent ; mais il ajouta que ce qu'il mettait dans son article se réduisait à des choses déjà connues d'Heisenberg (la dangereuse possibilité d'utiliser une pile à réaction en chaîne pour produire un nouveau matériau fissile) et qu'en outre, seul un physicien pouvait anticiper les implications de son analyse. Il était convaincu que Ardenne, qui n'était pas physicien, ne comprendrait pas l'intérêt crucial des travaux d'Houtermans pour la production d'une bombe atomique [22].

La question laissait tout de même Houtermans extrêmement inquiet. Il ne révéla pas à Haxel qu'il s'était entendu avec Heisenberg et Weizsäcker pour dissimuler l'importance du plutonium, mais mentionna en revanche une autre initiative qu'il avait prise ; il avait envoyé un message aux scientifiques qui se trouvaient en Amérique, dit-il, les avertissant de l'existence d'un programme de bombe atomique allemande. Ce que contenait exactement ce message, comment il l'envoya et à qui, il ne le précisa pas. Mais Haxel savait que la femme d'Houtermans se trouvait aux États-Unis (qui n'étaient pas encore entrés dans la guerre) et que du courrier et des télégrammes traversaient encore l'Atlantique ; il supposa que le message avait probablement été joint à une lettre adressée à Charlotte Riefenstahl [23].

II.

Information et désinformation scientifique
1939-1940

CHAPITRE 10

Fritz Houtermans connaissait cependant trop bien les mœurs de la police pour confier un tel message à une lettre, en mars 1941, alors que les hostilités avaient commencé depuis plus d'un an et demi. Les États-Unis, certes, n'étaient pas encore en guerre, mais ce que Houtermans voulait faire savoir à ses amis américains n'était rien moins qu'un renseignement classé officiellement « secret militaire ». La chance et son ami Max von Laue lui offrirent un canal plus sûr qu'une lettre à sa femme, sous la forme d'un physicien juif, depuis longtemps sans travail, qui, sur le point de quitter Berlin avec sa famille, préparait les maigres bagages qu'il avait le droit d'emporter.

Six ans — six années sinistres — que Fritz Reiche et sa famille vivaient à Berlin dans un désespoir tranquille et muet. Interdit d'enseignement par les lois racistes nazies, dans l'incapacité de se trouver un nouvel emploi, Reiche ne survivait que grâce à la minuscule pension que lui valaient ses douze ans de professorat de physique théorique à l'Université de Breslau. Son fils poursuivait des études en vue de devenir ingénieur radio et sa fille Eva travailla un certain temps dans une clinique pour enfants. Reiche et son épouse, Bertha, parlaient souvent d'émigrer ; mais l'Allemagne était leur patrie, ils avaient tous deux grandi à Berlin, leurs mères respectives, âgées et veuves, vivaient encore, la maigre pension ne les suivrait pas s'ils partaient et les postes étaient difficiles à trouver. L'existence qu'ils menaient à Berlin se trouvait singulièrement rétrécie. Bertha Reiche était la fille de Siegfried Ochs, connu au début du siècle comme chef des chœurs du Philharmonique de Berlin, et Reiche lui-même avait été naguère, au cours des premières décennies du siècle, un collègue bien connu des grands noms de la physique.

C'est à cet homme que Houtermans demanda de risquer non seulement sa vie, mais aussi celle de sa femme et de sa fille à seule fin de faire parvenir un message d'une centaine de mots aux « personnes concernées » aux États-Unis[1]. Les grands noms de l'histoire ont tendance à rejeter dans l'oubli ceux des gens qui ont simplement peuplé leur univers et Reiche n'a souvent même pas droit à une note de bas de page dans les biographies des hommes célèbres qu'il a pourtant fréquentés. Mais il est impossible d'apprécier pleinement ce qu'il fit pour Houtermans sans savoir qui il était[2].

Né en 1883, Reiche avait reçu l'instruction du réputé Collège Français de Berlin avant d'étudier pendant un an (1901-1902) à Munich avec Wilhelm Röntgen et Adolph von Baeyer ; puis il était revenu à l'Université de Berlin, hésitant encore entre la physique et la chimie. Le hasard lui donna la réponse. En octobre 1902 il alla assister à une conférence de Max Planck sur la thermodynamique. Impressionné, il revint pour la suivante, *System der Gesamten Physik* (Système général de physique) ; Planck éblouit le jeune Reiche (il avait vingt ans) par son impeccable dérivation de la loi du « rayonnement du corps noir ». Reiche demanda à Planck s'il accepterait de devenir son directeur de thèse, fut accepté et resta à Berlin jusqu'à ce qu'il eût passé son doctorat, en 1907. Pendant le reste de sa vie, il jouit d'une sorte de petite célébrité pour avoir été l'un des rares étudiants (huit en tout) ayant eu Planck comme directeur de thèse. Mais leurs relations ne furent jamais étroites ; Reiche restait pétrifié d'admiration, bouche cousue, Planck gardait sa réserve professorale. L'année de son doctorat, l'élève ne s'était entretenu personnellement avec le maître que deux fois.

A la suggestion de Planck, Reiche alla à l'université de Breslau faire des travaux expérimentaux sous la direction d'Otto Lummer ; mais s'il était un véritable théoricien, brillant au tableau noir, il se révéla un bien piètre expérimentateur, multipliant « les inondations et les explosions » dans le laboratoire. Il se consola à l'idée que son ami Max Born ne s'en sortait pas mieux. A Breslau, Reiche fit la connaissance du physicien Rudolf Ladenburg, et leur amitié dura toute leur vie. Ils travaillèrent ensemble à la mesure de l'intensité des rayons X. La même année (1908) Reiche envoya une réédition de sa thèse (publiée dans *Annalen der Physik*) à Einstein, lequel lui renvoya sept de ses huit articles, dont ceux sur la relativité. Deux ans plus tard, Reiche rencontra Einstein lors d'une conférence à Salzbourg, le *Naturforschertag*, à laquelle il assistait avec son ami Rudolf Ladenburg. En 1913, Reiche retourna à l'université de Berlin comme *Privat Dozent* (premier échelon, on l'a vu, de la hiérarchie académique allemande) et épousa peu de temps après Bertha Ochs.

Mince à faire peur et fragile, le cou démesuré, Reiche échappa aux obligations militaires de la première guerre mondiale ; son ami Ladenburg servit dans la cavalerie, avant de faire plus tard des recherches sur la portée des sons. En 1915, Planck prit Reiche comme assistant et pendant trois ans, ce dernier corrigea les travaux des étudiants du maître, se rendant toutes les semaines au domicile de Planck à Grünewald pour en discuter ; mais l'alchimie, entre les deux hommes, ne se fit jamais. Reiche restait calme et docile, Planck notoirement réservé. Interrogé sur Planck à la fin de sa vie, Reiche cita le mathématicien Adolf Kneser, qui avait déclaré : « Planck *war auch nicht zum totlachen* » — littéralement, Planck n'était pas non plus « à mourir de rire[3] ». Reiche enviait avec tristesse l'intimité qui s'était créée entre Lise Meitner, qui lui avait succédé comme assistante, et toute la famille de Planck. Mais il connut néanmoins des compensations ; ses liens d'amitié se resserrèrent avec Einstein, pendant cette période, et il lui arrivait souvent de l'accompagner au séminaire hebdomadaire de physique de Planck en passant par le *Tiergarten*, le zoo de Berlin. Max von Laue, autre auditeur régulier de ce séminaire, devint aussi un ami intime.

Au cours de la dernière année de la première guerre mondiale, Reiche rejoignit le chimiste Fritz Haber, qui travaillait aux applications militaires des gaz et resta ensuite le physicien théoricien de l'institut de ce dernier à Berlin-Dahlem. Reiche remplaçait Einstein, resté quelques mois à ce poste, et du coup ses collègues l'appelaient parfois « le petit oracle[4] ». Mais à la fin des années vingt, la dépression économique qui frappa l'Allemagne atteignit l'institut d'Haber ; les fonds vinrent à manquer, Haber ne put conserver le poste de physique théorique et, en novembre 1921, Reiche retourna à l'Université de Breslau, où il occupa la chaire de physique théorique récemment libérée par Erwin Schroedinger.

Lorsque les lois racistes nazies obligèrent Reiche à démissionner, au début de 1934, le moment n'aurait pu être plus mal choisi pour lui. Son ami Rudolf Ladenburg, qui enseignait à Princeton depuis 1931, fit de son mieux pour l'aider à trouver un nouveau poste. En décembre 1933, Ladenburg et Eugene Wigner (également à Princeton), envoyèrent une lettre conjointe, rédigée en allemand, à des amis et relations travaillant dans les grandes écoles américaines, avec l'espoir de trouver des postes pour vingt-huit scientifiques et mathématiciens allemands, dont Reiche[5].

Reiche, cependant, n'avait pas le meilleur profil : il avait certes publié de nombreux articles scientifiques, surtout sur l'optique, et un livre, *La Théorie des quanta*, en 1921, mais son nom n'était guère connu ; il avait cinquante ans et ses obligations d'enseignant et d'administrateur, à l'Université de Breslau, avaient mis un terme à ses publications. Aucun de ceux qui reçurent la lettre de Wigner-Ladenburg n'avait de poste à plein temps pour un professeur de second rang ; déjà rares en temps normal, ces situations étaient toutes occupées. Ladenburg ne put trouver rien de mieux pour son ami (qui avait officiellement « démissionné » de l'Université de Breslau à Pâques, en 1934) qu'un poste temporaire d'enseignant à l'Université de Prague. A son retour en Allemagne, en 1935, Reiche et sa famille s'installèrent à Berlin. Il reçut de Niels Bohr, l'année suivante, une invitation à assister au séminaire annuel de physique de Copenhague ; là, il revit de nombreux vieux amis, dont Ladenburg et von Laue. Puis il retourna dans l'affreuse solitude de Berlin.

Interdit d'accès dans les bibliothèques et les laboratoires de l'université, réduit à s'asseoir sur les bancs publics réservés aux Juifs et finalement contraint de porter l'étoile jaune, l'Allemagne se fermait complètement à lui. Il entretenait une correspondance avec Ladenburg et Einstein, tous deux à Princeton, et avec Max Born, en Ecosse. A Berlin, il voyait toujours ses vieux amis comme von Laue et Otto Hahn et rencontrait à l'occasion des scientifiques qu'il connaissait moins bien, comme Weizsäcker et Heisenberg ; Reiche avait rencontré les deux physiciens lors d'une conférence à Breslau organisée par son ami intime Clemens Schaefer. Mais parler de science n'était pas en faire et prendre le thé avec des amis ne pouvait remplacer l'enseignement et la recherche au sein d'une grande université ; Reiche ressentait vivement son isolement. Avec la guerre qui menaçait de plus en plus, il renouvela, en 1939, ses efforts pour émigrer. En avril, il demanda à ses amis von Laue et Born de lui écrire des lettres de recommandation, ce qu'ils firent, louant chaleureusement son talent.

Une nouvelle difficulté se mit alors en travers de son chemin. La peur et l'isolement de la vie en Allemagne avaient provoqué l'effondrement nerveux d'Eva, sa fille. Elle dut renoncer à son travail, commença à perdre du poids et eut besoin d'un régime spécial et de soins constants. Pis encore, elle ne pouvait plus prétendre au certificat de bonne santé exigé pour obtenir un visa pour les États-Unis. Se refusant à abandonner sa fille, Reiche poussa son fils Hans à partir, ce que fit ce dernier en juillet 1939, porteur d'un « visa de transit » lui permettant de résider temporairement en Angleterre en attendant son visa pour les États-Unis. Avant que la guerre ne mît un terme aux liaisons postales, Reiche et son fils continuèrent d'échanger des lettres ; dans l'une d'elles, Hans demande à son père de lui expliquer le principe de la fission nucléaire. Reiche lui renvoya plusieurs pages bourrées de mathématiques, sa réponse se terminant par ces mots : « Les éventuels mauvais usages que l'on peut faire de cette découverte nous inquiètent[6]. »

Pendant dix-huit mois, Reiche tint encore à Berlin, écrivant à ses amis aux États-Unis pour trouver du travail et essayant d'obtenir des visas pour toute sa famille. Finalement, à la fin de l'année 1940, les choses commencèrent à se mettre en place. Mark Zemansky, son ami depuis 1931 et qui enseignait à New York, lui trouva un poste à la Nouvelle École pour la Recherche sociale. Eva recouvra la santé et un médecin allemand, qui avait connu le père de Reiche, accepta de signer un certificat médical. Les visas obtenus, Reiche prit ses dispositions de voyage au début de 1941 et dut procéder à la laborieuse tournée des administrations allemandes afin de se faire délivrer les quinze documents obligatoires pour son départ ; attestations qu'il n'était pas recherché pour crime, qu'il n'avait pas de dettes et ainsi de suite. Il s'en fallut de peu ; six semaines plus tard, en mai 1941, il devint complètement interdit aux Juifs d'émigrer.

A la mi-mars, tout était prêt : il ne manquait pas un document, pas une attestation, les adieux étaient faits, les bagages avec les quelques biens qu'on les autorisait à emporter étaient bouclés. Le plus dur fut de laisser derrière lui sa belle-mère, Charlotte Ochs, trop âgée et casanière pour faire le voyage ; elle allait être déportée plus tard avec d'autres Juifs de Berlin au camp de concentration de Theresienstadt, où elle devait mourir.

Parmi les souvenirs d'une vie consacrée à la science, Reiche emporta la série d'articles que Einstein lui avait envoyés trente ans auparavant et un exemplaire de son ouvrage favori, en français, *La Théorie statistique et thermodynamique* de H. Lorentz, qu'il trouvait admirablement écrit. C'est alors, seulement un jour ou deux avant son départ, que Reiche reçut dans son appartement de Berlin la visite d'un jeune physicien qu'il avait aperçu de temps en temps ces dernières années : Fritz Houtermans. C'était Max von Laue, bien entendu au courant du départ imminent de Reiche, qui avait indiqué à Houtermans cette occasion inespérée de communiquer avec les États-Unis. Houtermans dit à Reiche qu'il voulait y faire passer un message de mise en garde à ses amis partis là-bas. Voici ce que Reiche, vingt ans plus tard, se souvenait de ce que lui avait déclaré Houtermans :

> Je vous prie, si vous arrivez là-bas, de ne pas oublier de dire les choses suivantes aux personnes concernées. Ici, nous essayons de toutes nos forces, Heisenberg y compris, de faire obstacle à l'idée de construire une bombe. Mais la pression qui vient d'en haut est telle [...] Je vous en prie, dites tout cela ; dites que Heisenberg ne sera pas capable de contenir plus longtemps la pression du gouvernement, dès que celui-ci décidera sérieusement de s'atteler à la fabrication de la bombe. Et dites-leur, dites-leur d'accélérer, s'ils ont déjà commencé leurs recherches [...] ils doivent accélérer la mise au point[7].

Ce geste leur faisait courir un risque immense à tous les deux ; Houtermans ne pouvait être sûr que Reiche réussirait à quitter l'Allemagne ; si jamais il était arrêté, questionné, s'il parlait, craignant pour sa famille, il n'y aurait aucune issue pour Houtermans, déjà suspect. De la même manière, Reiche risquait son sort et celui des siens, du seul fait qu'il était au courant d'un projet militaire allemand secret. Mais Reiche n'hésita pas, et il confia le message à sa mémoire, non au papier.

Le lendemain ou le surlendemain, Reiche et les siens montaient dans un train plombé pour un voyage de trente-six heures qui devait leur faire traverser l'Allemagne, la France occupée puis l'Espagne, pour gagner Lisbonne. On avait aveuglé les fenêtres des voitures pour empêcher les passagers de voir quoi que ce soit pouvant avoir une importance militaire ; personne ne pouvait monter à bord du train ou en descendre ; impossible de se procurer de la nourriture avant le deuxième jour. Au Portugal, une organisation qui prenait en charge les réfugiés juifs s'occupa des Reiche. Ils attendirent encore un ou deux jours avant d'embarquer sur le vapeur *Excalibur*, à destination de New York. Ils débarquèrent, comme tous les émigrants, à Ellis Island où, après une demi-journée de mise au net de leurs papiers, ils retrouvèrent Mark Zemansky qui les conduisit à Princeton ; ils allèrent habiter chez les Ladenburg. Reiche rapporta à ses amis le message confié à sa mémoire.

Impressionné par l'importance de ce qu'il entendait, Ladenburg organisa un dîner, quelques jours plus tard, auquel furent invités dix ou douze scientifiques, la plupart réfugiés et émigrés. Reiche en connaissait déjà personnellement quelques-uns, comme Eugene Wigner et Wolfgang Pauli, qui avait quitté la Suisse environ un an avant, d'autres par réputation, comme John von Neumann et Hans Bethe. « C'était donc un groupe de dix à douze personnes, déclara Reiche vingt ans plus tard. Et je leur ai répété exactement ce que Houtermans m'avait dit. Je vis qu'on m'écoutait attentivement et qu'on me croyait. Et s'ils ne dirent rien, ils exprimèrent de la gratitude [...] [8]. »

Parmi toutes les personnes présentes, seul Wigner, à l'époque, était complètement impliqué dans le programme américain de bombe atomique, programme encore connu sous le nom anodin de Comité de l'Uranium, et gardé secret ; tous les autres, cependant, savaient ce qu'il en était. Ladenburg n'était pas membre du cercle intérieur (et n'en fit jamais partie), mais quelques jours après ce dîner, il reçut une lettre du responsable du Comité de l'Uranium, Lyman Briggs, lui demandant de bien vouloir lui prêter du matériel de Princeton pour une expérience. Le « Comité de l'Uranium » ne dit à Ladenburg que ce qu'il avait besoin de savoir. Le 14 avril 1941, celui-ci répondit à Briggs, ajoutant un post-scriptum manuel :

> Vous serez peut-être intéressé de savoir que l'un de mes collègues, arrivé de Berlin via Lisbonne il y a quelques jours, m'a transmis le message suivant : un scientifique en lequel on peut avoir toute confiance, travaillant à l'heure actuelle dans un laboratoire de recherche, lui a demandé de nous faire savoir qu'un nombre important de physiciens allemands travaillaient d'arrache-pied au problème de la mise au point d'une bombe à l'uranium, sous la direction d'Heisenberg ; que Heisenberg lui-même essayait de retarder autant que possible les travaux, redoutant des résultats catastrophiques en cas de succès. Mais il ne peut pas ne pas exécuter les ordres qui lui sont donnés et si le problème peut être résolu, il le sera dans un avenir proche. Il nous donne donc le conseil de nous dépêcher, si les USA ne veulent pas arriver trop tard.

Briggs ajouta également un post-scriptum à sa propre réponse, écrite deux jours plus tard : « Le contenu de votre note confidentielle m'a profondément inquiété. Si vous en apprenez davantage, veuillez, s'il vous plaît, m'en faire part [9]. »

Le sort que connut cette information est instructif : Fritz Reiche avait beau être bien connu des principaux scientifiques des États-Unis et avoir leur confiance, quand ce n'était pas leur amitié, le message qu'il avait apporté n'en disparut pas moins corps et biens dans les dossiers administratifs. Dans un entretien, Hans Bethe ne se rappelle que très vaguement l'arrivée de Reiche à Princeton, en 1941 ; Wigner s'en souvenait un peu mieux, mais confondait le moment de l'arrivée du message d'Houtermans avec un autre épisode, intervenu l'année suivante [10]. Pendant qu'il attendait une nomination, Reiche et sa femme logèrent, à la fin de 1941, dans le même hôtel que Leo Szilard ; Reiche lui parla du message d'Houtermans mais rien n'indique que Szilard en ait jamais fait mention à quelqu'un d'autre, et on ne trouve aucune allusion à Houtermans et Reiche dans le recueil intégral des lettres et des entretiens retranscrits datant des années de guerre [11]. On retrouve le nom de Ladenburg dans le dossier des services de renseignements relatifs au projet Manhattan comme source d'information, mais il n'y a pas trace du message de Reiche et les officiers de renseignements ayant travaillé pour Groves n'en ont aucun souvenir. Si bien que cette mise en garde, dans laquelle on apprenait que Heisenberg faisait tout son possible pour retarder les choses, disparut dans les mêmes limbes qui avaient déjà englouti le message transmis un peu plus tôt à Hutton par Paul Rosbaud, en Angleterre, sur les scientifiques « qui refusaient de coopérer ».

L'importance de cet événement avorté tient à ce qu'il nous apprend sur ce que pensait Heisenberg dans les premiers mois de 1941, au moment où lui et Weizsäcker discutaient du problème du plutonium avec Houtermans. Le message lui-même est très clair sur un point : Houtermans, à cette époque, croyait que Heisenberg faisait son possible pour retarder les travaux ; les agissements d'Heisenberg, un peu plus tard la même année, prouvent que son inquiétude était profonde et sérieuse, comme nous le verrons. Au début de 1941, le programme allemand de bombe atomique, comme son équivalent américain, s'attachait principalement au problème de la faisabilité. On ne pouvait prendre la décision de mettre au point et de construire une bombe tant que les scientifiques n'avaient pas dit aux autorités que c'était réalisable. En mars 1941, l'Allemagne contrôlait l'essentiel de l'Europe et l'Angleterre se retrouvait sans allié de poids. S'il y eut bien un moment où l'Allemagne parut l'avoir emporté, ce fut à cette époque. Rien, dans le message Houtermans/Reiche, ne permet de l'interpréter comme la supplique d'un mécréant repentant confronté à l'imminence de la défaite. Il provient du cœur même de l'*Uranverein*, et on ne peut l'ignorer ou le rejeter facilement. Fait également significatif, la convergence des souvenirs de Reiche et de la version de Ladenburg, rédigée quelques jours après avoir pris connaissance du contenu du message : « Heisenberg essaye de retarder les travaux autant que possible. » La question devient alors maintenant : de les retarder *comment* ?

CHAPITRE 11

Au cours de l'été, en 1941, Werner Heisenberg, après une série d'expériences sur un réacteur à petite échelle conduites à l'Université de Leipzig avec son assistant Robert Dopel, fut contraint d'admettre que cette voie pouvait déboucher sur la construction d'une bombe atomique. Une première expérience avec Dopel, l'été précédent, avait fait la démonstration du très faible taux d'absorption des neutrons par l'eau lourde, prouvant par là qu'elle constituerait un modérateur idéal. Avec Dopel comme instructeur, Heisenberg avait lui-même fabriqué l'appareil de comptage des neutrons pour cette expérience, prenant plaisir à cette tâche qui lui rappelait les joies des bricolages scientifiques de son enfance [1]. On procéda à d'autres expériences un peu plus tard cette année-là à Berlin-Dahlem, sous la direction de Karl Wirtz, expériences qui suggérèrent que la construction d'un réacteur était possible ; Heisenberg les avait suivies de près, et considéra que tous ces travaux étaient « sûrs » jusqu'à ce que, pratiquement au même moment, commençât à se répandre le bruit que l'on pouvait utiliser ces réacteurs pour fabriquer l'explosif d'une bombe atomique.

En dehors de ses visites hebdomadaires à l'*Uranverein* à Berlin, Heisenberg partageait paisiblement son temps entre l'enseignement et la recherche à Leipzig. Il lui arrivait de discuter politique, prudemment, avec un petit groupe de collègues : Friedrich Hund, Karl Friedrich Bonhoeffer, Baertel van der Waerden. Tous admettaient que ce serait une catastrophe si Hitler gagnait la guerre, mais aucun ne s'aventurait à révéler autre chose qu'un sentiment général. Heisenberg, par exemple, ne parlait jamais de son travail à l'*Uranverein* et si van der Waerden était vaguement au courant des rumeurs inquiètes qui couraient sur l'utilisation possible de la fission nucléaire dans la fabrication de bombes, il n'entendit parler du plutonium pour la première fois qu'après la guerre. De même, Bonhoeffer ne dit mot, pendant cinq ans, des relations qu'entretenait son frère avec le petit groupe de dissidents qui envisageaient de tuer Hitler. Van der Waerden et sa femme passaient presque tous leurs dimanches avec Bonhoeffer à Leipzig, mais l'arrestation du frère de Bonhoeffer, en avril 1943, fut une totale surprise pour eux [2]. Tant de réticences calculées, même vis-à-vis d'amis intimes, étaient devenues une seconde nature dans l'Allemagne hitlérienne ; confier un secret à un ami revenait à lui confier sa vie[3]. Avec les personnes qu'il ne connaissait pas très bien, Heisenberg se montrait toujours circonspect. Un jeune Américain, alors étudiant à Leipzig, Richard Iskraut, vit Heisenberg et Hund au moins une fois par semaine jusque vers la mi-1941, et peut-être même après sans jamais rien savoir du rôle que jouait Heisenberg auprès de l'*Uranverein* ni ce qu'il pensait de la guerre[4].

Une fois, en 1940, alors qu'il se trouvait à Berlin, Heisenberg reçut la visite de l'éditeur Paul Rosbaud, un anti-nazi déclaré. Dans le bureau du physicien, Rosbaud ne se gêna pas pour critiquer vertement l'ignorance crasse des dirigeants nazis, qui considéraient les scientifiques comme des « bêtes intellectuelles ».

Heisenberg protesta. « Ils n'y connaissent peut-être rien [en science], mais ils ont l'avantage de nous donner de l'argent si les plans que l'on veut réaliser sont assez importants. » Par exemple, poursuivit-il, si on dit à un dirigeant nazi que l'Allemagne a besoin d'un nouvel observatoire plus grand, il veillera à ce que le projet soit correctement financé et énergiquement soutenu.

« Oui, répondit Rosbaud avec colère, et lorsque tout sera prêt, Herr Thurring [Bruno Thurring, un nazi ami intime de Lenard] [...] sera nommé astronome en chef, et vous aurez votre observatoire. »

C'est possible, fut la réponse inoffensive d'Heisenberg, et alors ? Les gens capables pourraient tout de même y travailler. Rosbaud se sentait furieux : l'Allemagne n'avait pas besoin d'un « observatoire avec un hall et un escalier de marbre rouge », mais de compréhension et d'un soutien pratique pour les besoins quotidiens des scientifiques qui travaillaient.

Le journaliste ne s'en tint pas là ; il plongea, et décida de dire à Heisenberg, « en toute franchise », ce qu'il pensait de la guerre. Quelques années plus tard, lors d'une discussion avec le physicien Walther Gerlach, un ami à lui, Rosbaud se montra péremptoire : la guerre avait été perdue le jour même où elle avait commencé. On peut supposer qu'il déclara la même chose à Heisenberg, en 1940. Manifestement, il ne prenait pas Heisenberg pour un nazi et ne craignait pas d'être dénoncé par lui à la Gestapo. En réalité, Heisenberg partageait ses sentiments ; il avait discuté de toutes ces questions avec Weizsäcker, Karl Wirtz et van der Waerden parce qu'il les connaissait et avait confiance en eux. Avec Rosbaud, il se contenta de dire qu'il n'était pas d'accord. Rosbaud repartit, en colère et déprimé. Il admirait au plus haut point les réalisations du physicien Heisenberg et lui rendait justice pour avoir personnellement sauvé la « physique juive » des champions nazis de la *Deutsche Physik*. Mais l'éditeur ne lui pardonna jamais la tolérance dont il fit preuve vis-à-vis du régime. Après cela, les deux hommes ne parlèrent plus que de science lorsqu'ils se rencontrèrent[5].

Deux ans plus tard, Rosbaud assista à une réception officielle qui avait lieu chez les Heisenberg, à Leipzig ; au dîner, il se trouva assis à côté de la jeune femme d'Heisenberg, Elizabeth, qui le trouva charmant et attentionné. Comme ils parlaient librement, elle remarqua son mari qui essayait de croiser son regard ; elle comprit le message — ne parle pas trop. Rosbaud était un homme plaisant et sympathique, et Elizabeth se sentit intriguée. La soirée terminée, elle demanda à son mari ce qui l'avait inquiété. « Je crois que c'est un espion, répondit-il. Mais je ne sais pas pour quel bord. Ce serait encore plus dangereux si c'était pour les nazis[6]. »

A Leipzig, pendant l'été de 1941, tandis que ses expériences avec Dopel ouvraient progressivement la voie à la construction d'un réacteur de dimension industrielle, Heisenberg gardait avant tout pour lui ses réflexions inquiètes. Les essais avaient lieu sur une échelle modeste ; l'eau lourde manquait encore cruellement : huit litres en 1940, moins de quarante à la fin de 1941, alors qu'il en aurait fallu des tonnes pour un réacteur de taille industrielle. Son équipe de Leipzig se réduisait à quatre personnes : Dopel et sa femme, un mécanicien du nom de Paschen qui fabriquait les sphères d'aluminium nécessaires aux expériences et un avocat local qui donnait un coup de main. Son budget expérimental était de 60 000 marks en tout[7]. Les résultats, néanmoins, épousaient de près ses prévisions et, vers la fin de l'été de 1941, son instinct lui disait déjà qu'un réacteur de taille suffisante pourrait fonctionner. Ils avaient vérifié et revérifié leurs travaux, à la recherche d'éventuelles erreurs ; mais la tendance était claire et les membres de l'*Uranverein* sentaient le succès « au tréfonds d'eux-mêmes[8] ». Mais ce n'était qu'avec un groupe restreint — essentiellement Weizsäcker, Wirtz, Houtermans et Jensen — que Heisenberg parlait ouvertement de la signification de ces résultats. Car ils promettaient davantage qu'un progrès scientifique intéressant ; le travail d'Houtermans pour Ardenne, comme l'article de Weizsäcker de juillet 1940, avaient démontré sur le papier qu'un réacteur produirait de la matière fissile à partir d'un minerai que l'Allemagne possédait en abondance, le minerai d'uranium. « A partir de septembre 1941, déclara Heisenberg à l'historien anglais David Irving, nous avons vu s'ouvrir devant nous la route menant à la bombe atomique[9]. »

Les réflexions d'Heisenberg, à ce stade de sa vie, n'étaient pas seulement déterminées par le fait que lui comprenait, à titre personnel, comment on pourrait construire une telle bombe. Il aurait pu se contenter de garder le silence là-dessus. Ce qui rendait la situation bien pire (la source de la « réaction de panique » qu'il décrivit une fois à un journaliste de la revue allemande *Der Spiegel*[10]) fut la communication des travaux d'Houtermans sur le plutonium à un cercle de gens beaucoup plus large. Talonné par Ardenne, Houtermans avait fini par mettre ses résultats au propre dans un article de trente pages, pensant qu'il resterait bien à l'abri des curieux dans le laboratoire de Lichterfeld ; après tout, Ardenne travaillait pour la Poste, pas pour les militaires. Mais, en août 1941, celui-ci décida de faire circuler le document, intitulé : « Déclenchement d'une réaction nucléaire en chaîne », dans le but de soulever l'intérêt pour un projet de réacteur. On envoya des copies aux principaux physiciens d'Allemagne, y compris à la plupart de ceux qui, au *Heereswaffenamt*, étaient en charge du programme de recherche sur l'uranium : Walther Bothe, Karl Clusius, Kurt Diebner, Siegfried Flugge, Hans Geiger, Otto Hahn, Paul Harteck, Josef Pattauch, Fritz Strassmann, W. Walcher, Carl Friedrich von Weizsäcker et Heisenberg. Ardenne, à sa grande surprise, n'enregistra aucune réaction de la part de tous ces hommes célèbres[11]. Mais dès l'instant où Heisenberg eut entre les mains l'article d'Houtermans, il fut convaincu que la méthode de fabrication d'un élément fissile entrait dans le domaine des connaissances générales.

C'est ainsi que de multiples et nouvelles questions se pressaient dans l'esprit d'Heisenberg, en cette fin d'été de 1941. Les scientifiques des États-Unis allaient-ils faire les même découvertes ? Décideraient-ils de construire la bombe atomique, ou en seraient-ils dissuadés par les coûts énormes de fabrication de réacteurs à échelle industrielle susceptibles de manufacturer le plutonium ? Lui-même, Weizsäcker et ses autres proches amis de l'*Uranverein* devaient-ils se retirer du projet à ce stade (démarche qui n'était manifestement pas sans risques) ? Ou bien devaient-ils rester à leur poste et essayer de détourner la recherche vers la mise au point d'une machine productrice d'énergie ? Dans ses mémoires, *La Partie et le Tout,* Heisenberg déclare : « Néanmoins, nous avions la sensation d'être impliqués dans une évolution scientifique et technique très dangereuse. » Il ajoute en avoir longuement débattu avec Weizsäcker et les autres membres du cercle restreint. Il se souvenait en particulier de la discussion qu'il avait eue avec Weizsäcker dans son bureau de la *Kaiser Wilhelm Gesellschaft* et qu'il a reconstituée dans ses mémoires. Il ne prétend pas à la vérité littérale pour les nombreux entretiens semblables qu'il rapporte ; il a, dit-il, « condensé les événements, en renonçant à la stricte exactitude historique ». Son but « est de faire comprendre au lecteur comment la science se crée au cours de la discussion[12] ». Celle à laquelle il est fait allusion ici est donc ce que Heisenberg a choisi de dire, des années plus tard, sur les réflexions qu'il se faisait à un tournant essentiel de la guerre.

Jensen venait juste de quitter la pièce. Weizsäcker dit que la production de bombes exigerait des efforts beaucoup trop grands de la part de l'Allemagne, en ce moment. « Mais ceci pourrait changer, à la longue. Avons-nous donc raison de continuer à travailler dans ce domaine ? Et que vont faire nos collègues en Amérique ? Vont-ils, eux, concentrer leurs efforts sur la bombe atomique ? »

Heisenberg répondit qu'il ne le pensait pas. Les Américains avaient peut-être l'impression que leur cause était juste, mais il avait la quasi-certitude que la perspective de fabriquer une arme capable de tuer instantanément des centaines de milliers de civils mettrait un frein à leurs efforts. « Toutefois, ils pourraient y être entraînés par la peur que nous le fassions avant eux », ajoute-t-il.

A ce moment-là, rapporte Heisenberg, Weizsäcker lui fit une suggestion fatale. « Il serait bon [...] que tu discutes un jour avec Niels [Niels Bohr] de tout ceci. Si, par exemple, Niels pensait que nous ayons tort et que nous devrions plutôt abandonner ces travaux sur l'uranium, cela me ferait certainement réfléchir [13]. »

Ce que Heisenberg affirme ici de l'origine de sa décision d'aller à Copenhague au début de l'automne 1941 est largement recoupé par ailleurs, mais incomplet. Par exemple, il semble bien qu'au même moment, Fritz Houtermans ait conseillé un tel voyage à Weizsäcker et il est même possible (quoique improbable) qu'il ait été le premier à en parler [14]. Hans Jensen et Karl Wirtz, qui avaient également discuté de ces questions avec Houtermans, Weizsäcker et Heisenberg, étaient également au courant du voyage avant qu'il eût lieu. Mais les origines de la visite à Niels Bohr remontent encore plus loin, en avril 1940, lorsque Weizsäcker et Heisenberg se demandèrent pour la première fois comment aider Bohr le mieux possible, voire même le protéger, à la suite de l'occupation du Danemark par l'Allemagne.

Protection et aide étaient en effet des choses que les deux physiciens pouvaient lui procurer, qu'il en voulût ou non. Le père de Weizsäcker, Ernst, avait gardé au Danemark de nombreux amis de l'époque où il y était ambassadeur, dans les années vingt, et sa situation au ministère des Affaires étrangères lui donnait accès à des informations, et de l'influence. L'un de ses amis, l'homme d'affaires devenu diplomate Georg Duckwitz, avait rejoint l'ambassade allemande au début de la guerre. Mais outre ses pouvoirs officiels, l'aîné des Weizsäcker jouissait d'un mandat clandestin en tant que le plus haut responsable du cercle qui, au ministère des Affaires étrangères, s'opposait à Hitler. Il ne sortit jamais rien de leurs plans pour renverser le Führer mais, pendant les premières années de la guerre, ils furent en mesure d'aider leurs amis et les amis de leurs amis. Ce qui n'avait rien d'inoffensif : sous un régime sans lois, l'influence personnelle, en cas d'ennuis, reste le dernier recours. Weizsäcker et Heisenberg savaient que Niels Bohr était en danger du seul fait de l'occupation du Danemark par l'Allemagne, dans la mesure où il était à demi juif, où de nombreux Juifs travaillaient à l'institut et où il refusait de se faire bien voir par les nazis. Le plénipotentiaire allemand au Danemark, Cecil von Renthe-Fink, était un ami d'Ernst von Weizsäcker. Jusqu'au moment où il fut remplacé par un ancien officier de la Gestapo, Werner Best, en novembre 1942, il protégea l'institut de Niels Bohr de toute immixtion et ne cessa d'avertir Ribbentrop que toute tentative pour déporter les huit mille Juifs du Danemark aurait l'influence la plus néfaste sur les relations germano-danoises [15].

Mais pendant près d'un an après l'occupation du Danemark, il n'y eut aucune communication directe entre Bohr et Heisenberg ou Weizsäcker, que ce fût par lettre ou par téléphone. Ce silence est étrange, et laisse supposer une certaine gêne ou une certaine honte de la part d'Heisenberg. Ils s'étaient déjà querellés au sujet du fait que Heisenberg refusait de quitter l'Allemagne ; peut-être ce dernier craignait-il le jugement de son vieil ami, pour qui l'amour de la patrie relevait presque d'un principe religieux. Ce silence fut interrompu en mars 1941 lorsque Weizsäcker vint donner à Copenhague une conférence organisée par un groupe nazi danois. Il vit Renthe-Fink, qui lui dit que Niels Bohr refusait d'avoir les moindres rapports avec les autorités allemandes, et parla à Bohr lui-même. Ni l'un ni l'autre n'ont consigné ce qu'ils se sont dit ; très vraisemblablement, la conversation, contrainte, est restée « correcte ». Toujours est-il qu'il n'y eut pas de rupture ouverte. Lorsque Heisenberg et Weizsäcker discutèrent de l'éventualité d'une autre visite, à la fin de l'été de 1941, il était clair, à leurs yeux, qu'il restait quelque chose de la confiance et de l'amitié d'avant la guerre [16].

Les véritables dimensions des objectifs d'Heisenberg, lorsqu'il alla voir Bohr à Copenhague en septembre 1941, sont difficiles à évaluer avec précision. Rien de leur entretien n'a été confié au papier pendant la guerre, et ce que Heisenberg en a dit après, formulé avec le plus grand soin, reste souvent vague. Effectivement, il voulait discuter de « certaines choses » avec Bohr. Ces réticences ne devraient pas surprendre. Heisenberg, à l'époque, occupait un poste de responsabilité dans un programme secret de recherches militaires ; le seul fait d'envisager de discuter de son travail avec un étranger, en particulier citoyen d'un pays occupé, connu pour son hostilité aux nazis et sans doute en contact avec les nombreux amis scientifiques qu'il avait parmi les Alliés, constituait, c'est le moins que l'on puisse dire, une atteinte grave à la sécurité. Dans toutes les controverses suscitées par cette visite, au cours des années qui suivirent, personne n'a jamais mis en doute que Heisenberg avait l'intention de parler du programme de la bombe atomique allemande avec Bohr et qu'il l'a effectivement fait. Une fois lancés dans leur propre programme atomique, Américains et Britanniques ont tout fait pour le garder secret, car rien n'aurait été plus efficace pour aiguillonner les efforts allemands dans le même sens. En parlant avec Bohr, Heisenberg trahissait d'une phrase le secret le plus fondamental du programme allemand : son existence. En outre, il avait secrètement parlé de cette visite, auparavant, avec un petit groupe comprenant Weizsäcker, Houtermans, Wirtz et Jensen. Dans le langage des procureurs et des services clandestins, le seul fait de discuter de ce qu'on pouvait dire à un étranger d'un programme secret relevait déjà de la conspiration. Après la guerre, Heisenberg refusa d'admettre quoi que ce soit de ce genre. L'accusation de trahison aurait été une affaire grave, une source intarissable de récriminations, de controverses et d'autojustifications. Chose que Heisenberg et ses amis s'efforcèrent avant tout d'éviter. Weizsäcker, par exemple, écrivit : « J'ai toujours maintenu que nous n'avions jamais conspiré pour ne pas fabriquer la bombe atomique [17]. » Après la guerre, Hans Jensen confia à un ami, le physicien suisse Res Jost, qu'il n'avait rien dit publiquement de ses activités secrètes pendant la guerre, par crainte d'être considéré comme traître [18]. C'est apparemment pour la même raison que Heisenberg a toujours eu tendance à décrire sa visite à Niels Bohr en termes lénifiants, comme une simple tentative pour discuter des questions morales qui l'assaillaient.

Il est manifeste que Heisenberg et ses amis n'étaient pas les seuls à éprouver vivement ce dilemme. A en croire Paul Rosbaud, un certain nombre de scientifiques allemands « ayant conservé toute leur intégrité morale sous le régime nazi et pendant la guerre », constituèrent une liste de tous ceux qui s'en étaient strictement tenus à faire de la recherche fondamentale, et en envoyèrent des exemplaires à A. Westgren en Suède et à W. G. Burgers en Hollande après le début de la guerre [19]. Les signataires n'avaient aucun but pratique à l'esprit et désiraient simplement faire connaître à des collègues étrangers leur attitude de « résistance passive » comme preuve que la conscience morale n'était pas morte dans la communauté scientifique allemande. Jensen et Houtermans parlent aussi « d'absolution morale » comme l'un des buts de la décision de discuter de ces questions avec Niels Bohr. Heisenberg lui-même déclara à Irving : « Je voulais l'absolution de Bohr, comme l'a si bien dit Jensen à l'époque [20]. »

Mais au fait, l'absolution de quoi ? Jamais Heisenberg n'a critiqué les scientifiques qui, aux États-Unis, ont fabriqué la bombe atomique. « Ils devaient souhaiter de tout leur coeur que Hitler disparaisse du monde politique, déclara-t-il à Irving. Il était bien plus difficile à nos collègues américains de refuser de construire la bombe atomique qu'à nous [...] Je peux parfaitement comprendre que les gens l'aient fait, et si je m'étais retrouvé comme émigrant en Amérique, j'y aurais peut-être participé. Je ne peux pas le savoir. » Mais en Allemagne, les choses étaient différentes : « Là-bas, il fallait à tout prix convaincre tout le monde qu'il serait horrible de mettre quelque chose comme ça entre les mains d'Hitler [...] » [21]. Heisenberg s'est rarement exprimé ouvertement sur cette question ; il semble avoir estimé la chose trop évidente pour avoir besoin d'être soulignée.

Une fois, cependant, lors d'un échange de courrier avec son éditeur américain Ruth Nanda Anshen, en 1970, il se montra indéniablement clair. Il avait offert de procéder au compte rendu critique d'un ouvrage qu'avait fait éditer Anshen, *Science : the Center of Culture*, de I.I. Rabi, l'avertissant toutefois qu'il protesterait vigoureusement contre les opinions de Rabi sur le programme atomique allemand. « Rabi a complètement ignoré le fait que les physiciens allemands se sont retrouvés dans le même genre d'attitude psychologique, quant à l'idée de mettre une bombe entre les mains d'Hitler, que celle que beaucoup d'Américains adoptent aujourd'hui à l'idée de mettre fin à la guerre avec le Viêt-nam du Nord en lançant une bombe à hydrogène sur Hanoï [22]. »

A chaque fois que Heisenberg a parlé de cette visite, il a toujours placé la question suivante au centre de ses préoccupations : que doivent faire les scientifiques allemands ? Le dilemme était cruel ; s'il était mal de donner la bombe à Hitler, n'était-il pas aussi « mal » de travailler sur un programme de recherche ayant un rapport certain avec la bombe ? La réponse n'était pas facile à donner. Ils pouvaient certes préserver leur intégrité morale en refusant de s'engager dans des recherches sur la fission, mais dans cette éventualité, le *Heereswaffenamt* trouverait toujours d'autres physiciens qui ne demanderaient qu'à le faire à leur place. En continuant à travailler sur le projet, Heisenberg, Weizsäcker et Wirtz contrôlaient encore, dans une certaine mesure, la direction qu'il prenait — du moins, tant que les autorités militaires ne prendraient pas la décision de s'embarquer à fond dans un programme de construction de bombes atomiques. Dans ce dernier cas, comme le savait Heisenberg, le contrôle du projet passerait entièrement entre les mains des militaires [23].

Mais ce que nous savons laisse à penser que Heisenberg n'espérait pas seulement avoir un entretien sérieux avec un mentor en qui il avait toute confiance ; il avait également un objectif politique en tête, un plan insensé pour arrêter tout projet de bombe. Il déclare avoir été pris de panique, à la fin de l'été 1941, lorsqu'il prit conscience qu'il serait possible de fabriquer des réacteurs permettant d'obtenir du plutonium, méthode qui ouvrait la voie à la bombe atomique. « Cela nous a profondément perturbés, Weizsäcker et moi, reconnut Heisenberg devant l'historien David Irving. Nous nous sommes dit, si nous sommes capables de fabriquer des réacteurs, ils en sont aussi certainement capables en Amérique. Si on peut faire des réacteurs atomiques, alors on peut aussi probablement faire un matériau explosif [du plutonium] [24]. » Weizsäcker et Heisenberg ne faisaient pas que spéculer sur les éventuels progrès des Américains. En juillet, au cours d'une rencontre avec Bernhard Rust, ministre nazi de l'Education, on avait demandé à Weizsäcker un rapport sur le efforts des États-Unis dans le domaine du nucléaire. Il demanda à son père si le ministère des Affaires étrangères ne pourrait pas l'aider à résoudre cette question et il finit par obtenir le résumé d'un article paru dans un journal suédois, le *Stockholms Tidningen* :

On procède aux États-Unis à des expériences scientifiques sur une nouvelle bombe, d'après un rapport émanant de Londres [...] le matériau utilisé pour cette bombe est l'uranium, et si l'énergie contenue dans cet élément se trouvait libérée, on pourrait obtenir des explosions d'une ampleur sans commune mesure avec les explosifs classiques. C'est ainsi qu'une bombe de cinq kilos pourrait créer un cratère profond d'un kilomètre et d'un rayon de quarante kilomètres. Toutes les structures, dans un rayon de cent cinquante kilomètres, seraient détruites [25].

En dépit de la puissance follement exagérée prêtée ici à une bombe à uranium, le rapport suédois avait de quoi sérieusement inquiéter Weizsäcker sur l'éventualité d'une bombe américaine. Lorsque Joseph Rotblat, à Liverpool, commença à s'inquiéter d'un tel projet de la part de l'Allemagne, il avait conclu que la meilleure défense des Alliés consisterait à construire eux-mêmes une bombe selon le principe de la dissuasion ; cette approche ne semble pas être venue à l'esprit de Heisenberg et Weizsäcker. Ils envisagèrent une autre solution.

La possibilité théorique de construire une bombe ne signifiait pas que la tâche serait facile ; c'est dans cet argument que Heisenberg voyait un rayon d'espoir. Il dit à Irving : « J'estimais que cela exigerait un énorme effort technique et que les physiciens disposeraient donc d'un atout, si l'on peut dire. Ils pourraient décider de fabriquer ou non des bombes [...] [26]. » Le facteur crucial était l'ampleur de l'effort industriel exigé pour la construction de réacteurs à grande échelle. Si les scientifiques trouvaient le moyen de construire rapidement des bombes sûres à un prix raisonnable, la décision des militaires aurait été facile à prendre et inévitable : foncez. Si en revanche la fabrication des bombes se révélait extrêmement coûteuse en temps et en énergie, les militaires seraient bien obligés de poser deux questions auxquelles seuls les scientifiques pourraient répondre : *Quel* sera le prix de revient ? *Combien* de temps vous faudra-t-il ?

Il suffisait aux scientifiques d'insister sur l'ampleur du projet, sur les incertitudes qui planaient sur sa réussite et par-dessus tout sur le temps qu'il prendrait pour que les militaires estimassent difficile de donner le feu vert. Au contraire, si ces mêmes scientifiques affirmaient n'avoir aucun doute sur sa réussite, qu'il pourrait aboutir rapidement à condition qu'on leur en donne les moyens, et par-dessus tout, s'ils insistaient sur les pouvoirs dévastateurs de la bombe elle-même, les militaires auraient du mal à y renoncer. A ce niveau-là — et seulement à ce niveau-là — les scientifiques avaient potentiellement un rôle décisif à jouer. Heisenberg croyait que ce serait aussi vrai aux États-Unis qu'en Allemagne, et il avait raison sur ce point. Les scientifiques américains se penchaient d'ailleurs sur les mêmes questions au même moment ; ce sont leurs conclusions optimistes qui convainquirent le président Roosevelt de donner son feu vert, à l'automne de 1941 [27]. Heisenberg pensait disposer d'encore un peu de temps, ce qui était une source d'espoir pour lui. Il discuta de son projet de voyage avec sa femme Elizabeth, et celle-ci en parla ensuite en ces termes, dans son livre de souvenirs sur son mari :

> Quel était en définitive le but de cet entretien avec Bohr ? La vérité est qu'Heisenberg avait sous les yeux le spectre de la bombe atomique et qu'il voulait faire comprendre à Bohr qu'une bombe atomique ne serait, ni ne pourrait être construite en Allemagne. C'était là la raison principale de son voyage à Copenhague. Il

espérait que Bohr en ferait part aux Américains et qu'alors ils renonceraient à une entreprise aussi incroyablement coûteuse. Oui, il avait sans doute le secret espoir que cette information permettrait d'éviter qu'un jour une bombe atomique soit lancée sur l'Allemagne. Cette idée le tourmentait sans cesse [...] Ce vague espoir était probablement le motif le plus important de son voyage[28].

Après la guerre, Heisenberg déclara une fois que « pendant l'été 1939, douze personnes auraient encore été capables, si elles étaient tombées d'accord, d'empêcher la construction de bombes atomiques[29] ». Voilà le genre d'accord auquel il pensait en se rendant auprès de Niels Bohr. Ce n'était pas l'absolution qu'il recherchait, mais quelque chose de bien plus audacieux : il espérait que Bohr pût servir d'intermédiaire pour concocter un accord secret entre physiciens allemands et américains, afin que, se servant de leur influence en insistant sur les difficultés de la mise au point d'une bombe, ils en évitent l'emploi pendant la guerre en cours — *des deux côtés*[30]. Bref, il se rendit à Copenhague pour conclure un marché.

Longtemps après, Heisenberg confia à Irving qu'il avait été « stupide » de sa part de rechercher l'aide de Niels Bohr sur des questions aussi difficiles. Il se rendait maintenant compte à quel point ses espérances avaient été déraisonnables. « Qu'est-ce qu'il aurait pu me répondre[31] ? » De son côté, Weizsäcker remarque : « En regardant les choses rétrospectivement, je dirais que nous avons eu tous les deux, Heisenberg et moi, une idée bien naïve[32]. »

C'est certainement vrai. Le plan lui-même (tentative d'empêcher la mise au point d'une importante arme nouvelle) pouvait signifier la prison ou pire, si jamais il venait à être connu en Allemagne. Le danger était bien réel ; les informateurs grouillaient au Danemark, comme dans tous les pays occupés. On surveillait certainement Niels Bohr de près ; son téléphone pouvait être placé sous écoute, des micros se trouvaient peut-être dissimulés chez lui. Une chose était encore plus problématique : les sentiments intimes du physicien danois leur étaient complètement inconnus ; Heisenberg n'avait eu strictement aucun échange avec lui depuis le début des hostilités. Trouver les mots justes pour introduire le sujet serait un problème d'une délicatesse extrême, une épreuve, en fin de compte, devant laquelle Heisenberg échoua complètement. Mais en admettant qu'il eût gagné la confiance de Bohr, qu'il l'eût persuadé que son plan pouvait marcher, comment le Danois ferait-il pour convaincre ses amis, en Grande-Bretagne et en Amérique, que l'on pouvait faire confiance à Werner Heisenberg ? Bohr devait-il les recruter dans une conspiration où ils tromperaient leurs propres gouvernements, alors qu'ils étaient en train de livrer une guerre sans merci à l'Allemagne ? Le projet, on le voit bien, était complètement irréaliste.

En dépit de cela, le « vague espoir » d'Heisenberg contenait le noyau d'une brillante idée. Il avait en effet mis en évidence un point vulnérable, celui du moment où les scientifiques pouvaient contrôler les événements. Une fois la décision de construire une bombe atomique prise par des gouvernements, comme allaient l'apprendre douloureusement les scientifiques alliés au printemps de 1945, leurs scrupules furent balayés d'un revers de main. Mais au début, ils étaient dans une situation idéale pour tempérer l'enthousiasme officiel vis-à-vis d'un projet d'un tel coût et souffrant de tant d'incertitudes. Heisenberg voyait là une occasion à saisir. Or au même moment, aux États-Unis, des scientifiques américains comme Arthur Compton et E. Lawrence faisaient tout ce qui était en leur pouvoir pour surmonter le scepticisme officiel et donner l'alarme sur le danger de voir l'Allemagne se doter de la bombe atomique. Si Heisenberg avait soupçonné ce que pensaient les scientifiques alliés, il aurait pris conscience que son « vague espoir » était complètement insensé. Mais il l'ignorait.

CHAPITRE 12

Une fois décidé à parler avec Niels Bohr, Heisenberg ne perdit pas son temps en cérémonies ; avec Weizsäcker dans le rôle de l'intermédiaire, il présenta sa visite à Copenhague comme un fait, faisant confiance à leur vieille amitié pour qu'une rencontre fût possible. Aucun Allemand, cependant, ne pouvait ainsi monter dans un train pour se rendre à son gré dans un pays occupé ; Heisenberg devait commencer par solliciter une invitation officielle, sous une forme ou une autre. La chose était facile à arranger par l'intermédiaire de l'ambassade allemande à Copenhague ; le *Deutsche Wissenschaftliches Institut* (Institut culturel allemand) cherchait toutes les occasions possibles d'organiser des réunions susceptibles d'attirer des universitaires des pays occupés. Mais en temps de guerre, comme le savaient bien Heisenberg et Weizsäcker, assister à une conférence de l'institut était un aveu de collaboration, et jusqu'ici, Niels Bohr avait refusé de prendre la moindre part dans ce qui faisait pourtant partie de ses fonctions officielles [1]. Lorsqu'il écrivit à Bohr, le 15 août 1941, Weizsäcker prit bien soin de présenter la nouvelle de leur arrivée avec la plus extrême circonspection : il lui annonçait que Heisenberg et lui-même assisteraient à un séminaire d'astrophysique qui devait se tenir à l'institut entre le 18 et le 24 septembre, que Heisenberg parlerait de la physique des hautes énergies et lui-même de la fusion stellaire, qu'ils auraient le temps de faire des visites privées, que les physiciens danois seraient les bienvenus au séminaire et qu'il espérait qu'ils viendraient nombreux ; néanmoins, il ne voulait pas donner l'impression à Bohr d'insister pour avoir sa présence. Il est clair, à voir l'attitude de courtoisie élaborée adoptée par Weizsäcker dans sa lettre, qu'il considérait les aspects humains de la visite comme un terrain miné et savait que Bohr se froisserait à la moindre remarque déplacée ; il avait mûrement réfléchi avant de décider sur quel pied danser [2].

Elizabeth Heisenberg se souvenait de l'excellent moral et de l'excitation de son mari pendant la préparation de ce voyage qui l'obligeait d'aller d'un bureau du gouvernement à un autre pour rassembler toutes les autorisations. Werner Heisenberg pouvait se montrer extrêmement fermé ; en 1939, il n'avait parlé de sa décision de rester en Allemagne à sa femme qu'après l'avoir prise. Mais en 1941, il semble s'être librement entretenu des problèmes de ce voyage avec elle. C'est Elizabeth qui parle de son « vague espoir » de faire arrêter la mise au point de la bombe atomique aux États-Unis grâce aux assurances qu'il comptait faire passer par l'intermédiaire de Niels Bohr. Elle pouvait bien, en effet, le qualifier de vague ; rarement, en effet, espoir aura été aussi mince. Mais Heisenberg se trouvait isolé en Allemagne depuis deux ans ; il se débattait dans son dilemme depuis au moins le début de l'année et il souhaitait sans doute très vivement sentir la compréhension, la sympathie et l'approbation de son vieil ami. Souvent les choses se passent ainsi, lorsqu'on a des idées insensées concernant des questions importantes ; Heisenberg pouvait réfléchir jusqu'à en avoir la migraine, sans cependant se rendre compte que ça ne le menait nulle part. Un ami comme Bohr, abordant le problème avec toute sa fraîcheur, pouvait très bien déchirer les nuages et dire, ce n'est pas si insensé que cela, essayons toujours. Une occasion de parler avec lui serait un soulagement et risquait même d'ouvrir une brèche.

Le soir du dimanche 14 septembre, Heisenberg embarqua dans le train de nuit qui reliait Berlin à Copenhague. Il arriva le lendemain à 18 h 15 et prit une chambre au Turisthotellet. Sa conférence à l'institut culturel allemand ne devait avoir lieu que le vendredi 19 au soir. Tels étaient du moins les plans esquissés dans les échanges de lettres entre Berlin et Copenhague. Mais presque tout ce qui s'est passé cette semaine-là a été relaté dans le plus grand désordre, parfois longtemps après les faits. Le cours des événements, et en particulier le détail de qui a dit quoi et à qui, doit être reconstitué avec le plus grand soin. Les Danois boycottèrent tous le séminaire de l'institut, mais on proposa à Weizsäcker de refaire son exposé dans l'institut de Bohr. Il offensa sérieusement ses hôtes en y amenant comme invité le responsable de l'organisation culturelle allemande, un certain Domes.

Weizsäcker ne fut cependant pas le seul à créer des remous de ce genre. L'assistant de Bohr, Stefan Rozental, se souvient que Heisenberg vint déjeuner à l'Institut du *Blegdamsvej* de Bohr à plusieurs reprises, cette semaine-là ; les conversations roulèrent inévitablement sur la guerre, même si ce fut d'une manière prudente et détachée. L'armée allemande approchait de Moscou et les Danois croyaient tous que les Allemands allaient gagner la guerre ; leur impression fut que Heisenberg partageait leur analyse. Rozental ne parla pas personnellement avec Heisenberg et n'assista pas à l'exposé de Weizsäcker ; il était polonais et n'allait pas prendre part à une conversation mondaine avec des Allemands au moment même où l'Allemagne réduisait son pays en pièces [3]. Mais il fut immédiatement mis au courant, le jour où, au cours de l'une de ces conversations de table, Heisenberg offensa gravement ses hôtes. Dans une lettre écrite après la guerre, Rozental raconte :

Il insista sur l'importance qu'il y avait à ce que l'Allemagne gagnât la guerre. A Christian Möller, par exemple, il déclara que l'occupation du Danemark, de la Norvège, de la Belgique et de la Hollande était certes bien triste, mais qu'en ce qui concernait les pays de l'Europe orientale, c'était une bonne chose parce que ces pays n'étaient pas capables de se gouverner eux-mêmes. Moller lui répondit que jusqu'ici, il avait cru comprendre que c'était l'Allemagne qui n'avait pas appris à se gouverner elle-même [4].

Bohr n'était pas là lorsque Heisenberg fit ces remarques profondément humiliantes, mais fut pris de colère lorsqu'il en entendit parler. Il rencontra malgré tout Heisenberg plus d'une fois au cours de cette semaine et l'invita même à dîner un soir.

En dépit des efforts que déploya Bohr pour n'en souffler mot, Rozental apprit l'existence de cette invitation. Il pensait qu'elle avait eu lieu à l'institut, mais Heisenberg dit à sa femme qu'il avait été au domicile des Bohr, comme si souvent par le passé, et Niels Bohr lui-même, longtemps après la guerre, a raconté à un ami de New York, que cette invitation lui avait valu bien des tourments ; il désirait partager un repas avec Heisenberg mais, sa femme s'y opposant, n'arrivait pas à se décider. Finalement, son assistant Aage Petersen lui suggéra de coucher par écrit ses objections à la visite d'Heisenberg, et de les relire deux jours après avant de prendre sa décision. C'est ce que fit Bohr ; la vieille amitié semble avoir été plus forte que ces objections et il dit à son ami new-yorkais qu'il obtint l'accord de Margrethe, moyennant la promesse solennelle de ne parler que de physique avec Heisenberg, pas de politique [5].

C'était malheureusement une promesse que Bohr ne pouvait pas tenir. Après le dîner, raconte Heisenberg dans son compte rendu de la soirée, il demanda à Bohr s'il voulait bien aller marcher en devisant. Il n'y avait rien d'inhabituel dans cette requête ; ils avaient souvent fait la même chose par le passé, en général dans le parc qui jouxtait l'institut de Bohr. Cette fois-ci, Heisenberg avait à l'esprit quelque chose de bien plus sérieux qu'une simple promenade digestive et il redoutait (sans pouvoir le dire) que la maison de son hôte ne fût placée sous écoute. Weizsäcker pense (sans doute à partir de souvenirs d'un rapport oral d'Heisenberg) que les deux hommes auraient été se promener sur la Langlinie, la longue jetée bordée d'arbres du port de Copenhague. Rozental est formel lorsqu'il remarque que c'est impossible : il aurait été difficile de trouver endroit où s'exhiber plus publiquement, et Bohr n'avait aucune envie d'être vu en tête à tête avec un Allemand, en dépit de leur longue amitié. Bohr se souvenait pour sa part que la conversation avait eu lieu chez lui, dans son bureau [6]. Toujours est-il qu'il faisait nuit, qu'ils étaient seuls et qu'ils ont commencé à parler.

Niels Bohr n'était pas d'une humeur très amicale ; la conduite d'Heisenberg au cours du déjeuner, qui lui avait été rapportée, l'avait mis en colère. Toutes les relations de l'entretien s'accordent à dire qu'il débuta sous de mauvais auspices et s'acheva encore plus mal. A la vérité, l'amitié entre les deux hommes ne s'en remit jamais vraiment. Cette rencontre entra dans le folklore des physiciens presque dès la fin de la guerre et provoqua d'interminables débats et analyses de la part des scientifiques qui les connaissaient l'un comme l'autre. Elle soulève encore les passions. Le problème vient de ce qu'il n'existe aucun accord sur ce qu'ils se sont vraiment dit ; Bohr lui-même ne s'est jamais exprimé publiquement sur ce point, a encore moins rédigé de compte rendu, et ceux qui parlent en son nom (en particulier son fils Aage, qui resta constamment auprès de lui pendant les deux dernières années de la guerre) ignorent ou rejettent carrément la version qu'en donne Heisenberg. Une chose, néanmoins, est parfaitement limpide : Bohr sortit de cette conversation fort en colère contre son vieil ami, et cette colère ne s'est jamais dissipée. Elle devait même, renforcée par le silence public adopté par Bohr, rester comme une tache sur la réputation d'Heisenberg jusqu'à la fin de sa vie. Ce fait suffit à souligner l'importance des propos qui ont été réellement tenus.

Ce qui suit est une reconstitution qui se fonde principalement sur la version d'Heisenberg, complétée des souvenirs d'autres personnes en ayant entendu parler à cette époque ou peu après[7]. Chaque relation met l'accent sur un point différent des phases de la conversation, qui procéda par étapes jusqu'au moment où, selon les mots d'Aage Bohr, « Heisenberg aborda la question des applications militaires de l'énergie atomique[8] ».

La première escarmouche ne fut pas tendre. Bohr savait que Heisenberg avait publiquement défendu l'invasion de la Pologne par l'Allemagne, au cours du fameux déjeuner qui avait eu lieu quelques jours auparavant, à l'institut. Il attaqua évidemment son ami sur cette attitude. Mais lorsque Bohr déclara que la destruction de la Pologne par l'Allemagne était impardonnable, Heisenberg voulut excuser son pays. La Pologne était un cas tragique, dit-il, mais l'Allemagne n'avait pas essayé, après tout, de détruire la France. Bohr, qui n'était pourtant pas homme à se mettre facilement en colère, se sentit frémir[9].

Heisenberg ne tarda pas à s'embourber encore plus. L'Allemagne avait envahi l'URSS en juin ; en septembre, les armées d'Hitler n'étaient plus très loin de Moscou. A ce moment-là de la guerre, Heisenberg espérait que l'Allemagne vaincrait l'Union soviétique, car il redoutait ce pays[10]. Weizsäcker partageait ce sentiment, à cette époque ; la victoire éclair de l'Allemagne sur la France, en 1940, l'avait convaincu que Hitler était capable de triompher[11]. Heisenberg, assez tôt dans la conversation, dit à Bohr que l'Allemagne vaincrait l'URSS et que c'était une bonne chose. La fureur de Bohr atteignit alors un paroxysme. A ce stade, rien n'aurait pu sauver leurs efforts pour se parler ; mais apparemment, Heisenberg ne s'en rendit pas compte. Il plongea, et ajouta une troisième gaffe.

Heisenberg et Weizsäcker avaient souvent évoqué la précarité de la situation de Niels Bohr au Danemark ; ils pensaient pouvoir lui offrir une certaine protection, pourvu qu'il acceptât seulement d'établir un minimum de contact avec l'ambassade (où le père de Weizsäcker, on l'a vu, disposait d'amis influents). Heisenberg ne trouva rien de mieux à dire à Bohr, à ce moment-là, que ceci : qu'il devrait entrer en relation avec les autorités allemandes, car elles pourraient l'aider. Pour Niels Bohr, ce fut exactement comme si on lui demandait de trahir son pays et ses principes ; la requête non seulement était impensable, mais insultante [12].

Et néanmoins, Heisenberg n'avait toujours pas saisi à quel point il avait gâché ses chances de se faire entendre. Son isolement, dans sa vie quotidienne, lui donnait l'impression d'être l'homme le plus oublié de l'univers ; attitude psychologique de solitude et déréliction fréquente sous les régimes totalitaires. Mais pour Bohr, Heisenberg était maintenant, avant toute chose, un Allemand, et c'est à cette aune qu'il mesurait toutes ses déclarations. Pour le Danois (et à vrai dire, pour le monde entier) il ne pouvait y avoir de compromis en ce qui concernait les nazis. Heisenberg, qui ne se sentait pas plus responsable du gouvernement nazi que des phases de la lune, échoua complètement dans cette épreuve. Comment osait-il sous-entendre que l'Europe souffrirait moins sous la botte d'Hitler que sous celle de Staline ? Comment osait-il suggérer qu'on ne puisse voir l'Allemagne tout en noir, sous prétexte qu'elle n'avait pas soumis la France à toute la gamme d'horreurs qu'elle avait si généreusement perpétrée en Pologne ? Qu'un Allemand exprimât de tels sentiments ici, à ce moment-là, devant un Danois, était plus que Bohr n'en pouvait supporter ; si bien que la colère et la défiance lui avaient fait atteindre une sorte de point de non-retour au moment où Heisenberg aborda finalement la question délicate qu'il avait avant tout à l'esprit. Il choisit ses mots avec soin. Il craignait qu'une approche trop brusque ne fût répétée par Bohr, ne parvînt à l'oreille d'un agent allemand et ne le poursuivît jusqu'à Berlin, où des hommes pourrissaient dans les prisons de la Gestapo pour beaucoup moins.

Les seules tentatives sérieuses pour décrire en détail cette partie de la conversation sont celles d'Heisenberg ; la version qui suit est donc la sienne. Il pense avoir commencé par demander à Bohr si, à son avis, il était juste, de la part des physiciens, de faire de la recherche sur l'uranium en temps de guerre. Bohr parut visiblement surpris ; Heisenberg est sûr qu'il comprit tout de suite ce qui était en jeu. Le Danois aurait demandé : « Pensez-vous sérieusement que l'on pourrait utiliser la fission de l'uranium pour la construction d'armes ? »

Heisenberg a décrit sa réponse de trois manières différentes. Dans une conversation avec Weizsäcker ayant eu lieu peu après l'entretien : « Eh bien, voyez-vous, on pourrait faire une bombe à partir de là, et nous travaillons sur cette question [13]. »

Dans une lettre de 1947 à Baertel van der Waerden : « Oui, pour autant que je sache [14]. »

Dans une lettre de 1957 à Robert Jungk : « Je sais que c'est possible en principe, mais cela exigerait de terrifiants efforts techniques, impossibles à réaliser, pouvons-nous seulement espérer, en temps de guerre[15]. »

De toute manière, la réaction de Niels Bohr mit fin à la conversation. « Bohr m'avoua en 1947 avoir été affreusement choqué quand je lui ai dit que nous savions comment faire des bombes atomiques[16]. » Bien entendu, Heisenberg continua de s'expliquer, mais avec l'impression que Bohr l'écoutait à peine et ne comprenait certainement pas. Dans *La Partie et le Tout*, il raconte :

Malheureusement, Niels fut tellement effrayé par mes premières allusions concernant la possibilité théorique de fabriquer des bombes atomiques qu'il ne fut plus en mesure de comprendre ce que je voulais dire ensuite, et qui était à mes yeux le plus important, à savoir qu'une telle fabrication exigeait un énorme effort technique. C'était là pour moi un fait essentiel, puisque dans une certaine mesure cela donnait aux physiciens un pouvoir de décision concernant la production éventuelle de bombes atomiques. En effet, face à leurs gouvernements respectifs, les physiciens pouvaient soit affirmer que les bombes atomiques arriveraient probablement trop tard pour pouvoir être utilisées au cours de la guerre ; soit déclarer qu'au prix d'efforts extrêmes, il serait peut-être tout de même possible de posséder de telles bombes avant la fin de la guerre. Ces deux avis opposés pouvaient tous deux se défendre [...][17].

Heisenberg n'en continua pas moins d'enfoncer son clou, essayant de donner le fond de sa pensée. « Je demandai alors une fois de plus à Bohr si, étant donné les évidents problèmes moraux posés, il ne serait pas possible que tous les physiciens se mettent d'accord entre eux pour qu'aucun n'essaie de travailler sur la bombe atomique, laquelle, de toute façon, ne pourrait être produite qu'à un coût monstrueux[18]. » Au moins s'était-il exprimé sans ambiguïté.

Mais ce fut au tour d'Heisenberg d'être stupéfait : Bohr répondit qu'il était inévitable que les physiciens travaillent pour leur propre gouvernement en temps de guerre ; qu'ils étaient justifiés à le faire. A Van der Waerden, Heisenberg écrivit : « De toute évidence, Bohr estimait impossible que les physiciens de tous les pays, si je puis dire, fassent front contre leurs gouvernements respectifs[19]. »

Aage Bohr est catégorique : « Jamais [Heisenberg] n'a soumis de plan secret à mon père. » Quant à Heisenberg il n'a jamais reconnu avoir eu quelque chose comme « un plan secret[20] ». En revanche, il avait certainement « le vague espoir » décrit par sa femme et c'est ce que Bohr reconnut devant Victor Weisskopf à Copenhague, en 1948. Weisskopf s'intéressa de très près à tout ce qui touchait au rôle qu'avait joué Heisenberg pendant la guerre, et il questionna Bohr au sujet de leur entretien de septembre 1941. Voici ce que le physicien danois lui aurait déclaré :

> Heisenberg voulait savoir si Bohr était au courant de quelque chose relativement au programme nucléaire des Alliés. Il souhaitait proposer un moratoire de tous les scientifiques, qui s'engageraient à ne pas travailler sur la bombe, et voulait inviter Bohr à venir en Allemagne pour établir de meilleures relations. Bohr rejeta complètement l'idée d'une attitude commune de tous les scientifiques du monde vis-à-vis de la bombe. Il se dit : Soit Heisenberg n'est pas honnête, soit il est manipulé par le gouvernement nazi. Il pensait que l'Allemagne essayait de l'utiliser pour empêcher les Alliés de construire la bombe. Mais Bohr a toujours affirmé n'avoir jamais été tout à fait sûr de ce que Heisenberg voulait [21].

Il ne s'agit ici, bien sûr, que du souvenir d'un souvenir, mais Weisskopf n'en est pas moins affirmatif : Bohr comprit que, d'après Heisenberg, les scientifiques avaient le pouvoir d'empêcher le développement de la bombe atomique, et espéraient les voir se mettre d'accord pour utiliser ce pouvoir.

Mais c'est précisément cette proposition — ce « vague espoir » que les chercheurs des deux camps pussent éviter de travailler à ce projet pendant la durée des hostilités — qui parut le plus insidieux et chargé d'arrière-pensées à Bohr ; c'est elle qui continua à alimenter longtemps sa colère. Heisenberg entrevoyait une chance, certes bien faible, de paralyser l'effort de construction d'une bombe, grâce aux physiciens ; il dit avoir abordé le sujet avec Bohr, et Bohr confirma à Weisskopf qu'en effet il l'avait fait. Mais ce que retint le physicien danois, ce fut une tentative de la part d'Heisenberg d'interrompre la mise au point d'une bombe alliée, et cette interprétation était juste : Heisenberg *souhaitait bien* l'aide de Bohr à cette fin. Il sentit évidemment que Bohr se hérissait avant même d'avoir fini de s'expliquer. Il dit à Irving :

> [...] peut-être vit-il [Niels Bohr] que j'aurais aimé que tous les physiciens du monde disent : nous ne fabriquerons pas de bombes atomiques. Mais en même temps, il sentit que c'était une formulation ou un désir terriblement déraisonnable et pro-hitlérien de ma part, c'est tout à fait clair. Tant de bons physiciens étaient allés aux États-Unis et les États-Unis bénéficiaient d'une telle supériorité dans ce domaine ! Il serait déraisonnable, en quelque sorte, de ne pas utiliser cette supériorité des Américains, née des circonstances, contre Hitler. Je crois avoir senti cette réaction de la part de Bohr, et j'éprouvais aussi le sentiment que c'était Bohr qui avait raison et moi, en fait, qui déraisonnais. Hitler lui-même avait poussé ces

hommes de talent dans les bras des Américains et il ne devait donc pas s'étonner s'ils fabriquaient des bombes atomiques. Mais en même temps, j'avais l'impression qu'il était vrai que si nous faisions des bombes atomiques, nous introduirions un terrible changement dans le monde. Qui savait ce qui pouvait en sortir ? Tout m'effrayait, cette possibilité comme le reste[22].

En d'autres termes, ce que Bohr entendit Heisenberg dire était quelque chose comme : nous avons chassé tous ces physiciens juifs, et maintenant ils travaillent à fabriquer une bombe aux États-Unis — mon cher Niels, peux-tu leur demander d'arrêter ?

C'est là que prit fin la conversation. Heisenberg voyait clairement qu'il avait complètement échoué. Il revint à son hôtel et, au désespoir, alla immédiatement voir Weizsäcker. « Il n'a rien compris de ce que j'ai dit, confia Heisenberg à Weizsäcker. La conversation a complètement déraillé.

— Comment ça, elle a déraillé ?

— Je n'étais pas sûr qu'il comprenait ce que je voulais dire, jusqu'au moment où j'ai lâché : " Eh bien, voyez-vous, on pourrait faire une bombe à partir de là, et nous travaillons sur cette question. " Il est devenu tellement excité que je ne pouvais plus placer un mot[23]. »

Heisenberg exprimait « un sentiment de désolation dont je me souviens parfaitement », ajoute Weizsäcker[24].

Le « vague espoir » venait de s'effondrer ; Bohr n'avait pas envisagé un instant l'idée, qu'il semblait ne même pas avoir comprise, que les physiciens détenaient la clef, pour le moment, de la construction de la bombe atomique. Heisenberg, toutefois, ne se sentait pas personnellement rejeté ou chassé. Bohr n'avait tout simplement pas compris. C'est de cela que se blâma Heisenberg : de ne pas s'être exprimé assez clairement.

En fait, les choses s'étaient beaucoup plus mal passées que Heisenberg ne l'avait imaginé. Bohr retourna immédiatement chez lui et déclara aux membres de sa famille que Werner avait essayé de lui arracher ce qu'il savait de la fission nucléaire. Bohr avait la certitude que l'Allemagne travaillait sur la bombe et que Heisenberg pensait que celle-ci pourrait peut-être même décider du sort des armes, si le conflit s'éternisait. Tout ce que le physicien allemand avait réussi à dire sur les « problèmes moraux » auxquels les chercheurs avaient à faire face, ou sur la possibilité qu'ils auraient de convaincre leurs gouvernements respectifs de renoncer à leurs programmes nucléaires, lui était passé à des lieues au-dessus de la tête ; d'ailleurs Bohr n'y fit jamais allusion. Il ajouta qu'il s'était montré extrêmement prudent et qu'il n'avait rien révélé[25]. En lui-même, il s'était dit : « Soit il n'est pas honnête, soit il est manipulé par les nazis[26]. » Il fit clairement part de ce soupçon à sa famille. Ces deux versions de la conversation, données le soir même (Bohr à sa famille, Heisenberg à Weizsäcker) pourraient difficilement être plus différentes. Bohr était en colère, très en colère ; Heisenberg était désespéré. Aucun ne comprenait ce que l'autre éprouvait, et Bohr s'en moquait probablement éperdument ; pour lui, à ce moment-là, leur vieille amitié lui apparaissait comme une chose morte.

Lorsqu'il retourna travailler à l'institut après le départ d'Heisenberg, il fit à Stefan Rozental, et peut-être à une ou deux autres personnes, un compte rendu très semblable à celui auquel sa famille avait eu droit[27]. Rozental se souvenait plus tard de Bohr citant Heisenberg pour avoir dit quelque chose comme « Vous devez comprendre que si je prends part à ce projet c'est parce que j'ai la ferme conviction qu'il peut aboutir[28]. » Bohr était bouleversé, il avait la certitude que l'Allemagne construisait la bombe, et il commençait enfin à douter de ses propres conclusions de 1939 sur sa non-faisabilité. Manquant cruellement de données expérimentales, il n'en travailla pas moins la question au tableau noir avec son acharnement habituel. Il changeait constamment d'avis : un jour c'était oui, faire une bombe était possible ; le lendemain, mais non, son vieil ami Heisenberg était fou, la tâche était surhumaine. Apparemment, ses recherches tournaient autour de la fission de l'U-235. Bohr ignorait tout du 94e élément créé par les neutrons captés dans l'U-238, et ne se rendait pas compte que les neutrons rapides propageraient la fission dans une bombe. En fait, il avançait en tâtonnant sur le chemin qu'avaient déjà suivi les Allemands et les Américains[29]. Il travailla encore beaucoup pendant deux ans, jusqu'au moment où les Allemands l'obligèrent à s'enfuir du Danemark, en septembre 1943 ; mais il ne cessa pas pour autant de revenir sur la question.

Deux choses restent à dire sur l'entretien d'Heisenberg et Niels Bohr de septembre 1941. La première est qu'il découvrit à Bohr que l'Allemagne avait un programme nucléaire militaire en cours. Après la guerre, les deux hommes ne purent jamais se mettre d'accord sur ce que Heisenberg avait dit ou voulu dire, mais il n'empêche que cette information avait été transmise, et sans la moindre ambiguïté : les Allemands s'intéressent à la bombe atomique. Au cours de cette conversation, Heisenberg avait trahi le fait le plus important concernant le programme allemand : qu'il existait. Il ne s'agissait pas d'une infraction mineure à des règles tatillonnes dues à des ronds-de-cuir de la Sécurité ; ce que Heisenberg confia à Bohr finit par atteindre les officiers de renseignements britanniques et américains, avec des conséquences littéralement vitales pour Heisenberg et tous les scientifiques impliqués de près ou de loin dans le programme nucléaire allemand[30].

Tout aussi important est un détail que Niels Bohr n'a évidemment pas mentionné devant sa famille et ses amis de Copenhague. Heisenberg ne s'était pas simplement contenté de parler, en cette soirée de septembre 1941. Il avait aussi dessiné une ébauche destinée à illustrer ce qui se faisait alors en Allemagne — une sorte de boîte du haut de laquelle sortaient des bâtons. Lorsque Hans Bethe, Edward Teller et plusieurs autres chercheurs du Projet Manhattan eurent l'occasion d'y jeter un coup d'œil, le 31 décembre 1943 à Los Alamos, ils conclurent immédiatement qu'il s'agissait de l'esquisse d'un réacteur. Mais Bohr ne comprenait encore pas la différence cruciale entre un réacteur et une bombe, et ignorait que les réacteurs pouvaient produire un nouveau matériau fissile idéal dans la fabrication d'une bombe atomique, à savoir du plutonium ; il restait convaincu que le dessin grossier d'Heisenberg illustrait le principe de fonctionnement d'une bombe qu'il essayait de fabriquer en Allemagne[31]. Avec ce simple bout de papier, Heisenberg avait mis sa vie en danger.

CHAPITRE 13

L'échec d'Heisenberg à Copenhague l'entama profondément. Une semaine après son retour il écrivit, dans une lettre morose à un ami : « Nous autres humains, nous nous apercevrons peut-être un jour que nous possédons réellement le pouvoir de détruire complètement la terre, que nous pourrions très bien déclencher nous-mêmes l'apocalypse ou quelque chose qui y ressemblerait beaucoup[1]. » Ces sinistres présages mirent Heisenberg dans un état de dépression comme Elizabeth n'en avait jamais vu chez lui, mais il n'abandonna pas complètement l'espoir[2]. Il parla longuement de l'entrevue de Copenhague avec Weizsäcker et Hans Jensen, et les trois hommes se persuadèrent qu'une nouvelle tentative auprès de Bohr aurait peut-être davantage de succès. Jensen n'avait jamais fait partie du cercle des proches de Niels Bohr, à l'institut, mais il accepta d'envisager un pèlerinage à Copenhague pour expliquer ce que faisaient les Allemands. Lorsque Fritz Houtermans apprit à son tour l'échec d'Heisenberg, il pressa également Jensen de tenter sa chance[3]. Heisenberg dit à Weizsäcker, et probablement aussi à Jensen, que sa propre tentative avait mal tourné, principalement pour avoir été trop soudaine : il avait l'impression que Bohr n'avait pas réfléchi au problème de la bombe et n'était pas préparé à entendre ce qu'il avait eu à lui dire ; après quoi, il avait été trop choqué pour écouter attentivement la question que voulait évoquer Heisenberg[4].

Mais Heisenberg estimait aussi qu'il n'avait pas su présenter ses arguments ; il s'était montré trop hésitant, trop prudent, trop oblique. Lorsque Karl Wirtz fut mis au courant de la conversation, il tomba d'accord avec cette analyse, mais il avait l'impression que le problème ne tenait pas tant aux inquiétudes d'Heisenberg pour les espions et les informateurs de la Gestapo. Certes, le danger était bien réel, mais Wirtz croyait que l'échec d'Heisenberg tenait avant tout à son caractère : il lui semblait qu'il était encore un peu trop impressionné par Bohr, et qu'en dépit de leur longue et amicale collaboration, Heisenberg se sentait toujours comme un étudiant timide devant son maître. Le revers de l'orgueil d'Heisenberg, estimait Wirtz, était un certain manque d'assurance, une attitude trop impersonnelle et un manque d'aisance[5]. Mais

Jensen connaissait aussi Bohr et était prêt à s'expliquer sans détour devant lui. De tels voyages ne pouvaient s'organiser du jour au lendemain, cependant, et le temps que Jensen fût en mesure de se rendre à Copenhague, en juillet 1942, les circonstances avaient suffisamment changé pour que son message insistât sur un point tout à fait différent[6].

Ce sont les événements qui intervinrent. A la mi-septembre, Heisenberg comme les Danois, à Copenhague, avaient estimé que Hitler vaincrait l'URSS comme il avait vaincu la France. Mais à la fin de l'année, les choses avaient pris une tournure bien différente. Sur la carte, les opérations semblaient bien se passer pour les Allemands : le 30 septembre, à la veille d'une nouvelle offensive, les armées d'Hitler se trouvaient à moins de trois cents kilomètres de Moscou. Au cours des deux semaines suivantes, elles couvrirent plus de deux cents kilomètres et, le 16 octobre, la panique s'empara des civils aussi bien que du personnel politique dans la capitale soviétique. L'évacuation (*Bolchoï Drap,* la « grande débandade[7] », comme l'appelèrent les Russes) se déroula dans un tel désordre qu'elle menaça de se transformer en déroute. L'hiver n'était pas encore arrivé, cependant ; les routes se réduisaient à des fondrières, les chars allemands s'embourbaient et, le 9 novembre, Staline rallia l'armée et le peuple dans un discours enflammé, faisant appel aux ressources inépuisables d'ardeur nationale en faveur d'une « grande guerre patriotique[8] ». Une nouvelle offensive allemande débuta une semaine plus tard, le 15 novembre, mais fut incapable de conclure : avant la fin de la première semaine de décembre, les chars allemands se retrouvèrent immobilisés à une vingtaine de kilomètres de Moscou, en vue des tours de la capitale. Les Allemands parlèrent officiellement de victoire, mais le coût avait été immense. Le 5 décembre, les Soviétiques lancèrent une grande contre-offensive ; les armées allemandes cédèrent du terrain tout au long de l'interminable hiver qui suivit et ne revirent jamais se détacher, sur l'horizon, les clochers de Moscou. Les Allemands, enfin, commençaient à se ressentir des efforts de la guerre. A la veille de l'attaque russe, le ministre des Munitions, Fritz Todt, réussit à convaincre Hitler qu'il était temps d'abandonner l'illusion d'une « économie de temps de paix » et de se mobiliser sérieusement pour la guerre[9].

Deux jours plus tard Erich Schumann, directeur de recherche du *Heereswaffenamt* et conseiller scientifique du maréchal Keitel, écrivit aux responsables des divers projets de recherche nucléaire, les convoquant à Berlin pour une réunion, le 16 décembre, afin d'y présenter leur estimation du temps qu'il faudrait pour atteindre à des résultats pratiques. « Etant donné les besoins actuels en main-d'œuvre et en matières premières, écrivit Schumann à Paul Harteck, de l'Université de Hambourg, le projet [...] exige un effort qui ne se justifie que si l'on peut espérer avec certitude une application dans un avenir prévisible[10]. »

Les lettres de Schumann, sous l'effet du décret d'Hitler, se traduisirent par une période de six mois d'évaluations et réévaluations fiévreuses, de la part des hauts responsables politiques, du programme nucléaire militaire allemand. Le choix n'était pas entre tout ou rien, entre fabriquer la bombe ou envoyer les physiciens sur le front de l'est. Mais c'était le moment ou jamais, pour tous les chercheurs dépendant du *Heereswaffenamt*, d'insister auprès des autorités afin d'obtenir tout l'appui nécessaire, si du moins c'était ce qu'ils voulaient : après tout, le concept « d'avenir prévisible » est assez élastique. Seuls les physiciens pouvaient dire aux militaires ce qui pouvait se faire ; ni Schumann ni Keitel n'étaient en mesure d'en juger. Homme de commerce agréable et titulaire d'un diplôme de physique et d'un brevet dans l'armée, Schumann prenait avantage du fait qu'il avait un pied dans les deux mondes : avec les scientifiques il portait un uniforme et saluait ; quand les généraux passaient, il s'habillait en pékin et se faisait donner du *Herr Professor*[11]. Petit-fils du compositeur Robert Schumann, Erich Schumann touchait de substantiels droits d'auteur sur ses propres compositions de musique militaire, comme la « marche Blomberg », écrite en l'honneur du maréchal Werner von Blomberg[12]. Schumann s'intéressait aussi à la musique d'un point de vue scientifique et était connu pour ses travaux dans la physique de l'acoustique.

Les physiciens de premier plan brocardaient souvent le fait qu'il aurait confondu physique et musique. Heisenberg n'avait guère de respect pour Schumann, pas plus pour l'homme que pour le scientifique ; il le considérait comme un arriviste et trouvait sa cordialité visqueuse ; il offrait peut-être du schnaps à ses visiteurs, mais c'était toujours le meilleur marché[13]. C'est grâce à des intrigues politiques qu'il avait obtenu le poste de professeur de physique militaire à l'Université de Berlin. Il n'avait aucune compréhension réelle de la fission et de ses implications, laissant cela à Kurt Diebner, physicien au *Heereswaffenamt* depuis 1934 et qui avait bataillé ferme pour que les militaires s'intéressent à la physique ; c'est ainsi qu'il avait arraché la permission de créer son projet, au cours de l'été de 1939. C'est à peu près à cette époque que le sceptique Schumann demanda à Diebner : « Ne pouvez-vous pas mettre un terme à toutes vos absurdités [quatsch] atomiques[14] ? » L'*Uranverein* avait été l'instrument dont Diebner s'était servi pour étudier les éventuelles applications militaires de la fission. Au bout de deux ans de recherches fondamentales, Schumann demandait aux experts de lui donner une réponse.

Commença alors une période confuse, au cours de laquelle les partis en lice, scientifiques, militaires, civils intéressés et politiciens de haut rang se disputèrent l'avenir et le contrôle de la recherche nucléaire allemande pour le reste de la guerre. Les arguments des uns et des autres furent longuement discutés au cours des trois réunions de Berlin déclenchées par la circulaire de Schumann : la première seulement deux semaines après, le 16 décembre 1941, la deuxième le 26 février 1942 et la dernière le 4 juin 1942, lorsque Albert Speer décida de mettre l'affaire en veilleuse. Lorsqu'on essaie de reconstituer ce qui est arrivé au programme nucléaire militaire allemand au cours du printemps 1942, il peut être utile de se représenter une partie à six joueurs, étant donné qu'il y avait au moins six groupes d'intérêt essayant de contrôler ce qui se passait. Le premier était constitué d'Heisenberg et des scientifiques universitaires proches de lui, notamment Weizsäcker et Wirtz. Travaillant en coopération avec le groupe d'Heisenberg, venait ensuite celui des scientifiques du *Heereswaffenamt*, conduits par Kurt Diebner, qui avaient des objectifs bien différents à l'esprit. Leurs supérieurs, Erich Schumann et le général Leeb, ne partageaient pas la conviction du groupe de Diebner dans l'issue positive de leurs travaux. Attendant dans les coulisses de reprendre les choses en main (comme nous le verrons plus loin), on trouvait le ministre de l'Education Bernhard Rust et le *Reichsforschungsrat* — le Conseil de recherche du Reich qui, après avoir été à l'origine du programme, s'était vu contraint de le confier au *Heereswaffenamt*. Complètement à l'extérieur du programme, orbitaient quelques scientifiques intéressés sous l'égide du célèbre ingénieur aéronauticien Ludwig Prandtl et de son principal allié, Carl Ramsauer, physicien dans l'industrie. Ce groupe comprenait l'importance de la fission, était consterné par les torts causés à la pratique de la physique allemande du fait de la cabale antisémite de Lenard et Stark, et essayait d'intéresser les nazis de haut rang à la fission comme source potentielle d'énergie et de bombes. Le dernier joueur, et probablement le plus important, était rien moins qu'Albert Speer, grand manitou de l'économie désigné par Hitler, en février 1942, pour faire passer le pays sous un régime d'économie de guerre.

Tous ces groupes concurrents se rendaient compte que la découverte de la fission débouchait sur une réelle possibilité pour de nouvelles sources d'énergie et d'énormes bombes. La question qui les divisait était de savoir si cette possibilité justifiait, en temps de guerre, le gigantesque effort scientifique et industriel qu'elle exigeait. Les témoignages écrits fragmentaires que nous possédons rendent difficile de préciser qui a recommandé quoi à qui, quand et pourquoi. Heisenberg et Weizsäcker sont ceux qui auraient eu le plus à dire sur l'histoire du problème nucléaire militaire allemand, mais leurs déclarations publiques sont la plupart du temps vagues et peu détaillées. Leur tendance générale est néanmoins claire, et l'issue des événements indiscutable : en dépit de l'enthousiasme de Diebner et d'autres physiciens de l'armée, partisans d'un ambitieux programme de recherches ayant pour but une bombe ou une machine à produire de l'énergie, les autorités civiles et militaires finirent par perdre peu à peu l'espoir d'obtenir des résultats pratiques ; et vers le début de l'été de 1942, au moment même où Américains et Anglais mettaient sérieusement en route leur programme nucléaire militaire, celui des Allemands se voyait ravalé au rang de projet de recherche fondamentale faiblement doté en fonds.

On ne peut établir à quel moment précis le pessimisme officiel prit le dessus, mais l'importance du rôle joué par Heisenberg, le premier théoricien du programme, n'en est pas moins évidente. A chaque moment de la controverse où l'on a la possibilité d'entendre s'élever sa voix, il dit inlassablement deux choses : oui, une bombe est théoriquement possible ; non, elle ne pourra jamais être mise au point à temps pour affecter l'issue de la guerre. Il n'existe aucun doute sur ce qu'il a dit, mais il est exclu d'expliquer ce qu'il a « fait » dans le sens le plus large du terme sans comprendre quelles étaient ses intentions. Se contentait-il de donner une opinion éclairée, tout à fait indépendante de l'usage que pourraient en faire ses supérieurs ? Ou bien prit-il avantage des incertitudes inhérentes à toute grande avancée technologique nouvelle et insista-t-il sur les difficultés qu'elle soulevait, avec l'espoir de canaliser le projet vers le placard ? Etant donné que le programme se trouva effectivement mis au rancart, et que les avis d'Heisenberg jouèrent un rôle décisif pour ce qui fut de refroidir ce qui pouvait rester d'enthousiasme officiel, la question de ses intentions demeure cruciale.

Dans ses déclarations publiques, après la guerre, Heisenberg insista toujours sur le fait que les avis professionnels qu'il avait donnés étaient complètement objectifs. Voici ce qu'il déclara à David Irving, en 1965 :

> D'un côté, j'avais l'impression, comme Weizsäcker et Jensen, qu'il était probablement possible de faire quelque chose. De l'autre, grâce à Dieu, il me semblait que cela exigerait un effort technologique absolument énorme et que si nous disions tout à fait honnêtement au gouvernement — à notre gouvernement — sa difficulté, son coût et sa longueur, alors le gouvernement ne ferait rien. En pratique, c'est ce qui nous est arrivé. C'est avec une honnêteté et une loyauté parfaites que nous avons dit aux gens que toute méthode pour obtenir de l'U-235 ou du plutonium coûterait des milliards et qu'il faudrait plusieurs années, dans le meilleur des cas, avant de pouvoir atteindre notre but [15].

En 1968, Heisenberg tint des propos tout à fait voisins dans une interview parue au *Nouvel Observateur* :

> En février 1942, nous avons été convoqués à Berlin. J'ai présenté mes conclusions.
> J'ai pu déclarer en toute honnêteté que, *oui*, nous pouvions construire une bombe atomique, *mais* que cela nous prendrait sans doute très longtemps, plus longtemps que ne durerait la guerre, et que de toute façon nous ne pouvions la faire que si on mettait à notre disposition les chercheurs les plus brillants d'Allemagne et une partie très importante du potentiel industriel du pays.
> A l'époque, la Wehrmacht subissait ses premiers revers devant Moscou et Hitler avait donné l'ordre de renoncer à tout projet coûteux qui ne serait pas exploitable neuf mois après le début des

163

travaux. Nous le savions, et le verdict, pour nous, ne faisait aucun doute. Effectivement, peu de temps après, on nous invita à poursuivre nos recherches avec les moyens existants, ce qui signifiait : pas de bombe.

Je crois que nous avons eu plus de chance que de mérite [16].

Dans une autre interview, accordée au magazine allemand *Der Spiegel* en 1967 au moment de la publication du livre d'Irving, Heisenberg insiste sur les mêmes points : « [...] nous autres physiciens savions, en toute certitude, que rien ne pourrait être produit en moins de trois ou quatre ans, et c'est en conscience que nous l'avons dit [17] ». La même année, il confia à un autre journaliste : « C'est donc avec la meilleure conscience du monde que nous avons pu dire à notre gouvernement : " Il ne sera pas possible de fabriquer une bombe avant environ cinq ans [18]. " »

Pourquoi autant mettre l'accent sur sa « conscience », son « honnêteté » ? Dans ses déclarations publiques d'après la guerre, Heisenberg ne cesse de souligner les difficultés, les proportions gigantesques de l'entreprise, les impitoyables bombardements alliés et le fait, on ne peut plus parlant, que les États-Unis, avec leur énorme potentiel industriel, ne furent pas capables de fabriquer une bombe avant la fin de la guerre en Europe. Difficultés bien évidentes à l'époque et qu'il est impossible de minimiser rétrospectivement. Mais alors, pourquoi Heisenberg tient-il tellement à préciser qu'il a donné honnêtement son avis ?

Personne ne lui a jamais posé la question. Personne n'a jamais suggéré que Heisenberg aurait pu insister sur ces difficultés pour des raisons politiques ; encore moins l'en a-t-on accusé. Or nous avons vu que c'était pourtant l'attitude qu'il espérait que les scientifiques alliés, encouragés par Niels Bohr, adopteraient pour traiter avec leurs propres gouvernements. L'échec de cette tentative n'atténua en rien le dilemme personnel d'Heisenberg. De retour à Berlin, son « vague espoir » détruit, il restait toujours aussi libre d'orienter son opinion dans un sens ou un autre. Il pouvait dire aux autorités qu'il était possible de construire la bombe, qu'il ne fallait épargner aucun effort, aucune dépense si on voulait en disposer à temps. Ou il pouvait leur dire que certes, elle était possible en théorie, mais que même au prix d'un effort titanesque et d'une dépense inimaginable on n'arriverait pas à la fabriquer rapidement. Le physicien allemand avait le luxe et le fardeau du choix, car personne n'était en mesure de lui apporter la contradiction sous une forme plus convaincante qu'une opinion divergente. Une fois la question posée en ces termes, une fois qu'il eût reconnu qu'il était libre de souligner soit les difficultés, soit les possibilités, il lui *fallait* choisir en fonction de ce qu'il pensait être le mieux pour lui, le mieux pour l'Allemagne, le mieux pour le monde.

Après leur retour de Copenhague, Weizsäcker et Heisenberg « espéraient [19] » que les Américains renonceraient à une entreprise aussi gigantesque ; « une chance sur deux », estimaient-ils [20]. La question leur échappait depuis l'échec auprès de Bohr. Curieusement, l'argument de la dissuasion (construire une bombe allemande pour que les Alliés n'osent pas utiliser la leur) ne leur vint jamais à l'esprit. C'est donc « en toute honnêteté », avec « la meilleure conscience du monde » et « en toute honnêteté et loyauté » qu'ils déclarèrent aux autorités allemandes qu'en tant que professionnels, ils estimaient la tâche trop colossale, le coût trop élevé, le délai trop bref.

Néanmoins, Heisenberg ne limita pas ses tentatives pour influencer les autorités civiles et militaires aux avis donnés lors des réunions officielles avec celles-ci. En une occasion au moins, lui et Weizsäcker firent une démarche discrète pour tempérer l'intérêt que portait l'un de leurs collègues à la bombe atomique. A la fin de l'automne de 1941, Heisenberg et Otto Hahn rendirent séparément visite au laboratoire d'Ardenne à Berlin-Lichterfeld, le premier le 28 novembre, peu avant la lettre de Schumann, et le second le 10 décembre, peu après. Tous deux vinrent pour voir fonctionner le microscope électronique et parler science d'une manière générale ; telle fut du moins l'impression d'Ardenne. Dans ses mémoires, celui-ci rapporte qu'il demanda à l'un et à l'autre combien il faudrait d'U-235 pour atteindre la masse critique dans une bombe. Heisenberg lui répondit « quelques kilos » et Hahn qu'un ou deux kilos suffiraient sans doute [21]. Le laboratoire de Lichterfeld travaillait déjà sur la séparation électromagnétique des isotopes, et Ardenne répondit à Hahn qu'à son avis, la séparation de quelques kilos d'U-235 serait possible avec l'aide de grosses entreprises de matériel électrique comme Siemens.

Quelques semaines plus tard, cependant, au début de 1942, ce fut au tour de Weizsäcker de venir voir Ardenne ; il lui dit que Heisenberg, se fondant sur de nouvelles recherches, pensait qu'en fin de compte la construction d'une bombe atomique n'était pas possible : au moment où s'élèverait la température d'une réaction en chaîne, les interactions avec l'U-235 diminueraient, les fissions se feraient moins nombreuses, la multiplication des neutrons se ralentirait et la réaction finirait par faire long feu tandis que la masse échauffée d'U-235 exploserait. De fait, Weizsäcker ne faisait que l'intoxiquer avec l'analyse « bombe impossible » de Niels Bohr, datant de 1939. Comme Heisenberg et de nombreux autres scientifiques de l'*Uranverein*, il savait que c'était exact dans le cas de la fission lente d'un réacteur, mais non dans celui de la fission rapide d'une bombe. Ardenne, en revanche, n'était pas au courant de cette distinction. Il orbitait à la limite la plus extérieure de la recherche nucléaire, en ce temps-là, et ne comprenait pas réellement ce domaine ; il n'avait aucun accès aux rapports du *Heereswaffenamt* sur le projet, et n'avait aucune raison de soupçonner Weizsäcker de le tromper délibérément. Cette conversation mit fin à l'intérêt d'Ardenne pour la fission ; encore longtemps après la guerre, il croyait toujours à l'authenticité de « l'erreur » d'Heisenberg et que celle-ci expliquait l'échec du programme nucléaire militaire allemand [22].

Les responsables de ce programme, Walther Bothe, Karl Clusius, Otto Hahn, Paul Harteck et Heisenberg, présentèrent tous un rapport sur leurs travaux lors de la première des trois réunions qui devaient décider du sort qui lui serait fait, au quartier général du *Heereswaffenamt*, à Berlin, le 16 décembre 1941. Les minutes de cette réunion ne nous sont pas parvenues, mais on peut en imaginer le ton par ce qu'il en est résulté : Erich Schumann rédigea un rapport sommaire pour son supérieur hiérarchique, le général Emil Leeb, lequel conclut que l'armée devait abandonner le domaine de la recherche nucléaire, renoncer au contrôle de l'institut de physique de Berlin-Dahlem, réquisitionné depuis l'automne 1939, et confier le projet à un autre organisme[23].

Le Conseil de Recherche du Reich *(Reichsforschungsrat)* dépendant de Bernhard Rust, ministre de l'Education et à l'origine des premières manifestations d'intérêt officiel pour la fission nucléaire, en avril 1939, n'attendait que cette occasion. Il fallait un nouveau directeur à Berlin-Dahlem, maintenant que les militaires s'en allaient. Au bout de plusieurs mois de manœuvres en coulisses, on donna le poste à Heisenberg, officiellement désigné comme directeur *à* l'institut le 24 avril 1942 tandis que Peter Debye, parti depuis longtemps, restait sur le papier directeur *de* l'institut. Heisenberg soupçonnait que sa nomination devait beaucoup aux machinations de Weizsäcker et Karl Wirtz, qui n'avaient pas aimé travailler avec Diebner. Les deux hommes lui auraient écrit : « Ne pouvez-vous venir ici, et veiller à ce qu'il [le projet] soit en des mains plus raisonnables à partir de maintenant[24] ? » A plusieurs reprises, Heisenberg répondit qu'il viendrait lorsqu'il y serait officiellement invité, pas avant.

Le Prix Nobel était un choix logique à ce poste. En pratique, il avait depuis le début le pas sur tous les autres physiciens de l'*Uranverein*, et il avait progressivement allongé la durée de ses séjours à Berlin, où il passait au moins la moitié de son temps au milieu de 1942. Mais des mois auparavant, Schumann avait porté son choix sur Walther Bothe, et Weizsäcker et Wirtz avaient besoin d'aide pour empêcher cette nomination. A la mi-janvier 1942, Otto Hahn, Max von Laue et Paul Harteck avaient été voir en délégation le secrétaire général de la *Kaiser Wilhelm Gesellschaft*[25], Ernst Telschow, pour lui démontrer que Heisenberg était le meilleur candidat au poste de directeur de l'institut. Quelques jours plus tard, Hahn et von Laue revinrent à la charge, faisant observer que si Bothe était un expérimentateur éminent, il n'avait cependant pas le bon profil pour le poste. Telschow, toutefois, hésitait à se décider. La bataille ne fut finalement gagnée que lorsque von Laue gagna le soutien du chef de cabinet de Rust, Rudolf Mentzel, lequel disposait d'un pouvoir décision-naire. Au bout de quelques mois, Heisenberg ne passait plus que les fins de semaine à Leipzig, dans sa famille. Mais loin d'être une querelle académique typique comme il y en a toujours autour d'une nomination, ce combat feutré pour le contrôle de la *Kaiser Wilhelm Gesellschaft* ne faisait que confirmer la position d'Heisenberg en tant que premier responsable scientifique du programme nucléaire allemand, même s'il n'eut jamais le titre de directeur général[26]. Pendant toute la durée de la guerre, cette responsabilité demeura celle du Conseil de Recherche du Reich, qui confia la gestion quotidienne du programme tout d'abord à Abraham Esau puis à Walter Gerlach.

Au début de 1942, Erich Schumann et son supérieur hiérarchique Emil Leeb en arrivèrent à « la conclusion à peu près formelle[27] » que la fission nucléaire n'offrait aucune perspective de contribuer à l'effort de guerre allemand. Le pessimisme de Schumann et Leeb présente néanmoins un contraste étonnant avec l'enthousiasme du *Heereswaffenamt* et de son équipe de physiciens, sous les ordres de Kurt Diebner. Le groupe, dans son laboratoire de Gottow (dans la banlieue de Berlin), avait mesuré des constantes nucléaires et préparé des expériences de réacteur de son cru ; il se sentait suffisamment encouragé par les résultats pour proposer un effort de grande envergure afin de mettre au point et des machines productrices d'énergie, et des bombes atomiques. Dans un rapport préparé pour le *Heereswaffenamt*, Kurt Diebner et ses associés (Friedrich Berkei, Werner Czulius, Georg Hartwig et W. Herrmann) affirmèrent qu'il était possible de construire une bombe « aux effets explosifs un million de fois plus grands que le même poids de dynamite », en utilisant soit l'U-235 ou le 94e élément produit dans les réacteurs[28]. On ignore par quelle voie Diebner et le *Heereswaffenamt* apprirent l'existence du plutonium et combien de temps il leur fallut pour être au courant : la question, toujours est-il, se trouve clairement discutée dans le rapport du groupe Diebner, achevé en février 1942[29]. Ce rapport, *Energiegewinnung aus Uranium* (Production d'énergie à partir d'uranium) dit qu'une bombe exige de dix à cent kilos de matériau fissile (le premier chiffre est à peu près juste) et insiste pour que le programme soit transformé en une entreprise industrielle majeure. On n'y minimise pas les efforts exigés, on y reconnaît franchement que la séparation de l'U-235 de l'U-238 est encore problématique et que les détails de la fabrication du plutonium restent à mettre au point. L'Allemagne manquait aussi de certaines matières premières stratégiques ; elle possédait à ce moment-là environ trois cents kilos d'eau lourde et deux tonnes et demie d'uranium en poudre[30], alors qu'un réacteur, d'après le rapport, exigerait entre cinq et dix tonnes de chaque[31]. Ce qui distingue ce rapport est son ton d'optimisme agressif. Le raisonnement de ses auteurs est que, puisque la construction de la bombe atomique est clairement envisageable sur un plan technique, l'effort mérite d'être vigoureusement conduit. Pour quelle raison Leeb et Schumann ont-il ignoré cette recommandation reste un mystère ; mais le fait suggère l'existence de tensions considérables au sein du programme du *Heereswaffenamt*.

Les scientifiques du groupe Diebner n'étaient toutefois pas les seuls à résister au pessimisme de Schumann et Leeb. Carl Ramsauer, physicien dans l'industrie, responsable de la Société allemande de Physique et l'un des principaux chercheurs de la grande société électrique *Allgemeine Elektrizitätgesellschaft,* était également convaincu que la physique avait aussi sa contribution à apporter à l'effort de guerre, pour peu qu'elle pût se libérer des puristes nazis soutenant « la physique allemande ». Ancien étudiant de Lenard, Ramsauer n'en était pas moins irrité du fanatisme antisémite ; la physique était la physique, et il voulait mettre un terme à la guerre fratricide entre physiques « allemande » et « juive ». Ludwig Prandtl, chef de file des ingénieurs aéronautiques allemands, harcelait depuis des années les hauts dignitaires nazis pour que fût abandonnée la *Deutsche Physik ;* c'était lui qui avait obtenu le soutien de Ramsauer et convaincu Himmler, auparavant, de mettre un terme aux attaques dont Heisenberg était l'objet. En octobre et en novembre 1941, Ramsauer enrôla à son tour deux formidables personnages officiels : le général Friedrich Fromm, grand responsable des armements et supérieur immédiat du général Leeb, et le maréchal Erhard Milch, délégué de Göring auprès de la Luftwaffe. Solidement soutenu au plus haut niveau, le 20 janvier 1940 Ramsauer envoya au ministre de l'Education, Bernhard Rust, une vigoureuse protestation contre la guerre déclarée à la « *physique juive* » dans un épais document argumenté s'appuyant en particulier sur les efforts américains dans ce domaine. L'Allemagne n'aurait pas pris tout ce retard, expliquait Ramsauer, si on n'avait pas aussi mal traité Heisenberg. Il s'en fallait de peu qu'il ne fît un vibrant appel en faveur de la bombe atomique :

> Ce qui est en jeu ici dépasse de beaucoup une simple querelle d'opinions scientifiques : il s'agit peut-être *de la question d'avenir la plus importante pour notre économie et nos forces armées : l'accès à de nouvelles sources d'énergie.* Les possibilités que l'on peut attendre de la physique et de la chimie classiques sont pour l'essentiel connues et déjà exploitées. La physique nucléaire est le seul domaine dans lequel nous pouvons espérer aboutir à des percées fondamentales pour résoudre les problèmes de l'énergie et des explosifs [32].

Ramsauer ne reçut de réponse directe ni de Rust, ni du Conseil de Recherche, mais son message ne se perdit pas, puisqu'il renouvela l'intérêt du Conseil. L'armée, représentée par Schumann et Leeb, avait déjà programmé une sorte de conférence d'adieu sur l'énergie nucléaire, prévue pour s'ouvrir Maison Harnack, à Berlin-Dahlem, le 26 février. Poussé par Ramsauer et pressé d'entrer en scène, le Conseil de Recherche décida d'en tenir une identique pour le bénéfice des plus grands dignitaires nazis, à son quartier général de Berlin et le même jour. Au point que plusieurs des scientifiques qui devaient y faire un bref exposé de vulgarisation se verraient obligés de foncer immédiatement à Dahlem pour participer à la conférence de l'armée.

Le programme officiel de la conférence du Conseil comprenait une liste de huit scientifiques auxquels on avait demandé de décrire les grandes lignes de leurs travaux en une dizaine de minutes chacun. Le premier à parler serait le « Herr Professor Doktor » Erich Schumann (devant ce public, il était en civil), sur le thème de « La physique nucléaire comme arme ». Parmi les invités du Conseil, il y avait des dignitaires comme le Reichsführer Heinrich Himmler, le ministre (récemment nommé) des Armes et Munitions Albert Speer, le maréchal Wilhelm Keitel, l'adjoint personnel d'Hitler, Martin Bormann et le commandant en chef de la Luftwaffe, Hermann Göring. Tous ces personnages disposaient chacun d'assez d'autorité et d'influence politique pour jeter tout le poids de l'État nazi derrière un projet de bombe atomique.

Mais les efforts du Conseil pour gagner les plus hauts appuis à ce projet échouèrent par manque de chance et par une série de hasards malheureux. Pour diverses raisons, aucun des mandarins nazis sollicités n'assista à la conférence du Conseil. Speer venait d'être nommé seulement quinze jours auparavant et avait déjà fort à faire pour asseoir son autorité face aux pesanteurs bureaucratiques. Keitel se fit excuser, arguant d'engagements importants déjà pris, mais faisant état de son intérêt « pour ces problèmes scientifiques[33] ». Un secrétaire du Conseil de Recherche envoya par erreur à Himmler le programme de la réunion scientifique de l'armée prévue le même jour, soit une liste de vingt-cinq exposés sur des sujets abscons qui ne signifiaient rien pour lui. D'autres reçurent également le mauvais programme et se firent excuser, se demandant sans aucun doute ce que « l'absorption par résonance » (la communication de Weizsäcker) ou les « ultracentrifugeuses » (celle de Wilhelm Groth) avaient à voir avec la guerre. Mais le bon programme lui-même n'avait rien de spectaculaire ; le mot « arme » n'apparaissait que dans le titre de l'exposé de Schumann, « production d'énergie » était ce que proposaient de plus alléchant tous les autres ; et l'invitation du Conseil, formulée dans une langue proche du mémo de Ramsauer du 20 janvier 1942, soulignait seulement « la signification extraordinaire que la solution de ce problème pourrait un jour avoir pour les armes allemandes et toute l'économie de l'Allemagne [...][34] ». L'expression « bombe atomique » aurait pu malgré tout les attirer ; la vague promesse de grands résultats, « un jour », ne suffisait pas.

Heisenberg et les sept autres intervenants, lors de la réunion du Conseil de Recherche, le 26 février 1942, décrivirent avec précision les perspectives de l'énergie nucléaire dans ses applications civiles et militaires. Mais il est difficile d'imaginer Himmler ou Bormann (s'ils étaient venus) soulevés d'enthousiasme par le bref exposé d'Heisenberg sur « Les bases théoriques de la production d'énergie par fission de l'uranium ». Ce texte de neuf pages, resté dans les archives d'Heisenberg, est d'un formalisme rigide et d'une structure confuse. Il se résume pour l'essentiel à une pesante métaphore de la fission comme une question de « contrôle de la population » : « taux de naissance » excédant le « taux de décès » égale « production d'énergie ». Quiconque l'étudiait attentivement pouvait cependant saisir les principes à l'origine d'une réaction en chaîne.

Un certain nombre d'autres éléments cruciaux relatifs à la physique d'une bombe atomique étaient toutefois effleurés si rapidement que seul un auditeur scientifiquement préparé aurait pu en saisir la signification. Sur l'U-235, par exemple, Heisenberg déclare : « Il peut être cassé par des neutrons à n'importe quelle vitesse [...] » Cette référence indirecte à la fission rapide, ainsi détachée de tout contexte explicite, ne permet absolument pas de comprendre que seule celle-ci peut déclencher une explosion, et brouille la différence critique entre un réacteur et une bombe atomique. Le reste de l'exposé d'Heisenberg tourne autour des neutrons thermiques (lents) exigés pour une réaction en chaîne contrôlée dans le cadre de la production d'énergie. De tels réacteurs, explique-t-il, seraient particulièrement utiles pour les sous-marins car la fission n'a pas besoin d'oxygène et libéreraient donc ceux-ci de la nécessité de refaire surface tous les uns ou deux jours afin de recharger leurs batteries à l'aide d'un moteur diesel. C'est comme en passant ou presque que Heisenberg mentionne qu'une « nouvelle substance » (le plutonium), également fissile, serait produite dans un réacteur et qu'elle « serait beaucoup plus facile à séparer de l'uranium que l'U-235 ». Il s'agit là de « la voie ouverte vers la bombe » qui avait poussé Heisenberg à faire le voyage de Copenhague, à l'automne précédent : or ici, il n'est question nulle part de « voie ouverte ». Il se contente de poursuivre en insistant sur les difficultés qu'il y aurait à construire même un simple réacteur expérimental, du fait du manque du meilleur modérateur existant, l'eau lourde. Heisenberg reprenait d'une main ce qu'il avait donné de l'autre.

Dans cet exposé, il effleure toutes les bases indispensables, à savoir le principe de la fission, le concept de fission « rapide » et la fabrication du plutonium, mais jamais il n'explique en termes simples ce que cette science difficile exigerait pour obtenir « les conséquences inimaginables » dont il parle. Personne, parmi les prestigieux invités du Conseil de Recherche, n'aurait compris l'intérêt pratique des remarques d'Heisenberg sur la bombe atomique sans l'appoint d'un tuteur à ses côtés. En l'absence de tels cornacs, l'exposé revenait à donner un sac plein de tubes et de fils à un paysan en lui disant : « Tenez, mon brave, voici de quoi vous construire un poste de radio... » On n'aurait pas menti, mais quelle utilité ?

On peut rejeter ces objections en faisant remarquer que les scientifiques ont souvent des difficultés à s'expliquer devant des profanes, n'eût été la curieuse référence faite aux proportions de l'explosion. Construire une bombe atomique implique de nombreux problèmes techniques, mais aucun n'est plus épineux que celui de la production de matériau fissile. En février 1942, au moment où parlait Heisenberg, personne en Allemagne n'avait encore vu d'U-235 ou de plutonium ; d'ailleurs, on n'en trouvait que des quantités microscopiques, fabriquées aux États-Unis. Etant donné la difficulté d'obtenir un matériau fissile, tout projet de fabrication de bombe devait commencer par poser la question vitale de la *quantité* de matière indispensable. Jamais, dans son exposé, Heisenberg ne soulève la question de « la masse critique », autrement dit de la quantité de matériau fissile exigée pour l'emballement de la réaction en chaîne, autrement dit pour faire une bombe. Il fit cependant une remarque indirecte concernant la masse critique. « Si l'on pouvait réussir à convertir *tous* [mot souligné par Heisenberg] les noyaux de, disons, une tonne d'uranium par fission, on libérerait une quantité énorme d'énergie, de l'ordre de 1 500 milliards de kilocalories. » Heisenberg avait raison : énorme quantité d'énergie, environ deux cents fois celle de la bombe d'Hiroshima. Ce qu'il y a d'étrange à avoir pris l'exemple d'une tonne comme référence est que, juste deux mois auparavant, Heisenberg avait déclaré à Manfred von Ardenne que seulement « quelques kilos d'U-235 » suffiraient pour faire une bombe atomique. Utiliser ce chiffre comme exemple était un peu comme dire qu'un revolver serait davantage meurtrier s'il pouvait tirer des balles de cinquante kilos : ici non plus on n'aurait pas menti, mais quelle utilité [35] ?

Le même jour, Heisenberg se rendit à la maison Harnack de Berlin-Dahlem, pour la conférence de l'armée qui portait sur des questions techniques et devait s'échelonner sur trois jours. C'est au cours de celle-ci que Erich Bagge, l'ancien étudiant d'Heisenberg qui avait poursuivi des recherches sur la séparation isotopique, surprit un échange inhabituel entre son ancien maître et l'un des généraux. (Bagge pense qu'il s'agissait du général Becker, du ministère de la Guerre, officier qui joua un rôle de superviseur au début de l'histoire du programme nucléaire militaire allemand.) « Herr Professor Heisenberg, demanda le général, pouvez-vous fabriquer une bombe décisive pour le sort de la guerre en neuf mois ?

— En neuf mois, ce n'est pas possible », répondit Heisenberg.

D'après Bagge, le général se tourna alors vers Walther Bothe (qui avait succédé à Heisenberg dans la liste des intervenants). « Herr Professor, lui demanda-t-il, êtes-vous d'accord avec ce que vient de déclarer le Herr Professor Heisenberg ?

— Je pense que ce que Heisenberg a dit est correct », répondit Bothe [36].

Cet échange au ton compassé surpris par Bagge était très certainement destiné avant tout, dans l'esprit du général, à savoir si le projet de bombe atomique pouvait entrer dans les nouveaux délais imposés par Hitler pour poursuivre les programmes de recherche les plus prometteurs ; les « neuf mois » du général correspondent en effet à « l'avenir prévisible » de Schumann. Mais lorsque Bagge en parla par la suite à Heisenberg, il eut l'impression que ce dernier en avait tiré une conclusion bien différente : que les généraux pensaient que la guerre serait perdue à la fin de 1942.

A cette époque-là, néanmoins, Bernhard Rust et le Conseil de

Recherche du Reich manifestaient un intérêt entièrement renouvelé pour la question de l'énergie atomique. Profitant du désengagement de l'armée, le ministre de l'Education reprit le contrôle du programme de recherche nucléaire au début du mois de mars 1942, nommant Abraham Esau directeur du projet. La réunion du 26 avril symbolisait peut-être ce désengagement, mais ailleurs, en Allemagne, des scientifiques soucieux de voir se poursuivre les programmes de recherche se sentaient soulagés que des personnalités haut placées s'intéressent à la question. Otto Hahn, l'un des huit intervenants de la conférence, relève laconiquement dans son carnet que les discours avaient fait « une bonne impression [37] ». Un compte rendu inoffensif parut le lendemain dans les journaux ; il y était question d'une discussion sur « des problèmes modernes de physique », lesquels étaient « d'un intérêt décisif pour la défense nationale et toute l'économie allemande ». On accouplait une fois de plus armes et énergie comme deux domaines prometteurs de la physique moderne, ainsi que l'avait fait pour la première fois Ramsauer, dans sa lettre du 20 janvier 1942 [38]. Les tentantes possibilités de la fission nucléaire flottaient comme une rumeur dans les cercles nazis et atteignirent même le ministre de la Propagande, Josef Goebbels, qui note dans son journal, à la date du 21 mars 1942 :

> J'ai reçu un rapport sur les derniers développements de la science allemande. Les recherches dans le domaine de la destruction atomique ont maintenant atteint un point où l'on peut peut-être faire usage de ces résultats pour la conduite de la guerre. Il paraîtrait que l'on peut obtenir les destructions les plus fabuleuses avec un minimum d'effort, si bien que les perspectives d'un prolongement de la guerre [...] sont terrifiantes. La technique moderne met aux mains des êtres humains des moyens de destruction qui sont tout simplement incroyables. La science allemande est en pointe dans ce domaine. Il est essentiel que nous soyons en avance sur tout le monde, car celui qui introduira une nouveauté révolutionnaire dans ce conflit aura la plus grande chance de le gagner [39].

Plus significatif encore est l'intérêt manifesté par Albert Speer, qui disposait d'un pouvoir absolu sur l'économie allemande et qui s'était laissé persuader qu'un vigoureux programme de recherche nucléaire pourrait déboucher sur une arme d'une puissance telle que le sort du conflit en dépendrait. Speer était homme à déplacer des montagnes ; il représentait la dernière et la meilleure chance de tous les Allemands qui espéraient encore construire la bombe atomique avant la fin de la guerre. Mais Speer lui-même était architecte de formation et rechercha donc l'avis des spécialistes, c'est-à-dire des physiciens. Le principal d'entre eux était Werner Heisenberg ; que celui-ci eût le moindre désir de fabriquer la bombe atomique, il n'avait qu'à parler.

CHAPITRE 14

Le jeune architecte Albert Speer était le benjamin blond du gouvernement nazi, au printemps de 1942. De tous les proches d'Hitler, il était le seul à paraître honnête, innocent et normal. Les autres, acolytes rassemblés pendant les débuts du parti national-socialiste, formaient une galerie de grotesques achevés. Le patron de la Luftwaffe, Hermann Göring, déjà obèse, continuait d'engraisser. Il se maquillait, buvait, se droguait, portait des uniformes extravagants dessinés par lui et faisait preuve d'une passion insatiable pour l'argent et les biens matériels. Le cauteleux Martin Bormann avait l'obsession de l'intrigue, Himmler était un sadique plein d'une haine fanatique contre les Juifs, et Goebbels un personnage brillant mais sans principes ni scrupules. Ils n'avaient qu'une chose en commun, la jalousie de leurs prérogatives. Au milieu de cette meute, Speer constituait un allié de choix pour quiconque rêvait que la guerre pût être gagnée. Aucun autre haut dignitaire, à ce moment-là, ne possédait son aptitude au leadership, ne bénéficiait d'un accès aussi direct à Hitler et n'avait son extraordinaire autorité ou sa foi naïve en la victoire.

La passion du Führer pour l'architecture avait ouvert le chemin du pouvoir au jeune architecte. Jeune, un peu exalté, Speer avait un talent exceptionnel pour créer des effets visuels grandioses ; il attira pour la première fois l'attention d'Hitler grâce aux drapeaux géants et aux éclairages mélodramatiques qu'il avait conçus en vue du rassemblement nocturne du *Parteitag*, « le jour du parti », fête célébrée annuellement à Nuremberg. Bientôt titulaire du poste d'architecte en chef du parti nazi, Speer passait d'innombrables heures en compagnie d'Hitler penché sur des dessins ou des maquettes en plâtre des vastes édifices officiels que le Führer comptait bâtir pour laisser un témoignage de sa grandeur. Des quartiers entiers seraient rasés pour faire place aux nouveaux bâtiments, les rues seraient élargies, des voies de chemin de fer déplacées. Bien peu de ces projets virent le jour. On construisit un bureau imposant pour Hitler afin qu'il pût intimider ses visiteurs, mais le reste de ses plans grandioses resta pour la plupart dans les cartons, devant les exigences croissantes de la guerre. Puis la chance vint s'ajouter à la confiance d'Hitler pour propulser Speer au poste qui, dans l'Allemagne nazie, détenait le plus de pouvoir.

Le soir du 7 février 1942, Speer, à ce moment-là complètement voué aux constructions militaires, s'arrêta au quartier général d'Hitler, en Prusse-Orientale, pour lui rendre compte d'une tournée qu'il venait d'effectuer sur le front sud de Russie. Pour d'autres raisons, se trouvait également présent Fritz Todt, *Reichminister* des Armements et Munitions ; les deux hommes avaient prévu de retourner ensemble à Berlin avec l'avion de Todt, le lendemain matin. Mais Hitler garda Speer jusqu'à trois heures du matin, l'interrogeant sur ce qu'il avait vu en Russie, et Todt décolla donc tout seul. Quelques instants plus tard, l'avion explosait en vol et s'écrasait. Or Todt venait de recevoir la responsabilité de mobiliser toute l'Allemagne dans un effort de guerre illimité et Hitler, craignant la curée pour le poste de Todt parmi les hommes qui l'entouraient, régla immédiatement la question en nommant Speer à sa place.

Nomination extraordinaire : Speer ne paraissait nullement avoir la carrure d'un maréchal du Reich à l'industrie. Grand, beau à la mode aryenne, il avait un tempérament rêveur, passionné et idéaliste ; maladroit en société, il était terrorisé lorsqu'il devait parler en public. Il n'avait aucune formation en économie, aucune expérience de l'industrie, aucune réputation de compétence parmi l'élite financière allemande. Néanmoins, adoubé par Hitler, Speer se retrouva à quarante ans le personnage le plus important du Reich après le Führer lui-même et il devint manifeste, en quelques mois, que Hitler ne s'était pas trompé.

Speer disposait d'un talent peu ordinaire ; raide à la mode prussienne, c'était un travailleur infatigable, d'une loyauté à toute épreuve à Hitler. Soutenu par ce qu'il appelait lui-même « l'auréole d'Hitler », il fut à l'origine des prodiges accomplis par l'économie allemande en dépit des restrictions de plus en plus sévères de matières premières, et d'une implacable campagne de bombardements de la part des Alliés [1]. Vers la fin de la guerre, lorsque la défaite devint évidente, Speer se tourna contre Hitler et envisagea même de l'assassiner. Mais, dans sa première année de pouvoir, il bénéficia de la confiance illimitée d'Hitler, alors que le vaste potentiel économique de l'Allemagne du temps de paix n'avait pas encore été voué à remplir des objectifs militaires. Göring fit bien une tentative pour limiter le mandat de Speer, mais en vain. Hitler donna même à Speer autorité de procéder à des nominations sans exiger l'appartenance au parti nazi. Dès le début, Speer s'était lié d'une solide amitié avec le maréchal de la Luftwaffe Erhard Milch, un pragmatiste comme lui-même. Il sut gagner la confiance des hommes d'affaires et des industriels en leur donnant des postes importants et en les laissant libres de faire le travail comme ils l'entendaient. C'est au cours de ses premiers mois comme grand vizir du Troisième Reich que Speer entendit parler de bombe atomique.

Le rapport émanait du général Friedrich Fromm, responsable des armements, lequel tenait lui-même l'existence de cette possibilité de Carl Ramsauer depuis l'automne de 1941. Au cours d'un déjeuner qui eut lieu fin avril 1942 dans un salon privé du Horcher's, restaurant de Berlin que fréquentait le gratin du gouvernement nazi et où Speer et Fromm se rencontraient souvent, le général lui déclara que le seul espoir de gagner la guerre, pour l'Allemagne, était de mettre au point une arme nouvelle et dévastatrice. Il répéta la description de Ramsauer, de bombes ayant la capacité de rayer une ville de la carte ; avec de telles armes, l'Angleterre serait rapidement mise à genoux. Fromm exhorta Speer à organiser une réunion officielle avec les scientifiques travaillant sur la nouvelle arme pour entendre ce qu'ils avaient à dire [2].

Un second personnage plaida dans le même sens : Albert Vogler, le président influent de la *Kaiser Wilhelm Gesellschaft*, patron du géant de l'industrie United Steel, et membre du premier groupe d'industriels à avoir rencontré Speer après sa nomination, en février 1942. Vogler, apparemment encore furieux de la manière dont le programme de recherche nucléaire avait été enlevé à la KWG en mars par Rust, se plaignit de la pingrerie du Conseil de la Recherche du Reich en fonds et en matériel. Speer cherchait le moyen de se concilier Göring, jaloux de son nouveau pouvoir, et les protestations de Vogler, au début du mois de mai 1942, lui en suggérèrent le moyen. Speer persuada Hitler de donner à Göring la responsabilité du Conseil de la Recherche, geste qui aurait le double avantage de le lui concilier et de donner au Conseil une plus grande priorité en matière d'argent et de matériel. Et poussé à la fois par Fromm, Vogler et ses propres subordonnés, Speer s'arrangea pour convoquer un fort contingent de militaires de haut rang à une réunion avec les physiciens nucléaires, Maison Harnack, le 4 juin.

La situation militaire de l'Allemagne, à la veille de cette réunion, était loin d'être désespérée ; une nouvelle offensive était en cours en Russie, les Alliés n'avaient toujours pas ouvert de deuxième front et toute l'Europe servait de magasin et d'usine à l'Allemagne. Les Alliés, cependant, commençaient à faire sentir durement la pression, au moins d'une manière : par des bombardements aériens qui avaient le don de mettre Hitler en rage. Au cours des premiers mois de la guerre, Speer avait pu constater personnellement l'excitation qui s'était emparée d'Hitler lorsqu'il avait regardé le premier reportage filmé des bombardements de la Luftwaffe sur la Pologne. Le film se terminait par un montage où on voyait les îles Britanniques pulvérisées, et Hitler s'était exclamé : « C'est ce qui va leur arriver ! C'est ainsi que nous les annihilerons [3] ! »

Les événements n'avaient pas tourné de cette façon. Les Britanniques portèrent le premier coup avec un raid sur Berlin, en août 1940. Un Hitler fou de rage hurla ses menaces dans le *Sportpalast* de Berlin, le 4 septembre :

> Si les forces aériennes britanniques jettent trois ou quatre mille kilos de bombes, nous, en une nuit, nous en jetterons cent cinquante, ou deux cent trente ou quatre cent mille ! Quand ils déclarent qu'ils

augmenteront les attaques sur nos villes, alors nous raserons les leurs ! Nous arrêterons les bricolages de ces pirates de l'air, Dieu nous aide ! L'heure viendra où l'un de nous deux rompra et ce ne sera pas l'Allemagne nationale-socialiste[4] !

C'est alors que se déchaîna, dans toute sa fureur, la bataille d'Angleterre au-dessus de Londres ; ce fut cependant Hitler qui se vit obligé de faire marche arrière tant ses pertes en avions furent importantes. Le dernier grand raid aérien sur Londres eut lieu en mai 1941. Après quoi, ce fut au tour de l'Allemagne de devoir supporter des assauts de plus en plus meurtriers ; ils ravageaient une ville après l'autre dans des raids à chaque fois plus massifs qui illustraient, dans les faits, l'impuissance de Hitler. Si ces attaques n'avaient que peu d'importance stratégique, elles faisaient cependant très mal. A la fin du mois de mars 1942, la British Royal Air Force essaya une nouvelle théorie du bombardement (ajoutant des bombes incendiaires aux explosifs conventionnels) sur la ville médiévale de Lübeck, délibérément choisie parce qu'on espérait que ses rues étroites et ses nombreuses maisons à colombages propageraient mieux l'incendie. On avait vu juste, et pour la première fois, le nombre de morts et de blessés allemands dépassa le millier. Rostock ne tarda pas à subir le même sort. Devant le Reichstag, le 26 avril, Hitler, bouillant de rage, lança que Churchill « ne doit pas pleurer et gémir si je me sens maintenant obligé de répliquer d'une manière qui n'apportera que des souffrances à son peuple. A partir de maintenant, je répondrai coup pour coup[5] ». Il déclara à Goebbels que les Britanniques étaient « une classe d'êtres humains auxquels on ne peut parler qu'après leur avoir fait cracher leurs dents[6] ». La Luftwaffe promit de venger Lübeck en lançant des raids sur toutes les villes britanniques qui bénéficiaient des trois étoiles sur le fameux guide Baedeker. Mais la menace resta sans effet ; l'Allemagne n'avait construit aucun bombardier lourd et les bombardiers légers qui lui restaient étaient trop peu nombreux pour la mettre à exécution.

C'est ainsi qu'au printemps de 1942, la Luftwaffe et le maréchal Milch cherchaient frénétiquement un moyen — pratiquement n'importe lequel — pour assouvir la soif de vengeance d'Hitler. On envisageait déjà des fusées à longue portée (appelées *Vergeltungswaffen,* « armes de la vengeance ») mais l'absence d'un explosif adéquat se faisait sentir : il fallait quelque chose qui fût à la hauteur des dévastations commises par le raid britannique de mille avions qui avait eu lieu à la fin de mai au-dessus de Cologne, et déversé mille quatre cents tonnes de bombes (dont un tiers incendiaires) ; deux cent quarante hectares au centre de la ville avaient brûlé. En mai, Milch commença à discuter avec ses aides d'un projet délirant de bombardement de New York ; l'Allemagne ne disposait d'aucun avion ayant un tel rayon d'action (sans même parler du voyage retour) et l'état-major de Milch envisagea quelque chose d'encore plus audacieux : un bombardier léger devait traverser l'Atlantique Nord sous le ventre d'un bombardier lourd ; une fois New York à portée du bombardier léger, celui-ci se laisserait larguer, couvrirait la distance restante et lâcherait une unique bombe sur Manhattan avant d'aller se poser sur l'océan où l'équipage serait récupéré par un sous-marin allemand envoyé sur place. Plan désespéré et à peu près impraticable ; de toute façon, la bombe la plus puissante de l'arsenal allemand (une tonne d'explosif) n'aurait produit qu'un résultat ridiculement médiocre par rapport à l'effort consenti[7].

Ce projet, vain dès le début, sauta évidemment d'un bureau à un autre jusqu'à son abandon, en août 1942, faute d'un sous-marin adéquat. La Luftwaffe savait pertinemment qu'il fallait de multiples bombardements pour obtenir un résultat de quelque importance stratégique ; au cours de la bataille d'Angleterre, elle avait lancé des milliers de tonnes de bombes sur Londres, au prix de pertes terribles, sans grandes conséquences sur ce plan. Milch en avait-il tiré la conclusion que la bombe atomique était l'arme qui donnerait un sens à cet héroïque effort ? Les archives sont silencieuses sur ce point, mais il semble que Milch ait fait parti du petit groupe de ceux qui le croyaient et l'espéraient, le jour de la réunion du 4 juin convoquée par Speer pour écouter les physiciens.

Au moment où Speer et sa suite entrèrent à la Maison Harnack, on aurait difficilement pu imaginer meilleure occasion pour les scientifiques désireux de construire une bombe atomique : Speer était l'homme qui avait les moyens de jeter tout le poids de l'économie allemande derrière un tel programme ; la guerre promettait de se prolonger, et les physiciens savaient comment construire une bombe qui pourrait donner la victoire à leur pays, même à la onzième heure. Mais la conjoncture était favorable pour encore une autre raison : la psychologie d'Hitler s'accordait parfaitement à celle de Speer. La confiance que le premier avait placée dans le second se fondait sur une passion partagée pour le grandiose. Hitler n'avait même pas un froncement de sourcils pour des plans visant à raser le cœur du vieux Berlin impérial afin de construire une ville nouvelle. Il adorait prendre ses adversaires de court avec des réactions inattendues. Frustré par leur résistance, il menaçait de les anéantir. Il rêvait d'un moyen d'assouvir sa rage. Le cycle monumental de Wagner, *L'Anneau des Nibelungen,* était son œuvre favorite, et des quatre opéras qui le constituent, son préféré était *Le Crépuscule des dieux,* qui s'achève dans une orgie de feu et de destruction. S'il y avait quelqu'un de prêt à vendre son âme pour une bombe atomique, c'était bien Hitler. Et si quelqu'un était capable de convaincre Hitler de parier sur l'énorme entreprise que représentait sa construction, c'était bien Albert Speer.

Tout était donc en place pour décider de choses colossales lorsque Speer arriva à la Maison Harnack tard, le 4 juin. Il était accompagné de ses conseillers civils et militaires, dont les techniciens Karl-Otto Sauer et Ferdinand Porsche (l'inventeur de la Volkswagen) ; du responsable militaire des armements, le général Friedrich Fromm ; des généraux Emil

Leeb et Erich Schumann du *Heereswaffenamt* ; du maréchal Erhard Milch, de la Luftwaffe ; des amiraux Rhein et Karl Witzell de la Kriegsmarine. Egalement invités à la conférence, on trouvait les deux premiers responsables de la *Kaiser Wilhelm Gesellschaft,* à savoir son président, Albert Vogler, et son secrétaire général, Ernst Telschow. Parmi les scientifiques présents, on comptait à la fois des responsables du programme nucléaire militaire et des universitaires, y compris Heisenberg, Carl Friedrich von Weizsäcker, Otto Hahn, Fritz Strassmann, Hans Jensen, Karl Wirtz, Erich Bagge, Walther Bothe, Karl Clusius, Manfred von Ardenne, Arnold Sommerfeld, Kurt Diebner, Paul Harteck, Georg Joos, Wilhelm Groth et Adolf Thiessen[8]. Une cinquantaine d'autres personnes, y compris les officiers d'état-major qui accompagnaient Milch, Fromm, Leeb et Witzell, s'entassèrent dans la salle de lecture de la Maison Harnack.

La réunion commença par un rapport sur un nouveau type de détecteur de mines, puis on aborda la question de la recherche nucléaire et de la bombe atomique. En tant que théoricien en chef du projet de recherche nucléaire, il appartenait à Heisenberg de décrire les perspectives ouvertes dans ce domaine. Le texte de son intervention ne nous est pas parvenu et il n'existe évidemment aucune minute de cette conférence. L'agenda de bureau de Speer indique seulement que la discussion porta sur « le fractionnement des atomes, la mise au point d'une machine à uranium et du cyclotron[9] ». Ce que dit Speer des remarques d'Heisenberg laisse à penser que les physiciens mirent l'accent sur la recherche nucléaire considérée comme une entreprise purement scientifique ; Heisenberg eut des « mots amers » sur le fait que de jeunes chercheurs prometteurs étaient envoyés au front, sur la parcimonie des fonds alloués par le ministre de l'Education Bernhard Rust et le Conseil de la Recherche du Reich (chose que Vogler avait déjà signalée à Speer), qu'il était difficile d'obtenir certaines matières premières indispensables (en particulier de l'acier, du nickel et d'autres métaux rares), que les Américains faisaient des progrès constants tandis que la recherche allemande piétinait. N'importe quel autre scientifique, dans n'importe quel autre domaine de recherche, aurait pu tenir le même discours.

Après la guerre, Heisenberg dit qu'il avait également parlé de la possibilité de fabriquer des réacteurs atomiques (les « machines à uranium » mentionnées dans l'agenda de Speer), puisque les expériences (comme l'avaient prouvé celles qu'il avait menées lui-même avec Dopel à Leipzig) montraient que les neutrons se multipliaient. Mais ajoute Heisenberg, « je n'ai pas mentionné l'éventualité de faire du plutonium, car nous voulions donner à cela le moins d'importance possible[10] ». Le compte rendu de Speer, publié en 1969, ne mentionne pas davantage le plutonium et il apparaît qu'on ne fit que la plus vague référence à son existence et à son importance vitale dans tout sérieux programme de bombe atomique lors de la réunion : cette référence se trouve soigneusement enfouie (sauf pour les physiciens) dans l'utilisation que Heisenberg fait du pluriel lorsqu'il parle des « explosifs » nucléaires[11]. L'un des assistants de Speer, un physicien-chimiste du nom de Lieb, qui ne cessait d'insister sur l'importance de la recherche nucléaire depuis un an, ne saisit absolument pas que l'allusion aux « transuraniens » incluait le plutonium, le 94e élément fissile. Lieb pensait qu'une bombe exigeait de l'U-235, que les scientifiques ne savaient pas comment le séparer de l'U-238 et que, par conséquent, « on ne pouvait même pas rêver de produire un projectile convenable [à savoir une bombe atomique] à cette époque en Allemagne[12] ».

Heisenberg n'avait peut-être bien voulu parler que de science, mais c'était la perspective de la bombe atomique esquissée par le général Fromm qui avait poussé Speer à venir à la Maison Harnack. Son « exposé » terminé, Heisenberg se rassit et Speer lui demanda alors directement « comment appliquer la physique nucléaire à la fabrication d'une bombe atomique[13] ». L'emploi du terme de « bombe » provoqua un murmure audible dans l'assemblée. En dépit de sa situation de secrétaire général de la *Kaiser Wilhelm Gesellschaft* et du rôle de premier plan qu'il avait joué dans le choix d'Heisenberg comme directeur du programme de recherches nucléaires, Telschow n'avait jamais entendu ce mot mis en relation avec la fission : le murmure d'étonnement lui confirma qu'il n'était pas le seul à être jusqu'ici resté dans l'ignorance. D'après Speer, Heisenberg déclara :

> ... que la solution scientifique avait déjà été trouvée et qu'en théorie, rien n'empêchait la construction d'une telle bombe. Mais les exigences techniques soulevées par la production prendraient des années de mise au point, deux au minimum, même si le programme recevait tout l'appui imaginable[14].

Heisenberg décrivit plus tard sa réponse en des termes très voisins :

> [...] nous répondîmes que oui, nous pouvons en principe fabriquer des bombes atomiques et produire le matériau explosif, mais tous les procédés que nous connaissons pour manufacturer ces substances explosives sont énormément coûteux ; il faudrait peut-être des années pour y parvenir aux prix de dépenses techniques gigantesques, de l'ordre de plusieurs milliards, si nous voulons le faire[15].

Il expliqua à Speer que l'absence d'un cyclotron allemand paralysait les progrès ; contrairement aux Américains, qui en possédaient plusieurs, l'Allemagne n'avait accès qu'à celui de Joliot-Curie à l'Université de Paris et l'utilisation de ce dernier était limitée pour des raisons de sécurité et à cause des engagements pris par Schumann en 1940. Lorsque Speer déclara que son ministère pourrait sans aucun doute construire de gros cyclotrons, de la taille de ceux des Américains, Heisenberg objecta que les Allemands manquaient d'expérience dans ce domaine et devraient commencer par faire des expériences avec une petite machine.

Speer et ses collègues étaient encore loin de se sentir découragés. Le maréchal Milch demanda à Heisenberg : « Quelle taille devrait faire une bombe pour réduire en cendres une ville comme Londres [16] ? »

Heisenberg mit les mains en coupe devant lui et répondit : « Environ de la taille d'un ananas [17]. »

Milch voulut alors savoir combien de temps il faudrait aux Américains pour se doter d'un réacteur et d'une bombe atomique. Le physicien estima que même si les États-Unis donnaient tous les feux verts à ses chercheurs, ils ne pourraient fabriquer de réacteur qui fût opérationnel avant au moins deux ans. Autrement dit, les Allemands n'avaient pas à redouter de bombe américaine avant 1945 au plus tôt [18].

Heisenberg concéda donc qu'une bombe était théoriquement possible, mais on ne put lui arracher un seul mot d'encouragement de plus. Speer avait entendu parler, semble-t-il, de l'effroyable possibilité qu'une réaction en chaîne, en s'emballant, ne mît la planète à feu et ne transformât la planète en étoile. Mais lorsqu'il demanda à Heisenberg s'il était certain qu'on pouvait l'éviter, le physicien refusa de le rassurer.

La frustration que ressentit Speer devant les réponses fuyantes d'Heisenberg sont sensibles dans ses mémoires. Le scientifique se complut dans la description des difficultés du projet, mais souleva des objections lorsqu'on lui offrit les moyens de les surmonter. Quand Speer demanda comment son ministère pouvait aider les chercheurs, Heisenberg répondit qu'ils avaient besoin d'argent, de nouveaux bâtiments et de provisions de matières premières rares. Toutefois, pressé de donner un montant pour une somme qu'ils pourraient utiliser immédiatement, Weizsäcker avança un chiffre insignifiant, qui n'avait de sens qu'en fonction des normes universitaires qui avaient cours avant la guerre : 40 000 marks. Comme le dit plus tard Milch à l'historien anglais David Irving : « C'était une somme tellement modeste et ridicule que Speer me regarda, et que nous secouâmes tous les deux la tête devant la candeur et la naïveté de ces gens [19]. »

Il y eut un dîner organisé à la Maison Harnack, le soir même de la conférence, et Heisenberg se retrouva assis à côté de Milch. Cela faisait longtemps qu'il croyait que l'Allemagne perdrait la guerre, mais c'était la première fois qu'il avait l'occasion de soulever la question devant l'un des généraux qui la menaient réellement. Profitant d'un moment où la conversation générale ne les sollicitait pas, Heisenberg posa témérairement et abruptement la question : « *Herr General*, comment pensez-vous que la guerre va tourner ? » Pris la garde baissée par la franchise de la question, Milch pâlit et répondit : « Si nous perdons la guerre, nous pourrons tous avaler de la strychnine. » Puis l'officier se ressaisit et ajouta hâtivement : « Mais bien entendu, le Führer dispose de plans longuement mûris. » Heisenberg comprit que Milch venait de se rabattre sur la version officielle et de parler avec « la voix de son maître »[20].

Plus tard, dans la soirée, lorsque le groupe de personnalités se rendit à pied à l'*Institut für Physik* afin de permettre à Speer de voir le matériel dont on disposait, Heisenberg trouva l'occasion de lui poser la même question : comment allait se terminer la guerre ? Speer s'immobilisa et se contenta d'observer Heisenberg pendant tellement longtemps que le physicien eut l'impression que cela durait « plusieurs minutes ». Speer ne répondit rien, puis reprit sa marche. En dépit de ce silence, Heisenberg crut pouvoir interpréter sa réaction sans se tromper : Pourquoi me posez-vous une telle question ? Nous connaissons tous les deux la réponse et nous savons tous les deux que nous ne pouvons nous permettre de l'énoncer à haute voix[21].

Ce que Speer pensa réellement à ce moment-là, il ne nous l'a jamais confié. Mais Heisenberg avait la certitude qu'il venait de choquer les deux hommes par sa question et que ni l'un ni l'autre n'avaient pu lui assurer, en toute honnêteté, que la victoire était encore possible. Dès septembre 1939, Heisenberg était sûr que l'Allemagne perdrait la guerre ; à partir de juin 1942, il fut convaincu que les plus hauts responsables militaires étaient parvenus à la même conclusion.

Dans *La Partie et le Tout*, Heisenberg passe avec une étonnante brièveté sur cette rencontre avec Speer. Il écrit simplement : « Le gouvernement décida — en juin 1942 — que les travaux concernant le projet de réacteur ne pourraient être poursuivis que dans un cadre modeste. Rien ne nous fut demandé concernant la construction éventuelle de bombes atomiques[22]. » Speer lui-même dit clairement que ce « cadre modeste » ne fut pas le choix du gouvernement, mais celui d'Heisenberg lui-même. En fait, les autorités ne renoncèrent pas aussi facilement que le physicien. La demande disproportionnée d'un financement de 40 000 marks de Weizsäcker ne passa pas. Speer critiqua en termes vifs Vogler, qui l'avait traîné à une réunion pour décider d'un projet dont l'ampleur était aussi modeste. Vogler demanda alors à Heisenberg de lui faire des recommandations assorties de demandes budgétaires sérieuses et de la promesse de résultats exploitables. Ce que fit le scientifique, en tant que nouveau directeur du *Kaiser Wilhelm Institut für Physik*. Dans une lettre à Ernst Telschow du 11 juin 1942, une semaine après le jour de la conférence de la Maison Harnack, il présente un laconique projet budgétaire divisé en seulement trois catégories — coûts en personnel, coûts scientifiques, coûts « généraux » — et demande que la somme allouée, alors de 275 000 marks, fût portée à 350 000 marks[23]. Les 40 000 marks de Weizsäcker devinrent 75 000 marks, mais ce n'était pas cette modeste augmentation qui risquait de changer l'impression initiale de Speer. Heisenberg l'avait convaincu que la recherche sur la fission nucléaire ne pèserait jamais lourd sur l'économie allemande. Même lorsqu'on ajoutait au budget d'Heisenberg ceux des autres programmes de recherche, le total restait négligeable. En 1967, Speer dit au journal *Der Spiegel* :

> Nous avions demandé à Heisenberg de faire une liste de ses exigences matérielles et financières et nous encourageâmes même ce monsieur à ne pas lésiner. Mais elles se révélèrent tellement infimes — quelques millions de marks — que nous en conclûmes que cette technique en était à ses premiers balbutiements et que, de manière évidente, les physiciens eux-mêmes ne tenaient pas à trop y investir[24].

Le bureau de Speer continua de suivre les progrès de la recherche nucléaire tout au long de la guerre, mais Speer lui-même confia cette responsabilité à l'un de ses aides. L'un d'eux était Lieb, le physicien-chimiste qui avait rejoint le bureau des brevets du ministère de Speer, en 1941, alors qu'il était encore dirigé par Fritz Todt. Lieb avait souligné auprès de Todt l'importance de la recherche fondamentale et fréquemment avancé que la fission nucléaire, en particulier, était un domaine trop essentiel pour qu'on le laissât aux mains du *Heereswaffenamt* et des quelques officiers de la Kriegsmarine intéressés par une source d'énergie pour les sous-marins. Lieb avait fait partie de ceux qui avaient poussé Speer à rencontrer les scientifiques à la Maison Harnack ; or lui-même en revint convaincu que « les résultats de cette recherche ne pouvaient matériellement pas affecter le cours de la guerre, que « seul un type d'uranium [U-235] convenait au processus de fission », que personne ne savait « laquelle des méthodes proposées [pour séparer l'U-235] était la meilleure », que l'échelle de tout effort sérieux le rendait « impossible » en temps de guerre et finalement que « l'on ne pouvait même pas rêver de produire un projectile convenable [à savoir une bombe atomique] en Allemagne à cette époque ». A l'enquêteur de l'Armée de l'Air américaine qui l'interrogea immédiatement après la fin des hostilités, Lieb déclara avoir parlé à plusieurs reprises du projet avec Heisenberg, et que celui-ci lui avait dit que sa modestie et la lenteur de son allure

> n'étaient pas la faute de nos chefs mais que la raison en était que la science elle-même sentait qu'il n'était pas possible d'obtenir des résultats immédiats. Au fur et à mesure que le temps passait, l'intérêt de Speer pour ce projet diminua progressivement... [parce que] on ne trouvait aucun moyen d'accélérer la mise au point qui en aurait permis l'utilisation[25].

Speer garda une attitude méfiante envers le programme nucléaire après la conférence de la Maison Harnack. Fromm et d'autres avaient laissé entendre qu'il était extrêmement prometteur, mais les scientifiques eux-mêmes n'avaient fait qu'insister sur la nécessité d'entreprendre davantage de recherches fondamentales. Du coup, Speer se montra prudent lorsqu'il en parla avec Hitler, lequel se faisait une représentation hollywoodienne des bombes atomiques, après la description que lui en avait faite son photographe personnel Heinrich Hoffmann, qui lui-même la tenait de l'employeur de Manfred von Ardenne, le ministre de la Poste, Wilhelm Ohnesorge. Hitler était sujet à l'enthousiasme ; une fois qu'on lui avait vendu un projet, il voulait voir immédiatement des résultats. C'est ce qui explique que Speer souligna devant lui ce qui était d'ailleurs son impression personnelle : il y aurait peut-être quelque chose d'utile au bout du chemin, mais certainement pas une arme capable de leur faire gagner la guerre dans un avenir proche. Telle fut la substance de ce qu'il rapporta à Hitler le 23 juin 1942, lors d'une réunion où ce sujet figurait en quinzième place d'une longue liste de questions à régler. Son propre agenda de l'époque est laconique : « Rendu brièvement compte au Führer de la conférence sur la fission de l'atome et sur le soutien que nous avons donné au projet [26]. »

Le soutien de Speer comportait tout ce que Heisenberg avait demandé, augmentation des fonds, accès à des matières premières rares, accord pour construire un laboratoire souterrain à l'Institut de physique, approbation de la construction du premier cyclotron allemand, et par-dessus tout la collaboration de Fromm pour dégager « plusieurs centaines » [27] de jeunes scientifiques de leurs obligations militaires. Quelques mois plus tard, à l'automne de 1942, Speer demanda de nouveau aux scientifiques si l'on pouvait s'attendre à des résultats utiles. S'étant fait répondre de ne compter sur rien de tel avant trois ou quatre ans, il nota : « Nous avons renoncé au projet de mettre au point une bombe atomique [28]. »

Le trait est beaucoup trop appuyé, puisqu'en réalité il n'existait aucun « projet » auquel renoncer ; il n'avait jamais été question d'autre chose que d'une possibilité, d'un espoir, d'une volonté officielle d'appuyer tout effort de recherche qui, aux yeux des principaux scientifiques, aurait une chance de succès. Certains d'entre eux, en fait, auraient voulu s'y atteler : Diebner, au *Heereswaffenamt*, Paul Harteck, à Hambourg. Mais pas Heisenberg. Ce n'est pas Speer qui choisit Heisenberg pour savoir si une bombe atomique était ou non faisable. Ce furent son éminence et ses collègues qui firent de lui un porte-parole. La réponse d'Heisenberg, donnée sans ambiguïté, mit fin à l'intérêt que Speer portait au projet [29].

Hitler, néanmoins, garda un intérêt de profane vis-à-vis de la bombe atomique jusqu'à la fin de la guerre. Il plaisantait souvent avec Speer, disant que les scientifiques seraient bien capables de mettre le feu à la planète avec leurs expériences ; mais, ajoutait-il, des années passeront avant qu'on en soit là et il ne vivrait pas assez vieux pour le voir. Au fur et à mesure que se poursuivait la guerre, à chaque fois que Hitler voulait encourager un allié qu'il sentait hésitant ou un général, il faisait allusion à la bombe atomique comme à l'une des *Wunderwaffen* (armes fantastiques) qui lui garantiraient la victoire. A la fin de septembre 1942, il parla au maréchal Erwin Rommel des nouvelles armes avec lesquelles il n'allait pas tarder à écraser les Alliés, y compris un nouvel explosif secret tellement puissant, qu'il serait capable de « projeter un homme hors de selle à une distance de plus de trois kilomètres [30] ».

Cette curieuse comparaison suggère que Hitler n'avait que la plus vague idée de ce qu'était réellement la bombe atomique. Deux ans plus tard, alors que seul un fabuleux miracle aurait pu sauver l'Allemagne du désastre militaire, la bombe dont parlait Hitler avait énormément gagné en puissance. Le 5 août 1944, il déclara au maréchal roumain Ion Antonescu qu'elle en était « au stade expérimental » et qu'elle aurait « une force tellement colossale que toute vie humaine serait détruite dans un rayon de trois ou quatre kilomètres autour de son point d'impact [31] ».

De vagues rumeurs concernant une bombe atomique qui aurait fait partie des *Wunderwaffen* d'Hitler continuèrent de circuler dans les cercles nazis jusqu'à la fin de la guerre ; mais après la conférence de la Maison Harnack, Speer n'envisagea pas une seule fois de recourir à cette possibilité. Au cours de l'été de 1943, il donna son approbation à une requête de l'armée, visant à utiliser l'uranium pour fabriquer des obus anti-blindage ; son poids en faisait un matériau idéal, d'autant plus que l'Allemagne ne pouvait plus obtenir de wolframite par l'intermédiaire du Portugal. Cela revenait à se servir de la crosse du fusil. Rien n'est plus éloquent que cette décision : l'espoir de fabriquer une bombe atomique allemande était évanoui au point que le précieux métal saisi en Belgique en 1940, source de tant d'angoisses en Angleterre et aux États-Unis, comme nous le verrons, allait être lancé sur l'ennemi !

CHAPITRE 15

Les travaux de recherche que Heisenberg conduisait à l'Université de Leipzig faillirent tourner à la catastrophe, le 23 juin 1942, le jour même où Speer adressait à Hitler son rapport laconique sur « la fission de l'atome ». Vers dix-huit heures, l'assistant d'Heisenberg, Robert Dopel, vint soudain interrompre son séminaire hebdomadaire. « Il faut que vous veniez tout de suite ! Vous devez voir ce qui se passe[1] ! » Suivi de Dopel, Heisenberg courut jusqu'au laboratoire, où la quatrième pile atomique expérimentale de la série en cours (une sphère d'aluminium contenant du métal d'uranium pulvérisé et de l'eau lourde comme modérateur) était immergée dans un réservoir dont l'eau bouillonnait et fumait. Il était évident que la pile s'échauffait dangereusement ; les deux hommes restèrent quelques instants impuissants, se demandant ce qu'il fallait faire.

Les choses s'étaient mises à aller sérieusement de travers un peu plus tôt dans la journée. On avait immergé la pile (baptisée L-IV) le 3 juin, la veille du jour où Heisenberg avait rencontré Speer. Tout s'était passé comme prévu pendant vingt jours, puis le 23, des bulles avaient commencé à monter, un phénomène que Dopel n'avait jamais constaté jusqu'ici. Il analysa le gaz qui s'échappait, constata qu'il s'agissait d'hydrogène et en conclut que l'eau devait pénétrer dans la sphère. Au bout d'un moment, la montée des bulles cessa.

Avec l'aide du mécanicien du laboratoire, Paschen, Dopel retira la sphère de son réservoir d'eau, dans le milieu de l'après-midi, et Paschen déboulonna l'écoutille métallique pour en retirer l'uranium. Mais il y eut un brusque sifflement au moment de la rupture du scellement, le bruit de l'air se précipitant dans un contenant vide. Pendant une seconde ou deux, il ne se produisit rien, puis flammes et gaz jaillirent de l'ouverture, éparpillant des particules incandescentes d'uranium dans le laboratoire. On noya immédiatement la pile d'eau ; les flammes perdirent peu à peu leur intensité et Dopel put pomper la précieuse eau lourde du cœur de l'appareillage, espérant sauver au moins cela. Paschen referma soigneusement l'écoutille. Heisenberg, que l'on venait d'avertir, pensa que de l'oxygène avait dû s'introduire d'une manière ou d'une autre dans la sphère et, ne sachant trop que faire d'autre, ordonna que celle-ci fût à nouveau immergée dans son réservoir ; au moins la couper de toute source d'oxygène et la rafraîchir, pensait-il. Cela fait, il était parti à son séminaire.

Mais le soir, tandis qu'avec Dopel il regardait la vapeur d'eau qui s'élevait, menaçante, au-dessus du réservoir, les deux physiciens virent la pile qui se mettait à trembler et à gonfler. Ils n'eurent pas besoin de parler. Comme un seul homme, ils bondirent jusqu'à la porte du laboratoire.

L'explosion se produisit quelques secondes plus tard ; de l'uranium brûlant jaillit jusqu'au plafond, haut pourtant de plus de six mètres, et mit le feu au bâtiment. Il ne fallut que quelques minutes aux pompiers du secteur pour arriver ; ils eurent tôt fait de maîtriser l'incendie de l'édifice, mais rien, ni eau ni mousse déversées à profusion, ne semblait pouvoir étouffer le feu qui brûlait à l'intérieur de la sphère elle-même. Elle continua à brûler pendant deux jours, jusqu'à ce qu'elle se réduisît à « un marécage gargouillant[2] ». La force de l'explosion avait coupé la sphère en deux, cassant une centaine de boulons. Heisenberg et Dopel n'avaient échappé à la mort ou à des blessures graves que d'extrême justesse.

Bien entendu, il n'était pas possible de cacher un événement aussi spectaculaire. Le chef des pompiers parla de la machine à « casser les atomes » d'Heisenberg et les collègues de ce dernier, à l'Université de Leipzig, croyant qu'il avait réussi à fabriquer une bombe à uranium le félicitèrent de son succès. La rumeur se propagea en donnant au désastre (qui avait ravagé le laboratoire et détruit l'eau lourde et l'uranium), des proportions qu'il n'avait pas. Le « téléphone arabe » de la communauté scientifique fonctionna et la nouvelle finit par atteindre les États-Unis sous la forme d'un rapport inquiétant dans lequel on disait que plusieurs scientifiques allemands avaient trouvé la mort dans l'explosion accidentelle d'une bombe à uranium[3]. Mais ce n'étaient pas seulement des rumeurs qui parvenaient jusqu'aux bureaux de renseignements alliés. Parmi ces rapports, dont certains restent officiellement secrets, figurent des preuves irréfutables de ce que pensaient les chercheurs allemands à l'idée de fabriquer la bombe atomique.

Les tentatives allemandes dans ce domaine au cours de la deuxième guerre mondiale, comme toutes les entreprises gouvernementales, finirent par engendrer d'importantes archives sur les progrès des travaux, et ce sont ces archives auxquelles se sont essentiellement intéressés les historiens qui ont décrit les efforts allemands de construction d'une bombe. Néanmoins, parallèlement à l'histoire officielle des décisions et des rapports, on trouve une autre sorte d'histoire, essentielle pour comprendre ce qui s'est réellement passé : celle, obscure et voilée, de ce que les scientifiques allemands ont pensé et éprouvé, de ce qu'ils se sont mutuellement confié aux petites heures de la nuit quant au travail dont on les avait chargés. Les preuves de cette histoire de l'ombre sont très largement dispersées dans des correspondances privées, dans la mémoire des personnes, et dans les dossiers des services de renseignements alliés. Rares, éparpillées, incomplètes, parfois de provenance incertaine et par-dessus tout marquées au sceau du secret, ces preuves sont très difficiles à rassembler et analyser pour l'historien. Mais aucun effort pour comprendre les avatars du programme nucléaire militaire allemand ne peut se permettre d'ignorer cette histoire parallèle, et en particulier la question centrale : pourquoi les scientifiques allemands, et notamment Werner Heisenberg, ont-ils agi comme ils l'ont fait ? Il n'existe aucune réponse simple à cette question. Seule la logique qui sous-tend le déroulement des événements nous offre une réponse.

Cette logique n'est jamais aussi apparente qu'au cours des mois qui suivirent la rencontre d'Heisenberg et Speer de juin 1942. Durant cette période, une extraordinaire série de rapports atteignit les services de renseignements alliés à propos du programme nucléaire allemand. Tous véhiculaient un même message. Tous provenaient de scientifiques plus ou moins impliqués dans les travaux de l'Uranverein. Il n'existe absolument rien de semblable à cette série dans toute l'histoire des services de renseignements. A une seule exception près, aucun des scientifiques concernés n'a jamais expliqué clairement et publiquement pourquoi ils ont agi comme ils l'ont fait. Considérés dans leur ensemble, ces messages révèlent un niveau de désaffection sans précédent parmi ceux-là mêmes qui étaient chargés des aspects scientifiques du programme nucléaire militaire allemand. Par-dessus tout, ils permettent de comprendre que la visite d'Heisenberg à Niels Bohr en septembre 1941, loin d'être un événement isolé, est incontestablement née d'une profonde répugnance intérieure à construire une bombe atomique pour Hitler.

Ce sont les Britanniques qui ont réceptionné ces messages, car c'était eux qui étaient à l'écoute. Le programme nucléaire américain ne fut pas pris en charge avant juin 1942 par l'Armée US, et le général Leslie Groves, nommé à sa tête en septembre, s'inquiéta avant tout des questions de sécurité interne, et cela pendant près d'un an, avant de demander à ses services de rassembler des informations sur l'état des choses en Allemagne. Les Anglais eux-mêmes, cependant, ne possédaient rien qui ressemblât à un réseau d'agents organisé à l'intérieur de l'Allemagne, en ce milieu de l'année 1942. La conquête-éclair de l'Europe par Hitler avait complètement désorganisé les opérations de renseignements britanniques sur le continent. Les seuls espions alliés à se trouver en Allemagne étaient ceux d'un réseau soviétique, connu sous le nom de Rote Kapelle (l'Orchestre Rouge), sans aucun contact avec l'Uranverein[4]. Si bien que les services de renseignements alliés à la recherche d'informations sur l'Allemagne et l'Europe occupée s'appuyaient avant tout sur les postes d'écoute en pays neutres et les contacts avec les réseaux clandestins de résistance[5]. Mais, si les espions alliés ne pouvaient entrer en Allemagne, les scientifiques qui gravitaient dans l'orbite de l'Uranverein, eux, pouvaient en sortir ; ils disposaient d'une excuse idéale pour voyager en

187

Scandinavie : le fait que la Norvège abritait la plus grande centrale au monde pour la production d'eau lourde.

Depuis les premières études d'Heisenberg en décembre 1939, le *Heereswaffenamt* tenait pratiquement pour acquis que l'eau lourde constituait le meilleur des modérateurs possibles pour un réacteur. Le plus grand problème auquel eut à faire face Kurt Diebner, en tant que chef du programme militaire, au début de la guerre, concernait des besoins qui s'exprimaient en tonnes, pour faire tourner des réacteurs à échelle industrielle, alors que la centrale de Rjukan ne produisait l'eau lourde que dans des proportions — dix kilos par mois au début de 1940 — calculées à des fins purement expérimentales [6]. En janvier 1940, Diebner avait demandé à Heisenberg s'il était partisan de la construction de centrales allemandes destinées à la production d'eau lourde ; le physicien avait répondu que non, qu'il valait mieux tester le taux d'absorption des neutrons par l'eau lourde auparavant, chose qu'il s'apprêtait à faire à Leipzig avec les quelques litres dont il disposait.

Cette approche raisonnable prévalut. Après l'invasion de la Norvège, en 1940, Diebner envoya des représentants de I.G. Farben dicter les termes d'un contrat d'eau lourde à la centrale Hydro-Norsk de Rjukan, ville du plateau d'Hardanger, à environ cent cinquante kilomètres à l'ouest d'Oslo. La centrale adopta de nouveaux procédés de production mis au point principalement par Paul Harteck, Hans Suess et Hans Jensen à Hambourg et la production, au cours de l'année 1940, monta peu à peu jusqu'à cent kilos par mois. Travaillait aussi à cette question l'ami d'Heisenberg, Karl Wirtz, qui s'était spécialisé dans l'étude de l'eau lourde à Leipzig avant d'aller occuper un poste à *l'Institut für Physik* de Berlin-Dahlem, en 1937. A partir de l'été de 1940 jusqu'à la fin de la guerre, toutes ces personnes, ainsi que d'autres scientifiques allemands, firent de fréquents voyages en Norvège (Wirtz lui-même en effectua cinq ou six), traversant d'ordinaire le Danemark et la Suède en train [7]. Ils s'arrangeaient toujours pour faire étape à Stockholm, capitale d'un pays neutre où l'on pouvait se procurer toutes sortes de produits, depuis les harengs marinés jusqu'aux cosmétiques, qui avaient disparu depuis longtemps dans les magasins allemands. Mais Stockholm constituait aussi l'un des postes d'écoute principaux des services de renseignements alliés, ainsi que de base à des groupes de résistants opérant en Norvège et au Danemark avec le soutien des Britanniques. C'est par ce biais que les scientifiques allemands, au cours de l'été de 1942, transmirent des messages sur ce qui avait été décidé à la Maison Harnack : à savoir que la recherche nucléaire allemande se cantonnerait à la mise au point d'un réacteur devant produire de l'électricité.

L'un des Norvégiens qui se trouva à même de faire la connaissance de ces visiteurs allemands était un ingénieur du nom de Jomar Brun ; il avait contribué à la conception de la centrale de Rjukan et se trouvait donc intimement impliqué dans l'effort des Allemands pour augmenter la production. Brun et Karl Wirtz avaient été en correspondance avant la guerre et se lièrent d'une amitié durable, après s'être rencontrés en personne lors du premier voyage de Wirtz à Rjukan pour le compte du *Heereswaffenamt*, en 1940[8]. En janvier 1942, les Allemands convoquèrent Brun à Berlin, où il retrouva Wirtz et d'autres scientifiques allemands dans le bureau de Kurt Diebner ; il s'agissait de discuter d'une nouvelle extension de la production d'eau lourde à Rjukan. Plus tard, à l'invitation de Wirtz, Brun visita Berlin-Dahlem. Il ne pénétra évidemment pas dans le laboratoire secret conçu par Wirtz mais vit cependant, dans le bureau de ce dernier, deux grandes dames-jeannes de verre qui contenaient quelque chose comme cent soixante litres d'eau lourde. Brun fit la remarque que le verre était un contenant bien fragile pour plus d'un mois de la production d'eau lourde de la centrale de Rjukan[9].

Quelques mois seulement après ce voyage à Berlin, Brun entra en contact avec les renseignements britanniques par l'intermédiaire d'un autre natif de Rjukan, Einar Skinnarland, qui avait participé à une audacieuse opération de la Direction des Opérations Spéciales (SOE) britanniques, à la mi-mars : détourner un vapeur côtier norvégien et faire route jusqu'à Aberdeen, en Ecosse. Là, Skinnarland avait rencontré (et fortement impressionné) le chef de la résistance norvégienne en Angleterre, Leif Tronstad, qui lui proposa, dès qu'il eut appris que Skinnarland était de Rjukan, de retourner immédiatement en Norvège avant que sa disparition ne fût connue. Après une formation ultra-accélérée par le SOE, on parachuta Skinnarland en Norvège à la fin-mars. Il ne tarda pas à contacter Brun, qui connaissait la centrale de Rjukan mieux que personne, ce qui permit la transmission de renseignements détaillés en Grande-Bretagne[10].

En juillet 1942, Brun reçut la visite de l'un des physiciens allemands qui travaillaient sur l'eau lourde, Hans Suess. De tous les nombreux scientifiques allemands qui furent des sources d'information pour les services de renseignements alliés, à un moment ou à un autre pendant la guerre, Suess est le seul à avoir reconnu ouvertement le fait dans un document publié[11]. Suess connaissait déjà très bien Brun et le considérait comme un ami intime, à ce moment-là, mais cela ne l'empêcha pas d'envisager la question sous tous les angles avant de lui parler des objectifs de la recherche nucléaire allemande. Discuter de ce programme secret équivalait à trahir, comme le savait Suess ; il craignait que le domicile ou le bureau de ce dernier ne fussent sous écoutes, voire que Brun mentionnât ce qu'il aurait dit à quelqu'un travaillant pour le compte des nazis. Suess savait que Brun était en contact avec les Britanniques, et il alla jusqu'à redouter que si l'Allemagne gagnait la guerre, les dossiers des services de renseignements anglais, saisis par la Gestapo, ne révélassent les preuves de sa trahison. Tout en parlant avec Brun, il entendait une effrayante voix intérieure, l'écho de ses propres paroles lues devant une cour martiale allemande. Brun promit d'être prudent, et quelques mois plus tard, alors

189

que des agents des services de renseignements anglais l'interrogeaient après son évasion de Norvège, il décrivit les remarques de Suess comme « faites par inadvertance[12] ».

Cet entretien de Suess avec Brun semble avoir une origine précise ; Suess venait en effet d'apprendre que Joliot-Curie avait déposé récemment un brevet pour une pile à réaction en chaîne utilisant l'eau lourde comme modérateur. Brun dit que cela l'avait troublé ; en tant que citoyen d'un pays occupé, il n'avait aucun désir de contribuer à l'effort de guerre allemand. Brun faisait manifestement confiance à Suess, lequel essaya de le rassurer : les rumeurs de guerre biologique et de nouveaux gaz de combat n'avaient aucun rapport avec l'eau lourde. La recherche allemande ne produirait rien d'utile avant de nombreuses années ; cinq au moins, estimait Suess.

« Tout ça, c'est donc de la *Zukunftmusik* ? » (Des plans sur la comète) demanda Brun.

Suess lui décrivit alors franchement la véritable utilisation de l'eau lourde : modérateur dans une pile à réaction en chaîne. Brun voulut néanmoins savoir pour quelle raison l'Allemagne consacrait tant d'argent et de temps à un projet à aussi long terme. Excellente question. Suess répliqua que « ceux qui croient à une victoire rapide espèrent certainement pouvoir en faire une application pacifique après la guerre, tandis que ceux qui s'attendent à une guerre longue pensent qu'ils doivent avoir quelque connaissance de toutes les possibilités qui pourraient résulter d'une telle recherche[13] ».

Réponse qui n'était pas limpide ; qu'entendait-il au juste par « quelque connaissance » ? La bombe atomique était-elle incluse dans « toutes les possibilités » ? Suess adoptait la position prise par Heisenberg, à savoir que la recherche nucléaire promettait une nouvelle source d'énergie pour l'avenir — à une date incertaine, mais certainement après la guerre. Les militaires allemands pouvaient bien s'intéresser à ce domaine, mais les travaux concernant l'eau lourde n'en relevaient pas moins de la science fondamentale. Brun estima que Suess lui disait la vérité, au moins telle qu'il la comprenait ; il n'était pas complètement convaincu, en effet, que son ami n'eût pas été trompé, soit par ses propres espérances, soit par les manipulations des autorités de Berlin. Soupçon bien naturel. Beaucoup de chercheurs ont travaillé pour le projet Manhattan, aux États-Unis, pendant toute la durée de la guerre, sans savoir que son objectif était la fabrication de la bombe atomique.

Suess ne fut pas le seul à l'origine des messages qui arrivèrent en Angleterre pendant l'été de 1942. En juin, le physicien suédois Ivar Waller, de l'Université d'Uppsala, écrivit dans une lettre à un ami de Londres qu'en Allemagne, plusieurs laboratoires se livraient à des recherches nucléaires sous la direction d'Heisenberg ; que ces recherches se concentraient sur les carburants nucléaires utilisables dans une réaction en chaîne « en particulier l'U-235 » et que « l'on ne pouvait exclure des résultats [14] ». On ignore comment Waller fut mis au courant du programme allemand de recherche. L'histoire officielle des renseignements britanniques déclare « qu'il semble vraisemblable que la lettre du professeur Waller ait été inspirée par le professeur Bohr, du Danemark », mais sans en donner la preuve [15]. Il est aussi possible que Waller ait entendu parler des travaux d'Heisenberg par Lise Meitner, qu'il rencontra à l'occasion de ses déplacements à Stockholm pendant la guerre, et qui était en contact avec des amis en Allemagne comme avec les services de renseignements britanniques. Ou encore Waller a-t-il pu l'apprendre lors d'un voyage qu'il fit en Allemagne, de la bouche même d'Heisenberg, peut-être, car il avait avec lui des rapports scientifiques amicaux remontant à son séjour à Copenhague, dans les années vingt [16]. Le message de Waller parle de « fission », de « réactions en chaîne » et de « l'uranium-235 », mais sans faire de référence explicite à une bombe. Malgré tout, les autorités britanniques considérèrent que le renseignement était valable, et que les Allemands travaillaient à un projet de bombe.

Un troisième message, de tous le plus explicite, parvint également aux Britanniques de Scandinavie pendant l'été 1942 ; il émanait d'Hans Jensen, qui avait travaillé sur l'eau lourde avec Paul Harteck à l'Université d'Hambourg. Jensen venait d'avoir trente-cinq ans et se disait socialiste, mais son ami Otto Haxel le décrivit comme étant « réellement un communiste [17] ». En dépit de leurs options politiques divergentes, Jensen et Heisenberg avaient cependant souvent discuté du programme nucléaire, au cours des deux années précédentes, et Heisenberg l'avait vivement poussé à faire le voyage de Copenhague afin de tenter à son tour de réussir là où lui-même avait si misérablement échoué en septembre 1941 : convaincre Niels Bohr. Jensen avait également reçu les encouragements d'Houtermans, à qui il avait été présenté par leur ami commun Robert Rompe en 1932 à Berlin. L'échec d'Heisenberg auprès de Niels Bohr avait profondément affecté Houtermans et il exhorta Jensen à parler ouvertement. D'après Houtermans, Suess prit aussi part à ces discussions. Jensen, quant à lui, ne fit rien pour consigner ce qui s'était passé au cours de ce voyage ; à Rest Jost, un ami de Zurich, il déclara après la guerre garder le silence sur ce qu'il avait fait par peur d'être considéré en Allemagne comme un traître ; il tint des propos équivalents à d'autres amis [18].

D'ailleurs, après avoir lu la brève référence que Heisenberg faisait de son voyage dans la première édition de ses mémoires, Jensen lui écrit en 1969 pour lui demander de supprimer son nom dans les futures éditions : « Pour moi il est important, non pas pour des raisons politiques, mais à cause de mon mode de vie, de ne pas me trouver sur le devant de la scène [19]. » Heisenberg avait sous-entendu dans ses mémoires ce qu'il exprima plus clairement dans une lettre, à savoir que du rapport sur la visite de Jensen à Copenhague il avait gardé l'impression que « Entre vous et Bohr, également, il n'a pas été possible d'aborder plus en détail la question de savoir si nous (et aussi naturellement, si n'importe qui) devions travailler sur les problèmes de la réaction en chaîne pendant la guerre [20] ». Jensen souligne que ce n'est pas ce que faisait l'Allemagne qui l'avait troublé pendant la guerre, mais ce qu'il avait lui-même fait. « Mon souci, à Copenhague, écrivit-il, fut exclusivement de parler à Niels Bohr, comme à un ami paternel et à un mentor scientifique, des travaux de physique dans lesquels moi et quelques-uns de mes plus proches amis étions lancés, et d'avoir son opinion là-dessus [21]. »

A Copenhague, Jensen s'entretint également avec l'assistant de Niels Bohr, Christian Möller, lequel répéta ce qu'il avait dit à Stefan Rozental, le jeune Polonais qui se trouvait alors à l'institut de Bohr. Rozental avait également eut l'occasion de parler à Jensen, pendant son séjour d'une semaine, mais seulement à propos d'un autre scientifique que Jensen croyait connu de Rozental. Il voulait avoir l'opinion de ce dernier : pensait-il qu'on pouvait lui faire confiance, ou que c'était un nazi ? La question éveilla immédiatement la suspicion de Rozental ; à cette époque et en ce lieu, poser la moindre question sur les convictions politiques de quelqu'un revenait à geler définitivement toute conversation. Rozental évita d'ailleurs de croiser Jensen pendant tout le reste de son séjour [22].

Une fois Jensen parti pour la Norvège, Möller dit à Rozental que Jensen s'était montré d'une franchise exceptionnelle sur les recherches qu'il poursuivait en Allemagne, qu'il travaillait sur l'eau lourde, qu'il allait en Norvège pour négocier une augmentation de la production, que l'objectif des travaux était une réaction en chaîne qui produirait de l'énergie nucléaire ; cependant, ajouta Möller, « il est tout à fait convaincu que ces travaux ne serviront en rien à la fabrication d'une bombe [23] ».

Jensen dit à Niels Bohr la même chose qu'à Möller, et il revint en Allemagne persuadé que le physicien danois l'avait compris et approuvé. Bohr l'avait écouté attentivement et lui avait dit le lendemain qu'il « croyait que la manière dont il le faisait était correcte et bonne », faisant allusion à l'attitude des physiciens allemands face aux dilemmes moraux que posaient pour eux les implications de leurs recherches secrètes sur la fission nucléaire [24]. Jensen nota mentalement cette remarque encourageante et la répéta à Heisenberg peu après son retour à Berlin, à la fin de l'été. En réalité, Niels Bohr était loin d'être convaincu de pouvoir faire confiance à Jensen. Il déclara plus tard à Victor Weisskopf, familier de Copenhague dès les années trente, qu'il s'était méfié du rapport de Jensen car ce dernier n'avait jamais été membre du « cercle restreint », autrement dit un collègue proche et de toute confiance. Il ajouta que des agents de renseignements britanniques l'avaient plus tard persuadé que Jensen avait pu tout aussi bien être un agent provocateur délibérément envoyé par les Allemands pour tromper Bohr (et tous ceux avec qui il communiquerait) sur la réalité du programme nucléaire [25].

Dans son bref mémoire sur les années de guerre, Aage Bohr, fils de

Niels Bohr, ne mentionne qu'en passant les visites d'Heisenberg et de Jensen, disant que « les très rares contacts avec les physiciens allemands durant l'occupation ont contribué [...] à renforcer l'impression que les autorités allemandes attribuaient une grande importance militaire à l'énergie atomique[26] ». Comme Jensen avait parlé très explicitement de son travail scientifique et comme il devint manifeste, après la guerre, qu'il avait dit la vérité, le groupe de Copenhague reconnut plus tard qu'il avait fait preuve de courage et lui manifesta son admiration. Au cours de l'été de 1942, néanmoins, et pour le reste de la guerre, il est clair que Bohr n'eut confiance ni en Heisenberg ni en Jensen, mais qu'il garda ses sentiments de méfiance pour lui.

Bohr ne dissimula cependant pas sa colère contre Heisenberg ; il expliqua à Jensen qu'il lui en voulait d'avoir fait sa conférence à l'Institut Culturel allemand de Copenhague et de l'avoir invité. Il lui dit également à quel point sa colère avait augmenté lorsque Heisenberg avait tenté, au cours de leur entretien privé, de justifier l'occupation de la France sous prétexte qu'elle avait été mieux traitée que la Pologne[27]. Et il conclut en ajoutant, on ne peut plus clairement, que Heisenberg devait régler lui-même ses problèmes de conscience. Jensen répéta à plusieurs amis le message sans ménagements que Bohr lui avait demandé de rapporter à Heisenberg : « Dites au professeur Heisenberg que je ne suis pas le pape, que je ne peux pas donner l'absolution[28]. »

Mais Jensen ne parla pas qu'à Bohr et Möller, cet été. Une fois en Norvège, il décrivit de nouveau les progrès de la recherche nucléaire en Allemagne, soulignant qu'elle ne courait aucun risque de déboucher sur la mise au point d'une bombe atomique, et que même une machine productrice d'énergie ne pourrait avoir de résultats pratiques que bien longtemps après la guerre. Il choisit comme occasion une réunion avec des Norvégiens, à Oslo. A l'exception de lui-même, toutes les personnes présentes avaient des liens avec les organisations norvégiennes clandestines. Harald Wergeland, un ami de Karl Wirtz depuis l'époque où il avait étudié avec lui à Leipzig sous la férule d'Heisenberg, pendant les années trente, prit en note les remarques de Jensen. Un résumé de ses déclarations aboutit chez un autre scientifique norvégien, Brynulf Ottar, qui écrivit plus tard :

> D'après Jensen, l'opinion d'Heisenberg était que l'Allemagne serait incapable de fabriquer la bombe. Wergeland a fait un rapport détaillé de cette réunion et de ce que Jensen lui a dit en privé. Le lendemain, il me semble, l'un de mes collaborateurs de l'organisation XU [service secret de renseignements en contact avec le SIS britannique] [...] me dit que je devais aller voir Wergeland, car il avait des documents importants qu'il fallait transmettre le plus rapidement possible en Angleterre. Je lui rendis visite chez lui [...] et je crois que Jensen s'y trouvait aussi[29].

Que ce rapport atteignit très vite la Grande-Bretagne est confirmé par l'histoire officielle des renseignements britanniques, due à P. H. Hinsley :

> En août [1942] un professeur allemand qui avait quitté l'Allemagne pour la Norvège fit savoir dans un message que Heisenberg travaillait sur une bombe à l'U-235 et sur une machine à « produire de l'énergie ». Heisenberg aurait éprouvé des doutes sur la première mais serait certain pour la seconde, et enregistrerait des progrès [...] Il était clair que les travaux d'Heisenberg comportaient l'utilisation d'un composé d'hydrogène lourd (deutérium) et il aurait déclaré disposer d'une demi-tonne d'eau lourde et attendre la livraison d'une tonne supplémentaire [30].

Karl Wirtz fit également un séjour en Norvège cet été-là, partageant son temps entre Oslo et Rjukan ; il arriva dix jours avant Suess, probablement en juillet. A l'exception de Weizsäcker, personne, pendant la guerre, ne fut probablement plus proche d'Heisenberg que Wirtz. Les trois physiciens étaient même sur un tel pied d'intimité, au début de l'Uranverein, que les autres en firent le sujet d'une plaisanterie : le sigle du *Winterhilfswerk* (Fonds d'entraide de l'hiver, en abrégé WHW) aurait voulu dire « Heisenberg prisonnier entre Weizsäcker et Wirtz [31] ». Tous les trois avaient effectivement adopté une même approche de la recherche nucléaire dès le début des hostilités et s'étaient mutuellement promis de rester en Allemagne jusqu'à la fin de la guerre afin d'aider à remettre sur pied la science allemande, une fois la paix rétablie [32].

Jomar Brun et Harald Wergeland étaient tous les deux des amis intimes de Wirtz et ils le revirent souvent après son premier voyage en Norvège, au cours de l'été de 1940. Dans un mémoire sur les années de guerre, Wirtz écrit : « Je fus en mesure de faire comprendre relativement vite que je n'avais rien d'un nazi passionné et qu'autant que possible il vaudrait mieux que, dans l'avenir, régnât une certaine collégialité scientifique entre nous [33]. » Dans une interview, Wirtz dit clairement que cette compréhension était nettement explicite : ni les Allemands ni les Norvégiens ne dirent à haute voix que, bien entendu, les Allemands voulaient acheter l'eau lourde pour l'utiliser en tant que modérateur dans un réacteur nucléaire ; « mais tout le monde le savait ». Les Norvégiens savaient aussi que l'objectif de la recherche était la production d'énergie, non celle d'une bombe. Comment étaient-ils au courant ? « Je l'ai laissé clairement entendre », répondit Wirtz [34].

Wergeland était membre d'une organisation norvégienne clandestine de renseignements en liaison directe avec les services secrets britanniques, et non pas avec le Directoire des opérations spéciales qui gérait les contacts avec les groupes clandestins de l'Europe occupée [35]. Il est peu vraisemblable que Wirtz ait connu les détails du réseau de résistance de Wergeland, mais il avait certainement conscience que celui-ci était en contact avec les services de renseignements britanniques. Wirtz rapporte d'ailleurs que Wergeland « l'invita » à fuir en Angleterre, lui disant qu'il pourrait assurer sa sécurité en le faisant transiter par la Suède, pays neutre. Wirtz refusa ; il avait promis à Heisenberg de rester en Allemagne mais il comprit « quel terrible danger » représentait implicitement l'invitation du Norvégien. C'est durant le même voyage, ajoute Wirtz, qu'il a « peut-être » clairement fait comprendre à Wergeland qu' « aucun danger ne viendrait de l'Allemagne [36] ». Ce point est délicat ; parler d'un programme secret de recherches militaires aurait été déloyal et illégal, mais d'une manière ou d'une autre, explique Wirtz, ses amis norvégiens comprirent bien que l'objectif des travaux allemands était un réacteur et non pas une bombe. « Il n'y a pas de contradiction, conclut-il. Je sais que cela est difficile à expliquer [37]. »

Parmi les nombreux messages mentionnant le programme nucléaire allemand qui parvinrent aux Britanniques pendant l'été de 1942, il en est un dont le ton alarmant les obligea à réévaluer tous les autres. Il provenait d'une source improbable : Leo Szilard, à Chicago, où sa présence était en principe secrète. Aucun des scientifiques émigrés ne s'était davantage inquiété d'une éventuelle bombe allemande que les Hongrois Eugene Wigner et Leo Szilard. Ce fut Szilard, et non Einstein, qui convainquit les autorités américaines que l'Allemagne se dotait d'une bombe, et Wigner avait toujours été à ses côtés au cours des premiers mois, alors qu'il désespérait de se faire entendre. Lorsque Arthur Compton passa à Princeton en septembre ou octobre 1941, travaillant à un rapport sur ce thème destiné à Vannevar Bush, Wigner l'exhorta, « presque en pleurant, de contribuer à lancer le programme atomique [38] ». A Chicago, au milieu de l'année 1942, les deux physiciens étaient convaincus que la situation était plus désespérée que jamais.

Le mois de septembre précédent, alors qu'il était encore à Columbia, Szilard avait eu vent d'un nouvel indice d'activité allemande par l'intermédiaire du réseau occulte des scientifiques. Impossible de dire par combien de bouches la rumeur était passée. John Marshall, un ami de Szilard, lui parla d'une conversation qu'il avait eue avec le fils du physicien allemand Friedrich Dessauer, récemment arrivé de Suisse où son père avait émigré. D'après Gerhardt Dessauer, on aurait appris en Suisse que « les Allemands ont mis en route une réaction en chaîne [39] ». Vers le milieu de 1942, alors qu'Enrico Fermi allait encore avoir besoin de six mois pour faire fonctionner une réaction en chaîne auto-entretenue, Szilard se persuada, au vu de cette nouvelle, que les Allemands avaient un an d'avance. Le premier juin, il transmit son rapport à Compton qui, à son tour, écrivit deux lettres inquiètes à Washington, joignant au mémo de Szilard cette inquiétante information : les chercheurs de Chicago avaient inventé un nouveau moyen de produire des poisons radioactifs dans un réacteur. Dans sa lettre du 15 juillet à James Conant, chimiste réputé et président de l'Université de Harvard (il intervenait dans le programme nucléaire américain naissant en tant que président du Conseil national en Recherche de Défense à Washington), Compton écrit :

> Nous avons acquis la conviction qu'il existe un réel danger de bombardement par les Allemands, au cours des mois à venir, à l'aide de bombes conçues pour répandre des produits radioactifs en quantités mortelles [...] Nous avons reçu une information d'une source apparemment sûre qui dit que les Allemands ont réussi à faire fonctionner une réaction en chaîne. On estime que cette réaction date approximativement de deux ou trois mois [40].

Conant écrivit à l'ambassade américaine à Londres et les diplomates transmirent une paraphrase de sa lettre au directorat de Tube Alloys, le 23 juillet. Le temps que le rapport de Szilard passât entre les mains de Compton, de Conant et de l'ambassade américaine de Londres, il avait atteint le statut de nouvelle explosive, ultra-récente et émanant d'une source tout à fait digne de foi. Lorsque les Britanniques réagirent à l'information de Conant après une réunion de l'état-major au grand complet du comité technique de Tube Alloys, le 18 août, ils ne savaient manifestement pas sur quel pied danser [41]. Citant (sans l'identifier nommément) le rapport Jensen qu'ils venaient eux-mêmes de recevoir de Norvège, ils répondirent à Conant que

> le programme expérimental est dirigé par Heisenberg, qui considère les progrès comme satisfaisants. Que le projet de production d'énergie soit possible lui paraît une certitude [...] Heisenberg doute, en revanche, du projet militaire. Néanmoins, nous ne considérons pas ce jugement comme ayant beaucoup de signification, étant donné que nous adoptons nous-mêmes une attitude quelque peu similaire pour des raisons de sécurité [42].

Les Britanniques soulignèrent cependant que leurs propres informateurs ne leur avaient rien dit d'un réacteur en état de marche, et leurs propres calculs laissaient à penser que Heisenberg n'avait pu accumuler suffisamment d'eau lourde pour entretenir une réaction en chaîne. Conant pouvait-il en dire un peu plus sur la source du physicien hongrois, afin que les Britanniques pussent « essayer de vérifier l'information reçue par Szilard » ?

Il ne faut pas interpréter les messages envoyés d'Allemagne à la mi-1942 comme des tentatives de faire passer des informations secrètes, ou une volonté de se mettre comme espion à la solde des Alliés. Ils relèvent beaucoup plus du cri d'alarme ou de détresse. La communication d'Houtermans de mars 1941 était un avertissement clair et sans ambiguïté, mais après la réunion de la Maison Harnack avec Speer, ce genre d'avertissement n'était plus nécessaire. Les messages qui suivirent avaient pour but de rassurer les Alliés, de leur dire qu'ils n'avaient rien à redouter des physiciens allemands. Suess, Jensen et Wirtz déclarèrent tous à leurs amis que ceux-ci ne travaillaient que sur un réacteur expérimental. Néanmoins, ces tentatives pour s'adresser aux Alliés restaient indéniablement illégales en temps de guerre, et sont la preuve d'une profonde désaffection de la communauté scientifique allemande vis-à-vis du régime nazi et de sa cause.

L'afflux d'informations en provenance de cette communauté ne se tarit pas complètement avec le message de Jensen, en août ; un dernier rapport, empruntant une route tortueuse, atteignit les États-Unis cet été-là. Contrairement à tous ceux que nous venons de passer en revue, il n'était nullement destiné aux Alliés ; cela ne l'empêcha pas, en fin de compte, d'avoir les plus grandes conséquences, non pas tant pour ce qu'il disait que par l'usage qu'on en fit. Ce qui se passa alors empoisonna ce qui pouvait demeurer de confiance entre Heisenberg et nombre des amis qu'il avait dans la communauté scientifique émigrée. Jamais reconnue, cette plaie cachée allait rester ouverte et ne jamais cicatriser. C'est avec pour prétexte le plus prosaïque des rituels scientifiques, une invitation à donner une conférence, au début de 1942, à Rome, que commence l'enchaînement des événements.

A l'instar de la plupart des physiciens dont les débuts eurent lieu dans les années vingt ou trente, l'Italien Gian Carlo Wick avait fait une partie de ses études en Allemagne. Les premières années de sa carrière, pour l'essentiel, avaient eu pour cadre le groupe de jeunes physiciens de l'Université de Rome rassemblés autour d'Enrico Fermi ; mais en 1931, il avait été passer un semestre dans l'institut d'Heisenberg à Leipzig. Là, il eut l'occasion de rencontrer souvent Heisenberg et d'apprendre à le connaître, même si son travail (interactions électroniques intra-moléculaires) était supervisé par l'un des collègues du maître, Friedrich Hund. Il avait pour condisciple un autre Italien, Edoardo Amaldi, qui travaillait sous la direction de Peter Debye ; à Rome, Wick et Amaldi devinrent plus tard amis intimes. Les mardis, à l'issue du séminaire d'Heisenberg, un groupe de jeunes étudiants — allemands, américains, italiens, polonais, suisses — se rassemblait le soir chez leur mentor pour parler physique et jouer au tennis de table, sport où Heisenberg excellait. Un peu plus tard au cours de la décennie, la politique disparut des nombreux sujets de conversation, avant tout par respect pour les Juifs de passage, comme l'Italien Ugo Fano[43].

Une fois de retour à Rome, Wick avait entretenu une correspondance avec Heisenberg ; en 1934, il élabora un nouveau concept relatif au moment magnétique du neutron ; Fermi l'avait écouté, mais sans guère lui donner d'encouragements — trait caractéristique du physicien italien, un solitaire qui se contrôlait beaucoup et se prenait difficilement d'enthousiasme pour de idées en gestation. Wick décrivit son hypothèse à Heisenberg dans une lettre et eut la joie de recevoir une réaction enthousiaste ; Heisenberg l'encouragea à publier et mentionna plus tard l'idée dans un de ses propres articles, un signe de reconnaissance et de respect qui était comme un rayon de soleil pour un jeune scientifique débutant. Wick n'oublia jamais ce geste ; son respect et son affection pour Heisenberg ne fléchirent jamais, même lorsque, plus tard, ses collègues commencèrent à critiquer l'attitude politique du maître de Leipzig. Wick lui-même était farouchement antifasciste ; sa mère, Barbara Allason, bien connue en Italie pour ses traductions de Goethe, ne cachait pas son opposition au régime de Mussolini et fut même emprisonnée un certain temps. A l'automne de 1937, Wick assista au colloque annuel de Copenhague et Niels Bohr s'intéressa beaucoup aux réflexions politiques du jeune homme. Au cours d'une soirée donnée chez lui, Bohr l'avait entraîné dans une pièce tranquille pour lui demander de répéter ce qu'il venait de déclarer du régime italien à une poignée de physiciens ; dans le groupe, se souvient Wick, il y avait notamment l'Anglais Blackett et l'Allemand Max von Laue.

A l'éclatement de la guerre, les discussions politiques devinrent bien entendu encore plus prudentes, quand elles ne relevaient pas de la conspiration.

Auparavant, en décembre 1938, Fermi et sa famille avaient quitté Rome, officiellement en vue de se rendre à Stockholm pour les cérémonies de remise du Prix Nobel, mais en réalité pour s'exiler aux États-Unis. Emilio Segre s'expatria aussi, mais les autres étudiants de Fermi restèrent à Rome. Ceux-ci se rendirent immédiatement compte de l'importance de l'article d'Otto Hahn sur la fission (janvier 1939) ; c'était leurs propres travaux sur les « transuraniens », après tout, qui avaient donné à Hahn l'idée de ses expériences. Quant à l'article de Joliot-Curie sur les neutrons secondaires (mars 1939), il ouvrait évidemment la voie à la possibilité d'une réaction en chaîne, autre manière de parler de bombe atomique. Wick n'avait aucune idée des difficultés pratiques que soulèverait tout effort de réalisation ; il espérait seulement que, pour le bien de l'humanité, on n'y parviendrait jamais. Son ami Edoardo Amaldi, toutefois, alla plus loin dans son raisonnement ; avant de partir rejoindre son unité en Afrique, en 1940, Amaldi eut le temps de s'inquiéter des résultats de certaines expériences qui montraient une augmentation du nombre moyen de neutrons rapides dans de l'U-238 — première et importante étape dans la compréhension de la physique de la bombe. Amaldi craignait que le gouvernement de Mussolini n'entendît parler de cette possibilité et ne contraignît l'ancien groupe de Fermi à travailler sur les éventuelles applications militaires de la fission. Il y eut une petite réunion, et le groupe décida d'abandonner les travaux sur la fission jusqu'à la fin de la guerre. Wick assistait à cette réunion, mais il estima que Amaldi exagérait le danger ; à son avis, Mussolini se désintéressait des sciences, et les physiciens n'auraient aucune inquiétude à avoir tant qu'ils se contenteraient de garder le silence sur leurs travaux[44].

En dépit de la guerre, les hommes ayant noué des amitiés scientifiques continuèrent à correspondre et à se voir en Europe. Wick et Amaldi échangèrent des lettres avec Niels Bohr au cours des premiers mois de 1940, par exemple, et quelque temps après (la date est incertaine, mais c'est apparemment avant le milieu de 1942) Arnold Sommerfeld, l'ami et le mentor d'Heisenberg, fit une visite en Italie. Un soir, un petit groupe se rassembla au domicile de la mère de Wick, à Turin ; il se composait de Wick, d'Amaldi et son épouse, de Sommerfeld, et d'un diplomate allemand ami de Barbara Allason qui avait été consul de Naples, puis avait démissionné de son poste et refusé de retourner en Allemagne. La confiance régnait entre toutes ces personnes, et on parla politique. Le diplomate dit qu'il respectait les Chinois en tant que seul peuple n'admirant pas les militaires. « Malheureusement, ajouta-t-il, l'invasion japonaise leur a fait changer d'avis[45]. »

Le diplomate expliqua les raisons de sa démission et décrivit au passage ce qui se passait dans les camps de concentration édifiés en Allemagne et en Pologne ; les Juifs qu'on y envoyait, dit-il, n'en reviendraient jamais. Amaldi se souvenait tout particulièrement de l'expression de tragique désolation qui se peignit sur le visage de Sommerfeld : « Oui, c'est exact, admit-il, je sais que c'est ce qui se passe dans mon Allemagne[46]. »

Au printemps de 1942 (ou peut-être même durant son voyage en Italie) Sommerfeld invita Wick à faire, à l'Université de Munich, un exposé sur les rayons cosmiques, sujet de travaux théoriques constants pour les physiciens allemands, y compris Heisenberg et Weizsäcker, tout au long de la guerre. Entendant parler de la visite de Wick, probablement par Sommerfeld, Heisenberg l'invita à répéter son exposé à l'Institut für Physik de Berlin-Dahlem ; il accepta. L'Italien quitta Rome en train et arriva le 29 juin à Munich. Il rendit visite le soir à Sommerfeld et fit son exposé le lendemain à l'université. Au cours de sa visite, qui dura plusieurs jours, Wick et Sommerfeld eurent une longue conversation privée, au domicile du physicien allemand. Ce dernier ne cacha pas son affection pour Heisenberg, qu'il décrivit comme « sehr gesund » — « très sain » — contrairement à d'autres théoriciens qui lui paraissaient avoir une existence bloquée ou torturée sur le plan affectif[47]. Sommerfeld se permit même des considérations sur les travaux que conduisait son ancien étudiant à Berlin-Dahlem. « Ils travaillent sur les applications possibles de la fission, dit-il, mais ne vous imaginez pas que cela ait quelque rapport avec la guerre. S'ils réussissent, c'est toute l'humanité qui en bénéficiera[48]. » Sommerfeld faisait partie des scientifiques invités à la réunion qui avait eu lieu en présence d'Albert Speer, à Maison Harnack, quelques semaines auparavant ; il ne faisait que répéter l'analyse du programme de recherche nucléaire, telle qu'elle avait été présentée par Heisenberg : une bombe atomique serait trop difficile à faire, mais les réacteurs sont prometteurs. Sommerfeld ne parla pas de la réunion elle-même à Wick, mais celui-ci saisit le message : on n'étudiait, dans l'Allemagne en guerre, « que les applications pacifiques de l'énergie nucléaire ». C'est sous le coup de cette impression que Wick arriva à Berlin au début du mois de juillet.

Il passa plusieurs jours avec Heisenberg, tout d'abord à Berlin-Dahlem, puis à Leipzig. Ils parlèrent avant tout de science ; Heisenberg travaillait sur la théorie de la matrice-S et citera peu après les commentaires que fit Wick sur les ondes de De Broglie, dans un article qu'il envisageait de présenter sous forme de communication en Suisse. Une fois, les deux hommes parlèrent même de la guerre et de la politique ; mais jamais le sujet de la fission ne fut soulevé. Wick ne voulait pas avoir l'air de venir à la pêche aux informations et refusait de mettre Heisenberg dans l'embarras en le questionnant sur des choses classées secret-défense. Heisenberg, de son côté, n'en dit mot.

Le Prix Nobel amorça la discussion sur la politique par une entrée en matière soudaine et inattendue : « Eh bien, Herr Wick, que pensez-vous de la guerre ? Devons-nous espérer que nous la perdrons[49] ? » Voici ce qu'ajouta Wick dans une lettre :

> Dans la discussion qui s'ensuivit, il ne parut pas surpris (sans toutefois tomber d'accord) lorsque j'affirmai que la victoire se traduirait par la mainmise du régime nazi sur toute l'Europe pour le reste de nos vies. Il fit observer que la montée au pouvoir de « ces gens-là » était due aux troubles qui avaient suivi la première guerre mondiale. Il se servit de la comparaison avec un verre d'eau qui comporterait un dépôt boueux dans son fond. « Si l'on agite l'eau, dit-il, l'écume monte à la surface et toute l'eau paraît boueuse. Mais qu'on lui donne la possibilité de rester tranquille un moment, et la boue coulera au fond, et l'eau sera de nouveau claire. » Nous discutâmes encore un moment, sans aigreur, mais je n'aurais su dire s'il essayait vraiment de me convaincre ou s'il ne faisait que s'accrocher à ses illusions[50].

On ne peut trouver tableau plus clair des réflexions que se faisait Heisenberg sur la guerre, quelques semaines après la réunion de la Maison Harnack : « Devons-nous espérer que nous la perdrons ? » Cette discussion fit une profonde impression sur Wick, qui y pensa souvent dans le voyage en train qui le ramena de Leipzig à Munich, puis de Munich à Zurich. Il s'arrêta un jour ou deux en Suisse pour rendre visite à des amis, les physiciens Gregor Wentzel, qui connaissait bien Heisenberg depuis qu'ils avaient étudié ensemble à Munich dans les années vingt, et Paul Scherrer, autre ancienne relation d'Heisenberg. Wick dîna chez Scherrer, dont le domicile se trouvait à deux pas de l'établissement fédéral où il enseignait. Scherrer avait d'ailleurs déjà invité Heisenberg, qui avait accepté, à faire un exposé dans son institut en novembre ; mais Wick ignorait ce détail. Avec Wentzel, ils parlèrent d'Heisenberg,

> ... en particulier de sa nouvelle théorie de la matrice-S. Je savais qu'ils étaient amis, et il n'est pas impossible qu'il y ait eu des allusions aux opinions d'Heisenberg sur la guerre, mais je suppose (je ne m'en souviens pas) que je fis preuve de discrétion. Je ne voulais pas contribuer à répandre des commérages qui pourraient s'avérer dangereux [51].

Wick fut de retour chez lui à Turin le 15 juillet 1942. Quelque temps après, Gregor Wentzel écrivit à son ami Wolfgang Pauli, qui avait quitté la Suisse pour Princeton depuis deux ans. Wick avait effectivement fait preuve de discrétion ; Wentzel ne mentionne rien des manifestations d'un esprit troublé que Heisenberg avait laissé filtrer devant Wick, alors qu'il lui dit que Wick a rencontré le physicien allemand à Leipzig, que celui-ci devait venir en Suisse et qu'il venait d'être nommé directeur au Kaiser Wilhelm Institut, poste qu'il occuperait à partir du 1er octobre. Pauli écrivit à son tour à son ami Victor Weisskopf, de l'Université de Rochester, lui rapportant ces nouvelles.

Seuls les faits bruts franchissaient les rideaux opaques tendus par la guerre. Toutes les nuances des réflexions politiques que Wick se faisait sur l'Europe en guerre, ce riche mélange d'opinions que l'on ne partageait qu'avec des intimes par peur de la police, restait totalement ignoré aux États-Unis, obsédés par les peurs et les dangers de l'époque. Le mince filet d'informations qui passait par le réseau scientifique occulte se trouvait séquestré dans des dossiers secrets. Les Américains ne savaient rien des messages qui avaient atteint la Grande-Bretagne via la Scandinavie ; les nouvelles les plus récentes à leur être parvenues étaient celles données par Houtermans au printemps de 1941. Combinées avec l'information donnée par Wentzel, elles ne pouvaient conduire qu'à une conclusion : Werner Heisenberg travaillait sur un projet de bombe atomique.

Weisskopf discuta longuement de la lettre de Pauli avec son ami Hans Bethe le 28 octobre 1942, et les deux hommes tombèrent d'accord pour faire quelque chose. Ils connaissaient très bien Heisenberg, respectaient son génie et craignaient ses positions politiques. Ni Weisskopf ni Bethe n'étaient directement impliqués dans le projet Manhattan, le programme nucléaire militaire américain, déjà très avancé, et à la tête duquel on venait de nommer un nouveau directeur, un mois auparavant, le général Leslie Groves. Weisskopf savait cependant que Robert Oppenheimer était responsable de la partie théorique du projet. Le 29 octobre, il lui adressa une lettre qui rendait compte de ce qu'il avait appris, ajoutant : « Je pense qu'il faut faire quelque chose immédiatement. Je crois que de loin, la meilleure chose à faire, dans cette situation, serait d'organiser l'enlèvement d'Heisenberg en Suisse [52]. »

III.

Les scientifiques européens aux États-Unis

CHAPITRE 16

La création de la bombe atomique fut avant tout l'œuvre de deux hommes, le physicien J. Robert Oppenheimer et un officier de carrière du corps des ingénieurs militaires, Leslie Groves, promu au titre de général à sa nomination, en septembre 1942. C'est la guerre qui les rapprocha, et seul un but commun rendit leur collaboration possible. En tant qu'hommes, en effet, ils appartenaient à des espèces différentes. Oppenheimer était mince, brillant, souvent sujet au doute, jamais à l'aise dans ce monde ; Groves était un grand gaillard, intoxiqué aux sucreries, parfois brutal et toujours sûr de savoir ce qu'il fallait faire. C'est cependant Groves qui choisit Oppenheimer et il ne perdit guère de temps en hésitations.

Sur le coup, certains des amis d'Oppenheimer trouvèrent ce choix d'une étrange témérité. La physique du noyau de l'atome n'avait jamais été d'un intérêt central pour celui que certains avaient surnommé « Oppy », même si ses amis s'adressaient toujours à lui en l'appelant par son prénom, Robert[1]. En janvier 1939 il avait rapidement compris que la découverte de la fission finirait par ouvrir des possibilités « d'une manière honnête et pratique », mais les prosaïques secrets du noyau, traqués avec acharnement tout au long des années trente par des expérimentateurs comme Fermi et des théoriciens comme Niels Bohr, manquaient à ses yeux du prestige intellectuel et de l'élégance qui l'avaient attiré, au premier abord, vers la physique. Il préférait l'étude des rayons cosmiques et des étoiles défuntes — autrement dit des problèmes redoutables marqués d'une touche de poésie.

La physique théorique américaine atteignit l'âge adulte entre les deux guerres et Oppenheimer, qui ne fit aucune grande découverte, n'en était pas moins son principal ornement. Il n'avait rien de l'esprit entreprenant de physiciens comme Ernest Lawrence, qui inventa en 1930 un nouveau type d'accélérateur de particules qu'il baptisa « cyclotron », avant d'en construire des modèles de plus en plus grands. Lawrence s'habillait en costume croisé et dirigeait son laboratoire de l'Université de Californie, à Berkeley, comme un homme d'affaires une entreprise ; son grand triomphe fut l'invention de la physique à grande échelle, une science consommatrice de capitaux pouvant faire concurrence à l'industrie et au gouvernement. Par son talent comme par son tempérament, Oppenheimer se situait naturellement à l'autre extrémité de l'éventail scientifique, avec des hommes comme Niels Bohr, Heisenberg, Pauli et Einstein, dont le seul capital était le génie.

Fils d'un riche importateur de textiles, Oppenheimer passa sa jeunesse dans les nouveaux quartiers chics de Manhattan, Upper West Side, reçut son enseignement dans un établissement d'avant-garde, l'Ethical Culture School, puis alla étudier à Harvard où il lut énormément et envisagea un moment une carrière d'écrivain, avant de se décider finalement pour les sciences aux dépens de la littérature. Il commença par la chimie mais se révéla rapidement un manipulateur maladroit ; au printemps de 1924, le cours de thermodynamique que donna Percy Bridgman à Harvard le conquit à la physique. Il s'intéressa tout de suite aux questions qui flirtaient avec les nouvelles découvertes, délaissant les cours d'introduction ; toute sa vie, il se sentit gagné par la panique lorsqu'il fallait aborder des problèmes élémentaires comme la physique des anneaux de fumée ou des vibrations élastiques[2].

Après avoir quitté Harvard, en juin 1925, Oppenheimer trouva une deuxième patrie en Europe au cours de la deuxième partie des années vingt. Il alla étudier dans plusieurs grands centres, commençant (assez mal) par un stage dans le laboratoire Cavendish, où Rutherford mettait l'accent sur l'expérimentation. C'est là qu'il rencontra pour la première fois Niels Bohr, qui lui demanda avec gentillesse comment allait son travail. « J'ai des difficultés, avoua Oppenheimer.

— Sont-elles d'ordre mathématique ou physique ? voulut savoir Bohr.

— Je ne sais pas...

— Voilà qui est mauvais », estima Bohr[3].

C'étaient les appareils qui perturbaient Oppenheimer. Il s'en sortit mieux les deux années suivantes lorsqu'il fit de la théorie à Göttingen, où il rencontra Fritz Houtermans ; en 1928 à Leipzig, où il fit la connaissance d'Heisenberg et de son compatriote Isidor Rabi ; puis en 1928 et 1929 à Zurich, où il travailla avec Pauli. Manquant complètement de sens pratique, Oppenheimer était un personnage rêveur, artiste, profondément sensible et parfois sujet à de tels accès de dépression que ses amis s'inquiétaient de sa santé mentale. Mais ces années d'apprentissage furent d'une certaine manière les plus heureuses de sa vie ; il avait l'impression de faire partie de la petite et unique communauté qui déchiffrait peu à peu l'harmonie interne de l'univers. Pour Oppenheimer, les notes dominantes semblent avoir été la beauté et la mélancolie. Lors d'une randonnée en Corse, en 1926, il déclara à un ami : « Le genre de personne que je pourrais admirer le plus serait celle capable de devenir extraordinairement forte dans de nombreux domaines tout en conservant une attitude affligée[4]. »

De retour aux États-Unis pour l'été de 1929, incapable de choisir entre les deux postes universitaires qu'on lui offrait en Californie, Oppenheimer se débrouilla pour prendre les deux. Après quoi il passait une moitié de l'année au California Institute of Technology (CalTech) près de Los Angeles et l'autre moitié à Berkeley, avec tout de même des congés qu'il allait passer dans les montagnes du Nouveau-Mexique ; il y avait vécu pendant un an entre le secondaire et l'université pour se remettre d'une dysenterie ramenée d'une randonnée à pied jusqu'aux mines de Joachimsthal, en Tchécoslovaquie. A Berkeley, il refusait de prendre des cours avant onze heures ; ses collègues imaginaient qu'il souhaitait avoir la liberté de passer la nuit à boire et à fumer avec des amis, mais il dit à l'un d'eux, le physicien Sam Allison, que le meilleur moment « pour faire de la physique » était entre deux heures et cinq heures du matin[5]. En tant qu'enseignant, il pouvait être difficile à suivre : il était trop rapide pour les étudiants lents, trop mathématicien pour les expérimentateurs, pénible à écouter, tant il parlait bas, pour à peu près tout le monde. Lors d'un séminaire du CalTech, l'un de ses amis du temps où il étudiait en Europe, le physicien Paul Ehrenfest, lui lança une fois : « Plus fort, s'il te plaît, mon cher Oppenheimer ! » Oppenheimer éleva un peu la voix, mais comme Ehrenfest n'entendait toujours pas, il se mit à taper du poing sur la table. « Cette salle est tellement grande ! » s'excusa Oppenheimer. A quoi Ehrenfest rétorqua : « Tu te débrouilles pour toujours parler à la limite de l'audible ! Même dans une cabine téléphonique, je ne t'entendrais pas bien[6]. »

Progressivement, néanmoins, Oppenheimer devint en quelque sorte, à lui seul, le centre de la physique théorique aux États-Unis, et un personnage d'une séduction quasi mythique pour ses étudiants. Les découvertes pleuvaient si dru, au cours des années trente, que la physique avait l'air de dévoiler ses mystères d'un jour à l'autre dans la salle de séminaire d'Oppenheimer. Brillant, rapide et vif comme une apparition, il communiquait à ses étudiants la passion qu'il éprouvait manifestement pour les échanges entre la théorie et l'expérience qui se produisaient dans les grands centres de la physique européenne. Il savait les féliciter, acceptait volontiers de répondre à leurs questions dans son bureau jusqu'à une heure avancée de la nuit, et leur demandait même parfois de collaborer à un article. Il apprit peu à peu à parler plus clairement, à contrôler ses sarcasmes venimeux, et à ralentir le pas quand ses étudiants n'arrivaient pas à le suivre. Beaucoup revenaient à ses cours juste pour les lui entendre donner à nouveau dans leur intégralité, et il fallait parfois les convaincre de ne pas revenir une troisième ou une quatrième fois. Robert Serber le rencontra à Ann Arbor en 1934 et fut tellement fasciné qu'il renonça à aller étudier, comme prévu, avec Eugene Wigner à Princeton, pour se rendre à la place en Californie, où les deux hommes se lièrent d'une profonde et durable amitié[7]. On reconnaissait facilement les étudiants d'Oppenheimer. Ils avaient appris à penser comme lui, à partager ses passions, à adopter ses attitudes et même sa façon de parler devant le tableau noir.

La séduction qu'exerçait Oppenheimer allait au-delà de la physique. Les conversations débordaient la classe et gagnaient les couloirs, les bureaux et les restaurants du coin où il initiait ses étudiants à la gastronomie et aux vins fins, payant souvent l'addition. L'éventail de ses dons avait quelque chose d'étourdissant. Comme un étudiant de troisième cycle se plaignait qu'il lui eût donné comme référence, pour résoudre quelque problème, un manuel publié en hollandais, Oppenheimer protesta : « Mais c'est du hollandais tellement facile[8] ! » Il connaissait bien la littérature française, avait étudié le grec et le sanscrit, aimait l'art et la musique. Lorsqu'il prit deux heures de son temps d'études, à Göttingen, pour s'initier à Dante, le physicien Paul Dirac lui demanda : « Pourquoi perdre son temps avec de telles inepties[9] ? » Et lorsque Oppenheimer joua avec l'idée d'écrire de la poésie, Dirac voulut savoir quel rapport cela avait avec la science : « Je ne vois pas comment tu pourrais faire les deux. En science, on explique quelque chose que personne ne connaissait auparavant d'une manière que tout le monde peut comprendre. Tandis qu'en poésie[10]... »

Dirac n'avait pas tout à fait tort. En dépit des immenses talents d'Oppenheimer et de ses travaux sur de très nombreux et grands problèmes de physique, il ne fut jamais l'auteur de l'une de ces grandes découvertes qui s'attachent à un nom, comme le modèle atomique de Bohr, le principe d'incertitude d'Heisenberg, ou le principe d'exclusion de Pauli. Rabi estimait que le problème tenait

à l'intérêt [d'Oppenheimer] pour la religion, en particulier la religion hindoue, qui se traduisait chez lui par un sentiment du mystère de l'univers qui l'entourait presque comme un brouillard [...] aux limites [de ce qu'on connaissait en physique] il avait tendance à éprouver la présence d'un mystère et d'une nouveauté bien plus grands que ce qu'il y avait en réalité. Il n'avait pas suffisamment confiance dans la puissance des instruments intellectuels qu'il possédait déjà et ne poussait pas ses pensées jusqu'à leur extrême limite, parce qu'il ressentait instinctivement la nécessité d'avoir de nouvelles idées et de nouvelles méthodes pour aller plus loin [...] Certains pourraient parler d'un manque de foi, mais à mon avis, il s'agissait plutôt de se détourner des méthodes grossières et dures de la physique théorique pour passer dans un royaume mystique aux intuitions plus larges[11].

Oppenheimer disait parfois qu'il avait deux amours, « la physique et le désert », mais en réalité il en avait des dizaines et leur intensité éblouissait les bûcheurs couverts de craie qui se pressaient dans sa classe pour suivre ce qui, d'après tous les témoignages, devint l'un des numéros de prof parmi les plus remarquables aux États-Unis[12].

Il y avait quelque chose d'insouciant et de byronien dans son mode de vie ; il buvait ses martinis secs, son café très noir et fumait tout le temps, tenant sa cigarette entre le pouce et l'index de la main droite, la pointe enflammée tournée vers la paume, faisant tomber les cendres du petit doigt jusqu'à ce que celui-ci devînt marqué et jauni avec les années [13].

Mais pour un homme « extraordinairement fort dans de nombreux domaines », Oppenheimer paraît avoir été tout d'abord étrangement indifférent aux forces obscures qui s'agitaient de plus en plus dans le monde. Dans l'une des rares références à la politique qu'il fit encore jeune, il écrivit à son frère Frank, en 1931 : « Je pense que le monde dans lequel nous allons vivre au cours de ces trente prochaines années sera un endroit plutôt agité et tourmenté. Je ne crois pas qu'il y aura de compromis possible entre en faire partie ou ne pas en faire partie [14]. »

Mais pendant quelques années encore, Oppenheimer n'en fit décidément pas partie. Il entendit parler pour la première fois du grand krach de Wall Street par Ernest Lawrence au début de 1930, six mois après le « Jeudi noir ». Il lisait rarement les journaux, vota pour la première fois à une élection présidentielle en 1936, et déclara même à un étudiant en doctorat : « Dites-moi, qu'est-ce que la politique a à voir avec la vérité, la bonté et la beauté [15] ? » Lorsqu'il finit par s'intéresser à la politique, ce fut sous la forme de ce gauchisme que l'on trouvait fréquemment parmi les intellectuels des années trente ; il lut le quotidien communiste *People's World* avant de lire *Time* ou *Newsweek*, donna de l'argent pour les réfugiés de la guerre d'Espagne, connaissait un certain nombre de communistes californiens de l'époque et « appartint probablement à toutes les organisations d'obédience communiste de la Côte Ouest [16] ». Son frère Frank fut membre du Parti jusqu'au printemps de 1941 et sa femme, Kitty Harrison, était la veuve d'un communiste tué en Espagne. Vers la fin des années trente, Oppenheimer commenta souvent la politique d'un point de vue de gauche dans sa correspondance avec Robert Serber, mais jamais la politique ne mit en danger la prééminence de la physique comme centre principal d'intérêt chez lui [17]. Une longue conversation qu'il eut pendant l'été de 1938 avec Victor Weisskopf et George Placzek, venus lui rendre visite dans son ranch du Nouveau-Mexique, fit beaucoup pour dissiper les illusions qu'il se faisait sur l'Union soviétique ; après la signature du pacte germano-soviétique, en août 1939, les opinions politiques d'Oppenheimer tournèrent carrément vers le centre [18]. En juin 1940, immédiatement après l'effondrement de la France, il assista à une réunion de l'American Physical Society à Seattle au cours de laquelle il parla avec passion de son amour pour Paris et de la menace que Hitler faisait peser sur les valeurs de la civilisation occidentale. Hans Bethe, qui l'avait rencontré brièvement en Allemagne en 1929, se déclara impressionné par son « discours admirablement éloquent [19] ». Leur premier contact ne se passa pas bien ; Oppenheimer avait rejeté un article de Bethe d'une manière plutôt cinglante, mais ce dernier le voyait maintenant sous un tout autre jour, et ce fut le début d'une profonde amitié. Le mathématicien hongrois John von Neumann demanda à tous ceux présents à la réunion s'ils étaient en faveur d'une intervention américaine aux côtés des Alliés, point de vue que peu de personnes soutenaient à l'époque ; sans hésitation, Oppenheimer répondit que oui[20].

Pendant les dix-huit mois suivants, cependant, alors que les physiciens, un peu partout dans le pays, abandonnaient l'enseignement pour les recherches militaires, Oppenheimer ne bougea pas de son poste et poursuivit ses cours. Pendant ce temps, les efforts frénétiques de Szilard, Wigner et d'autres pour éveiller l'intérêt des autorités portaient peu à peu leurs fruits. Le Comité de l'Uranium tint quelques réunions et alloua des fonds de recherche, avant d'être absorbé par le Conseil National de la Recherche en Défense (NDRC) que présidait l'ingénieur en électricité Vannevar Bush, par ailleurs président de l'Institution Carnegie. On confia l'organisme, rebaptisé S-1, au président d'Harvard, James Conant. Les travaux de recherches avancèrent à petits pas sur une dizaine de campus différents jusqu'en septembre 1941, date à laquelle Lawrence et Compton réussirent à convaincre Conant qu'une bombe pouvait fonctionner. Les études menées par Compton donnaient du poids à cette affirmation, et le projet s'accéléra dès après Pearl Harbor. Mais même dans les premiers mois de 1942, il paraissait n'en être encore qu'au stade des études préliminaires[21].

Il est impossible de préciser à quel moment Oppenheimer entendit parler de l'effort américain, encore embryonnaire, pour construire une bombe atomique. Il en avait parfaitement saisi la possibilité théorique dès le début, mais ses propres travaux se situaient dans d'autres domaines. Aucun des articles publiés sur la fission avant la mi-1940, une bonne centaine, n'était signé de lui, mais on voit mal comment il n'aurait pas eu vent des discussions sur ce thème qui se poursuivaient tout à côté de son bureau, à Berkeley. En mai 1940, deux jeunes physiciens découvrirent, à l'aide du cyclotron du Laboratoire des Radiations de Lawrence, un transuranien authentique, un isotope de l'uranium, l'U-239, qui possède une durée de vie très courte ; il se dégrade en un autre élément que l'on appellera plus tard le neptunium[22].

Un peu plus tard la même année, le chimiste Glenn Seaborg s'aperçut, en utilisant le même cyclotron, que le neptunium se dégradait à son tour en un élément stable, le 94e, auquel on donnera le nom de plutonium (Pu-239) ; découverte essentielle, car les chercheurs ne tardèrent pas à comprendre qu'il constituait un excellent candidat pour la fission. Les quantités de ce nouvel élément produites par Seaborg étaient infimes et se mesuraient en millionième d'once. Le 11 juillet 1941, Lawrence écrivit au Comité de l'Uranium à Washington que l'on pourrait en produire davantage dans une pile fonctionnant sur le principe de la réaction en chaîne, que sa différence chimique avec l'uranium le rendrait plus facilement séparable, qu'il serait fissile et que donc il constituerait un bon explosif pour une bombe. Ces conclusions, confirmées par des travaux conduits à Princeton et en Grande-Bretagne, donnèrent un coup de fouet au projet américain.

Mais il faudra attendre encore quelques mois avant que Oppenheimer ne se retrouve directement impliqué dans le programme nucléaire militaire lui-même. En août, le physicien britannique Marcus Oliphant, en visite aux États-Unis, dit que deux chercheurs allemands réfugiés, Rudolf Peierls et Otto Frisch, avaient calculé qu'une très petite quantité d'U-235 (de l'ordre de quelques livres) pourraient suffire à construire une bombe. Oliphant rendit visite à Lawrence à Berkeley et le persuada que le programme américain était dangereusement en retard. Il semble en avoir discuté ouvertement en présence d'Oppenheimer, supposant qu'il était sans doute au courant. En octobre, Lawrence se fit accompagner d'Oppenheimer à la conférence, tenue au laboratoire de la General Electric, à Schenectady (État de New York), où il devait être discuté des quantités de matière fissile nécessaires pour une bombe et de la manière d'en assembler une. Entre-temps, Oppenheimer avait fait quelques calculs ; il déclara que l'éventail était grand, qu'une bombe pouvait n'exiger que deux kilos de matière fissile, comme elle pouvait en exiger cent[23].

Un peu plus tard, toujours la même année, Rudolf Peierls rendit visite à Oppenheimer ; il fut impressionné par sa compréhension des problèmes soulevés par la physique de la bombe atomique, et recommanda peu après à Arthur Compton, pionnier du projet bombe atomique à l'Université de Chicago, de confier à Oppenheimer une étude sur la création d'une réaction en chaîne utilisant les neutrons rapides émis pendant la fission[24]. Début 1942, Oppenheimer se trouva donc attelé à ce problème sous la direction de George Breit, physicien à l'Université du Wisconsin. En tant que « coordinateur de la rupture rapide », titre qui avait le don d'amuser Oppenheimer, Breit avait la responsabilité de coordonner toute une gamme d'études sur les neutrons, menées dans neuf universités différentes. Il s'entendait certes à la physique ; la coordination, en revanche, restait un mystère pour lui. On ne disposait que d'infimes quantités d'U-235 pour les expériences, les seuls échantillons disponibles étant ceux que Alfred Nier, de l'Université du Minnesota, avait séparés en février 1940 avec un spectromètre de masse, et Breit avait du mal à équilibrer les demandes pour le précieux matériau. Mais la sécurité lui posait des problèmes encore pis ; il était interdit de parler du détail des expériences par téléphone, il n'était pas question de les confier à la poste, et les voyages en train prenaient un temps fou. Il tenait absolument à ce que les documents secrets fussent constamment sous clef et refusait de communiquer les études importantes par peur qu'elles échappassent à son contrôle. Au cours de l'été 1941, Marcus Oliphant avait été horrifié d'apprendre que Lawrence, par exemple, n'avait jamais vu un important rapport du comité MAUD qui faisait état de travaux britanniques affirmant la faisabilité de la bombe atomique. A la fin du printemps de 1942, après de nombreuses escarmouches provoquées par sa manie des précautions et sa répugnance à centraliser les recherches, Breit en eut assez de se battre avec Compton et démissionna. Oppenheimer n'avait pas manqué d'impressionner déjà Compton par son exceptionnel talent pour résumer les travaux des réunions les plus longues afin que tout le monde pût voir clairement ce qui avait été accompli et ce qui restait à faire. En juin 1942, il lui demanda de reprendre le poste de Breit.

Tandis que Oppenheimer se rapprochait progressivement du cœur du projet « bombe atomique » américain, celui-ci se poursuivait selon trois axes simultanés de recherche : étude d'une pile à réaction en chaîne (Arthur Compton, à Chicago) et deux méthodes pour produire de l'U-235, par diffusion gazeuse (Harold Urey, à l'Université Columbia) et par séparation électromagnétique (Lawrence, à Berkeley). Déjà l'effort de recherche le plus grand jamais accompli dans l'histoire des sciences, le programme allait acquérir des proportions gigantesques au cours des trois années et demie suivantes, s'accroissant notamment de plusieurs douzaines d'efforts industriels différents, dont certains colossaux ; les dépenses s'élevèrent à environ deux milliards de dollars (de 1940) et des dizaines de milliers de personnes, chercheurs, ingénieurs, techniciens et travailleurs ordinaires y furent employés. Une fois Vannevar Bush et Conant convaincus, à Washington, que non seulement une bombe pouvait être construite mais qu'elle devait l'être, il devint évident que la taille de l'entreprise allait exiger beaucoup trop des talents administratifs et politiques, aussi grands qu'ils fussent, d'universitaires comme Compton ou même Lawrence. Le projet fut donc une fois de plus réorganisé et passa des mains des civils à l'Army Corps Engineers (Corps des Ingénieurs de l'Armée) en juin 1942. Etant donné que les bureaux du nouvel organisme se trouvaient à Manhattan, on en parlait comme du Manhattan Engineering District, ce qui donna plus tard le nom de Projet Manhattan. Son premier directeur, le colonel James Marshall, ne comprit pas tout de suite que le centre de l'univers, en temps de guerre, était à Washington et ne tarda pas à se trouver ligoté par les combats qu'il menait contre des bureaucrates lointains. Au milieu de l'été, Vannevar Bush demandait d'urgence un nouveau directeur. Etant donné qu'on voyait avant tout le Projet Manhattan comme un programme de construction, le général George Marshall, chef d'état-major de l'Armée, laissa le choix au général Brehon Somervell, directeur de l'Intendance, lequel consulta le colonel Styer, du Service des Fournitures. Le destin et le futur général Styer mirent le colonel Leslie Groves en tête d'une liste de quarante candidats, avec une double croix à côté de son nom.

Ce n'était nullement le genre de poste que Groves avait alors en vue. Sorti quatrième de West Point en 1918, il avait fait carrière comme ingénieur de l'Armée ; mais après Pearl Harbor, il succomba à une obsession commune à tous les officiers de l'Armée n'ayant pas de responsabilités purement militaires : devenir un véritable soldat et commander des troupes sur le terrain. A la mi-septembre, il crut avoir gagné ; il avait même pris ses dispositions pour installer sa famille dans le Delaware. Mais le rêve d'un commandement au front s'évanouit le matin du 17 septembre lorsqu'il tomba sur le général Somervell sortant d'une salle d'audience du Congrès. Le transfert était annulé. « Le secrétaire à la Guerre vous a choisi pour un poste extrêmement important », dit le général Somervell. Leslie Groves eut l'impression qu'il se faisait dorer la pilule. « Si vous faites bien ce boulot, il pourra nous faire gagner la guerre[25]. » C'était vrai, mais sur le coup, Groves trouva la couche de dorure un peu trop voyante.

Au cours de l'été, Groves avait joué un rôle marginal dans le démarrage du Manhattan Engineering District, mais il ignorait tout de l'aspect scientifique du programme ; et à côté du Pentagone, l'édifice ne payait pas de mine. En bon soldat, Groves ne sut pas dissimuler sa déception et ne répondit qu'un « Ho... » de renoncement à Somervell[26]. Groves commença par passer par le bureau de Styer ; celui-ci, pour adoucir le coup, lui promit une promotion au grade de général « dans quelques jours[27] ». Groves était peut-être un bon soldat, mais sa crédulité avait des limites ; il arracha à Styer la promesse de repousser sa nomination jusqu'à la promotion en question. Ainsi talonnée, l'administration lui fit parvenir sa première étoile en une semaine.

Plus tard, dans l'après-midi du 17 septembre, Groves rendit visite sans prévenir à Vannevar Bush, dans son bureau de l'Institut Carnegie. Bush, qui ignorait la nomination de Groves, se hérissa devant les questions que ce dernier lui posait sur le projet super-secret et abrégea la rencontre. Puis il fonça jusqu'au bureau de Styer pour protester contre le choix de ce colonel rugueux et sans charme. Encore un peu plus tard, sans doute un peu calmé, Vannevar Bush décrivit la conversation dans un mémo adressé à Harvey Bundy, assistant au secrétaire d'État à la Guerre, Henry Stimson. « Je lui ai dit [...] qu'ayant rencontré brièvement le général Groves, j'ai douté qu'il eût assez de tact pour ce genre de travail[28]. » Formulation diplomatique. Styer avait admis que Groves « ne prenait pas de gants », mais qu'il possédait des qualités qui compensaient cela. Animer les grands projets était en fait la spécialité de Groves ; en septembre 1942, il dirigeait l'achèvement du vaste quartier général de l'Armée, le bâtiment à cinq côtés qui sera bientôt universellement connu sous le nom de « Pentagone ». Bush savait bien que sa protestation était de pure forme ; le Projet Manhattan appartenait maintenant à l'Armée, et Somervell avait déjà parlé à Marshall de la nomination de Groves. Mais Bush gardait ses réserves. « J'ai bien peur qu'on soit dans le caca », dit-il à Bundy[29].

S'il y eut donc quelques grincements de dents le premier jour du nouveau régime, Groves accepta néanmoins le poste, et Bush accepta néanmoins Groves. On comprendra mieux ce qu'accomplit Groves au cours des trois années suivantes si on l'envisage comme l'une des plus grandes campagnes militaires de toute l'histoire : une entreprise soutenue, à la fois scientifique, industrielle et bureaucratique, d'une telle envergure, exécutée si magistralement et ayant si bien réussi à mettre l'ennemi en déroute que les historiens, rétrospectivement, ont de la difficulté à saisir les solides raisons que l'on pouvait avoir d'en douter, au milieu de l'année 1942. Non seulement Groves fit-il en trois ans ce que les Allemands n'avaient pas réussi à accomplir en six, mais la nouvelle arme mit effectivement un terme à la deuxième guerre mondiale.

Personne ne demanda à Groves de se voir en Napoléon de la bombe. Les ordres, signés par Somervell d'après des notes de Groves et Styer, lui donnaient simplement pour instruction « de prendre entièrement en charge tout le projet DSM [...] [30] » Les militaires se réfèrent à ce genre d'instruction comme à des « ordres de mission : » la tâche est celle-ci, faites-la, les détails suivent. A l'époque, Styer la décrivit à Groves comme modeste et simple : « Les recherches et les mises au point de base ont été faites. Vous n'aurez qu'à prendre les esquisses, leur donner leur forme finale, construire quelques usines et organiser une force opérationnelle ; après quoi votre boulot sera fini et la guerre terminée [31]. » La trace d'humour que l'on relève ici est la manière dont Groves illumine ses souvenirs. Elle est acerbe et en tant que telle, ce qui se rapproche le plus d'une plaisanterie de sa part.

Dès le début, Groves considéra qu'on lui avait donné un chèque en blanc et qu'il avait à assumer intégralement la direction du projet ; il s'arrangea pour se mettre dans les petits papiers du secrétaire d'État à la Guerre et de ceux du chef d'état-major, vit ses recommandations acceptées par deux présidents, créa un organisme secret de renseignements pour protéger son projet et pénétrer celui de l'ennemi, et réussit même à obtenir des responsables militaires pourtant farouchement jaloux de leur territoire le droit de disposer de sa propre force de bombardiers B-29, de choisir sa cible et de dire quand rayer de la carte une ville ennemie. A la fin de la guerre, Groves était devenu une sorte de Wotan aussi puissant qu'invisible. Tandis que le peuple de ses trolls forgeait les nouvelles armes dans leurs antres secrets, Groves-Wotan envoyait des agents clandestins à la chasse aux scientifiques en Europe, faisait bombarder les usines et les laboratoires de ses ennemis et finalement acculait les Japonais à une reddition sans condition. Tout cela, il l'accomplit depuis le cinquième étage d'un bureau de quelques pièces dans le vieux bâtiment du Département de la Guerre, travaillant avec une secrétaire (Jean O'Leary, une veuve de trente ans), deux jeunes officiers de renseignements et une poignée de « dépêcheurs » chargés d'asticoter les retardataires en leur rendant visite ou en leur téléphonant ; son équipe personnelle ne dépassa jamais trente membres. L'administration de l'énorme projet moulinait l'essentiel de sa paperasse ailleurs.

Le maître de ce domaine n'avait nullement l'allure d'un Wotan. Groves avait quelques faiblesses, dont une passion pour les chocolats, que l'on voyait souvent déformer la poche de sa chemise. Sa petite moustache et sa bouche pincée lui donnaient parfois un air précieux de faux modeste. Il avait l'amour-propre facilement blessé d'un adolescent. Mais il était par ailleurs doué d'une résolution monstrueuse ; il voyait avec une clarté inhumaine ce qu'il fallait faire, et s'il lui arrivait de communiquer ses raisons, il ne faisait jamais part de ses réflexions. Il s'adressait aux gens en leur donnant leur titre. Il finit par gagner le respect, non sans mal, de tous ceux qui travaillèrent étroitement avec lui, mais s'il eut jamais un mot gentil, on ne l'a jamais rapporté.

Foncer tout droit dans le bureau de Vannevar Bush dès le premier jour de sa nomination était typique de son comportement ; et il ne tarda pas non plus à harceler le responsable du Conseil de Production de Guerre, Donald Nelson, pour obtenir de lui le niveau de priorité le plus difficile à se faire attribuer — AAA — permettant d'accéder en premier aux matières premières vitales ; à le harceler aussi pour faire nommer le lieutenant-colonel Kenneth Nichols comme son principal adjoint, envoyant aussitôt ce dernier à New York acheter les 1 250 tonnes de minerai d'uranium appartenant à l'Union Minière, mais aussi 52 000 acres de terrain dans le Tennessee pour les usines du Projet Manhattan. Finalement, le 23 septembre, une semaine exactement après sa nomination, il fit clairement comprendre à Henry Stimson, secrétaire d'État à la Guerre, qu'un comité de surveillance de neuf membres serait trop important et malcommode et qu'il valait mieux le réduire à trois membres. Stimson céda. Le nouveau comité fut rapidement mis sur pied avec Vannevar Bush comme président (Conant pouvant se substituer à lui), l'amiral Purnell et le général Styer comme membres.

Groves rendait compte à ces trois hommes mais prenait aussi l'avis du général Marshall et de Stimson, privilège qu'il se conserva en évitant d'en abuser. S'il voulait voir Marshall, il traversait le Potomac et inscrivait lui-même son nom en tête de liste des rendez-vous prévus sur l'agenda du général pour le lendemain matin. Stimson apprit lui aussi rapidement à traiter Groves avec respect. Lorsque le secrétariat de Stimson l'appela un jour, au début de leurs relations, pour le convoquer, Groves répondit que le moment ne lui convenait pas et demanda si la question était réellement urgente. Après quoi, le secrétariat du secrétaire d'État commença par s'enquérir quand il convenait au général de passer [32].

Groves prenait lui-même la plupart des décisions ; quant à celles qui exigeaient l'approbation d'une autorité plus haute, il s'arrangeait en général pour qu'elles fussent prises dans le sens qui l'arrangeait. Il n'y eut qu'un cas où il ne réussit pas à obtenir une chose importante pour lui : lorsque Stimson, au printemps de 1945, raya Kyoto de la liste des cibles de Groves pour la première bombe atomique. L'ex-capitale impériale du Japon, la ville la plus ancienne et la plus belle du pays, était dans un état de conservation impeccable ; ses citoyens étaient parmi les plus cultivés de l'empire. Groves estimait que sa destruction ferait une impression d'autant plus forte. Mais Stimson avait passé sa lune de miel à Kyoto. En dépit de toutes les manœuvres de Groves, le secrétaire d'État ne céda pas et Kyoto fut épargnée.

Prenant pour prétexte la tyrannie des horaires de train, Groves écourta son premier entretien avec Stimson, le 23 septembre, et se lança immédiatement dans une tournée d'évaluation des projets qui passaient sous son contrôle ; il se rendit ainsi à Clinton, dans le Tennessee, site de l'usine projetée pour la séparation de l'U-235 ; à Pittsburgh, où il décida sur-le-champ l'abandon des expériences de séparation de l'U-235 à l'aide de centrifugeuses ; à l'Université Columbia, où il discuta de la diffusion gazeuse comme méthode de séparation avec John Dunning et Harold Urey. La rencontre avec ce dernier se passa mal ; à partir de ce jour, Groves intrigua pour diriger peu à peu Urey dans l'une des voies sans issue du projet, où il le laissa stagner. Première manifestation de ce qui fut une source chronique de friction dans le Projet Manhattan ; sans preuve du contraire, Groves considérait instinctivement la plupart des scientifiques comme des individus dépourvus de sens pratique, indisciplinés et égocentriques. De leur côté, de nombreux scientifiques (pas tous, cependant) se méfiaient tout aussi instinctivement des militaires, s'irritaient d'être sous les ordres d'un homme aussi ignorant de la physique et de la chimie nucléaires que Groves, brocardaient ses règles de sécurité et très souvent détestaient le personnage lui-même. La première escarmouche avec Urey était un présage pour la première entrevue officielle, qui eut lieu à Chicago le 5 octobre 1942, entre Groves et les scientifiques qui allaient rendre possible la construction de la bombe, entrevue qui faillit tourner au désastre.

A Chicago, Arthur Compton, en neuf mois de temps, avait transformé son laboratoire de métallurgie en un formidable instrument de recherche ; mais les scientifiques eux-mêmes avaient tous des tempéraments différents, pas forcément modérés. Enrico Fermi faisait l'acquisition de tonnes de graphite et de cartouches d'uranium chemisées de nickel pour assembler la première pile atomique au monde. Fermi espérait provoquer une réaction en chaîne soutenue, mais doutait beaucoup qu'une bombe pût être construite avant la fin de la guerre. Leo Szilard travaillait sur un modèle de réacteur, mais la lenteur des progrès le chagrinait et il n'appréciait pas la manière dont les militaires géraient les choses ou les voyaient.

Au mois de juin précédent, les deux colonels qui organisaient alors la reprise en main du projet par l'Armée, James Marshall et Kenneth Nichols, étaient venus à Chicago, avaient posé diverses questions et déclaré à l'assistant de Compton, Norman Hilberry, que ce qu'on leur avait répondu ne leur avait pas plu. James Marshall venait de se rendre compte qu'aux yeux des scientifiques, le projet se terminerait avec la guerre et la fabrication des une ou deux bombes exigées par la situation.

« Il va falloir revoir votre conception des choses, dit James Marshall à Hilberry. Ce dont nous parlons, c'est de capacité de production pour continuer à fabriquer des bombes à un rythme donné[33]. »

Conception des choses qui scandalisa effectivement bon nombre des collaborateurs de Compton lorsque Hilberry leur rapporta cette conversation. En octobre 1942, Leo Szilard redoutait toujours que les Allemands ne fussent les premiers à fabriquer la bombe atomique, et critiquait la lenteur de l'Armée à mettre sur pied un premier réacteur. Eugene Wigner, connu pour son tact et son exquise politesse, se faisait tout autant de souci ; il pensait savoir comment construire des réacteurs pour la production de plutonium et il était profondément mortifié de voir les militaires envisager de confier le travail à de grandes sociétés industrielles. Groves se heurta donc à un certain scepticisme lorsqu'il arriva en train à Chicago, le 5 octobre au matin ; quand il en repartit, ce scepticisme s'était transformé en un ressentiment furieux.

Pendant la matinée, Compton fit faire le tour du laboratoire à Groves et le présenta aux principaux chercheurs. Glen Seaborg avait étudié la chimie du plutonium à l'aide des infimes traces de ce matériau produites dans les cyclotrons de Berkeley et de l'Université Washington à Saint Louis. Il avait pu disposer d'un premier échantillon le 20 août 1942, et d'un dix millionième d'once le 20 septembre. On en plaça un fragment sous l'objectif d'un microscope pour Groves qui, après avoir regardé en silence à travers les lentilles, déclara : « Je ne vois rien[34]. » Tel quel... Lors d'une réunion officielle l'après-midi même, en présence de Compton et de quinze autres scientifiques de premier plan, y compris trois Prix Nobel (Compton, Fermi et l'émigré allemand James Franck), la susceptibilité de Groves fut à l'origine d'un beau gâchis. Piqué au vif par l'impatience qu'ils manifestaient devant ses difficultés à appréhender des concepts entièrement nouveaux pour lui comme celui de masse critique, il fut absolument ravi de relever une erreur mathématique mineure dans la présentation qu'un des chercheurs faisait au tableau noir. Il fut scandalisé (et ne s'en cacha pas) lorsqu'un autre scientifique donna une évaluation chiffrée de la quantité de matériau fissile nécessaire à la fabrication d'une bombe, puis ajouta que le facteur d'erreur était de un à dix : un kilo pouvait suffire, ou dix, ou cent. Groves n'avait qu'une connaissance très limitée des concepts de physique nucléaire indispensables à la compréhension de la bombe et l'assemblée des scientifiques le lui faisait savoir.

Mais avant la fin de sa première réunion à Chicago, Groves tint à leur faire savoir à son tour qu'il n'était cependant pas le dernier des ignorants ; le général fraîchement nommé avait son orgueil. « Comme vous le savez peut-être, je ne suis pas titulaire d'un doctorat [PhD]. Le colonel Nichols en a un, mais pas moi. Mais permettez-moi de vous faire remarquer que j'ai subi dix ans de formation après le secondaire. Dix ans, pendant lesquels je n'ai fait qu'étudier. Je n'avais pas besoin de gagner ma vie ou de consacrer du temps à l'enseignement, j'étudiais, un point c'est tout. C'est

217

à peu près l'équivalent de deux doctorats, n'est-ce pas [35] ? » Jamais les scientifiques n'oublieront cette gaffe.

Toutefois le pire, du point de vue des civils du Projet Manhattan, fut la tension, jamais entièrement réduite, qui tenait à la volonté de Groves d'imposer les normes militaires du secret aux faits élémentaires de la science. A un moment donné, cet après-midi-là, Wigner fit en passant allusion aux immenses réservoirs d'énergie que constituaient des éléments lourds comme l'uranium et le thorium. Plus tard, Groves prit Wigner à part et lui demanda de ne jamais répéter de telles choses en public : il espérait garder le fait secret. Exigence qui eut le don de rendre Wigner, pourtant un homme modéré, furieux et dégoûté [36]. Trois jours plus tard, Groves refit la même bourde en Californie après avoir visité le laboratoire de radiations de Berkeley, lorsqu'il déclara : « Professeur Lawrence, vous avez intérêt à faire du bon travail. Votre réputation en dépend. » Lawrence, un Prix Nobel, ne répondit rien sur le moment, mais invita Groves à déjeuner avec lui dans l'un de ses restaurants préférés, le Trader Vic's. Là il lui rétorqua : « Il faut que vous sachiez, général Groves, à propos de ce que vous m'avez dit, que ma réputation n'est plus à faire. C'est la vôtre qui dépend de ce projet [37]. »

Groves ne fit jamais allusion aux pénibles faux pas de ses premières entrevues avec les scientifiques du futur Projet Manhattan, mais il les traita par la suite comme une bande de fauteurs de désordres qu'il fallait fermement discipliner. Il rudoya jusqu'à Compton, peut-être de tous celui qu'il aimait le mieux et respectait le plus. « Docteur Compton, lâcha-t-il tout à trac un jour, vous autres, les scientifiques, vous n'avez aucune discipline. Vous ne savez ni obéir aux ordres ni en donner [38]. » Groves estimait que les chercheurs étaient des gens trop bavards, trop décontractés, trop souvent tentés par l'exploration de voies secondaires n'ayant qu'un rapport lointain avec le travail qui leur était demandé. Il voulait les voir arrêter de parler de tout, de manifester une curiosité enracinée en eux depuis toujours et « s'en tenir à leur boulot » [39]. Il savait exactement ce qu'il voulait : garder le projet secret, construire une bombe atomique, gagner la guerre avec, en dire aussi peu que possible aux Britanniques, ne rien dire du tout aux Russes et s'assurer que ces derniers ne trouveraient rien le jour où ils envahiraient l'Allemagne depuis l'est. Les scientifiques éprouvaient des doutes plus ou moins marqués pour ces divers objectifs. Groves ne cherchait pas à discuter et il n'était pas question, pour lui, de gérer les choses autrement qu'à sa manière, ce qu'il fit. Pendant un moment, il envisagea même de militariser les scientifiques pour leur inculquer quelques notions élémentaires de discipline. Il ne supportait pas ce qu'il considérait comme des ingérences dans la politique adoptée et n'aurait pas hésité à jeter Szilard (le plus agaçant de tous sur ce plan-là) en prison si l'occasion s'était présentée. Ne pouvant en arriver à de telles extrémités, il imposa une compartimentation rigide des activités qui éleva un mur entre les différents laboratoires. On reste d'autant plus stupéfait que Groves ait pu établir de bonnes relations avec Robert Oppenheimer — aussi imprévisible en stratégie politique qu'il était brillant en science —, des relations fondées sur la confiance, un respect mutuel et une harmonie sans faille dans la gestion de l'entreprise.

Les événements se bousculèrent pendant l'automne de 1942 ; peu d'entre eux ont été consignés sur le papier, mis à part la chronologie des déplacements de Groves, et il est difficile de comprendre par quel miracle la première rencontre du général et d'Oppenheimer, lors d'un déjeuner à Berkeley, le 8 octobre 1942, se traduisit finalement par une étroite coopération entre les deux hommes. On sait qu'ils discutèrent ce jour-là d'un plan d'Oppenheimer visant à regrouper le travail théorique sur la conception de la bombe atomique dans un nouveau laboratoire ; Groves était déjà convaincu que cette étape du travail poserait beaucoup plus de problèmes que ne l'estimaient la plupart des scientifiques, à ce moment-là. Quelques jours plus tard, Oppenheimer se rendit à Chicago pour une nouvelle réunion sur la question ; à son issue, Groves invita le physicien à l'accompagner en train à Washington. Le long voyage semble être arrivé au bon moment pour cimenter la relation entre les deux hommes. Oppenheimer n'avait pas d'états d'âme devant l'idée de militariser les scientifiques du Projet Manhattan et de diriger ce dernier comme une manœuvre de l'Armée. Il épousa même ce point de vue avec enthousiasme, acceptant un rang de lieutenant-colonel ; il se fit prendre les mesures pour un uniforme, se soumit à une visite médicale de l'armée et essaya même de persuader ses collègues que l'idée était bonne[40]. A en croire l'un des physiciens qui le rejoignit un peu plus tard à Los Alamos, R. Wilson,

> Oppy, une expression lointaine dans le regard, me disait que cette guerre était différente de toutes celles qui avaient jamais eu lieu jusqu'ici ; que c'était une guerre sur le principe de la liberté, et qu'elle allait être livrée par « une armée du peuple ». D'accord, il m'arrive à moi aussi d'avoir mes accès d'idéalisme, mais j'avais l'impression qu'il avait une case en moins quand je l'entendais parler comme ça[41].

Groves, cependant, ne put réaliser son vœu. Lors d'une réunion au Waldorf-Astoria à New York, au début de 1943, deux amis d'Oppenheimer, Robert Bacher et I. Rabi, arguèrent de problèmes que connaissaient des scientifiques du Laboratoire de Recherches navales de Washington, obligés de travailler sous les ordres d'un amiral ; ils lui déclarèrent catégoriquement qu'ils refusaient de subir le même sort[42]. Groves dut s'incliner.

Mais il n'y avait rien qu'Oppenheimer n'aurait fait pour la guerre ou pour Groves en octobre 1942 tandis que le général, de son côté, était fasciné par le brio du physicien ; il le considéra toute sa vie comme un génie. Le 19 octobre, à Washington, Groves et Oppenheimer rencontrèrent Vannevar Bush, président de la Commission d'Orientations militaires. A partir de ce moment, le choix d'Oppenheimer pour diriger le nouveau laboratoire semble avoir été envisagé de plus en plus sérieusement [43].

Dans ses mémoires, Groves ne cache pas que personne n'avait d'emblée songé à Oppenheimer pour ce poste. Le physicien n'avait jamais rien administré de plus compliqué qu'un séminaire et ne possédait aucun talent pour l'expérimentation mécanique à grande échelle qu'exigerait forcément le programme nucléaire de bombe atomique ; il n'était pas investi de l'autorité que confère un prix Nobel, fait qui semble avoir provoqué beaucoup d'hésitations. Urey à New York, Compton à Chicago ou Lawrence à Berkeley paraissaient tous des choix plus logiques. Mais Groves n'aimait pas Urey, croyait Compton incapable de garder un secret et estimait que Lawrence était indispensable au projet de séparation électromagnétique de Berkeley. La Commission militaire, à savoir Vannevar Bush, l'amiral Purnell et le général Styer, éprouvaient tous des doutes, à en croire Groves. Mais lorsque celui-ci leur demanda de désigner quelqu'un d'autre, ils n'eurent aucun nom à avancer. « En quelques semaines, il devint évident qu'ils ne trouveraient pas de meilleur candidat ; on demanda donc à Oppenheimer d'entreprendre la tâche [44]. »

On n'a jamais pu établir la date précise de la nomination, mais à la mi-novembre, lorsque Groves et Oppenheimer se mirent d'accord pour le site du futur laboratoire, dans le désert du Nouveau-Mexique, on considérait comme acquis, semble-t-il, qu'il serait dirigé par Oppenheimer. Et c'est au cours de cette période, entre la première rencontre Groves-Oppenheimer et le choix du site de Los Alamos, que Oppenheimer reçut une lettre de trois pages de son ami Victor Weisskopf ; celui-ci lui proposait rien moins que d'enlever Werner Heisenberg pendant son passage en Suisse.

CHAPITRE 17

Il était tout naturel que Victor Weisskopf se fût adressé immédiatement à Hans Bethe après avoir reçu la lettre de Wolfgang Pauli, en octobre 1942. Ils se voyaient souvent depuis que Weisskopf avait accepté en 1937 un poste à l'Université de Rochester, non loin de celle de Cornell, où Bethe enseignait déjà depuis deux ans. Mais la proximité ne jouait qu'un rôle mineur dans leur amitié ; leurs itinéraires personnels comprenaient de nombreux croisements, comme cela était fort courant parmi les physiciens formés au cours des années vingt et trente. Lorsque Pauli avait eu besoin d'un nouvel assistant à Zurich, en 1933, c'est presque par accident qu'il choisit plutôt Weisskopf que Bethe.

Weisskopf passait à peu près la moitié de son temps à Cambridge, en Angleterre, essayant d'apprendre quelque chose auprès de Paul Dirac, un personnage sympathique mais qui travaillait en solitaire et n'aimait pas à partager ses spéculations. Il passait le reste de son temps auprès de Niels Bohr, à Copenhague, où il rencontra sa future femme. L'invitation de Pauli n'était qu'un nouveau tour de chaises musicales ; son assistant du moment, Hendrik Casimir, partait travailler à l'Université de Leyde avec Paul Ehrenfest. Pauli était l'une des grandes pointures de la physique ; l'invitation fit bondir de joie Weisskopf, qui accepta, se rendit à Zurich à l'automne de 1933 et alla frapper à la porte du bureau de Pauli, à la Eidgenössische Technische Hochschule, universellement connue par ses initiales, ETH[1]. « Qui êtes-vous ? » demanda Pauli sans cérémonie, après avoir terminé le calcul dans lequel il était lancé.

« Weisskopf. Vous m'avez demandé d'être votre assistant.

— En effet. Je voulais tout d'abord prendre Bethe, mais il travaille sur la théorie de l'état solide, que je n'aime pas, même si c'est moi qui l'ai lancée[2]. »

On avait averti Weisskopf de s'attendre à ce genre d'accueil. A Cambridge, son ami Rudolf Peierls lui avait fait le tableau des manières brusques, cinglantes voire même blessantes de Pauli, manières qui n'épargnaient personne à l'exception de l'homme qui l'avait initié à la physique, son ancien professeur, Arnold Sommerfeld. Avec celui-ci, Pauli était toute déférence : « Oui, Herr Geheimrat, oui, c'est très intéressant,

mais je préférerais peut-être une formulation légèrement différente[3]... »
Personne d'autre, cependant, ne trouvait grâce aux yeux de Pauli.
Lorsque Weisskopf lui montra ce qu'il avait fait, au bout d'une semaine,
Pauli examina le travail avec une expression de plus en plus écœurée pour
finir par lâcher : « Au fond, j'aurais mieux fait de prendre Bethe. » Du
Pauli tout craché ; ses étudiants grimaçaient sous le fouet, mais arboraient
leurs cicatrices comme autant de marques distinctives ; le folklore de la
physique est riche en anecdotes dans lesquelles une rosserie de Pauli
aurait pu détruire une âme moins bien trempée.

Depuis l'époque où ils avaient tous les deux été assistants de Sommerfeld à Munich, Pauli et Heisenberg étaient restés intimement liés et leur
correspondance scientifique se poursuivit après l'installation de Pauli à
Zurich. Weisskopf connaissait également Heisenberg pour avoir suivi
assidument son séminaire pendant un semestre à Leipzig, deux ans
auparavant. Heisenberg avait une manière directe de s'attaquer aux
problèmes de physique qui plaisait à Weisskopf. Parmi les problèmes
dont on discutait beaucoup ce printemps-là, il y avait celui de la
radioactivité : les électrons se trouvaient-ils ou non dans le noyau ? Un
jour, Weisskopf et Heisenberg déjeunaient à la cafétéria et voyaient, d'où
ils étaient, les gens franchir les portes de la piscine. « Ces personnes
entrent et sortent parfaitement habillées, observa Heisenberg. Faut-il en
conclure qu'elles nagent dans cette tenue[4] ? » Weisskopf arriva à Zurich
pendant une période où Pauli et Heisenberg échangeaient une correspondance passionnée sur des problèmes d'électrodynamique quantique. Pauli
demandait souvent à Weisskopf d'élaborer une réponse à la dernière lettre
d'Heisenberg, sans omettre les cinglantes réfutations des erreurs qu'il
avait pu commettre. « C'est entièrement stupide et faux, dit Pauli d'un des
efforts de clarification d'Heisenberg ; il faut lui dire dans votre réponse. »
Weisskopf s'exécuta, sans rien épargner, mais il commença en citant une
parole tirée du *Don Giovanni* de Mozart : « Mon maître veut que je vous
le dise, mais moi je n'oserais pas[5]. »

Hans Bethe recherchait désespérément un travail au printemps de 1933,
au moment où Pauli avait besoin d'un assistant. A l'automne précédent, il
avait été rejoindre Hans Geiger à l'Université de Tübingen, où il s'était
senti très malheureux. Geiger lui-même s'était montré tout à fait amical,
mais la ville était en effervescence du fait de l'agitation sociale et politique
qui avait conduit Hitler au pouvoir, et la solitude de Bethe n'était rompue
que lorsqu'il se rendait dans la ville voisine de Stuttgart, où la famille du
physicien Paul Ewald le considérait presque comme un membre de la
famille. Mais le décret d'Hitler sur l'expulsion des Juifs pris en avril 1933
mit un terme brutal aux angoisses de Bethe à Tübingen. La mère de Bethe
était juive, et il ne savait pas s'il serait ou non mis à la porte ; jusqu'au jour
où l'un des étudiants dont il dirigeait les recherches vint lui dire qu'il avait
vu son nom dans une liste de personnes licenciées parue dans un journal
du Würtemberg. Fort ému, l'étudiant se demandait ce qu'il allait advenir

de lui. Peu après, Bethe reçut un mot sec de Geiger qui l'informait, sans la moindre expression de regret ou de compassion, que sa chaire était supprimée et que le versement de son salaire serait interrompu en mai[6].

Bethe n'était pas le seul dans son cas, ce printemps-là ; plus de mille Juifs, anciens titulaires de postes universitaires, étaient à la recherche de chaires à l'étranger et certains des plus jeunes, n'ayant pu encore se tailler quelque réputation, se trouvaient dans une situation désespérée. Bethe écrivit à Niels Bohr, mais ne reçut jamais de réponse[7]. Un oncle qui enseignait la littérature grecque à l'Université de Leipzig (frère de son père, qui n'était donc pas juif) lui conseilla de prendre un travail dans l'industrie jusqu'à ce que se calmât l'antisémitisme fanatique des nazis ; après quoi il pourrait reprendre son poste. Toujours à la recherche d'un travail, Bethe assista à une conférence sur le magnétisme à Leipzig, ce même printemps, et passa alors beaucoup de temps avec Heisenberg et Peter Debye. Heisenberg passait déjà pour être la figure dominante de la physique théorique allemande, ce qui n'empêcha pas Bethe de le trouver très ouvert et amical, pas du tout comme le Herr Professor allemand classique qui pénètre dans sa salle de cours avec l'allure des dieux entrant au Walhalla.

Peu après cette conférence, Heisenberg écrivit à Bethe pour lui demander s'il acceptait de devenir son assistant ; le poste était libre depuis avril, le jeune physicien suisse qui l'occupait jusque-là, Felix Bloch, en ayant été chassé en tant que juif. Bethe le remercia avec gratitude, mais dut répondre que c'était impossible, car il était lui-même juif. Finalement, juste au moment où Weisskopf arrivait à Zurich, à l'automne suivant, Bethe trouva un poste temporaire en Grande-Bretagne, où il partagea un temps l'appartement de Rudolf Peierls, qu'il connaissait depuis la fin des années vingt. A l'issue de son contrat, Bethe alla passer l'été de 1934 à Copenhague. Avec Niels Bohr, il fallait que s'établît le courant ; il prenait certains jeunes sous son aile et négligeait les autres. Bethe tomba dans la seconde catégorie. Après bien des incertitudes, il trouva finalement un travail à plein temps à l'Université Cornell.

Mais Bethe n'en revenait pas moins chaque été en Allemagne. Ses parents étaient divorcés depuis 1927 et sa mère vivait seule à Baden-Baden. Son enfant unique lui manquait terriblement, mais elle refusait de quitter son pays. Elle avait une vision pratique des choses ; Hans Bethe se souvenait lui avoir entendu dire pendant la Première Guerre mondiale, alors qu'il était enfant : « Nous, on prie Dieu pour que l'Allemagne gagne la guerre, et en même temps les Français et les Anglais prient aussi Dieu pour la victoire. Que doit faire Dieu ? » Elle croyait que les ennuis de Bethe étaient en partie de sa faute ; s'il avait fait des études d'ingénieur au lieu de devenir physicien, comme elle l'aurait souhaité, il aurait bien gagné sa vie, aurait pu prendre l'air plus souvent et aurait eu les « joues bien rouges[8] ».

Au cours de son séjour pendant l'été de 1937, Bethe entendit beaucoup parler des ennuis qu'avait Heisenberg avec Stark, pour le poste de Sommerfeld à l'Université de Munich. Il trouva que les choses, loin de s'arranger comme l'avait cru son oncle, allaient de mal en pis ; à son avis, tout ce que gagnerait Heisenberg, à vouloir rester en Allemagne, serait de se retrouver dans un camp de concentration, comme il l'écrivit à Rabi cet été-là. Mais Heisenberg refusait de bouger, tout comme sa mère. Dans le cas de celle-ci, c'était une question d'argent ; elle n'en avait guère, ne pouvait pas le sortir d'Allemagne et les autorités empêcheraient les chèques de sa pension alimentaire de la suivre aux États-Unis, si jamais elle émigrait comme le lui demandait son fils. « Mais non, mais non, il n'arrivera rien », lui répondit-elle alors qu'il la pressait de partir, pendant l'été de 1938. Mais en novembre, elle perdit toute confiance avec les grandes émeutes antijuives de la Nuit de Cristal. Entre-temps, Bethe avait remporté un petit prix qui pourrait financer son voyage ; elle fit sa demande de visa et arriva aux États-Unis en juin 1939.

Comme nous l'avons vu, Heisenberg y vint aussi cet été-là ; il vit Bethe deux fois et eut de longues conversations avec lui, tout d'abord à Rochester, au domicile de Weisskopf, puis à l'Université Purdue. L'attitude d'Heisenberg intriguait Bethe ; il n'aimait manifestement pas les nazis, et la presse nazi l'avait grossièrement rudoyé. Bethe était sûr de pouvoir faire sortir Heisenberg et sa famille d'Allemagne, et le lui dit ; pourquoi ne pas rompre définitivement avec ce régime et partir ?

Bethe ne fut que l'un des nombreux scientifiques qui discutèrent à perte de vue du cas Heisenberg, cet été-là. Il était le plus grand physicien restant en Allemagne, et aucun des amis qu'il avait au-delà des frontières ne savait exactement pour quelle raison il y restait. Lorsque la guerre éclata, en septembre 1939, une sorte de brouillard se mit à entourer Heisenberg ; non seulement disparaissait-il à la vue derrière l'opaque rideau créé par le conflit, mais il devint — au moins théoriquement, au début — un ennemi. Ce brouillard s'épaissit lorsque l'Allemagne parut sur le point de gagner la guerre ; on évoqua le physicien avec appréhension, bientôt avec panique. Le réseau scientifique occulte rapporta que les autorités allemandes s'intéressaient à la recherche sur l'uranium et avaient créé l'Uranverein, que Weizsäcker, le brillant protégé d'Heisenberg, y jouait un rôle éminent, puis que Heisenberg lui-même en faisait partie. Nouvelle sans réelle consistance, mais néanmoins troublante.

Comme tous les autres physiciens de par le monde, Bethe avait compris sur-le-champ, en janvier 1939, que la découverte de la fission nucléaire rendait théoriquement possible la fabrication de bombes d'une très grande puissance. Et comme la plupart des physiciens américains (notamment ceux qui venaient d'émigrer récemment d'Europe), il n'ignorait pas qu'un petit groupe faisait tout pour promouvoir l'étude de la fission et pour tenter d'intéresser les autorités américaines à un projet de bombe atomique. Il suivait de loin les expériences du réacteur de Fermi, à Columbia ; mais contrairement à certains de ses amis, comme Weisskopf et Teller, Bethe ne prit pas au sérieux l'idée de construire une telle arme avant la fin de la guerre ; il estimait que le travail, hérissé de difficultés, prendrait trop de temps. Après l'effondrement de la France, il voulut néanmoins prendre part à l'effort collectif contre les nazis. Le fait de ne pas jouir de la citoyenneté américaine était un obstacle et il inventa donc un projet à sa mesure : une étude sur la théorie de la pénétration des blindages. Des amis l'aidèrent à attirer l'attention de l'Armée sur son article, alors qu'elle étudiait elle-même ce genre de question dans son périmètre d'essai d'Aberdeen, au Maryland. Pendant l'été de 1940, Bethe donna un cours à l'Université Stanford, en Californie, et en profita pour rendre visite, avec son ami Edward Teller, de passage sur la Côte Ouest, à l'ingénieur aéronauticien hongrois Theodor von Karman, au CalTech ; il espérait trouver grâce à lui, peut-être, un travail de recherche en rapport avec la guerre. Von Karman lui suggéra de s'intéresser à la théorie des ondes de choc ; cela s'avéra également utile pour Aberdeen et Bethe se retrouva donc avec un pied dans la recherche militaire. Le jour même où les Japonais attaquaient Pearl Harbor, le 7 décembre 1941, Bethe reçut l'autorisation officielle de travailler sur les projets militaires classés secret-défense et se mit aussitôt à étudier la théorie du radar avec un petit groupe de Cornell pour le compte du laboratoire des radiations du MIT.

Tout au long de cette période, Bethe ne prêta guère attention aux progrès, lents et discrets, accomplis par nombre de ses amis qui s'intéressaient presque exclusivement à la bombe atomique. Ce n'est qu'en juin 1942 qu'il commença lui-même à se pencher sérieusement sur la question, après avoir reçu d'Oppenheimer une lettre qui l'invitait à une réunion de théoriciens, chargée de faire le point sur les fondements physiques de la bombe. Sa première réaction fut de décliner l'invitation ; cela faisait à peine un mois qu'il avait commencé à travailler au laboratoire de radiations. Mais Oppenheimer insista ; il obtint le feu vert du directeur du laboratoire, Lee Dubridge, puis écrivit au physicien de Harvard John van Vleck, qu'il invita également à sa session d'été à Berkeley. « Le point essentiel, dit-il dans sa lettre à van Vleck, reste de gagner l'intérêt de Bethe, de l'impressionner par l'ampleur du boulot que nous avons à faire [9]... » Van Vleck rencontra Bethe, souleva sa curiosité et lui fit en fin de compte accepter l'invitation.

En route vers l'ouest, Bethe s'arrêta à Chicago pour prendre au passage son ami Edward Teller, lui aussi invité à Berkeley. Teller lui montra le prototype de réacteur que Fermi faisait construire sur un double terrain de squash de l'Université de Chicago et plus tard, pendant les deux jours du voyage, qu'ils passèrent dans un compartiment privé, il eut le temps de lui expliquer les conséquences de la capture de neutrons par l'U-238 au cours de la fission. Bethe comprit aussitôt les implications de la découverte du plutonium et en oublia immédiatement tous ses doutes sur la faisabilité de la séparation isotopique de l'U-235. A ce stade, d'ailleurs, tous les physiciens réunis au quatrième étage du bureau d'Oppenheimer,

Hall LeComte, cet été, à savoir Bethe, Teller, van Vleck, Felix Bloch (l'ancien assistant d'Heisenberg), Robert Serber et plusieurs autres, avaient la certitude d'avoir si bien fait le tour de la question d'une bombe à fission nucléaire qu'ils passèrent l'essentiel de leur temps à travailler sur les hypothèses de Teller pour la fabrication d'une bombe à fusion [10]. Ce qui ne les empêchait pas, toutefois, de beaucoup s'inquiéter des progrès des Allemands.

Bethe s'en expliqua avec son biographe Jeremy Bernstein, à la fin des années soixante-dix. « Notre petit groupe parlait des Allemands ; nous savions que Heisenberg s'intéressait à la fabrication d'une bombe et qu'il y avait en Allemagne des physiciens qui travaillaient sur ce projet ; de notre point de vue, il était indiscutable que les Allemands allaient la faire. Nous avions le sentiment que nous devions poursuivre notre tâche [11]... »

Une partie de ce que « savait » Bethe se réduisait aux racontars qui couraient parmi les scientifiques proches du programme nucléaire, racontars avant tout fondés sur le vague mais inquiétant rapport de Peter Debye, datant d'avril 1940. Fritz Reiche est sûr que Bethe était présent à Princeton en avril 1941, lorsqu'il répéta le message que lui avait confié Houtermans : « Un grand nombre de physiciens allemands travaillent intensément sur le problème d'une bombe à uranium, sous la direction d'Heisenberg... » Il est possible qu'Oppenheimer et Teller aient eu vent de ce message, soit par Eugene Wigner, soit par John von Neumann, ami intime d'Oppenheimer depuis l'époque où ils étaient étudiants à Göttigen, en 1927. Bethe, cependant, dit ne pas se souvenir d'avoir été mis au courant, quand il était à Berkeley, de la suite du rapport d'Houtermans selon lequel « Heisenberg lui-même essaie de retarder les travaux autant que possible... » De toute façon, qui aurait pu avoir confiance en ce que Heisenberg pouvait personnellement vouloir ou essayer de faire à titre individuel, dans l'Allemagne d'Hitler ?

Heisenberg n'était pas un inconnu pour les physiciens réunis par Oppenheimer, cet été-là. Oppenheimer lui-même l'avait rencontré en Europe, avait discuté avec lui à Chicago en 1939 et avait été son hôte à Berkeley le même été. Bethe le connaissait évidemment très bien, et Teller et Bloch avaient été ses étudiants à Leipzig. Bloch avait même passé trois ans auprès du maître, jusqu'à ce que les décrets nazis antijuifs l'eussent forcé à partir, en 1933, et il lui conservait une profonde affection. Mais lorsque Bloch eut à écrire un mémoire sur Heisenberg après sa mort, en 1976, il esquiva délibérément les années du pouvoir nazi et de la guerre :

Ce qui suivit [la prise du pouvoir par Hitler] est trop bien connu pour que je m'y attarde, mais je ne peux m'empêcher de faire un bien triste commentaire sur la nature humaine. La dévotion même avec laquelle ils étaient attachés à leur travail et leur détachement par rapport aux noires passions irrationnelles qui se développaient autour d'eux ont pris de court la plupart des plus remarquables scientifiques allemands, qui furent impuissants à endiguer la montée des événements. Ceux qui ne partirent pas, à quelques rares exceptions près, furent balayés par l'inondation et durent, chacun à leur manière, régler seuls leurs conflits intérieurs. Mais les souvenirs que je conserve d'Heisenberg appartiennent au temps plus heureux qui précéda ces événements [12].

Le ton de ce passage est le pardon, non l'excuse. Il est évident que le souvenir du comportement d'Heisenberg pendant la guerre restait encore douloureux pour Bloch, même trente ans après. Il est donc d'autant plus vraisemblable qu'il devait partager pleinement, au milieu de la guerre, le consensus du groupe réuni à Berkeley par Oppenheimer. Comme le déclara plus tard Bethe : « On avait la conviction absolue que les Allemands allaient le faire. »

La décision de travailler sur les armes nucléaires ne fut pas facile à prendre pour Bethe. C'était par pure curiosité scientifique qu'il s'était rendu à Berkeley. Lorsqu'il avait pris le chemin de fer à destination de la Côte Ouest, l'idée même de la bombe lui semblait irréaliste ; mais le réacteur de Fermi à Chicago, puis les deux jours de conversation avec Teller dans le train l'avaient convaincu du contraire. En outre, les bombes à fission du calendrier officiel, soit des systèmes promettant une explosion équivalente à des milliers de tonnes de TNT, n'étaient pas le pire ; le pouvoir de la bombe à fusion à laquelle Teller pensait déjà paraissait théoriquement sans limite. Lors d'une randonnée dans le parc national de Yosemite, Rose Ewald, la femme de Bethe, lui avait demandé de bien réfléchir avant de décider d'accepter de travailler sur des armes aussi effroyables.

Rose était la fille du physicien Paul Ewald, ami de Bethe, dont l'hospitalité avait eu tellement d'importance pour lui à l'époque de sa malheureuse année d'étude à Tübingen, en 1932-1933. Elle était alors toute jeune adolescente ; leur amour ne naquit qu'à l'époque où ils se retrouvèrent aux États-Unis en 1937, lorsque Bethe vint donner un cours à la Duke University, où Rose étudiait. Ils se marièrent en septembre 1939, quinze jours après le déclenchement des hostilités. Certains scientifiques, dont notamment Heisenberg et Fermi, ne disaient que peu de choses à leurs épouses, en ce qui concernait leur décision de travailler sur la bombe atomique ; ce n'était pas le cas de Bethe. Rose savait ce que son mari envisageait de faire, et ça ne lui plaisait pas. « Mais il fallait bien fabriquer la bombe à fission, confia plus tard Bethe à Bernstein, car on supposait que les Allemands la faisaient [13]. »

A la fin de l'été, Bethe retourna à Cambridge pour continuer à travailler au Laboratoire des radiations du MIT jusqu'au printemps suivant, quand Oppenheimer le persuada de s'intégrer à l'équipe du nouveau laboratoire en construction à los Alamos, au Nouveau-Mexique. Rose Bethe avait fini par accepter la décision de son mari ; en réalité, Oppenheimer l'avait même recrutée pour le projet, puisqu'elle fut chargée de gérer le bureau de logement de Los Alamos et qu'elle arriva dix jours avant Bethe lui-même, en avril 1943.

Bien avant cette date, toutefois, au cours de la dernière semaine d'octobre (probablement le 26 ou le 27), Bethe avait été contacté par un Weisskopf fort agité ; il venait de recevoir une inquiétante lettre de Pauli. Les deux hommes se rencontrèrent le 27 pour discuter des nouvelles alarmantes qu'elle contenait. Il s'agissait d'un rapport émanant de Gregor Wentzel, à Zurich, fondé sur des renseignements recueillis auprès de deux visiteurs de passage, un étudiant d'Heisenberg du nom de Wefelmayer, venu en Suisse pour raison de santé, et Gian Carlo Wick, qui traversait la Confédération helvétique pour regagner l'Italie. La lettre de Pauli contenait deux informations sérieuses, l'une effrayante, l'autre suggérant une occasion unique de contrecarrer le danger allemand. La première était que Heisenberg travaillait à la Kaiser Wilhelm Gesellschaft de Berlin et devait en être nommé directeur le 1er octobre prochain — autrement dit, la chose était probablement déjà faite. La seconde était que Heisenberg devait venir donner une conférence à Zurich en décembre, dans un peu plus d'un mois. Bethe et Weisskopf tombèrent d'accord pour considérer que les Alliés disposaient d'une occasion unique de porter un coup sévère au programme allemand de bombe atomique, par un acte téméraire : l'enlèvement du physicien atomiste allemand en pays neutre.

Ils n'arrivèrent pas sans mal à cette conclusion. Les deux hommes l'analysèrent dans toutes ses dimensions. L'enlèvement d'Heisenberg n'était pas la seule possibilité. On pouvait aussi envoyer quelqu'un lui parler à Zurich ; une personne qu'il connaissait et en qui il aurait confiance ; une personne ayant suffisamment de connaissances en physique pour être capable de relever les choses intéressantes qu'il pourrait divulguer involontairement au cours d'une conversation, mais une personne, toutefois, qui ne serait pas trop au courant du programme nucléaire des Alliés. Après tout, Heisenberg était peut-être un véritable nazi et la personne chargée de le contacter pouvait elle aussi être enlevée, conduite en Allemagne et torturée. Non sans un pincement au cœur, Weisskopf avait l'impression qu'il serait un candidat idéal pour cette tâche. Une autre possibilité était son ami Hans Staub, assistant du physicien suisse Paul Scherrer au début des années trente, à l'époque où Weisskopf travaillait pour Pauli. Une troisième approche consistait à convaincre Gian Carlo Wick, au cours de l'un de ses voyages en Suisse, de s'enfuir aux États-Unis, où on pourrait l'interroger sur ce qu'il savait. Finalement, on pouvait encore espérer de Gregor Wentzel qu'il posât quelques questions prudentes mais soigneusement ciblées à Heisenberg, si c'était la bonne personne qui le lui demandait. Weisskopf pensait alors que Felix Bloch, l'ex-assistant d'Heisenberg, serait le mieux placé pour écrire à Wentzel : il connaissait les deux hommes et était lui-même de nationalité suisse.

Toutes ces approches circonspectes, néanmoins, présentaient des inconvénients. Envoyer quelqu'un à Zurich parler avec Heisenberg ferait inévitablement courir le risque de divulguer l'intense intérêt des Alliés et il y avait toutes les chances pour que Heisenberg ne révélât strictement rien. Weisskopf ne doutait pas des convictions antinazies de Wentzel mais n'était pas aussi sûr de son courage, dans le cas d'une mission aussi délicate. Ne s'intéresser qu'à Wick, enfin, revenait à renoncer à prendre avantage du voyage d'Heisenberg en Suisse. Le 29 octobre, le lendemain d'une épuisante conversation avec Bethe, Weisskopf écrivit à Oppenheimer une lettre de trois pages sans interlignes lui présentant les informations, leurs raisonnements et leur conclusion : « Il est évident que l'enlèvement est de loin la chose la plus efficace et la plus sûre à faire [14]. »

C'est la peur de la bombe allemande qui conduisit Bethe et Weisskopf à faire cette proposition, nullement une quelconque animosité contre Heisenberg lui-même. Personnage presque mythique pour les deux hommes dès leur première rencontre avec lui, il n'avait certes que quelques années de plus qu'eux mais était déjà célèbre, à la fin des années vingt, pour ses travaux en mécanique quantique et son Principe d'Incertitude. Par ailleurs, les travaux d'Heisenberg constituaient la matière de bien des séminaires, ils l'avaient souvent vu lors de réunions scientifiques et ils n'avaient pas tardé à le considérer comme un ami. Leur histoire personnelle ne contenait pas la moindre trace d'un ressentiment vis-à-vis de lui. La science peut être brutale : tout le monde ne supporte pas très bien les cinglantes rebuffades avec lesquelles un Wolfgang Pauli, par exemple, traitait les idées nouvelles et audacieuses. On a souvent décrit Heisenberg comme quelqu'un d'amical, d'ouvert, de facilement abordable ; c'était ce que Bethe et Weisskopf semblaient aussi penser de lui. La lettre de Weisskopf à Oppenheimer identifie sans ambiguïté Heisenberg comme une cible, mais les deux amis étaient très loin de se faire une idée claire de ce qu'était réellement le physicien à ce moment-là. Peut-être un « véritable nazi » mais qui, en même temps, était capable de procurer « une protection plutôt solide » pour tout ami scientifique tombé aux mains des nazis. « Le résultat le plus probable, dit Weisskopf à Oppenheimer, [...] est que Heisenberg sera à cent pour cent imperméable » et ne divulguera rien, même pressé de questions par un ami. Bref, Heisenberg n'était pas exactement un ennemi, aux yeux de Weisskopf, tout en étant définitivement de l'autre bord.

Au cours de leur discussion, Weisskopf et Bethe ne semblent pas avoir envisagé la possibilité qu'un enlèvement pût mettre en danger la vie d'Heisenberg. Ils étaient des scientifiques, pas des agents secrets et ignoraient tout du combat clandestin. Ils supposaient que Heisenberg serait sans doute accompagné de quelqu'un des services secrets allemands, chargé de le surveiller, et savaient qu'on ne pouvait exclure une fusillade. Weisskopf imaginait que son rôle (il était prêt à se porter volontaire) se réduirait à désigner Heisenberg à ceux qui auraient à exécuter l'enlèvement. Même cela, comprenait-il, risquait d'être dangereux ; il en discuta avec sa femme, mais se dit prêt à l'affronter [15].

Les spéculations de Bethe et Weisskopf, dans ce projet d'enlèvement, n'allèrent pas plus loin. Qui s'en emparerait ? Combien de personnes devrait comporter l'équipe ? Comment s'y prendrait-on pour faire sortir Heisenberg de Suisse, une fois qu'on se serait saisi de lui ? Ces questions, les toutes premières que se poserait un service clandestin auquel on confierait le travail, n'effleurèrent pas les deux scientifiques, dont les aventures les plus spectaculaires s'étaient déroulées face à un tableau noir. Ils ne s'appesantirent pas davantage sur les risques. Ils n'avaient rien de belliqueux, mais on était en guerre, ils avaient la certitude que Heisenberg travaillait à une bombe atomique allemande, ils avaient eu une brillante idée et ils la soumirent donc à la hâte au seul homme qui, à leur connaissance, était en contact avec les autorités compétentes : Robert Oppenheimer.

Ils avaient bien jugé. Oppenheimer répondit dès le lendemain, remerciant Weisskopf de son « intéressante lettre » et disant qu'il était déjà au courant des faits principaux, qu'il les avait fait connaître aux « autorités compétentes » mais qu'il avait aussi pris la liberté de faire suivre leur missive. « Je doute que vous en entendiez reparler, ajoutait Oppenheimer, mais je voulais vous remercier et vous assurer qu'elle recevra l'attention qu'elle mérite. »

L'autorité compétente était Vannevar Bush, à Washington. Dès juin 1942, Oppenheimer avait correspondu avec lui pour des questions de renseignements. A la mi-octobre, déjà au fait de l'imminente visite d'Heisenberg à Zurich par d'autres sources, il avait discuté de la question avec Bush et Groves. Dans sa lettre à Bush du 29 octobre, Oppenheimer disait ne pas endosser le plan proposé par Weisskopf (à son avis, Wentzel n'était pas du genre à prendre de tels risques, et Weisskopf ne convenait pas pour une telle mission) « sauf dans la mesure, ajoutait-il, où il fallait bien remarquer que la prochaine visite d'Heisenberg en Suisse paraissait présenter une occasion inhabituelle [16] ».

Si Oppenheimer soulignait cette occasion dans sa lettre à Vannevar Bush, il se montrait nettement moins enthousiaste dans sa réponse à Weisskopf. Peu de temps après (la date est incertaine), Weisskopf et Bethe apprirent que leur proposition avait été rejetée par les autorités. Toute tentative de contacter directement Heisenberg dans le but de l'interroger ferait courir le risque de trahir le secret le plus important concernant le programme de bombe atomique américain, à savoir qu'il existait [17]. Cette réaction, aussi raisonnable qu'elle fût, ne satisfit cependant ni Bethe ni Weisskopf. Au cours de la première semaine de novembre, Bethe fit un voyage au Laboratoire de Métallurgie de Chicago et trouva ses amis, notamment Teller, Szilard et Wigner, profondément inquiets des progrès allemands en matière nucléaire. Le groupe de Chicago était convaincu que les Allemands avaient déjà un réacteur en état de marche et préparaient peut-être même déjà des armes radioactives. La peur peut avoir des effets puissants et aveugler les esprits les plus critiques. Empilant les conjectures sur un fragile échafaudage de faits — les Allemands avaient commencé à travailler dès 1939, Heisenberg avait un réacteur en état de marche et savait que les réacteurs pouvaient produire du plutonium — les chercheurs de Chicago avaient fini par se convaincre que les Allemands envisageaient une attaque du Laboratoire de Métallurgie et croyaient même avoir deviné à quelle date : le jour de la Noël 1942[18].

Bethe avait parcouru beaucoup de chemin depuis le moment où, au printemps, il avait accepté d'étudier la physique de la bombe atomique à Berkeley parce que sa curiosité de scientifique avait été piquée ; voici qu'il se trouvait pris dans le vent de panique qui soufflait sur le groupe de Chicago. On savait que Wick venait de passer en Suisse et que l'arrivée d'Heisenberg à Zurich était imminente ; la réponse prudente faite par les autorités à la proposition de Weisskopf leur parut complètement inadéquate et ils imaginèrent que les Britanniques, eux, sauraient agir. Bethe accepta donc de rencontrer un intermédiaire britannique au Laboratoire de Radiations de Cambridge, avec l'espoir qu'il transmettrait l'information en Angleterre assez promptement pour que ses compatriotes puissent profiter de l'occasion. De retour à Boston à la fin de la première semaine de novembre, Bethe alla voir Samuel Goudsmit, le physicien d'origine hollandaise de l'Université du Michigan qui travaillait sur le radar à Cambridge depuis quelques mois. Goudsmit n'avait pas été mis officiellement au courant du projet de bombe atomique américain mais, comme la plupart des physiciens, notamment ceux qui avaient été formés en Europe, il savait, grâce à des amis, que quelque chose se mijotait. Bethe lui décrivit les informations transmises par Pauli, et Goudsmit jugea à son tour qu'il ne fallait surtout pas gâcher l'occasion que l'on avait de mettre la main sur Heisenberg à Zurich[19].

Bethe et Goudsmit commencèrent par tenter de contacter James Conant, le principal assistant de Vannevar Bush dans la direction du Projet Manhattan, mais en vain. Le temps pressant, les deux hommes confièrent ce qu'ils savaient à D. Robinson, officier de liaison de la British Air Commission au Laboratoire de Radiations. Robinson admit qu'il fallait faire quelque chose et suggéra à Goudsmit d'écrire à W. Lewis, en Grande-Bretagne, qui commandait en second l'organisme chargé de la recherche sur les radars, le Telecommunications Research Establishment. On était encore loin des responsables des services de renseignements britanniques qui auraient à prendre une décision, mais Robinson estimait que Goudsmit mobiliserait instantanément l'attention officielle s'il laissait entendre que la visite d'Heisenberg à Zurich pourrait présenter le plus grand intérêt pour Rudolf Peierls et ceux qui travaillaient à « Tube Alloys », nom de code du projet de recherche nucléaire militaire britannique.

Goudsmit écrivit donc à Lewis le 7 novembre et l'utilisation qu'il fit de ce nom de code fit sonner toutes les alarmes, comme prévues — mais à Washington. La British Air Commission transmit la lettre à l'OSRD, et Vannevar Bush déclencha sur-le-champ une enquête pour savoir d'où venait la fuite. Goudsmit se retrouva sur le gril et eut droit à une sévère explication sur le fonctionnement d'une chaîne hiérarchique de commandement. Mais les autorités finirent par laisser tomber avec un simple avertissement, lorsqu'il devint évident que Bethe et Goudsmit étaient tout au plus coupables d'amateurisme, dans leur enthousiasme à l'idée de faire quelque chose contre le responsable du projet allemand de bombe atomique.

Pour les scientifiques, le projet d'enlèvement était mort et enterré. En fait, rien n'était moins vrai. Quelques semaines auparavant, Vannevar Bush avait rencontré le général George Strong, adjoint de l'état-major général aux renseignements, pour discuter du voyage d'Heisenberg en Suisse. Les propositions et informations qu'on laisse tomber dans le puits profond d'un service de renseignements peuvent mettre un certain temps à produire un écho. Dans sa lettre à Oppenheimer, Weisskopf disait ne pas être sûr du tout que Gregor Wentzel aurait le courage de faire une enquête clandestine à Zurich. Lorsque Oppenheimer écrivit à Bush, il dit : « Wentzel ne voudra très probablement pas prendre le moindre risque... » Un an plus tard, lorsque la première équipe clandestine d'Alsos se prépara pour une mission en Italie, elle disposait d'une liste des scientifiques qui pouvaient être au courant du projet allemand de bombe atomique. A côté du nom de Wentzel, on trouvait l'appréciation suivante : « Ne donnerait aucune information, même en cas de menaces sur sa vie[20]. » Cette liste circula largement ; un agent de l'OSS l'avait même sur lui en Suisse, en 1944. Ainsi en allait-il de la proposition d'enlever Heisenberg : elle était non point morte, mais en comité. Quinze mois plus tard, elle allait prendre le statut d'une opération.

CHAPITRE 18

Le premier coup porté au programme allemand de bombe atomique vint des Britanniques, qui avaient commencé à réfléchir au problème presque dès l'instant où ils avaient pris conscience qu'une telle bombe pouvait être construite. Quelques mois après la modeste estimation de la masse critique faite par Rudolf Peierls et Otto Frisch au printemps de 1941, on proposa au conseiller scientifique de Churchill, F. Lindemann, qu'une « personne connaissant la physique et en particulier la personnalité et la spécialité des physiciens allemands » fût nommée pour étudier les plans dressés par les Allemands pour employer l'eau lourde qu'ils se procuraient en Norvège[1]. Proposition qui emprunta la voie bureaucratique pour joindre le directeur adjoint de Tube Alloys, Michael Perrin, lequel confia la tâche à Peierls, lui-même membre, à ce moment-là, d'un sous-comité travaillant au programme britannique de bombe atomique[2]. Peierls réagit en donnant l'outil de base de tout effort de renseignement, à savoir une liste de noms de personnes à surveiller, ceux des seize scientifiques allemands qui devaient être impliqués dans toute tentative sérieuse de construire une bombe[3]. Le premier était celui de Werner Heisenberg. La réaction des services de renseignements britanniques montra que ceux-ci ne prenaient pas encore le problème au sérieux : la vérification des visas des personnes entrées en Grande-Bretagne peu de temps avant la guerre laissait à penser que Heisenberg était venu en 1939 mais n'était jamais reparti ! Cette hypothèse démente laissa Peierls pantois : c'était Heisenberg en liberté en Allemagne, et non se cachant en Angleterre, qui faisait peser une menace sur le gouvernement de Sa Majesté[4].

Peierls fit suivre sa liste d'une étude des articles publiés récemment dans les journaux scientifiques allemands, obtenus par l'intermédiaire de la Suède, de la Suisse, de l'Espagne et du Portugal. Il apparut immédiatement que Heisenberg, dont les contributions avaient régulièrement paru au cours des deux décennies précédentes, avait arrêté d'écrire. Peierls consulta également la liste des cours proposés par les universités allemandes, qui figurait automatiquement dans *Physicalische Zeitschrift*, au début de chaque semestre. Quiconque aurait disparu de sa salle de séminaire habituelle, raisonnait Peierls, pouvait bien avoir été recruté pour la recherche secrète. Or lorsque les cours reprirent à Leipzig, à l'automne de 1941, Heisenberg ne figurait pas parmi les enseignants. Peierls remarqua aussi un article écrit par un jeune scientifique de Leipzig, portant sur un sujet dans lequel Heisenberg était considéré comme un expert ; or la coutume voulait, depuis toujours, que l'on cite le nom de ses conseillers dans le cadre d'un tel travail, mais une fois de plus, celui d'Heisenberg n'y figurait pas.

A la fin de 1941 et au début de 1942, Peierls prépara une série de rapports sur les activités de la communauté des physiciens allemands, aidé par un autre émigré qui venait récemment de le rejoindre, le brillant et jeune physicien allemand réfugié Klaus Fuchs[5]. Jusque-là, Fuchs avait travaillé avec Max Born à l'Université d'Edinburgh. Born estimait que la bombe atomique était une « invention diabolique[6] » et exhorta Fuchs à ne pas s'en mêler. Mais ce dernier, un communiste qui avait fui l'Allemagne en 1933, juste à temps pour ne pas être pris par la Gestapo, était bien déterminé à jouer son rôle dans la lutte contre Hitler.

Le tableau de la physique allemande, tel qu'il fut dressé par Peierls et Fuchs, restait ambigu : Heisenberg et quelques autres scientifiques de renom avaient disparu, vraisemblablement pour faire des recherches militaires, mais en même temps une grande majorité de physiciens allemands enseignaient et publiaient normalement.

Ces maigres indices, toutefois, ne constituaient pas l'unique raison de s'inquiéter. Les Britanniques savaient, depuis avril 1940, que la société I.G. Farben avait essayé d'acheter toute la production d'eau lourde de Norsk-Hydro. Mais après l'invasion de la Norvège en mai 1940, on n'entendit plus parler de rien pendant un an, jusqu'au jour où un étrange message, émanant d'une organisation clandestine norvégienne, atteignit les services secrets anglais, pendant l'été de 1941. R. Jones, officier de renseignements spécialisé dans le domaine scientifique, avait à ce moment-là un bureau au MI-6 ; son attention fut immédiatement attirée par la référence à « l'eau lourde » que contenait le message. Sur ordre des Allemands, on augmentait la production. D'autres informations étaient-elles souhaitées ? Et comment, se dit aussitôt Jones. « Oh oui, croquignolet, ce télégramme », lui répondit le lieutenant Eric Welsh, responsable de la section norvégienne du MI-6, lorsque Jones lui dit qu'il voulait y répondre. « Qui a jamais entendu parler d'un truc comme de l'eau lourde[7] ? »

Chimiste de formation qui avait servi sur un dragueur de mines au cours de la première guerre mondiale, Welsh avait épousé une Norvégienne (nièce du compositeur Edvard Grieg) et occupé le poste de gérant d'une entreprise norvégienne appartenant à International Paint Company. C'est sa connaissance de la Norvège, et non de la chimie, qui l'avait conduit au MI-6, au début de la guerre. Jones lui expliqua que l'eau lourde était un modérateur idéal pour une pile à réaction en chaîne et

Welsh demanda donc un supplément d'information au réseau clandestin norvégien. Un deuxième message arriva très vite, promettant une enquête, mais seulement si on pouvait donner l'assurance que les renseignements étaient essentiels pour l'effort de guerre, et non pas simplement une expédition de pêche aux tuyaux pour le compte du géant britannique de la chimie, Imperial Chemical Industries (ICI). « N'oubliez pas, concluait le second message, que le sang est plus épais encore que l'eau lourde[8]. »

Le 21 septembre, peu après cet échange de télégrammes, le cynique auteur des messages norvégiens s'évadait par la Suède et arrivait à Londres. Jones fut étonné de découvrir qu'il connaissait cet homme et son travail. Avant de prendre un poste à l'Université de Trondheim, en effet, Leif Tronstad avait étudié à Berlin et à Cambridge et participé, au début des années trente, à la conception de la centrale à eau lourde de Norsk-Hydro, en collaboration avec Jomar Brun. Mais Tronstad n'avait pas pour seul mérite de connaître la centrale de Rjukan ; il avait laissé derrière lui, en Scandinavie, deux amis bien placés : Njal Hole, jeune physicien norvégien qui avait obtenu son diplôme à Trondheim en 1938, et Harald Wergeland, l'ami de Karl Wirtz. Wergeland se trouvait à Oslo, déjà actif dans les mouvements clandestins norvégiens, et Hole travaillait au laboratoire de Manne Siegbahn de l'Université de Stockholm, où il rencontrait Lise Meitner presque quotidiennement. Tronstad fut rapidement nommé chef des renseignements du gouvernement norvégien en exil à Londres et maintint un contact avec Hole et Wergeland, grâce à l'aide d'Eric Welsh, qui contrôlait les communications secrètes avec le réseau clandestin norvégien. Les services de renseignements britanniques se trouvèrent donc dotés, à l'automne de 1941, d'un fragile réseau d'agents en Suède et en Norvège, susceptible de les informer sur l'intérêt que portait l'Allemagne à la centrale d'eau lourde de Rjukan[9].

Tronstad n'apportait cependant pas que des bonnes nouvelles. Au début de 1940, la production d'eau lourde était de dix kilos par mois à Rjukan ; à cette cadence, comme le savait Perrin, il faudrait des années pour accumuler les tonnes d'eau lourde indispensables au fonctionnement d'un réacteur. Mais à l'automne de 1941, lui apprit Tronstad, la production, multipliée par un facteur douze, était passée à quatre kilos par jour. Lorsque le chimiste américain qui avait découvert l'eau lourde, Harold Urey, vint en novembre en Grande-Bretagne, Perrin s'arrangea pour lui faire rencontrer Tronstad. L'Anglais souhaitait ardemment l'aide américaine dans la mise au point de la bombe atomique et espérait qu'un rapport aussi solide sur l'intérêt des Allemands pour la question serait un bon stimulant. Comme les Britanniques, Urey conclut que la démarche des Allemands trahissait le fait qu'ils travaillaient à un réacteur[10].

C'est en combinant les informations de Tronstad avec un simple processus d'élimination que Perrin fut convaincu de faire de la centrale de Rjukan une priorité des services de renseignements britanniques. Il avait beaucoup réfléchi à la façon d'identifier les points vulnérables du programme allemand de bombe atomique et savait qu'il exigerait de nombreux matériaux, mais que seulement deux d'entre eux étaient difficiles à obtenir, l'uranium et l'eau lourde. Le graphite, par exemple, pouvait également entrer dans la construction d'un réacteur, mais la quantité nécessaire n'était qu'une infime fraction de la production totale de l'Allemagne ; si l'on bombardait une usine, n'importe quelle autre prendrait la relève. Perrin et ses collègues discutèrent d'un plan pour dresser la liste des installations industrielles productrices du graphite ultra-pur indispensable aux réacteurs, et découvrirent qu'elles étaient impossibles à identifier. L'uranium, en revanche, était rare, mais il n'était guère envisageable d'effectuer un bombardement ou un sabotage efficace des mines ; et une fois retiré du fond, on pouvait entreposer le minerai n'importe où. Il en allait de même pour le métal d'uranium produit par la société Aver. Seule l'eau lourde constituait le goulot d'étranglement idéal : sa fabrication était d'une lenteur désespérante, et elle provenait d'une unique salle, située dans une centrale à bonne portée des bombardiers britanniques. C'est cette donnée qui faisait de Rjukan une cible tellement tentante : une seule attaque couronnée de succès couperait la production d'eau lourde comme un pincement dans un tuyau de jardin[11].

Eric Welsh, chef de la section norvégienne du MI-6 mais aussi l'un des rares officiers de renseignements ayant une formation scientifique, fut celui à qui l'on confia la responsabilité de cette mission, comme d'ailleurs de tout ce qui concernait les renseignements nucléaires. Sa première tâche fut d'établir le contact avec des sympathisants norvégiens de Rjukan. Tronstad avança le nom d'un ingénieur de Norsk-Hydro, Einar Skinnarland, conducteur de travaux à la centrale, et dont le frère, Torstein, travaillait au barrage qui contrôlait l'alimentation en eau de l'usine, sur le lac Mos[12]. Welsh s'adressa au SOE (Comité des opérations spéciales), organisme créé sur ordre de Churchill en juillet 1940 pour « mettre l'Europe en feu » par des sabotages et des opérations paramilitaires secrètes[13]. Depuis son quartier général de Baker Street, le SOE dirigeait l'appui logistique des agents infiltrés dans l'Europe occupée. On confia au Norvégien Odd Starheim, qui avait rejoint l'Angleterre en bateau en août 1940 et suivi une formation du SOE, le soin de contacter Skinnarland. Parachuté le 31 décembre 1941 au-dessus de la Norvège, Starheim réussit à gagner Oslo, où il échappa de justesse à la Gestapo avant d'atteindre finalement Rjukan ; là, il réussit à convaincre Skinnarland de risquer le voyage en Angleterre pendant un congé. Avec une petite équipe recrutée dans la résistance locale, Starheim prit le contrôle d'un vapeur côtier et fit route vers Aberdeen, en Ecosse, où il débarqua Skinnarland le 17 mars 1942. Après onze jours d'un entraînement intensif du SOE, Skinnarland retourna en Norvège par la voie des airs : on le parachuta sur le morne plateau Hardanger, non loin de Rjukan, le 29 mars. Là, avec l'aide de Jomar Brun, il se mit à rassembler plans et photos de la centrale[14].

A Londres, Leif Tronstad refusa vigoureusement toute proposition de bombarder la centrale : si jamais les réservoirs d'ammoniac liquide du complexe chimique étaient touchés, la vie de tous les citoyens de la ville voisine de Rjukan serait menacée. Jones et Welsh tombèrent toutefois d'accord sur une tentative pour interrompre la production. Le 23 avril, encore sûr de rien sinon de l'intérêt des Allemands pour l'eau lourde, intérêt indubitable, le comité technique de Tube Alloys recommanda l'attaque de Rjukan, étant donné que « des expériences récentes, à Cambridge, ont confirmé que l'élément 94 [le plutonium] peut être aussi bon que l'U-235 sur le plan militaire, et que la meilleure façon de le préparer est d'utiliser un système à l'eau lourde [15] ». Ce facteur rendait les choses plus urgentes et en juillet, le cabinet de Guerre britannique confia l'opération à des troupes des Opérations combinées [16].

D'emblée, on avait admis qu'un raid aérien serait extrêmement périlleux et risquerait fort d'alerter les Allemands sur l'intérêt des Britanniques dans ce domaine. Il y avait également danger pour l'ingénieur de Rjukan Jomar Brun à qui Tronstad fit savoir, par l'intermédiaire de la Résistance, à la mi-octobre, de préparer ses bagages et de partir sans délai pour la Grande-Bretagne. On était sur le point de parachuter une avant-garde de quatre Norvégiens dans les vastes étendues désertiques au nord de Rjukan, le Hardangervidda, le plateau d'Hardanger. L'équipe d'assaut des Opérations combinées devait arriver peu après et Tronsted voulait protéger Brun qui, sinon, serait certainement arrêté au cours de l'enquête qui suivrait. Le soir même de l'arrivée de ce dernier à Londres, le 11 novembre, Welsh, Tronstad, Jones et Charles Frank le questionnèrent longuement. Brun leur répéta les assurances de Suess : la production d'eau lourde ne conduirait jamais à la fabrication d'une bombe allemande. Pour Jones et Welsh, il était évident que Brun essayait de protéger son ami Suess. D'après Jones, Brun « nous supplia plus ou moins de ne pas traiter ce type durement, quoi que nous fassions [17] ». On n'accorda donc aucun crédit au rapport de Brun affirmant que les Allemands n'avaient besoin d'eau lourde que pour la recherche et on maintint la décision d'attaquer la centrale de Rjukan.

Les opérations qui suivirent furent audacieuses, soutenues et à la fin impitoyables ; de celles, modèle classique du genre, qui donnent à la guerre clandestine son prestige particulier de violence et d'héroïsme. Bien peu furent menées aussi implacablement, dans des circonstances plus difficiles, sur une période de temps plus longue ou avec des conséquences plus grandes. Les choses, pourtant, commencèrent mal. Welsh et les principaux responsables du SOE, le général Colin Gubbins et le colonel John Wilson, s'opposaient à l'emploi des Opérations combinées, pour des considérations pratiques ; on ne tint pas compte de leur avis. L'avant-garde norvégienne fit savoir par radio qu'elle était bien arrivée sur le plateau Hardanger, le 9 novembre. Deux jours plus tard, deux bombardiers Halifax tirant chacun un planeur où avaient pris place, en tout, trente-quatre hommes entraînés à la hâte et tous volontaires, décollaient à trente minutes d'intervalle d'un aéroport écossais à destination de la Norvège, où ils devaient faire leur jonction avec l'avant-garde. Quelques heures plus tard, à l'aube du 20 novembre, l'un des Halifax annonça par radio que son planeur s'était écrasé en mer ; tout ce que sut Wilson, à la fin de la matinée, se résumait à ceci : les deux planeurs et un des Halifax s'étaient perdus corps et biens, et on comptait un total de trente-huit disparus [18].

Wilson avait entre-temps pu parler plus longuement avec Jomar Brun, toutefois, et s'était convaincu qu'une équipe plus légère, mais ayant une connaissance précise des installations de Rjukan, serait capable de faire le travail ; il persuada le service des Opérations combinées (qui cette fois, ne résista pas) de laisser faire le SOE. Wilson obtint l'accord du général Gubbins pour un plan qui prévoyait de confier la deuxième tentative à une poignée de skieurs norvégiens et lança immédiatement la nouvelle opération. On demanda à un Norvégien du SOE en Ecosse de se choisir une équipe de cinq hommes, tous bons skieurs, pour une mission dangereuse. A peu près au même moment, soit un ou deux jours après le désastre, Welsh prit contact avec Jones pour lui demander s'il croyait bon de procéder à une deuxième tentative. « Si j'ai votre appui, expliqua Welsh, je peux leur dire qu'il faut absolument qu'ils le fassent [19]. »

Les arguments qui militaient en faveur de l'opération étaient toujours aussi valables et, après une nuit de réflexion, Jones déclara être partisan d'une deuxième tentative. Munis de l'accord de tout le monde, Welsh et Wilson partirent sur un nouveau pied avec l'équipe de six Norvégiens qui s'entraînaient en Ecosse ; on donna le nom de code de « Gunnerside » à l'opération, et on attendit la bonne combinaison de lune et de conditions météo. Il ne tarda pas à devenir évident que l'on se heurterait à un service de sécurité très renforcé à la centrale de Rjukan. Au début de décembre, des unités de la police et de l'armée allemandes avaient virtuellement coupé la ville de Rjukan du reste du monde et procédé à une fouille minutieuse, maison par maison ; opération d'une telle envergure qu'on en trouve même l'écho dans le *London Times* du 4 décembre. En attendant, les quatre hommes de l'avant-garde, toujours terrés dans une cabane d'été isolée du plateau Hardanger, devaient supporter l'hiver et la solitude et apprenaient à apprécier les morceaux les plus exotiques du renne : les yeux, l'estomac et son contenu de lichens à demi digérés pour la vitamine C, la moelle presque liquide des petits os du pied, les lèvres au goût de châtaigne.

Le parachutage eut finalement lieu le 17 février 1943 ; mais à peine avaient-ils touché terre que les six hommes se trouvèrent pris, pendant cinq jours, dans une tempête violente, un blizzard de neige avec des températures constamment en dessous de zéro. Lorsque le beau temps revint, ils purent effectuer leur jonction avec l'équipe d'avant-garde et faire route vers les montagnes qui entourent la centrale de Rjukan. Après une ou deux journées d'observations prudentes, ils prirent conscience des immenses difficultés que présentait une attaque. De toute évidence, les Allemands avaient compris quelle était la cible de la première et désastreuse tentative du service des Opérations combinées ; la sécurité avait été vigoureusement renforcée autour de la centrale.

Le bâtiment lui-même était situé sur le côté sud d'une gorge profonde de deux cents mètres ; l'accès se faisait par un unique pont suspendu, côté nord, gardé en permanence par deux soldats allemands relevés toutes les deux heures. Abattre ces sentinelles aurait entraîné des représailles féroces sur la population locale, et cette approche directe était donc exclue. La meilleure option était celle qui exigeait une descente éreintante le long du flanc escarpé et rendu glissant par la neige et la glace, la dangereuse traversée de la rivière prise de glaces, au fond, et une épuisante ascension sur l'autre flanc, sous le faix des armes et du matériel de destruction. Sur un côté de la montagne, au pied de la centrale, ils devaient trouver les rails d'un chemin de fer à voie étroite. Là, leur avait-on dit (l'information provenait de Jomar Brun), ils tomberaient sur un étroit tunnel de dix mètres de long qui conduisait dans la salle où dix-huit cellules électrolytiques concentraient peu à peu l'eau lourde. L'un de attaquants fit une reconnaissance de l'itinéraire et estima possible de l'emprunter, même s'il était particulièrement difficile.

Après la tombée de la nuit, le 27 février, les neuf hommes du groupe d'assaut se mirent en route, et après une ascension épuisante, atteignirent la voie de chemin de fer peu avant minuit. Ils attendirent dans l'obscurité le changement de garde, au poste du pont suspendu, patientèrent une demi-heure supplémentaire, le temps de s'installer pour les nouvelles sentinelles. Tandis qu'un ou deux hommes montaient la garde dans le noir, à l'extérieur, les autres, divisés en deux équipes, pénétrèrent dans l'usine ; l'une passa par le conduit, l'autre par une fenêtre après avoir cassé la vitre. A l'intérieur, ils tombèrent sur deux ouvriers norvégiens qui n'offrirent aucune résistance. Ils placèrent des charges de plastic à la base de chaque cellule électrolytique et on les brancha sur un détonateur programmé sur deux minutes. Les hommes de Gunnerside libérèrent les deux Norvégiens au dernier moment possible, leur dirent de courir s'ils voulaient avoir la vie sauve, et s'enfuirent eux-mêmes de leur côté.

A l'extérieur, dans les ténèbres, ils entendirent un bruit grave et sourd — pas très puissant, seulement des basses et pas d'aigus — puis virent un éclat orange illuminer les vitres de la centrale. Ils trouvèrent l'explosion bien peu impressionnante, mais ce qui était fait était fait. Ils battirent en retraite par le même chemin, aiguillonnés par l'idée, ou plutôt la sensation viscérale, qu'il ne leur restait plus qu'à s'échapper et à survivre. En Ecosse, Leif Tronstad leur avait honnêtement dit qu'ils avaient une chance sur deux de réussir l'opération de sabotage, et encore moins que cela de s'en sortir vivants. Ils firent pourtant les deux. Dans la confusion de l'alarme générale qui suivit l'explosion, les homme de Gunnerside purent quitter les lieux, escalader la montagne qui domine Rjukan et se séparer sur le plateau Hardanger ; une partie rejoignit la résistance norvégienne, l'autre gagna la Suède en ski, avant d'être rapatriée en Grande-Bretagne.

En Grande-Bretagne, où Welsh, Wilson et Tronstad attendaient des nouvelles avec anxiété. Elles leur parvinrent finalement environ une semaine plus tard, sous forme d'un bref message radio en provenance du plateau Hardanger. « Installations à haute concentration de Vemork complètement détruites nuit du 27/28. Gunnerside passé en Suède. Salutations [20]. »

Le grondement sourd et la lueur orange qui avaient paru si faibles aux attaquants, depuis l'extérieur, étaient en fait les signes d'une explosion aux effets dévastateurs à l'intérieur ; l'épaisseur des murs de béton l'avait simplement étouffée. Les dix-huit cellules électrolytiques étaient toutes détruites ; des éclats métalliques avaient crevé les tuyaux qui s'entrecroisaient dans la salle, et les cascades d'eau vaporisée avaient contribué à entraîner l'eau lourde qui dégoulinait des cellules brisées ; c'est ainsi que 350 kilos d'eau lourde, l'équivalent de plus de deux mois de production, se trouvèrent littéralement jetés aux égouts. Se fondant essentiellement sur les indications de Brun, Welsh estima, initialement, que la production d'eau lourde allemande avait pris deux ans de retard [21].

Des informations, arrivées plus tard de Norvège, conduisirent néanmoins à réviser cette évaluation. Les Allemands réagirent vigoureusement. Kurt Diebner, du *Heereswaffenamt*, envoya son assistant Friedrich Berkei à Rjukan pour diriger la reconstruction ; au bout de six semaines passées à réparer les dégâts et à remplacer le matériel, la centrale reprit à la mi-avril le laborieux processus de concentration de l'eau lourde par étapes successives, dans de nouvelles cellules. On renvoya à Rjukan de l'eau lourde presque pure pour que toutes les étapes de ce processus pussent être reprises en même temps, évitant ainsi la longue attente avant que de l'eau vierge atteignît l'étape finale. On apprit également que les Allemands redoublaient d'efforts pour protéger la centrale et avaient entrepris une opération de nettoyage du plateau Hardanger avec pas moins de dix mille policiers et soldats. L'espoir, né en mars à la suite du succès de l'opération du SOE, de voir l'Allemagne privée de tout nouvel approvisionnement d'eau lourde au moins jusqu'au printemps de 1944, s'effrita donc rapidement.

CHAPITRE 19

Coupé du monde comme il l'était à Chicago, Leo Szilard, éternel agité, ignorait tout du riche flot d'informations concernant le programme allemand de bombe atomique qui atteignait la Grande-Bretagne au milieu de l'année 1942 ; tout également des projets anglais d'attaque de la centrale de Rjukan. Mais pour lui, qui avait passé toute sa vie à éviter scrupuleusement d'accorder le bénéfice du doute à n'importe quel représentant de l'autorité, le silence était synonyme d'inaction et il bouillait d'indignation devant l'impéritie officielle face au danger allemand. Le 26 mai 1942, il écrivit une lettre au ton typiquement irascible à Vannevar Bush, se plaignant que l'on menait les choses on ne peut plus mal. « En 1939, la Providence a donné une occasion unique aux États-Unis », disait-il, évitant modestement de souligner le fait qu'il avait été l'instrument de la Providence en question. « On a manqué cette occasion. Personne ne peut dire maintenant si nous serons prêts avant que les bombes allemandes ne commencent à rayer les villes américaines de la carte[1]. »

Avant même d'avoir reçu les apaisements de Bush, Szilard se tourna vers la question des services de renseignements. Dans un mémo du 1er juin adressé à Compton, il propose d'installer un physicien à demeure en Suisse afin qu'il prenne contact avec des scientifiques ayant des nouvelles de leurs collègues allemands. « On peut bien entendu faire observer que si nous nous lançons en avant avec toute l'énergie possible, il n'y a pas grand intérêt à découvrir ce que font les Allemands, étant donné qu'il n'y a de toute façon aucune possibilité de défense[2]. »

Compton n'était pas d'accord avec ce raisonnement. Dans une note accompagnant le mémo de Szilard qu'il transmit à Conant le lendemain, il écrit : « On pourrait évidemment faire quelque chose si nous savions ce qu'eux-mêmes font et où. » La peur des Allemands se mit à infecter Chicago comme un virus de grippe. Le 22 juin, Compton écrivit à Vannevar Bush, parlant « du tableau extrêmement sérieux » que présentaient les informations sur les progrès des Allemands, et recommandant de vigoureuses contre-mesures sous la forme de raids aériens de bombardement et « d'une activité des services secrets en Allemagne [...]

pour localiser et interrompre leurs activités[3] ». Pour se montrer plus convaincant, Compton joignit un mémo datant du 20 juin et dû à Eugene Wigner, dans lequel celui-ci détaillait le calendrier probable de la production allemande de plutonium. C'était un exercice d'extrapolation acrobatique : une fois le réacteur allemand construit et en état de marche, il lui faudrait tant de temps pour produire du plutonium, encore tant de temps pour le séparer chimiquement de l'uranium, encore tant de temps pour confectionner une bombe. Wigner concluait sans hésiter que les Allemands pourraient disposer de l'arme nucléaire en décembre 1944[4]. Quelques semaines plus tard, Compton chargea un physicien du Laboratoire de Métallurgie (Met Lab), J. Stearns, d'étudier les parades possibles devant des bombes allemandes qui dissémineraient les sous-produits radioactifs de fission dus à un réacteur ; pour les scientifiques de Chicago, la chose ne faisait plus de doute. Dans le monde clos du Met Lab, la nouvelle de la tâche secrète de Stearns ne tarda pas à être connue ; à la fin de l'année, le laboratoire bruissait d'une rumeur disant que les Allemands possédaient des armes radiologiques, que les autorités militaires entouraient la ville de détecteurs à radiation, que des scientifiques apeurés faisaient partir leur famille à la campagne.

Dans cette atmosphère d'alarme perpétuelle, Szilard n'était pas le seul à se préoccuper des questions de renseignements. En septembre et en octobre 1942, John Wheeler écrivit à Compton pour lui proposer l'envoi d'agents en Suisse ; ils seraient chargés de se procurer des revues scientifiques allemandes et de prendre contact avec les scientifiques susceptibles d'être au courant des recherches allemandes. Pour ce dernier point, il avançait le nom de Victor Weisskopf, ajoutant : « Je crois qu'il serait impatient d'entreprendre cette tâche difficile s'il savait l'importance qu'elle revêt[5]. »

Ni Szilard, ni Wheeler, ni aucun autre de ceux qui, inquiets, avaient bombardé les autorités de mémos, n'apprirent jamais le détail de ce qu'il advint de leurs suggestions. Ils craignaient qu'il n'en fût rien sorti, mais en réalité, débordés de travail, les responsables politiques du programme nucléaire américain, Vannevar Bush et James Conant, s'efforçaient de veiller à la question du renseignement comme à tout le reste. L'adjoint de Conant, Harry Wensel, proposa de chercher de l'aide ailleurs. Dans une note, il demanda : « Devons-nous faire quelque chose pour amener les professionnels à nous conseiller une marche à suivre[6] ? » Il n'y avait guère le choix, en cet été de 1942 : s'adresser à l'adjoint du chef d'état-major des Armées aux renseignements, le major-général George Strong. Au début, Bush et Conant se contentèrent de tout entasser à la manière de Strong : informations secrètes arrivant de Grande-Bretagne, lettres de Compton et Harold Urey, propositions pour identifier les centrales allemandes susceptibles d'avoir un rapport avec le programme allemand de bombe atomique, cartes indiquant les laboratoires allemands, additions régulières à la liste des scientifiques allemands à surveiller[7]. Ces efforts, initialement, n'avaient pour but que de ne pas perdre la piste des Allemands. Mais Conant et Bush devinrent bientôt plus agressifs.

L'un des principaux chercheurs du Projet Manhattan à s'inquiéter de ce que faisaient les Allemands était Hans Bethe, qui fit étape à Chicago alors qu'il allait rejoindre le nouveau laboratoire d'Oppenheimer à Los Alamos, en avril 1943. Là, il trouva Szilard plus irascible et indigné que jamais : les militaires n'avaient aucune subtilité ; les grandes boîtes comme Dupont [de Nemours], mises dans le coup par Groves, ne s'en sortiraient jamais avec les aspects scientifiques de la tâche ; les responsables du projet ne semblaient nullement pressés ; et pis que tout, les Allemands étaient en avance ! « Bethe, je vais écrire tout ce qui se passe en ce moment avec le projet. Je vais tout mettre noir sur blanc. Pas pour le faire lire à quelqu'un, juste pour Dieu.

— Ne croyez-vous pas que Dieu soit déjà au courant ? demanda Bethe.

— Peut-être, admit Szilard. Mais pas de cette version des faits[8]. »

Szilard avait réussi à communiquer son inquiétude à Bethe lorsque ce dernier arriva à Los Alamos ; elle fut renforcée au cours du printemps et de l'été par des rumeurs et des articles de journaux. Dès que deux ou trois scientifiques se réunissaient pour parler de la bombe, la conversation ne tardait pas à porter sur les Allemands. Lorsque le spécialiste du matériel Joseph Hirschfelder arriva à Los Alamos au printemps de 1943, il trouva les chercheurs « virtuellement convaincus que les Allemands faisaient un maximum d'efforts pour produire une bombe atomique[9] ». Comment pouvaient-ils en être aussi sûrs ? Ils n'étaient pas en contact direct avec les services de renseignements ; mais en même temps, ils s'en trouvaient suffisamment près pour avoir vent de certaines rumeurs. Rumeurs amplifiées au point que les hypothèses se transformaient rapidement en certitudes.

C'est une règle de la guerre : quand on ne sait que très peu de choses, on en craint beaucoup. On éleva une puissante structure de mauvais présages sur ce qui n'était en fait que des rapports ambigus de troisième main : la science allemande avait forcément fait ce qu'elle était capable de faire. L'argumentation que recueillit Hirschfelder à Los Alamos était la propriété commune de tous les scientifiques réunis sous la houlette de Groves : les Allemands obtenaient « d'énormes quantités » d'eau lourde de la Norvège, ils avaient accès au minerai d'uranium de Joachimsthal, leurs ingénieurs « étaient sans rivaux ». Tous parlaient du génie d'Heisenberg avec un « fabuleux respect ». Pis, on rapportait que, peu avant la guerre, Heisenberg avait abandonné la théorie pour les problèmes pratiques. Et ça continuait : le radiochimiste Paul Harteck était juste l'homme qu'il fallait pour inventer des systèmes de séparation de l'U-235, l'aérodynamicien Doring était le créateur des « charges creuses » qui avaient servi à traverser le béton de la ligne Maginot. Exactement tout ce qu'il fallait d'expertise pour assembler une bombe à implosion, idée proposée par le physicien Seth Neddermeyer lors de l'une des premières réunions théoriques tenues à Los Alamos, en avril 1943 [10]. Sans réellement savoir quoi que ce fût de tangible sur les efforts de l'Allemagne dans ce domaine, Hirschfelder et ses amis disposaient d'une multitude de « faits » troublants à ruminer aux petites heures de la nuit. Ainsi le plausible devenait-il certain.

On retrouve quelque chose de cette manière de raisonner dans le rapport de six pages soumis conjointement par Hans Bethe et Edward Teller à Oppenheimer, le 21 août 1943, document dans lequel ils tirent une autre sonnette d'alarme. « Des rapports récents, émanant des journaux et des services secrets, commençait-il, semblent indiquer que les Allemands soient en possession d'une puissante arme nouvelle qui devrait être prête entre novembre et janvier prochains. » (Soit un an avant la date avancée par Wigner, l'été précédent.) « Il semble qu'il y ait une considérable probabilité pour que cette nouvelle arme soit l'affaire de Tube Alloys. » Bethe et Teller n'étaient pas sûrs que les Allemands disposeraient d'assez de matériaux pour « un grand nombre de bidules » à jeter sur la Grande-Bretagne, la Russie et les États-Unis, ou seulement de quoi faire « disons... deux bidules par mois », destinés uniquement à l'Angleterre. Le seul espoir, ajoutaient-ils, restait de produire la bombe les premiers en accélérant la production de plutonium ; ils notaient d'ailleurs qu' « il y a des indices que c'est le procédé employé par les Allemands » [11].

Bethe et Teller ne précisent pas quels sont ces « rapports récents » qui les inquiètent tant, mais ce n'était pas ça qui avait manqué pendant tout le printemps et l'été, pour qui était un peu attentif. La manie fanatique du général Groves pour le secret s'enracinait dans sa peur des dégâts que pourraient faire les journalistes, s'ils entendaient parler d'une super-bombe. Au cours des années passées dans le corps des Ingénieurs de l'Armée, Groves n'avait jamais eu à s'occuper des problèmes de sécurité [12], ce qui ne l'empêchait pas d'avoir compris instinctivement qu'il est aussi difficile de garder un secret excitant que de retenir de l'eau avec du sable. De tous les secrets concernant la bombe atomique, le plus fondamental, de l'avis de Groves, était le simple fait que les Américains essayaient d'en construire une ; rien, de toute façon, ne pourrait pousser davantage les Allemands à multiplier leurs propres efforts. Groves vivait donc dans l'angoisse de ce qu'il risquait de découvrir tous les jours dans son journal. William Laurence avait bien failli vendre la mèche avec ses deux articles sur la fission du *New York Times* et du *Saturday Evening Post*, en 1940, mais après cela, ce fut aux États-Unis le silence le plus complet, ou presque, sur la fission et ses possibilités. Il y eut une spectaculaire exception au printemps de 1943, après l'attaque de Rjukan.

La violente réaction allemande rendit impossible de dissimuler plus longtemps le raid, et les commentaires publics s'intéressèrent bien naturellement, avant tout, à ce que le commando avait été chargé de détruire. Tout commença par une émission de la radio suédoise, le

1er mars, qui prétendait que le sabotage de Rjukan avait pour but de détruire l'eau lourde que les Allemands utilisaient dans la fabrication d'explosifs de haute qualité[13]. Deux semaines plus tard, le journal de Stockholm *Svenska Dagbladet* publiait un compte rendu du raid de Rjukan et expliquait : « Beaucoup de scientifiques ont mis tous leurs espoirs dans la production d'une " arme secrète " se servant de l'eau lourde, à savoir un explosif d'une violence sans commune mesure avec tout ce qui s'est fait jusqu'ici. » La nouvelle se rapprochait progressivement de la vérité. le 4 avril, sous le titre : « Menace d'une arme nazie à base d'eau lourde », le *New York Times* citait des « sources norvégiennes de Londres » et faisait finalement le rapprochement entre l'eau lourde et l'énergie atomique :

> On pense que l'eau lourde [...] peut procurer le moyen de désintégrer l'atome, autrement dit de libérer une énergie dévastatrice. Si l'on ne croit pas ici [à Londres] que les Allemands, même en tenant compte de leurs connaissances en chimie, aient mis au point quelque méthode fantastique pour jeter la force écrasante de la fission de l'atome sur la Grande-Bretagne, on sait que l'eau lourde, ajoutée à d'autres produits chimiques, donne une source puissante de destruction [...]

Si, d'un point de vue scientifique, l'article n'était qu'un tissu d'absurdités, il menaçait néanmoins de tout révéler. Groves réagit promptement et persuada le journal de ne pas donner suite, mais il ne pouvait rien contre ce que publiaient les journaux suédois, dont l'un fit état d'un nouveau rapport le 3 août, seulement quelques semaines avant le mémorandum Bethe-Teller, dans lequel on affirmait que la production d'eau lourde avait été reprise à Rjukan[14].

Bethe et Teller, néanmoins, citaient aussi des rapports des « services secrets », et pas seulement des articles de journaux, comme preuve des progrès accomplis par les Allemands. Bethe ne se rappelle plus ce qu'il avait alors à l'esprit, mais il est vraisemblable qu'il devait s'agir d'un écho ayant pour origine une source entièrement nouvelle, à savoir un espion allemand en contact avec un diplomate américain en Suisse. Ce diplomate, Sam Woods, attaché commercial à l'ambassade américaine à Berlin avant la guerre, avait pris contact avec un politicien et économiste allemand, opposant de toujours aux nazis, Erwin Respondek. En janvier 1941, Respondek prouva sa fiabilité avec un rapport détaillé sur les plans d'invasion de l'Union soviétique par Hitler, pour l'été suivant. Un an plus tard, après l'entrée en guerre des États-Unis, on nomma Woods consul général à Zurich, afin qu'il pût reprendre contact avec Respondek. Il se passa presque six mois avant qu'il y parvînt. En tout, Woods eut sept ou huit rencontres clandestines avec des émissaires de Respondek, mais c'est la première qui eut le plus grand impact. Sur un banc de parc en bordure du lac de Locarno, au printemps de 1943, l'envoyé de Respondek (un ecclésiastique) parla à Wodds des efforts allemands pour fabriquer une bombe atomique.

Respondek n'était pas un scientifique mais avait vécu un certain temps chez Max Planck après la première guerre mondiale, à Berlin ; les deux hommes étaient restés amis et leurs rapports prirent une coloration politique au début des années trente, lorsque Respondek et le fils de Planck, Erwin, se trouvèrent tous deux à travailler pour le dernier chancelier de la République de Weimar, Heinrich Brüning. C'est Max Planck qui parla pour la première fois à Respondek des recherches nucléaires qui se poursuivaient à la Kaiser Wilhelm Gesellschaft et plus tard, au cours des premiers mois de 1942, un ami de Respondek, Herbert Müller, avocat et administrateur (Syndikus) à la Kaiser Wilhelm Gesellschaft, lui confia que le ministère d'Albert Speer travaillait, en liaison étroite avec les physiciens de Berlin-Dahlem, au problème de l'application éventuelle de la fission à une bombe ; c'est probablement Müller qui présenta Respondek à Otto Hahn et à Heisenberg. D'autres amis, au ministère de Speer ou appartenant à la société Allgemeine Elektrizitäts Gesellschaft (AEG) apprirent à Respondek que Speer avait promis un cyclotron à Heisenberg, lors de la rencontre de la Maison Harnack.

Ce que nous savons des activités clandestines de Respondek en Allemagne pendant la guerre vient presque exclusivement de son ami et contact américain Sam Woods, qui a rédigé un rapport de vingt-quatre pages pour le secrétaire d'État Cordell Hull peu après la guerre. Il est difficile de reconstituer ce que Respondek savait exactement de l'Uran-verein et de son travail à Berlin-Dahlem, mais le compte rendu de Woods est remarquable en ce qu'il recoupe d'autres sources comme Fritz Houtermans, qui affirmait que certains scientifiques répugnaient profondément à participer au programme allemand de bombe atomique. Dans le mémo adressé à Hull, Woods écrit que Respondek fut tenu au courant des progrès des recherches

> ... par le biais de professeurs de la Kaiser Wilhelm Gesellschaft qu'il connaissait et qui lui montrèrent même des rapports relatifs aux expériences sur la bombe atomique et aux progrès accomplis. Il réussit à suivre l'évolution des choses avant tout grâce à son collaborateur intime, le Dr Herbert Müller, qui non seulement était membre de son organisation, mais appartenait aussi à la Kaiser Wilhelm Gesellschaft. Le Dr Müller bénéficiait de toute la confiance du groupe de l'institut, avec lequel il travaillait en contact étroit, et [qui] aurait volontairement soulevé des « difficultés » pour ralentir le travail sur le projet. Il s'arrangea également pour paralyser les efforts de ceux qui travaillaient honnêtement au développement de la bombe, afin de créer de la confusion entre le

ministère de Speer, le conseil d'administration des Munitions, l'industrie, l'AEG et la Kaiser Wilhelm Gesellschaft.

Toutefois, cette impression de guerre larvée entre les responsables du programme allemand de bombe atomique peut provenir des entretiens qu'eut Woods avec Respondek après la guerre. Les informations que lui transmit l'émissaire de Respondek furent certainement plus succinctes ; après la rencontre secrète du lac de Locarno de mai 1943, Woods envoya un câble d'un paragraphe à Washington rapportant un fait brut : « éclatement d'un noyau d'uranium aux fins d'obtenir un explosif puissant [15] ».

Ce paragraphe suffisait ; le message de Woods provoqua sur-le-champ une demande de complément d'information. Son second rapport, le 19 mai, était rempli de notions tout aussi alarmantes : « réaction en chaîne », « eau lourde », « explosifs utilisables », « la recherche continue en Allemagne » [16]. Le télégramme atterrit sur le bureau du secrétaire d'État d'alors, Breckinridge Long, qui ignorait tout de la fission nucléaire mais convoqua immédiatement le général Strong

pour discuter du contenu du télégramme de Woods à Zurich dans lequel il est question d'un procédé allemand, qui semble avoir dépassé le stade expérimental, pour utiliser la poudre d'uranium avec la fission des atomes dans un composé explosif d'une puissance qui serait, dit-on, incroyable. Woods suit l'affaire d'aussi près qu'il le peut. Il dit que les militaires allemands attendent anxieusement sa préparation pour en faire usage, et qu'ils espèrent ainsi anéantir l'Angleterre, la Russie et nous [...]

Strong est un officier réfléchi, sérieux et capable, au jugement sain. Sa réaction devant ces informations a suffi à me convaincre de la grande importance de ce projet en cours de développement. J'ai envoyé un message à [Leland] Harrison [l'ambassadeur américain à Berne], à la demande de Strong, pour lui faire comprendre et à travers lui à Woods, la haute importance et l'extrême urgence que nous attachons à obtenir davantage d'informations sur cette affaire. Strong a commencé à agir de son côté et depuis mon bureau a convoqué une réunion de son équipe pour tout de suite après notre entretien. Il a demandé à son adjoint d'appeler le Dr Vannevar Bush pour une rencontre directe [17].

L'extrême difficulté qu'il y avait à communiquer avec Respondek — Woods ne réussit à le contacter directement qu'une seule fois pendant la guerre — fit qu'il fut impossible à la légation américaine de satisfaire l'appétit d'informations manifesté par Washington. Mais dans un rapport de la mi-juin, l'attaché militaire, le général B. R. Legge obtint de « collègues polonais » le nom des rues qui bordaient l'institut de Hahn et recommanda l'édition de 1936 du guide Baedeker de Berlin (« certainement disponible à Washington ») pour davantage d'informations sur la Kaiser Wilhelm Gesellschaft[18]. Le général Legge, cependant, ne put donner, comme on le lui demanda, les coordonnées d'autres laboratoires allemands.

Arthur Compton avait mis le doigt sur la difficulté dès juin 1942, lorsqu'il avait déclaré que, pour agir, il fallait savoir ce que les Allemands faisaient, et où ils le faisaient. Vannevar Bush et James Conant commencèrent par tenter de repérer la centrale de Rjukan, mais les Britanniques rejetèrent leur recommandation de la bombarder, car ils préparaient déjà le raid de leur commando. Conant et Bush tentèrent ensuite d'identifier les centrales, en Allemagne, susceptibles d'être réorientées vers la production d'eau lourde, mais finirent par y renoncer lorsqu'ils se rendirent compte que la tâche était insurmontable : virtuellement, on pouvait ainsi reconvertir n'importe laquelle de ces installations. En septembre, Vannevar Bush écrivit au général Strong que cette approche « semblait ne mener nulle part »[19]. Mais l'idée de bombarder les lieux où se poursuivait l'effort nucléaire allemand persista, et à la fin de 1942, Bush et Conant avaient accumulé une nouvelle liste de cibles. Aucun des deux hommes ne fit de confidence sur cette affaire après la guerre, mais on peut suivre l'évolution de leur vision des choses par le biais d'une série de lettres et de mémos à usage interne. Le 9 décembre 1942, Conant écrivit à Groves que l'avance présumée d'un an, « voire de dix-huit mois » des Allemands

> conduisait aussi à la conclusion que le MID [Military Intelligence Division, « département des Renseignements militaires »], l'ONI [Office of Naval Intelligence, « Bureau des Renseignements de la Marine »] et l'OSS ainsi que les services de renseignements britanniques, devaient déployer tous les efforts possibles pour obtenir des indices sur les progrès et les plans des Allemands, avec en vue [...] le bombardement des centrales et des laboratoires où se faisaient ces travaux [...] Il paraît important d'employer toutes les contremesures possibles, y compris l'espionnage et le bombardement[20].

En janvier 1943, Vannevar Bush prit lui-même contact avec un groupe de l'Air Force « étudiant les cibles de bombardement » et demanda à Conant de discuter avec Groves de « la question de savoir s'il ne fallait pas ajouter à la liste finale des cibles celles qui, d'une manière ou d'une autre, pourrait avoir une importance décisive par rapport au S-1 [à savoir, la bombe atomique][21] ». C'est au milieu de ces discussions sur d'éventuels bombardements qu'arrivèrent les télégrammes de Woods de mai 1943, comportant de nouveaux avertissements sur les progrès allemands dans le domaine atomique. Ils eurent pour effet immédiat de faire passer l'intérêt que Strong portait aux usines et aux centrales aux centres de recherche, et de mettre en tête de liste deux laboratoires de Berlin : l'institut de chimie d'Otto Hahn et l'institut de physique d'Heisenberg.

A la mi-juin, lorsque Conant et Bush discutèrent de nouveau de la question pendant un trajet en voiture, Strong avait produit un gros dossier d'informations sur les cibles et Bush pris ses dispositions pour aller en Grande-Bretagne, où il espérait pousser la 8e Air Force américaine à adopter son programme. Les deux hommes discutèrent également de la possibilité de créer à Londres « un groupe de petite taille et ultra-secret » qui serait chargé de collaborer étroitement avec les Britanniques à la sélection de cibles en rapport avec le programme allemand de bombe atomique[22]. Le plus grand secret entourait tous ces plans. Bush avait informé le commandant de l'Air Force, le général Henry Arnold, et ce dernier avait admis « qu'il n'y avait nul besoin que quiconque d'autre soit au courant en dehors de lui[23] ». Bush demanda à Conant d'étudier le dossier des cibles et de décider celles qu'il faudrait attaquer en premier. Une semaine plus tard, Conant lui répondit que les instituts de Hahn et Heisenberg à Berlin-Dahlem « sont d'un ordre de priorité beaucoup plus élevé que toutes les autres cibles », et que les chances d'interférer sérieusement avec l'effort de guerre allemand par la destruction des cibles 1 et 2 sont tout à fait considérables. Les autres branches de la Kaiser Wilhelm Gesellschaft en Allemagne étaient moins importantes et pourraient être attaquées si cela convenait[24]. Le même jour, 24 juin, Vannevar Bush rencontra le président Roosevelt à la Maison Blanche et « lui parla des cibles allemandes et des dispositions prises[25] ».

L'objectif de Bush et Conant n'avait pas varié au bout d'un an passé à réfléchir sur le problème : ils redoutaient que les Allemands n'eussent une avance en recherche nucléaire et espéraient interrompre leurs progrès par des bombardements. Ils avaient tout d'abord pensé aux usines et aux centrales électriques comme celle de Rjukan. Les mauvaises nouvelles venues de Norvège remirent la centrale de Rjukan en haut de la liste de Bush lorsqu'il revint de Grande-Bretagne, en août 1943, mais toutes les autres cibles importantes étaient des branches de la KWG, à commencer par les instituts de Berlin-Dahlem.

Pourquoi les laboratoires ? pourrait-on demander. Même si la 8e Air Force avait écrasé les appareils de mesure et fait brûler les bâtiments, combien de temps faudrait-il pour que les expériences reprissent ? Mais il y avait une autre raison d'attaquer les laboratoires, et lors d'une réunion avec le général Strong, le 13 août 1943, Bush et Groves la révélèrent au responsable des services de renseignements de l'Armée. Strong la fit connaître le même jour au général George Marshall, par un mémo. Ce n'était pas les objets qui se trouvaient dans les laboratoires de Hahn et d'Heisenberg qu'ils voulaient détruire, mais les personnes elles-mêmes. Il est impossible de préciser s'ils ont nommément désigné les deux savants allemands à Strong, mais Groves et Bush devaient très certainement savoir où le plus grand chimiste allemand et le plus grand physicien allemand avaient coutume de travailler. Les militaires parlent rarement de tuer et discutent encore moins d'éliminer telle ou telle personne. Cependant, Strong crut bon de rompre cette règle traditionnelle, lorsqu'il déclara au général Marshall que la destruction des laboratoires proprement dit n'était qu'une partie de l'objectif. « La mort du personnel scientifique qui s'y trouve employé serait particulièrement avantageuse[26]. » Le « personnel scientifique » en question n'était pas, dans l'esprit de Bush et Groves, les humbles laborantins, les assistants et l'administration, mais les scientifiques qui dirigeaient les laboratoires. Avec en tête de liste Otto Hahn et Werner Heisenberg.

Aussi importantes que fussent les cibles de Berlin-Dahlem, écrivit cependant Strong dans son mémo au général Marshall du 13 août, Rjukan n'en restait pas moins en tête de liste. Au cours de son voyage en Angleterre, Vannevar Bush avait exhorté le général Ira Eaker, commandant de la 8e Air Force, à mettre Rjukan sur sa liste de cibles. Mais il avait eu « la nette impression » que Eaker et la Royal Air Force auraient besoin d'ordres donnés au plus haut niveau avant de se décider[27]. Peu après le retour de Bush à Washington, début août, les Britanniques lui firent parvenir un rapport venu de Norvège qui affirmait qu'un nouveau chargement d'eau lourde presque pure serait prêt en octobre, six mois seulement après la remise en état de la centrale de Rjukan. Comme souvent, l'information était vague et émanait de toute évidence de quelqu'un n'ayant que des notions assez fantaisistes de physique nucléaire ; elle n'en était pas moins troublante. « L'informateur déclare que les Allemands ont fait de tels progrès, à l'heure actuelle, qu'il existe pour eux une possibilité d'utiliser l'uranium dans la guerre actuelle ; que l'eau lourde est absolument nécessaire à la fission de l'atome et aussi dans la fabrication des explosifs[28]. »

Mais Groves, quand il était question de Rjukan, n'avait pas pleinement confiance dans les Anglais. Il n'avait pas été prévenu de la désastreuse opération menée par le service des Opérations combinées en novembre 1942, et il n'apprit l'attaque du commando Gunnerside qu'en janvier 1943, lorsque le directeur de Tube Alloys, Wallace Akers, en visite à Washington, mentionna par hasard, devant un aide de Groves, l'existence d'un plan pour « un raid de commando sur la centrale[29] ». En avril, les Britanniques lui avaient fait savoir que Rjukan serait hors service pendant deux ans. Du coup (en août 1943), Groves dit à Strong qu'il redoutait que l'évaluation d'octobre ne fût trop optimiste ; un rapport de presse suédois datant du 3 août prétendait que la centrale était déjà de nouveau en état de marche. Soutenu par Vannevar Bush, Groves se dit partisan d'un bombardement aérien qui mettrait définitivement fin au problème de l'eau lourde. Au cours des trois mois suivants, la proposition Bush-Groves suivit les méandres administratifs pour remonter jusqu'à Eaker, qui, en Grande-Bretagne, pouvait difficilement ignorer l'autorité des généraux Strong, Arnold et Marshall.

De toute cette controverse sur le bombardement, rien n'était parvenu jusqu'à l'officier de renseignements britannique Eric Welsh ni à John Wilson, du SOE, lesquels avaient leur propre dilemme à résoudre. Ils souhaitaient tous les deux renouveler l'attaque, mais Leif Tronstad et d'autres Norvégiens de Londres s'opposaient toujours au principe du bombardement aérien par peur d'importantes pertes civiles ; les hommes du SOE restés en Norvège, par ailleurs, affirmaient qu'une autre tentative de sabotage était exclue, car la sécurité de la centrale l'avait transformée en un vrai camp retranché. Le pessimisme sur ce dernier point remonta la hiérarchie, et les chefs d'état-major, pressés par les Américains, finirent par accepter le principe du bombardement de Rjukan. L'objectif nécessitant la précision d'une mission de jour, on confia le travail à la 8ᵉ Air Force d'Eaker. Le gouvernement norvégien en exil à Londres ne fut ni consulté ni informé, mais afin de limiter les pertes de vies civiles, le raid fut programmé pour le 16 novembre 1943, à exactement onze heures trente, au moment où les ouvriers auraient quitté la centrale pour aller déjeuner.

Juste avant l'aube du 16, deux cents « forteresses volantes » B-17 de la Troisième Division de Bombardiers décollèrent d'aéroports britanniques. Les Américains aimaient à parler en terme de bombardements « chirurgicaux » et de « haute précision », mais à la vérité, leurs raids aériens avaient tout d'une entreprise industrielle et étaient une affaire de masse et d'échelle. Les forces lancées sur le papier avaient parfois peu de rapports avec celles qui se présentaient au-dessus de la cible. Le 16 novembre, près de deux douzaines d'appareils firent demi-tour pendant les deux premières heures du fait d'ennuis mécaniques. Un autre fut abattu par la DCA allemande au moment où il abordait la côte norvégienne. Deux des membres d'équipage moururent dans l'appareil qui s'abîma en mer ; on ne sait ce qu'il advint des dix autres, qui avaient réussi à sauter en parachute de l'avion en feu.

A 11 h 43, le premier des 145 appareils restants commença le bombardement de la centrale de Norsk-Hydro ; en l'espace de deux minutes l'escadrille largua, à faible altitude, un total de 711 bombes de mille livres chargées d'un explosif puissant. Un quart d'heure plus tard, 39 autres B-17 lâchèrent 295 bombes de cinq cents livres sur la ville de Rjukan elle-même, près de la centrale. Quatre cents tonnes de bombes auraient dû suffire à faire disparaître la centrale de Rjukan de la surface de la planète, mais voilà : l'un des grands secrets de la guerre est l'inefficacité des bombardements, même à basse altitude. En dépit des efforts des Américains, seulement douze bombes endommagèrent la centrale elle-même. Le prix humain, pour ce bien médiocre résultat, fut de vingt-deux civils norvégiens tués, sans compter les deux membres (sinon les douze) de l'appareil abattu [30].

En dépit de ce semi-échec, le raid servit néanmoins à quelque chose : la centrale dut s'arrêter et les Allemands comprirent qu'il était inutile de s'acharner à la remettre en état. Ils firent démanteler les installations, au cours des mois suivants, avant de les expédier en Allemagne ; en février 1944, ce qui restait d'eau lourde, soit six cents kilos disposés dans quarante fûts de pureté variable, quitta aussi Rjukan. Mais ce chargement n'atteignit jamais sa destination : Welsh et Wilson organisèrent de Londres un dernier acte de sabotage et le 20 février, les partisans norvégiens firent couler le ferry *Hydro* qui le transportait sur le lac Tinssjo. Ainsi s'acheva ce qui fut la campagne clandestine la plus soutenue et peut-être la plus efficace de la deuxième guerre mondiale. En quatre attaques séparées sur une période de seize mois, les services de renseignements britanniques et la résistance norvégienne, aidés d'un seul raid aérien américain, interrompirent définitivement l'approvisionnement en eau lourde de l'Allemagne qui, par la suite, n'en produisit pratiquement pas sur son sol [31]. La conséquence fut de confiner la recherche allemande à des expériences sur un réacteur de petite taille pour le reste de la guerre.

Cela, évidemment, Britanniques et Américains l'ignoraient. Les informations transmises de Norvège par Einar Skinnarland au moyen de la radio, le 30 novembre, disant que la centrale de Rjukan était fermée, étaient clairement le signe d'une grande réussite ; mais Groves ne s'en satisfaisait pas. Il continua de demander avec insistance le bombardement des laboratoires de Berlin-Dahlem et entreprit d'organiser, de son bureau de Washington, une campagne opiniâtre en vue d'identifier et localiser les hommes qui travaillaient à la bombe d'Hitler. Et de s'emparer d'eux.

CHAPITRE 20

Le général Leslie Groves se trouva confronté à d'énormes problèmes administratifs lorsqu'il prit en main le programme nucléaire américain, en septembre 1942 ; il trouva néanmoins le temps, dès ses premières semaines en poste, de réfléchir au moyen de le garder secret. Les scientifiques avaient pris les devants dès 1940 avec un moratoire sur la publication des articles concernant la fission, mais le problème de la sécurité interne n'en était pas moins délicat[1]. C'est probablement James Conant qui suggéra à Groves le nom du colonel John Lansdale, jeune avocat de Cleveland qui travaillait dans les services de renseignements de l'Armée, au Pentagone ; l'une de ses tâches consistait à écarter les communistes des postes dits sensibles[2]. Un peu plus tôt dans l'année, Lansdale avait reçu l'ordre de se présenter au bureau de Conant, sur Massachusetts Avenue, à Washington ; là, Conant lui expliqua en quelques mots ce qu'était une bombe atomique et que les chercheurs du laboratoire d'Ernest Lawrence, à Berkeley, avaient tendance à se montrer beaucoup trop bavards sur le sujet. « Nous savons que les Allemands travaillent là-dessus, ajouta-t-il. S'ils apprennent que nous faisons comme eux, ils redoubleront d'efforts. C'est pour eux la seule manière de gagner la guerre. Celui qui aura la bombe le premier la gagnera[3]. »

Lansdale passa trois semaines en Californie, habillé en civil, posant des questions à droite et à gauche ; il fut horrifié par la franchise des réponses. De retour à Washington, il dit à Conant que la situation était encore pire que ce qu'il avait imaginé, puis il retourna en Californie, en tenue d'officier, cette fois, pour lire l'article du code militaire relatif au délit de bavardage aux collaborateurs de Lawrence. Il admonesta de la même manière Arthur Compton et son équipe du Met Lab de Chicago en mai. Après quoi, Lansdale disparut de la scène du programme nucléaire américain jusqu'à la fin de septembre 1942, date à laquelle Groves surgit inopinément dans son bureau pour lui dire, sans plus de cérémonie, qu'il avait besoin de quelqu'un pour s'occuper de la sécurité du Manhattan Engineering District et qu'il l'avait choisi, lui, parce qu'il était déjà au courant du projet. La flatterie n'était pas le genre de Groves ; il expliqua très clairement que les talents personnels de Lansdale n'entraient pas en

253

ligne de compte, que si c'était lui qui occupait ce poste, cela faisait une personne de moins à mettre au courant.

Pendant les quinze mois suivants, Lansdale géra les problèmes de sécurité pour Groves depuis son bureau du Pentagone, avec l'aide d'un jeune avocat de l'Oklahoma, le major Horace Calvert — Tony pour ses amis. Le représentant de Lansdale sur la Côte Ouest était le lieutenant-colonel Boris Pash, qui ouvrit un bureau à San Francisco. Au fur et à mesure que le Projet Manhattan prenait de l'ampleur, le personnel du service de contre-espionnage croissait aussi, pour atteindre plusieurs centaines de personnes ; toutefois, Lansdale n'entendit jamais parler de la moindre tentative, de la part des Allemands ou de sympathisants nazis, pour pénétrer le projet. Au lieu de cela, la menace vint entièrement des communistes de la Côte Ouest, qui essayèrent à plusieurs reprises de recruter des scientifiques pensant, ou susceptibles d'être conduits à penser, que l'Union soviétique, en tant qu'alliée loyale supportant le plus gros de l'effort de guerre, avait le droit de connaître ce qui touchait à la bombe atomique. La cible principale de ces efforts fut Robert Oppenheimer, membre, dans les années trente, de « toutes les organisations d'obédience communiste de la Côte Ouest[4] », comme il l'avoua une fois à Groves.

On déploya les plus grands efforts, au cours de la première année du Projet Manhattan, pour évaluer la loyauté d'Oppenheimer ; depuis, cette histoire a donné lieu à toute une littérature[5]. Mais Lansdale lui-même en arriva progressivement à la conclusion que l'on pouvait lui faire confiance. Deux choses l'en convainquirent. La première fut une conversation, qui eut lieu en mars 1943, entre Joseph Weinberg, jeune physicien du laboratoire de Lawrence à Berkeley, et Steve Nelson, militant communiste de la Côte Ouest et ancien ami intime de Kitty, la femme d'Oppenheimer[6]. Nelson était simplement l'abonné de l'une des quelques lignes de téléphone de San Francisco mises sur écoute par le colonel Pash. On enregistra Nelson déclarant qu'Oppenheimer avait « pas mal changé ». « Tu ne peux pas imaginer à quel point », avait répondu Weinberg. Le problème, de l'avis des deux hommes, était son épouse, Kitty. « A mon grand chagrin, observa Nelson, sa femme l'influence dans la mauvaise direction[7]. »

Après avoir eu de longs entretiens avec Robert et Kitty Oppenheimer, Lansdale en tomba d'accord. Depuis qu'il avait rallié le Projet Manhattan, Oppenheimer avait abandonné son gauchisme comme une vieille peau. La patience dont fit preuve le physicien devant les interminables questions de Lansdale sur son passé persuadèrent ce dernier qu'il tenait désespérément à garder son poste à Los Alamos. Et quels qu'eussent été jadis les sentiments de Kitty pour le communisme, conclut l'officier de renseignements, elle ne ferait rien, maintenant, qui mettrait sa situation en danger : elle tenait à ce que son mari passât à l'histoire comme un grand homme[8]. Le colonel Pash et le FBI manifestèrent cependant un violent désaccord avec ce point de vue ; Oppenheimer, à leurs yeux, avait échoué à toutes les épreuves de loyauté imaginables.

Le problème tracassa Groves pendant des mois. Lansdale lui demanda une fois ce qu'il ferait s'il en arrivait à la conclusion que Oppenheimer espionnait pour le compte des Russes. « Je rendrais public tout le projet », répondit-il. Autrement dit, il en chasserait tous les suspects, et au diable les conséquences[9]. L'opinion de Lansdale, qui estimait qu'on pouvait faire confiance à Oppenheimer parce qu'il était ambitieux, fut probablement ce qui fit pencher la balance, au bout du compte ; en juillet 1943, obligé de prendre une décision et convaincu que Oppenheimer avait un rôle essentiel à jouer pour le succès du projet, Groves ordonna, de sa propre autorité, de donner au physicien son certificat d'habilitation « secret-défense ».

Au moment crucial de ce long supplice, soit au printemps et pendant le début de l'été 1943, Oppenheimer se dépensait sans compter pour que naisse son nouveau laboratoire de Los Alamos, dans les montagnes du Nouveau-Mexique du nord. Au milieu de l'été, il se sentit moralement et physiquement épuisé, convaincu que le travail exigeait de lui plus qu'il ne pouvait donner. Les autres scientifiques ne cessaient de le harceler, cherchant aussi bien de l'aide pour résoudre des problèmes techniques que pour panser des sentiments blessés. Et pendant tout ce temps-là, Lansdale, Pash et une armée de gorilles du gouvernement passaient son passé au peigne fin et suivaient ses moindres mouvements dans le présent. Oppenheimer dit à son ami Robert Bacher qu'il allait laisser tomber. Jour après jour, cet été-là, les deux hommes parcoururent le Site Y qui débordait d'activité, passant d'un site de construction à un autre, tandis qu'Oppenheimer dressait à voix haute la liste de ses insuffisances et celle des exigences qui l'écrasaient. « Tu peux y faire face mieux que personne », lui répondait Bacher. A quoi Oppenheimer répliquait qu'il avait l'impression d'être débordé. « Il n'y a vraiment personne d'autre qui pourrait le faire à ta place », s'entêtait Bacher[10].

Oppenheimer ne révéla cependant rien à Bacher de la raison principale de sa morosité : convaincre Boris Pash de sa loyauté vis-à-vis des États-Unis était en effet une tâche surhumaine. Pash était un homme aux convictions simples, mais auxquelles il tenait passionnément. Il n'éprouvait pas la moindre sympathie pour Oppenheimer. Russe blanc d'origine et fils d'un chef de l'Eglise orthodoxe russe en exil, il avait combattu aux côtés des blancs pendant la Révolution ; il haïssait les bolcheviques et doutait de la loyauté de quiconque avait donné un sou à la cause bolchevique. Or Oppenheimer, qui était à la tête d'une considérable fortune personnelle, avait donné plus qu'un sou, au cours des années. Si Bacher était parfaitement au courant de l'ampleur des problèmes que soulevait la tâche d'Oppenheimer, il ne savait que très peu de chose de ses « problèmes de sécurité », expression qui traduit bien mal l'exercice d'investigations minutieuses et vétilleuses auquel se livrait Pash, et ne posa pas de questions. Il se contenta de tenir la main de son ami pendant la tempête. Ce ne fut que lorsque Groves trancha le nœud gordien et eut officiellement dédouané le physicien de tout soupçon que celui-ci retrouva une humeur meilleure [11]. Mais il conserva des traces de son calvaire. C'est ainsi qu'il supporta une fois sans rien dire une sévère mercuriale de Groves pour avoir parlé de quelque point technique avec Arthur Compton [12]. Son ami Bacher remarqua, au cours d'un déplacement, que le nouvel Oppenheimer — l'Oppenheimer « secret-défense » — avait agrafé un mémo classé confidentiel dans sa poche-revolver [13] pour plus de sécurité ; une autre fois, il rejeta avec brusquerie les observations d'Edward Teller, dont les chercheurs se plaignaient de voir leur courrier ouvert : « Qu'est-ce qu'ils ont à râler ? Moi, je ne suis même pas autorisé à parler à mon propre frère [14]. »

Rassuré sur l'étanchéité du Projet Manhattan, Groves, vers le milieu de 1943, commença en revanche à s'inquiéter de ce que faisaient les Allemands. Vannevar Bush lui avait régulièrement transmis les mémos inquiets des scientifiques du projet et le général en avait conclu qu'il n'aurait pas la paix tant qu'il ne les aurait pas convaincus que les Allemands faisaient l'objet d'un sérieux effort de la part des services de renseignements. Apaiser les scientifiques n'était cependant pas sa seule motivation ; l'effort impressionnant consenti par les Allemands pour reprendre la production d'eau lourde en Norvège et l'avertissement transmis par Respondek sur les travaux en cours à l'institut d'Heisenberg étaient deux excellentes raisons de se pencher attentivement sur la question. Il est difficile de déterminer qui proposa la solution de ce problème. Dans ses mémoires, écrits vingt ans après la guerre, le général Groves rapporte, avec la fausse indifférence élaborée qu'il réserve aux questions sensibles, que

à l'automne de 1943, le général Marshall me demanda, par l'entremise de Styer, si quelque chose pouvait m'empêcher de prendre en charge le service des renseignements étrangers dans le domaine qui nous intéressait. Apparemment, il avait l'impression que les agences existantes étaient mal coordonnées [...] Comme d'habitude, rien ne fut mis par écrit [15].

Il est certes vrai qu'il n'existe aucun papier touchant à cette affaire, mais la nouvelle mission attribuée à Groves n'avait rien d'accessoire, et il avait l'habitude d'obtenir ce qu'il voulait du général Marshall [16]. Il commença donc à organiser son propre service de renseignements en août 1943, à peu près au moment où se réglait la question de la loyauté d'Oppenheimer. Pour le diriger, il choisit un jeune officier du Corps des Ingénieurs de l'Armée.

Robert Furman avait vingt-huit ans lorsqu'il reçut l'ordre de se présenter au bureau de Groves, au quatrième étage d'un bâtiment situé au coin des avenues Virginia et Constitution, à Washington [17]. Il avait passé son enfance à Trenton (New Jersey), où son père était caissier de banque, et n'avait que des ambitions raisonnables : devenir un bâtisseur et avoir sa propre entreprise. Après avoir obtenu son diplôme à Princeton, au printemps de 1937, Furman travailla comme ingénieur civil dans la société des chemins de fer de Pennsylvanie. Licencié, il prit un poste d'inspecteur de la construction à l'Office fédéral du Bâtiment, où il ne resta pas plus longtemps. Des amis lui conseillèrent alors de repartir de zéro ; il les écouta, et prit cette fois de modestes fonctions de chronométreur pour Turner Construction à New York. La guerre vint y mettre un terme. A Princeton, Furman avait été versé dans la réserve comme officier d'artillerie et avait suivi un entraînement au tir avec des canons de campagne de 75 mm tractés par chevaux. Le temps d'être appelé sous les drapeaux, en décembre 1940, les chevaux avaient définitivement disparu, le 105 mm remplaçait le vieux 75 mm, et même l'armée voyait bien que Furman était un bâtisseur et non un artilleur. Nommé au printemps de 1941 comme directeur de chantier au Pentagone, alors dans les derniers stades de sa construction, il se trouva sous la direction du général Leslie Groves. Furman et ses quatre coéquipiers rendaient compte à un colonel qui lui-même rendait compte à Groves, dans son bureau au fond du couloir. Les deux hommes ne se lièrent pas d'amitié ; Groves n'eut jamais d'amis dans l'armée. Mais il se souvint de Furman et c'est ainsi que celui-ci se présenta au quartier général du Manhattan Engineer District, en août 1943.

Groves était intraitable sur les questions de secret. Il ne disait aux gens que ce qu'ils avaient besoin de savoir et encore, avec la plus grande répugnance. Mais il ne cacha rien à Furman quand il lui expliqua le travail qu'il attendait de lui. Il lui parla tout d'abord de la bombe, secret qu'il ne partageait que rarement. Alors qu'il venait d'être nommé responsable du MED, Groves avait vertement tancé Eugene Wigner pour avoir ouvertement discuté de la fission nucléaire lors d'une réunion des scientifiques du projet, à Chicago ; cependant, devant Furman, Groves ouvrit le coffre où il déposait les documents secrets, y prit un livre, l'ouvrit à la dernière page et demanda au jeune officier de le lire : on y expliquait comment la fission libérait de l'énergie.

Homme terre à terre à la tête froide s'il en était, Groves ressentait pour ce phénomène de la nature une sorte de terreur sacrée qui frisait la superstition, et en dépit des patientes explications que lui donnèrent les scientifiques, il restait convaincu que cette libération d'énergie gardait quelque chose de secret. Furman ne trahit aucune surprise à la lecture de la page sacrée : il connaissait fort bien le livre qui n'était rien d'autre que le manuel de physique qu'il avait eu entre les mains à Princeton ; comme tous les diplômés universitaires récents ayant un bon niveau en sciences, Furman comprenait sans difficulté comment une bombe atomique pouvait fonctionner. Groves fut stupéfait que quelqu'un d'aussi jeune pût connaître la fission ; il ne se rendait pas compte, étrangement, que ceux qui auraient le plus de chance d'être au courant étaient précisément les jeunes, dont les professeurs, trois ans auparavant, n'avaient que ce phénomène comme principal sujet de conversation.

A Furman, Groves présenta les deux aspects du problème : on ne savait à peu près rien des Allemands, et les scientifiques s'agitaient, furieux que les militaires ne prissent pas au sérieux le danger présenté par l'Allemagne dans ce domaine. La tâche qu'il voulait lui confier consistait à s'attaquer simultanément aux deux problèmes, par un effort pour rassembler des informations avec l'aide des scientifiques inquiets eux-mêmes ; plus tard, il verrait à lui confier des missions spéciales.

Le lundi suivant cette rencontre, Furman s'installa dans le bureau faisant face à celui de Groves et commença à se plonger dans le monde secret du Projet Manhattan. Si Furman n'ignorait pas le principe de la fission nucléaire, il connaissait moins bien celui du secret en temps de guerre. Dans son essence, il consiste à ne rien dire à personne ; ce principe devint une seconde nature chez le jeune officier. Groves lui donna un code spécial pour communiquer secrètement avec le quartier général du MED, mais quelqu'un fit remarquer à Furman que ce code était en réalité primitif et il ne l'utilisait que pour crypter certains termes précis, comme « atomique », « fission », « nucléaire », « uranium ». Termes qui disparurent d'ailleurs de son vocabulaire jusqu'à la fin de la guerre. A chaque fois qu'il les entendait ou les lisait, ce qui n'arrivait que rarement, il devenait nerveux. Le bureau de Furman était à deux pas de celui de John Lansdale, mais les deux hommes ne se parlaient que rarement ; ils ne partagèrent jamais un repas, de même que ni l'un ni l'autre ne mangèrent une seule fois en compagnie de Groves. La personne avec laquelle il noua les liens les plus amicaux, dans le service de Groves, fut la secrétaire de celui-ci, Jean O'Leary ; son mari était mort au tout début des hostilités, elle élevait sa fille seule et dînait de temps en temps avec Furman. Chaque soir, celui-ci lui dictait une page ou deux de notes pour son journal de bureau ; personne n'en sut davantage qu'elle sur le Projet Manhattan, mais elle n'en parla jamais avec Furman, pas plus que ce dernier ne lui en fit des commentaires. Ce n'était pas un groupe où l'on se confiait les uns aux autres ; ils se dispersèrent sans cérémonie après la guerre, et ne se revirent que rarement.

C'est Richard Tolman, conseiller scientifique de Groves dont le bureau se trouvait au quartier général de l'OSRD, qui se chargea de la deuxième étape de l'initiation de Furman aux secrets du Manhattan Engineer District, en particulier en ce qui concernait les détails scientifiques. Au début du mois de septembre, Furman se rendit à Cape Cod, où Tolman, marin amateur, prenait ses vacances. Et c'est à bord d'un petit voilier, sur le vaste plan d'eau de Buzzard's Bay, que Furman apprit tout ce qu'il avait besoin de savoir pour rassembler des informations sur le programme allemand de bombe atomique : les composants de la bombe, la production du matériau fissile, le genre de problèmes techniques à résoudre afin de pouvoir concevoir une méthode d'assemblage, et comment il était possible d'apprendre tout cela dans les publications scientifiques ; il lui révéla aussi où se trouvaient les principaux centres allemands de recherches et qui étaient les physiciens allemands les plus importants. C'est dans la bouche de Richard Tolman que Furman entendit pour la première fois prononcer le nom de Werner Heisenberg.

Furman commença à mettre au point une petite opération de renseignements. Ses premières recrues furent deux jeunes scientifiques, Philip Morrison (du Met Lab de Chicago) et Karl Cohen (qui travaillait ave Harold Urey à Columbia). Ils s'étaient inquiétés des progrès des Allemands indépendamment l'un de l'autre et avaient dressé une liste des éléments susceptibles d'indiquer si, oui ou non, les Allemands possédaient un programme de recherche atomique et à quel stade ils en étaient. Les deux propositions arrivèrent sur le bureau de Groves quelques semaines seulement après qu'il eut donné le poste à Furman. Groves commença par s'adresser à Morrison.

Après avoir obtenu son doctorat avec Oppenheimer comme directeur de thèse en 1940, Morrison avait pris un poste à l'Université de l'Illinois à Urbana, en juin 1941. Là, Maurice Goldhaber dit à Serber que les élèves d'Oppenheimer s'étaient fourvoyés dans leur concept de bombe, car l'usage d'un modérateur ne ferait qu'entraver le phénomène ; pour obtenir les quelque quatre-vingts générations de fission avant l'explosion du cœur de la bombe, il fallait utiliser des neutrons rapides. En novembre 1942, Morrison assista à une réunion de l'American Physical Society à Chicago et rencontra son ami Robert Christy, lui aussi ancien élève d'Oppenheimer, qui lui dit : « Je travaille au Met Lab. Il faut que je te parle. Le travail que nous faisons est beaucoup plus important que le tien. » Après avoir franchi le poste de garde du Ryerson Hall de l'Université de Chicago, Morrison retrouva son ami Christy qui lui déclara calmement : « Oui, nous fabriquons des bombes.

— Quoi ! déjà ? s'étonna Morrison.

— Oui, c'est déjà très avancé[18]. »

Morrison reconnut que c'était en effet beaucoup plus important que l'enseignement de la physique. Le 3 décembre 1942, il entrait au Met Lab pour faire des travaux théoriques sous la direction de Fermi (qu'il commença par trouver fort peu commode), mais aussi dans un monde où « les Allemands » étaient une obsession. L'optimisme naturel de Morrison ne suffisait pas, contre les mauvais pressentiments des Européens. Szilard, Wigner et Fermi n'avaient cessé, depuis dix ans, de mettre le monde en garde contre Hitler ; une par une, leurs pires craintes s'étaient toutes réalisées. Ces hommes étaient pessimistes jusqu'à la moelle. Le jeune chimiste Karl Cohen, de passage à Chicago en avril 1943, éprouva un choc en entendant s'exprimer les émigrés, pendant un déjeuner avec Szilard au club de la faculté : pour le physicien hongrois, par exemple, les

Allemands traitaient Joliot-Curie avec « circonspection » parce qu'ils avaient besoin de son cyclotron pour des expériences avec le plutonium ; il avait la certitude que les Allemands accumulaient patiemment du plutonium dans le but « d'éviter l'erreur des essais de gaz asphyxiants de 1915 » : ils n'avaient pas attendu de se constituer des stocks suffisamment importants pour bénéficier de l'effet de surprise. Szilard était convaincu qu'ils ne lanceraient leur première bombe que lorsqu'ils en auraient une bonne quantité en réserve ; le Hongrois, néanmoins, pouvait voir le bon côté des choses : « Il ne pense pas que nous serons fusillés, écrivit Cohen dans son journal à la date du samedi 24 avril, après une conversation avec Szilard, mais seulement déportés en Allemagne pour y travailler[19]. »

Telles étaient les décourageantes remarques dont Morrison était quotidiennement bombardé. Mais il n'était pas de tempérament à rester les bras croisés. Au milieu de l'année 1943, il rédigea une proposition, soigneusement élaborée, dont le but était de détecter tout programme allemand de bombe atomique, qu'il soumit à Samuel Allison, du Met Lab, le 23 septembre 1943. Allison la transmit à Groves trois semaines plus tard et Morrison, invité peu après à passer au bureau de Groves à Washington, se trouva recruté pour procéder à une étude de la littérature scientifique allemande ; il devait rendre compte au major Robert Furman. Tout au long de l'année suivante, jusqu'en août 1944, Morrison fit un voyage mensuel à Washington où il restait quelques jours, voire une semaine. Il trouva bien difficile de sympathiser avec Furman ; une fois, il avoua à sa femme, au cours d'une conversation téléphonique, que lui et Furman ne « s'entendaient pas très bien » — ce qui n'avait vraiment rien d'un secret d'État — ; le lendemain matin, Morrison trouva une retranscription de ce qu'il avait confié à son épouse posée en évidence sur son bureau. Furman tenait à lui faire bien savoir que la moindre dérogation à l'obligation de réserve serait relevée. Aux yeux du physicien, une telle dévotion au principe du secret relevait quasiment d'un péché capital : celui de manque total de sens de l'humour. Les deux hommes ne furent jamais copains[20]. Mais c'était là ce qui plaisait à Groves chez ceux qui travaillaient pour lui : qu'ils s'entendent sur le travail, mais qu'une ambiance glaciale de réserve les retienne de parler à tort et à travers. Les conversations à bâtons rompus autour d'un café n'étaient pas le genre dans une administration où Groves donnait le ton.

Furman avait commencé son travail de renseignement par le plus évident : l'analyse de la littérature en libre circulation, à la recherche de tout ce qui pouvait donner une indication des progrès accomplis par les Allemands. Pendant les deux premières années de la guerre, les périodiques scientifiques allemands avaient à peu près tous cessé de publier des articles sur la fission et des sujets en rapport avec ce domaine ; ces parutions, cependant, reprirent peu à peu vers le milieu de 1942. Les revues analysées par Morrison et Cohen atteignaient les États-Unis par des voies tortueuses. Dès l'entrée en guerre des États-Unis, l'administration saisit les droits (copyrights) allemands et commença à délivrer des autorisations pour la publication d'ouvrages allemands. On ne tarda pas à étendre cette pratique aux périodiques allemands, en partie pour économiser ce qu'il en coûterait d'obtenir des copies multiples à l'étranger, en partie pour s'assurer qu'il y aurait assez d'exemplaires pour les organismes qui en avaient besoin. En mars 1942, lorsque le bibliothécaire d'Harvard, Frederick Kilgour, arriva à Washington pour travailler au Comité interdépartemental de l'OSS, la plupart des revues allemandes arrivaient via la Suède ou le Portugal où les antennes de l'OSS s'étaient abonnées à des dizaines de journaux et magazines allemands sous des noms d'emprunt. Chaque numéro était microfilmé et expédié par avion aux États-Unis, où on le reproduisait en offset. L'équipe de Kilgour, forte de sept personnes au début, en compta bientôt cent cinquante ; le flot des publications allemandes ne s'interrompit que lorsque la guerre elle-même eut mis un terme au travail des presses allemandes, à la fin de 1944 et au début de 1945. C'est ce réseau d'approvisionnement que Furman comptait bien exploiter avec l'aide de Morrison, à la fin de 1943. Les deux premiers rapports de Morrison (l'un sur le plutonium et l'autre sur la situation en matières premières de l'ennemi[21]) ne firent qu'aiguiser l'appétit de Furman. En mars, Karl Cohen avait-il à peine reçu une lettre de Groves que Furman venait lui rendre visite, à l'Université Columbia, pour lui demander de participer à l'effort[22].

On ajouta donc Cohen sur la liste des gens à qui il fallait transmettre les périodiques allemands. L'administration chargée de l'impression (Alien Property Custodian, « Services des Droits de propriété étrangers ») à New York, avait pour instruction de téléphoner à tel numéro à chaque fois qu'elle recevait un nouveau microfilm du *Zeitschrift für Physik* ou de *Die Naturwissenschaften*. Le message était toujours le même : « J'ai reçu un paquet. » Dans les cinq minutes qui suivaient, un taxi se présentait, un jeune homme en émergeait et se présentait à l'officier de service sous le nom de « Dr Cohen ». Tout le monde supposait que c'était un nom de code, mais il s'agissait tout simplement de Karl Cohen, non pas d'un espion, qui retournait à Columbia avec une nouvelle prise[23]. Parmi les articles que lurent Morrison et Cohen, il y en eut onze sur la fission de l'U-238 écrits par Otto Hahn et ses collègues de la Kaiser Wilhelm Gesellschaft für Chemie à Berlin, ainsi qu'une série de lettres sur la séparation isotopique publiées dans *Die Naturwissenschaften* en 1942 et 1943[24].

Ce que Morrison et Cohen y découvrirent devint l'objet de discussions continuelles qui durèrent jusqu'au milieu de 1944. D'après les rapports qu'ils rédigeaient à l'intention de Furman, en ce qui concernait la séparation de l'uranium, les scientifiques allemands poursuivaient, à en croire la littérature publiée, des recherches de routine ; mais cette façade de normalité pouvait n'être qu'une ruse élaborée. Les opinions oscillaient sans cesse. Le 25 mars, Urey et Cohen concluaient que « les publications allemandes [n'étaient] qu'un écran de fumée ». Le 3 avril, après avoir procédé à quelques « menus changements » dans le rapport, Urey soutenait que les chances étaient « de dix contre un pour que les Allemands fissent quelque chose ». Cohen protesta : « Pari ridicule ! Ce n'est pas dix chances contre une, mais votre maison et tous vos biens contre quelques menus efforts ! » Le 17 avril, Cohen, de retour à Chicago, trouva Morrison encore sous l'influence des pessimistes. Du point de vue de ce dernier, en effet, le but des publications scientifiques allemandes était « de nous décourager de rechercher et détruire leurs installations ».

En fin de compte, le rapport de Cohen ne donnait aucune conclusion ; il se contentait de décrire les caractéristiques d'une centrale de séparation isotopique, d'identifier les zones riches en minerai de charbon nécessaire aux centrales électriques et s'achevait par des considérations sur la zone industrielle Dresden-Aussig qui paraissait, à certains égards, une région idéale. Cependant, dans une lettre d'accompagnement, datée du 25 mai 1944 et adressée à Furman, Cohen soulignait les incertitudes de son analyse ; à propos de la disponibilité du charbon pour alimenter les centrales, par exemple, il disait : « Nous n'arrivons pas à comprendre pour quelle raison Berlin est la plus grande ville d'Allemagne ! » En fait, les centrales de séparation isotopiques pouvaient se trouver n'importe où. Pis : « Rien ne permet de distinguer une telle centrale [...] si ce n'est l'absence d'un produit encombrant[25]. »

Une fois que Groves eut décidé de lancer son opération de renseignement, il la mena avec énergie, recrutant souvent lui-même des scientifiques avant de les confier à Furman. C'est ce qui se produisit avec Luis Alvarez, qui avait passé les six mois de 1943 au Met Lab de Chicago avant d'aller rejoindre Oppenheimer à Los Alamos. A Chicago, Alvarez avait travaillé en étroite collaboration avec Enrico Fermi, fort occupé à mettre au point les plans des piles productrices de plutonium devant être construites à Hanford, dans l'État de Washington. Un jour, Alvarez fut convoqué dans le bureau du responsable du secteur militaire pour y rencontrer Groves. Le physicien fut stupéfait ; il n'avait jamais rencontré le général et il occupait une situation tellement modeste au Met Lab que son nom ne figurait sur aucun organigramme. Groves voulait savoir comment il serait possible de détecter des réacteurs nucléaires allemands afin de pouvoir les faire bombarder. Il exigea une réponse dans la semaine et avertit Alvarez de ne parler à personne de sa mission. Ce dernier arriva à la conclusion qu'un bon indicateur serait la présence de xénon-133, l'un des gaz radioactifs produits par la fission dans un réacteur ; avec une demi-vie de cinq jours et demi, le xénon s'attardait suffisamment longtemps dans l'atmosphère pour être piégé dans un filtre spécial monté sur un avion. Groves dit à Alvarez de mettre au point un tel appareillage et au cours des semaines suivantes, tandis qu'il étudiait le maniement des gaz rares dans une usine de General Electric de Cleveland (utilisant l'argon dans ses ampoules électriques) le physicien se mêlait toutes les semaines aux travailleurs du Met Lab qui gagnaient la gare de Chicago, attendant leur tour pour échanger quelques mots avec Groves entre deux trains. On réalisa finalement le projet d'Alvarez, mais les résultats furent toujours négatifs [26].

Alvarez devint aussi un interlocuteur régulier de Furman. Tout comme Maurice Goldhaber, de l'Université de l'Illinois, dont le nom lui avait été suggéré par Morrison. Goldhaber déclara à Furman ne pas avoir une très haute opinion d'Heisenberg dans le domaine de la physique expérimentale ; il lui cita l'article d'un élève du Prix Nobel publié juste avant la guerre sur la capture thermique des neutrons dans une coupe d'aluminium, erroné d'un facteur multiplié par deux ! Si Heisenberg laissait passer de telles bourdes, de l'avis de Goldhaber, on n'avait pas trop d'inquiétudes à avoir [27].

Mais le plus important des entretiens qu'eut Furman fut aussi l'un des premiers ; peu après sa mise au courant à bord du voilier de Tolman, à Cape Cod, il avait en effet rencontré Robert Oppenheimer, sans doute à Washington. La conversation dura longtemps. Oppenheimer souligna que la toute première étape d'une tentative pour se renseigner sur tout programme allemand de bombe atomique consistait à établir les coordonnées des endroits [Oppenheimer employa le terme de police de « whereabouts », note l'auteur] où opéraient les principaux scientifiques allemands. Trouvez-les, et vous trouverez le centre de recherche nucléaire. Oppenheimer lui fournit quelques-uns des noms les plus évidents de personnes à rechercher.

Mais le souvenir le plus précis que Furman conservait de cette première rencontre avec Oppenheimer était cet avertissement : les plans des centrales de séparation isotopique américaines (comme les énormes structures déjà en construction dans le Tennessee) n'avaient pas forcément leur contrepartie en Allemagne. La séparation isotopique était un domaine entièrement nouveau, et les procédés pouvaient changer d'un jour à l'autre. Ce qui paraissait d'une difficulté presque insurmontable aux chercheurs américains et exigeait des usines de plusieurs hectares au sol pouvait fort bien être accompli par les Allemands d'une manière entièrement différente. Oppenheimer et ses collègues savaient déjà qu'il y avait plusieurs façons de concevoir une bombe atomique, et n'excluaient pas que les Allemands eussent mis au point un engin susceptible de tenir dans une valise. Le modèle américain n'était qu'une indication, pas une loi. A n'importe quel moment, le problème si délicat de la séparation de l'U-235 pouvait être résolu par quelque idée brillante, « par quelqu'un qui trouverait comment procéder sur l'évier de sa cuisine », avait ajouté Oppenheimer. Au cours des dix-huit mois suivants, tandis qu'il passait l'Allemagne au crible, à la recherche d'eau lourde et de centrales de séparation de l'uranium, Furman pensa souvent à l'avertissement du responsable scientifique du Projet Manhattan [28].

De retour à Los Alamos, Oppenheimer dressa une liste d'indicateurs qu'il fit parvenir à Furman par lettre, le 22 septembre. En tête figuraient une fois de plus « le domicile et les activités » des scientifiques allemands, suivis des matériaux indispensables, uranium, graphite, béryllium (un producteur de neutrons) et « toute production d'eau lourde supérieure à environ un litre par mois ». Pour le repérage des centrales de séparation isotopique, Oppenheimer n'avait guère d'idées à proposer, sinon l'accès commode à l'énergie électrique (« une capacité jusqu'à un million de kilowatts n'est pas à exclure »), une localisation probable au-delà du rayon d'accès des bombardiers britanniques, mais « pas trop proche non plus de la frontière soviétique ». Furman n'était pas très avancé. Oppenheimer lui dit avoir discuté de la question avec des membres de son équipe qui lui avaient fait remarquer que « le nom de Karl Clusius devait être inclus dans la liste des physiciens allemands qui travaillaient vraisemblablement à ce problème[29] ».

Dans sa lettre, Oppenheimer fait de fréquentes allusions à des « agents ». Il suppose que ceux-ci ne seront pas mis complètement au courant de la bombe, se demande s'ils « pourraient être parachutés avec un équipement suffisant », et s'ils ne pourraient pas « nous faire parvenir du matériel ». Il doute qu'un « agent » puisse analyser l'eau des rivières à la recherche de radioactivité (« l'équipement nécessaire est plutôt élaboré ») ; en revanche, si « l'agent » pouvait ramener ne serait-ce que « quelques centimètres cubes d'eau », les scientifiques seraient capables d'établir rapidement si un réacteur refroidi par eau opérait en amont. Il est évident qu'au cours de leur première rencontre, Furman avait donné à Oppenheimer l'impression que les Alliés allaient entreprendre d'inonder l'Allemagne d'agents secrets, à la recherche d'usines fabriquant des bombes atomiques. Bien entendu, Groves n'avait pas un seul agent à lancer dans une aventure aussi extravagante. Quelqu'un d'autre devrait s'en charger, et à Washington, en 1943, il n'y avait qu'une porte où aller frapper : celle du bureau de Wild Bill Donovan, aux Strategic Services.

La seule idée de confier des secrets à un type qui s'appelait « Wild Bill » [Bill le Cinglé] avait le don de hérisser Groves. Né à Buffalo en 1883 dans l'État de New York, étudiant sérieux mais aux résultats médiocres au collège et à la faculté de Droit de Columbia, William J. Donovan avait acquis la gloire et la médaille du Congrès pour son héroïsme alors qu'il était colonel à la tête de son bataillon, en France, pendant la première guerre mondiale. « Qu'est-ce qui vous arrive, les gars ? » cria-t-il à ses soldats qui battaient en retraite pendant une attaque dans le secteur Meuse-Argonne, en octobre 1918, trois semaines avant la fin de la guerre. « Voulez-vous vivre éternellement[30] ? » Le commandant d'une unité voisine, le colonel Edward Buxton, fut à la fois stupéfié et horrifié de le voir passer à l'attaque alors que les deux officiers venaient de recevoir l'ordre de se retirer. Buxton fut obligé de suivre. Plus tard, il demanda à Donovan ce qui lui avait pris de désobéir aux ordres. Celui-ci le regarda avec une expression aussi innocente que celle d'un enfant de chœur sur sa bouille ronde d'Irlandais. « Quels ordres ? » demanda-t-il[31].

Les matchs de football de Columbia et les batailles en France donnèrent à Donovan un goût permanent pour la gloire et l'aventure. De retour aux États-Unis après la première guerre mondiale, il gagna sa vie comme avocat mais rata une carrière politique pourtant prometteuse du fait d'une désastreuse campagne au poste de gouverneur de New York en 1932. Ce personnage protéiforme avait cependant l'art de se rendre toujours utile auprès des gens haut placés. Avec la guerre, il se trouva un nouveau rôle, tout d'abord comme émissaire personnel du président Roosevelt, dans une mission d'évaluation auprès de la Grande-Bretagne assiégée, en 1940, puis un an plus tard, comme Coordinateur de l'Information (COI), autrement dit comme responsable du premier service d'espionnage américain. Avec son art de coincer la porte du pied, Donovan avait convaincu Roosevelt que quelqu'un devait essayer de faire la synthèse du flot de renseignements qui submergeait Washington. En réalité, il avait en tête la mise en place d'une agence clandestine unique, qui dirigerait les espions et conduirait des opérations militaires secrètes en pays ennemis. Comme directeur adjoint, il prit son vieux complice de la première guerre mondiale, Ned Buxton ; tous les deux, au cours de l'année suivante, menèrent une guerre sur un double front, à Washington, pour d'un côté bâtir leur nouvelle organisation et de l'autre parer les attaques de leurs rivaux bureaucratiques. Il s'en fallut de peu, mais en juin 1942, Roosevelt donna à Donovan ce qu'il voulait, à savoir un Bureau des Services stratégiques (OSS) réorganisé et un blanc-seing pour le gérer à son idée.

La grande qualité de Donovan était sa combinaison d'audace et d'intelligence ; son grand défaut, sa totale absence de sens de l'organisation. « On a l'impression, dans ce travail, de regarder dans un kaléidoscope », écrivit à la date du 3 août 1942 dans son journal l'un de ses secrétaires, James Grafton Rogers, avocat du Colorado. « Ça change tous les matins. Disons que Bill Donovan rêve à quelque chose dans la nuit. Une mission au Brésil, par exemple, un plan de guerre psychologique entièrement refondu, une expédition en Afrique du Nord, une révision de tout l'OSS. Chaque matin m'attend autre chose que ce que j'ai quitté la veille. Bill est charmant, capable de tout pour une étoile de général et une arme[32]. » En dépit des efforts déployés par ses aides, Donovan laissait le chaos dans son sillage. Il bâtit néanmoins une véritable organisation, forte de douze mille hommes à la fin de la guerre, et il lutta à sa manière dans cette guerre. Lorsque le général Douglas McArthur refusa sèchement de laisser l'OSS opérer dans le Pacifique, Donovan s'adressa aux Britanniques. Le chef du SIS en Inde lui dit que cette porte lui serait également fermée. « Nous passerons par la fenêtre », grommela Donovan, ce qu'il fit[33].

En Grande-Bretagne, le SIS l'autorisa à monter une antenne de l'OSS, sous le contrôle du colonel David Bruce, mais refusa de laisser opérer des agents en Europe ; Donovan les envoya en Afrique du Nord. Les pays neutres ne pouvant lui être interdits, il envoya Bruce Hopper à Stockholm et un certain Allen Dulles, avocat à Wall Street, en Suisse. Dulles avait pris goût au renseignement en travaillant à Berne au cours de la première guerre mondiale. Dès le lendemain de son retour, en novembre 1942, les Allemands occupaient la zone libre, en France, et fermait la frontière avec la Suisse. Dulles dut bâtir son bureau de l'OSS avec ceux que le hasard avait pris au piège avec lui.

Donovan n'exigeait qu'une chose des hommes et des femmes qui travaillaient pour lui : se vouer corps et âme à s'emparer d'un morceau de la guerre aussi gros que possible, et lutter de toutes leurs forces. Jusqu'à verser son sang, au besoin, mais il avait une manière bien à lui de présenter ses intentions les plus noires avec une innocence d'écolier ; il déclara à Buxton et à d'autres qu'il souhaitait une combinaison de Sherlock Holmes et de professeur Moriarty, génie du mal et Némésis d'Holmes. Lorsque le jeune scientifique Stanley Lovell, choisi comme patron du bureau de recherche et de développement scientifiques de l'OSS, arriva en 1942 pour un entretien, Donovan lui dit : « C'est le professeur Moriarty que je veux à la tête de ce service de l'OSS. Je crois que vous ferez l'affaire. » Lovell consulta son Arthur Conan Doyle et se demanda s'il avait vraiment envie de s'inspirer d'un génie du crime. Quelques jours plus tard, chez Donovan, il se permit de protester : « Le code d'éthique américain ne tolère pas les sales tours. » Mais Donovan ne l'entendait pas de cette oreille. « Ne soyez donc pas si bêtement naïf, Lovell [...] si vous vous imaginez que l'Amérique ne va pas applaudir debout ce qu'on appelle si facilement " non américain ", vous n'êtes pas mon homme [34]. »

Donovan avait su toucher la corde sensible ; Lovell, ayant à choisir entre semer le grabuge comme un voyou ou passer pour une poule mouillée, opta bien entendu pour le grabuge. Après quoi, il essaya de donner libre cours au côté « sale gosse [35] » des scientifiques américains, mais les résultats n'eurent rien de joyeuses et innocentes mystifications. Parmi les nombreuses inventions de Lovell destinées à l'OSS, on compte un pistolet silencieux qui ne produisait pas de flamme, arme destinée aux assassinats et tirant « une balle de 22 spéciale que je préfère ne pas décrire [36] ». Au cours des réunions de service, Lovell faisait souvent remarquer que, contrairement aux démocraties, les dictatures étaient spécialement vulnérables à l'assassinat, et il présenta une foule de plans pour tuer ou estropier Hitler. C'et ainsi que l'on convoqua une réunion spéciale lorsqu'on apprit que Hitler et Mussolini devaient se rencontrer, au milieu de 1943, au col du Brenner. « Comment le professeur Moriarty tirerait-il parti de cette situation ? » demanda Donovan. Lovell répondit qu'on pourrait employer un agent porteur d'une ampoule de gaz moutarde ; versée dans l'eau d'un vase de fleurs, elle dégagerait des vapeurs toxiques qui paralyseraient le nerf optique de toutes les personnes présentes dans la salle et les rendraient définitivement aveugles [37].

C'était plus que ce que pouvait envisager l'OSS, mais Lovell ne renonça pas. On savait que Hitler était végétarien, et une étude psychologique de William Langer arriva à la conclusion qu'il serait particulièrement vulnérable aux hormones féminines ; il prendrait une voix haut perchée, verrait sa poitrine pousser et sa moustache tomber. Lovell réussit à obtenir le feu vert avec un plan pour injecter les carottes et les betteraves du jardin de Berchtesgaden avec des toxines qu'il fabriqua ; non seulement des hormones féminines, mais : « Juste pour varier un peu, ici et là, un carbamate ou une autre médication du type *quietus* [...] [38] »

La dignité que confère le latin comme la bonne humeur du concept de « sale gosse » ne doivent pas cacher l'essentiel : Lovell et l'OSS espéraient empoisonner Hitler. En octobre 1943, Rogers nota dans son journal une conversation qu'il eut avec James Conant et Vannevar Bush. « Conant et Bush ont protesté contre l'intérêt que Lovell portait aux poisons [...] Je suis d'accord. Il vaut mieux éviter ces ignobles méthodes [39]. » Cette glaciale désapprobation ne refroidit pourtant pas l'ardeur de Lovell ; il restait fasciné par les produits toxiques et les agents bactériens et parle franchement, dans ses mémoires, de tous ceux qu'il fabriqua ou envisagea de fabriquer pendant la guerre. L'un d'eux était l'agent du botulisme, *Clostridium botulinum,* toxine qu'il fit parvenir au colonel Carl Eifler, l'un des guerriers de la jungle de Donovan, en Extrême-Orient, avec l'idée de faire empoisonner les officiers japonais par leurs boys birmans. Plus tard, en 1944, Eifler rendit visite à Lovell à Washington et lui demanda un poison à utiliser sur une cible encore plus vitale. Le général américain commandant en Inde, Joseph Stilwell, lui avait en effet demandé d'organiser l'assassinat du généralissime Tchang Kaï-chek [40].

Ce n'était un secret pour personne que l'OSS de Wild Bill Donovan avait été bâtie à partir de rien par des hommes prêts à tout. Mais en dehors de sa réputation de casse-cou, Donovan était célèbre pour ses bavardages. C'est pourquoi Leslie Groves, à l'automne de 1943 (probablement en octobre ou au début novembre), n'approcha Donovan qu'avec la plus extrême circonspection, espérant que l'OSS pourrait servir à identifier les indices d'un programme allemand de bombe atomique sans vraiment savoir ce qu'il cherchait [41]. Le général Marshall lui-même se chargea de la délicate tâche de dire au général Strong qu'à partir de maintenant, tous les renseignements sur les questions atomiques seraient traités par Groves lui-même, tandis que Groves, de son côté, informait l'amiral Purnell, du Service de Renseignements de la Marine, puis prenait ses dispositions pour rendre personnellement visite à Donovan dans son bureau de l'OSS. Les raisons de cette division du travail (largement identiques à celles qui avaient poussé à confier le travail de renseignement à Groves) tenaient à l'animosité personnelle qui régnait entre Donovan et Strong et empoison-nait leurs relations ; elle atteignait une telle intensité que Strong et certains de ses officiers avaient à plusieurs reprises dénoncé au FBI des membres de l'OSS pour des violations des règles de sécurité. A un moment donné, à la fin de 1942, les choses en étaient au point que Donovan refusait de se rendre à des réunions où Strong était présent, de peur de l'agresser physiquement. Les deux généraux, orgueilleux et jaloux de leurs territoires respectifs, n'eurent jamais d'échanges plus chaleureux qu'un signe de tête en public[42]. La violence de cette rivalité signifiait qu'il ne fallait surtout pas que ce fût Strong qui demandât à Donovan d'entreprendre une mission clandestine pour le compte du Projet Manhattan.

Lorsque Groves se rendit au quartier général de l'OSS, Donovan lui avoua qu'il était le premier général à l'honorer d'une visite. Au bout de deux années de bagarre constante avec Strong et les renseignements de l'Armée, avec le SIS britannique qui ne songeait qu'à se servir de l'OSS pour les missions scabreuses ou avec des commandants de théâtre comme le général McArthur, Donovan éprouva de la gratitude pour la courtoisie de Groves et encore plus pour le fait qu'il venait lui donner du travail. Donovan présenta Groves à son adjoint, Buxton, et promit toute l'aide possible à Robert Furman, le jeune assistant de Groves. Furman fut impressionné par la brochette de décorations que portait Donovan ce jour-là, et c'est lui qui se chargea d'expliquer ce qu'il souhaitait, en termes généraux soigneusement étudiés : activités scientifiques inhabituelles, usines de grande taille dans lesquelles entraient beaucoup de choses et dont il ne sortait presque rien, lieux et places d'un certain nombre de scientifiques allemands. A la fin de l'entretien, Donovan escorta Groves jusqu'à son véhicule et lui tint même la portière au moment où ils se saluèrent. Plus tard, Groves félicita Furman pour la manière dont il avait astucieusement décrit les cibles en trahissant aussi peu ce qu'ils cherchaient vraiment[43].

Dans le petit monde politico-militaire de Washington en guerre, cependant, il n'était guère possible de cacher bien longtemps à un service secret ce qui gisait derrière l'intérêt de Groves pour les scientifiques allemands et les grands projets de recherche. Furman possédait déjà de longues listes d'indicateurs et de grands scientifiques allemands ou alliés qui pourraient s'avérer utiles ; il avait obtenu la première en septembre de Paul Fine, l'adjoint de Tolman, et n'avait fait que l'enrichir depuis[44]. Le 10 novembre 1943, l'OSS envoya un télégramme en Suisse à Allen Dulles demandant où se trouvaient trois physiciens italiens : « Henno, Poli et Bono ». Plus tard, le même jour, arriva un second câble qui les identifiait ; il s'agissait de Gilberto Bernardini, de l'Université de Bologne, de Gian Carlo Wick et Edoardo Amaldi, tous deux de l'Université de Rome. Tous les deux ou trois jours, au cours des six semaines qui suivirent, l'OSS envoya des télégrammes semblables en Suisse, le premier avec les noms codés, le deuxième identifiant les codes. La requête portait en tout sur trente-trois noms. Tous les câbles comportaient un sigle spécial d'un mot : AZUSA. Après quoi, tout ce qui concernait la recherche nucléaire, les physiciens allemands, l'uranium, l'eau lourde, etc., fut classé dans le dossier AZUSA[45].

Ces enquêtes constituent la première véritable tentative américaine pour obtenir des informations sur le programme allemand de bombe atomique. L'OSS ne ménagea pas ses efforts : on confia à la section technique des services secrets, nouvellement créée et dirigée par le lieutenant-colonel Howard Dix, le soin de traiter tout ce qui concernait les renseignements atomiques ; quant au colonel James O'Connor, il accompagna Furman à Londres en novembre 1943 afin de le présenter personnellement au chef de l'antenne de l'OSS, David Bruce. Groves avait donné deux missions à Furman : établir un contact direct avec les services de renseignements britanniques, et organiser le voyage aux États-Unis d'un distingué physicien qui venait tout juste de fuir l'Europe occupée. Sa sécurité devait être renforcée ; on savait déjà que les services secrets allemands avaient tenté de l'assassiner en Suède. En général, Groves n'était guère impressionné par les scientifiques, aussi éminents qu'ils fussent ; mais il nourrissait l'intérêt le plus vif pour celui-ci, car les Britanniques l'avaient déjà informé qu'il apportait des renseignements sur le programme allemand de bombe atomique. Et non pas des rumeurs, cette fois : Niels Bohr avait en effet rencontré Werner Heisenberg à Copenhague en septembre 1941.

CHAPITRE 21

Les Britanniques réussirent les premiers à mettre la main sur Niels Bohr ; ce furent cependant les Américains qui, en fin de compte, le récupérèrent. C'est dans le plus grand secret qu'Eric Welsh mit sur pied cette opération, mais Vannevar Bush et Groves furent tenus au courant. L'adjoint au contre-espionnage de Groves, John Lansdale, se souvient de la journée de printemps de 1943 où Groves lui confia que Bohr était la cible d'une opération britannique. Il ne lui donna pas beaucoup de détails, disant seulement qu'on avait recruté le physicien anglais James Chadwick afin qu'il envoyât une invitation officielle à Niels Bohr [1]. Peu après avoir été enrôlé, en août, Robert Furman apprit aussi l'existence de ce projet, dont Groves lui reparla de temps en temps au cours du mois suivant.

Ce qui n'empêche que c'est en écoutant les informations à la radio, à bord de sa voiture, alors qu'il se rendait à son travail le 7 octobre 1943, qu'il apprit la nouvelle de l'évasion de Niels Bohr. La veille, le physicien danois était arrivé en Grande-Bretagne. Une fois au bureau, Furman trouva tout le monde massé autour d'un poste. Un ou deux jours auparavant, Groves avait reçu un mémo de Vannevar Bush lui transmettant un message de Chadwick, en Angleterre : des dispositions avaient été prises pour « recueillir » [« to collect »] [2] Bohr et le conduire à Londres ; Groves, naturellement, avait supposé que l'opération serait conduite dans le plus grand secret. Si bien que lorsqu'il se joignit au groupe de ses subordonnés écoutant la nouvelle de l'évasion, il ne put dissimuler sa stupéfaction devant une annonce aussi publique [3]. Il conclut vraisemblablement, dès cet instant, que Niels Bohr ne serait sans doute pas un client commode.

Pendant les presque trois années qu'avait durées son isolement au Danemark, Niels Bohr n'avait rien soupçonné de l'intense intérêt dont il avait été l'objet de la part des Alliés. De son point de vue, il n'était qu'un simple prisonnier dans un coin oublié de la guerre. L'oreille toujours collée à la radio pour écouter les émissions en ondes courtes de la BBC sur l'évolution du conflit, spéculant avec ses amis sur l'état réel de la question, ce fut pour lui une surprise lorsqu'un membre d'une organisation danoise clandestine le contacta, porteur d'un message de son vieil ami Chadwick.

270

C'est probablement en juin 1942 que le nom de Bohr retint pour la première fois l'attention de Welsh, lorsque le SIS arriva à la conclusion que le physicien danois devait être, très vraisemblablement, la source d'une information sur Heisenberg — sommaire, il fallait l'avouer — parvenue par lettre en Angleterre chez un ami du scientifique suédois Ivar Waller[4]. A la fin de l'année, Welsh avait monté une opération pour ramener Bohr en Grande-Bretagne avec l'aide de la résistance danoise, qui travaillait en étroite collaboration avec le SIS. Cette collaboration avait été amorcée par une initiative danoise datant du 13 avril 1940, quatre jours seulement après l'invasion allemande, lorsqu'un officier de renseignements danois, le capitaine Volmar Gyth, réussit à confier une lettre aux diplomates britanniques rapatriés par les Allemands. Techniquement, le gouvernement et l'armée du Danemark étaient restés sous contrôle danois après la reddition. Gyth et de jeunes officiers de ses amis de l'Armée de Terre et de la Marine, sous le nom collectif des Prinserne (les Princes), organisèrent une cellule de résistance clandestine. Parmi les diplomates ayant quitté Copenhague le 13 avril se trouvait l'attaché naval, le capitaine Henry Denham, lequel se trouva presque immédiatement réaffecté aux services de renseignements de la Marine anglaise en Suède ; il arriva à Stockholm en juin, seulement quelques semaines avant un de ses vieux amis danois, Ebbe Munck, journaliste au quotidien *Berlingske Tidende*. Munck avait pour beau-frère un banquier de Copenhague, Jutte Grae, qui se trouvait être également un ami personnel de Gyth et un contact des services de renseignements britanniques depuis plusieurs années. Grae avait recruté Munck pour représenter les Prinserne à Stockholm et Henry Denham, sous la couverture transparente d'attaché naval, servait à Munck de contact avec les deux organismes de renseignements britanniques, le SIS et le SOE[5]. La résistance danoise communiquait avec Munck par un courrier et par radio et elle reçut au début de 1943 un message de Londres, préparé par Welsh, lui demandant de faire passer à Niels Bohr une invitation officielle à quitter son pays pour la Grande-Bretagne[6].

A Copenhague, Volmar Gyth apporta personnellement l'invitation à Bohr au cours des premières semaines de 1943. Le physicien refusa de discuter de quoi que ce soit sans une confirmation écrite des Britanniques disant qu'ils souhaitaient réellement le faire venir, message que Gyth transmit à Munck, lequel le passa à Ronald Turnbull, chef de l'antenne du SOE à Stockholm, sous le timbre d'une carte postale ordinaire envoyée par la poste à une adresse convenue de Stockholm. En attendant la réponse, Gyth fit une deuxième visite à Niels Bohr, et lui demanda s'il croyait possible la fabrication de bombes atomiques. Le physicien répondit que non, mais qu'il savait que les Allemands faisaient des tentatives en ce sens[7].

Lorsque la demande de Bohr arriva sur le bureau de Welsh, celui-ci s'adressa aussitôt à James Chadwick, de l'Université de Liverpool. Chadwick était un vieil ami de Bohr et participait activement au projet

Tube Alloys ; il se montra toutefois réticent à l'idée d'écrire cette lettre d'invitation, craignant pour la sécurité de Bohr. Welsh insista ; il confia plus tard à R. V. Jones qu'il dut « sortir l'artillerie lourde », souligner la gravité de ce qui était en jeu et faire appel au sens du devoir et au patriotisme de Chadwick : il était crucial de faire venir Niels Bohr en Angleterre [8].

Chadwick obtempéra et rédigea une lettre d'une page sur papier à entête de l'Université de Liverpool, en date du 25 janvier 1943 [9]. Welsh la confia aux techniciens du SIS qui la reproduisirent sur trois minuscules fragments de microfilm, tous identiques, pour être sûrs que le message ne se perdrait pas. Ils furent ensuite dissimulés dans les prises rondes d'un jeu de vieilles clés.

A la fin de février 1943, la résistance danoise reçut un message tapé à la machine, en anglais, « de Jarlen » (nom de code de Turnbull à Stockholm), disant qu'un jeu de clefs allait bientôt arriver et qu'il contenait « un message très important du gouvernement britannique à l'intention du professeur Niels Bohr ». Des instructions détaillées et un dessin expliquaient comment récupérer les morceaux de microfilm. « Je ne connais pas moi-même le contenu du message, écrivait Turnbull, si ce n'est qu'il est extrêmement important », soulignait-il à la main [10].

Le lendemain, Gyth récupéra les clefs, en extirpa le message et fit une nouvelle visite à Bohr pour lui transmettre l'invitation de Chadwick [11]. Ce dernier insistait sur l'accueil extrêmement chaleureux qu'on lui réservait, et ajoutait qu'il souhaitait son aide pour un certain projet, sans autre précision. Bohr déclina cette invitation par retour de courrier (si l'on peut dire) soulignant l'obligation dans laquelle il se sentait de rester au Danemark afin d'en défendre les institutions

> et les scientifiques en exil qui ont cherché refuge ici. Mais ni de tels devoirs ni les risques de représailles contre mes collègues et ma famille n'auraient assez de puissance pour me retenir ici, si j'avais l'impression de pouvoir être utile d'une autre manière, chose que je juge cependant bien improbable. Je me sens convaincu, en dépit de toutes les perspectives d'avenir, que l'usage immédiat des dernières et merveilleuses découvertes de la physique atomique reste impraticable [12].

Les choses en restèrent à ce point pendant plusieurs mois, jusqu'au moment où Bohr fut poussé à reprendre des contacts secrets avec les Britanniques, à la suite de nouvelles troublantes apportées par des visiteurs de l'institut. A la fin du printemps (probablement en juin 1943), les physiciens allemands Hans Jensen et Hans Suess arrivèrent à Copenhague ; Jensen dit à Bohr que l'Allemagne avait commencé à produire l'uranium métallique exigé par un réacteur. A peu près à la même époque, plusieurs scientifiques suédois (leurs noms sont restés inconnus) passèrent également au Danemark et lui parlèrent de l'intérêt que portait l'Allemagne à l'eau lourde produite par la centrale de Norsk-Hydro, à Rjukan. Ils demandèrent à Bohr si l'eau lourde pouvait avoir des applications militaires et, dans ce cas, s'il ne fallait pas que la centrale fût détruite par les Alliés. Bohr leur répliqua emphatiquement que la réponse aux deux questions était oui.

Les services de renseignements norvégiens à Stockholm eurent vent de cet échange et le rapportèrent à Eric Welsh et Leif Tronstad par un télégramme daté du 30 juin 1943. Bohr, de son côté, écrivit une seconde lettre à Chadwick et demanda à Gyth de la faire parvenir en Angleterre, lui disant qu'il s'agissait d'une question urgente et soulignant qu'en aucun cas, la lettre ne devait tomber entre les mains des Allemands[13]. Bohr y rapportait qu'il avait récemment entendu dire que les Allemands s'étaient lancés dans un programme pour fabriquer de l'uranium métallique et de l'eau lourde, et y discutaient des possibilités d'une bombe à neutrons lents. Il ajoutait cependant qu'il restait sceptique : l'explosion serait de peu d'ampleur et de toute façon il estimait toujours trop difficile de séparer la quantité nécessaire d'U-235[14].

La désagréable situation dans laquelle Niels Bohr se trouvait au Danemark, tendue mais stable, aurait pu se prolonger indéfiniment si ne s'était produite une crise provoquée par les Allemands pendant l'été de 1943. Son origine se trouvait dans la détermination du gouvernement d'Hitler de regrouper et déporter les huit mille Juifs du Danemark, dernière communauté juive de l'Europe occupée à ne pas avoir subi encore de sévices. Mais son prétexte fut le refus obstiné du gouvernement danois à faire juger devant les tribunaux danois, comme des criminels, ceux qui avaient été arrêtés pour sabotages anti-allemands. Pendant les trois premières années de la guerre, Bohr et son institut avaient bénéficié de la protection d'Ernst von Weizsäcker à Berlin et du plénipotentiaire allemand Werner Best sur place ; plus qu'un ambassadeur, moins qu'un gouverneur, Best occupait son poste depuis novembre 1942[15]. Mais en avril 1943, Ernst von Weizsäcker se fit nommer ambassadeur d'Allemagne auprès du Vatican, d'où il aurait pu négocier la fin des hostilités[16], et Best dut se démener pour sauver sa propre peau. Comme presque tous les autres Juifs danois, Niels Bohr dut la vie sauve au courage d'un homme, Georg Dückwitz, homme d'affaires allemand et personnage extraordinaire, venu pour la première fois au Danemark en 1928 pour y travailler dans une société importatrice de café. Après l'occupation, il entra dans les services de l'ambassade comme responsable des affaires maritimes, ce qui lui valait des contacts réguliers avec Best[17].

La fragile fiction d'un Danemark indépendant s'effondra en août 1943 lorsque la résistance danoise lança un appel à la grève générale. On convoqua Best à Berlin ; là, le ministre des Affaires étrangères, Joachim von Ribbentrop, lui adressa une furieuse mercuriale : Hitler trouvait

« répugnante » la liberté dont jouissaient encore les Juifs danois[18]. Les hurlements de colère étaient une spécialité nazie dans laquelle Ribbentrop excellait. C'est un Best transformé que Dückwitz vit revenir à Copenhague ; il écrivit dans son journal qu'il avait vu « un homme brisé[19] ». Le 28 août, deux jours après le savon pris par Best, Berlin lançait un ultimatum au gouvernement danois, lui ordonnant d'imposer des mesures draconiennes de police, y compris la peine de mort pour les saboteurs. Le gouvernement danois réagit immédiatement en démissionnant en bloc et, le lendemain, les Allemands décrétaient la loi martiale. Best fut remplacé sans ménagement par le général Hermann von Hanneken.

Avec l'espoir de sauver sa situation au dernier moment, Best fit parvenir le 8 septembre à Ribbentrop un câble dans lequel il disait ne plus s'opposer au regroupement des Juifs. Ribbentrop demanda des détails, que Best lui envoya le 11. Dückwitz protesta furieusement lorsque Best lui parla de son initiative. Le 13 septembre, Dückwitz s'envola pour Berlin, espérant avoir le temps de récupérer le deuxième télégramme de Best avant son arrivée sur le bureau de Ribbentrop. Mais il avait déjà été transmis à Hitler, qui avait aussitôt confié le soin de regrouper les Juifs danois à Heinrich Himmler. Dückwitz apprit qu'ils devaient être déportés à Theresienstadt, dans l'ancienne Tchécoslovaquie, camp de concentration qu'on identifiait par le nom de la station de chemin de fer la plus proche, celle de Tereczin. Quelques jours plus tard, la Gestapo faisait irruption au Centre communautaire juif de Copenhague où elle ne prit qu'une chose : des listes de noms et d'adresses de Juifs. Le ministre des Affaires étrangères danois protesta auprès de Best dès le lendemain, mais on l'assura qu'il ne s'agissait que d'une « recht kleine Aktion », un geste sans conséquence[20].

Best admit cependant devant Dückwitz ce qui était évident : la saisie des listes de noms était la première étape d'un regroupement général. Le 18 septembre, tandis qu'un détachement SS aux ordres du major Rolf Guenther arrivait au Danemark, Best dit à Dückwitz de s'attendre à l'arrivée de navires de transport dans le port de Copenhague, d'ici à dix jours ; le 1er octobre, il repartirait avec les Juifs du Danemark. Dans son journal, Dückwitz écrivit : « Je sais ce qui me reste à faire[21]. » Le 25, il s'envola pour Stockholm, où il obtint du Premier ministre suédois, Per Albin Hansson, que la Suède ouvrirait ses frontières aux Juifs du Danemark. Le 29, de retour à Copenhague, il rendit visite à Hans Hedtoft, du Parti social-démocrate danois, et l'avertit que le regroupement des Juifs allait commencer le lendemain soir, veille de Rosh ha-Shana.

C'est au cours des quelques jours suivants que se produisit l'un des événements les plus extraordinaires de la guerre : la disparition miraculeuse de presque toute la population juive du Danemark, qui traversa en masse le détroit du Kategat, sur des bateaux de toute taille allant du canot au chalutier, pour se réfugier en Suède. Le premier soir de l'opération de regroupement, alors que la Gestapo et les SS avaient espéré s'emparer des huit mille Juifs danois en une seule manœuvre foudroyante, ils en arrêtèrent moins de trois cents, personnes âgées ou infirmes, ou les quelques malheureux qui, habitant dans de petites villes, n'avaient pu être avertis à temps. En tout, 450 Juifs avaient été déportés vers Theresienstadt au moment où l'opération prit fin. Parmi eux se trouvait Hanna Adler, tante de Niels Bohr du côté juif maternel, alors âgée de quatre-vingt-quatre ans[22].

Mais Bohr lui-même et le reste de sa famille réussirent à s'échapper. Il se trouvait dans sa maison de campagne du village de Tisvilde, le dimanche 29 août, lorsqu'il entendit la promulgation de la loi martiale, à la radio. Il enfourcha immédiatement sa bicyclette pour rejoindre l'institut de Copenhague, à cinquante kilomètres de là, et ne s'en éloigna guère au cours du mois suivant. Pendant la première moitié du mois de septembre il reçut un nouveau message d'Angleterre, verbal, cette fois, renouvelant la promesse d'un accueil s'il décidait de partir. A la mi-septembre, Niels Bohr convoqua son assistant Stefan Rozental dans son bureau et lui dit que le moment était venu de s'enfuir en Suède, car les Allemands s'apprêtaient à regrouper les Juifs et les étrangers ; or Rozental était les deux[23].

Comment Bohr était-il au courant, Rozental n'en avait pas la moindre idée ; mais personne ne posait ce genre de question dans le Danemark occupé. Il valait mieux ne rien savoir. Rozental, néanmoins, n'avait nul besoin d'être convaincu. Il expliqua à sa femme qu'il fallait fuir, régla ses affaires, prit ses dispositions avec la Résistance et retourna quelques jours plus tard chez Bohr pour le saluer. Bohr lui donna un peu d'argent à utiliser en cas d'urgence et lui demanda d'emporter en Suède le dernier brouillon de l'article auquel ils avaient travaillé ensemble. Puis il fit quelque chose qui lui ressemblait tout à fait : un petit discours d'adieu. Il déclara à Rozental que la guerre serait bientôt terminée ; le gouvernement de Mussolini avait été renversé en juillet, et l'Italie avait changé de bord une semaine ou deux auparavant. Son intuition lui disait qu'ils se reverraient dans six mois tout au plus.

En réalité, Niels Bohr était fort inquiet pour sa propre sécurité, à ce moment-là, mais il voulait donner le moral à son assistant et lui prodiguer tous les encouragements possibles avant son départ. A quelques jours de là, les Rozental embarquèrent de nuit sur un simple skiff depuis une plage proche de Copenhague avec deux autres personnes ; ils durent ramer toute la nuit sur une mer dangereusement forte. Dans l'obscurité et la confusion qui avaient présidé au départ, Rozental oublia sur la plage le porte-documents contenant l'article de Bohr. La résistance danoise le retrouva et l'expédia plus tard en Suède, mais ensuite on perd complètement sa trace.

En mars, Niels Bohr avait dit à Chadwick qu'il quitterait le Danemark le jour où il ne pourrait plus rien y faire d'utile ; ce jour approchait très vite. Il avait enterré les messages et le trousseau de clefs dans un coin de son jardin. Dans les jours qui suivirent le départ de Rozental, Bohr et ses assistants brûlèrent les papiers qu'ils ne voulaient pas voir tomber entre les mains des Allemands. Ils firent dissoudre dans de l'acide les médailles d'or des Prix Nobel de James Franck (1921) et Max von Laue (1914), qui toutes deux avaient été confiées à Bohr, et rangèrent la solution parmi les bouteilles d'une étagère encombrée du laboratoire. Le 28 septembre, le diplomate suédois Gustav von Dardell, un ami de Bohr, vint l'avertir que beaucoup de gens partaient pour la Suède, « y compris des professeurs ». Les informations de Dardell sur l'imminente arrestation des Juifs venaient de Stockholm, mais en réalité de Dückwitz. Le lendemain matin, il y eut un deuxième avertissement, tout à fait explicite cette fois : l'arrestation de Bohr venait d'être ordonnée par Berlin, leur dit le beau-frère de Margrethe Bohr, qui tenait la nouvelle d'une Allemande travaillant à la Gestapo [24].

Avertissement qu'on ne pouvait ignorer ; l'Allemande avait vu elle-même les documents. Bohr et sa femme durent se glisser hors de chez eux l'après-midi même, portant une seule valise, pour éviter de circuler après le couvre-feu mis en vigueur par les Allemands. Après une longue attente dans le noir, au fond d'une cabane près d'une plage, un bateau à moteur vint chercher le couple et le conduisit en Suède — un jour avant les milliers d'autres Juifs danois qui prirent la fuite dans la nuit du 30 pour traverser aussi le Kattegat dans les jours qui suivirent. Une fois en Suède, Niels Bohr partit immédiatement pour Stockholm tandis que son épouse attendait que leurs fils eussent à leur tour traversé [25]. Volmar Gyth accompagna Bohr dans le voyage en train vers la capitale suédoise.

Lorsque les Allemands avaient imposé la loi martiale, à la fin du mois d'août 1943, les Prinserne du service de renseignements de l'état-major danois, Gyth y compris, étaient passés sur-le-champ dans la clandestinité, puis s'étaient enfuis en Suède. A Stockholm, le 30 septembre, Gyth reçut un coup de téléphone d'un de ses camarades de la Résistance, l'officier de police danois Max Weiss qui se trouvait à Malmö, ville qui n'était qu'à cinq kilomètres de Limhanm où les époux Bohr avaient touché terre le jour même. Weiss dit à Gyth que les Allemands étaient déjà au courant de leur évasion, et avaient ordonné aux agents de la Gestapo en Suède de n'épargner aucun effort pour empêcher Niels Bohr de rejoindre l'Angleterre ou les États-Unis. Gyth contacta immédiatement des responsables des services secrets suédois pour les avertir du danger que courait le savant danois. « Mon cher ami, lui répondit l'un d'eux, vous êtes à Stockholm, ici, pas à Chicago [26]. » Gyth réussit néanmoins à le convaincre que Bohr n'était pas le premier professeur venu et que le danger était bien réel, puis il contacta les services de renseignements britanniques pour les avertir de l'arrivée du physicien en Suède. Cela fait, il partit pour le sud afin d'escorter Bohr.

Au cours des jours suivants, tandis que Bohr intervenait auprès des autorités suédoises, y compris le roi, pour plaider la cause de ses compatriotes juifs afin que la Suède fût pour eux terre d'asile, il resta sous la surveillance étroite de Gyth et d'agents secrets suédois. Il habita un temps dans la maison de son vieil ami, le physicien suédois Oskar Klein, où Stefan Rozental eut la surprise de le revoir bien avant le délai de six mois annoncé ; puis ils allèrent demeurer au domicile d'un diplomate danois, Emil Torp-Pedersen. Bohr ne sortait jamais seul, les stores restaient constamment baissés devant les fenêtres, la presse suédoise ne dit mot de son arrivée, mais le voile se déchirait un peu plus à chaque fois que le téléphone sonnait : en dépit des fermes recommandations de ne jamais s'identifier lui-même qu'il avait reçues, il répondait invariablement : « Bohr à l'appareil[27]. »

A Stockholm, il ne tarda pas à recevoir encore une invitation à se rendre en Grande-Bretagne, du conseiller scientifique de Churchill, cette fois, F.A. Lindemann. Il accepta enfin, demandant seulement que l'invitation s'étendît aussi à son fils Aage. Le reste de sa famille, comprit Bohr, devrait demeurer en Suède. A Copenhague, Bohr était resté isolé et ses calculs sur la fission, conduits avec Rozental, l'avaient laissé convaincu que la bombe atomique était une impossibilité. Mais en Suède, les choses se mirent à prendre un aspect bien différent ; Gyth et les agents de renseignements suédois l'assuraient que les Allemands en voulaient à sa vie, tandis que les Anglais souhaitaient désespérément le voir venir chez eux. C'est sous cet éclairage qu'il repensa à la visite d'Heisenberg. Très affairé à préparer son départ, il trouva néanmoins le temps d'aller voir Lise Meitner et son jeune ami Njal Hole au laboratoire de Manne Siegbahn. Meitner était au courant de la visite d'Heisenberg par le récit que lui en avait fait Christian Möller, passé à Stockholm en mars 1942. On ignore ce que lui dit exactement Niels Bohr à ce sujet, mais nous pouvons en juger par l'écho qu'eut cette conversation ; en juin 1945, elle envoya une lettre à son ami Max von Laue, dans laquelle elle déclarait, furieuse, à propos d'Heisenberg : « Sa visite au Danemark de 1941 est impardonnable[28]. » Bohr dit à Njal Hole qu'il pensait que Heisenberg avait eu pour but de recueillir des informations[29].

Avant de partir pour la Grande-Bretagne, le 6 octobre, Bohr eut une longue conversation avec Ebbe Munck. Dans son journal, ce dernier le cite à la première personne : « C'est avec les plus hautes protections allemandes que l'on m'a permis, au cours des dernières années, de poursuivre mon travail à Copenhague, et ce n'est que maintenant que je me rends compte à quel point j'ai fait l'objet d'un espionnage et d'un contre-espionnage[30]. » Si les travaux de Bohr — son laboratoire, ses contacts avec des amis appartenant aux Alliés, sa compréhension des mécanismes internes de l'atome — ont fait l'objet d'un espionnage, qui était l'agent chargé de cette mission ? Qui était venu renifler dans les coins ? Qui avait essayé d'obtenir son aide pour tenter d'arrêter les recherches des Alliés sur la bombe ? Werner Heisenberg, évidemment.

CHAPITRE 22

Dès qu'Eric Welsh apprit que Niels Bohr s'était réfugié en Suède, il fit tout son possible pour le rapatrier en Angleterre. Le 1er ou le 2 octobre 1943, il alla présenter une demande de renouvellement d'invitation au directeur de Tube Alloys, Sir John Anderson. Il était accompagné de l'assistant de R.V. Jones, Charles Frank, qui présenta deux arguments en faveur d'une action rapide. Le premier allait de soi : Bohr était un physicien de tout premier plan et sa contribution au programme atomique pouvait être décisive. Le second, aux yeux de Frank, s'il n'était pas aussi évident, était encore plus important : Niels Bohr, savant de réputation mondiale et penseur profond, jouissait d'une sorte d'autorité morale sur tous les physiciens de la planète. Sa présence équivaudrait à une approbation du projet et rassurerait donc les scientifiques qui auraient pu se demander s'il convenait bien de construire une arme d'une puissance aussi terrifiante. Anderson fut convaincu ; il approuva l'opération et se chargea de faire envoyer le télégramme d'invitation par Lindemann [1].

Bohr quitta Stockholm une semaine plus tard, le 6 octobre, pour un voyage qui ne fut pas de tout repos. L'avion qui l'emporta était un bombardier Mosquito que sa carlingue en contreplaqué rendait très difficilement repérable par les radars primitifs des Allemands, et qui accomplissait régulièrement le vol de British European Airways entre l'aéroport de Bromma, près de Stockholm, et Leuchars, en Ecosse. On avait modifié la soute de la bombe pour accueillir un unique passager, auquel on faisait endosser une tenue de vol matelassée, un casque contenant des écouteurs et un masque à oxygène. Son hôte à Stockholm, Emil Torp-Pedersen, déclara plus tard que Bohr n'avait pas arrêté de parler, à l'aéroport, si bien qu'il n'avait pas fait attention aux instructions ; Bohr lui-même dit peu de temps après à Jones, à Londres, que le casque étant trop petit pour sa tête, les écouteurs ne tombaient pas en face de ses oreilles [2]. Toujours est-il qu'il n'entendit pas le pilote lorsque celui-ci lui dit de mettre le masque à oxygène, au moment où l'appareil grimpait jusqu'à vingt mille pieds pour le survol de la mer du Nord. Le physicien s'évanouit. Sans réaction à l'interphone, le pilote, redoutant de tuer son passager, perdit de l'altitude dès qu'il eut franchi les défenses côtières allemandes de Norvège. Le temps de rejoindre Leuchars, Bohr avait repris connaissance ; une fois au sol, il déclara qu'il avait très bien dormi[3].

Un véritable comité d'accueil l'attendait sur la piste de Leuchars, avec à sa tête son vieil ami James Chadwick. Ce dernier l'accompagna à Londres, où on installa Bohr dans un hôtel de Westminster, non loin des bureaux du SIS et du directorat de Tube Alloys, sur Queen Street. En dépit de l'omniprésence de gardes, Bohr se sentit immédiatement chez lui à Londres, et malgré d'occasionnelles alertes aériennes, il déclara à des amis que l'ambiance était bien différente de la tension et des menaces qu'on sentait peser sur sa vie sous l'occupation allemande ; il avait l'impression de se trouver dans un pays en paix[4].

Mais ce qui le frappa le plus, dès le premier jour ou presque, fut l'ampleur des efforts américains et britanniques pour construire une bombe atomique, tels que les lui décrivit Chadwick. En mars 1939, Bohr avait déclaré à un groupe d'amis, à l'Université de Princeton, qu'on n'arriverait jamais à fabriquer une telle bombe tant qu'un grand pays industriel ne consentirait pas à se transformer en une énorme usine. Et voici que Chadwick et d'autres lui expliquaient que c'était précisément ce que faisaient les États-Unis afin de séparer l'U-235 nécessaire à une bombe. « Aux yeux de Bohr, écrivit plus tard Oppenheimer, cela semblait complètement fantastique[5]. » Le Danois comprit immédiatement que ses premières espérances étaient erronées, qu'on pouvait effectivement construire une bombe atomique ; son esprit se tourna alors vers une nouvelle et troublante question — question qui allait devenir la préoccupation centrale de tout le reste de sa vie.

Quelques jours après son arrivée, Sir Stewart Menzies, le chef des services secrets britanniques, invita Bohr à dîner au Savoy ; rien ne trahissait mieux l'intérêt que manifestait l'Angleterre pour les nouvelles qu'apportait le physicien. Parmi les autres invités, on comptait les responsables du projet atomique anglais et les hommes chargés d'évaluer les progrès allemands ; non seulement Eric Welsh, Charles Frank et R.V. Jones, mais aussi Wallace Akers, Michael Perrin et même F.A. Lindemann. Bohr leur parla de ses conversations avec Heisenberg en septembre 1941 et Jensen en 1942 et 1943[6]. Mais il avait autre chose en tête, et ce fut un choc pour Lindemann quand il l'entendit exprimer sa pensée. S'attendant à une discussion technique, Lindemann lui avait demandé si la bombe était une « proposition praticable ».

« Mon cher Prof, lui avait répliqué Bohr en utilisant le surnom de Lindemann, bien entendu que c'est une proposition praticable. Ce n'est pas pour cela que je suis ici [...] Ce qui m'inquiète est le problème politique qui surgira ensuite[7]. »

Au cours des sept semaines qui suivirent, Bohr et son fils Aage, qui l'avait rejoint à la mi-octobre, parcoururent toute la Grande-Bretagne pour visiter les laboratoires des universités et les centres de recherche attelés au programme atomique[8]. Mais ce n'étaient pas les problèmes industriels de la fabrication d'une bombe qui préoccupaient le physicien danois. Il considérait leur résolution comme acquise. Ce qui l'inquiétait, comme il l'avait dit à Lindemann, était ce qui se passerait après. Il savait que le terrifiant pouvoir des bombes nucléaires rendrait la guerre intolérable, mais il lui était également venu à l'esprit, par le lent processus de fermentation qui donnait forme à ses idées les plus profondes, que la bombe était également porteuse d'espoir : si les nations ne pouvaient plus prendre le risque de se battre, peut-être seraient-elles contraintes de se parler. Comme toujours, Bohr réfléchissait mieux en s'exprimant à voix haute, et l'homme auquel il choisit de s'adresser, sur la recommandation de James Chadwick, fut Sir John Anderson[9]. Le danger le plus évident, s'accordèrent-ils à penser, allait être celui d'une course aux armements avec la Russie, une fois la guerre finie. Bohr était sans illusion : le problème serait difficile à éviter. « Il pourra s'avérer très difficile, dit-il, de trouver une base de coopération entre l'Est et l'Ouest[10]. » Que pourrait être cette base ? La réponse qui lui vint finalement à l'esprit, fruit lentement mûri d'interminables discussions, fut l'ouverture, la transparence. Bohr savait bien que la science ne pouvait être le monopole d'un seul pays ; si l'on reconnaissait d'emblée ce fait, une science ouverte — cette même science qui faisait peser une terrible menace sur la civilisation avec ses bombes — pourrait également créer un terrain ferme et solide pour la confiance et l'ouverture dans les questions politiques[11].

Anderson approuvait d'autant plus ces idées que la Grande-Bretagne espérait bien enrôler Bohr comme participant actif dans son projet de bombe atomique. Avant même que celui-ci eût quitté la Suède pour Londres, Chadwick avait mis Vannevar Bush, à Washington, au courant des détails de son transfert et demandé que le conseiller scientifique de Groves, Richard Tolman, vînt à Londres « dès que possible[12] », afin de définir le rôle que Bohr aurait à jouer dans le programme atomique. Après de nombreuses discussions, Bohr accepta d'être nommé, comme le lui proposa Anderson, « consultant auprès du Directorat de Tube Alloys », tandis qu'on donnait à son fils, Aage, le titre « d'attaché scientifique junior ». Dispositions suffisamment vagues pour permettre au physicien danois, comme il le voulait, de ne pas être séparé par une barrière quelconque de ses amis américains[13].

Tout ne se passait pas aussi bien, côté américain. A Washington, Groves était tout à fait prêt à envoyer Niels Bohr et son fils sur le « site Y » (Los Alamos), mais le compromis mis au point en Grande-Bretagne et qui faisait de lui une sorte de consultant indépendant du Rockefeller Institute de New York pour l'étude de la coopération scientifique après la guerre le faisait renâcler. Groves n'aimait pas du tout l'idée d'un Niels Bohr allant ici et là à son gré. « Nous ne le connaissons pas, il n'était pas américain », écrivit Groves dans un mémo, après la guerre[14]. Du point de vue du général, Bohr était une sorte de franc-tireur, trop éminent pour être soumis à une discipline, mais impossible à ignorer. Il en trouva toutes les preuves voulues dans un article de trois paragraphes, paru dans les colonnes du *New York Times* du 9 octobre :

UN SAVANT REJOINT LONDRES
Le Dr danois N.H.D. Bohr est le père
d'un nouvel explosif atomique

Londres, le 8 oct. (AP) Le Dr Niels Bohr, savant danois réfugié et Prix Nobel pour ses recherches sur l'atome, est arrivé aujourd'hui à Londres, venant de Suède, apportant avec lui ce qu'un Danois de Stockholm dit être les plans d'une nouvelle invention ayant trait aux explosions atomiques.

On dit de ces plans qu'ils sont d'une grande importance pour l'effort de guerre allié.

Le Dr Bohr, arrivé en avion à Londres, a échappé aux persécutions nazies au Danemark en se cachant à bord d'un bateau de pêche et serait arrivé en Suède le 8 septembre, selon les meilleures informations.

Dans le régime de haute sécurité mis en place par Leslie Groves, un murmure allusif à un ami touchant à quoi que ce soit de crucial en physique sonnait le branle-bas pour tout un bataillon de pieds-nickelés des services secrets. Et voilà qu'on lui demandait d'accueillir au sein de son organisation ce Danois qui arrivait en grande pompe, accompagné des fanfares du *New York Times* ! D'un seul coup, tout son patient travail pour envelopper le programme nucléaire américain des voiles épais du secret se trouvait mis en péril par ce maudit « Danois de Stockholm », et Niels Bohr arrivait, portant déjà publiquement l'étiquette d'inventeur d' « explosions atomiques » ! Partout où irait cet homme, les rumeurs les plus folles ne cesseraient de l'accompagner. Qu'il fût un grand savant, Groves n'en doutait pas, mais il avait toute une écurie de tels « grands savants » qui travaillaient déjà pour lui ; il voulait Bohr sous clef sur le Site Y. A la mi-novembre, lors d'une rencontre avec le physicien James Chadwick à Washington, il s'éleva vigoureusement contre la carte blanche offerte à Bohr par les Britanniques[15]. En réalité, cependant, Groves n'avait guère de marge de manœuvre, et l'accord était déjà conclu.

Cette étape franchie, c'est avec les plus grands soins que l'on traita la venue de Niels Bohr. Le transfert coïncidait avec des plans américains pour organiser un service conjoint de renseignements avec les Britanniques. Au cours de la première semaine du mois de novembre 1943, Richard Tolman vint à Londres pour en mettre les détails au point, bientôt suivi par l'adjoint de Groves, Robert Furman, qui arriva le 17 en compagnie d'un colonel de l'OSS. L'une des premières tâches de Furman dans la capitale anglaise fut d'accompagner Niels Bohr, son fils et cinq autres scientifiques au consulat américain afin de leur faire obtenir des visas pour les États-Unis[16].

Les Bohr père et fils quittèrent la Grande-Bretagne le 29 novembre à bord du S.S. *Aquitania* et arrivèrent à New York une semaine plus tard. Ils y furent accueillis par un aide de John Lansdale, auquel la secrétaire de Groves, Jean O'Leary, avait dit du ton le plus ferme que « cette affaire doit être traitée avec des pincettes [mot à mot : avec des gants en chevreau], car l'individu en question [Niels Bohr] est une personne extrêmement supérieure[17] ». Dans le port de New York, le 6 décembre, les officiers des services de sécurité britanniques remirent formellement les Bohr entre les mains des Américains, et Niels Bohr s'amusa du fait que ses gardes devaient faire signer un récépissé à chaque fois qu'ils transféraient leurs responsabilités. On accompagna deux jours plus tard les Bohr à Washington, où des dispositions avaient été prises pour leur hébergement chez le diplomate danois Hendrik Kaufmann.

Dans le train, le capitaine Harry Traynor, un aide de Groves qui revenait par hasard de New York le même jour, reconnut le célèbre visage du physicien alors qu'il traversait une voiture Pullman. Bohr, perdu dans ses pensées, gardait le silence ; à côté de lui était posée une couverture roulée pour être portée sur l'épaule, à l'européenne ; un garde lui faisait face[18]. Ensemble, les deux hommes présentaient un tableau saisissant — UN CÉLÈBRE PHYSICIEN EN MISSION SECRÈTE À WASHINGTON ! — exactement le genre de chose que Groves avait espéré éviter en envoyant Bohr en exil sur le Site Y. Si le visage trop connu de Bohr constituait un danger, son besoin compulsif de parler en était un bien plus grand. Il n'y avait rien que Groves redoutait davantage que le bavardage : une rumeur est aussi insaisissable qu'une odeur qu'emporte la brise.

On avait dit à Groves que lorsque Bohr, au Danemark, désirait voir le roi, il se contentait de se rendre à pied au palais royal et de frapper à la porte. Le général était prêt à le croire. Le physicien allait et venait, depuis ses quartiers à l'ambassade du Danemark, avec un dédain princier pour le protocole comme pour le code de circulation. L'un des agents du contre-espionnage de Lansdale chargé de le suivre de près se plaignit auprès de Groves « qu'il allait n'importe où, sans rime ni raison[19] ». Lorsqu'il lui prenait la fantaisie de traverser la rue, il la traversait — n'importe où, quand le feu était au rouge, en plein trafic, les yeux baissés, plongé dans ses pensées. Pis (du point de vue de Groves) Bohr empruntait également le chemin le plus direct pour exprimer ses idées, celles en particulier qui concernaient la course aux armements qu'il prévoyait pour après la guerre, et qu'il estimait que l'on ne pouvait éviter que si l'on discutait tout de suite et franchement de ce danger avec les Russes. Conception des choses avec laquelle Groves était en total désaccord.

La dévotion totale de Niels Bohr au problème qu'allait poser la bombe — son pressentiment des grands dangers qu'elle ne manquerait pas de faire courir au monde — le plaça sur-le-champ à part de la communauté des physiciens qui la fabriquèrent durant la guerre. Sir John Anderson avait donné à Bohr un mot d'introduction auprès de l'ambassadeur britannique aux États-Unis, Lord Halifax, et le Danois ne perdit pas de temps à lui rendre visite à l'ambassade afin de reprendre ses conversations sur les conséquences de la bombe[20]. Mais il ne se contentait pas de ne parler de cette délicate question qu'aux diplomates anglais. Au cours de ses deux premières semaines à Washington, Hendrik Kaufmann l'invita à prendre le thé avec une autre personnalité : Felix Frankfurter, juge à la Cour suprême, ami et confident du président Roosevelt et qui connaissait Bohr depuis l'époque où ils s'étaient rencontrés à l'Université d'Oxford, au début des années trente. La conversation roula sur des généralités, mais à la fin de sa visite, Frankfurter invita discrètement Bohr à venir déjeuner un jour avec lui à la Cour suprême. Chose que Bohr ne tarda pas à faire, se gagnant ainsi une oreille susceptible de faire passer ce qu'il disait jusqu'à la Maison Blanche : il avait tout de suite vu qu'il y avait là une occasion à saisir. Bohr était évidemment persuadé d'être la discrétion même. Il ne souffla mot de son travail aux États-Unis avec Frankfurter, mais cela n'était pas nécessaire ; le juge avait appris par d'autres voies l'existence du programme atomique. On ne devient pas l'ami et le conseiller du Président ni juge à la Cour suprême en négligeant les réflexions des grands hommes sur des sujets aussi importants que celui que Bohr et lui-même appelaient « X »[21].

Groves aurait pu diviser les gens en deux classes : ceux à qui il pouvait imposer dans toute sa sainteté la loi de la hiérarchie et de la chaîne de commandement — et les autres. Bohr et Frankfurter se situaient, à cet égard, bien au-delà de sa portée. Ils incarnaient le cauchemar de Groves sous sa pire forme : deux hommes éminents animés des intentions les plus nobles, disposant des relations les plus distinguées et qui considéraient avoir toute liberté de parler d' « X » tant qu'ils s'interdisaient d'expliquer aux Allemands comment il fallait brancher le fil A sur l'interrupteur B. Leurs discussions ne furent pas stériles ; Frankfurter en fit part à Roosevelt (probablement à la fin de février 1944) et obtint l'accord du Président pour qu'il laissât Bohr libre de discuter plus à fond la question avec les Britanniques. Mais tout ce que savait Groves en décembre 1943 se résumait à ce que lui rapportaient ses espions : Bohr s'agitait beaucoup dans Washington, risquait quotidiennement sa vie dans la circulation et rendait souvent visite, sans chaperon, aux ambassades de Grande-Bretagne et de Norvège.

Tel était Bohr-comme-Problème. Bohr-comme-Capital avait un aspect bien différent : il représentait le contact le plus récent et le plus direct avec des physiciens allemands ayant des chances de travailler à la bombe. Le contenu brut de ses conversations avec Heisenberg et Jensen l'avait précédé à Washington. Dans une lettre à Edgar Hoover, patron du FBI, du 8 décembre 1943 (jour où Bohr quitta New York pour la capitale fédérale), le général Strong, du service de renseignements de l'armée, rend compte de l'arrivée du physicien danois aux États-Unis et ajoute qu'il dispose « de certaines informations concernant les activités des Allemands dans ce domaine », à savoir la recherche atomique [22]. L'une des premières tâches à laquelle s'était attaqué Furman, en tant qu'adjoint au renseignement de Groves, avait consisté à s'entretenir avec les scientifiques qui, aux États-Unis, pouvaient avoir quelques lumières sur l'effort allemand ; des hommes comme Peter Debye à Cornell, Rudolf Ladenburg à Princeton, Francis Perrin à New York, ou encore Enrico Fermi, I. Rabi, Hans Bethe, Victor Weisskopf, Robert Oppenheimer, Arthur Compton et d'autres. Certains connaissaient bien l'Allemagne, mais leurs nouvelles n'étaient pas très fraîches. Celles qu'apportait Niels Bohr l'étaient et provenaient directement de l'autre bord ; il avait même parlé à Heisenberg lui-même, l'homme qui, de l'avis unanime, jouerait un rôle central dans tout effort de recherche nucléaire allemand. Furman pense se souvenir avoir été présent dans le bureau de Groves le 16 décembre, lorsque Lansdale y conduisit Bohr pour la première fois afin de le présenter au général [23] ; mais il avait déjà commencé à sonder le physicien danois sur ce qu'il savait. Il l'avait rencontré par deux fois à Londres, lorsqu'il l'avait conduit au consulat pour y faire établir les visas, le 21 novembre, et une deuxième fois au début de décembre, et il lui avait parlé cinq ou six fois au cours des deux semaines que Bohr avait passées à Washington en décembre [24]. A plusieurs reprises, il l'avait invité à dîner, ainsi que son fils, au country-club militaire d'Arlington (Virginie) où Aage l'avait impressionné (alors qu'il avait quelques années de moins que lui) par son talent de pianiste.

La plupart de ces rencontres, cependant, furent consacrées au travail. Le major, de trente ans plus jeune que le célèbre physicien, passait le prendre à l'ambassade du Danemark, le conduisait au bureau du MED et le questionnait avec autant de prudence que de soin. En tout premier lieu, il l'interrogea sur les conversations avec Heisenberg de septembre 1941 et sur celles avec Jensen des deux années suivantes. Puis il éplucha systématiquement une liste de noms de scientifiques allemands, établie avec l'aide d'Oppenheimer et d'autres, et susceptibles de participer à tout programme allemand de bombe atomique. Bohr dit à Furman ce qu'il savait de chacun de ces hommes, ce qu'ils faisaient, où ils travaillaient avant la guerre, qui ils connaissaient, ce qu'ils ressentaient vis-à-vis des nazis. Furman savait déjà beaucoup de choses grâce à ce que Eric Welsh lui avait appris à Londres lors de son voyage avec Tolman, quelques semaines auparavant ; son impression fut que ce que les Britanniques savaient du programme allemand de bombe atomique provenait très largement de Niels Bohr et de Lise Meitner, à Stockholm. Il refit néanmoins entièrement le tour de la question avec Bohr [25].

A la fin de ces deux semaines, Niels et Aage Bohr quittèrent Washington, le 22 décembre, pour aller passer la Noël avec des amis à Princeton, mais Furman se débrouilla pour le revoir une dernière fois, au

Sherry Neteherlands Hotel de New York, le 27 décembre, au moment où Bohr s'apprêtait à partir en train pour le Site Y[26]. Tout laisse à penser qu'il ne fut jamais interrogé que par Robert Furman en décembre 1943 sur ce qu'il savait du programme allemand de bombe atomique et du rôle qu'y jouait Heisenberg.

Bien entendu, Bohr ne possédait guère de détails sur les progrès des Allemands ; il ne disposait que d'une longue histoire d'amitié et d'intimité scientifique avec Heisenberg et d'une impression sur ce que les Allemands faisaient. L'histoire de cette impression est instructive en ce qu'elle a suivi les changements de la situation de Bohr et évolué avec le passage du temps. Divers témoignages permettent de savoir ce qu'il a pensé, pendant la guerre, des questions nerveuses et peu claires d'Heisenberg en septembre 1941. Sa première réaction est celle que nota son assistant Stefan Rozental dans les jours qui suivirent : la peur que la science allemande ne fût en train de préparer quelque chose de dangereux[27]. Mais avec le temps et la visite de Hans Jensen en 1942, il semble avoir considéré qu'il s'était peut-être trompé ; dans sa lettre à Chadwick de février 1943, il se dit « convaincu » qu'on ne peut faire « aucun usage immédiat » de la fission[28]. Il s'accrocha à cette version pendant tout l'automne 1943. Une note d'un officier de renseignements américain, datant de janvier 1944, nous rapporte que

> Chadwick [...] dit que Heisenberg a rendu visite à Bohr à Copenhague. Il dit aussi qu'il a été lui-même en communication avec Bohr il y a environ un mois, et que Bohr croit qu'il n'existe aucune possibilité militaire. Il pense que c'est Heisenberg qui l'en a persuadé[29].

Une fois Bohr en Angleterre, en octobre, il eut droit à un interrogatoire serré sur ses contacts avec les Allemands et il semble clair qu'il ait tout d'abord exprimé la certitude que tout programme allemand de bombe atomique avait été sinon abandonné, du moins fortement réduit. Michael Perrin de Tube Alloys, qui parla à cette époque à Bohr, déclara plus tard que « Bohr croyait que les Allemands avaient conclu à l'impossibilité pratique du projet [...] leur programme de recherche s'essoufflait [...][30] ». A Washington, Bohr tint à Furman des propos en tous points identiques : les Allemands avaient peut-être un programme de recherche en cours, mais ils n'essayaient pas de fabriquer de bombe[31].

Bohr avait peut-être été sincère avec Furman dans l'exposé de son opinion, mais il ne tarda pas à donner un autre son de cloche. Les premiers à être mis au fait de ses nouvelles conclusions furent probablement ses vieux amis de Princeton, avant son départ pour Los Alamos. L'un d'eux, le physicien allemand émigré Rudolf Ladenburg, décrivit très brièvement les propos de Bohr dans une lettre à Sam Goudsmit, peu après la guerre. « Niels Bohr nous a dit que Heisenberg et Weizsäcker lui avaient rendu visite en 1941 et avaient exprimé l'espoir et la croyance que si la guerre durait assez longtemps, la bombe atomique ferait pencher la balance en faveur de l'Allemagne[32]. » Les mots « et la croyance » avaient été ajoutés à la main, ce qui suggère que le souvenir de Ladenburg, tout bien considéré, était que Bohr n'avait fait preuve d'aucune ambiguïté (au moins à la fin de 1943) quant au penchant d'Heisenberg pour une victoire allemande et à l'importance qu'il attribuait à la bombe allemande.

Bohr lui-même n'a confié qu'une seule fois au papier ses réflexions sur ces questions, près d'un an après s'être enfui du Danemark. Cela se produisit à Washington, fin juin ou début juillet de 1944, au cours de l'une de ces brutales vagues de chaleur si fréquentes dans la capitale pendant l'été. Jour après jour, Bohr travailla, corrigeant sans cesse, à un mémorandum dans lequel figuraient ses conceptions sur la bombe atomique. Aage tapa à la machine de nombreux brouillons de ce document tandis que son père reprisait des chaussettes ou recousait des boutons manquants[33]. Dans la version finale, en date du 3 juillet, Bohr note que ses « relations » (il ne parle pas d' « amitié ») avec les scientifiques allemands lui avaient permis

de suivre d'assez près le travail sur de tels objectifs, conçus, depuis le début de la guerre, par le gouvernement allemand. En dépit de préparatifs très complets et d'un effort scientifique des plus énergiques, fondés sur des connaissances exceptionnelles et des ressources matérielles considérables, il semble en tout état de cause et en fonction de toutes les informations dont nous disposons, que pendant les étapes initiales de la guerre si favorables à l'Allemagne, le gouvernement n'a jamais jugé utile d'entreprendre l'immense et aléatoire effort technique qu'aurait exigé l'exécution du projet[34].

Cette dernière et longue phrase, si typique du style de Bohr et fruit de nombreuses révisions, est un résumé honnête de ce qu'Albert Speer déclare lui avoir été dit par Heisenberg en juin 1942 et recoupe ce que Heisenberg lui-même décrivit plus tard comme le ton et la substance des avis qu'il donna aux autorités. L'impression de Bohr se fondait presque certainement sur le compte rendu que lui avait fait Jensen à Copenhague, peu après la réunion de la Maison Harnack avec Albert Speer. Comme nous l'avons vu, cette réunion mit un terme, en Allemagne, à tout projet sérieux de construire une bombe. En un mot, l'impression que Bohr avait, vers le milieu de 1943, de ce qui se passait en Allemagne, bien qu'incomplète, était correcte en substance.

Néanmoins, dès que Bohr fut en Suède, il prit pour la première fois connaissances des craintes des Alliés, craintes qui expliquaient leur intense intérêt pour tout ce qu'il aurait pu leur révéler et qui, souvent exprimées, transformèrent peu à peu son point de vue. Le processus semble avoir commencé presque tout de suite. Peu avant de quitter la Suède, Bohr déclara à Ebbe Munck : « Je n'ai conscience que maintenant à quel point mon travail [à Copenhague] était l'objet de l'espionnage et du contre-espionnage[35]. » En Angleterre, les services secrets britanniques suggérèrent à Bohr que la version rassurante de Jensen avait pu avoir pour but de le tromper. On dit la même chose à Groves et à Furman, qui trouvèrent l'hypothèse vraisemblable.

C'est dans ce contexte de discussion et d'examen minutieux de tout ce que Bohr avait entendu dire aux Allemands que son impression initiale — inutile de s'inquiéter d'une bombe allemande — commença à évoluer. Et qu'il finit par atteindre une nouvelle conclusion : l'effort atomique allemande constitue une menace sérieuse. Un certain nombre de facteurs ont contribué à cette évolution. Le premier et probablement le plus important est l'intensité de l'intérêt que les agents des services de renseignements, tant anglais qu'américains, portaient à cette question sur laquelle ils ne cessaient de l'interroger. Leur appétit pour le moindre détail de ses conversations avec Heisenberg et Jensen, de même que la manière dont les Anglais avaient insisté pour le faire sortir du Danemark, montraient fort clairement qu'ils croyaient avoir affaire à un réel danger. Un deuxième facteur, peut-être aussi important, a joué : le choc d'apprendre l'ampleur de l'effort allié pour construire eux-mêmes une bombe. Face à ce projet à couper le souffle, Bohr se vit contraint de renoncer à ses certitudes sur l'infaisabilité d'une bombe atomique en temps de guerre ; que les Alliés s'y fussent lancés l'obligeait à reconsidérer sa conviction que les Allemands n'en faisaient pas autant. En avril 1944, en Grande-Bretagne, Bohr eut fréquemment l'occasion de rencontrer Jones ; il lui déclara qu'il était maintenant certain que les Allemands essayaient de construire une bombe[36]. Le physicien danois résume l'origine de ses nouvelles craintes, sans détour et succinctement, dans une note datée du 3 juillet 1944 : « Plus récemment, j'ai eu l'occasion de m'entretenir avec des agents de renseignements américains et britanniques, qui faisaient état d'une activité fiévreuse des Allemands dans le domaine nucléaire. » Il faut souligner l'emploi du mot « fiévreuse » ; on ne trouve en effet plus trace des anciens doutes concernant l'effort des Allemands.

Un autre facteur peut aussi avoir joué un rôle substantiel dans l'inquiétude grandissante de Niels Bohr. L'inférence est un outil redoutable pour un historien ; dire que les choses se sont « peut-être passées ainsi », ou « ont dû se passer ainsi », ou « auraient pu se passer ainsi », révèle souvent l'incapacité à combler un vide troublant dans l'enchaînement des preuves. En la circonstance, ce vide est excessivement réduit, et l'inférence paraît assez naturelle. Peu après son arrivée aux États-Unis, Bohr fut mis au courant d'informations qui venaient tout juste d'arriver de Stockholm ; elles émanaient de Stefan Rozental, resté en Suède. La police militaire allemande avait envahi l'institut de Copenhague le

6 décembre ; son collègue Jörgen Böggild (qui vivait dans les murs de l'institut, comme l'avait fait un temps Heisenberg, dans les années vingt) avait été arrêté, et la rumeur disait que des scientifiques allemands devaient arriver d'un moment à l'autre pour y reprendre le travail, ou bien que le matériel critique, y compris le cyclotron de l'institut, allait être confisqué et expédié en Allemagne. Tout de suite après ce coup de force, les membres du personnel de l'institut, refusant de travailler pour les Allemands, étaient passés dans la clandestinité ; deux d'entre eux avaient pu rejoindre Stockholm et divulguer l'information.

Mais il y avait un élément d'urgence supplémentaire dans le rapport de Rozental ; la résistance danoise, bien déterminée à ce que l'Allemagne ne puisse utiliser l'institut, l'avait truffé d'explosifs et envisageait de le faire sauter. Le vieil ami de Bohr, Chievitz, était intervenu au dernier moment et avait obtenu de la Résistance un report pour permettre à Bohr lui-même de dire si cet acte définitif était réellement nécessaire. Bohr répondit évidemment que non ; la crise se trouva finalement résolue et Böggild libéré en janvier grâce à l'intervention de l'une des « relations allemandes » de Bohr, comme nous le verrons. On doit pouvoir certainement pardonner à l'historien lorsqu'il dit que la prise de contrôle de l'institut de Bohr par les Allemands, intervenant au beau milieu d'intenses entretiens avec les responsables des services secrets américains, n'a pu que contribuer à le renforcer dans l'idée que les Allemands s'attaquaient sérieusement au problème de la bombe atomique[37].

Reste à prendre en considération un dernier élément des réflexions que Bohr se faisait au cours des derniers jours de 1943. L'article du *New York Times* du 9 octobre avait prétendu que Bohr arrivait en Angleterre avec une nouvelle invention capable de produire des « explosions atomiques ». Dit ainsi, cela paraissait fantastique, mais d'une certaine manière c'était vrai ; du moins Bohr lui-même le croyait-il. Il avait en effet avec lui une unique feuille de papier, sur laquelle figurait un dessin grossier, exécuté pour lui par Heisenberg en septembre 1941. On aurait dit une boîte du haut de laquelle sortaient des tiges. Bohr était convaincu qu'il s'agissait du schéma d'une bombe, convaincu aussi qu'elle pouvait fonctionner. N'ayant aucun moyen de savoir si Bohr avait ou non raison, Groves ne pouvait faire autrement que prendre ses craintes au sérieux. Tellement au sérieux, même, qu'il prit ses dispositions pour conduire personnellement Bohr à Los Alamos, avec Richard Tolman comme compagnon de voyage.

Niels Bohr et son fils quittèrent New York pour Chicago en train, le 27 décembre 1943 ; là, Groves et Tolman se joignirent à eux le lendemain pour les deux jours de voyage jusqu'à Lamy, au Nouveau-Mexique, non loin de Los Alamos. En embarquant, Groves avait sermonné Bohr, aussi fermement qu'il l'avait osé, sur le fait que lui et son fils ne devaient pas quitter leurs compartiments adjacents pendant toute la durée du voyage ; leurs repas leur seraient servis sur place. Néanmoins, connaissant le penchant de Bohr pour la déambulation et redoutant qu'il fût reconnu, voire engageât la conversation avec un étranger, le général alla plus loin, et s'entendit avec Tolman pour que l'un des deux tînt chacun son tour compagnie à Bohr afin qu'il ne fût pas tenté de partir en balade. Tolman prit le premier tour de garde, mais au bout d'une heure, environ, émergea du compartiment de Bohr et dit à Groves : « Général, je ne peux pas tenir plus longtemps. Je reviens sur ma parole. C'est vous qui êtes dans l'armée, c'est à vous de le faire[38]. »

C'est ainsi que, pendant deux jours, Groves dut subir la conversation du distingué physicien. D'après lui, il l'écouta parler trois heures chaque matin, quatre heures les après-midi et une ou deux heures le soir, lorsque Tolman, se laissant fléchir, les rejoignait. Bohr, assis près de la fenêtre, regardait les vastes paysages de l'Ouest américain tout en parlant. On a souvent décrit ce trait de personnalité ; George Gamow observe que « Bohr ne pouvait penser sans s'adresser à quelqu'un[39] » ; mais en plus, il exigeait énormément de ses auditeurs. Toutes les personnes l'ayant fréquenté ont décrit ses discours comme un marmonnement dans lequel se bousculaient les voyelles ; on aurait dit qu'il parlait avec de la pomme de terre dans la bouche. Son ton était bas et il gardait souvent une pipe coincée entre ses dents. Dans une pièce, les gens se regroupaient peu à peu autour de lui pour comprendre ; mais plus ils se rapprochaient, plus son ton baissait, jusqu'à ce que tous fussent serrés étroitement les uns contre les autres au milieu de la salle[40]. Dans son institut, Bohr passait de manière imprévisible du danois à l'allemand pour revenir au danois, et il estimait aussi parler l'anglais couramment. Il avait étudié cette langue avec soin pendant la première année qu'il avait passée au laboratoire de Rutherford, à Cambridge, lisant *David Copperfield* et consultant le dictionnaire devant chaque mot nouveau. Après quoi, il fut convaincu de posséder la langue de Dickens. Stefan Rozental se souvient toutefois d'un jour où il s'était trouvé perdu à Londres avec lui, en 1931. Bohr avait demandé son chemin à un passant ; le Londonien n'arrivait pas à comprendre un mot de ce que lui disait Bohr, et bientôt un attroupement se forma, chacun essayant de décrypter sa prononciation et l'adresse qu'il cherchait[41].

Pendant deux jours, donc, Groves resta assis dans le train à côté de lui, perché sur le bord de son siège et incliné pour rapprocher le plus possible son oreille de la bouche du physicien, essayant de recueillir les mots qui en tombaient sur fond de claquements réguliers des boogies[42]. Bohr avait réfléchi au dessin d'Heisenberg et, à sa manière prudente et méthodique, avait commencé à inventer la bombe atomique. Comme beaucoup de physiciens s'attaquant pour la première fois à ce problème, il avait tout d'abord pensé à l'utilisation de neutrons lents. Le dessin sommaire d'Heisenberg montrait des plaques d'uranium plongées dans de l'eau lourde ; il pensait qu'on pouvait les disposer de manière à les faire exploser et convainquit Groves que le danger était réel[43].

Mais le général ne se contenta pas d'écouter Bohr ; lui aussi avait l'esprit préoccupé. Son obsession était le secret. Il lui expliqua le principe de la compartimentation de la connaissance et lui fit remarquer qu'il aurait plus que tout autre à faire preuve de discrétion, car il figurerait parmi les rares scientifiques à être au courant de ce qui se passait dans les différents laboratoires. Sur quoi Groves énuméra la liste des choses dont il ne voulait pas voir Bohr discuter, à commencer par le programme allemand de bombe atomique. Depuis un an, les angoisses des scientifiques du Projet Manhattan, qui croyaient les Allemands en avance de six mois sur les Américains et n'arrêtaient pas de demander à Compton, à Oppenheimer, à Groves, à Vannevar Bush et même à Eleanor Roosevelt de faire quelque chose, n'avaient cessé d'obséder le général. L'une des principales raisons qui avaient poussé Groves à prendre Furman comme adjoint aux renseignements était de rassurer les scientifiques du projet et de leur faire admettre qu'il ne fallait pas prendre le programme nucléaire allemand au sérieux. Il ne voulait donc surtout pas voir Bohr ranimer leurs craintes par ses histoires sur Heisenberg.

Peu après l'arrivée de Bohr à Los Alamos, tard le soir du 30 décembre, Groves s'excusa et laissa les Bohr en compagnie d'Oppenheimer et d'autres scientifiques. Néanmoins, les quelques minutes où il procéda aux présentations lui suffirent pour comprendre que Bohr n'en ferait jamais qu'à sa tête. « J'avais l'impression de lui avoir parlé pendant douze heures d'affilée sur ce qu'il pouvait dire ou non, observa Groves quelques années plus tard. Il y avait des choses sur lesquelles il devait garder le silence. Il arriva, et cinq minutes après, la conversation roulait sur tout ce qu'il avait promis de garder secret [44]. »

Deux sujets de préoccupation hantaient Bohr, à ce moment-là. L'un était les Allemands. L'autre, ce que signifierait l'existence de la bombe atomique après la guerre. La première question sérieuse qu'il adressa à Oppenheimer fut : « Est-elle réellement assez grosse [45] ? » Oppenheimer comprit tout de suite ce qu'il voulait dire : assez grosse pour que sa capacité de destruction fasse de la guerre une folie. Bohr allait passer de nombreuses heures avec Oppenheimer à explorer cette question, mais pas avant d'avoir réglé l'autre préoccupation qui le tracassait : le dessin que Heisenberg avait dessiné pour lui deux ans auparavant préfigurait-il la construction rapide d'une bombe atomique allemande ?

IV.

Les débuts de la mission Alsos
(1942-1944)

CHAPITRE 23

Au cours de leur première année de collaboration, Leslie Groves apprit à faire confiance au jugement et à la discrétion de son adjoint au contre-espionnage, le colonel John Lansdale. C'était Lansdale, en effet, qui avait sous sa responsabilité le régime impénétrable de haute sécurité de Los Alamos, et lui qui avait aidé Groves à résoudre la question suprêmement délicate de la confiance à faire à Robert Oppenheimer, pendant l'été de 1943. Mais Lansdale possédait une autre qualité qu'appréciait Groves : l'initiative. A peu près à l'époque du débarquement allié en Sicile, en juillet 1943, le colonel proposa qu'une mission de renseignement scientifique suivît les armées alliées en Europe. Avec l'approbation de Groves, Lansdale fit patiemment le tour des organismes du ministère de la Guerre afin d'obtenir l'assentiment de toutes les administrations qui s'intéressaient suffisamment à la science pour avoir assigné un officier au traitement de ce domaine. Il découvrit qu'ils étaient nombreux et que tous, jusqu'au dernier, avaient eu la même idée que lui. Seul Lansdale, néanmoins, avec le soutien de Groves, disposait de l'autorité bureaucratique qui lui permettrait de mettre en œuvre le plan qui fut soumis au général Strong, à la fin de septembre 1943.

C'est de cette initiative que sortit, le moment voulu, la mission Alsos ; son nom de code, tiré du grec, signifie « bosquet, bois sacré » [sens du mot « Grove » en anglais]. Quand Groves apprit ce jeu de mots sur son nom, il était trop tard pour protester[1]. A la fin de 1943, le nouvel organisme se préparait à envoyer quatre spécialistes du renseignement et une équipe de soutien en Italie, où l'armée du général Mark Clark, pensait-on, n'allait pas tarder à prendre Rome. Enrico Fermi leur avait fourni la liste des scientifiques à rechercher ; en tête, figuraient les noms de ses anciens assistants de l'époque des expériences sur les neutrons des années trente, Gian Carlo Wick et Edoardo Amaldi. Groves et Lansdale ne s'attendaient pas à apprendre grand-chose d'eux sur ce que faisaient les Allemands, mais espéraient gagner de l'expérience pratique en vue de l'effort bien réel qu'il faudrait faire par la suite en France et en Allemagne. Lansdale, qui occupait toujours un bureau au Pentagone et était resté techniquement membre du service de contre-espionnage de l'armée

(CIC), avait largement fait ses preuves auprès de Groves. Ce dernier tenait presque superstitieusement à garder un bureau le plus réduit possible, mais à la fin de 1943, il décida que Lansdale devait être définitivement rattaché à son service ; les papiers étaient en règle et Lansdale s'apprêtait à quitter le Pentagone au cours de la première semaine de janvier 1944 [2].

Mais peu avant qu'il eût définitivement traversé le Potomac, Groves le convoqua par téléphone dans son bureau. Cela n'avait rien d'inhabituel ; souvent, Lansdale traversait le fleuve pour aller s'entretenir avec le général, quand celui-ci voulait discuter d'une idée. Mais ce qu'il avait en tête ce jour-là sortait décidément de l'ordinaire.

Le général Leslie Groves pouvait être terriblement direct. Il n'était pas non plus dans ses manières de trahir des doutes par une approche hésitante ou timide. Ce fut donc sans les moindres préliminaires qu'il déclara cette fois à Lansdale avoir reçu la proposition suivante : procéder à l'enlèvement ou à l'assassinat de Werner Heisenberg, le principal physicien allemand. Inutile de lui préciser qui était cet homme et pour quelle raison il constituait une cible privilégiée. Toutefois, Lansdale ne voyait pas très bien d'où émanait ce projet ; Groves semblait impliquer qu'il venait de l'OSS, ce qui, de l'avis de Lansdale, n'avait rien d'une recommandation. Il n'eut jamais directement affaire à ce service, ni avant ni après, mais il avait parlé avec Sir Charles Hambro et d'autres personnes des renseignements britanniques, il avait vu les résultats de l'OSS, et les agents de l'OSS lui faisaient l'effet d'amateurs inefficaces. Groves ajouta donc simplement que la suppression d'Heisenberg porterait le plus grand tort à tout programme allemand de bombe atomique ; on savait qu'il devait venir en Suisse, et on avait suggéré qu'il fût kidnappé ou assassiné au cours de l'un de ses déplacements. « Qu'en pensez-vous ? [3] »

Lansdale eut immédiatement deux réactions. La première (qu'il garda pour lui) fut de se dire que Groves devait avoir un sérieux problème sur les bras. Un projet d'assassinat ou d'enlèvement était bien la dernière chose que Lansdale attendait de lui. Le général était certes un administrateur pas commode dont la spécialité était de faire avancer les grands projets contre vents et marées, en particulier contre l'inertie de la bureaucratie ; mais il n'avait rien d'un James Bond. Lansdale savait cependant que les scientifiques ne cessaient de faire pression sur lui, inquiets à l'idée de ce que pouvaient faire les Allemands ; il savait également que Niels Bohr avait semé une certaine agitation à Washington ; il supposa que Groves se sentait politiquement obligé de faire *quelque chose*.

Se lancer aux trousses d'Heisenberg, du point de vue de Lansdale, était cependant ridicule, même s'il n'utilisa pas alors le terme. Il se souvient avoir répondu à Groves que toute tentative pour enlever ou assassiner Heisenberg était pratiquement vouée à l'échec, qu'il n'y aurait pas meilleur moyen de convaincre les Allemands que les Alliés voyaient dans la bombe atomique une question cruciale, que les Suisses seraient furieux. Ce dernier argument n'avait rien de mineur. Les pays neutres sont importants en temps de guerre et la Suisse offrait aux Alliés une fenêtre irremplaçable sur l'Allemagne. Il serait tout à fait impossible de dissimuler un enlèvement ou un assassinat sur le sol confédéral — en admettant que la mission pût seulement être menée à bien. Et même un attentat manqué pourrait suffire à pousser les Suisses à rompre les relations diplomatiques avec les États-Unis.

C'est tout cela que Lansdale se souvient avoir dit à Groves. Mais l'argument sur lequel il insista le plus fut que toute agression dirigée contre Heisenberg reviendrait à leur avouer l'existence du Projet Manhattan. Lansdale cita Groves lui-même : le principe fondamental de sécurité sur lequel on avait édifié le Projet Manhattan était le secret. Il ne fallait pas que les Allemands sachent que les Alliés avaient un programme de bombe atomique.

Lansdale trouva la proposition de Groves bien peu caractéristique de sa part ; en revanche, la manière dont il réagit à la réponse très claire que lui fit son adjoint était typique : « Il écouta et comme d'habitude, je n'en entendis plus parler[4]. »

Groves avait peut-être laissé entendre que la proposition d'enlever ou tuer Heisenberg venait de l'OSS (ce fut certainement l'impression de Lansdale, sur le moment), mais ce n'était pas entièrement vrai. En fait l'OSS mettait alors sur pied un plan audacieux visant à s'emparer des scientifiques italiens au nez et à la barbe des Allemands, à Rome ; le nom de code de l'opération était « Projet Larson ». Le plan qui prenait Heisenberg pour cible avait une origine différente. La première de deux propositions séparées émanait de Victor Weisskopf et Hans Bethe ; elle figurait, comme nous l'avons vu, dans une lettre adressée à Oppenheimer environ six semaines avant la visite que Heisenberg devait faire en Suisse, à la fin de 1942. Oppenheimer avait transmis la lettre de Weisskopf à Vannevar Bush le jour même où il l'avait reçue, observant que le passage d'Heisenberg en Suisse offrait une occasion unique[5]. Les délais, trop courts, ne permirent pas d'entreprendre l'opération.

Evidemment, cette inaction fit l'objet d'une explication officieuse qui circula parmi les scientifiques qui avaient fait la proposition de l'enlèvement ou en avaient entendu parler. Le physicien d'origine danoise Samuel Goudsmit avait eu une brève participation à la première proposition, lorsque Hans Bethe lui avait demandé de transmettre aux Britanniques l'information sur le voyage d'Heisenberg en Suisse. Goudsmit savait que l'enlèvement faisait partie du plan (« Si seulement nous avions pu mettre la main sur un savant atomiste allemand [...] ») ; toutefois, dans les mémoires qu'il consacra en 1947 à la Mission Alsos, il tempère nettement les choses : « Si seulement l'un d'entre nous avait pu avoir une courte conversation avec lui à Zurich à ce moment-là [en

1942], nous aurions certainement appris tout ce que nous voulions savoir. Mais lui aussi, et telle était l'objection la plus juste des esprits militaires[6]. »

La première proposition prépara le terrain. Vers le milieu de 1943, Groves et Vannevar Bush étaient prêts, on s'en souvient, à faire bombarder les laboratoires berlinois d'Heisenberg et Otto Hahn avec le but de « tuer le personnel scientifique » qui s'y trouvait[7]. Mais ce fut une seconde proposition renouvelée, celle que Groves testa sur Lansdale, qui prit racine, reçut l'approbation en haut lieu, fut vigoureusement mise au point pendant un an et amena un officier de l'OSS — avec un pistolet dans la poche et l'autorisation de s'en servir, en présence d'Heisenberg. Groves lui-même, dans les nombreuses et brèves notes historiques qu'il a écrites pour lui au cours des dix dernières années de sa vie, déclare que cette seconde proposition lui a été faite à la fin de 1943 et que, arrivant une année plus tard dans la guerre, à un moment où les choses avaient pris un tour critique, il s'agissait de tuer (c'est le terme qu'emploie Groves) Heisenberg et d'autres grands scientifiques allemands[8]. Lorsque Lansdale souleva les évidentes objections que nous avons vues, Groves ne fit aucun effort pour le convaincre du contraire ; il se contenta de confier cette délicate affaire à son adjoint aux renseignements, Robert Furman.

L'historique de cet épisode, comme de beaucoup de tentatives secrètes, est d'autant plus difficile à établir qu'il n'avait jamais été question qu'il fût rendu public. Il est cependant important par ce qu'il nous apprend sur l'atmosphère de l'époque — la peur qu'inspirait un Heisenberg constructeur de bombes — et par la lumière qu'il jette sur l'incapacité d'Heisenberg et de ses vieux amis, une fois la paix revenue, de parler ouvertement et honnêtement des années de guerre. Ce que cette question a de délicat rend d'autant plus essentiel d'établir aussi clairement que possible qui était au courant, et quel était le contexte dans lequel les événements se sont déroulés. La guerre elle-même est la donnée qui définit le contexte : si Heisenberg avait travaillé de toutes ses forces à la construction d'une bombe pour Hitler, et si l'Allemagne avait eu la victoire à sa portée (hypothèses qu'on ne pouvait pas ne pas envisager dans le brouillard et les incertitudes de la situation militaire), alors pratiquement n'importe quoi pouvait se justifier, s'il s'agissait d'arrêter Heisenberg et Hitler. Tout ce que nous pouvons dire honnêtement, vu à cette distance, est que des choses étranges peuvent paraître raisonnables à des hommes qui, à partir d'un savoir fragmentaire, sont en droit de redouter le pire.

Lansdale affirme qu'il entendit parler pour la première fois de la proposition d'enlever ou d'assassiner Heisenberg quelques semaines après l'arrivée de Bohr à Washington, qui eut lieu le 8 décembre 1943, donc probablement peu avant son propre transfert dans les bureaux de Groves (qui fut effectif le 7 janvier suivant), et certainement pas plus tard. Groves mentionne seulement que la proposition fut faite « à la fin de 1943 ». Comme on l'a vu, Groves passa les deux derniers jours de 1943 à Los

Alamos, où il s'était rendu en compagnie de Richard Tolman dans le but spécifique de remettre personnellement Niels Bohr et son fils — fort mal dissimulés sous les noms de code de Nicholas et James Baker — entre les mains d'Oppenheimer. L'éminence de Bohr justifiait à elle seule ce geste ; les inquiétudes de Bohr, qui se demandait si en fin de compte Heisenberg ne travaillait pas de toutes ses forces à une bombe atomique, rendaient ce voyage urgent. Une partie de cette inquiétude se fondait sur les extrapolations faites par Bohr à partir du dessin d'Heisenberg ; il croyait voir comment l'approche du physicien allemand pouvait produire une réaction en chaîne incontrôlée, autrement dit une explosion. Groves n'avait aucun moyen de juger par lui-même de la valeur de cet argument, et redoutait que Bohr eût raison.

La première décision qu'eut donc à prendre Oppenheimer, à l'arrivée de Bohr, fut de convoquer le dernier jour de 1943 une réunion dans son bureau pour étudier les arguments du Danois et examiner le dessin d'Heisenberg. Un éventail assez extraordinaire de génies scientifiques se trouvait présent à cette réunion : tout d'abord Oppenheimer (qui dut s'absenter pour aller s'entretenir avec Groves, sur le point de repartir), Niels Bohr et son fils Aage, Richard Tolman, Robert Bacher, Robert Serber, Edward Teller, Hans Bethe et Victor Weisskopf [9].

Certains d'entre eux connaissaient Bohr intimement, en particulier Weisskopf et Teller. Oppenheimer n'avait jamais séjourné à l'institut de Copenhague, mais les graines d'une étroite amitié avaient été semées entre les deux hommes lors de leur première rencontre, en 1926 à Cambridge, où Oppenheimer, alors, s'ennuyait ferme. La sympathie chaleureuse pour un jeune physicien aux prises avec des difficultés scientifiques constituait un bon début pour une amitié. Après avoir revu Oppenheimer lors d'un voyage en Californie, en 1933, Bohr confia à des amis qu'il le considérait comme l'un des jeunes physiciens américains les plus doués de sa génération [10]. Quatre ans plus tard, Bohr repassa par la Californie. Autrement dit, Oppenheimer le connaissait bien au moment où il arriva à Los Alamos, à la fois inquiet et en colère contre Heisenberg.

Ces craintes étaient-elles justifiées ? La réponse fut immédiatement apparente pour tout le monde, ce 31 décembre 1943, sauf pour Bohr. Cet immense physicien n'était pas un grand inventeur ; il fallut une longue et patiente argumentation pour le convaincre que le concept de bombe qu'il présentait ne fonctionnerait pas. La discussion partit du dessin d'Heisenberg. Bethe et Weisskopf s'en souvenaient comme d'une esquisse grossière et primitive : une boîte, peut-être un peu plus longue que haute, avec peut-être quelque chose suggérant des lignes horizontales et des tiges sortant du haut. Bethe ne trouva pas étrange que Bohr eût pu voir là une bombe : « Il n'avait aucune idée de ce à quoi elle ressemblerait », observa-t-il [11].

Personne n'avait encore donné à Bohr de cours en physique nucléaire appliquée aux bombes, mais comme beaucoup de physiciens avant lui, il avait fait ses propres calculs sur ce qui se passerait en cas de réaction en chaîne non contrôlée dans une configuration en couches, utilisant l'eau lourde et l'uranium naturel. Les scientifiques de Los Alamos avaient également examiné cette hypothèse en tout sens, étant donné qu'une bombe à l'uranium naturel aurait pu être fabriquée sur-le-champ. « Il est [...] exact, écrivit Oppenheimer à Groves le lendemain, que beaucoup d'entre nous se sont penchés sur cette question, par le passé, et que ni alors, ni maintenant, on ne trouve la moindre possibilité d'une promesse de résultat. » Rien de ce qu'avait pu dire Bohr ne venait altérer cette conclusion. « C'était un dessin très primitif, observa Weisskopf. L'impression qui m'en reste est que nous ne l'avons pas pris très au sérieux. En dépit de toute ma vénération pour Niels Bohr, ses préjugés contre les Allemands étaient énormes. Ceci explique peut-être pourquoi Bohr prit l'affaire plus au sérieux qu'il n'aurait dû [12]. » La réaction de Bethe, à l'époque, fut rapide et tranchante ; un coup d'œil lui suffit. « Nous nous sommes dit, mon Dieu, voilà que les Allemands veulent lancer un réacteur sur Londres [13] ! »

Il ne vint à l'esprit d'aucun de ceux qui s'étaient rassemblés dans le bureau d'Oppenheimer que Heisenberg avait dessiné un réacteur parce qu'il essayait tout simplement d'en concevoir un. Tout le monde accepta l'affirmation de Bohr, lorsqu'il prétendait que telle était la proposition d'Heisenberg pour une bombe. Les tiges qui sortaient du haut de la boîte étaient de toute évidence les barreaux de contrôle ; les Allemands s'intéressaient beaucoup à l'eau lourde. « Cela nous persuada que ce que faisait Heisenberg ne tenait pas debout, remarqua Bethe. Il voulait lancer un réacteur sur Londres ! Nous tombâmes tous d'accord. Nous trouvions cela plutôt réconfortant ; nous savions que nous n'avions plus à nous inquiéter [14]. »

Plus tard, le même jour, Bethe et Teller écrivirent un rapport officiel (« Explosion d'une pile à uranium et eau lourde non homogène ») et le donnèrent à Oppenheimer. D'après leurs calculs, il n'y avait rien à craindre d'une telle explosion : « Une pile de quarante tonnes libérerait en réalité une énergie correspondant à celle d'environ une tonne de TNT. » Ce que Niels Bohr avait redouté était non pas une bombe, mais une panne classique dans une réaction nucléaire : l'accumulation de la chaleur provoquait bien une explosion, mais avant qu'il y ait eu suffisamment de générations de fissions pour produire une véritable déflagration atomique. Avec beaucoup de patience, on finit par en convaincre le physicien danois. Dans sa lettre à Groves du lendemain, Oppenheimer se donne beaucoup de mal pour convaincre le général de ne plus s'inquiéter, lui non plus. « Les principes fondamentaux de physique ont été discutés à fond et Baker a admis et compris les résultats et les méthodes, écrivit-il, employant le nom de code de Bohr. Le but du mémorandum ci-joint est de vous donner l'assurance formelle, avec les raisons qui s'y rapportent, que l'appareil qui vous a été suggéré par Baker constituerait une arme tout à fait inefficace sur le plan militaire. » A la fin de la réunion, Bohr avait en effet compris que quelle qu'eût été l'intention d'Heisenberg en faisant ce dessin, il ne faisait planer aucune menace sur les Alliés.

A partir de ce moment — deuxième journée de Niels Bohr à Los Alamos et dernière de 1943 — le physicien danois passa peu à peu à d'autres préoccupations. Lorsque Bethe réussit finalement à l'initier aux principes physiques de la bombe, il lui fit observer : « Vous n'avez pas besoin de moi pour ce projet. Vous faites cela très bien vous-même [15]. » Il porta alors ses réflexions vers les dangers et les possibilités qui s'ouvraient avec l'imminente création de la bombe elle-même. « A Los Alamos, Bohr fut merveilleux », écrivit Oppenheimer vingt ans plus tard.

> Il s'intéressait de manière très vive aux aspects techniques. Mais sa véritable fonction pour nous tous, je crois, n'était pas d'ordre technique. Grâce à lui l'entreprise parut porteuse d'espoir, alors que nombreux étaient ceux qui éprouvaient des doutes. Bohr parlait avec mépris d'Hitler qui, avec quelques centaines de chars et d'avions, avait tenté de réduire l'Europe en esclavage pour mille ans. Il avait le plus grand espoir en une issue satisfaisante, il pensait que l'objectivité et la coopération des sciences y joueraient un rôle utile, et tous nous voulions le croire [16].

Personne, sur la question de la bombe, ne suivait mieux la pensée de Bohr qu'Oppenheimer. C'est l'arrivée du physicien danois qui lui permit de comprendre que son intuition n'était pas fausse, et que cette invention dépassait celle d'un nouvel engin explosif ; avec Bohr, l'aventure scientifique devint également une aventure morale. Bethe, en particulier, estime que ces conversations permirent à Oppenheimer de prendre de la hauteur par rapport aux soucis que lui valait l'organisation de Los Alamos. Les deux hommes étaient parfaitement complémentaires et ils donnèrent le ton à un demi-siècle de réflexions angoissées sur le rôle de l'arme nucléaire. Bohr montra à Oppenheimer les brouillons successifs de son essai sur la question, écrit à Washington en juin et juillet 1944. Signe de la confiance absolue qu'Oppenheimer avait en son assistant, David Hawkins, il lui permit de lire le mémo de Bohr à condition de porter des gants en tournant les pages, afin qu'on n'y trouvât pas d'empreintes digitales de personnes non autorisées.

Déjà, Oppenheimer éprouvait pour Bohr une certaine vénération. Un jour, pendant l'hiver, Hawkins et Oppenheimer le raccompagnèrent jusqu'à sa résidence de Fuller Lodge, marchant à pas lents tout en devisant. Leur chemin longeait un étang et Bohr s'amusa à éprouver la solidité de la glace à son bord. Elle paraissait solide, mais Oppenheimer s'inquiéta. « Mon Dieu, dit-il à Hawkins après avoir laissé Bohr chez lui, et s'il avait glissé ? S'il était passé au travers ? qu'aurions-nous fait, alors[17] ? » A Los Alamos, Bohr constitua une sorte de centre de gravité moral pour Oppenheimer.

D'apprendre à considérer les choses du point de vue du moraliste et du philosophe n'empêchait cependant pas Oppenheimer de prendre au sérieux ses obligations. Il n'avait pas la liberté de Bohr pour s'adonner, dans la solitude, à des réflexions sur les questions les plus profondes. A son arrivée à Los Alamos, Bohr était infiniment plus inquiet des possibilités d'une bombe allemande qu'Oppenheimer ne l'avait jamais été, même si s'en soucier faisait partie de son travail quotidien. Il faisait partie des rares scientifiques du Projet Manhattan en qui Groves avait assez confiance pour le tenir au courant de ce que savaient les Alliés sur les progrès des Allemands. Il est difficile de reconstituer les impressions d'Oppenheimer au moment où Bohr lui rendit compte de son entretien avec Heisenberg ; il décrivit plus tard la scène avec une sorte de neutralité chic. « Heisenberg et Weizsäcker vinrent d'Allemagne, ainsi que d'autres, écrit-il. Bohr eut le sentiment qu'ils cherchaient moins à dire ce qu'ils savaient qu'à voir si Bohr n'aurait pas su quelque chose qu'ils auraient ignoré ; chacun gardait ses distances[18]. »

Difficile de voir dans cette présentation des faits autre chose que la reconnaissance implicite, par Oppenheimer, qu'il ignorait ce que Heisenberg voulait savoir sans être sûr non plus que Niels Bohr l'eût su. Deux éléments, néanmoins, ressortaient clairement du compte rendu de Bohr : les intérêts des Allemands pour la recherche atomique, et le rôle de premier plan qu'y jouait Heisenberg, ce que comprit alors parfaitement Oppenheimer.

Un an plus tôt, remerciant Weisskopf pour sa lettre lui proposant l'enlèvement d'Heisenberg, Oppenheimer avait dit : « Je doute que vous entendiez parler à nouveau de cette affaire[19]. » La question fut toutefois soulevée de nouveau oralement, après l'arrivée de Weisskopf et Bethe à Los Alamos, au printemps de 1943. De cette conversation, Weisskopf dit n'avoir que le vague souvenir d'une discussion à propos de l'enlèvement, à l'heure du cocktail. Bethe ajoute seulement que lui et Weisskopf en parlèrent

> avec Oppenheimer avant l'arrivée de Bohr. Nous pensions que Heisenberg était le principal physicien du projet allemand dont nous souhaitions limiter la portée [...][20] Nous savions que Heisenberg était un excellent physicien, qu'il était capable de diriger une telle entreprise ; cela nous paraissait très dangereux. Nous avons estimé que le kidnapping d'Heisenberg limiterait beaucoup la portée du projet allemand[21].

Oppenheimer connaissait Heisenberg depuis les années vingt, et s'ils n'étaient pas devenus amis, il n'existait cependant aucune animosité entre eux. Il faisait partie des nombreux scientifiques américains qui l'avaient rencontré pendant son voyage aux États-Unis de l'été 1939 ; Morrison se souvient de l'arrivée d'Heisenberg à Berkeley et de la conférence qu'il fit dans le cadre du séminaire du mercredi après-midi d'Oppenheimer. Lorsque Morrison et Oppenheimer en reparlèrent plus tard, ce fut pour constater que quelque chose, dans les manières d'Heisenberg, les avait troublés — « irrités » serait peut-être plus juste. Il leur avait paru trop normal, trop joyeux, trop imperturbable, trop inconscient de l'imminence de la guerre en Europe ; ce que ressentait vraiment le physicien allemand restait caché, c'était bien clair. Ni Morrison ni Oppenheimer n'y avaient accès. « Nous n'avions pas confiance en lui, telle était notre impression [22]. »

Cette froide suspicion fut tout ce que Oppenheimer put apporter à l'équation du général Leslie Groves, lorsqu'il s'inquiétait des progrès de la bombe allemande, à la fin de 1943. A ce moment-là, Oppenheimer avait repris confiance en lui, à Los Alamos ; il n'éprouvait plus les doutes lancinants sur ses capacités dont il avait fait part à Robert Bacher, l'été précédent ; il consacrait toute son énergie, sans arrière-pensée, à la construction de la bombe. La question du stade où en étaient les Allemands reposait entre d'autres mains. Le fragment d'information que lui transmit Groves à la fin de 1943 ne provoqua qu'un haussement d'épaules chez lui. David Hawkins se trouvait dans le bureau d'Oppenheimer lorsque Groves arriva. Hawkins se souvient que c'était à la fin de 1943, mais après l'arrivée de Niels Bohr ; si sa mémoire est fidèle, on peut donc établir la date avec une certitude inhabituelle. Bohr étant arrivé le soir du 30 décembre, Groves fit ses adieux à Oppenheimer dès le lendemain, apparemment pendant la réunion qui décortiqua le dessin d'Heisenberg. Oppenheimer rédigea ses conclusions à l'intention de Groves dès le lendemain. Hawkins ne se souvient pas qu'il en fut question dans la discussion.

Il entendit néanmoins Groves dire à Oppenheimer qu'un rapport, émanant d'une source allemande, prétendait que les Allemands n'avaient aucun programme nucléaire militaire. Oppenheimer ne répondit rien. Groves continua : on n'était pas sûr de la source ; il pouvait s'agir d'un agent double, chargé de les intoxiquer. Cette source, que le général ne nomma pas, était très certainement Hans Jensen, dont Bohr avait décrit les visites aux Britanniques puis à Robert Furman, à Washington ; les Britanniques avaient été les premiers à soupçonner la tentative d'intoxication. Hawkins se souvient avoir pensé alors qu'il était égal que le rapport fût vrai ou faux : les choses avaient été trop loin à Los Alamos. « Nous nous consacrions à la construction d'une bombe, indépendamment des progrès des Allemands [23]. » C'était, à son avis, ce que ressentait aussi Oppenheimer qui se contenta « de hausser les épaules ». Hawkins quitta le bureau à ce moment-là.

C'est tout ce que l'on peut établir en fait de contexte pour le bref échange décrit ultérieurement par Groves.

A un moment donné, pendant la guerre, je pense que c'était à la fin de 1943, quelqu'un de l'organisation Manhattan, un scientifique, je crois, me fit remarquer que si je craignais les progrès des Allemands dans le domaine nucléaire, je pourrais bouleverser leur programme en m'arrangeant pour faire tuer leurs principaux scientifiques. Je mentionnai cette éventualité au général Styer et lui dis : « La prochaine fois que vous verrez le général Marshall, demandez-lui ce qu'il pense de cette idée. » Un peu plus tard, Styer me dit qu'il avait fait comme je l'avais souhaité et que le général Marshall avait répondu : « Dites à Groves de s'occuper lui-même de son sale boulot[24]. »

CHAPITRE 24

Pour peu que Groves craignît effectivement les progrès allemands dans le domaine atomique, la réponse était suffisamment décontractée pour laisser la porte ouverte à une proposition d'assassinat. A en croire Robert Furman, qui supervisa le projet pour Groves et discuta souvent des détails de l'opération avec Oppenheimer, la manière très directe dont Oppenheimer avait envisagé cette proposition fut un choc pour Groves : « Il y avait quelque chose de tellement froid dans sa réponse [...] Ça revenait à trancher la question : Si vous pensez que c'est un problème, alors[1]... » Bethe et Weisskopf affirment ne pas avoir été présents lorsque la proposition d'assassiner les principaux scientifiques allemands fut présentée à Groves, mais l'un et l'autre estiment que cette réaction concorde avec le sang-froid avec lequel Oppenheimer prit d'autres décisions graves, au cours des années de guerre. « Existe-t-il des preuves qu'Oppenheimer y prit part ? demanda Bethe. Tel était le personnage, à Los Alamos. Lorsqu'un problème se présentait, il faisait quelque chose pour le régler — pas seulement celui d'Heisenberg, mais n'importe lequel[2]. »

Oppenheimer fut le scientifique auquel Furman s'adressa quand il eut besoin d'une aide pratique pour faire avancer le projet. Il dit à Furman que Compton devait sans doute posséder une photo d'Heisenberg, prise durant sa visite à l'Université de Chicago en août 1939, et lui suggéra de s'adresser à James Frank (du Met Lab de Chicago), un ami d'Heisenberg de l'époque de Göttingen. Les choses traînant un peu, comme cela arrive souvent avec les opérations secrètes un peu complexes, Oppenheimer écrivit à Furman pour lui rappeler que « la situation d'Heisenberg, dans la physique allemande, est absolument unique[3] » et que si les Allemands voulaient construire la bombe, « ils feraient certainement des efforts désespérés pour avoir Heisenberg comme collaborateur »[4].

Mais si Oppenheimer était le principal relais entre Los Alamos et Furman, beaucoup d'autres avaient plus ou moins connaissance d'une opération — sans trop savoir au juste laquelle — en cours de préparation. La proposition initiale visait à supprimer les principaux scientifiques allemands. On ne tarda pas à passer de l'assassinat à l'enlèvement. En janvier, à Chicago, Furman s'entretint de la question avec Philip

Morrison, qui « exprima l'idée qu'il serait judicieux de kidnapper un homme comme Weizsäcker[5] ». Finalement, on raya tous les noms des cibles potentielles jusqu'à ce que ne restât que celui d'Heisenberg. Ce que Oppenheimer, Weisskopf, Bethe, Morrison et en particulier Samuel Goudsmit surent alors de la tentative de s'en prendre à Heisenberg semble avoir eu un effet important sur la manière dont ils le traitèrent après la guerre. En particulier tous (Niels Bohr aussi) trouvèrent difficile d'accepter comme un fait que Heisenberg n'ait jamais fait preuve de la même détermination opiniâtre qu'eux pour construire la première bombe atomique au monde. Leur scepticisme glacial poussa Heisenberg à conclure, non sans beaucoup d'amertume, qu'il était inutile de tenter de s'expliquer[6].

Mais dans le feu de la guerre, ce qui comptait était le danger : Groves redoutait effectivement les progrès des Allemands dans le domaine atomique. Il dit souvent à Furman que même s'il n'y avait qu'une chance contre dix que la bombe allemande existât, un effort sans restriction des services secrets devenait justifié[7]. La première proposition d'enlever Heisenberg était remontée jusqu'à Vannevar Bush alors que Groves n'occupait son poste que depuis un mois ; à la deuxième, le général ne perdit pas de temps pour s'y atteler. Le général Styer était l'un des trois hommes, avec Bush et l'amiral Purnell, du comité d'orientation militaire auquel Groves devait rendre compte. Groves ne manquait pas de confiance en soi lorsqu'il s'agissait de prendre des décisions, et il n'hésitait jamais à s'adresser directement au chef d'état-major général des armées américaines, le général Marshall lui-même. Néanmoins, faire assassiner quelques-uns des principaux scientifiques de l'ennemi n'était pas une entreprise dans laquelle il se lancerait à l'insu de ses supérieurs hiérarchiques. Si Styer ne l'avait pas approuvée, il ne se serait pas adressé à Marshall, et si Marshall n'avait pas accueilli favorablement la proposition, il n'aurait pas dit à Groves de faire le travail lui-même. Une chose est certaine : à la fin de février 1944, Groves avait le sentiment de disposer de toute l'autorité nécessaire pour lancer énergiquement ce projet.

Même en temps de guerre, alors que la vie humaine perd beaucoup de valeur, une certaine ambiguïté morale pèse sur l'idée de tuer des hommes nommément désignés. Beaucoup de choses demeurent donc vagues et incertaines dans la proposition de tuer ou enlever Heisenberg ; le secret le plus hermétique entourait le projet, à l'époque, et peu de ceux qui y ont joué un rôle ont envie d'en parler, même aujourd'hui, un demi-siècle plus tard. A de rares exceptions près, ils admettent ce que prouvent les documents et plaident l'usure du temps pour justifier le flou qui règne sur le reste. L'incertitude qui règne sur la chronologie du début de cette affaire est à ce titre typique ; par la suite, la taille de l'opération commença à engendrer des documents écrits et il devient plus facile de suivre le cours des événements. Groves dit que la proposition a été faite à la fin de 1943 et qu'il en a discuté (au moins deux fois) avec Styer. L'agenda de Groves signale deux visites qu'il fit au bureau de Styer, les 18 janvier et 3 février 1944. Lors de la deuxième, il reçut la réponse de Marshall — celle de « faire lui-même son sale boulot ». Le 24 février, toujours d'après l'agenda de Groves, il alla voir William Donovan au quartier général de l'OSS — l'une des trois visites que fit le général à l'OSS. Howard Dix résuma plus tard l'entrevue dans un mémo interne :

> Le général Donovan est complètement débordé et je l'ai aidé à organiser une réunion avec les généraux Groves et McClelland, le colonel Buxton et moi-même, sur des questions touchant Azusa. On y échangea des informations sur le statut du sujet et on décida que pour tout travail à l'étranger, à l'avenir, le général Groves s'adresserait au général Donovan [8].

Quelques jours après cette réunion, Robert Furman rendit aussi visite à l'état-major de l'OSS, où il put interroger le corpulent colonel, de retour depuis peu de la guerre dans la jungle de Birmanie, que Donovan avait choisi pour préparer et diriger l'opération dont l'objectif était d'enlever Heisenberg.

Comme directeur de l'Office of Strategic Services (OSS) le travail le plus difficile de Donovan avait été de se tailler un territoire dans la guerre. Empêché de monter des opérations en Europe par les Anglais et dans le Pacifique par le général McArthur, Donovan resquilla un champ de bataille sur le théâtre qui couvrait la Chine, la Birmanie et l'Inde ; au printemps de 1942, il y envoya un détachement sous les ordres du major (bientôt colonel) Carl Eifler. Peu d'hommes avaient un goût aussi prononcé que lui pour le combat. Pendant les années trente, Eifler avait travaillé comme officier des douanes le long de la frontière mexicaine et fait partie des réservistes de San Diego, où il s'était lié d'amitié avec l'officier responsable local, le lieutenant-colonel Joseph Stilwell, amitié qui survécut au départ de Stilwell comme attaché d'ambassade à Pékin. Versé dans l'active en mars 1941, Eifler commandait une compagnie d'infanterie à Honolulu lorsque les Japonais attaquèrent Pearl Harbor ; le printemps suivant l'OSS le recruta, sur recommandation de Stilwell [9]. Peu après son arrivée à Washington, on l'envoya avec six hommes suivre un entraînement intensif à la guerre clandestine au « Camp X », école mise sur pied par les Britanniques sur la rive canadienne du lac Ontario [10] ; après quoi, on lui confia le commandement du premier détachement paramilitaire de l'OSS envoyé sur le terrain.

Comme on lui demandait son avis sur le nom à donner à la nouvelle unité, Eifler proposa raisonnablement « détachement 1 » ; mais Garland Williams, adjoint du colonel Preston Goodfellow, fit remarquer que cette identification trahirait le fait que l'OSS n'avait rien d'autre en route. Sacrifiant à l'immémoriale tradition des services secrets de toujours brouiller les pistes, Williams proposa d'ajouter cent à ce chiffre ; et lorsque Eifler s'apprêta à partir pour son théâtre d'opération oriental, en mai 1942, ce fut comme commandant du Détachement 101 des Unités spéciales[11]. Il emportait avec lui quarante livres d'un nouvel explosif plastique, appelé composition C, mis au point pour l'OSS par le chimiste George Kistiakowsky. Comme on pouvait traiter ce produit exactement comme de la farine et même le cuire en biscuits, Stanley Lovell, du service de Recherche et Développement, le baptisa « Aunt Jemima[12] ». [Marque commerciale d'une célèbre préparation de pâte à crêpes, NDT.] Avant de quitter Washington, Eifler demanda à Goodfellow si le Département du Trésor avait délivré les autorisations nécessaires pour le transport des explosifs. « Major, nous ne les avons même pas demandées, répondit Goodfellow. Ça nous aurait pris au moins deux ans... Dites, vous étiez bien garde-frontière, autrefois ? La contrebande, ça vous connaît, non[13] ? » Eifler chargea donc la Composition C dans une valise, remplit une autre valise identique de matériel légal et, combinant le culot et les tours de passe-passe, fit passer les explosifs sous le nez des douaniers de New York, de Miami, du Brésil, du Caire et de Calcutta.

Au cours des dix-huit mois suivants, rendant compte de manière irrégulière au général Stilwell, à New Delhi, Eifler se tailla son territoire dans la guerre, au cœur de la jungle birmane. Le Détachement 101 établit un certain nombre de petites bases à l'arrière des lignes japonaises, confiées à des autochtones, les Kachins, qui supportaient très mal l'occupation japonaise ; ces bases étaient approvisionnées par des parachutages réguliers ou grâce à de petits avions qui se posaient sur des pistes sommaires ouvertes dans la jungle ; la guerre d'escarmouches sanglantes que Eifler mena contre les troupes régulières japonaises fut brutale et souvent terrible ; les chefs locaux soupçonnés de collaboration avec les Japonais étaient parfois assassinés et une fois, Eifler demanda un bombardement aérien américain pour raser une prison japonaise où il avait appris que l'on torturait cinq des hommes de son unité, des Anglo-Birmans, pour leur arracher des informations[14].

Eifler lui-même fut blessé lors d'un raid sur une île tenue par les Japonais, en mai 1943. Arrivé par mer avant l'aube, certains des petits bateaux se détachèrent au moment de repartir, bateaux que les Japonais n'allaient pas manquer de repérer lorsque le jour se lèverait ; le major se précipita dans les rouleaux pour les rattraper. La force des vagues le précipita sur un rocher, la tête la première, à deux reprises. Sonné, ensanglanté, épuisé, Eifler réussit tout de même à récupérer les embarcations et à gagner des eaux plus profondes ; une fois sur le pont du navire d'où était partie l'opération, il s'évanouit. Quand il se réveilla, il avait affreusement mal à la tête et un tintement perpétuel dans les oreilles.

Dans les mois qui suivirent, voulant à tout prix rester opérationnel, Eifler se soigna aux pilules et au bourbon, ce qui n'empêcha pas le tintement de persister, ni sa vision de se brouiller par moments ; quant au bourbon, il provoquait un sommeil comateux suivi de périodes d'amnésie. Hospitalisé trois jours à Ledo, un officier de passage de l'OSS, Duncan Lee, put lui rendre visite ; il envoya à Donovan un rapport sur le calvaire d'Eifler et à la fin de l'année (décembre 1943) Donovan arriva au quartier général de son subordonné, à Nazira, en Inde, pour voir lui-même ce qu'il en était[15]. Il comprit tout de suite que le chef du détachement 101 était en danger ; mais lorsqu'il remit en question ses capacités d'administrer et d'organiser — cas typique de l'hôpital qui se fiche de la charité — Eifler le mit au défi de voler jusqu'à l'une des bases de la jungle du Détachement 101, le lendemain, et de vérifier par lui-même comment il menait sa guerre. Donovan accepta ; le macho qui sommeillait en lui rêvait d'une glorieuse incursion à l'arrière des lignes ennemies et il n'allait pas reculer d'un pouce devant l'un de ses propres subordonnés. Le 8 décembre 1943, les deux hommes endossèrent donc des parachutes avant de grimper dans l'un des petits appareils avec lequel Eifler s'était souvent rendu jusqu'à la piste de terre ouverte au sommet d'une montagne à Naw-Bum, à plus de deux cents kilomètres à l'intérieur du territoire contrôlé par les Japonais.

Le vol aller se déroula sans incident. Celui du retour, en revanche, posa problème. Pendant que Donovan épatait les hommes qui faisaient la seule guerre dans laquelle il était engagé avec les récits de ses mémorables faits d'armes, Eifler examina la piste. Il s'était souvent plaint que le moteur de son appareil manquait de puissance pour assurer les décollages courts qu'exigeaient les pistes réduites et cahoteuses de la jungle. Le problème se compliquait du fait du gabarit du pilote et de son passager, qui dépassaient tous les deux les cent kilos. Eifler prit des repères ; à partir d'un certain endroit, il ne pourrait plus s'arrêter à temps pour éviter les arbres ; un peu plus loin, il fallait impérativement avoir décollé s'il voulait passer par-dessus ; juste au-delà de ce deuxième point, il lui restait la possibilité de virer sèchement sur l'aile à travers une trouée dans la forêt, et de franchir la crête d'une colline tombant vers une rivière en contre-bas.

Au moment de partir, Eifler lança le moteur à fond tandis que les hommes de la base retenaient l'appareil, ne le lâchant que sur un signe d'Eifler. C'était le moment ou jamais de se signer. Piste défoncée, passagers trop lourds, moteur trop faible — ils franchirent le point de non-retour. L'avion ne s'éleva qu'au tout dernier instant ; Eifler vira, s'engouffra dans la brèche et ne put redresser l'appareil qu'à un ou deux mètres au-dessus de la rivière. Le moment ou jamais de lâcher un long soupir. Lorsqu'il eut pris de l'altitude, il repassa au-dessus du camp pour un battement d'ailes avant de retourner vers l'Inde et la sécurité de la civilisation.

Une fois au sol, Donovan lui dit : « Vous avez bien cru ne pas y arriver, hein ? » Eifler était cinglé, mais pas suicidaire ; il avait pensé pouvoir le faire.

Donovan appréciait Eifler pour son courage, mais le subterfuge ne marcha pas. Le lendemain, il lui déclara qu'il avait besoin de lui aux États-Unis. Il lui raconta une histoire mirobolante — une mission importante à Washington afin de remonter le moral des troupes avec un rapport enthousiaste arrivant directement du front, « briefing » des antennes de l'OSS en Europe, promesse qu'il conserverait toujours le commandement du Détachement 101. Un bon soldat sait toujours quand il doit obéir. A la vérité, Donovan avait pris sa décision avant d'arriver en Inde, car trop de rapports émanant de Birmanie disaient la même chose : Eifler marchait au bourbon. Ça n'empêcha pas Donovan de le choisir pour diriger une mission à la fois dangereuse et politiquement délicate, au début de 1944. Pourquoi[16] ?

C'est dans la personnalité d'Eifler que réside une bonne partie de la réponse. Il représentait le type même du guerrier que préférait Donovan, un homme doué d'un courage fabuleux et d'une détermination sans faille. Pendant sa brève période d'entraînement au Camp X, au Canada en 1942, un instructeur britannique l'avait blessé accidentellement en tirant sur une machine agricole rouillée abandonnée dans un champ ; des fragments d'acier pénétrèrent dans la jambe d'Eifler, qui essaya de les retirer avec un canif ; c'et finalement un chirurgien qui dut achever le travail. Il s'était écrasé lors de l'un de ses atterrissages dans la jungle et s'en était tiré. C'était un tireur d'élite, en qui ses amis avaient suffisamment confiance pour se faire arracher la cigarette de la bouche d'un coup de pistolet. Ce genre de choses crée une légende. Lorsqu'il revint à Washington, on l'avait déjà chargé d'une mission (qui n'avait finalement pas eu lieu) où il s'agissait de supprimer quelqu'un — l'assassinat du généralissime Tchang Kaï-chek, à la requête du général Stilwell. Donovan lui en donna une autre.

Elle lui fut soumise sous forme de question. Un matin, à la fin du mois de février 1944, on présenta Eifler, dans un bureau de l'OSS à deux pas de celui du directeur, à un jeune major de l'Armée aux cheveux roux et au visage d'une impassibilité frappante. A l'époque, Robert Furman avait discuté du cas Heisenberg avec Oppenheimer et bon nombre d'autres scientifiques, Niels Bohr y compris. Mais c'était un physicien anglais de passage, James Chadwick, qui avait confié à Furman que Heisenberg était « l'Allemand le plus dangereux de tous dans ce domaine, à cause de la puissance de son cerveau[17] ». Cette expression dut frapper Furman, car il fit souvent par la suite allusion au danger que représentait « le cerveau d'Heisenberg[18] ».

Au cours de sa conversation avec Eifler, Furman ne dressa que le plus sommaire des tableaux : il lui dit qu'un certain savant allemand, responsable d'un certain programme de recherche, présentait un danger substantiel pour les Alliés. On était des deux côtés engagés dans une course à un nouveau genre de bombe, et on redoutait que les Allemands n'arrivassent les premiers [19]. Le nom de Werner Heisenberg ne disait rien à Eifler. Il sauta tout de suite à la conclusion, pour lui évidente : « Vous voulez que je vous en débarrasse ? [20]

— Absolument pas, répondit Furman. Le cerveau de cet homme compte beaucoup dans cette affaire. Il est beaucoup trop important, c'est un grand scientifique [...] notre but est d'empêcher l'ennemi d'utiliser son cerveau. Nous voulons le kidnapper, si c'est possible... Colonel Eifler, pensez-vous que vous pourriez enlever cet homme et nous le ramener [21] ? »

Eifler répondit que oui.

« Mon Dieu, soupira Furman, on a finalement trouvé quelqu'un pour accepter [22]. »

Lorsque Eifler lui demanda qui avait la responsabilité de ce cirque, la réponse de Furman fut qu'il n'avait pas besoin de le savoir. « Il y a cependant une chose que je peux vous dire, c'est que vous êtes celui qui avez le grade le moins élevé dans le projet [23]. » Eifler en déduisit que l'enlèvement d'Heisenberg n'était qu'un détail dans une affaire bien plus importante. A lui d'organiser les détails de ce détail.

Le visage de Furman commençait à être connu dans les couloirs de l'OSS ; sa demande d'information sur le lieu de résidence d'une trentaine de scientifiques allemands, transmise par câbles sur une période de plusieurs semaines à partir du début de décembre 1943, donnait des fruits depuis quelque temps. Le colonel Dix de la section technique du Secret Intelligence Branch (Service des renseignements secrets) envoyait régulièrement des informations au quartier général du Projet Manhattan par un courrier ; mais lorsque quelque chose paraissait important, en particulier tout ce qui se rapportait aux précisions sur les scientifiques de la liste de Furman, Dix téléphonait et Furman se déplaçait lui-même. L'OSS avait des ordres très stricts et devait mettre de côté tout ce qui concernait l'énergie atomique sous le nom de code AZUSA, mettre aussi peu de monde que possible dans le secret, n'identifier Furman devant personne, ne faire aucune référence à Groves ou au Projet Manhattan (MED). Les secrétaires du bureau de Dix, néanmoins, savaient ce qui se passait, et bientôt Eifler fut également au courant. Avec quelques questions précises posées à d'autres officiers de l'OSS après le départ du major, il apprit que l'opération était sous le commandement du général Leslie Groves, que Furman était l'adjoint personnel de ce dernier, que le projet avait quelque chose à voir avec « le fractionnement de l'atome » et qu'il lui revenait à lui, Eifler, de trouver le moyen d'entrer en Allemagne par la Suisse et d'en ramener Heisenberg. En quelques jours, il eut mis un plan sur pied.

Il revenait à Furman de donner à Eifler les détails opérationnels qui lui permettraient d'identifier Heisenberg, de le trouver sur la carte, de disposer d'assez d'informations sur ses habitudes quotidiennes pour organiser son enlèvement, bref, tout ce qu'il fallait savoir pour une pénétration du territoire ennemi en temps de guerre. Le nom et l'adresse n'étaient que le plus élémentaire des débuts. Le 29 février, Furman écrivit à Oppenheimer, à Los Alamos :

Cher Dr Oppenheimer,
Confirmant les dispositions prises dans nos récentes conversations, je vous rappelle que d'autres personnes du laboratoire devront être interrogées sur les sept scientifiques, leurs caractéristiques, leur aspect physique, leurs habitudes, et que cela devra être fait de manière banale, de façon à ne pas provoquer une gênante curiosité. Ces informations nous aideront beaucoup et devront nous être envoyées telles quelles, même si elles paraissent fragmentaires et incomplètes. Nous souhaiterions aussi beaucoup avoir des photos des scientifiques allemands, avec la date et le lieu où ont été pris les clichés et les noms des personnes. Elles seront immédiatement tirées et retournées intactes [...]
Des développements récents nous permettent de penser que nous allons bientôt disposer d'informations émanant de sources ennemies. J'aimerais être sûr que toutes les réflexions et informations qui pourraient provenir de l'équipe de votre laboratoire me seront envoyées, et que je puis vous faire parvenir, pour évaluation, les faits négatifs ou positifs que nous obtiendrions [24].

Si Eifler nourrissait encore les moindres doutes sur le sérieux de l'opération envisagée, la réunion tenue dans le bureau du directeur, la première semaine de mars, se chargea de les dissiper. Quatre hommes étaient présents : Donovan, son principal adjoint Ned Buxton, Joseph Scribner, le banquier de Pittsburgh qui dirigeait le service des opérations spéciales, et Eifler. Ce dernier avait déjà une esquisse de plan ; il pensait avoir besoin d'une douzaine d'hommes et voulait faire venir les deux premiers du Détachement 101, toujours en Birmanie : le colonel G. N. « Wallie » Richmond et le capitaine Vincent Curl. Donovan approuva immédiatement les deux transferts. Eifler proposa ensuite de déguiser l'opération en Suisse et d'en faire une étude du contrôle des frontières tel qu'exercé par un pays neutre en temps de guerre. Il possédait une expérience de douanier et il envisageait de recruter le reste de son équipe parmi les officiers des douanes qu'il avait connus avant la guerre ; ils constitueraient un soutien idéal pour sa couverture. Après avoir reçu l'entraînement classique de tout OSS, l'équipe irait en Suisse à partir de Londres, puis rôderait le long de la frontière avec l'Allemagne jusqu'à ce que se présente un moment favorable pour passer. Les détails de l'enlèvement viendraient plus tard. Le plus difficile serait de faire passer Heisenberg du territoire helvétique en zone alliée. Eifler avait pensé que le meilleur moyen consistait à faire atterrir un petit avion militaire américain dans une vallée perdue de Suisse, d'où il repartirait avec Eifler et Heisenberg à bord.

A ce stade, Buxton présenta deux objections. Un avion de l'Armée américaine constituerait une violation flagrante de la neutralité suisse et déclencherait inévitablement de violentes protestations. Sans l'exclure pour autant, il fit observer que c'était une question sérieuse et délicate. Mais jamais, au grand jamais, Heisenberg ne devait poser le pied en Angleterre ; il fallait garder les Britanniques complètement en dehors de ce coup. En quittant la Suisse, Heisenberg devait être remis entre des mains américaines, c'était absolument essentiel. Eifler ignorait tout de la guéguerre qui régnait entre Donovan et le SIS britannique sur la conduite d'opérations clandestines en Europe du Nord ; à chaque fois, il lui fallait demander l'autorisation, presque la mendier[25]. Il refusait de demander l'agrément des Anglais pour quelque chose d'aussi délicat que l'enlèvement d'un scientifique allemand mondialement connu.

Eifler ne commenta pas cette interdiction et l'accepta telle quelle. Pensant à voix haute, il dit alors que dans ce cas, on pourrait peut-être gagner un aérodrome américain du sud de l'Italie, mais qu'il faudrait alors refaire le plein en Suisse, ce qui poserait de sérieux problèmes de logistique. Il valait mieux se rendre au-dessus de la Méditerranée, et que lui et Heisenberg fussent largués en parachute avant d'être recueillis par un sous-marin américain qui pourrait ramener le savant directement aux États-Unis. Donovan, Buxton et Scribner trouvèrent que ce plan tenait debout. Personne ne fit la remarque, ou même ne nota, que cette opération était extrêmement risquée. Il n'y avait pas besoin d'un professionnel de l'évaluation des risques pour comprendre que les chances étaient déjà faibles de voir Heisenberg survivre à son kidnapping en Allemagne, à une marche forcée pour se rendre en Suisse, à un embarquement secret dans un appareil américain, et enfin à un parachutage au-dessus d'un point n'existant que sous forme de coordonnées — en admettant encore que le sous-marin soit exact au rendez-vous. La survie d'Heisenberg, comprit Eifler, n'était indubitablement pas la plus grande priorité de la mission.

« Bon, d'accord, dit-il. Je l'ai ramené en Suisse, nous sommes prêts à le faire sortir, mais je suis sur le point d'être arrêté par la police helvétique. Qu'est-ce que je fais ?

— Vous empêchez l'ennemi de profiter de son cerveau, répondit Buxton.

— Je ne vois qu'une manière d'y parvenir, le tuer. Bon, je le tue, et la police suisse m'arrête. Qu'est-ce qui se passe ?

— Rien. Nous n'avons jamais entendu parler de vous[26]. »

Une fois en Allemagne, Eifler était livré à lui-même. S'il avait des ennuis, personne ne viendrait à la rescousse. En revanche, jusqu'à ce Rubicon, il bénéficierait de tout le soutien imaginable. Donovan lui accorda une extraordinaire liberté de manœuvre, rompant en cela toutes les règles de procédure de l'OSS : il n'aurait qu'à s'identifier aux responsables locaux de l'OSS, sans avoir à leur rendre compte. Il rédigerait ses ordres de mission et partirait à sa guise, par le moyen de son choix, et expédierait ses hommes ici et là avec la même princière liberté. Il communiquerait avec Washington de la manière qui lui conviendrait le mieux, et aucun responsable local de l'OSS n'aurait un droit de regard sur ses câbles ou les documents envoyés par la valise diplomatique. Son principal travail, selon la formule qu'il aida à mettre au point, consisterait à « exécuter les missions spéciales dont il pourrait être directement chargé par le directeur de l'OSS », ce qui sous-entendait qu'il recevrait ses instructions verbalement. Donovan se chargeait de faire dégager « cent mille dollars pour la mission » par les Fonds spéciaux, chiffre rond qui indiquait que Eifler serait libre de dépenser tout ce qu'il jugerait nécessaire.

La latitude que lui laissaient ces instructions est à peu près unique dans l'histoire de l'OSS en temps de guerre. Le 7 mars 1944, Scribner, avec l'aide d'Eifler, coucha sur le papier, dans un mémorandum de trois pages, ce qui était le résultat d'une semaine de discussions. Le lendemain, partaient des copies destinées aux six commandants de théâtre de l'OSS, y compris David Bruce à Londres et Edward Glavin en Italie ; la lettre d'accompagnement précisait sans détours que la liberté d'action exceptionnelle dont jouissait Eifler allait à l'encontre de toutes les règles et que les choses ne se passeraient « en douceur » que si le « problème évident des relations humaines » était résolu par une « complète coopération ».

Du fait de la nature de certaines opérations qui peuvent avoir lieu, il n'est pas exclu que le général souhaite procéder en les mettant entièrement sur pied lui-même [...] On reconnaît que cette disposition soulève un délicat problème de relations [à savoir : qui commande ?], mais le général Donovan m'a demandé de vous faire savoir qu'il a parfaitement conscience de ce problème et qu'il espère que vous saurez le résoudre avec le colonel Eifler.

J'ai reçu comme instruction de la part du directeur de vous dire que vous devez communiquer directement avec son bureau ou avec le mien [celui de Scribner aux opérations spéciales] directement, dans le cas où, après l'arrivée d'Eifler sur votre théâtre d'opération, quand vous aurez eu l'occasion de parler de sa mission dans un état d'esprit ouvert, il y aurait des raisons ou des faits qui rendraient sa mission, telle qu'elle vous aura été décrite, impossible à mener sur le terrain.

J'ajouterai que le directeur considère la mission d'Eifler comme dotée de la plus grande priorité et de la plus grande importance, et que l'on comprend très bien, ici, qu'elle présentera certainement de grandes difficultés. Mais Donovan m'a demandé de vous rappeler que tout doit être mis en œuvre pour que cette mission soit rendue possible.

PS. Le général Donovan a lu et approuvé cette lettre[27].

L'enlèvement et l'assassinat sont loin d'être des tâches de routine, même en temps de guerre, et les mots eux-mêmes ne furent que très rarement écrits noir sur blanc par l'OSS ou le bureau de Groves. Le jour même où Scribner et Eifler mettaient au point l'ordre d'opération, le 7 mars, Furman préparait pour Groves un long rapport sur « les activités de l'ennemi ». La lettre d'accompagnement recommandait un effort pour « obtenir des renseignements de première main de l'un de ceux qui sont actuellement engagés dans le programme de recherche de l'ennemi ». Ces formulations obscures nécessitent une relecture [28]. L'OSS se montrait tout aussi prudent. Toute tentative pour dissimuler l'opération sous une étiquette vague du genre « mission spéciale » n'aurait fait que soulever la curiosité, mal endémique dans tous les services de renseignements. Pour maintenir une sécurité absolue, Groves voulait que Donovan imaginât une couverture interne — une mission nominale que les agents traitant les opérations de routine accepteraient comme étant plausible. En janvier, Stanley Lovell avait suggéré à Donovan de mettre sur pied une « Unité d'Essais stratégiques » pour faire la démonstration de certains des gadgets mis au point par le service de Recherche et Développement et destinés à la guerre clandestine ; des instruments comme « la taupe », système explosif qui ne se déclenchait qu'après être passé dans le noir soudain d'un tunnel [29].

S'appuyant sur cette idée, on donna donc à Eifler comme mission nominale la responsabilité de faire le tour du monde avec la batterie complète des « joujoux et bidules » de Lovell [30], afin de former les antennes de l'OSS à leur utilisation. Le matériel spécial comprenait des « taupes », des mines-ventouses, des détonateurs-retard, des batteries de lampe-torche comprenant un compartiment où cacher un message, du papier qui ne laissait pas de cendres en brûlant, des stylos explosifs, des bagages à double fond [31]. Eifler fit effectivement la démonstration de ce matériel en Angleterre, en Italie, en Afrique du Nord et en Inde au cours des mois suivants, mais une partie de ce matériel convenait fort bien à sa mission en Allemagne : mitraillettes équipées de silencieux, un nouveau pistolet calibre .22 à silencieux mis spécialement au point pour les assassinats par Lovell, des « pastilles de mort soudaine » comme on en procurait d'ordinaire aux hommes envoyés derrière les lignes de l'ennemi. La mission nominale permettait d'éviter les questions sur cette unité secrète voyageant librement en Europe, accompagnée d'une panoplie impressionnante d'engins tous plus mortels les uns que les autres.

Avant de quitter Washington pour la Côte Ouest, où Eifler avait décidé de recruter son équipe, il s'arrêta au bureau de Stanley Lovell pour y mettre au point la liste des « joujoux et bidules » de sa mission de couverture. Lovell lui dit qu'il lui procurerait en outre du « personnel scientifique spécialement entraîné [32] », emprunté à Harris Chadwell, patron de la Division 19 du Bureau de Recherche et Développement mis en place par Vannevar Bush en avril 1943 afin de procurer « des armes diverses » à l'OSS[33].

Eifler mentionna un point particulier. Il expliqua à Lovell que le poison botulique *(clostridium botulinum)* reçu par le Détachement 101 dans le but d'assassiner des officiers de l'armée japonaise était inefficace : il l'avait essayé, sans résultat, sur un âne. Lovell lui répondit que l'âne était l'une des rares créatures de Dieu capables de résister au *botulinum*. Chez la plupart des autres animaux, il provoque une paralysie des poumons et ne laisse aucune trace après la mort du sujet. C'était une arme parfaite ; pourvu que la victime mourût sans qu'un médecin ne remarquât la paralysie des poumons, il était impossible de prouver l'intention meurtrière. Bref, *clostridium botulinum* aurait été idéal pour faire disparaître Tchang Kaï-chek, comme l'avait demandé Stilwell[34].

Une fois à San Francisco, Eifler recruta l'un de ses vieux camarades des douanes, Lee Echols, engagé dans la marine depuis le début de 1943 et en poste au centre de réparations navales de Mare Island. Echols commença par dire qu'il se croyait prisonnier sur son île ; par deux fois, son supérieur hiérarchique avait repoussé sa demande de transfert pour le service en mer. « Je peux te sortir d'ici en trois semaines, bon sang[35] ! » lui répondit Eifler — ce qu'il fit. Echols recruta à son tour dix hommes parmi les anciens des douanes et vint à Washington. Au cours des trois mois suivants, le groupe suivit la formation de l'OSS dans différents centres autour de la capitale fédérale. Eifler avait dit à Echols que leur mission consistait à se rendre en Allemagne, sans préciser quelle était leur cible ; quant aux autres, ils savaient seulement qu'ils venaient de s'engager pour une mission dangereuse.

Lorsque Eifler partit pour l'Angleterre à la fin mars, Donovan lui avait personnellement demandé d'adresser tous ses câbles et son courrier à Buxton « pour des raisons de contrôle de sécurité[36] ». Eifler avait nommé Floyd R. Frazee au poste d'adjoint responsable de la formation et des détails techniques d'organisation, en attendant son retour et accepté que « l'Unité Eifler » fût rebaptisée « Field Experiment Unit » (Unité d'expérience sur le terrain)[37]. La véritable mission, celle qui avait pour but l'enlèvement d'Heisenberg, ne reçut jamais de nom de code, mesure inhabituelle pour protéger le secret à l'intérieur d'un service.

Une fois en Grande-Bretagne, Eifler procéda à la démonstration des « joujoux » de Lovell à l'intention des agents de l'OSS de l'antenne, et parla brièvement de sa mission avec David Bruce. Eifler n'avait jamais rencontré Allen Dulles, chef de l'antenne de l'OSS à Berne, mais ses collègues de Londres lui dirent qu'il n'avait aucun goût pour les opérations clandestines trop audacieuses et s'opposait farouchement à l'envoi d'agents secrets en Allemagne par la frontière avec la Suisse. Eifler en conclut qu'il ne pourrait rien faire si Dulles était mis au courant de sa véritable mission et décida de ne lui parler que de celle qui constituait sa couverture : il amenait des spécialistes des douanes pour étudier le contrôle des frontières, un point c'est tout. Eifler avait adopté un code moral qui se réduisait à un seul principe : la mission d'abord. Transgresser la loi, mentir à des collègues de l'OSS, enlever un scientifique allemand et le tuer si nécessaire, tout lui était permis si c'était pour atteindre son objectif final [38].

Au cours des deux mois suivants, tandis que Frazee veillait à l'entraînement de la douzaine de recrues aux États-Unis, Eifler voyagea ; il quitta Londres pour Alger à la mi-avril, d'où il écrivit à Donovan, lui faisant part de ses plans ; puis il fit un tour rapide en Italie, se retrouva au Caire au début de mai, et arriva finalement en Inde, au quartier général du Détachement 101, au milieu du mois. Là, il remit officiellement le commandement du Détachement 101 au colonel John Coughlin et, sur instruction envoyé par câble par Ned Buxton le 1er juin, se prépara à revenir à Alger.

Pendant sa tournée de huit semaines, Eifler resta sans nouvelles de sa mission réelle. Les premières informations avaient cependant commencé à filtrer en Suisse, grâce aux agents d'Allen Dulles, avant d'être suivies d'un flot régulier de rapports télégraphiés ; l'un d'eux établissait enfin l'endroit où l'on pouvait trouver Heisenberg. En collaboration étroite avec l'OSS, Furman tentait de contacter les scientifiques qui se trouvaient à Rome, encore occupée par les Allemands. Eifler ne savait rien de tout cela.

Quelques jours avant de quitter New Delhi, le 16 juin, Eifler écrivit une lettre de trois pages à Donovan : le rapport sur ses démonstrations des « joujoux » de l'OSS en une douzaine d'endroits différents, de l'Italie à l'Inde. Ainsi le concluait-il : « Je n'ai eu aucune nouvelle information sur mon éventuel passage dans le Pays X, et je n'ai fait aucune tentative dans cette direction, ne sachant pas ce que vous souhaitez à l'heure actuelle [39]. »

CHAPITRE 25

La guerre n'affectait que peu la Confédération helvétique. La peur d'une invasion allemande ne s'estompa définitivement que vers la fin des hostilités, mais le black-out nocturne, ordonné lors de leur déclenchement en septembre 1939, ne dura pas longtemps. Les Suisses entendaient souvent le bourdonnement des bombardiers anglais survolant leur pays à haute altitude pour prendre un raccourci vers quelque cible en Allemagne ou en Italie ; à plusieurs reprises, des bombes touchèrent le sol helvétique. Ces accidents cessèrent dès que fut levé le black-out. La Suisse, pour les pilotes des bombardiers, devint alors un îlot de lumière au cœur de l'océan Europe plongé dans l'obscurité.

Le lendemain du débarquement allié en Afrique du Nord, en novembre 1942, les Allemands occupèrent la zone restée libre en France et fermèrent la frontière avec la Suisse. Parmi les derniers à la franchir se trouvait Allen Dulles qui, grâce à un officier français ami, réussit à monter dans un train de nuit, évitant de peu d'être pris par les Allemands [1]. En dépit de leur isolement au cours des deux années suivantes, les Suisses continuèrent de bénéficier d'un accès, bien que limité, au reste du monde, à travers la France, l'Espagne et le Portugal, en échange d'un droit de passage pour des trains de marchandises scellés entre l'Allemagne et l'Italie. Les Allemands avaient promis que ces trains ne transporteraient pas de fournitures militaires, et les Suisses avaient promis de ne pas vérifier ; c'est ce qui fit que l'économie helvétique continua à recevoir du sucre blanc, du thé, du café et d'autres denrées alimentaires qui avaient disparu des rayons des magasins partout ailleurs en Europe ; même les vins français et le whisky anglais ne connurent aucune rupture d'approvisionnement [2].

Il y avait néanmoins quelque chose que les Suisses partageaient avec le reste de l'Europe : le froid. Le gouvernement avait imposé, dès le premier jour de la guerre, un strict rationnement sur les combustibles qui se réduisit à un approvisionnement d'un quart de ce qu'il était auparavant [3] ; il ne faisait pas très chaud dans l'appartement élégamment meublé qu'occupait Allen Dulles au 23 Herrengasse dans la vieille ville de Berne, quartier médiéval charmant inscrit dans une boucle de l'Aar. Au cours de l'hiver 1943-1944, on faisait de l'espionnage en gros chandails et caleçons longs. Les quatre employés au code du quartier général de l'OSS du 24-26 Dufourstrasse étaient souvent à demi gelés dans leur petite pièce du deuxième, tandis qu'ils transcrivaient les longs messages comportant l'indication AZUSA émanant de Whitney Shephardson et Joseph Scribner, à la maison mère, à Washington. Le premier date du 10 novembre 1943, et tous étaient adressés personnellement à « 110 », numéro de code d'Allen Dulles, et demandaient les coordonnées d'une série de noms de code, pas plus de deux ou trois par message : Lorenz, Haas, Goethe, Ernst, Christopher, Breit, Ludwig, Lender, Otto. Le câble qui suivait rapidement permettait l'identification. Lorsque le dernier arriva, le 29 décembre 1943, la liste était de trente-trois noms. A l'exception des trois premiers, des Italiens, les autres étaient tous allemands. Il s'agissait d'un véritable *Who's who* de la physique et de la chimie allemandes avant la guerre, constitué par les amis et les collègues d'avant septembre 1939 ; c'était les noms de ceux qu'ils auraient choisis, *eux*, s'ils avaient eu à fabriquer une bombe atomique pour l'Allemagne.

Des rumeurs de *Wunderwaffe* (les supposées « armes fantastiques » qui faisaient les choux gras de la propagande nazie, à la fin de 1943) passaient souvent par le bureau d'Allen Dulles, au deuxième étage de la Dufourstrasse. Dulles faisait preuve d'une patience infinie devant les porteurs des rapports les plus vagues. Ses dossiers de l'OSS sont remplis de notes tapées à la machine, brèves, courtoises, adressées à des hommes d'affaires suisses, à des expatriés américains, à des émigrés allemands, à des nobles italiens sans le sou, aux inventeurs d'un mouvement perpétuel, et à une liste interminable d'amis de vieux amis qu'on lui avait envoyée — bref, de tous ceux qui auraient pu lui apporter la moindre information. Il avait la conviction que le renseignement exige un esprit ouvert, et il mettait un point d'honneur à être accessible. Loin d'en vouloir aux journaux suisses qui avaient signalé son arrivée, en novembre 1942, comme « représentant personnel du président Roosevelt », il fit même disposer, sur le devant des deux petites maisons trapues de Dufourstrasse qu'il choisit comme quartier général, un panneau qui, s'il n'était pas très grand, n'en était pas moins bien visible, et sur lequel on lisait : « Allen W. Dulles, Assistant spécial de l'Ambassadeur américain[4]. »

Dulles ne recruta pas d'espions à la manière classique ; ce sont eux qui vinrent à lui, et parmi les rapports qu'on lui fit, il y en eut qui concernait des histoires de bombes volantes, de fusées et de nouveaux explosifs révolutionnaires. D'après Stanley Lovell, c'est un télégramme de Dulles de juin 1943 qui déclencha une bruyante sonnerie d'alarme à Washington ; il y était question d'un centre de recherches sur les fusées à Peenemünde, et d'un chargement d'eau lourde en provenance de Norvège[5]. L'association ainsi formée entre les bombes atomiques et les fusées ne disparut jamais tout à fait, pour l'évidente raison que les fusées, aussi dangereuses qu'elles fussent pour les civils habitant les villes, ne constituaient pas de réelle menace militaire tant qu'elles étaient chargées en explosifs conventionnels. Une fois clairement établi que les Allemands disposaient de fusées, le cauchemar d'un Hitler les armant de bombes atomiques continua à hanter les esprits jusque dans les derniers mois de la guerre.

Dulles ne manqua jamais de rapports sur les nouveaux explosifs allemands. L'un d'eux, daté du 28 octobre 1943, provenait d'un agent de l'OSS, analyste en économie au consulat américain de Zurich qui signait tous ses rapports « 493 » : Frederick Read Loofbourow, un dirigeant de la compagnie pétrolière Standard Oil Company of New Jersey envoyé en 1942 en Suisse par le Conseil d'Economie de Guerre afin de rassembler des informations sur la production allemande de pétrole. Ce conseil supprimé et Loofbourow au chômage, Dulles l'engagea et lui confia des tâches très diverses jusqu'à la fin de la guerre[6]. Un agent, que l'on ne connaît que sous le pseudonyme de « Mr. Berg », avait signalé à Loofbourow, un peu plus tôt dans l'année, que l'on avait concentré dans un certain nombre de villes de l'Allemagne du Nord plusieurs usines et des centaines d'ouvriers

> ... à la périphérie de la lande de Lüneburg. D'après ce qu'il a entendu dire, ils travaillent, dans d'immenses usines souterraines, à la fabrication d'un nouvel explosif pour des bombes aériennes. Il a même appris que le contenant de cet explosif aurait une forme sphérique. On construit un grand nombre de pistes d'atterrissage dans cette région, avec une lenteur calculée et avec des procédés particuliers pour en éviter la détection depuis les airs ; elles sont destinées à accueillir les avions qui viendront charger les nouvelles bombes avant d'aller les lancer sur l'Angleterre[7].

De tels rapports se trouvaient régulièrement inclus dans les câbles que Dulles envoyait à Washington. Mais les demandes d'information sur les trente-trois scientifiques qu'il reçut dans les dernières semaines de 1943 le confrontaient à un nouveau problème, d'une échelle, en outre, sans précédent. Il se tourna donc vers un scientifique suisse déjà en contact avec les Britanniques, le physicien Paul Scherrer, professeur depuis 1920 à la *Eidgenossische Technische Hochschule* (Collège technique fédéral) de Zurich, auquel on se réfère toujours pas ses initiales, ETH[8]. Les deux hommes ne tardèrent pas à établir des relations solides et c'est par ce canal qu'au cours de l'année suivante, l'OSS recueillit la plus grande partie de ses informations sur le programme allemand de bombe atomique.

Scherrer ne fut jamais un espion au sens classique du terme, ni même un agent, à proprement parler, d'Allen Dulles ou de l'OSS. Il ne demandait rien, on ne lui paya pas un centime, et n'eut jamais droit à la moindre reconnaissance officielle. C'était simplement un ami de la cause des Alliés qui fit ce qu'il put pour les aider. Cette aide ne se limitait pas à des informations ; il conçut un appareil de radiographie élaboré qui permettait d'examiner les trains allemands et de vérifier qu'ils ne transportaient pas de cargaison militaire ; pendant l'été 1944, il suggéra une nouvelle idée pour aider les bombardiers alliés à trouver leurs cibles [9]. Mais les idées brillantes pour gagner la guerre ne manquèrent jamais ; ce que Scherrer avait de plus précieux à offrir restait ce qu'il savait des scientifiques allemands, les hommes avec lesquels il avait travaillé au cours des années vingt et trente. N'ayant jamais lui-même compté parmi plus grands, Scherrer n'en était pas moins un physicien de talent dont l'institut fonctionnait bien ; il disposait de fonds pour organiser des colloques et inviter des conférenciers, et connaissait tout ce qui comptait dans le monde des physiciens d'avant-guerre.

Né à Herisau en 1890, Scherrer avait commencé par s'intéresser aux affaires, puis à la botanique, pour se consacrer ensuite à la physique et aux mathématiques ; peu avant la première guerre mondiale, il vint dans la tranquille ville universitaire de Göttingen, où il déclara avoir trouvé « une vie intellectuelle d'une insurpassable intensité [10] ». Parmi ses camarades d'études, il y eut Richard Courant, de deux ans plus âgé que lui et appelé sous les drapeaux à la déclaration de guerre, en août 1914 ; exempté par sa nationalité suisse, Courant le recruta néanmoins en 1915 pour l'aider à mettre au point un système de « télégraphie terrestre », à savoir une technique de communication à longue distance utilisant la terre comme canal pour les signaux électromagnétiques. Courant s'était rendu compte, dans les tranchées du front occidental, que les fils du télégraphe ne résistaient pas longtemps sous les bombardements de l'artillerie, et il persuada l'armée de financer la recherche d'une solution alternative. Ce n'était pas la guerre de Scherrer, mais il n'eut pas de scrupule à aider Courant et l'Allemagne. Au cours de l'été de 1915, il passa trois semaines à construire un appareil de télégraphie par terre de faible encombrement et d'une portée de deux kilomètres, que Courant put ramener avec lui sur le front [11].

Il eut pour autre ami et mentor, à Göttingen, le physicien hollandais Peter Debye. En 1916, Scherrer passa son doctorat sous la direction de Debye, et suivit celui-ci à l' ETH de Zurich quelques années après la guerre. Il passa ensuite toute sa vie professionnelle dans la ville suisse [12]. Il devint directeur de l'institut lorsque Debye quitta le poste pour aller à Leipzig, en 1927. Le prestige de sa situation et son brio personnel firent peu à peu de lui un personnage qui comptait. Il épousa Ina Sonderregger, en dépit des réserves émises par ses riches parents et se tailla une réputation de *bon vivant* et de brillant conférencier ; les étudiants parlaient du « cirque Scherrer » à propos de l'institut [13].

Parmi les amis aimant à vider une bouteille avec lui, figurait Wolfgang Pauli, que Scherrer avait recruté en avril 1928. Heisenberg, à qui l'on avait également offert le poste, préféra suivre Debye à Leipzig. La fin des années vingt fut une période difficile pour Pauli ; un bref mariage se termina en divorce en 1930. Un temps, il s'adonna à la boisson et passa bien des soirées à s'enivrer avec Scherrer, allant progressivement des établissements chics de la ville aux bars des quartiers les plus louches[14]. L'alcool était l'une des faiblesses de Scherrer ; l'autre était les femmes. L'épouse du physicien Hermann Wey! ne fut que l'une de celles dont il s'éprit, et le cours d'introduction à la physique de l'ETH accueillait souvent au premier rang les *belles* de Zurich, venues pour assister aux spectaculaires expériences de Scherrer, mais aussi pour admirer le professeur[15].

Scherrer n'a pas laissé à ses contemporains l'impression de s'intéresser particulièrement à la politique ; ce n'était certainement pas, en tout cas, une passion dévorante chez lui. En 1938, Otto Hahn n'hésita cependant pas à lui demander d'aider à trouver un refuge pour une collègue juive, Lise Meitner[16], et d'autres Juifs allemands trouvèrent une place à l'institut de Scherrer à Zurich. L'un des premiers arrivés, après l'expulsion des Juifs des université en avril 1933, fut Walter Elsasser ; il venait tout juste d'entreprendre l'escalade du long escalier droit conduisant au bâtiment de physique, lorsqu'il vit apparaître la figure lunaire de Pauli en haut des marches. « Elsasser ! lui cria Pauli. Tu es le premier à grimper cet escalier. Je vois bien que dans les mois à venir ils seront nombreux, ceux qui en feront autant[17] ! » Tous ne furent pas accueillis. Le prétexte était partout le même : si peu de postes, tant de Juifs ! Scherrer trouva de la place pour au moins deux, le jeune Juif hollandais Piet Corudis Gugelot et Hans-Gerhard Heine[18].

Mais même la Confédération helvétique ne paraissait pas un havre suffisamment sûr, alors que la Wehrmacht se ruait vers l'ouest, au printemps de 1940. A l'ETH, Pauli ne se sentait pas en sécurité ; Juif de Vienne (mais l'Autriche faisait partie de l'Allemagne depuis l'Anschluss), il redoutait des problèmes de passeport et l'expulsion. Au cours de l'été de 1940, peu après l'effondrement de la France, Pauli et sa deuxième femme, Franca, partirent pour les États-Unis. Scherrer les accompagna jusqu'à la gare de Vienne, où Pauli lui rendit son trousseau de clefs de l'institut ; au moment où le train s'ébranlait, Scherrer, triste et furieux, jeta le trousseau sur le toit de la voiture[19]. Le physicien suisse n'a laissé aucun mémoire sur cette période, en un temps où l'on pouvait légitimement se demander si Hitler n'allait pas réussir, comme il s'en était vanté, à créer un Reich de mille ans ; mais ses sentiments, deux ans plus tard, étaient clairs. Dans un câble, envoyé par Allen Dulles à Washington le 19 novembre 1943, on lit en effet : « Scherrer [...] est ouvertement un ami des Alliés[20]. » Il devint très peu de temps après une des sources les plus sûres de l'OSS, si fréquemment cité dans les télégrammes de Dulles sur les scientifiques allemands qu'on lui donna un nom de code (« Flute »).

De décembre 1943 jusqu'à la fin de la guerre, Frederick Loofbourow rendit régulièrement visite à Scherrer, qui vivait à cette époque au 8 Rislingstrasse dans le Flutern, quartier aux demeures opulentes, à dix minutes de marche de la colline où se trouvait situé l'Institut d'Etudes expérimentales de physique, sur Gloriastrasse. Des relations personnelles entre « Flute » et Loofbourow, on ne peut presque rien dire, sinon qu'ils se rencontraient au domicile personnel du physicien (ses amis remarquèrent ce visiteur mystérieux qui venait fréquemment[21]) et que Loofbourow trouvait toujours ce dernier ouvert, serviable et prêt à se mettre à la recherche des informations dont il ne disposait pas.

Groves et Furman firent de leur mieux pour ne pas dévoiler à l'OSS ce qu'ils recherchaient réellement : l'OSS, de son côté, ne donnait de détails à Allen Dulles qu'au compte-gouttes, et il est probable que Loofbourow avait pour instruction de laisser Scherrer dans le brouillard. Mais il est peu probable qu'il ait vraiment essayé et encore moins qu'il ait réussi ; toutes les questions que l'on posait à Scherrer tournaient autour du thème de la fission, et n'importe quel physicien sérieux comprenait les implications d'une libération de l'énergie contenue dans l'atome. Autrement dit, Paul Scherrer aidait les Américains à rassembler des renseignements sur une éventuelle bombe atomique allemande et le savait. La confiance qui s'était créée entre lui et Loofbourow était évidemment totale. A la fin de l'un de ses télégrammes portant sur les commentaires faits par Scherrer sur deux scientifiques suisses et huit allemands, le 16 décembre 1943, Dulles ajoute : « La plus grande partie de tout ceci provient de Flute, avec lequel nous disposons d'un excellent contact. Mon impression est qu'il serait d'accord pour nous aider autant que possible [...]. »

Dulles avait vu juste ; Scherrer l'aida autant qu'il le put. Il paraissait posséder un savoir encyclopédique sur les scientifiques allemands, leurs travaux, et l'état des affaires dans leurs laboratoires. Les câbles de l'OSS mentionnent rarement les sources d'information de Scherrer, mais certaines étaient tout à fait ordinaires. Peu de temps après les raids aériens alliés sur le laboratoires de Berlin-Dahlem de 1944, Scherrer savait déjà où les scientifiques bombardés avaient l'intention de se réfugier pour poursuivre leurs travaux. Lorsqu'il ne pouvait répondre aux questions de Loofbourow, il faisait des recherches : il répondit ainsi une fois qu'il n'avait jamais entendu parler d' « Otto » (Karl Wirtz). Quelques mois plus tard, il l'identifiait comme l'un des jeunes protégés d'Heisenberg à Berlin-Dahlem. Mais l'historien n'apprendra que bien peu de choses du programme allemand de bombe atomique en se fondant seulement sur les rapports de l'OSS alimentés par les informations de Scherrer. Il n'avait aucun contact avec les militaires, il croyait comme paroles d'Evangile des choses qui n'étaient que des rumeurs et s'imaginait parfois que certains événements venaient juste de se produire parce que c'était la première fois qu'il en entendait parler. Les jugeant avec le recul du temps, on peut dire que les rapports de Scherrer furent d'une impressionnante précision quant à la question fondamentale des coordonnées (il était manifestement au courant des allées et venues des scientifiques allemands), mais n'avait aucune idée si l'Allemagne était sur le point de se doter d'une bombe atomique, ou même si elle tentait de s'en donner une.

Or c'était de la bombe que l'OSS voulait entendre parler. L'intérêt de Scherrer paraissait en revanche se porter surtout sur la position politique adoptée par ceux des physiciens allemands qui étaient d'anciens amis, Heisenberg notamment. Il est évident que l'amitié que Scherrer portait à Heisenberg fut mise à rude épreuve pendant la guerre, mais il est tout aussi évident que Heisenberg ne le sut jamais. Les deux hommes s'étaient probablement rencontrés pour la première fois lors du « festival Bohr » à Göttingen, pendant l'été de 1922, auquel Scherrer avait assisté[22]. Arnold Sommerfeld, qui avait amené son brillant élève, le jeune Heisenberg (il avait vingt et un ans) avec lui, était ami de Scherrer et les deux hommes se rendaient souvent visite. Et Scherrer connaissait parfaitement bien Heisenberg en 1927, lorsque l'ETH offrir à ce dernier le poste laissé libre par Peter Debye. C'est cependant Wolfgang Pauli qui rapprocha Heisenberg et Scherrer, lorsqu'il prit lui-même un poste à l'ETH, en 1928. Pauli et Heisenberg étaient amis depuis l'époque où ils avaient étudié la physique sous la férule de Sommerfeld, à Munich ; ils s'écrivaient souvent et Heisenberg venait souvent rendre visite à Pauli à Zurich pour discuter avec lui de physique nucléaire. Dans son oraison funèbre prononcée lors des funérailles de Scherrer, en 1969, Heisenberg déclara :

> Il me paraissait quelqu'un capable de prendre des décisions bien définies et presque radicales. Je fus stupéfait, par exemple, à la fin des années vingt, par la manière dont Scherrer abandonna sans hésiter certaines des premières voies de recherche de son institut pour consacrer plus d'énergie à la physique nucléaire, discipline alors toute nouvelle [...] Lorsque, après de longues et laborieuses discussions, Pauli et moi ne pouvions tomber d'accord, on allait voir Scherrer. Il ne résolvait pas forcément nos difficultés, mais grâce à lui, elles nous paraissaient plus légères. Même s'il se contentait de dire « C'est quelque chose que nous ne savons pas encore », ses paroles nous emplissaient d'un sentiment de paix qui contenait l'espoir d'une résolution finale, un peu plus tard[23].

Comme si souvent dans cet ouvrage, un rideau d'ombre descend avec le déclenchement des hostilités. Les rares lettres de Heisenberg à Scherrer de la période de la guerre qui nous sont parvenues sont toutes passées entre les mains de la censure, et sont donc bien entendu d'une parfaite insipidité ; les lettres de Scherrer, s'il y en eut, ont disparu. Il est cependant clair qu'il ne se produisit jamais aucune rupture entre les deux hommes. Au printemps de 1942, Scherrer invita Heisenberg à Zurich pour qu'il participât à son colloque hebdomadaire de l'ETH ; Heisenberg vint passer une semaine, à la mi-novembre, pour parler des ses travaux récents sur la théorie de la matrice-S, sujet de ses conversations scientifiques avec Gian Carlo Wick à Berlin et Leipzig, le printemps précédent. Nous ne savons rien directement des entretiens qu'eut

Heisenberg avec Scherrer en novembre 1942, mais il existe un indice, bien faible en réalité, d'une tension possible entre les deux hommes ; lorsque Scherrer invita de nouveau Heisenberg à venir à Zurich, deux ans plus tard (en décembre 1944), le physicien accepta mais à condition de ne devoir s'adresser qu'à un groupe réduit d'auditeurs, afin de pouvoir parler franchement. Nous aurons à revenir sur l'une et l'autre de ces visites. Ce petit indice, néanmoins, s'il marque bien un léger dissentiment d'ordre politique, est tout ce que nous possédons pour expliquer le rapport de Scherrer de décembre 1943 disant que « Christopher » (nom de code d'Heisenberg à l'OSS dans les documents émanant de Berne) « incline vers les nazis ». La remarque est brève ; le terme « incline » est hésitant ; pour l'ami d'Heisenberg, Carl Friedrich von Weizsäcker, Scherrer est beaucoup plus affirmatif : « Lender [nom de code de Weizsäcker] est un nazi[24]. »

Des sympathies nazies, même hésitantes, n'étaient toutefois pas une petite affaire aux yeux d'un officier de renseignements, pendant la guerre. Le mois de mars suivant, lors d'une rencontre avec Loofbourow, Scherrer alla un tout petit peu plus loin et décrivit Heisenberg comme « le plus grand physicien allemand vivant », mais ajouta qu'il disséminait « de la propagande nazie ». On ne sait sur quoi il fondait cette affirmation. Heisenberg avait parlé devant six publics différents au cours de la semaine qu'il avait passée en Suisse, en novembre 1942[25] ; on peut supposer que Scherrer s'inspirait de rapports sur les exposés d'Heisenberg (il n'avait assisté qu'à l'un d'entre eux). Il est possible que le physicien allemand, pressé de questions sur la guerre, ait défendu son pays comme il l'avait fait, on s'en souvient, lors du déjeuner à l'institut de Niels Bohr, à Copenhague en 1941. Toujours est-il qu'à la fin de 1943, Scherrer pensait d'Heisenberg qu'il était soit nazi, soit proche d'eux, et c'est ce qu'il dit à l'OSS. Mais il semble bien avoir été influencé par des considérations superficielles ; ses soupçons disparurent à la fin de la guerre, les deux hommes renouèrent et leur amitié avait suffisamment de valeur aux yeux de la veuve de Scherrer pour que celle-ci invitât Heisenberg à faire l'allocution funèbre de son époux.

Heisenberg lui-même paraît ne jamais avoir senti la colère de Scherrer, tout comme il ne sentit jamais celle de Bohr. Le fait est curieux. L'explication ne semble pas se trouver dans une sorte d'insensibilité de la part d'Heisenberg, mais plutôt dans une question de points de vue. La guerre se mit entre lui et Scherrer comme entre lui et Bohr ; dans les deux cas, ses amis furent en colère contre lui, mais pas lui contre eux. Le problème pourrait tout simplement tenir au fait que Heisenberg était allemand ; il n'était pas en prison, il voyageait, il occupait des fonctions qu'il détenait du gouvernement. Tout cela sous-entendait qu'il était en règle avec Hitler ce qui, étant données les circonstances, revenait à être pour Hitler. Ainsi tenu pour responsable des crimes de l'Allemagne, rien n'était plus facile pour Heisenberg que d'avoir un mot offensant. Pendant un temps Scherrer, comme Bohr, conclut le pire ; cependant, lorsqu'il essayait de trier les scientifiques allemands pour le compte de l'OSS, il lui arrivait de se tromper. En décembre, il signala (correctement) que Max von Laue était « très bien [26] », mais transmit en mars un rapport embrouillé sur « Lorens » (Manfred von Ardenne) et « Breit » (Houtermans) :

Super-nazi, Lorenz, de Berlin-Lichterfeld-Ost, est un chevalier d'industrie et un escroc scientifique. Il se vante de construire une bombe à uranium mais ne dispose pas de l'équipement adéquat. L'associé de Lorens est Breit, ancien communiste arrêté en Russie mais relâché en 1939, et devenu depuis un nazi fervent. Breit travaille dans le domaine de la physique nucléaire [27].

La famille de Scherrer connaissait les Ardenne depuis une génération, et c'était Paul Scherrer qui avait attiré le jeune Manfred à la physique en lui offrant du matériel expérimental, durant une visite au cours de la première guerre mondiale [28]. Il ne l'avait pas revu depuis 1933 mais il le connaissait certainement bien et son jugement de 1944, s'il est sévère, a pu être juste. En revanche, il se trompe du tout au tout en ce qui concerne Houtermans, qui ne fut jamais un nazi, fervent ou pas. Scherrer ne l'a pas rencontré pendant la guerre, contrairement à Wolfgang Gentner, auquel il soutira une longue liste d'informations militaires sensibles, ce qui ne l'empêcha pas d'avoir l'impression que « Ernst [Gentner] semble être plus nazi qu'auparavant [29] ». Or Gentner n'était pas plus nazi que Houtermans ; non seulement il protégea Joliot-Curie et d'autres scientifiques français de la Gestapo, à Paris, mais il alla même jusqu'à prêter son concours à la fabrication de bombes artisanales pour la Résistance dans le sous-sol de l'institut de Joliot-Curie.

Les faits sont une chose, néanmoins, et les rapports des services de renseignements une autre. Le point important est que Scherrer transmit à l'antenne de l'OSS de Berne, de la fin de 1943 à 1944, une vaste gamme d'informations, qu'il permit d'ouvrir une fenêtre sur la physique nucléaire en Allemagne et qu'il confirma les pires craintes des scientifiques émigrés aux États-Unis : les physiciens allemands s'activent, Heisenberg joue un rôle important, et c'est un nazi. Les renseignements de Scherrer et d'un certain nombre de ses assistants, auxquels Loofbourow rendait aussi visite régulièrement, arrivèrent sur le bureau de Howard Dix, au quartier général de l'OSS de Washington (Section technique), sous forme d'une série de rapports concis dont la plupart ne faisaient pas plus d'une page. Dix, à son tour, en tirait des résumés pour le bureau du général Groves.

L'un des hommes à travailler pour Dix était le caporal Earl Brodie, recruté à la fin de 1943 par le colonel John O'Conor, ami du père de Brodie. O'Conor était resté vague sur les responsabilités qu'aurait son jeune protégé. « Il faut que nous trouvions quelles sortes de nouvelles armes préparent les Japs et les Allemands [30] », s'était-il contenté de dire. Personne n'expliqua jamais à Brodie ce qui se trouvait sous le sigle AZUSA, mais il comprit néanmoins très vite que presque tout ce qui semblait intéresser officiellement la Section technique n'était que de la poudre aux yeux : le véritable objet de ses recherches était le programme allemand de bombe atomique. « Ça transpirait, en quelque sorte », commenta Brodie [31]. L'une des tâches de Brodie consistait à porter les résumés de Dix, dans une enveloppe de papier-bulle, au bureau de Groves, de l'autre côté de la ville. A la réception, Brodie téléphonait pour qu'on lui envoie une escorte, obligatoire pour toute personne se rendant au quatrième étage. La secrétaire de Groves, Jean O'Leary, descendait en général elle-même, mais parfois, quand elle était prise, elle disait : « Je vais vous envoyer le major [32]. »

Il s'agissait de Robert Furman, que Brodie ne tarda pas à bien connaître. Lorsque Dix tombait sur des informations d'un intérêt inhabituel, il téléphonait au bureau de Groves et Furman ne tardait pas à faire son apparition à la Section technique du bâtiment Q, toujours aussi mince, tendu et rouquin. Il ne sortait jamais un mot de trop de ses lèvres ; quand il ramenait Brodie chez lui en voiture, il lui arrivait de râler d'être envoyé ici et là par Jean O'Leary, mais jamais le caporal ne l'entendit faire la moindre allusion à la bombe. La Section technique occupait deux bureaux mitoyens. Ce n'était pas un service impressionnant : deux secrétaires, Howard Dix, un civil du nom de Jack Marsching, Brodie, un ou deux autres. Au printemps de 1944, le colonel O'Conor n'était plus là. Mais aussi réduit que fût le groupe, il restait toujours trop grand pour Furman. Lorsque l'information était d'importance, Furman entraînait Dix dans le hall et là, les deux hommes se parlaient littéralement au creux de l'oreille ; personne ne pouvait les entendre. Brodie les vit souvent s'entretenir ainsi à la fin de l'hiver 1943 et au printemps suivant [33].

Le 24 avril, Dulles câbla de stupéfiantes nouvelles de Berne : l'un des scientifiques allemands qui figuraient sur la liste de Furman, Wolfgang Gentner, se trouvait en Suisse, et avait transmis bon nombre d'informations à l'un des assistants de Scherrer à l'ETH. La femme de Gentner, Alice Phaeler, était suisse ; avec leurs deux enfants, elle passait la guerre au domicile de ses parents, à Bâle. De temps en temps, Gentner obtenait la permission d'aller la voir. Tout au long de la guerre, Gentner resta techniquement l'assistant du chimiste Walther Bothe à l'Université de Heidelberg ; mais dès le début des hostilités, incorporé dans l'Armée, il fut détaché auprès d'un groupe de scientifiques allemands faisant des recherches à l'aide du cyclotron de Joliot-Curie à Paris [34]. Au printemps de 1942, il retourna à Heidelberg pour diriger la construction du premier cyclotron allemand.

Lors de sa visite en Suisse d'avril 1944, Gentner confia à l'assistant de Scherrer que le cyclotron allemand ne faisait que 105cm de diamètre, qu'il avait une source d'eau lourde, que Karl Clusius (« Goethe » en code de l'OSS) produisait lui-même cette eau lourde et faisait des expériences sur la diffusion thermique des isotopes d'uranium à l'aide d'un tube de séparation et qu'à en croire un article récemment publié par un collègue, Walther Bothe (« Haas ») disposait « d'importantes réserves d'hydrogène lourd [eau lourde] pour son travail[35] ». On remarquera que toutes les informations de Gentner portaient sur le programme de recherches nucléaires à des fins militaires du *Heereswaffenamt* — dont le but officiel était maintenant une source d'énergie, pas une bombe — et que Gentner était au courant. Il dit aussi que jusqu'à maintenant, les bombardements aériens des Alliés n'avaient pas réussi à détruire les usines d'IG Farben de Francfort, information ayant une certaine importance militaire. Bref, Gentner trahissait des secrets militaires, même s'il ignorait qu'ils arriveraient aussi vite aux oreilles des Américains.

Il est peu vraisemblable que le personnel de l'antenne de l'OSS de Berne ait pleinement compris toute l'importance des informations de Gentner ; mais à Washington, on les prit au sérieux. Furman en envoya un résumé au délégué de Groves au contre-espionnage à Los Alamos, le major Peer de Silva, qui le montra à son tour à Oppenheimer. Après en avoir discuté longuement, Oppenheimer et Richard Tolman envoyèrent leur analyse par câble à Furman, le 2 mai, soit huit jours après le premier rapport de l'OSS :

> Nous avons discuté des informations de Gentner et de ses implications avec le major de Silva en réf. YC-499. Notre point de vue actuel est que les quantités d'hydrogène lourd qu'exige la mise en œuvre d'un cyclotron, si elles sont appréciables selon les normes d'avant-guerre, restent insignifiantes comparées à celles nécessitées par un usage militaire. La consommation annuelle pour un cyclotron de la taille mentionnée est probablement de moins d'un litre d'eau lourde. Nous n'avons trouvé aucune publication de travaux de Bothe impliquant d'importantes quantités d'eau lourde, et aucun article de ce genre ne figure dans la liste des titres de *Naturwissenschaften* du 5 novembre 1943. On a envisagé dans notre pays la diffusion thermique pour la séparation des isotopes d'hydrogène, mais on estime qu'elle n'est pas aussi bonne que d'autres méthodes plus simples. De tout cela, il ressort que les programmes universitaires de recherche ne jettent aucune lumière sur les programmes militaires concernant l'eau lourde.
>
> Suggérons enquête générale auprès de Gentner sur son opinion actuelle concernant physiciens nucléaires allemands et perspectives techniques de la réaction en chaîne par fission, ainsi que sur dernières découvertes scientifiques dans ce domaine. Suggérons également questions sur statut actuel des informations sur éléments transuraniens. Suggérons formulation des questions dans un registre scientifique plutôt que militaire, et formulation telle que l'impossibilité de répondre de Gentner soit en elle-même révélatrice[36].

Il est clair, d'après ce dernier paragraphe, qu'à force de traiter avec Furman, Oppenheimer avait fini par penser comme un agent de renseignement, avec l'espoir d'arracher des informations à Gentner sans trahir les raisons réelles de l'intérêt des Alliés. La chose, dans la réalité, s'avéra difficile ; si les agents de l'OSS étaient des experts en la matière, ce n'était pas le cas de Paul Scherrer. Lorsqu'il rencontra Gentner en mai, il arriva bardé d'instructions très complètes sur les questions à poser ; mais il apparaît assez nettement, d'après le rapport de Dulles du 11 mai 1944, que Gentner dut sentir où voulait en venir Scherrer par ses questions sur « le travail secret en physique ». En dépit de la bonne volonté évidente dont Gentner avait fait preuve, Scherrer se persuada tout de même qu'il était « plus nazi qu'avant », lui qui ne le fut jamais. Cette considération n'empêcha pas Scherrer de tout tenter.

Au mois d'octobre précédent, le « Dr Berg » avait parlé à Loofbourow d'une concentration de chercheurs sur un « nouvel explosif » dans les villes du nord de l'Allemagne avoisinant la lande de Lüneburg. Gentner déclara n'en rien savoir, mais il donna de nombreuses informations sur d'autres sujets. Il dit par exemple à Scherrer qu'il s'était arrangé pour que son poste auprès de Joliot-Curie, à Paris, soit repris par l'un de ses amis, le physicien Wolfgang Riezler qui avait travaillé avec lui à Cologne. Il s'exprima longuement sur les travaux allemands autour du cyclotron — celui de Bothe, à Heidelberg, n'était pas encore fini — et déclara que c'était la Poste qui finançait les travaux de Manfred von Ardenne à Berlin-Lichterfeld-Ost ; que c'était la firme Philips qui construisait son cyclotron. Il mentionna que l'un de ses amis travaillait à des appareils de contre-mesures électroniques pour déjouer les systèmes de détection de sous-marins des Alliés. Il ne put confirmer que Max von Laue se trouvait à Dresde, où l'OSS pensait qu'avait été créé un centre de recherche sur les fusées. D'après le rapport de Dulles, Gentner aurait dit : « Les physiciens tiennent souvent des réunions. Leur travail est entièrement secret et sous la supervision du gouvernement. » Tout cela était intéressant et utile, mais les informations les plus importantes de Gentner se trouvaient probablement dans deux remarques concernant Heisenberg.

La première figure, fortement dénaturée, dans un câble d'Allen Dulles en date du 11 mai : « Heisenberg est beaucoup trop fier de sa célébrité comme scientifique pour travailler sous l'autorité de Niels Bohr à l'Institut de Copenhague, dans l'éventualité où cet institut serait transféré en Allemagne, comme le souhaitent les nazis. » Nous reviendrons plus en détail, ultérieurement, sur cet épisode. Il suffit pour l'instant de savoir que les autorités allemandes d'occupation avaient fait main basse sur l'institut de Niels Bohr et arrêté un des principaux physiciens danois en décembre 1943 ; le mois suivant, Heisenberg intervint personnellement et réussit à faire sortir son collègue de prison et à restituer l'institut au contrôle des Danois. Un temps, néanmoins, les nazis avaient envisagé de transférer l'institut et son équipement en Allemagne. On voulut en confier la direction à Heisenberg, puis à son ami Weizsäcker ; l'un et l'autre ayant refusé, on renonça au transfert. Des rumeurs confuses relatives à cet événement avaient évidemment atteint Gentner à Heidelberg, par le bouche à oreille du monde scientifique ; il en passa une version à Scherrer, qui la rapporta à Loofbourow, qui la dit à Dulles, qui la signala à Washington. Mais à ce stade Ned Buxton, l'assistant de Donovan, fut intrigué par plusieurs points du message, et fit une demande de clarification le 15 mai :

> Existe-t-il une explication satisfaisante ou raisonnable au fait que Ernst serait un nazi plus ardent qu'auparavant ? [...] Votre sixième paragraphe ne fait qu'embrouiller les choses, la présence de Niels Bohr étant signalée en Angleterre. Est-il retourné en Suède ? Nous aimerions savoir ce que fait Christopher [Heisenberg].

Loofbourow revit Scherrer et réussit à débrouiller le premier rapport sur l'institut de Bohr. Dans un télégramme du 20 juin, Dulles rectifie la première version : « Les nazis ont proposé de déplacer l'institut de Nils [sic] Bohr de Copenhague en Allemagne, alors même que Bohr est en Angleterre. Néanmoins, Chris [Heisenberg] refuse d'en prendre la direction[37]. »

C'est un truisme de rappeler que dans le monde des informations, les correctifs ne rattrapent jamais tout à fait les erreurs ; il s'est sans doute encore une fois vérifié ici. C'est le ton du rapport du 11 mai qui laissa une impression durable : « Heisenberg est beaucoup trop fier de sa célébrité de scientifique pour travailler sous l'autorité de Niels Bohr [...], dans l'éventualité où cet institut serait transféré en Allemagne comme le souhaitent les nazis. » Il n'y avait qu'une façon d'interpréter cela : Heisenberg était le « nazi » ; c'était lui qui proposait d'envoyer Niels Bohr en Allemagne. L'élément important, le refus d'Heisenberg de participer à ce plan, est obscurci par le fait qu'il aurait refusé par orgueil. L'accent sur l'orgueil a-t-il été mis par Gentner ou par Scherrer ? On l'ignore. Ce qui est important, en revanche, est que jusqu'à la clarification discrète du 20 juin, les rapports de l'OSS en provenance de Berne identifiaient régulièrement Heisenberg comme le principal physicien d'Allemagne, un nazi qui disséminait de la propagande, auteur d'une proposition pour forcer Niels Bohr à travailler pour les nazis. A tout cela, Gentner ajouta une dernière et importante information, qui répondait à l'une des questions posées par Robert Furman à Carl Eifler trois mois auparavant : où l'on pouvait trouver Heisenberg.

CHAPITRE 26

Richard Tolman arriva à Londres en novembre 1943 dans le but de mettre sur pied un comité conjoint anglo-américain qui traiterait des renseignements touchant aux questions atomiques. Mais un service de renseignements ne laisse pas aussi facilement envahir son territoire, et les Britanniques, les premiers à avoir exploré ce domaine, se défendirent avec acharnement pour en garder le contrôle. Tolman trouva la bagarre tellement intense qu'il lui arrivait d'envoyer le jeune major Robert Furman négocier à sa place. Ce que fit ce dernier un soir, lors d'un dîner au Savoy où les Anglais espéraient bien acculer Tolman, et c'est encore Furman qui se présenta au directorat de Tube Alloys, sur Old Queen Street, le jour où devait être discuté en détail le traitement des renseignements. Là, il retrouva Michael Perrin, Eric Welsh et R.V. Jones, tous bien décidés à contester la nécessité de mettre en place une organisation aussi impressionnante que la mission Alsos, que le général Groves s'apprêtait à faire partir en Italie. Les négociateurs anglais furent tellement enchantés par les manières respectueuses et les questions hésitantes de Furman qu'ils le prirent pour un naïf. Lorsque la porte se referma sur le jeune major, à la fin de l'entrevue, Perrin et Welsh, au grand étonnement de Jones, se prirent les mains pour se lancer dans une gigue triomphale[1].

Triomphe illusoire. Furman n'avait rien concédé, et Groves conservait ce qui était pour lui l'essentiel : une complète autonomie. Welsh et Perrin n'avaient aucune idée de l'énorme effort de renseignements dont Furman n'était que le modeste précurseur. Les Britanniques passèrent le reste de la guerre à lorgner par-dessus l'épaule des Américains. « Je n'avais pour ma part jamais pris Furman pour un naïf, déclara Jones à l'historien David Irving. Et loin de l'emboîner, c'est nous qui avons été complètement laissés sur place par la mission Alsos[2]. »

Furman, de son côté, trouva qu'il était aussi difficile de négocier avec Welsh que d'éprouver de la sympathie pour lui. Welsh était un redoutable magouilleur ; mis un temps sur la touche par Charles Frank, l'assistant de Jones, il avait réussi à redresser la situation en confiant à Jones (à juste titre ou non) qu'il y avait quelque chose chez Frank qui prenait Perrin à

329

rebrousse-poil [3]. Le rôle central joué par le bureau du SIS (responsable de la Norvège dans la campagne contre la centrale à eau lourde de Rjukan) avait laissé Welsh seul maître des renseignements touchant au nucléaire, et il ne devait rendre compte qu'à Perrin. Welsh, toutefois, n'était pas parfaitement à l'aise dans ce rôle. En dépit de son autorité, il n'était pas toujours très adroit. En dehors du service, il buvait et fumait trop, laissant tomber les cendres de cigarette sur le jabot de sa chemise. Il marmonnait à profusion, mais sans faire beaucoup de révélations. Les Britanniques disaient volontiers qu'ils considéraient comme très improbable l'existence d'un programme allemand de bombe atomique (opinion devenue une quasi-certitude pendant l'été de 1943), mais Welsh n'expliquait pas clairement les raisons qui les avaient convaincus.

A en croire l'histoire officielle des services de renseignements britanniques pendant la seconde guerre mondiale, cette opinion se fondait essentiellement sur des « contacts [du SIS] avec des scientifiques des pays neutres et, par leur intermédiaire, avec des scientifiques bien disposés [envers les Alliés] en Allemagne ; ce furent ces contacts, au développement desquels le SIS attacha la plus haute priorité, qui procurèrent le gros des preuves [...] [4] ». Mais les scientifiques amicaux de Norvège et de Suède ne constituaient pas leur unique source d'informations. Un rapport émanant de Rome, au début de 1943, contenait l'étonnante nouvelle que le pape Pie XII avait fait incontestablement allusion à la bombe atomique dans une adresse (objet d'une publication) à l'Académie pontificale des Sciences, le 21 février 1943. Citant l'autorité de Max Planck, membre de l'académie, alors en visite à Rome, et empruntant à l'article de Siegried Flugge paru en 1939 dans *Naturwissenschaften,* le pape déclara :

> que l'idée de la construction d'une machine à uranium ne peut plus être envisagée comme simplement utopique. Il est cependant important, par-dessus tout, d'empêcher cette réaction de prendre place sous forme d'explosion [...] Sans quoi, une dangereuse catastrophe pourrait se produire [...] [5].

Un rapport secret au SIS (probablement dû à des diplomates anglais au Vatican) allait plus loin, et citait Planck disant que Werner Heisenberg « avec son optimisme habituel » avait prévu qu'une machine utilisant l'uranium comme combustible pourrait produire de l'énergie d'ici trois ou quatre ans, soit en 1946 ou 1947, bien après la fin attendue de la guerre [6]. Planck avait sans doute recueilli cette rassurante information auprès d'Heisenberg lui-même, seulement deux mois auparavant, en décembre 1942, lorsque les deux hommes avaient passé quatre jours ensemble en visite officielle à Budapest [7].

Le SIS avait aussi établi un contact avec Lise Meitner, à Stockholm, où son vieil ami Otto Hahn lui rendit visite par deux fois, en avril et en octobre 1943. Le SIS apprit ainsi que Hahn avait déclaré à « Meitner et à des physiciens suédois qu'il ne semblait pas y avoir de chance d'utilisation pratique de la réaction en chaîne dans l'uranium avant plusieurs années[8] ». Max von Laue vint également voir Meitner en 1943, et peut aussi l'avoir informée sur les recherches qui se poursuivaient à Berlin. D'autres informations arrivèrent de Suisse plus tard dans l'année, lorsque Paul Scherrer parla à son contact anglais d'une conversation avec Karl Clusius, inventeur d'un important procédé pour la séparation des isotopes à l'aide d'un système thermique appelé « tube de Clusius-Dickel ». Clusius confia à Scherrer que son laboratoire de Munich avait abandonné toute tentative pour séparer les isotopes d'uranium, la chose paraissant trop difficile[9].

Lors de ses conversations avec Eric Welsh à Londres, à la fin de 1943, Furman eut l'impression que les Britanniques ne savaient que peu de chose de l'effort allemand, et qu'ils se fiaient avant tout aux informations obtenues de Niels Bohr après son arrivée en Grande-Bretagne, au mois d'octobre précédent, ou auprès de Lise Meitner à Stockholm. Mais le temps qu'il retourne à Washington, juste avant la Noël, il commençait à soupçonner Welsh de ne pas lui avoir tout dit[10].

Il ne se trompait pas. Dans leurs disputes avec les Américains, les Anglais s'appuyaient sur la logique de la situation. Les périodiques scientifiques allemands, par exemple, avaient repris la publication d'articles sur la fission dès janvier 1943 ; jamais les autorités ne l'auraient permis si l'Allemagne avait été engagée dans un programme nucléaire sérieux. Cependant, ils se gardèrent bien de donner aux Américains les détails de leurs contacts avec les scientifiques allemands[11], et ne mentionnèrent jamais le fait que jusqu'ici, les décrypteurs de Bletchley Park n'avaient toujours pas réussi à déchiffrer un seul message se référant à la bombe atomique ou à des recherches sur l'uranium. Furman n'entendit pas davantage parler d'Ultra-Traffic — les messages radio allemands encodés et décodés avec la machine Enigma — et il paraît manifeste que Tolman et Groves restèrent tout autant dans l'ignorance. Les services de renseignements britanniques avaient appris à avoir confiance en Ultra ; en dépit d'un régime très strict de silence sur les ondes, par exemple, les Allemands mentionnaient parfois le programme de fusées dans des câbles ; les Britanniques avaient donc des raisons de conclure que l'absence totale de messages concernant tout programme allemand de bombe atomique devait signifier qu'il n'en existait pas.

L'assistant de R.V. Jones, Charles Frank, s'était tout particulièrement intéressé à la question. Dans les moments difficiles il appelait son ami Frederick Norman à Bletchley jusqu'à trois fois par jour, grâce à une ligne brouillée. Norman, spécialiste de l'Allemagne médiévale, était le responsable de la « section d'émondage » de Bletchley ; sa tâche consistait à mettre au propre les textes allemands déformés par des erreurs de transmission. Norman savait que Frank voudrait aussitôt être au courant si jamais le nom d'Heisenberg apparaissait ; cela n'arriva jamais. A deux ou trois endroits, les Britanniques étaient branchés sur des lignes terrestres allemandes, mais on ne trouva rien non plus dans ces messages. Frank demanda à Norman d'être attentif à tout ce qui pourrait être une « grande opération spéciale » — rien, là non plus. Frank était à peu près certain que les Allemands n'avaient aucun projet de bombe, mais par moments, de gros blocs d'Ultra-Traffic ne pouvaient être déchiffrés, si bien qu'il ne l'excluait pas complètement. On pouvait concevoir qu'ils eussent manqué quelque chose [12].

Les messages en provenance de la résistance norvégienne qui signalaient l'interruption complète de la production d'eau lourde à la suite du raid aérien américain sur Rjukan, en novembre 1943, ne firent que renforcer l'impression des Britanniques. Le 5 janvier 1944, le directorat de Tube Alloys résumait ainsi leurs découvertes :

Tous les indices à notre disposition conduisent à la conclusion que les Allemands, en fait, n'ont entrepris aucun effort à grande échelle sur les problèmes de TA [pour Tube Alloys]. Nous croyons qu'après avoir été envisagé sérieusement, le projet se réduit maintenant à une recherche à petite échelle dans le cadre universitaire, dont une bonne partie est publiée dans leurs revues scientifiques ordinaires [13].

Cette évaluation fut dûment transmise à Groves qui, le 20 janvier, répondit poliment :

Nous sommes d'accord pour dire qu'une arme TA est improbable. les preuves indirectes et négatives recueillies par vos services vont, à ce jour, dans le sens de cette conclusion. Mais nous avons le sentiment que tant qu'existent d'indiscutables possibilités de remettre en question la justesse de cette opinion, soit dans son intégralité, soit partiellement, nous ne pouvons nous permettre d'en accepter la conclusion comme définitive. [14]

Bref, les Américains avaient l'intention de poursuivre leur propre politique de renseignements ; en fait, la première mission Alsos venait d'arriver en Italie, où la chute de Rome, pensait-on, était imminente.

Si les Britanniques estimaient que la publication d'articles scientifiques sur la fission en Allemagne prouvait que le sujet n'avait pas d'implications militaires, les Américains n'en étaient pas autant convaincus. Cela faisait un moment que Oppenheimer s'inquiétait à l'idée que le silence des physiciens alliés risquait de suggérer aux Allemands qu'ils étaient trop occupés à travailler au projet de bombe nucléaire. En mai 1943, il écrivit à Wolfgang Pauli, à Princeton, pour lui demander s'il ne pouvait faire appel « à ses grands talents pour la physique et pour le burlesque », afin d'écrire des articles innocents qui paraîtraient sous la signature des scientifiques attelés à la bombe, à savoir lui-même, Bethe, Teller, Serber et quelques autres. « Ne rejetez pas cette idée trop à la légère », lui recommandait Oppenheimer[15].

Pauli refusa. Mais après avoir lui-même rêvé d'une telle mystification, Oppenheimer fut doublement sceptique devant les articles scientifiques allemands trop rassurants. Le 4 mars 1944, il écrivit à Furman, soulevant des doutes sur l'un d'eux qu'il venait de lire dans *Zeitschrift für Physik*, et dû à deux physiciens travaillant à la *Kaiser Wilhelm Gesellschaft*, Werner Maurer et H. Pose. Oppenheimer précisait que l'article faisait part de « certains résultats expérimentaux [...] que nous avons toute raison de croire corrects », mais qu'après, les auteurs n'arrivaient pas à trouver l'évidente conclusion qui s'imposait. « Ces remarques indiquent l'ignorance ou délibérée, ou feinte, ou imposée, d'un point qui est décisif pour tout notre programme [...][16] »

Quand Oppenheimer s'inquiétait, Groves s'inquiétait aussi. Dix jours plus tard, au moment où Carl Eifler s'apprêtait à partir pour la Grande-Bretagne, Groves écrivit à Karl Cohen, l'assistant d'Harold Urey à l'Université de Columbia, afin qu'il établisse un rapport très complet sur les capacités atomiques allemandes se fondant sur leurs publications scientifiques. Un ou deux jours après, Cohen recevait la visite de Furman. « Allison et Morrison travaillent sur l'angle nucléaire », nota Cohen dans son journal après sa conversation avec Furman. « Souhaite un rapport, ai répondu, contacts personnels meilleurs[17]. »

Furman maintint la pression ; le 28 mars, il demanda par téléphone que le rapport fût envoyé à Chicago. Une semaine après, nouveau coup de fil. Le 15 avril, il se présenta en personne et persuada Cohen de tout laisser tomber pour l'accompagner à Chicago. Le lendemain, un dimanche, ils prenaient place dans le 20th Century Limited, à Grand Central Station. En dix-huit heures de train, il y avait largement le temps de se faire des confidences et Cohen interrogea Furman sur sa vie ; celui-ci se montra étonnamment disert : il avait vingt-huit ans, sa tâche consistait à organiser le renseignement technique, il avait une formation d'ingénieur civil et construire était sa vocation, il avait séjourné deux fois à Londres (dont une fois pendant le Blitz) et il était de confession quaker[18].

A Chicago, pendant deux jours, Cohen et Morrison travaillèrent au rapport que désirait Furman ; ce dernier allait et venait et leur parlait franchement, leur disant même qu'il obtenait ses informations sur les scientifiques allemands grâce à une « source en Suisse ». L'eau lourde était l'une des spécialités de Cohen ; Furman leur raconta comment Hans von Halban, en 1940, s'était échappé de France avec vingt litres d'eau lourde, les opérations de commando des Anglo-Norvégiens contre la centrale de Rjukan et le bombardement américain sur ce même objectif. Les Britanniques avaient appris, quelques mois auparavant, l'arrêt de la centrale. Fin des bonnes nouvelles. On avait en effet eu vent de l'existence d'une cache pleine de minerai d'uranium à Duisburg, et Furman leur dit ce qu'il soupçonnait vraisemblablement : « L'objectif des publications allemandes est de nous décourager de rechercher et détruire leur centrale. » Morrison partageait ce point de vue pessimiste et avait la conviction qu'une bombe allemande restait « faisable ».

Cohen passa sa seconde nuit à Chicago à lire les numéros de *Naturwissenschaften* de 1943, songeant avec inquiétude aux « ingénieurs allemands ayant une formation bien supérieure à la nôtre, capables de mettre au point eux-mêmes des usines de séparation ». Autre problème, le physicien français Frédéric Joliot-Curie, prisonnier du Paris occupé et qui était « le plus grand physicien expérimentateur vivant [19] ». Dans le *Rainbow* (« fichu train ») qui le ramena à New York le mardi 18 avril, Cohen pensa au défi qui l'attendait et rédigea un programme en sept points pour rassembler des preuves. Furman avait souligné une effrayante possibilité : que les Allemands eussent découvert un moyen simple de séparation isotopique. « Ont-ils besoins de Y [dans ce contexte, nom de code de la séparation de l'U-235] à la même échelle que nous ? » [20]

Le programme de Cohen reflétait l'appétit de Furman pour le moindre fragment d'information sur ce que pouvaient bien faire les Allemands, mais aussi le fait qu'il n'était pas du tout certain qu'ils fussent en train de faire quelque chose. Vers la fin de mai, après six semaines d'un dur labeur, Cohen nota dans son journal : « Terminé rapport sur centrales de séparation pour Furman [21]. » Il le posta deux jours plus tard, l'accompagnant d'une lettre dans laquelle il se plaint que presque rien des promesses de coopération faites à Chicago n'ont été tenues : par exemple, Furman lui-même n'a jamais envoyé le rapport sur son dernier voyage à Londres. Cohen expliquait que des centrales productrices d'eau lourde exigeaient d'énormes quantités d'énergie électrique et qu'on pourrait donc les trouver dans les régions où l'on exploitait le charbon, mais il avouait que si l'on partait de ce principe on pouvait se demander pourquoi Berlin était « la plus grande ville d'Allemagne ».

> Il est quelque peu décourageant [avouait-il] de constater que rien ne permet de distinguer une centrale de séparation [...] si ce n'est l'absence d'une production encombrante. J'aurais tendance à dire que nous aurons bien des difficultés à repérer une telle centrale, à moins d'avoir un rapport direct [22].

Tout au long du premier semestre de 1944, Furman s'efforça d'obtenir des informations sur le programme allemand de bombe atomique par divers biais. Il était en contact régulier avec l'OSS pour recueillir celles qui arrivaient principalement de Suisse (et plus rarement de Londres), et pour suggérer d'autres investigations. Il harcelait Morrison à Chicago et Cohen à New York pour obtenir leurs estimations du niveau des Allemands en physique nucléaire à partir des articles de revues spécialisées. En même temps, Furman procédait à des tournées régulières dans différents services de Washington — celui, par exemple, de l'ONI, bureau de renseignements de forces navales, où il passait toutes les semaines ; l'attaché naval américain à Stockholm, le capitaine Walter Heiberg, obtenait de temps en temps des informations de Paul Rosbaud, au cours des voyages de ce dernier en Scandinavie. Deux messages recueillis par son truchement arrivèrent au printemps de 1944 ; ils ne comportaient pas plus d'une douzaine de mots, mais confirmaient que l'institut d'Heisenberg, à Berlin, venait d'être déplacé. En dépit de leur concision, ces informations étaient précieuses aux yeux de Furman car les Britanniques n'identifièrent jamais la source d'un renseignement similaire obtenu par les Américains à Londres[23].

Mais le programme des services américains de renseignements, au printemps de 1944, ne se limitait pas à cet effort, essentiellement passif, pour recueillir des informations. Depuis décembre 1943, Groves cherchait comment mettre sur pied l'enlèvement d'Heisenberg. L'OSS avait accepté de faire le travail, confié, comme nous l'avons vu, au colonel Carl Eifler. Où se trouvait exactement Heisenberg ? Telle était la première question à résoudre pour l'OSS ; la réponse arriva au printemps de 1944.

Depuis le début de la guerre, on savait que le *Kaiser Wilhelm Institut für Physik*, dans la banlieue berlinoise de Dahlem, était l'un des principaux centres de la recherche nucléaire allemande. Plusieurs rapports, parvenus jusqu'aux Américains et aux Anglais — le message de Fritz Reiche d'avril 1941, celui de Hans Jensen de l'été 1942 — reconnaissaient en Heisenberg le personnage clef du travail de recherche. Mais lui-même, où était-il ? Officiellement, il enseignait à l'Université de Leipzig ; le travail qu'il passait pour diriger, cependant, s'effectuait entièrement à Dahlem. Puis (probablement fin 1943, début 1944) les services de renseignements britanniques reçurent l'un des messages que Paul Rosbaud leur faisait régulièrement parvenir par l'intermédiaire d'un membre de la résistance norvégienne, lorsqu'il se rendait en Norvège : on avait déménagé l'institut d'Heisenberg par crainte des bombardements[24].

Pendant plusieurs mois, on n'eut aucune idée de l'endroit où pouvait se trouver Heisenberg, et l'inquiétude ne fit que croître. L'une des tâches que Furman confia à Eifler lors de leur rencontre de février ou mars 1944 fut de localiser le physicien : pas seulement l'institution qui lui réglait son salaire, mais les adresses de son domicile et de son bureau. A la mi-mars, d'après Furman, le projet d'enlèvement était paralysé parce que l'on ne disposait toujours pas de ces renseignements[25]. Un mois plus tard, Ned Buxton, de l'OSS, télégraphia à Allen Dulles pour lui demander de vérifier la rumeur voulant que Max von Laue soit à Dresde et ajouta : « Intéressé par noms principaux subordonnés de Christopher [Heisenberg] et Goethe [Clusius] et toute autre information sur Christopher et Goethe[26]. » Ce fut Wolfgang Gentner qui, à son corps défendant, trouva Heisenberg pour le compte des Américains.

Dans un entretien avec Scherrer, Gentner décrivit longuement les terrifiants raids aériens alliés sur les villes allemandes ; outre d'autres cibles, dit-il, des laboratoires scientifiques avaient été détruits à Munich, Leipzig et Cologne. A Berlin, en mars, les bombardiers américains avaient touché directement le laboratoire d'Otto Hahn au *Kaiser Wilhelm Institut für Chimie* de Dahlem, juste à côté de celui pour la physique d'Heisenberg. Afin de pouvoir continuer le travail, on avait créé des laboratoires de remplacement dans des zones rurales pour les divers instituts. Celui d'Heisenberg avait jusqu'ici été épargné par les bombes, mais on avait tout de même préparé un nouveau site et débloqué des fonds pour la construction d'un cyclotron de deux cents millions de volts. On avait réquisitionné pour cela une partie des installations d'une filature, dans une ville minuscule du nom de Bissingen, à quelques kilomètres au sud de Hechingen, en Allemagne du Sud.

L'information arriva par câble à Washington le 11 mai sous une forme quelque peu embrouillée[27]. Perplexe, Buxton demanda des éclaircissements, le 15 mai, sur « ce que Christopher est en train de faire ». On ne tarda pas à rassembler les morceaux du puzzle ; dans un « Résumé d'information » émanant du bureau de Groves, datant de la mi-juillet, il est clairement dit que « toutes les institutions [de la *Kaiser Wilhelm Gesellschaft*] disposent maintenant de laboratoires de secours dans le pays. L'institut d'Heisenberg, par exemple, se trouve à Bissingen et possède un cyclotron ». L'erreur n'était que de quelques kilomètres ; c'était Otto Hahn qui se trouvait à Bissingen, et Heisenberg dans la ville toute proche de Hechingen. Toujours est-il qu'à partir de la fin de mai 1944, Groves et Furman savaient avec certitude où trouver Heisenberg. Le SIS britannique disposait de la même information et décida immédiatement une reconnaissance aérienne de la région de Bissingen pour y repérer laboratoires et usines. On ne dit cependant rien aux Britanniques, ni à ce moment-là ni plus tard, du projet d'enlèvement d'Heisenberg[28].

Tandis que l'OSS s'acharnait à localiser Heisenberg, Oppenheimer, à Los Alamos, continuait à aider Furman à rassembler des informations personnelles et des photos de la « cible ». On ignore si Furman obtint une photo d'Heisenberg par Arthur Compton, mais Oppenheimer lui en fournit une ; en mai, il demanda en effet courtoisement à Raemer Schreiber, jeune physicien de Los Alamos, s'il ne posséderait pas encore, par hasard, celle qu'il avait prise de Hans Bethe et Werner Heisenberg à Purdue, en 1939. Oppenheimer savait exactement ce qu'il demandait, et Schreiber supposa que Bethe devait lui avoir parlé de cette photographie. Il retrouva le négatif et fit tirer plusieurs agrandissements en dissimulant la moitié du cliché. Le 14 mai, il confia le négatif et les tirages à Oppenheimer, qui s'apprêtait à partir à Chicago ; c'est la secrétaire d'Oppenheimer, Priscilla Duffield, qui se chargea d'envoyer les documents à Furman, à Washington, le lendemain[29].

L'appétit d'informations de Furman, à cette époque, n'avait fait que

1. Werner Heisenberg (à droite, au premier plan) avec quelques-uns des étudiants de son séminaire de Leipzig, probablement en 1930. Heisenberg porte le deuil de son père. Rudolf Peierls se trouve à côté de lui ; derrière eux, de gauche à droite : George Placzek, Gian Carlo Wick, Felix Bloch et Victor Weisskopf.

2. Niels Bohr, Heisenberg et Wolfgang Pauli, en discussion animée à Copenhague, en 1934, quelques années avant que la guerre ne vienne jeter une ombre sur leurs relations.

3 et 4. Philipp Lenard (ci-dessus) et Johannes Stark (à droite), tous deux prix Nobel, critiquèrent violemment Heisenberg pour avoir défendu la « physique juive » d'Einstein et de Bohr.

5. Arnold Sommerfeld, professeur et ami d'Heisenberg ; profondément déçu que son ancien étudiant ne puisse lui succéder à la chaire de physique de l'université de Munich, c'est lui qui, en 1942, assura à un visiteur venu d'Italie que Heisenberg considérait comme impossible la construction d'une bombe atomique pendant la guerre.

6. Lise Meitner en 1916. Collaboratrice d'Otto Hahn à Berlin. D'origine juive, elle put fuir de justesse l'Allemagne en 1938. Réfugiée en Suède, des officiers de renseignements américains et anglais l'approchèrent pour obtenir des informations sur la recherche nucléaire allemande.

7. Peter Debye apporta aux États-Unis, en 1940, la nouvelle que les militaires avaient pris le contrôle de la Kaiser Wilhelm Gesellschaft, à Berlin.

8. Rassemblement de scientifiques et de leurs épouses en Suisse, en 1925. Assis de gauche à droite : Otto Hahn, Max Born, Rudolf Ladenburg, Robert Pohl et Fritz Reiche.

9. Reiche en 1928, à l'université de Breslau, où il enseigna jusqu'à la fin de 1933, avant d'en être chassé parce qu'il était juif. A ce moment-là, il ne pouvait plus prétendre au moindre poste scientifique, et il se retrouva bloqué à Berlin pendant les huit années suivantes.

10. Fritz Houtermans et sa femme, Charlotte Riefenstahl, à Berlin, en 1932. En 1940 et 1941, Houtermans a fréquemment discuté de la recherche atomique allemande avec Heisenberg et Weizsäcker.

11. Fritz Reiche avec son épouse et sa fille à Berlin, quelques mois avant leur départ pour les États-Unis, en mars 1941. Reiche avait mémorisé un « message secret pour des amis américains » sur Heisenberg et le programme atomique allemand.

12. Albert Speer (à la gauche d'Hitler), ministre nazi des Munitions, présent lors d'une démonstration d'armes secrètes, le 20 mai 1942 ; il se laissa convaincre par Heisenberg, quelques semaines plus tard, que la construction d'une bombe atomique était une entreprise impossible pour l'Allemagne en temps de guerre.

13. Leo Szilard, l'homme qui ne cessa de tirer la sonnette d'alarme sur le danger potentiel d'une bombe atomique allemande.

14. Hans Bethe à Ann Arbor, Michigan, en 1935. Un peu plus tôt, cette même année, Heisenberg lui avait offert un poste, mais étant juif, Bethe dut y renoncer.

15. Robert Oppenheimer (à gauche) et Victor Weisskopf à Los Alamos, pendant la guerre. Ce furent Weisskopf et Bethe, qui, les premiers, proposèrent une action audacieuse contre le programme nucléaire allemand.

16. Le major Robert Furman.

17. Samuel Goudsmit, en 1937.

18. Philip Morrison.

19. John Lansdale.

Le général Leslie Groves donna la responsabilité de son service de renseignements à Robert Furman en août 1943. Philip Morrison se joignit à l'équipe
de renseignements scientifique de Groves l'automne suivant. John Lansdale,
responsable de la sécurité intérieure du projet Manhattan pour Groves, est
le père de la mission Alsos ; en mai 1944, Samuel Goudsmit en fut nommé
directeur scientifique.

20 et 21. Edoardo Amaldi (à gauche) et Gian Carlo Wick, élèves d'Enrico Fermi pendant les années trente, et premières cibles de la mission Alsos.

22. Morris (Moe) Berg, officier de l'OSS, à Sienne, le 3 juillet 1944, jour où la ville tomba aux mains des Alliés. Un mois plus tôt, Berg avait contacté Wick et Amaldi à Rome, et appris d'eux où travaillait Heisenberg.

23. Le général William Donovan (à droite) vint en Inde à la fin de 1943 pour relever le colonel Carl Eifler de son commandement. Mais un mois plus tard, Donovan lui confia néanmoins une mission particulièrement délicate et risquée en Suisse.

24. Allen Dulles, correspondant des services secrets américains en Suisse, se montra très défavorable à l'idée d'une opération de pénétration en Allemagne via la frontière suisse.

25. Le physicien suisse Paul Scherrer, vieil ami d'Heisenberg, éprouva des soupçons sur lui pendant la guerre et devint la principale source d'information de Dulles sur le programme nucléaire allemand.

26. Moe Berg (à droite) se lia rapidement d'amitié avec Paul Scherrer après son arrivée en Suisse, en décembre 1944.

27. Le général Groves (à droite) et Moe Berg (au milieu) avec Casey Stengel, en 1959. Dans une note personnelle rédigée après la guerre, Groves écrit que Berg fut «toujours sous le contrôle du MED [Projet Manhattan]».

28. Sam Goudsmit (à droite) et Robert Furman sillonnèrent l'Europe, en 1945, à la recherche des scientifiques allemands.

29. Les bureaux d'Otto Hahn, à l'Institut de chimie de Berlin, furent complètement détruits par un bombardement allié en février 1944. Ces raids avaient été expressément demandés par le général Groves pour disperser et ralentir le programme de bombe atomique allemand.

30. Boris Pash à Hechingen, en avril 1945. C'est l'homme qui, après avoir manqué Heisenberg à son bureau, le retrouva dix jours plus tard dans les Alpes bavaroises.

31. Farm Hall, près de Cambridge, en Angleterre, où Heisenberg et neuf autres scientifiques allemands furent détenus pendant six mois, selon «le bon plaisir de Sa Majesté» et où ils apprirent la nouvelle d'Hiroshima. Un rapport destiné au général Groves comprenait des photos des scientifiques.

32. Werner Heisenberg.

33. Otto Hahn.

34. Carl Friedrich von Weizsäcker.

35. Karl Wirtz.

36. Max von Laue.

37. Walther Gerlach.

38. Kurt Diebner.

39. Erich Bagge.

croître et embellir. A la fin du mois, Philip Morrison demanda à Luis Alvarez un nouveau document d'évaluation des caractéristiques d'un programme allemand sérieux de bombe atomique. Alvarez se trouvait maintenant à Los Alamos, et Morrison écrivit donc à Oppenheimer pour lui demander d'aider Alvarez à analyser « l'échelle et la difficulté du problème Y dans les conditions allemandes [...] » Ce que Morrison et Furman tenaient particulièrement à savoir était comment identifier un laboratoire où serait assemblée la bombe, et s'il serait facile d'en distinguer un travaillant sur une bombe à plutonium d'un autre travaillant sur une bombe à U-235 [30]. Oppenheimer et Alvarez répondirent le 5 juin à Furman (avec copies pour Morrison et Groves) expliquant patiemment qu'une usine à plutonium exigerait au moins deux cents scientifiques et techniciens et deux ans pour assembler une bombe, alors qu'avec l'U-235 il suffirait d'une équipe réduite de moitié et d'un délai plus court. Cette question avait déjà été examinée en long et en large, mais ils insistèrent sur un point précis : le directeur scientifique d'un tel projet (Oppenheimer en était un exemple parfait) constituait un point vulnérable. « La situation d'Heisenberg dans la physique allemande est unique, écrivait Oppenheimer. Si nous devions entreprendre le programme Y en Allemagne, nous ferions des efforts désespérés pour avoir Heisenberg comme collaborateur [31]. »

Beaucoup de fils se nouent ici. Heisenberg continuait d'obséder Oppenheimer. L'OSS avait appris en Suisse que le physicien allemand travaillait maintenant dans une petite ville du sud de l'Allemagne. Furman cherchait par tous les moyens l'information qui lui permettrait d'identifier un laboratoire où serait construite la bombe. Une équipe spéciale recrutée par Eifler avec l'objectif d'enlever Heisenberg s'entraînait à Washington, et Eifler lui-même se rendait à Alger dans le cadre de cette opération. La date de la lettre Oppenheimer-Alvarez mérite d'être remarquée : le 5 juin 1944 est le jour où les troupes américaines entrèrent à Rome, libérant ainsi la première grande capitale européenne occupée par Hitler. Dans les fourgons de la cinquième Armée se trouvait la première mission Alsos, envoyée en Italie en décembre sous les ordres du colonel Boris Pash. Avec pour couverture la recherche de renseignements « scientifiques », elle avait pour véritable objectif le programme allemand de bombe atomique, et sa première démarche consisterait à prendre contact avec deux physiciens italiens que nous avons déjà rencontrés : Edoardo Amaldi et Gian Carlo Wick. Mais Pash ne fut pas le seul émissaire de Groves à entrer à Rome ce jour-là. Arriva également, seul comme toujours, un officier de l'OSS qui se contentait de sourire et de porter un doigt à ses lèvres lorsque quelqu'un, reconnaissant l'ancien et célèbre joueur de base-ball des Red Sox de Boston, s'exclamait : « Mœ Berg [32] ! »

CHAPITRE 27

Après avoir passé sa vie sous l'uniforme comme bâtisseur et animateur de projets, le général Leslie Groves accomplit le premier acte militaire de sa carrière en novembre 1943, lorsqu'il envoya près de quatre cents bombardiers américains pilonner la centrale à eau lourde de Rjukan. Certes, d'autres noms signèrent l'ordre de mission, mais c'est tout de même Groves qui, en ayant assez des atermoiements des Britanniques, fit détruire Rjukan. Il y prit le goût du combat. De son petit bureau de Washington, au cours des dix-huit mois suivants, il poursuivit une campagne, vaste et implacable, parfois violente, contre la recherche atomique allemande, comme s'il était quelque puissant Wotan. Il transforma en instrument de contrôle l'organisme conjoint de renseignements nucléaires américano-britanniques, mis sur pied à Londres par Richard Tolman et Robert Furman. Des commandos furent envoyés sur le terrain, des agents dispersés, des listes de cibles établies, et de temps en temps, ayant conclu qu'il savait où trouver l'ennemi, Groves expédiait de nouvelles escadrilles de bombardiers pour faire en sorte que les Américains fussent les premiers, et les seuls, à disposer de la bombe atomique.

Tandis que se déroule cette fresque, le lecteur a le privilège de savoir qu'il n'y avait en réalité rien à craindre : le gouvernement nazi, en la personne d'Albert Speer, avait renoncé à l'espoir de construire une bombe en juin 1942 et l'effort allemand se réduisait à la construction d'un réacteur expérimental d'échelle modeste. Groves n'eut cependant que peu de raisons de le croire, au moins jusqu'à la Noël de 1944, comme nous le verrons ; ensuite il n'en poursuivit pas moins prudemment sa campagne jusqu'à ce que le dernier kilo d'uranium allemand, tout le matériel expérimental allemand et les dix physiciens allemands les plus éminents fussent en son pouvoir. Entreprise réussie presque incidemment, pendant que le général gérait les vastes laboratoires tant expérimentaux qu'industriels où furent fabriquées les bombes qui mirent un terme à la guerre avec le Japon. Son succès fut tellement complet et la primauté américaine si peu remise en question, à la fin de la guerre, qu'il en conclut que les États-Unis auraient le monopole de la bombe atomique pendant une génération et réussit à en convaincre les autorités. Et de fait, toute l'histoire de la rivalité atomique durant les quarante-cinq années suivantes de la Guerre Froide fut en un sens déterminée par la preuve par l'exemple, donnée par Groves, que les Américains n'avaient besoin que de résolution pour rester éternellement en tête.

Dans sa campagne contre l'Allemagne, l'instrument le plus efficace de Groves, celui qui demeura le plus étroitement sous son contrôle, fut sans conteste l'enfant sorti tout armé du cerveau de Lansdale, officiellement habilité en septembre 1943 comme unité sur le terrain des renseignements de l'Armée, et baptisé « mission Alsos ». Sa première cible, préparée dans le plus profond secret, fut l'Italie. Mais il n'y eut pas moyen d'empêcher la rumeur de se répandre, dans les milieux du renseignement à Washington, et on commença à venir frapper discrètement à la porte d'Alsos. L'un des premiers fut un officier de l'OSS, John Shaheen, responsable du bureau des projets spéciaux ; il n'avait de comptes à rendre qu'au colonel Donovan, qui vit là l'occasion de se tailler un part du gâteau [1]. Shaheen avait réussi une belle opération en Italie, parvenant à ramener une douzaine d'officiers de la marine de guerre italienne et d'ingénieurs de la recherche militaire aux États-Unis ; il obtint l'approbation de Donovan pour une tentative similaire, avec pour cible les scientifiques italiens ayant des connaissances dans les fusées et les missiles guidés [2]. On choisit, comme patron du nouveau projet baptisé « Larson », au début de novembre 1943, un jeune avocat new-yorkais qui venait de rentrer d'Afrique du Nord, William Horrigan [3]. On lui adjoignit à peu près à la même époque une nouvelle recrue civile, le célèbre joueur de base-ball et érudit Morris Berg, connu de ses amis et de ses fans sous le sobriquet de « Mœ [4]. »

Pour leur premier briefing sur le Projet Larson, Horrigan et Berg se rendirent au service recherche et développement de l'OSS de Stanley Lovell. Celui-ci leur dit que leur mission consisterait à contacter les cercles scientifiques de Rome pour recueillir des informations sur toute une gamme de sujets : le radar et le nouveau système allemand « Würzburg » (radar de la marine pour la défense côtière [5]), fusées et moteurs à propulsion par réaction, bombes volantes et tout un assortiment de nouveautés militaires. Mais ces centres d'intérêt ne faisaient que camoufler le véritable objectif du projet Larson. Vers la fin novembre ou au début décembre 1943, Shaheen rencontra le responsable militaire de la mission Alsos, le lieutenant-colonel Boris Pash, et lui promit de tenter de trouver et de ramener les physiciens italiens pouvant être au courant du programme allemand de bombe atomique [6].

Horrigan se souvient (la chose est confirmée par des notes écrites plus tard à la main par Berg) que ce secret dans le secret fut abordé par Howard Dix, de la section technique, sur le ton confidentiel de conspirateur que prend un officier de renseignements faisant une révélation sensationnelle à un nouveau-venu. « Nous pouvons la perdre [la guerre] à la toute dernière minute, leur déclara Dix. Trouvez-moi ce qu'ils fabriquent, et la guerre est gagnée[7]. » Robert Furman, présent, écoutait en silence. Ce que Dix leur décrivit était le programme de recherche secrète portant le nom de code d'AZUSA ; il expliqua que Américains et Allemands travaillaient à de nouvelles et terrifiantes bombes, et qu'elles pourraient faire gagner la guerre au premier qui les posséderait. On donna à Horrigan et Berg les détails de ce que l'on devait rechercher un peu plus tard, au cours de réunions à l'OSRD, auxquelles étaient présents C.G. Suits, spécialiste des missiles guidés, Vannevar Bush et l'adjoint de ce dernier, Carroll Wilson[8]. Au tout début de 1944, Bush jeta tout le poids de son service derrière le projet par une lettre personnelle adressée à Berg « confirmant son approbation d'acquérir tous les renseignements possibles concernant l'activité ennemie dans les domaines scientifiques spécifiques que l'on vous a énumérés[9] ».

Pendant ce temps, le bureau du directeur s'occupait des formalités administratives, à commencer par la tâche de routine (mais pas toujours simple) d'obtenir du Département d'État la validation du passeport de Berg pour qu'il puisse se rendre à Alger et au Caire ; toujours courant décembre, une deuxième lettre demandait l'approbation pour Londres et la production de nombreux autres documents s'étala sur les semaines et les mois qui suivirent[10]. Mais même avant la fin de l'année, Berg et Horrigan étaient prêts à partir pour l'Italie où la mission Alsos, envoyée par Groves, attendait avec impatience, depuis Naples, la chute de Rome. Le 29 décembre, Shaheen télégraphia au commandant Bruce Old, de la mission Alsos, voulant savoir dans les plus brefs délais où ils en étaient de leurs plans et s'ils avaient des recommandations particulières à faire à Horrigan et Berg, qui devaient prochainement quitter Washington[11].

« Prochainement » était optimiste. Les déplacements d'officiers de l'OSS sur n'importe quel théâtre d'opérations militaires étaient sujets à l'approbation de celui qui y commandait, en l'occurrence le général Mark Clark, à la tête de la 5e Armée. Dans la réalité, cette approbation était souvent aussi difficile à arracher qu'une molaire récalcitrante. Vers le nouvel an, le général de l'armée de l'air H.M. McClelland demanda officiellement le transfert de Berg et Horrigan sur le théâtre d'opérations de la 5e Armée, dans le but de rassembler des informations sur les missiles radioguidés (nom de code : Birch).

La 5e Armée, malheureusement, répondit non. Le 14 janvier, très alarmé, Ned Buxton télégraphia au colonel Edward Glavin, commandant de l'antenne de l'OSS récemment ouverte à Caserta, non loin de Naples, pour lui demander de renouveler ses efforts :

Les raisons avancées par le général McClelland sont totalement insuffisantes. Les missiles guidés ne constituent que des objectifs secondaires de la mission de Horrigan et Berg. Celle-ci a été entreprise par l'OSS pour le compte du NDRC [Conseil de Recherche pour la Défense nationale] et de l'AAF [Armée de l'Air américaine]. Son but est d'acquérir certains scientifiques et techniciens italiens à l'heure actuelle en territoire ennemi. Ces hommes doivent être ramenés aux États-Unis. Les experts doivent être choisis par le Dr Vannevar Bush, chef de l'OSRD et ceux qui travaillent avec lui. Des scientifiques ont formé Berg et Horrigan avec le plus grand soin, et Horrigan détient des pistes exclusives et des lettres personnelles qui devraient le conduire aux personnes en question. Qui plus est, des démarches ont été effectuées à Washington auprès du lieutenant-colonel Boris Pash, de Freedom, de G-2, pour que Berg et Horrigan travaillent avec lui sur un projet voisin. Les services de ces scientifiques sont d'une importance considérable [...] C'est une mission importante et urgente. Berg et Horrigan étant prêts à partir d'un instant à l'autre, veuillez utiliser le réseau prioritaire pour votre réponse[12].

Mais ni l'insistance de Buxton ni les efforts de Glavin n'aboutirent. Par moments, au début du printemps, alors que la température de Washington devenait clémente et qu'apparaissaient les premières jonquilles, Shaheen avait l'impression que jamais il ne parviendrait à lancer les deux hommes sur le terrain. L'OSS avait une expression pour ces interminables délais : « Ici aujourd'hui, encore ici demain[13]. » Pendant que la 5e Armée de Clark réfléchissait, Horrigan et Berg allèrent rencontrer Howard Dix de la Section technique, afin d'apprendre où trouver, à Rome, l'un des scientifiques italiens de leur liste, Edoardo Amaldi[14]. Le 24 janvier, Horrigan envoya à Shaheen un mémo dans lequel il faisait remarquer qu'il devenait évident que le Projet Larson et la Section technique poursuivaient un but identique, même si cette dernière ne s'intéressait qu'à une seule question et aurait dû gérer la mission[15]. Shaheen commença à se désintéresser du projet Larson ; il ne protesta pas lorsque Donovan lui enleva Horrigan pour l'assigner au théâtre Chine-Inde-Birmanie. A ce stade, Berg acquit le statut qu'il allait en fait conserver jusqu'à la fin de la guerre : d'être à lui seul toute une opération. Il déclara à Margaret Feldman, une amie du secrétariat, qu'il allait finir par ne plus avoir un sou à force d'attendre son départ à l'hôtel Mayflower de Washington[16].

Ce temps n'était toutefois pas perdu ; Berg commença à s'initier à la physique et rendait souvent visite à Dix pour lire les dossiers de la Section technique sur la question. Earl Brodie vit à plusieurs reprises Berg dans les bureaux, au cours de l'hiver et du printemps ; l'ex-joueur de base-ball avait une taille imposante — 1,85 m pour 85 kilos[17] — mais c'était sa gentillesse qui impressionnait le plus Brodie. Il fut surpris, une fois, de le voir changer un petit automatique de poche[18]. Brodie savait que AZUSA était synonyme de bombe atomique, mais il n'entendit jamais Berg prononcer ce mot, et lorsqu'il eut enfin quitté Washington, Brodie n'avait aucune idée de l'endroit où il était parti, ni de la mission qui lui était assignée.

Le nom de Mœ Berg était célèbre au début des années quarante ; il avait fait l'objet d'innombrables chroniques sportives dans la presse du week-end et passait pour le joueur de base-ball le plus intellectuel des ligues « major » ; diplômé de Princeton, perpétuel étudiant en linguistique, c'était une « encyclopédie ambulante » dont le premier geste, quand il arrivait dans une ville, consistait à acheter un plein chargement de journaux : pas seulement ceux de la région, mais également tous ceux qu'il pouvait trouver venant de pays aussi exotiques que la Grèce, le Portugal ou le Japon. Il impressionnait et séduisait tous ceux qu'il rencontrait, hommes et femmes, mais tous ne tardaient pas à apprendre qu'il ne faisait que passer. Même à l'époque où il jouait au base-ball, ses amis savaient rarement où il se trouvait, une fois la saison terminée [19].

Berg disposait d'un étonnant éventail de relations ; lors d'une partie, pendant les années trente, il présenta l'un de ses coéquipiers à James Farley et au président Roosevelt. Il n'en gardait pas moins ses distances avec le monde. En tournée avec son club, il avait l'art de s'isoler de son compagnon de chambre, à l'hôtel, comme un chercheur d'or sur sa concession. Personne n'avait le droit d'ouvrir ses journaux tant qu'il ne les avait pas lus, et il prenait tout son temps pour cela. Il les empilait sur sa commode, sur son lit, sur le sol à côté, sur sa table de nuit, sur les chaises, sur le bureau. Ces journaux étaient sacro-saints et il ne fallait en aucun cas y toucher. Ainsi Berg défendait-il quelque citadelle intérieure en créant un no man's land d'imprimés. On imagine difficilement un tel homme se mariant : il resta toujours célibataire.

La première fois qu'on le rencontrait, il laissait une impression d'eaux paisibles. Il manquait tout à fait de prétentions. Ayant à remplir un questionnaire de l'OSS, à la question « quels sont vos sports et vos loisirs préférés, indiquez votre degré de maîtrise », il écrivit simplement : « Base-ball, etc [20]. » En réalité, c'était sa vie. Dès l'âge de sept ans il fut une sorte de prodige du sport, un gamin solide et déterminé qui, en dépit de sa petite taille, était capable de frapper n'importe quelle balle d'un adulte du quartier de Newark où son père, émigrant juif d'Ukraine, tenait un drugstore. La boutique ouvrait quinze heures par jour, mais Berg n'y perdait pas son temps. Après avoir obtenu son diplôme de Princeton, il fut engagé par les Dodgers de Brooklyn, fit un bref passage dans les ligues « mineures », puis fut repris dans les White Sox de Chicago en 1926, club dans lequel il continua de jouer pendant les treize années suivantes. Il ne fut jamais un très grand joueur [21] mais il était extrêmement régulier, avait un sens supérieur du jeu, savait provoquer un arbitre tout en évitant de se faire évincer du terrain, manifestait une loyauté intense vis-à-vis de son club et était adoré des journalistes sportifs. Pour sa dernière partie il fit un coup splendide (un « home-run ») le 30 août 1939, à la veille de la guerre.

Le père de Berg n'avait aucun goût pour le base-ball ; les exploits de son fils ne l'avaient jamais impressionné et il ne suivit pas une seule des 663 parties qu'il joua dans les ligues majeures. Le jour où le vieil homme mourut d'un cancer, le 14 janvier 1942, Mœ Berg annonça qu'il se retirait définitivement du base-ball.

La seconde grande passion de Berg était les livres, la connaissance et par-dessus tout les langues et les mots eux-mêmes. A Princeton, il avait étudié le latin, le grec, l'italien, l'allemand et même le sanskrit, soutenu par le philologue spécialiste d'étymologie de l'université, Harold Bender[22]. A la fin de sa première saison en ligue majeure, Berg passa un semestre à la Sorbonne, à Paris, pour étudier l'histoire de France sous la direction de l'abbé Jean-Pierre Rousselot. Toute sa vie, il fascina ses auditeurs par d'érudites digressions sur les racines du langage, l'évolution des termes et l'épanouissement des idiomes indo-européens dans les langues romanes de l'Occident. Ce n'était que broutilles, pas de véritables conversations, du genre des répliques qu'aiment à faire les adolescents négociant le difficile virage vers l'âge adulte en prenant l'air de connaître toutes les réponses. En 1938, il participa à l'émission de radio Information Please et stupéfia le public par les réponses qu'il donna à quelques questions absconses — la signification du terme « loy » (vieux français pour « loi ») ou « poï » (sorte de pain hawaiien). Il était capable de remplir les silences d'une conversation (et ne s'en privait pas) à l'aide de toutes ces choses qui impressionnent les gens peu cultivés.

Ces connaissances affichées n'étaient pas seulement un écran ou un bouclier ; Berg aimait réellement les choses de l'esprit et avait le don de créer immédiatement le contact avec les scientifiques et les érudits professionnels. Cependant, il ne sut pas tirer de conséquences pratiques de son amour du savoir. Au bout de trois années d'études, poursuivies hors saison, il obtint un diplôme de droit à Columbia en 1928, puis prit un poste d'associé dans un cabinet de Wall Street, Satterlee & Canfield. C'était exactement le genre de carrière professionnelle qui pouvait plaire à son père, mais il donna sa démission au bout de quelques années, incapable de s'intéresser à son travail. Ce qui se passait dans l'Europe de la fin des années trente, en revanche, le passionnait. Pendant sa dernière saison de joueur de base-ball, en 1939, il confia à Arthur Daley qu'il lui était difficile de prendre le base-ball au sérieux alors que les nazis poussaient l'Europe à la guerre. « Et moi, qu'est-ce que je fais, pendant ce temps ? Je reste assis sur le banc de touche, à raconter des histoires pour remonter le moral aux autres joueurs[23]. » Berg était juif, mais ce n'était pas tant l'antisémitisme des nazis qui le mettait en colère que de les voir brûler des livres.

Il y eut une étape sur la route qui le conduisit à l'OSS. Au printemps et à l'été de 1941, Berg entra en correspondance avec le bureau gouvernemental du Coordinateur des Affaires inter-américaines, alors dirigé par Nelson Rockefeller. Au début de 1942 il rejoignit l'organisation et partit faire une tournée sud-américaine d'information, qui comportait des arrêts dans des bases américaines du Pérou et du Brésil. Il soumit son rapport final au printemps de 1943, ce qui lui valut de la part de Rockefeller une lettre qui commençait par « Mon cher Mœ », et qui faisait l'éloge de son tact et de son efficacité [24]. Quelques mois plus tard, l'un des partenaires de Satterlee & Canfield, le colonel Ellery Huttington (allié politique de Donovan avant la guerre [25]) le recrutait pour l'OSS. Huttington présenta Berg au chef de la branche des opérations spéciales, le commandant Davis Halliwell, ancien dirigeant d'une entreprise de textile, au début de juin. Mais le processus de recrutement fut interrompu pendant quelques semaines quand Mœ disparut. Le 1er juillet il télégraphia de Chicago la plus courte des explications à Halliwell : « De retour voyage urgent Côte Ouest. Vous vois semaine prochaine [26]. » Il se présenta le 17 juillet au quartier général de l'OSS, avec sa lettre « Mon cher Mœ » de Rockefeller dans la poche et expliqua à Halliwell qu'il avait accompli « une mission confidentielle pour la Maison Blanche […] ». Halliwell fut impressionné ; dans un mémo à Huttington, il dit que le récent déplacement de Berg « avait une raison d'une très grande importance […] Il est évident, d'après l'entretien que j'ai eu avec Mr Berg, que cette mission pour le compte de la Maison Blanche indique que l'on lui a confié des responsabilités considérables et une mission extrêmement confidentielle depuis la dernière fois que nous l'avons vu ici [27] ».

Il est tout à fait typique du personnage, dont la vie est ainsi émaillée de « trous » mystérieux, que la nature de cette « mission confidentielle » soit restée inconnue. Il entra donc officiellement à l'OSS le 1er août et commença sa formation dès le lendemain [28]. Morris Berg n'était pas la recrue la plus célèbre de Donovan, mais il était curieux, érudit, indépendant à l'excès et exceptionnellement secret, sans doute par habitude et tempérament. En d'autres termes, il avait le profil parfait de l'espion. Il possédait en outre une autre qualité : la patience.

La somptueuse captivité de Berg à Washington arriva finalement à son terme à la mi-avril 1944 dans une débauche de documents administratifs lui dégageant la voie pour Londres, Lisbonne, Alger et l'Italie en tant qu'officier de la Branche spéciale. D'après l'un des documents, ce voyage était classé « secret » ; les Fonds spéciaux payaient ses dépenses et il était autorisé à porter « un pistolet calibre .45 avec ses accessoires » ainsi que d'autres « équipements spéciaux de l'OSS [29] ». Le 14 avril, Donovan signa personnellement son ordre de mission et, deux semaines plus tard, Berg passa une heure avec Furman, prenant des notes précises sur ce qu'il devait chercher.

Furman ne lui avait confié que peu de choses, à l'automne précédent, lors de la réunion avec Howard Dix ; mais maintenant, alors que le nouvel agent devait partir pour l'Italie, il se fit plus explicite. Il lui dit que les termes « radioactif » et « atomique » étaient « tabous », que les Américains redoutaient de voir les Allemands se doter de fusées transportant des explosifs atomiques ou susceptibles de disséminer sur le sol des « poisons radioactifs » dont il émanerait « un rayonnement dangereux pour la vie ».

Furman voulait tout savoir des organismes de recherche et développement allemands, de leurs « armes secrètes », des usines où étaient prises « des mesures de sécurité extrêmes », ou « des précautions sanitaires inhabituelles ». Berg divisa ses notes en six paragraphes, eux-mêmes subdivisés en de nombreux alinéas. Parmi eux, une question sur « l'effet d'un bombardement » sur la Kaiser Wilhelm Gesellschaft. Plus bas, Berg note que Furman désire « savoir : scientifiques allemands et italiens, si en vie [30] ».

Porteur de ces instructions et d'autres documents établissant la liste des scientifiques italiens et allemands, Berg se présenta le 4 mai à 13 heures à une base de l'Air Force près de Washington. A bord du quadrimoteur, Berg se retrouva assis à côté d'un jeune major de l'Armée de terre du nom de George Shine, qui partait à Londres rejoindre l'état-major du général Omar Bradley. Berg était le seul passager en civil, et Shine lui trouva vaguement l'air d'un détective — costume de serge bleue, chemise blanche et cravate noire, un fédora gris comme couvre-chef qu'il posa dans le filet. Le vol prenait presque toute une journée, scindé en trois étapes : Terre-Neuve, la traversée de l'Atlantique jusqu'à Prestwick, en Ecosse du Nord, avant de gagner Londres en train. A un moment donné, au début du vol, Berg se pencha et un pistolet tomba de la poche intérieure de son veston. Il se sentit gêné. « Je ne suis pas doué avec les armes, s'excusa-t-il. On m'a donné celle-là quand je suis monté à bord. » Berg n'avait pas d'étui et Shine lui suggéra de le glisser dans la ceinture de son pantalon, mais c'était inconfortable. Par deux ou trois fois encore il le fit tomber en bougeant de son siège ou en se levant pour aller aux toilettes. Shine lui proposa finalement de le ranger dans sa valise et de le lui restituer une fois à Londres, ce qu'il fit le lendemain.

Shine se prit d'une immédiate et profonde sympathie pour Berg qui parla sans contrainte des voyages qu'il avait effectués au Japon, en 1932 et 1934, et de l'interminable traversée de la Russie en train par lequel le dernier s'était terminé. A Londres, installé au Claridge, Berg trouva la nourriture bien chiche — légumes décolorés et bouillis, morceau de viande minuscule perdu au milieu de l'assiette. Shine l'invita donc au mess des officiers américains de Grosvenor Hotel, où la nourriture était abondante. Une autre fois, ils allèrent dîner ensemble dans un restaurant de Soho ou Berg l'impressionna beaucoup en commandant un vin par le nom du château et l'année.

Ils parlèrent constamment pendant les cinq jours qu'ils passèrent ensemble. Tout intéressait Berg, et il paraissait avoir des lumières sur tout. Le pistolet le contraignit à la franchise ; il reconnut appartenir à l'OSS, mais ne fit qu'une seule allusion à sa mission. Shine ne la comprit pas : Berg lui avait déclaré se rendre en Italie pour y voir Mark Clark, en sous-marin ! Le 9 mai, les deux hommes prirent rendez-vous pour aller déjeuner dans un restaurant près de Hyde Park, mais Berg avertit Shine que son emploi du temps était devenu incertain, et s'en excusa d'avance ;

s'il n'arrivait pas dans l'heure qui suivait, Shine ne devait plus l'attendre. C'est ce qui se passa. Le jeune major n'en fut pas tellement surpris ; il ne le revit jamais [31].

Berg allait rejoindre une opération de renseignements qui pataugeait quelque peu lorsqu'il partit pour l'Italie, en mai 1944. Le sous-marin auquel il avait fait allusion devant Shine était un bâtiment italien ; l'un de ceux « empruntés » à la marine italienne à Brindisi, l'*Aksum* et le *Platino*, grâce aux bons offices du commodore américain *H.W. Zirolli* à Tarente, afin de permettre les opérations clandestines de l'OSS sur le théâtre italien [32]. La question des sous-marins avait été longuement discutée à Washington par John Shaheen ; le prêt était une affaire délicate ; les marines américaine et italienne comptaient le limiter à une seule opération de l'OSS (nom de code : SHARK), mais suite à des promesses faites à Boris Pash, Shaheen espérait davantage.

L'un des premiers scientifiques recrutés pour la mission, Will Allis, petit-fils du célèbre fabricant de matériel agricole Allis-Chalmers, était un jeune diplômé de physique du MIT qui, élevé en France, parlait également l'allemand et l'italien et avait commencé à travailler pour l'ORSD [33]. Allis dit à un de ses amis, le lieutenant de la marine Bruce Old, que l'Armée envisageait d'envoyer une mission scientifique en Italie. Old, ingénieur chimiste, travaillait au programme de recherche et de développement de la marine, organisme disposant d'un mandat très large et ayant un grand appétit d'informations. Old alla voir son patron, le contre-amiral Julius Furer, lui parla des projets de renseignements scientifiques de l'Armée de terre et suggéra que la marine devait y participer. « Vous avez fichtrement raison, la Marine doit y être représentée ! » avait tonné Furer.

Groves ne présenta pas d'objections ; la présence de la Marine contribuerait à dissimuler l'objectif véritable de la mission. John Lansdale, quand il en parla à Old, ne mentionna pas la bombe atomique, mais à la vérité, il n'y avait plus guère de secret à protéger. Old avait de nombreux amis qui avaient disparu du jour au lendemain dans le Projet Manhattan. Lansdale fit se rencontrer Groves et Old à la fin de septembre 1943. L'entretien venait à peine de commencer lorsque la secrétaire de Groves, Jean O'Leary, lança tout à trac : « Général, le Docteur Urey au téléphone [34] ! » Old connaissait le nom d'Urey et savait ce qu'il faisait ; il en conclut aussitôt que Groves était responsable du programme nucléaire américain. L'équipe scientifique de la première mission Alsos se trouva complétée avec l'arrivée de John Johnson de Cornell, et de James Fisk des laboratoires Bell, le seul des quatre à qui l'on avait confié le but véritable de la mission [35].

Le temps que Pash et la mission Alsos eussent quitté Washington pour l'Afrique du Nord, le 7 décembre 1943, une demi-douzaine de bureaux du Pentagone avaient dressé une longue liste de cibles scientifiques ; toutefois, la première tâche du groupe de Pash consista à prendre contact avec ceux dont Fermi avait donné les noms, Edoardo Amaldi et Gian Carlo Wick [36]. Mais dès que les dix hommes d'Alsos arrivèrent à Naples, après une éprouvante équipée [37] il devint clair que la chute de Rome était loin d'être imminente. Les armées alliées se trouvaient immobilisées du fait de la pluie, du début de l'hiver et de la farouche résistance opposée par les Allemands juste au sud du grand monastère médiéval de Monte Cassino. Il s'ensuivit l'une des batailles les plus acharnées et les plus sanglantes de toute la guerre ; un débarquement à l'aide d'engins amphibies sur la plage d'Anzio, au sud de Rome, donna un moment d'espoir à Pash, mais ne fit que créer un nouveau champ de bataille. A Naples, le groupe de Pash installa ses quartiers à l'hôtel Parco et son bureau au Banco di Napoli. La chasse aux scientifiques italiens et aux prisonniers de guerre allemands, aux fins d'interrogatoire, put commencer.

Si la mission Alsos disposait de quartiers confortables, somptueux, même, c'était un monde tout à fait différent qui commençait, dès la porte de l'hôtel Parco franchie. La ville était remplie de gravats, conséquence des bombardements, d'enfants qui mendiaient et de femmes qui se vendaient pour presque rien. Au cours des premiers jours, les hommes de Pash restèrent sous le choc, et on trouve la description de la misère qui les entourait dans le carnet d'Old. Pour eux, cependant, la vie n'était pas mauvaise. Ils eurent du champagne lors du repas de Noël au cours duquel Old rencontra la photographe du magazine *Life*, Margaret Bourke-White ; ils réquisitionnèrent également, pour y poursuivre les interrogatoires, un vaste appartement bien meublé récemment abandonné par un dirigeant fasciste local important. On posait les questions au grand air, autour d'une bouteille de vin, sur le balcon qui donnait sur la baie de Naples. Très rarement, il fallait un peu solliciter les réponses, courtoisement, avec des phrases du genre : « Si vous ne voulez rien nous dire, nous vous confierons aux Russes [38]. »

Mais la plupart des invités d'Alsos étaient sincèrement écœurés du fascisme et de la guerre, et faisaient volontiers part de ce qu'ils savaient. Deux des meilleures sources furent l'ingénieur italien Carlo Calosi, professeur de l'Université de Gênes que l'on avait escamoté de Rome grâce à une vedette de l'OSS au début de janvier [39], et le major Mario Gasperi, qui avait servi six ans à Berlin comme attaché des forces aériennes italiennes [40]. Calosi était un spécialiste des missiles guidés et des torpilles ; Gasperi décrivit toute une gamme d'innovations militaires allemandes, dûment consignées par Bruce Old, de son écriture serrée, dans les 23 pages de notes qu'il prit de l'entretien. En théorie, seuls Pash et Fisk étaient au courant de la bombe atomique, mais dans la pratique, tous les membres de la mission savaient plus ou moins ce que l'on cherchait vraiment. La compartimentation, à laquelle Groves tenait tant, n'avait pas que des avantages. Pash lui-même confia une fois à Old que l'une de ses tâches, à San Francisco, avait consisté à s'intéresser à la question de la loyauté d'Oppenheimer, disant qu'ils avaient même mis sa maison sous surveillance. Fisk parla du plutonium à Old : « C'est idiot de vous laisser dans le brouillard, vous pourriez manquer quelque chose d'important [41] », remarqua-t-il.

Fisk, néanmoins, demandait aux autres de quitter la pièce lorsque les questions commençaient à se focaliser sur la bombe, en particulier si Pash était présent. Comportement typique des opérations de renseignements dans laquelle tout le monde fait semblant de ne pas être au courant ou de ne pas parler de ce que tout le monde sait et de ce dont tout le monde parle. Alsos accumula ainsi progressivement une énorme documentation sur les progrès techniques des Allemands — mais très peu de choses sur la recherche atomique. On abordait toujours ce sujet d'une manière oblique, à l'issue d'une longue série de questions personnelles et techniques, presque par raccroc : « Au fait, n'auriez-vous pas entendu parler d'un important regroupement de physiciens ? » A la fin d'un tel entretien avec Calosi, le 16 janvier, Old note dans son carnet :

> Ne sait pas ce que fait Heisenberg. Les principaux scientifiques allemands se réunissent assez souvent à Berlin pour discuter recherches militaires. Calosi pense aucun travail allemand sur S. [le sujet] ni que Italiens seraient au courant. Pas d'indices dans presse scientifique, directs ou indirects. A entendu rumeurs de laboratoires déplacés vers l'Est depuis août 1943 [42].

Gasperi se souvenait d'une conversation sur l'eau lourde norvégienne avec un industriel allemand, en mai 1943 (« semble se rappeler D_2O pas utilisée dans but biologique. A vague souvenir que I.G. Farben possède un peu de D_2O »).

Ces deux commentaires constituent pratiquement toutes les informations sur la bombe allemande recueillies par la première mission Alsos, alors que Pash était depuis un mois en Italie. Son espoir de résultats spectaculaires s'amenuisait de jour en jour. Dès le premier janvier, Fisk lui dit qu'il était prêt à repartir ; venu en Italie pour parler à Amaldi et Wick, il ne voyait pas l'utilité d'attendre indéfiniment que les Alliés trouvent le moyen de prendre Rome. Cette bouffée de défaitisme réveilla le guerrier en Pash et il se décida à jouer sur les promesses du projet Larson, faites par Shaheen à Washington.

Vers le 2 ou 3 janvier, Pash expliqua son problème à l'adjoint au renseignement de l'état-major de la 5e Armée, le colonel Edwin Howard, qui le conduisit jusqu'au quartier général de l'OSS, dans une villa réquisitionnée de Caserta, non loin de Naples ; là, on le présenta au colonel John Reutershan, dernier d'une longue série de commandants de l'antenne OSS de la 5e Armée. Le colonel Ellery Huttington, qui avait recruté Mœ Berg, était en effet déjà venu en Italie et reparti ; il régnait un certain désordre, il faut bien le dire, dans le service de renseignements sur le terrain. Reutershan convoqua son adjoint, le capitaine André Pacatte, et ensemble les trois hommes mirent sur pied un plan pour faire sortir Wick et Amaldi de Rome par sous-marin. Une semaine ou deux auparavant, Pacatte s'était déjà servi de l'*Aksum* pour déposer quatre agents près de Rome, dans le cadre d'une opération baptisée « Vittorio [43] ». Il dit à Pash qu'il n'y aurait pas de problème pour contacter les physiciens par l'intermédiaire de la résistance clandestine romaine, les conduire jusqu'à un point désert de la côte près de Civitavecchia, et de là, les faire embarquer sur un sous-marin. Pash dit vouloir participer à l'opération, mais son offre fut fermement rejetée. « Nous ne pouvons laisser des personnes n'appartenant pas à notre unité participer à des opérations, colonel. C'est le règlement, on ne peut faire d'exception [44]. »

L'OSS ne demandait pas mieux que de lancer l'opération, à condition que Pash levât auparavant une dernière difficulté : obtenir la permission de la Marine britannique, laquelle contrôlait les opérations navales du théâtre italien, y compris les mouvements de l'*Aksum* et du *Platino*. Requête qu'il fallait présenter avec art ; or Pash avait jusqu'ici fait de son mieux pour en dire le moins possible sur la mission Alsos à la direction britannique des Opérations spéciales. Le général Walter Bedell Smith, l'adjoint d'Eisenhower, avait informé Pash à Alger, à la mi-décembre, qu'il devait passer par-dessus la tête du major anglais Kenneth Strong, pourtant responsable du renseignement à l'état-major d'Eisenhower, et traiter directement avec le colonel Howard, de la 5e Armée. Smith n'expliqua pas pourquoi, et Pash ne posa pas la question : tous les deux savaient quelle était la règle imposée par le général Groves, quand il était question de la bombe — ne rien dire aux Britanniques.

Bien entendu, néanmoins, les Britanniques n'avaient pas tardé à repérer la présence de la mission Alsos à Naples. Après la troisième ou quatrième visite de Bruce Old chez un professeur de la ville ayant fait des recherches sur les détecteurs à infrarouges, un officier du SOE (Direction des Opérations spéciales) lui avait demandé à brûle-pourpoint : « Qu'est-ce que vous fabriquez à l'Université de Naples ? » A quoi Old avait répondu : « J'essaie d'apprendre l'italien. »

Mais Pash n'allait pas abandonner comme ça. Au cours des trois ou quatre jours suivants, il sillonna l'Italie du Sud de Naples à Bari, Brindisi et Tarente, recueillant les cinq signatures nécessaires. Reutershan lui promit que l'opération commencerait tout de suite, mais les choses traînèrent en longueur : pendant six semaines, l'OSS alterna promesses et excuses, et les membres de la mission commençaient à se dire qu'ils ne rentreraient jamais dans Rome, ou qu'on n'arriverait jamais à en faire sortir les scientifiques. Au cours de la dernière semaine de janvier, Johnson et Fisk repartirent pour les États-Unis, laissant Pash maugréer : mais ils n'avaient pas été incorporés dans l'armée. Finalement, on lui promit de lui amener les deux savants aux petites heures du 20 février.

Pash attendit toute la nuit, de plus en plus nerveux, puis toute la matinée. A midi un officier de l'OSS lui dit que la mission avait été annulée, sans donner davantage d'explications. Il n'attendit pas une deuxième déconvenue, l'OSS incriminant, cette fois, une patrouille allemande sur la plage[45]. Le 22 février, il repartit pour les Etats-Unis, furieux et désespéré ; pour le reste de sa vie on n'eut pas besoin de beaucoup le pousser pour lui faire dire que les rigolos de l'OSS n'étaient que des bouffons incompétents. Will Allis partit avec Pash, laissant Bruce Old jouer les touristes et faire d'interminables parties de cartes entre deux coups de téléphones inutiles à Pacatte, à Caserta.

Tout au long de ses frustrantes semaines où on abreuva Old d'atermoiements et d'excuses, Pacatte souligna que le navire constituait le problème ; la moitié des opérations de l'OSS se passaient bien. Un agent avait pris contact avec Amaldi, à Rome, et avait appris que Wick et un autre physicien se trouvaient à Turin, chez la mère de Wick. Tout dépendait de la possibilité de disposer d'un sous-marin pour aller chercher les savants quelque part sur la côte adriatique[46]. Lorsque Old, ayant perdu tout espoir, quitta à son tour Naples, le 3 mars 1944, il emportait la promesse renouvelée de l'OSS de continuer à tout faire pour récupérer Amaldi et Wick. Avec ça, je suis bien avancé, songea Old.

C'est donc avec ces maigres résultats que s'acheva la première mission Alsos. Old avait envoyé de Naples, les 5 et 20 janvier, deux brefs rapports d'intérim à peu près identiques : il n'y avait que bien peu de renseignements à glaner au sud de Rome, les Allemands entouraient leurs recherches « du plus grand secret[47] », et les Italiens n'en avaient guère fait de leur côté. Un résumé de quatre pages, en date du 22 janvier, décrit en détail les informations techniques rassemblées par la mission sur 75 sujets différents, mais ne comporte qu'une référence indirecte au programme allemand de bombe atomique : « Calosi, qui a eu des contacts étroits avec les Allemands, pense qu'ils disposent d'étonnantes armes secrètes [...][48] .»

James Fisk, l'expert en bombe de la mission, accompagna ce constat d'échec de longues digressions et considérations, lorsqu'il vit Furman après son retour à Washington, le 4 février. Les deux hommes allèrent prendre un verre à l'Université du club, où Fisk se lança dans une vivante description des dévastations de Naples : la nourriture infecte et rare, les imprévisibles coupures de gaz et d'électricité, l'eau disponible que quelques heures par jour, une « sévère épidémie » de syphilis. Mais ce qui l'avait le plus frappé restait la poussière blanche dont la ville ravagée par les bombes était saupoudrée. Les murs en voie d'écroulement paraissaient s'émietter en une poudre fine qui se déposait aussi bien sur la ville que sur ses habitants. Les Napolitains, hommes et femmes, tous habillés de noir, en étaient recouverts en permanence. Fisk avait des tas de choses à raconter à Furman sur ce que la guerre avait fait à l'Italie, mais quant au programme allemand de bombe atomique, objectif de la mission, il n'avait même pas la rumeur d'une rumeur à lui rapporter[49]. C'est à peu près ce que répétèrent, de manière plus détaillée, Fisk et Johnson dans leur rapport provisoire à Groves.

Arrivé à son tour à Washington, Pash s'efforça néanmoins de défendre l'idée que la tentative n'avait pas été inutile, qu'ils avaient préparé le terrain pour une mission vraiment sérieuse en France et en Allemagne, une fois que les armées alliées auraient franchi la Manche. Il voulait à tout prix éviter que l'on considérât sa première opération comme un échec. A la fin de février, Pash et Will Allis rendirent visite à Vannevar Bush à l'OSRD et réussirent à le convaincre qu'ils étaient revenus avec énormément d'informations, même s'ils n'avaient rien trouvé sur la bombe, et qu'il fallait lancer Alsos II. Bush écrivit à Groves le 29 février, disant : « Un ou deux éléments [parmi les renseignements recueillis] justifient, à mon avis, toute l'entreprise[50]. » A la vérité, il n'y avait nul besoin de persuader Groves ; comme Bush, il voulait savoir où en étaient les Allemands et faire en sorte que les Russes ne missent pas les mains sur les physiciens ennemis ou sur des rapports officiels. Il fallait donc être les premiers.

Dès que Groves disposa du rapport final de quatre-vingts pages de Bruce Old, il en envoya des copies à une demi-douzaine de bureaux différents de Washington, accompagnées d'un double d'une lettre de Vannevar Bush qui recommandait une deuxième mission en France et en Allemagne « dès que les progrès de la guerre le permettront ». Dans sa lettre au responsable nominal de la mission Alsos, le général Clayton Bissell, qui avait remplacé le général Strong comme chef des renseignements de l'armée, Groves recommandait que ce qui restait du groupe Alsos en Italie « poursuivît son plan actuel de [...] récupérer certains scientifiques dans l'Italie occupée par l'ennemi[51] ». La première mission avait beau avoir fait demi-tour, l'opération SHARK restait toujours d'actualité.

CHAPITRE 28

Des mois de promesses non suivies d'effet de la part de l'OSS avaient rendu Pash fou de frustration, mais il ne mesura l'ampleur du désastre que le 30 mai 1944. A 12 h 30, ce jour-là, accompagné d'un nouvel adjoint, le major Richard Ham, il rencontra Howard Dix pour discuter du plan de la deuxième mission Alsos à mettre en place dans la foulée de l'invasion imminente de l'Europe par les armées alliées. Dix désirait savoir de quel genre d'assistance Alsos aurait besoin en Europe. Pash restait évasif. L'opération SHARK faisait encore partie de ses priorités, car, comme nous venons de le voir, le contact avait été établi avec Amaldi qui se disait prêt à embarquer dans un sous-marin[1]. Mais qu'attendait Alsos de ce scientifique, voulut savoir Dix ? Pash se montra de nouveau évasif ; il ignorait dans quelle mesure Dix et le bureau de l'OSS étaient impliqués dans la collecte de renseignements pour Groves et Furman[2].

Quelques heures plus tard l'après-midi même, cependant, l'opération SHARK se réduisit à néant sous les yeux de Pash. Deux agents du service de contre-espionnage (CIC) qu'il avait recrutés à Naples pour Alsos, Carl Fiebig et Gerry Beatson, câblèrent la mauvaise nouvelle à Washington : ils venaient juste de découvrir que l'agent italien « Morris », l'homme qui, d'après l'OSS, avait été envoyé à Rome contacter Amaldi en février, venait d'être arrêté en Afrique du Nord comme espion à la solde des Allemands. La fouille de son appartement de Naples avait permis de découvrir de nombreux documents se référant à Alsos et à SHARK, y compris un morceau de papier sur lequel figuraient les noms de Wick et Amaldi. Sur un autre, se trouvait le détail de la chronologie de SHARK, et les lettres que « Morris » avait écrites à des amis dans la partie de l'Italie occupée par les Allemands trahissaient le fait qu'il travaillait comme agent de l'OSS.

En moins d'une semaine, Pash était de retour en Italie pour la prise de Rome, le 5 juin ; deux jours plus tard, il interrogeait « Morris » dans la prison San Angelo de la ville. Il apprit, furieux, que l'OSS lui avait donné accès à nombre de documents secrets mais put tout de même conclure que « Morris » ignorait vraisemblablement le nom et le véritable objectif de la mission Alsos et que les Allemands n'en avaient sans doute pas entendu parler. Par précaution, cependant, Pash recommanda de garder « Morris » en prison jusqu'à ce que ses informations deviennent caduques ou jusqu'à la fin de la guerre[3].

Mais l'effondrement de l'opération SHARK devint en quelques jours une question académique. Après des mois de combats, les Allemands se retiraient finalement d'Italie centrale et abandonnait Rome aux Alliés. Le maréchal Kesselring, commandant suprême en Italie, demanda à Hitler l'autorisation de quitter la ville le 2 juin, ce qui fut accepté dès le lendemain ; Rome devait être épargné en tant que « haut lieu de la culture[4] ». La nuit du 4, les forces américaines investissaient les limites sud de la ville et à huit heures, le matin du 5, le général Mark Clark se fraya en jeep un chemin à travers la ville jusqu'au Vatican. Sur ses talons arriva la S-Force alliée, une unité conjointe de renseignements anglo-américaine dans laquelle le colonel Pash, accompagné d'un aide, s'était procuré une place.

On avait repéré la maison d'Edoardo Amaldi sur un plan ; vers midi, Pash et Perry Bailey, du CIC, faisaient à leur tour leur entrée dans la ville. Le contact avec Amaldi fut amical, en dépit de l'ordre, courtois mais ferme, que lui donna Pash de ne pas quitter Rome. Pash fit allusion à l'échec de la tentative d'évasion par mer près de Civitavecchia de février dernier, après les dangers qu'il avait dû courir pour se rendre jusque-là avec l'aide des agents de l'OSS.

Amaldi le regarda, stupéfait ; il n'avait jamais entendu parler de cette histoire !

Comprenant sur-le-champ que l'OSS l'avait mené en bateau, Pash s'excusa en disant qu'il s'agissait d'un quiproquo. Mais la colère qui mijotait en lui à l'encontre de l'OSS venait d'atteindre le point d'ébullition : « J'en avais les rouages du cerveau qui faisaient des étincelles[5] ! » L'explosion eut lieu le soir même.

Pash et Bailey venaient juste de finir de dîner à l'Albergo Flora quand Amaldi arriva, extrêmement agité : Pash lui avait ordonné de rester à Rome, et voilà qu'un autre Américain, un capitaine, disait qu'il avait des ordres — émanant directement du président ! — de ramener Amaldi à Naples. Pash descendit dans le hall de l'hôtel et se trouva en face d'un grand et solide gaillard en uniforme de capitaine, tranquillement assis dans un fauteuil. Pash se présenta. Le capitaine commença à dire qu'ils devaient trouver un terrain d'entente, mais le colonel, pour le coup, explosa et lança un « garde-à-vous ! » retentissant. L'autre se leva, salua et obéit, manifestement pris au dépourvu. Il voulut reprendre ses explications depuis le début : il avait l'ordre de ramener le professeur Amaldi à Naples où la mission Alsos l'attendait avec anxiété...

C'en était trop. Un autre homme, dans d'autres circonstances et surtout doué d'un sens de l'humour à toute épreuve et de moins d'hostilité vis-à-vis de l'OSS, aurait pu être amusé de ce quiproquo — authentique celui-là. Après tout, il n'avait lui-même rien mentionné de la mission Alsos.

Mais, d'après ce qu'il dit lui-même, il s'en prit très vertement au capitaine :

> C'est la mission Alsos que vous avez devant vous en ce moment, capitaine ! Vous êtes sans doute de l'OSS. Votre boulot était de faire évader le docteur Amaldi de Rome, il y a plusieurs mois de cela. Vous ne l'avez même pas cherché ! Et voilà que vous essayez de le faire sortir subrepticement de la ville et de nous concocter encore une histoire à dormir debout de travail dangereux accompli dans des circonstances difficiles ! Eh bien, ça ne marchera pas ! Vous n'avez rien à faire à Rome. Et si je vous tombe encore dessus, vous vous retrouverez devant le conseil de guerre, et ce ne sont pas les chefs d'accusation qui manqueront. Et maintenant, décampez [6] !

Boris Pash avait au moins raison sur un point : le capitaine était bien un officier de l'OSS, Morris Berg. Mais lorsqu'il sous-entendait qu'il avait les choses bien en main, rien n'était moins vrai ; Alsos n'avait personne en Italie, à ce moment-là, au courant de la moindre chose sur la bombe atomique. Prendre contact avec Amaldi et Wick, après la chute de la ville, n'était que la partie facile du programme ; trouver ce qu'ils savaient sur les progrès des Allemands, telle était la réelle difficulté. Il fallut à la mission Alsos deux semaines pour renvoyer l'un des scientifiques de la première tentative. Berg, lui, commença à poser ses questions dès le premier jour.

A Washington, Furman s'était chargé de le mettre au courant et on lui avait donné une liste des scientifiques italiens et allemands. A l'OSRD C.G. Suits et Carroll Wilson avaient approfondi son briefing et lui avaient dit de prendre contact avec le physicien de Princeton H.P. Robertson lorsqu'il serait à Londres ; l'OSRD avait envoyé celui-ci en Angleterre pour assurer la liaison, au niveau des renseignements scientifiques, avec l'opération dans ce domaine que menait R.V. Jones avec qui il se lia d'ailleurs d'amitié. Robertson était un physicien de talent ; il avait étudié avec Sommerfeld à Munich, connaissait personnellement bon nombre de physiciens allemands et était au courant, de manière détaillée, du programme nucléaire américain. Berg le vit beaucoup au cours du mois de mai 1944, et c'est probablement Robertson qui lui donna le livre de Max Born, *Expérience et théorie en physique,* que Berg lut attentivement avant de gagner l'Italie. L'essentiel des deux pages de notes qu'il prit sur cet ouvrage sont consacrées à Werner Heisenberg ; il paraît avoir été particulièrement frappé par les aspects spectaculaires, sur le plan intellectuel, du « principe d'incertitude » d'Heisenberg et par la façon dont Born y décrit la manière de penser du physicien : « Quand nous travaillons ensemble, j'ai l'impression de savoir ce qui passe dans son esprit [...] [7]. »

Berg n'avait pas manqué de se présenter au bureau de l'OSS de Londres, près de l'ambassade, sur Grosvenor Square, mais on ne l'y vit que rarement ; il avait son propre programme. Le jour de la libération de

Rome, personne, au quartier général de l'OSS à Washington, ne savait exactement où il se trouvait. Dix, Buxton et Whitney Shephardson signèrent tous les trois un télégramme lui ordonnant de partir immédiatement pour l'Italie, s'il ne s'y trouvait déjà. On l'envoya simultanément à Londres, à Alger et au Caire [8].

Berg était en fait déjà sur place et entrait à Rome le matin du 5 juin. Là, il fut accueilli par le colonel Andrew Torielli, le nouvel officier de l'antenne de l'OSS attaché à la 5e Armée [9]. Dès l'après-midi, Berg entamait la première de ses nombreuses conversations avec Amaldi, dans la maison de celui-ci, et voyait Wick le même jour. Au cours des deux semaines suivantes, il parla à de nombreux scientifiques et ingénieurs italiens, mais à aucun aussi longtemps et souvent qu'aux deux physiciens, soit seuls, soit ensemble, et fréquemment au cours d'un repas. Pendant les trois mois que Berg passa en Italie, il mena souvent ses entretiens en italien et traduisit des documents italiens en anglais avant de les faire parvenir à Washington, mais il s'exprimait en anglais avec Amaldi et Wick.

Il lui sauta tout de suite aux yeux que les deux hommes ne savaient rien de bien spectaculaire sur les efforts allemands pour se doter de l'arme nucléaire, mais il continua de les questionner, essayant de déterminer quels avaient pu être les progrès des physiciens allemands pendant la guerre d'après ce qu'ils disaient. A la mi-juin, il attaqua la rédaction de son rapport. Celui-ci, en un certain sens, est typique d'un câble envoyé par un agent de l'OSS sur le terrain : des points d'information bien nets répartis en 33 paragraphes numérotés, constitués pour la plupart d'une seule phrase. Il est néanmoins, et de loin, bien plus complet que la plupart des communications de l'OSS, et frappant par ses efforts pour rendre les nuances de ce que Wick et Amaldi lui avaient dit [10]. Un courrier porta ce rapport à Caserta ; de là il passa à Alger d'où il fut expédié à Washington. Howard Dix le reçut et le lut dans l'après-midi du 19 juin ; il comprit sur-le-champ que l'OSS avait enfin quelque chose de solide et il en envoya une copie le soir même à Stanley Lovell, qui la transmit à l'OSRD le 21 juin. Vannevar Bush l'étudia avec « un grand intérêt [11] » et des copies furent transmises à Groves, Richard Tolman et Karl Compton.

Berg était arrivé chez Amaldi, le 5 juin, avec de solides recommandations ; il transmit les amitiés de Merle Tuve et donna un paquet de bonbons aux enfants d'Amaldi de la part d'Enrico Fermi. Amaldi n'avait accompli aucun travail sur la fission depuis le début de la guerre, et n'avait rencontré qu'un seul physicien allemand, Otto Hahn, venu à Rome en 1941 ; mais ce dernier était resté évasif sur le sujet de la fission au cours des trois entretiens qu'ils avaient eus. Les Allemands ne firent aucune tentative pour exploiter les scientifiques italiens dans le cadre des recherches militaires, déclara Amaldi, mais étant donné qu'ils avaient des connaissances sur la fission avant la guerre, il était sûr qu'ils « devaient travailler dessus ». De l'avis d'Amaldi, il faudrait au moins dix ans pour réussir ; Hahn et Walther Bothe étudiaient la question, à son avis, mais pas Heisenberg. « Il considère Heisenberg comme un théoricien de premier plan mais pas comme un expérimentateur », concluait Berg[12].

Il est toujours utile de prendre la mesure de ce qu'un homme ignore ; le puits sec d'Amaldi était une nouvelle pièce du puzzle, bien que celle-ci fût ambiguë : les Allemands ne feraient-ils donc rien ? Ou bien avaient-ils simplement bien réussi à garder le secret ? Avec Wick, Berg franchit une étape de plus. « Il a un grand amour et un grand intérêt pour Heisenberg, son ancien professeur et un physicien brillant. » En quelques mots, Berg esquisse ce que furent leurs relations ; Wick avait étudié sous l'autorité d'Heisenberg à Leipzig, les deux hommes étaient restés en correspondance pendant la guerre. Wick avait encore reçu une lettre en janvier 1944 et le 16 avril, il avait envoyé un dernier courrier à Heisenberg, concluant : « Que Dieu vous protège, vous et votre famille[13]. »

Comme Scherrer en Suisse, Carlo Wick avait autre chose à rapporter que des rumeurs sur ce que Heisenberg pensait et faisait. Entre autres, il dit à Berg qu'il avait succédé à Debye à la Kaiser Wilhelm Gesellschaft de Berlin. En 1942, Arnold Sommerfeld avait invité Wick à donner « des conférences sur les rayons cosmiques » à l'Université de Munich. Il avait rencontré Heisenberg en Allemagne et avait la certitude que son vieil ami était « un anti-nazi ». De lui, il citait cette phrase : « Devons-nous souhaiter la victoire des Alliés ? » Sommerfeld dit à Wick que Heisenberg ne pensait pas que la fission aurait des applications pratiques pendant la guerre, mais qu'elle « bénéficierait à l'humanité, une fois la paix rétablie ».

L'agent américain approchait du but ; Wick lui montra la dernière lettre qu'il avait reçue d'Heisenberg, datée « Berlin, le 15 janvier 1944 ». Berg s'arrangea pour la lui subtiliser, la copier et la remettre en place sans que Wick ne s'en rendît compte. Dans son télégramme suivant à Washington, il en donne les grandes lignes, mais le texte intégral de la traduction comporte des nuances de la pensée d'Heisenberg qui manquent au câble :

J'ai été très heureux de recevoir de vos nouvelles de Rome. Vous me demandez comment ça va chez nous. Ma femme et les enfants vivent dans les montagnes de Bavière. Mis à part quelques petites maladies, tout va bien. Je suis plein de reconnaissance de savoir que ma famille est là-bas, en sécurité. Comme vous le savez, notre maison de Leipzig est détruite. La maison de mes beaux-parents à Berlin, où j'avais vécu jusqu'à présent, est gravement endommagée ; je demeure donc maintenant à la Maison Harnack. L'institut de Leipzig est en grande partie détruit, mais notre institut de Berlin est toujours debout. La première édition du livre sur les rayons cosmiques que vous avez vu ici, dans cet institut, a complètement brûlé à Leipzig, je suis au regret de le dire. Mais le temps où l'on pouvait tranquillement réfléchir à la physique est tellement loin qu'on dirait que des siècles ont passé. On est heureux de voir apparaître les premiers rayons du soleil, et on espère que le courrier nous apportera peut-être une lettre. Si bien que la vie est maintenant très simple et sans complications. Quand nous reverrons-nous tous ? Je vous souhaite bien des choses, Vôtre, W H[14].

Le résumé envoyé par Berg répondait à deux des questions de Furman : quel avait été l'effet des bombardements sur la Kaiser Wilhelm Gesellschaft à Berlin ? Les scientifiques allemands étaient-ils encore en vie ? Une question importante restait cependant sans réponse : où Heisenberg se trouvait-il, maintenant ?
Wick disait en effet qu'il avait gagné l'Allemagne du Sud.
Où, exactement ? voulait savoir Berg.
« [...] Une région boisée. » Wick n'avait pas voulu en dire davantage. Berg sentit une certaine appréhension chez lui ; dans son télégramme du 17 juin, Berg se demande si Wick n'a pas craint « qu'il soit fait du mal à Heisenberg [...] ».
La douzaine d'autres scientifiques italiens, ingénieurs ou techniciens, que Berg interrogea au cours des trois mois qu'il passa en Italie lui donna des informations sur toute une gamme de matériel militaire sophistiqué. Il envoya quelque trente câbles à Howard Dix et Stanley Lovell, résumant ce qu'il avait appris, et expédia un certain nombre de rapports substantiels[15]. Beaucoup de ces documents, transmis à l'ORSD, furent répartis entre divers organismes militaires de Washington, où ils provoquèrent une floraison d'études dérivées au cours des six mois suivants. C'était exactement ce que désirait le plus Donovan pour montrer que l'OSS était un authentique service de renseignements ; le 21 juillet, le directeur envoya par câble ses félicitations personnelles à Berg, et Stanley Lovell le remercia et le félicita également par lettre[16].
A la mi-juin, Furman demanda personnellement à Berg de recueillir certaines informations sur un système optique que produisait une entreprise de Florence, le laboratoire Galileo. Florence se trouvait encore entre les mains des Allemands, mais l'OSS était en contact avec des groupes de partisans opérant dans la ville et, à la fin du mois de juin, Berg demanda son aide au capitaine Max Corvo, du SI. Corvo partait pour Sienne et espérait atteindre Florence ; il invita Berg à l'accompagner. Les deux hommes roulèrent vers le nord, par la via Cassia, s'arrêtèrent à l'hôtel Milano d'Aquapendente où ils déjeunèrent d'un gruau d'orge et d'œufs frits (il n'y avait rien d'autre) puis poursuivirent jusqu'à Sienne où ils arrivèrent le 3 juillet, le jour même où la ville était libérée par les Forces Françaises Libres.
Mais ils ne purent pousser plus loin ; les Français étaient bloqués juste au nord de la ville. Corvo prit une photo de Berg où l'on voit le grand gaillard se tenant dans un garde-à-vous un peu raide, sous le soleil de midi qui inonde la piazza del Palio de Sienne ; il porte un costume sombre, une chemise blanche, une cravate au nœud impeccablement serré[17]. Les deux hommes retournèrent à Rome, d'où Berg expédia une nouvelle fournée de

télégrammes et de rapports en attendant la chute de Florence. Le 26 juillet, Berg reçut un rappel de Buxton : « Les informations que vous nous avez fait parvenir sont très appréciées par Furman, qui espère que vous serez en mesure de réaliser le projet concernant la société d'optique de Florence [...][18]. »

A la mi-août, les Allemands commencèrent à se retirer de Florence, faisait sauter tous les ponts — sauf le Ponte Vecchio — sur l'Arno, et Berg et Corvo reprirent la route du nord. Ils franchirent l'Arno, réduit à un filet d'eau par la sécheresse qui sévissait, et gagnèrent non sans mal l'hôtel Excelsior, tandis que les partisans faisaient encore le coup de feu avec les derniers francs-tireurs fascistes restés en arrière. A l'intérieur de l'hôtel, en revanche, tout était calme ; on servit le thé, l'après-midi, au son d'un orchestre jouant du Boccherini et du Bach. Le lieutenant Aldo Icardi, de l'OSS, recruta des partisans florentins pour trouver le laboratoire Galileo et aider Berg à recueillir des informations[19]. Le 21 août, l'Américain expédiait un rapport de six pages sur les contacts de Galileo avec des sociétés allemandes ; mais Furman ne s'intéressait plus au laboratoire italien[20]. Une nouvelle tâche, plus urgente, venait de lui échoir et à la fin août il bombarda Berg de télégrammes lui enjoignant de boucler ses dossiers italiens et de partir sur-le-champ pour Londres.

Dans l'une des nombreuses notes qu'il rédigea sur le Projet Manhattan vers la fin de sa vie, le général Groves dit que Mœ Berg « fut toujours sous le contrôle du MEP [Manhattan Engineering Project = Projet Manhattan][21] ». Ce n'est pas tout à fait vrai. Berg fut recruté, formé et payé par l'OSS, rendait compte au commandant de l'OSS sur le terrain, communiquait par le biais des liaisons mises en place par l'OSS et rassemblait des informations pour l'OSS sur de nombreuses questions n'ayant rien à voir avec la bombe atomique. Mais en même temps, et dès le début, son objectif fondamental fut et demeura le programme allemand de bombe atomique ; et le seul à consommer les informations dans ce domaine fut en effet le général Groves. Comme nous l'avons vu, son autorité était déléguée au quotidien à Robert Furman, lequel n'avait aucun complexe à charger de missions des officiers de l'OSS, Berg y compris, comme s'ils étaient directement sous ses ordres. Durant toute la dernière année de la guerre, Berg se déplaça ici et là exactement comme s'il avait été un agent du Projet Manhattan.

Furman finit peu à peu par apprendre à connaître Mœ Berg. Il n'avait pas dit grand-chose lors de leur première rencontre, dans le bureau de Dix, en automne 1943, poussant même la discrétion jusqu'à ne pas donner le nom de son patron. Mais lors de leur dernier briefing, en avril 1944 à Washington, Furman ne lui cachait à peu près plus rien. Six semaines plus tard, se retrouvant à Rome, ils devinrent amis. Dès que Pash eut fait savoir qu'il avait réussi à contacter Amaldi et Wick, le 5 juin, Alsos s'agita pour trouver un scientifique capable d'interroger les deux physiciens sur ce qu'ils savaient du programme allemand de bombe atomique. Furman finit par persuader John Johnson, qui avait fait partie de la première mission Alsos en Italie, de retourner à Rome à la mi-juin, lui promettant qu'il n'y resterait pas plus de trois semaines. Il l'accompagna. Ce contact avec Wick et Amaldi, souhaité depuis si longtemps, n'était pas le seul motif de son déplacement. Un télégramme du 25 mai émanant de « Cecil » du bureau de l'OSS de Londres, avait également joué un rôle important dans sa décision. Il rapportait une conversation récente avec Eric Welsh du MI6 (auquel on se référait dans les câbles sous le nom de « Broadway », d'après l'adresse du quartier général du SIS à Londres). Depuis l'été précédent, Welsh maintenait qu'il n'existait pas de programme allemand de bombe atomique, mais depuis peu, quelque chose l'inquiétait :

> Dans conversations privées avec notre contact AZUSA à Broadway, celui-ci nous a fait part inquiétudes sur éventuels progrès des Allemands. Rapports positifs reçus indiquant que Heisenberg travaille sur uranium. Infère possibilité Heisenberg et Clusius travaillant ensemble [...] Cette source Broadway a toujours pris la situation calmement jusqu'ici, et ce n'est peut-être qu'une question de nervosité. Cependant, il a absolument tenu à me faire part de ses appréhensions [...][22].

Le câble de l'OSS n'explique pas l'origine de ces « appréhensions » de Welsh, mais deux informations ont dû y jouer un rôle de premier plan : les rapports de Scherrer venus de Suisse et l'information émanant de Paul Rosbaud relative au départ de Berlin d'Heisenberg. Welsh rencontra probablement Furman à Londres, d'où celui-ci gagna l'Italie. Une fois à Naples, Boris Pash conduisit Furman et Johnson jusqu'à Rome où ils retrouvèrent, à l'Albergo Flora, le seul officier d'Alsos encore présent dans la ville, Ralph Cerame[23]. Berg et Furman se virent fréquemment à Rome pendant la semaine du 19 juin. Au matin du 22, Berg rejoignit Furman et Johnson pour un entretien avec Amaldi ; le lendemain, il leur présenta deux scientifiques, Eugene Fubini et R.C. Raymond, et encore le jour suivant, Furman revit Berg pour discuter « de certains documents secrets qu'il [Berg] avait récupérés[24] ». Mais en plus de ces rencontres de travail régulières, les deux hommes eurent de fréquentes conversations en tête à tête et alors qu'ils disposaient d'un peu de temps libre, Berg amena Furman visiter le Vatican. C'était le genre de choses dans lesquelles il excellait, faisant preuve de connaissances approfondies non seulement sur l'art et l'architecture, mais aussi sur le gouvernement de l'Eglise catholique[25].

Le 25 juin au soir, Furman quittait Rome en avion pour Naples ; il ne revit Berg que lors d'une réunion à Londres, au mois de septembre suivant. Les journées passées ensemble à Rome avaient donné confiance à

Furman dans le jugement et les capacités de Berg. Pash avait pris un contact tapageur avec Amaldi et Wick, mais c'était Berg qui les avait le premier longuement questionnés, lui qui avait établi un compte rendu nuancé de ce que savaient les Italiens, lui qui avait su créer une relation chaleureuse avec eux aussi bien qu'avec les autres scientifiques de l'Université de Rome : au point qu'en septembre, cette dernière conférait à Berg le titre de docteur en droit *honoris causa*[26]. Mœ Berg était un homme hors du commun, d'une nature profondément secrète mais en même temps capable de faire naître rapidement l'amitié et la confiance. Il devint vite manifeste que Furman éprouvait cette confiance.

Avant de quitter Rome, Furman dit au major Ham qu'il pensait le moment venu de mettre un terme à la mission Alsos en Italie. Rome n'avait rien de plus à offrir, et il n'y avait aucun intérêt à envoyer un officier de la mission à Florence avec la S-Force lorsqu'elle tomberait : « Il n'y a aucun objectif nous concernant dans cette localité[27]. » En réalité, cependant, Furman s'intéressait à Florence et avait déjà demandé à Berg, nous l'avons vu, des informations sur le laboratoire Galileo. Il n'est pas difficile de comprendre pour quelle raison Furman choisit Berg plutôt qu'Alsos pour cette mission. Comme Groves, Furman tenait énormément au secret ; Berg voyageait et travaillait seul, alors que les équipes d'Alsos se déplaçaient avec un nombre relativement important de personnes. Les laboratoires Galileo, toutefois, n'étaient pas le seul objectif que Furman allait donner à Berg.

Vers le milieu de la semaine du 20 juin 1944, tandis que Berg et Furman se rencontraient quotidiennement à Rome, William Donovan, accompagné de Preston Goodfellow, arrivait à Alger. Donovan, après avoir été en Angleterre, avait suivi le débarquement de Normandie, le 6 juin, et devait gagner Rome au début juillet. Mais à Alger, il prit le temps de rencontrer le colonel Carl Eifler, le vendredi 23 juin. Au cours des trois mois précédents, Eifler avait jeté les bases de l'opération visant à enlever Heisenberg et réglé un certain nombre de points d'organisation pendant que son équipe s'entraînait à Washington. Tout au long de cette période, Buxton était resté en contact avec Eifler, et c'était lui qui lui avait télégraphié en Inde (les 25 mai et 1er juin) de regagner l'Afrique du Nord pour y attendre de nouvelles instructions. Dans une lettre à Donovan postée de l'Inde le 12 juin, Eifler se disait prêt à procéder « à mon entrée prévue dans le Pays X ». Et quand il arriva à Alger, le 19, il s'attendait à repartir rapidement pour Londres et de là en Suisse pour l'opération. Donovan avait néanmoins d'autres plans.

Les deux hommes se rencontrèrent au quartier général de l'OSS à Alger, le 23 juin ; Donovan suggéra de passer sur le balcon, où le grondement de la circulation noierait leurs paroles. Là, il lui déclara qu'il fallait renoncer au projet d'enlèvement. Il ne dit évidemment pas que le Projet Manhattan était à l'origine de cet abandon, et ne lui offrit que le minimum d'explications sur les raisons de ce changement de programme : cet enlèvement ne s'imposait plus, la course à un nouveau type d'arme était terminée. « Nous avons fractionné l'atome », dit-il[28].

Donovan fit tout pour atténuer le coup ; il expliqua à Eifler que Buxton était très soulagé, car il trouvait que c'était de la pure folie que de risquer la vie d'un homme de sa valeur dans une entreprise aussi téméraire. Maigre consolation. Le télégramme qu'envoya un peu plus tard le même jour Donovan à Buxton ne fait aucune allusion au « Pays X », à l'Unité d'Expérimentation sur le Terrain ou au kidnapping d'Heisenberg et se contente de rapporter que Eifler est d'accord pour s'occuper de l'envoi d'une équipe clandestine dans la Corée occupée par les Japonais. Eifler accepta l'annulation de la mission en bon soldat, mais il avait en fait le cœur brisé. Il avait l'impression d'avoir abandonné le commandement du Détachement 101 pour celle-ci, ce qui n'était pas strictement vrai, comme nous l'avons vu, et lorsqu'il retrouva son vieil ami Lee Echols à Washington, quelques jours plus tard, il avait des larmes dans les yeux en lui disant que la mission en Suisse était décommandée. Lee Echols, lui, ne s'en formalisa pas davantage que les membres de l'équipe qu'il avait recrutés ; ils ne ressentaient que peu d'enthousiasme pour une mission suicide en Allemagne[29].

Les explications laconiques de Donovan sur l'atome « fractionné » n'avaient aucun sens et de plus étaient fausses. Le fond de l'affaire était en réalité une décision d'écarter Eifler du projet ; Groves, Donovan et Furman avaient probablement perdu confiance en son aptitude à mener discrètement cette opération. Rien de bien surprenant ; il n'y avait pas moyen de brider l'approche brutale, à la Rambo, de tout ce qu'il entreprenait. Deux semaines avant de rencontrer Donovan à Alger, par exemple, Eifler avait rendu furieux les officiers de renseignements anglais postés en Inde par ses spectaculaires démonstrations d'armes et de systèmes secrets. En mars, à Londres, Eifler avait récolté de nombreuses informations sur les techniques clandestines anglaises, comprimés mortels, dissimulation de microfilms dans des suppositoires de glycérine, comportement d'un agent sur le terrain, et avait révélé tous ces secrets à de pleines salles d'officiers américains à Simla et à New Delhi. La nouvelle de ce manquement grave aux lois des services clandestins avait suivi Eifler à Alger, où les Britanniques protestèrent vigoureusement devant Donovan, priant instamment que l'on disciplinât le bouillant colonel[30]. L'enlèvement d'Heisenberg exigeait un doigté d'accordeur de piano, car les Suisses seraient furieux s'ils en entendaient parler. Si jamais on laissait Eifler mener à bien son projet d'envoyer une équipe en Allemagne, on pouvait être sûr que l'affaire se retrouverait exposée au grand jour.

Mais on n'avait pas complètement abandonné l'idée d'une tentative d'enlèvement ou d'assassinat d'Heisenberg, comme nous allons le voir.

Un nouveau plan vit le jour au cours de l'été de 1944 et peu après le retour de Furman à Londres, Berg fut choisi pour jouer un rôle de plus en plus important dans cette nouvelle mouture. C'était la création du nouveau front allié en Normandie qui avait fait perdre tout intérêt à l'Italie aux yeux de Furman ; la route de Paris s'ouvrait, Paris où Joliot-Curie avait travaillé pendant toute la guerre. Le savant français, cependant, avait disparu. De Berne, Allen Dulles venait de signaler la présence en Suisse de sa femme. De Washington, l'OSS bombarda Dulles de demandes pour localiser le physicien.

Le 21 août, Howard Dix télégraphia à Mœ Berg pour lui dire qu'il était transféré des opérations spéciales à la section technique du Service de renseignements et qu'il allait recevoir une nouvelle mission « en Suisse et à Paris [31] ». Un télégramme ultérieur ajouta Stockholm à son itinéraire. Ce fut une période de grande excitation ; avec le débarquement allié de Normandie, il y avait partout des objectifs pour les renseignements. La frontière franco-suisse allait rouvrir dans quelques jours (le 24 août), mettant un terme aux deux années d'isolement dans lesquelles s'était trouvé Allen Dulles. « Je crois qu'on peut en faire beaucoup plus à Paris qu'à Florence », déclara Dix à Berg. On avait retrouvé la trace de Joliot-Curie — à Paris, justement — et Dix avait appris qu'un autre « objectif » s'y trouvait également : le pathologiste français Roger Briault, que l'on soupçonnait de détenir des informations sur les recherches allemandes dans le domaine de la guerre bactériologique. Dès que Berg aurait terminé son travail à Paris, il devrait se rendre en Suisse.

Mais on eut du mal à retrouver Berg en Italie, et il fut plus dur encore de l'en déloger. Tout d'abord retenu à Florence, il eut ensuite les pires difficultés à faire sortir un ingénieur italien du pays. On repoussa l'escale de Stockholm, la deuxième mission Alsos avec Pash et Samuel Goudsmit trouva Joliot-Curie avant l'arrivée de Berg, et on donna à un médecin qui travaillait pour Alsos, Martin Chittick, la tâche d'interroger Briault. Lorsque Berg quitta enfin l'Italie, le 12 septembre, de toutes les nouvelles cibles décrites dans les télégrammes de l'OSS d'août il n'en restait plus qu'une : en Suisse, plus particulièrement à Zurich. Là-bas, Berg devait visiter le cyclotron de la Eidgenosche Technische Hochschule et contacter « tous les scientifiques possibles [32] ». Berg passa par Londres et gagna Paris. Mais il n'alla pas plus loin.

Howard Dix était chargé d'envoyer ses instructions à Berg et de diffuser ses rapports à Washington ; il faisait ses commissions, lui envoyait livres et magazines et lui écrivait des lettres remplies des nouvelles du bureau, de félicitations et de chaleureux encouragements, comme on l'exigeait de lui [33]. Mais ce n'était pas lui qui décidait à quoi employer les talents particuliers de Berg : la responsabilité ultime en incombait à Groves. A la mi-août 1944, ce dernier avait approuvé un ambitieux nouveau plan, avec toujours pour objectif le programme allemand de bombe atomique. Le 21 août, le jour même où Dix télégraphiait à Berg de quitter l'Italie de toute urgence, le nouveau responsable scientifique d'Alsos, Samuel Goudsmit, écrivit un mémo à Walter Colby, de l'OSRD. Les deux hommes se connaissaient bien ; c'était en effet Colby qui avait découvert Goudsmit en Hollande, dans les années vingt, et qui l'avait recruté pour l'Université du Michigan. A New York, Goudsmit attendait son départ imminent pour la France et il était débordé par des instructions de dernière minute visant à préparer la mission Alsos. Il dit à Colby que Furman lui avait promis de lui procurer des photos de Joliot-Curie, l'adresse du domicile de Fritz Houtermans et des informations sur l'épouse suisse de Carl Friedrich von Weizsäcker. Goudsmit concluait :

> Il faut mettre la pression sur la préparation des listes de cibles pour la Suisse.
> La priorité la plus importante est celle des cibles du major RF en Allemagne, en premier lieu parce que certaines doivent être mises à la disposition du SHAEF [...] [34].

Trois semaines plus tard, Furman lui-même s'envolait pour Londres, où il arrivait tôt, le matin du 13 septembre (Berg était là depuis la veille). Il lui tardait d'arriver à Paris. Dans une note personnelle, il résume un télégramme destiné à Groves : « Envoyer Wardenburg directement à Paris. Essayer régler affaire suisse ici. Voir Smith aujourd'hui [35]. » L' « affaire suisse » devait occuper Berg pour le reste de l'année, mais elle mit longtemps à décoller. A Londres, après un court séjour à Paris, Morris Berg se trouva une fois de plus échoué sur le sable : « Ici un jour, encore ici demain. »

V.

Heisenberg dans la tourmente
(1943-1945)

CHAPITRE 29

Seul ou presque de tous les grands physiciens des années vingt et trente, Werner Heisenberg poursuivit des travaux théoriques approfondis pendant la guerre. L'ambiance de dialogue scientifique international sans contrainte qui régnait avant la montée d'Hitler lui faisait cependant cruellement défaut. Il resta prisonnier de l'Allemagne pendant toute une année après son voyage à Copenhague pour voir Niels Bohr, en septembre 1941. La circulation des journaux et des revues, ralentie et aléatoire, se réduisait à quelques publications scientifiques qui lui parvenaient par la Suisse, la Suède et le Portugal. Les visiteurs étaient rares. Son sentiment d'isolement le poussa à accepter sur-le-champ l'invitation à venir faire une visite scientifique en Suisse, en mai 1942, à l'ETH de son vieil ami Paul Scherrer. L'obtention de la permission de quitter l'Allemagne était loin d'être automatique ; les employeurs d'Heisenberg, l'Université de Leipzig et le ministère de l'Education devaient lui accorder un congé, et le ministère des Affaires étrangères l'autoriser à échanger des marks allemands contre des francs suisses pour payer ses frais de séjour. En échange, on attendait de lui qu'il parlât devant des organismes culturels allemands de Suisse et écrivît un rapport sur sa visite à son ministère de tutelle. Heisenberg entama les démarches administratives le 10 juin, mais le ministère de l'Education ne lui accorda son congé qu'à la dernière semaine d'octobre[1]. Au cours de l'été, comme la nouvelle de sa venue se répandait dans la communauté scientifique helvétique, Heisenberg dut accepter un emploi du temps bien rempli d'apparitions publiques, y compris des exposés lors du colloque hebdomadaire de Scherrer à l'ETH, à la Société de Physique de Suisse de Zurich, et devant des groupes d'étudiants à Bâle et à Berne.

Lorsque Heisenberg quitta Berne pour Zurich, le 17 novembre 1942, il avait déjà soumis à la revue *Zeitschrift für Physik* un article sur la théorie de la Matrice-S, « Les " observables " dans la théorie des particules élémentaires[2] ». Il dédia celui-ci à Hans Geiger, qui venait d'avoir soixante ans, et l'inclut également dans un ouvrage sur les rayons cosmiques, *Vortrage über Kosmische Strahlung*, essentiellement constitué à partir d'articles élaborés lors de son séminaire de Berlin et publiés par Springer Verlag en 1943. Il était loin d'être facile de faire imprimer de tels livres en temps de guerre ; son ami Max von Laue lui vint à l'aide en affirmant aux autorités, par le biais d'une évaluation écrite, qu'il s'agissait d'un texte purement théorique *Kriegentscheidend* : « décisif pour l'effort de guerre ». Laue rédigea de nombreuses évaluations de ce type pendant les hostilités. Dans une lettre à son fils, en 1946, il tourne en ridicule les accusations portées par les Alliés contre les scientifiques allemands, disant qu'ils avaient soutenu Hitler car ils avaient tous travaillé à des projets « décisifs pour l'effort de guerre ». C'était le seul moyen que l'on avait de travailler, de publier et par-dessus tout de protéger les jeunes physiciens qui, sinon, auraient été expédiés sur le front russe, explique von Laue : « Telle est la seule signification que la menaçante expression *Kriegents-cheidend* avait dans les années 1942-1945[3]. »

A la fin de 1942, Heisenberg et ses amis avaient gagné la bataille de la physique sérieuse contre les champions de la « physique aryenne », Johannes Stark, Philipp Lenard et leurs alliés du Reichforschungsrat, le Conseil de Recherche du Reich. En un sens, la guerre et la bombe atomique vinrent à la rescousse d'Heisenberg ; pour l'une comme pour l'autre, c'était l'efficacité de la physique qui comptait, pas son origine. C'est naturellement dans l'interminable lutte pour les nominations aux postes académiques que la bataille fit le plus férocement rage. Les physiciens « aryens » gagnèrent le premier round en 1938-1939 lorsqu'ils bloquèrent la nomination d'Heisenberg à Munich. Arnold Sommerfeld, désolé d'assister au déclin de son vieil institut, fit appel à l'automne de 1940 au ministre de l'Education pour qu'il approuvât la nomination de l'ami et allié d'Heisenberg, Carl Friedrich von Weizsäcker, en qui beaucoup voyaient un jeune théoricien extrêmement prometteur.

Les tenants de la physique aryenne, au ministère, n'eurent pas de mal à déjouer cette manœuvre transparente. Mais un an plus tard, lorsque le ministère de l'Education du Reich voulut établir une université exemplaire pour le régime nazi à Strasbourg, c'est Weizsäcker que l'on nomma à la chaire de physique théorique en dépit d'une protestation de responsables nazis pour lesquels « [...] il se désintéresse complètement des événements politiques de notre époque, et étant donné ses dispositions, on ne peut guère s'attendre à ce qu'il prenne une part active dans le mouvement du parti national-socialiste de l'avenir[4] ». D'autres postes de la nouvelle université allèrent également à des champions de la vraie physique, Rudolf Fleischmann et Wolfgang Finkelnburg.

Strasbourg fut la première défaite de la physique aryenne. En décembre 1941, ragaillardi par la nomination de Weizsäcker, Heisenberg écrivit à Sommerfeld qu'il était maintenant « tout à fait optimiste » sur l'avenir de la physique et s'attendait à ce que « des initiatives diverses, dans les années à venir », apportassent de nouveaux succès[5]. L'une de ces initiatives fut la propre nomination d'Heisenberg comme directeur de l'Institut für

Physik à Berlin-Dahlem à la suite de l'intervention personnelle de Max von Laue, Otto Hahn et Paul Harteck en janvier 1942 ; puis, le même mois, Finkelnburg et Carl Ramsauer (scientifique qui travaillait pour l'industrie et ne supportait pas le nationalisme aberrant de Stark et Lenard) écrivirent et firent circuler une vigoureuse attaque sur le déplorable état de la recherche dans le domaine de la physique, en Allemagne, sous la direction du ministre de l'Education Bernhard Rust.

Ramsauer était l'homme idéal pour une telle attaque : il avait étudié avec Lennard, il n'avait personnellement rien à gagner à se mêler de la politique des nominations académiques et il se trouvait à la tête de la Société allemande de Physique. Ramsauer déplorait que le traitement scandaleux réservé à des théoriciens aussi importants que Heisenberg mît l'Allemagne dans l'impossibilité de surmonter son retard écrasant dans les accélérateurs de particules : un à Heidelberg (encore inachevé !) contre trente aux États-Unis. S'ajoutait aux protestations de Ramsauer une lettre de Ludwig Prandtl, le premier ingénieur aérodynamicien allemand, dans laquelle il décrivait carrément la nomination de l'incompétent Wilhelm Müller au poste de Sommerfeld, à Munich, comme un acte de « sabotage »[6]. Ramsauer, enfin, disait clairement que ce n'était pas pour des raisons purement académiques qu'il s'était lancé dans cette controverse :

Ce qui est en jeu est bien plus important qu'une lutte entre des opinions scientifiques ; il s'agit peut-être de la question essentielle d'avenir pour notre économie et nos forces armées. L'accès à de nouvelles sources d'énergie. Les possibilités que l'on peut attendre de la physique et de la chimie classiques sont connues et exploitées. La physique nucléaire est le seul domaine dans lequel nous pouvons espérer faire des progrès décisifs en ce qui concerne les problèmes d'énergie et d'explosifs[7].

Ni Bernhard Rust ni son ministère ne répondirent jamais officiellement à l'assaut lancé par Ramsauer ; leur défaite fut tellement patente qu'ils n'en virent probablement pas la nécessité. Le rapport de Ramsauer dégageait les axes officiels de la dispute mais le vrai combat, comme toujours, se déroulait dans les coulisses. A l'automne de 1941, bien avant l'envoi de ce rapport à Rust, Ramsauer et Ludwig Prandtl étaient entrés en contact avec deux hauts responsables de l'armée, le général Friedrich Fromm, chef de l'artillerie du Reich, et le maréchal Erhard Milch, chef du matériel de la Luftwaffe. Ceux-ci, à leur tour, soulevèrent l'intérêt d'Albert Speer, au printemps 1942, et surent en particulier le convaincre de l'importance de la bombe atomique. Ces espoirs s'écroulèrent néanmoins définitivement lors de la rencontre entre Speer et les physiciens, dont Heisenberg, du 4 juin 1942. Une semaine plus tard, Heisenberg écrivit à Ernst Telschow, président de la Kaiser Wilhelm Gesellschaft, lui donnant des précisions très sommaires sur sa demande de budget pour l'année suivante ; le total n'était que de 350 000 marks, somme que Speer et Milch trouvèrent « ridiculement réduite [8] ». C'est ainsi que pendant toute la suite de la guerre, on ne poursuivit plus qu'un prudent programme de recherche sur les réactions en chaîne contrôlées, dans l'espoir de bâtir un prototype d'Uranbrenner — mot à mot, un brûleur d'uranium.

Le bref intérêt porté par Speer à la recherche atomique permit en même temps de se débarrasser des puissants défenseurs de la physique aryenne du ministère de l'Education. Sous la pression de Ramsauer et Prandtl ainsi que des généraux qu'ils avaient gagnés à leur cause, Speer fit passer l'autorité de tutelle sur la recherche en physique nucléaire des mains de Rust à celle de Göring, à la mi-1942 [9].

En dépit de la défaite de la Deutschephysik, les pontifes du parti nazi restaient soupçonneux vis-à-vis d'Heisenberg, en qui ils voyaient « le type même de l'universitaire apolitique », même s'ils concédaient que l'idéologie devait s'incliner devant la science [10]. Dans une lettre de septembre 1942 soutenant la candidature d'Heisenberg au poste de professeur de physique à l'Université de Berlin, poste que devait sceller sa situation de leader dans la recherche nucléaire allemande, un dignitaire nazi écrit :

> Le parti ne peut avoir pour objectif de prendre fait et cause pour l'une des deux factions dans le conflit d'opinion qui existe entre Lenard et Heisenberg sur l'orientation de la physique théorique. Il faut à tout prix empêcher la recherche en physique théorique de tomber en dessous du niveau de ce qui se fait à l'étranger. Ce qu'a accompli le professeur Heisenberg dans ce domaine justifie sans aucun doute sa nomination à la Kaiser Wilhelm Gesellschaft ; la réalisation d'un accord entre les différentes orientations de la physique théorique doit se faire dans le cadre d'une libre discussion professionnelle [11].

Pas le moindre lot de consolation pour Stark et Lenard dans ces arguments, et bien peu de choses pour l'Armée. La nomination d'Heisenberg entérinait la chute du Heereswaffenamt. Peu après que Heisenberg eut pris la direction des laboratoires de Berlin-Dahlem, le physicien en chef de l'Armée, Kurt Diebner, alla poursuivre ses expériences de réacteur dans un laboratoire militaire à Gottow. Même un homme aussi peu enclin à faire des cadeaux à Heisenberg que Paul Rosbaud concéda qu'il avait défendu la science en vrai champion. « Cette réhabilitation de la physique moderne, écrivit-il peu après la guerre, entièrement due aux efforts d'Heisenberg, fut évidemment un grand triomphe [12]. »

Triomphe incomplet, toutefois. Sur un point, hautement symbolique, les autorités nazies refusèrent de céder. Sachant jusqu'où il pouvait aller, Ramsauer défendit la science, pas les Juifs. La théorie de la relativité générale était peut-être acceptable, son auteur demeurait anathème. Dans sa lettre à Rust, Ramsauer se référait au « Juif Einstein » et « aux délires de sa physique spéculative »[13]. En octobre 1942, l'ami (et allié) d'Heisenberg au sein des SS de Himmler, le physicien Johannes Juilfs, lui présenta une curieuse requête. Arnold Sommerfeld avait mentionné le nom d'Einstein dans un essai sur la relativité générale qu'il était sur le point de publier. Juilfs demandait à Heisenberg de persuader son vieil ami et maître d'effacer le nom offensant ; Heisenberg fit la démarche. Dans une lettre, il exhorte Sommerfeld à faire une concession à « l'Esprit du temps [Zeitgeist] », disant qu'il était lui-même prêt à se contenter de la théorie d'Einstein puisque le nom de ce dernier avait le don de hérisser les autorités[14]. Sommerfeld céda lui aussi : il déclara à son éditeur que son « honneur d'auteur » l'empêchait de retirer lui-même le nom, mais que lui pouvait faire comme il le voulait.

Mais même de telles humiliations ne pouvaient dissimuler la victoire sur la Deutschephysik qui les avait provoquées ; pendant les premiers jours de novembre 1942, Heisenberg, Ramsauer, Finfkelnburg, Weizsäcker et Juilfs se retrouvèrent dans un groupe d'une trentaine de scientifiques réunis à Seefeld, dans le Tyrol autrichien, afin d'établir les grandes orientations de l'enseignement de la véritable physique. Plus tard, Heisenberg en parla comme d'une « célébration de victoire[15] ». Importante à l'époque, cette victoire fut malaisée à expliquer après la guerre. Dans une lettre à von Laue du mois de juin suivant, Weizsäcker résume le tortueux compromis élaboré à Seefeld qui permettait d'enseigner la physique juive sans les Juifs : « La théorie de la relativité aurait vu le jour sans Einstein, mais c'est néanmoins avec lui qu'elle l'a vu[16]. »

Von Laue comprenait le sens de ce compromis. C'est lui qui, en 1933, avait organisé la défense d'Einstein à l'Académie prussienne des Sciences ; lui qui avait rejoint le petit groupe (comprenant Max Planck) qui avait absolument tenu à une cérémonie de commémoration en l'honneur du chimiste juif exilé Fritz Haber, lui qui avait rendu visite à des collègues juifs restés en Allemagne comme Fritz Reiche et Arnold Berliner (Berliner, rédacteur de *Naturwissenschaften,* avait été chassé de son poste après avoir publié le discours de von Laue sur Haber ; il se suicida finalement pendant la guerre). A la veille d'une tournée en Allemagne à la fin des années trente, le physicien P.P. Ewald, beau-père de Hans Bethe, demanda à Einstein, désormais à Princeton, s'il avait des messages à transmettre à certains de ses amis restés en Allemagne. Einstein lui répondit : « Saluez Laue pour moi. » Personne d'autre ? demanda Ewald. Einstein les avait tous connus, avait débattu et travaillé avec tous, de Max Planck à Heisenberg et Sommerfeld ; mais à Ewald il ne fit que répéter : « Saluez Laue pour moi[17]. »

Max von Laue méritait ce respect. Mais il survécut à la guerre en sachant quand résister et quand se taire. Un soir, assis à côté de Bernhard Rust au cours d'un dîner officiel à l'ambassade de Roumanie, il laissa le ministre de l'Education, ancien professeur de lycée, lui faire un cours sur la physique allemande — à lui qui était Prix Nobel dans cette discipline. Lorsque son ami Paul Rosbaud lui demanda plus tard comment il avait réagi, celui-ci répondit simplement : « Je l'ai fermée[18]. »

Au printemps de 1943, von Laue reçut une lettre de réprimande de Rudolf Mentzel, haut personnage du ministère de l'Education du Reich, dans laquelle il lui était reproché d'avoir mentionné, au cours d'un récent voyage en Suède, la théorie de la relativité sans ajouter que les Allemands rejetaient l'auteur juif de cette théorie — le compromis de Seefeld. Cette référence à la théorie de la relativité faite en Suède, tout de suite propagée par la rumeur dans la communauté scientifique, contribua au statut de premier opposant scientifique aux nazis dont on honora Max von Laue après la guerre — réputation pleinement justifiée. Mais sur le moment, en Allemagne, von Laue dit à Weizsäcker que sa seule réponse à Mentzel serait un article qu'il venait d'écrire sur la relativité. En outre, ajouta-t-il, il n'avait mentionné la relativité, en Suède, qu'une ou deux fois[19]. Ce n'était pas le courage des barricades, mais celui d'un homme qui veut témoigner.

La conférence de Seefeld s'acheva le 3 novembre ; deux semaines plus tard, Heisenberg partait faire une série de conférences à Zurich et surtout revoir ses vieux amis Gregor Wentzel et Paul Scherrer. Il arriva le 17 et parcourut la Suisse pendant la semaine suivante, s'adressant à divers groupes à Genève, Berne et Bâle. Tout le monde pensait alors à la même chose, les progrès de la guerre, mais une sorte d'étiquette de silence prévalut. Dans la correspondance d'Heisenberg de l'époque, on ne le voit jamais aborder de sujets politiques ; une règle similaire s'appliquait aux conversations, en particulier à l'extérieur de l'Allemagne. N'importe quelle question politique, directement abordée, risquait de provoquer des ressentiments immédiats.

Mais en dépit des soins que prit Heisenberg de ne pas se laisser entraîner sur ce terrain lors de son voyage en Suisse, il réussit néanmoins à tenir des propos offensants. Le 20, il s'adressa à des étudiants de Bâle ; après son exposé, il bavarda brièvement avec Marcus Fierz, alors jeune assistant à l'université. Heisenberg remarqua en passant que Weizsäcker avait pris un poste de professeur de physique à Strasbourg. « Ce ne doit pas être de tout repos ! [Fierz employa l'expression allemande " des pavés chauds " qui s'applique aux situations délicates et prêtant à controverse]. » Strasbourg était en effet une ville française, encore deux ans auparavant. Fierz fut choqué d'entendre Heisenberg répondre d'un seul mot anodin : « Pourquoi[20] ? » Dès cet instant, le jeune assistant fut convaincu que Heisenberg était complètement aveugle à l'hostilité que l'arrogance allemande soulevait partout en Europe.

Fierz ne fut pas le seul à conclure que Heisenberg était un nazi. L'un des étudiants de Gregor Wentzel, qui préparait son doctorat à l'Université de Zurich, eut la même impression. Né à Berlin, Fritz Coester, à l'issue d'études secondaires menées à Freiburg, était venu étudier la physique en Suisse. Il était parmi les quelque quarante personnes qui, le 18 novembre 1942, écoutèrent le nouvel exposé d'Heisenberg sur la théorie de la Matrice-S au colloque de physique théorique co-dirigé par Scherrer et Wentzel. Ces colloques réguliers avaient été lancés par Wentzel et Pauli à la fin des années vingt ; Scherrer avait pris la place de Pauli après le départ de ce dernier pour les États-Unis, en 1940. Les habitués du rendez-vous du mercredi se raréfièrent avec la guerre pour se réduire à Wentzel, Scherrer, quelques physiciens plus jeunes et leurs étudiants. Coester n'avait encore jamais rencontré Heisenberg mais fut impressionné par l'exposé sur la théorie de la Matrice-S ; le lendemain soir, Wentzel invita l'étudiant à un dîner en l'honneur d'Heisenberg, à son domicile de la Hadlaubstrasse, sur la colline qui domine l'université.

A la fin de la soirée, Coester raccompagna Heisenberg à pied jusqu'à son hôtel (le Savoy) ; ils descendirent la colline et traversèrent la Limmat sans évoquer la moindre question de politique au cours de la marche, qui dura entre 25 et 30 minutes. Coester en retira néanmoins l'impression que Heisenberg soutenait Hitler et la guerre. Les années trente avaient été une période de plus en plus dangereuse à vivre, en Allemagne ; Coester avait acquis une sensibilité certaine aux nuances et aux mots de code suggérant les allégeances politiques. « A cette époque, écrivit-il beaucoup plus tard, j'avais une grande confiance en mon aptitude à distinguer les gens qui étaient des nazis des autres. Et mon opinion, à l'époque en question, était que Heisenberg, sans être un fanatique, était un nazi[21]. »

Coester a bien des difficultés à expliquer aujourd'hui ce point de vue ; il est obligé de se rabattre sur quelque sixième sens qui l'aurait alerté. Aux yeux de l'historien, il ne semble pas impossible que la liberté de voyager et travailler dont jouissait Heisenberg, éléments combinés à son silence timoré sur la question primordiale de la guerre, ait pu frapper les autres au point d'y voir une preuve de son soutien au régime nazi.

Coester ne discuta que de la théorie de la Matrice-S avec Heisenberg, pas de la fission nucléaire. Quelques jours après le dîner chez Wentzel, il eut cependant un entretien avec celui-ci, dans son bureau de l'université, portant sur la visite d'Heisenberg. Wentzel déclara qu'il avait pour sa part soulevé la question de la fission, et Coester se souvient clairement des mots qu'il avait employés : « J'ai interrogé Heisenberg sur l'affaire de l'uranium et il a exprimé la ferme conviction que si les réacteurs étaient faisables, on ne pourrait pas produire d'explosifs[22]. » Cette observation fit beaucoup réfléchir Coester ; il se demanda si elle était destinée à dissimuler autre chose, ou s'il ne disait pas tout simplement la vérité. Il finit par conclure que peu importait ; même si Heisenberg essayait de construire une bombe, il n'y parviendrait pas. Trop de scientifiques avaient fui le pays, l'Allemagne ne disposait pas des ressources nécessaires.

Ce qui frappe, dans cette petite anecdote, est qu'elle constitue le quatrième exemple où l'on voit Heisenberg transmettre un même message à des amis, en des mots presque identiques : on peut utiliser la fission nucléaire pour produire de l'énergie, mais la fabrication de bombes est trop difficile. Nous avons déjà vu comment Jensen l'avait fait passer aux Danois et aux Norvégiens pendant l'été de 1942. A peu près à la même époque, Heisenberg l'avait dit à Arnold Sommerfeld, lequel l'avait répété à Gian Carlo Wick. Une ou deux semaines seulement après son voyage en Suisse, Heisenberg se rendit à Budapest avec Max Planck et Carl Friedrich von Weizsäcker ; c'est probablement au cours d'une conversation qui eut lieu pendant ce déplacement, en décembre 1942, que Planck retira l'impression, qu'il transmit en Italie au printemps de 1943, que Heisenberg, à sa « manière optimiste habituelle », pensait que l'on pourrait faire fonctionner une machine productrice d'énergie d'ici trois à quatre ans[23]. Etant donné que personne ne s'attendait à voir la guerre se prolonger jusqu'en 1946 ou 1947, c'était une autre façon de dire « après la guerre ». Ces quatre rapports disent bien : l'énergie, oui, la bombe, non. Tous quatre datent apparemment de la deuxième moitié de 1942, soit après la réunion de la Maison Harnack avec Speer. Ce qui est peut-être le plus significatif est que sur les quatre, trois au moins (et sans doute les quatre) atteignirent les services de renseignements alliés : celui de Jensen par le biais de la résistance norvégienne, celui de Sommerfeld par l'entremise de Wick et de l'officier de l'OSS Morris Berg, et celui de Planck, qui arriva chez les Anglais en passant par Rome. On a aussi des raisons de penser que la remarque de Heisenberg à Wentzel arriva jusqu'aux oreilles de l'OSS[24].

Le point important ici est l'extraordinaire propension à parler d'Heisenberg, le fait qu'il ait clairement voulu faire savoir à tout le monde qu'il n'y aurait pas de bombe allemande, et le fait que ses remarques, adressées à tant de personnes différentes, y compris Niels Bohr et Fritz Houtermans, aient atteint les services de renseignements alliés. Il n'est que justice de reconnaître que Heisenberg fut à lui seul la plus importante source d'informations vraies sur le programme allemand de bombe atomique qui parvinrent aux Alliés, même si ceux-ci n'y prêtèrent pas toujours foi. Ce qui soulève inévitablement une question : Heisenberg voulait-il réellement que ces informations atteignissent les Alliés ? Il ne l'a jamais prétendu et aucun de ceux qui ont travaillé avec lui non plus. Mais il n'empêche que Heisenberg a transgressé à plusieurs reprises les règles les plus fondamentales de la sécurité militaire. Responsable d'un programme de recherches militaires, il a discuté de celui-ci avec au moins trois amis à l'extérieur de l'Allemagne : Bohr, Wentzel et plus tard Paul Scherrer.

Mais si l'Allemagne n'avait plus aucune chance de construire de bombe atomique, comme l'avait effectivement prétendu Heisenberg devant Wentzel, qu'en était-il d'un réacteur générateur d'électricité ? C'était tout ce qui restait, en fait, du programme allemand de recherche nucléaire lancé en septembre 1939, et Heisenberg le poursuivit fidèlement jusqu'à la fin de la guerre. En décembre 1942, Göring nomma Abraham Esau Bevollmachtigter für Kernphysik (« délégué plénipotentiaire de la physique nucléaire ») pour surveiller les nombreux petits projets de recherche éparpillés dans les universités allemandes[25]. L'enthousiasme officiel, néanmoins, faisait défaut. Speer ne prenait plus la question au sérieux depuis la réunion de la Maison Harnack et Esau dit sèchement à Paul Harteck, l'un des rares physiciens allemands à prendre le projet à cœur, qu'il lui donnerait des fonds illimités s'il pouvait faire la preuve d'une augmentation de température d'un dixième de degré seulement[26]. On doit à un adjoint de Göring une note furibonde pour les archives, à la fin de 1942, critiquant Rudolf Mentzel d'avoir contribué à remplacer Peter Debye par un prosélyte d'Einstein comme Heisenberg à l'Institut de Physique, un homme qui soutenait cette « énorme mystification avec la soi-disant machine à uranium[27] ».

L'accusation de « mystification » n'était pas très loin du compte. Dans son exposé devant le Heereswaffenamt en février 1942, Heisenberg avait souligné la possibilité de prendre le contrôle d'une réaction en chaîne pour en faire la source d'énergie des moteurs de bateaux et sous-marins. Après la conférence avec Speer, ce fut le seul objectif sérieux de l'Uranverein, le seul projet justifiant un programme qui employait de jeunes scientifiques qui, sinon, auraient été engloutis par les besoins de l'Armée. Mais la recherche progressait avec une paralysante lenteur. Pendant plus d'un an, une querelle couva entre Heisenberg et Diebner sur le type de réacteur à employer. Heisenberg était pour sa part en faveur d'un modèle alternant des couches d'uranium-métal et d'eau lourde ; il expliqua à Harteck que l'avantage de celui-ci était sa théorie, plus facile à calculer[28]. Le groupe de Diebner à Gottow, en revanche, préférait un modèle en treillis, des cubes séparés d'uranium suspendus dans un modérateur, approche soutenue par les travaux théoriques d'un ancien assistant de Weizsäcker, Karl-Heinz Hocker.

Dans ce qui était apparemment une querelle purement scientifique, Esau avait tendance à pencher pour Diebner ; en mars, il dit à Heisenberg avoir approuvé le transfert à Gottow, chez Diebner, de six cents litres d'eau lourde, stockés à la Kaiser Wilhelm Gesellschaft. Celle-ci était en train de faire construire un vaste bunker dans ses sous-sols, financé par Speer et bénéficiant d'un statut prioritaire, mais l'abri était encore inachevé. Cette eau lourde était un produit précieux ; celui qui la contrôlait, contrôlait nécessairement le rythme de construction et le modèle du réacteur expérimental. Après la guerre, Heisenberg dit à son ami Baertel van der Waerden qu'il avait conservé la réserve d'eau lourde de son institut dans une grande baignoire de ses quartiers de Berlin et qu'il avait envisagé d'en faire sauter la bonde si jamais la perspective d'une bombe devenait imminente[29]. Peut-être. Mais au printemps de 1943, il laissa partir l'eau lourde à Gottow. En même temps, il insista auprès d'Esau pour que fût tenue une réunion de politique générale de recherche (elle aura lieu le 7 mai 1943), puis pour que son modèle de réacteur en couches ne fût pas abandonné. Esau décida pour un compromis : il déclara que l'on essaierait les deux approches. C'est ce qui fut fait mais, à la fin de 1943, il devint manifeste, même aux yeux de Karl Wirtz, l'ami d'Heisenberg, que le modèle en treillis était supérieur, non seulement en théorie, mais en pratique. On abandonna alors celui d'Heisenberg[30].

Heisenberg eut des difficultés à s'entendre avec Esau, mais il n'était pas le seul ; Albert Speer perdit aussi confiance en lui au cours de l'année 1943, et en octobre Rudolf Mentzel, faisant office d'agent de Speer, sonda un autre physicien bien connu, Walther Gerlach, pour savoir si le poste ne l'intéresserait pas. Professeur en titre à l'Université de Munich, Gerlach passait l'essentiel de son temps à Berlin depuis le début des hostilités, travaillant essentiellement à la mise au point de détonateurs de proximité devant équiper les torpilles de la Kriegsmarine. Gerlach demanda leur avis à Heisenberg. Otto Hahn, et l'un et l'autre lui conseillèrent d'accepter[31].

Mais au fait, en quoi consistait ce poste ? La conception que s'en faisait Gerlach nous est connue en détail par ce qu'en a dit son ami Paul Rosbaud, tout de suite après la guerre[32]. Les deux hommes se voyaient « presque chaque semaine » à Berlin, se faisaient évidemment une confiance totale et parlaient souvent du conflit en cours. Rosbaud avait une attitude sans compromis ; de son point de vue, l'Allemagne avait « perdu la guerre le jour où elle l'avait déclenchée[33] ». Comme beaucoup d'Allemands, Gerlach ne pouvait supporter l'idée d'une défaite de son pays et espérait plus ou moins vaguement que Hitler serait chassé et qu'on éviterait ainsi une défaite totale. S'il ne croyait pas en la victoire, l'écrasement complet lui semblait impensable. D'après Rosbaud, le « désir de Gerlach était absolument honnête ; il aimait son pays et souhaitait ce qu'il y avait de mieux pour lui ; il ne voulait pas le voir périr[34] ».

Si Rosbaud et Gerlach n'étaient pas d'accord sur l'impossibilité d'éviter une défaite totale, ils l'étaient cependant sur l'importance qu'il y avait à sauver la science et les scientifiques. Le lendemain du jour où Rosbaud apprit qu'on avait offert le poste d'Esau à Gerlach, il alla voir son ami à la Maison Harnack et lui dit clairement qu'il n'était pas sûr de devoir le féliciter : il risquait d'être, selon ses propres termes, « exposé à des dangers ou compromis ». Voici, d'après Rosbaud, ce que Gerlach aurait répondu :

Je n'ai aucune intention de faire de la physique de guerre ni d'aider les nazis dans leurs efforts de guerre ; je veux simplement aider la physique et nos physiciens. Nous devons garder tous ceux que nous avons, permettre à nos bons physiciens de poursuivre leurs travaux dans leurs universités ou leurs laboratoires, leur donner les meilleurs instruments et le meilleur équipement possibles, et sauver tout ce que l'on peut, hommes et matériel, pour l'époque qui suivra la défaite. Voilà ce que sera ma tâche et mon devoir, et rien d'autre[35].

Gerlach accepta le poste, Göring le nomma officiellement le 2 décembre 1943 et le 1er janvier 1944, il prenait la place d'Esau. Pendant les seize derniers mois de la guerre, Gerlach dirigea le projet dans l'esprit décrit par Rosbaud, comme une sorte de refuge scientifique dont la tâche la plus importante et la plus urgente consistait à faire échapper les scientifiques aux obligations militaires. Sur ordre express de Göring, Gerlach avait en effet, outre son autorité absolue sur l'appropriation des fonds, le droit d'annuler les feuilles de route.

Le changement d'attitude entre Esau et Gerlach fut peut-être plus apparent que réel. Esau semble avoir lui aussi considéré la perspective de la bombe atomique davantage comme une menace que comme un objectif. Parmi les premiers visiteurs que vit Esau, après sa nomination à la fin de 1942, il y eut Otto Haxel, jeune physicien à la Hochschule technique de Berlin, lié d'amitié avec Houtermans depuis 1940. Incorporé au début de 1942 dans la Kriegsmarine, il avait la responsabilité d'un bureau chargé de recherches nucléaires sous les ordres de l'amiral Rhein, ancien commandant de sous-marin. Tout à la fin de 1943, Rhein envoya Haxel rendre visite au nouveau Bevollmachtiger für Kernphysik, Abraham Esau, pour se présenter. Haxel craignait que ce dernier fût non seulement puissant, mais en plus un nazi convaincu. Voici ce que pourtant il lui déclara : « Vous avez un vrai devoir : rechercher tous les articles publiés dans ce domaine. Aucun d'eux ne doit arriver jusqu'au quartier général d'Hitler. » Surpris, Haxel demanda pourquoi. « Parce que si jamais Hitler a vent de la possibilité de construire une bombe, on vous fera travailler dessus. Mais si deux ans plus tard, il n'y a pas de bombe, vous serez perdu. Est-ce ce que vous voulez[36] ? »

C'était une façon de voir les choses qui parut supportable à Haxel et à son grand soulagement, il se rendit compte que Gerlach, plus tard, la partageait aussi. Avec Gerlach, le principal projet de recherche était scindé en deux, avec Kurt Diebner à Gottow et Werner Heisenberg à l'Institut de Physique : mettre au point un réacteur susceptible de servir de moteur à un sous-marin. Tant qu'il restait Kriegentscheidend, « décisif pour l'effort de guerre », les fonds et les scientifiques restaient également sacro-saints. Mais vers la mi-1944, les autorités se firent pressantes et voulurent savoir si le projet tombait dans le cadre défini par Hitler, qui avait décidé d'annuler tous ceux qui ne pouvaient porter de fruits avant un an. D'après Haxel, Gerlach le convoqua à son bureau de Berlin et lui demanda : « D'après vous, combien de temps la guerre va-t-elle encore durer ? Plus d'un an ? »

Haxel ne comprit pas, tout d'abord, où Gerlach voulait en venir. L'autre s'expliqua ; il voulait éviter les questions, certainement embarrassantes et potentiellement dangereuses, que les autorités ne manqueraient pas de lui poser dans un an s'il n'y avait toujours pas de réacteur en état de marche. En revanche, si la guerre était terminée avant...

A cette époque, les Alliés avaient déjà débarqué en Normandie, les armées allemandes battaient en retraite sur les deux fronts, oriental et occidental, et Haxel répondit qu'on pouvait promettre des flottes entières de sous-marins à moteur nucléaire pour le milieu de 1945. « Dans ce cas, dit Gerlach, nous pouvons construire une pile[37]. » Il fit solennellement cette promesse aux autorités, et le projet continua son petit bonhomme de chemin comme par le passé.

D'après Rosbaud, Gerlach éprouvait certaines réserves vis-à-vis d'Heisenberg, même si c'était l'un des hommes auxquels il avait demandé conseil avant d'accepter son poste à l'Uranverein. Elles auraient eu leur origine, toujours selon Rosbaud, dans le fait que Heisenberg était « sans aucun doute très ambitieux et avait parfois tendance à suivre sa politique personnelle[38] ». Gerlach lui-même souligna, devant l'historien anglais David Irving, qu'il avait tenu à contrôler les fonds de tous les instituts engagés dans la recherche sur l'uranium, y compris celui d'Heisenberg — comme si ce dernier avait été particulièrement difficile à mater[39]. On ne voit pas bien ce qui fait dire à Rosbaud que Heisenberg était « ambitieux » ; peut-être simplement les manœuvres politiques qui avaient entouré la nomination du physicien à la tête de l'Institut de Physique de la Kaiser Wilhelm Gesellschaft, et peu après, au poste de professeur à l'Université de Berlin. Tout le monde n'aimait pas Heisenberg. Werner Maurer, l'homme qui remplaça Gentner dans le laboratoire de Joliot-Curie à Paris, écrivit à son ami Rudolf Fleischmann, en octobre 1942, qu'il ne voulait pas retourner à Berlin-Dahlem si le théoricien Heisenberg devait tout régenter. « Les conditions de travail ont complètement changé là-bas ; Heisenberg n'est pas un physicien nucléaire[40]. »

Rien n'indique cependant que Heisenberg se soit conduit de manière arrogante ou dictatoriale à Berlin-Dahlem. Il craignait que les gens ne prissent en mauvaise part de le voir s'installer dans l'ancien appartement de Peter Debye, Maison Harnack, par exemple, et ne s'y résigna que lorsque le président de la Kaiser Wilhelm Gesellschaft lui dit qu'il n'y avait pas d'autre solution[41]. Weizsäcker et Wick disent tous deux avoir eu bien des difficultés à convaincre Heisenberg de prendre ce poste afin de se débarrasser du physicien du Heereswaffenamt Kurt Diebner, l'homme qui s'était déclaré en faveur d'un programme vigoureux de recherches nucléaires militaires, à la fin de 1941. Heisenberg lui-même déclara à Irving s'être trouvé devant un dilemme pénible : « C'était une chose horrible pour tous les physiciens, en particulier pour nous autres, les Allemands [...] Devions-nous ici, en Allemagne, essayer de nous tenir complètement hors de tout, et dire ensuite à ceux qui le voulaient qu'ils pouvaient continuer à travailler dessus, mais nous, non ? Ou devions-nous essayer de garder les choses entre nos mains et veiller à ce que rien n'arrive ? Que devions-nous faire[42] ? »

Une fois dans une situation de responsabilité, Heisenberg se trouva bel et bien « exposé et compromis », précisément comme l'avait craint

Rosbaud pour Gerlach. La recherche qu'il dirigeait ne jouait aucun rôle dans la conduite de la guerre et ne pesait en rien sur son issue, mais il occupait une situation publique et où qu'il allât, qui qu'il vît et quoi qu'il déclarât, tout était coloré de son aura officielle. En Suisse, le commentaire le plus anodin, voire le seul fait de sa présence, suffisait à convaincre les autres qu'il ne pouvait représenter le régime sans partager ses idées. Les remarques qu'il fit lors d'une promenade avec un ami, en Hollande en 1943, suffirent à provoquer une vie de ressentiment. De tout ce que nous savons de la conduite d'Heisenberg pendant la guerre, cet épisode est de loin le plus révélateur des âpres oppositions politiques qui empoisonnaient les relations amicales, à cette époque.

Heisenberg n'était pas retourné aux Pays-Bas depuis le début du conflit et, après l'invasion allemande en mai 1940, même le courrier fut interrompu. Ce fut donc une surprise pour lui que de recevoir, à la fin de 1942 ou au début de 1943, une lettre du physicien hollandais Dirk Coster — l'homme à qui Otto Hahn avait fait appel en 1938 pour recueillir Lise Meitner, obligée de fuir l'Allemagne. Coster disait que les parents de leur ami mutuel, Sam Goudsmit, arrêtés à La Haye, étaient sur le point d'être déportés ; Heisenberg pouvait-il faire quelque chose ? A la vérité, il était bien impuissant. Le 16 février 1943, il envoya à Coster une lettre que celui-ci avait toute latitude de présenter aux autorités. Il soulignait la réputation internationale de Goudsmit, disait qu'il avait toujours été un ami de l'Allemagne, et concluait que lui, personnellement, « serait tout à fait désolé si, pour une raison inconnue de lui, ses parents devaient être en butte à des difficultés en Hollande [43] ». On ne sait si Heisenberg comprenait pleinement ce que signifiait d'être déportés pour des Juifs, en février 1943. Les parents de Goudsmit après avoir été expédiés à Auschwitz, furent en fait assassinés dans le camp de la mort le 11 février, cinq jours avant la démarche d'Heisenberg [44].

Celui-ci pouvait encore nourrir quelques illusions sur le caractère de la domination allemande aux Pays-Bas lorsqu'il reçut cette requête d'un officier SS en poste à Leyde, siège d'une ancienne université : « Faire la démonstration de la réussite intellectuelle de l'Allemagne », au cours d'une visite, l'été suivant [45]. Heisenberg déclina l'offre, prétextant un emploi du temps déjà chargé, mais suggéra quelque chose pour l'automne. Un mois plus tard, il reçut une deuxième lettre, renouvelant l'invitation, et émanant cette fois du ministère hollandais de l'Education. Le 21 juin, il accepta le principe de ce déplacement, puis ajouta : « A ce stade, j'aimerais savoir qui, de mes collègues hollandais, souhaite me rencontrer et ce que sera le programme détaillé de ma visite [46]. »

Dans une série de lettres échangées au cours des mois suivants, Heisenberg apprit que des physiciens comme Hendrik Casimir, Ralph Kronig et en particulier son vieil ami de l'époque de Copenhague Hendrik Kramers, désiraient réellement le revoir, qu'ils étaient affamés de conversations scientifiques, et qu'en particulier ils espéraient que Heisenberg pourrait faire quelque chose pour adoucir le dur régime de la vie scientifique sous l'occupation allemande [47]. Finalement, après de longues négociations avec les autorités, Heisenberg put faire une visite d'une semaine en Hollande entre les 18 et 26 octobre ; il donna une demi-douzaine de conférences dans autant de villes et reprit ses échanges scientifiques avec un certain nombre de collègues, en particulier Kramers qui, le 1er décembre, lui écrivit : « Pour te dire une fois de plus à quel point ta visite m'a rendu heureux, donnant un coup de fouet à nos vieux idéaux [48]. » Le concours d'Heisenberg pour annuler un ordre d'évacuer le matériel scientifique hollandais en Allemagne fut aussi précieux que les conférences qu'il donna ; il permit aussi de faire rouvrir l'Université de Leyde et d'alléger les restrictions de déplacement qui frappaient les scientifiques hollandais, prisonniers dans leur propre pays. Kramers ne fut pas le seul à exprimer sa gratitude.

Tout ne s'était pas passé aussi bien, cependant. Quelques semaines après son retour, il rédigea un rapport officiel destiné au ministère de l'Education, document exigé pour tout échange académique pendant la guerre. Il y fait allusion à quelques frictions avec des collègues hollandais :

J'ai reçu, partout où je suis allé en Hollande, un accueil très cordial. On a autant que possible évité de parler politique. Néanmoins, lorsque ces questions se présentaient, je dois admettre que ce fut pour exprimer, dans la plupart des cas, un rejet violent du point de vue allemand. La coopération avec nos collègues hollandais reste toutefois parfaitement possible, sur des bases exclusivement scientifiques [49].

Au début de l'année suivante, Heisenberg renouvela ces avertissements auprès des autorités d'occupation aux Pays-Bas, disant que du fait de la guerre, il valait mieux éviter un programme de visites régulières. Le « violent rejet » auquel il avait fait allusion venait très probablement de Hendrik Casimir, l'un des jeunes physiciens que Heisenberg avait connus à l'institut de Niels Bohr, à Copenhague. Après l'invasion allemande, Casimir était resté à l'Université de Leyde jusqu'en avril 1942, date à laquelle il avait pris un poste au laboratoire de Philips, dans la ville toute proche d'Eindhoven, tout en continuant de passer un jour par semaine à Leyde. Peu après, cependant, Kramers l'avait appelé pour lui dire, parlant par prudence en danois : « Maintenant, tout s'écroule [50]. » La haine de l'occupant avait poussé la plupart des membres du personnel à donner leur démission. Casimir en fit autant. On ferma le laboratoire de physique, et ce ne fut qu'après la visite d'Heisenberg que les scientifiques y eurent de nouveau accès.

Hendrik Casimir avait été heureux de rencontrer Heisenberg pendant son séjour, en octobre 1943 ; il l'admirait non seulement comme physicien, mais aussi comme quelqu'un représentant « ce qu'il y avait de plus haut dans la culture allemande [51] ». Mais cette admiration subit une rude épreuve au cours d'une promenade que firent les deux hommes.

C'est durant celle-ci que Heisenberg commença à me donner son point de vue sur l'histoire et la politique mondiale. Il m'expliqua que la mission historique de l'Allemagne avait toujours été de défendre l'Occident et sa culture contre l'envahissement des hordes orientales et que le conflit actuel n'en était qu'un exemple de plus. Ni la France ni l'Angleterre n'auraient été suffisamment déterminées et fortes pour jouer un rôle de leader dans une telle défense et sa conclusion fut — je la transcris en allemand pour donner les termes exacts qu'il employa — « *da ware vielleicht doch ein Europa unter deutscher Führung das kleinere Übel* » [« ainsi, une Europe conduite par l'Allemagne pourrait être un moindre mal »]. Bien entendu, je lui objectai que les nombreuses iniquités du régime nazi, et en particulier la folie et la cruauté de leur antisémitisme, rendaient cela inacceptable. Heisenberg ne tenta pas de nier ces choses, encore moins de les défendre ; mais il dit qu'il fallait s'attendre à ce que cela s'améliore une fois la guerre terminée [52].

Voilà qui est dit avec une délicatesse et une réserve dues peut-être au passage du temps et à la mort d'Heisenberg. Tout de suite après la guerre, Casimir décrivit cette conversation en termes beaucoup plus durs, et ses propos sont d'ailleurs souvent cités par les physiciens qui se souviennent encore d'Heisenberg et de la guerre et ont conservé des ressentiments pour le rôle qu'il joua [53]. Dans ses mémoires, Casimir dit qu'il ne se sentit vraiment en colère qu'à la fin de la journée, lorsqu'il se rendit compte qu'à peu de chose près, la remarque du physicien allemand épousait la propagande allemande officielle. Heisenberg, cependant, avait manifestement compris qu'il avait été offensant, comme en atteste l'expression de « violent rejet » de son rapport. Pourtant, il décrit les remarques offensantes comme « le point de vue allemand » : était-ce également le sien ?

Il est difficile de répondre à cette question. Heisenberg résista à toutes les pressions officielles exercées sur lui pour qu'il rejoignît le parti nazi, mais il lui arriva de défendre l'Allemagne à des moments où il n'existait aucune différence significative entre les intérêts allemands et ceux d'Hitler. Le physicien suisse Res Jost se souvient d'une conversation avec Hans Jensen, à Princeton, peu de temps après la guerre, qui peut permettre de comprendre, sinon d'excuser, les tentatives occasionnelles d'Heisenberg pour défendre l'indéfendable. D'après Jost, Jensen aurait été étonné de la mauvaise réputation d'Heisenberg parmi les scientifiques américains, à la fin des hostilités ; il se souvenait de conversations politiques d'un genre très différent à l'intérieur de l'Allemagne, à une époque où toute conversation politique était dangereuse. Avec les compatriotes en qui il avait confiance, Heisenberg ne laissait planer aucun doute sur son opposition au régime. Mais avec les étrangers, explique Jensen, il ne pouvait s'empêcher d'essayer de justifier son pays[54]. Etant donné que personne n'a jamais accusé Heisenberg d'être un vrai nazi ou un antisémite, on peut peut-être plus justement décrire les remarques adressées à Casimir comme mal dirigées et faisant preuve d'insensibilité. Il y a des moments où un « moindre mal » est une solution défendable ; ce n'était certainement pas le cas en octobre 1943. Casimir, avec une générosité sans faille, se contente de dire que, des quelques collègues allemands avec lesquels il a pu parler pendant la guerre, Heisenberg est celui qui a montré « le moins de compréhension pour la situation »[55].

S'il arrivait à Heisenberg de se montrer insensible, il pouvait aussi faire preuve de fidélité dans ses amitiés. Ni Hendrik Kramers ni Leon Rosenfeld n'hésitèrent à le remercier pour son aide et, deux mois, plus tard, il lui fallut faire encore davantage pour ses amis de Copenhague. La fuite de Niels Bohr en Suède, intervenue seulement quelques semaines avant le séjour d'Heisenberg en Hollande, avait mis les autorités allemandes en fureur. Le 6 décembre 1943 (le jour même où Niels Bohr arrivait à New York) un détachement de la police militaire allemande se présenta sans avertissement à l'institut de Bohr, sur Blegdamsvej, s'empara du bâtiment et arrêta les deux seules personnes présentes à ce moment-là, le physicien Jörgen Böggild et le technicien de laboratoire Holger Olsen. En l'absence de toute explication officielle, la rumeur courut qu'on allait dépouiller les labos de leur matériel pour l'envoyer en Allemagne, ou encore que l'institut, placé sous contrôle de scientifiques allemands, allait se consacrer à des recherches de guerre. Dans la confusion générale, le personnel danois passa dans la clandestinité ; deux de ses membres les plus jeunes se réfugièrent en Suède, où ils apprirent la nouvelle du coup de force à Stefan Rozental. Ce dernier fut bientôt mis au courant (grâce à un ami d'enfance de Niels Bohr, Ole Chievitz) de quelque chose d'encore pire : la résistance danoise, en collaboration étroite avec le SOE britannique, convaincue que l'institut pouvait se révéler très utile pour les Allemands, envisageait de le détruire en plaçant des explosifs dans les égouts qui passaient sous le bâtiment. Rozental et Margrethe Bohr (restée à Stockholm) déployèrent des efforts frénétiques pour contacter Niels Bohr par l'intermédiaire des autorités britanniques et empêcher l'inutile destruction des laboratoires ; ils ne savaient pas que Bohr était déjà en Amérique[56].

Pendant quelque temps, les collègues de Bohr restés à Copenhague crurent que la prise de contrôle de l'institut était le fait de scientifiques allemands ; c'est aussi, vraisemblablement, ce que dut penser Niels Bohr. Il put néanmoins réussir à convaincre les autorités américaines et britanniques que l'on ne gagnerait rien à la destruction de son laboratoire, mais ce n'est que bien plus tard qu'il apprit que Böggild et Olsen avaient été libérés et l'institut rendu aux Danois. La manœuvre de la police allemande avait eu lieu au moment où un groupe de scientifiques allemands, comprenant entre autres l'ami de Jomar Brunn, Hans Suess, se trouvait en Norvège et prenait des dispositions pour récupérer l'eau lourde qui restait dans la centrale de Rjukan, bombardée quelque temps auparavant par les Américains (le 16 novembre.) De l'avis de Suess, l'eau partiellement enrichie qui se trouvait encore dans les cellules d'électrolyse n'avait aucun intérêt ; il n'existait aucune centrale en Allemagne susceptible de poursuivre le processus d'enrichissement, et guère de chance qu'il en fût construite une. Mais Suess avait sauté sur cette ultime occasion de faire le voyage, car la brève étape de routine en Suède lui donnerait la possibilité d'acheter des choses qui avaient virtuellement disparu d'Allemagne : boutons, lacets de chaussures, sardines [57]. Au cours de son voyage de retour, début janvier, Suess s'arrêta à Copenhague, où un policier militaire allemand lui dit que l'institut de Bohr venait d'être saisi et qu'on attendait une délégation allemande qui serait chargée de prendre le matériel scientifique. Invité à visiter l'institut le lendemain matin, Suess accepta.

Dès qu'il fut seul, cependant, il téléphona à l'unique physicien danois de sa connaissance encore présent à Copenhague, Christian Möller, et s'arrangea pour le rencontrer le soir même. Suess lui révéla le projet de vider le laboratoire de son matériel scientifique, disant qu'il ne pouvait rien faire pour y mettre le hola, mais qu'il était prêt à demander l'aide d'autres scientifiques allemands ayant plus d'influence que lui. Möller ne put lui citer qu'un seul nom, celui d'Heisenberg. Pourtant, le Danois devait avoir gardé un certain ressentiment vis-à-vis du physicien allemand, depuis sa visite de 1941 et les malencontreuses remarques qu'il avait faites, car il ajouta : « Pour l'amour du ciel, n'en parlez pas à Heisenberg ; il doit savoir ce qu'il a à faire. » Puis Möller lui demanda de faire deux choses pour lui le lendemain, pendant qu'il visiterait l'institut : vérifier si une source de grande valeur de radium-béryllium se trouvait toujours bien dans l'endroit où il l'avait dissimulée, et lui ramener une boîte de précieux cigares qui se trouvait dans l'un des tiroirs de son bureau. Suess trouva bien la source de radium-béryllium, mais les cigares avaient disparu.

De retour à Hambourg dès le lendemain (sans doute le 5 janvier), Suess prit immédiatement le train pour Berlin, puis le tramway pour gagner Dahlem et le bureau d'Heisenberg à l'Institut de Physique. Il frappa, et ouvrit timidement la porte ; Heisenberg se tenait debout à côté de son bureau et parlait au téléphone. « Non, Herr Diebner, définitivement non. Je n'irai pas à Copenhague et je ne veux avoir affaire en rien à cette histoire », disait-il. Dès qu'il eut raccroché, Suess lui expliqua l'objet de sa visite :

« Professeur Heisenberg, dis-je, j'ai parlé hier avec Christian Möller et d'après ce que j'ai compris, il semble que les Danois s'attendent à ce que vous veniez à Copenhague pour éviter le pillage de l'institut danois. Je ne suis pas supposé vous en parler, mais mon impression est qu'ils espèrent beaucoup que vous les aiderez. » A ma grande surprise, Heisenberg réfléchit pendant plus d'une demi-minute, puis reprit le téléphone. « Herr Diebner ? J'ai changé d'avis. Je viendrai. Veuillez me faire parvenir mes documents de voyage [58]. »

Près de trois semaines passèrent entre le moment où Heisenberg accepta de se rendre à Copenhague et son départ en compagnie de Kurt Diebner, le 24 janvier 1944. Pendant cette période, les autorités allemandes, au Danemark, se demandaient toujours ce qu'elles devaient faire de l'institut de Niels Bohr. On avait proposé entre autres à Diebner de le gérer comme un laboratoire allemand, peut-être en mettant Carl Friedrich von Weizsäcker à sa tête. Diebner en avait parlé à Karl Wirtz, lequel écrivit à Weizsäcker, lui disant qu'il l'avertissait à titre privé. Weizsäcker s'inquiéta et écrivit à Heisenberg le 18 janvier, pour lui dire qu'il était au courant de ce plan. « Même si cela va pratiquement sans dire, je souhaite te donner l'assurance la plus ferme que je serais extrêmement malheureux de devoir prendre un tel poste. Si jamais on persiste dans cette idée, je te serais très reconnaissant de faire tout ton possible pour les en faire changer [59]. »

Heisenberg passa trois jours à Copenhague avec Kurt Diebner et d'autres à la fin de janvier, et réussit à persuader les autorités de restituer l'Institut de Bohr aux Danois, apparemment en organisant un tour des locaux pendant lequel il fit la démonstration des difficultés auxquelles on se heurterait pour démanteler ses délicats équipements. Pendant cette inspection, Heisenberg sortit même l'une de ses propres lettres professionnelles à Niels Bohr des dossiers pour montrer que rien de ce qui se faisait dans l'institut n'avait de rapport avec les recherches militaires secrètes [60]. De retour en Allemagne, Heisenberg écrivit à Jensen le 1er février pour lui dire que les Danois étaient « très heureux » de la libération de Böggild (après sept semaines de prison) et de la restitution « sans aucune condition officielle » de l'institut [61]. Heisenberg eut néanmoins quelque chose à payer sous la forme d'un engagement à revenir à Copenhague en avril donner une conférence à l'Institut culturel germanique.

La descente de police sur l'institut de Bohr ne fut pas la seule manifestation de mauvaise humeur des autorités allemandes pour avoir laissé filer Niels Bohr entre leurs doigts. Nous avons déjà vu que la vie de Bohr était en danger en Suède ; il fallait prendre au sérieux la menace d'agents allemands. Une nuit, en janvier ou février 1944, Walter Gerlach reçut un coup de téléphone lui intimant d'attendre sans se coucher la visite d'un général SS, qui arriva effectivement aux petites heures de la nuit. Gerlach connaissait-il Niels Bohr ? Le Danois représentait-il un danger pour l'Allemagne ? Le général lui dit qu'ils envisageaient de l'assassiner ; timidement, Gerlach demanda s'ils savaient où se trouvait le savant.

Le général SS pensait que oui : en Suède ou à Londres — ce serait mieux à Londres, car du coup on éviterait l'incident diplomatique, contrairement à ce qui se passerait dans un pays neutre. Gerlach ne protesta pas directement contre le projet d'assassinat, mais choisit de décrire quel genre d'homme était Niels Bohr : un savant aux vues les plus hautes, qui jouissait d'un respect unique dans la communauté scientifique mondiale. Ce tableau apaisa la soif de sang du SS, qui, après encore une ou deux visites à Gerlach, perdit tout intérêt pour ce projet [62]. Ni Heisenberg ni Bohr ne surent jamais qu'ils avaient été placés momentanément sous la même menace. La guerre leur avait fait prendre des directions diamétralement opposées, mais la peur s'élevait dans leur sillage : pendant la même période d'un mois à six semaines, au début de 1944, les Allemands envisageaient d'assassiner Niels Bohr tandis que les Américains préparaient l'enlèvement de Werner Heisenberg.

CHAPITRE 30

Ce sont le British Bomber Command et la 8ᵉ Air Force américaine qui firent connaître la dure réalité de la guerre à Heisenberg. Le 1ᵉʳ mars 1943, on le convoqua avec ses collègues de la *Kaiser Wilhelm Gesellschaft*, entre autres Otto Hahn et le biochimiste Adolf Butenandt, à une réunion sur les périls que représentaient les bombardements aériens. Ordonnée par Göring, la réunion avait lieu au ministère de l'Air, dans le centre de Berlin. Là, le physiologiste Hubert Schardin fit un exposé sur la pathologie de la mortalité par bombardement. La mort pouvait être soudaine et sans souffrance, expliqua-t-il, la déflagration d'une explosion augmentant si violemment la pression de l'air que les vaisseaux sanguins éclatent et tuent les victimes d'une hémorragie massive. Informations supposées rassurantes.

Le hasard voulut que les Britanniques eussent prévu un raid sur Berlin cette nuit-là ; l'alerte retentit peu de temps avant la fin de la rencontre officielle et l'auditoire alla se réfugier dans le sous-sol du ministère, équipé en abri. Les discussions excitées et les plaisanteries nerveuses laissèrent peu à peu la place au silence, au fur et à mesure que le grondement des bombes se rapprochait. Les lumières s'éteignirent. Sol et murs se mirent à trembler ; une poussière fine tomba du plafond. Puis le bâtiment se trouva au milieu d'un chapelet de bombes ; après plusieurs impacts directs, on entendit murs et plafonds s'écrouler, au-dessus. Dans l'obscurité, une femme blessée gémit. Chacun, maintenant, faisait retraite en soi-même ; on n'entendait que des gémissements de peur entre les explosions ; deux plus puissantes que les autres secouèrent toute la pièce et laissèrent les oreilles bourdonnantes. Cette fois-ci, néanmoins, une voix à l'ironie acerbe s'éleva dans le silence qui suivit, celle d'Otto Hahn : « Je parie que Schardin ne croit plus à ses théories, en ce moment[1]. »

Après les sirènes annonçant la fin de l'alerte, Heisenberg et les autres escaladèrent les gravats pour émerger sur la Potsdamer Platz où ils découvrirent la scène surnaturellement illuminée par les incendies des bâtiments environnants. Des flaques de phosphore flamboyaient dans la rue, et le long de la Potsdamerstrasse, rue qui conduit jusqu'au cœur de Berlin, des balises de feu marquaient le passage des bombardiers. Comme il n'y avait ni bus ni tramways, Heisenberg entreprit à pied le trajet d'une heure et demie pour rentrer à son domicile, chez ses beaux-parents qui habitaient Fichteburg, près de Dahlem. Il était particulièrement inquiet pour ses jumeaux, alors âgés de cinq ans, Wolfgang et Maria, venus à Berlin fêter l'anniversaire de leur grand-père maternel.

Adolf Butenandt accompagnait Heisenberg. Le biochimiste était d'humeur sinistre. Au début de la guerre, il avait tenté, en vain, de persuader les autorités d'inclure de jeunes scientifiques prometteurs sur la *Führerliste* des individus (comprenant entre autres les artistes de théâtre et d'opéra préférés d'Hitler) trop importants pour les risquer au front comme de simples soldats. Butenandt eut beau s'appuyer sur un précédent, celui des talents scientifiques de la première guerre mondiale transformés en chair à canon, c'était de l'art que se souciait le Führer, pas de la science[2].

Tandis que les deux hommes marchaient dans la ville en feu, l'un s'inquiétait pour ses enfants, l'autre était plein d'appréhension pour l'avenir de la science allemande ; Butenandt parla des laboratoires détruits, des jeunes scientifiques tués, des étudiants qui n'achèveraient jamais leurs études. Les Allemands étaient des rêveurs qui se laissaient séduire par de glorieuses épopées, croyait-il ; jamais ils ne se satisferaient des raisonnements patients de la science. Heisenberg, d'après ce qu'il dit (nous n'avons pas d'autre témoignage) faisait au contraire preuve d'optimisme ; voilà précisément les raisons pour lesquelles il restait en Allemagne, pour souffrir, pour rallier les esprits, pour reconstruire à la fin du cauchemar.

Heisenberg n'a jamais été célèbre pour son sens de l'humour, mais la description qu'il nous donne de cette nuit épouvantable est une succession d'incongruités qui relève du comique de situation le plus pur. Entre des passages où il rapporte ses encouragements et ses exhortations au morose Butenandt, il raconte ses efforts pour sauver ses précieuses chaussures — impossible d'en trouver d'autres, à cette époque — qui ne cessaient de reprendre feu depuis qu'il avait involontairement marché dans une flaque de phosphore. Il raisonnait ainsi : les Allemands ont appris quelque chose de la première guerre mondiale, ils apprendront encore quelque chose de celle-ci. (Il trempa ses chaussures dans une flaque d'eau, puis gratta soigneusement le phosphore.) La science était internationale et montrerait le chemin, physique en tête.

Heisenberg n'épargnait aucun effort pour remonter le moral du biochimiste et énumérait les choses à son sens positives : « Il y aura certainement une technique atomique pacifique [...] c'est-à-dire une exploitation de l'énergie nucléaire grâce au processus de fission de l'uranium, découvert par Otto Hahn. Etant donné que l'on peut espérer qu'une exploitation militaire directe de cette découverte n'interviendra pas dans cette guerre — étant donné l'énorme effort technique

que cela exigerait —, on peut imaginer qu'il y aura là matière à une collaboration internationale[3]. »

Cette scène résume à elle seule toute l'attitude d'Heisenberg vis-à-vis de la guerre. La défaite de l'Allemagne était inscrite partout autour d'eux mais il plaçait néanmoins tous ses espoirs dans l'avenir, dans la science, dans la coopération des nations comme avaient toujours coopéré les scientifiques, sans tenir compte des frontières. Tout ce qu'on pouvait faire, pour le moment, était sauver ses chaussures et peut-être une vie ou deux. Effectivement, peu après avoir quitté Butenandt il aida à sauver « un vieux monsieur à cheveux blancs » qui luttait vainement contre l'incendie de son grenier, dans la maison voisine de la sienne ; l'escalier s'était effondré, mais Heisenberg, noir de suie après être venu à bout de l'incendie qui avait pris chez lui (il avait appris que ses enfants étaient en sécurité chez un ami), réussit à grimper par un mur jusqu'au vieillard qui, visiblement surpris par l'apparition du physicien, s'arrêta de lutter contre les flammes pour s'incliner et se présenter : « Mon nom est von Enslin, c'est très aimable à vous de venir m'aider[4]. » Sur quoi Heisenberg l'aida à regagner le sol et la sécurité.

Est-il concevable qu'en dépit de ces aventures, Heisenberg ait cherché à remonter le moral de son ami Butenandt en l'assurant qu'il n'avait pas à s'inquiéter des bombes atomiques et en faisant même miroiter un avenir radieux grâce à l'énergie nucléaire ? Sans être un cynique avéré, on peut se demander si ce récit n'est pas trop beau pour être vrai. Authentique ou pas, il cadre avec le reste. Enrico Fermi en 1939, Hans Jensen et Arnold Sommerfeld au printemps de 1942, Gregor Wentzel à l'automne, Max Planck au début de 1943, tous eurent droit au même message de la part d'Heisenberg. Il avait de la suite dans les idées, à un point inimaginable. S'il prétend qu'il a tenu son laïus habituel sur la fission à Butenandt tout en traversant Berlin en flammes, dans la nuit du 1er mars 1943, nous n'avons pas de raisons valables d'en douter.

Le raid aérien avait terrifié les jumeaux d'Heisenberg et les bombes étaient aussi tombées très près de chez eux, à Leipzig. Une nuit, les sirènes d'alerte retentirent, et Elizabeth réveilla les enfants pour les conduire dans le sous-sol. Mais au moment de descendre, Martin, âgé de trois ans, se mit à hurler, réclamant sa paire de chaussettes favorites, restée dans la chambre. Il fallut aller les chercher avant de pouvoir aller s'abriter[5]. Six semaines après le grand raid sur Berlin, Heisenberg conduisit sa femme et ses enfants dans leur résidence de montagne à Urfeld, pour qu'ils y attendissent la fin du conflit.

Les puissants bombardements aériens du printemps de 1943 n'atteignirent pas, dans les premiers temps, le périmètre et les laboratoires de la *Kaiser Wilhelm Gesellschaft* ; mais les difficultés de la défense aérienne montraient à l'évidence que le pire était à venir. Au printemps, les autorités commencèrent à envisager le transfert des activités de l'*Uranve-*

rein en quelque endroit plus tranquille, à la campagne[6]. Heisenberg et Weizsäcker espéraient trouver un site aussi loin que possible du front est pour ne pas risquer tomber aux mains des Soviétiques. Ce transfert se fit graduellement, par petits bouts ; jusqu'à la fin de 1944, Karl Wirtz continua de passer l'essentiel de son temps à préparer des expériences de réacteur dans le nouveau laboratoire-bunker de Berlin-Dahlem, et Heisenberg lui-même ne séjourna pas de manière plus ou moins permanente à Hechingen avant l'été de 1944, lorsqu'il s'installa dans deux pièces du domicile d'un fabricant local de textiles. Son hôte lui apprit que la maison qui se trouvait de l'autre côté de la rue appartenait à un parent lointain d'Einstein. Heisenberg s'amusa à l'idée qu'en dépit « de son aversion pour l'Allemagne, Einstein était un authentique Souabe[7] ». On installa les bureaux de l'Institut de Physique dans l'une des usines de textiles locales, on reconstitua peu à peu une équipe et on prépara un nouveau site pour un réacteur, dans une grotte située au pied d'une falaise, près du village voisin d'Haigerloch. Au cours des deux années précédentes, Heisenberg et Weizsäcker s'étaient écrit et vus régulièrement et le 26 août 1944, Weizsäcker et son assistant, Karl-Heinz Hocker, vinrent passer six semaines à Hechingen, en visite « officielle ». Mais les deux hommes avaient pris toutes leurs affaires personnelles, ne s'attendant pas à revenir à Strasbourg[8].

Le temps que Heisenberg se replie sur Hechingen, c'est tout l'*Uranverein* qui avait eu à subir, partout en Allemagne, l'assaut des bombardements alliés. Les raids effrayants de l'aviation anglaise sur Hambourg, qui firent des dizaines de milliers de victimes et détruisirent le centre de la ville en août 1943, obligèrent Paul Harteck et Hans Suess à aller poursuivre leurs expériences sur la séparation isotopique à Freiburg. Max von Laue décrivit le même mois le pilonnage de Berlin : il avait eu l'impression que la Luftwaffe était restée impuissante. Harteck, qui avait subi la même chose à Hambourg, compatit lorsque les raids reprirent en novembre. Leipzig devint à son tour une cible. L'échelle de ces gigantesques attaques aériennes est difficile à imaginer. Chassée de Berlin par les bombardements de novembre, la jeune émigrée russe Marie Vassiltchikov partit en train le 28 pour aller se réfugier chez des parents à Königswart, plus à l'est. « Passé toute la journée à décrire nos aventures, écrit-elle dans son journal le lendemain de son arrivée. Il est très difficile de faire comprendre à quoi ressemble Berlin à ceux qui n'ont pas vécu cela. » A la fin de la semaine, elle s'éveilla en pleine nuit à la sonnerie étrange d'un bugle — le système local d'alerte aérienne. « On pouvait entendre de fortes explosions, au loin. Plus tard, nous apprîmes qu'il s'agissait du raid sur Leipzig, qui détruisit pratiquement la ville[9]. »

Ce furent des vagues de bombardiers britanniques Lancaster qui pilonnèrent l'Université de Leipzig, dans la nuit du vendredi 3 décembre. L'incendie ravagea complètement les étages supérieurs de l'Institut de Physique théorique où Heisenberg avait enseigné depuis 1927, détruisant la plupart de ses papiers personnels et scientifiques. Il se trouvait à Berlin, sa famille à Urfeld, mais la maison qu'ils avaient occupée pendant quinze ans fut détruite. Robert Dopel et Friedrich Hund, collègues d'Heisenberg, lui écrivirent au cours des semaines qui suivirent pour lui annoncer la destruction de son domicile, de son laboratoire, de ses salles de cours. Ainsi s'acheva la carrière d'Heisenberg à Leipzig ; il partageait déjà son temps entre Berlin et Hechingen, tandis que sa famille restait loin des bombardements, dans les montagnes bavaroises.

Certes, à Urfeld, Elizabeth et les enfants étaient à l'abri ; mais peu après s'y être installée, en avril 1943, elle se rendit compte que nourriture, médicaments, bois de chauffage et même l'aide des voisins étaient des denrées rares. Il neigeait encore souvent en mai, sur ces hauteurs, et le sol rocailleux empêchait de cultiver un petit potager ; les fermiers de la vallée, en contrebas, exigeaient d'être payés en liquide. Mais Elizabeth et les enfants étaient coincés ; la famille était trop grande pour les deux pièces que Heisenberg occupait à Hechingen, et il était trop tard pour trouver un nouveau logement. Heisenberg envoyait de la nourriture dès qu'il le pouvait, y compris des légumes frais et des fruits qui venaient du jardin et du verger créé par Debye à la Maison Harnack. Tous les deux ou trois mois il s'arrangeait pour leur rendre visite, changeant de train à Munich. Là, pendant une de ces étapes, il apprit avec un choc que la moitié de la ville avait disparu. Un raid massif de bombardiers américains B-17 avait détruit la maison de Gerlach en juillet 1944 ; dans son journal, Gerlach écrit : « Munich est détruit. Les incendies brûlent toute la nuit[10]. »

Ce compte rendu laconique ne donne aucune idée des dévastations que vit Heisenberg tout autour de la gare, tandis qu'il attendait son train, au début d'août. On n'avait à peu près rien fait, depuis deux semaines, sinon dégager un passage à la pelle mécanique entre les monceaux calcinés de débris, afin de recréer un semblant de rue. Heisenberg écrivit à son ami Sommerfeld qu'un tel niveau de destruction était rare, même à Berlin. « Combien de temps nous faudra-t-il pour effacer les traces de cette folie[11] ? »

Le transfert de l'*Uranverein* s'étala sur tout le premier semestre de 1944, sous l'aiguillon des raids aériens sur Berlin. Aucun n'arriva aussi près du but que celui de la nuit du 15 février, lorsque la Royal Air Force envoya des vagues successives de bombardiers sur la ville. Max Planck n'était pas chez lui lorsque sa maison fut touchée, à Grünewald ; le toit, endommagé par un raid précédent, n'avait pas encore été réparé. A quatre-vingt-six ans, Planck perdit tout ce qu'il avait accumulé au cours d'une longue vie : ses documents scientifiques, ses journaux, sa correspondance, tout fut la proie des flammes[12].

Non loin de là les bombes pilonnèrent aussi le secteur de la *Kaiser Wilhelm Gesellschaft*, à Dahlem. L'abri anti-aérien, récemment achevé, fut épargné et l'institut d'Heisenberg n'eut que quelques fenêtres brisées ; en revanche, l'Institut de Chimie où Otto Hahn et ses assistants avaient poursuivi leurs travaux sur la fission tout au long de la guerre fut ravagé. Comme Planck, Hahn perdit la documentation accumulée au cours de sa carrière et son bureau, en particulier, fut pulvérisé par un coup au but ; il déplora en particulier la perte des lettres qu'il avait reçues d'Ernest Rutherford [13].

La nuit de l'attaque, Hahn se trouvait dans le sud de l'Allemagne où il préparait justement le repli de son institut sur le village de Tailfingen, pas très loin d'Hechingen. Dès le dernier bombardier éloigné, le personnel de tous les instituts de Dahlem se lança dans un effort désespéré pour sauver des flammes la bibliothèque d'Otto Hahn. Présent cette nuit-là, Heisenberg aida à transporter les livres dans un entrepôt. Max von Laue a décrit la scène tragique dans une lettre, peu de temps après la fin du conflit :

Vers huit heures du soir, si je ne me trompe, commença une alerte aérienne qui se poursuivit jusqu'à dix heures. Nous [...] nous trouvions dans l'abri anti-aérien. Je ne me rappelle plus exactement comment se sont passées les choses, ce jour-là. Il est bien possible que l'électricité ait été coupée, et que nous ayons dû allumer une malheureuse chandelle. Il se peut que nous ayons entendu le sifflement et l'explosion des bombes. Dans notre secteur, les choses ne se passèrent pas trop mal ; mais lorsque nous sortîmes dans le jardin et regardâmes autour de nous, la lueur rouge d'un incendie montait dans le ciel, en direction de Dahlem. Koch et moi montâmes sur nos bicyclettes et gagnâmes tout d'abord le *Kaiser Wilhelm Institut für Physik*. Il n'avait subi que des dégâts mineurs, quelques vitres cassées, peut-être. Mais quelqu'un nous dit : « L'Institut de Chimie est en feu ! » Et en effet, un vaste pan du mur sud de l'institut de Hahn manquait : une bombe [...] avait explosé en plein dans le bureau du directeur. En outre, les poutres et tout l'étage supérieur, sur le même côté, étaient en feu ; c'était un spectacle superbe et terrible. Étant donné qu'il y avait déjà beaucoup de monde occupé à lutter contre l'incendie et à sauver ce qu'ils pouvaient, j'abandonnai Koch sur place et pédalai jusqu'à la maison des Hahn pour avertir Mme Hahn. Elle revint alors avec moi pour voir l'incendie. C'était loin d'être le seul, dans Dahlem ; bien au contraire, des douzaines de villas, petites ou grandes, étaient en feu. Je participai alors au sauvetage de la bibliothèque et du matériel. Tout le personnel du *Kaiser Wilhelm für Physik* vint donner un coup de main ; [...] Je vis aussi le directeur représentant du ministère [Rudolf Mentzel] porter des livres. Pendant que les pompiers militaires luttaient contre le feu à l'étage [...] de l'eau chaude, en provenance d'un tuyau fendu, se mit à couler dans la cave, qui contenait une bonne partie de la bibliothèque. Il y avait déjà plusieurs centimètres d'eau lorsque je partis, non sans avoir assisté au singulier spectacle de deux pompiers qui, calmement, comme si tout autour d'eux était normal, téléphonaient à un autre endroit. Dans la cour, Heisenberg orchestrait le transfert des livres dans un hangar [...] Vers deux ou trois heures du matin, l'incendie perdit beaucoup de sa force et je retournai chez moi. J'appris le lendemain que les pompiers avaient rapidement éteint le reste[14].

Quelques semaines après, l'institut de Hahn fut de nouveau touché par des bombes et son appartement personnel gravement endommagé par des bombes incendiaires[15]. Les cratères atteignaient une telle taille que Gerlach commença à se demander si les Alliés n'avaient pas trouvé le moyen de fabriquer une sorte de super-bombe utilisant une forme ou une autre de réaction nucléaire, et dirigea lui-même une investigation des cratères de Dahlem à l'aide de compteurs Geiger. On ne trouva rien[16].

Si les bombardements des villes allemandes étaient des opérations de routine, le choix de Dahlem n'était cependant pas dû au hasard. Dans l'une de nombreuses notes historiques qu'il a rédigées après la guerre, Groves rappelle que « le bombardement du secteur de Dahlem à Berlin fut entrepris à ma requête pour chasser les scientifiques allemands de leurs confortables quartiers[17] ». Le succès de Groves fut complet. Deux mois plus tard, à la fin avril, Furman demanda à Berg de chercher à savoir, en Italie, si les principaux scientifiques allemands étaient encore vivants ; Hahn et Heisenberg avaient tous les deux survécu aux raids. Les transferts vers le sud, déjà commencés, s'accélérèrent après le raid du 15 février. A l'automne suivant, Hahn et sa femme trouvèrent à se loger, comme Heisenberg, au domicile personnel d'un propriétaire d'usine, bientôt rejoints par leur fils qui venait de perdre un bras sur le front russe. Une partie du matériel et le béryllium indispensable comme source de neutrons pour les études de fission avaient pu être sauvés de l'institut en ruines, et Hahn reprit ses expériences à Tailfingen. Là, il entendit souvent les bombardiers alliés défiler au-dessus de sa tête, mais aucun raid ne vint perturber son travail[18].

Tout au long de 1944, Heisenberg fit souvent le voyage Hechingen-Berlin et retour, le prolongeant d'une extension, à chaque fois qu'il le pouvait, vers Urfeld pour y rendre visite à sa famille. Il alla aussi au moins une fois à Strasbourg voir son ami Weizsäcker, en juin. Walther Gerlach, le directeur de l'*Uranverein*, était venu habiter la Maison Harnack à Dahlem, à la suite de la destruction de son domicile de Munich, en juillet ; il y rejoignait Karl Wirtz, qui préparait les expériences de réacteurs devant être menées dans l'abri anti-aérien. Ce n'est qu'à la fin de l'année que Wirtz partit vers le sud, poursuivre ses travaux dans la grotte de Haigerloch. Heisenberg se trouvait donc souvent à Berlin et c'est là, pendant l'été 1944, qu'il reçut la visite de l'un de ses vieux amis du *Wandervogel*, le groupe dont il avait fait partie dans sa jeunesse.

Adolf Reichwein, sociologue et politicologue, avait conservé quelque chose de l'innocence de la jeunesse en dépit d'une vie d'action (il avait combattu pendant la Guerre civile espagnole) et du rôle qu'il jouait, en tant que social-démocrate, dans le mouvement clandestin de la résistance allemande. En juin 1944, sans préambule, sans la moindre allusion indirecte, le moindre coup d'œil, le moindre haussement de sourcils ou mouvement du corps de celui qui s'aventure en terrain miné, sans même abaisser la voix, Reichwein avait carrément demandé à Heisenberg s'il ne souhaitait pas se joindre à une conspiration contre Hitler. Pour Heisenberg, poser la question revenait à donner la réponse : il conclut en effet instantanément que tout complot opérant en se souciant aussi peu des espions et des informateurs omniprésents du régime policier d'Hitler était voué à l'échec. Il ne fit pas de réponse dilatoire : il refusa d'avoir la moindre part dans l'entreprise et avertit Reichwein, « au nom du Ciel », de se montrer plus prudent s'il voulait réussir[19].

Ce bon conseil ne suffit pas à protéger Reichwein ; une semaine ou deux plus tard, à peine (le 22 juin), il retrouva un de ses complices, Julius Leber, pour une réunion clandestine avec trois membres du parti communiste interdit. L'un d'eux était un agent de la Gestapo. A la réunion suivante avec les communistes, le 4 juillet, Reichwein fut arrêté. Leber subit le même sort le lendemain et les deux hommes disparurent dans les caves de la *Prinz-Albertstrasse,* où la seule alternative possible à la torture était une mémoire à toute épreuve. Un vent de panique souffla immédiatement sur toutes leurs relations dans la résistance[20].

On a beaucoup écrit sur la résistance allemande, composée d'un vaste éventail d'opposants au régime nazi allant de hauts dignitaires comme Ernst von Weizsäcker, le père de l'ami d'Heisenberg, haut fonctionnaire au ministère des Affaires étrangères, et le patron des services militaires de renseignements, l'amiral Wilhelm Canaris, jusqu'aux chefs de la résistance chrétienne du cercle de Kreislau, en passant par un noyau de conspirateurs militaires déterminés, en 1944, à abattre Hitler. Reichwein et Leber avaient des contacts avec tous et leur arrestation poussa le groupe de Claus von Stauffenberg à avancer l'assassinat d'Hitler. Sans avoir jamais été membre de la résistance, Heisenberg se trouvait néanmoins impliqué à double titre : comme ami de Reichwein, dont on a vu la discrétion, et comme membre de la *Mittwochgesellschaft,* le Club du Mercredi, groupe de discussion comportant peu de membres mais vénérable, fondé en 1863, qui se réunissait à Berlin tous les quinze jours, sauf pendant les mois d'été.

« Un des côtés les plus agréables de ma vie à Berlin était constitué par les soirées de la Société du Mercredi[21] », écrit Heisenberg dans ses mémoires. La candidature d'Heisenberg avait été proposée par le diplomate allemand Ulrich von Hassell qui le connaissait depuis leur rencontre à Copenhague, à la fin des années vingt, alors que Hassel était ambassadeur au Danemark ; la femme de Ernst von Weizsäcker avait présenté les deux hommes[22]. Dans son journal, von Hassel écrit, à la date du 28 octobre 1942, qu'il est « très heureux » de voir que Heisenberg a été élu[23]. Le diplomate était l'hôte de la réunion suivante, le 11 novembre, la première à laquelle Heisenberg devait assister. Il était toutefois en Suisse, chez Paul Scherrer, lors de la réunion ordinaire suivante, le 25, et il n'assista qu'irrégulièrement aux séances. Il n'y participa pas du tout entre le 15 décembre 1943 et le 14 juin 1944, trop occupé, probablement, à installer les nouveaux locaux de l'institut à Hechingen[24].

Traditionnellement, les seize membres de la Société du Mercredi étaient tous des universitaires et des scientifiques ; dans la pratique, cette règle subissait parfois des entorses. Johannes Popitz, par exemple, était ministre des Finances de l'État prussien, poste qu'il devait à Göring ; mais sa connaissance approfondie de l'art grec lui valut son admission. Quant au général Ludwig Beck, c'était son érudition en matière d'histoire militaire qui lui avait permis d'être adopté[25]. Au début des années trente, le ton des conversations politiques, tel qu'il nous a été conservé par les minutes des réunions, était typique des éléments conservateurs de la société allemande, bousculée par les événements : exprimant en général l'espoir que les nazis provoqueraient une renaissance de l'ordre et du désintéressement dans l'État allemand, tout en renonçant à leurs méthodes radicales et à leur politique raciste.

Nombreux étaient ceux qui se berçaient de ce genre de douces illusions. Jens Peter Jessen, professeur de science politique à l'Université de Berlin, soutint Hitler dont il fut même une sorte de conseiller, jusqu'au début de 1933, quand l'expulsion des Juifs de la vie publique, la suspension des libertés civiles, l'arrestation arbitraire des opposants politiques, la manière dont les autorités fermaient les yeux sur la terreur que les SA faisaient régner dans les rues, poussèrent Jessen, choqué, à renoncer à toute activité dans le parti. Beck resta chef de l'état-major général jusqu'à la veille du démembrement de la Tchécoslovaquie, en 1938 ; après quoi, il milita activement dans la résistance jusqu'à sa mort. Pour d'évidentes raisons, les minutes des réunions de la *Mittwochgesellschaft* font un silence de plus en plus profond sur les questions politiques et, bien entendu, sur la transformation du groupe en un centre de résistance politique. Popitz, Hassel, l'écrivain Eduard Spranger, le chirurgien Ferdinand Sauerbruch, Erwin Planck, le fils de Max Planck, Werner von Schulenberg, ambassadeur d'Allemagne à Moscou en 1941 et par-dessus tout Carl Friedrich Goerdeler, maire de Leipzig (jusqu'à sa démission, provoquée par la destruction d'une statue du compositeur juif Félix Mendelssohn) et personnage central de la résistance, tous se servaient des rencontres régulières du mercredi comme couverture pour une conspiration visant à renverser le régime.

Au moment où Heisenberg en devint membre, le groupe fonctionnait toujours sur les mêmes principes. Chacun recevait à son tour tous les autres ; à des entretiens érudits succédaient un dîner et des conversations conviviales. Lors de la première réunion à laquelle assista Heisenberg, Hassel parla de la « nouvelle Méditerranée[26] ». Au cours d'une autre, qui avait lieu chez Sauerbruch (lequel parla de la chirurgie du poumon), Heisenberg fut impressionné par le « dîner véritablement princier [et] l'excellent vin » — si excellent, même, que Hassel sauta sur la table pour entonner des chansons d'étudiants[27].

Mais, sous-jacente à chaque réunion se confirmait la volonté cahotique de mettre au point un plan pour renverser Hitler. Aucun n'était conspirateur par tempérament et Hassel, notamment, était particulièrement indiscret. Le 29 avril 1942, son ami Ernst von Weizsäcker l'entraîna dans sa bibliothèque pour l'avertir qu'il avait la Gestapo aux trousses, qu'il devait tenir sa langue et brûler tous les papiers compromettants, en particulier ceux où était mentionné qui avait dit quoi à qui. Comme Hassel tentait de se défendre, Weizsäcker lui coupa la parole : « Fais ça tout de suite ! Si tu refuses de comprendre, je ne te connais plus[28] ! »

L'aîné des Weizsäcker avait raison ; vexé, Hassel ne trouva rien de plus urgent que de consigner la mauvaise humeur de son ami dans son journal — largement de quoi envoyer les deux hommes aux galères — et continua de tenir les minutes des moments d'abattement et d'enthousiasme des comploteurs qui continuaient d'ourdir leurs machinations, souvent lors de réunions du mercredi. Le 14 juin 1944, première réunion à laquelle Heisenberg assistait depuis six mois, Hassel note que Popitz, leur hôte, parla de « l'État. Ça se présente mal. Ambiance déprimée. Beck a perdu tout espoir de tentative ». Mais en réalité, après bien des échecs, cette tentative était imminente. Heisenberg était de nouveau présent le 28 juin ; cette fois-ci Hassel manquait, bloqué à Munich par un raid aérien qui avait paralysé les communications par train, mais Eduard Spranger note, dans une lettre adressée à un ami le lendemain : « C'était hier la *Mittwochgesellschaft*. Ceux au courant ont admis la décision pour *cette* année ! J'ai pu avoir un entretien très *détaillé* avec mon ami spécial [Beck] : accord sur toute la ligne[29]. »

Est-il concevable que Heisenberg n'ait rien vu, rien su, rien compris, au milieu de tous ces conciliabules ? Il ne fait lui-même aucune allusion au complot dans ses mémoires, mais la veuve d'un membre exécuté plus tard dit avoir surpris une conversation politique entre Heisenberg, von Hassel et von Sauerbruch après l'une des réunions de mars 1943 : « [...] Heisenberg, en termes circonspects, et Sauerbruch, à sa manière spirituelle, râlaient contre " Schimpanski " ; c'était le nom de code de Hitler[30]. » [En allemand, le mot sonne presque comme « chimpanzé ».] La femme d'Heisenberg écrit :

> Je crois que c'est en hiver 1943-1944 que Popitz, qui habitait près de chez mes parents, l'invita à lui rendre visite. C'est alors qu'Heisenberg apprit que l'on projetait un putsch et que l'on examinait la façon de réorganiser l'Allemagne après la chute du régime nazi et la capitulation qui mettrait fin à la guerre. Comme Heisenberg se posait lui-même ces questions, cette visite fut l'occasion d'une

conversation soutenue et fructueuse qui fut à l'origine d'une amitié pleine de confiance, bien que de courte durée[31].

Elizabeth Heisenberg pense qu'il était trop prudent pour avoir participé à une telle conspiration, trop déterminé à survivre à la guerre afin de contribuer à la réédification de la science allemande, trop sceptique sur les chances du complot. Elle ne date pas plus précisément l'entretien avec Popitz, mais il est possible que l'inquiétude d'Heisenberg, devant les dangers de fréquenter régulièrement les conspirateurs, explique son absence de six mois aux réunions de la *Mittwochgesellschaft*. Dans la documentation sur les années de guerre d'Heisenberg, il n'existe qu'une autre référence éventuelle sur cette question ; dans une discussion sur la manière tortueuse dont on pouvait parfois bénéficier d'influences dans l'Allemagne nazie, il cite Ernst von Weizsäcker et von Hassel comme amis utiles et ajoute : « Nous avons aussi un canal par l'amiral Canaris [...][32]. » Canaris et Ernst von Weizsäcker avaient tous deux comploté pour renverser Hitler à la fin des années trente, après quoi l'amiral n'avait joué aucun rôle direct jusqu'au moment où il perdit son poste de chef de l'*Abwehr*, en février 1944. Il paraît donc raisonnable de penser que Heisenberg était au courant du complot, sans toutefois se rendre compte que les conspirateurs qu'il voyait encore aux réunions du mercredi de 1944 étaient sur le point d'attenter à la vie d'Hitler.

Heisenberg joua le rôle d'hôte lors de la réunion du 12 juillet, la dernière avant la tentative de Stauffenberg pour assassiner Hitler avec une bombe. A ses invités, Heisenberg offrit des framboises venant du jardin de l'institut planté par Debye, et du vin. Inévitablement, des échos de la conspiration se glissaient dans les conversations. L'un des membres, Ludwig Diels, écrit dans son journal :

Notre *Mittwochgesellschaft* s'est réunie à la maison Harnack. Heisenberg nous a parlé de la nature des étoiles. Ambiance morose. Jessen, le défaitiste, y était pour beaucoup. Il nous a laissé entendre qu'un militaire de haut rang lui aurait dit que la guerre serait terminée en septembre[33].

« Que sont les étoiles ? » — tel était le titre de l'exposé d'Heisenberg, mais son véritable sujet avait été la fission nucléaire. Dans ses mémoires, il déclare n'avoir mentionné aucun secret militaire, mais il avait une notion assez élastique de ce qu'était le secret militaire. Spranger fit observer que ces progrès de la science allaient sans doute modifier la conception que les hommes se faisaient du monde. Beck fut plus explicite ; si l'énergie atomique pouvait être employée à fabriquer des bombes, alors « les anciennes idées militaires devraient être changées [...][34]. » Juste avant de quitter Berlin, le 19 juillet, Heisenberg donna les minutes de la réunion à Popitz.

L'après-midi suivant, tandis qu'il faisait route à pied vers la maison de sa famille à Urfeld, à deux heures de marche de la gare de Kochel, Heisenberg apprit la nouvelle de l'attentat contre Hitler. Il venait de rencontrer un soldat qui se dirigeait vers le Kasselberg et tirait une charrette lourdement chargée ; le physicien y ajouta sa valise et s'attela au véhicule. Le soldat lui dit alors qu'il avait entendu à la radio que Hitler venait d'échapper à un attentat, mais qu'une révolte militaire avait éclaté au quartier général de la *Wehrmacht* de Berlin. Heisenberg demanda au soldat ce qu'il pensait de ces événements. « C'est déjà pas mal, si quelque chose bouge [35]. »

A la maison, le soir même, il entendit Hitler en personne déclarer à la nation qu'il avait miraculeusement survécu, puis apprit que son ami, le général Beck, l'un des chef des insurgés, venait d'être tué. La vague d'arrestations qui s'ensuivit balaya la *Mittwochgesellschaft* : Johannes Popitz, Werner von Schulenberg, Carl Goerdeler, Jens Jessen, Eduard Spranger, Ulrich von Hassel, Erwin Planck. La Gestapo identifia les deux derniers grâce à des commentaires manuscrits sur des documents qui détaillaient les plans des conspirateurs pour un nouveau gouvernement [36]. A la seule exception de Spranger, tous furent exécutés. La Société du Mercredi tint une dernière réunion, le 26 juillet, et cessa d'exister. Pendant les semaines qui suivirent les premières arrestations, Heisenberg retint son souffle.

Il est impossible d'établir qui, exactement, a soulevé la question des implications militaires de l'énergie atomique lors de la réunion du 12 juillet. Depuis au moins deux ans, Heisenberg avait souligné à plusieurs reprises, plus ou moins ouvertement, que la construction de la bombe atomique était hors de portée pour l'Allemagne en guerre, ce qui n'empêcha pas la rumeur de courir, parmi les horreurs promises par les *Wunderwaffen* d'Hitler. En juin 1943, cette rumeur, brouillée, avait atteint Hassel : « Dans leur pessimisme, écrit-il dans son journal, les gens s'accrochent à l'idée d'une " arme nouvelle " qui, à en croire les bruits répandus par la propagande, ne va pas tarder à entrer en service. Il s'agirait d'un canon à fusée capable de réduire en cendres des quartiers entiers à partir d'une grande distance et d'un seul coup — une vision terrible [37] ! »

A la fin de sa visite en Hollande, au mois d'octobre précédent, Heisenberg avait rencontré le gouverneur allemand en place, Arthur Seyss-Inquart, qui avait aussi vaguement entendu parler d'une « super-arme ». Si Heisenberg pouvait mettre au point une telle arme, dit-il, les Alliés seraient alors peut-être obligés de renoncer à leurs raids aériens de plus en plus dévastateurs et à ne s'appuyer que sur leurs armées terrestres ; dans un tel contexte, l'Allemagne pouvait encore gagner la guerre [38]. Seulement six semaines après, un autre haut dignitaire nazi, Hans Frank, gouverneur général de la Pologne occupée, interrogeait Heisenberg sur le même sujet. Frank était un ancien condisciple de lycée du frère d'Heisenberg et, à l'automne de 1943, s'était prévalu de cette relation pour inviter le physicien à donner une conférence à l'*Institut für deutsche Ostarbeit*, créé par Frank à Cracovie. Comme Heisenberg hésitait, Frank se fit pressant. « Je me suis dit, bon, je ne veux pas me faire un ennemi », expliqua Heisenberg à David Irving. Mais il dut tout d'abord faire le voyage en Hollande, puis il tomba malade. Ce n'est qu'à la mi-décembre 1943 que Heisenberg arriva à Cracovie, où Frank le reçut dans sa résidence officielle, palais célèbre pour sa table. Après son exposé sur « la théorie de quanta ou quelque chose comme ça », Frank prit Heisenberg à part et commença à l'interroger.

> Il me demanda ce qui se passait exactement, on n'arrêtait pas d'entendre parler d'une sorte d'arme-miracle, des bombes atomiques, peut-être, ou quelque chose comme ça. Je lui déclarai très nettement qu'il n'existait rien de ce genre du côté allemand. Je crus comprendre que la chose était l'objet d'une rumeur dans les cercles les plus hauts du parti[39].

Troublé par cette conversation, Heisenberg trouva rapidement l'occasion d'en parler avec Weizsäcker.

Frank n'était pas le seul haut personnage du régime à se demander si ces rumeurs de bombe atomique n'étaient pas plus ou moins fondées. Lors d'une réunion avec des responsables nazis locaux, Heinrich Himmler, chef de la Gestapo et l'un des deux ou trois nazis les plus influents du parti, parla des « progrès de la technologie » devant déboucher sur de nouveaux explosifs très puissants[40]. Peu de temps après, il critiqua Speer, dans une lettre, pour avoir négligé la recherche atomique. Speer avait déjà conclu à l'impossibilité de faire des bombes atomiques, mais il fallait toujours être prudent lorsque Himmler attaquait. Il répondit en septembre qu'il était important de distinguer entre des projets de fabrication et des projets de recherche qui menaçaient de dévorer les fonds et les matières premières critiques indispensables à « des projet avantageux pour l'effort de guerre[41] ». En même temps, il avertit Göring que Himmler essayait de faire une percée dans le domaine de recherche qui dépendait de lui. En décembre, Speer renforça sa couverture par une lettre à Gerlach dans laquelle il disait regretter que son emploi du temps chargé lui interdisît de le rencontrer personnellement, mais dans laquelle il l'assurait qu'il plaçait « une valeur extraordinaire sur la recherche dans le domaine de la physique nucléaire », ajoutant que Gerlach pouvait toujours compter sur son soutien pour surmonter d'éventuelles difficultés[42]. Lorsque l'aide de Himmler, Otto Ohlendorf, revint à la charge un mois plus tard, Speer répondit en suggérant de rappeler à Gerlach de demander une nouvelle aide « d'ici trois mois ». Plaisanterie macabre, car Speer ne doutait pas que le Reich ne se fût écroulé ou en voie de s'écrouler à la fin du mois d'avril 1945.

Les démarches de Seyss-Inquart, de Frank et d'Himmler sont tout à fait représentatives de l'attitude des dirigeants nazis, qui ne comprirent jamais si les bombes atomiques étaient ou non une possibilité réelle ou imminente. Au cours de l'été 1941, le ministre de l'Education Bernhard Rust avait interrogé Weizsäcker sur la recherche atomique chez les Alliés et reçu seulement quelques articles de presse en réponse. Une autre tentative plus sérieuse pour répondre à cette question eut lieu au printemps 1942, à peu près au moment où Göring prenait en charge le contrôle du projet allemand. En mai, Abraham Esau, choisi par Göring comme directeur de projet, prépara une liste de sept questions sur l'eau lourde, la séparation de l'U-235 et d'autres sujets, y compris ce que faisait Peter Debye depuis qu'il était parti aux États-Unis, en 1940. Portée à Paris par un chimiste de Dantzig attaché au Conseil de Recherche du Reich, Henry Albers, cette liste fut confiée à un officier de l'*Abwehr* qui s'en servit comme base pour ses instructions à un agent envoyé à New York. Mais cet agent, Alfred Meiler (connu aussi sous le nom de Walther Kohler) confessa son appartenance à l'*Abwehr* à un diplomate américain à Madrid, et passa le reste de la guerre comme agent contrôlé par le FBI à New York, d'où il pratiqua un complexe *Funkspiel* (« jeu de radio ») avec ses correspondants de Hambourg[43].

Après son arrivée à New York, Meiler-Kohler envoya plusieurs centaines de messages sur une période de deux ans ; peu d'entre eux portaient sur des questions atomiques. Deux furent néanmoins transmis à l'*Abwehr* à ce titre, et soumis à Henry Albers et au Conseil de Recherche du Reich, au cours du premier semestre de 1943. Le premier disait que Debye travaillait dans un laboratoire, quelque part à New York, et comportait quelques absurdités scientifiques : « On a produit une poudre [...] qui contient de l'eau lourde, et [...] la force de cette poudre est cinq cents à mille fois plus grande que d'ordinaire. » Albers et ses collègues ne firent que rire de ces enfantillages nés de l'imagination de « lecteurs de journaux à sensation ». Le second rapport, qui arriva quelques mois plus tard, « était aussi stupide que le premier et ne comportait aucune information de valeur[44] ».

En dépit de ses médiocres performances, Meiler-Kohler continua de recevoir des questions sur la recherche nucléaire de ses correspondants de Hambourg. Elles étaient bien entendu du plus grand intérêt pour les Américains qui dirigeaient l'opération et en février 1945, le directeur du FBI, Edgar Hoover, les résuma dans une lettre à l'aide du président Roosevelt, Harry Hopkins :

Premièrement, où l'eau lourde est-elle produite ? En quelles quantités ? Par quelles méthodes ? Qui l'utilise ?

Deuxièmement, dans quels laboratoires effectue-t-on des travaux employant de grandes quantités d'uranium ? Des accidents s'y sont-ils produits ? En quoi consiste la protection contre les rayons neutroniques dans ces laboratoires ? Quel est le matériau et l'épaisseur de l'isolant ?

Troisièmement, sait-on quelque chose de la production de paquets de molécules à partir de barres, de tubes ou de plaques d'uranium-métal ? Ces composés se présentent-ils dans des capsules de protection ? Si oui, en quoi sont-elles faites [45] ?

Ces questions tournent toutes autour de la recherche sur les réacteurs et n'ont qu'un rapport indirect avec la bombe. La troisième, par exemple, concerne la fabrication d'uranium-métal devant servir dans un réacteur sous les différentes formes envisagées par l'*Uranverein*. Pour qu'il fût utilisable, il fallait le chemiser ou l'envelopper, ce qui exigeait un matériau laissant passer les neutrons — problème technique qui avait valu des ennuis sans fin au Projet Manhattan en 1943. Bref, les questions posées à Meiler-Kohler en 1945 étaient toutes centrées autour des recherches de l'*Uranverein*, qui travaillait sur les réacteurs, pas sur les bombes.

Mais, au milieu de cette période, Henry Albers reçut néanmoins un rapport (fin 1943, début 1944), venant d'Amérique, ayant plus de sens que ceux de Meiler-Kohler. Il y était question de paraffine lourde, et il donnait le nom d'un laboratoire électrique (probablement celui de la centrale de General Electric à Shenectady) où on la produisait. Ce rapport comportait peu d'informations sérieuses sur la recherche nucléaire américaine, mais il émanait de toute évidence d'un agent ayant quelques notions scientifiques. Walther Gerlach, qui avait remplacé Esau, se sentit suffisamment inquiet par cette vague information pour écrire à Göring, à la fin du mois de mai 1944 :

> Des rapports venant d'Amérique font état d'une soi-disant production à grande échelle de paraffine lourde et de son emploi dans des explosifs ; l'intérêt particulier des Alliés que trahit la destruction de la centrale d'eau lourde norvégienne [Rjukan, en novembre 1943] rend clairement nécessaire de consacrer davantage d'attention à l'application des réactions nucléaires aux explosifs [46].

C'est évidemment ce mémo de Gerlach qui provoqua la réunion, en juin, de hauts responsables avec une section de la *Reichsicherheitshaupt-tamt* (Services de Sécurité du Reich) qui se consacrait aux renseignements sur les questions scientifiques et avait été mise sur pied en avril par Hans Ogilvie. Parmi les personnes présentes, on comptait Rudolf Mentzel et Eric Schumann de l'*Uranverein* et trois responsables du RSHA, dont l'audacieux colonel Otto Skorzeny, l'homme qui avait enlevé Mussolini à ses ravisseurs, en septembre 1943 ; Walther Schellenberg, chef du service étranger du RSHA, et son adjoint Olgivie. Outre son rôle de chef de commando, Otto Skorzeny s'était vu confier une mission dans le développement des armes secrètes. C'est, de toutes les réunions qui ont eu pour objet la question des recherches nucléaires alliées, et dont nous ayons des traces, celle qui s'est tenue au plus haut niveau ; il n'en sortit que peu de chose. Ogilvie avoua qu'il ne savait rien de ce qu'avaient entrepris les Américains comme les Soviétiques.

Les mois suivants, Ogilvie entreprit, par le biais des capitales des pays neutres, une collecte systématique de revues et de périodiques américains : *Life, Radio Handbook, Time* et quelques exemplaires de *Physical Review*. Les résultats furent décevants. Le dossier sur « l'atome » n'excéda jamais les vingt pages tapées à la machine, dont l'essentiel était consacré à Niels Bohr. L'un des officiers d'Ogilvie, un homme du nom de Fischer, vint demander à Gerlach de lui établir une liste de questions pour guider leurs efforts de renseignement ; mais le directeur de l'*Uranverein* fut dégoûté lorsque, quelques mois plus tard, un autre officier vint lui demander de répondre à ses propres questions[47].

Ogilvie dépêcha également des agents en Suisse et en Espagne pour recueillir des informations techniques sur un certain nombre de sujets, dont la recherche atomique chez les Alliés[48], et en septembre 1944, il consacra une heure et demie à instruire l'un d'eux sur le point d'être débarqué aux États-Unis par sous-marin ; cet Allemand rapatrié, du nom de Erich Gimpel, avait été recruté par Skorzeny et formé dans une école d'espions près de La Haye. La tâche de Gimpel paraissait sans danger : lire les périodiques américains disponibles à New York et faire suivre les informations par radio ou par courrier au moyen d'adresses d'emprunt dans les pays neutres, ce qui permettait d'éviter les délais et les numéros manquants quand il fallait passer par Lisbonne, Stockholm ou Berne. Mais Gimpel et son contact furent arrêtés par le FBI un mois après qu'il avait débarqué, le 29 novembre[49].

Ces efforts avortés constituent pratiquement tout le programme allemand pour recueillir des informations sur la recherche atomique alliée, du moins d'après ce que nous révèlent les archives. Il se résume à un examen sans conviction des périodiques étrangers et à l'envoi d'agents techniquement nuls, chargés de ramasser ce qu'ils trouveraient dans les rues de New York. L'envoi d'espions ne reçut que des encouragements sporadiques de la hiérarchie, les agents n'avaient que les idées les plus vagues sur ce qu'ils devaient chercher et ne furent jamais clairement avertis que si les Alliés réussissaient à fabriquer des bombes atomiques, des villes allemandes pouvaient être rayées de la carte en une seule explosion. On ne peut affirmer que les Allemands en auraient appris un peu plus s'ils avaient essayé avec davantage d'énergie ; leurs agents auraient eu les plus grandes difficultés à pénétrer le programme nucléaire allié, ne serait-ce qu'à cause de l'hostilité implacable des scientifiques vis-à-vis du régime nazi. Pour les Alliés, ce fut exactement le contraire ;

l'essentiel de ce qu'ils apprirent sur le programme allemand provenait de scientifiques allemands hostiles à ce régime. Cependant, les services de renseignements allemands ne firent jamais d'efforts sérieux car ils ne furent jamais avertis du danger que représentait le nucléaire par les seules personnes qui pouvaient le pressentir, les scientifiques eux-mêmes. L'intérêt manifesté par Walther Schellenberg pour les questions atomiques datait d'une conversation avec un ex-théologien catholique du nom de Spengler, passionné de sciences, et qui avait mentionné Heisenberg comme le plus grand expert dans ce domaine[50]. Mais d'après ce que nous savons, jamais le RSHA ne contacta le physicien et le vague avertissement de Gerlach d'apporter « plus d'attention » aux recherches des Alliés ne présentait pas ce caractère pressant indispensable lorsqu'on veut faire avancer une bureaucratie.

Après la guerre, Esau et Gerlach avouèrent tous deux aux spécialistes américains chargés de les interroger qu'ils n'avaient jamais entendu parler du Projet Manhattan. Harald Müller, l'assistant d'Esau, leur dit la même chose et le chimiste Henry Albers, qui faisait office d'agent de liaison entre les services de renseignements et Esau et Gerlach, déclara n'avoir rien vu sur le sujet sinon trois maigres rapports sur l'eau lourde, dont deux n'étaient que des tissus d'absurdités[51]. Le contraste avec les efforts des services de renseignements américains est spectaculaire : aux États-Unis et en Grande-Bretagne, les scientifiques n'ont cessé de harceler les plus hauts responsables politiques pour les avertir que tout programme allemand de bombe atomique constituait le plus extrême danger. Au premier abord, les politiques avaient trouvé difficile à avaler une histoire qui leur paraissait relever de la science-fiction, mais les hommes de science avaient insisté jusqu'à ce qu'ils eussent compris. La menace que représentait la bombe atomique n'était pas quelque chose que les militaires et les agents de renseignements pouvaient appréhender d'emblée ; il fallait se le faire expliquer. Or en Allemagne, on leur déclara qu'un projet de bombe était bien trop énorme et difficile pour être mené à bien en temps de guerre. Même après les raids alliés sur la centrale d'eau lourde de Rjukan, les responsables allemands ne virent pas ce qui pourtant crevait les yeux : que ce qui inquiétait vraiment les Alliés était la bombe atomique, et qu'ils redoutaient celle des Allemands parce qu'eux-mêmes en préparaient une. Si la bombe revint régulièrement dans les conversations, elle ne dépassa jamais le statut d'une rumeur.

Très représentative est par exemple celle qui circula largement dans les milieux scientifiques de Berlin au début de l'été de 1944, après que l'ambassade allemande à Lisbonne avait adressé un rapport disant que les Américains menaçaient de détruire Dresde avec une bombe atomique si l'Allemagne ne se rendait pas avant la fin du mois d'août. Le bureau de Göring fut parmi les premiers à recevoir ce message et en juillet, le major Bernd von Brauchitsch (fils de l'ancien commandant en chef de l'Armée) vint rendre visite à Heisenberg pour lui poser la question qui s'imposait :

pensait-il possible que les Américains eussent la bombe ? Heisenberg en avait souvent discuté avec Weizsäcker ; l'un et l'autre espéraient que non, et c'est ce qu'il déclara à von Brauchitsch[52]. Cette réponse rassurante était cohérente par rapport à tout ce qu'Heisenberg avait dit jusqu'ici aux autorités sur la question, depuis le début de la guerre. Etait-ce cependant le reflet exact de ce qu'il pensait ? Elizabeth Heisenberg écrivit plus tard que la peur de voir des bombes atomiques utilisées contre des villes allemandes ne l'avait jamais quittée. Cette peur s'appuyait sur deux faits troublants : l'acharnement mis par les Alliés à détruire la centrale productrice d'eau lourde de Rjukan, et la situation de Niels Bohr qui, après septembre 1943, se trouvait en mesure de dire aux Alliés que les Allemands avaient un programme nucléaire. Heisenberg n'a toutefois jamais révélé quel degré d'anxiété cela avait provoqué en lui.

Il passa quelques jours avec sa famille à Urfeld, au cours de la troisième semaine du mois de juillet 1944 et regagna ensuite son domicile de célibataire à Hechingen, où il demeura presque tout le temps pendant le reste de la guerre. Weizsäcker, accompagné de son assistant Karl-Heinz Hocker, le rejoignit à la fin août ; les deux hommes envisageaient de retourner à Strasbourg à la mi-octobre, mais la progression des forces alliées en France les persuada évidemment de rester où ils se trouvaient.

A la fin de l'année, cependant, Heisenberg put faire un voyage hors de l'Allemagne en guerre. Son ami Paul Scherrer l'avait de nouveau invité à Zurich et il avait accepté avec joie, en partie pour le plaisir de revoir de vieux amis comme Gregor Wentzel, mais aussi pour une raison pratique : on trouvait toutes sortes de choses en Suisse, en particulier des vêtements, qui avaient complètement disparu en Allemagne. Il espérait également ramener des cadeaux de Noël à sa famille[53]. Cette fois-ci, l'invitation de Scherrer s'étendait également à Weizsäcker, qui fut aussi heureux d'accepter ; sa femme était suisse et il s'arrangea pour qu'elle et ses enfants pussent l'accompagner et rester ensuite chez son beau-père, officier de l'armée helvétique qui vivait près de Zurich, pendant la dernière et dangereuse période de la guerre. Comme toujours, les deux physiciens avaient besoin d'un prétexte officiel, mais ils n'eurent pas de mal à obtenir une invitation officielle du consulat allemand de Genève à venir faire une conférence pendant leur séjour[54]. Heisenberg ne posa qu'une seule condition à son ami Scherrer : il espérait que les discussions ne porteraient que sur la physique et qu'on ne lui poserait aucune question d'ordre politique. Scherrer avait accepté. On ne sait exactement quand ce dernier avait lancé son invitation ; toujours est-il que Allen Dulles ne tarda pas à l'apprendre et qu'en novembre, l'OSS et l'adjoint au renseignement du général Groves, autrement dit Robert Furman, attendaient avec anxiété l'arrivée des deux physiciens[55].

CHAPITRE 31

Tandis que les Alliés entamaient leur difficile progression depuis les plages de Normandie, pendant l'été de 1944, la mission Alsos et son chef, le lieutenant-colonel Boris Pash, se trouvaient bloqués à Londres avec une équipe réduite à sa plus simple expression, une pléiade d'ennemis dans la bureaucratie et aucun plan d'action bien défini. Année frustrante pour Pash, tombé sur un puits sec en Italie, puis évincé vers des limbes administratifs en mars, à Washington, privé « temporairement[1] » de son commandement, pendant que les services de renseignements de l'armée s'efforçaient de mettre au point une nouvelle approche. Will Allis, que les performances de Pash en Italie n'avaient guère impressionné, avait demandé à Vannevar Bush et à l'OSRD de le laisser tomber. Mais Groves s'impatienta, obtint le soutien de Marshall pour relancer Alsos et remit Pash en selle[2].

A Londres, Pash n'était qu'un petit colonel sans poids qui, parmi beaucoup d'autres, venait frapper à la porte du SHAEF (Supreme Headquarters of the Allied Expeditionary Force — Grand Quartier Général du Corps expéditionnaire allié) commandé par Eisenhower. Le SHAEF était en effet assiégé d'unités de renseignements formées à la hâte demandant un visa pour la Normandie, et même la lettre d'introduction signée du secrétaire à la Guerre Henry Stimson, que présenta Pash, ne parut pas impressionner le personnel du quartier général. Pendant tout le mois de juillet, le lieutenant-colonel relança Washington afin d'obtenir les scientifiques et les agents qui lui permettraient d'ouvrir sa chasse particulière[3]. Il n'obtint que réponses dilatoires, excuses et promesses. Après avoir perdu deux mois à Londres jour pour jour depuis le Débarquement, soit le 6 août, Pash écrivit une lettre personnelle à Bruce Old, afin « de lâcher la vapeur. Si nous manquons encore le train à Paris, je me tire une balle dans la tête, je me jette sur les Allemands ou pire encore, je passe chez les Russes[4] » ! Old représentait la Marine au comité d'Alsos et Pash, au désespoir, espérait qu'il pourrait faire bouger quelque chose.

Une partie du problème, croyait Pash, tenait à la personnalité du nouveau responsable scientifique de la mission nommé par Vannevar

Bush à la mi-mai ; lui-même était un homme simple, direct et agressif qui détestait plus que tout les atermoiements, et il lui fallut un certain temps pour reconnaître que Bush avait fait un bon choix en la personne du physicien d'origine hollandaise Samuel Goudsmit, professeur à l'Université du Michigan depuis 1927. Goudsmit parlait couramment l'allemand, comprenait à la perfection la physique moderne, ne savait que peu de choses du Projet Manhattan, avait rencontré la plupart des physiciens allemands des années vingt et trente et en connaissait certains très bien, notamment Heisenberg. Goudsmit présentait enfin un autre avantage : une passion de scientifique pour la résolution d'énigmes qui est au cœur de tout travail de renseignement. Il aimait la chasse, et alors qu'il était étudiant, à la fin des années vingt, il avait même suivi des cours d'enquêtes policières avec un célèbre détective d'Amsterdam[5].

Avant tout, cependant, Goudsmit prenait la guerre à cœur, comme une affaire personnelle. Pendant l'été de 1938, qu'il avait passé à Amsterdam comme boursier Guggenheim, il avait convaincu ses parents de le suivre aux États-Unis. Mais les formalités avaient traîné et en mai 1940, seulement quatre jours après l'arrivée des visas, l'invasion allemande prit le couple au piège en Hollande. Trois ans plus tard, Goudsmit reçut une « lettre d'adieu » de ses parents. Elle lui était parvenue via le Portugal, et l'adresse au dos était celle de la gare de Terezin, dans l'ancienne Tchécoslovaquie, autrement dit Teresienstadt, un camp de concentration nazi. Depuis, Goudsmit n'avait pas eu la moindre nouvelle, craignait le pire et s'en voulait beaucoup de ne pas avoir suffisamment accéléré les formalités administratives[6].

Lorsque les États-Unis entrèrent en guerre, à la fin de 1941, Goudsmit faisait déjà des recherches secrètes sur le radar au Laboratoire des Radiations du MIT à Cambridge. C'est là qu'il fut enrôlé en novembre 1942 par Hans Bethe afin de trouver le moyen d'inciter les services secrets britanniques à profiter du voyage d'Heisenberg à Zurich, qui devait avoir lieu quelques semaines plus tard. Pour toutes ses peines, Goudsmit eut droit, de la part de Lee Dubridge, responsable du laboratoire, à une verte semonce sur les règles du secret. Mais cet avant-goût des aspects clandestins de la guerre scientifique ne dut pas lui paraître trop amer ; en juin 1943, Goudsmit écrivit à Dubridge qu'il se sentait « fait » pour un travail de ce genre :

> Il ne fait aucun doute que l'Europe va bientôt s'effondrer et probablement se diviser. Nous avons tout à gagner à obtenir des informations sur les scientifiques qui se trouvent là-bas, le plus tôt possible. Il se trouve que j'ai eu des contacts personnels avec la plupart des physiciens en Italie, France, Belgique, Hollande et même en Allemagne [...] ces contacts étroits pourraient beaucoup m'aider à obtenir des informations [...] si cette question est jamais soulevée, ne m'oubliez pas[7].

La volonté de Goudsmit de participer à la guerre le conduisit à passer six mois en Grande-Bretagne, à la fin de 1943, pour poursuivre ses recherches sur le radar. A la Noël, des officiers de renseignements s'intéressant à « Crossbow » — nom de code du programme allemand de fusées — prirent contact avec lui. On lui demandait d'étudier l'éventualité de voir les Allemands armer leurs fusées d'ogives atomiques[8].

Une fusée équipée d'une tête atomique était en effet l'une des possibilités cauchemardesques qui gardaient Vannevar Bush éveillé la nuit. Depuis le jour où l'on avait découvert l'existence de Peenemünde, les analystes se demandaient quand les fusées seraient prêtes, quelle serait leur précision et par-dessus tout, de quel type de charge explosive elles seraient équipées. Le violent bombardement de la base de recherche par l'aviation britannique, en août 1943, ralentit les progrès des Allemands ; seulement deux mois plus tard, toutefois, des agents français signalaient la découverte de constructions allemandes inhabituelles le long de la côte française. Au début novembre, les pilotes de la RAF les photographièrent, et on les baptisa « pistes de saut à ski » à cause de leurs longues rampes. D'autres photos de structures similaires, prises à Peenemünde à la fin du même mois, confirmèrent les premières conclusions de l'analyste scientifique anglais R.V. Jones : il s'agissait bien de sites de lancement pour des fusées et l'Angleterre en constituait manifestement la cible. Restait à éclaircir la question de la charge qu'elles transporteraient. Jones ne prit jamais lui-même au sérieux l'hypothèse d'une bombe atomique ; les sites étaient trop nombreux. On pouvait à la rigueur envisager une ou deux bombes, mais pas plusieurs douzaines. Jones en discuta longuement avec l'Américain H.P. Robertson et supposa que ce dernier avait transmis à Washington les mêmes conclusions[9].

Les Américains, cependant, ne se sentaient pas aussi sûrs. Lorsque le rapport sur les « rampes de ski » parvint à Washington, Philip Morrison se prit tellement à redouter que les fusées fussent conçues pour véhiculer des bombes atomiques qu'il écrivit un mémo à l'intention des responsables de la sécurité de Groves, disant notamment qu'en aucune circonstance Roosevelt ne devait rencontrer Churchill à Londres, de crainte que la ville ne fût détruite et les deux grands leaders alliés tués dans un bombardement atomique. Pendant toute l'année suivante, Morrison se brancha à midi et le soir sur le programme international de la BBC — non pas pour les informations, mais pour s'assurer lui-même que Londres était encore debout[10]. Le général Groves partageait ces inquiétudes ; il voulut avoir ses propres photos des sites concernés et donna comme instruction à Robert Furman, lors de son premier séjour en Grande-Bretagne, en novembre 1943, d'obtenir des missions photographiques du général James Doolittle, qui venait juste d'être nommé à la 8e Air Force[11].

William Shurcliff fit partie de ceux qui virent les photos où l'on voyait proliférer les rampes. Ce jeune scientifique travaillait à l'OSRD et avait pour tâche quotidienne d'apporter des rapports de renseignement au Pentagone. Un jour, au printemps de 1944, il accompagna Vannevar Bush au grand quartier général américain. Dans la voiture, Bush lui demanda : « Que pensez-vous de cette histoire de fusées allemandes capables de traverser la Manche ?

— Ça me paraît un peu trop fantastique.

— Non, j'ai bien peur que ce ne soit que trop vrai[12]. »

Ce qui inquiétait le plus Bush, cependant, était la question de la charge, sujet dont il débattit souvent avec Henry Stimson. Car la bombe atomique n'était pas la seule horrible possibilité. Les fusées pouvaient tout aussi bien transporter des produits radioactifs, des gaz toxiques, voire des agents biologiques. Contrairement aux Britanniques, les Américains traitaient ces épouvantables éventualités avec le plus grand sérieux, en partie parce que les scientifiques du Projet Manhattan avaient étudié la question pendant plus d'un an, et que certains avaient proposé ce genre de choses.

Le premier, Arthur Compton avait suggéré l'emploi de sous-produits radioactifs comme arme dans un rapport rédigé en 1941, mais cette voie ne fut de nouveau explorée qu'en 1943, lorsque le général Marshall, sous la pression du Comité d'Orientation militaire (Military Policy Committee) présidé par Bush, demanda formellement à James Conant d'entreprendre une étude sur les armes radiologiques. Conant recruta Compton et Harold Urey pour l'aider. Lors d'une visite à Washington en mai 1943, un mois seulement après la mise en route du nouveau laboratoire de Los Alamos, Robert Oppenheimer entendit parler de la recherche de Conant. Il dit à Groves que lui-même et Fermi avaient discuté d'un plan pour empoisonner les aliments à l'aide de béta-strontium, sous-produit radioactif hautement toxique de la fission engendré par les réacteurs. L'idée d'Oppenheimer était une opération d'envergure ; dans une lettre à Fermi, datée du 25 mai 1943, il écrit que Groves a approuvé sa requête de discuter avec Conant de « l'application qui nous semble prometteuse », mais ajoute qu'il ne lui semble pas utile de presser les choses « à moins de pouvoir empoisonner suffisamment de nourriture pour tuer un demi-million de personnes [...][13] ».

Le parfait sang-froid avec lequel s'exprime Oppenheimer laisse pantois ; mais les horreurs qu'il envisage, au fond, ne sont pas tellement différentes de celles que pouvait laisser prévoir l'usage de la bombe elle-même. En mai 1943, beaucoup de physiciens de Los Alamos (comme Hans Bethe) croyaient que la fabrication de la bombe serait relativement facile. Oppenheimer pensait peut-être qu'il avait le temps de s'attarder à toutes sortes de projets délirants, comme empoisonner les Allemands. La mise au point de la bombe s'avéra néanmoins hautement complexe, mais en même temps, elle paraissait convenir parfaitement comme arme. Comparée aux poisons radioactifs, la bombe était compacte, facile à envoyer sur sa cible et avait des effets prévisibles. Après quelques échanges de lettres, on renonça au projet Oppenheimer-Fermi. On n'en trouve de toute façon aucune trace dans le rapport que Conant acheva à l'automne 1943.

Avant d'envoyer ce rapport sous forme résumée au général Marshall, Groves demanda à Vannevar Bush de le commenter. Ce dernier réagit dans une lettre en date du 15 novembre, soit dix jours après la prise des premières photographies des rampes et deux semaines avant que les Anglais n'eussent prouvé qu'elles étaient destinées à des fusées. « J'ai lu ce document en songeant plus particulièrement à la combinaison de cette méthode [produits radioactifs contaminants] avec celle des fusées à longue portée et à la menace que cette combinaison pourrait constituer. J'en suis arrivé à la conclusion qu'elle est peu vraisemblable. » Bush avait l'impression que la manipulation des produits toxiques poserait trop de problèmes pour ce type de lancement et ne conviendrait d'ailleurs pas davantage pour contaminer les plages françaises ; il reconnut qu'il était cependant prudent de prendre quelques précautions simples, comme insister auprès des photographes de l'armée pour qu'ils signalent un voilement inattendu des films, signe de présence de radioactivité[14].

Bush n'en continua pas moins à rester soucieux et en mars 1944, Groves demanda à Marshall d'envoyer à Eisenhower une lettre, rédigée dans les termes les plus prudents possible (il lui avait préparé un brouillon) pour avertir le général en chef des Alliés que ses forces d'assaut, en Normandie, risquaient d'être soumises à des agents radiologiques. Lettre bientôt suivie d'un aide de Groves, le major Arthur Peterson, qui rencontra Eisenhower le 8 avril 1944 avant de décrire en détail le danger à celui qui s'occupait de tous les problèmes importants que rencontrait Eisenhower, le général Walter Bedell Smith. Les instructions données par Groves ne laissaient aucune marge de manœuvre à Peterson : il devait être sûr que l'avertissement avait été pris en compte, tout en évitant qu'il se traduisît par un arrêt des opérations. Ne laissant rien au hasard, Vannevar Bush lui-même vint en Grande-Bretagne avertir Eisenhower de la menace que constituaient les fusées allemandes, soulignant le fait qu'elles pouvaient se mettre à pleuvoir sur les sites de préparation de l'invasion, à Plymouth et Bristol.

« Vous me fichez une sacrée frousse, dit Eisenhower à Bush. Qu'est-ce que nous faisons ? » Bush répondit qu'à son avis, la meilleure contre-mesure restait un bombardement intensif des rampes de lancement[15]. Mais on en prit d'autres, comme l'envoi de compteurs Geiger en Angleterre (une opération codée sous le nom « Peppermint ») pour s'assurer de pouvoir prendre des mesures d'urgence au cas où tout le monde se serait trompé[16].

Le premier V-1 allemand lancé de l'une de ces rampes explosa à Londres exactement une semaine après l'arrivée de Sam Goudsmit en Grande-Bretagne — le jour du débarquement, le 6 juin — pour préparer la nouvelle mission Alsos en Europe. La nuit même où tomba la fusée, le 13, Goudsmit et un collègue britannique, Guy Stever, allèrent contrôler le cratère avec un compteur Geiger ; ils ne trouvèrent aucune trace de radioactivité [17]. Au même moment, de l'autre côté de l'Atlantique, Vannevar Bush et Henry Stimson se rendaient au Capitole en voiture pour une réunion sur le Budget. Ils venaient d'apprendre la nouvelle : un nouveau genre de bombe volante allemande venait de frapper la capitale anglaise. Bien entendu, les journalistes en faisaient une histoire sensationnelle, mais en ratant ce qu'elle avait précisément de plus sensationnel : le fait que le V-1 ne transportait rien de plus inquiétant que les explosifs à haute intensité habituels. Stimson posa une main sur le genou de Bush. « Alors, Van, demanda-t-il, comment te sens-tu, maintenant ? » Il n'avait nul besoin de s'expliquer davantage.

« Très soulagé », reconnut Bush [18].

Nombreux furent les candidats au poste de responsable scientifique de la mission Alsos, au printemps de 1944. Carroll Wilson (de l'OSRD) et Bruce Old (membre du nouveau Comité consultatif d'Alsos) avaient proposé soit Tom Sherwood (du MIT) soit John Burchard (de l'OSRD) soit encore George Kistiakowsky, expert en explosif travaillant à Los Alamos [19]. A ce moment-là, Goudsmit venait de terminer son stage radar en Grande-Bretagne et se trouvait libre de prendre un nouveau poste. En avril, le major Will Allis, de la première mission Alsos, recommanda Goudsmit à l'OSS comme officier technique ; Howard Dix l'interviewa et fit connaître son nom au chef des Services secrets, Whitney Shephardson [20]. Allis le recommanda peut-être également à l'OSRD. Toujours est-il que Vannevar Bush choisit Goudsmit à la mi-mai 1944, peu de temps après son retour d'Angleterre. Mais lorsqu'il fut appelé à Washington pour rencontrer le comité de sélection d'Alsos, il n'avait encore aucune idée de ce que l'on attendait de lui jusqu'au moment où, à la fin de l'entrevue, Robert Furman l'entraîna dans un coin. « Vous avez bien entendu compris, lui dit-il, que votre véritable tâche consistera à vous renseigner sur le programme allemand de bombe atomique [21]. »

Goudsmit, surpris, voulut en savoir davantage, mais le laconique major ne lui dit à peu près rien de plus. Il n'en apprit guère, non plus, lors d'un briefing de plusieurs heures avec Philip Morrison et Karl Cohen, au Pentagone. Les deux hommes ne lui révélèrent rien de l'aspect que pouvait présenter la bombe, presque rien du Projet Manhattan (Furman avait beaucoup insisté là-dessus) et pas grand-chose des Allemands [22]. Goudsmit suspecta tout d'abord Furman de ne pas lui faire confiance ; puis il finit par se rendre compte que la crainte était inversement proportionnelle à ce que l'on savait, soit très peu de choses.

L'une des premières propositions de Goudsmit fut de discuter de la recherche nucléaire allemande avec Niels Bohr, qu'il connaissait depuis près de vingt ans, et Peter Debye [23]. Mais les officiers du contre-espionnage exigèrent qu'auparavant John Lansdale, l'aide de Groves, pût établir si « Bohr et Debye étaient loyaux vis-à-vis des Alliés [24] ». Groves faisait déjà confiance à Niels Bohr au point de l'avoir envoyé à Los Alamos mais le physicien danois se trouvait à ce moment-là (nous sommes à la mi-mai 1944) à Londres, attendant de pouvoir rencontrer Churchill, et il est possible qu'on ait bloqué la démarche de Goudsmit simplement pour ne pas avoir à dire où se trouvait Bohr. Goudsmit mit toutefois ce temps à profit pour se documenter avant de partir pour la Grande-Bretagne. Au début de juin, il alla à New York consulter le directeur de la Société française des Terres rares, un homme du nom de Blumenfeld ; son entreprise produisait notamment du thorium, élément qui pouvait servir de combustible fissile pour des bombes.

Au cours des premières semaines qu'il passa avec Pash en Angleterre, Goudsmit passa l'essentiel de son temps à batailler avec différentes bureaucraties militaires, en particulier le Combined Intelligence Priorities Committee (CIPC) [Comité combiné des priorités de renseignement] du SHAEF, administration américano-anglaise qui avait pour but, comme son nom l'indique, de coordonner les efforts de renseignement, y compris ceux d'Alsos. Rien de mieux pour faire traîner les choses. A la mi-juin, Pash se débrouilla pour obtenir du général Walter Bedell Smith un certain degré d'autonomie. Dans la pratique, cela signifiait qu'il pouvait s'adresser directement au SHAEF, ignorant le CIPC, chaque fois qu'il voulait aller quelque part ou faire quelque chose. En attendant, Goudsmit s'efforçait d'arracher des informations sur ses objectifs aux services secrets britanniques. En dépit d'une rencontre avec Wallace Akers et Michael Perrin, de Tube Alloys, il n'apprit rien sur le programme allemand de bombe atomique à partir des dossiers anglais. Il se trouva donc obligé de décider de son propre chef où il devait aller, ce qu'il devait rechercher et sur la piste de qui il devrait se lancer une fois que Alsos aurait traversé la Manche.

Après une première série d'entretiens avec différents hauts responsables de Londres, Goudsmit retourna aux États-Unis, laissant Pash se débrouiller tout seul. Ce dernier estimait que Goudsmit n'en faisait pas assez et allait trop lentement. Dans sa lettre du 6 août à Bruce Old, il s'en plaint amèrement. Paris était une cible évidente, depuis que les armées allemandes battaient en retraite dans tout l'ouest de la France, mais Joliot-Curie avait disparu au moment du Débarquement, et Pash et Goudsmit n'avaient aucune idée de l'endroit où il se terrait.

L'histoire de la mission Alsos est faite d'une succession de brefs et puissants coups de projecteurs donnés sur des scientifiques qui auraient pu savoir quelque chose sur le programme allemand de bombe atomique : tout d'abord Amaldi et Wick à Rome, puis Joliot-Curie à Paris, finalement les Allemands eux-mêmes. Au printemps de 1944, alors que l'invasion alliée était clairement imminente, l'atmosphère politique devint de plus en plus tendue à Paris. En mai, de crainte d'une vague d'arrestations déclenchée par l'occupant, Joliot-Curie aida Paul Langevin, alors âgé de soixante-douze ans, à traverser la frontière suisse, puis prit immédiatement ses dispositions pour en faire faire autant à sa femme et à ses enfants, qui gagnèrent à leur tour la Suisse au début de juin ; c'est à ce moment-là que Joliot-Curie passa dans la clandestinité, n'allant plus à son bureau et habitant tour à tour chez l'un ou l'autre de ses amis à Paris [25].

Alsos ignorait tout de cela. En dépit d'un télégramme de Buxton adressé à Allen Dulles dès le 15 avril et demandant des informations sur Joliot-Curie, l'OSS mit un certain temps à comprendre l'importance que l'on accordait au physicien français. La conversation qu'eut Loofbourow en mai avec Paul Scherrer, pendant la visite de Wolfgang Gentner en Suisse, ne révéla strictement rien, sinon que Wolfgang Riezler avait pris la place de Gentner auprès de Joliot-Curie, à Paris [26]. Le 2 août, Allen Dulles signala à Washington (au moins six semaines après les faits) que la femme de Joliot-Curie était passée en Suisse mais que « son mari aurait pris une autre direction qui semble être celle de Londres ». Pendant tout le mois, Howard Dix envoya câble sur câble à Mœ Berg, en Italie, lui enjoignant de laisser tomber ce qu'il faisait là-bas et de se rendre de toute urgence en France pour se mettre à la recherche de Joliot-Curie ; Berg, cependant, ne regagna Londres que le 12 septembre, date à laquelle Alsos avait déjà effectué le travail.

Le premier indice, dans la « chasse » à Joliot-Curie, arriva évidemment de Goudsmit qui, aux États-Unis, avait été voir Francis Perrin à New York. Avant la guerre, Perrin et Joliot-Curie, amis de toujours, avaient acheté chacun une maison de vacances à Paimpol. Le jour même où Pash écrivait sa lettre de jérémiades à Old, le 6 août, il reçut un télégramme de Groves comportant cette information : Joliot-Curie aurait récemment été aperçu dans sa maison d'été. Une semaine plus tard, Pash, accompagné d'un agent du CIC, arrivait dans le petit port breton au moment même où les Allemands s'en retiraient. En rampant, ils atteignirent la maison de Joliot-Curie après une éprouvante traversée d'un champ de mines encore sous le feu de tireurs isolés : mais lorsque Pash ouvrit la porte il ne trouva rien, absolument rien : entièrement vidée, la maison n'avait plus que ses murs nus.

Tandis que Pash faisait tout ce qu'il pouvait en attendant la libération de Paris, Goudsmit, toujours aux États-Unis, recrutait une équipe de scientifiques. Le 21 août, juste avant de repartir pour l'Europe, il rédigea un dernier mémo d'instructions à l'intention de son ami Walter Colby, l'agent de liaison entre l'OSRD et le War Department, l'exhortant à faire le siège de Furman pour obtenir les photos de Joliot-Curie qui lui avaient été promises [27]. A Londres, entre-temps, Pash avait établi une relation de travail très étroite avec le représentant de Groves, le major Horace Calvert, connu sous le sobriquet de « Tony ». Tôt, le matin du 25 août 1944, Pash, Calvert et Beatson, en jeep, se retrouvèrent parmi les premiers éléments de la colonne Leclerc à entrer dans Paris par le sud. A l'aide d'un plan de la ville trouvé quelques jours auparavant à l'Université de Rennes,

Pash passa le reste de sa journée à essayer de rejoindre, à travers la ville où se déroulaient encore des combats, le Collège de France où Joliot-Curie avait son laboratoire. Finalement, un peu avant dix-sept heures, Pash et son petit groupe trouvèrent le physicien dans son bureau et le firent prisonnier en douceur — au point que celui-ci ne s'en rendit pas très bien compte [28]. Trois jours plus tard, Samuel Goudsmit arrivait de Londres et entamait le premier des nombreux interrogatoires que les Alliés firent subir à Joliot-Curie pour savoir où en étaient les Allemands dans leur tentative pour se doter de l'arme nucléaire.

Les officiers de renseignements alliés traitèrent le physicien avec un luxe de précautions ; le fait qu'il eût choisi de demeurer en France en 1940 était une source de suspicion, et la rumeur voulant que des scientifiques allemands eussent travaillé dans son laboratoire pouvait laisser penser qu'on avait affaire à un véritable collaborateur. Sujet d'inquiétude tout aussi sérieux, du moins aux yeux de Groves : le fait que Joliot-Curie avait rejoint les rangs du Parti communiste pendant la période où il était passé dans la clandestinité, au printemps de 1944. Après que Joliot-Curie eut annoncé publiquement son affiliation, le 31 août, Groves prit pour acquis que tout ce qu'apprendrait le physicien français se trouverait immédiatement transmis à Moscou. Mais Goudsmit était un scientifique avant d'être un agent de renseignements ; il connaissait Joliot-Curie et le respectait pour ses travaux sur la fission nucléaire datant d'avant la guerre, et il lui fit confiance à partir du moment où il lui parla [29].

Goudsmit, qui venait d'arriver des États-Unis, retrouva Pash à Paris dès le 28 août et eut sa première conversation avec Joliot-Curie le jour même. Il le revit le 30 août et le 4 septembre, puis Tony Calvert conduisit le physicien français à Londres, où il fut longuement interrogé, le jour même, par les principaux officiers de renseignements scientifiques anglais, à savoir Wallace Akers et Michael Perrin de Tube Alloys, R.V. Jones et Charles Frank, du ministère de l'Air, et Eric Welsh, des services secrets britanniques (SIS). Calvert assista à la séance ; il y en eut une autre avec Chadwick et Perrin quelques jours plus tard [30].

Mais pour l'essentiel, ce que déclara Joliot-Curie était déjà connu : il décrivit le désastre militaire des troupes françaises de mai-juin 1940, la fuite de Paris, l'embarquement de l'eau lourde à Bordeaux sur le *Broompark*, l'arrivée des scientifiques et des militaires allemands au Collège de France, en août 1940. Il dit qu'il avait accepté que son cyclotron fût utilisé par l'occupant, mais seulement après avoir obtenu la promesse du général Erich Schumann qu'il ne servirait à aucune recherche militaire. Par la suite un courant régulier de scientifiques allemands était passé par son laboratoire, y compris Gentner (« un anti-nazi avéré », écrivit Goudsmit dans son rapport), Erich Bagge (« élève d'Heisenberg [...] seulement intéressé par les rayons cosmiques »), Werner Maurer (« détesté par tout le monde. Gentner retourné spécialement à Paris pour mettre J. en garde contre lui ») et huit ou neuf autres [31].

Au milieu de tout ce que Joliot-Curie avait à dire, on entrevoyait parfois lesquels, parmi les scientifiques allemands, pouvaient ou non aider Heisenberg à construire la bombe. Il confia par exemple à Goudsmit que, alors qu'il considérait Carl Friedrich von Weizsäcker comme « un antinazi en qui on pouvait avoir confiance », celui-ci l'avait toutefois offensé en acceptant de faire une conférence à l'Institut culturel allemand de Paris. Les scientifiques français avaient boycotté la manifestation et Joliot-Curie avait ensuite reproché son « mauvais goût » à Weizsäcker. Otto Hahn avait fait preuve d'un plus grand courage, en refusant sèchement une invitation identique, disant qu'il lui répugnait « d'être confronté à J. en vainqueur ». Mais en fin de compte, le physicien français avait accepté l'explication de Weizsäcker, quand celui-ci lui avoua qu'il n'avait pas eu tellement le choix[32]. Joliot-Curie, enfin, pensait « que les scientifiques faisaient peu ou pas de travaux de guerre en Allemagne[33] ».

Certaines choses, cependant, étaient nouvelles. Ainsi, le Comité de la France libre à Alger (informé par Francis Perrin) lui avait secrètement demandé en mai de rejoindre Londres dès que possible pour aller discuter de l'utilisation de la fission nucléaire appliquée aux bombes et aux réacteurs. A Londres, Joliot-Curie, caustique, fit remarquer aux Britanniques que les savants français avaient pris plusieurs brevets importants sur les procédés nucléaires juste avant la guerre, et que Halban et Kowarski participaient déjà au projet de Tube Alloys. Il fit clairement comprendre que la France devait être accueillie dans tout effort de recherche comme un partenaire à part entière. On surveilla très étroitement le physicien français pendant son séjour d'une semaine à Londres ; les services secrets s'inquiétèrent de l'entendre discuter aussi librement de recherche nucléaire avec d'autres scientifiques français. A titre de précaution, Tony Calvert rappela à l'un d'eux, Pierre Auger, qu'il avait juré le secret en entrant à Tube Alloys. D'après l'Anglais, en se déclarant communiste, Joliot-Curie « avait voulu dire qu'il était socialiste[34] ». Groves prit cette affirmation au pied de la lettre et traita par la suite le Français comme s'il avait été un Soviétique[35].

Joliot-Curie donna aussi aux Alliés le nom d'un scientifique allemand qu'ils ne connaissaient pas ; celui du physicien du *Heereswaffenamt* Kurt Diebner, qui avait accompagné le général Erich Schumann au laboratoire du Collège de France, en août 1940. Diebner avait longuement questionné Joliot-Curie sur la recherche nucléaire française, demandant en particulier des détails sur l'eau lourde et les réserves d'uranium du pays. Plus tard, Diebner dit à Joliot-Curie que les Allemands avaient fait main basse sur un wagon dans lequel on avait trouvé des documents des services de renseignements français, y compris des copies de toute sa correspondance avec Raoul Dautry. Diebner vint à cinq reprises à Paris, la dernière fois au milieu de l'année 1943, à peu de chose près au moment où un responsable du gouvernement de Vichy, Bichelonne, invitait Joliot-Curie à reprendre ses expériences sur la « désintégration atomique » aux frais du régime, en août 1943. Le physicien donna aux Alliés des copies de la lettre de Bichelonne et de sa réponse, laquelle disait qu'il serait pratiquement impossible et qui plus est guère opportun de reprendre leurs anciennes expériences, et qu'il n'en avait aucune envie [36].

Il déclara à Goudsmit et aux Britanniques qu'aucun des Allemands, et en particulier Gentner, qu'il avait longuement sondé, ne lui avait dit quoi que ce soit concernant un programme de recherche atomique militaire. Le travail accompli par les physiciens de passage n'avait été que pure routine. Il en était sûr pour avoir inspecté le laboratoire de nuit, consultant les résultats des recherches et s'assurant que les Allemands n'avaient mis aucun papier sous clef. Cependant, dans un rapport préliminaire à l'interrogatoire, on peut lire : « J. dit que [Diebner] est un organisateur exceptionnel [...]. [37] »

Goudsmit trouva la découverte de Diebner troublante. Joliot-Curie le décrivait comme quelqu'un ayant confiance en lui, énergique, un physicien de talent sachant ce qu'il faisait et doté d'assez de caractère pour réussir dans un projet aussi ambitieux qu'un programme pour construire des bombes atomiques. Le nom de Diebner vint s'ajouter à la liste des cibles de la mission Alsos — et parmi les premières.

Avec la libération de Paris, le travail d'Alsos commença de s'accélérer et au cours des trois mois suivants, Pash, Goudsmit et leur équipe, dont la taille ne cessait de croître, suivirent d'innombrables pistes, toujours dans la foulée des armées alliées. Ils n'eurent qu'une seule fois des nouvelles d'Heisenberg, au début septembre, lorsque Goudsmit obtint un exemplaire de son livre sur les rayons cosmiques, *Vortrage über Kosmische Strahlung,* publié en 1943 par Springer Verlag. Dans un rapport daté du 9 septembre 1944, Goudsmit cite les auteurs de toutes les contributions ; on y trouve les noms de personnes en qui l'on voyait depuis longtemps les constructeurs de la bombe — Weizsäcker, Karl Wirtz, Erich Bagge, Siegfried Flugge. Goudsmit traduisit le premier paragraphe de l'introduction d'Heisenberg :

> La recherche sur les rayons cosmiques souffre particulièrement des circonstances défavorables de l'époque. Car d'un côté, elle doit évidemment laisser la place à d'autres problèmes dans la plupart des laboratoires de physique et de l'autre, les résultats obtenus dans les pays étrangers nous font défaut par manque de communications. Et enfin, aucun article de fond n'a paru pendant la guerre en Allemagne parce que le physicien, qui a son rôle à jouer dans la guerre, ne peut trouver le temps de travailler à ce genre de question [...] [38].

L'ouvrage lui-même, relevait Goudsmit, se fondait sur des conférences faites au *Kaiser Wilhelm Institut für Physik* en 1941 et 1942 et en dépit des références voilées d'Heisenberg à « d'autres problèmes » et au « rôle à jouer dans la guerre » par le physicien, ces recherches sur les rayons cosmiques laissaient fortement à penser que l'institut était bien loin d'être le centre d'un vigoureux programme nucléaire, comme le redoutait toujours Washington. « Le fait que les scientifiques disposent tout de même d'assez de temps pour rédiger des articles de science pure, observe Goudsmit, montre qu'ils ne sont pas aussi intensément engagés dans des recherches militaires que leurs collègues des États-Unis et du Royaume-Uni. »

Mais tandis qu'on rassemblait patiemment à Paris des fragments d'informations dont certains, nous le verrons, avaient leur importance, Pash quittait la ville le 6 septembre pour une mission urgente en Belgique : retrouver la piste du minerai d'uranium de l'Union Minière qu'avaient récupéré les Allemands. L'antenne londonienne de l'OSS avait appris en janvier 1944, apparemment grâce à des agents de la résistance française qui surveillaient les mouvements de trains, qu'environ 660 tonnes de minerai, pris par les Allemands au début de la guerre, venaient d'être rapportées à Duisberg, en Belgique, en novembre 1943[39]. Le premier à recevoir ce rapport à Washington, Furman alla aussitôt à New York voir le directeur de l'Union Minière, Edgar Sengier, pour lui dire qu'on avait retrouvé le stock de sa société en Belgique. « Je le croirai, dit Sengier, lorsque je croirai pouvoir traverser ce mur[40]. » Le 8 septembre, néanmoins, Pash entrait dans Bruxelles sur les talons de l'armée britannique, localisait 80 tonnes de minerai dans la ville voisine d'Oolen et télégraphiait le même jour la nouvelle au War Department à Washington[41]. La récupération de ce minerai était la priorité des priorités. Goudsmit quitta Paris pour Bruxelles le 9 septembre accompagné de Thomas Sherwood (du MIT) et du colonel Martin Chittick, un chimiste expert en gaz toxiques.

Furman se trouvait à Washington lorsque arriva le télégramme de Pash. Sur ordre de Groves, il partit immédiatement pour l'Angleterre par avion, le 11 septembre, avec pour seul bagage l'uniforme qu'il avait sur le dos[42]. Il arriva à Londres le 13 et rencontra le chef d'état-major du général Eisenhower, le général Smith, dans une caravane en Normandie, deux jours plus tard. Ce fut Smith qui ouvrit les portes pour Alsos sur le théâtre européen, et donna son approbation à la requête de Furman qui demandait l'autorisation de récupérer le minerai découvert par Pash en Belgique. Accompagné de David Gattiker, l'assistant de Michael Perrin à Tube Alloys, Furman arriva le 18 en Belgique. La récupération du minerai prit une semaine de plus, exigea d'interminables cajoleries de la bureaucratie militaire et leur valut d'essuyer le feu, par deux fois, des mortiers et des mitrailleuses des troupes allemandes, encore accrochées de l'autre côté du canal Albert qui longe Oolen. Le lendemain de l'arrivée de Furman en Belgique, Goudsmit écrivait à sa femme, de Bruxelles : « Ce sont des journées excitantes. Mon travail est très dur, en particulier parce que je dois monter sur les pieds de beaucoup de gens et éviter toutes sortes de querelles et d'ennuis politiques[43]. »

Tout en mettant la main sur le minerai, Pash et Goudsmit découvrirent, d'après les dossiers de l'Union Minière à Bruxelles, que plus de mille tonnes de minerai avaient été expédiées en Allemagne depuis juin 1940 mais que la société avait aussi envoyé trois wagons près de Toulouse, juste avant l'arrivée des armées allemandes, la même année. Pash et Furman firent un saut dans le sud de la France à la fin septembre, puis revinrent à Paris pendant qu'un second groupe s'occupait de récupérer une partie de ce minerai dès la première semaine d'octobre. Finalement, comme celui d'Oolen, le minerai de Toulouse prit le bateau pour l'Angleterre puis pour les États-Unis, où il fut transformé en hexafluorure d'uranium pour sa séparation isotopique à Oak Ridge, dans le Tennessee puis, sous la forme d'U-235, employé à détruire Hiroshima[44].

L'un des hommes envoyés à la recherche du minerai dans le Midi de la France, Russel Fisher, étudiant de Goudsmit à l'Université du Michigan, en profita pour ramener quelques bouteilles de bon vin au quartier général d'Alsos, l'hôtel Royal Monceau à Paris. Le capitaine Robert Blake, autre officier d'Alsos, revenait, lui, de Hollande, avec des échantillons d'eau pris dans le Rhin ; il s'agissait de mettre à exécution une idée proposée un an auparavant par Oppenheimer : déterminer si des éléments radioactifs n'auraient pas été rejetés en amont par le système de refroidissement d'un réacteur produisant du plutonium. Au moment de préparer le colis d'échantillons à destination de Washington, Furman, en manière de plaisanterie, ajouta l'une des bouteilles de vin du Roussillon ramenées par Fisher après avoir écrit sur l'étiquette : « Voir si ce n'est pas actif, aussi. »

A Washington, cependant, on ne saisit pas la plaisanterie. Quelques jours plus tard, Alsos recevait un télégramme classé urgent. « Eau négative, vin positif, envoyer davantage[45]. » Goudsmit essaya bien d'expliquer que le vin et les eaux minérales contiennent normalement des traces de radioactivité, mais Washington insista et Pash renvoya Fisher dans le sud de la France avec pour mission de ramener des échantillons de vins français, deux bouteilles par appellation, l'une pour Washington, l'autre pour les « dossiers » de Paris...

Au cours des mois que Goudsmit passa à Paris, des rapports d'incendies et d'explosions mystérieuses, y compris celle d'une « bombe à uranium » qui aurait eu lieu dans un laboratoire de Leipzig et aurait tué plusieurs scientifiques, ne cessèrent de pleuvoir sur son bureau. Il s'agissait en fait d'échos de l'incendie de réacteur de juin 1942 qui avait bien failli tuer Heisenberg et son assistant Robert Doppel ; mais la rumeur était tellement vague que l'information fut noyée dans l'ensemble des autres rapports, dont la plupart concernait des accidents avec le péroxyde d'hydrogène ou l'oxygène liquide qui servait de carburant aux fusées allemandes[46].

Autre cul-de-sac, la petite entreprise scientifique Cellastic, située tout près du quartier général de l'OSS, sur les Champs-Elysées. Les Allemands avaient créé cette société-écran dans le but de recueillir des renseignements scientifiques et de surveiller discrètement la recherche française — une organisation, en somme, très semblable à Alsos. Son personnel avait décampé en douce le 1er septembre, près d'une semaine après la libération de Paris, non sans laisser derrière lui une grande quantité de documents. Ce fut un choc pour Furman de découvrir au milieu le détail de communications téléphoniques et du passage des visiteurs. « Mon Dieu, dit-il, Washington est bourré de listes de ce genre. N'importe qui pourrait savoir qui a rendu visite à Vannevar Bush ou à Gégé [Général Groves] [47]. » Mais ces visiteurs, retrouvés, n'eurent rien à révéler sur le programme allemand de bombe atomique.

Les preuves solides d'une recherche nucléaire allemande restaient insaisissables, et rien n'était plus agaçant ; un enchaînement ténu d'informations put laisser croire un instant que l'on tenait quelque chose de sérieux. Dans les dossiers de l'Union Minière, à Bruxelles, on trouva le nom et les coordonnées parisiennes d'un chimiste allemand qui travaillait pour *Auer Gesellschaft,* société de raffinage de métaux ayant des intérêts dans l'uranium et le thorium. Au début de la guerre, *Auer Gesellschaft* avait fait main basse sur un concurrent français, la Société des Terres rares, propriété d'un Juif que Goudsmit avait rencontré à New York. Parmi les papiers laissés dans ses bureaux par l'*Auer Gesellschaft* le physicien découvrit, à la mi-octobre, la preuve que toutes les réserves en thorium de France avaient été expédiées en août en Allemagne. Cela suffit à déclencher l'alerte à Washington ; le seul usage apparent du thorium, en de telles quantités, était en effet la production de matériel fissile pour une bombe. Les archives et le courrier de la société montraient que son chimiste, un homme du nom de Jansen, avait envoyé le 10 juin une lettre à une certaine Fräulein Ilse Hermans, dans la petite ville d'Eupen, à la frontière germano-belge. Espérant retrouver la piste de Jansen, Pash partit au début de novembre pour Eupen, que les Alliés venaient juste de prendre. Là, l'officier d'Alsos eut un coup de chance : Ilse Hermans ouvrit elle-même la porte et, caché dans la maison, il trouva Jansen ; le chimiste y avait fait étape au cours d'un de ses déplacements professionnels et s'y était retrouvé prisonnier lorsque les troupes anglaises s'étaient emparées de la ville. Jansen avait avec lui une mallette pleine de documents [48].

Goudsmit passa trois longues nuits à les étudier. « J'amène tout le travail au lit avec moi, écrivit-il à sa femme le 13 novembre, et là, bien emmitouflé, j'étudie et j'écris. C'est le seul endroit tranquille et confortable, si ce n'est que je finis par avoir froid aux mains [49]. » Jansen, un obsessionnel, gardait méticuleusement la trace de tout ; on retrouva un billet de tramway de Berlin vieux de seulement deux semaines et une note d'hôtel montrant que Ilse Hermans était avec lui ce jour-là. Goudsmit savait que la société *Auer* avait une importante raffinerie à Oranienburg, près de Berlin ; ce devait être sans doute la première destination du thorium français. Mais ce qui fit battre plus fort le cœur de Goudsmit fut la découverte d'une autre facture datant d'octobre, juste avant le voyage de Jansen à Berlin. Facture établie par un hôtel d'une petite ville de l'Allemagne du Sud, petite ville dont l'OSS avait déjà appris le nom par la Suisse : Hechingen [50].

Ainsi armés de cet enchaînement d'indices, Goudsmit et Pash, en uniforme, interrogèrent Jansen dans leur bureau du Royal Monceau. Pash arborait une brochette de décorations et bombarda de questions un Jansen assis face à la lumière aveuglante qui tombait de la fenêtre. « J'avais l'impression d'être un procureur qui présente sa première affaire », écrivit Goudsmit à sa femme quelques jours plus tard. Il avait le sentiment que ses preuves étaient accablantes : Jansen dirigeait l'antenne de la société *Auer* de Paris, il avait organisé l'envoi du thorium à la société mère d'Oranienburg, il était passé par Hechingen en allant à Berlin en octobre. Tout cela ne pouvait signifier qu'une seule chose...

Mais le chimiste paraissait complètement perdu et ne rien comprendre : oui, il avait été à Hechingen, puisque c'était là qu'habitait sa maman ; et oui, il en parlait comme d'une *sperrgebiet*, une « zone soumise à restrictions », mais cela voulait simplement dire qu'elle comptait déjà trop de réfugiés et refusait d'en accueillir davantage. Jansen n'en démordit pas : il ignorait tout de ces histoires de savants et de laboratoires secrets.

Les interrogatoires et les vérifications, qui prirent plusieurs jours, fouillèrent la vie du chimiste jusque dans les moindres détails. Peu à peu Goudsmit et Pash finirent par comprendre que rien n'y menait à la bombe, et ils acceptèrent finalement les raisons du prosaïque intérêt de la société *Auer* pour le thorium : elle avait la conviction que l'oxyde de thorium, mélangé à la pâte dentifrice, rendrait les dents plus blanches, et avait donc subtilisé les stocks français pour s'assurer la maîtrise du marché après la guerre [51].

Au bout de deux mois passés en Europe, la mission Alsos avait réuni un ensemble important d'informations sur la science allemande pendant la guerre, sans que rien, toutefois, ne permît de se faire une opinion définitive sur le programme allemand de bombe atomique. A Washington, Groves n'en démordait pas : pas de repos tant que tous les doutes n'auraient pas été levés, les derniers kilos de minerai récupérés, les derniers laboratoires allemands fouillés, les derniers documents secrets analysés. Robert Furman n'avait toujours aucun indice en faveur de l'hypothèse de la bombe à présenter, mais on pouvait avoir manqué quelque chose [52].

Le comité conjoint de renseignements anglo-américain (dont nous avons vu la laborieuse création à Londres) que Michael Perrin, R. V. Jones, Eric Welsh, Tony Calvert et Robert Furman de leur propre aveu, considéraient comme « insignifiant [53] », rédigea puis distribua, le 28 novembre

1944, un document important : un précis sur ce que l'on avait appris, jusqu'ici, de la recherche nucléaire allemande. Sa conclusion, tempérée de nombreux conditionnels, toutefois, était que « aucun programme militaire important n'est en cours pour l'emploi de produits TA [pour Tube Alloys = bombes atomiques] dans un avenir proche [54] ». Tout un éventail de nouvelles preuves allait venir étayer celle-ci en moins de dix jours.

Il restait en effet à la mission Alsos une dernière piste à vérifier, en novembre 1944. Dès la mi-août, Boris Pash avait recueilli, à l'Université de Rennes, une documentation importante et diversifiée sur la vie de la science dans l'Europe occupée : publications, correspondances, catalogues des cours d'université et ainsi de suite. Certains de ces derniers avaient trait à l'Université « modèle » installée trois ans auparavant par les nazis à Strasbourg : on la plaça aussitôt parmi les cibles de la liste de Goudsmit. Au début de septembre, le bureau de l'OSS des Champs-Elysées donna à ce dernier une copie des cours qu'offrait l'Université de Strasbourg en 1944, et elle devint aussitôt un objectif prioritaire : trois des scientifiques figurant sur la liste de Furman y enseignaient, Rudolf Fleischmann, Werner Maurer (l'homme que tout le monde détestait, selon Joliot-Curie), et Carl Friedrich von Weizsäcker [55].

Mais Goudsmit avait aussi un autre souci présent à l'esprit lorsque Alsos approcha de la frontière allemande : le destin de ses parents. Le 21 septembre, il avait accompagné Pash lors de l'une de ses missions éclairs dans la ville hollandaise d'Eindhoven, tout juste libérée, pour vérifier l'état des recherches chez Philips. Les documents, confirmés par les dires de deux employés hollandais, leur avaient appris que la société avait produit un équipement spécial pour la recherche nucléaire destiné à des scientifiques de Strasbourg, et que tout laissait à penser que des travaux similaires étaient en cours à Hechingen [56].

Pendant une interruption des interrogatoires, Goudsmit avait pris un jeune chimiste hollandais à part, A. van der Ziel, pour lui demander s'il savait quelque chose sur ses parents. Van der Ziel avait étudié avec Dirk Coster dans les années trente et était au courant de la tentative qu'avait faite ce dernier pour sauver les parents de Goudsmit ; il lui dit que les Allemands avaient refusé de les relâcher « et qu'il fallait donc craindre le pire [57] ». C'est avec cette terrible incertitude que le physicien dut vivre encore huit mois.

CHAPITRE 32

Amère déception que les nouvelles que donna Samuel Goudsmit à Vannevar Bush, lors d'un dîner à Paris le 25 novembre 1944. Quelques jours auparavant, Goudsmit avait écrit à sa femme qu'une partie de son travail était « tout à fait sinistre, et ça me déprime [1] ». La piste Jansen, si prometteuse, venait de se révéler un fiasco et il avait été scandalisé et blessé de découvrir que deux scientifiques hollandais de premier plan avaient collaboré avec les Allemands dans le projet Cellastic. L'espoir d'une découverte majeure à l'Université de Strasbourg relevait du supplice de Tantale : depuis six semaines, la libération de la ville était sans cesse repoussée. Puis le lendemain du jour où Goudsmit avait écrit à sa femme, le commandant militaire d'Alsos, Boris Pash, apprit par l'un de ses contacts aux services de renseignements du SHAEF — un camarade de classe à West Point et ami de Groves, le colonel Bryan Conrad — que les Allemands battaient en retraite dans les Vosges et que la reprise de Strasbourg était imminente.

Comme Goudsmit, Vannevar Bush attendait cet événement avec impatience. Depuis près d'un an, il lisait régulièrement les rapports de la mission Alsos ; or elle avait fait chou blanc en Italie, et Joliot-Curie, que l'on avait retrouvé à Paris, n'avait rien pu apporter de concluant. A Strasbourg, en revanche, ils avaient une chance de mettre la main sur Carl-Friedrich von Weizsäcker, le premier scientifique allemand cité par Albert Einstein comme constructeur potentiel de la bombe atomique, dans sa lettre à Roosevelt de 1939. La peur d'une bombe allemande restait une angoisse sourde pour les autorités américaines, politiques ou militaires. Un peu plus tôt le même jour, au SHAEF, le général Walter Bedell Smith avait carrément demandé à Bush si les Alliés devaient s'attendre à une attaque nucléaire.

Bush était venu en France pour dire à Smith que quatre millions d'obus, équipés d'un nouveau type révolutionnaire de détonateurs, venaient de partir pour le théâtre européen. Il fallait élaborer de minutieuses procédures d'utilisation pour éviter que les nouveaux détonateurs ne tombent entre les mains des Allemands. Mais alors que Vannevar Bush et ses aides s'apprêtaient à quitter la salle de réunion, à l'issue du briefing, le général Smith avait rappelé Bush ; les deux hommes avaient parlé pendant un temps assez long. Par deux fois, un aide de camp avait entrouvert la porte pour rappeler à Smith qu'un autre visiteur l'attendait, mais le général lui avait fait signe de le faire patienter. Il avait une préoccupation plus importante à l'esprit.

Au cours de l'année précédente, Boris Pash et Robert Furman étaient venus demander l'aide de Smith à plusieurs reprises et Groves lui avait fait part du risque de voir les Allemands employer une arme radiologique avant le jour J. Smith savait ce que cherchait la mission Alsos, il avait une idée assez juste des dégâts que pouvait causer une bombe atomique, et il était donc inquiet. Il voulait savoir, de Bush lui-même, si ce risque existait toujours, et si les Allemands n'auraient pas le temps de fabriquer la bombe atomique avant que Eisenhower n'eût gagné la guerre. En pensant à Strasbourg, Bush avait répondu qu'il pourrait lui répondre avec plus d'assurance dans une semaine[2].

Mais ce soir-là, au dîner, Goudsmit dit à Bush qu'il venait de recevoir un télégramme de Boris Pash. Le commandant d'Alsos et deux adjoints étaient entrés dans Strasbourg à la suite des troupes françaises, le matin même. Weizsäcker et Rudolf Fleischmann, les deux cibles de Pash en tête de liste, restaient introuvables. A contrecœur, Goudsmit dit à Bush qu'à son avis, ils étaient de nouveau tombés sur un puits sec, ou que du moins, ils étaient arrivés trop tard ; que tout ce qu'il pouvait promettre, était d'aller lui-même dans quelques jours à Strasbourg en compagnie du chimiste de Dupont de Nemours Fred Wardenburg. Le lendemain matin, Vannevar Bush quittait Paris pour aller faire la promotion de ses détonateurs de proximité aux Alliés sans pouvoir répondre à la question de Smith[3].

Les perspectives n'étaient cependant pas aussi fermées que le craignait Goudsmit. Pash et ses deux agents du contre-espionnage, Carl Fiebig et Gerald Beatson, entrés dans Strasbourg au matin du 25 novembre, parcoururent la ville jusqu'à ce qu'ils eussent trouvé l'université, puis se rendirent chez Fleischmann. Une voisine leur dit que l'homme était parti la veille. Plus tard, après que Pash eut fouillé la maison, la voisine en question montra Fleischmann sur une photo de groupe, et nomma certains des scientifiques venus lui rendre visite. L'un des noms (un professeur de l'université) figurait aussi sur la liste de Pash ; ils le retrouvèrent dès l'après-midi même. Pash ne mentionna pas le nom de Fleischmann, mais le professeur se montra nerveux et évasif. Soudain, il demanda s'il pourrait se rendre à l'hôpital de Strasbourg, le lendemain.

La question était bizarre. Poliment, Pash lui demanda s'il était souffrant ; non, il n'était pas souffrant, mais une partie de son travail avait lieu à l'hôpital.

Pash flaira quelque chose. Il lui répondit donc, d'un air indifférent, qu'il pourrait y aller, le lendemain après-midi. Puis, dès son départ, il fit mettre la maison du professeur sur écoute, posta une sentinelle à sa porte et s'arrangea pour aller lui-même à l'hôpital dès le lendemain matin, 26 novembre. Sur un coup de bluff, il demanda au directeur administratif où se trouvait le laboratoire de Fleischmann ; l'homme, effrayé, l'amena directement à un bâtiment séparé des autres, dans lequel Pash surprit une demi-douzaine de scientifiques allemands en blouse blanche ; il reconnut dans le plus grand, qui avait en outre l'air d'être le patron, le Fleischmann de la photographie. Il les constitua tous prisonniers mais fit placer Fleischmann à part, dans la prison de la ville. Le soir même il envoyait un deuxième message à Goudsmit, lequel pensa qu'en fin de compte ils allaient peut-être apprendre quelque chose à Strasbourg [4].

Néanmoins, Goudsmit et Wardenburg durent attendre presque une semaine avant de pouvoir quitter Paris en jeep. Ils firent étape le 2 décembre à Vittel, quartier général du VIe groupe d'Armée qui venait de libérer Strasbourg. Les combats n'étaient pas complètement terminés dans la région. Un temps, pendant la nuit du 27 au 28, Pash et ses hommes avaient même cru les Allemands sur le point de reprendre Strasbourg ; une contre-attaque française, le lendemain, les repoussa. Mais même le 3 décembre, lorsque Goudsmit et Wardenburg reprirent la route, ils durent faire de longs détours pour éviter des poches de résistance allemandes, tandis qu'un vent glacial passait à travers la capote de la jeep.

Goudsmit haïssait ce moyen de transport ; il se sentait trop vieux pour encaisser les cahots et supporter un tel froid, mais les lettres de réclamation adressées à Walter Colby, à Washington, n'avaient pas pu lui faire obtenir un véhicule plus confortable. En arrivant à Strasbourg, quai Kléber, l'après-midi du 3 décembre, ils trouvèrent Robert Furman déjà sur place avec Pash. Le colonel n'avait pas perdu de temps ; après avoir mis la main sur Fleischmann et les scientifiques allemands, il avait localisé l'appartement de Weizsäcker ainsi que son bureau à l'université et réquisitionné l'appartement d'Eugene von Haagen, quai Kléber, pour la mission Alsos. Haagen et Weizsäcker avaient disparu tous les deux, mais Pash s'était emparé d'une énorme quantité de documents. Goudsmit fut scandalisé lorsque Pash lui apprit qu'il avait fait incarcérer Fleischmann. « Mais c'est un scientifique, comme moi ! Ce n'est pas un soldat, ni... ni un criminel ! » Pash lui expliqua qu'il ne voulait pas que lui et ses collègues imaginent une histoire qui dissimulerait leur activité réelle et Goudsmit accepta, à contrecœur, le fait que même des scientifiques peuvent devenir prisonniers de guerre [5].

Le long voyage avait fatigué Goudsmit et Wardenburg, mais ils se lancèrent immédiatement dans l'interrogatoire de Fleischmann qui s'avéra « un nazi extrême », et de la secrétaire de Weizsäcker *Frau* Anna Haas, laquelle ne savait rien des recherches de guerre de son patron mais était sûre de leur importance. On put recueillir de nombreux détails utiles au cours de ces deux premiers entretiens, mais rien de concluant [6].

Restaient les documents saisis. Ce soir-là, dès qu'ils eurent terminé leur repas de rations K — il n'y avait pas de gaz pour cuisiner — ils se mirent au travail dans l'appartement encombré de Haagen et commencèrent à fouiller la masse des documents accumulés par Pash. Le chauffage central, a la grande surprise de Goudsmit, marchait encore, mais il n'y avait pas d'électricité et ils étaient obligés de s'éclairer à la bougie et avec une unique lampe Coleman. De temps en temps, on entendait l'explosion d'un obus allemand tiré depuis l'autre rive du Rhin, puis le grondement de la riposte alliée. Quelques hommes d'Alsos jouaient aux cartes pendant que Goudsmit et Wardenburg, assis dans les fauteuils d'Haagen, lisaient tranquillement. Pash étala une carte de l'Allemagne du Sud sur une table et commença à dresser la liste des coordonnées des cibles que l'on trouvait dans les papiers. Certains des noms étaient nouveaux, mais d'autres déjà familiers, comme les villes du Würtemberg de Tailfingen, Bissingen, Haigerloch et Hechingen.

Les grandes piles de papiers accumulées par Pash ne contenaient aucun document majeur ni de rapports de recherche, mais dans la masse de la correspondance personnelle figuraient des noms de personnes et d'institutions de la liste de cibles de Furman. Goudsmit et Wardenburg y trouvèrent plusieurs années d'échanges professionnels amicaux entre des scientifiques occupés par leur enseignement, des travaux de recherche et occasionnellement, par un projet ne portant pas de nom. Eparpillées dans leurs lettres se cachaient aussi des indices révélateurs sur le statut de la recherche nucléaire allemande. Le 12 juin 1943, par exemple, Weizsäcker avait écrit à Heisenberg (« Cher Werner ! ») à Berlin, à propos de « larges plaques » et des « cubes » de la Société Degussa, lesquels pourraient être utilisés dans « de gros fourneaux ». Il mentionnait également le transfert d'Heisenberg vers l'Allemagne du Sud, et se demandait « où nous pourrions trouver un site convenable ayant les bâtiments indispensables ».

L'assistant de Weizsäcker, Karl-Heinz Hocker, avait écrit à Heisenberg en août 1944 pour lui faire part de nouveaux calculs sur « des sphères creuses et pleines », des changements du « facteur de multiplication », de l'avantage de « couches plus fines » et de son « évaluation de l'expérience à grande échelle de Dahlem ». On ne trouvait pas de termes comme « réacteur » ou « *Uranbrenner* » mais il parut évident, aux yeux de Goudsmit, que quatre mois auparavant, les Allemands en étaient toujours à s'interroger sur les éléments fondamentaux d'un réacteur. Une lettre de Kurt Diebner à Weizsäcker (mars 1944) promettait l'envoi des résultats « des dernières expériences de Gottow ». Ils en étaient encore au stade expérimental au printemps de 1944 ! Une lettre de Hocker à Diebner (juillet 1944) réclamait 4000 marks à verser sur « le compte spécial de recherche » de Weizsäcker ; le montant avait beau être ridicule, il n'en était pas moins difficile à obtenir. Deux semaines plus tard, Hocker renouvelait sa demande avec insistance. Un « certificat d'urgence » signé de Weizsäcker, en décembre 1942, réclamait *deux règles à calculer* !

Ainsi les choses avancèrent-elles au rythme des fouilles que Goudsmit et Wardenburg faisaient dans cette montagne de papiers apparemment inoffensifs, ne trouvant qu'occasionnellement un document frappé du sceau *geheim* (secret) : une lente accumulation de points de détail révélant les grandes lignes d'un projet de recherche médiocre, exécuté à temps partiel, ne disposant que de fonds insignifiants et n'ayant pratiquement pas encore quitté la case départ. Dès que cela lui apparut clairement, Goudsmit rompit le silence et fit sursauter Pash par son cri :

« Nous la tenons !

— Je sais que nous la tenons, répondit Pash. Mais eux ?

— Non, non ! ce que nous tenons, c'est la preuve qu'ils n'ont rien trouvé[7] ! »

Tout ce que Goudsmit apprit au cours des trois jours suivants confirma son impression initiale. Le travail paraissait clairement se cantonner à la recherche sur une réacteur, pas sur une bombe. Dans une requête demandant l'exemption du service militaire pour un assistant, le projet est décrit comme « la production d'énergie à partir d'uranium ». Une chose frappa Goudsmit : aucun effort n'était fait pour entourer ces travaux de secret. La recherche allemande, en fission nucléaire, n'avait guère progressé au-delà du stade atteint par les Anglais et les Américains en 1940-1941. Les hommes qui dirigeaient la recherche nucléaire en Allemagne (Abraham Esau, puis Walther Gerlach) ne se cachaient pas derrière de vagues titres ; ils signaient fièrement comme *Bevollmachtiger des Reichsmarshalls für Kernphysik*, à savoir Délégué du Reichmarshall pour la Physique nucléaire. En tant que directeur du *Kaiser Wilhelm Institut für Physik*, Werner Heisenberg avait quitté son domicile du 20, Boltzmanstrasse, à Berlin-Dahlem, mais aucun effort n'était fait pour dissimuler ses nouvelles coordonnées ; ses en-tête de lettres donnaient son adresse complète (1 Weiherstrasse, Hechingen), son numéro de téléphone (405) et son adresse télégraphique (*Kaiserphysik*, Hechingen). Les hommes d'Alsos dirent par plaisanterie qu'il leur suffirait d'aller d'un coup d'aile en Suisse pour demander ses derniers résultats à Heisenberg en personne par téléphone[8]...

Mais le document qui s'avéra le plus révélateur de tous ceux que trouva Goudsmit fut le brouillon déchiré et roulé en boule d'une lettre datée du 15 août 1944 et destinée à Heisenberg, que Weizsäcker avait commencé puis renoncé à terminer et jetée. La plus grande partie du texte manquait. Une phrase disait : « En ce qui concerne la question-U... » puis s'interrompait à la déchirure du papier. Un long passage d'équations mathématiques, cependant, avait trait à « la théorie des sphères creuses ». Weizsäcker y suggérait une expression plus simple que celle que proposait Heisenberg. Aux yeux de Goudsmit, ce bout de papier froissé réglait la question : en discutant d'un problème fondamental sur ce qui était un des éléments importants de tout programme de bombe, on était encore très loin de pouvoir en produire une[9].

L'exploration des dossiers de Strasbourg constitua le point culminant de la mission Alsos pour Goudsmit ; lettres et documents lui disaient, sans erreur possible, qu'il n'y aurait pas de bombe allemande. « Après Strasbourg, déclara-t-il plus tard, ce ne fut plus qu'une simple aventure [10]. » Mais en dépit de la joie de la découverte, il ressentait vivement la tension accumulée au cours des mois, avec son lot d'incertitudes, de frayeurs et de frustrations. Ce qui le toucha le plus douloureusement fut la révélation de la face cachée de la science en période de guerre : l'arrivisme des scientifiques hollandais qui avaient travaillé pour Cellastic, l'arrogance de Fleischmann et de certains de ses collègues, la complaisance de grands savants comme Heisenberg lorsqu'il s'agissait d'aider à inventer la bombe atomique pour Hitler. Goudsmit écrivit quelques jours plus tard à sa femme, lui racontant comment il avait trouvé atroce de devoir dire à un groupe de scientifiques allemands qu'ils allaient être internés dans un camp ; il y avait quelque chose d'indiciblement douloureux, pour lui, à devoir considérer des hommes de science comme des ennemis et à se dire qu'il les mettait en prison [11].

Il ressentait une effrayante dissonance entre les idéaux de la science, ce sentiment si fort de partager l'esprit d'une même entreprise, et la réalité de ce que la science était devenue en temps de guerre. A Strasbourg, il occupait le foyer abandonné d'un distingué biologiste allemand, Eugene von Haagen, et dormait dans la chambre de son jeune fils. La famille s'était enfuie seulement quelques jours avant la libération de la ville en laissant la plupart de ses affaires derrière elle. « Tous ses jouets étaient encore là, son train électrique, un projecteur de cinéma, un vieux microscope de son père, un aquarium avec des escargots, des livres [...] » Goudsmit imaginait le petit garçon tout triste à l'idée d'avoir abandonné ses jouets.

Mais avec ces jouets, se trouvaient un drapeau, des insignes et diverses choses témoignant de son appartenance aux Jeunesses hitlériennes. Le père aussi avait laissé des documents derrière lui : des papiers touchant à son travail à l'Institut d'Hygiène de l'université, où il étudiait des virus afin de mettre au point des vaccins contre la grippe, le typhus, la fièvre jaune et l'hépatite. Son laboratoire comprenait des cages pour les animaux nécessaires aux expériences, les habituels cobayes et souris blanches, mais aussi des moutons, des cochons, un âne, des singes. « Le zoo de Pash », avait plaisanté Goudsmit.

Haagen avait toutefois un deuxième laboratoire dans la prison du vieux fort Fransecky et se livrait là à des travaux bien différents. Les lettres laissées derrière lui révélèrent qu'il y avait essayé un nouveau vaccin contre la méningite cérébro-spinale sur des humains. Un an auparavant (le 15 novembre 1943), il avait écrit à un collègue de l'Institut d'Anatomie pour lui dire qu'il avait besoin d'une autre centaine de prisonniers pour ses recherches ; dix-huit, parmi les cent premiers, étaient morts pendant leur transfert au fort Fransecky, une autre douzaine était malade et faible et le reste ne convenait pas. Les cent « spécimens » suivants devaient avoir entre vingt et quarante ans, et être en aussi bonne santé qu'un soldat allemand moyen[12]. La recherche allemande en guerre biologique était l'une des cibles de la mission Alsos ; la découverte des papiers de Haagen constituait du bon travail, un apport précieux. Mais c'était dans le lit du fils de cet homme-là que Goudsmit dormait, et c'était plus qu'il n'en pouvait supporter.

Robert Furman n'aurait su dire ce qui avait déclenché la crise ; la guerre fait subir de terribles pressions. Ils s'étaient trouvés ce jour-là dans un secteur à l'extérieur de Strasbourg, à côté d'une unité d'artillerie lourde, aux limites mêmes du combat. De retour au quartier général, ils avaient vu quelques victimes tremblantes et apeurées de bombardement. Goudsmit se faisait de plus en plus de souci pour ses parents ; il était sans nouvelles depuis leur lettre d'adieu de mars 1943 et ce qu'il avait appris à Eindhoven en septembre ne laissait que peu d'espoir.

Cette nuit-là, lorsque Furman et Goudsmit se retrouvèrent seuls, Goudsmit « perdit tout simplement les pédales. Il était furieux contre les Allemands, pleurait et donnait des coups autour de lui[13] ». Il fallut une demi-heure à Furman pour le calmer. Goudsmit ne fit qu'à peine allusion à cet épisode lorsqu'il écrivit à sa femme, depuis Paris, quelques jours plus tard. « Le côté sinistre de l'aventure, disait-il, fut que j'ai été obligé de faire face pour la première fois à quelques personnes semblables à moi, mais de l'autre bord. » Il ajoutait qu'il lui tardait terriblement de retourner chez lui et Furman s'arrangea discrètement pour rendre son retour possible. Les deux hommes travaillaient en collaboration étroite depuis plusieurs mois[14], et Furman avait envisagé d'envoyer Goudsmit en Suisse poser les premiers jalons d'une nouvelle opération. Mais l'épisode de l'appartement de Haagen mit un terme à ce projet ; il devint évident pour Furman que le physicien ne pourrait pas supporter la tension et la minutie d'un nouvel effort.

La mission Alsos maintint un bureau à Strasbourg pendant plusieurs mois afin d'explorer en détail les dossiers de l'université, mais l'étape initiale s'acheva le soir du 5 décembre sur quelque chose qui ressembla à un banquet de célébration avec cognac, riesling et rations supplémentaires raflées par le débrouillard Carl Fiebig. Il pleuvait, le lendemain, lorsque Pash et Goudsmit prirent en jeep la direction de Vittel. Là, ils devaient rencontrer Vannevar Bush. Pash conduisait, Goudsmit occupait le siège du passager et Beatson l'étroite banquette arrière, dite « l'étagère ». Il faisait froid et humide, et on n'avançait pas au milieu des convois militaires ; les gros camions de l'armée les aspergeaient d'eau boueuse et Goudsmit dut manipuler à la main les essuie-glace pendant presque tous les 180 kilomètres du trajet jusqu'à Vittel.

Mais tout en roulant ils parlèrent, et Goudsmit ne cessa de répéter qu'il était sûr que les nazis ne possédaient pas la bombe. Bien entendu, admettait-il, il ne pouvait en être certain à *cent pour cent*, et les nazis étaient bien capables d'inventer quelque chose de diabolique à faire avec les milliers de tonnes de minerai d'uranium qu'ils possédaient encore. Il y avait largement de quoi garder la mission Alsos occupée : trouver les labos, mettre la main sur les scientifiques, rassembler les rapports de recherche, récupérer le minerai, démanteler la pile expérimentale nazie — et par-dessus tout, faire en sorte que les Soviétiques n'aient rien de tout cela.

Pash écouta davantage qu'il ne parla. Il se rendait bien compte que Goudsmit avait été mordu « par le virus de l'espionnite [15] », mais ses conclusions lui paraissaient logiques ; pas de bombe nazie, mais encore beaucoup de boulot. S'il avait souffert pendant l'interminable préambule qui avait précédé l'aventure européenne de la mission Alsos, Pash sentait que le moment du triomphe approchait. Et dans sa tête, il imaginait déjà la manchette des journaux : *Alsos fait éclater la plus prodigieuse affaire de renseignement de la guerre !* [16] » Goudsmit avait pensé au plan à mettre en œuvre : tout d'abord les usines d'I.G. Farben à Ludwigshafen et Mannheim, puis l'institut de Walther Bothe et le cyclotron d'Heidelberg, et finalement les trois villes du Wurtemberg où l'on pouvait trouver Otto Hahn, Max von Laue et Heisenberg. Dans l'esprit de Pash, Heisenberg était maintenant « la priorité numéro un ». Strasbourg leur avait apporté son adresse, et son irrépressible goût de l'aventure lui fit envisager la possibilité d'un parachutage dans le Wurtemberg. En entendant lancer cette idée depuis son « étagère », le pauvre Beatson ne put retenir un retentissant « Nom de Dieu [17] ! ».

A Vittel, Goudsmit et Pash rendirent compte à Vannevar Bush, qui avait terminé son briefing sur les détonateurs de proximité. Goudsmit cita longuement sa Bible — les dossiers de Strasbourg — pour lui prouver qu'il n'y avait pas de bombe allemande, et Bush se déclara convaincu. « Il ne restait aucun doute, écrit-il dans ses mémoires. Nous étions en avance des Allemands. En fait, nous l'étions tellement qu'en comparaison, ce qu'ils faisaient paraissait pitoyable. » A partir de ce moment, Bush et Goudsmit virent les choses de la même manière : dans la course à la bombe atomique, les Allemands ne s'étaient jamais organisés efficacement et avait bâclé la théorie, alors que les Américains triomphaient sur toute la ligne [18]. Quelques jours après, Bush rencontrait le général Bedell Smith à Paris ; ce dernier expliqua quel était, grosso modo, le calendrier d'Eisenhower pour les dernières campagnes de la guerre et lui posa cette question : fallait-il accélérer le rythme de la campagne, par peur d'une bombe allemande et augmenter ainsi le risque de pertes en vies humaines ? Après sa conversation avec Goudsmit à Vittel, Bush se sentit suffisamment sûr de lui pour pouvoir répondre que Eisenhower avait loisir de mettre deux ans, si ça lui chantait : il n'y aurait pas de bombe allemande [19].

La nouvelle se répandit rapidement. Le 8 décembre, de retour à Paris, Goudsmit ficela rapidement un rapport préliminaire sur ses découvertes de Strasbourg. Il comportait trois pages de conclusions, la traduction de neuf lettres et une lettre d'accompagnement destinée au conseiller personnel de Groves, Richard Tolman. Pash promit de livrer personnellement le document. Au même moment, Goudsmit reçut à Paris la visite d'officiers de renseignements anglais ayant eu vent de la grande découverte, Michael Perrin, de Tube Alloys, et Charles Frank, du bureau de R.V. Jones du ministère de l'Air. Ils étaient accompagnés de H.P. Robertson, qui sera pour Goudsmit la principale source d'information sur le Projet Manhattan et les bombes en général. Goudsmit dit très clairement qu'il ne détenait indûment aucun documents par-devers lui, mais que les règles du secret qu'il avait promis de respecter étaient extrêmement sévères : il ne lui était même pas permis de montrer à Eisenhower sa lettre d'instruction en tant que directeur scientifique de la mission Alsos. Fort de cet argument, Goudsmit montra néanmoins aux Anglais les documents de Strasbourg. Tous paraissaient recouper les découvertes du Comité de renseignement anglo-américain, à part un, une copie carbone d'une lettre de Fritz Houtermans à Weizsäcker que ce dernier avait soigneusement classée à Strasbourg. Une remarque faite en passant par Houtermans, et que Charles Frank ajouta à la troublante liste d'indications que les Allemands travailleraient à une bombe. « Si tu crois Bohr-Wheeler, y disait-il, alors le plutonium sera fissile [20]. »

Avant même le départ de Pash, le rapport préliminaire de Goudsmit en poche, la nouvelle des découvertes de Strasbourg avait cependant gagné Washington par l'intermédiaire de Furman. Au moment même où Goudsmit commençait sa rédaction, Furman, enrhumé (il avait pris froid dans l'avion glacial qui l'avait fait traverser l'Atlantique Nord), appelait Jean O'Leary, la secrétaire de Groves, à 8 h 35 du matin pour lui dire qu'il se trouvait au Statler Hotel de New York et qu'il avait des nouvelles d'importance à communiquer à Groves et à Tolman. Groves se trouvait bloqué à Montréal à cause du mauvais temps, attendant qu'un avion pût décoller. O'Leary resta pendue au téléphone une bonne partie de la journée pour être sûre de faire parvenir le message à Groves. Au début de l'après-midi, Furman arriva à Washington ; un peu plus tard, Groves débarquait à New York et faisait savoir qu'il prendrait le 16h30 pour la capitale fédérale ; il voulait quelqu'un pour l'accueillir. Deux de ses aides, le major Frank Smith et le colonel William Consodine, lui remirent le rapport de Furman à Union Station [la gare de Washington] le soir même puis le conduisirent au Cosmos Club où il put étudier à loisir, avec James Conant, les découvertes faites par Goudsmit à Strasbourg.

Quelques jours plus tard, Vannevar Bush téléphonait à Groves pour lui dire qu'il avait rendez-vous avec Henry Stimson, le secrétaire à la Guerre, le lendemain matin, 13 décembre. « J'en profiterai pour lui répéter, entre autres choses, ce que j'ai dit de l'autre côté de l'eau. Du moins les points fondamentaux. Y a-t-il autre chose que je devrais savoir avant d'y aller [21] ? » Groves promit de lui envoyer Furman l'après-midi même pour le mettre à jour.

En fin de compte, Strasbourg prit le statut de moment décisif dans la guerre secrète : celui où il devint clair qu'il n'y avait aucun risque de bombe atomique allemande. Plusieurs choses, néanmoins, contribuèrent à rendre cette prise de conscience progressive. En premier lieu, la masse même des documents saisis. A la mi-décembre, il en était arrivé un lot important — l'équivalent de deux gros classeurs — dans les bureaux de Groves, à Washington, mais personne ne pouvait les déchiffrer. Richard Tolman dit à son assistant, William Shurcliff : « Groves a besoin d'un coup de main. » Il lui décrivit la mission Alsos et lui demanda de trier les papiers de Strasbourg. Il avait choisi Shurcliff car il lisait couramment l'allemand, qu'il avait étudié au lycée, avant de passer trois mois en Allemagne puis de passer son diplôme à Harvard, en 1931.

Shurcliff s'attribua une pièce du local de Groves, y installa une demi-douzaine de dactylos et de traducteurs, et passa deux semaines à éplucher lettres, carnets de poche, rapports de labo, comptes rendus de réunions et notes de discussions [22]. C'est avec les carnets de Rudolf Fleischmann qu'ils eurent le plus de problème, car tout y était écrit en gothique. Groves passa le Pentagone au peigne fin pour trouver quelqu'un capable de déchiffrer cette écriture. La description que Fleischmann donnait de la fission était imagée : « Les grands machins deviennent de petits machins. » Cette masse de matériau rappelait tout à fait les documents que Goudsmit et Wardenburg avaient rapidement inventoriés la première semaine de décembre. Il n'existait ni budget, ni plan général, rien qui ressemblât à un projet avec définition d'objectifs : juste une accumulation de détails sur qui étudiait quoi et où. Shurcliff remplissait page après page de résumés de trois ou quatre lignes : le Professeur X connaît Z, vit à Y, travaille avec K. Au bout de quinze jours, il avait ainsi un rapport de cent pages. Il en tira six ou huit photocopies, pas davantage, et les donna à Tolman [23].

Philip Morrison avait passé l'essentiel de son temps à Los Alamos, depuis la fin de l'été, mais il fit un voyage à Washington à la fin de décembre et vit le rapport intégral sur Strasbourg ; il fut convaincu, en particulier à la lecture du carnet de Fleischmann, que les Allemands étaient bien loin de construire la bombe [24].

Goudsmit retourna à Washington quelques jours avant la Noël — cadeau de Robert Furman — alors que Shurcliff travaillait encore sur la documentation de Strasbourg. Mais en dépit de la pléthore de preuves qu'il avait recueillie et des conclusions qu'elles semblaient inévitablement imposer, le physicien découvrit que Groves et quelques autres n'étaient pas convaincus à cent pour cent. Goudsmit avait pensé que le brouillon de la lettre de Weizsäcker à Heisenberg réglait la question mais il s'était trouvé des personnes, à Washington, pour penser qu'il s'agissait peut-être d'une « intox » — un texte écrit dans le seul but d'être laissé derrière soi pour tromper les Alliés. En outre, un autre élément laissait croire à Groves que les papiers de Strasbourg ne révélaient peut-être pas tout le tableau.

Au début de l'été de 1944, avant même le départ de la mission Alsos pour la France, la RAF avait procédé à des reconnaissances aériennes au-dessus des mines d'uranium de Joachimsthal afin de prendre de nouvelles photos. Le major Calvert, le représentant du service de renseignement de Groves à Londres, avait envoyé une série de ces clichés à Washington, où Robert Furman les fit analyser par l'OSS. Pendant l'été, Furman et Morrison s'étaient rendus dans l'une de douze maisons où l'OSS dirigeait ses projets spéciaux afin d'examiner les photos de Joachimsthal avec un ingénieur allemand des mines qui vivait aux États-Unis.

On n'avait rien dit de la nature de ces mines à l'ingénieur et Furman s'était bien gardé de lui poser les questions qui le démangeaient : il n'avait que les photos à commenter. Mais elles lui suffirent. Morrison fut stupéfait de tout ce qu'il put en tirer. « Ce n'est pas une mine d'or, mais c'est incontestablement une mine de métal lourd. Du tungstène ? Du bizmuth ? Ce n'est pas non plus du plomb [25]. » D'après les tas de déblais, l'ingénieur allemand estima que la production n'était que de quelques tonnes de minerai brut par jour. Furman fut soulagé d'apprendre que les Allemands n'avaient pas augmenté la production de Joachimsthal, tout en se disant qu'ils avaient pu ouvrir de nouveaux puits.

Poussés par les Américains, les Britanniques poursuivirent leurs reconnaissances aériennes. A la fin de l'été ou au début de l'automne de 1944, R.V. Jones, des renseignements scientifiques anglais, expliqua sommairement au chef des reconnaissances aériennes à quoi pouvait ressembler une centrale de séparation isotopique de l'uranium ou un réacteur à échelle industrielle. Etant donné que l'une comme l'autre consommaient d'énormes quantités d'énergie, il fallait soigneusement cartographier le réseau de distribution électrique de l'Allemagne et signaler tout nouveau site industriel. Kendall nota bien ces instructions, mais il n'en sortit rien sur le moment. Un peu plus tard, vers la fin de l'automne son attention fut toutefois attirée par une zone au sud de Stuttgart. Dès juillet, Horace Calvert avait demandé la couverture du secteur Hechingen-Bissingen [26] et Jones avait demandé à Kendall de photographier une maison qui, d'après un renseignement, serait le domicile de deux scientifiques de la *Kaiser Wilhelm Gesellschaft* repliés dans le sud [27].

Ce n'est qu'en novembre, donc, que l'appareil de Kendall découvrit des sites en construction ; une série de petits bâtiments industriels, tous du même modèle. La taille du projet et la rapidité avec laquelle il était exécuté donnèrent l'alarme : de nouvelles voies de chemin de fer s'avançaient vers les sites, on édifiait des camps de travail juste à côté, on installait des lignes à haute tension. Kendall vint en personne montrer ses découvertes à Jones ; pour la première fois depuis le début du conflit, celui-ci se dit qu'il tenait peut-être la preuve d'un programme allemand de bombe atomique. Il ne perdit pas de temps et, armé d'un jeu de photos, informa le conseiller scientifique de Churchill, lord Cherwell, le 23 novembre. Signe de la gravité des choses, lord Cherwell écrivit à Churchill dès le lendemain, disant qu'il fallait prendre cette découverte au sérieux parce que « le scientifique auquel on peut s'attendre légitimement à ce qu'il soit fait appel pour ce travail [à savoir Heisenberg] est installé dans cette région. Une centrale pourrait être considérée comme expérimentale, mais *trois identiques* font penser qu'on tentera d'y produire quelque chose destiné à l'effort de guerre[28] ».

Le Premier ministre transmit la lettre aux chefs d'état-major. Le dimanche 26 août, l'adjoint à celui de l'Air, Norman Bottomley, téléphona à l'un des assistants de Jones, le commandant d'escadrille Rupert Cecil, pour demander des copies des photos d'Hechingen. Jones était au lit, malade, et comme il n'avait pas de ligne de sécurité, Cecil alla en voiture à Richmond lui demander où on pouvait se procurer les clichés. Finalement il les trouva avec l'aide d'Eric Welsh et les apporta immédiatement à Whitehall pour les remettre à Bottomley. Le lundi, le général Hastings, principal conseiller militaire de Churchill, les montra au comité des chefs d'état-major, et en quelques jours, le chef d'état-major de l'Armée de l'Air, Sir Charles Portal, approuvait un plan de bombardement du périmètre d'Hechingen dès que les rapports des pilotes de Kendall et des interprètes des photos auraient permis de le localiser avec précision et de dire de quoi il s'agissait. A ce moment-là, on avait déjà identifié quatorze usines[29].

Cette découverte provoqua un branle-bas identique à Washington, où un jeu de photos et un rapport préliminaire des interprètes atterrirent sur le bureau de Groves, probablement dans les derniers jours de novembre[30]. Dans ses mémoires, Groves décrit l'affaire des usines d'Hechingen comme « notre plus grande frayeur à ce jour[31] ». Il savait que la construction d'une bombe allemande serait impossible sans une entreprise de taille industrielle, si bien que les photos des Britanniques soulevaient une question évidente : l'extraordinaire effort auquel on assistait avec la construction de tant de sites industriels identiques n'était-il pas le signal tant redouté, « le début d'un Oak Ridge à l'allemande[32] » ?

On fut néanmoins rapidement soulagé. Douglas Kendall avait remarqué que toutes les installations se situaient le long de la même vallée d'une trentaine de kilomètres et épousaient toutes la même strate géologique. Après une visite au Musée de Géologie de Londres, on put établir qu'avant la guerre, les géologues allemands avaient découvert un niveau de schistes bitumeux dans cette vallée. Forts de cet indice, les interprètes des photos ne tardèrent pas à démontrer que ces usines n'étaient qu'un effort désespéré des Allemands pour extraire le pétrole dont le pays manquait de manière de plus en plus cruelle. La question n'était toutefois pas close ; un rapport émanant de Suède laissait entendre que les schistes contenaient de l'uranium à l'état de traces. Après avoir étudié les photos avec les interprètes de l'OSS à Washington, Robert Furman alla consulter un spécialiste des schistes bitumeux de Pittsburgh. L'expert ignorait évidemment tout des raisons pour lesquelles on lui demandait son avis, mais il confirma ce que les Anglais avaient déjà déduit : le réseau de tuyaux, à proximité de chaque usine, était manifestement destiné à extraire le pétrole des schistes.

Lorsque Furman retourna à Washington, le 18 décembre, Groves revenait d'un bref voyage à Los Alamos ; Furman prit un avion pour l'Iowa et, le 21, les deux hommes faisaient en train le reste du trajet jusqu'à Chicago [33]. Les bonnes nouvelles s'accumulaient : Strasbourg indiquait qu'il n'y avait pas de programme allemand de bombe atomique et les usines de Hechingen n'étaient qu'un effort désespéré pour produire du pétrole. Furman travaillait dans le renseignement nucléaire depuis un peu plus d'une année et se sentait fatigué. En décembre 1944, quelque temps après son retour de l'équipée strasbourgeoise, il demanda à Groves de lui confier une autre mission ; il avait fait tout ce qu'on lui avait demandé, Horace Calvert, à Londres, maîtrisait la situation, il avait envie d'un changement. Il ne fit pas état de fatigue physique ou psychologique et se contenta de dire tout bêtement qu'il avait envie de « quelque chose de nouveau ». Groves ne prit même pas la peine de réfléchir. Il « grommela plus ou moins » son refus : on était en guerre, il ne voulait pas prendre le moindre risque d'une fuite en lâchant Furman pour mettre quelqu'un d'autre à sa place [34].

L'alarme engendrée par la découverte des usines d'exploitation des schistes bitumeux fit long feu avec le dernier rapport de Pittsburgh. Mais elle avait été déclenchée à un moment crucial, une semaine avant que Furman ne revînt d'Europe avec le tout premier compte rendu sur les documents découverts à Strasbourg. Sans l'affaire des schistes bitumeux, Groves et Tolman auraient probablement tout de suite accepté les conclusions de Goudsmit : les dossiers de Weizsäcker et Fleischmann révélaient un effort de recherche nucléaire réduit, empêtré dans des disputes théoriques, ayant au moins deux ans de retard par rapport aux États-Unis. Mais il fallut plusieurs semaines à William Shurcliff pour traduire les documents de Strasbourg et en tirer un rapport cohérent d'une centaine de pages. L'affaire des schistes bitumeux ralluma la peur et les doutes au moment même où Strasbourg promettait de les faire disparaître, et c'est au travers de cette étape incertaine que passa l'ambitieuse entreprise secrète que Goudsmit avait appelé le « grand projet du Major RRF [Robert Furman] pour l'Allemagne ».

CHAPITRE 33

Pendant l'année qu'il venait de passer auprès du général Groves, Robert Furman avait eu droit à un cours accéléré sur l'importance du secret. Pour la délicate mission qui était la sienne, en novembre 1944, il avait donc demandé au bureau de l'OSS de Paris de lui organiser une rencontre avec Allen Dulles. Avant de quitter Paris, toutefois, Furman et ses compagnons, Frederick Wardenburg et Russell Fisher, allèrent dans un grand magasin s'acheter des vêtements civils — des horreurs en synthétique qui ne tenaient pas la pluie mais les rendraient moins voyants, lui semblait-il, que les uniformes de l'armée américaine, à la frontière franco-suisse, du côté d'Annemasse. A leur arrivée, Furman téléphona à Dulles à Berne, comme prévu.

Il y avait du monde à la frontière et dans son costume en synthétique, Furman avait l'impression d'être aussi fluorescent qu'une enseigne : l'ingénieur de Princeton en mission secrète, qui ne savait pas un mot de français et téléphonait au milieu d'individus impassibles n'ayant rien d'autre à faire que d'examiner les étrangers en tirant sur leur cigarette... Il avait l'impression d'être comme un homme avec un million de dollars en diamants dans la poche : si les gens savaient !

Les instructions de Groves étaient sans équivoque ; il était interdit à Furman de voyager en dehors de la zone protégée par les Américains sur le théâtre européen. Il en savait beaucoup trop pour se risquer seulement sur le territoire de la Confédération helvétique. Furman n'alla donc pas plus loin qu'Annemasse. Dulles, lui, sauta dans sa grosse voiture américaine (une Packard ou une Buick, selon les jours, Furman ne se souvenait pas de celle qu'il avait prise, le 7 novembre 1944) et, pendant que son chauffeur français Edouard Pignarre négociait les virages et lacets du parcours, qui prenait entre trois et quatre heures, il eut tout le temps de réfléchir — les sujets de réflexion ne lui manquant pas. Ce n'était pas tous les jours qu'on le convoquait à la frontière pour un entretien avec un major du Corps des Ingénieurs de l'Armée. Il était au courant d'une opération codée AZUSA depuis le 22 août, lorsqu'un télégramme de Washington lui avait dit de s'attendre à l'arrivée de Morris Berg « de ce bureau, [...] qui travaille sur des questions TOLEDO et AZUSA et doit être informé sur elles ». Furman avait demandé une première entrevue au début de septembre, mais les événements s'étaient bousculés et il avait fallu la reporter. A Washington, en octobre, Allen Dulles avait discuté avec Howard Dix du plan conjoint OSS-Projet Manhattan d'envoyer une équipe en Allemagne, et maintenant Paris lui ordonnait de procurer à Furman « toute l'assistance dont il aurait besoin[1] ».

Furman avait pris ses dispositions pour rencontrer Dulles dans une ferme non loin de la frontière. Il arriva muni d'une lettre d'introduction du général Styer et des bénédictions de Donovan. Le major ne révéla pas tout de suite ce qu'il avait en tête et le lendemain, Dulles fit venir à Annemasse, « pour y discuter de la situation AZUSA », l'agent de l'OSS à Zurich, Frederick Loofbourow[2].

Au cours de leurs entretiens, Dulles et Loofbourow rapportèrent à Furman et à son équipe ce que les scientifiques suisses leur avaient dit récemment ; certaines de ces informations étaient nouvelles, d'autres avaient déjà été passées par câble à Washington. Les données du renseignement parviennent en général sous forme de fragments : ce fut le cas, les 7 et 8 novembre. Furman nota par exemple que d'après certains rapports, Heisenberg et von Laue rencontreraient le physicien suisse Walter Sallenbach tous les mercredis à Bissingen pour y discuter d'un « super-cyclotron ». Le physicien allemand Werner Kühn avait abandonné ses expériences de séparation isotopique de l'uranium au moyen de centrifugeuses à Kiel, et vivait en Suisse. Manfred von Ardenne « est financé par les nazis. Il prétend qu'il a inventé une super-arme. La Suisse reste sceptique sur ses possibilités ». Walther Bothe et Wolfgang Gentner travaillaient encore l'été dernier à Heidelberg. Ainsi se présentaient les choses, et le rapport qu'expédia Furman à Washington, quelques jours plus tard, comprenait en tout sept paragraphes semblables[3].

Mais Furman n'avait pas endossé un costume français, roulé jusqu'à Annemasse et convoqué Dulles à la frontière pour une mise à jour de routine de ce que Loofbourow avait récemment recueilli auprès des professeurs helvétiques. Sur instructions de Groves, en étroite collaboration avec l'OSS de Washington, il jetait depuis quelque temps les bases d'une mission conjointe Alsos-OSS en Suisse. Ce qui avait provoqué la rencontre d'Annemasse était un rapport de l'OSS disant que Werner Heisenberg devait venir faire une conférence à l'institut de Scherrer dans quelques semaines. Groves avait déjà manqué une occasion de mettre la main sur le physicien, en novembre 1942 ; il n'avait pas l'intention de laisser passer la seconde. Dulles, cependant, détruisit ce projet en un clin d'œil. D'après Furman, il déclara que

Heisenberg ne vient pas en Suisse. Les dispositions prises pour sa conférence ont été courtoisement annulées par la Suisse, qui n'a jamais encouragé ce genre de visite pendant la guerre. En revanche, les dispositions prises pour la venue de von Weizsäcker sont trop avancées et il viendra[4].

Voilà qui ne faisait que compliquer les choses, en fait. Furman était aussi venu avec l'idée d'encourager un projet plus vaste, dont Dulles avait déjà discuté à Washington avec Donovan, dont l'objectif était d'envoyer une équipe en Allemagne du Sud, à la recherche des laboratoires de Bissingen et Hechingen. Le chef de cette équipe devait être le chimiste Martin Chittick, et sa mission serait la même que celle que l'on avait décrite à Carl Eifler, neuf mois auparavant : s'emparer de Werner Heisenberg et priver « l'ennemi de son cerveau ».

Une entreprise aussi téméraire violait toutes les règles de prudence qu'avait jusqu'ici scrupuleusement observées Allen Dulles. Pour commencer, la Suisse défendait farouchement sa neutralité, contrôlait très soigneusement les services de renseignements étrangers qui opéraient sur son territoire, interdisait totalement le franchissement de ses frontières pour des opérations en Allemagne : on pouvait s'attendre à ce qu'elle prît des mesures extrêmes pour empêcher une action violant ces principes de manière aussi flagrante, ou à ce qu'elle protestât de la façon la plus vigoureuse. On ne pouvait exclure la rupture des relations diplomatiques. Par ailleurs, Dulles ne savait que trop combien il est difficile de garder secret même le plus discret des contacts clandestins — le simple fait qu'une personne en rencontre une autre. Un groupe armé franchissant la frontière pour se rendre en Allemagne passserait, en comparaison, aussi inaperçu qu'une parade de cirque, selon ses critères. Eifler avait répondu sans hésiter qu'il était capable de le faire ; Dulles fit appel à tous les arguments que lui fournissait son expérience pour prouver que ce n'était pas possible. Voici comment Furman se souvient de cette conversation :

> Dulles était très inquiet pour la sécurité et doutait qu'il fût possible de faire la moindre chose. Il souligna le fait que les espions étaient nombreux en Suisse, qu'il y en avait partout. Fondamentalement, il ne voulait pas chambarder l'ordre établi. Chacune de mes propositions mettait en danger d'autres choses qu'il faisait. Il redoutait en particulier de perdre la confiance des autorités suisses. Nous nous comportions comme de joueurs de poker, Wardenburg et moi, attendant que Dulles découvrît ses positions. Il dit ne pas penser pouvoir faire grand-chose pour nous ; on le surveillait de partòut, ses possibilités d'aide restaient très limitées[5].

Dulles pouvait bien faire tout ce qu'il pouvait pour décourager Furman ; il n'était pas en mesure de lui dire non, cependant. Dans ses télégrammes des 8 et 9 novembre à Washington, il promit de faciliter la venue en Suisse de Wardenburg et d'autres, mais souligna, dans celui du 9 adressé personnellement à Donovan, que la perspective de confier le

« traitement » de Paul Scherrer et d'autres scientifiques à la nouvelle équipe lui déplaisait profondément : « Ces contacts sont des personnes difficiles, fantasques, et il ne sera pas aisé de leurs présenter de nouvelles personnalités pour le même objectif général. »

Donovan lui répondit personnellement le 10, disant que Furman avait demandé que Dulles ne rendît plus compte qu'à Washington (soit à Donovan et à Buxton) en court-circuitant Paris. On ne pouvait être plus clair sur la hiérarchie : c'était dire à Dulles qu'il dirigerait les choses au gré de ce qu'exigerait Furman. « Nous sommes sûrs que vous comprendrez l'importance et la nécessité de la sécurité dans ces questions. Les supérieurs de Furman sont pour nous l'autorité qui exerce le contrôle actif d'AZUSA[6]. » En même temps, Donovan promettait à Dulles qu'il aurait un rôle à jouer : l'envoyé de Furman devait avoir des contacts avec « Flute » [Paul Scherrer] mais seulement « sous vos auspices et en présence de Berg. Furman et nous avons donné ses instructions à Berg ».

Il y eut une importante circulation de câbles relatifs à AZUSA entre Berne et Washington, les semaines suivantes, afin de préparer l'arrivée de l'équipe Alsos-OSS. Les modifications furent nombreuses. Le succès de l'opération dépendait en partie d'une étroite collaboration avec Scherrer, et Furman espérait pouvoir envoyer quelqu'un que connaîtrait le physicien suisse et en qui il aurait confiance. Il avait tout d'abord pensé à un métallurgiste de l'OSRD, le Dr Samuel Hoyt, qui avait fait ses études en Allemagne avant la première guerre mondiale ; Scherrer le connaissait bien. Mais il fallut y renoncer, et Furman proposa alors le nom de Samuel Goudsmit. Loofbourow mentionna ce nom devant Scherrer et rapporta que « Goudsmit sera probablement bien reçu par Flute, du fait de ses publications [...] ».

Dulles sentait les nuées s'accumuler au-dessus de sa tête. Le même jour, le 15 novembre, il fit part de ses doutes à Donovan :

Je crois que vous devriez prendre conscience que si nous mettons Wardenburg et Goudsmit en contact avec Flute il sera difficile de recommencer plus tard l'opération avec Chittick et Berg [...] Ces contacts sont particulièrement fantasques et, comme dans le cas de Flute, surchargés de travail, et toute approche doit être menée avec le plus grand soin et beaucoup de tact[7].

La question du « tact » donna l'alarme ; le 20 novembre, Donovan et Buxton câblaient à Dulles : « Goudsmit manque quelque peu tact et ne devrait peut-être pas être engagé pour travailler avec personnages fantasques. Wardenburg conviendrait mieux. » Goudsmit continua cependant à faire partie du projet jusqu'à la mi-décembre, puis son nom disparut brutalement des télégrammes après son étrange crise dépressive de Strasbourg.

Comme la guerre, la pratique du renseignement est soumise à des frictions ; c'est le terme choisi par Clausewitz pour décrire toutes les difficultés auxquelles se heurtent les opérations militaires dans un monde de confusion, de délais et d'événements inattendus. Le général Groves cherchait depuis le début de la guerre à mettre la main sur Heisenberg. Et jusqu'ici, rien.

Lorsque Donovan avait annoncé à Carl Eifler à Alger, en juin, que l'opération d'enlèvement d'Heisenberg avait été abandonnée parce qu'on avait réussi à « fractionner l'atome », il ne faisait que chercher à atténuer sa déception. Eifler était hors du coup, mais l'objectif n'avait pas varié. Le 5 juin, Oppenheimer avait écrit à Furman pour souligner que s'il y avait un physicien que l'on était sûr de trouver au centre de tout programme allemand de bombe atomique, c'était bien Heisenberg ; à Washington, au printemps ou pendant l'été, Philip Morrison avait eu vent du projet d'enlèvement. Personne ne lui en a jamais parlé officiellement, mais les ocupations qui remplissent les journées des agents de renseignement sont difficiles à dissimuler. Au bout d'un moment, il fut au courant. « Je crois que ce serait une sacrée bonne idée, dit-il, *si vous pouviez y arriver.* »

Morrison se souvient d'avoir discuté du cas Heisenberg avec Furman ou Groves, peut-être avec les deux. Le physicien allemand obsédait incontestablement Groves ; celui-ci voulait savoir qui étaient ses étu-diants, où il se trouvait, bref, tous les détails personnels qui permettraient de lancer une équipe à ses trousses sans avertissement. Morrison n'avait jamais été en Allemagne et n'avait rencontré Heisenberg qu'une fois : avec Oppenheimer, en Californie, pendant l'été 1939. Morrison n'avait pas la connaissance intime de la science et des scientifiques allemands de tant d'autres chercheurs du Projet Manhattan, formés en Allemagne pendant les années vingt et trente. Furman avait constitué son dossier sur Heisenberg à partir d'autres sources. La réaction de Morrison était donc entièrement pragmatique. « J'y voyais un moyen d'obtenir des informa-tions. » Il savait en outre que Heisenberg avait été en Suisse. « Le fait qu'il soit sorti du pays le rendait opérationnellement intéressant [8]. »

Après un an de fréquentation du bureau de Groves, Morrison comprenait mieux ce qui rendait probable le succès du Projet Manhattan. Une fois, en 1943, il avait eu l'occasion de dire à Crawford Greenwalt, de la société Dupont de Nemours, qu'il ne pensait pas que la Dupont fût capable de réussir à mettre en route son réacteur géant d'Hanford (État de Washington). Greenwalt lui avait rétorqué : « Que si, nous y arriverons ! Nous, nous pratiquons la philosophie du succès. » A cette époque, avec l'orgueil de la jeunesse, Morrison s'était moqué de cette attitude confiante vis-à-vis d'une entreprise institutionnalisée. Mais après avoir fréquenté pendant douze mois le général Groves, qui partageait cette attitude, Morrison commença à se faire une autre idée de la détermination de certains responsables, qu'ils appartinssent à une entreprise privée ou fussent serviteurs de l'État. Au fait des aléas du travail de renseignement et travaillant dans l'ombre même de Groves, il fit partie du petit nombre de personnes à savoir que la détermination de Groves allait jusqu'à déclencher des raids aériens dont la cible était les laboratoires scientifiques allemands et à préparer l'envoi d'une équipe chargée d'enlever Heisenberg.

Mais le point de vue pratique sous lequel Morrison avait envisagé ce kidnapping, « opérationnellement intéressant » à ses yeux, se transforma lorsqu'il quitta Chicago pour Los Alamos, à la fin d'août 1944. Il en discuta en effet avec Victor Weisskopf, « probablement » aussi avec Robert Bacher (qui l'avait amené à Los Alamos) et peut-être également avec Robert Serber et Edward Teller « au cours d'une conversation comme on en a autour d'une table ». Les perspectives opérationnelles ne furent pas en cause ; il n'en connaissait pas les détails et même si ç'avait été le cas, il n'en aurait pas discuté. Ce qui se dit pendant ces conversations avec Weisskopf et d'autres, Morrison affirme l'avoir oublié : il était au courant, les autres aussi et tous savaient que Heisenberg était la cible d'une opération. Hans Bethe et Victor Weisskopf vont même plus loin et prétendent qu'ils ne savaient rien de plus que la proposition initiale qu'ils avaient faite, en octobre 1942 ; en tout cas, ils ignoraient tout des plans qui s'élaboraient au cours du deuxième semestre de 1944[9]. Morrison, toutefois, se rappelle avoir été frappé par le fait ironique qu'au cours de ces conversations, c'était probablement *lui* qui ressentait le plus d'animosité à l'égard d'Heisenberg, animosité « maintenant modérée par le temps[10] ».

Rétrospectivement, Morrison se dit convaincu — « J'imagine que c'était déjà mon opinion en 1944, même si je ne l'ai pas formulée[11] » — qu'à l'époque où il arriva à Los Alamos, l'enlèvement avait déjà perdu sa raison d'être : Enrico Fermi avait joué un rôle clef dans le Projet Manhattan, mais ce rôle était terminé depuis le début de 1943, avec la première réaction en chaîne réussie. Cette étape franchie, la présence de Fermi, en tant que chercheur, ne fut plus cruciale pour le succès du projet. « Si Heisenberg est encore important, objecta Morrison, alors c'est encore trop tôt pour qu'il [le programme allemand de bombe atomique] présente un danger. » Autrement dit, concluait-il, soit Heisenberg comptait, et la bombe allemande ne comptait pas parce qu'elle en était encore aux premiers balbutiements de la recherche, soit la bombe allemande était une menace sérieuse et l'enlèvement d'Heisenberg n'y changerait rien. Restait une chose dont Morrison était encore tout à fait sûr à Los Alamos, en 1944 : qu'il était plus important, à ce stade, d'organiser des bombardements aériens de la société Dagussa, qui fabriquait les plaques et les cubes d'uranium pour les réacteurs ; il n'en démordait pas.

Tandis que Morrison et ses collègues de Los Alamos débattaient de l'utilité d'enlever Heisenberg, le projet entrait dans la phase de mise au point des détails pratiques, à Washington. Dans une lettre à son ami Walter Colby en date du 21 août 1944, écrite alors qu'il allait partir en France, Goudsmit note :

On doit maintenant mettre la pression sur la préparation de listes de cibles pour la Suisse.

La priorité suivante concerne les cibles du projet du Major RRF [Robert Furman] pour l'Allemagne, en premier lieu parce que certaines d'entre elles risquent de devoir être soumises au SHAEF ou au Comité de Priorité.

Le Dr Morrison peut vous aider sur ces deux derniers points. Demander au Major RRF de le faire rapidement revenir ici [12].

Mais les « frictions » continuaient de paralyser tout effort d'opération, depuis qu'Eifler avait été mis sur la touche. La Suisse restait le lieu de passage obligé ; elle offrait l'accès le plus commode à l'Allemagne, et Hechingen se trouvait à moins de quatre-vingts kilomètres à vol d'oiseau de sa frontière. Le travail de Morris Berg sur le projet Larson le fit entrer dans l'équipe en quelque sorte par défaut, mais son départ de Rome se trouva retardé lorsque Furman lui demanda d'enquêter sur les laboratoires Galileo de Florence, puis par un autre projet de l'OSS en Italie ; il s'agissait de prendre contact avec un ingénieur italien en aéronautique et de le convaincre de s'envoler pour les États-Unis. Sa tâche accomplie, Berg quitta l'Italie vers le 12 septembre et gagna Paris via Londres.

Le même jour, Furman arrivait aussi à Londres, rappelé en Europe par le télégramme de Pash du 8 septembre faisant état de la découverte du minerai d'uranium belge. Juste avant de s'envoler de Washington, Furman dit à Howard Dix qu'il lui tardait de voir Berg de l'autre côté [13]. Précipitation et confusion : Samuel Hoyt, le métallurgiste qui connaissait Scherrer et qu'il voulait amener avec lui, avait fait machine arrière à l'aéroport ; terrorisé à l'idée de prendre l'avion, on n'avait pu le convaincre de monter à bord [14]. A Londres, le 14 septembre, Furman rédigea cette courte note : « Câbler à G. [Groves] le 15 : envoyer Wardenburg directement Paris. Tente régler affaire suisse ici [...] [15] » Par le truchement de l'OSS, Furman avait déjà proposé une rencontre à Allen Dulles, enfin possible depuis la réouverture de la frontière avec la Suisse, le 25 août. Mais « l'affaire suisse » ne put se régler, car Dulles et Furman venaient de se manquer de quelques jours, lorsque Dulles avait fait étape à Londres, en route pour des vacances bien méritées après dix-huit mois où il n'avait pu sortir de Suisse. Or c'était lui que voulait voir Furman à Annemasse et non Loofbourow, comme il fut un temps question. Furman attendit que Dulles fût de retour des États-Unis, peu avant les élections de novembre [réélection de Roosevelt, NdT]. Les délais s'ajoutaient les uns aux autres, et le plan concocté par Eifler en mars ne refit surface, sous une forme différente et confié à de nouveaux responsables, qu'à la fin de l'année.

La reconstitution des objectifs et des détails de ce plan n'est pas une affaire simple ; les opérations réellement secrètes se conduisaient en général sous une « couverture interne » de descriptions déroutantes, ayant pour but de les rendre opaques à tous ceux qui n'étaient pas « endoctrinés », terme de l'art forgé par les Britanniques pour désigner les personnes officiellement informées. Néanmoins, la plupart des câbles de l'OSS et des autres documents internes couvrant cette période ne sont plus classés « secret » et ceux-ci, à quoi viennent s'ajouter les souvenirs des survivants et d'autres preuves, nous permettent de dresser un tableau assez clair des événements. Il ne saurait y avoir meilleur point de départ, pour cela, que l'homme à l'origine de l'affaire, le général Groves ; certes, il ne nous donne, dans ses mémoires, qu'un compte rendu très bref de l'opération, mais il nous permet toutefois d'établir un premier fait crucial : son existence. Groves nous dit que le bureau de renseignement que gérait le major Horace Calvert pour lui à Londres apprit, « au printemps de 1944 », que Heisenberg travaillait au problème de l'uranium dans la région de Bissingen et Hechingen, puis ajoute :

> Le grand problème, pour Calvert, était de tenter de pénétrer cette région [...] Il envoya en Suisse un agent de l'OSS très fiable et capable, Mœ Berg [...] qui maîtrisait sept langues étrangères, afin d'y préparer une pénétration clandestine dans la région Hechingen-Bissingen [...] Lorsque j'entendis parler de ce plan, je mis immédiatement fin aux préparatifs, me rendant compte que si jamais il était capturé, les nazis risquaient de lui arracher bien plus d'informations sur notre projet que nous ne pourrions en obtenir si jamais il réussissait [16].

Cette présentation des faits brouille les cartes de plusieurs manières, dont aucune n'est plus importante que la question que l'on est en droit de se poser devant sa première affirmation : « Le grand problème, pour Calvert, était de pénétrer la région. » Certes... mais pour y faire quoi ?

A Londres, Calvert réglait lui-même un certain nombre de détails de cette opération, mais il ne la dirigeait certainement pas ; c'était le travail de l'OSS, à Washington, qui collaborait en l'occurrence directement pour Groves (on se souvient du télégramme du général Donovan à Dulles reconnaissant que Furman était directement aux commandes) ; après la guerre, Groves écrivit que « Berg avait toujours été sous le contrôle du MED [= Projet Manhattan] ». Dès le 22 août, l'OSS avait envoyé à Berg l'ordre de quitter l'Italie pour Londres, puis Paris, puis Berne. On n'avait cependant jamais envisagé qu'il pénétrerait seul en Allemagne depuis la Suisse ; il devait faire partie d'une équipe. Son choix et la manière de l'amener sur le terrain furent à l'origine d'innombrables atermoiements entre septembre et décembre, mais le projet commença pourtant à prendre forme fin septembre, lorsque le chef des services secrets de l'OSS, Whitney Shephardson, envoya de Londres à Washington un télégramme dans lequel il proposait de mettre le colonel Martin Chittick, un chimiste de cinquante-deux ans travaillant avec Alsos en Europe, à la tête du commando suisse.

Chittick, ancien collaborateur de la Pure Oil Company, avait tout d'abord été versé dans le Service de la guerre chimique avant d'être recruté par Alsos, mais il ignorait tout de la physique nucléaire. Pour combler cette lacune, on avait proposé le nom d'Edwin McMillan, l'un des découvreurs du neptunium[17]. Howard Dix demanda son avis au major Frank Smith, l'homme à qui Dix s'adressait lorsque Furman n'était pas là. Il lui dit que Groves « ne souhaitait pas renoncer au Dr McMillan ». Rien de surprenant : McMillan faisait partie du Projet Manhattan depuis le début, et Groves n'avait aucune envie de l'envoyer en Suisse, sans même parler de l'Allemagne. Le 9 octobre, Dix rédigea un mémo à l'intention de Donovan, lui demandant de bien vouloir demander personnellement à Groves de recommander le nom d'un scientifique qui serait chargé du renseignement atomique dans l'équipe suisse[18]. Point qui allait poser problème. Après la défection de Samuel Hoyt, on pensa un temps à un certain Hubble ; puis Furman envisagea même d'y mettre Samuel Goudsmit ou Fred Wardenburg, voire les deux.

A la fin d'octobre, le reste de l'équipe était à peu près définitivement composé par la section technique de l'OSS, les hommes étant envoyés un à un à Londres. les premiers à partir furent Jack Marsching, vétéran de la première guerre mondiale pendant laquelle il avait servi comme major, et le capitaine Edmund Mroz, qui comptait cinquante missions comme navigateur sur bombardier pendant la campagne d'Afrique du Nord et venait de rejoindre l'OSS un mois plus tôt[19].

On ne dit que très peu de choses sur AZUSA à Marsching, et rien du tout à Mroz et Brodie ; mais à des degrés divers, tous trois firent partie du projet de commando en Allemagne. Le recrutement de Mroz est très représentatif de la manière de l'OSS, lorsque le secret était un élément fondamental. Une annonce de l'Air Force faisant appel à des « officiers de renseignements connaissant le français et l'allemand pour des missions dangereuses » avait attiré son œil à la base de Pyote, au Texas, où il suivait une période de formation et s'ennuyait ferme, entre deux affectations comme navigateur au combat. Voilà qui lui semblait trop beau pour être vrai. Sa langue maternelle était le polonais et il avait étudié l'allemand au lycée, puis à l'Université Northeastern de Boston ; il connaissait même le russe et avait suivi l'enseignement de l'école de renseignement de l'Armée de l'Air, à Harrisburg, en Pennsylvanie[20]. Bref, Mroz était le candidat parfait et il ne tarda pas à être versé dans l'OSS.

La première personne que rencontra Mroz à l'OSS fut Howard Dix ; la seconde, le lieutenant-colonel Alan Scaife, des Services secrets, qui l'emmena dîner le soir même et l'entretint longuement. Après un mois d'entraînement accéléré où on lui apprit à écrire en code secret, à forcer les serrures et à tuer en silence, il partit pour l'Angleterre à la fin de septembre avec Jack Marsching, sur l'*Aquitania,* sans la moindre instruction sur la mission qui l'attendait. La tâche dévolue à Marsching était la gestion de la section des rapports techniques du bureau londonien de l'OSS ; Mroz serait son assistant. Jusqu'ici, Marsching s'était plus particulièrement intéressé aux fusées allemandes et, lors de leur première semaine en Grande-Bretagne, ils visitèrent les ateliers de la RAF à Farnborough ; on leur montra une maquette grandeur nature de V-2 et on leur dit que tous les espions allemands du Royaume-Uni avaient été retournés et travaillaient maintenant pour le SIS [21]. Marsching ouvrit les dossiers AZUSA et TOLEDO laissés par son prédécesseur, un certain Gold, mais ceux-ci étaient à peu près vides. Il en conclut que Gold avait sans doute emporté la plupart d'entre eux avec lui lorsque l'OSS avait transféré son quartier général des opérations européennes à Paris, en septembre. Marsching ne souffla jamais mot d'AZUSA à Mroz. Tout ce que ce dernier apprit lui vint du sergent Earl Brodie, qui arriva de Washington vers la fin d'octobre. Brodie avait souvent apporté des télégrammes importants du bureau de Dix à celui de Robert Furman, comme nous l'avons déjà vu, et il connaissait les grandes lignes du projet, qu'il expliqua tranquillement à Mroz.

Tandis que les trois hommes s'installaient à Londres, on continuait à préparer l'opération allemande depuis Washington, en s'inspirant du plan soumis dans un câble de Londres par Whitney Shephardson [22]. Le 28 septembre, Dix envoya par courrier spécial l'une de ses lettres périodiques à Moe Berg. Il disait avoir parlé à Allen Dulles « d'un travail particulier en Europe et notamment en Allemagne ; ce travail devrait être spécialement intéressant et vous devriez vous y tailler la part belle [23] ». Le 3 octobre, nouvelle lettre de Dix à Berg, alors à Paris :

On a fait avancer vigoureusement les choses, ici, et si vous avez vu récemment Whitney Shephardson, vous devez être au courant des mouvements envisagés. Vous avez un rôle à jouer et je pense qu'il sera particulièrement utile. Stan [Stanley Lovell, responsable de la Recherche & Développement de l'OSS] et moi avons fait un bon rapport sur vous à l'homme [Martin Chittick] que Whitney propose pour diriger l'opération. Nous espérons tous ici qu'elle se déroulera comme Whitney l'a prévue [24].

A peu près à la même époque, Dix discuta de l'opération avec Allen Dulles aux États-Unis, puis soumit, pour approbation, un mémo au général Donovan, le 26 octobre ; il y esquissait les grandes lignes d'une opération ayant pour but de recueillir « des informations techniques secrètes en avant de la ligne de front par Berne, Paris et Londres [...] », opération qui serait placée « sous la direction de M. Dulles », dont Martin Chittick serait le responsable sur le terrain tandis que Moe Berg assurerait les « reconnaissances » et que Jack Marsching et Earl Brodie rédigeraient les rapports [25]. On ajouta ultérieurement le nom de Mroz à la liste —

quelque chose que ni lui ni Brodie n'apprirent officiellement, ce qui signifiait deux choses : que l'opération était enfouie dans le plus profond secret et qu'elle avait avorté au dernier moment.

Mais peu après la guerre, alors que Mroz procédait aux formalités qui devaient le rendre à la vie civile, à Washington, l'un des derniers officiers de la Section technique, le colonel Skinner, lui dit que von Rundstedt lui avait probablement sauvé la vie en lançant la contre-offensive des Ardennes. Intrigué, Mroz voulut savoir pourquoi. Skinner lui expliqua comment l'OSS avait envisagé d'envoyer deux hommes derrière les lignes allemandes, près de Hechingen, à la fin de 1944, afin de vérifier si ce que l'OSS avait appris de la bombe allemande en Suisse était vrai. L'offensive allemande du 16 décembre avait retardé l'opération, et le temps que l'attaque allemande fût repoussée, l'OSS, grâce à des documents saisis, savait qu'il n'y avait pas de bombe allemande. Mroz revécut une expérience identique lorsque, vingt ans plus tard, il tomba par hasard sur Stanley Lovell. « Je vous croyais mort ! s'exclama ce dernier. On m'avait dit qu'on vous avait envoyé en Allemagne [26] ! »

Mais en dépit des pressions continuelles de Washington, « le projet du major RRF pour l'Allemagne » se transforma en un autre exemple de l'adage « Aujourd'hui ici, encore ici demain ». Une partie du problème tenait à l'arrivée, sans cesse retardée, de Martin Chittick. Mœ Berg passa par Londres à la mi-septembre, puis séjourna un mois à Paris avant de revenir à Londres où il prit une chambre au Claridge, le 18 octobre. Il se passa néanmoins près de deux semaines avant qu'il n'allât voir Marsching, au bureau de l'OSS, sur Grosvenor Square. Les deux hommes se détestèrent sur-le-champ, vraisemblablement à cause d'une confusion dans la hiérarchie. Marsching dirigeait les choses à Londres pour le compte de la Section technique et pensait évidemment que Berg était sous ses ordres, tandis que Berg, entièrement au courant de l'opération allemande, savait fort bien que Marsching ne pourrait plus prétendre être son patron du jour même où ladite opération serait déclenchée. Recette idéale pour semer la discorde. Marsching décrivit plus tard sa version des faits dans un mémo destiné à Dix :

Le 30 octobre 1944, Morris Berg fit une brusque apparition au bureau et on le mit au courant des dernières informations sur les sujets auxquels il consacrait son travail de recherche. A tout moment, on lui fournit l'intégralité des informations qu'il requérait, et soumises à ma discrétion personnelle. Il m'est revenu que M. Berg s'est plaint au colonel Scaife qu'il n'avait pas accès à certaines informations, ce qui est inexact. S'il n'a pas reçu rapidement les informations en question, il est le seul à blâmer car il ne rendait visite au bureau que de façon irrégulière et, après avoir finalement obtenu son adresse, il nous fallut lui téléphoner lorsque nous recevions des informations ou des instructions qui lui étaient destinées. Il fit preuve de tendances à l'impatience et à la critique, et s'est montré extrêmement indépendant[27].

L'affrontement fut évidemment intense entre les deux personnalités. Berg déclara à un officier de l'OSS à Londres, Robert McLeod, qu'il préférait démissionner que de continuer à travailler avec Marsching — ce qu'il était libre de faire en tant que civil. McLeod télégraphia à Shephardson à Washington pour proposer le rappel de Marsching, « reconnu difficile[28] ». Shephardson accepta et laissa à Mroz la responsabilité des rapports. Berg, entre-temps, avait déjà ausculté Mroz pour son compte, l'invitant à déjeuner au Claridge, début novembre. Autour de quelques grillades, ils parlèrent plusieurs heures. Ils ne firent qu'effleurer le sujet du base-ball, Mroz ayant déclaré qu'il se fichait complètement de ce sport, au grand étonnement de son hôte. « Que savez-vous de la fission atomique ? » demanda Berg à un moment donné. Mroz répondit que son frère Johnny, pilote de l'Air Force abattu sur Hong Kong au mois d'avril précédent, avait étudié la physique nucléaire à Harvard et en avait su beaucoup ; que pour sa part, il savait seulement qu'il n'existait qu'un moyen de séparer les isotopes, à l'aide d'un spectrographe de masse. Mroz n'avait aucune idée de ce que Berg faisait à Londres et celui-ci ne lui en parla pas[29].

Une semaine plus tard, Mroz recevait un autre visiteur mystérieux : le chimiste d'origine allemande Max Kliefoth, qui se présenta sans s'être fait annoncer pour bavarder de choses et d'autres. Il déclara travailler dans un centre de formation de l'OSS et mentionna qu'il avait fait partie de la *Luftwaffe* pendant la première guerre mondiale, ce qui lui avait valu de voler dans l'escadrille du baron von Richthofen et de devenir l'ami de Göring. Kliefoth devait lui aussi participer à l'opération en Allemagne et n'allait pas tarder à partir pour la Suisse. Mais comme Berg, il ne dit pas un mot de sa mission à Mroz[30].

Berg, cependant, ne restait pas sans rien faire à Londres en attendant le déclenchement de l'opération. Au cour de longues promenades dans la campagne, il poursuivit son instruction privée en physique atomique avec son ami de Princeton, Bob Robertson. Il recevait aussi un important courrier, par câbles ou par lettres, et apprit ainsi de Loofbourow que Heisenberg et Max von Laue rencontraient le scientifique suisse Walther Dallenbach tous les mercredis, dans l'institut de recherche installé à Bissingen. Loofbourow signalait aussi que la meilleure façon d'entrer dans les bonnes grâces de Scherrer consisterait à lui faire cadeau de cent grammes d'eau lourde pour ses expériences dans le cyclotron de l'institut[31].

Tandis que Berg potassait les sciences allemandes, la mise au point de l'incursion en Suisse n'avançait qu'au rythme de tortue des canaux bureaucratiques. Les opérations clandestines flottent sur une mer de papier. Allen Dulles et le général Donovan échangèrent d'innombrables télégrammes sur les règles de base, la couverture de l'équipe de Chittick, la chronologie des arrivées, le rôle de Berg. Le bureau américain de l'OSS pressait celui de Londres de remplir les ordres de mission pour Chittick. Pour entrer en Suisse, Berg obtint au visa au titre

> d'expert technique, désirant demeurer en Suisse pour une période n'excédant pas deux mois et qui devrait être de trois à quatre semaines, afin d'étudier les brevets et les inventions soumis à la légation au cours des quelques dernières années ; en outre, pour des consultations avec des scientifiques suisses connus, à propos des progrès scientifiques et techniques pendant la période concernée[32].

En même temps, le SHAEF délivra à l'OSS-Londres l'autorisation de voyager en France et en Suisse pour Mœ Berg. Ce dernier fut officiellement transféré des opérations secrètes aux Services secrets, et son salaire passa de 3 800 à 4 600 dollars par an ; on lui donna une lettre d'introduction de C.G. Suits, de l'OSRD, destinée à Scherrer, les deux hommes s'étant connus avant la guerre. Pendant ce temps, l'OSS-Berne harcelait l'ambassade américaine à Berne pour qu'elle délivre un visa au nom de Wardenburg.

Ce flot habituel de paperasse s'interrompit cependant d'un seul coup, le 28 novembre, avec l'arrivée d'un télégramme marqué « top secret » émanant de l'OSS-Berne et destiné à Paris — Paris où Samuel Goudsmit exprimait ses doutes sur la possibilité pour le colonel Pash et le major Furman de s'emparer de la personne de scientifiques, à Strasbourg. Les câbles « top secret » n'ont rien de routinier ; ils sont rangés dans des classeurs séparés, mis sous clef, et ne figurent dans les dossiers de consultation que sous la forme d'une « fausse copie » sur laquelle on ne trouve que la date, l'origine et le numéro. Rares étaient les messages AZUSA frappés de ce sigle.

Celui-ci apportait un correctif aux nouvelles données à Furman lors du voyage à Annemasse du 8 novembre. La visite d'Heisenberg à Zurich n'était plus annulée :

> [...] lettre Heisenberg sur papier en-tête KWI Dahlem mais postée Hechingen. Hechingen situé 5 km nord de Bissingen et 2 km du *Hohenzollern Schloss* [château célèbre]. Notre ami pense *Hohenzollern Schloss* abrite peut-être *Forschungstelle E* [le groupe de recherche en physique que l'on croyait penché sur la bombe allemande]. Heisenberg et Weizsäcker [...] attendus pour conférence en Suisse vers 15 décembre. Espérons présence Goudsmit et Wardenburg à cette époque[33].

Ce message fut immédiatement transmis à Goudsmit, au quartier général d'Alsos de l'hôtel Royal Monceau ; il se trouva que le physicien connaissait le château des Hohenzollern et savait qu'il n'avait même pas l'eau courante ; il aurait très mal convenu à un centre de recherche. Dès son arrivée à Strasbourg, le 3 décembre, il interrogea attentivement la secrétaire de Weizsäcker, Anna Haas, sur ce point, dans le but de se faire préciser les coordonnées d'Heisenberg et Weizsäcker :

> Elle est tout à fait certaine qu'ils [Weizsäcker et son assistant] sont partis pour Hechingen, où se trouve une branche du KWI [...] Lorsqu'on lui a demandé s'ils pouvaient se trouver dans un endroit spécial comme le château, elle a répondu qu'elle ne le croyait pas. Les officiers sont probablement à l'hôtel, et elle a l'impression que Weizsäcker habite avec une famille. Elle a le sentiment que s'ils avaient été installés dans le célèbre château, elle l'aurait su[34].

La nouvelle importante, dans le télégramme du 28, restait toutefois la présence d'Heisenberg en Suisse vers le 15 décembre. le visa de Wardenburg traînait toujours sur le bureau de quelque rond-de-cuir, et Goudsmit, bientôt, ne fit plus partie de la mission : il repartait dans la direction opposée, prendre du repos au sein de sa famille. Martin Chittick était bien en route, mais il n'allait pas arriver avant le tout début de l'année 1945. Si bien qu'il ne restait qu'un homme, sur le théâtre européen, qui fût parfaitement au courant de la mission et prêt à partir : Morris Berg.

Le 8 décembre (le jour même où Goudsmit revenait de Strasbourg à Paris et où Furman débarquait à Washington), Berg signa un reçu dans le bureau de l'OSS-Londres pour une avance en liquide dont il devrait « rendre compte à Washington » : cinq mille francs français et cinq cents francs suisses[35]. La veille de son départ, Berg dîna au Claridge avec l'agent de l'OSS William Casey, alors chargé d'infiltrer des agents en Allemagne. Les deux hommes s'étaient déjà rencontrés à Paris à la fin août. Casey déclara plus tard que Berg lui avait raconté des histoires de joueurs de base-ball, mais qu'il lui avait aussi confié qu'il allait « essayer de trouver Heisenberg[36] ». Le 10 décembre, Berg arriva à Paris où il rencontra Tony Calvert et Sam Goudsmit. Ce dernier lui donna une petite quantité d'eau lourde, cadeau pour Paul Scherrer[37]. Une semaine plus tard, il partait pour la Suisse.

Pour quoi faire ?

Aucun document officiel ne subsiste dans les dossiers accessibles décrivant les instructions données à Berg à la veille de son départ pour la Suisse, et on n'est pas parfaitement sûr de la personne qui lui aurait donné ces instructions. Les candidats éventuels figurent tous parmi les suspects habituels. Dans un câble de Donovan à Dulles du 10 novembre, on peut lire que Berg « a reçu ses instructions de Furman et de nous ». Furman déclare de son côté avoir parlé à Berg de sa conversation avec Dulles peu après la rencontre d'Annemasse, soit au cours du mois qui va du

8 novembre au 8 décembre, date de son retour en avion à Washington[38]. Whitney Shephardson, chef des services de renseignements de l'OSS, dit à Howard Dix qu'il avait eu « une conversation extrêmement intéressante » avec Berg, peu après avoir quitté Londres pour Washington, à la fin novembre[39]. C'est néanmoins à Paris et en décembre, au cours de la semaine qu'il passa avec Samuel Goudsmit et le major Calvert, que Berg lui-même laisse entendre avoir reçu les instructions en question.

Pour quoi faire, au juste ?

Pendant tout le reste de sa vie il pensa à la mission dont on l'avait chargé, et dans laquelle il devait prendre seul sa décision. Jamais homme ne fut plus habile à se dissimuler, à aller et venir sans être remarqué que Morris Berg, bien peu parlaient plus de langues et se dévoilaient aussi peu que lui. Mais la tension imposée par ce seul secret était trop grande pour qu'il respectât un silence total. Toute sa vie, l'ancien joueur de base-ball griffonna des notes, et il en a laissé des quantités à sa mort. Parmi celles-ci, se trouvent de nombreux fragments bruts se rapportant à l'épisode de Zurich. Il semble avoir essayé au moins par deux fois de faire le récit de ce qu'il avait accompli pour l'OSS pendant la guerre ; ces deux tentatives s'achèvent sur de furieux accès de griffonnage[40]. En outre, en une occasion au moins, il a confié à des amis ce qu'il avait été faire en Suisse. Au milieu de ses notes manuscrites, on trouve un compte rendu, bref et fragmentaire, de ses conversations à Paris. C'est Tony Calvert qui lui aurait dit que l'OSS (« le grand bazar de Donovan ») venait juste d'apprendre l'arrivée imminente d'Heisenberg à Zurich (par le câble « top secret » du 28 novembre.) Berg ajoute : « — revolver dans ma poche. »

Puis, à la ligne suivante : « Rien d'explicitement dit. Heisenberg doit être mis *hors de combat*. » Il s'était servi de l'expression française : mais il n'y a que très peu de manières de mettre un ennemi « hors de combat » quand on a un revolver sur soi.

Berg alla un peu plus loin lorsqu'il décrivit l'épisode à son ami Earl Brodie, trois ou quatre ans après la guerre. A cette époque, Brodie dirigeait sa propre entreprise et était venu à Washington pour vendre des équipements à l'Air Force. Un soir, vers dix heures, il descendit acheter un cigare dans le hall de l'hôtel Mayflower. il sentit une présence derrière lui, se retourna et se retrouva face à Mœ Berg, qu'il n'avait pas vu depuis la fin du conflit. L'ancien joueur de base-ball lui proposa une promenade et les deux hommes alignèrent les kilomètres jusqu'aux petites heures du matin, ce qui mit Brodie sur les genoux. Et Berg fit les frais de la conversation. Voici le souvenir que Brodie en a gardé :

> Il a dit qu'ils voulaient prendre Heisenberg quand il sortirait d'Allemagne pour qu'il donne une conférence en Suisse. On a envoyé Berg le tuer, mais il ne l'a pas fait. Il avait suivi une formation en physique et comprenait certaines choses. Si jamais Heisenberg disait quoi que ce soit qui puisse le convaincre que les

Allemands étaient près de se doter de la bombe, alors sa responsabilité était de le tuer — là, dans l'auditorium. Cela lui aurait
probablement coûté la vie ; il n'aurait eu aucun moyen de
s'échapper [41].

C'est muni de telles instructions et de la responsabilité de décider
entièrement seul que Berg partit pour la Suisse, au milieu du mois de
décembre 1944.

CHAPITRE 34

Werner Heisenberg arriva chez son ami Paul Scherrer, à Zurich, la veille de la grande contre-offensive allemande qui resta connue sous le nom de « Bataille des Ardennes », ou encore « Offensive Rundstedt », du nom du maréchal du Reich qui la commandait. Son échelle prit les Alliés par surprise : vingt-cinq divisions allemandes attaquèrent sur un front de plus de cent kilomètres de long dans la forêt des Ardennes, au sud-ouest de la Belgique, à l'aube du dimanche 16 décembre 1944. Vingt-quatre heures après, les trois armées de Rundstedt avaient regagné vingt-cinq kilomètres et menaçaient de reprendre Anvers.

Le hasard et l'invitation de Scherrer firent donc que Heisenberg se trouva à Zurich afin d'y prononcer une conférence sur la théorie de la Matrice-S, au moment où il paraissait impossible d'arrêter Rundstedt. Avec lui se trouvait son ami Carl Friedrich von Weizsäcker. Les deux hommes se voyaient comme des physiciens venus parler de physique ; ils se déplaçaient sans aides ni gardes du corps, portaient eux-mêmes leurs bagages, descendaient dans des hôtels ordinaires et confiaient sans hésiter à leurs amis suisses les coordonnées des endroits où ils vivaient et travaillaient. En théorie, la conférence d'Heisenberg était publique ; aucun effort n'avait été fait, cependant, pour battre le rappel et l'auditoire qui se rassembla dans la salle de séminaire du rez-de-chaussée, l'après-midi du 18 décembre, n'excédait pas une vingtaine de personnes. La plupart étaient de vieux amis d'Heisenberg, comme Gregor Wentzel (qui l'avait connu à l'institut de Sommerfeld à Munich, dans les années vingt), ou Ernst Stückelberg qui, malade, n'avait pu assister à la conférence d'Heisenberg, deux ans auparavant. Pendant toute la durée de la guerre, les deux hommes avaient échangé des lettres pleines de discussions scientifiques et de nouvelles, et Heisenberg avait envoyé à Stückelberg un exemplaire de son livre sur les rayons cosmiques, au mois de mars précédent[1].

L'Offensive Rundstedt n'en occupait pas moins beaucoup les esprits, et les personnes qui s'étaient rassemblées à l'Institut de Physique théorique de l'université, le 18 décembre, pouvaient difficilement voir Heisenberg et Weizsäcker autrement que comme des Allemands qui, *volens nolens*, représentaient leur pays. Weizsäcker, en particulier, soulevait hostilité et suspicion. Deux semaines auparavant, lors d'un exposé sur l'évolution du système solaire qu'il avait présenté à Zurich, la pression des étudiants antinazis fut telle que les autorités prirent la décision sans précédent de faire fermer les portes de la salle pour empêcher une émeute[2]. En fait, Weizsäcker avait bien un but secret en venant en Suisse à la fin de 1944 : remettre ses enfants aux mains de son beau-père suisse, avec l'espoir qu'ils seraient à l'abri, au cours des derniers mois du conflit, qui s'annonçaient terribles[3]. Mais ce motif était soit ignoré, soit tenu pour négligeable par le petit cercle d'étudiants qui entourait Scherrer et Wentzel. Ils croyaient (ce que Scherrer rapporta d'ailleurs à son contact de l'OSS) que Weizsäcker était resté en Suisse après son exposé du 30 novembre comme une sorte d'espion, qui aurait été chargé de surveiller Heisenberg et de consigner ses déclarations[4].

De tels soupçons étaient monnaie courante dans le climat de l'époque, en Suisse ; les Allemands choisissaient leurs mots avec le plus grand soin, de peur qu'une remarque imprévue ne les suivît à leur retour, et leurs amis helvètes se demandaient lesquels d'entre eux soutenaient vraiment Hitler et la guerre. Ils se trompaient souvent dans leurs déductions. On étudia méticuleusement l'attitude de Wolfgang Gentner lorsque, aux mois d'avril et mai précédents, il était venu rendre visite à Scherrer et d'autres en Suisse. Scherrer dit à l'OSS qu'il trouvait Gentner « plutôt davantage nazi qu'avant[5] » ; l'un des assistants de Scherrer, le jeune physicien danois Piet Gugelot, questionna longuement Gentner sur ce qu'il avait fait dans le laboratoire de Joliot-Curie à Paris, ainsi que sur les raisons d'un certain voyage en Russie. Gugelot en avait conclu que Gentner était « un espion[6] ».

Heisenberg lui-même fut l'objet de ragots et de soupçons, provoqués par le fait qu'il se déplaçait pratiquement comme un représentant du gouvernement d'Hitler, et encore plus par sa manière vigoureuse de défendre l'Allemagne au cours de discussions publiques. C'est ainsi que lors de son séjour à Zurich de décembre 1944, la rumeur circula qu'il était venu avec un vaste dessein politique, peut-être pour lancer quelque mouvement en faveur de la paix[7]. On a perdu le détail de ses allées et venues, de même que l'invitation originale, probablement comme le reste de papiers qu'il avait amené avec lui de Berlin à Hechingen, au début de 1944. On dispose cependant de suffisamment d'indices pour établir les grandes lignes de sa visite : l'OSS fut au courant de sa venue dès octobre, peut-être même avant ; Heisenberg écrivit à Scherrer fin novembre pour lui dire qu'il arriverait le vendredi 15 décembre ; il s'adressa aux auditeurs du séminaire de physique le 18, dîna un soir chez Scherrer, probablement le dimanche 23, puis quitta Zurich pour aller passer Noël en famille, à Urfeld.

Par deux fois au moins, pendant les huit ou neuf jours que dura son séjour à Zurich, Heisenberg fut approché par un agent de l'OSS armé et ayant ordre de l'abattre, s'il le jugeait nécessaire. C'est la personne qui l'avait invité, son ami Paul Scherrer, qui tenait l'OSS informé et qui avait pris des dispositions pour que l'agent de l'OSS fût présent. Il n'existe cependant aucune preuve que le physicien suisse savait quelle était la nature de la mission de Morris Berg, qu'il avait tout pouvoir pour tuer Heisenberg et qu'il était psychologiquement prêt à se dresser dans la salle de séminaire et à tirer sous les yeux de tous. Il est impossible d'imaginer Scherrer n'ayant pas une réaction totalement horrifiée devant un tel plan. Il n'ignorait pourtant pas qu'il avait affaire à un service américain de renseignements et que les Américains craignaient Heisenberg au point qu'ils avaient décidé de mettre la main sur lui : il allait même jusqu'à les y aider. Comment expliquer cette ambivalence de la part de Scherrer ?

Il n'a jamais laissé de mémoire sur son rôle dans la guerre, a détruit la plupart de ses papiers après avoir pris sa retraite et n'a apparemment jamais discuté des années de guerre avec ses amis, une fois le conflit terminé. Beaucoup de ses étudiants ignorèrent tout de ses nombreux contacts avec l'OSS, répartis sur une période de près de deux ans, et son vieil ami Wolfgang Pauli se plaignait de son silence sur cette période. Les seuls indices qui nous soient parvenus sur ce qu'il pensait de ces questions se trouvent dans les télégrammes de l'OSS rapportant ses déclarations, et dans les notes que prit Mœ Berg des conversations qu'il eut avec lui. Les câbles sont laconiques et impersonnels, comme tous les rapports d'agent de renseignements, mais ceux rédigés par Frederick Loofbourow avant décembre 1944 et les observations de Berg, ensuite, révèlent un changement indiscutable dans l'attitude de Scherrer, qui passe de la méfiance à la confiance.

Avant l'arrivée d'Heisenberg, Scherrer éprouvait évidemment des sentiments ambivalents pour son ami : lié à lui par leurs relations personnelles et par du respect professionnel, il n'était pas tout à fait sûr de ses opinons politiques. En mars, par exemple, il avait décrit ces opinions à Loofbourow en termes nettement hostiles. Ce sont ces doutes que Heisenberg dissipa. En décembre, Scherrer dit à Berg qu'il considérait Heisenberg comme « un antinazi » qui lui avait passé « en confiance » une extraordinaire variété d'informations — informations que détailla le physicien suisse[8]. Quoi qu'eussent pensé ses collègues et ses étudiants, il est clair qu'à la fin de 1944, Scherrer lui-même n'éprouvait plus le moindre doute sur Heisenberg, après une semaine d'entretiens francs et intimes.

Comme on le découvre dans les câbles et les notes de Berg, Heisenberg commença par dire à Scherrer où il travaillait en Allemagne et pourquoi : tous les instituts de la Kaiser Wilhelm Gesellschaft de Berlin-Dahlem avaient été éparpillés dans des sites éloignés de la capitale, pour éviter le risque d'être détruits au cours de raids aériens alliés. Son propre Institut de Physique avait beau être encore intact (Karl Wirtz y poursuivait d'ailleurs toujours des recherches), son laboratoire personnel avait été transféré à Hechingen. Il ajouta que la ville avait jusqu'ici été épargnée par les bombardements, mais qu'il avait vu un avion des Alliés décrire des cercles dans le ciel pour prendre des photos[9]. Il ne cacha pas que de nombreux autres scientifiques se trouvaient aussi dans la région, y compris Max von Laue, Otto Hahn et Weizsäcker (lequel avait déclaré la même chose à Scherrer lors de son séminaire du 30 novembre).

Heisenberg s'exprimait librement, d'ami à ami, ne faisant guère de distinction entre des informations purement personnelles et ce que la Gestapo aurait considéré comme des secrets militaires ou politiques. Il dit à Scherrer qu'il s'arrangeait pour rendre visite à sa famille tous les quatre ou cinq mois ; qu'un ami qui avait vu Hitler le 1er décembre l'avait trouvé « en bonne santé et au travail » ; que les scientifiques allemands politiquement douteux faisaient l'objet d'une surveillance étroite de la part des autorités nazies. Lui-même, précisa-t-il, avait été « lavé », à Leipzig de l'accusation d'être un « Juif blanc » à cause de « l'amour spirituel » qu'il ressentait pour Einstein. Le sort ne s'était pas montré aussi clément avec Max Planck ; le vieillard venait de subir une opération de la hernie, faite par leur ami commun, membre de la Société du Mercredi, le chirurgien Ferdinand von Sauerbruch ; on avait arrêté son fils Erwin, membre de la résistance, après l'échec du complot du 20 juillet. Le choc avait été terrible pour le vieux savant lorsqu'il avait appris, en novembre dernier, que son fils avait été condamné à mort, expliqua Heisenberg, qui s'exprima si vigoureusement sur cette affaire que Scherrer crut un moment qu'il envisageait de se réfugier en Suisse avec sa famille.

De toutes les rumeurs hostiles qui circulèrent sur Heisenberg pendant et après la guerre, aucune ne lui causa davantage de tort que celle prétendant qu'il aurait trempé dans la tentative des autorités allemandes pour s'emparer de l'institut de Niels Bohr et l'exploiter. Scherrer avait eu vent d'une version embrouillée de l'affaire, probablement par le biais de Wolfgang Gentner. Heisenberg expliqua qu'il avait réussi à épargner soit la destruction, soit le déménagement à l'institut en se rendant à Copenhague avec une délégation officielle nazie, et en certifiant que ni Niels Bohr ni l'institut n'étaient engagés dans la moindre « activité anti-nazie ». Finalement il rapporta qu'un mois plus tôt, le responsable de la recherche nucléaire allemande, Walther Gerlach, avait souffert d'une « dépression nerveuse[10] ».

Scherrer avait-il confiance en Heisenberg ? La réponse semble bien être oui — après la visite de décembre 1944. Il n'en est que plus ironique qu'il ait invité dans la salle de son séminaire, et plus tard à son domicile, un homme prêt à tuer son ami. Il vaut probablement mieux se contenter de rapporter ce qui s'est passé en se fondant le plus étroitement possible sur les éléments d'appréciation dont nous disposons, et non sans commencer par rappeler que le projet d'envoyer un commando en mission secrète en Allemagne, avec Heisenberg comme cible, remontait au mois de janvier précédent. L'épisode de décembre 1944 à Zurich, aux yeux du général

Groves et d'autres responsables de l'OSS, n'était en sorte qu'un prélude, le hasard leur offrant l'occasion de se saisir plus tôt que prévu de l'homme que, de toute façon, ils finiraient par capturer.

Accompagné de l'agent de l'OSS Leo Martinuzzi, Berg arriva à l'heure à l'Université de Zurich, sur Ramistrasse, pour le séminaire de la physique théorique prévu à 16 h 15, le 18 décembre. Aucune mesure de sécurité n'avait été prise ; n'importe qui pouvait se joindre au petit groupe des auditeurs[11]. Berg et Martinuzzi laissèrent manteaux et chapeaux à l'extérieur et allèrent s'installer au second rang de la salle. Berg estima qu'il y avait une vingtaine de personnes présentes. Il avait appris énormément de choses sur Heisenberg auprès de H.P. Robertson et Samuel Goudsmit, ainsi qu'en lisant le mémoire de Max Born et d'autres documents qu'il avait consultés à Londres. Il ne connaissait cependant aucune des personnes présentes dans la salle ; Martinuzzi les lui indiqua et Berg crayonna un schéma des personnes installées au premier rang ; de gauche à droite étaient assis Paul Scherrer, Marcus Fierz, Gregor Wentzel, deux hommes que Martinuzzi ne connaissait pas et Ernst Stückelberg. L'homme assis à côté de ce dernier avait l'air d'un étudiant et paraissait avoir froid (on avait tout le temps froid en Suisse, avec la pénurie de combustibles) et Berg lui proposa son manteau ; il fut impressionné par ses yeux, profondément enfoncés dans leur orbite. Sans doute Martinuzzi se renseigna-t-il, car il ne tarda pas à dire à Berg que l'Allemand frileux n'était rien moins que Carl Friedrich von Weizsäcker. Assis juste derrière lui, Berg écrivit le mot « nazi » à côté de son nom, sur son petit plan[12].

Heisenberg leur faisait face. Berg décrit minutieusement son aspect dans ses notes : une grosse tête, des cheveux brun-roux avec un début de calvitie en tonsure, une alliance à l'annulaire de la main droite, l'air « amaigri ». Il lui donnait l'impression de faire plus que ses 43 ans. « Il ressemble à Furman », note-t-il en soulignant les mots ; il voulait absolument en faire un portrait. « Air irlandais, comme l'écrivain Gogarty [il s'agit du poète Oliver St John Gogarty, qui servit de modèle au Buck Mulligan de l'*Ulysse* de Joyce]. Lourds sourcils qui soulignent les mouvements de cette partie de la structure osseuse au-dessus des yeux [...] regard sinistre. »

Heisenberg eut quelques petits problèmes à remonter le tableau, puis commença à écrire des équations d'après une photocopie. Lorsqu'il commença à expliquer l'évolution de son travail sur la théorie de la Matrice-S (travail dont il avait parlé ici même deux ans auparavant), Gregor Wentzel l'interrompit en disant : « *Setzen sie sich ruhig, alles voraus* » — « Ne vous donnez pas cette peine, nous savons déjà tout cela[13]. » Une fois lancé dans son exposé, il se mit à aller et venir devant le tableau noir, gardant la main gauche dans la poche de sa veste. (« Sourire railleur continuel pendant qu'il parle. ») De temps en temps, il consultait des notes tapées à la machine.

Assis au deuxième rang, Berg griffonnait ses notes ; parfois son regard croisait celui d'Heisenberg. « H. a l'air d'apprécier l'intérêt que je porte à sa conférence », relève-t-il. Dans sa poche, pesant, le pistolet qu'on lui avait donné à Washington [14]. Il avait maintenant à prendre la décision dont on l'avait laissé le maître. Si jamais physicien allemand pouvait construire une bombe atomique, c'était l'homme au sourire railleur qui allait et venait devant lui. Le sujet de la conférence était néanmoins la théorie de la Matrice-S, thème difficile et abscons qui n'avait rien à voir avec la bombe. Au premier rang, Scherrer paraissait manifestement au désespoir car « il ne comprenait pas les formules mathématiques ». Dans son curriculum vitae de l'OSS, Berg avait marqué, « assez bonne connaissance de l'allemand » ; sa connaissance de la physique était encore plus réduite, en dépit du tutorat de Robertson. Le fait est que Berg ne comprenait pas ce que Heisenberg expliquait. Sur quoi se fonder pour prendre sa décision ?

« Pendant que j'écoute, je me sens incertain — voyez : le principe d'incertitude d'Heisenberg — que faire à Heisenberg [...] qui discute de maths pendant que Rome brûle — s'ils savaient ce que je pense ! »

Les personnes qui ont connu Berg l'ont souvent décrit comme quelqu'un d'étrange, et beaucoup ont dit qu'il pouvait être inflexible. Tous, néanmoins, semblent l'avoir trouvé doux, calme, voire même timide quand il s'abritait derrière le ronron protecteur de son érudition, décrivant par exemple l'origine d'un mot français. Ce sont Groves et Donovan qui ont expédié Berg à Zurich, c'est indiscutable ; les deux hommes avaient prévu que le physicien pouvait être enlevé ou assassiné en fonction des circonstances, c'est aussi indiscutable ; c'était leurs subordonnés qui avaient transmis leurs instructions à Berg, c'est indéniable. Berg souligna plus tard, auprès des amis auxquels il en parla, qu'il avait été réellement prêt à tirer sur Heisenberg sans se soucier des conséquences de son geste, à la moindre suggestion que la Wunderwaffe que Hitler avait dans sa manche était la bombe atomique.

Berg repassa ces moments dans sa tête un nombre incalculable de fois pendant le reste de sa vie, preuve qu'ils furent atrocement réels pour lui. Mais la vérité est qu'il aurait fallu voir Heisenberg claquer des talons et annoncer avec un sourire diabolique l'annihilation imminente des Alliés dans la fournaise atomique pour que Berg tirât son arme de sa poche. Un « regard sinistre », un « sourire railleur » et les étourdissantes abstractions de la théorie de la Matrice-S ne menaçaient guère la civilisation occidentale.

Berg ne fit donc rien.

Une discussion animée suivit la partie formelle de l'exposé d'Heisenberg. A la fin de la séance, vers 18 h 40, Martinuzzi alla chercher les chapeaux et les manteaux pendant que Berg se présentait à Scherrer. « Le Docteur Suits vous envoie ses amitiés de Shenectady, dit-il, et j'ai un petit paquet pour vous. » Scherrer lui fixa un rendez-vous dans son bureau de l'ETH, dans un quart d'heure. Là, Berg lui donna la lettre d'introduction de Chaucy Suits, le flacon d'eau lourde que lui avait procuré Goudsmit à Paris et quelques ouvrages récents de mathématiques et de physique. Mais pour Scherrer, la véritable introduction était la présence de Martinuzzi en tant que représentant de l'OSS. Il répéta à Berg une bonne partie de ce que Heisenberg lui avait dit au cours des journées précédentes ; l'ancien joueur de base-ball se rendit tout de suite compte que Scherrer estimait Heisenberg loin d'être heureux en Allemagne, et qu'il n'était certainement pas un nazi fanatique. Ils manquaient de temps ; Scherrer devait partir pour la réception que Wentzel donnait le soir même chez lui en l'honneur d'Heisenberg.

A ce stade, Berg fit une proposition audacieuse dont on ne trouve trace que dans ses notes mais dont il avait déjà dû discuter auparavant avec des responsables de l'OSS et peut-être même avec Furman. Toujours est-il qu'il en laissa deux brouillons de télégramme adressés à Howard Dix, l'un mal écrit, l'autre, rédigé à la machine et prêt à passer au code. La discussion à la fin de l'exposé d'Heisenberg était restée sans conclusion, rappela Berg : Scherrer ne pourrait-il pas en profiter pour inviter le physicien à revenir en Suisse pour l'achever, accompagné cette fois de sa famille ? Le but de la manœuvre, telle que la décrit Berg, était le suivant : « Nous transporterions Heisenberg et sa famille aux États-Unis [15]. »

Scherrer ne fut nullement offensé par cette proposition ; il rappela que Heisenberg avait été profondément bouleversé par la condamnation à mort d'Erwin Planck et observa que l'on aurait davantage de chances de réussite si l'idée paraissait venir de quelqu'un en qui Heisenberg avait entièrement confiance. « Heisenberg admire Niels Bohr en tant qu'ami et professeur, dit Scherrer. Ne pourrait-il pas lui écrire un mot pour lui demander de venir en Amérique ? [16] » Il promit de soulever la question à la réception de Wentzel et de faire connaître la réponse à la fin de la soirée. Plus tard, tandis que Berg attendait anxieusement celle-ci, il rédigea un bref compte rendu des événements du jour qu'il conclut ainsi : « Il est maintenant 12 h 45 et toujours rien de Scherrer. »

Tandis que Berg et Scherrer s'entretenaient à l'ETH, Wentzel et quelques autres personnes ayant assisté à la conférence emmenèrent Heisenberg dîner dans un excellent restaurant de Zurich, le Kronenhalle, qui se trouvait seulement à une dizaine de minutes à pied de la Ramistrasse, en direction du lac. Dans le petit groupe (quatre ou cinq personnes, tout au plus), se trouvait le jeune physicien Marcus Fierz, qui avait rencontré Heisenberg pendant sa première visite en temps de guerre, deux ans auparavant. Il avait à l'époque été offensé de la réponse que lui avait faite Heisenberg, s'étonnant que Weizsäcker pût connaître des difficultés à l'Université de Strasbourg. Lecteur à Bâle, maintenant, il était venu à Zurich à l'invitation de Wentzel pour écouter Heisenberg poursuivre sa réflexion sur la théorie de la Matrice-S. Pendant le dîner, passa un marchand de journaux auquel le physicien allemand acheta un exemplaire du *Neue Zurcher Zeitung*; l'Offensive Rundstedt en était à son troisième jour et il lut avidement les articles donnant des nouvelles de la guerre. Les armées allemandes avançaient rapidement sur un vaste front et menaçaient la ville belge de Bastogne. Heisenberg ne fit qu'un seul commentaire : « *Sie kommen voran !* » — littéralement : « Ils avancent ! » Cette remarque étonna et écœura Marcus Fierz, qui avait cru y déceler une note de triomphe. Il pensa que Heisenberg était aveugle à la réalité[17].

Après le dîner, Wentzel ramena Heisenberg à son domicile, où Scherrer les retrouva un peu plus tard. Il n'est pas certain que ce dernier ait demandé à son ami de revenir à Zurich avec sa famille, comme il avait dit à Berg qu'il le ferait ; il l'invita toutefois à venir dîner à son domicile de la Rislingstrasse un peu plus tard dans la semaine avec certains de ses étudiants et collègues. Heisenberg répondit qu'il n'avait pas envie d'être en butte à de désagréables questions sur la politique et de se trouver ainsi forcé de peser tous ses mots. Il dit qu'il accepterait cependant avec joie si Scherrer lui promettait de limiter la conversation à des sujets scientifiques[18]. Encore un peu plus tard, cette même nuit (vers une heure du matin) Scherrer alla voir Berg, qu'il invita au dîner en l'honneur d'Heisenberg[19]. La discussion ne s'en tint pas là. Dans une note rédigée plus tard, Berg dit avoir posé la question suivante : « Est-il possible qu'ils ne construisent qu'un réacteur ? » Scherrer répondit que Heisenberg faisait un travail théorique sur les rayons cosmiques à Hechingen et qu'il n'essayait nullement de construire une bombe ; il ajouta qu'à son avis, il faudrait « au moins deux ans et probablement dix » aux Allemands pour se doter d'une bombe atomique[20].

Ce que Morris Berg apprit au cours de ses premiers jours de travail en Suisse semblait donc confirmer ce que Gian Carlo Wick lui avait déclaré six mois auparavant à Rome. Heisenberg ne parlait que de science pendant son séminaire. Scherrer voyait en lui, sincèrement, un « antinazi ». Ce que ce dernier dit suffit à convaincre Berg qu'il ne serait peut-être pas impossible de persuader Heisenberg, éventuellement avec l'aide de Niels Bohr, de faire défection et de passer dans le camp des Alliés. Il ne sera plus question, à l'OSS, d'assassiner Heisenberg après le 18 décembre. Il n'empêche que la réputation du physicien eut à souffrir après la guerre de quelque chose qu'il déclara cette semaine-là à Zurich — quelques mots que recueillit Berg et qu'il rapporta à Washington.

Parmi les personnes invitées à dîner par Scherrer pour rencontrer Heisenberg, se trouvait le jeune physicien hollandais Piet Gugelot, à Zurich depuis 1936, et qui aidait Scherrer à construire le cyclotron de l'ETH. Les proportions de l'Holocauste étaient encore inconnues à Zurich, mais les réfugiés français ayant réussi à passer la frontière avaient rapporté des histoires horribles de regroupements brutaux de Juifs français ou hollandais. En tant que juif, Gugelot n'avait aucune envie de partager un repas avec Heisenberg, aussi éminent qu'il fût. Il accepta tout de même l'invitation et vint à bicyclette depuis son lointain appartement des environs de Zurich.

Les invités, ce soir-là, étaient à peine plus nombreux qu'au dîner de la Kronenhalle ; il s'agissait pour la plupart d'étudiants de Scherrer ou de jeunes assistants qui participaient au projet de cyclotron, comme Peter Preiswerk et Otto Huber. Mais Scherrer avait également convié des collègues plus âgés de ses amis, comme Gregor Wentzel et son épouse, et les invités se répandirent dans les salons cossus de la grande maison de la Rislingstrasse. Scherrer avait certes promis qu'il ne serait pas question de politique, mais il ne pouvait guère répondre que de lui-même, en réalité. C'était demander beaucoup que d'imposer le silence sur le sujet brûlant de la guerre ; au bout de cinq ans de combat, on approchait de la fin. Le vendredi, l'offensive de Rundstedt commençait à s'essouffler, bloquée par la résistance acharnée de Bastogne, tandis que les armées alliées renforçaient leurs lignes des Ardennes. Il n'était pas difficile de voir venir la défaite et il était probablement inévitable qu'il fût demandé à Heisenberg, qui arrivait d'Allemagne, de justifier son pays. Piet Gugelot, qui s'entretenait avec Scherrer dans la bibliothèque de ce dernier, après le repas, entendit la voix de l'épouse de son hôte, Ina, lui parvenant de la pièce voisine. Elle pressait Heisenberg de redoutables questions, disant qu'on avait entendu parler, à Zurich, de crimes terribles commis contre les Juifs. « Que dites-vous de ces atrocités ? » exigea-t-elle de savoir[21].

A l'énoncé d'une telle question, Gugelot ne put supporter davantage de se tenir sur la touche ; il alla rejoindre le groupe qui entourait Heisenberg et poursuivait avec lui ce qu'il décrivit plus tard comme « une discussion très sévère[22] ». Le physicien allemand répondit tout ignorer de meurtres de Juifs en France et en Hollande. Personne ne le crut. Il essaya une tactique différente. « Quand vous enfermez des gens entre quatre murs sans fenêtres, dit-il, ils deviennent fous. » Mais Ina Scherrer n'accepta pas ce faux-fuyant ; l'isolement de l'Allemagne était le fait d'Hitler, pas celui du reste du monde. « Et la politique de Stresseman, consistant à tendre la main à la France après le Traité de Versailles ? » rétorqua-t-elle. Gugelot ne put non plus s'empêcher d'intervenir et accusa Heisenberg de soutenir le gouvernement d'Hitler. Le physicien se récria : « Je ne suis pas nazi, je suis allemand. »

Sur quoi il présenta la défense de l'Allemagne que nous avons déjà plusieurs fois entendue. Gugelot ne se souvenait plus des termes exacts qu'il avait employés, mais gardait en revanche un souvenir précis de leur esprit et de la réaction qu'ils provoquèrent. Le véritable problème, déclara en substance Heisenberg, était la Russie : seule l'Allemagne faisait barrage entre elle et la civilisation occidentale. « A cet instant, se rappelle Gugelot, il avait les Suisses pour lui[23]. » Ceux-ci redoutaient en effet par-dessus tout de voir l'Armée rouge à leurs frontières et Gregor Wentzel, qui se tenait dans le groupe autour d'Heisenberg, s'en inquiétait autant que les autres. Le physicien allemand profita de cet habile tour de passe-passe pour s'esquiver de la conversation. Gugelot, écœuré, ne tarda pas à renfourcher sa bicyclette pour rentrer chez lui.

Malheureusement, il avait manqué l'échange, plutôt sec, qu'il y avait eu auparavant (probablement pendant qu'il était dans la bibliothèque de son hôte, tout de suite après le dîner) entre Wentzel et Heisenberg.

« Vous devez maintenant reconnaître, avait dit Wentzel, que la guerre est perdue.

— Oui, mais ç'aurait été tellement mieux, si nous avions gagné [24]. »

Wentzel avait beau partager la peur d'Heisenberg face aux Soviétiques, il n'en fut pas moins profondément choqué de le voir regretter ainsi la défaite de l'Allemagne nazie. Il quitta l'Université de Zurich pour celle de Chicago en 1948 et là, répéta à des collègues cette réponse accablante d'Heisenberg. Pendant des années sa réputation se trouva entachée de ragots sur les travaux compromettants, dans le domaine de la bombe, qu'il aurait faits pour Hitler ; et les accusations qui pesaient sur lui, passant d'un physicien à un autre, comprenait souvent, en tête de liste, l'impardonnable réponse faite à Wentzel au cours de cette conversation de Zurich. Le temps passant, Wentzel vit son histoire lui revenir et commença à se demander si les sentiments d'hostilité vis-à-vis d'Heisenberg n'allaient pas trop loin. Il dit une fois à son ami Res Jost qu'il regrettait d'avoir rapporté cette histoire aux États-Unis à cause des torts qu'elle avait faite à Heisenberg, qui après tout restait l'un des grands hommes de la physique en plus d'être pour lui un ami de jeunesse [25].

Wentzel avait au moins raison sur un point : l'anecdote sur la remarque d'Heisenberg souhaitant la victoire de l'Allemagne fit beaucoup de dégâts. Mais il se trompait en se croyant seul responsable de sa diffusion. Morris Berg assistait à la soirée chez Paul Scherrer et dans son rapport, il cite la réplique comme une preuve supplémentaire qu'il n'y aura pas de bombe allemande. Elle sous-entendait en effet quelque chose d'évident : un scientifique sur le point de fabriquer la bombe aurait-il pensé que l'Allemagne avait perdu la guerre ? Sam Goudsmit, mis au courant, n'en éprouva que plus d'hostilité contre son collègue allemand. Après la guerre, il aida Piet Gugelot à émigrer aux États-Unis et lui demanda souvent de raconter les détails de la fameuse soirée chez Scherrer [26].

Heisenberg ne retourna pas seul à pied à son hôtel à travers les rues de Zurich ; Morris Berg l'escorta et en profita pour « le bombarder de questions [27] ». Le physicien l'avait remarqué, lors de la soirée, mais ignorait qui il était ; ils parlaient en allemand et Heisenberg dit plus tard à son fils Martin qu'il l'avait pris pour un Suisse. Ils ne parlèrent pas de science ; au lieu de cela, Berg lui posa des questions insidieuses dont le but était de lui faire révéler ses sentiments sur le régime. « Oh, c'est d'un ennui tellement mortel ici, en Suisse ! dit Berg. On est sûr d'avoir son petite déjeuner tous les matins [28]. » Puis il ajouta qu'il préférerait être au combat, en Allemagne, plutôt que de vivre ici en paix. Mais Heisenberg se garda bien de trahir ses sentiments devant un étranger, la nuit, dans les rues de Zurich ; il se contenta de répondre qu'il n'était pas d'accord[29].

Heisenberg quitta le territoire de la Confédération helvétique un ou deux jours après et arriva à temps à Urfeld pour passer en famille le dernier Noël de la guerre. Parmi les cadeaux qu'il ramenait, figuraient des produits introuvables en Allemagne, comme un chandail et de la crème de beauté pour Elizabeth. Afin de faire franchir le chandail à la frontière (les douanes contrôlaient strictement les achats à l'étranger, pour éviter une hémorragie de devises), Heisenberg ne trouva rien de mieux que de l'enfiler sur lui[30]. Martin, le fils d'Heisenberg, n'a guère de souvenirs de la guerre pendant cette visite de son père — les avions alliés passaient pourtant tous les jours au-dessus de leurs têtes, et ses parents s'efforçaient de capter les émissions brouillées de la BBC — ce qui est bien naturel, mais se souvient en revanche de la chaleureuse ambiance de la fête :

> Au moment de ce dernier Noël, en 1944, nous vivions dans un chalet de montagne solitaire à Urfeld, dans les Alpes bavaroises. Ma mère organisa et répéta avec nous un chant de Noël et une petite pièce dans laquelle chacun devait tenir un rôle en fonction de ses capacités [...] Il ne devait pas y avoir grand-chose à manger, mais sans doute avait-on mis de côté de quoi faire des biscuits secs, car dans mon souvenir, il y en eut toujours pour la Noël. Notre présence était interdite dans la cuisine pendant leur préparation, mais leur odeur merveilleuse emplissait la maison. Mon père étant presque tout le temps absent, sa venue était toujours un grand événement. Il nous amenait faire de petites promenades, et la neige était parfois tellement haute que je n'arrivais pas à voir par-dessus, de là où nous marchions. Le lendemain de la nuit de Noël, mon père se mettait au piano et accompagnait ma mère dans des lieder de Schubert [...]. S'asseoir sur ses genoux était le plaisir suprême. Nous avions un arbre de Noël avec de véritables bougies et mon père n'oubliait pas de mettre un seau d'eau dans un coin de la pièce[31].

A Washington, Howard Dix transmettait les rapports de Berg à Robert Furman au fur et à mesure de leur arrivée. La rencontre Berg-Heisenberg fut un coup de premier ordre des services secrets. Dix écrivit plus tard que Groves ne tarissait pas d'éloges et disait qu'il aurait fait travailler à mort les scientifiques américains dans la course à la bombe atomique, sans les rapports rassurants de Berg[32]. Ces propos reflètent tout à fait les déclarations ronflantes qui remplissent les lettres de remerciements écrites par Groves à la fin de la guerre, et qui constituent un gros dossier.

Mais on a la preuve que Groves cita effectivement le nom de Morris Berg lorsque, en compagnie de Stimson, il eut une longue réunion avec le président Roosevelt, le 30 décembre 1944. Le général déclara que les

États-Unis n'auraient besoin que de deux bombes pour mettre un terme à la guerre[33]. Il avait toujours pensé (il est possible qu'il l'ait dit) qu'elles seraient utilisées contre le Japon. L'Offensive Rundstedt inquiétait cependant beaucoup Roosevelt et il répondit qu'il voulait que les premières bombes fussent prêtes pour être lancées sur l'Allemagne[34]. C'était exactement ce que ne voulait pas Groves ; il redoutait, si jamais la bombe n'explosait pas, de fournir ainsi et un modèle, et suffisamment de matériau fissile aux Allemands pour qu'ils en construisent une à leur tour. C'est peut-être à ce moment-là que Groves dit qu'il n'y avait aucune bombe allemande à redouter. Toujours est-il que la rumeur circula, dans les couloirs de l'OSS et du Projet Manhattan, que le témoignage direct de Mœ Berg avait impressionné Roosevelt. Robert Furman se souvient d'avoir entendu un rapport en ce sens dans le bureau de Groves, à l'époque[35], et à Paris, au mois d'avril suivant, le jour même de la mort de Roosevelt, Donovan dit à Berg : « FDR [Roosevelt] savait ce que vous faisiez[36]. »

Soit. Mais les agents de renseignements ne reçoivent guère de récompenses pour leur travail et les risques qu'ils prennent ; le salaire est médiocre, l'essentiel de leur tâche relève de la pure routine, les compliments sont rares. William Donovan n'aurait pas été le premier responsable d'un service de renseignements à remonter le moral de l'un de ses hommes au moyen de l'expression strictement confidentielle de la gratitude des plus hautes autorités du pays. Sans autres preuves, il faut considérer cet épisode comme apocryphe.

Parmi les autres réactions, toutefois, il en est une qui ne fait aucun doute : la rencontre Berg-Heisenberg avait beaucoup inquiété le général Groves. Les bonnes nouvelles qui leur parvenaient de Strasbourg montraient qu'il fallait rester prudent ; le risque effrayant de voir Berg, au courant des choses comme il l'était, tomber d'une manière ou d'une autre sous le contrôle des Allemands mit fin au projet de pénétration en territoire allemand. John Lansdale se souvient d'avoir utilisé le téléphone à brouillage pour appeler Horace Calvert, à Londres, et lui dire de rappeler Berg[37]. Groves lui-même, dans ses mémoires, déclare avoir annulé « le plan Calvert » lorsqu'il en entendit parler, ce qui n'est pas tout à fait vrai[38]. Sous une forme ou une autre, ce plan existait depuis un an et Groves en avait eu toute la responsabilité par le biais de son adjoint, Robert Furman ; à ce stade il préféra cependant mettre un terme définitif au projet de l'intervention en territoire ennemi prévue pour le mois de janvier suivant.

Au cours des premiers jours de la nouvelle année, Groves envoya Furman à la Section technique de l'OSS, où le major dicta de nouvelles instructions destinées au recueil d'informations sur « les questions scientifiques », et eut une longue conversation avec Martin Chittick, qui aurait dû être le responsable, sur le terrain, de l'expédition allemande. Il lui dit qu'il était toujours question de l'envoyer avec Mœ Berg interroger

Lise Meitner en Suède, mais que le projet de pénétration en Allemagne était annulé, la prudence étant maintenant à l'ordre du jour. Le 5 janvier 1945, Dix écrivit à Berg pour lui dire que Chittick devait bientôt arriver à Berne pour « vous dire de ne pas aller trop loin avec AZUSA [...] [39] ». Depuis le début, Lansdale avait estimé que toute tentative de s'emparer d'Heisenberg ferait inévitablement courir le risque de trahir tout l'intérêt que les Alliés portaient à la bombe atomique. Groves, néanmoins, s'était montré prêt à l'assumer pendant presque toute l'année 1944. Deux événements ont changé sa façon de voir, en décembre : la découverte des documents de Strasbourg par Goudsmit, et l'aveu d'Heisenberg, à Zurich, que l'Allemagne perdrait la guerre.

CHAPITRE 35

Tout le monde, d'ailleurs, savait que l'Allemagne était en train de perdre la guerre, en décembre 1944 ; mais on risquait sa vie en le disant. Peu de temps après le retour d'Heisenberg, son patron nominal, Walther Gerlach, reçut la visite d'un SS porteur d'une inquiétante requête : faire venir Heisenberg à Berlin pour interrogatoire. On avait reçu un rapport d'un Vertrauensmann (un « homme de confiance » — un espion) appartenant à l'institut de Paul Scherrer de Zurich, qui prétendait que Heisenberg, pendant sa visite, avait fait des remarques défaitistes sur « l'avenir de la situation militaire et politique [1] » — bref, il avait dit que la guerre était perdue.

Gerlach comprit sur-le-champ comment il fallait réagir et en rajouta même. Comment ! C'est une conduite inexcusable ! et ainsi de suite. Le SS revint trois fois à la charge avant que toute l'affaire, selon le mot de Gerlach, « eût été mise en morceaux [2] ». En fait, il avait employé la même stratégie un an avant lorsque la Gestapo avait cherché son aide pour organiser l'assassinat de Niels Bohr ; les SS avaient fini par laisser tomber. Heisenberg se trouvait loin, au fin fond du Wurtemberg, et Gerlach promit de prendre les strictes mesures administratives et disciplinaires qui s'imposaient. Il ne le fit bien entendu jamais et lui téléphona pour lui parler de « l'affaire suisse [3] », l'avertissant que les SS en voulaient à sa peau [4].

A la mi-janvier, Heisenberg fit allusion à cette alerte dans une lettre à Paul Scherrer où il le remerciait de son accueil à Zurich. A l'époque, il savait seulement qu'un rapport préjudiciable pour lui l'avait suivi de Suisse, mais ignorait que sa source était un Vertrauensmann de l'ETH. Mœ Berg, qui rendit souvent visite à Scherrer cet hiver-là, signala la lettre à Washington, ajoutant : « Weizsäcker maintenant identifié sans aucun doute possible comme étant accompagnateur officiel d'Heisenberg en Suisse [5]. » Conclusion qui a pu paraître logique à l'époque, mais Scherrer et Berg se trompaient ; ce n'était nullement Weizsäcker qui avait dénoncé Heisenberg aux SS. Heisenberg lui-même pensait que son corbeau était un jeune homme dont il n'avait pas retenu le nom et qui l'avait raccompagné à son hôtel, à la fin de la soirée chez Scherrer, et bombardé de questions provocantes : Mœ Berg.

Lorsque Heisenberg retraversa la frontière germano-suisse, un ou deux jours avant la Noël 1944, il ne laissait derrière lui aucun indice raisonnable que l'Allemagne fût en train de se doter de l'arme nucléaire. La question était réglée, même dans l'esprit méfiant de Groves. Mais le général était un homme qui allait jusqu'au bout des choses, et il poussa la mission Alsos, au cours des derniers mois de la guerre, à parcourir et fouiller de fond en comble l'Allemagne afin de récupérer jusqu'au dernier kilo d'uranium, jusqu'au dernier rapport secret, jusqu'au dernier physicien risquant de vendre son savoir-faire aux Soviétiques, voire même de simplement parler de bombes une fois la guerre terminée avec le Troisième Reich. C'était la peur d'une bombe allemande qui avait convaincu le président Roosevelt et ses conseillers d'entreprendre eux-mêmes l'énorme effort du Projet Manhattan — un monstre qui avait déjà coûté deux milliards de dollars en 1945 — et aucun haut responsable, Groves encore moins que les autres, n'allait l'arrêter simplement parce que les Allemands n'avaient rien fait. C'est aux Soviétiques que le général pensait pendant les derniers mois du conflit, alors que la mission Alsos passait au tamis les ruines de l'Allemagne et récupérait ce qui restait de l'Uranverein. Mais à suivre leur progression, ce qui frappe le plus maintenant est le manque de clairvoyance d'Alsos, et en particulier de Sam Goudsmit, au fur et à mesure qu'il recueillait ses documents et interrogeait les scientifiques allemands, épuisés par la guerre. Il constatait bien à quel point l'effort allemand avait été dérisoire ; mais pour quelles raisons l'Allemagne avait tenté si peu de choses et était arrivée à d'aussi piètres résultats, voilà qui semblait lui échapper complètement. La controverse sur l'échec allemand a ses origines là, dans le fait que Goudsmit ne vit que l'incompétence des nazis, dans le fait que les autorités allemandes avaient abandonné tout espoir de construire une bombe, trois ans plus tôt.

La Bataille des Ardennes, perdue dès janvier 1945, mit un terme aux derniers espoirs allemands de gagner la guerre ; plusieurs mois de durs combats restaient cependant à mener. Tandis que les armées soviétiques arrivaient de l'est, se refermant peu à peu sur Berlin, les armées américaines, anglaises et françaises avançaient sur le front ouest. D'énormes flottes d'escadrilles alliées pilonnaient les villes allemandes presque chaque nuit, tandis que la chasse s'aventurait librement au-dessus de tout le territoire du pays de jour, attaquant le trafic routier et ferroviaire. En dépit du déchaînement de la guerre, Walther Gerlach poursuivait ses tentatives, de plus en plus désespérées, pour rassembler suffisamment d'uranium-métal et d'eau lourde dans quelque coin tranquille du pays afin d'y construire une pile nucléaire à réaction en chaîne, susceptible de procurer de l'énergie à bon marché, une fois le conflit terminé. A la fin de janvier 1945, Gerlach se prépara à déplacer les derniers scientifiques et ce qui restait de matériel — eau lourde et oxyde d'uranium — de Berlin-Dahlem à Stadtilm, plus au sud, où Kurt Diebner avait installé son centre de recherche depuis l'été de 1944.

Gerlach et Paul Rosbaud étaient restés en relation étroite tout au long de la guerre, se rencontrant une fois par semaine ; le soir du 29 janvier, Gerlach téléphona à son ami pour lui dire qu'il n'allait pas tarder à quitter la capitale et envisageait d'emporter « le truc lourd » avec lui. « Où ça ? Chez Werner ? » demanda Rosbaud, pensant à Heisenberg.

Gerlach ne le nia pas, même si, pour le moment, il se proposait de déménager eau lourde et uranium seulement à Stadtilm et non pas à Hechingen où Heisenberg travaillait aussi à un prototype de réacteur. « Qu'est-ce qu'il va en faire ? demanda Rosbaud.

— Peut-être des affaires », répondit Gerlach[6].

Deux jours plus tard, le 31 janvier, un convoi d'automobiles quittait Dahlem, avec Gerlach, Diebner et Karl Wirtz, le dernier des proches collègues d'Heisenberg qui travaillait encore dans le bunker, au sous-sol de la Kaiser Wilhelm Gesellschaft. Il fut bientôt suivi de camions transportant le gros des réserves d'eau lourde et d'oxyde d'uranium de l'Allemagne. Jusqu'au moment du départ, l'eau lourde avait appartenu concrètement à Heisenberg et servait aux expériences qu'il conduisait. C'est pourquoi, lorsque Wirtz lui téléphona, le 1er février, pour lui apprendre le déménagement, il se lança aussitôt dans la bataille. Il appela Gerlach dès le lendemain matin pour protester contre ce transfert, puis partit le 5 pour Stadtilm en compagnie de Weizsäcker pour aller régler le problème en personne. Une nouvelle série d'expériences qu'il venait de conduire à Haigerloch montrait en effet une multiplication par sept des neutrons[7], et il avait bien l'intention de démontrer à Gerlach qu'avec un peu plus d'eau lourde et d'uranium, il pouvait créer une réaction en chaîne auto-entretenue. Ce qui constituerait un succès fabuleux, en temps de guerre, et contribuerait à assurer l'avenir de la science allemande au retour de la paix. Et il était tout aussi important, pour qu'on eût une vue pratique des choses, de disposer des outils de la recherche dans le domaine des réacteurs, à savoir l'eau lourde et l'uranium, à la fin du conflit. Ces considérations paraissaient extrêmement pressantes à l'époque, mais vingt ans plus tard, Heisenberg rejeta la validité de toute cette entreprise, déclarant à David Irving : « Tout ça n'était qu'un jeu[8]. » Jeu néanmoins dangereux.

Le parcours des quelque trois cents kilomètres qui séparent Hechingen de Stadtilm fut un terrifiant et épuisant calvaire. Heisenberg et Weizsäcker quittèrent Hechingen à bicyclette alors qu'il faisait encore nuit, au matin du 5 février, pour gagner la gare la plus proche qui se trouvait tout de même à près de vingt kilomètres, à Horb. Peu après le lever du jour, ils prirent un train qui n'alla pas plus loin que Würzburg, où les bombardements alliés avaient coupé les voies. Ils mendièrent une place dans une voiture pour rejoindre une autre gare, avec l'espoir qu'un autre train pourrait les amener à Stadtilm, mais le chef de gare leur apprit que les bombardiers alliés étaient passés ici aussi. Le deux physiciens appelèrent Gerlach, qui promit d'envoyer une voiture les chercher. Tandis qu'ils l'attendaient, une alerte aérienne les obligea à se replier dans une cave où ils purent écouter une sonate pour violoncelle de Beethoven à la radio, entrecoupée d'explosions de bombes tombant dans le secteur.

Au bout de nombreuses heures, l'automobile promise par Gerlach arriva enfin, mais le reste du voyage ne fut pas moins mouvementé ; les bombardiers en piqué alliés attaquaient les véhicules sur les routes. Lorsqu'un avion approchait, le chauffeur s'arrêtait et tout le monde sautait dans le fossé le plus proche. « Ça avait un côté comique [9] », déclara plus tard Heisenberg. A Stadtilm, où ils arrivèrent à la nuit, loin de découvrir le laboratoire auquel ils s'attendaient, ils ne trouvèrent que quelques scientifiques réfugiés dans une vieille auberge. Heisenberg et Weizsäcker passèrent le reste de la soirée à jouer aux cartes avec Diebner. Le lendemain, ils rencontrèrent Gerlach qui leur promit l'envoi d'une cargaison de cubes d'oxyde d'uranium compressés pour les expériences d'Hechingen. Le voyage de retour, qu'ils firent en voiture avec Gerlach jusqu'à Munich, leur fit courir les mêmes dangers ; ils traversèrent Weimar pendant un raid aérien et quittèrent la ville au moment où les bombes, derrière eux, la pilonnaient. A Munich, Heisenberg quitta Gerlach pour prendre la direction d'Urfeld. Plus tard, au cours du mois, l'ancien étudiant d'Heisenberg Eric Bagge apporta l'eau lourde et l'uranium de Stadtilm à Haigerloch par camion, et il fut procédé à une dernière tentative pour lancer une réaction en chaîne auto-entretenue, la huitième de la série faite par l'équipe d'Heisenberg.

Cette tentative échoua — les neutrons augmentèrent puis disparurent — mais Gerlach, on ne sait trop comment, se persuada que l'expérience du groupe d'Haigerloch (ex-Berlin-Dahlem) avait réussi. On le rappela à Berlin au cours de la troisième semaine de mars ; il fit le déplacement à bord d'un petit avion qui atterrit sur une piste de fortune pendant une attaque de l'artillerie soviétique, puis gagna difficilement le bunker enterré où l'attendait Martin Bormann, devenu l'homme de confiance d'Hitler. Gerlach lui déclara qu'il restait un rayon d'espoir à l'Allemagne. « Nous avons réussi à faire fonctionner une réaction en chaîne. Nos progrès, à Hechingen, signifient que nous gagnerons la paix. Après la guerre, ils viendront tous chez nous [10]. »

Pendant cette dernière visite à Berlin, il vit également son ami Paul Rosbaud à son bureau, le 24 mars. Gerlach était complètement surexcité par les nouvelles de la dernière expérience d'Haigerloch et convaincu que c'était la chance de la dernière heure d'arracher des concessions aux Alliés. « *Die Maschine geht !* » dit-il à Rosbaud : « La machine fonctionne. » Il craignait cependant que l'eau lourde ne fût transportée dans la Bergfestung, la citadelle fortifiée d'Hitler dont la rumeur disait qu'elle était en construction, dans les Alpes bavaroises, comme un dernier îlot de résistance nazie. Ce n'était pas la guerre à outrance que voulait Gerlach, mais le renversement du régime nazi et un arrêt des hostilités là où se trouvaient les armées ; autrement dit, sauver l'Allemagne de la défaite totale, maintenant imminente.

Voici la conversation qu'il eut avec l'éditeur, telle que Rosbaud l'a consignée, environ quatre mois plus tard, dans son anglais parfois un peu approximatif :

Il poursuivit : « C'est un grand triomphe, pense aux conséquences, tu n'as plus besoin de radium ni de pétrole. »

Je répondis : « Grâce à Dieu, trop tard. »

« Non » — il devenait de plus en plus excité — « Un gouvernement intelligent, conscient de ses responsabilités, pourrait peut-être
obtenir de meilleures conditions. »

« Comment et pourquoi ? »

« Parce que nous savons quelque chose d'une extrême importance
que les autres ne savent pas. Mais (ajouta-t-il tristement) nous avons
un gouvernement qui n'est ni intelligent ni même conscient de ses
responsabilités [11]. »

Rosbaud, impitoyable, s'employa à détruire les espérances de Gerlach : même si les expériences d'Heisenberg confirmaient ses théories, il faudrait des années pour mettre au point une arme et ils ne disposaient que de mois, voire de semaines (les Soviétiques seraient à Berlin en mai). L'éditeur conclut par un avertissement destiné à refroidir l'enthousiasme de Gerlach ; si jamais il essayait de se servir de la recherche atomique pour obtenir des concessions des Alliés, ceux-ci le tueraient ou l'interneraient dans un camp.

En dépit des arguments de Rosbaud, Gerlach conserva le fragile espoir que les travaux d'Haigerloch pussent néanmoins épargner la défaite et l'occupation à l'Allemagne. Le 28 mars, il quitta Berlin pour Stadtilm, où Diebner et ses collègues avaient arrêté le travail et attendaient l'arrivée des troupes américaines. Gerlach poursuivit sa route en voiture vers le sud jusqu'à Munich puis Hechingen, pour une dernière rencontre avec Heisenberg, Max von Laue et Otto Hahn. Contrairement à Diebner, Heisenberg essayait toujours de faire fonctionner son réacteur, se déplaçant en bicyclette, avec la venue du printemps, entre son domicile d'Hechingen et la ville toute proche d'Haigerloch. Presque terminée, la guerre était néanmoins encore loin ; les bombardiers alliés passaient souvent en grondant au-dessus de leurs têtes, à destination de Stuttgart ou Munich, mais aucune bombe ne tomba sur Hechingen. A Haigerloch, Heisenberg quittait parfois discrètement la grotte, au bas de la falaise, pour monter jusqu'à l'église baroque du XVIIIe qui la dominait. Là, il jouait des fugues de Bach sur l'orgue [12].

On peut se demander ce que comprenait Gerlach aux travaux de recherche qui se déroulaient dans la grotte d'Haigerloch. Karl Wirtz se souvient encore de sa stupéfaction lorsque Gerlach, lors de son ultime visite à Hechingen, lui demanda si on ne pourrait pas charger le réacteur expérimental sur un avion et le larguer sur une ville alliée comme une sorte de bombe. Question stupide : avec son eau lourde et son uranium, l'appareillage pesait plusieurs tonnes. Mais ce qui l'abasourdit le plus fut le degré d'ignorance de celui qui était responsable du projet ; il ne saisissait tout simplement pas que si un réacteur s'emballait, il pouvait éclater, mais non engendrer une véritable explosion atomique. « Il est inutile d'envisager de larguer un réacteur », répondit Wirtz, qui entreprit d'expliquer pourquoi. Au bout d'un moment il y renonça, écœuré. Gerlach ne comprenait strictement rien [13].

Au début du mois d'avril, Gerlach retourna chez lui à Munich attendre la fin de la guerre, maintenant imminente. « Tous les chrysanthèmes sont en fleur sur mon balcon », note-t-il dans son journal [14]. Dès le 3, il n'arrivait plus à joindre Stadtilm par téléphone ; le 8, toute communication avec Berlin était devenue impossible. L'effondrement général n'allait pas tarder [15].

Tandis que la mission Alsos s'apprêtait à emboîter le pas aux armées d'Eisenhower sur le point d'envahir l'Allemagne, le général Groves prit plusieurs initiatives pour assurer la destruction des installations et des laboratoires risquant de tomber entre les mains des Soviétiques, en particulier l'usine de raffinage de métaux d'Auer Gesellschaft à Oranienburg, au nord de Berlin. Les documents saisis à Strasbourg prouvaient qu'elle fabriquait les plaques et les cubes d'uranium-métal destinés aux réacteurs. Il ne fallait pas espérer envoyer une équipe d'Alsos à Oranienburg ; la ville était située beaucoup trop loin à l'intérieur de la zone dévolue à l'Union soviétique lors des accords de Yalta. Groves obtint en revanche l'accord du général Marshall pour un bombardement aérien de l'usine d'Auer, puis envoya le major Frank Smith en Grande-Bretagne expliquer précisément au commandant de la 8e Air Force, le général Carl Spaatz, ce qu'on attendait de lui. Le 15 mars 1945, plus de six cents B-17 larguèrent près de mille tonnes de bombes chargées d'un explosif à haute intensité et d'engins incendiaires. Le coût du raid fut élevé : neuf appareils furent perdus ou trop gravement endommagés pour être réparés, 288 autres subirent des dommages des défenses anti-aériennes, et 66 membres d'équipage trouvèrent la mort en s'écrasant au sol. Mais l'usine fut littéralement aplatie, au point que vingt ans après on a encore retrouvé des bombes non explosées sur son périmètre [16].

Les deux autres grands objectifs de Groves étaient la récupération de tout l'uranium se trouvant encore en Allemagne et la capture des principaux savants atomistes du pays, effort auquel il s'employa au cours des derniers jours de la guerre sur le théâtre européen. Il en donna la responsabilité à ses aides habituels en matière de renseignement, le major

Robert Furman, le colonel John Landsdale, le major Horace Calvert, le colonel Boris Pash et le seul civil de cette équipe restreinte, le physicien Samuel Goudsmit. Aucun de ces hommes n'était sous les ordres directs de l'un des autres. Groves attendait d'eux une franche coopération et qu'ils lui rendissent compte directement. Il gardait ainsi un contrôle absolu des événements. Ces cinq hommes avaient le soutien d'une mission largement renforcée en scientifiques et en militaires, dont le quartier général fut tout d'abord à Paris puis, à partir de la mi-avril, à Heidelberg. Une équipe d'agents secrets anglais vint compléter les effectifs, tout à la fin, mais les Britanniques, à ce moment-là, se sentaient irrités de la manière dont les Américains avaient pris le contrôle d'un domaine qu'ils considéraient jusqu'ici comme leur chasse gardée.

Une fois le Rhin traversé par les forces alliées, à la fin de février 1945, les événements s'accélérèrent. Entrant dans les villes qui venaient d'être prises sur les talons des armées, les groupes Alsos rassemblaient rapidement les scientifiques qui figuraient sur la liste de Furman depuis l'automne de 1943. Cologne, le 5 mars, se trouva la première cible ainsi atteinte et dans les derniers jours du mois, Boris Pash, à la tête d'une équipe d'Alsos, entrait dans la ville universitaire de Heidelberg[17] dont on savait, par les rapports de l'OSS et les documents de Strasbourg, qu'elle possédait le seul cyclotron en état de marche, dans le laboratoire que dirigeaient Walther Bothe et Wolfgang Gentner. Goudsmit se sentait nerveux à l'idée de rencontrer Bothe, en particulier. Le règlement militaire interdisait strictement toute « fraternisation », à savoir des manifestations amicales ou personnelles comme le simple fait de serrer la main de quelqu'un. Or Goudsmit avait bien connu Bothe avant la guerre ; il était pour lui un collègue plus âgé pour qui il éprouvait le plus grand respect. Il ignora le règlement, serra chaleureusement la main de Bothe et entreprit avec lui une longue et amicale conversation, tandis que l'Allemand lui montrait avec fierté son cyclotron. Bothe s'exprimait librement ; il expliqua où chacun travaillait et les directives qu'il avait reçues de Gerlach depuis qu'il avait succédé à Esau, l'année précédente[18].

Lorsque Goudsmit voulut lui faire parler de ses recherches militaires, cependant, l'Allemand se referma. « Nous sommes encore en guerre, dit-il. Il doit être clair pour vous que je ne peux rien dire de ce que j'ai promis de garder secret. Dans ma situation, vous feriez comme moi[19]. » Goudsmit essaya d'autres tactiques, la diplomatie, les cajoleries, mais rien n'y fit ; Bothe souligna qu'il avait brûlé tous les documents relatifs à ses recherches, dans le strict respect des ordres reçus, et en dépit du scepticisme de Goudsmit (comment imaginer qu'un scientifique brûle ses propres travaux ?), on ne retrouva jamais, ni à l'époque, ni depuis, les papiers en question.

Goudsmit fut plus heureux avec Gentner, qu'il ne connaissait pas. A la recherche du domicile de celui-ci, le 1er avril, dans le rues de Heidelberg, il arrêta un passant et lui demanda : « Savez-vous où habite le professeur

Gentner [20] ? » C'était le physicien en personne, qui ne partageait nullement les conceptions du secret de Bothe ; au cours des nombreuses
conversations qu'ils eurent les dix jours suivants, Gentner dit à Alsos tout
ce qu'on voulut savoir sur la recherche atomique allemande ; ça consistait
en bonne partie de ragots scientifiques, notamment sur la gué-guerre pour
le contrôle de l'eau lourde et l'uranium entre Heisenberg et Kurt Diebner.

Gentner avait néanmoins quelques révélations sensationnelles à faire.
La première avait trait à la pile expérimentale d'Heisenberg à Haigerloch :
la réaction en chaîne n'arrivait pas à s'auto-entretenir. C'était une bonne
nouvelle ; Alsos avait beau être sûr qu'il n'y aurait pas de bombe
atomique allemande, tout ce qui venait le confirmer était une cause de
soulagement. Le 9 avril, Gentner leur dit aussi que le projet de recherche
de Diebner n'était plus à Berlin, mais avait été déménagé à Stadtilm, ville
qui venait d'être prise par les Alliés seulement la veille. Le nom de
Diebner hantait Goudsmit depuis qu'il l'avait entendu prononcer pour la
première fois par Frédéric Joliot-Curie, au mois d'août précédent. Que
Diebner eût travaillé sur un réacteur ne faisait qu'accroître son intérêt. Le
colonel Pash et Frederick Wardenburg partirent pour Stadtilm en jeep dès
le 10 et Goudsmit suivit dans un petit avion piloté par un jeune physicien
d'Alsos, David Griggs. Groves lui avait interdit de voler en Allemagne,
redoutant un atterrissage forcé derrière le front et sa capture par l'ennemi,
mais Goudsmit s'était arrangé avec Griggs, pilote civil, pour se déplacer
occasionnellement ainsi [21].

L'équipe Alsos arriva toutefois trop tard à Stadtilm. L'un des rares
scientifiques encore présents, Friedrich Berkei, expliqua que la Gestapo
avait débarqué le dimanche précédent pour escorter le groupe de
recherche secrète jusqu'au Bergfestung d'Hitler, dans les Alpes bavaroises. Alsos put cependant saisir quelques cubes d'oxyde d'uranium
compressé de la taille d'un poing et Goudsmit eut tout loisir pour étudier
la pile de Diebner, installée dans une cave de l'école. L'échelle ridiculement réduite du projet lui fit penser à l'effort d'un université de province
démunie de tout [22].

Le 17 avril, Goudsmit et Furman allèrent en avion à Göttingen, que les
Alliés venaient de prendre une semaine auparavant. Là, les deux hommes
procédèrent à un rapide examen d'une grande cache de documents
scientifiques, rassemblés par un fonctionnaire de la Reichsforschungsrat
aux ordres de Göring, Werner Osenberg, et parmi lesquels on trouva des
renseignements détaillés sur les scientifiques allemands. Ils consultèrent
également des rapports sur un projet de séparation isotopique de
l'uranium à l'aide de centrifugeuses. Le directeur de ce projet, le physicien
Will Groth, avait été le compagnon de chambre et un ami intime de
Goudsmit, pendant l'année que ce dernier avait passée en Allemagne
comme boursier de la fondation Rockefeller, dans les années vingt. Groth
était un admirateur passionné de l'écrivain Thomas Mann et nullement un
nazi ; mais le fait que lui et Paul Harteck avaient proposé aux autorités

469

d'entreprendre la construction d'une bombe atomique, en 1939, rendit leurs retrouvailles douloureuses et contraintes[23].

Sur la liste des scientifiques recherchés à Göttingen figurait le nom et l'adresse de Hans Kopferman, qui collaborait avec Groth sur la séparation isotopique. Goudsmit et Furman venaient à peine de commencer son interrogatoire, à son domicile, lorsque se présenta un visiteur inattendu : Friedrich Georg Houtermans, dont le nom leur était connu par des rapports de l'OSS de Suisse et les dossiers de Weizsäcker à Strasbourg. D'après une lettre à Weizsäcker de juillet 1944, Houtermans aurait quitté l'institut de von Ardenne à Berlin-Lichterfeld pour le Physikalische Technische Reichanstalt à Ronneburg. Bien des événements, cependant, étaient intervenus depuis l'été précédent.

Comme tant de scientifiques allemands, Houtermans avait été bousculé par la guerre depuis mars 1941, date à laquelle il avait transmis un message sur la bombe allemande à Fritz Reiche, à Berlin. Après l'invasion de l'Union soviétique, il avait participé, avec Kurt Diebner et Erich Schumann, à une mission scientifique à Kharkov avec l'espoir de retrouver et d'aider son ami de prison, Konstantin Shteppa. Cette tentative eut pour seul résultat de le faire soupçonner plus tard de sympathies nazies, en particulier par Paul Rosbaud.

Au printemps 1944, il était entré au PTR, peu avant l'évacuation de l'établissement vers Ronnenburg, pour échapper aux bombardements alliés. Là, Houtermans ne tarda pas à se créer des ennuis. Fumeur invétéré depuis toujours, il souffrait cruellement du manque de tabac et ne trouva rien de mieux que d'écrire à un fabricant de cigarettes de Dresde, sur papier à en-tête du PTR, pour lui demander un certain type de tabac de Macédoine dans le but de faire d'importantes expériences sur l'absorption de la lumière par « le brouillard et la fumée ». Ruse qui marcha admirablement ; mais lorsqu'il voulut récidiver, après avoir transformé ce premier kilo en fumée, la seconde lettre tomba aux mains d'un responsable du PTR qui, peu compréhensif, le mit à la porte. La sanction, en temps de guerre, était des plus sérieuses : l'envoi au front. Ce sont ses amis Heisenberg et Weizsäcker qui le sortirent de ce mauvais pas en lui obtenant une entrevue avec Walther Gerlach, le grand patron — Bevollmachtigter — de la physique. Ce dernier lui trouva un poste auprès de Kopferman à Göttingen et lui procura même les billets de train nécessaires pour lui et sa famille. Au printemps de 1945, dans une rue de la ville universitaire, il tomba un jour sur son ami Konstantin Shteppa ; sans toit, sans travail, celui-ci était au désespoir. Houtermans s'arrangea pour lui obtenir une autorisation officielle pour rester à Göttingen[24].

Houtermans fut tout excité lorsque le hasard le mit en face de Goudsmit, au domicile de Kopferman ; il lui tardait depuis longtemps de renouer avec le reste du monde scientifique. Le lendemain de la prise de

Göttingen par les Alliés, le 8 avril, il avait écrit une lettre à son vieil ami P.M.S. Blackett, en Angleterre :

> Cela fait des années et des années que j'attendais ce moment [...] Pendant toutes ces années, j'ai souvent pensé à toi et parlé de toi (avec Heisenberg, que tu as vu peu de temps avant la guerre) et j'avais tellement envie de te voir, toi et nos amis de là-bas ! [...] Je pense à toi et à tous ceux qui nous connaissent personnellement, il n'est même pas nécessaire de dire ce que nous pensons de tout ce qui a été fait durant la guerre au nom de l'Allemagne, à commencer par Coventry [bombardée par la Luftwaffe en 1940] et par le comportement des Sprengkommandos dans les instituts russes, et je sais que tu ne croiras pas que tous les physiciens allemands soient devenus fous, eux aussi. Bien sûr, il y eut différents points de vue sur la façon de s'opposer aux pires excès du nazisme, allant du défaitisme conscient et d'une attitude absolument intransigeante comme dans les cas de von Laue et Hahn, au compromis diplomatique dont le but était de sauver ce qui pouvait l'être de la science, comme avec Heisenberg qui a réussi, de cette manière, à sauver l'institut de Copenhague après le départ de Bohr [...] Mais des cas comme Lenard, Stark, Esau, etc., ont plutôt été rares, grâce à Dieu [25].

Néanmoins, Houtermans n'avait pas encore trouvé le moyen de poster cette lettre, qu'il avait encore en poche lorsqu'il tomba sur Goudsmit, le 17 avril. Il ne cacha rien aux deux Américains ; on retrouve, sous une forme atténuée mais indiscutable, le soulagement qu'il exprimait dans sa lettre à Blackett, au fil du rapport officiel de Goudsmit, écrit quelques jours plus tard à Heidelberg :

> K. et H. ont tous les deux confirmé l'attitude générale des physiciens vis-à-vis de l'effort de guerre. Indépendamment l'un de l'autre, ils ont cité les mêmes propos que nous avons déjà entendus, à savoir qu'ils mettaient « la guerre au service de la science » et non le contraire. C'est, nous a dit Houtermans, une citation directe d'Heisenberg.
>   Houtermans lui-même ne fait pas partie des personnes directement impliquées dans le projet, mais il s'y est beaucoup intéressé. Il s'est efforcé de nous donner toutes les informations dont il disposait, mais certaines d'entre elles étaient incontestablement fausses, ce qui montre son ignorance.
>   Houtermans prétend qu'ils ont volontairement ralenti le travail sur le projet, ne voulant pas qu'il réussisse au cours de cette guerre. Il en a parlé avec Weizsäcker et lui a dit d'informer Bohr. Mais von W. ne l'a pas fait de la manière prévue. Plus tard, Jensen est allé voir Bohr et lui a tout dit du projet afin « d'obtenir l'absolution pour

471

ceux qui y travaillaient. » Il était extrêmement dangereux d'en parler à un étranger, à l'époque[26].

Le 18 avril, Houtermans ajouta un post-scriptum à sa lettre à Blackett, dans lequel il disait que Goudsmit lui avait promis de la lui faire parvenir ; il le chargeait aussi de transmettre ses salutations à James Franck et Max Born, et lui demandait s'il ne pourrait pas intercéder auprès des autorités alliées pour aider la science à redémarrer à Göttingen. Goudsmit, ajoute-t-il, « n'a pas de contact direct avec le gouvernement militaire » et ne peut rien faire.

Cette dernière affirmation n'était peut-être qu'un pieux mensonge ; le rôle d'agent de renseignements scientifique secret de Goudsmit était supposé rester secret. Mais la promesse de poster la lettre était en revanche un mensonge éhonté ; l'original se trouvait encore dans ses papiers personnels à sa mort, trente-cinq ans plus tard.

Avant de quitter Göttingen, le 18 avril, Goudsmit et Furman tombèrent sur Mœ Berg, qui avait le don d'apparaître mystérieusement, sortant de nulle part. Tous deux le connaissaient bien, à cette époque, mais Furman, en particulier, s'inquiétait de la façon dont l'homme se promenait à son gré en Europe, ave tout ce qu'il savait[27]. N'empêche, les histoires de Berg fascinaient Furman. A Göttingen, Berg lui raconta la conférence d'Heisenberg à Zurich, le dîner chez Paul Scherrer, la longue promenade pour raccompagner le physicien allemand jusqu'à l'hôtel, dans les rues glaciales de Zurich[28].

Berg venait de passer les trois mois précédents en Suisse, à parler à Scherrer et à ses assistants, ainsi qu'à beaucoup d'autres érudits — y compris un linguiste qui ignorait tout de la fission nucléaire mais était intarissable sur les noms de lieux celtiques et pré-romains[29]. Il fut convenu que Berg et Martin Chittick iraient voir Lise Meitner à Stockholm, et Berg obtint de Scherrer une lettre d'introduction dans laquelle ce dernier lui rappelait leur rencontre à la « semaine de Planck », à Göttingen, des années auparavant[30].

Mais un délai s'ajoutant à un autre, comme si souvent déjà, Berg n'alla à Stockholm qu'en juin. Il quitta la Suisse pour Paris en voiture, le 7 avril, avec en poche une liste de cibles semblable à celle de Goudsmit. A la veille de son départ, plusieurs fois retardé, Allen Dulles envoya à Howard Dix un télégramme dans lequel il dit qu'il lui tarde d'en être débarrassé :

Remus [nom de code de Berg] n'est pas encore parti. Confidentiellement, il est aussi facile à contrôler qu'un chanteur d'opéra et il m'est difficile, en ce moment, de trouver le temps de le dorloter. Son travail est parfois brillant, mais aussi capricieux. Lorsqu'il partira, cette fois, je pense qu'il est préférable de confier ses contacts à Cabana [Chittick] et à Kliefolth et qu'il ne revienne pas ici pour le moment[31].

Le 13 avril, Berg arrivait à Paris pour rencontrer le général Donovan. Avant de le retrouver dans sa suite, au Ritz, à neuf heures, il acheta des journaux parisiens et apprit que le président Roosevelt venait brusquement de mourir, la veille, d'apoplexie. Donovan avait déjà été informé par messager et déclara à Berg : « Il est mort au sommet de sa gloire », ajoutant : « FDR savait ce que vous faisiez. » Berg partit ensuite pour Göttingen afin d'y rencontrer l'ingénieur aérodynamicien allemand Ludwig Prandtl[32]. Plus tard, à la fin du mois, sur la suggestion de Donovan, Berg partit pour New York avec un chargement de documents AZUSA ; le temps de revenir en Europe, en mai, tous les scientifiques allemands avaient été retrouvés et la guerre était terminée.

C'est très souvent, en temps de guerre, que rien ne semble se passer pendant de longues périodes, puis que tout arrive en même temps. C'est ce qui se produisit au cours des huit semaines qui suivirent le franchissement du Rhin par Alsos, dans les premiers jours de mars 1945. Après des années à se morfondre d'inquiétude à l'idée d'une éventuelle bombe atomique allemande, soudain les scientifiques, leurs documents de recherche, leur uranium, leur eau lourde, leurs laboratoires, leurs embryons de piles atomiques — tout tomba dans les mains des hommes que le général Groves avait envoyés en Europe. Tout en haut de sa liste de priorité, figurait le minerai d'uranium de l'Union Minière sur lequel les Allemands avaient fait main basse en Belgique, au printemps 1940. On en avait retrouvé une partie, comme nous l'avons vu, à Oolen en septembre 1944 et dans le sud de la France. En avril 1945, Furman et Calvert avaient repéré le restant, qui se trouvait dans une société allemande près de Stassfurt, la WIFG (Wirtschaftliche Forschunge Gesellschaft). A Wiesbaden, le 15 avril, John Lansdale et deux hauts responsables britanniques, Sir Charles Hambro (banquier bien connu et ancien commandant de la section des opérations spéciales) et son assistant David Gattiker, présentèrent les grandes lignes d'une expédition de commando à Stassfurt au chef des services de renseignements du 12e Corps d'Armée, le général Edwin Siebert. La ville de Stassfurt se trouve à environ quarante kilomètres au sud de Magdebourg, ville alors située au centre des combats, et loin dans la zone soviétique. Siebert répondit que l'opération était impossible ; il ne disposait d'aucun moyen de transport et, en outre, les Russes seraient furieux lorsqu'ils apprendraient que « cette matière première vitale » (Lansdale n'avait pas donné de détail sur sa nature) avait été subtilisée dans leur zone.

Lansdale refusa d'accepter cet aveu d'impuissance ; il répondit à Siebert que s'il ne présentait pas personnellement l'affaire au commandant du 12e Corps d'Armée, le général Omar Bradley, il se verrait obligé d'en référer directement au quartier général d'Eisenhower à Reims. Siebert quitta la pièce et alla voir Bradley, lequel balaya les arguments diplomatiques en déclarant : « Qu'ils aillent au diable, les Russes[33] ! » C'est ainsi que furent récupérés environ 1 100 tonnes de minerai ; il fallut surmonter d'énormes difficultés logistiques, mais quelques jours plus tard, le chargement prenait la direction de la Grande-Bretagne. Le 22 avril, Groves reçut un télégramme qui l'informait de la réussite du coup et le jour suivant, il put faire passer un mémo au général Marshall dont la conclusion était :

> La saisie de cette matière première, qui constitue l'essentiel des réserves d'uranium disponibles en Europe, semble écarter définitivement la possibilité, pour les Allemands, de construire une bombe atomique au cours de cette guerre[34].

Depuis des mois, Groves savait que l'hypothèse d'une bombe allemande était de moins en moins vraisemblable, mais il se garda de le déclarer noir sur blanc jusqu'aux tout derniers moments de la guerre en Europe. Dans son esprit, cependant, la capture de tous les principaux scientifiques allemands, Heisenberg en tête, était d'une égale importance ; non pas de crainte de les voir construire la bombe, ce qui paraissait maintenant hors de question, mais par peur qu'ils ne gagnent le camp soviétique ou ne parlent librement, en public, de l'arme nouvelle, après l'armistice en Europe, et n'avertissent ainsi les Japonais par inadvertance. Groves était un homme d'une détermination extraordinaire. Dès l'instant où il avait pris en main les destinées du Projet Manhattan il avait décidé que sa tâche consistait à construire deux bombes et à les utiliser pour mettre un terme à la guerre avec les Japonais. Aux États-Unis, au printemps de 1945, il eut à faire face à quelque chose qui ressemblait beaucoup à une rébellion de la part des scientifiques du Met Lab de Chicago, rébellion inspirée par Leo Szilard pour qui l'utilisation de la bombe atomique déclencherait une course aux armements avec les Soviétiques. Groves s'occupait déjà de la question des cibles pour la première bombe et de l'entraînement des équipages chargés de la larguer ; pour lui, le secret était la meilleure garantie de pouvoir continuer de contrôler la situation. Ce qui signifiait entre autres mettre la main sur Heisenberg et ses collègues.

Une nouvelle difficulté, cependant, se présenta ; à Yalta, en février, les Alliés s'étaient entendus pour diviser l'Allemagne en trois zones d'occupation. Peu après, Américains et Anglais admirent que la France devrait bénéficier d'une zone d'occupation. Les Soviétiques acceptèrent, à condition que le territoire concédé à la France fût pris dans la partie déjà attribuée aux Anglais et aux Américains. Groves ne tarda pas à apprendre que le Wurtemburg et les villes de Hechingen, Haigerloch et Tailfingen se retrouveraient en zone française. Le général n'avait pas plus confiance dans les Français que dans les Soviétiques. Au cours de la première semaine d'avril, il soumit le problème à ses principaux alliés à Washington, le secrétaire à la Guerre Henry Stimson et le chef d'état-major général, le général George Marshall. Dans son journal, Stimson note que la question de Groves fut : « Que devons-nous faire aux efforts de l'Allemagne ? » — se servant du mot « aux » et non de « des [35] ». Groves obtint finalement leur approbation pour des « mesures radicales [36] » qu'il élabora sous le nom de code « Opération Harborage ». A sa tête, il mit John Lansdale qu'il envoya dès le lendemain en Europe afin de s'assurer du soutien d'Eisenhower. Les instructions de Groves à Lansdale étaient sans compromis : « Détruire les laboratoires et tout ce qui gravitait autour en Allemagne du Sud. C'est ce que je suis venu faire [37]. »

Lansdale ne perdit pas de temps. Un quart d'heure à peine après son arrivée à Reims, à 17 h, le 8 avril, il eut une entrevue au quartier général du SHAEF avec le chef d'état-major d'Eisenhower, le général Bedell Smith, auquel il présenta les habituelles lettres d'introduction : mission importante, aide appréciée, etc. Opération « hautement importante », voilà l'expression la plus forte que Groves avait réussi à arracher au général Marshall ; en pratique, cela revenait à laisser la décision entre les mains d'Eisenhower, c'est-à-dire entre celles de Smith. Celui-ci avait beau déjà savoir beaucoup de choses sur les bombes atomiques, il n'en éprouvait pas moins quelque doute sur la « haute importance » de la mission. Il dit à Lansdale que les Américains auraient dû mal à dégager les effectifs nécessaires et que les bombardements aériens seraient à exclure dès que les troupes françaises auraient occupé la région. « Même si je le voulais, lui dit Smith, je ne pourrais tout de même pas bombarder les Français [38]. »

Lansdale revint à la charge deux jours plus tard, secondé cette fois par Boris Pash et Robert Furman. Pour le moment, il avait mobilisé toute l'attention des hauts responsables de l'armée américaine : le général Smith ; le général Harold Bull (chef des opérations d'Eisenhower) ; le général Kenneth Strong, chef des renseignements ; le commandant de la 13e division aéroportée ; le général Elbridge Chapman ; et l'adjoint au secrétaire de la Guerre, John McCloy. Aucun de ces hommes n'était très chaud pour l'opération. Strong disait comprendre son importance mais s'appuyait sur des rapports secrets indiquant que Hechingen était « assez solidement défendu ». Bull prétendait qu'il faudrait jeter tout un corps d'armée dans la bataille, soit deux divisions, pour soutenir l'assaut initial de la 13e aéroportée de Chapman. Les inquiétudes de Smith restaient très réelles : « Opération très risquée et coûteuse, écrivit à l'époque Lansdale dans ses notes, ne peut donc être recommandée à Eisenhower [39]. » Néanmoins, Smith ne laissa pas Lansdale repartir les mains vides. Voici ce que ce dernier précisa dans un rapport à Groves :

Il [Smith] a déclaré cependant qu'il pourrait bombarder la zone et aussi que lorsqu'on saurait que les troupes françaises feraient mouvement, on pourrait envoyer une division aéroportée en soutien. J'ai demandé qu'on envisage d'utiliser les deux méthodes et dit que nous préférerions que le matériel et les personnes soient saisis auparavant par les Américains ou, si c'était impossible, soient détruits le plus complètement possible[40].

Il est remarquable que, si près de la fin des hostilités, Groves ait été encore prêt à bombarder les laboratoires allemands et à tuer les scientifiques qui y travaillaient, tout ça pour les empêcher de tomber aux mains... des Français ! Lansdale, à l'issue de la réunion, avait arraché à Smith la promesse d'un raid aérien ou d'un assaut des parachutistes sur Hechingen. Boris Pash, armé d'une lettre de Smith, partit immédiatement pour Heidelberg et commença à se préparer à conduire en personne l'opération de parachutage — bien à contrecœur, car il n'avait jamais sauté en parachute[41]. Lansdale et les officiers britanniques s'occupèrent de la récupération du minerai d'uranium à Stassfurt, et Goudsmit et Furman retournèrent à Paris ; ils avaient pour tâche de mettre sur pied une équipe scientifique de deux hommes qui devraient s'envoler pour Hechingen dès que le groupe de Pash s'en serait emparé.

C'était néanmoins au tour de Goudsmit d'être plein de doutes ; il s'était toujours opposé au bombardement d'Hechingen depuis Strasbourg et n'appréciait guère davantage l'opération aéroportée. Lansdale lui en avait dit deux mots à Paris le 7 avril, la veille de sa première rencontre avec Smith à Reims. « Qu'est-ce qui vous rend si impatient de détruire ce secteur[42] ? » avait-il déjà demandé. Maintenant, de retour à Paris avec Furman, il avançait l'argument que le laboratoire d'Heisenberg ne valait même pas la cheville cassée d'un parachutiste américain. Goudsmit, par moments, voyait les choses d'une manière bien différente de Furman, comme lorsqu'il lui avait dit, un peu plus tôt la même année : « N'est-ce pas merveilleux que les Allemands n'aient pas la bombe ? Du coup, nous n'aurons pas besoin de nous servir de la nôtre.

— Vous devez bien comprendre, Sam, avait répondu Furman, que si nous avons une telle arme, nous allons nous en servir[43]. »

Dans la semaine qui suivit la conférence de Reims, Goudsmit réussit toutefois, ce coup-ci, à convaincre Furman, et les deux hommes recommandèrent l'abandon de l'opération aéroportée comme inutile[44]. Les événements vinrent donner du poids à leurs objections. Pash avait interrompu ses préparatifs pour l'aventure de Stadtlm, puis était retourné à Paris le 17 avril pour discuter de l'opération de parachutage avant de repartir en voiture pour Heidelberg deux jours plus tard, prêt à sauter. Mais le 18, on apprenait que les troupes marocaines françaises, ignorant l'ordre d'Eisenhower de s'arrêter à l'ouest de la Neckar, venaient de prendre la ville d'Horb, à une vingtaine de kilomètres seulement d'Hechingen. Pash renonça aussitôt à l'opération aéroportée et organisa à la hâte une force d'assaut (« task-force ») à son idée, à l'aide des hommes et des véhicules d'un bataillon du génie qu'il « emprunta » et à la tête duquel il entra dans Horb le 21 avril.

Le téléphone arabe du monde des renseignements répandit le bruit que la capture des principaux scientifiques et centres de recherche allemands était imminente et tous ceux qui avaient un enjeu dans l'affaire se précipitèrent au Wurtemberg. De Grande-Bretagne arrivèrent en moins de vingt-quatre heures Michael Perrin, Eric Welsh et Sir Charles Hambro, ainsi que deux hommes ayant travaillé avec R.V. Jones, l'expert en système allemand Ultra FrederickNorman et le scientifique Rupert Cecil. Jones voyait là l'occasion, tombée du ciel, de se saisir des documents de recherche des Allemands qui permettraient à la Grande-Bretagne de retrouver sa place dans la partie d'échecs du renseignement atomique. Une fois connu le mouvement en Allemagne du Sud, Jones et Cecil avaient été voir Norman Bottomley, adjoint au chef d'état-major de l'Armée de l'Air, suppliant qu'on leur accordât un avion pour la mission. Bottomley leur avait donné un Dakota du service de transport de la RAF. Lansdale, qui s'était trouvé à Londres pour voir Hambro, se joignit aux Anglais. Frederick Wardenburg, pour sa part, arriva de Paris, suivi de peu par Furman et Goudsmit. Jamais chiens de chasse ne convergèrent plus rapidement vers un renard ; la guerre d'Heisenberg approchait de son terme.

Les renseignements de Kenneth Strong étaient faux ; aucune division SS ne se trouvait à Hechingen. Les derniers traînards de l'armée allemande avaient traversé l'agglomération, en direction de l'est, à la mi-avril. Mais au cours des mois précédents, toutes les villes, grandes ou petites, encore contrôlées par Berlin, avaient organisé une Volksturm, autrement dit une milice populaire, pour résister « jusqu'au dernier » aux Alliés. Heisenberg, Max von Laue et plusieurs autres scientifiques s'étaient trouvés enrôlés dans la Volksturm à la mi-décembre, mais en février, durant leur voyage épique à Stadtlim, Heisenberg et Weizsäcker avaient obtenu, par l'entremise de Gerlach, la nomination d'un citoyen du pays du nom de Pahl comme chef de la milice locale. Ce Herr Pahl était un homme souple et raisonnable, qui accepta de ne dresser aucune défense [45].

On arrêta le réacteur expérimental de la grotte d'Haigerloch au cours de la troisième semaine d'avril ; Heisenberg veilla au transfert de la précieuse eau lourde dans des fûts d'essence, que l'on cacha dans la cave d'un moulin voisin. Les cubes d'uranium-métal compressé, dont certains avaient été amenés de Stadtlim avec les difficultés que l'on sait, furent enterrés dans un champ qu'on laboura aussitôt après. Ces matières premières une fois en sécurité, Heisenberg abandonna le site aux soins de son ami et ancien étudiant Karl Wirtz et retourna à Hechingen à bicyclette.

Le jeudi 19 avril, Weizsäcker enfourchait à son tour un vélo pour aller faire une course à Tübingen. Vers 23 heures, le soir même, Gundi, la femme de Weizsäcker, vint chez Heisenberg, inquiète de ne pas voir son mari revenir. Ils restèrent une heure à l'attendre ensemble, essayant de se rassurer mutuellement et buvant un peu de vin ; finalement ils poussèrent un soupir de soulagement en le voyant arriver.

Il ne restait plus maintenant qu'à attendre. Heisenberg avait bien l'intention de rejoindre sa famille à Urfeld. Les personnes en sécurité, le matériel sensible caché, il monta sur sa bicyclette à trois heures du matin le vendredi 20 avril ; il avait près de deux cents kilomètres à parcourir. Un tel voyage était dangereux, au cours des derniers jours de la guerre. Pour se protéger, Heisenberg disposait de toute une série d'autorisations officielles — qu'il avait rédigées lui-même. Avant de se mettre en route, il avait pris la précaution de se munir de deux paquets de cigarettes américaines, la véritable monnaie d'échange dans l'Allemagne en train de s'effondrer[46].

Dans les deux jours qui suivirent le départ d'Heisenberg, Weizsäcker et Wirtz rassemblèrent les papiers de l'institut et les scellèrent dans un conteneur métallique qu'ils coulèrent dans la fosse septique de la maison de Weizsäcker, à Hechingen. La Volksturm locale se débanda, et ses chefs prirent la fuite[47]. Dans la ville voisine de Tailfingen, vivait Otto Hahn avec sa femme et d'autres membres de l'institut, tandis que son fils, à l'hôpital, se remettait de la perte de son bras sur le front russe. Là, le 22 ou le 23 avril, on réussit à convaincre la petite unité de l'armée allemande qui se trouvait sur place de ne pas dresser de barrage routier et de ne pas tenir tête à l'avance des troupes françaises. Le maire de Tailfingen, Robert Amann, encore subjugué par l'ordre d'Hitler de résister jusqu'à la fin, ne l'entendait cependant pas de cette oreille. Le 24 avril, alors qu'une foule composée surtout de femmes se rassemblait devant l'hôtel de ville pour réclamer la reddition, Hahn, à l'intérieur, dit au maire : « Le Führer n'est plus en mesure de donner d'ordres [...] Sauvez votre ville, et les gens vous béniront[48]. » Amann se rendit aux raisons de Hahn. C'est ainsi que les savants atomistes allemands attendirent la fin du conflit.

La force d'assaut de la 6ᵉ Armée sous les ordres du colonel Boris Pash partit d'Horb tôt, le samedi 21 avril, avec le village d'Haigerloch comme destination. Elle ne rencontra aucune résistance en cours de route ; draps, taies d'oreiller, serviettes et même sous-vêtements, pourvu que ce fût du linge blanc, flottaient à toutes les fenêtres et Pash entra dans l'agglomération sous les applaudissements et les hourras de la foule. On découvrit l'entrée du laboratoire contenant le réacteur dans la façade d'une maison à colombage ; celle-ci donnait sur un petit bâtiment de béton et de là dans une grotte, en dessous de la falaise de vingt-cinq mètres au sommet de laquelle se trouvait l'église. On trouva sans peine les deux techniciens allemands, Drake et Ritter[49] ; ils ne firent pas de difficulté pour ouvrir le laboratoire et déclarèrent à Wardenburg que la fosse bétonnée, à l'intérieur, qui contenait un cylindre de métal, était en fait l'Uranbrenner — le huitième dans la série des réacteurs construits par Heisenberg.

L'annonce de cette découverte atteignit très vite les scientifiques anglais qui attendaient à Horb et le soir même, après un souper dans l'auberge locale, Sir Charles Hambro et Michael Perrin entraient dans la grotte à la tête d'un groupe. Aucun d'eux n'avait jamais vu de pile nucléaire, sauf Perrin, à qui Enrico Fermi avait montré celle de Chicago alors qu'elle était encore en construction, en mai 1942[50].

La pile d'Haigerloch, en comparaison, paraissait petite et primitive ; il n'y avait aucune protection contre les radiations, pas d'instrumentation : un simple trou dans le sol et un lourd couvercle de métal. Quelqu'un demanda : « Dites, on ferait peut-être bien d'ouvrir ce truc, non ? » Perrin était convaincu qu'il n'y avait aucun danger, et accepta[51]. A l'intérieur, ils découvrirent une paroi de blocs de graphite, mais ni eau lourde, ni uranium. Quelques mesures prises rapidement prouvèrent que la pile n'aurait jamais pu atteindre la masse critique ; elle n'était tout simplement pas assez grosse[52].

On démantela l'appareil au cours des jours suivants et on emballa et expédia toutes les pièces, même celles qui n'avaient rien à voir avec la recherche nucléaire, comme deux appareils d'optique offerts à la Kaiser Wilhelm Gesellschaft par la Fondation Rockefeller[53]. De crainte que les Français n'apprennent quelque chose de la seule présence du trou, Pash aurait voulu dynamiter l'église afin de bloquer l'entrée de la grotte sous une avalanche de débris ; on finit par le convaincre qu'il suffirait de dynamiter la grotte elle-même. Lorsque Goudsmit apprit cette décision, quelques jours plus tard, il la trouva affligeante et inutile[54].

Mais tandis que les Anglais continuaient à s'intéresser à la pile d'Haigerloch, le dimanche 22 avril une unité du génie de Pash fonçait sur Hechingen, arrivant seulement quelques heures après les premières troupes marocaines sous commandement français. Deux jours plus tard, Pash arrivait en personne et, suivant les instructions de Horace Calvert, prit possession de la filature de laine où Heisenberg avait installé son laboratoire. A sa surprise, le bâtiment était peint en gris ; les renseignements de Calvert, entièrement justes par ailleurs, le décrivait comme jaune. Mais un jour ou deux plus tard, l'un des camions de l'armée l'écorna et arracha la peinture grise, révélant du jaune en dessous[55].

Pash installa un quartier général provisoire dans le labo, envoya ses hommes s'emparer de six autres bâtiments et rassembla rapidement quelque vingt-cinq scientifiques et techniciens allemands ayant travaillé sur place. Il consigna les plus importants dans des chambres séparées, sous bonne garde, dans la filature de laine, afin qu'ils ne puissent s'entendre sur une version fallacieuse des faits. Parmi eux se trouvaient Erich Bagge, Horst Korsching, Karl Wirtz et Carl Friedrich von Weizsäcker ; mais pas Heisenberg. Tout le monde l'avait pourtant présent à l'esprit.

Sur la table, dans le bureau d'Heisenberg, Pash découvrit la photo prise à Ann Arbor, au Michigan, pendant l'été de 1939 ; souriant à l'objectif, il se tenait aux côtés de Goudsmit. On se moqua beaucoup de ce dernier, au cours des jours suivants, devant cette preuve d'une amitié hautement suspecte entre le directeur scientifique d'Alsos et le théoricien en chef de la recherche atomique allemande[56]. L'absence d'Heisenberg n'avait cependant rien de mystérieux ; Pash apprit immédiatement qu'il était parti quelques jours plus tôt, et personne ne chercha à tenir sa destination secrète : chez lui, dans sa famille, à Urfeld. Pash donna aussitôt à Carl Fiebig, du CIC, la responsabilité d'une mission dont le but serait de poursuivre le physicien.

Le 25 avril, Pash et le groupe d'Alsos se transportèrent à Tailfingen pour se saisir d'Otto Hahn ; Goudsmit lui dit qu'il était en état d'arrestation, mais qu'il avait la journée pour se préparer à partir. Lorsque John Lansdale arriva un peu plus tard dans le bureau de Hahn, il le trouva avec une valise faite : « Je vous attendais », dit-il[57].

A Hechingen, les jours suivants, on procéda à un interrogatoire serré de Hahn, Weizsäcker, Wirtz, Bagge et von Laue. Il n'y eut aucune menace de proférée, mais les Allemands comprirent que les Américains n'auraient de cesse qu'ils eussent retrouvé l'uranium et l'eau lourde. Weizsäcker et Wirtz demandèrent à s'entretenir un moment seuls ; à leur retour, ils dirent à Lansdale où avaient été cachées les matières premières du réacteur[58].

Jusqu'à cet instant, Weizsäcker était resté persuadé que les Alliés n'avaient aucun programme nucléaire ; la tâche était gigantesque et les services de renseignements allemands n'avaient jamais recueilli autre chose que des rumeurs d'activité américaine. Mais l'échelle de la mission Alsos trahissait une tout autre réalité, de même que l'intérêt tout particulier que portait Lansdale à l'uranium et à l'eau lourde. Otto Hahn et Max von Laue, ne s'étant jamais trouvés au cœur de l'Uranverein, n'avaient pas grand-chose à révéler à Alsos. La captivité, cependant, en fit des amis. Cette première nuit à Hechingen, Hahn coucha dans l'appartement de von Laue. « C'est au cours de ces heures sombres que nous nous sommes appelés par nos prénoms pour la première fois[59] », écrivit Hahn plus tard.

La mission Alsos opéra près d'une semaine en secteur français, rassemblant scientifiques, matières premières et matériel de laboratoire, avant que les autorités françaises se rendissent compte de ce qui se passait. Avec la récupération de l'eau lourde et de l'uranium, le 26 avril, le travail était achevé. Le lendemain, une petite équipe d'Alsos partit pour Heidelberg en jeep avec six des principaux scientifiques allemands : Weizsäcker, Wirtz, Bagge, Korsching, von Laue et Hahn. Officiellement ils étaient les « invités » d'Alsos[60]. Juste avant de partir, Weizsäcker confia à Goudsmit où il pourrait trouver les papiers concernant les recherches secrètes — Goudsmit confia le travail peu ragoûtant de les récupérer à l'un des hommes d'Alsos.

Ce fut le responsable scientifique d'Alsos qui eut à décider qui serait pris, qui serait remis en liberté. Dans le cas de Max von Laue, la décision fut particulièrement difficile : l'attitude intransigeante que ce dernier avait adoptée face aux nazis faisait l'admiration de Goudsmit. Mais il arriva à la conclusion que Laue, comme Hahn, serait en mesure de discuter utilement de l'avenir de la physique allemande avec les scientifiques alliés. Aucun de six hommes retenus par Goudsmit ne savait pour quelle raison ils étaient faits prisonniers, où on les amenait, ni combien de temps ils seraient retenus. Tous auraient préféré, s'ils avaient pu choisir, demeurer en Allemagne. Weizsäcker protesta, disant qu'il ne servait à rien de garder les deux plus jeunes, Bagge et Korsching ; ils ne travaillaient que marginalement au projet. « A quel genre de sélection avez-vous procédé ? » demanda-t-il à Goudsmit [61]. Celui-ci ne céda pas ; ils s'intéressait aux recherches des deux hommes sur la séparation isotopique.

On avait soumis Weizsäcker à un interrogatoire presque incessant depuis l'arrivée de Pash et de la mission Alsos, le 23 avril — plus de quatre heures d'affilée, un même matin. Au début, les questions venaient du colonel et de Frederick Norman, le germanophone envoyé par R.V. Frank. Le 26, ce fut au tour de Lansdale, Perrin et Welsh de continuer à le cuisiner, et c'est ce jour-là qu'il décida avec Wirtz qu'il était inutile de continuer à ne pas dire où se trouvaient l'eau lourde et l'uranium [62].

Goudsmit, pour sa part, n'interrogea Weizsäcker qu'une fois, à Heidelberg. La conversation ne dura pas plus d'une heure. L'Américain ne demanda que très peu de choses, parut se désintéresser complètement des réponses et pensa que ce n'était que par orgueil que Weizsäcker avait protesté contre l'emprisonnement de Bagge et Korsching, comme s'il était vexé d'être associé à des scientifiques aussi jeunes et insignifiants. Cette interprétation péremptoire blessa profondément le physicien, qui déclara plus tard avoir été prêt à dire tout ce que l'autre aurait voulu savoir sur le long calvaire qu'avait été la guerre.

Samuel Goudsmit, en vérité, n'avait pas le cœur à écouter les explications d'un Allemand sur ce point ; il souffrait son propre martyre. Il était resté sans nouvelles directes de ses parents depuis mars 1943 ; il retenait son souffle depuis le mois de septembre précédent — quand le jeune scientifique hollandais lui avait dit qu'il n'avait guère de raisons d'espérer. Après l'arrestation de Hahn à Tailfingen, Goudsmit lui avait demandé s'il savait ce qu'il était advenu de ses parents. Robert Furman, présent, entendit la question comme la réponse : oui, il le savait. Ses parents étaient morts dans un camp de concentration. « Ce fut une journée bien triste », dit Furman, qui se souvenait très clairement, longtemps après, de l'expression que prit le visage de Goudsmit, toute de souffrance et de chagrin [63].

Après avoir quitté Hechingen aux petites heures de la nuit, le vendredi 20 avril, Heisenberg entama un épuisant périple de trois jours au milieu d'une Allemagne où régnait le chaos de la défaite. Il connaissait bien la région, qu'il avait parcourue à l'époque de sa jeunesse munichoise avec le Wandervogel, dont la raison d'être était les grandes randonnées dans la campagne, juste après la première guerre mondiale.

Au lever du soleil, le premier jour, il avait couvert les vingt premiers kilomètres jusqu'à Gammertingen, au sud-est ; espérant bien être largement au-delà de la ligne de front, il alla se cacher. De jour, les avions de chasse alliés parcouraient le ciel à la recherche de cibles et un homme à bicyclette, en cette dernière période de la guerre, constituait un gibier honnête. Heisenberg dormait donc de jour dans les haies, puis se mettait à la recherche de nourriture avant d'enfourcher de nouveau son vélo à la tombée de la nuit. La guerre était à la fois loin et tout autour de lui. Une fois, il se réveilla brusquement, croyant avoir entendu gronder un précoce orage de printemps ; ce n'était cependant pas le tonnerre, et au loin s'élevait la fumée d'un raid aérien sur Memmingen.

Les avions alliés n'étaient ni le seul, ni le plus grand danger ; Hitler avait appelé les Allemands à se battre jusqu'à la fin. Certaines unités de l'armée ne demandaient qu'à se rendre (Pash et sa force d'intervention s'engluaient dedans), mais d'autres faisaient preuve d'une dévotion fanatique aux ordres du Führer. Des unités de SS en maraude fusillaient les déserteurs ou les pendaient à l'arbre le plus proche, et l'enquête qui précédait l'exécution de la sentence était des plus sommaires. Une fois, un SS arrêta Heisenberg et l'accusa d'avoir ainsi déserté sa Volksturm. Le physicien lui tendit les ordres de mission qu'il avait lui-même rédigés, mais cela ne le satisfit pas, et il dit qu'il allait le conduire devant son supérieur. Heisenberg comprit qu'il ne pouvait se fier à un bout de papier ; sa vie était en jeu. Il tira l'un de ses paquets de cigarettes américaines. « Je suis sûr que ça fait un moment que vous n'avez pas fumé une bonne cigarette, dit-il. Tenez, prenez celles-ci [64] ! » Son instinct le sauva ; le SS se laissa fléchir et lui fit signe de passer.

Heisenberg se rappela toute sa vie, de manière très vive, ce terrible voyage dans l'Allemagne à l'agonie ; il l'a souvent décrit. Il était loin d'être seul sur les routes, et croisa des détachements de jeunes Allemands de quatorze ou quinze ans, enrôlés pour la bataille finale puis livrés à eux-mêmes, perdus, affamés, en larmes. Mais il n'y avait pas qu'eux ; on rencontrait des hordes de travailleurs étrangers, amenés de force en Allemagne par le STO, libérés par les circonstances et qui essayaient de retourner chez eux, de trouver de la nourriture, de se cacher des soldats. En outre, toutes sortes d'unités étrangères étaient venues renforcer l'armée allemande — italiennes, tchèques, roumaines ; elles erraient dans le pays aussi. C'est au milieu de ce chaos et de ces dangers que Heisenberg pédalait régulièrement vers l'est. Il avait espéré prendre un train dans une petite ville, mais trouva la gare à moitié détruite lorsqu'il y arriva ; les bâtiments voisins, touchés par le bombardement, brûlaient encore. Il dormit quelques heures (solidement accroché à sa précieuse bicyclette), puis apprit, à son réveil, qu'un train pouvait le faire avancer sur une certaine distance.

A la fin des trois jours, le 23 avril, Elizabeth Heisenberg, devant sa maison d'Urfeld au bord du Walchensee, aperçut son mari qui escaladait péniblement la montagne, fourbu, affamé, crasseux[65]. Heisenberg passa les dix jours suivants au milieu des siens, sur la hauteur qui dominait le village ; mais il n'était pas en sécurité pour autant. On entendait tirer des coups de feu non loin, et des soldats allemands hantaient les bois. Il fallut mettre en garde ses jeunes enfants contre les débris de la guerre éparpillés sur les flancs de la montagne, fusils, munitions, obus non explosés. Heisenberg boucha les vasistas de la cave avec des sacs de sable, constitua une réserve de nourriture et attendit.

La nuit où la radio annonça la nouvelle de la mort d'Hitler, le couple fêta l'événement en ouvrant la dernière bouteille de vin qui leur restait, mise de côté pour le baptême de l'un des enfants. Le père d'Heisenberg était mort avant la guerre, mais sa mère, elle aussi venue se réfugier à Urfeld, occupait un appartement dans le village. Le 3 mai, alors qu'il était en visite chez elle, Elizabeth le rappela par téléphone. Chez lui l'attendait le colonel Pash avec un détachement armé. On avait déjà cueilli Walther Gerlach à Munich le 1er mai et Kurt Diebner dans une ville voisine, le lendemain. Heisenberg était le dernier. Il écrivit plus tard qu'au moment de sa capture, il n'avait pas ressenti du désespoir, mais du soulagement : « [...] un nageur totalement épuisé qui remet enfin le pied sur la terre ferme[66] ».

Boris Pash ne perdit pas de temps et ramena aussitôt son prisonnier à Heidelberg, où il fut détenu avec Diebner et Gerlach. Les autres scientifiques allemands furent envoyés en voiture au quartier général du SHAEF à Reims, le 6 mai, toujours sans savoir si Heisenberg avait été pris ou non. Goudsmit revenait pour sa part de Paris en jeep ce jour-là et, peu après son arrivée, vers midi, il demanda qu'on lui amenât Heisenberg. L'entrevue eut lieu en présence d'une troisième personne appartenant à Alsos, le physicien d'Harvard Edwin Kemble.

Presque six ans s'étaient écoulés depuis le jour où Goudsmit avait exhorté Heisenberg à rester aux États-Unis, mais les deux hommes, chacun de leur côté, avaient manifestement pensé l'un à l'autre ; Heisenberg avait conservé la photo où il posait avec Goudsmit sur son bureau et Goudsmit, depuis un an, recueillait et interprétait les bouts d'information les plus sommaires pouvant lui révéler ce que Heisenberg faisait pour Hitler. Depuis Strasbourg, il connaissait la réponse : rien qui justifiât la moindre inquiétude. Il n'y avait pas l'ombre d'une bombe allemande et même le réacteur d'Haigerloch n'était qu'une plaisanterie. « J'ai salué mon vieil ami et ancien collègue cordialement », écrivit Goudsmit un an plus tard. Puis il lui demanda : « Ne voulez-vous pas venir en Amérique pour travailler avec nous, maintenant ?

— Non, je ne souhaite pas partir. L'Allemagne a besoin de moi »,
répondit Heisenberg[67].

Exactement ce qu'il avait déclaré au cours de l'été qui avait précédé la
guerre. Goudsmit le trouva irritant, imbu de son importance, arrogant,
même. L'ayant devant lui, il s'en désintéressa, en quelque sorte. Le
principal théoricien du programme allemand de bombe atomique aurait
pu lui raconter toute l'histoire de sa tentative, mais il ne lui posa pas la
question. Son rapport de la conversation (à l'intention de Furman et
Groves) tient en une seule page, et comprend en outre ses entretiens avec
Gerlach et Diebner. Goudsmit a une phrase abrupte pour conclure :
« Heisenberg est activement antinazi mais fortement nationaliste[68]. »

Il y eut cependant un échange, au cours de cette entrevue, que les deux
hommes n'oublièrent pas. Ce qui intéressait Goudsmit était évident.
Heisenberg dit : « Nous nous sommes souvent demandé, en Allemagne,
si les Américains ne travaillaient pas dans la même voie. Dites-moi, existe-
t-il un programme comme le nôtre, en Amérique[69] ? »

D'après son rapport, Goudsmit fit une réponse évasive qui équivalait à
dire « non ».

Heisenberg le crut. Il fit à Goudsmit l'offre que tout scientifique aurait
fait naturellement à un autre : « Si mes collègues américains souhaitent se
pencher sur le problème de l'uranium, je serais heureux de leur montrer
les résultats de mes recherches, s'ils viennent dans mon laboratoire[70]. »

Goudsmit trouva cela « triste et ironique ». Il avait longtemps supposé
que les États-Unis et l'Allemagne étaient dans une course à l'exploitation
de la fission nucléaire ; d'évidence, l'Allemagne l'avait perdue, mais son
grand chercheur ne s'en rendait même pas compte. Heisenberg fit bien
entendu des efforts pour expliquer qu'en Allemagne, « l'ambiance était
totalement différente[71] ». Les Allemands ne croyaient pas faire la course
avec qui que ce soit ; tout ce qu'ils attendaient du gouvernement était
assez d'intérêt dans la recherche atomique pour permettre la survie de la
science et peut-être un peu de travail utile. Cette différence d'attitude,
toutefois, n'impressionna pas Goudsmit ; il conclut simplement que les
Allemands avaient essayé et échoué. Ce fut, entre les deux hommes, le
début d'une incompréhension personnelle qui dura longtemps après la
guerre.

Heisenberg, à l'époque, n'en avait absolument pas conscience. Le soir
même, il écrivit à sa femme : « La conversation avec Goudsmit et Kemble
a été aussi amicale que si ces six années ne s'étaient jamais écoulées et je ne
me suis jamais senti aussi bien depuis des années, psychologiquement et
physiquement. Je suis plein d'espoir et d'ambition pour l'avenir[72]. »
Comme tant de lettres confiées à Goudsmit par les scientifiques au cours
de cette période, celle-ci ne fut jamais postée.

Le soir du jour où s'acheva la guerre, Samuel Goudsmit et les autres
officiers d'Alsos firent la fête à Heidelberg avec le vin trouvé dans la cave

de Weizsäcker, à Hechingen. Le lendemain, on conduisit Heisenberg, Diebner et Gerlach à Versailles, où ils rejoignirent les autres scientifiques capturés par Alsos. On avait entre-temps trouvé Paul Harteck à Hambourg, et ils étaient maintenant dix en tout ; groupe étrange, composé de quelques-uns des plus grands esprits scientifiques du monde (Heisenberg, Hahn, von Laue) et d'autres personnes ayant été plus ou moins concernées par le programme officiel de recherche nucléaire dirigé par Gerlach, au cours des dix-huit derniers mois du conflit. Certains étaient âgés et liés par l'amitié, comme Heisenberg, Weizsäcker et Wirtz. Hahn et von Laue venaient à peine de faire connaissance. Erich Bagge et Ernst Korsching, encore jeunes, disparaissaient dans l'ombre de leurs aînés. Tout le monde aimait bien et respectait Gerlach. Diebner était le seul à détonner ; il se montrait particulièrement froid avec Heisenberg, sans doute en souvenir de la compétition sans merci à laquelle ils s'étaient livrés pour les matières premières rares et de leurs débats parfois houleux sur la bonne manière de disposer l'uranium et l'eau lourde dans un réacteur. A Versailles, les dix hommes parlaient de science, jouaient aux cartes le soir et harcelaient leur gardien, le major britannique T.H. Rittner, de demandes d'explications sur les raisons de leur captivité.

Ils n'eurent jamais droit à une réponse officielle. A la vérité, les Alliés mirent longtemps à prendre une décision. Pendant le long voyage en jeep entre Hechingen et Heidelberg, à la fin avril, Lansdale, assis à côté du germaniste Frederick Norman, lui avait dit que la nécessité de conserver le secret ne tomberait que le jour où la bombe aurait été essayée et utilisée — peut-être pas avant trois mois [73]. De son côté, Norman se lia peu à peu d'amitié avec Weizsäcker, pendant les quelques jours qu'ils passèrent ensemble à Heidelberg. Weizsäcker le félicita sur la qualité de son allemand. « Ce n'est rien, répondit Norman, vous devriez m'entendre quand je parle l'allemand ancien ! » Il lui avoua que les vagues promesses d'une détention de quelques jours seulement ne seraient pas tenues, et qu'ils devaient se préparer à un longue captivité [74].

Le général Groves avait fait le projet de s'emparer des scientifiques allemands au début de 1944 ; il n'allait pas les laisser partir ainsi, maintenant qu'il les tenait. On mit au point les détails avec le général britannique Kenneth Strong, chef des services de renseignements d'Eisenhower, le 28 avril à Reims ; Sir Charles Hambro et John Lansdale « s'occupèrent de régler la question du logement et de l'entretien des prisonniers [75] ». La difficulté tenait au fait qu'il n'existait aucun fondement, dans le droit américain ou international, pour la détention de scientifiques. Ils n'étaient en effet ni accusés, ni même soupçonnés de crimes, et aucun ne faisait partie de l'Armée allemande. Les Britanniques réglèrent la question en invoquant une loi de temps de guerre qui autorisait jusqu'à six mois de détention préventive « selon le bon plaisir de Sa Majesté », concept élastique s'il en était, mais qui écartait la nécessité d'une explication plus précise.

Tandis que les scientifiques allemands restaient au vert en France, pendant le mois de mai, les Britanniques se demandaient où les installer pour le long terme. Pour Eric Welsh, qui avait fait partie de l'expédition d'Hechingen, il fallait les amener en Angleterre ; il confia à R.V. Jones qu'il avait entendu un général américain déclarer qu'il valait autant les abattre et en finir avec eux. Propos menaçants qui laissèrent Jones dubitatif, mais l'idée de détenir ces cerveaux en Grande-Bretagne lui souriait et il convainquit le chef du SIS, Stewart Menzies, de transformer en lieu de détention une maison de campagne, non loin de Cambridge, ayant jusqu'ici servi de centre de formation pour la Direction des Opérations spéciales.

Les Allemands, quant à eux, se demandaient aussi anxieusement ce qu'allait être leur sort. Ils étaient sans contact avec leur famille, ignoraient pour quelles raisons on le détenait, n'étaient soumis à aucun interrogatoire, n'avaient aucun travail à faire et se voyaient déplacés d'un endroit à un autre au petit bonheur la chance : de Versailles à un autre lieu de détention surnommé « le sac à poussière » en mai, puis en Belgique en juin, et enfin en Angleterre par avion le 3 juillet. Les dix scientifiques n'étaient montés dans le Dakota qu'à contrecœur : ils savaient qu'un accident mettrait un terme, d'un seul coup, à la physique allemande. Lorsque l'avion eut atterri sans problème, Paul Harteck demanda : « Eh bien, Herr Hahn, comment vous sentez-vous, maintenant ? » Les pieds solidement posés sur le sol, le chimiste répondit : « Beaucoup mieux[76]. »

On les emmena en voiture jusqu'à la petite ville de Godmanchester, puis dans une maison de campagne proche, Farm Hall. Les Allemands ignoraient cependant ces précisions. Heisenberg pensa vaguement qu'on les avait conduits en Ecosse. C'est à Farm Hall que commença pour eux une captivité digne de Byzance ; six mois loin de leur famille, de leur travail, du reste du monde. Chacun avait sa chambre, ils étaient libres d'aller se promener dans la roseraie qui entourait la maison, un piano était à leur disposition dans la salle commune du rez-de-chaussée, la nourriture était excellente et ils se mirent tous à prendre du poids. Ils n'avaient pas grand-chose à faire pour tuer le temps, sinon parler ; et pendant ce temps, les micros dont les techniciens des services de renseignements avaient truffé la maison (une idée de R.V. Jones) enregistraient la moindre bribe de conversation sur leurs bobines.

VI.

Les responsabilités des chercheurs dans le programme nucléaire du IIIe Reich

CHAPITRE 36

On a vu que si, aux États-Unis, on maintenait rigoureusement le secret des recherches au point que même certains termes, comme « fission », « atomique » et « uranium » étaient bannis du langage, il n'en allait pas de même en Allemagne où le papier à en-tête de Gerlach l'identifiait sans hésiter comme *Bevollmächtiger für Kernphysik*. « L'absence de secret en ce qui concerne la physique nucléaire, en Allemagne, est frappante[1] », écrivit Goudsmit dans son premier rapport, après ses découvertes de Strasbourg. Il fut également étonné de constater que Weizsäcker ne travaillait qu'à temps partiel pour Heisenberg, que les recherches se poursuivaient dans de nombreux laboratoires différents en l'absence de toute coordination et même, parfois, de moyens de communication ; stupéfait, enfin, que rien ne fût allé au-delà du stade expérimental et par le fait que « la production de l'énergie, plutôt qu'un explosif, [était] le but principal des Allemands[2] ».

Une fois de l'autre côté du Rhin, au début de 1945, la mission Alsos trouva d'autres documents qui convainquirent Goudsmit que les Allemands s'étaient complètement fourvoyés. On lui avait rapporté l'invraisemblable histoire que Niels Bohr avait racontée à Los Alamos en décembre 1943 : Heisenberg aurait pensé qu'un réacteur et une bombe étaient la même chose. Voilà qui lui avait paru dur à avaler ; Heisenberg était l'un de plus grands physiciens vivants au monde, et tout le monde crut qu'il avait cherché à tromper son vieil ami.

En Allemagne, Goudsmit découvrit un rapport de la Gestapo, en date du mois de mai 1943, qui décrivait explicitement une bombe qui aurait fonctionné avec des neutrons lents, tout comme un réacteur[3]. Une autre bévue, tout aussi catastrophique, fut révélée dans une lettre, datée du 18 novembre 1944, de Walther Gerlach à Rudolf Mentzel, son supérieur hiérarchique dans le Reichsforschungsrat ; Oppenheimer et Richard Tolman, le conseiller scientifique de Groves, avaient en gros les mêmes responsabilités aux États-Unis, et si ces deux hommes s'étaient trompés il n'y aurait jamais eu de bombe atomique américaine. Pour expliquer à Mentzel la lenteur des progrès, Gerlach lui écrivait que l'expérience comme la théorie prouvaient toutes deux qu' « il n'est pas possible d'obtenir la violente augmentation de fission nucléaire avec de petites quantités de matière [soit de l'U-235] [...] on a besoin, au contraire, de quantité d'au moins deux tonnes ou davantage [...] [4] ».

Deux tonnes ! Pas étonnant qu'il n'y eût pas eu de bombe allemande et que Goudsmit eût trouvé « triste et ironique [5] », à Heidelberg, l'offre faite par Heisenberg, non sans quelque fierté, semble-t-il, de montrer aux Américains les résultats de la recherche allemande sur l'uranium en temps de guerre. Aux yeux de Goudsmit, il n'y avait qu'un mot pour décrire le travail accompli par Heisenberg pour ses maîtres nazis : pitoyable.

Mais sa tristesse se transforma en colère au cours des derniers mois de 1945 ; la mort de ses parents y joua un rôle important. En septembre, il trouva le temps d'aller visiter sa maison natale, à La Haye. Elle était encore debout, mais on avait cassé toutes les vitres et, au cours du dernier et terrible hiver de la guerre, alors que la Hollande se mourait de faim et de froid, on avait dépouillé l'intérieur de tout ce qui pouvait se brûler. Dans la chambre de son enfance, Goudsmit retrouva, au milieu de papiers éparpillés, ses carnets scolaires du lycée, que ses parents avaient conservés. Il n'y avait rien d'abstrait dans la manière dont ils étaient morts. Avec l'effondrement de l'Allemagne, on avait projeté partout des « actualités » où l'on voyait des bulldozers pousser des montagnes de cadavres étiques dans des fosses communes, et des survivants émaciés à la peau parcheminée, tendue sur des membres squelettiques. Il fut submergé par une terrible vague de culpabilité à l'idée qu'il n'avait pas été capable de sauver ses parents, mais aussi par la colère ; contre les nazis, tout d'abord, puis contre les Allemands en général et enfin contre Heisenberg en particulier [6].

A un moment donné, Goudsmit apprit l'existence de la lettre écrite par Dirk Coster à Heisenberg, lui demandant de venir en aide à ses parents. Quelqu'un (peut-être Coster) lui donna une copie de la réponse d'Heisenberg qui se terminait sur la froide constatation qu'il « serait tout à fait désolé si, pour une raison inconnue de lui, ses parents devaient être en butte à des difficultés en Hollande [7] ». Le ressentiment qu'éprouva Goudsmit pour cet échec (alors que, de toute façon, la réponse d'Heisenberg était arrivée trop tard) nous est révélé par un échange qu'il eut avec Carl Friedrich von Weizsäcker, des années plus tard. En mars 1974, à New York, les deux hommes parlèrent pour la première fois de la guerre en toute honnêteté. Le lendemain matin, Weizsäcker écrivit à Goudsmit :

Encore une fois, merci pour notre entretien d'hier. Je regrette que nous n'ayons pas pu discuter de cette façon, au cours de toutes ces années. C'est une bonne chose que nous soyons tous les deux devenus si vieux avant de le faire ; mais peut-être aurions-nous pu le faire aussi en 1949. Toujours est-il que j'en suis très heureux.

Il n'y avait qu'un point sur lequel je gardais mauvaise conscience en me réveillant ce matin ; c'est en rapport avec Heisenberg. Vous avez dit que vous n'aviez pas pu lui parler de cette lettre à Coster ; je vous ai répondu que je vous comprenais très bien mais que si vous aviez confiance en nous, vous pourriez peut-être nous en parler. C'était vraiment trop tôt pour le faire à ce moment de la conversation, et par la suite j'ai oublié d'y revenir. J'ai pris votre suggestion à cœur et n'ai pas lu vos commentaires à H.P. Mais de bonne heure ce matin, j'ai ouvert la lettre d'Heisenberg que vous y faites figurer et mon impression s'est confirmée. Je ne peux exiger de vous que vous me croyiez, mais vous devriez au moins savoir. D'ailleurs, je respecterai votre souhait et ne parlerai pas à Heisenberg de ce que vous dites à propos de sa lettre [8].

Weizsäcker explique alors que ce que son ami disait était nécessairement caché entre les lignes, Heisenberg sachant bien que sa lettre passerait entre les mains de la censure, dans l'Allemagne en guerre. Mais l'esprit de la conversation telle qu'on le découvre dans la lettre de Weizsäcker dévoile éloquemment les sentiments de chagrin teintés de colère que Goudsmit avait entretenus pendant trente ans.

La mort des parents de Goudsmit est l'une des sources à demi dissimulées de l'incompréhension qui régnait sur ses relations personnelles extrêmement complexes avec Heisenberg. Une autre est une certaine rivalité scientifique datant des années vingt, lorsque Heisenberg avait réussi à résoudre un problème concernant l'hélium sur lequel Goudsmit avait vainement buté. « La solution d'Heisenberg n'était pas à ma portée », concéda-t-il ; mais en même temps, il se sentit éclipsé [9]. Le rôle d'Heisenberg dans le programme de bombe atomique allemand l'autorisait à l'attaquer : non pas sur le simple fait qu'il en avait un, mais sur la conviction que Goudsmit s'était forgée, peu après la fin de la guerre, que Heisenberg mentait sur ce rôle. Heisenberg ne comprit jamais très bien pourquoi Goudsmit le prenait pour un menteur, car ce dernier ne lui donna jamais ses raisons. Comme beaucoup d'autres choses, les origines de sa conviction se cachaient dans les secrets de l'époque du conflit. En août 1945, deux jours après Hiroshima, les scientifiques allemands internés à Farm Hall préparèrent un bref communiqué — une page ou deux — décrivant la recherche nucléaire allemande pendant la guerre. Ils y expliquaient en un seul paragraphe l'absence de toute bombe allemande :

Vers la fin de 1941, le travail scientifique préliminaire [sur la fission] montrait qu'il serait possible de se servir de l'énergie nucléaire pour la production de chaleur et par là pour l'entraînement de machines. Par ailleurs, il ne paraissait pas faisable, à l'époque, de produire une bombe dans le cadre des possibilités techniques dont disposait l'Allemagne. A la suite de quoi, les recherches se concentrèrent sur le problème du moteur... [10].

Quelque chose, dans la façon dont on laissait entendre hypocritement que les scientifiques allemands avaient décidé de ne pas construire la bombe, eut le don de mettre Goudsmit hors de lui. Et lorsqu'il commença à publier des articles sur le programme allemand de bombe atomique, au début de 1946, ce fut sur un ton qui trahissait un mépris cassant. « Comment l'Allemagne a perdu la course », tel était le titre de l'un d'eux. Les explications de Goudsmit ne faisaient pas dans la nuance ; selon lui, elles tenaient à une série de gaffes scientifiques, exactement ce à quoi il fallait s'attendre, ajoutait-il, de la part de chercheurs placés sous le contrôle de nazis ignares [11].

Lorsque le général Groves apprit que Goudsmit travaillait à un livre sur la mission Alsos, il lui envoya Robert Furman pour le dissuader de continuer. Goudsmit et Furman s'étaient liés d'une solide amitié au cours des mois où ils avaient pourchassé ensemble les scientifiques allemands en Europe, mais cette fois-ci, Goudsmit se considérait chargé d'une mission qui transcendait les devoirs de l'amitié. Il laissa Furman lire son livre et accepta de ne pas y faire figurer son nom, qu'il remplaça par « le Mystérieux Major [12] ».

Mais ce fut sa seule concession. Il était convaincu de l'importance qu'il y avait à dire la vérité au monde, sur l'échec des nazis, et sa détermination se renforça, pendant l'été de 1947, lorsque Heisenberg publia un article sur le projet allemand qui parut simultanément dans la revue *Die Naturwissenschaften* et dans le périodique scientifique anglais *Nature*. Ce qui contribua à rendre Goudsmit plus furieux encore se trouvait dans les deux passages, vers la fin, où Heisenberg expliquait « l'échec » allemand :

> On nous a souvent demandé, non pas seulement à nous les Allemands mais aussi aux Britanniques et aux Américains, pourquoi l'Allemagne n'avait pas essayé de fabriquer la bombe atomique. La réponse la plus simple que l'on peut donner à cette question est celle-ci : parce que le projet ne pouvait être mené à bien dans l'Allemagne en guerre [...] Depuis le tout début, les physiciens allemands se sont consciemment efforcés de conserver le contrôle du projet, et servi de leur influence en tant que spécialistes pour diriger les travaux dans les directions [à savoir la recherche sur un réacteur] détaillées dans le rapport. En fin de compte, ils n'eurent pas à décider s'ils devaient ou non chercher à fabriquer des bombes atomiques [13].

Ce mois d'octobre, la revue *Life* publia un long extrait du livre de Goudsmit dans lequel celui-ci soutenait qu'il y avait bien eu course à la bombe et affirmait sans détour que les Allemands l'avaient perdue, non pas parce qu'ils ne voulaient pas la gagner, mais seulement à cause des erreurs scientifiques qui les avaient fait s'égarer. Heisenberg n'avait peut-être décelé aucune rancœur personnelle de la part de Goudsmit, lors de leur brève rencontre à Heidelberg, deux ans auparavant, mais il lui était difficile de ne pas sentir la colère qui dominait cette attaque dirigée contre lui, personnellement, dans cet extrait. Goudsmit l'accusait de surestimer son importance et d'une tentative malhonnête pour dissimuler ses bourdes scientifiques, comme son incapacité à comprendre l'importance du plutonium, ou la différence entre une bombe et un réacteur. Lorsque Hiroshima leur ouvrit les yeux, écrivait Goudsmit, « certains des plus jeunes [lire Weizsäcker et Wirtz] trouvèrent un brillant moyen de rationaliser leur échec [...] en niant avoir jamais essayé de construire un explosif atomique ».

Les points de la contestation étaient nettement délimités : Goudsmit prétendait que Heisenberg avait voulu construire une bombe, mais n'avait su comment s'y prendre. Heisenberg prétendait qu'une telle entreprise était trop démesurée pour l'Allemagne en temps de guerre et qu'il n'avait donc pas eu à prendre la décision morale de s'y lancer ou pas. Si Goudsmit avait raison, alors non seulement Heisenberg avait tort, mais en plus il mentait. Les deux hommes se connaissaient depuis vingt ans, et les liens noués avant la guerre et leur savoir-vivre furent assez forts pour empêcher une rupture ouverte, mais il s'en fallut de très peu. En octobre 1947, un journaliste scientifique du *New York Times*, Waldemar Kaempffert, publia un article sur la controverse, prenant clairement le parti d'Heisenberg. « Peut-on douter, écrit-il, que s'ils avaient eu la chance de posséder nos ressources, les Allemands auraient fini par découvrir le plutonium et le neptunium[14] ? »

Dans une lettre de protestation envoyée au quotidien, Goudsmit abandonna toute réserve. Certes, dit-il, les Allemands travaillaient à un « moteur à uranium » ou à un réacteur, au cours des dernières années de la guerre, mais ils croyaient et espéraient pouvoir se servir de ce réacteur comme d'une bombe ! Il alla plus loin et accusa Heisenberg de mentir ; d'avoir « étudié attentivement » le rapport sur le Projet Manhattan écrit par le physicien Henry DeWolf Smyth et d'y avoir appris les détails sur la physique de l'explosion atomique qui se trouvaient incorporés dans son article pour *Die Naturwissenschaft*[15].

Difficile d'imaginer attaque plus violente sur l'intégrité morale d'un scientifique de la part d'un de ses confrères. Pour quelles raisons Goudsmit était-il tellement en colère ? Pour quelles raisons était-il aussi certain que Heisenberg mentait sur ce qu'il savait, et le moment où il l'avait su ?

Les dix scientifiques allemands internés dans la confortable maison de Farm Hall, pendant les six derniers mois de 1945, ont laissé des comptes rendus très détaillés de leur captivité. Otto Hahn, Erich Bagge, Walther

Gerlach et Karl Wirtz ont tous tenu des journaux ; d'autres l'ont peut-être fait. Max von Laue écrivit une longue lettre à son fils, le lendemain d'Hiroshima. Plus tard, Bagge et Kurt Diebner collaborèrent à un ouvrage sur le programme allemand de bombe atomique qui s'appuyait très largement sur le journal de Bagge ; Hahn donne sa version des faits dans un volume de ses mémoires ; Heisenberg a reconstitué le cœur de ses conversations avec Weizsäcker à Farm Hall dans son autobiographie intellectuelle, *La Partie et le Tout*[16]. Complétés par d'autres témoignages, les archives concernant ce que les scientifiques ont fait, déclaré et pensé pendant les mois passés aux frais de Sa Gracieuse Majesté sont tout à fait complètes. Néanmoins, la meilleure partie de ces archives demeure pour l'essentiel secrète, sans que le gouvernement britannique ait jamais justifié les raisons qu'il avait de ne pas la publier[17].

Le petit groupe s'était trouvé maintes distractions pour passer le temps, à Farm Hall. Heisenberg lut méthodiquement les romans d'Anthony Trollope, dont les œuvres complètes figuraient dans la petite bibliothèque de classiques anglais, et jouait souvent du piano, dans la salle commune du rez-de-chaussée. Il ne disposait d'aucune partition mais connaissait par cœur bon nombre d'œuvres célèbres ; Hahn se souvenait en particulier de ses interprétations des sonates de Beethoven. Heisenberg récitait également des poèmes allemands (se limitant à un par jour), ceux qu'il avait mémorisés au début de la guerre, lorsqu'il faisait la navette en train entre Berlin et Leipzig[18]. Après le déjeuner, le major Rittner lisait parfois à voix haute des passages des romans de Dickens pour améliorer l'anglais de ses pensionnaires[19]. Derrière la maison s'étendait la roseraie dont s'occupait principalement Walther Gerlach, ainsi qu'une pelouse sur laquelle les scientifiques jouaient au volley-ball. Von Laue, pour se tenir en forme, arpentait tous les jours cinquante fois la roseraie ce qui lui faisait parcourir, avait-il calculé, à peu près dix kilomètres. Mais tous prirent du poids après les années de vaches maigres de la guerre. Le soir, après le dîner, ils écoutaient le programme de concerts de la BBC ou jouaient aux cartes — bridge ou scat.

Leur principal sujet de distraction n'en restait pas moins les discussions. Du matin au soir, tous ces hommes de science parlaient de la physique, de la guerre, de l'histoire catastrophique de l'Allemagne depuis 1933, de l'avenir de l'Europe coincée entre l'Union soviétique et « les Anglo-Saxons », et par-dessus tout de la question de savoir si et quand ils retourneraient dans leur foyer. A la mi-juillet, Heisenberg pensait qu'ils avaient « quatre-vingt-dix chances sur cent » d'être rendus à l'Allemagne[20]. Ces conversations étaient systématiquement enregistrées par des micros cachés, puis transcrites, traduites en anglais et communiquées aux officiers de renseignements concernés par le programme allemand de bombe atomique (Michael Perrin et Eric Welsh), sous le nom « d'opération Epsilon ». Jones et son assistant Charles Frank virent ces documents en Angleterre et le général Groves, après avoir appris leur existence, s'en fit communiquer des doubles[21]. La procédure semble avoir fonctionné pendant les six mois que les Allemands passèrent à Farm Hall, soit de juillet à la fin de l'année, et il paraît évident que l'intégralité de ces enregistrements doit offrir, sur une période aussi longue, une source d'information absolument unique sur l'effort de recherche nucléaire allemand pendant la guerre, et sur ce que pensaient les hommes qui en avaient eu la charge.

Mais la curiosité de la petite communauté d'historiens intéressés par cette question s'est centrée, pendant trente ans, sur un jeu de transcriptions qui nous donne la réaction des scientifiques allemands lorsqu'ils apprirent, par le bulletin d'information de six heures du matin de la BBC, le lundi 6 août 1945, que les Américains venaient de lancer une « bombe atomique » sur le Japon[22]. Samuel Goudsmit a énormément puisé dans ces transcriptions pour la version qu'il donne de la réaction des Allemands dans son livre *Alsos*, où il cite même une remarque d'Heisenberg[23].

Mais il ne dit rien de ses sources, et l'étendue et l'importance de ces documents ne devinrent manifeste qu'en 1962, lorsque Groves les cita libéralement dans *Now It Can Be Told*. A l'époque, il ne demanda à personne l'autorisation de les recopier, mais ensuite les Britanniques scellèrent solidement le couvercle en s'appuyant sur des accords de sécurité conclus avec les Américains, leur donnant un droit de veto sur la publication des documents émanant de leurs services. Lorsqu'on traduisit les mémoires de Groves en allemand, il fallut retraduire en allemand la version anglaise des transcriptions. Même l'historienne officielle du programme atomique anglais, Margaret Gowing, ne fut pas autorisée à les lire, lorsqu'elle voulut inclure un chapitre sur le Allemands[24].

Mais même les deux ou trois pages de remarques citées par Groves montraient clairement que ces transcriptions offraient un point de vue unique sur l'opinion des Allemands, à un moment de grande vulnérabilité. Heisenberg, par exemple, refusa tout d'abord de croire à la réalité de la « bombe atomique » mentionnée dans le bulletin d'informations de six heures, tandis que Otto Hahn le taquinait pour son échec et que Weizsäcker prétendait qu'ils auraient pu construire une telle bombe s'ils avaient voulu que l'Allemagne gagnât la guerre. Ces remarques brutes et faites sans précaution étaient très différentes, par le ton et l'état d'esprit qu'elles révélaient, des déclarations tempérées et soigneusement émondées par lesquelles les scientifiques allemands décrivaient leurs activités du temps de guerre. Heisenberg pensait manifestement aux transcriptions de Farm Hall dans ses propres mémoires des années de guerre, publiés en 1971, lorsqu'il écrivit : « Dans notre excitation, nous prononçâmes sans doute ce soir-là mainte parole irréfléchie. Ce n'est que le jour suivant que nous réussîmes à mettre de l'ordre dans nos pensées et à discuter de façon plus raisonnable de ce qui s'était produit[25]. » Heisenberg n'exprima ce qu'il pensait réellement, dit-il, que le lendemain, lors d'une promenade à pas lents en compagnie de Weizsäcker — dans la roseraie, « le meilleur endroit pour des conversations à deux » et, bien entendu, hors de portée des micros. Il n'est pas si difficile de deviner ce qui rendait Heisenberg si nerveux ; un homme peut dire bien des choses en six mois de temps.

Les conclusions de Goudsmit sur le programme atomique allemand devinrent parole d'Evangile dans l'immédiat après-guerre, et la plus importante d'entre elles — à savoir que les scientifiques allemands n'étaient pas d'accord entre eux, qu'ils ne comprenaient rien à la physique nucléaire et qu'ils avaient concocté une histoire de scrupules moraux, inventée de toutes pièces, pour justifier leur échec — remonte directement aux transcriptions de Farm Hall[26]. La dernière affirmation, entre autres, se montra particulièrement indéracinable. Hiroshima et Nagasaki avaient déclenché une vague de doutes et d'interrogations parmi les scientifiques de Los Alamos, les rendant extrêmement sensibles à tout ce qui pouvait suggérer qu'ils auraient mal agi en construisant la bombe atomique, notamment si la suggestion provenait des Allemands[27]. Il s'ensuit que les tentatives ultérieures des Allemands pour expliquer leurs sentiments vis-à-vis du programme nucléaire furent empoisonnées par le soupçon qu'ils cherchaient seulement à se blanchir de leur humiliant échec, comparé au succès américain. C'est donc dans cet esprit que Goudsmit établit « l'histoire » du programme atomique allemand à la fin des années quarante, et les historiens ont dû, depuis, se confronter à cette version des faits, version qui leur donne bien du fil à retordre. Les sources des conclusions de Goudsmit sont toutes évidentes dans les transcriptions, mais ce qui saute aux yeux du lecteur, actuellement, ce sont les nombreuses remarques que celui-ci a omis de relever, a oubliées, ou a délibérément ignorées lorsqu'il écrivit son histoire. Il n'est cependant pas seul en cause ; Heisenberg a aussi déclaré des choses, à l'époque, qu'il ne répéta jamais.

Heisenberg avait d'excellentes raisons de prendre Goudsmit au mot, lorsque ce dernier lui avait dit que les scientifiques américains avaient eu trop de travail, pris qu'ils étaient par les recherches de guerre, pour faire des travaux sur l'uranium. L'argument paraissait raisonnable : Heisenberg savait qu'un projet de bombe exigerait des moyens colossaux en termes de dépenses, de temps, de difficultés techniques à résoudre, puisqu'il avait lui-même présenté cet argument aux autorités allemandes. Mais il doutait également que les scientifiques alliés qu'il connaissait si bien, selon sa propre expression, se fussent voués à la construction d'une bombe[28]. C'est cette confiance qu'il leur faisait (en réalité, rien de plus qu'un espoir, étant donné le peu d'informations dont il disposait) qui vola en éclats dans la soirée du 6 août 1945.

Tout le groupe était réuni dans la salle à manger de Farm Hall, peu avant dix-neuf heures ; seul Otto Hahn manquait à l'appel pour le dîner. Quelqu'un avait dû le voir partir avec Rittner car on envoya Karl Wirtz dans le bureau du major pour lui faire savoir qu'on l'attendait pour passer à table. Wirtz trouva Rittner et Hahn attendant le bulletin d'informations de dix-neuf heures. Rittner était très certainement un homme plein de tact ; après le bulletin de dix-huit heures, il avait pris Hahn à part pour lui dire en privé que sa découverte de la fission avait conduit à la mise au point de la bombe atomique. « Hahn fut complètement anéanti par la nouvelle », écrivit Rittner quelques jours plus tard [29]. Hahn déclara au major qu'il se sentait « personnellement responsable de la mort de centaines de milliers de personnes ». Rittner lui redonna courage par des paroles rassurantes et avec un gin. En compagnie de Karl Wirtz, les deux hommes écoutèrent le bulletin de dix-neuf heures qui ne fit qu'ajouter le terme « atomique » aux descriptions des horreurs coutumières dont les villes bombardées étaient le théâtre. Lorsque tous trois revinrent à la salle à manger, et que Wirtz annonça la stupéfiante nouvelle, les scientifiques se mirent aussitôt à éplucher le communiqué de la BBC pour essayer de comprendre.

Qu'avaient donc utilisé les Américains comme explosif pour leur bombe ? De l'U-235, ou le nouvel élément produit par un réacteur ? « Une affaire extrêmement complexe, estima Hahn. Pour le 93, il faut qu'ils aient une machine capable de tourner très longtemps. Si les Américains ont une bombe à uranium, alors vous êtes tous des ratés. Pauvre vieux Heisenberg [30] ! »

Heisenberg affirma sans hésiter qu'il n'en croyait pas un mot, tandis que Hahn, sarcastique, le traitait de « médiocre » ; Karl Wirtz observa : « Je suis content que nous ne l'ayons pas eue », et tous épiloguèrent sur la signification du succès des Alliés, en attendant le bulletin plus complet de vingt et une heures. Ce dernier donna effectivement assez de détails sur l'échelle de l'entreprise pour convaincre Heisenberg que c'était son ami Sam Goudsmit, et non la BBC, qui leur avait raconté des histoires. « Goudsmit nous a monté un bateau ! » comme le dit Erich Bagge [31].

Leurs doutes dissipés, les dix hommes tentèrent de reconstituer, à partir des maigres détails donnés par la BBC et de leurs propres recherches dans le domaine, le genre de bombe que les Alliés avaient construit. La discussion technique, très animée, ne put conclure. Leur groupe comprenait pourtant les principales têtes de la recherche nucléaire allemande pendant la guerre ; l'un ou l'autre connaissait intimement tel ou tel aspect de la question : le concept du réacteur, la séparation isotopique, la production d'eau lourde et d'uranium-métal. Ils étaient particulièrement experts dans le domaine de la fission ; néanmoins il était clair (comme le conclurent Goudsmit et ceux qui purent consulter la transcription de leur discussion) qu'ils ne partageaient pas, en tant que groupe, une même conception de ce qu'exigeait exactement la construction d'une bombe atomique. Walther Gerlach était sous le choc, devant cette preuve flagrante de leur échec ; l'un des jeunes physiciens lui adressa une remarque désobligeante et dépréciative. Gerlach se sentait coupable de ce désastre et « devint très agité, se comportant en général vaincu[32] », comme l'a écrit Max von Laue. Il fallut les efforts combinés d'Heisenberg, Hahn, Harteck et von Laue pour le calmer. « A notre retour en Allemagne, nous allons passer un mauvais quart d'heure, leur disait-il. Nous ne resterons pas longtemps vivants. »

Plus tard, Hahn essaya de rassurer Gerlach, mais certains, parmi les autres, étaient tout aussi inquiets pour le prix Nobel de chimie, manifestement bouleversé par la nouvelle. Après le dîner, le major Rittner leur confia qu'il partageait leur sentiment, et qu'il leur demandait de le garder à l'œil. Lorsque Hahn, déprimé, se retira dans sa chambre, ses amis se mirent à redouter qu'il ne mît à exécution son ancienne menace de s'enlever la vie. Dans son journal, Erich Bagge écrivit :

> Pauvre professeur Hahn ! Il nous a dit que lorsqu'il se rendit compte pour la première fois des terribles conséquences que pourrait avoir la fission atomique, il avait été incapable de dormir de plusieurs nuits et avait envisagé de se suicider. Il eut même à un moment l'idée de jeter tout l'uranium à la mer afin d'éviter la catastrophe [...].
>
> A deux heures du matin [donc le 7 août] on frappa à notre porte ; c'était von Laue. « Il faut faire quelque chose, je suis très inquiet pour Otto Hahn. Cette nouvelle l'a terriblement bouleversé et je crains le pire. » Nous restâmes debout un long moment, et ce n'est que lorsque nous fûmes sûrs que Hahn s'était endormi que nous allâmes nous coucher[33].

Mais avant de se retirer pour la nuit, von Laue dit à Bagge : « Quand j'étais enfant, je voulais faire de la physique et contempler le monde faire l'histoire. Eh bien, j'ai fait de la physique et j'ai vu l'histoire du monde se faire. Je pourrais dire ça jusqu'à mon dernier jour[34]. »

Les micros britanniques restèrent branchés toute la nuit, tandis que les Allemands passaient d'une pièce à l'autre. Les transcriptions envoyées à Groves quelques jours plus tard comportent des passages des différentes conversations, la dernière ayant eu lieu entre Kurt Diebner et Erich Bagge. « Ils peuvent maintenant faire de nous ce qu'ils veulent, observa Diebner, ils n'ont plus besoin de nous. » Les scientifiques, en effet, espéraient encore que même en dépit de la défaite, le travail qu'ils avaient effectué en temps de guerre leur vaudrait le respect des Alliés et peut-être même des postes chez eux. Hiroshima mit un terme à cette illusion. « Te souviens-tu, demanda tristement Bagge, de ce que Weizsäcker a dit en Belgique — que quand ils viendraient nous chercher, on n'aurait qu'à leur répondre que le seul homme au monde capable de faire ça était Heisenberg ? »

Les lendemain et surlendemain, les scientifiques allemands rédigèrent ensemble un bref communiqué de presse, comprenant un court préambule et cinq paragraphes numérotés, résumant ce qu'avait été le cours de la recherche nucléaire en Allemagne pendant la guerre[35]. De l'avis de Goudsmit, celui-ci ressemble fort à une tentative délibérée pour concocter une explication destinée à leur sauver la face : l'absence de bombe allemande tenait à des scrupules moraux, non à de l'incompétence scientifique. Max von Laue a plus tard brièvement décrit l'une de ces conversations dans une lettre à Paul Rosbaud :

> [...] pendant notre conversation, à table, on mit au point une version disant que les savants atomistes allemands n'avaient pas réellement voulu fabriquer la bombe, soit parce que cela était impossible avant la fin attendue de la guerre, soit simplement parce qu'ils ne le désiraient pas du tout. Weizsäcker dirigeait la conversation. Je n'ai pas entendu mentionner une seule fois un point de vue moral. Heisenberg resta la plupart du temps silencieux[36].

Peut-être, mais c'est tout de même Heisenberg, d'après Rittner, qui convainquit Weizsäcker, Wirtz, Diebner, Bagge et Korsching de signer le texte[37].

Près de deux semaines après Hiroshima, les scientifiques se réunirent tous pour écouter Heisenberg leur expliquer comment les Alliés avaient dû construire leur bombe. Il s'agissait d'un véritable *tour de force** scientifique, car cela revenait à mettre au point une théorie plausible en une dizaine de jours, après des années à avoir peiné sur des fondements erronés. Tout ce que relève Goudsmit, toutefois, est le fait que Heisenberg confirmait s'être trompé, la première fois.

Voici, dans les grandes lignes, comment les scientifiques allemands détenus à Farm Hall ont réagi à la nouvelle d'Hiroshima. Leurs déclarations convainquirent Goudsmit qu'ils avaient commis des erreurs sur le plan scientifique. Heisenberg maintenait que l'explication se trouvait ailleurs. Après une année d'un débat animé poursuivi par correspondance, les deux hommes, au début de 1949, tombèrent d'accord pour laisser tomber la question. Goudsmit ressentait pour Heisenberg, personnellement, une sorte de pitié ; il confia à son ami Victor Weisskopf qu'il trouvait « vraiment tragique » de voir Heisenberg s'accrocher à la notion qu'il avait compris la physique de la bombe atomique[38]. Le nom d'Heisenberg soulevait néanmoins toujours l'animosité parmi les survivants de la guerre, et ce sentiment a son origine dans l'affirmation de Goudsmit : que les Allemands avaient tenté de se blanchir de leurs erreurs scientifiques en prétendant avoir éprouvé des scrupules moraux. Les rapports eux-mêmes, pourtant, ne laissent pas

---

* En français dans le texte.

de doute : Heisenberg et ses amis se montraient profondément ambivalents sur le sujet de la bombe.

« Nos invités furent complètement éberlués par la nouvelle », écrivit le
major Rittner dans le paragraphe d'introduction à son rapport de 27 pages
sur les conversations des Allemands, dans la nuit du 6 au 7 août. « Leur
première réaction, que je crois sincère, fut une expression d'horreur à
l'idée que nous avions utilisé cette invention à des fins de destruction[39]. »
Le but de l'opération Epsilon était avant tout de déterminer ce que
savaient exactement les Allemands du concept de la bombe, et en second
lieu s'ils ne pourraient être tentés de passer à l'Est pour aider les
Soviétiques à en construire une. Mais les scientifiques allemands exprimèrent d'abondance ce qu'ils pensaient de leur programme, comme le
montrent les transcriptions, ce qui remet en question les affirmations de
Goudsmit des dix-huit mois précédents.

On se souvient de la première réaction de Wirtz, après le bulletin
d'information de 21 h : « Je suis content que nous ne l'ayons pas eue. »

Weizsäcker exprima son accord un instant plus tard : « Je crois que
c'est horrible, pour les Américains, de l'avoir fait. C'est de la folie de leur
part.

— On ne peut pas dire ça, objecta Heisenberg. On pourrait tout aussi
bien affirmer que c'était le moyen le plus rapide pour mettre un terme à la
guerre.

— C'est ce qui me console », dit Hahn.

Ce bref échange donne le ton de ce que sera une partie de la
conversation qui se poursuivit tard dans la nuit et quelques-unes de ces
remarques auront un faible écho dans les discussions qui suivirent, mais
ce n'est que sous le choc, en apprenant la nouvelle, que ces quatre
hommes, Heisenberg, Weizsäcker, Wirtz et Hahn, abordèrent la question
morale de la bombe[40]. Tous les scientifiques de Farm Hall étaient
présents, lors de cette première discussion. Gerlach se retira au milieu de
la soirée, bientôt suivi par Hahn, qui ne faisait pas un secret de l'état dans
lequel l'avait mis l'annonce d'Hiroshima :

J'ai suggéré un jour de jeter tout l'uranium au fond de l'océan. J'ai
toujours pensé qu'on ne pourrait faire autrement que de fabriquer
une bombe capable de balayer toute une province. [...] Nous étions
évidemment incapables de travailler à cette échelle [ils étaient tous
abasourdis par l'ampleur du programme allié].

HEISENBERG : On peut dire que la première fois que des fonds
importants ont été disponibles en Allemagne date du printemps de
1942, après la rencontre avec Rust, quand nous l'avons convaincu
que nous avions la preuve absolue que c'était faisable...

WEIZSÄCKER : Combien de personnes travaillaient aux V1 et aux
V2 ?

DIEBNER : Des milliers.

HEISENBERG : Nous n'aurions pas eu le courage moral de recommander au gouvernement, au printemps de 1942, d'employer 120 000 hommes rien que pour fabriquer la chose.

WEIZSÄCKER : Je crois que nous ne l'avons pas fait parce qu'aucun des physiciens ne voulait le faire, par principe. Si nous avions tous voulu que l'Allemagne gagne la guerre, nous aurions réussi.

HAHN : Je ne le crois pas, mais je suis heureux que nous n'ayons pas réussi.

HEISENBERG [une minute ou deux plus tard] : Le fait est que toute la structure des relations entre les scientifiques et l'État, en Allemagne, était telle que bien que nous n'ayons pas eu envie à cent pour cent de le faire, on nous faisait par ailleurs si peu confiance que même si nous l'avions voulu, il n'aurait pas été facile d'y parvenir.

DIEBNER : Les autorités ne s'intéressaient qu'à des résultats immédiats.

WEIZSÄCKER : Même si nous avions eu tout ce que nous voulions, rien ne prouve que nous aurions été aussi loin que les Américains et les Anglais. La question n'est pas tellement que nous en étions presque au même stade, mais que nous étions tous convaincus que l'effort était impossible à conduire pendant cette guerre.

HEISENBERG : Ce n'est pas tout à fait exact. Je dirais que j'étais absolument convaincu de la possibilité de faire une machine à uranium, mais je n'ai jamais pensé que nous fabriquerions une bombe ; et au fond de mon cœur, j'étais très content qu'il s'agisse d'un moteur et non d'une bombe. Je dois le reconnaître.

WEIZSÄCKER : Si tu avais voulu faire une bombe, tu te serais probablement intéressé de plus près à la séparation isotopique et moins à l'eau lourde [...] Si nous nous y étions mis à temps, on aurait pu aboutir à quelque chose. S'ils ont été capables d'achever le projet pendant l'été de 1945, nous aurions pu, avec un peu de chance, y parvenir pendant l'hiver 44-45.

WIRTZ : Avec pour résultat qu'on aurait rasé Londres mais que nous n'aurions toujours pas conquis le monde, et qu'ils nous auraient balancé les leurs dessus.

WEIZSÄCKER : Je ne crois pas que nous devrions faire maintenant des excuses pour ne pas avoir voulu réussir, mais nous devons reconnaître que nous ne le voulions pas. Si nous y avions mis autant d'énergie que les Américains et l'avions voulu autant qu'eux, il est tout à fait certain que nous aurions tout de même échoué, car ils auraient bombardé nos usines.

Ainsi se poursuivit la conversation, passant de questions techniques à des questions d'argent et de personnel ; s'attardant à la troublante question, posée la première fois par Harteck : « A qui la faute ? » Celui-ci, à la fin de la soirée, s'était convaincu que, de toute façon, ce n'était pas la sienne, puis qu'il n'avait jamais disposé de l'énorme quantité de spectographes de masse nécessaire à la séparation de l'U-235. Wirtz fit une réflexion qui allait faire bouillir Goudsmit pendant des années : « C'est typique des Allemands d'avoir fait la découverte et de ne pas s'en être servi, tandis que les Américains, eux, l'ont fait. Je dois avouer que je ne les aurais pas crus capables d'oser. »

Les recherches fondamentales conduites par Hahn durant la guerre en faisaient un membre effectif du programme nucléaire allemand, mais les transcriptions montrent clairement qu'il n'a jamais pensé un instant à la bombe comme but pratique. « Ils sont en avance de cinquante ans sur nous, dit-il des Alliés. Je n'aurais jamais pensé que la chose aurait été possible avant vingt ans. » Mais le choc d'Hiroshima provoqua chez lui une terrible prise de conscience sur l'horreur de ce qu'il avait « essayé » de faire. « Es-tu bouleversé parce que nous n'avons pas fait la bombe à uranium ? demanda-il à Gerlach, plus tard dans la soirée. Je remercie Dieu à deux genoux que nous ne l'ayons pas faite.

— Mais alors, quel était notre objectif ?

— Construire un moteur, répondit Hahn, afin de produire des éléments, de calculer le poids des atomes, d'avoir un spectrographe de masse et des éléments radioactifs pour remplacer le radium[41]. »

Plus tard encore, Heisenberg et Hahn parlèrent en tête à tête. Ce qui intéressait les Anglais était la discussion scientifique, mais il n'y a rien d'ambigu dans la première partie de leur conversation, que le major Rittner s'est contenté de résumer :

Hahn expliqua à Heisenberg que cette affaire l'avait complètement bouleversé. Qu'il ne pouvait pas comprendre pourquoi Gerlach le prenait si mal. Heisenberg répondit que lui le comprenait, car Gerlach était le seul d'entre eux à avoir sincèrement souhaité la victoire de l'Allemagne ; il avait beau se rendre compte des crimes des nazis et les désapprouver, il ne pouvait faire abstraction du fait qu'il travaillait pour l'Allemagne. Hahn répliqua que lui aussi aimait son pays et que c'était précisément pour cette raison qu'il en souhaitait la défaite. Heisenberg remarqua que la possession de la bombe atomique allait renforcer la position des Américains par rapport aux Soviétiques. Ils revinrent ensuite à l'idée qu'ils n'avaient jamais souhaité travailler à la bombe et avaient été soulagés de concentrer tous leurs efforts sur un moteur. Heisenberg remarqua que le peuple allemand pourrait leur reprocher de ne pas avoir forcé les autorités à mettre à leur disposition les cent mille hommes nécessaires ; il avait le sentiment que placé dans la même situation morale que le Américains, c'est-à-dire s'il avait considéré que rien ne comptait sinon la victoire d'Hitler, ils auraient pu réussir ; mais qu'en réalité ils n'avaient pas envie de le voir gagner. Hahn reconnut néanmoins qu'une défaite allemande se traduirait par une tragédie aussi terrible pour son pays. Ils parlèrent ensuite des sentiments des scientifiques américains qui avaient mis la bombe au point, pour dire que leur cas était différent, dans la mesure où ils considéraient que Hitler était un criminel[42].

Il y eut encore bien des commentaires avant que le choc ne s'atténue, mais la goutte d'eau, pour Goudsmit, fut sans doute la remarque de Weizsäcker, après la lecture des premiers articles de journaux sur Hiroshima. Il déclara à Max von Laue qu'il « leur faudrait du temps pour se dédouaner aux yeux de leurs compatriotes » [résumé de Rittner]. Finalement, ajouta-t-il, les choses paraîtront peut-être très différentes. D'après ce qu'il venait de lire, Weizsäcker avait conclu que les Alliés n'avaient pas encore réussi à construire un réacteur opérationnel — domaine dans lequel les Allemands avaient précisément accompli le plus de progrès. « L'histoire se souviendra que les Américains et les Anglais ont fabriqué la bombe, et qu'en même temps, les Allemands, sous le régime d'Hitler, ont produit un moteur opérationnel. En d'autres termes, la mise au point de l'usage pacifique de l'atome aura été faite en Allemagne sous Hitler pendant que les Américains et les Anglais produisaient leur effroyable engin de guerre[43]. »

Ce n'est évidemment pas la leçon qu'a retenue l'histoire. Weizsäcker se trompait quant à l'échec qu'il attribuait aux Alliés pour la construction d'un réacteur, mais ce qu'il disait par ailleurs était tout à fait vrai : après juin 1942, les scientifiques allemands travaillèrent à une machine à uranium alors que les Alliés construisaient la bombe qui devait tuer des centaines de milliers de Japonais. Quelle douloureuse ironie dans ce fait... mais ce qu'entendit Goudsmit dans cette transcription fut l'expression d'insupportables auto-congratulations morales de la part de ceux qui avaient assassiné les Juifs. Peu importait que Weizsäcker crût parler en privé à des amis. Peu importait que ses travaux de Strasbourg et le réacteur embryonnaire d'Haigerloch témoignassent de la faiblesse de l'effort allemand en matière nucléaire. Peu importait qu'à Göttingen, Houtermans eût dit à Goudsmit que les « Allemands travaillaient lentement à ce projet, ne voulant pas réussir au cours de cette guerre ». Il n'éprouvait qu'une froide fureur à l'idée que Heisenberg et ses amis pussent prétendre à la moindre responsabilité dans l'échec allemand. Même au bout de trente ans, il disait encore à Rudolf Peierls : « Ce grand physicien, notre idole, n'était pas mieux que nous[44]. » Mieux en quoi ? Goudsmit voulait dire plus sage, plus humain, moins enclin à mettre son génie à la disposition de fins mauvaises. Or il ne se comprenait pas bien lui-même ; il lui en voulait pour la chose que précisément il attendait de lui : la calme affirmation d'Heisenberg, enregistrée par les micros britanniques, qu'il n'avait « pas envie à cent pour cent » de construire une bombe pour Hitler.

Dans un esprit différent, Goudsmit aurait pu réfléchir à ce qu'il avait

503

entendu. Qui, après tout, avait constaté l'échelle ridicule de l'effort de recherche atomique allemand, sinon lui, à la tête d'Alsos ? Mais il s'en tint à cette seule explication : les Allemands n'avaient pas su construire la bombe. En un sens, c'était vrai ; une bombe atomique est un engin complexe ; et les Allemands étaient encore bien loin d'en avoir la maîtrise. Goudsmit restait toutefois convaincu, sur la base des transcriptions de Farm Hall, que Heisenberg avait commis des erreurs scientifiques majeures. Ce n'est cependant pas aussi clair que cela ; et pour comprendre, il nous faut revenir encore une fois sur la discussion qui suivit l'annonce d'Hiroshima. Elle débuta peu après le bulletin d'information de dix-neuf heures.

HEISENBERG : Ont-ils employé le mot uranium en relation avec cette bombe atomique ?
HAHN : Non.
HEISENBERG : Alors, ça n'a rien à voir avec les atomes [...] Tout ce que je peux suggérer c'est qu'il y a un dilettante en Amérique qui ne sait pas grand-chose de la fission et qui les a bluffés en disant « si vous laissez tomber ce truc-là, c'est l'équivalent de 20 000 tonnes d'explosif à forte puissance », mais en réalité, ça ne marche pas.
HAHN : De toute façon, Heisenberg, on est des ratés et vous n'avez plus qu'à plier bagage.
HEISENBERGg : Je suis bien d'accord [...] Je ne crois pas un mot de toute cette histoire. Je considère tout à fait possible qu'ils aient eu dix tonnes d'uranium enrichi, mais non qu'ils aient eu dix tonnes d'U-235 pur.
HAHN : Je croyais qu'on avait besoin de très peu d'U-235.
HEISENBERG : S'ils ne l'enrichissent que légèrement, ils peuvent fabriquer un moteur qui marchera mais pas un explosif qui...
HAHN : Mais avec, disons, trente kilos d'U-235 pur, ne pourraient-ils pas faire une bombe ?
HEISENBERG : Elle ne partirait toujours pas, car le libre parcours moyen serait toujours trop grand.
HAHN : Mais pourquoi m'as-tu dit qu'il n'y avait besoin que de cinquante kilos d'U-235 pour faire quelque chose ? Maintenant, tu parles de deux tonnes.
HEISENBERG : Je ne tiens pas à me prononcer pour le moment, mais c'est certainement un fait que les libres parcours moyens sont importants...
HAHN : Je crois absolument impossible de produire une tonne d'U-235 par séparation isotopique.
WEIZSÄCKER : Qu'est-ce que tu fais des centrifugeuses ?
HARTECK : On ne pourra jamais obtenir de l'U-235 pur avec...
HAHN : Oui, mais on le pourrait, avec le spectrographe de masse. Ewald a un brevet.
DIEBNER : Il y a aussi le procédé photochimique.
HEISENBERG : Il y a beaucoup de possibilités, mais aucune que nous

connaissions, c'est certain... Si on l'a fait avec l'U-235, nous devrions pouvoir comprendre correctement le processus. Ça dépend seulement s'il faut 50, 500 ou 5 000 kilos, mais nous ignorons l'ordre de grandeur[45].

C'est apparemment à ce stade de la discussion qu'il y eut l'interruption pour le bulletin de vingt et une heures de la BBC, bulletin qui donna davantage de détails sur le bombardement ; on disait que la fumée et la poussière cachaient la ville dévastée encore des heures après la terrifiante explosion, et l'uranium était désigné comme la source d'énergie de celle-ci. Le coût immense et les proportions gigantesques du projet — cinq cents millions de livres sterling et jusqu'à 125 000 travailleurs — les convainquirent tous, à l'exception d'Heisenberg, peut-être, qui éprouvait encore des doutes, que les Alliés avaient bel et bien réussi à fabriquer une bombe atomique. Heisenberg s'intéressa aussitôt au problème de l'ordre de grandeur de la quantité de combustible nucléaire nécessaire. Plus tard, dans la nuit, au cours d'une conversation avec Hahn, il calcula que cent mille spectrographes de masse pourraient produire cent grammes d'U-235 par jour, « ce qui donnerait trente kilos par an ».

« Crois-tu qu'ils en auraient besoin autant que ça ? demanda Hahn.

— J'en suis à peu près sûr, mais honnêtement je n'en sais rien, n'ayant jamais cru qu'on pourrait obtenir de l'U-235 pur[46]. »

Heisenberg spécule ensuite sur une bombe exigeant une tonne d'U-235, ou peut-être seulement 250 kilos si le cœur se trouvait enchâssé dans un « réflecteur » en matériau dense pour réduire la fuite des neutrons. Il révisa de nouveau ses chiffres deux jours plus tard, après avoir lu dans un journal que la bombe ne pesait que deux cents kilos. Il arriva cette fois à un ordre de grandeur à peu près correct, une sphère de dix ou douze centimètres pour le cœur[47]. Mais la question continua à le tracasser. Les journaux rapportaient des faits contradictoires, et il ne savait même pas si les Alliés avaient utilisé de l'U-235 ou ce nouvel élément baptisé plutonium. « Comment ont-ils procédé, en réalité ? Je considère que ce serait une honte que nous, des professeurs qui avons travaillé à la question, ne puissions au moins trouver comment ils ont fait[48]. » Une semaine plus tard, le 14 août, Heisenberg présenta finalement un exposé complet sur la physique de la bombe à tous les scientifiques incarcérés à Farm Hall. On lui posa beaucoup de questions, on analysa longuement les moindres détails. Sous la direction d'Heisenberg, ils inventèrent collectivement une bombe dont le cœur fissile en U-235 pesait quinze ou seize kilos, divisé en deux hémisphères séparés (pouvant à la rigueur être des cylindres). Un réflecteur de plomb ou d'uranium devait empêcher les neutrons de s'échapper. La masse critique devait être produite par un système en forme de canon en environ 10^{-6} secondes. Finalement, restait la question de l'amorçage, à savoir l'introduction de neutrons dans le noyau pour déclencher la fission. La fission spontanée ou même les radiations cosmiques pouvaient y pourvoir, mais c'était trop compter sur le hasard ;

mieux valait utiliser une faible quantité de radium[49]. A la fin de l'exposé d'Heisenberg, les scientifiques allemands, si on leur en avait donné l'occasion, auraient été prêts à construire une bombe.

De cette discussion, Goudsmit conclut que Heisenberg ne comprit les principes fondamentaux de la bombe qu'après la guerre. Mais dans son ouvrage *Alsos,* il va plus loin ; il ignore les preuves apportées par les transcriptions et affirme abruptement que Heisenberg ignorait tout du plutonium ou du rôle des neutrons rapides. Prises comme argent comptant, les observations d'Heisenberg réglaient au moins un point de l'affaire : si les Allemands avaient réellement cru qu'il fallait deux tonnes d'U-235, inutile d'aller chercher plus loin les raisons de leur échec. Il est indiscutable que Heisenberg a défendu ce chiffre devant Otto Hahn le soir où ils apprirent la destruction d'Hiroshima, et il n'était évidemment pas le seul. Walther Gerlach, dans une lettre de décembre 1944 à son patron du Reichsforschungsrat, déclare que pour une bombe « on a besoin [...] d'une quantité d'au moins deux tonnes ou plus[50] ». Comment Heisenberg a-t-il pu se tromper à ce point ?

De ce qu'il lut, Goudsmit conclut (comme il le dit à Alvarez à l'époque) que Heisenberg s'était trompé en pensant qu'on ne pouvait utiliser les neutrons rapides pour faire exploser une bombe, « parce que le nombre moyen des neutrons rapides est insuffisant[51] ». Autrement dit, les neutrons ont à parcourir une distance relativement trop grande (le « libre parcours moyen ») avant de heurter un nouveau noyau d'U-235 et de déclencher une nouvelle fission. R. V. Jones et Charles Frank ont trouvé une explication quelque peu différente. Ils estimèrent que Heisenberg avait simplement été victime d'une erreur conceptuelle dans le calcul de la taille d'une sphère d'U-235 assez grosse pour abriter quatre-vingts générations de fission[52]. En fait, les transcriptions révèlent que les chiffres plus réduits avancés par Heisenberg pour la masse critique sont le résultat d'une révision à la baisse du libre parcours moyen et à la hausse du facteur de multiplication, d'où la possibilité d'une sphère beaucoup plus petite[53]. Ce qui importe ici est que les transcriptions de Farm Hall montrent clairement que Heisenberg, après avoir défendu des chiffres extrêmement exagérés pour la masse critique (« deux tonnes »), le 6 août, a pu expliquer en détail, juste une semaine après, en quoi il s'était trompé. La question à se poser est donc : comment a-t-il réussi à corriger aussi rapidement des « erreurs » qu'il avait acceptées pendant des années ?

Le problème de la masse critique est probablement le facteur le plus important à prendre en considération lorsqu'on envisage de se lancer dans un programme de bombe atomique. Les autres aspects techniques sont relativement simples. Les principaux physiciens de nombreux pays comprirent que la bombe était possible dès qu'ils entendirent parler de la découverte de la fission. La mise au point du projet et son exécution concrète sont très exigeantes sur le plan technique, mais n'impliquent pas l'emploi d'une très grande quantité de principes radicalement nouveaux.

La seule raison pour laquelle, parmi une demi-douzaine de belligérants, un seul a pu construire la bombe pendant la guerre, tient à ce que la matière fissile, l'uranium-métal ou le plutonium qui constitue l'explosif, ne peuvent être produits que par une technologie qui coûte très cher, exige d'énormes installations et beaucoup de temps. D'où la question vitale de la quantité. Il fallut aux États-Unis des années pour produire les premiers cent grammes ; à la fin de la guerre, le pays produisait un total de peut-être dix ou quinze kilos en utilisant deux méthodes, la séparation de l'U-235 dans les gigantesques usines d'Oak Ridge, au Tennessee, et la fabrication du plutonium dans les réacteurs d'Hanford, dans le Washington. Si les Japonais ne s'étaient pas rendus à la mi-août 1945, le bombardement atomique de leur pays aurait pu se poursuivre au rythme d'une bombe toutes les trois ou quatre semaines.

Les nombreuses erreurs commises dans les premières estimations de la masse critique tenaient principalement à ce qu'on imaginait lancer une réaction en chaîne dans l'uranium naturel. En France, Francis Perrin était ainsi arrivé, en 1939, à un chiffre d'environ 44 tonnes [54]. Lorsque, l'été de cette même année, poussé par Leo Szilard, Albert Einstein avertit le président Roosevelt, dans une lettre, qu'il était possible de transporter une bombe atomique « dans un bateau et de la faire exploser dans un port », il pensait manifestement à un engin de très grande taille [55]. En Grande-Bretagne, le physicien allemand immigré Rudolf Peierls, que l'estimation de Perrin laissait perplexe, fit ses propres calculs qui aboutirent à un chiffre inférieur à celui du Français, mais néanmoins « de l'ordre de plusieurs tonnes [56] », soit beaucoup trop important pour une arme. Otto Frisch vint à Birmingham peu après, lut l'article de Peierls et s'attela à son tour au problème. En février ou mars 1940, Frisch demanda à Peierls : « Et si l'on te donnait une certaine quantité d'U-235 pur, qu'est-ce qui se passerait [57] ? » Voilà qui changeait tout ; les deux hommes aboutirent à un chiffre incroyablement bas : une livre. On finit par se rendre compte qu'il était lui aussi faux — trop bas, cette fois — mais il se trouvait cependant dans le bon ordre de grandeur et suffit à convaincre les autorités britanniques qu'une bombe serait faisable. Ce nouveau calcul encouragea également les Américains. Fabriquer une livre (ou vingt) d'U-235 n'était pas une mince affaire mais restait possible et on peut affirmer que la bombe qui détruisit Hirsoshima a commencé avec l'estimation de sa masse critique faite par Peierls et Frisch.

Après la guerre, Heisenberg souligna régulièrement l'immensité de la tâche mais ne précisa jamais en quoi, exactement, elle l'était. Le Heereswaffenamt abandonna l'espoir d'une bombe pour des raisons pratiques, à la fin de 1941, et au mois de juin suivant, Albert Speer confirma cet abandon lors de la réunion de la Maison Harnack avec Heisenberg et d'autres scientifiques. Ces discussions de la faisabilité auraient dû tourner autour de la question du matériau fissile : comment le fabriquer, et en quelle quantité. Heisenberg, Weizsäcker et probablement d'autres comprenaient qu'on pourrait utiliser le plutonium[58] dans une bombe, mais ils n'en parlèrent jamais qu'en passant. Les discussions concernant l'U-235 furent plus approfondies et les méthodes de sa séparation furent l'objet de beaucoup de travaux théoriques et expérimentaux.

Toutefois, on ne trouve pratiquement nulle part d'estimation (ni même d'allusion à l'importance d'une estimation) de la quantité de matériau fissile nécessaire. Un seul document de la première période des études théoriques semble avoir inclus une estimation de la masse critique. Lorsque le Heereswaffenamt se demandait s'il ne fallait pas se lancer dans un programme de bombe atomique, à la fin de 1941, un groupe de scientifiques de l'Armée, sous la direction de Kurt Diebner, rédigea un rapport enthousiaste dont la conclusion était qu'il fallait passer des études de laboratoire à des travaux en grandeur réelle. Les auteurs admettaient qu'il n'existait encore aucune méthode de séparation de l'U-235, mais remarquaient qu'il n'en fallait que des quantités relativement réduites, entre 10 et 100 kilos[59]. On ne suivit pas les recommandations du groupe Diebner, et son estimation de la masse critique, approximativement correcte, semble être tombée dans l'oubli en même temps que sa proposition.

Heisenberg semble avoir évité la question. Dans son historique du programme allemand de bombe atomique publié dans *Nature*[60], il déclare que le travail théorique s'est cantonné aux questions de base de la fission : « On n'entreprit cependant pas l'investigation des aspects techniques posés par le problème de la bombe, comme celui dit de la masse critique. » A Farm Hall, il dit à Hahn n'avoir jamais procédé aux calculs. Les archives ne contredisent pas cette affirmation. Mais comment lui était-il possible de dire que la séparation de l'U-235 était une entreprise « trop énorme » pour l'Allemagne sans connaître la quantité de matériau fissile exigée ? Il avait forcément fait un calcul, même sommaire et approximatif.

Heisenberg ne fit une allusion chiffrée qu'une fois, lors d'une conférence tenue devant les autorités militaires à Berlin, le 26 février 1942. Il dit plus tard à Goudsmit qu'il en avait adapté le niveau scientifique « à l'intelligence d'un ministre du Reich de l'époque[61] ». Autrement dit, il en avait rédigé le texte pour des raisons officielles. Après une brève présentation de la fission, il déclarait : « De tous ces faits, on peut conclure que si l'on arrivait à convertir *tous* [souligné par Heisenberg] les noyaux, disons d'une tonne d'uranium par fission, son énorme quantité de calories, soit environ quinze mille milliards de kilocalories, serait libérée[62]. » Ce chiffre d'une tonne est à ma connaissance la seule référence chiffrée d'Heisenberg à la masse critique. Pour quiconque sachant quelle quantité exacte de matériel fissile nécessite une bombe, c'est un chiffre curieux, revenant un peu à dire qu'un revolver qui tirerait des balles de cent livres serait plus meurtrier — ce qui est vrai, mais sans intérêt. Une tonne, toutefois, est un chiffre du même ordre que ceux utilisés par

Gerlach et les scientifiques de Farm Hall. Cela signifie-t-il que Jones avait raison et que Heisenberg, du fait d'une erreur scientifique élémentaire, surestimait de manière extravagante la masse critique ?

Ces chiffres — la « tonne » de la conférence d'Heisenberg au Heereswaffenamt, les « deux tonnes » citées par Otto Hahn à Farm Hall — sont certainement ceux d'Heisenberg, mais ce n'étaient pas les seuls. C'est ce que sous-entendait Hahn lorsqu'il lui dit : « Mais alors, pourquoi me disiez-vous avant [...] » Manfred von Ardenne confirme la justesse du souvenir d'Otto Hahn ; à la fin de 1941, seul possesseur d'un microscope à Berlin, nous avons vu que presque tous les grands scientifiques allemands défilèrent dans son laboratoire ; Heisenberg, le 28 novembre 1941 et Otto Hahn quinze jours plus tard. Ardenne leur avait posé la même question, quant à la quantité de matière fissile nécessaire pour une réaction en chaîne explosive ; les deux hommes avaient tous les deux répondu « quelques kilos[63] ». Ardenne se rappelait leur avoir aussi dit qu'il pensait qu'une grande société électrique comme Siemens devrait être en mesure de séparer, par des procédés magnétiques, une aussi modeste quantité d'U-235.

Ardenne ne poursuivit cependant pas ses discussions préliminaires du projet avec Siemens, après la visite que lui rendit Weizsäcker au début de 1942. Ce dernier lui dit en effet qu'il venait de conclure avec Heisenberg qu'en fin de compte, une réaction en chaîne explosive n'était pas possible avec l'U-235, car les hautes températures produites réduiraient le taux de fission et arrêteraient la réaction avant qu'elle ne se fût emballée. Ardenne se souvenait très clairement de ces événements ; il pensait y trouver l'explication des « erreurs » d'Heisenberg telles que les avaient révélées les transcriptions de Farm Hall publiées par Groves[64]. La version d'Ardenne, confirmée par la remarque étonnée de Hahn à Farm Hall, prouve sans ambiguïté possible que, dès 1941, Heisenberg avait pris en considération un chiffre de « quelques kilos » pour la masse critique.

Heisenberg fit une autre allusion à la question de la masse critique lors de la réunion avec Speer du 4 juin 1942. On se souvient qu'il fit sensation en parlant de « bombe » ; nombre des scientifiques et des personnages officiels réunis, y compris le président de la Kaiser Wilhelm Gesellschaft, Ernst Telschow, entendaient dire pour la première fois que la fission nucléaire pouvait servir à fabriquer une bombe. Un murmure d'étonnement parcourut l'audience. L'aide de camp de Speer, le maréchal Erhard Milch, demanda à Heisenberg la taille que devrait avoir un tel engin pour détruire une ville comme Londres ; le physicien avait fait un geste des mains évoquant un objet rond « à peu près de la taille d'un ananas », d'après Telschow, qui pensait que la question avait gêné Heisenberg[65]. Peu après la guerre, Heisenberg mentionna lui-même cet épisode à Goudsmit comme preuve qu'il connaissait la taille approximative du cœur d'une bombe, ignorant complètement que les transcriptions de Farm Hall comprenaient la discussion dans laquelle il évoquait un chiffre de l'ordre de « deux tonnes » en réponse à une question d'Otto Hahn[66].

Les transcriptions contiennent d'autres preuves que Heisenberg, en arrivant en Angleterre, avait une meilleure connaissance de la structure de la bombe que ce qu'il avait laissé croire à Gerlach ou à d'autres collègues de l'Uranverein. Qu'il ait réussi, en une semaine, à mettre au point un exposé complet sur la physique de la bombe n'est pas totalement impossible ; après tout, tout le monde le considérait comme un génie. Mais en réalité, la révision de ces chiffres eut lieu bien plus vite. Quelques heures après avoir appris la nouvelle d'Hiroshima, Heisenberg, dans une conversation privée avec Hahn, ramène son estimation de deux tonnes à une tonne, puis à cinq cents kilos, comme par enchantement, grâce à l'utilisation d'un « réflecteur ». Ce terme n'apparaît nulle part ailleurs dans les archives publiées du programme atomique allemand. A Los Alamos, les scientifiques employaient le terme de « tamper », soit une enveloppe solide, la plus lourde possible, qui ferait rebondir les neutrons vers le cœur de matière fissile, réduisant par là la quantité nécessaire de ces neutrons. Il s'agit d'une structure sophistiquée ; Heisenberg l'envisagea en carbone, en plomb ou en uranium naturel. Toutes réfléchissent les neutrons, mais « l'uranium naturel est le meilleur choix », d'après Hans Bethe, parce que son inertie contribue à maintenir la cohésion de la bombe pendant que les générations de fission se multiplient[67]. Cette conversation apparemment anodine, dans laquelle Heisenberg explique aussi l'importance de la fission rapide, prouve qu'il avait déjà beaucoup pensé à la question.

Deux jours plus tard, citant un article de la presse, Harteck demanda à Heisenberg s'il croyait réellement possible qu'une bombe atomique pût ne peser que deux cents kilos[68]. « Cela m'a considérablement troublé, déclare Heisenberg, et dans la soirée, j'ai procédé à quelques calculs. » La réponse, ajoute-t-il, était oui, car la fission rapide donnait un taux de multiplication plus grand, ce qui signifiait que le cœur de la bombe n'aurait besoin que d'un rayon équivalant au libre parcours moyen — soit environ six centimètres. Avec ce seul calcul, il abandonna définitivement tous les chiffres de l'ordre de la tonne, et les ramena à un ordre de grandeur de « quelques kilos », soit ce qu'il avait déjà dit à Hahn en 1941.

La discussion générale suscitée par l'exposé d'Heisenberg le 14 août montre clairement que seuls quelques physiciens — Heisenberg, Harteck, Weizsäcker et Wirtz — comprenaient vraiment la nature de la physique nucléaire, tandis que les autres découvraient des choses entièrement nouvelles pour eux. La nature particulière de l'exposé d'Heisenberg a tout de suite frappé Hans Bethe lorsqu'il lut les transcriptions de la discussion scientifique, cinquante ans plus tard :

Ma première réaction est que Heisenberg en savait beaucoup plus que ce que j'avais toujours cru — le fait qu'il ait atteint nombre de ses conclusions en une soirée est tout à fait remarquable à cet égard. Dans son exposé, il est clair qu'il s'adresse à des gens ignorant tout de ce sujet. Il se place au niveau le plus bas possible et rappelle même des notions élémentaires. Apparemment, les autres ne savaient pas grand-chose de la fission — même von Laue, pourtant lui-même un grand physicien. Mais à Gerlach, notamment [...] il a tout fallu expliquer comme si c'était la première fois pour lui[69].

Ce que révèlent, sans aucun doute possible, les transcriptions de Farm Hall, est que Heisenberg n'a expliqué les fondements de la physique de la bombe nucléaire à l'homme responsable du programme atomique allemand qu'une fois la guerre terminée.

Les contradictions que cela implique sont trop fortes pour laisser la place à d'autres conclusions que celle-ci : Heisenberg avait gardé pour lui l'essentiel de ce qu'il savait. Avec un ami intime comme Weizsäcker, il avait discuté des dilemmes moraux posés par la découverte de la fission. Avec d'autres, il avait souligné les difficultés, les incertitudes et les dépenses entraînées par toute tentative pour construire une bombe — considérations, dira-t-il lui-même plus tard, qui leur épargnèrent d'avoir à prendre la décision morale de la fabriquer ou non[70]. Heisenberg n'a jamais prétendu avoir exagéré (encore moins inventé) ces difficultés pour décourager les autorités, et son ami Weizsäcker va dans le même sens : « Jamais il n'y eut de conspiration pour ne pas construire de bombe atomique[71]. » Soit. Mais en 1941, Houtermans disait déjà que Heisenberg essayait de retarder autant que possible les travaux. Les transcriptions de Farm Hall nous apportent la preuve convaincante que Heisenberg n'avait jamais expliqué la fission rapide à Gerlach, qu'il avait concocté une méthode plausible de calcul de la masse critique donnant une réponse en tonnes alors qu'il savait très bien qu'on pouvait y parvenir avec beaucoup moins — chose qu'il avait gardée pour lui. Comment s'étonner qu'avec un tel conseiller scientifique, les autorités allemandes eussent conclu que la bombe n'était pas à leur portée ?

Près de cinq mois passèrent avant que les dix scientifiques allemands assignés à résidence à Farm Hall fussent autorisés à retourner chez eux, mais leur isolement prit fin par étapes. Charles Frank, par exemple, put venir rendre visite à son vieil ami Karl Wirtz ; d'autres rencontrèrent Patrick Blackett et purent même faire des excursions à Londres en compagnie du major Rittner. Pour célébrer le soixantième anniversaire de Niels Bohr, le 5 octobre, Heisenberg, Weizsäcker et Max von Laue écrivirent des articles sur lui. « Si Niels Bohr les a aidés, avait dit Hahn le lendemain d'Hiroshima, alors je dois avouer qu'il baisse dans mon estime[72]. » Mais comme Heisenberg et Laue, Hahn conclut que les articles de journaux mentionnant la présence de Bohr à Los Alamos devaient être erronés[73].

Peu de temps après, Hahn apprit qu'il avait remporté le prix Nobel de chimie pour sa découverte de la fission. Cette annonce, faite le 16 novembre, contribua à raccourcir la captivité du groupe de Farm Hall en braquant les projecteurs de l'actualité sur le mystère de leur disparition. C'était déjà un secret de polichinelle parmi les scientifiques alliés, mais au moment de l'annonce du prix Nobel de chimie de Hahn, il n'existait aucune réponse officielle à la question de leurs coordonnées. Depuis la reddition des Japonais, le général Groves ne craignait plus que les bavardages des scientifiques n'alertent le monde sur la bombe et par là lui lient les mains ; mais en revanche, il redoutait de les voir tomber sous la coupe des Soviétiques ou des Français.

La guerre d'Heisenberg s'acheva donc sur une longue période de captivité dorée, jamais expliquée, en compagnie de neuf compatriotes attendant tous de pouvoir retrouver leur vie d'antan et leurs travaux. Dans les mois qui suivirent Hiroshima, le rapport hebdomadaire en provenance de Farm Hall devint de plus en plus court — certains ne faisaient qu'une page — et traita avant tout de l'humeur des scientifiques. Tous s'inquiétaient pour leur famille, protestaient contre l'absence de courrier et insistaient pour être relâchés. En fait, ils n'étaient retenus que par la seule pression morale ; il n'y avait aucun garde, et seule la promesse qu'ils avaient donnée de ne pas partir les empêchait de prendre la clef des champs. Ils menacèrent sans fin de reprendre leur parole, filer à Cambridge et accrocher le premier journaliste qu'ils pourraient trouver, mais ne le firent jamais.

Finalement, les Allemands acceptèrent de vivre et travailler dans les zones occupées par les Américains et les Britanniques en Allemagne, et Groves comprit que cette promesse était ce qu'il pouvait obtenir de mieux. En outre, la loi qui permettait à Sa Gracieuse Majesté de détenir quiconque « à son bon plaisir » avait une échéance précise : six mois. A 10 h 30, le 3 janvier 1946, exactement six mois après leur arrivée en Grande-Bretagne, Heisenberg et ses neuf compagnons partirent en avion pour une petite ville de la zone occupée par les Anglais en Allemagne ; c'est là que Elizabeth Heisenberg revit pour la première fois son époux depuis mai. Un mois plus tard, environ, Heisenberg et Otto Hahn allèrent s'installer à Göttingen, avec l'espoir de laisser enfin la guerre derrière eux.

CHAPITRE 37

Il aurait fallu rapidement mettre en lumière, dès la fin de la guerre, les actes d'Heisenberg en tant que principal théoricien du programme allemand de bombe atomique. Les documents saisis par la mission Alsos prouvaient, sans l'ombre d'un doute, que l'effort avait été modeste, n'atteignant jamais l'envergure nécessaire à la fabrication de la bombe. Après juin 1942, en fait, celle-ci se réduit en effet à une possibilité lointaine et abstraite. Nul besoin d'un grand travail analytique pour aboutir à ces conclusions : l'échec de l'Uranverein fut aussi patent que spectaculaire. On aurait dû pouvoir établir le rôle joué par Heisenberg dans cet échec tout aussi facilement, du jour où lui et ses amis, à commencer par Niels Bohr, eurent la possibilité de s'exprimer.

Au commencement, Heisenberg se montra impatient et désireux de s'expliquer. A la fin de 1946, il obtint l'autorisation, des autorités britanniques, de publier un récit du programme de recherche allemand pendant la guerre dans *Die Naturwissenschaften*, dont il envoya rapidement un brouillon à ses collègues afin de recueillir leurs commentaires[1]. Mais lorsqu'il voulut discuter avec Bohr de ce qui s'était passé, tout alla de travers, comme en 1941. C'est le hasard qui créa les conditions de cette rencontre, en août 1947, lorsque les Britanniques firent disparaître Heisenberg de Göttingen après avoir eu vent, par leurs services secrets, d'un complot des Soviétiques pour enlever le physicien et Otto Hahn. L'officier britannique qui avait la responsabilité d'Heisenberg, Ronald Fraser, avait entendu parler de la rencontre avec Niels Bohr pendant la guerre ; il était curieux d'en apprendre davantage et pendant qu'on enquêtait sur la rumeur d'enlèvement, il s'arrangea pour permettre à Heisenberg de passer une semaine dans la maison de campagne de Niels Bohr, à Tsivilde, non loin de Copenhague[2].

C'était la première fois que les deux hommes se revoyaient depuis septembre 1941. Mais lorsqu'ils voulurent éclaircir les propos qu'ils s'étaient mutuellement tenus alors, ils n'arrivèrent même pas à se mettre d'accord sur un point aussi élémentaire que l'endroit où s'était déroulé l'entretien. Heisenberg pensait qu'il avait eu lieu le soir, sur la promenade qui conduit au port principal de la ville[3] ; Bohr le revoyait se dérouler dans le bureau de son domicile. A Tsivilde, Bohr dit à Heisenberg que la seule mention de la bombe atomique l'avait terriblement choqué, et avait pensé que lui aussi était perturbé à cette perspective ; Heisenberg répondit qu'en effet, elle l'avait mis mal à l'aise. Bohr dit aussi qu'il avait refusé de s'associer à la suggestion d'Heisenberg, lorsqu'il disait que les physiciens étaient en situation d'empêcher la mise au point de la bombe et qu'il avait bien failli avouer ne pas croire à la motivation qu'il avançait ; l'Allemagne avait chassé nombre de ses grands chercheurs vers l'exil, avant la guerre, et Heisenberg avait donné l'impression à Bohr, en venant demander son aide en 1941, de chercher à annuler cet avantage des Alliés dans le développement d'une nouvelle arme puissante[4].

Heisenberg se rendit compte que Bohr n'était guère prêt à concéder quoi que ce soit là-dessus, et pas davantage lorsqu'il souleva la question des récents articles de Samuel Goudsmit sur le programme allemand de bombe atomique. Aux yeux d'Heisenberg, ceux-ci étaient inexacts et injustes. Mais Bohr se contenta de répondre que le plus sage serait de s'adresser à Goudsmit lui-même[5].

Le seul fait que les deux hommes pouvaient se voir et parler indiquait que Bohr était prêt à renouer, mais sans pour cela effacer l'ardoise. Quelque chose l'avait mis en colère pendant la visite d'Heisenberg, en 1941, et l'ombre de cette colère planait encore sur Tsivilde. Pendant cette semaine où ils parlèrent, Heisenberg comprit ou décida (difficile d'être plus précis) qu'il ne pouvait pas s'expliquer. « Tous deux, nous eûmes rapidement le sentiment qu'il valait mieux ne pas insister davantage sur ces événements passés[6]. »

Ce déprimant aveu révèle un profond échec de l'amitié qui liait les deux hommes. Que Heisenberg eût vainement tenté d'éclaircir le rôle qu'il avait joué pendant la guerre, ou que Bohr ne l'eût pas réellement écouté, nous ne pouvons le dire. Avec le recul, ce que l'on peut dire de plus sévère tout en restant honnête est que Niels Bohr aurait peut-être dû poser davantage de questions, et Heisenberg donner davantage de réponses. Ils ne le firent ni l'un ni l'autre et lorsqu'ils se séparèrent, la blessure était toujours ouverte. Elle ne se referma jamais.

Ce premier échec, toutefois, ne mit pas fin à l'espoir de s'expliquer que nourrissait Heisenberg. Il avait déjà écrit l'article qui n'allait pas tarder à paraître dans la revue scientifique allemande. Il suivit le conseil de Bohr et écrivit à Goudsmit. La lettre tomba à propos. Heisenberg la posta en septembre 1947, avant que Goudsmit n'eût publié (et que Heisenberg n'eût vu) ses attaques les plus dures. Elle commence courtoisement : « J'ai acquis l'impression [...] que vous n'avez peut-être pas été mis suffisamment au courant des détails de notre travail, et en particulier de la situation psychologique en Allemagne, pendant la guerre[7]. » Il n'y avait pas de course, poursuit Heisenberg, en partie parce que le problème était trop vaste pour l'Allemagne en temps de guerre, mais aussi, dans une certaine mesure, du fait de l'attitude des Allemands vis-à-vis de leur travail. Il aborde ce point, comme il le fera toujours par la suite, avec une extrême délicatesse :

> Caractéristique de notre situation, le fait qu'il était clair pour nous que, d'un côté, une victoire européenne du national-socialisme aurait des conséquences terribles mais que, de l'autre, étant donné la haine suscitée par ce même national-socialisme, on ne pouvait avoir une vision optimiste d'une défaite complète de l'Allemagne. Une telle situation conduit automatiquement à adopter une attitude plus passive et modeste, où l'on se satisfait de collaborer à une petite échelle ou de sauver ce qu'il est possible de sauver ; quant au reste, on travaille sur quelque chose qui pourra s'avérer utile, plus tard[8].

Mais en dépit de tout le soin qu'il apporta à choisir ses mots, Goudsmit n'eut pas de difficulté à ne voir là que l'affirmation que les Allemands n'avaient pas fait beaucoup d'efforts ; il rejeta donc complètement ces explications. Ce qu'il attendait d'Heisenberg était un mea culpa ; qu'il reconnût ouvertement ses « erreurs de jugement » et montrât, par le biais de son « expérience personnelle », que le contrôle exercé par les nazis sur la science avait rendu impossible de faire du bon travail, à savoir mettre au point la bombe atomique — même pour un Heisenberg. Goudsmit concluait qu'une telle déclaration pourrait « contribuer à rétablir notre amitié[9] ».

Mais le physicien allemand pouvait-il écrire un article comportant de telles déclarations ? L'interprétation de Goudsmit déformait grossièrement ce qui s'était réellement passé. Heisenberg écrivit à un ami, en décembre 1947, qu'il trouvait l'animosité de Goudsmit « presque inexplicable[10] ». Il n'y eut pas d'autre analyse, dans les lettres qui suivirent, de « la situation psychologique » des Allemands, et les quelques lignes ci-dessus restent ce qui se rapproche le plus d'un aveu de tentative d'obstruction. Au lieu de cela, la controverse se cantonna à ce que les Allemands savaient en matière de théorie nucléaire. Goudsmit, s'appuyant très largement sur les transcriptions de Farm Hall, sans toutefois jamais les citer, souligne que Heisenberg et ses collègues auraient aveuglément essayé de construire une bombe jusqu'à la fin de la guerre, sans y parvenir pour n'avoir pas su comment s'y prendre. Heisenberg, patiemment, lui cita tous les épisodes pertinents de l'histoire de la recherche atomique allemande démontrant que les Allemands comprenaient les principes de la physique de la bombe. Lentement et à contrecœur, Goudsmit concéda un point, puis un autre, mais continua de ne voir dans la volonté de s'expliquer d'Heisenberg que l'orgueil blessé d'un scientifique. Dans une lettre du 3 octobre 1948, Heisenberg explique bien différemment son insistance : « J'avais espéré qu'après un accord sur les faits, nous pourrions aussi nous entendre sur les motivations ; pour le moment, je refuse de renoncer à cet espoir. » Espoir, manifestement, de voir Goudsmit envisager sérieusement la « situation psychologique » des Allemands, une fois qu'il aurait compris que les erreurs seules n'expliquaient pas l'inexistence d'une bombe allemande. Mais sur la question des motivations, Goudsmit ne fit pas la moindre concession.

En décembre 1948, à Göttingen, Heisenberg répéta le point central de sa version du programme allemand de bombe atomique dans un entretien avec Waldemar Kaempffer, journaliste au *New York Times*. Il lui déclara :

> Je pense pouvoir affirmer sans me tromper que du fait de leur sens moral, la plupart des grands scientifiques détestaient le système totalitaire. Cependant, en tant que patriotes aimant leur pays, ils ne pouvaient refuser de travailler pour le gouvernement lorsqu'on faisait appel à eux [...] Heureusement, ils n'eurent jamais à prendre une décision morale, et cela pour la simple raison qu'eux-mêmes et l'Armée tombèrent d'accord sur la totale impossibilité de produire une bombe en temps de guerre[11].

L'allusion au « sens moral » eut le don de rendre Goudsmit furieux, de même que le fait que la question d'une « décision morale » se serait posée, pour les scientifiques allemands, au cas où la construction d'une bombe atomique aurait été sérieusement envisagée. L'Américain ne fut pas le seul à être hérissé à la lecture de l'article paru dans *Die Naturwissenschaften*. Dans une critique du livre de Goudsmit, *Alsos*, parue dans le *Bulletin of the Atomic Scientists*, Philip Morrison accepte sans états d'âme le fait que les Allemands, comme les Alliés, ont essayé de construire une bombe pour leur pays.

> Mais la différence, qu'il ne sera jamais possible d'oublier, est qu'ils travaillaient pour la cause d'Himmler et d'Auschwitz, pour les brûleurs de livres et les preneurs d'otages. La communauté de la science mettra du temps avant d'ouvrir de nouveau les bras à ceux qui ont armé les nazis, même si leurs travaux ont échoué[12].

Cette attaque, très dure, suscita une réplique vigoureuse de la part de Max von Laue, rejetant la « monstrueuse suggestion » de Morrison et disant qu'il doutait que Goudsmit pût jamais écrire objectivement sur le programme allemand de bombe atomique[13]. Personne ne tenait à chercher querelle à von Laue, admiré comme un héros de la résistance antinazie. Morrison dirigea sa réponse directement sur Heisenberg :

> Je suis de l'avis que ce n'est pas le professeur Goudsmit qui ne peut pas ne pas être de parti pris, pas lui, qui doit ressentir sans aucun doute une souffrance indicible à la seule mention du nom d'Auschwitz, mais beaucoup plus un certain célèbre physicien de

Göttingen, un homme d'une grande hauteur de vue et chargé de responsabilités, qui a pu vivre dix ans sous le régime du Troisième Reich, et n'a jamais risqué une situation lui conférant confort et autorité, par une réelle opposition aux hommes qui ont pu édifier cet infâme lieu de mort [14].

Morrison avait certainement raison sur un point : la communauté mit longtemps à pardonner. Carl Friedrich von Weizsäcker se heurta de plein fouet à ce mur de résistance glaciale à la fin de 1949, lorsqu'il voulut prendre ses dispositions pour une première visite aux États-Unis au début de 1950. Il écrivit à Victor Weisskopf, alors au MIT, disant qu'il aimerait visiter Cambridge au cours de son voyage. La réponse de Weisskopf fut on ne peut plus sèche : il ne disposait d'aucun fonds pour les conférenciers de passage.

Weizsäcker obtint cependant une invitation à donner une conférence à l'université de Chicago ; pendant son séjour il put utiliser le bureau de son ami d'avant-guerre, Edward Teller, qui travaillait alors à Los Alamos. L'hostilité de Goudsmit avait surpris et blessé Weizsäcker, en mai 1945, et il s'était d'autant plus senti touché par la gentillesse dont avait fait preuve Teller, peu après son retour de Farm Hall, lorsqu'il lui avait envoyé un colis de nourriture et de vêtements, choses dont on manquait encore cruellement en Allemagne [15]. La préoccupation à laquelle Weizsäcker se heurta constamment chez les gens, dans les années qui suivirent le conflit, était de mesurer « à quel point nous étions coupables [16] ».

Pendant son séjour de 1950 aux États-Unis, Weizsäcker tomba sur Weisskopf à Washington. Le deux hommes allaient finir par mieux se connaître au point de devenir un jour amis intimes. Mais cette année-là, Weisskopf attaqua directement Weizsäcker sur son rôle pendant la guerre. Weizsäcker admit avoir été « *verblendet* » (aveuglé) un temps par les nazis. Weisskopf lui rétorqua qu' « un homme qui avait pu se laisser aveugler par les nazis restait dangereux en toutes circonstances [17] ».

Weizsäcker eut à subir à Chicago une mercuriale aussi sévère de la part de James Franck, qui lui déclara qu'il ne retournerait jamais en Allemagne et le cuisina pendant deux heures sur son rôle pendant la guerre. Comme de nombreux autres scientifiques émigrés, à commencer par Niels Bohr, Franck avait travaillé à la mise au point de la bombe atomique américaine. Deux choses contribuèrent à faire taire les doutes qu'il éprouvait, quant aux justifications morales que demandait la fabrication d'une arme d'une telle puissance : l'impérative nécessité d'arrêter Hitler et la promesse d'Arthur Compton, qu'il aurait toujours son mot à dire dans toute décision d'utiliser l'arme atomique. Comme Philip Morrison, Franck ne critiquait pas Weizsäcker d'avoir travaillé à la bombe, mais de l'avoir fait pour Hitler. A propos de l'interrogatoire auquel le soumit Franck (qui récidiva la semaine suivante) Weizsäcker a dit : « Je pense que je n'ai jamais été aussi intimement scruté à la loupe [18]. » Mais de toute évidence, le physicien allemand sut bien se défendre ; il retrouva l'amitié de Franck, ce dernier lui offrit de l'aider à tirer son père de prison, et Franck retourna même en Allemagne à la fin de l'année.

Il n'en demeura pas moins un juge sévère. Un an ou deux plus tard, lors d'une conférence au bord du lac de Come, Franck se trouva assis à côté d'Elizabeth Heisenberg. Celle-ci lui confia qu'elle et son époux se sentaient terriblement isolés ; on les traitait avec froideur, et les gens semblaient même leur en vouloir pour des choses qu'ils n'avaient pas faites. Franck ne manifesta aucune sympathie, et il lui répondit : « C'est la façon dont on a toujours traité les Juifs. C'est maintenant aux Allemands de vivre avec ça[19]. »

Avec Niels Bohr, Weizsäcker, en 1950, ne s'en sortit pas aussi bien. En février ou mars il rendit visite à l'Institute for Advanced Studies de Princeton où le nouveau directeur, Robert Oppenheimer, ne montra aucune curiosité pour les années de guerre. Bohr se trouvait aussi à Princeton, donnant un cours pendant le semestre de printemps. C'était la première fois que Weizsäcker revoyait Bohr depuis 1941, même s'ils avaient repris leur correspondance dès la fin du conflit. Weizsäcker savait que Heisenberg souffrait encore de son échec à s'expliquer devant Bohr, et il était sûr qu'il s'agissait d'un simple malentendu.

Mais dès qu'il voulut soulever la question de la conversation de septembre 1941, Niels Bohr l'arrêta. Le Danois ne voulait plus entendre parler de ce que Heisenberg avait voulu dire ou non. « Je n'ai aucun doute. Je sais qu'en temps de guerre, chaque homme a des devoirs envers son pays qui priment tout, et je lui pardonne pour cela. »

C'est en ces termes que Bohr ouvrit la porte à la réconciliation — des termes sans ambiguïté : pas question de revenir sur le passé. « Je ne lui en ai donc jamais reparlé », conclut Weizsäcker[20].

Pardonner n'est cependant pas tout à fait la même chose que se réconcilier. L'amitié, autrefois si étroite et fructueuse, qui liait Bohr et Heisenberg, ne retrouva jamais la même profondeur. Ils se rencontrèrent, se parlèrent, échangèrent des articles, mais Heisenberg ne faisait plus partie des intimes de la maison de Bohr. En 1951, le physicien John Wheeler et sa femme assistèrent à une conférence à l'institut de Copenhague. Après plusieurs jours d'échanges scientifiques et conviviaux, les Wheeler, un soir, éprouvèrent le besoin de dîner tranquillement en tête à tête dans un restaurant un peu à l'écart, près du port de la ville. Pendant le repas, ils remarquèrent un homme qui arriva seul, prit une table seul, commanda son repas et le mangea seul. Son visage disait quelque chose à John Wheeler, et la mémoire lui revint : un souvenir des années trente, de l'Institut de Blegdmasweg et du cercle des intimes. Stupéfait, il se pencha vers sa femme et murmura : « C'est Heisenberg[21] ». On avait peut-être pardonné au physicien allemand, mais il mangeait seul.

Cette amitié réduite à l'état de fantôme, qui avait joué un rôle tellement central dans la vie des deux hommes, demeurait excessivement fragile. Elle se trouva de nouveau menacée au milieu des années cinquante, lorsque Niels Bohr eut l'occasion de lire un récit sur le programme allemand de bombe atomique extrêmement favorable à Heisenberg, *Brighter Than a Thousand Suns*, du journaliste Robert Jungk. Né en Tchécoslovaquie, élevé à Berlin, Jungk avait fréquemment été emprisonné en Suisse, pendant la guerre, pour violation de son statut d'étudiant en écrivant d'innombrables articles, pour la presse helvétique, sur la politique de l'Allemagne nazie [22]. Lorsque Jungk voulut interviewer Heisenberg, celui-ci le rembarra froidement, disant que personne « ne serait capable d'exprimer correctement mes opinions personnelles sur ce problème [23] ».

Jungk réussit cependant à parler à Weizsäcker, à Houtermans et à d'autres scientifiques allemands ; sa conclusion est qu'ils « obéirent à la voix de leur conscience et tentèrent d'empêcher la construction de bombes atomiques [...] [24] ». Le terme « conscience » déclencha l'alarme. Mais ce qui mit le feu aux poudres à Copenhague fut la version que donna Jungk de la conversation de septembre 1941, Bohr croyant (à tort) qu'elle venait d'Heisenberg lui-même. Peut-être Heisenberg avait-il « défendu » l'invasion de la Pologne, comme on l'a dit, écrivait Jungk. « Le fait était que Heisenberg, afin de déguiser ses véritables sentiments, avait pris l'habitude de s'exprimer de manière bien différente en public, en particulier à l'étranger, et en privé. »

Ce n'était certainement pas ainsi que Niels Bohr se souvenait des choses. Pis que tout était l'affirmation de Jungk disant que la colère de Bohr aurait empêché Heisenberg « de déclarer franchement que lui et son groupe feraient tout ce qui était en leur pouvoir pour empêcher la construction d'une telle arme, si on consentait à en faire autant de l'autre bord [25] ». La sortie de l'ouvrage, en 1952, rendit Bohr furieux ; il avait l'impression que Heisenberg essayait d'imposer une version révisée de l'histoire, qu'il violait leur accord tacite de ne pas toucher au passé et il commença à rédiger une lettre de protestation virulente. On ignore pour quelle raison il ne l'acheva pas et ne l'envoya jamais ; sa manie de reprendre et corriger sans fin, dans le but de s'exprimer avec la plus grande clarté, lui donna peut-être le temps de se calmer. Mais si des propos sévères sur le livre de Jungk revinrent aux oreilles d'Heisenberg (beaucoup lui en attribuaient la paternité) la lettre la plus rageuse que Bohr eut jamais commencé à lui écrire lui fut en fin de compte épargnée [26].

La courtoisie prévalut, mais au prix fort ; les deux hommes s'entendirent en effet pour renoncer à régler la question qui les divisait. S'ils avaient fait la même chose dans les années vingt, il n'y aurait pas eu le principe d'incertitude, pas d'interprétation de Copenhague de la physique quantique. Cependant, la guerre avait entamé leur amitié et une dispute sur des problèmes de morale les intimidait plus que sur des questions de physique. Niels Bohr mourut en 1963, assuré dans ses convictions.

Heisenberg et Weizsäcker se joignirent aux autres grands scientifiques du temps, lors du service religieux donné en l'honneur du Prix Nobel danois, à Copenhague. Samuel Goudsmit était venu des États-Unis. Pendant la réception qui suivit, Margrethe Bohr, qui se trouvait avec Goudsmit, eut un geste en direction d'Heisenberg et de Weizsäcker et dit : « Voyez-vous, Goudsmit, la visite que ces deux-là nous ont faite pendant la guerre était hostile, quoique disent ou écrivent les gens là-dessus[27]. »

La transformation que la guerre provoqua chez Heisenberg fut un choc pour certains de ses vieux amis, lorsqu'ils le revirent après sa libération de Farm Hall. Ce n'était pas seulement l'effet du passage du temps ; avant la guerre, Wolfgang Pauli le traitait souvent de *Phadfinderseele*, d'âme de boy-scout[28]. C'est apparent sur ses photos de jeunesse ; il émane de lui un air de joyeuse confiance en soi et d'appétit pour le combat intellectuel. *Sehr gesund,* disait de lui Sommerfeld : très sain, heureux, ardent, plein d'espoir, sans complications. Quelle que fût l'aventure dans laquelle il se jetait — une nouvelle théorie, une querelle scientifique, une conférence, un pique-nique — ça ne pouvait que marcher au mieux. En 1943, Max Planck dit aux Italiens être sûr qu'à « sa manière optimiste habituelle », Heisenberg aurait un réacteur en état de fonctionner d'ici trois ou quatre ans.

Il n'y avait pas seulement de la jeunesse et de l'enthousiasme en lui, mais aussi quelque chose qui était de l'ordre de la rectitude ; la conviction que, bien entendu, il respecterait toujours les règles du jeu, ouvertement, sans sanctions. En 1942, il a ainsi pu dire à Wick que la révolution nazie était comme les autres et qu'elle se modérerait avec le temps : les sédiments finiraient par se déposer au fond du verre, il suffisait d'attendre. Peut-être ne faisait-il déjà que siffler dans le noir pour se rassurer. Une chose est certaine : le boy-scout ne survécut pas à Hitler. « J'ai revu Heisenberg après la guerre, écrit Victor Weisskopf dans ses mémoires ; il était devenu complètement différent de l'homme que j'avais connu [...] même son teint avait changé, et ce n'était pas seulement une question d'âge. Visiblement, un fardeau l'écrasait[29]. »

Les travaux sur la bombe atomique avaient en général cet effet. Quelque chose de similaire arriva à Oppenheimer, à Los Alamos. A partir d'avril 1943, il travailla plus de deux années sans interruption. Lui qui avait toujours été très mince, perdit encore du poids pour ne plus peser que 52 kilos ; chez un ami, il put même se glisser sans difficulté sur une chaise haute d'enfant[30]. Oppenheimer donna tout ce qu'un homme pouvait donner lorsqu'il quitta Berkeley pour le Nouveau-Mexique, d'avril 1943 jusqu'à ce jour du 16 juillet 1945 où explosa la première bombe atomique dans le désert, à Alamogordo. C'est alors que la tension intérieure qui l'habitait se rompit et que la peur et la jubilation se disputèrent son âme.

Tout d'abord la peur : les paroles sacrées de la *Bhagavad Gita* lui vinrent à l'esprit : « Je suis maintenant devenu la mort, le destructeur des mondes [31]. »

Mais il y avait également cette jubilation, cette euphorie de l'alchimiste qui vient de réussir. Lorsque Oppenheimer revint au camp de base et descendit de la jeep, son regard, son port, sa démarche, tout parlait de triomphe à son ami Rabi. Rabi lui-même avait refusé de travailler à la bombe ; il avait en horreur l'idée qu'elle pouvait être le point culminant de trois siècles de progrès en physique [32]. Mais il accepta de donner son aide morale à son ami surmené, de l'exhorter à tenir quand il le sentait sur le point de flancher et d'être le témoin de son triomphe à Alamogordo. « Il marchait comme Gary Cooper dans *Le train sifflera trois fois,* dit plus tard Rabi. Je crois qu'on ne pourrait mieux le décrire — cette démarche spéciale. Il l'avait fait [33]. »

Son euphorie dura même au-delà d'Hiroshima. Le jeune physicien Sam Cohen se trouvait à Los Alamos lorsque le système d'information du centre annonça l'utilisation de l'une des « unités » du laboratoire contre le Japon ; il se souvient très bien des sifflements, cris de joie et trépignements qui accueillirent Oppenheimer dans l'auditorium, le soir même, lorsqu'il y entra, non pas par la porte de côté, comme à son habitude, mais par celle du fond, ce qui l'obligea à remonter l'allée centrale sur toute sa longueur, au milieu de la foule. Une fois sur l'estrade, il brandit ses deux mains serrées dans le geste classique d'autocongratulation du vainqueur. Lorsqu'il put enfin parler, il n'y avait pas l'ombre d'un regret dans ses paroles et il n'hésita pas à savourer un triomphe sans ambiguïté :

Il était trop tôt pour se faire une idée du résultat du bombardement, mais il était sûr qu'il n'avait pas dû plaire aux Japonais. Cris et applaudissements. Il était fier, et ne s'en cachait pas, de ce que nous avions accompli. Nouveaux cris et applaudissements. Son seul regret était que nous n'ayons pas pu mettre la bombe au point à temps pour l'utiliser contre les Allemands. L'ovation qui suivit souleva presque le toit [34].

Mais plus tard, ce soir-là, en quittant l'auditorium, Oppenheimer remarqua un autre physicien, Robert Wilson, qui vomissait dans les buissons ; il comprit que la réaction venait de commencer [35]. Toute la fierté bien naturelle qu'il ressentait d'avoir mené à terme un tel projet ne survécut pas à Nagasaki. Lorsque les hostilités cessèrent, cinq jours plus tard, le 14 août 1945, Oppenheimer se trouvait dans un train l'emportant à Chicago, en compagnie de Robert Bacher. Ce dernier sortit une bouteille de scotch ; ils en burent un verre pour la forme dans de petites coupes en carton et regagnèrent leur couchette [36]. Personne n'avait fait davantage que Oppenheimer dans la mise au point de la bombe ; mais ensuite, il en souffrit comme un damné.

C'est probablement Niels Bohr qui, le premier, le poussa à penser sérieusement aux conséquences de la bombe atomique. La première question de Bohr, en arrivant à Los Alamos en décembre 1943 avait été pour savoir si elle serait « assez puissante » — voulant dire par là, comme le comprit rapidement Oppenheimer, assez puissante pour rendre la guerre impossible[37]. Bohr vint souvent à Los Alamos au cours des dix-huit mois suivants et même s'il lui arriva de s'atteler à des problèmes pratiques (comme le choix d'une source de neutrons pour déclencher la réaction), ce qui l'inquiétait déjà le plus était le risque d'une course aux armements après la guerre.

C'est Joseph Rotblatt, dont le bureau jouxtait celui d'Edward Teller et Stanislaw Ulam, qui apprit le premier à Niels Bohr la possibilité d'une « super »-bombe atomique, la bombe à fusion ou à hydrogène, déjà l'obsession de Teller, un engin qui promettait d'être mille fois plus puissant que la bombe à fission[38]. Lors de ses rencontres avec Roosevelt et Churchill, en 1944, Bohr tenta de les persuader que gagner la confiance des Soviétiques était aussi important que de mettre au point de nouvelles armes. Aucun des deux hommes d'État ne comprit vraiment ce que le physicien essayait de leur expliquer, en dépit de ses patients efforts pour trouver les mots justes. Aage Bohr, R.V. Jones et Oppenheimer eurent souvent l'occasion de l'entendre répéter ce dont il était convaincu, mais personne ne l'écouta plus attentivement qu'Oppenheimer qui devint, d'après Hans Bethe, « complètement endoctriné par les idées de contrôle international de Bohr[39] ».

Ce ne fut pas le génie de Niels Bohr, mais sa sagesse et sa bonté qui gagnèrent le cœur d'Oppenheimer à Los Alamos, tandis que Bohr, de son côté, sentait dans son cadet d'immenses aptitudes à l'analyse morale des choses. Sur le plan scientifique, ils ne firent jamais rien d'important ensemble ; ils parlaient avant tout de l'impact de la bombe sur les affaires du monde. Cette relation ne semble pas avoir changé Bohr, qui avait près de soixante ans lorsque les deux hommes se rencontrèrent ; Oppenheimer, en revanche, qui en avait vingt de moins, fut profondément influencé par cette amitié.

Au cours des premiers mois de 1945, un dimanche où tonnait l'orage, Oppenheimer s'était adressé à un groupe de scientifiques, dans une petite chapelle de bois de Los Alamos, pour leur parler des implications de l'arme qu'ils fabriquaient. Ils étaient destinés à vivre dans la crainte perpétuelle de la bombe, leur dit-il, mais cette crainte se doublait d'un espoir, puisque cette même bombe pouvait servir à maintenir la paix. Le choix du moment et du lieu contribua à donner à tous le sentiment qu'un nouveau monde, terrible, s'annonçait. La façon poétique de présenter les choses était d'Oppenheimer, mais les idées de Niels Bohr[40].

Néanmoins, Oppenheimer était avant tout le constructeur de la bombe. Dans une lettre à Wolfgang Pauli, ce même printemps, il avoue qu'il aurait du mal à écrire quelque chose pour le soixantième anniversaire de Bohr, en octobre prochain : « Depuis quatre ans, je n'ai que des pensées classées confidentiel-défense [...]. [41] » Lorsque Robert Wilson lança l'idée d'inviter les Soviétiques à Los Alamos — après tout, les Anglais y étaient bien — Oppenheimer refusa d'envisager un instant cette idée farfelue, même s'il savait qu'elle rejoignait tout à fait les préoccupations centrales de Bohr [42]. Il persuada Teller de ne pas signer la pétition, mise en circulation par Leo Szilard, pour protester contre l'utilisation de la bombe. Les responsables du gouvernement comme Henry Stimson et le général Marshall, estimait-il, avaient consacré à la question toute l'attention qu'elle méritait [43].

Oppenheimer lui-même n'éprouvait pas de doutes sur cette utilisation. Il en avait discuté avec Fermi, et les deux hommes en étaient arrivés à la conclusion que l'on ne pourrait rien faire pour contrôler la bombe après la guerre si on ne savait même pas qu'elle existait, et si l'on connaissait donc encore moins sa puissance dévastatrice. L'utilisation romprait de facto le mur du secret [44]. Conclusion déjà acquise lorsque, en mai 1945, Stimson confia à Oppenheimer le soin de diriger un petit comité chargé d'examiner la suggestion de Szilard et de quelques autres : lancer une bombe de « démonstration » au-dessus du Japon, en espérant qu'elle aurait autant d'effet que si on la larguait sur une ville. Le comité passa le plus clair de son temps à régler les détails — topographie, conditions climatiques, hauteur de l'explosion — pouvant affecter la puissance destructrice de l'arme. Oppenheimer dit à Hans Bethe (qui prenait part aux discussions du comité) qu'il ne pensait pas qu'une démonstration fût assez spectaculaire pour mettre un terme à la guerre [45]. Dans son rapport officiel, Oppenheimer rejeta, comme impraticable, l'idée d'une telle démonstration [46]. Sa décision prise, il fit tout ce qui était en son pouvoir pour que la bombe causât le genre de dégâts susceptibles de mettre un terme à la guerre.

Le 23 juillet, tendu, faisant les cent pas dans son bureau et allumant une cigarette après l'autre, Oppenheimer répéta ses instructions de dernière minute à un officier qui accompagnait le général Thomas Farrell à l'île de Tinian, en vue du raid sur Hiroshima :

Ne les laissez pas larguer la bombe à travers les nuages ou par temps couvert. Il faut voir la cible. Pas de bombardement au radar. Elle doit être jetée à vue. Bien entendu, c'est sans importance qu'on suive le lancement au radar, mais il faut que le largage soit fait à vue. Si c'est de nuit, il faut qu'il y ait la lune ; ce serait le mieux. Bien entendu, pas de largage en cas de pluie ou de brouillard. Ne la laissez pas exploser trop haut. Le chiffre qu'on vous a donné est le bon, ne les laissez pas prendre de l'altitude, sans quoi il y aurait moins de dégâts [47].

Ce n'était pas pour la précision que s'inquiétait Oppenheimer ; la pluie ou le brouillard absorberaient la radiation thermique et limiteraient les dommages causés par le feu. Même chose si la bombe explosait trop haut. La force de l'explosion se trouverait circonscrite dans un rayon plus faible si elle explosait trop bas : elle créerait un cratère impressionnant et soulèverait des nuages de poussière, mais une bonne partie de la ville se trouverait épargnée. Oppenheimer partageait l'opinion de Groves, pour qui le choc et l'horreur de la mort nucléaire mettraient un terme à la guerre, et fit donc le nécessaire pour que choc et horreur fussent les plus grands possibles.

Jamais il n'hésita sur ce point. A l'automne de 1955, Marcel Roche, un scientifique vénézuélien venu lui rendre visite, le trouva furieux contre une pièce de théâtre allemande dans laquelle un Oppenheimer fictif regrettait amèrement son invention. Voici comment Roche le cite dans son journal :

> Je n'ai jamais abjuré la construction de la bombe atomique, qu'il faut comprendre dans le contexte de l'époque. Nous étions convaincus que les nazis étaient très avancés dans une telle construction et qu'une arme aussi terrifiante aux mains d'un pouvoir aussi mauvais serait une catastrophe pour le reste du monde. A Los Alamos, nous étions tous animés par un zèle de croisés [...] [48].

La conviction intellectuelle restait cependant de peu de poids à côté des horreurs d'Hiroshima et de Nagasaki. Stimson avait joué un tour cruel à Oppenheimer en lui demandant son avis sur un tir de démonstration ; beaucoup de scientifiques avaient travaillé à la bombe et partageaient le fardeau moral d'avoir contribué à fabriquer une arme aussi dévastatrice. Mais Oppenheimer fut l'une des très rares personnes qui auraient pu dire non à son emploi ; si l'on examine honnêtement les choses, il n'y a aucun moyen de nier que tous ces morts japonais l'ont été en partie à cause des décisions qu'il avait prises personnellement. On pourrait d'ailleurs dire, pour employer l'expression d'Heisenberg, que l'utilisation de la bombe a changé « la situation psychologique » d'Oppenheimer. L'impact émotionnel de Nagasaki, en particulier, fut désastreux. Il donna presque immédiatement après sa démission de directeur des laboratoires de Los Alamos et son successeur, le physicien Norris Bradbury, entra en fonction à la mi-septembre 1945, soit à peine un mois après la fin de la guerre. L'angoisse d'Oppenheimer, à l'époque, atteignit un niveau théâtral. Devant Truman, il tendit les bras et dit : « Monsieur le Président, j'ai du sang sur les mains [49]. » Il écrivit en 1948, plus finement : « Dans un certain sens brutal dont aucune vulgarité, aucun trait d'humour, aucune exagération ne pourra jamais venir complètement à bout, les physiciens ont connu le péché [...] [50] »

Nous commençons à voir ici l'ambivalence dont souffrait Oppenheimer : on ne pouvait exagérer l'horreur de la bombe atomique, mais les hommes devaient apprendre à vivre avec. Dans un discours d'adieu éloquent bien dans son style, adressé aux scientifiques de Los Alamos en novembre 1945, il déclara : « Je tiens à exprimer ma plus profonde sympathie à tous ceux qui ont été confrontés à ce problème et vous exhorte, le plus vivement possible, à ne pas en sous-estimer les difficultés[51]. » En décembre, dans l'appartement new-yorkais de Rabi avec vue sur l'Hudson, il commença à mettre au point les détails d'un plan de contrôle international[52]. Son échec, rapidement évident, le laissa déprimé. « Je suis prêt à aller n'importe où et à faire n'importe quoi, confia-t-il à David Lilienthal, le mois de juillet suivant, mais je suis à court d'idées neuves. Et je trouve que la physique et son enseignement, qui constituent ma vie, paraissent maintenant sans objet[53]. »

Ce même été, toutefois, il refusa sèchement une proposition du jeune physicien Theodore Taylor de s'attaquer directement au danger en organisant une grève des physiciens. Ce genre d'action lui paraissait futile et dangereux. « Prenez ce papier, répondit-il à Taylor et brûlez-le. N'y revenez jamais. Quiconque en entendrait parler vous traiterait de communiste et vous auriez des ennuis jusqu'à la fin de vos jours[54]. » Plus tard, toujours la même année, Oppenheimer accepta un poste au Comité consultatif général de la Commission à l'Energie atomique, créée tout récemment. Il n'y avait rien d'ambigu dans la mission dont était chargé le comité, comme il l'expliqua lui-même quelques années plus tard : « Sans débat — mais sans doute non sans quelque mélancolie — nous avons conclu que la tâche principale de la commission était de pourvoir le pays en bombes atomiques, de bonne armes atomiques, de nombreuses armes atomiques[55]. »

Mais en dépit du réalisme politique d'Oppenheimer, rien ne lui fut plus pénible que la proposition, soumise opiniâtrement par Edward Teller au cours des années suivantes, d'entreprendre un effort de la même échelle que le Projet Manhattan visant à mettre au point la bombe à hydrogène. En quittant Los Alamos, en septembre 1945, Oppenheimer avait dit à Teller qu'il ne voulait plus entendre parler de la « super-bombe[56] ». Il expliqua par la suite son opposition de principe à l'ambitieux nouveau programme par des raisons purement pratiques : personne ne savait comment provoquer et maintenir les températures phénoménales capables de déclencher la fusion, et les innombrables solutions techniques proposées par Teller étaient toutes grossières, incommodes et onéreuses à tester. « Notre programme, en 1949, était quelque chose de tarabiscoté, dont on aurait légitimement pu dire qu'il n'avait guère de sens sur le plan technique[57]. »

Teller était d'ailleurs convaincu que Oppenheimer le sabotait subtilement, se servant de son immense autorité morale pour décourager les scientifiques qui auraient voulu faire des recherches sur la fusion, à Los Alamos. Accusation qu'il rejeta toujours, non sans admettre cependant qu'à ses yeux, c'était une erreur terrible et dangereuse, de la part des

Américains, que de se reposer sur des systèmes d'armes nucléaires de plus en plus gros et prometteurs d'apocalypse en cas de conflit. Il pensait qu'il valait mieux compter sur des forces conventionnelles s'appuyant sur des armes nucléaires tactiques qui étaient déjà, de toute façon, dix fois plus puissantes que la bombe lancée sur Hiroshima. Les recherches sur la bombe à hydrogène se poursuivirent à Los Alamos, mais sur une échelle tellement modeste que le président Truman n'en envisageait même pas la possibilité. La question se reposa de manière brûlante après le 23 septembre 1949, lorsque Truman annonça que les Soviétiques venaient de procéder à leur premier essai d'une arme atomique. Teller téléphona immédiatement à Oppenheimer pour le pousser à lancer une effort majeur sur la « super-bombe ». « Ne vous emballez pas ! » lui répondit Oppenheimer[58].

La « situation psychologique » d'Oppenheimer, à ce moment-là, avait changé du tout au tout depuis la guerre ; la perspective de ces bombes énormes l'horrifiait et il ne croyait pas que l'Union soviétique de Staline présentait une menace de la même gravité que celle de l'Allemagne d'Hitler. Mais Teller, Ernest Lawrence, Luis Alvarez et d'autres surent manier le téléphone et arpenter les allées du pouvoir, à Washington. Le 21 octobre, plein de doutes, Oppenheimer écrivit à James Conant à Harvard :

> D'un point de vue technique et pour autant que je puis en juger, la super-bombe n'est pas très différente de ce qu'elle était quand nous en avons parlé pour la première fois, il y a plus de sept ans : c'est une arme dont on ne connaît ni la conception exacte, ni le coût, ni la manière de la lancer, ni la valeur militaire. Mais il s'est produit un très grand changement dans l'opinion publique [...] Je ne suis pas sûr que cette chose lamentable fonctionnera, ni qu'il sera possible de l'amener autrement qu'en char à bœuf jusqu'à sa cible [...] Ce serait de la folie que de s'opposer aux recherches sur cette arme. Nous avons toujours su qu'on la fabriquerait, et il faut qu'elle le soit [...] Mais que nous ayons à nous y atteler parce que ce serait le seul moyen de protéger notre pays et de préserver la paix me paraît une façon de voir les choses pleine de dangers[59].

Oppenheimer n'était pas le seul à éprouver des doutes. Nombre des chercheurs ayant participé sans guère d'états d'âme à la construction de la bombe atomique étaient bourrelés d'angoisse à l'idée de collaborer au programme sur la fusion thermo-nucléaire. Pas Victor Weisskopf, cependant ; à la fin des années quarante, il avait publiquement déclaré ne plus jamais vouloir faire de recherches nucléaires et s'en tint à sa parole, sauf pendant les années soixante, où il eut une fonction de consultant pendant quelque temps (il avait besoin d'argent pour permettre à ses enfants de poursuivre leurs études). D'autres, ayant formulé le même vœu, revinrent sur leur parole avec le déclenchement de la guerre de Corée, en juin 1950. Pour Hans Bethe, la question fut particulièrement difficile à résoudre. En octobre 1949, Teller lui rendit visite, à l'Université Cornell, quelques jours avant la réunion officielle du Comité Consultatif prévue pour la fin du mois par Oppenheimer. Teller voulait voir Bethe revenir à Los Alamos et se fit extrêmement insistant. « J'étais dans l'indécision la plus complète et j'eus de longues discussions avec ma femme, raconta Bethe plus tard. J'étais profondément troublé, ne sachant que faire. Il me semblait que le développement d'armes thermo-nucléaires ne résoudrait aucune des difficultés dans lesquelles nous nous trouvions, et je n'étais néanmoins pas tout à fait convaincu que je devais refuser[60]. »

Oppenheimer ne se posa jamais la question en ces termes, mais il ne fait aucun doute qu'il s'opposa au programme. Le rapport du Comité Consultatif du 30 octobre 1949 énumère ses raisons, qui sont de deux ordres. Pratiques, tout d'abord : on n'était toujours pas sûr de pouvoir arriver à faire prendre feu au deutérium (hydrogène lourd), ni d'être en mesure de miniaturiser suffisamment la bombe pour pouvoir la larguer depuis un avion. En outre, la bombe aurait toutes les chances d'exiger de grandes quantités de tritium, matériau ne pouvant être manufacturé que dans les réacteurs qui produisaient déjà le plutonium des bombes à fission. Le changement revenait cher ; un réacteur arrivait à produire entre 80 et 100 grammes de plutonium pour chaque gramme de tritium, ce qui signifiait qu'une bombe à hydrogène reviendrait au prix de plusieurs bombes au plutonium[61].

Ces réserves pratiques n'avaient pour but que d'encourager les enthousiastes de la bombe à hydrogène à y penser à deux fois ; c'est dans sa conclusion que les sentiments d'Oppenheimer s'expriment en fait le mieux. Celle-ci est une prise de position morale d'une fermeté inhabituelle, dans son opposition aux armes de destruction massive ; à la vérité, on n'en trouve aucune autre de cette hauteur de vue dans l'océan de documents officiels qui, pendant un demi-siècle, ont eu à traiter des armes nucléaires :

> Il est clair que l'utilisation de cette arme provoquerait la destruction d'innombrables vies humaines ; ce n'est pas une arme que l'on peut employer exclusivement à la destruction d'installations militaires ou semi-militaires. S'en servir revient à pousser la doctrine d'extermination des populations civiles beaucoup plus loin que dans le cas de la bombe atomique [...] Bien que les membres du Comité Consultatif ne soient pas unanimes dans leurs propositions relatives à l'attitude à adopter vis-à-vis de la super-bombe, il existe cependant certains éléments sur lesquels ils sont d'accord. Nous espérons tous que, d'une manière ou d'une autre, la mise au point de ces nouvelles armes pourra être évitée[62].

Deux documents annexes allaient plus loin. L'un, signé d'Oppenheimer, James Conant et quatre autres membres du Comité, attire l'attention sur le fait que « l'utilisation de la [bombe à hydrogène] comprend la décision de massacrer un vaste nombre de civils [...] autrement dit, une super-bombe pourrait devenir l'arme d'un génocide ». L'autre, signé par Enrico Fermi et Rabi, déclare que l'échelle même de la bombe à hydrogène « constitue, du seul fait de son existence et de la connaissance des moyens de la construire, un danger pour toute l'humanité. Quelle que soit la manière de l'envisager, elle demeure une chose mauvaise ».

Lorsque Edward Teller vit le rapport du Comité, deux semaines plus tard, à Los Alamos, il fut horrifié ; il se dit prêt à parier que si les États-Unis « ne se lançaient pas sur-le-champ dans un programme d'urgence sur la super-bombe, il se retrouverait prisonnier de guerre des Soviétiques en Amérique [63] ». En réalité, la machine politique fédérale ignora purement et simplement ces mises en garde passionnées. Il est difficile de dire ce qui serait arrivé si Oppenheimer avait adopté l'attitude d'Heisenberg et s'était contenté de faire la liste des inconnues, des coûts, des difficultés techniques, des besoins conflictuels en matières premières limitées de tout programme de bombe à fusion. Tout au plus aurait-on cru à la sincérité de ses motivations ; cette stratégie prudente aurait probablement échoué, cependant, car il y avait beaucoup trop d'autres physiciens de talent qui n'auraient pas manqué d'apporter la contradiction à son pessimisme technique. Heisenberg, lui, n'avait pas eu à compter avec un Edward Teller.

N'empêche, le rapport du Comité avait une forte connotation d'avertissement moral ; des mots et des phrases comme « chose mauvaise », « génocide », « massacre », ou « extermination de populations civiles » étaient indigestes pour les estomacs délicats de Washington, où les autorités s'étaient tapageusement vantées de procéder à des « bombardements chirurgicaux » pendant la guerre, ce qui ne les avait pas empêchées (avec l'aide des Britanniques) de tuer un demi-million de civils allemands [64]. Le choix des cibles, dans le cas des bombes atomiques, comportait le « massacre d'un vaste nombre de civils » ; rejeter la bombe à hydrogène comme instrument de « génocide » aurait effectivement condamné la doctrine américaine de l'après-guerre, déjà sacrée, qui substituait les armes atomiques bon marché aux armées conventionnelles coûteuses. Il y eut beaucoup de remue-ménage bureaucratique sur la question de la « super-bombe » au cours des derniers mois de 1949, mais ce qui allait en sortir ne faisait guère de doutes. Le 31 janvier 1950, Truman, dans un communiqué, déclara qu'il avait donné comme « directive à la Commission de l'Energie atomique de continuer son travail sur toutes les formes d'armes atomiques, y compris les super-bombes, dites bombes à hydrogène [65] ». Quelques jours plus tard, le secrétaire d'État, Dean Acheson, fit appel à Oppenheimer et James Conant, leur demandant de se comporter en bons soldats « et pour l'amour du ciel de ne pas démissionner ni de faire de déclarations publiques qui pourraient semer la zizanie, mais d'accepter cette décision comme la meilleure possible et de ne créer aucun conflit autour. Ce ne fut pas difficile pour nous, car nous n'avions guère de possibilités de créer un conflit public [...] [66] ».

Oppenheimer prit très mal cette défaite mais Niels Bohr, à Copenhague, l'accepta pratiquement sans broncher. A la fin de 1949, John Wheeler alla demander conseil à Bohr : on venait de le prier de retourner à Los Alamos, pour y travailler sur la « super », et il se demandait s'il devait ou non y aller. Il lui déplaisait de renoncer à une bourse de la fondation Guggenheim qui devait lui faire passer un an à Paris, mais une question plus grave le préoccupait : pouvait-il être bien de contribuer à créer une arme d'une telle puissance ? Bohr ne dit pas à Wheeler ce qu'il devait faire, tout en mettant en relief la question qui lui donnait le plus de fil à retordre. « Pouvez-vous imaginer un seul instant, lui demanda-t-il, que l'Europe ne serait pas à l'heure actuelle sous le joug soviétique s'il n'y avait pas eu la bombe [67] ? »

L'année suivante, Edward Teller et Stanislaw Ulam eurent l'idée géniale d'utiliser la pression de radiation d'une bombe à fission comme détonateur pour déclencher la fusion dans le deutérium ; une technique « tellement subtile, dit plus tard Oppenheimer, qu'il n'y avait plus à discuter [68] ». L'astuce de Teller-Ulam, comme on ne tarda pas à l'appeler, si elle ne faisait pas disparaître les doutes d'Oppenheimer, l'obligea néanmoins à ne plus dire qu'on ne pouvait pas construire de bombe à fusion. Il s'attarda encore sur la scène du nucléaire jusqu'à la fin de 1952 comme président du Comité de Consultation, mais il était devenu un paria aux yeux des militaires ; on le mit courtoisement sur une honorifique voie de garage jusqu'au printemps de 1954, date à laquelle on lui retira, au cours d'audiences secrètes de la Commission de l'Energie atomique, son accès à tout ce qui était classé « secret-défense », ce qui mit fin à sa carrière officielle et eut un effet dévastateur sur sa vie personnelle. Les accusations officielles portaient toutes sur ses sympathies communistes passées, mais ce qui le mina le plus fut qu'on le croyait coupable d'avoir tenté, subtilement, de saboter le programme de fusion nucléaire. Cette fois, Oppenheimer comprit dans sa chair que les objections morales étaient impardonnables et pendant ses interrogatoires, il lutta pour cacher tout ce qui pouvait relever de scrupules moraux avec autant d'acharnement qu'un lépreux tenterait de dissimuler son mal. Le grand inquisiteur du CEA, Roger Robb, le cuisina toutefois jusqu'à ce qu'il eût réussi à lui arracher l'aveu de tels scrupules à propos de la bombe à hydrogène :

J'aurais très bien pu dire qu'il s'agissait d'une arme effroyable [...] J'ai toujours pensé qu'il s'agissait d'une arme effroyable. Même si d'un point de vue technique, c'était un travail splendide, remarquable, j'ai toujours pensé que c'était une arme effroyable.
Robb : Et vous l'avez dit ?

Oppenheimer : Il me semble que oui.

Robb : Vous voulez dire que vous éprouviez une révulsion morale à l'idée de produire une arme aussi effroyable ?

Oppenheimer : C'est trop fort.

Robb : Quoi donc ? L'arme ou mon expression ?

Oppenheimer : Votre expression. J'étais gravement préoccupé, très inquiet.

Robb : Vous aviez des scrupules moraux, est-ce cela ?

Oppenheimer : Laissons le terme de « moral » en dehors de ça.

Robb : Vous aviez des scrupules.

Oppenheimer : Comment n'en aurait-on pas eu ? Je ne connais personne qui n'a pas eu de scrupules là-dessus [69].

« Scrupules » : Oppenheimer ne voulut pas en démordre. Jusqu'à sa mort, en 1967, il continua de clamer haut et fort qu'il n'avait jamais retardé, saboté, ou fait quoi que ce soit pour empêcher la mise au point de la bombe à hydrogène américaine. Deux semaines avant sa mort, provoquée par un cancer, il confia cependant à Rudolf Peierls, venu le voir à Princeton, qu'il aurait dû ne pas tenir compte des admonestations de Dean Acheson et démissionner de la Commission consultative dès que Truman avait passé outre à ses recommandations sur la bombe à hydrogène. « Voyez-vous, expliqua Oppenheimer, j'ai été victime de cette attitude qui consiste à dire, tant que je suis encore dans ce train, au moins n'ira-t-il pas dans la mauvaise direction [70]. »

Les doutes et les tourments d'Oppenheimer s'accrurent avec l'âge. Pour Heisenberg, au contraire, ces questions paraissent s'être simplifiées avec le temps. Le 16 avril 1957, après un an de bataille avec les autorités politiques autour d'un projet de Conrad Adenauer de doter l'Allemagne de l'arme nucléaire, Heisenberg et d'autres scientifiques, « les dix-huit de Göttingen », signèrent un manifeste public par lequel ils refusaient catégoriquement « de participer, de quelque manière que ce soit, à la fabrication, aux essais ou à l'utilisation d'armes atomiques [71] ». Cela mit définitivement fin au projet.

L'histoire de la physique au cours de la première moitié du vingtième siècle est celle d'un débat de proportions héroïques, de disputes scientifiques poursuivies année après année dans des lettres, des conférences, des soirées prolongées au cours desquelles les champions n'abandonnaient une position que lorsque la défaite, purement intellectuelle, était indéniable. Mais pour quelque mystérieuse raison, ces hommes qui étaient prêts à disputer pendant des années pour déterminer si c'était la nature ou bien notre savoir qui constituait l'incertitude dans le principe d'incertitude d'Heisenberg, ne tardèrent pas à renoncer à répondre à la question tout de même plus simple de savoir ce que ce même Heisenberg avait fait pendant la guerre, et pourquoi il l'avait fait. Lui-même et Bohr s'accordèrent pour ne pas réveiller « les fantômes du passé » en août 1947 et, moins de deux ans plus tard, Goudsmit annonça qu'il y renonçait à son tour. « Ceci est la dernière lettre de notre controverse, écrivit-il en juin 1949. Je crains que nous ne perdions notre calme[72]. »

De ne pas avoir été résolue, la question n'en resta pas moins délicate. Cet automne-là, Heisenberg se rendit pour la première fois aux États-Unis depuis dix ans. On a vu qu'il passa par Cambridge et que Victor Weisskopf avait fait à Heisenberg une invitation qu'il avait refusé d'étendre à Weizsäcker. Il avait travaillé avec Heisenberg à Göttingen, avant la guerre et, en tant qu'assistant de Pauli à Zurich, assisté à nombre de leurs éternelles et virulentes disputes théoriques. Plus important, peut-être, Weisskopf avait vu Niels Bohr à Copenhague en 1948 et l'avait soumis à un interrogatoire serré sur les visites d'Heisenberg et Jensen pendant la guerre. Et de fait, de tous les scientifiques émigrés ayant travaillé à Los Alamos, Weisskopf fut probablement le seul à vraiment chercher à savoir le rôle qu'avait joué Heisenberg pendant le conflit. Mais ce qu'il apprit à Copenhague n'était pas clair, et il s'abstint de tout jugement. Goudsmit l'accusa d'avoir trop bon cœur.

Weisskopf organisa une réception chez lui, pendant la visite d'Heisenberg. Le MIT et Harvard faisaient de Boston le centre scientifique des États-Unis et la liste des personnes conviées était longue. Il n'y eut cependant pas foule ; la moitié des invités, environ, ne se montra pas. Plus tard, ils donnèrent tous, y compris ceux qui avaient participé à la mise au point de la bombe à Los Alamos, la même explication à Weisskopf : ils ne voulaient pas serrer la main de l'homme qui avait essayé de fabriquer une bombe pour Hitler[73].

Mais Weisskopf contint sa curiosité et n'interrogea guère Heisenberg sur ses années de guerre, ni alors, ni plus tard ; pas plus que Hans Bethe lorsqu'il rendit visite à Heisenberg, Weizsäcker et Karl Wirtz à Göttingen, pendant l'été de 1948. « Nous avons eu une discussion cordiale, raconte Bethe. Heisenberg m'a dit que son but principal avait été d'épargner le front russe aux physiciens allemands, et que telle avait été la raison qui l'avait poussé à accepter la direction du projet[74]. » Les Allemands lui parlèrent de leurs travaux de recherche, mais Bethe ne fit que des réponses vagues ; la physique de la bombe faisait encore l'objet du secret militaire. Bethe aurait pu poser encore bien des questions, par exemple sur la visite à Bohr, sur le dessin grossier d'un réacteur, voire même sur le message de Fritz Houtermans d'avril 1941 disant que Heisenberg essayait « autant que possible », de retarder les travaux sur la bombe allemande. Mais il n'en fit rien[75].

Le téléphone arabe scientifique rapporta la visite d'Heisenberg à Bohr pendant la guerre sous forme d'une vague rumeur, mais parmi tous les scientifiques qu'elle laissa perplexes, rares furent ceux qui trouvèrent le courage d'interroger directement les deux hommes. John Wheeler, l'un des collaborateurs les plus proches de Bohr juste avant la guerre, ne posa jamais la moindre question à ce sujet. Lorsque Gian Carlo Wick revit Heisenberg après le conflit, il fut trop intimidé pour demander quoi que ce soit. Le jeune physicien Abraham Pais, qui avait échappé aux nazis en Hollande en se cachant, rencontra Bohr en janvier 1945, alors que les événements étaient encore frais dans les mémoires. Mais il trouva le Danois obsédé par son rêve de « monde ouvert » où la connaissance de la technique atomique, accessible à tous, serait un facteur de paix. Pendant l'année que passa Pais à l'institut de Copenhague, Bohr ne parla jamais de la guerre et Oppenheimer ne fut guère plus bavard au cours des quinze années que le physicien hollandais passa avec lui ensuite à Princeton. Pais n'entendit parler du projet d'enlèvement d'Heisenberg que vaguement, par Weisskopf, et encore, après la mort de Niels Bohr[76]. Fritz Houtermans fut l'objet d'un interrogatoire serré à Bruxelles (vers 1950) de la part de Giuseppe Occhialini et de sa femme Connie Dilworth, qui l'accusaient d'avoir été en Union soviétique tout de suite après l'invasion allemande afin d'y piller l'institut de Kharkov. Des collègues belges avaient eu vent de rumeurs inquiétantes ; Paul Rosbaud prétendait avoir vu Houtermans affublé d'une casquette militaire. Occhialini devint si agité pendant l'interrogatoire qu'il dut sortir de la maison, pendant que sa femme continuait de questionner Houtermans sur le thème plus général de ses travaux de recherche en temps de guerre. Une fois tous les points éclaircis, cependant, on ne revint jamais dessus[77].

L'une des raisons de cette réticence générale était une question de tact. La guerre avait épuisé tout le monde, sur le plan émotionnel, et les vieux amis prenaient bien garde de ne pas sonder trop profondément des plaies encore fraîches. Mais toutes aussi importantes étaient les restrictions imposées par les autorités : tout ce qui touchait aux armes atomiques était encore classé « secret-défense ». Aucune cérémonie ne marqua le départ des adjoints aux renseignements de Leslie Groves, à la fin des hostilités ; le général, trop heureux de reprendre enfin des militaires de carrière avec lui, rendit John Lansdale et Robert Furman à la vie civile avec une poignée de main et un petit discours sur la notion de secret. Garder le silence était toutefois devenu une seconde nature chez Furman ; il créa sa propre entreprise de travaux publics et s'aperçut bientôt qu'il lui était impossible de répondre à la plus simple des questions ; il avait l'impression de trahir quelque chose. Et si un fournisseur lui demandait de combien de « deux par quatre » il avait besoin, il se contentait d'en commander un lot, quitte à en recommander un autre tout de suite après[78]. Parmi tous les hommes ayant touché de près ou de loin aux renseignements atomiques pendant la guerre, seuls Goudsmit (un an après) et Boris Pash (vingt-cinq ans plus tard) révélèrent ce qu'ils avaient fait.

On intima tout aussi fermement le silence aux scientifiques alliés ; ils ne devaient rien dire de plus que ce qui figurait dans le rapport de Henry DeWolf Smyth, *Atomic Energy for Military Purposes* [« L'énergie atomique appliquée à des objectifs militaires »], publié tout de suite après la guerre, principalement, d'ailleurs, pour établir clairement ce dont on pouvait ou non parler. On déploya également les plus grands efforts pour limiter l'accès aux informations sur le nucléaire des Français, Joliot-Curie en particulier ; quant aux scientifiques allemands, on les surveillait de près pour leur éviter de tomber entre les mains des Soviétiques.

Groves avait commencé à s'inquiéter des Soviétiques du jour où il avait pris en charge le Projet Manhattan, à l'automne de 1942. L'un des objectifs de la mission Alsos avait été de s'emparer de documents, du matériel scientifique et par-dessus tout des détenteurs de connaissances stratégiques avant que les Soviétiques ne pussent mettre la main dessus. Ces derniers ne comprirent ce qui se passait qu'à la mi-mars 1945, lorsque la 8e Air Force américaine s'enfonça profondément dans leur zone pour bombarder Oranienburg, site de l'usine Aueur qui produisait l'uranium-métal[79]. Dès la fin des hostilités, les Soviétiques s'efforcèrent de rattraper le temps perdu. Pour leur échapper, Paul Rosbaud dut quitter Berlin dans un avion de l'Air Force déguisé en officier de l'armée américaine, grâce à un uniforme que lui procura Horace Calvert[80]. D'autres vécurent des moments plus difficiles ; beaucoup de scientifiques et de techniciens s'étaient fait piéger dans la zone soviétique ; quelques-uns furent réellement enlevés et d'autres, comme Alfred von Ardenne, signèrent tout simplement des contrats avec les Soviétiques et poursuivirent leur carrière à l'Est.

Dans cette situation instable, Niels Bohr attira l'attention des deux bords. Le problème tenait à ce que Bohr s'imaginait que l'on pourrait éviter la course aux armements grâce à un « monde ouvert », d'où tout secret serait banni. La façon dont il envisageait les choses, cependant, n'était pas très claire. Oppenheimer, qui comprenait sans aucun doute les idées de Bohr aussi bien que personne, essaya une fois d'expliquer celles-ci aux membres du Comité consultatif : pendant la guerre, Bohr avait espéré pouvoir aller en Russie voir le physicien Peter Kapitsa et d'autres vieux amis « pour proposer aux dirigeants soviétiques, qui étaient alors nos alliés, par le biais de ces scientifiques, que les États-Unis et le Royaume-Uni " échangent " leurs connaissances atomiques contre un monde ouvert [...], de proposer aux Russes de partager avec eux nos connaissances atomiques s'ils acceptaient d'ouvrir l'Union soviétique, d'en faire un pays ouvert dans un monde ouvert[81] ». A Los Alamos, Niels Bohr avait aussi discuté de ces idées avec Joseph Rotblatt, à qui il rendait régulièrement visite. Rotblatt restait sceptique ; en mars 1944, il avait entendu le général Groves déclarer : « Bien entendu, vous vous rendez compte que cet effort a en réalité pour but de dominer les Russkofs[82]. » Lorsqu'il entendait Bohr parler de son « monde ouvert », Rotblatt lui demandait parfois, timidement : « Mais, ne risquez-vous pas de vous heurter à une forte opposition ? »

C'était un euphémisme. On redoutait Bohr comme un dangereux excentrique, en particulier depuis qu'il avait reçu de Kapitsa, en 1944, une invitation à venir travailler à Moscou. Les services de renseignements américain et anglais avaient eu connaissance du refus amical qu'il avait donné dans sa réponse, mais Winston Churchill n'avait pas du tout apprécié que cet échange ait eu lieu. « Comment s'est-il fourré dans cette affaire ? » demanda-t-il à son conseiller scientifique, Lord Cherwell, en septembre 1944. « C'est un maître de la publicité [...] Il dit qu'il est en contact étroit avec un professeur russe [...] qu'est-ce que tout cela signifie ? Il me semble qu'il faudrait l'assigner à résidence, ou à tout le moins, lui faire comprendre que son comportement frise le criminel[83]. »

Bohr ranima ces inquiétudes lorsqu'à l'automne de 1945, il déclara à un officier de renseignements britannique, à Copenhague, qu'il venait de recevoir une autre lettre de Kapitsa — d'amicales salutations, auxquelles il avait répondu sur le même ton[84]. Il ajouta cependant que cette lettre inoffensive avait été suivie d'un message personnel transmis par un Danois, disant qu'un scientifique russe de passage à Copenhague espérait lui transmettre une deuxième lettre, secrète celle-là, de la part de Kapitsa. Bohr avait répondu que, bien entendu, il montrerait cette deuxième lettre « à ses amis américains et britanniques[85] ».

Lorsque Groves apprit la chose, par l'intermédiaire de l'ambassade britannique à Washington, il voulut immédiatement en savoir davantage et donna la responsabilité de la délicate enquête à Morris Berg qui avait été transféré de l'OSS (service démantelé en octobre 1945) à l'organisation qui lui avait succédé au sein du Département d'État, la Strategic Service Unit (SSU). Mais la SSU n'était que l'employeur nominal de Berg qui resta, comme Groves le déclara plus tard, toujours sous le contrôle du Projet Manhattan. En janvier 1946, Berg partit pour le Danemark, s'arrêtant en chemin à Stockholm afin de rencontrer Lise Meitner. « Je n'accepterai jamais d'offre des Russes, lui confia-t-elle, et je pense que mon ami de Berlin Gustav Herz est probablement parti à Moscou contre son gré. » Dans ses notes, Berg ajoute :

Elle m'a spontanément déclaré : « Aucun Russe n'est venu à Copenhague. » Elle n'a pas voulu me révéler la source de cette information, mais a laissé entendre qu'elle avait une origine professionnelle. Elle voulait dire qu'aucun scientifique russe de haut niveau n'était venu et que de toute façon, il ne pouvait y avoir de collaboration nucléaire entre Danois et Soviétiques[86].

Une fois à Copenhague, Bohr lui dit « qui était l'homme en question, qu'il avait vu aussi son frère [Harald Bohr] et qu'il était à la recherche d'informations sur le sujet de la bombe[87] ». Ce fut la dernière mission de Berg pour Groves ; il ne tarda pas à donner sa démission et, en août 1946, rendit le matériel qu'on lui avait fourni pendant la guerre : deux boîtes de cartouches calibre .32[88].

On ignore ce que Kapitsa avait l'intention de mettre dans son message secret, mais il est vraisemblable qu'il espérait contacter Bohr pour le mettre au courant de ses propres ennuis à Moscou où, quelques semaines plus tard (le 25 novembre), il procéda à une démarche tout à fait extraordinaire : il écrivit directement à Staline, donnant sa démission du projet soviétique de bombe atomique. Il précisait qu'il ne pouvait s'entendre avec le directeur, Lavrenti Beria, qu'il décrivait comme un chef d'orchestre qui ne connaîtrait pas la musique[89]. Quelques mois après la visite de Berg, Niels Bohr se débrouilla pour faire élire Kapitsa à l'Académie royale des Sciences danoise ; c'était la première fois que l'on accordait cet honneur à un étranger.

Période particulièrement tendue. Berlin était le rendez-vous et le champ de bataille des espions et des commandos de kidnapping et au Canada, l'interrogatoire d'un transfuge soviétique, Igor Gouzenko, avait permis de découvrir un espion ayant accès à des secrets atomiques : Alan Nunn May, qui sera arrêté en Grande-Bretagne en février 1946. Dans ce climat de secret extrême lié à la Guerre froide, aucun chercheur ne se sentait libre de parler en détail des travaux qu'il avait pu faire sur la bombe atomique pendant la guerre. En réalité, les tensions de la guerre avec l'Allemagne ne firent que continuer après l'écrasement d'Hitler, mais avec un nouveau rival, alors que les armées soviétiques s'implantaient dans un pays d'Europe centrale après l'autre. A la peur de la bombe allemande succéda celle de la bombe soviétique, peur qui se transforma, après le premier essai nucléaire soviétique, en une terreur proche de la panique sur les travaux qu'ils pouvaient faire sur la bombe à hydrogène. Les hommes qui, naguère redoutaient tant Heisenberg, commencèrent à parler à mots couverts du dangereux génie de Petr Kapitsa. A Washington, au début d'octobre 1949, Ernest Lawrence et Luis Alvarez rencontrèrent, au cours d'un déjeuner, les membres du Comité conjoint du Congrès sur l'Energie atomique et exprimèrent

> leur très réelle et profonde inquiétude que la Russie ne donne la priorité au développement de la bombe thermo-nucléaire. Ils firent remarquer que l'expert soviétique Petr Kapitsa est l'une des sommités mondiales sur les problèmes concernant les éléments légers [ici, l'hydrogène] [...] les docteurs Lawrence et Alvarez sont même allés jusqu'à affirmer qu'ils craignaient que les Soviétiques ne fussent en avance sur nous dans cette compétition. Ils ont déclaré que pour la première fois, ils redoutaient sérieusement de voir l'Amérique risquer de perdre une guerre, à moins que ne fussent prises des décisions immédiates au niveau de notre projet de superbombe [...][90].

Lawrence et Alvarez ignoraient évidemment tout de la véritable situation de Kapitsa. Le secret le plus absolu régnait en URSS. Staline avait ignoré la lettre du scientifique pendant plusieurs mois, puis — au moment même où Bohr s'arrangeait pour faire élire Kapitsa à l'Académie royale des Sciences — s'occupa de lui à la manière classique soviétique, si ce n'est que Kapitsa survécut. Le général Khroulev, beaucoup plus tard, raconta à Kapitsa qu'il se trouvait au Kremlin, lorsque Beria, furieux, vint exiger son arrestation. « Je vais t'en débarrasser, lui répondit Staline, mais je t'interdis de le toucher [91]. » En mai, Staline organisa une pseudo-revue des travaux scientifiques de Kapitsa, l'attaquant sur des questions n'ayant rien à voir avec les bombes atomiques. Ayant « échoué », Kapitsa perdit son poste de directeur de l'Institut des Problèmes de Physique et se vit interdire l'accès de son propre domicile, situé dans le périmètre de l'institut, à Moscou [92]. Et tandis que Lawrence et Alvarez redoutaient que Kapitsa ne fût en train de construire une bombe à hydrogène, le scientifique se trouvait en réalité en résidence surveillée dans sa datcha, à l'extérieur de Moscou, réduit à bricoler dans un laboratoire de fortune installé dans son garage. Ce drame, si semblable, en profondeur, à celui qu'avait vécu Heisenberg, fut rejoué jusque dans les moindres détails : après avoir été finalement libéré en 1953, à la suite de la mort de Staline, Kapitsa soutint toujours, devant ses amis, qu'il n'avait couru de tels risques que parce qu'il n'avait pu s'entendre avec Beria — ça n'avait rien à voir avec la politique [93] !

Heisenberg poursuivit ses travaux scientifiques et ses activités dans la vie publique allemande pendant encore trente ans après la guerre. Weizsäcker, Wirtz et lui étaient tombés d'accord pour rester en Allemagne et les trois hommes collaborèrent jusque dans les années cinquante. Mais la tâche que Heisenberg s'était assignée, reconstruire la science allemande, avait son prix : des réticences vis-à-vis du passé. Les explications qu'il donna de son attitude pendant la guerre n'allèrent jamais plus loin que l'article de 1946 paru dans *Die Naturwissenschaften*, et dans lequel il affirmait que s'il avait bien été sensible aux dilemmes moraux que soulevait la construction de la bombe atomique, les angoisses et les dangers d'une décision morale lui avaient été épargnés. Ce qui ressemble peut-être le plus à une clarification de ces réticences est un exposé qu'il fit devant des étudiants à Göttingen, le 13 juillet 1946, sur le thème « La science comme moyen de compréhension international ». Son histoire personnelle, déclara-t-il, lui avait montré que le savoir était indifférent à la race et à la nation. En revanche, la science apporte le pouvoir — « un aspect effrayant de notre existence actuelle [...] » — Des efforts communs pour se mesurer aux dangers posés par les armes atomiques, chimiques et biologiques sont évidemment nécessaires, mais ils ne pourront cependant pas « libérer le scientifique, en tant qu'individu, de la nécessité de décider en conscience [...] si une cause est bonne, voire même quelle est la cause la moins mauvaise [...] » Puis il cita Schiller :

Malheur à ceux qui dispensent la lumière céleste à des êtres qui toujours demeureront aveugles [...] car elle ne peut que brûler et noircir la terre et les villes.

Point de vue qui ne pouvait que mettre mal à l'aise tout État ; dans la guerre qui venait de s'achever, l'État « a considéré les relations internationales des scientifiques avec une profonde méfiance [...] ». Mais les prétentions de l'État ne peuvent l'emporter sur « les devoirs qu'a le scientifique envers sa tâche, qui le lie à des gens d'autres nations ». La conclusion est inévitable : un homme de science a le devoir de donner la priorité au bien de toutes les nations sur celui de la sienne.

Or c'est à cet endroit précis que Heisenberg met un bémol : si les scientifiques ne peuvent échapper à leurs obligations vis-à-vis de la communauté mondiale, « ils devront avoir soin de ne pas être à l'origine d'une dangereuse vague de méfiance et d'inimitié, de la part de grandes masses de gens, contre la profession scientifique elle-même [94] ». Il n'est pas très difficile de dégager, dans cette formule alambiquée, ce que Heisenberg redoutait ; un contrecoup patriotique à base de suspicion, de critiques, d'accusations de trahison...

Il s'en tint fermement à sa version de faits. Il aurait pu raconter beaucoup de choses à Goudsmit, Morrison et les autres, sur les dangereuses années, de 1939 à juin 1942, à l'époque où Fritz Houtermans le soupçonnait d'essayer de retarder les travaux « autant qu'il le pouvait », mais il y renonça. Tout ce qu'il dirait à ces hommes en colère, prêts à le hacher menu, serait répercuté en Allemagne. De vagues affirmations ne pouvaient satisfaire Goudsmit, lui qui avait déjà traité Heisenberg de menteur ; il exigerait de solides preuves à l'appui de tout dire. Heisenberg n'avait pas d'anecdote à raconter du genre « descente nocturne pour aller brûler les documents compromettants » ou « mettre du sucre dans les réservoirs des véhicules ». Le drame s'était déroulé uniquement sur un plan moral, lorsqu'il avait choisi de dire ce qu'il avait dit à des autorités qui auraient pu difficilement décider de continuer alors que les conseillers qu'elles s'étaient donnés affirmaient que l'entreprise était trop gigantesque, trop difficile, trop incertaine. Goudsmit n'en démordrait pas comme ça. Et comment des patriotes bon teint réagiraient-ils, s'il leur revenait que Heisenberg et d'autres scientifiques allemands éminents, remplissant leurs « obligations internationales », avaient fait ce qu'ils avaient pu — ce qui avait suffi — pour saper l'enthousiasme officiel vis-à-vis de la seule arme secrète qui aurait pu permettre de gagner la guerre ?

Poser la question revient à y répondre. Heisenberg aurait pu passer le reste de sa vie à accumuler les détails, mais il ne pensait pas que c'était pour cela que l'Allemagne avait besoin de lui. Goudsmit éprouvait la certitude d'avoir entendu Heisenberg, Weizsäcker et leurs amis concocter une histoire à propos de leurs années de guerre, et il avait probablement raison. Ils n'en démordirent pas : la bombe dépassait les moyens de l'Allemagne en temps de guerre, ils n'eurent pas à prendre de décision morale. Ce que nous savons par ailleurs ne nous vient en aucun cas d'Heisenberg.

Mais il n'était pas le seul à détenir un secret. Ses vieux amis Victor

Weisskopf et Hans Bethe, par exemple, auraient pu lui dire avec franchise que pendant la guerre, terrifiés à l'idée d'un Hitler en possession de la bombe, ils avaient exhorté les autorités à le kidnapper. Weisskopf aurait même pu avouer qu'il s'était porté volontaire pour aller en Suisse et montrer Heisenberg à un agent secret. Nul besoin d'un avocat pour justifier ces faits douloureux : les secrets étaient bien gardés, personne ne savait ce que faisaient les Allemands, tout le monde croyait qu'une bombe atomique pourrait changer le cours de la guerre, même dans les derniers jours. Niels Bohr dit à Heisenberg en 1941 et à Weizsäcker en 1950 que dans une guerre, un homme doit se battre pour son pays ; il comprenait, il pardonnait. Mais Weisskopf et Bethe n'avaient pas la liberté de parler des opérations secrètes, en 1945 ; et plus le temps passait, plus cela devenait difficile à faire, facile à oublier. Ils regrettaient d'avoir lancé cette proposition, qu'ils imputaient à leur jeunesse et au temps de guerre, et se disaient peut-être que c'était sans importance, puisqu'il n'était rien arrivé. Ils n'auraient jamais soupçonné, en octobre 1942, que leur idée pût avoir une vie aussi longue et conduire à mettre un agent américain, avec un pistolet dans la poche, en face d'Heisenberg, deux ans plus tard. Mais ils ont indiscutablement battu en retraite à la perspective de regarder Heisenberg dans les yeux tout en lui exposant les faits de la manière la plus minimale, comme nous venons de le faire. Qui pourrait les en blâmer ?

En fait, Heisenberg apprit le pire tard dans sa vie, dans un livre sur Mœ Berg, l'homme qui avait écouté sa conférence sur la Matrice-S à l'ETH, un pistolet dans sa poche ; à la vérité, il ne devait la vie qu'à la grande difficulté de son sujet. Rien n'était dit de l'origine de ce projet ; Heisenberg, tout d'abord étonné, crut à une pure affabulation, à l'idée d'un type zélé tout au bas de l'échelle, dans un service de renseignements. S'il avait su la vérité, il aurait pu avoir un regard de douloureux reproche pour Weisskopf et Bethe — non pas à cause de l'épisode lui-même, mais du long silence par lequel il avait été suivi, une fois la guerre terminée.

Aucun de ses vieux amis n'aurait pu lui en dire davantage là-dessus que Sam Goudsmit ; il était au courant de la proposition originale, avait tenté d'y intéresser les Britanniques, travaillé étroitement avec Robert Furman, l'aide de Groves, failli partir pour Zurich afin de diriger en personne l'opération, et été l'un des derniers hommes de Groves à donner ses instructions à Mœ Berg, avant son départ pour la Suisse, en décembre 1944. Après avoir parlé avec Goudsmit et Calvert, Berg nota dans son carnet que rien « n'avait été dit » mais qu'il devait mettre Heisenberg hors de combat. Si Goudsmit avait reconnu que les Américains redoutaient Heisenberg au point de vouloir l'enlever ou le tuer — Lansdale tentait encore d'obtenir un raid aérien sur le laboratoire d'Heisenberg en avril 1945 — ils auraient alors pu mettre un terme à leur stérile échange de lettres, dans lequel Heisenberg se défendait d'une accusation, puis d'une autre. Si Niels Bohr avait su que son rapport de la fin de 1943 avait contribué à déclencher une attaque potentiellement mortelle sur son vieil ami... mais qui peut répondre à cela ? On arrêta de jouer au jeu de la vérité très vite après la guerre. Heisenberg et ses anciens amis, après une brève joute qui laissa des traces, choisirent le silence.

Que s'est-il passé ?

L'échec de l'Allemagne, dans la construction d'une bombe atomique, n'avait rien d'inévitable. Elle détenait tous les atouts pour prendre un départ rapide, dès le jour de l'entrée en guerre : des scientifiques de tout premier plan, une puissante base industrielle, l'accès aux matières premières et l'intérêt des militaires les plus haut gradés. Les États-Unis, qui se lancèrent dans le projet en juin 1942, mirent à peine plus de trois ans pour y parvenir ; les Soviétiques réussirent en quatre ans[1]. En admettant qu'un effort sérieux eût commencé vers le milieu de 1941, les Allemands auraient pu faire leur premier essai en 1943, soit bien avant que l'aviation alliée eût détruit l'industrie de leur pays par ses bombardements[2]. Mais en dépit de l'intérêt manifesté au tout début par les militaires — ces six mois d'avance qui avaient tant inquiété Vannevar Bush — jamais les Allemands n'entreprirent un effort sérieux pour se doter de la bombe. Ce qui est arrivé à cet intérêt du début ne fait aucun doute : il fut annihilé par les scientifiques lorsqu'ils convainquirent les autorités que l'effort était trop vaste, prendrait trop de temps tout en restant d'un succès incertain.

La question n'en demeure pas moins : pourquoi Heisenberg et ses collègues ont-ils autant souligné les difficultés de l'entreprise ? Il n'y avait là aucune fatalité. Effort « trop vaste » est un jugement, et non un fait scientifique comme la température à la surface de la lune. Il est possible que le jugement d'Heisenberg ait été entièrement objectif et désintéressé, qu'il l'ait donné « tout à fait loyalement et honnêtement », « avec la meilleure conscience du monde », comme il le prétendit plus tard ; il existe cependant de bonnes raisons de refuser cette fin de non-recevoir.

Si nous n'avions pas d'autres preuves, nous pourrions expliquer l'échec de la recherche atomique allemande comme une affaire « de chien qui n'aboyait pas ». Au vu des archives du Projet Manhattan, toutefois, nous savons comment se comportent les scientifiques quand ils redoutent de voir l'ennemi se doter de l'arme atomique : ils remuent ciel et terre pour être les premiers à en disposer. On ne trouve ni hésitations ni ambiguïtés dans les recommandations d'hommes comme Leo Szilard, Ernest Lawrence, Arthur Compton et bien d'autres. Heisenberg fut l'un des chefs de

543

file de l'Uranverein dès les premières semaines de la guerre, libre d'avertir, de sonner l'alarme et le tocsin aussi vigoureusement qu'il le souhaitait. Tous les documents qu'il a signés sont cependant étrangement neutres et formels. Jamais il n'a mis les autorités en garde contre la possibilité de voir les Alliés se doter de l'arme atomique, jamais il n'a supplié que son pays se lance dans un effort majeur ; il ne s'est jamais avancé plus loin, sur le papier, que cette simple constatation : la bombe atomique est théoriquement possible. Quiconque vient d'être mis au courant de l'histoire du Projet Manhattan se rend immédiatement compte qu'il n'existait aucun projet allemand, qu'aucun scientifique ne soutenait l'idée de s'en donner un.

Si nous voulons savoir ce que Heisenberg pensait vraiment à l'époque, il nous faut nous adresser à l'histoire parallèle de la guerre, à ce que certains ont confié à des amis aux petites heures de la nuit, aux réflexions que l'on trouve dans les correspondances privées ou dans les journaux intimes, à des conversations dont on se souvient, aux archives des services secrets. Là, nous nous apercevons que Heisenberg ne se souciait que d'une chose, le problème posé par la bombe — mais pas celui de sa construction, celui, un véritable dilemme, de la façon dont il devait réagir devant l'intérêt officiel.

Heisenberg avait tout à fait raison de souligner que la fabrication de la bombe exigerait un effort gigantesque. Les États-Unis firent effectivement un effort gigantesque. Mais en Allemagne, il manqua toujours une indispensable condition préalable : le désir de la victoire. Jamais Heisenberg ni aucune autre sommité scientifique allemande n'essaya de communiquer aux autorités le sentiment du danger, son optimisme quant à la réalisation du projet, son enthousiasme pour l'effort à consentir. Il ne s'agit pas d'attribuer cela à la réserve bien connue des Teutons ; les responsables du programme allemand de fusée ne manquèrent pas d'enthousiasme et obtinrent les énormes ressources dont ils avaient besoin par leurs intrigues politiques et leurs promesses de succès. Si les physiciens avaient sérieusement souhaité construire une bombe, il aurait fallu faire preuve d'une volonté à toute épreuve et d'une grande opiniâtreté. Un zèle sans faille était indispensable ; son absence fut mortelle, comme un poison qui ne laisse pas de traces.

Mais voilà : Heisenberg ne s'est pas contenté de ne pas s'engager, de rester coi, de laisser le projet mourir tout seul de sa belle mort. Il l'a tué.

Imaginez un instant que vous êtes l'aide de camp d'Albert Speer : le physicien-chimiste Lieb, par exemple, l'homme qui a attiré l'attention de son patron sur l'importance de la recherche fondamentale et qui, finalement « avec l'aide de plusieurs scientifiques [3] », organisa une rencontre entre Heisenberg, Speer et d'autres éminents chercheurs à Berlin, en juin 1942. Rencontre décevante à l'extrême pour les optimistes ; Speer repartit, convaincu par Heisenberg qu'il ne fallait pas espérer une bombe atomique en Allemagne. « Il nous apparut que les travaux en étaient à leur tout début [...] les physiciens eux-mêmes ne tenaient pas tellement à s'y consacrer[4]. »

Imaginez maintenant que quelques semaines se sont passées. Un officier de la Gestapo se présente au bureau d'Albert Speer à la fin de l'été 1942. La police secrète vient de constituer un épais dossier sur Heisenberg. Considérons, pour les besoins de la cause, que le gestapiste est un scrupuleux, autant que cela est possible ; qu'il n'a pas tenu compte des rumeurs sur l'amitié d'Heisenberg pour les Juifs, sur sa répugnance à signer des manifestes pour Hitler. Il se contente d'énumérer, devant Speer, des faits concrets sur la conduite du physicien à la tête du programme nucléaire allemand : depuis le début de la guerre, Heisenberg a discuté du « problème » de la bombe avec Weizsäcker et d'autres amis. L'un d'eux est un personnage suspect, Fritz Houtermans, étroitement surveillé par la Gestapo depuis son retour de Russie, en 1940. Houtermans a découvert une nouvelle matière explosive qui conviendrait à une bombe, mais il a promis à Heisenberg et Weizsäcker que son travail ne sortirait pas du laboratoire de Manfred von Ardenne. De plus, il s'est débrouillé, en avril 1941, pour envoyer un message aux Américains, les mettant au courant du programme allemand de bombe atomique ; « Heisenberg s'efforce de retarder les travaux autant que possible », ajoute-t-il à l'intention de son messager. Quelques mois plus tard, Heisenberg se rend au Danemark, où il déclare à son ami Niels Bohr que les Allemands savent que la bombe est faisable et esquisse pour lui le dessin d'un réacteur expérimental qui pourrait servir à produire le nouvel explosif ; enfin, il tente de proposer à Bohr un accord qui vise à faire saboter les programmes nucléaires militaires par tous les savants du monde, en disant aux autorités — des deux camps — que l'entreprise est trop gigantesque, trop difficile, trop incertaine.

Puis, tout de suite après la réunion de la Maison Harnack, Hans Jensen, autre ami d'Heisenberg, fait à son tour un voyage au Danemark pour voir Niels Bohr et lui dire que maintenant les Allemands ne travaillent plus sur le projet de bombe et se contentent de faire de la recherche fondamentale sur les réacteurs ; il répète ce message à des membres de la résistance norvégienne qui transmettent le renseignement aux Britanniques. Karl Wirtz, autre ami d'Heisenberg, semble avoir communiqué une information similaire à un autre membre de cette résistance. Heisenberg lui-même, quelques semaines après sa rencontre avec Speer, s'est interrogé devant Gian Carlo Wick : « Devons-nous souhaiter la victoire des Alliés ? »

A la fin de cette litanie, l'officier de la Gestapo dit à Speer que Heisenberg, Houtermans, Weizsäcker et les autres sont déjà en état d'arrestation. On peut s'attendre à d'autres révélations à la suite des interrogatoires qui ont commencé, Prinz-Albrechtstrasse. Speer a écouté attentivement. Il se tourne vers Lieb et demande : mais alors, la réunion que nous avons eue, Maison Harnack ? Devons-nous continuer à croire Heisenberg ? A-t-il prétendu que le projet de bombe atomique était trop gigantesque pour l'Allemagne tout à fait « loyalement et honnêtement » ? « Avec la meilleure conscience du monde ? »

Ou ne devrions-nous pas demander à Diebner, par exemple, ce qu'il en pense ?

La Gestapo, toutefois, ne tint jamais ce discours à Albert Speer. Heisenberg resta libre d'agir à sa guise et d'entraîner l'effort atomique allemand dans une impasse, au fond de laquelle les scientifiques bricolèrent sans conviction jusqu'à la fin de la guerre. Ce qui s'est passé importe, parce que la vérité importe. Le premier moteur du Projet Manhattan, celui qui eut le plus d'impact et a permis la réalisation des premières bombes atomiques, a été la peur de voir les Allemands y parvenir les premiers. Ce type de réaction s'est reproduit plus tard, lorsque des peurs similaires, concernant cette fois les Soviétiques, devinrent le moteur essentiel qui poussa les Américains à consentir d'énormes efforts pour se doter de la bombe thermo-nucléaire, de bombardiers stratégiques, d'une flotte de missiles et d'un système anti-missile d'une centaine de milliards de dollars, sur le point d'être lancé au moment où l'effondrement de l'Union soviétique le rendit caduc, à la fin des années quatre-vingt. Ce n'est pas ici le lieu de se demander si la course aux armements américano-soviétique était à la fois nécessaire et inévitable ; mais la vérité, quant au programme allemand de bombe atomique, à savoir que le manque de zèle des scientifiques lui fut fatal, aurait pu contribuer à introduire une note de prudence dans le débat sur le danger représenté par les Soviétiques, au moment où commença la Guerre froide ; ce message aurait eu son importance à la fin des années quarante, alors que les Américains s'imaginaient qu'il n'y avait rien ni personne à quoi ou à qui accorder sa confiance, de l'autre bord.

Or ce manque de zèle des scientifiques passa complètement inaperçu aux yeux des premiers Américains présents sur la scène. Samuel Goudsmit ne s'intéressa jamais sérieusement aux raisons de « l'échec » des Allemands. Au lieu de cela, il ne voulut y voir que le résultat naturel de la balourdise de nazis marchant au pas de l'oie. C'est ce qu'affirma vigoureusement Vannevar Bush dans un discours, en juin 1949 :

Les nazis voulaient la bombe atomique, nous le savons. Ils avaient autant de chances que nous d'y parvenir [...] au cours des années de tension, jusqu'en 1945, nous les avons pris pour des concurrents sérieux, et avons même cru qu'ils pourraient être en avance de six mois sur nous. Puis, après la chute de Stuttgart et le travail de la mission Alsos, nous avons découvert le pot-aux-roses.

Les nazis n'avaient même pas franchi la première étape. Ils n'avaient même pas accompli cinq pour cent de l'entreprise menée avec succès... où ? Ici, chez nous ! La raison de cet échec est vitalement importante. Si les nazis avaient été capables d'atteindre l'étape finale, si, disons, ils étaient arrivés à distance honorable du succès, nous pourrions expliquer leur échec par le fait qu'ils manquaient de matières premières critiques, ou que leurs installations furent sévèrement bombardées.

Mais devant un fiasco aussi complet, une telle explication ne suffit pas. Sa véritable raison, raison qui nous creva le yeux après la chute de Stuttgart, fut la mise au pas dans un système totalitaire. L'organisation de guerre, dans ce système, était lamentable. Complots de sérail, grandes niguedouilles bardées de décorations jouant les experts dans des domaines dont elles ignoraient tout, conflits de pouvoirs entre des administrations parallèles, telles étaient certaines de ses caractéristiques [...] Finalement, c'est tout l'édifice que paralysaient la suspicion, l'intrigue, la chicane, sans parler de la peur, ce poison constant, inévitable dans tout système qui fonctionne au gré des caprices d'un dictateur[5].

Cette analyse caricaturale du système nazi a été fortement amendée par les historiens, sans cependant avoir complètement disparu. Les études modernes attribuent encore un rôle aux gaffes nazies ; aucune ne semble avoir voulu dire noir sur blanc ce qui semble bien être la vérité, à savoir que le programme allemand de bombe atomique a été étouffé dans l'œuf par le pessimisme technique des grands scientifiques allemands, lesquels n'éprouvaient aucune envie de construire cette bombe pour Hitler. Max von Laue l'a déclaré sans ambages, le lendemain d'Hiroshima : « Aucun de nous ne voulait mettre une telle arme entre les mains d'Hitler[6]. » Heisenberg le dit avec moins de véhémence, lorsqu'il parla de « la situation psychologique » des scientifiques allemands. La possibilité de fabriquer des bombes atomiques créait « une situation horrible pour tous les physiciens, en particulier pour nous, Allemands [...] Parce que l'idée de mettre la bombe atomique entre les mains d'Hitler était horrible[7] ».

Mais ce que Heisenberg donnait d'un côté, il le reprenait de l'autre : « Nous avions une merveilleuse excuse, nous pouvions toujours dire : je vous en prie, il est tout à fait certain que ce que nous faisons ne peut pas aboutir à une bombe atomique avant trois ou quatre ans [...][8]. » Contrairement à ses amis parmi les Alliés, qui avaient à choisir entre oui et non, les Allemands se virent « épargnés de devoir prendre une décision[9] ».

Ce que Heisenberg déclara à propos de sa guerre était vrai, mais ce ne fut jamais toute la vérité, et ce sont les parties manquantes qui expliquent ce qui se produisit. « Dès le début, écrivit-il en 1946, les physiciens allemands se sont consciemment efforcés de garder le contrôle du projet [...] »

Consciemment : à l'issue de quels débats ?

Se sont efforcés : oui mais, comment ?

« [...] Ils se sont servis de leur influence d'experts [...] »

Leur influence : sur qui ? Quand s'en sont-ils servi ?

« [...] pour engager le travail sur des voies tracées dans le rapport de renoncement », conclut Heisenberg dans son premier compte rendu, le plus explicite, sur les raisons qui poussèrent la recherche allemande à se cantonner dans d'inoffensives recherches à petite échelle sur un réacteur expérimental[10]. Derrière cette courte phrase, il y a des années de discussions, de manœuvres politiques en coulisses, d'intrigues clandestines. Heisenberg n'en dit mot, refusant de révéler ce qu'il a pensé, déclaré et fait.

On pourrait penser qu'il est possible d'établir ce qui s'est réellement passé sans l'aide d'Heisenberg, au besoin. Mais en pratique, tout se passe comme si les réticences d'Heisenberg avaient introduit un élément irréductible d'incertitude[11]. Les questions qui demeurent — pourquoi avoir été chez Niels Bohr ? Pourquoi avoir dit à Speer que l'effort était trop grand, trop difficile ? Pourquoi avoir prétendu qu'une bombe avait besoin de deux tonnes d'U-235 ? — ne sont sans réponse que parce que Heisenberg n'en a pas donné. Nous avons beau ficeler notre analyse de la manière la plus serrée, nous n'en restons pas moins les otages de ce que Heisenberg a bien voulu concéder, et les questions touchant à ses motivations et à ses intentions ne peuvent être établies plus clairement que par ce qu'il a accepté d'en dire. Sa version de faits est incomplète. Il y manque des éléments. Les réticences d'Heisenberg ont surtout contribué à irriter ses vieux amis de l'autre bord, ainsi qu'à renforcer leurs doutes ; s'il a réellement tempéré l'enthousiasme officiel par ses objections au point d'annihiler le projet, pourquoi ne pas revendiquer le crédit de cette noble action ?

Jamais Heisenberg ne prétendit s'être comporté en héros. Il s'en tint à des considérations modestes — il savait l'effort qu'exigerait une bombe, il s'inquiétait de la mettre entre les mains d'Hitler — et pas davantage, une fois qu'il comprit que même Niels Bohr refusait d'écouter. Elizabeth Heisenberg suggère que l'orgueil blessé a joué un rôle dans son silence. A l'âge de six ans, Werner fut réprimandé à tort par son instituteur ; comme il se défendait de l'accusation portée contre lui, le maître le traita de menteur et le frappa d'une férule sur sa main tendue. Plus tard, l'instituteur comprit qu'il s'était trompé et présenta ses excuses au jeune garçon. Mais Werner Heisenberg, à six ans, refusa de les accepter et punit son maître en refusant de le regarder. Il ne céda pas : lorsque la famille déménagea à Munich, un an plus tard, Heisenberg n'avait toujours pas levé une seule fois les yeux sur l'instituteur. Adulte, il alla beaucoup plus loin dans ses efforts pour se faire comprendre par ses amis, après la guerre, mais un moment vint où il cessa de leur faire des ouvertures[12].

Le silence d'Heisenberg peut aussi s'expliquer en partie par ses sentiments vis-à-vis de son pays. L'amour de la patrie, qui l'avait fait retourner chez lui en 1939, le rendit prudent six ans plus tard. Il pouvait révéler certaines choses sans en subir de conséquences fâcheuses, mais confesser toute la vérité, à savoir qu'il avait fait ce qu'il avait pu pour empêcher la mise au point de l'arme qui aurait permis de gagner la guerre, se serait traduit par des années d'insultes et d'acrimonie. Certains de ses amis, même encore à l'heure actuelle (Erich Bagge, par exemple) refusent de croire que Heisenberg aurait volontairement compromis la sécurité militaire, ne serait-ce que par un mot de trop. D'accord, concéda Bagge il y a quelques années, Heisenberg est allé voir son vieil ami Niels Bohr en 1941, mais il est impossible qu'il ait discuté du programme allemand de bombe atomique — ça n'aurait pas été correct [13] ! Une violente controverse avec l'Allemagne aurait été pour lui aussi douloureuse qu'une rupture avec sa famille. « C'est tellement beau, dit-il à sa femme un an avant la guerre. Jamais je ne pourrais partir [14] ! » Une accusation de trahison vous colle à la peau ; il serait resté un « exilé intérieur » toute sa vie. Voilà pourquoi il choisit ses mots avec tant de soin.

Ce n'est pas bien difficile à comprendre, mais cela ne correspond pas tout à fait à l'idée que nous nous faisons d'un grand homme. Vers la fin de sa vie, Goudsmit assouplit ses positions sur Heisenberg ; il expliqua sa colère initiale en ces termes : « Inconsciemment, j'avais été déçu lorsque je m'étais rendu compte que ce grand homme n'était pas plus sage que la masse de ses collègues [15]. » Goudsmit aurait voulu trouver un héros de la Résistance selon les normes classiques ; il aurait cependant compris que Heisenberg avait résolu son dilemme de façon très différente, si ce dernier avait choisi de mieux s'en expliquer.

Frustré par le silence d'Heisenberg, l'historien est démangé de l'envie d'interpeller son ombre et de lui dire : vous avez couru tous les risques de la guerre, pourquoi le courage vous a-t-il manqué à la fin ? Votre conduite, autant qu'on en peut juger, a été parfaitement honorable, mais vous vous êtes dérobé devant votre dernier devoir, accepter la responsabilité de ce que vous avez fait et nous le dire. Personne d'autre [16] ne peut dissiper les doutes qui subsistent et en outre, l'effet pratique immédiat d'un acte moral n'est qu'une partie du bien qu'il peut faire. Nous avons aussi l'obligation de donner l'exemple ! Vous vous êtes esquivé au moment où vous auriez pu donner les conseils les plus sains aux scientifiques du reste du monde confrontés aux mêmes doutes, aux mêmes dilemmes.

Mais on ne lui posa jamais ces questions, et il aurait probablement refusé d'y répondre. Il préférait décrire sa guerre comme un enchaînement de petits faits ordinaires. Tout au plus concédait-il que lui et ses amis de l'Uranverein avaient eu conscience d'être confrontés à des problèmes moraux autant que scientifiques. Mais pour timide qu'elle fût, cette affirmation souleva scepticisme et colère de la part des scientifiques qui avaient construit la bombe d'Hiroshima. Personne n'a nié ce que Goudsmit avait trouvé en Allemagne du Sud, en 1945 : un programme de recherches nucléaires d'échelle modeste, qui ne constituait aucune menace pour les Alliés. Ce sont les difficultés éprouvées pour expliquer les raisons de l'échec qui ont rendu cette question délicate pendant près de cinquante ans. Ce n'était cependant pas Heisenberg qui tenait à en parler. Comme nombre de ses vieux amis qui craignaient tant son génie, pendant la guerre, il a toujours considéré qu'on ne lui devait ni louanges, ni remerciements, ni crédit pour la manière dont les choses avaient tourné.

NOTES

Note du traducteur : J'ai laissé en anglais (ou en allemand) certains noms propres d'organismes, soit parce qu'ils sont très connus, soit parce qu'ils reviennent souvent dans le texte. En revanche, contrevenant aux usages, j'ai traduit le nom des multiples organismes apparaissant çà et là, afin de faciliter la lecture (par exemple : Office of Naval Intelligence = Service de Renseignements de la Marine).

[Les informations entre crochets, ayant trait en général aux éditions françaises des ouvrages cités, sont du traducteur ; la mention « entretien » sous-entend « de l'auteur », le mot « interview » étant réservé aux entretiens faits par d'autres que lui ; un certain nombre de précisions, ne pouvant concerner que le lecteur américain, n'ont pas été retenues.]

Notes de l'introduction

1. Vannevar Bush, allocution à la Johns Hopkins University du 14 juin 1949, archives Goudsmit, AIP ; entretiens avec John Lansdale des 16 septembre et 3 novembre 1988. La peur des progrès allemands était générale, en particulier pendant les premières années de la guerre. Voir par exemple la lettre de Leo Szilard à Vannevar Bush du 26 mai 1942, archives Bush-Conant ; et celle de Leo Szilard à Lord Cherwell du 18 août 1944, archives Bush-Conant.

2. « Qui d'autre ? demanda Eugene Wigner. Bohr et Einstein ont leur grande œuvre derrière eux. » Entrevue avec Wigner, Princeton University, 23 novembre 1988.

3. « Notes sur la réunion du sous-comité du 10 septembre 1943 », Archives nationales, Record Group 77.

4. Lettre d'Oppenheimer à Robert Furman du 5 juin 1944.

5. Waldemar Kaempffert, « Nazis Spurned Idea of an Atomic Bomb », *New York Times*, 28 décembre 1948.

6. Mark Walker, *Uranium Machines, Nuclear Explosives and National Socialism : the German Quest for Nuclear Power, 1939-1949* (University Microfilms, 1987), thèse de doctorat, Princeton University, pp. 374, 380. La thèse de Walker fut publiée plus tard sous le titre *German National Socialism and the Quest for Nuclear Power, 1939-1949* (Cambridge University Press, 1989) mais cette version paraphrase beaucoup de documents importants de la thèse ; par conséquent, les références de page renvoient toutes à cette dernière.

Le biographe d'Heisenberg David Cassidy a adopté une position similaire dans

Uncertainty : the Life and Science of Werner Heisenberg (W.H. Freeman & Co, 1992). J'ai beaucoup appris de ces deux ouvrages et correspondu avec leurs auteurs, mais nous sommes en désaccord total sur la manière d'évaluer ce que Heisenberg a pensé et fait pendant la guerre.

7. Werner Heisenberg, « Research in Germany on the Technical Application of Atomic Energy », *Nature*, 16 août 1947.

8. Werner Heisenberg, *La Partie et le Tout*, Albin Michel, 1972, p. 249.

9. Entrevue avec Weisskopf, 23 octobre 1991.

Notes du chapitre 1

1. Elizabeth Heisenberg, *Heisenberg, le témoignage de sa femme*, Belin, 1990, 29.

2. Parmi eux, Sydney Dancoff, Leonard Schiff, Volkoff, Hartland Snyder, Robert Christy, Robert Serber, Keller. Entretiens avec Philip Morrison, Cambridge (Mass.), 30 mars 1988 et 22 mars 1990.

3. Entretiens avec Philip Morrison, ibid.

4. Arthur Compton, *Atomic Quest* (Oxford University Press, 1956), 37-38.

5. Entretien avec Victor Weisskopf, du 13 juin 1989. Heisenberg déclara à d'autres personnes (notamment à Fermi) cet été-là, qu'à son avis, l'Allemagne perdrait la guerre. La contradiction peut venir du fait que Heisenberg pensait peut-être que l'Allemagne commencerait par gagner en Europe, pour finir par perdre, avec l'entrée en guerre des États-Unis et de l'Union soviétique. Voir par exemple *Heisenberg, le témoignage de sa femme*, 76-77. Hans Bethe dit ne pas se souvenir avoir été chez Weisskopf lors de cette conversation ; lettre à l'auteur du 1er novembre 1991.

6. Entretien avec Weisskopf du 23 octobre 1991.

7. Entretien avec Raemer Schreiber du 7 décembre 1990.

8. Entretien avec Maurice Goldhaber du 24 octobre 1988.

9. Entretien avec Eugene Wigner du 23 novembre 1988.

10. John Rigden, *Rabi, Scientist and Citizen* (Basic Books, 1987), 66-67.

11. Entretien avec Hans Bethe, Ithaca (New York) du 23 septembre 1989.

12. Ibid.

13. Edward teller, *Better a Shield than a Sword* (The Free Press, 1987), 91.

14. Samuel Goudsmit, *Alsos* (Henry Schuman, 1947), 120.

15. *Alsos*, 114.

16. A ma connaissance, il y a au moins trois comptes rendus des conversations que Heisenberg eut avec Enrico Fermi à Ann Arbor en 1939 : celui d'Eduardo Amaldi, qu'il m'a donné lors d'un entretien, le 27 avril 1989 ; celui de Max Dresden, dans une lettre adressée à *Physics Today*, mai 1991 ; et celui d'Heisenberg lui-même dans *La Partie et le Tout*, 231 et sq. Les trois renvoient peut-être à la même conversation, mais celui d'Heisenberg laisse à penser qu'il eut tout le temps d'avoir un entretien intime avec Fermi et il dit très explicitement : « Je rendis visite à Fermi dans son appartement [...] »

17. Entretien avec Eduardo Amaldi du 27 avril 1987.

18. Lettre de Max Dresden à *Physics Today*, mai 1991.

19. Ce livre traite non de science, mais du comportement politique des scientifiques au moment de l'invention de l'énergie nucléaire. Les lecteurs qui souhaitent connaître le détail des origines scientifiques de la bombe atomique peuvent lire l'ouvrage maintenant classique de Richard Rhodes, *Ils ont inventé la bombe : Berlin 1920-Hiroshima 1945*, Hachette, 1990 [les références renvoient à l'édition anglaises].

20. Robert Jungk, *Brighter Than a Thousand Suns* (Harcourt, Brace & Co, 1956),

81. Le livre de Jungk est le premier à raconter l'histoire du programme allemand de bombe atomique en se fondant sur des sources allemandes et reste l'un des plus importants. Heisenberg refusa d'être interviewé avant la parution de l'édition allemande, mais il écrivit par la suite une importante lettre à l'auteur, qui figure en partie dans l'édition anglaise. Jungk a parlé avec de nombreux scientifiques allemands, notamment avec Fritz Houtermans et avec l'ami intime et proche collaborateur d'Heisenberg, Carl Friedrich von Weizsäcker. Pour l'analyse des sources de Jungk, voir Mark Walker, « The Myth of the German Atomic Bomb », ms., 1989, exemplaire procuré par Walker à l'auteur.

21. Jungk, p. 80 ; Mark Walker, op. cit., 28.

22. Lettre de Paul Harteck et Wilhelm Groth au ministère allemand de la Guerre du 24 avril 1939, citée dans David Irving, *The German Atomic Bomb* (Simon & Schuster, 1967) 36-37. Les ouvrages de Jungk (1956), Irving (1967) et Walker (1988) sont les trois plus importants sur le programme allemand de bombe atomique. Celui d'Irving fut complété par la suite par un ensemble de documents microfilmés pertinents que l'on peut trouver dans certaines bibliothèques, par exemple, celle de l'American Institute of Physics (AIP), fonds Niels Bohr, à New York. Aussi utiles qu'ils sont, aucun de ces trois livres n'arrive à expliquer pourquoi l'effort allemand, en matière atomique, aboutit à de si piètres résultats. Cette question reste l'objet d'âpres controverses érudites mais aussi personnelles, pour des raisons qui deviendront progressivement apparentes au cours de l'ouvrage. Je tiens néanmoins à souligner dès maintenant tout ce que je dois à mes prédécesseurs.

23. Werner Heisenberg, *La Partie et le Tout*, 231, rapporte cette conversation. Ce livre contient la seule version qu'il ait donné personnellement de son rôle pendant la guerre. Ce texte est important mais loin d'être complet : six années de guerre traitées en quarante pages, dans lesquelles il rapporte surtout des conversations avec des amis ; ces conversations abordent les grands problèmes auxquels il était confronté d'une manière sérieuse mais prudente, évitant d'entrer dans le détail lorsqu'il est question du chemin étroit qu'il devait emprunter entre ses responsabilités officielles et sa conscience. On y sent une tension comme si, à chaque instant, l'auteur se demandait que dire et comment le dire. Il laisse l'impression que les choses n'ont pas toujours été faciles mais que, les circonstances n'ayant pas permis à l'Allemagne de se doter de l'arme atomique, le problème s'est résumé à aller régulièrement au bureau pendant deux mille jours. Heisenberg nous dit franchement que son compte rendu est une sorte de version idéalisée donnant l'esprit de ce qu'il a déclaré tel qu'il s'en souvient, et non un rapport mot à mot, exact dans tous ses détails. Dans le cadre de notre recherche, on peut dire du livre d'Heisenberg qu'il est l'image qu'il cherche à donner de son rôle pendant la guerre. Les raisons pour lesquelles il a omis de dire certaines choses sont l'un des thèmes de notre livre.

24. *Heisenberg, le témoignage de sa femme*, 31.

25. *La Partie et le Tout*, 233.

26. Entretien avec Glen Seaborg du 25 avril 1989.

27. Jungk, 80-81. Heisenberg donne un compte rendu de sa conversation avec Pegram dans *La Partie et le Tout*, 234-235. Les détails de l'offre de Pegram figurent dans sa correspondance avec Heisenberg, actuellement dans les archives Pegram à l'Université Columbia.

Notes du chapitre 2

1. Paul Rosbaud, manuscrit dactylographié destiné à Samuel Goudsmit, 5 août 1945, original en anglais, Archives Goudsmit, AIP. Rosbaud garda un contact ténu

avec les services de renseignements anglais pendant la guerre et écrivit, dès la fin des hostilités, une série de textes informels pour Goudsmit sur les scientifiques allemands et leurs travaux. Personnage très connu des milieux scientifiques, il était entre autres l'ami d'Otto Hahn. Ses notes sont une bonne source d'informations sur le programme allemand de bombe atomique, et en particulier sur les attitudes politiques des principaux scientifiques. Il est le sujet de l'ouvrage d'Arnold Kramish, *The Griffin : The Greatest Untold Espionage Story of World War II* [traduction française : *Le Griffon*, Sylvie Messinger, 1987].

2. Werner Heisenberg, *La Partie et le Tout*, 235.

3. Lettre d'Heisenberg à Arnold Sommerfeld du 4 septembre 1939, cité dans Mark Walker, *Uranium Machines*, 116.

4. Entretien avec Erich Bagge du 12 mai 1989 à Kiel (Allemagne).

5. *The German Atomic Bomb*, 42.

6. Entretien avec Bagge du 12 mai 1989.

7. Entretien de David Irving avec Heisenberg et Weizsäcker du 16 juillet 1966, Irving Microfilm Collection, Roll 31, frame 620.

8. Entretien avec Bagge du 12 mai 1989. Bagge m'a longuement décrit les débuts du programme allemand de bombe atomique. On trouvera d'autres détails dans Irving, 42 ; *Uranium Machines*, 30 ; Jungk, 89.

9. Entretien avec Carl Friedrich von Weizsäcker, Starnberg, Allemagne, 16 mai 1988. Le 7 août 1945, Erich Bagge note dans son journal que Hahn « nous a dit que lorsqu'il avait pour la première fois mesuré les terribles conséquences que pouvait avoir la fission atomique, il n'avait pu dormir de plusieurs nuits et avait même envisagé le suicide ». Cité dans Jungk, 120. Hahn tenait lui-même un journal, dans lequel il nota, à la date du 14 septembre 1939 : « Constantes discussions sur l'uranium », et le lendemain, « Discussions avec von Weizsäcker ». Irving, *The German Atomic Bomb*, 44. En 1942, interrogé « par un ami » qui voulait savoir si son travail pouvait réellement déboucher sur une bombe atomique, Hahn répondit : « Mon cher ami, peux-tu penser que j'aurais envie de réduire Londres en cendres ? » L'ami en question était probablement Rosbaud. Paul Rosbaud, « Secret Missions », *Times Literary Supplement*, 5 juin 1948.

10. Entretien avec Bagge du 12 mai 1989.

11. Armin Hermann, *Werner Heisenberg, 1901-1976* (Bonn-Bad Godesberg, Allemagne) 63-64.

12. Entretien d'Irving avec Heisenberg, Munich, 23 octobre 1965. La transcription de cet entretien compte quarante pages, Microfilm 31-526-567.

13. Entretien avec Bagge du 12 mai 1989.

14. Entretien avec Karl Wirtz, Karlsruhe, Allemagne, 15 mai 1988.

15. *La Partie et le Tout*, 235.

16. CF von Weizsäcker, transcription d'un exposé au Harvard Science Center, 29 mars 1974, archives Goudsmit, AIP.

17. CF von Weizsäcker, « A Reminiscence from 1932 », in French & Kennedy, *Niels Bohr : A Centenary Volume* (Harvard University Press, 1985), p. 184.

18. French & Kennedy, 184.

19. Lettre de Fey von Hassel à l'auteur, 16 avril 1990.

20. Heisenberg parle de décembre 1938 (*La Partie et le Tout*, 229) mais il paraît vraisemblable que la visite de Weizsäcker n'eut pas lieu avant la publication de l'article d'Otto Hahn dans *Die Naturwissenschaften*, en janvier 1939.

21. Transcription Weizsäcker, 29 mars 1974.

22. Entretien avec Weizsäcker du 16 mai 1988.

23. *The German Atomic Bomb*, 39 ; *Brighter Than a Thousand Suns*, 80.

24. Entretien avec Weizsäcker, 16 mai 1988.

25. Entretien avec Bagge du 12 mai 1989.

26. William Shirer, *The Rise and Fall of the Third Reich* (Simon & Schuster, 1959) p. 643 [l'édition française, *Le Troisième Reich*, publiée en poche, est épuisée actuellement].

27. French & Kennedy, 184.

28. *La Partie et le Tout*, 235-236.

29. Entretien avec Weizsäcker du 16 mai 1988. L'article de Weizsäcker ne fait pas la distinction entre l'élément 93 (le neptunium) et l'élément 94 (le plutonium), mais prévoit correctement qu'une explosion *(Sprengstoff)* pourrait se produire dans un réacteur. On fit une découverte semblable aux États-Unis à peu près au même moment, mais la guerre avait interrompu la circulation des périodiques scientifiques et Weizsäcker ne vit les lettres d'Edwin McMillan et Philip Abelson dans le numéro du 15 juin 1940 de *Physical Review* qu'après avoir achevé ses propres travaux. Voir aussi *The German Atomic Bomb*, 75 et *Brighter Than a Thousand Suns*, 90.

30. Entretien avec Baertel van der Waerden, Zurich, 21 février 1989, conduit par Delia Meth-Cohn.

Notes du chapitre 3

1. Interview d'Heisenberg par l'AIP, 7 février 1963. L'amitié d'Heisenberg et Niels Bohr est au centre de l'histoire de la physique du vingtième siècle. On en trouvera les détails dans French & Kennedy, *Niels Bohr : A Centenary Volume* ; Heisenberg, *La Partie et le Tout* ; Elizabeth Heisenberg, *Heisenberg, le témoignage de sa femme* ; S. Rozental et al., *Niels Bohr* (Elsevier, 1967) ; Ruth Moore, *Niels Bohr* (Alfred Knopf, 1966) ; David Cassidy, *Uncertainty : The Life and Science of Werner Heisenberg* (Freeman, 1991) ; Abraham Pais, *Niels Bohr's Times* (Oxford University Press, 1991). Ce sont cependant presque tous les mémoires écrits sur la physique qui ont quelque chose à dire sur Heisenberg et Niels Bohr, comme par exemple ceux de Endrik Casimir, Arthur Compton, Laura Fermi, Otto Frisch, Rudolf Peierls, Edward Teller, Victor Weisskopf.

2. Interview de l'AIP du 7 février 1963.

3. Victor Weisskopf, *The Joy of Insight* (Basic Books, 1991), p. 85.

4. Emilio Segre, *Les physiciens modernes et leurs découvertes : des rayons X aux quarks* (Fayard, 1984).

5. Interview de l'AIP du 13 février 1963.

6. Interview de l'AIP du 30 novembre 1962.

7. Jungk, *Brighter Than a Thousand Suns*, 19.

8. Ruth Moore, 44.

9. Moore, 60.

10. Segre, 128 [édition anglaise].

11. Interview de l'AIP du 15 février 1963. Stern parla à Heisenberg en personne de sa remarque. Voir Heisenberg, *Encounters with Einstein* (Princeton University Press, 1989), 22.

12. Rozental, 56.

13. Ibid., 70.

14. Moore, 94.

15. Rozental, 84.

16. *Encounters with Einstein*, 14.

17. *La Partie et le Tout*, 72.

18. Rozental, 98.

19. *La Partie et le Tout*, 92.
20. Robert Crease & Charles Mann, *The Second Creation* (McMillan, 1986), p. 50.
21. Crease & Mann, 52-53.
22. Moore, 139.
23. Daniel Kevles, *The Physicists* (Knopf, 1978), p. 162 ; [édition française : *Les physiciens : histoire d'une profession qui a changé le monde* (Anthropos, 1988)].
24. Rozental, 103 ; *La Partie et le Tout*, 110.
25. Rozental, 103-104.
26. Crease & Mann, 58-59.
27. Rozental, 103 ; *La Partie et le Tout*, 111 ; interview de l'AIP du 30 novembre 1962.
28. Interview du 22 février 1963.
29. Ibid.
30. French & Kennedy, 224. Dans ce récit, Heisenberg partage courtoisement avec Niels Bohr l'honneur de la découverte de ce qui est au cœur des relations d'incertitude ; les grands savants n'ont pas toujours cette générosité.
31. Interview d'Hans Bethe par l'AIP du 17 janvier 1964.
32. Interview de Margrethe Bohr par l'AIP du 23 janvier 1963.

Note du chapitre 4

1. Ce fut Niels Bohr qui affronta le plus longuement Einstein sur cette question, qui présente de profondes implications philosophiques. Einstein croyait l'ordre fondamental dans l'univers ; en dernière analyse, pour lui, tous les processus physiques prenaient la forme $2 + 2 = 4$. La règle ne souffrait pas d'exception. C'est ce que réfute Heisenberg : certains processus fondamentaux fonctionnent parfois d'une manière, parfois d'une autre et il n'est jamais possible de prédire laquelle dans un cas précis : non pas parce que ce serait trop difficile pour nos capacités intellectuelles, mais parce que le hasard fait partie intégrante des « lois » de la nature. On trouvera la position de Bohr-Heisenberg dans Niels Bohr, « Discussion with Einstein on Epistemological Problems in Atomic Physics », *Atomic Physics and Human Knowledge* (John Wiley, 1958) ; et dans Heisenberg, *Encounters with Einstein*, pp. 107-122 ; *La Partie et le Tout*, pp. 87-102.
2. Heisenberg donne deux versions légèrement différentes de la remarque de Bohr dans *La Partie et le Tout*, 117 et *Encounters with Einstein*, 117.
3. Le meilleur récit général du conflit sur la physique au cours de l'ère nazie est celui d'Alan Beyerchen, *Scientists Under Hitler* (Yale University Press, 1977).
4. Interview d'Heisenberg par l'AIP du 7 février 1963.
5. *Scientists Under Hitler*, 79-102.
6. *Encounters with Einstein*, 111.
7. Cité dans *Scientists Under Hitler*, 125.
8. Entrevue avec Will Allis, Cambridge (Mass.), 8 décembre 1988 ; entrevue avec Hans Bethe, Ithaca (NY), 23 septembre 1989. Bethe revenait juste à Munich après avoir passé un semestre à Rome avec Enrico Fermi. Voir aussi Jeremy Bernstein, *Hans Bethe : Prophet of Energy* (Basic Books, 1980), 31-32.
9. Entrevues avec Hans Bethe des 16 décembre 1988 et 23 septembre 1989 ; *Hans Bethe : Prophet of Energy*, 34-35.
10. Voir Constance Reid, *Courant* (Springer Verlag, 1985) 366-377 ; et *Scientists Under Hitler*, 22-27.
11. *La Partie et le Tout*, 206.
12. Attitude courante à cette époque. Otto Frisch, qui partit pour Londres en

octobre 1933, écrit ceci : « Je me contentais tout d'abord de hausser les épaules et de penser, on ne mange jamais un plat aussi chaud qu'il a été cuit, et il [Hitler] ne sera pas pire que ses prédécesseurs. » Frisch, *What Little I Remember* (Cambridge University Press, 1979), 51.

13. Cité dans Joseph Haberer, *Politics and the Community of Science* (Van Nostrand Reinhold, 1969), 132.

14. *La Partie et le Tout*, 206-209.

15. Otto Hahn, *My Life* (Herder & Herder, 1970), 145.

16. Cité dans John Heilbron, *The Dilemmas of an Upright Man* (University of California Press, 1986), 154.

17. Ernst von Weizsäcker n'était que modérément antisémite, selon les normes de l'époque. Dans ses mémoires, écrits après le conflit et un passage en prison comme criminel de guerre, il se sentait encore libre d'affirmer : « Les Juifs intelligents avaient reconnu, avant 1933, qu'avec les grandes facilités dont ils avaient joui sous la République de Weimar, ils avaient un peu trop tiré sur la ficelle. » Ernst von Weizsäcker, *Memoirs* (Regnery, 1951), 87. Cela ne l'empêcha pas de devenir un adversaire d'Hitler et il ne dut son salut qu'à sa nomination au poste d'ambassadeur près le Vatican en 1943 ; bloqué derrière les lignes alliées, en juin 1944, il ne put être arrêté après la découverte du complot contre Hitler, en juillet.

18. *Heisenberg, le témoignage de sa femme*, 42.

19. Parmi les réussites d'Ewald, figure notamment la première théorie réellement satisfaisante sur la diffraction des rayons X, encore en vigueur. Lettre de Hans Bethe à l'auteur du 1er novembre 1991.

20. *Scientists Under Hitler*, 1. Voir aussi, *Hans Bethe : Prophet of Energy*, 22-23.

21. L'intensité de la bataille lui valut d'être connue comme « La succession Sommerfeld ». On en trouvera le récit détaillé dans *Scientists Under Hitler*, 150-167. Voir aussi Mark Walker, *Uranium Machines*, 98 et sq., et *Heisenberg, le témoignage de sa femme*, troisième chapitre. De cette bataille, Heisenberg dit seulement : « Au cours de l'été 1937, j'eus à affronter brièvement des ennuis politiques. Ce fut la première épreuve de ce genre ; je n'entrerai pas dans le détail, car beaucoup de mes amis eurent à subir des épreuves bien pires. » *La Partie et le Tout*, 228.

22. *Brighter Than a Thousand Suns*, 33.

23. *Heisenberg, le témoignage de sa femme*, 45 ; *Scientists Under Hitler*, 143-144.

24. *Heisenberg, le témoignage de sa femme*, 46.

25. Entrevue avec Baertel van der Waerden, février 1989.

26. *Scientists under Hitler*, 158.

27. Interview d'Heisenberg par Beyerchen, 13 juillet 1971, cité dans *Scientists Under Hitler*, 159. On trouvera un intéressant récit de la jeunesse de Himmler dans Bradley Smith, *Heinrich Himmler : A Nazi in the Making 1900-1926* (Hoover Institution Press, 1971).

28. Interview d'Heisenberg par Irving, Munich, 19 février 1966, 31-603 ; *Heisenberg, le témoignage de sa femme*, 55-56. En juin 1936, Hitler donna à Himmler autorité sur la Gestapo et les SS.

29. *Heisenberg, le témoignage de sa femme*, 55-56. Mark Walker parle de Juifs comme d'une « relation d'Heisenberg » dans *Uranium Machines*, mais l'identifie dans la version publiée de son livre. Heisenberg dit à David Irving avoir été interrogé par un SS du nom de Polte. Interview d'Heisenberg par Irving, 31-603.

30. Lettre d'Heisenberg à Goudsmit, 5 janvier 1948, archives Goudsmit, AIP.

31. Lettre d'Heisenberg à Niels Bohr du 25 juillet 1936, citée dans *Heisenberg, le témoignage de sa femme*, 71.

32. Lettre d'Heisenberg à Sommerfeld du 23 février 1938, Deutsches Museum, Munich, citée dans *Uranium Machines*, 101.

33. Lettres d'Heisenberg à Pegram du 17 décembre 1937 et du 1er mai 1938, Archives Pegram, Columbia University.

34. Lettre de Himmler à Heisenberg du 21 juillet 1938, citée dans *Heisenberg, le témoignage de sa femme*, 69. La lettre de Goudsmit est reproduite dans Goudsmit, *Alsos*, 119.

35. *Alsos*, 117. Un mémo SS sur la lettre d'Himmler comporte le mot allemand « Tot », en référence à Heisenberg. On trouvera les originaux de cette lettre dans les Archives Goudsmit, Box 10, File 81. AIP.

Notes du chapitre 5

1. Je dois aux enfants de Hans Reiche, Eva Beergmann et Hans Reiche, les détails sur la vie de leur père. On trouvera une description plus complète de nos sources dans les notes du chapitre 10.

2. Interview d'Aristide von Grüsse par J. Emenc, Philadelphie, 21 octobre 1970, « Nuclear Energy Development in Germany during World War II », 1976, Microfiche, Baker Library, Dartmouth College. Les interviews d'Heisenberg, de Paul Harteck, de Grüsse, de Leslie Groves et d'autres contiennent de nombreuses informations intéressantes sur le programme allemand de bombe atomique. Groves a écrit deux pages sur l'entretien avec Heisenberg, National Archives, RG 2000.

3. Lewis Strauss, *Men and Decisions* (Doubleday, 1962), 170. Otto Hahn mentionna la chose à Strauss lors d'un dîner, en décembre 1955.

4. Déclaration de Leslie Cook, Fission's 50th, Washington, 26 avril 1989.

5. Ruth Lewen Sime, « Lise Meitner's escape from Germany », *American Journal of Physics*, mars 1990. Sime prépare une biographie de Meitner.

6. Otto Hahn, *My Life*, 148-149, et Ruth Lewen Sime, op. cit. Tout au long de ces éprouvantes épreuves, Meitner et Hahn n'en ont pas moins continué à travailler sur la question troublante de ce qui se passait lorsqu'on soumettait l'uranium à un bombardement de neutrons. Ils croyaient alors qu'il produisait du radium. En juillet 1938, le physicien allemand Otto Haxel rendit visite à Hahn pour lui dire qu'il avait l'impression qu'il ne s'agissait pas de radium. Hahn lui conseilla d'aller en parler à Meitner, à l'étage au-dessus ; mais Haxel la trouva indifférente à ses explications. Elle allait s'enfuir d'un jour à l'autre, et Haxel comprit plus tard son attitude. Entretien avec Otto Haxel, Heidelberg, 13 mai 1989.

7. French & Kennedy, Op. cit., 183.

8. Ibid, 223.

9. Ruth Moore, Op. cit., 126.

10. Otto Frisch, Op. cit., 102.

11. Otto Frisch, Op. cit., 102 et sq. ; French & Kennedy, Op. cit., 204 et sq.

12. Pour diverses raisons, on crédita Niels Bohr plutôt que Gamow du modèle « en goutte d'eau, » mais le noyau composé fut la découverte du seul Bohr. French & Kennedy, Op. cit., 209.

13. Otto Hahn, Op. cit., 150-151.

14. Ibid., 152.

15. Otto Frisch, Op. cit., 152. La chronologie de ces événements a été établie par Roger Stuewer « Bringing the News of Fission to America, » *Physics Today*, octobre 1985.

16. Otto Frisch, Op. cit., 115 ; Ruth Moore, Op. cit., 225 et sq.

17. Entretien avec John Wheeler, Princeton (NJ), 5 mars 1990.

18. Edward Teller, *The Legacy of Hiroshima* (McMillan, 1962), 8.

19. Ferenc Morton Szasz, *The Day the Sun Rose Twice* (University of New Mexico Press, 1984), 56.

20. Ronald Clark, *The Greatest Power on Earth* (Harper & Row, 1980), 16.

21. Ibid., 34.

22. *London Times*, 12 septembre 1933, cité dans Spencer Weart & Gertrud Szilard, *Leo Szilard : His Version on the Facts* (MIT Press, 1978), 17. William Lanouette prépare une biographie de Leo Szilard.

23. Weart et Szilard, Op. cit., 18.

24. Rudolf Peierls, *Bird of Passage* (Princeton University Press, 1985), 110.

25. Voir la lettre d'Heisenberg à Niels Bohr, *Heisenberg, le témoignage de sa femme*, 71.

26. *La Partie et le Tout*, 218.

27. Ronald Clark, Op. cit., 34. Ma paraphrase du message de Rutherford est avant tout celle de Clark, qui entendit parler de la rencontre par Hankey.

28. Le terme de fission vint plus tard, lorsque Otto Frisch, à l'institut de Niels Bohr à Copenhague, demanda au biologiste américain William Arnold quel était le mot utilisé pour la séparation en deux d'une bactérie. La réponse était « fission binaire », qui donna « fission » en abrégé. Richard Rhodes, *The Making of the Atomic Bomb* (Simon & Schuster, 1988), 263.

29. Weart & Szilard, Op. cit., 62.

30. Edward Teller, Op. cit., 9.

31. Luis Alvarez, *Adventures of a Physicist* (Basic Books, 1987), 75.

32. Cette lettre a été détruite avec d'autres lorsque Serber s'intégra à l'équipe de Los Alamos en 1943 ; les deux hommes avaient souvent avancé des idées politiques audacieuses et craignaient des problèmes si elles étaient lues. Entrevue avec Robert Serber, New York, 17 mars 1989.

33. Alice Kimball Smith & Charles Weiner, *Robert Oppenheimer : Letters and Recollections* (Harvard University Press, 1980), 207-208.

34. Ibid., 209.

35. Entrevue avec Philip Morrison, Cambridge (Mass.), 22 mars 1990.

36. Weart & Szilard, Op. cit., 55.

37. Stanley Blumberg & Gwinn Owens, *Energy and Conflict : The Life and Times of Edward Teller* (Putnam, 1976), 88.

38. Les Joliot-Curie déclarèrent tout d'abord qu'une fission moyenne produisait quatre neutrons secondaires. Des expériences ultérieures montrèrent que ce chiffre était trop élevé : il est en réalité de 2,5 en moyenne, ce qui est suffisant pour entretenir une réaction en chaîne.

39. Hahn, Op. cit., 153.

40. Journal d'Erich Bagge, 7 août 1945, cité dans Jungk, *Brighter Than a Thousand Suns*, 220.

41. Entretien avec Maurice Goldhaber, Brookhaven National Laboratory, 24 octobre 1988.

Notes du chapitre 6

1. Laura Fermi, *Atoms in the Family* (University of Chicago Press, 1954), 154.

2. Ruth Moore, *Niels Bohr*, 247 ; entretien avec John Wheeler du 5 mars 1990. Comme toujours, l'historique le plus complet sur l'invention de la bombe atomique par les Alliés est celui de Richard Rhodes, *The Making of the Atomic Bomb*.

3. Stefan Rozental, Op. cit., 192.

4. Winston Churchill, *La Deuxième Guerre mondiale I, L'orage approche, tome 1, D'une guerre à l'autre,* chap. XXI, pp. 393-394 (Plon 1948). [C'est Churchill qui souligne.]

5. Edward Teller, Op. cit., 10.

6. John Rigden, Op. cit., 124.

7. Weart & Szilard, Op. cit., 54.

8. Weart & Szilard, Op. cit., 69.

9. Weart & Szilard, Op. cit., 73.

10. William Laurence, *Men and Atoms* (Simon & Schuster, 1959), pp. XI et sq., et 3 et sq. Si le souvenir de Lawrence est exact, il est alors le premier homme à avoir estimé l'ordre de grandeur exact de la masse critique d'une bombe atomique.

11. Laurence, Op. cit., 41.

12. Ruth Moore, Op. cit., 257.

13. Ibid., 256 et sq. Entretien avec John Wheeler, 5 mars 1990.

14. Entretien avec John Wheeler, 5 mars 1990.

15. Stanley Blumberg & Gwinn Owens, Op. cit., 89.

16. Mark Walker, *Uranium Machines*, 29.

17. David Irving, *The German Atomic Bomb*, 39 ; Jungk, *Brighter Than a Thousand Suns*, 80.

18. On trouvera le texte de cette lettre dans Weart & Szilard, Op. cit., 94 et sq.

19. Ceci est une paraphrase approximative d'Arthur Compton, *Atomic Quest*, 75, 118.

20. Weart & Szilard, Op. cit., 120-121.

21. Lettre de John Lansdale au général Leslie Groves du 1er février 1960, Archives Groves, RG 200, box 5 : Correspondance 1941-1976, National Archives.

22. Debye avait la réputation de savoir se débrouiller. Lorsque George Placzek entendit dire que Debye avait quitté Berlin pour Cornell, il déclara à Hans Bethe : « Je sais maintenant qui va gagner la guerre : Debye est toujours du côté des vainqueurs. » Entretien avec Hans Bethe du 23 septembre 1989.

23. Warren Weaver, notes de conversation avec Peter Debye, 6 février 1940, Archives de la Fondation Rockefeller, RG 12.1, RAC ; cité dans David Cassidy, Op. cit., 426.

24. *The German Atomic Bomb*, 44.

25. William Lawrence, Op. cit., 41-43.

Notes du chapitre 7

1. Paul Rosbaud décrivit cette conférence du ministère dans un rapport à Samuel Goudsmit, 5 août 1945, Archives Goudsmit, AIP. Arnold Kramisch le cite d'une manière qui laisse entendre que Otto Hahn aurait parlé le premier de la possibilité des bombes à Dames. C'est faux. Rosbaud cite Wilhelm Hanle. Kramisch, *Le Griffon*, 53-54. Voir aussi Irving, *The German Atomic Bomb*, 35-36 ; Jungk, *Brighter Than a Thousand Suns*, 79-80 ; et Walker, *Uranium Machines*, 30.

2. Rosbaud, la quarantaine, était né en Autriche, avait combattu sur le front italien au cours de la première guerre mondiale et avait conçu de l'admiration pour la Grande-Bretagne pendant sa détention comme prisonnier de guerre. Il obtint un doctorat de chimie de la *Technische Hochschule* à Berlin, puis devint rédacteur au *Metallwirtschaft*, une revue hebdomadaire allemande sur la métallurgie. Pour plus de détails voir Kramisch, *Le Griffon*, ouvrage qui contient d'utiles informations mais dont les sources sont insuffisamment indiquées. Rosbaud fut en contact intermittent avec les services de renseignements anglais pendant la guerre ; dès la fin des hostilités,

il rédigea une série de rapports tapés à la machine, environ cinquante pages en tout, en anglais, à l'intention de Goudsmit, sur la science et les scientifiques allemands. Grand admirateur d'Otto Hahn et Max von Laue, il était plus réservé vis-à-vis d'Heisenberg, en qui il n'avait pas confiance ; il connaissait probablement le rapport de Hutton par son auteur, qu'il rencontra à Londres pendant l'été de 1939.

3. *Brighter Than a Thousand Suns*, 79.

4. R.S. Hutton, *Recollections of a Technologist* (1964), 180. Dans ses mémoires, Hutton fait référence à Eric Welsh et Charles Frank, ce qui laisse à penser qu'il eut un rôle dans les efforts des renseignements britanniques ayant pour cible le programme allemand de bombe atomique et que ce sont ses rapports sur Paul Rosbaud qui ont attiré l'attention des Anglais sur ce dernier.

5. Ronald Clark, *The Greatest Power on Earth*, 59.

6. *The Greatest Power on Earth*, 59-60.

7. Ibid., 61.

8. Sengier, lettre à Ronald Clark, cité dans Clark, *Tzard* (Londres, 1965), 184. Voir aussi *The Greatest Power on Earth*, 60 ; et Leslie Groves, *Now It Can Be Told* (Harpers & Brothers, 1962), 33. Une rencontre avec Joliot-Curie, quelques jours plus tard, convainquit Sengier d'expédier une importante quantité de minerai d'uranium à New York, dans des fûts métalliques ; Groves les récupéra en 1942 pour le Projet Manhattan.

9. R.V. Jones, *The Wizard War : British Scientific Intelligence* (Coward McCann, 1978), 3.

10. R.V. Jones, *Reflections on Intelligence* (Londres, 1989), 242. Après la guerre, Jones demanda à Flugge s'il était vrai qu'il avait voulu avertir le monde par son article dans la revue *Die Naturwissenschaften* ; Flugge répondit que oui. Voir aussi interview de Jones par David Irving, 7 janvier 1966, 31.1339 ; et *The Wizard War*, 51-52.

11. *The Wizard War*, 65.

12. *The Wizard War*, 65.

13. *The Wizard War*, 64.

14. L'histoire du « Rapport d'Oslo » est un exemple classique des aberrations du renseignement. Il arriva dépourvu de toute garantie et fut l'objet de beaucoup de discussions pour et contre de la part des analystes. Il était dans son ensemble d'une grande justesse et extrêmement important sur certains points, mais le scepticisme britannique en limita la portée. R. V. Jones en donne l'essentiel dans *The Wizard War*, 68-71. On trouvera le texte complet du Rapport d'Oslo dans F.H. Hinsley, *British Intelligence in the Second World War* (Londres, 1979), Vol. 1, 508 et sq. Kramisch, dans *Le Griffon*, tente longuement de démontrer que c'est Paul Rosbaud qui le transmit à l'ambassade britannique d'Oslo, mais il se trompe manifestement. Jones a depuis identifié sa source, un physicien et mathématicien allemand du nom de Hans Ferdinand Meyer, qui travaillait pour la firme électrique Siemens depuis 1922. *Reflections on Intelligence*, 265-332.

15. *The Wizard War*, 205.

16. Entretien avec Joseph Rotblatt, Londres, 20 mai 1988.

17. Wertenstein réussit à survivre en Pologne jusqu'en 1944, lorsqu'il s'enfuit en Hongrie, où il fut tué par des éclats d'obus en traversant un pont sur le Danube. Entretien avec Rotblatt, 20 mai 1988.

18. Chadwick à Appleton, 5 décembre 1939, AB 1/2219, British Records Office, cité dans *The Greatest Power on Earth*, 86.

19. Margaret Gowing, *Britain and Atomic Energy, 1939-1945* (St Martin's Press, 1964), 39.

20. Rudolf Peierls, *Bird of Passage* (Princeton University Press, 1985), 154. Voir aussi Otto Frisch, *What Little I Remember*, 124 et sq.

21. Richard Rhodes, *The Making of the Atomic Bomb*, 325.
22. *The Making of the Atomic Bomb*, 325.
23. *The Greatest Power on Earth*, 93.
24. *The Greatest Power on Earth*, 94.
25. Ruth Moore, *Niels Bohr*, 272.
26. Cockroft à Chadwick, 20 mai 1940, AB 1/10, PRO ; cité dans *The Greatest Power on Earth*, 96. *Bird of Passage*, 76, mentionne que Meitner se trouvait à Copenhague pendant l'invasion. Moore, *Niels Bohr*, 276, se trompe lorsqu'elle dit que le télégramme fut envoyé directement par Bohr à Frisch le 10 avril.
27. *The Greatest Power on Earth*, 96.
28. Rozental, *Niels Bohr*, 156.
29. Rozental, *Niels Bohr*, 162.
30. Après bien des controverses, l'impression eut lieu en novembre 1940.
31. Ruth Moore, *Niels Bohr*, 287-288.
32. Entretien avec Stefan Rozental, Copenhague, 11 mai 1989. Le secret scientifique se mit finalement en place aux États-Unis lorsque George Pegram, à Columbia, réussit à convaincre Fermi de ne pas publier un résultat intéressant au printemps 1940, l'absorption des neutrons lents par le graphite pur, suggérant qu'il constituerait un modérateur idéal dans une pile atomique. D'après Leo Szilard, « From that point secrecy was on », *Leo Szilard : His Version of the Facts*, 116.
33. Le premier chiffre du numéro de code était le dernier chiffre de son numéro atomique — 94 — et le second le dernier de son poids atomique — 239 —. Beaucoup, moi y compris, ont conclu qu'il s'agissait simplement du numéro atomique à l'envers ; je dois cette précision à l'amabilité de Bethe, lettre à l'auteur du 1er novembre 1991.

Notes du chapitre 8

1. Le général Leslie Groves n'avait que mépris pour l'échec des Allemands à se doter d'un programme de bombe atomique centralisé dirigé avec une discipline toute prussienne. Il attribuait le succès du Projet Manhattan à la main de fer avec laquelle il l'avait mené. Dans une note critique de dix-huit pages de l'ouvrage d'Irving, *The German Atomic Bomb*, Groves revient à plusieurs reprises sur ce point : « Leur problème était l'intense jalousie qu'ils ressentaient les uns pour les autres et l'absence d'une forte personnalité au-dessus d'eux [...] Nous avions aussi des scientifiques entêtés, mais ils faisaient ce que j'estimais être le mieux [...] Nous avions aussi nos *prima donna* [comme Heisenberg] mais nous les avons jamais laissé travailler de façon aussi indépendante. Pas étonnant que les Allemands n'aient abouti à rien. » Archives Groves, RG 200, Box 2, Farrell-McNamara.
2. Paul Rosbaud, critique d'*Alsos, Times Literary Supplement*, 5 juin 1948.
3. Carl Friedrich von Weizsäcker, *Bewussteinwandel* (Munich, 1988), 377 et sq.
4. Weizsäcker, dans une interview du *Spiegel*, 25 avril 1991. Weizsäcker me dit la même chose dans des termes pratiquement identiques lors de notre entretien de Starnberg du 16 mai 1988.
5. Ernst von Weizsäcker rend compte de son rôle dans ses *Mémoirs* (Henry Regnery, 1951). On trouvera d'autres récits dans Peter Hoffmann, *The History of the German Resistance, 1933-1945* (MIT Press, 1977) ; J.W. Wheeler-Bennett, *The Nemesis of Power : The German Army in Politics, 1918-1945* (Londres, 1964). Weizsäcker fut condamné à la prison pour crimes de guerre à Nuremberg, puis relâché au bout de quelques années.
6. Stanley Blumberg et Gwinn Owens, *Energy and Conflicts*, 46. Dans une lettre à

son ami Fritz Stern du 24 mars 1982, Weizsäcker écrit : « J'ai été très tenté, après 1933, de joindre le mouvement, d'une manière ou d'une autre. Mais ça n'avait rien à voir avec les idées de ces gens, seulement avec une réaction élémentaire à ce que Wilhelm Kütmeyer a appelé un pseudo-débordement du Saint-Esprit en 1933. » Cité dans Stern, *Dreams and Delusions* (Alfred Knopf, 1987), 174.

7. On trouvera un récit général de la guerre de Frédéric Joliot-Curie dans Rosalynd Pflaum, *Grand Obsession : Madame Curie and her World* (Doubleday, 1989), chapitres 19-21. Le physicien français obsédait le général Groves qui, en 1970, écrivait encore : « J'ai toujours éprouvé de profonds soupçons sur Joliot et j'étais sûr qu'il était très évasif sur son travail avec les Allemands. A mes yeux, il était typique de nombre de collaborateurs français ayant pleinement collaboré jusqu'à ce qu'ils se rendent compte que les Allemands ne pouvaient pas gagner et que du coup, ils deviennent tout à fait pro-communistes. » Groves, « Critiques... » RG 200, box 162, Farrell-McNamara. On avait accumulé un important dossier sur Joliot-Curie, et une bonne partie est encore interdite de consultation. On peut toutefois consulter certains documents aux Archives nationales, RG 77, Entry 22, Box 162, Folder 30.1205-1. On trouvera encore d'autres documents dans les dossiers du Projet Manhattan ; M 1108, Roll 2, File 26.

8. On trouvera un récit des années parisiennes de Gentner dans un volume de souvenirs préparé par l'Institut Max Planck de Munich, *Wolfgang Gentner, 1906-1980* (Stuttgart, 1981).

9. Mark Walker, *Uranium Machines*, 45.

10. Entretien avec Weizsäcker, Starnberg, 16 mai 1988 ; *Der Spiegel*, interview de Weizsäcker, 22 avril 1991 ; *Uranium Machines*, 38-42 ; *The German Atomic Bomb*, 73-74 ; *Brighter Than a Thousand Suns*, 92. Weizsäcker n'eut pas connaissance de l'article d'Abelson-McMillan sur la découverte de l'élément 93 avant d'avoir écrit le sien. Il ne comprit pas, au début, qu'il existait deux éléments comportant 239 particules, le neptunium (de numéro atomique 93) qui se dégradait rapidement en plutonium (de numéro atomique 94), lequel était à la fois stable et fissile. On leur donna ces noms plus tard.

11. Entretien avec Weizsäcker du 16 mai 1988.

12. Le récit que je donne de la vie d'Houtermans se fonde principalement sur une biographie non publiée écrite en anglais par son ami, le physicien italien Edoardo Amaldi, qui m'a aimablement donné un exemplaire de son manuscrit de 135 pages, *The Adventurous Life Of Friedrich Georg Houtermans, Physicist 1903-1966*. Amaldi, s'il n'est pas un écrivain (tout du moins en anglais), a accumulé une vaste gamme de documents rédigés par Houtermans et ses amis. Le destin d'Houtermans en URSS a également été traité en détail par Alexander Weissberg dans *The Accused* (Simon & Schuster, 1951), un classique de la littérature touchant à la terreur stalinienne. On trouvera aussi beaucoup de choses dans le propre livre d'Houtermans, écrit en collaboration avec son ami et co-détenu russe Konstantin Shteppa sous les pseudonymes « F. Beck & W. Godin », *Russian Purge and the Extraction of Confession* (Londres, 1951), première étude approfondie des méthodes du NKVD pour préparer les procès de Moscou au moment des purges. Le calvaire d'Houtermans est aussi brièvement raconté dans *The German Atomic Bomb* et dans *Brighter Than a Thousand Suns*, sans compter les nombreux mémoires de l'époque qui parlent de lui ; Houtermans semble avoir charmé et stupéfié tout le monde. Un récit très contrasté de la vie à l'institut de Kharkov à l'époque où Houtermans s'y trouvait figure dans Lucie Street, *I Married a Russian* (Emerson Books, 1947), un ensemble de lettres écrites chez elle par l'épouse anonyme d'un scientifique russe dans lesquelles il n'est jamais question des purges.

13. Oppenheimer et Riefenstahl devinrent amis intimes et firent ensemble la

traversée de l'Atlantique dans le sens Europe-États-Unis en juillet 1927. James Kunetka, *Oppenheimer : The Years of Risk* (Prentice Hall, 1982), 12 ; Alice Kimball Smith et Charles Weiner, *Robert Oppenheimer : Letters and Recollections*, 107. Samuel Goudsmit se trouvait aussi sur le bateau.

14. Entretien avec Victor Weisskopf du 13 juin 1989. La phrase se réfère bien entendu à « La petite musique de nuit » de Mozart.

15. Otto Frisch, *What Little I Remember*, 72. Voir aussi Frisch, « Early Steps toward the Chain Reaction », dans Aitchison & Paton, *Rudolf Peierls and Theoretical Physics* (Pergamon Press, 1971), 71 et sq.

16. Amaldi, *The Adventurous Life...*, 24.

17. On trouvera un compte rendu complet de cette affaire dans Lawrence Badash, *Kapitza, Rutherford and the Kremlin* (Yale University Press, 1985).

18. Entretien avec Maurice Goldhaber, 24 octobre 1988.

19. George Gamow, *My World Line* (Viking, 1970), 92.

20. Entretien avec Weisskopf, 14 janvier 1988.

21. *The Accused*, 115.

22. *The Adventurous Life...*, 31.

23. On peut trouver des versions quelque peu différentes mais toutefois complémentaires de cet épisode dans *The Accused*, 116 et *The Adventurous Life...*, 31. Weisskopf me l'a également décrit lors d'un entretien.

24. *The Accused*, 57.

25. *The Adventurous Life...*, 53.

26. A la Boutyrka, Houtermans tomba sur Fritz Noether, frère de la célèbre mathématicienne Emmy Noether. Comme d'autres Juifs, les Noether avaient quitté l'Allemagne dans les années trente, Emmy pour les États-Unis (où elle enseigna à Bryan Mawr et mourut en 1935) et Fritz pour l'Union soviétique, à Tomsk, où il fut arrêté comme beaucoup d'autres. Mais Niels Noether fut rapidement transféré et aucun de ses amis n'entendit plus jamais parler de lui.

Notes du chapitre 9

1. Edoardo Amaldi, *The Adventurous Life...*, 62.

2. Entretien avec Otto Haxel du 13 mai 1989. Georg Joos avait remplacé James Franck à Göttingen en 1935, mais les interventions des nazis dans l'enseignement de la physique prirent un tel tour que Joos démissionna en 1941 pour prendre un poste dans la société d'optique Zeiss à Iéna. Après la guerre, il dit à Arnold Sommerfeld n'avoir rien gagné au change et que les nazis l'avaient tout autant importuné à Iéna. Alan Beyerchen, *Scientists Under Hitler*, 174.

3. Robert Jungk, *Brighter Than a Thousand Suns*, 94.

4. Von Ardenne demandait à ses visiteurs les plus distingués de signer le livre d'or qu'il avait dans son laboratoire. Il me montra celui-ci au cours d'un entretien et me donna une foule de détails sur nombre des signatures célèbres qui s'y trouvaient ; Dresde, 17 mai 1989.

5. Manfred von Ardenne, *Mein Leben für Forschung und Fortschritt* (Verlag Ulstein, 1986), 148-149.

6. *Scientists under Hitler*, n 83, 260.

7. D'après David Irving, von Ardenne dit à Ohnesorge « en termes généraux [...] comment la découverte de Hahn rendait possibles les bombes à uranium. » *The German Atomic Bomb*, 77. La chronologie d'Irving, ici, n'est pas très claire ; il ajoute en effet que Ohnesorge en parla à Hitler à la fin de 1940. *Brighter Than a Thousand*

Suns, 95, dit que cela se passa en 1944. Albert Speer, *Inside the Third Reich* (McMillan, 1970), 226-227, mentionne l'incident sans donner de date. Le contexte suggère néanmoins qu'il se produisit après juin 1942. Savoir à quel moment Ohnesorge discuta de la question avec Hitler et si c'était von Ardenne qui l'avait mis au courant n'est pas réellement important. Ce qui compte est que von Ardenne ait compris la signification de la fission pour les bombes.

8. Lettre de von Ardenne à Rolf Hochut, 26 juin 1988. Copie aimablement communiquée par von Ardenne.

9. Entretien avec von Ardenne du 17 mai 1989. Weizsäcker m'a dit qu'il avait mis au point, avec son père, un *modus vivendi* pour survivre dans l'Allemagne de Hitler. Ils se disaient tout ce qui était sans importance, mais aussi tout ce qui était de la première importance. Le père de Weizsäcker savait que son fils travaillait à la recherche sur l'uranium et l'approuvait ; il espérait au moins sauver ainsi un de ses fils. Mais Ernst von Weizsäcker ne connaissait pas les détails du programme, de même que son fils connaissait les rapports de son père avec l'amiral Canaris, mais pas en détail. Entretien avec Weizsäcker du 16 mai 1988.

10. Weizsäcker m'a dit : « Nous ne pouvions le faire entrer dans notre groupe [...] mais nous nous arrangeâmes pour qu'il aille travailler avec Manfred von Ardenne à Berlin-Sud. » Entretien du 16 mai 1988. Dans *The Adventurous Life...* il est dit que Houtermans entra le 1er novembre dans le laboratoire de von Ardenne. Dans une lettre du 28 septembre 1940 à sa mère (qui avait émigré aux États-Unis), Houtermans dit qu'il va bientôt travailler avec von Ardenne, ce qui laisse à penser que les dispositions avaient été prises au cours de l'été. Von Ardenne, dans une lettre d'accompagnement à un article écrit pour lui par Houtermans, dit que celui-ci est entré le 1er janvier 1941 dans son laboratoire, par « l'intermédiaire de Max von Laue ». Copie envoyée à l'auteur. Autrement dit, Houtermans travaillait pour von Ardenne bien avant que ce dernier eût fait circuler l'important article d'août 1941 dont il est question plus bas.

11. Voir *The German Atomic Bomb*, chapitre 4. Mark Walker conteste l'importance des erreurs de Bethe et cite des allusions à la possibilité de se servir d'un modérateur à graphite dans des documents de recherche après janvier 1941. *Uranium Machines*, 346-347. Néanmoins, toutes les expériences de réacteur, après cette date, employèrent de l'eau lourde. Aux États-Unis, c'est Leo Szilard qui comprit le premier que le bore contaminait le graphite disponible sur le marché ; il chercha alors un fournisseur capable d'en produire un parfaitement pur. A ce propos, Bethe a écrit à l'auteur, le 1er novembre 1991 : « Pourquoi les Allemands n'auraient-ils pas fait cela, en particulier les militaires ? Ils se rendaient bien compte que l'eau lourde était rare, son approvisionnement incertain. »

12. Lettre de Harteck au *Heereswaffenamt*, 17 avril 1941, Archives Erich Bagge à Kiel ; cité dans *Uranium Machines*, 54.

13. *Uranium Machines*, 57.

14. Heisenberg ne fit allusion à ces conversations que par deux fois. Dans *La Partie et le Tout* (246), il écrit : « [...] Nous avions la sensation d'être impliqués dans une évolution scientifique et technique très dangereuse. C'est plus particulièrement avec Carl Friedrich von Weizsäcker, Karl Wirtz, Jensen et Houtermans que j'eus l'occasion de discuter parfois de la question de savoir si nous avions le droit d'agir comme nous l'avions décidé. » Cela nous dit qu'ils *voulaient* faire quelque chose de bien, mais pas ce qu'ils faisaient. Dans sa correspondance d'après-guerre avec Samuel Goudsmit, qui s'était donné le rôle d'ange vengeur dès qu'il était question d'un physicien allemand, Heisenberg répète avec insistance que lui et ses collègues connaissaient l'existence du plutonium, contrairement à ce que s'entêtait à croire Goudsmit. Il citait à l'appui de cette affirmation l'article de Weizsäcker de juillet 1940

et les travaux d'Houtermans chez von Ardenne, ajoutant : « J'ai discuté régulièrement de la question de l'uranium avec Houtermans, à cette époque. » Lettre d'Heisenberg à Goudsmit, 3 octobre 1948, archives Goudsmit, AIP.

15. Entretien avec John Wheeler, Princeton, 5 mars 1990.

16. Rapport de Goudsmit pour la mission Alsos, 23 avril 1945, Archives Pash, Hoover Institution. Goudsmit avait interrogé Houtermans à Göttingen le 17 avril, trois semaines avant la fin de la guerre. Houtermans lui avait dit qu'il s'agissait « d'une citation directe d'Heisenberg ».

17. Entretien avec Otto Haxel, 13 mai 1989. Interview de Weizsäcker par David Irving, 19 juillet 1966, 31-620. Dans une lettre, Weizsäcker m'a dit : « Votre question se rapporte à ce que nous avons discuté avec Houtermans. Si mes souvenirs sont exacts, la conversation que j'eus avec lui eut lieu peu de temps après son retour en Allemagne. Il est tout à fait probable que j'ai pu lui dire que nous étions extrêmement peu disposés à fabriquer une bombe et que, par ailleurs, nous avions l'impression que cela serait très difficile. » Lettre de Weizsäcker à l'auteur du 2 décembre 1988.

18. *Brighter Than a Thousand Suns*, 96.

19. Robert Jungk, introduction à l'édition allemande du livre de Walker, *Die Uranmaschine* (Berlin, 1990), cité dans Abraham Pais, *Niels Bohr's Times*, 484.

20. Heisenberg, « Considérations théoriques pour l'obtention de l'énergie à partir de la fission de l'uranium », 26 février 1942, archives Heisenberg, Munich. On peut trouver une photocopie de cet article annoté de la main du physicien dans les microfilms d'Irving, 29-1005.

21. Au début des années cinquante, alors que Houtermans cherchait du travail à Bruxelles avec son ami Giuseppe Occhialini, il dut affronter l'opposition de personnes l'accusant d'un passé nazi (Voir chapitre 37). Connie Dillworth, la femme d'Occhialini, m'a aimablement communiqué, en mars 1989, les notes qu'elle avait prises à cette époque.

22. Entretien avec Haxel du 13 mai 1989. Houtermans ne se trompait peut-être pas en pensant que Ardenne ne comprendrait pas les implications de son travail ; Ardenne m'a dit que l'article d'Houtermans n'avait aucun rapport avec le plutonium, alors que c'est au contraire bien le cas. Entretien avec Ardenne du 17 mai 1989.

23. Entretien avec Haxel du 13 mai 1989.

Notes du chapitre 10

1. Interview de Fritz Reiche, 9 mai 1962, AIP.

2. Je tiens de Hans Reiche et d'Eva Bergmann les détails de la vie de leur père, Fritz Reiche ; ils m'ont confié de nombreux documents, dont un mémoire de neuf pages qu'il avait écrit sur sa vie. Les interviews conduits par l'American Institute of Physics, en 1962, sont également importants.

3. Interview de l'AIP du 30 mars 1962.

4. Morris Goran, *The Story of Fritz Haber* (University of Oklahoma Press, 1967), 101.

5. Wigner avait recueilli les noms au cours d'une visite à Berlin en 1933 ; Reiche était l'un des cinq de Breslau. Charles Weiner, « A New Site for the Seminar : The Refugees and American Physics in the Thirties », dans Donald Fleming et Bernard Bailyn, *The Intellectual Migration* (Harvard University Press, 1969), 213, 215, 233.

6. Lettre de Hans Reiche à l'auteur, 9 mai 1989.

7. Interview de l'AIP, 9 mai 1962.

8. Ibid. Reiche dit que Hans Bethe était également présent, mais ce dernier ne s'en

souvient pas ; il s'est pourtant trouvé deux jours à Princeton en avril 1941. Il pense avoir rencontré Reiche pour la première fois à Swarthmore à peu près un an plus tard. Lettre de Hans Bethe à l'auteur, 1er novembre 1991.

9. On trouvera la lettre de Ladenburg et la réponse de Briggs dans les Archives nationales, Record group 227, S-1 Briggs, Box 5, Ladenburg Folder. C'est l'historien Stanley Goldberg qui a trouvé le premier la lettre de Ladenburg. Robert Jungk se réfère à ce message dans *Brighter Than a Thousand Suns*, 114, mais identifie par erreur Reiche comme « O. Reiche ». Ce n'est que lorsque j'eus consulté l'interview de l'AIP et retrouvé la trace des enfants de Reiche que je sus avec certitude ce qui s'était produit.

10. Wigner avait fait occasionnellement allusion au message d'Houtermans en public, mais en confond la date avec une alerte sur le programme allemand de bombe atomique de juin 1942. Voir chapitre 15.

11. Lettre de Hans Reiche à l'auteur, 3 mars 1989. Reiche dit que ses parents restèrent « avec Szilard de décembre 1941 à 1942 », ce qui ne semble pas pouvoir être vrai, du moins littéralement, dans la mesure où Szilard n'avait pas de « maison » à cette époque. Voir aussi *Leo Szilard : His Version of the Facts*, Index.

Notes du chapitre 11

1. Interview d'Heisenberg par J.J. Ermenc, Urfeld, 29 août 1967, microfiche, Dartmouth Library.

2. Entretien avec Baertel van der Waerden, Zurich, 21 février 1989.

3. Ce qui était vrai aussi dans les pays occupés. Stefan Rozental dit n'avoir rien su des contacts de Bohr avec la résistance danoise et les renseignements britanniques. « Il fallait être très prudent sous l'occupation ; n'importe qui pouvait être arrêté et il était important que les gens ne sachent que ce qu'ils devaient savoir. » Entretien avec Rozental du 11 mai 1989.

4. Lettre de Richard Iskraut à Oppenheimer, 8 juin 1942. Le fait que Iskraut avait travaillé à Leipzig avec Heisenberg jusqu'à l'été précédent poussa Oppenheimer à transmettre sa lettre à Vannevar Bush, le 15 juin 1942. On pourra trouver cette correspondance ainsi que d'autres documents pertinents dans les Archives Oppenheimer, Library of Congress, Box 23, Bush Folder, et aux Archives nationales, dossier Bush-Conant, Roll 8, Folder 89.

5. Rapport de Paul Rosbaud pour Samuel Goudsmit, 12 août 1945, AIP.

6. Entretien avec Elizabeth Heisenberg, Göttingen, 14 mai 1988.

7. Interview d'Heisenberg par Emenc, 29 août 1967.

8. David Irving, *The German Atomic Bomb*, 102.

9. Interview d'Heisenberg par Irving, Munich, 23 octobre 1965 ; *The German Atomic Bomb*, 102.

10. *Der Spiegel*, 3 juillet 1967.

11. Entretien avec Manfred von Ardenne, Dresde, 17 mai 1989. La liste des scientifiques auxquels Ardenne communiqua l'article d'Houtermans vient d'une note d'accompagnement du 20 janvier 1987 qu'il ajouta aux copies de l'article qu'il commença à distribuer à cette époque.

12. *La Partie et le Tout*, 9-10, 246.

13. Ibid, 248-249. Heisenberg craignait à juste titre que les Américains ne fussent poussés par la peur d'un effort allemand et la visite de Bohr, comme nous le verrons, eut précisément cet effet.

14. Rapport de Goudsmit sur ses entretiens avec Houtermans, Göttingen, 17 avril 1945 ; notes de Connie Dilworth sur ses conversations avec Houtermans, vers 1950.

Celle-ci écrit : « En automne 1941, Houtermans, sachant qu'il devait aller rendre visite à Bohr, demanda à Weizsäcker, qu'il croyait à l'époque être anti-nazi, de dire aux Danois quelle était la position du projet Uranium en Allemagne et de lui demander l'absolution pour le rôle joué par les physiciens allemands dans la recherche nucléaire, étant donné qu'il n'y avait aucun risque qu'elle soit utilisée pendant la guerre. » C'est ce que Houtermans dit à Goudsmit, presque mot pour mot, trois semaines avant la fin de la guerre.

15. La question de la protection accordée à Bohr par Ernst von Weizsäcker fut soulevée lors de son procès à Nuremberg, en 1947. Voir *Uncertainty*, 439. Niels Bohr, Heisenberg, Werner et Carl Friedrich von Weizsäcker vinrent tous apporter leur témoignage en faveur d'Ernst von Weizsäcker. On trouvera ces documents dans les archives du procès de Nuremberg, Archives nationales, M1019, roll 78, et M897, roll 10.

16. Entretien avec Carl Friedrich von Weizsäcker, Starnberg, 16 mai 1988 ; interview d'Heisenberg par Ermenc, 296 août 1967 ; Harold Flender, *Rescue in Denmark* (Simon & Schuster, 1963), 28-29.

17. Carl Friedrich von Weizsäcker, *Bewusteinwandel*, 377 et sq.

18. Entretien avec Rest Jost, Zurich, 22 février 1989.

19. Rapport Rosbaud, 5 août 1945 ; Jungk, *Brighter Than a Thousand Suns*, 97, mentionne aussi ce groupe et décrit sa doctrine comme celle de la « résistance passive ». J'ignore quels noms figuraient sur ces listes comme ce qu'elles sont devenues.

20. Interview d'Heisenberg par Irving, 23 octobre 1965. Fritz Houtermans s'est servi du terme « absolution » avec Goudsmit comme avec Connie Dillworth ; Niels Bohr l'employa aussi, disant qu'il ne pouvait l'accorder, comme nous le verrons. Rapport Goudsmit sur sa conversation avec Houtermans, 17 avril 1944 ; Armin Hermann, *Werner Heisenberg* (Inter Nationes, 1976), 66.

21. Interview d'Heisenberg par Irving, 23 octobre 1965.

22. Lettre d'Heisenberg à Ruth Nanda Anshen, 15 juin 1970, archives Heisenberg. Anshen, après avoir consulté Rabi, écrivit à Heisenberg que Rabi regretterait une querelle publique sur cette question ; Heisenberg ne rédigea jamais sa critique. Dans son livre *Biography of an Idea* (Moyer Bell, 1986), 170, Anshen se réfère à cet épisode et dit que Heisenberg lui avait écrit que « le Dr Hahn, le Dr von Laue et moi avons falsifié les chiffres afin d'éviter la mise au point d'une bombe atomique par la science allemande ». Précisons tout de suite que l'on ne retrouve nulle part cette affirmation dans les copies des lettres d'Heisenberg à Anshen des archives Heisenberg, et Anshen a refusé de mettre son exemplaire à notre disposition. Jamais Heisenberg n'a prétendu une telle chose ailleurs ; tout au contraire, il a toujours proclamé être resté loyal et honnête.

Où donc Anshen est-elle allée pêcher l'idée que Heisenberg aurait « falsifié les chiffres » ? Elle connaissait bien Heisenberg dont elle avait publié deux des livres en version anglaise ; elle connaissait également Niels Bohr, Rabi et de nombreux autres scientifiques. On peut se demander si la remarque qu'elle cite ne serait pas seulement le souvenir d'une discussion personnelle, voire même l'accusation d'une autre personne, persuadée que Heisenberg aurait voulu faire croire qu'il avait tripoté les calculs. L'affirmation d'Anshen paraît tomber du ciel ; je crois pourtant pour ma part qu'elle se rapproche beaucoup de la vérité.

23. « C'était aussi l'un des points essentiels dont nous avons discuté, en particulier dans le petit groupe qui, outre moi-même, comprenait Weizsäcker et Wirtz. Nous trouvions important que ces choses restent entre nos mains, de pouvoir toujours garder le contrôle de ce qui se passait [...] Nous ne pouvions y parvenir, bien sûr, qu'en ne faisant pas de bombes. Si nous avions dit : " Bon, on fait maintenant un

grand effort pour la bombe ", on nous aurait certainement enlevé le projet des mains. » Interview d'Heisenberg par Ermenc, Munich, 29 août 1967.

24. Interview d'Heisenberg par Irving, 23 octobre 1965.

25. Rapport de Goudsmit sur la mission de Strasbourg, 16 décembre 1944. Le résumé avait été fait par l'agence de presse allemande *Transozean-Innendienst*. Weizsäcker en envoya un exemplaire aux autorités militaires le 4 septembre 1941 et envoya le lendemain un rapport sur « L'avantage de l'Amérique sur l'Allemagne en physique nucléaire » à Rust (on ignore où est passé ce rapport). Les papiers officiels de Weizsäcker père comportent une requête en date du 6 octobre 1941, adressée à Paul Schmidt du service de presse du ministère des Affaires étrangères sur « l'utilisation de l'uranium comme explosif ». Schmidt envoya un rapport de Suède. Je ne sais pas comment résoudre les contradictions de dates, mais les lettres de Weizsäcker des 4 et 5 septembre se réfèrent clairement au rapport envoyé par Schmidt. Il semble vraisemblablement que l'erreur provienne de la lettre de Weizsäcker père, plutôt que des deux de son fils. Les Américains ont souvent fait de ces confusions sur les documents allemands, lesquels donnent le jour et le mois et non le contraire : ainsi 10. 6. 41 est le 10 juin 1941 et non le 6 octobre. David Kahn cite la lettre de Weizsäcker père et ses conséquences dans *Hitler's Spies*, 168.

26. Interview d'Heisenberg par Irving, 23 octobre 1965.

27. Richard Rhodes, dans *The Making of the Atomic Bomb*, 379 et sq, raconte en détail les efforts de Compton et Lawrence pour convaincre Vannevar Bush de la faisabilité d'une bombe atomique. Dans un rapport du 6 novembre 1941, fait pour l'Académie nationale des sciences, Compton estime la masse critique d'une bombe de 2 à 100 kilos d'U-235 et ajoute : « Le souci bien compris de notre défense semble exiger le développement urgent de ce programme. » (387) Compton ne mentionna la possibilité d'utiliser le plutonium qu'après décembre 1941. A un niveau théorique, la recherche, en Allemagne et aux Etats-Unis, devait être au coude à coude à cette époque. Si Heisenberg avait eu la même approche que Compton, il s'en serait probablement suivi une authentique course à la bombe atomique jusqu'à la fin du conflit.

28. Elizabeth Heisenberg, *Heisenberg, le témoignage de sa femme*, 79.

29. *Brighter Than a Thousand Suns*, 81.

30. « Bohr était une grande autorité morale pour nous tous et Heisenberg voulait avant tout découvrir si, guidés et aidés par lui, les physiciens du monde ne pourraient pas arriver à un accord mutuel sur la manière dont la communauté des scientifiques devrait partager la responsabilité horrible de la possibilité des armes nucléaires. » Lettre de Weizsäcker à l'auteur, 10 mars 1988.

Si la notion d' « accord mutuel » est claire, le reste de la phrase, assez alambiqué, l'est beaucoup moins. Heisenberg se montra nettement plus explicite dans une lettre à Robert Jungk : « J'ai alors demandé à Bohr une fois de plus si, étant donné les évidents problèmes moraux posés, il ne serait pas possible que tous les physiciens s'entendissent entre eux et s'engagent à ne même pas travailler à une étude de bombes atomiques, qui, de toute façon, reviendraient à un prix monstrueux. » Heisenberg, lettre à Jungk du 18 janvier 1957. Voir chapitre douze.

31. Houtermans, interview d'Heisenberg par Irving, 23 octobre 1965.

32. Lettre de Weizsäcker à l'auteur du 10 mars 1988.

Notes du chapitre 12

1. Weizsäcker avait été donner une conférence à Copenhague en mars 1941 et avait écrit à ce sujet à Heisenberg. L'*Institut* avait tellement apprécié son passage qu'on lui

avait proposé de revenir en octobre avec Heisenberg. David Cassidy, *Uncertainty : The Life and Science of Werner Heisenberg* (Freeman, 1991), 440.

2. Lettre de Weizsäcker à Niels Bohr, 14 août 1941. AIP.

3. Entretien avec Stefan Rozental, Copenhague, 11 mai 1989.

4. Lettre de Rozental à Margaret Gowing, historienne officielle du programme nucléaire britannique, 6 septembre 1984, citée dans Abraham Pais, *Niels Bohr's Times* (Oxford, 1991), 483. On a la preuve que pendant la guerre, Heisenberg fit au moins à trois reprises des remarques à peu près similaires lors de conversations avec des amis, qui se montrèrent évidemment furieux. Les deux autres furent d'une part devant Hendrik Casimir en Hollande en 1943 et d'autre part devant Gregor Wentzel en Suisse en 1944 ; on les examinera le moment venu. Ces remarques trahissent une étonnante insensibilité aux sentiments de ses auditeurs, qui les interprétèrent exactement ainsi, à savoir comme profondément offensantes. Aucun ne semble cependant en avoir conclu que Heisenberg était un nazi et soutenait les obsessions raciales de Hitler et sa frénésie pour un pouvoir absolu. Le physicien nous a laissé d'importantes archives — lettres, essais, textes d'exposés et ainsi de suite — ne contenant strictement rien de ce genre, même de loin, et il n'emprunta pas, c'est indiscutable, la seule voie qui lui aurait permis de contribuer activement à la victoire allemande, la possibilité de construire l'arme victorieuse, la *Wunderwaffe*. Mon sentiment est que le contexte de la guerre a donné à ces remarques leur puissant impact émotionnel, encore vif dans certains cœurs au bout de cinquante ans ; et que Heisenberg fut surtout coupable d'avoir maladroitement tenté de trouver un moyen quelconque de défendre son pays, alors qu'il aurait mieux valu se taire.

5. Entretien avec Rozental, 11 mai 1989 ; entretien avec Ruth Nanda Anshen, New York, 27 mars 1989. Anshen m'a dit que Bohr lui aurait raconté cette histoire en faisant les cent pas dans la bibliothèque du deuxième étage de son domicile, sur la 80ᵉ rue Est et que Aage Petersen la lui aurait plus tard confirmée. Rozental n'en a jamais entendu parler ; lettre à l'auteur du 22 novembre 1989.

6. Entretiens avec Weizsäcker du 16 mai 1988 et avec Rozental du 11 mai 1989. Dans *La Partie et le Tout*, 201, Heisenberg croit se souvenir que leur conversation eut lieu « pendant une promenade nocturne sur Pilealle ». Dans une lettre à Jungk du 18 janvier 1957, il parle d'un « quartier près de Ny-Carlsberg », cité dans *Brighter Than a Thousand Suns*, 103. *Niels Bohr's Times*, 484, adopte la version danoise du bureau de Bohr comme cadre plus probable de la scène.

7. Les récits les plus complets d'Heisenberg figurent dans *La Partie et le Tout*, 247-248 et dans son interview par Irving du 23 octobre 1965. En outre, j'en ai longuement discuté avec Weizsäcker, qui accompagna Heisenberg à Copenhague ; avec Rozental, à qui Bohr en parla tout de suite après ; avec Hans Bethe, qui en parla avec Bohr à Los Alamos en décembre 1943 ; avec Victor Weisskopf, qui en parla avc Niels Bohr peu après la guerre ; avec Elizabeth Heisenberg ; avec Otto Haxel, ami intime de Hans Jensen et de Fritz Houtermans pendant la guerre. Jensen donna sa version à Haxel en 1942. Houtermans en discuta avec Haxel à l'époque, puis avec Sam Goudsmit à Göttingen en avril 1945, puis encore avec Connie Dillworth à Bruxelles en 1950. Le compte rendu public émanant du camp de Bohr est extrêmement concis, soit environ deux paragraphes d'Aage Bohr dans *Niels Bohr*, 193, l'ouvrage collectif de Rozental. Diverses autres sources sont citées plus bas.

8. Aage Bohr, *Niels Bohr*, 193.

9. Bohr le dit à Jensen, qui le répéta à Haxel immédiatement après son retour de Scandinavie, pendant l'été de 1942. Entretien avec Haxel du 13 mai 1989. *Brighter Than a Thousand Suns*, 100, mentionne aussi que la défense, par Heisenberg, de l'invasion de la Pologne mit Bohr en colère.

10. Dans *Bewusteinswandel*, Weizsäcker rapporte une conversation de 1987 avec le

physicien américain Gerald Feinberg, qui lui dit avoir rencontré Niels Bohr à Moscou au début des années cinquante. « [Bohr] dit qu'il trouvait stupéfiant qu'une personne dont les opinions avaient lentement changé puisse oublier ce qu'elles étaient à l'origine. Heisenberg était à cette époque convaincu que l'Allemagne l'emporterait sur l'Union soviétique et avait dit à Bohr qu'il pensait que c'était une bonne chose. Heisenberg avait ensuite essayé de persuader Bohr de collaborer avec les Allemands au Danemark et d'abandonner son attitude de rejet. » Weizsäcker m'a également décrit cette conversation (entretien du 16 mai 1988), ajoutant qu'une fois en 1985 à Copenhague on lui avait dit que Bohr avait cru avoir été invité à collaborer avec l'Allemagne sur *la bombe*. Weizsäcker pense que Bohr a pu arriver à cette conclusion lorsque Heisenberg lui avait suggéré d'accepter la protection des Allemands de l'ambassade. L'histoire des travaux d'Heisenberg dans le cadre du programme nucléaire allemand donne à penser qu'il n'en a jamais été question ; je ne vois pas comment on pourrait interpréter ce que fit Heisenberg après la rencontre de septembre 1941 comme une *tentative* pour construire la bombe. Mais si Bohr a effectivement pensé que c'était ce genre de collaboration qui lui était demandée, cela pourrait bien expliquer sa colère.

11. *La Partie et le Tout*, 239.

12. Entretien avec Weizsäcker, 16 mai 1988.

13. Ibid.

14. Lettre de Heisenberg à van der Waerden, 28 avril 1947 ; citée dans *Uranium Machines*, 378.

15. Lettre de Heisenberg à Jungk, 18 janvier 1957 ; citée dans *Brighter Than a Thousand Suns*, 103.

16. Interview d'Heisenberg par *Der Spiegel*, 3 juillet 1967.

17. *La Partie et le Tout*, 248. En 1967, il déclara au *Spiegel* que « [...] cela le bouleversa tellement qu'il fut incapable d'écouter ni de comprendre ce que j'avais d'autre à lui dire ». *Der Spiegel*, 3 juillet 1967.

18. Lettre d'Heisenberg à Jungk, 18 janvier 1957, citée dans Mark Walker, « The Myth of the German Atomic Bomb », 1989, 27. Cette partie de la lettre d'Heisenberg n'est pas citée dans *Brighter Than a Thousand Suns*. Dans sa lettre à van der Waerden du 28 avril 1947, Heisenberg dit : « J'ai alors répété ma question », à savoir « si un physicien avait moralement le droit de travailler à des problèmes atomiques pendant la guerre ».

19. Lettre de Heisenberg à van der Waerden du 28 avril 1947 ; citée dans *Uranium Machines*, 378. Il se sert pratiquement des mêmes mots dans une interview par David Irving : « Bohr pensait de toute évidence impossible que les physiciens de tous les pays s'unissent en quelque sorte contre leurs gouvernements respectifs. » Cité dans Armin Hermann, *Werner Heisenberg*, 67.

20. Rozental, *Niels Bohr*, 193.

21. Entretien avec Weisskopf, 5 juin 1990.

22. Interview d'Heisenberg par Irving, 23 octobre 1965.

23. Entretien avec Weizsäcker, 16 mai 1988.

24. Lettre de Weizsäcker à l'auteur, 10 mars 1988.

25. Ruth Moore, *Niels Bohr*, 293. Aage Bohr écrivit plus tard : « Lors d'une conversation privée avec mon père, Heisenberg souleva la question des applications militaires de l'énergie atomique. Mon père resta très réticent et exprima son scepticisme, du fait des grandes difficultés techniques qu'il faudrait surmonter, mais il eut l'impression que pour Heisenberg, cette nouvelle possibilité pouvait décider du sort de la guerre si jamais celle-ci traînait en longueur. » Rozental, *Niels Bohr*, 193.

26. Entretien avec Weisskopf, 5 juin 1990.

27. En mars 1942, le collègue de Niels Bohr Christian Moller rendit visite à Lise

Meitner à Stockholm. Elle écrivit le 20 avril à Max von Laue, à Berlin que Moller « avait beaucoup parlé de Niels et de l'institut [...] Mi-triste, mi-amusant était son récit de la visite de Werner [Heisenberg] et Carl Friedrich [von Weizsäcker] [...] j'ai été attristée par ce que j'ai entendu. Je les tenais autrefois tous les deux en haute estime sur le plan humain. Je me trompais ». Elle ne fait pas d'autres allusions à la rencontre Bohr-Heisenberg, probablement par crainte de la censure allemande, mais elle connaissait manifestement une version de l'histoire. (Je dois à Ruth Lewen un double de la lettre de Meitner et de la réponse de von Laue). En juin 1945, Meitner écrivit de nouveau à von Laue, à propos d'Heisenberg : « Sa visite au Danemark en 1941 est impardonnable. » Cité dans Arnold Kramisch, *Le Griffon*.

28. Lettre de Rozental à Margaret Gowing, 6 septembre 1984, citée dans *Niels Bohr's Times*, 483. Entretien avec Rozental, 11 mai 1989.

29. Entretien avec Rozental, 11 mai 1989. Dans une lettre du 22 novembre 1989, Rozental m'apprend que le dernier exemplaire original du périodique américain *Physical Review*, pour les années de guerre, dans la bibliothèque de l'Institut, est celui de févier 1940 ; que les numéros suivants, jusqu'en 1945, sont des photocopies faites à la fin des hostilités. Aage Bohr, dans Rozental, *Niels Bohr*, dit que son père songeait encore à des bombes utilisant des neutrons thermiques au milieu de l'année 1943.

30. Il est important de souligner ici que Heisenberg n'avait aucune autorisation officielle pour parler à Niels Bohr de quoi que ce soit sur le programme nucléaire allemand et que rien n'indique que les responsables politiques allemands aient jamais eu vent de la conversation Bohr-Heisenberg. Quatre chercheurs au moins se sont penchés attentivement sur les archives de tout ce qui concerne le programme allemand de bombe atomique — Samuel Goudsmit, David Irving, Mark Walker et David Cassidy — sans rien trouver de tel. Bref, Heisenberg a commis un acte que tout service de renseignement d'un belligérant, en temps de guerre, aurait considéré comme une trahison.

31. Ce dessin est mentionné dans Jeremy Bernstein, *Hans Bethe ; Prophet of Energy* (Basic Books, 1980), 77-78. Aage Bohr m'a déclaré : « Heisenberg n'a certainement pas fait de dessin pendant sa visite, en 1941. Le fonctionnement d'un réacteur n'a jamais été discuté. » Lettre à l'auteur du 6 novembre 1989. Je suis cependant à peu près certain que Heisenberg a bien fait ce dessin. J'en ai parlé longuement et à plusieurs reprises avec Hans Bethe, qui m'a dit en avoir discuté personnellement avec Bohr à Los Alamos et que Heisenberg avait bien exécuté ce dessin lors de sa visite de septembre 1941 ; que Bohr lui avait confié qu'il pensait que le dessin représentait le schéma d'Heisenberg pour une bombe. Bethe était tout à fait clair sur ce point. Dans une lettre, il a par exemple écrit : « D'ailleurs lorsque Bohr nous montra le dessin d'Heisenberg, ce fut en croyant que c'était l'idée que Heisenberg se faisait d'une bombe atomique. » Lettre à l'auteur, 14 mai 1990.

Bethe exécuta pour moi, de mémoire, une copie de ce dessin qu'il intitula « Dessin d'Heisenberg pour un réacteur, 1941 » et le signa « H. A. Bethe ». Ce fut à l'occasion d'un entretien avec Bethe chez lui, à Ithaca, le 23 septembre 1989. Bohr avait emporté le dessin avec lui lorsqu'il s'était enfui du Danemark, en septembre 1943. A la requête du général Groves, Oppenheimer convoqua une réunion plénière à los Alamos, le 31 décembre 1943, uniquement pour examiner ce dessin et évaluer l'hypothèse de Bohr, craignant que Heisenberg ne fût attelé à la mise au point d'une bombe atomique. Aage Bohr était présent à cette réunion. Bethe et Edward Teller rédigèrent un rapport de deux pages à un interligne sur les conclusions de la conférence, rapport que Oppenheimer soumit à Groves avec une lettre d'accompagnement le 1er janvier 1944. (RG 77, Entry 5, Box 64, Folder 337.) J'ignore où se trouve actuellement le dessin original. Le fait de l'avoir exécuté constituait un manquement grave, de la part d'Heisenberg, aux règles de la sécurité. Le but du physicien, me semble-t-il, n'était pas tant de passer une information aux Alliés (même si c'est ce qu'il fit, effectivement) que de montrer à Bohr, probablement, qu'il serait possible de produire un matériau fissile. C'est cet épisode qui convainquit pour la première fois les scientifiques alliés et les responsables du renseignement que Heisenberg ne comprenait pas la différence entre un réacteur et une bombe. L'erreur était cependant le fait de Bohr, non d'Heisenberg. (Voir chapitre 22.)

Notes du chapitre 13

1. Lettre d'Heisenberg à Hermann Heimpel, 1er octobre 1941, archives Heisenberg, cité dans David Cassidy, *Uncertainty*. 436.
2. Entretien avec Elizabeth Heisenberg, Göttingen, 14 mai 1988.
3. Entretien avec Otto Haxel, Heidelberg, 13 mai 1989. Haxel était ami intime de Houtermans et Jensen et a discuté de l'épisode avec eux, à l'époque. Plus tard, il épousa la deuxième femme d'Houtermans, Ilsa, dont celui-ci venait de divorcer pour se remarier avec sa première épouse, Charlotte Riefensthal. Quelles qu'eussent été leurs difficultés relationnelles autrefois, Ilsa et Haxel n'ont manifesté aucun ressentiment lorsque je les ai rencontrés à Heidelberg.
4. Entretien avec Carl Friedrich von Weizsäcker, Starnberg, 16 mai 1988.
5. Entretien avec Karl Wirtz, Karlsruhe, 15 mai 1988. En termes sans équivoque, Wirtz me dit que *lui* aurait mis clairement les choses au point dès le début, comme il le fit dans une conversation avec le physicien norvégien Harald Wergeland en 1942.
6. On dispose de moins de renseignements sur la visite de Jensen que sur celle d'Heisenberg, avant tout parce que Jensen n'en a publié aucun compte rendu. Son origine est discutée dans l'interview d'Heisenberg par Irving du 23 octobre 1965 ; dans un échange de lettres entre Jensen et Heisenberg en 1969, au moment où ce dernier préparait ses mémoires, archives Heisenberg, Munich ; et dans les conversations entre Houtermans et Goudsmit d'avril 145 et Houtermans et Connie Dillworth de 1950.
7. Alexander Werth, *Russia at War : 1941-1945* (Dutton, 1964), 232.
8. Ibid, 245.
9. David Irving, *The German Atomic Bomb*, 104.
10. Mark Walker, *Uranium Machines*, 74.
11. Ibid., 75.
12. Entretien avec Manfred von Ardenne, Dresde, 17 mai 1989. *The German Atomic Bomb*, 44.
13. Interview d'Heisenberg par Irving, 23 octobre 1965.
14. *The German Atomic Bomb*, 42.
15. Interview d'Heisenberg par Irving, 23 octobre 1965.
16. *Le Nouvel Observateur*, 30 avril 1968.
17. *Der Spiegel*, 3 juillet 1967.
18. Interview d'Heisenberg par Ermenc, 29 août 1967.
19. *Der Spiegel*, 3 juillet 1967.
20. Interview d'Heisenberg par Ermenc, 29 août 1967.
21. Dans *Mein Leben*, 158, Ardenne dit avoir posé la question aux deux hommes et avoir reçu comme réponse « quelques kilos ». Dans une lettre à Rolf Hochut du 27 juin 1988, Ardenne cite la conversation avec Hahn du 10 décembre 1941 dans laquelle il était question de « un à deux kilos ». Ce chiffre est trop bas, mais correspond à l'estimation initiale de Rudolf Peierls et Otto Frisch. Ardenne m'a confirmé ces conversations lors de notre entretien du 17 mai 1989 à Dresde et m'a même montré les signatures d'Heisenberg et de Hahn dans son livre d'or. La question de la masse

critique est importante, étant donné que beaucoup de ceux qui lurent les transcriptions de Farm Hall conclurent que Heisenberg croyait avoir besoin de deux tonnes d'U-235 pour construire une bombe, chiffre erroné d'un facteur mille. Voir chapitre 36.

22. *The German Atomic Bomb*, 76-78, discute aussi de cet épisode, mais affirme que le rapport de Weizsäcker sur « l'erreur » d'Heisenberg arriva le 10 octobre 1940. Le livre d'or d'Ardenne consigne bien une visite de Weizsäcker à cette date, mais dans *Mein Leben*, Ardenne dit que ce rapport ne lui arriva qu'au début de 1942, autrement dit, après les visites d'Heisenberg et Hahn. Les documents montrent clairement que Heisenberg comprenait tout à fait comment on pouvait construire une bombe, à la fin de 1941. Irving ne cherche pas à expliquer pourquoi Weizsäcker a donné ce faux rapport à Ardenne. Lors de notre entretien, il m'est apparu qu'à peu près tout ce que Ardenne savait du programme allemand de bombe atomique — mis à part les quelques incidents qui l'ont concerné — venait des livres de Leslie Groves et Robert Jungk. Il était convaincu que les fragments des transcriptions de Farm Hall cités dans l'ouvrage de Groves — à savoir, l'affirmation par Heisenberg que la bombe lancée sur Hiroshima devait être « quelque modèle nouveau de bombe chimique » — prouvaient que Heisenberg et Weizsäcker avaient persisté dans leur « erreur ». Ardenne a déployé de grands efforts pour me convaincre qu'il n'avait jamais tenté de construire de bombe atomique pour Hitler et n'avait fait qu'espérer soulever l'intérêt pour un projet de réacteur.

23. *The German Atomic Bomb*, 105 ; *Uranium Machines*, 75-77.

24. Interview d'Heisenberg par Irving, 23 octobre 1965.

25. La *Kaiser Wilhelm Gesellschaft* était une organisation qui en chapeautait plusieurs autres, dont l'*Institut für Physik* de Berlin-Dahlem.

26. *Uranium Machines*, 78, 93-94, donne les détails de la manœuvre. La date de la nomination d'Heisenberg figure dans *Heisenberg, le témoignage de sa femme*, 95. L'augmentation progressive du temps qu'il passait à Dahlem transparaît dans son interview par Irving du 23 octobre 1965.

27. *Uranium Machines*, 78.

28. *Uranium Machines*, 76.

29. Tous les scientifiques qui, à cette époque, travaillaient à la recherche nucléaire, connaissaient l'existence du plutonium. Le physicien viennois Josef Schintlmeister, en suivant un raisonnement très proche de celui de Weizsäcker et Houtermans, avait prévu l'existence d'un 94e élément dans des travaux achevés en juin 1940, mais qui ne furent publiés qu'à la fin de la même année. Dans deux autres articles, publiés en mai 1941, Schintlmeister en détaille les implications : on pourra produire le nouvel élément dans un réacteur, il sera fissile. *The German Atomic Bomb*, 74, 93n. Ces trois articles de Schintlmeister figurent dans les microfilms d'Irving, Roll 31, Frames 1-56.

30. *The German Atomic Bomb*, 101.

31. *Uranium Machines*, 77.

32. *Uranium Machines*, 121-122. Voir aussi, *Scientists Under Hitler*, 183 et sq.

33. *The German Atomic Bomb*, 107.

34. *Uranium Machines*, 87.

35. Heisenberg, « Theoretical Basis for Obtaining Energy from Nuclear Fission », 26 février 1942, archives Heisenberg. D'après Helmut Rechenberg, conservateur de l'Institut Max Planck de Munich où se trouvent les archives Heisenberg, cet article est le seul, de toute la durée du conflit, dans lequel le physicien se réfère explicitement à la bombe. Entretien avec Rechenberg du 17 mai 1988.

36. Entretien avec Erich Bagge, Kiel, 12 mai 1989.

37. *The German Atomic Bomb*, 112.

38. *Uranium Machines*, 92. L'article découpé figure dans les archives de la Société

Max Planck de Berlin, mais on ignore de quel journal il provient. Je n'ai trouvé aucune référence à cette information dans les dossiers de renseignement des Alliés. Sa confirmation confirme le manque d'intérêt de l'Armée : sinon, les règles de sécurité auraient été plus rigoureuses.

39. Josef Goebbels, *The Goebbels Diaries 1942-1943* (Doubleday, 1948). En français, on trouvera une partie du journal de Goebbels sous le titre *Derniers Carnets* (Flammarion, 1977).

Notes du chapitre 14

1. Albert Speer, *L'Empire SS* (Robert Laffont, 1982). Seul de tous les proches d'Hitler, Speer reconnut sa culpabilité pour complicité dans les crimes de guerre nazis. Il fut condamné à vingt ans de prison à Nuremberg et incarcéré à Spandau.

2. Ibid.

3. Ibid.

4. Dewitt Copp, *Forged in Fire* (Doubleday, 1982), 61.

5. Lee Kennett, *A History of Strategic Bombing* (Scribners, 1982) 132.

6. Ibid.

7. Ce projet de bombardement est décrit dans *The German Atomic Bomb*, 236n. On peut voir ici la technologie militaire s'efforçant de rattraper l'imagination des généraux. En 1918, les Américains redoutèrent un temps une attaque aérienne sur New York. Il fallut encore huit ans à Lindbergh pour y parvenir, mais les autorités n'en avaient pas moins imaginé un scénario vraisemblable : un hydravion allemand, amené à proximité des côtes américaines par sous-marin, réassemblé et utilisé pour jeter une bombe sur la ville. [*A History of Strategic Bombing*, 37 et sq.] Les Allemands, eux, n'y avaient jamais songé en 1918 ; le projet voisin de Milch, en 1942, capota à cause d'évidentes difficultés. A la fin de la guerre, les Alliés découvrirent à Peenemünde les plans d'une énorme fusée transatlantique conçue pour attaquer New York. Ce n'est qu'au début des années cinquante que les Soviétiques se dotèrent d'un appareil capable d'atteindre New York (mais non d'en revenir). Les craintes aberrantes de 1918 devinrent réalistes trente-cinq ans plus tard. C'est le temps qui s'est écoulé entre la « bombe atomique » sortie de l'imagination de Wells en 1914 et la bombe bien réelle de 1945.

8. On trouvera l'identité des personnes présentes dans *The German Atomic Bomb*, 118 et sq., 295 ; *L'Empire SS*, et dans un document de l'Air Force sur l'interrogatoire des prisonniers de guerre de l'Armée de l'Air, « Investigations, Research, Developments and Practical Uses of the German Atomic Bomb », août 1945, 9e Air Force.

9. *L'Empire SS*. Mark Walker estime que l'exposé d'Heisenberg était « probablement semblable » à la conférence qu'il avait donnée à Berlin le 26 février 1942. *Uranium Machines*, 124. Mais Speer donne un compte rendu très complet de la conversation, dans lequel rien ne paraît refléter le texte en question. La rencontre du 4 juin 1942 est importante pour trois raisons : parce qu'elle marque la fin de l'intérêt officiel pour la bombe atomique en Allemagne, parce qu'elle montre que Heisenberg savait quelle quantité de matériau fissile était nécessaire pour en fabriquer une, et parce que le récit de Speer nous dresse le tableau le plus clair que nous ayons sur les conseils donnés par Heisenberg aux autorités.

10. Interview d'Heisenberg par Irving, 23 octobre 1965.

11. Interview d'Heisenberg par Irving, 23 octobre 1965. A cette époque, Speer se trouvait toujours à la prison de Spandau et Heisenberg ne pouvait évidemment avoir aucune idée de ce qu'il dirait sur ces questions après son élargissement. Armin

Hermann, *Werner Heisenberg*, 69, inclut l'expression « explosifs atomiques » dans les propos d'Heisenberg, en se fondant apparemment sur le rapport de Telschow.

12. Rapport d'interrogatoire sur les prisonniers..., Op. cit. Ce document est la meilleure description existant sur l'état de la recherche nucléaire tel qu'il fut présenté à Speer et à ses aides le 4 juin 1942, à Maison Harnack. Son unique référence aux « transuraniques » (à savoir le plutonium) est on ne peut plus vague : « On a observé certaines manifestations (des produits fragmentés) permettant de conclure que dans le processus d'élaboration (des transuraniques) une partie de l'uranium est décomposé. » Lorsque « l'uranium » — plus exactement, une particule atomique — se « décompose », elle est transformée en énergie. D'après le contexte on voit bien que Lieb n'a pas saisi le point fondamental : une réaction en chaîne créerait un « transuranique » fissile et donc convenant aux bombes. Ce que Lieb comprit fut que les bombes exigeaient de l'U-235 et que les scientifiques ignoraient comment le manufacturer. C'était vrai. Mais nous avons déjà vu que Heisenberg savait très bien que le plutonium constituait un bien meilleur candidat, et qu'il savait aussi comment en produire.

13. *L'Empire SS*.

14. *L'Empire SS*.

15. Interview d'Heisenberg par Irving, 23 octobre 1965.

16. Hermann, *Werner Heisenberg*, 69.

17. « Après la conférence, le maréchal Milch me demanda quelle taille approximative aurait une bombe assez puissante pour détruire une grande ville. A cette époque, j'ai répondu que la bombe, du moins sa partie essentielle active, devrait faire à peu près celle d'un ananas. » Lettre d'Heisenberg à Goudsmit, 3 octobre 1948, archives Goudsmit, AIP. *The German Atomic Bomb*, 120, cite Heisenberg disant « aussi grosse qu'un ananas ». Telschow dit la même chose à Armin Hermann. Erich Bagge se souvenait d'Heisenberg parlant d'un objet « gros comme un ballon de football ». Hermann, *Werner Heisenberg*, 69. « J'ai répondu spontanément, comme un petit ballon de football, ou une noix de coco, quelque chose comme ça. » Interview d'Heisenberg par Irving, 23 octobre 1965. Il est important de remarquer que tous ces témoignages concordent, que la taille estimée par Heisenberg était à peu de chose près correcte et qu'en juin 1942, le physicien savait ce qu'était la masse critique d'une bombe.

18. Interview d'Heisenberg par *Der Spiegel*, 3 juillet 1967. Estimations justes : Enrico Fermi déclencha la première réaction en chaîne de l'histoire à l'Université de Chicago le 2 décembre 1942, et la première bombe atomique explosa le 16 juillet 1945 dans le désert du Nouveau-Mexique.

19. *The German Atomic Bomb*, 295.

20. Interview d'Heisenberg par Irving, 23 octobre 1965.

21. Ibid.

22. *La Partie et le Tout*, 249.

23. Lettre d'Heisenberg à Ernst Telschow du 11 juin 1942, archives Heisenberg.

24. *Der Spiegel*, 3 juillet 1967.

25. Rapport d'interrogatoire..., Op. cit.

26. *L'Empire SS*. Lors d'une interview par *Der Spiegel*, le 3 juillet 1967, Speer déclara : « Le Führer avait déjà entendu parler de ces armes atomiques par Hoffmann » au moment de la réunion de la Maison Harnack.

27. *L'Empire SS*.

28. Ibid.

29. Milch cessa aussi de penser à la bombe atomique. Peu de temps après la réunion de la Maison Harnack, il demanda à des experts de la Luftwaffe de mettre au point de nouveaux explosifs en disant : « Nous devons nous venger pour Rostock et Cologne

et lorsque nous attaquerons, nous devrons partir de l'idée que seuls les incendies détruisent les villes. » *The German Atomic Bomb*, 118-119n.

30. Desmond Young, *Rommel, the Desert Fox* (Harper & Brothers, 1950), 148. Traduction française : *Rommel*, Marabout, 1986.

31. *The German Atomic Bomb*, 241.

Notes du chapitre 15

1. Interview d'Heisenberg par Ermenc, Urfeld, 29 août 1967.

2. *The German Atomic Bomb*, 123.

3. Rapport de Goudsmit, « Interrogatoire d'Heisenberg, Diebner et Gerlach », 11 mai 1945, dossiers de la mission Alsos. On trouvera des archives très complètes sur la mission Alsos aux Archives nationales, RG 165 ; dans les archives Goudsmit, American Institute of Physics ; et dans les archives Boris Pash, Hoover Institution.

4. Une bonne introduction à l'Orchestre Rouge est *The Rote Kapelle*, document de la CIA publié par University Publications en 1979. Certains agents du réseau avaient des contacts avec des membres de la résistance impliqués dans le complot contre Hitler du 20 juillet 1944 ; parmi ces membres de la résistance, quelques-uns avaient des contacts avec les scientifiques de l'Uranverein. Mais il n'y a aucune preuve que le réseau transmit des informations sur le programme allemand de bombe atomique. Pour autant que je sache, la seule information sur ce programme à avoir atteint les Soviétiques pendant la guerre provenait de Klaus Fuchs, qui avait aidé Rudolf Peierls à faire une étude de la recherche nucléaire allemande en 1941. Voir aussi Leopold Trepper, *Le Grand Jeu : mémoires du chef de l'Orchestre Rouge* (Albin Michel, 1975) ; Gilles Perrault, *L'Orchestre rouge* (Fayard, 1989).

5. La Suisse, la Suède, l'Espagne, le Portugal et la France de Vichy jusqu'en novembre 1942.

6. *The German Atomic Bomb*, 54.

7. Entretiens avec Karl Wirtz, Karlsruhe, des 15 mai 1988 et 14 mai 1989.

8. Ibid.

9. R.V. Jones, *The Wizard War*, 307 ; Irving, *The German Atomic Bomb*, 112-113. En 1951 à Badenweiller, Heisenberg et Baertel van der Waerden discutèrent longuement du projet nucléaire allemand. Van der Waerden se souvient d'Heisenberg lui disant conserver une grande quantité d'eau lourde dans sa baignoire, à Berlin, et qu'il avait décidé de l'envoyer dans les égouts si jamais la bombe devenait une hypothèse sérieuse. Entretien avec van der Waerden, Zurich, 21 février 1989.

10. *The German Atomic Bomb*, 133. Voir aussi Charles Cruikshank, *SOE in Scandinavia* (Oxford University Press, 1986) 198 et *passim*, pour les opérations britanniques en Norvège.

11. *Bulletin of the Atomic Scientists*, juin 1968.

12. *The German Atomic Bomb*, 134. En novembre 1942, Brun se rendit en Angleterre où il fut interrogé par Jones et son aide Charles Frank. Dans une interview, Jones déclara : « La chose principale dont je crois me souvenir de cette première rencontre avec Brun [...] est qu'il avait énormément d'affection pour l'un des Allemands — Suess, je crois — [...] il nous supplia, quoi que nous fassions, de traiter correctement ce type. » Interview de Jones par Irving, 7 janvier 1966, 31-1338. D'après Suess, Brun aurait exhorté les Anglais à le joindre directement lors de l'un de ses passages en Suède, pays neutre. Cela ne se fit jamais. *Bulletin of the Atomic Scientists*, juin 1968.

13. Ibid. Brun mentionna cette visite dans une publication peu de temps après la

guerre, ne donnant que les initiales de Suess. Houtermans cita la chose, comme une confirmation de l'attitude des physiciens allemands, dans sa conversation avec Occhialini et Dillworth.

14. *The German Atomic Bomb*, 133 ; Hinsley, *British Intelligence in the Second World War*, tome II, 126. Ce rapport arriva jusqu'à Michael Perrin, lequel le transmit à Wallace Akers, responsable de Tube Alloys qui en fit part à son tour au conseiller scientifique de Churchill, F.A. Lindemann.

15. *British Intelligence in the Second World War*, tome II, 126. « Le message de Waller semble avoir été « le premier avertissement positif disant que l'Allemagne travaillait à une bombe ». Ibid. Cette affirmation est la preuve que les renseignements britanniques commençaient tout juste à s'intéresser à cette possibilité, que leurs dossiers étaient incomplets et que les informations n'étaient pas échangées avec les Américains. L'avertissement donné par Rosbaud à Hutton pendant l'été de 1939 n'était jamais arrivé à destination. Celui transmis par Peter Debye aux Américains en avril 1940 ne se retrouve dans aucun dossier britannique, pas plus que le message encore plus explicite que Fritz Reiche tenait d'Houtermans, en avril 1941.

16. Lettre d'Helmut Rechenberg à l'auteur, 19 décembre 1988.

17. Entretien avec Otto Haxel, 13 mai 1989.

18. Entretien avec Res Jost, février 1989. Vers 1950, Fritz Houtermans déclara à Giuseppe Occhialini qu'il avait poussé Jensen à faire ce voyage. Lorsque Occhialini rencontra Jensen à l'Université de Rochester quelque dix ans plus tard, il lui posa la question et Jensen confirma le récit d'Houtermans. Occhialini et Jensen convinrent qu'il valait mieux ne pas faire état de cette visite à Bohr « étant donné le climat qui régnait à ce moment-là dans l'opinion en Allemagne ». Lettre de Connie Dillworth à l'auteur, sans date, août 1989.

19. Lettre de Jensen à Heisenberg, 5 décembre 1969, Archives Heisenberg.

20. Lettre d'Heisenberg à Jensen, 28 novembre 1969, Archives Heisenberg.

21. Lettre de Jensen à Heisenberg, 5 décembre 1969, Archives Heisenberg.

22. Entretien avec Stefan Rozental, 11 mai 1989.

23. Ibid.

24. Lettre de Jensen à Heisenberg, 5 décembre 1969.

25. Entretien avec Victor Weisskopf, 13 juin 1989.

26. Stefan Rozental, *Niels Bohr*, 193.

27. Entretien avec Otto Haxel, 13 mai 1989.

28. Lettre de Connie Dillworth à l'auteur. Jensen a répété ces mots à Giuseppe Occhialini, le mari de Dillworth, avec lequel celle-ci a toujours longuement discuté des réponses à donner à mes lettres. Sur ce point et sur plusieurs autres, le témoignage est donc en fait celui d'Occhialini.

29. Cité dans Arnold Kramisch, *Le Griffon*. D'après Kramisch, Rosbaud passa dix jours à Oslo en juin et transmit aussi un rapport sur la réunion de la Maison Harnack, constitué à partir de ce que lui avaient dit ses amis scientifiques présents.

30. *British Intelligence...*, tome II, 126.

31. *The German Atomic Bomb*, 145.

32. Entretien avec Wirtz, 14 mai 1989.

33. Karl Wirtz, 51. Dans son rapport pour Goudsmit, Paul Rosbaud écrit : « Lors d'une discussion qu'il [Wirtz] eut avec le jeune Dr Wergeland à Oslo, il parut profondément regretter tout le comportement et la brutalité des nazis en Norvège et la volonté de l'Allemagne de propager la guerre à l'ensemble du monde civilisé et de le gagner. » L'anglais de Wirtz était parfois un peu approximatif. Wirtz rencontra Wergeland au cours de son premier voyage à Oslo, où il acheta une alliance en or pour sa fiancée, Ottoni von Zicgner. Wirtz me dit qu'il avait clairement exprimé ses sentiments sur la guerre, mais ajouta : « Je n'ai jamais rien fait contre l'Allemagne. Je

me suis comporté loyalement vis-à-vis de l'armée allemande [comme Heisenberg, il avait été rappelé en septembre 1939] et suis aussi resté loyal envers mes amis norvégiens. Il n'y a pas de contradiction. Je sais que c'est difficile à expliquer. » Entretien avec Wirtz du 14 mai 1989.

34. Entretien avec Wirtz du 14 mai 1989.

35. *The German Atomic Bomb*, passim ; *The Wizard War*, 307 ; *The Griffin*, 131, 165 (Le Griffon).

36. Entretien avec Wirtz, 14 mai 1989. Les dates du voyage de Wirtz proviennent de *The German Atomic Bomb*, 130-131.

37. Entretien avec Wirtz, 14 mai 1989.

38. *Atomic Quest*, 55.

39. Mémorandum de Leo Szilard à Arthur Compton, juin 1942, RG 227, Mi 1392, Roll 7. Confirmé dans le mémorandum de Philip Morrison à Robert Furman du 29 août 1944, RG 77, Entry 22, Box 68. Ce « rapport de Suisse » fut plus tard à l'origine de nombreux quiproquos, Eugene Wigner l'ayant confondu avec le message d'Houtermans d'avril 1941 qu'il avait entendu répéter à Princeton par Fritz Reiche. Eugene Wigner se rappelait que le ton du message était clairement un avertissement, même si les versions qu'il en donne diffèrent un peu. « Dépêchez-vous. Les gens travaillent aussi là-dessus, ici », lit-on dans l'article du *New York Times* du 30 novembre 1982 ; et dans *Le Griffon* : « Ils s'organisent » [162, édition en anglais]. La confusion de Wigner est apparente dans la remarque qu'il fit lors d'un colloque sur l'histoire de la mécanique quantique en 1982 : « On a reçu un câble de Suisse, envoyé par le Dr Houtermans : " Dépêchez-vous, nous sommes sur la piste. " Etant donné qu'il était envoyé au projet de Chicago, nous avons compris qu'ils étaient au courant de nos recherches secrètes. » *Journal de Physique*, Colloque C8, supplément au n° 12, Tome 43, décembre 1982, 317. Mais le mémo de Szilard à Compton de juin 1942 est sans ambiguïté : le « rapport de Suisse » n'a rien à voir avec Houtermans, qui n'a envoyé qu'un seul message. Cette confusion s'est glissée dans de nombreuses histoires du Projet Manhattan.

40. Lettre d'Arthur Compton à James Conant, 15 juillet 1942, RG 227, Mi 1392, Roll 7. Compton alla personnellement à Washington discuter du projet avec Conant le 20 juillet.

41. *British Intelligence...*, volume II, 126. A propos de l'enquête de Conant, Hinsley écrit : « En juillet le professeur Conant signala au directorat de Tube Alloys que le Dr Szilard avait entendu dire par un ami en Suisse que les Allemands disposaient d'une machine à énergie opérationnelle et pouvaient peut-être utiliser les produits de la fission radioactive comme armes [...] » Ibid.

42. Télégramme de Wallace Akers à Vannevar Bush du 18 août 1942, RG 227, dossier Bush-Conant, n° 213. Les motifs qu'avaient les Britanniques de rejeter les doutes d'Heisenberg sur la bombe constituent une erreur si commune dans les services secrets qu'elle porte un nom, l'effet de miroir : la tendance à supposer qu'un adversaire doit suivre le même raisonnement que vous.

43. Entretien avec Bagge, 12 mai 1989.

44. D'après Amaldi, outre lui et Wick, il y avait G. Bernardini, B.N. Cacciapuoti et B. Ferretti. *Journal de Physique*, Op. cit. Amaldi m'a décrit aussi cette réunion lors d'un entretien à Washington, le 27 avril 1989. Wick s'y réfère dans sa lettre du 14 novembre 1989.

45. Lettre de Wick à l'auteur, 14 novembre 1989. Ni Wick ni Amaldi n'ont pu se souvenir du nom de ce diplomate.

46. Entretien avec Amaldi, 27 avril 1989.

47. Lettre de Wick à l'auteur, décembre 1988.

48. Ibid.

49. « Nun, was denken Sie, Herr Wick, über den Krieg, was sollen wir wünschen, dass wir den Krieg verlieren ? » dans l'original. Le 5 juin 1944, le jour de la prise de Rome, Morris Berg interrogea Wick et Amaldi. « Devons-nous souhaiter la victoire des Alliés ? » aurait dit Heisenberg, d'après Wick. Rapport de Berg à l'OSS du 17 juin 1944.

50. Lettre de Wick à l'auteur, décembre 1988.

51. Ibid.

52. Lettre de Victor Weisskopf à Oppenheimer, 28 octobre 1942, archives Oppenheimer, Box 77, dossier Weisskopf, Library of Congress.

Notes du chapitre 16

1. Le surnom d'Oppenheimer s'écrivait Oppy, Oppie ou Opje.

2. Alice Kimball Smith et Charles Weiner, *Robert Oppenheimer*, 46. En dépit de la fascination que Oppenheimer continue de susciter, il n'existe de lui aucune biographie sérieuse et exhaustive. Outre l'ouvrage de Kimball-Weiner, on lira avec profit ceux de James Kunetka, *Oppenheimer : The Years of Risk ;* de I.I. Rabi, *Oppenheimer* (Scribners, 1969) ; et de Philip Stern, *The Oppenheimer Case* (Harper & Row, 1969). Tous les ouvrages traitant de l'histoire des armes nucléaires et la plupart des mémoires de scientifiques de l'époque parlent beaucoup de lui. Mon récit se fondant pour l'essentiel sur des sources classiques, je n'ai donné les références que des citations directes ou des affirmations controversées.

3. Interview d'Oppenheimer, 18 novembre 1963, AIP.

4. Smith & Weiner, *Oppenheimer*, 93.

5. *Lawrence and Oppenheimer*, 49.

6. Robert Bacher, *Proceedings of the American Philosophical Society*, août 1972.

7. Entretien avec Robert Serber, 7 novembre 1985.

8. Smith & Weiner, *Oppenheimer*, 149.

9. *Lawrence and Oppenheimer*, 22.

10. Oppenheimer, *Scientific American*, septembre 1950.

11. I.I. Rabi, *Oppenheimer*, 7.

12. *Lawrence and Oppenheimer*, 25.

13. Lieutenant Colonel John Moynahan, *Atomic Diary* (Barton Publishing, 1946), 15. Oppenheimer apprit qu'il avait un cancer de la gorge au début de 1966. Il mourut un peu plus tard. On le voyait toujours avec une cigarette à la main. Moynahan mourut aussi d'un cancer, en 1985, qu'il attribua à la radioactivité à laquelle il avait été exposé à l'époque des essais de Trinity. *Times-Union*, 29 mars 1985.

14. Smith & Weiner, *Oppenheimer*, 143.

15. Ibid., 195.

16. Oppenheimer au général Groves au cours d'un voyage en train entre Cheyenne et Chicago, septembre 1943. *Dans The Matter of J. Robert Oppenheimer*, transcription des auditions devant le Conseil de sécurité (12 avril au 6 mai 1954), Commission de l'Energie atomique (US Government Printing Office, 1954). Les 992 pages de cette transcription constituent probablement l'introduction la plus intéressante pour comprendre les personnages qui ont donné la bombe atomique au monde.

17. Serber détruisit toutes les lettres qu'il avait reçues d'Oppenheimer avant de se rendre à Los Alamos, en 1943, de peur qu'elles n'alarment les services de sécurité, si jamais ils les découvraient. Entretien avec Serber, 7 novembre 1985.

18. Entretiens avec Weisskopf des 16 avril 1981 et 14 janvier 1988.

19. Jeremy Berstein, *Hans Bethe*, 65. Voir aussi, Atomic Energy Commission (auditions), 644.

20. Atomic Energy Commission, 327.

21. C'est dans *The Making of the Atomic Bomb* de Richard Rhode que l'histoire du Projet Manhattan est le mieux reconstituée.

22. Découverte publiée par Edwin McMillan et Philip Abelson dans *Physical Review*, 15 juin 1940. Après, les articles sur la fission furent interdits de publication jusqu'à la fin de la guerre, pour des raisons de sécurité. En mars 1942, on suggéra plusieurs noms pour le nouvel élément : « Extremium », « Ultimium. » McMillan suggéra « Neptunium » pour le 93e, et on appela donc « Plutonium » le 94e. Glean Seaborg, *New York Times*, 16 juillet 1985.

23. *The Making of the Atomic Bomb*, 381-382. C'était une bonne estimation ; la bombe au plutonium était faite d'environ cinq kilos de matériau fissile et celle à l'uranium (moins efficace) lancée sur Hiroshima en contenait environ 60 kilos. Walter Pincus, *The Washington Post*, 30 juillet 1985.

24. Rudolf Peierls, *Bird of Passage*, 172.

25. Leslie Groves, « The Atom General Answers his Critics », *Saturday Evening Post*, 19 mai 1948 ; cité dans *The Making of the Atomic Bomb*, 424-425.

26. Ibid. Dans ses mémoires, Groves ajoute : « Oh, ce truc-là ! » *Now It Can Be Told* (Harper & Row, 1962), 20. Groves emprunta son titre à l'ouvrage de Sir Philip Gibbs sur les horreurs de la première guerre mondiale.

27. *Now It Can Be Told*, 5.

28. *Now It Can Be Told*, 20.

29. Ibid.

30. *Now It Can Be Told*, 417. DSM était l'acronyme de Department of Substitute Materials, alors nom de code du projet. Groves préféra lui donner celui de Manhattan Engineer District (MED), plus anonyme.

31. *Now It Can Be Told*, 4.

32. Stefan Groueff, *Manhattan Project : The Untold Story of the Making of the Atomic Bomb* (Little, Brown, 1967) ; 332.

33. *Manhattan Project*, 28.

34. *Manhattan Project*, 151.

35. Ibid, 34 ; Leona Libby, *Uranium People* (Crane Russak, Scribners, 1979), 95.

36. Entretien avec Wigner, Princeton, 23 novembre 1988.

37. Stanley Blumberg et Gwinn Owens, *Energy and Conflict : The Life and Times of Edward Teller*, 120.

38. Arthur Compton, *Atomic Quest*, 113.

39. *Now It Can Be Told*, 140.

40. Entretien avec Robert Bacher, 9 août 1989.

41. Jane Wilson, *All in Our Time* (Bulletin of the Atomic Scientists, 1974), 147, cité dans Leona Libby, *Uranium People*, 197.

42. Entretien avec Bacher, 9 août 1989.

43. Lettre d'Oppenheimer à John Manley du 12 octobre 1942, dans Smith & Weiner, *Oppenheimer*, 231-232 ; *Now It Can Be Told*, 60.

44. *Now It Can Be Told*, 60-63.

Notes du chapitre 17

1. Traduit littéralement, le nom est Lycée technique supérieur, mais c'est en fait une institution d'un plus haut niveau.

2. Victor Weisskopf, « Souvenirs personnels sur Pauli », *Physics Today*, décembre 1985.

3. *Physics Today*, Op. cit.

4. Interview de Victor Weisskopf, 10 juillet 1963, AIP.

5. *Physics Today*, Op. cit.

6. Entretien avec Hans Bethe, 16 décembre 1988.

7. Surprenant de la part de Bohr, qui se dévoua beaucoup pour trouver des postes d'enseignement aux réfugiés.

8. Interview de Bethe, 17 janvier 1964, AIP ; entretien avec Bethe du 16 décembre 1988.

9. Lettre d'Oppenheimer à van Vleck du 10 juin 1942, Kimball et Weiner, *Oppenheimer*, 226.

10. Il y avait également Emil Konopinski, Stanley Frankel, Eldred Nelson. Voir également pour plus de détails Richard Rhodes, *The Making of the Atomic Bomb*, 415 et sq. ; Jeremy Bernstein, *Hans Bethe...*, 72 et sq. ; Arthur Compton, *Atomic Quest*, 1278 et sq. ; Stefan Groueff, *Manhattan Project*, 207 ; Edward Zuckerman, *The Day after World War III* (Viking, 1984), 29-30.

11. *Hans Bethe*, 77.

12. *Physics Today*, décembre 1976

13. *Hans Bethe*, 73. Rose souleva les mêmes questions sept ans plus tard, lorsque Bethe et d'autres se demandèrent s'ils devaient ou non se donner à fond dans le projet de « superbombe » de Teller (la bombe à hydrogène) au cours des six semaines qui suivirent l'annonce du premier essai atomique réussi des Soviétiques, en septembre 1949. Finalement, après le début de la guerre de Corée, Bethe conclut qu'il fallait le faire. L'aiguillon, cette fois, était évidemment la peur des Soviétiques. L'histoire des armes nucléaires suggère fortement que le facteur déterminant, lorsqu'une nation décide de prendre sur soi le coûteux et dangereux effort que constitue la mise au point d'armes nucléaires, n'est pas le désir de l'arme en soi, mais la peur des progrès de l'ennemi dans le même domaine. Ce fait rend d'autant plus critique la question (qui relève essentiellement des services secrets) de savoir ce que fait réellement l'ennemi.

14. Lettre de Weisskopf à Oppenheimer, 29 octobre 1942, archives Oppenheimer, Box 77, dossier Weisskopf. Lorsque je discutai pour la première fois de cette lettre avec Weisskopf, il était sûr de ne pas avoir parlé sérieusement ; je lui en envoyai la photocopie et il reconnut à regret qu'il avait effectivement été sérieux. Dans un paragraphe qu'il a ajouté depuis à ses mémoires, il dit : « J'ai aujourd'hui beaucoup de difficultés à comprendre comment j'ai pu proposer une idée aussi aberrante [...] » *The Joy of Insight* (basic Books, 1991), 119. Weisskopf fait partie de ces rares personnes qui acceptent de reconnaître avoir commis des actes dont elles ont honte.

De manière indirecte, c'est cette lettre de Weisskopf qui est à l'origine de ce livre. J'en ai entendu parler pour la première fois par l'historien Martin Sherwin, en 1981, lorsque je fis sa connaissance. Je lui dis que je devais rencontrer Weisskopf le lendemain et Sherwin m'avoua que le physicien lui en voulait d'avoir cité cette lettre dans son livre (*A World Destroyed*, Alfred Knopf, 1973). Je ne tardai pas à m'apercevoir que Weisskopf était effectivement en colère. C'est ainsi que je fus mis en présence des émotions complexes suscitées par le rôle d'Heisenberg pendant la guerre. Ce livre, auquel je ne me suis attelé sérieusement qu'en 1987, est le résultat d'une tentative pour comprendre ce que cachait la colère de tant d'hommes de science envers Heisenberg, encore quarante ans après la guerre. Weisskopf faisait partie de ceux, les plus rares, qui acceptaient de lui donner le bénéfice du doute ; mais toute l'affaire n'en restait pas moins pour lui chargée d'émotions.

15. Entretien avec Weisskopf du 13 juin 1989.

16. Lettre d'Oppenheimer à Weisskopf, 29 octobre 1942, archives Oppenheimer, Box 77, dossier Weisskopf ; lettre d'Oppenheimer à Bush, 29 octobre 1942, id., Box 23, dossier Bush.

17. Samuel Goudsmit, *Alsos,* 12.

18. Ibid., 7-8.

19. « Si seulement nous avions pu nous emparer d'un savant atomiste allemand, nous avions l'impression que nous aurions rapidement pu savoir ce que faisaient les autres. » *Alsos,* 11. Le contexte fait comprendre que le physicien auquel pensaient ces « nous » — à savoir Bethe, Goudsmit et tous ceux qui avaient discuté du projet d'enlèvement — était Heisenberg. On trouve l'histoire de cet épisode dans cinq lettres : Goudsmit à Lewis, 7 novembre 1942, AIP ; Vannevar Bush au général Strong, 18 novembre 1942, dossier Bush-Conant ; Carroll Wilson à Lee Dubridge, 20 novembre 1942, dossier Bush-Conant ; Goudsmit à Lee Dubridge, 25 novembre 1942, AIP ; Lee Dubridge à Carroll Wilson, 28 novembre 1942, AIP. Stanley Goldberg a écrit plusieurs articles sur Goudsmit, et il a eu l'obligeance de me donner des exemplaires manuscrits de ses travaux.

20. Documents de la mission Alsos que je dois à Bruce Old.

Notes du chapitre 18

1. Thomson à Lindemann, 4 juillet 1941, archives Lord Cherwell, Nuffield College, Oxford ; cité dans Robert Chadwell Williams, *Klaus Fuchs : Atom Spy* (Harvard University Press, 1987), 44.

2. Un an avant, seulement, Peierls et Frisch avaient ajouté à leur article sur la masse critique un avertissement disant qu'il était « tout à fait concevable » que les Allemands fussent en tête dans la course à la bombe. *The German Atomic Bomb,* 69.

3. Les autres noms, sur la liste de Peierls étaient G. Hoffmann, Otto Hahn, Fritz Strassmann, Siegfried Flugge, Carl Friedrich von Weizsäcker, Josef Mattauch, Karl Clusius, G. Dickel, Karl Wirtz, Hans Geiger, Walther Bothe, Rudolf Fleischmann, Gustav Hertz, Paul Harteck et G. Stetter. Peierls ne se trompait que dans le cas de Hertz, exclu pour raison raciale. *The German Atomic Bomb,* 98.

4. Rudolf Peierls, *Bird of Passage,* 166.

5. On peut trouver des copies des rapports de Peierls et Fuchs dans les archives Chadwick, au Churchill College de Cambridge ; cités dans Williams, *Fuchs,* 226, n. 38, 39. C'est au début de 1942 que Fuchs commença à donner des informations à un officier traitant soviétique en Grande-Bretagne ; en dépit des nombreux rapports détaillés qu'il fit plus tard sur le Projet Manhattan, l'information la plus importante qu'il révéla fut le fait de l'existence même de ce projet. L'histoire officielle de la bombe atomique soviétique donne d'ailleurs comme origine le printemps de 1942, soit *après* les premiers rapports de Fuchs. Voir Igor Golovin, *Kurthatov,* (Selbstverlag Press, 1988), passim, et David Holloway, *The Soviet Union and the Arms Race* (Yale University Press, 1983) 18 ; *Bird of Passage,* 166.

6. *Fuchs,* 39.

7. Interview de Jones par Irving, 7 janvier 1966 ; Microfilms d'Irving, 31-1338. Voir aussi Jones, *The Wizard War,* 205-206.

8. *The Wizard War,* 206. Soupçon justifié ; le directeur de Tube Alloys, Wallace Akers, et son adjoint, Michael Perrin, faisaient tous deux partie des patrons du ICI.

9. La personnalité de Tronstad et son amitié avec Wergeland et Hole sont décrites dans un rapport de Jommar Brun au colonel anglais John Wilson, Irving Microfilms, 31-1187. Voir aussi Hinsley, *British Intelligence...,* vol. II, 122 et sq. ; et *Le Griffon,* passim.

10. Harold Urey, « Preliminary Report to Dr V. Bush », 1er décembre 1941, dossier Bush-Conant. Voir aussi Arthur Compton, *Atomic Quest,* 221-222 ; et *The German Atomic Bomb,* 101.

11. Interview de Michael Perrin par Irving, 17 janvier 1966, Irving Microfilms, 31-1329.

12. Interviews du général Gubbins et du colonel Wilson par Irving, 27 janvier 1966 ; E.H. Cookridge, *Set Europe Ablaze* (Crowell, 1968), 320. Cette campagne contre la centrale norvégienne est l'épisode le plus connu de la guerre secrète menée contre le programme allemand de bombe atomique. Voir Thomas Gallagher, *Assault in Norway* (Harcourt Brace, 1975) ; Charles Cruikshank, *SOE in Scandinavia* (Oxford University Press, 1986), 198-202, et *The German Atomic Bomb*, chapitres 6 et 7.

13. *Set Europe Ablaze*, 1.

14. Ibid., 319 et sq.

15. *British Intelligence...*, vol. II, 125-126. A peu près à la même époque (mai 1942) le chef du MI6, Sir Stewart Menzies, nomma officiellement Welsh officicer de liaison entre le SIS et le directorat de Tube Alloys. Jones fut relégué à un rôle de soutien. *Ibid.*, 124.

16. Les Britanniques n'envisageaient peut-être pas de se limiter à la destruction des cellules électrolytiques de la centrale. Au cours de ses recherches, David Irving a interviewé le major-général Gubbins et le colonel Wilson et leur a demandé s'ils avaient eu à déplorer la mort ou l'assassinat de gens du SOE. Les deux militaires avaient éclaté de rire et répondu : « Oui, des dizaines ! » Ils ajoutèrent ne rien savoir du cas de Harteck et Suess. Irving Microfilms, 31-1337. Je n'ai trouvé aucune autre référence à ce cas. Voir aussi Suess, *Bull. of Atomic Scientists*, juin 1968 ; *The Wizard War*, 307 ; *The German Atomic Bomb*, 134.

17. Interview de Jones par Irving, Irving Microfilms, 31-1338.

18. On apprit plus tard que les quatre membres de l'équipage du Halifax périrent tous dans l'accident. Les survivants des deux planeurs furent rapidement pris par les Allemands. On fusilla sur-le-champ ceux du premier, mais on interrogea ceux du second avant de leur faire subir le même sort.

19. Interview de Jones par Irving, Irving Microfilms 31-1343. Rétrospectivement, Jones avait l'impression d'avoir été manipulé par Welsh ; celui-ci voulait aller de l'avant et avait besoin de son soutien pour faire pression sur le SOE, qui ne savait à peu près rien de la bombe et aurait pu rechigner devant les dangers que faisait courir une opération apparemment aussi mince. Voir aussi *The Wizard War*, 308.

20. *The German Atomic Bomb*, 165.

21. Le chiffre de deux ans avait été calculé ainsi : Welsh estima généreusement l'eau lourde perdue dans l'explosion à quatre mois de production. Des réparations faites rapidement et sans encombres prendraient à peu près un an, vingt mois s'il y avait des problèmes. Télégrammes du ministère de la Guerre britannique à Washington des 6 et 14 avril 1943.

Notes du chapitre 19

1. *Leo Szilard : His Version of the Facts*, 152.

2. Szilard à Compton, 1ᵉʳ juin 1942, RG 227, mi 1392, roll 7.

3. Lettre de Compton à Bush, 22 juin 1942, RG 227, mi 1392, roll 7.

4. Ce mémorandum est toujours classé secret, probablement à cause des détails sur l'utilisation d'un réacteur pour produire des poisons radioactifs. Il faisait partie, à l'origine, du « dossier espionnage » Bush-Conant actuellement aux Archives nationales. Irving décrit un briefing de Wigner sur la question, *The German Atomic Bomb*, 151. Six mois plus tard, en décembre 1942, Conant donnait une chance sur deux aux

Allemands de produire une bombe vers le milieu de 1945, et « peut-être une sur dix » avant. Lettre de Conant à Groves, 9 décembre 1942, Dossier Bush-Conant.

5. Mémo de John Wheeler à Compton, 23 septembre 1942, RG 227, mi 1392, roll 7. Wheeler avait lu dans le *New York Times* du 16 septembre 1942 qu'on allait envoyer en Suisse J. Curtiss, professeur à Yale, afin d'y recueillir des livres pour la bibliothèque de Yale. Voir ci-dessous.

6. Mémo de Wensel à Conant, 30 septembre 1942, Op. cit..

7. Wensel constitua la liste, comportant quinze noms, de savants suisses pour la plupart, comme l'avait suggéré Wheeler. Contribuèrent à la constitution de cette liste : Leo Szilard, Compton, Smyth et Wensel lui-même (avec les noms de Clusius en Allemagne et de Tronstad et Brun en Norvège). En mai 1943 Conant transmit la liste au général Styer et à Paul Fine, assistant de Richard Tolman, conseiller scientifique personnel de Groves. Elle aboutit entre les mains de Robert Furman qui la donna à l'OSS (voir Chap. 20). Vraisemblablement, aucun de ceux qui portèrent un nom sur cette liste ne se doutait qu'ils ajoutaient peut-être un objectif aux missions de bombardement des Alliés. Dossier Bush-Conant.

8. *Leo Szilard ; His Version of the Facts*, 149.

9. Joseph Hirschfelder, « The Scientific and Technological Miracle at Los Alamos », dans Lawrence Badash et Al., *Reminiscence of Los Alamos, 1943-1945 (Reidel Publishing, 1980)*, 68-69.

10. Ibid., 68.

11. Archives Oppenheimer, dossier Bethe.

12. Atomic Energy Commission, Auditions, 177. Harold Urey déclara aux reporters du *New York Times*, de *Time Magazine*, de *The New Republic* et de *Science Service* que l'eau lourde ne pouvait être utilisée comme explosif et que l'attaque de Rjukan avait sans doute pour but d'empêcher la fixation de l'azote.

13. *The German Atomic Bomb*, p. 185.

14. Auditions de la Commission à l'Énergie atomique, p. 177.

15. Télégramme de Leland Harrison au Département d'État, 14 mai 1943, Dossier Confidentiel, Légation américaine de Berne ; RG 84, box 14-1943, 854-891, Suitland Records Center. Compte rendu détaillé de la relation Wood-Respondek dans un extraordinaire récit écrit après la guerre par Woods pour Cordell Hull, archives Hull. C'est à John Dippel que je dois ce récit, qu'il envisage de publier sous le titre *Two Against Hitler* (Praeger).

16. Mémo de Harrison pour le général Legge, 29 mai 1943. Legge était l'attaché militaire.

17. Fred Israel, *The War Diary of Breckinridge Long* (University of Nebraska Press, 1966) 312-313.

18. Général Legge à Harrison, 8 juin 1943, Suitland Records Center, RG 84, box 14-1943.

19. Lettre de Bush à Strong, 21 septembre 1942, Dossier Bush-Conant.

20. Lettre de Conant à Groves, 9 décembre 1942, ibid.

21. Mémo de Bush pour Conant, 20 janvier 1943, ibid.

22. Mémo de Conant pour Bush, 8 juillet 1943, ibid.

23. Mémo de Bush pour Conant, 17 juin 1943, ibid.

24. Mémo de Conant à Bush, 24 juin 1943, ibid.

25. Bush, « Memorandum of Conference with the President », 24 juin 1943, ibid. Roosevelt n'était pas le seul politique informé ; un rapport du Military Policy Committee du 21 août 1943, parvint aussi au vice-président, Henry Wallace, au secrétaire à la Guerre Henry Stimson, et au chef d'état-major général, le général Marshall, recommandant très fortement la destruction des instituts de Berlin-Dahlem,

où travaillaient les « principaux physiciens allemands ». Archives Harrison Bundy, RG 77.

26. Général George Strong, « Memorandum for the Chief of Staff », 13 août 1943, RG 77.

27. Ibid.

28. Paraphrase of Telegram Just Received From a Reliable Source, 13 août 1943, RG 77.

29. Mémo adressé à Sir John Dill, sans date, mais évidemment du milieu de février 1943, RG 77.

30. Roger Freeman, *Mighty Eighth War Diary* (Jane's, 1981), 139 ; *The German Atomic Bomb*, 193-194.

31. Au moins quatre-vingt-dix personnes trouvèrent la mort au cours de la campagne contre Rjukan ; un commando de 36 hommes et les quatre hommes d'équipage du Halifax abattu, lors de la première tentative d'octobre 1942, 22 Norvégiens et au moins deux (peut-être 12) hommes d'équipage dans l'attaque de la 8ᵉ Air Force un an plus tard, et 26 passagers et membres d'équipage de l'Hydro. Pour une raison incompréhensible, les Allemands semblent n'avoir jamais réalisé que ces efforts répétés étaient l'indice que les Britanniques redoutaient serieusement la recherche allemande dans le domaine nucléaire.

Notes du chapitre 20

1. Le secret scientifique finit par être instauré aux États-Unis du jour où George Pegram, au printemps de 1940, convainquit Fermi de ne pas publier un résultat intéressant, la faible absorption des neutrons par le graphite pur, ce qui le rendait idéal comme modérateur dans une pile atomique. D'après Szilard : « A dater de là, le secret fut de rigueur. » *Leo Szilard ; His Version...*, 116.

2. D'après Lansdale, les officiers furent mis en congé et les appelés envoyés dans le Pacifique ; en tout, on traita ainsi une centaine de communistes. Entretien avec Lansdale du 3 novembre 1988.

3. Ibid. Voir aussi le manuscrit de John Lansdale, *John Lansdale's Junior Military Service*, 1978, 12 et sq ; et *Now It Can Be Told*, 138 et sq.

4. Mémorandum de Lansdale du 14 septembre 1943, cité dans Atomic Energy Commission, auditions, 159.

5. Voir principalement Philip Stern, *The Oppenheimer Case* (Harper & Row, 1969) ; Richard Pfau, *No Sacrifice too Great* (University Press of Virginia, 1984) ; et le livre de Priscilla Johnson McMillan, à paraître bientôt.

6. Les liens de Kitty Oppenheimer avec le parti communiste furent une source d'ennuis sans fin pour son mari. A un moment donné, les enquêteurs découvrirent même qu'elle avait un lien de parenté avec un général de la Wehrmacht ayant assisté à une réunion sur la recherche nucléaire allemande. Entretien avec Philip Morrison, 30 mars 1988.

7. *John Lansdale Junior Military Service*, 29 et sq.

8. Entretien avec Lansdale du 3 novembre 1988.

9. *John Lansdale Junior Military Service*, 35.

10. Entretiens avec Robert Bacher, 9 et 15 août 1989.

11. Ibid.

12. Leona Libby, *Uranium People*, 110.

13. Atomic Energy Commission, auditions, 618.

14. Tel que raconté par Teller à Harold Bergman du JCAE en mai 1950. Manuscrit de Richard Rhodes non publié.

15. *Now It Can Be Told*, 185-186.

16. Groves, papiers personnels, notes dictées le 14 octobre 1963, RG 200.

17. Peu d'hommes furent mêlés d'aussi près au Projet Manhattan que Robert Furman ; c'est lui, par exemple, qui escorta personnellement le cœur de la bombe qui détruisit Hiroshima, de Los Alamos à l'île de Tinian, dans le Pacifique. Il est cependant largement absent de la littérature ; son nom n'apparaît même pas dans l'index du récit définitif de Richard Rhodes, *The Making of the Atomic Bomb*. Dans ses mémoires, Groves déclare : « Je me suis servi de Furman avant tout pour des projets spéciaux comme celui-ci [le renseignement]. Il a toujours agi avec rapidité et efficacité. » *Now It Can Be Told*, 196. Furman déploya cependant une très grande activité et on trouve ses lettres et ses mémos éparpillés un peu partout dans les archives du MED. En outre, les événements racontés ici se fondent sur quatre entretiens avec Furman lui-même (4 novembre 1988, 26 janvier et 24 avril 1989, 6 mars 1990) et sur plusieurs centaines de pages de lettres personnelles, de mémos et de notes qu'il m'a aimablement autorisé à recopier.

18. Entretiens avec Morrison du 30 mars 1988 et du 22 mars 1989.

19. Journal de Karl Cohen, manuscrit, photocopies données par l'auteur.

20. Entretiens avec Morrison, 30 mars 1988, 22 mars 1990.

21. Lettre de Karl Cohen au général Groves, 27 mars 1944, photocopies données par Cohen à l'auteur.

22. Journal de Cohen, 18 mars 1944.

23. Pamela Spencer Richards, « Gathering Enemy Scientific Information in Wartime », *Journal of Library History*, printemps 1981. Voir aussi Robin Winks, *Cloak and Gown*, 101-106.

24. Journal de Cohen, 17 août 1943.

25. Lettre de Karl Cohen à Robert Furman, 25 mai 1944, copie donnée par Cohen à l'auteur.

26. Alvarez, *Adventures of a Physicist*, 120-121.

27. Entretien avec Maurice Goldhaber, 24 octobre 1988.

28. Entretiens avec Furman, 4 novembre 1988 et 26 janvier 1989.

29. Lettre d'Oppenheimer au major Furman, 23 septembre 1943, archives Oppenheimer, Bibliothèque du Congrès.

30. Richard Dunlop, *Donovan*, 97.

31. Stanley Lovell, *Of Spies and Stratagems* (Prentice Hall, 1963) 179.

32. James Grafton Rogers, *Wartime Washington* (University Publications of America, 1987), 8.

33. Elizabeth McDonald, *Undercover Girl* (McMillan, 1947), 18.

34. *Of Spies and Stratagems*, 17 et sq.

35. Ibid., 22.

36. Ibid., 40.

37. Lovell avait pleinement adopté l'état d'esprit de Donovan, à l'époque ; il alla jusqu'à proposer qu'on oblige le pape à prédire que Dieu frapperait les dirigeants fascistes de cécité comme avertissement. Ibid., 81 et sq.

38. Ibid, 85.

39. Rogers, 160.

40. Lorsque Eifler retourna en Inde en mai 1944, Stilwell lui dit avoir renoncé à l'assassinat « pour le moment ». Voir Thomas Moon et Carl Eifler, *The Deadliest Colonel* (Vantage Press, 1975), 145, 184, 193, 242. Il n'y a rien d'impossible dans l'affirmation d'Eifler ; il connaissait Stilwell depuis des années et ce dernier fut relevé de son commandement en août 1944 parce qu'il n'arrivait pas à s'entendre avec Tchang Kaï-chek. A part la parole d'Eifler, rien ne nous garantit qu'il envisagea d'assassiner sa Némésis. Cependant, dans un cas similaire, nous avons largement la

preuve que Eifler ne mentait pas, comme nous le verrons ; je suis donc enclin à le croire dans le cas de Stilwell, en particulier parce qu'on ne voit pas pourquoi il l'aurait inventé.

41. Mon évaluation de la date se fonde sur le fait que Furman fut en contact étroit avec l'OSS à partir de la mi-novembre 1943, chose impossible avant que Groves eût rencontré Donovan. Dans une lettre à David Irving du 29 novembre 1965, Groves dit que Marshall lui a confié la responsabilité des renseignements après avoir appris que les Britanniques ne leur avaient pas communiqué certaines informations sur les bombes volantes allemandes. Dans son livre *The Mare's Nest*, Irving dit que la première information anglaise communiquée à Washington sur cette question date du 20 décembre 1943. Marshall était certainement scandalisé, et il ne fait aucun doute que Groves et Furman avaient commencé de former l'OSS au moins un mois plus tôt ; il paraît vraisemblable que cela eut lieu après les préliminaires entre Marshall et Donovan que Groves décrit dans ses mémoires, 185-186.

42. Anthony Cave Brown, *Wild Bill Donovan : The Last Hero* (Times Books, 1982), 305-314, 342-343. Voir aussi *Of Spies and Stratagems*, 163 et sq., et *Wartime Washington : The Secret OSS Journal of James Grafton Rogers*, 1942-1943, passim.

43. Entretiens avec Furman, 4 novembre 1988 et 26 janvier 1989.

44. Dans une lettre du 24 mai 1943, James Conant avait demandé au général Styer d'ajouter le nom de Karl Clusius à la liste, disant : « Je crois qu'elle est maintenant complète. » Une note de bas de page précise qu'une copie a été donnée à M. Paul Fine « à la demande du Dr Tolman ». Dossier Bush-Conant.

45. On trouve le dossier AZUSA dans les archives de l'OSS, RG 266. Il consiste en deux parties de cent pages chacune (télégrammes reçus et envoyés). Une documentation séparée (nom de code Toledo) traite de la guerre chimique et bactériologique et inclut beaucoup de télégrammes ayant un rapport car on traitait toujours les deux sujets ensemble — en partie pour tenter de dissimuler l'intérêt grandissant des Américains pour le programme allemand de bombe atomique. De nombreux autres documents ayant trait aux renseignements atomiques se trouvent dispersés dans d'autres dossiers de l'OSS ; les plus importants d'entre eux seront identifiés au fur et à mesure que nous les rencontrerons. Les noms des scientifiques de la liste de l'OSS furent télégraphiés en Suisse entre le 10 novembre et le 29 décembre 1943.

Notes du chapitre 21

1. Entretien avec John Lansdale, 16 septembre 1988.

2. Mémo de Bush, non daté, sans doute entre le 30 septembre et le 10 octobre 1943, avec une note manuscrite ajoutée : « tel qu'envoyé à Groves et Purnell. » Dossier Bush-Conant.

3. Entretiens avec Furman, 4 novembre 1988 et 24 avril 1989.

4. *British Intelligence in the Second World War*, vol. 2, 128.

5. Henry Denham, *Inside the Nazi Ring* (Londres, 1984).

6. Premier responsable du SOE, Sir Charles Hambro prit contact avec la résistance danoise à Stockholm en novembre 1940. En février 1941, il envoya Ronald Turnbull diriger l'antenne du SOE de la capitale suédoise. Envoyés à Turnbull, les câbles de Welsh passaient par les mains de Henry Denham avant d'arriver dans celles d'Ebbe Munck, qui les relayait par radio ou les envoyait par porteur au Danemark. Ce système, compliqué sur le papier, fonctionna en réalité très bien. Après trois échecs pour établir son propre réseau radio au Danemark, le SOE laissa la résistance danoise s'en occuper, contrairement à tout ce qui se pratiquait dans les autres pays occupés.

On trouvera la description de la résistance danoise et de ses relations avec les renseignements britanniques dans Jorgen Haestrup, *Secret Alliance* (Columbia University Press, 1978) ; Harold Flender, *Rescue in Denmark* (Simon & Schuster, 1963) ; John Oram Thomas, *The Giant Killers* (Londres, 1975) ; Richard Petrow, *The Bitter Years* (William Morrow, 1974) ; et Charles Cruikshank, *SOE in Scandinavia* (Oxford University Press, 1986).

7. *The Giant Killers*, 32. Pour autant qu'on le sache, ce rapport fut le premier à laisser entendre que Bohr connaissait quelque chose du programme allemand de bombe atomique ; on pensait que le message d'Ivar Waller, un an auparavant, avait Bohr pour origine. Il me semble cependant que l'alerte avait été donnée auparavant. Quelqu'un aura peut-être plus de chance que moi en s'attaquant aux indices que j'ai :

— William Casey, *The Secret War Against Hitler* (Regnery Gateway, 1988), 49, suggère qu'en 1942 « un message radio de la résistance danoise » rapporte la rencontre Heisenberg-Niels Bohr de septembre 1941. Casey est assez désinvolte avec ses sources, et il est souvent difficile de savoir ce qu'il a rédigé lui-même et ce qui vient de son assistant ; le livre était inachevé à sa mort. Mais cette affirmation n'a rien d'improbable et expliquerait que Welsh ait tant souhaité faire sortir Bohr du Danemark.

— Une lettre de Lise Meitner à Max von Laue du 20 avril 1942 rapporte une conversation avec Christian Moller (collègue de Bohr) commentant la visite d'Heisenberg. Laue répondit le 26 avril, disant que Heisenberg venait d'être nommé à la tête de la KWG. Meitner transmit « ce fait très intéressant » à Max Born, à Edinburgh. La lettre de Meitner était probablement à l'origine de la remarque de Born dans une lettre à Einstein du 15 juillet 1944 que « même Heisenberg, comme je l'ai appris de source sûre, a travaillé d'arrache-pied pour ces crapules ». [La correspondance de Meitner se trouve avec ses autres papiers au Churchill College de Cambridge ; des copies m'en ont été aimablement adressées par Ruth Sime, du Sacramento City College, qui prépare une biographie de Meitner. La lettre de Born a été publiée dans *The Born-Einstein Letters* (Londres, 1971), 144. Il la commente ainsi : « Mon opinion sur Heisenberg n'était probablement pas justifiée. Il m'expliqua plus tard en quoi avait consisté son travail sous le règne de Hitler et comment cela avait régi ses relations avec le régime. » 167]

— Dans un mémo adressé à Arthur Compton, John Wheeler écrit : « Ci-joint copie d'une lettre de Ladenburg un peu plus complète que l'autre sur la récente visite d'Heisenberg dans ce pays. » Je n'ai pu retrouver la trace d'aucune des deux lettres citées ici. Dossier Bush-Conant.

Même si une version de la rencontre Bohr-Heisenberg a bien atteint les services de renseignements alliés dès le printemps de 1942, l'événement ne prit de l'importance qu'après l'arrivée de Bohr lui-même en octobre 1943, comme nous le verrons.

8. *The Wizard War*, 308.

9. Abraham Pais, *Niels Bohr's Times*, 486.

10. *The Giant Killers*, 32-33. Le message est reproduit dans Rozental, *Niels Bohr*, 192 et est daté « 27/2 ».

11. *The Giant Killers*, 33.

12. On pourra trouver l'invitation de Chadwick et la réponse de Bohr dans Ruth Moore, *Bohr*, 297-298. Bohr doutait alors qu'on pût fabriquer une bombe pendant la guerre ; nous verrons plus loin ce qui le fit changer d'avis.

13. Gyth photographia la lettre de Bohr et plaça le négatif non développé dans une enveloppe ne laissant pas passer la lumière. Le soir même, l'opérateur radio danois Lorens Duus Hansen contactait Munck à Stockholm pour l'avertir qu'il ne fallait ouvrir la lettre que dans une chambre noire. Gyth fit poster la lettre par un ami qui

travaillait au ferry d'Helsingborg ; elle arriva à une « boîte à lettres » de Stockholm et parvint de la manière habituelle à Londres. *The Giant Killers*, 34-35.

14. Je dois à Jomar Brun (lettre du 11 octobre 1988) les renseignements sur la visite des scientifiques suédois et la date du télégramme. La lettre de Bohr est paraphrasée par son fils Aage dans Rozental, *Niels Bohr*, 194-195, qui suggère que la décision d'écrire de son père a tenu à plus qu'un seul rapport. Il est clair que Bohr a discuté de la production d'eau lourde avec les Suédois, et seulement probable que c'est Jensen qui lui a parlé de la production d'uranium-métal. D'après Rozental, Jensen et Suess ont rendu visite à l'institut de Bohr à la fin du printemps 1943. Entretien avec Rozental, 11 mai 1989.

15. Best avait depuis les années trente la réputation d'être un nazi et d'avoir eu pour tâche, comme officier de la Gestapo, d'expliquer les « morts accidentelles » dans les prisons de la Gestapo aux journalistes et diplomates étrangers. Ernst von Weizsäcker l'avait cependant convaincu de poursuivre la politique de protection de Bohr. Sur la carrière de Best au Danemark, voir Leni Yahil, *The Rescue of Danish Jewry* (Jewish Publication Society, 1969), appendix II, 407 et sq. Aussi Ernst von Weizsäcker, *Memoirs* (Regnery, 1951), 61, 272. On trouvera d'autres détails dans les dossiers de son défenseur à Nuremberg, Helmut Becker, *Politisches Archiv des Auswartiges Amt*. Ma reconnaissance à Karen Bingel, de McGill University à Montréal, pour avoir attiré mon attention sur ces documents.

16. Ce geste a probablement sauvé la vie d'Ernst von Weizsäcker. Son nom et son rôle étaient connus de beaucoup de résistants allemands parmi ceux qui furent exécutés par la Gestapo, à la suite de l'attentat manqué contre Hitler, en juillet 1944.

17. Le rôle de Duckwitz est décrit dans la plupart des études sur le Danemark pendant la guerre. Voir par exemple *The Rescue of the Danish Jewry*, passim.

18. *Ibid.*, 39.

19. *Ibid.*, 191.

20. *Ibid.*, 48.

21. *The Bitter Years*, 201.

22. Interview de Margrethe Bohr, 23 janvier 1963, AIP.

23. Rozental, *Niels Bohr*, 167 ; Ruth Moore, *Niels Bohr*, 301 ; entretien avec Rozental, 11 mai 1989.

24. Moore, *Niels Bohr*, 302 ; *The Rescue of the Danish Jewry*, 328. Immédiatement après sa fuite, Niels Bohr parla à Munck de la source de l'avertissement du 29 septembre. Munck dit à Leni Yahil que Dardell était cette source, le 28 septembre. Moore, *Niels Bohr*, 301-303, mentionne les deux avertissements, disant seulement qu'ils provenaient de « deux sources très sûres [...] ».

25. Dans une lettre à Compton du 8 mars 1946, Bohr déclare que l'ingénieur danois Niels Plum l'a aidé avec la plus grande efficacité lorsqu'il s'agit de prendre les dispositions « pour que ma femme et moi-même nous nous échappions du Danemark [...] ». AIP. Voir aussi Abraham Pais, *Niels Bohr's Times*, 487 et sq.

26. *The Giant Killers*, 35-36.

27. *Ibid.*, 36 ; Moore, *Niels Bohr*, 307.

28. La lettre de Meitner est cité dans *The Griffin*, 121. A cette époque, von Laue, interné par les Américains en Belgique, n'allait pas tarder à être transféré en Angleterre.

29. *The Griffin*, 194. Arnold Kramisch a interviewé Njal Hole.

30. Cité dans *The Rescue of the Danish Jewry*, 327.

Notes du chapitre 22

1. La résistance initiale d'Anderson tenait à ce que le chimiste Victor Goldschmidt avait clamé sur les toits à Stockholm qu'il voyagerait avec Bohr. « Pourquoi devrais-je me déranger pour rendre service à ce monument d'indiscrétion ? » demanda Anderson. Goldschmidt emprunta finalement un autre avion. Entretien avec Charles Frank, 21 mai 1988. Voir aussi Abraham Pais, *Niels Bohr's Times*, 488.

2. Jones, *The Wizard War*, 474.

3. John Thomas, *The Giant Killers*, 37 ; Ruth Moore, *Niels Bohr*, 309 ; Rozental, *Niels Bohr*, 196.

4. Ruth Moore, *Niels Bohr*, 309 et sq. ; Rozental, *Niels Bohr*, 196-197. *The Griffin*, 195, précise que Niels Bohr et son fils, arrivés une semaine plus tard, descendirent au St Ermin's Hotel, Caxton Street.

5. Robert Oppenheimer, *New York Review of Books*, 17 décembre 1964.

6. Entretiens avec Frank du 21 mai 1988 et avec Jones du 18 mai 1988. Voir aussi *The Wizard War*, 174-475, et *The Griffin*, 195-196. D'après Kramisch, le dîner eut lieu le 8 octobre.

7. Interview de Michael Perrin par David Irving, 17 janvier 1966, 31-1333. Perrin souligne que cet échange se produisit la première fois que Lindemann rencontra Bohr, lors du dîner au Savoy du 8 octobre 1943.

8. Lors de la visite d'Imperial Chemicals Industries du 11 novembre, à Billingham, Bohr et son fils se trouvèrent assis, lors du repas qui suivit, à côté de l'expert en eau lourde norvégien, Jomar Brun. Les trois hommes parlèrent en danois et norvégien, langues que ne comprenaient pas les autres invités. Brun savait l'importance que Bohr attribuait à l'eau lourde par le câble reçu par Welsh signalant la visite des physiciens suédois à Copenhague. Aucun des convives ne savait que Rjukan allait être bombardé par les Américains cinq jours plus tard, mais Brun voulait savoir pourquoi Bohr avait dit aux Suédois que la centrale devait être détruite ; il profita de l'intimité que lui donnait le scandinave pour demander à Bohr quel rôle l'eau lourde avait à jouer dans la guerre. Bohr nia qu'elle eut la moindre importance mais ajouta qu'elle pourrait jouer un rôle technique après le conflit. La réponse intrigua beaucoup Brun, car ce n'était nullement ce que Bohr avait déclaré aux Suédois, quelques mois auparavant, et il se demanda ce qui l'avait fait changer d'avis. Lettre de Brun à l'auteur, 11 octobre 1988. Pendant cette période, Bohr vit aussi Peierls à Birmingham. Peierls, *Bird of Passage*, 180.

9. Oppenheimer, *New York Review of Books*, 17 décembre 1964.

10. Moore, *Niels Bohr*, 315.

11. *Ibid.* ; Rozental, *Niels Bohr*, 197 et *sq.*

12. Mémo de Bush sans date (début octobre 1943), Dossier Bush-Conant.

13. Moore, *Niels Bohr*, 316.

14. Notes dictées par Groves, 13 décembre 1962, Papiers personnels de Groves, RG 200.

15. J.D. Cockroft, « Niels Henrik David Bohr », *Biographical Memoirs of Fellows of the Royal Society*, vol. 9, novembre 1963. Dans leurs entretiens, Lansdale et Furman ont tous les deux souligné que Groves a tout d'abord considéré Bohr comme une menace majeure et n'avait que faire de ses états d'âme vis-à-vis de la bombe. Il le traita cependant avec la plus grande courtoisie et il semble que Bohr n'ait jamais soupçonné que le général le considérait comme un dangereux naïf gonflé d'importance.

16. Dans le groupe se trouvait aussi Klaus Fuchs. Mémo d'Henrich à Bird,

« Information concerning Niels Bohr », 28 juillet 1950, citant une lettre du général Strong au Département d'État du 20 novembre 1943.

17. Agenda de Groves, 6 décembre 1943, RG 200, archives Groves. On trouvera les détails sur l'arrivée de l'*Aquitania* dans le rapport au FBI de David Turlington, 31 janvier 1944. Transatlantique à quatre cheminées construit avant la première guerre mondiale, l'*Aquitania*, avec sa vitesse de trente nœuds, échappait aux sous-marins allemands. La plupart des 692 passagers, en décembre 1943, étaient des commerçants britanniques, des fonctionnaires du gouvernement britannique, des militaires ; il y avait aussi 21 civils américains.

Lansdale confia la tâche de cornaquer Bohr à son ancien associé dans la vie civile, Edmund Durkin. Entretien avec John Lansdale, 16 septembre 1988.

18. Harry Traynor, lettre à l'auteur, 17 novembre 1988. L'agenda de Groves laisse à penser que Lansdale avait demandé à Traynor de régler les détails pratiques de l'arrivée de Niels Bohr. Traynor dit cependant ne pas s'en souvenir ; il se trouvait d'ordinaire à Oak Ridge, avait été envoyé à New York pour s'occuper de minerai d'uranium et n'avait jamais rencontré Bohr avant de le voir dans le train.

19. Notes de Groves, 13 décembre 1962. En février 1944, Lansdale envoya un mémo à Tolman disant que les « Baker » retourneraient sous peu à Washington ; pouvait-il demander à Bohr d'être prudent avec la circulation ? Mémo de Lansdale à Tolman du 5 février 1944.

20. Pendant ces conversations, Sir Ronald Campbell, Premier ministre britannique, accompagnait souvent Halifax. Moore, *Niels Bohr*, 321 et sq. ; Martin Sherwin, *A World Destroyed*, 99 et sq.

21. Felix Frankfurter en fait une description très détaillée dans un mémo à Lord Halifax, 18 avril 1945, JRO. Lorsque Groves entendit parler des conversations qu'avait eues Bohr avec Frankfurter et le président Roosevelt, il chargea Lansdale de récupérer toutes les notes que Frankfurter pouvait avoir prises sur le sujet.

22. Des rapports antérieurs pouvaient aussi laisser penser que Bohr avait quelque chose à dire. Le 20 novembre 1943, Lewis Strauss, qui travaillait alors pour la Navy, écrivit à Vannevar Bush pour lui dire avoir appris que Max von Laue s'était trouvé à Stockholm pendant la première semaine d'octobre et avait rencontré Bohr. C'était inexact. Von Laue avait rendu visite à Lise Meitner au printemps de 1943. Dossier Bush-Conant.

23. Agenda de Groves.

24. Lettre de Furman à l'auteur, 28 décembre 1988.

25. Entretiens avec Furman des 4 novembre 1988, 26 janvier et 24 avril 1989, et 6 mars 1990.

26. Lettre de Furman à l'auteur, 28 décembre 1988.

27. Entretien avec Stefan Rozental, 11 mai 1989.

28. Moore, *Niels Bohr*, 297-298.

29. « Miscellaneous notes », janvier 1944, RG 77. Page probablement écrite par Furman, faisant partie d'un ensemble de documents sur le renseignement atomique datant de l'hiver 1943- 1944.

30. *British Intelligence...*, vol. 3, 585.

31. Entretiens avec Furman, 4 novembre 1988 et 26 janvier 1989.

32. Lettre de Ladenburg à Goudsmit, 23 octobre 1946, archives Goudsmit, AIP. Ladenburg ne précise pas qui sont ces « nous », mais Pauli et Einstein se trouvaient tous les deux à Princeton à cette époque et en entendirent aussi certainement parler. Gregor Wentzel déclara au journaliste de l'AIP Thomas Kuhn (notes de Kuhn, Wentzel refusant d'être enregistré) « que Pauli était très blessé par le comportement d'Heisenberg pendant la guerre et par le fait que depuis qu'elle était finie, il n'avait jamais entendu le moindre mot d'excuse sortir de sa bouche pour les choses qui

s'étaient passées ». Nous verrons à la fin de ce livre quel genre d'excuses on aurait pu attendre d'Heisenberg.

33. Rozental, *Niels Bohr*, 205-206.

34. Mémo de Bohr du 3 juillet 1944, JRO. Il faut souligner l'importance de cette remarque : Jensen déclara à des amis qu'il avait dit à Bohr qu'il n'y avait aucun programme allemand de bombe atomique ; Rozental rapporte que cette affirmation lui a été confirmée à Copenhague pendant la guerre et Bohr, dans son mémo du 3 juillet, confirme aussi que ses contacts avec des scientifiques allemands lui avaient donné cette impression.

35. *The Rescue of Danish Jewry*, 327.

36. « Bohr était sûr, comme il me l'a dit, que Heisenberg sous-entendait à tout le moins que les Allemands travaillaient déjà à la bombe. » C'était vrai en septembre 1941 ; ça ne l'était plus lors de la visite de Jensen, pendant l'été de 1942. Jones vit Bohr à Londres en octobre 1943, mais il n'eut de longues conversations avec lui qu'en avril suivant. *The Wizard War*, 473, 475-477.

37. Le récit de ces événements se trouve dans Abraham Pais, *Niels Bohr's Times*, 489-490 ; Moore, *Niels Bohr*, 317-318 ; Rozental, *Niels Bohr*, 171-172. Moore se trompe lorsqu'elle affirme que Bohr apprit la nouvelle juste avant de partir pour les États-Unis ; l'occupation de l'institut eut lieu le jour où le Danois arrivait à New York.

38. Lettre de Groves à Oppenheimer, 18 décembre 1964.

39. George Gamow, *My World Line*, 65.

40. Entretiens avec Weisskopf, 21 octobre 1991, et avec Robert Serber, 13 juin 1990.

41. Interviews de Margrethe Bohr et Stefan Rozental, 23 janvier 1963, AIP.

42. Moore, *Niels Bohr*, 324 ; Notes de Groves, 13 décembre 1962.

43. Lettre d'Oppenheimer à Groves, 1er janvier 1944. Mémorandum du 31 décembre 1943 signé par Hans Bethe et Edward Teller, « Explosion of an Inhomogeneous Uranium-Heavy Water Pile » ; RG 77.

44. Atomic Energy Commission, auditions, 1966.

45. Oppenheimer, *New York Review of Books*, 17 décembre 1964.

Notes du chapitre 23

1. Entretiens avec John Lansdale, 16 septembre 1988 et 24 avril 1989 ; *John Lansdale Jr Military Service*, manuscrit ; Groves, *Now It Can Be Told*, chapitres 13, 15 et 17.

2. Lettre de Lansdale à Groves, 1er février 1960, Groves Papers, RG 200. Le 7 janvier 1944, Lansdale fut officiellement rattaché au bureau de Groves, tout en restant nominalement membre du service de contre-espionnage [CIC, Counter Intelligence Corps]. Le 2 mars 1944, transféré au Manhattan Engineer District, il n'eut plus de liens avec le CIC.

3. Entretiens avec Lansdale du 16 septembre et 3 novembre 1988, et du 24 avril 1989.

4. *Ibid.*

5. Lettre d'Oppenheimer à Bush, 29 octobre 1942, archives Oppenheimer.

6. Samuel Goudsmit, *Alsos*, 11-12.

7. George Strong, « Mémorandum pour le chef d'état-major », 13 août 1943.

8. Notes de Groves dictées le 16 octobre 1963. Archives Groves, RG 200.

9. Lettre d'Oppenheimer à Groves, 1er janvier 1944. RG 77.

10. Rud Nielsen, « Memories of Niels Bohr », *Physics Today*, octobre 1963.

11. Entrevues avec Bethe, 16 décembre 1988, 23 septembre et 1er décembre 1989. Aage Bohr, qui se trouvait pourtant à la réunion du 31 décembre, ne se souvenait pas du dessin et avait même des doutes à son sujet. Dans une lettre datée du 16 novembre 1989, il m'écrit : « Heisenberg n'a certainement pas dessiné de réacteur pendant sa visite, en 1941. Il n'a pas été une seule fois question du mode d'opération d'un réacteur. »

Je trouvai la première mention de ce dessin dans Jeremy Bernstein, *Hans Bethe : Prophet of Energy* (Basic Books, 1980), 77-78. Je fus immédiatement frappé par ce qu'avait d'extraordinaire le fait, pour Heisenberg, de donner à Bohr le dessin d'un projet militaire hautement secret en temps de guerre. C'était à mes yeux la preuve formelle que l'initiative d'Heisenberg était toute personnelle, pour dire le moins. Je fus donc très surpris que Aage Bohr n'eut aucun souvenir de ce dessin et téléphonai immédiatement à Bethe (1er décembre 1989) pour m'assurer qu'il n'aurait pas commis quelque monumentale erreur, en dépit du fait qu'il avait dessiné pour moi, de mémoire, une copie du dessin en question lors d'une rencontre précédente. Au risque de passer pour grossier, car je ne voulais pas laisser planer le moindre doute, je soumis Bethe à l'équivalent journalistique d'un « troisième degré ». Voici ce qu'il me déclara : que (1) il y avait bien un dessin, que (2) Bohr en a discuté lors de la réunion qui suivit son arrivée à Los Alamos, que (3) Bohr lui avait dit que le dessin avait été exécuté par Heisenberg, que (4) Bohr avait précisé, lors de la réunion du 31 décembre, qu'il pensait que c'était le plan d'une bombe, tel que la concevait Heisenberg, que (5) en dépit de ce que le dessin avait d'approximatif, il avait tout de suite conclu qu'il représentait un réacteur. Je suis reconnaissant à Bethe d'avoir supporté mon insistance. [Communication confirmée par une lettre du 27 novembre 1991.]

Victor Weisskopf m'a aussi décrit le dessin (entretien du 5 juin 1990) et David Hawkins m'a déclaré (entretien du 29 août 1988) qu'il se souvenait en avoir entendu parler à Los Alamos à l'époque. La réunion de Los Alamos du 31 décembre est décrite dans la lettre d'Oppenheimer à Groves du 1er janvier 1944 et les conclusions figurent dans le rapport Bethe-Teller du 31 décembre (les deux se trouvent dans les dossiers du MED, RG 77). Il n'est suggéré nulle part que Heisenberg aurait formellement dit à Bohr comment devrait être construite une bombe ; la réunion de Los Alamos s'intéressa au raisonnement de Bohr — comment ce dessin pouvait conduire à la bombe. Cet épisode a plusieurs conséquences importantes, en particulier la croyance dans laquelle restèrent Groves (jusqu'à sa mort) et Goudsmit (pendant plusieurs années) que Heisenberg, en réalité, *confondait* bombe et réacteur. Voir Leslie Groves, *Now It Can Be Told*, 336. Samuel Goudsmit, *Alsos*, 177-178, dit qu'à la fin de 1943, Bohr « signala que les Allemands s'occupaient simplement de fabriquer une pile explosive. A cette époque, nous pensions que cela signifiait seulement que les Allemands avaient réussi à garder secrets leurs véritables objectifs, même devant un scientifique aussi perspicace que Bohr ». En dépit de Aage Bohr, j'estime que l'existence de ce dessin ne peut être mise en doute.

12. Entretien avec Weisskopf, 5 juin 1990.

13. Entretien avec Bethe, 16 décembre 1988.

14. *Ibid.*, 23 septembre 1989.

15. *Ibid.*, 16 décembre 1988.

16. Robert Oppenheimer, « Niels Bohr and Atomic Weapons », *New York Review of Books*, 17 décembre 1964.

17. Entretien avec David Hawkins, 29 août 1988.

18. Oppenheimer, *op. cit.*, 18 décembre 1964.

19. Lettre d'Oppenheimer à Weisskopf, 29 octobre 1942, Archives Oppenheimer.

20. Entretien avec Bethe, 16 décembre 1988.

21. *Ibid.*, 23 septembre 1989.
22. Entretien avec Morrison, 22 mars 1990.
23. Entretien avec David Hawkins, 29 août 1988.
24. Note de Groves dictée le 16 octobre 1963. Archives Groves, RG 200.

Cette note ressemble fort à la manière dont Groves rend compte de la façon dont Marshall lui confia le soin du renseignement. Dans ses mémoires, on se souvient qu'il écrivit : « A l'automne de 1943, le général Marshall me demanda, par l'entremise de Styer, si quelque chose pouvait m'empêcher de prendre en charge le service des renseignements étrangers dans le domaine qui nous intéressait. Apparemment, il avait l'impression que les agences existantes étaient mal coordonnées [...] Comme d'habitude, rien ne fut mis par écrit. » *Now It Can Be Told*, 185.

Parmi les papiers personnels de Groves figure une lettre à l'historien anglais David Irving du 29 novembre 1965, dans laquelle il dit supposer que Marshall lui avait confié le renseignement après avoir appris que les Anglais n'avaient pas communiqué les informations qu'ils détenaient sur les bombes volantes, ou V-2. Dans son livre sur le programme allemand de fusées, *The Mare's Nest*, Irving écrit que le premier renseignement sur ce sujet fut passé à Washington le 20 décembre 1943, soit dix jours avant l'arrivée de Bohr à Los Alamos.

Groves nous donne donc deux versions différentes de la manière dont il reçut son mandat de Marshall ; l'une (celle de ses mémoires) part de l'idée qu'il n'y a pas de raison pour qu'il ne s'occupe pas des renseignements et la seconde (dans une note du 16 octobre 1963) de la réponse de Marshall, qu'il n'avait qu'à s'occuper lui-même de « son sale boulot ». Les deux fois, le général Styer aurait servi d'intermédiaire. Je pense probable que les deux versions renvoient au même incident, qui doit être daté de la fin de 1943-début de 1944.

Notes du chapitre 24

1. Entretien avec Robert Furman, 6 mars 1990.
2. Entretien avec Hans Bethe, 23 septembre 1989.
3. Lettre de Furman à Oppenheimer, 29 février 1944, Archives Oppenheimer.
4. Lettre d'Oppenheimer et Alvarez à Furman, 5 juin 1944, Archives Oppenheimer.
5. « Interview du Dr Morrison, Université de Chicago », mémo de Furman du 12 janvier 1944, RG 77.
6. Il est important de bien se rendre compte d'emblée que le plan visant à enlever ou supprimer Heisenberg fut envisagé de la manière la plus sérieuse par de nombreux responsables, tant civils que militaires. Parmi ceux qui furent forcément au courant il y avait à coup sûr le général Groves, John Lansdale et Robert Furman, du Projet Manhattan ; le général Styer et Vannevar Bush, du Military Policy Committee ; le chef d'État-Major général, George Marshall ; William Donovan, Edward Buxton, les colonels Howard Dix et Carl Eifler, Allen Dulles, Morris Berg et plusieurs autres personnes de l'OSS ; et, parmi les scientifiques, Robert Oppenheimer, Victor Weisskopf, Hans Bethe, Philip Morrison et Samuel Goudsmit. Probablement au courant : Richard Tolman et Horace Calvert du Projet Manhattan ; l'amiral Purnell et James Conant du Military Policy Committee ; William Casey, le général John Magruder et Whitney Shephardson de l'OSS. De nombreux scientifiques qui auraient pu en avoir eu vent, comme Robert Bacher et Robert Serber, affirment ne pas en avoir entendu parler.

Niels Bohr pose un problème particulier ; son fils souligne qu'il ne prit jamais part à

« aucune discussion sérieuse » sur l'idée d'enlever Heisenberg, et je n'ai aucun indice permettant d'affirmer le contraire. [Lettre d'Aage Bohr à l'auteur du 16 novembre 1989.] Bethe et Weisskopf deviennent évasifs quand on leur demande s'ils en ont jamais parlé à Bohr. Ce projet d'enlèvement fut néanmoins souvent discuté à Los Alamos ; l'arrivée de Niels Bohr joua un rôle de catalyseur pour sa phase active, et une entière confiance semble avoir rapidement régné entre Niels Bohr et Oppenheimer, qui jouait le rôle le plus actif parmi les scientifiques.

J'ai le plus grand mal à croire que Niels Bohr pût avoir écouté sans broncher (sans parler d'en faire la proposition) tout projet de supprimer Heisenberg. Ni Bethe, ni Weisskopf, ni Morrison ne surent cependant jamais que le plan d'enlèvement avait été transformé en plan d'assassinat ; tous s'imaginaient que l'enlèvement ne comporterait rien de plus dangereux qu'une courte bagarre dans une rue en Suisse ; Bohr était assez en colère, par ailleurs, pour estimer un tel effort justifié. Mon sentiment est que Niels Bohr était au courant ; c'était un sujet de conversation bien trop prenant pour tous ceux qu'il connaissait intimement. De toute façon, quelque chose l'empêcha de jamais dissiper la mauvaise impression qu'avait laissée en lui sa conversation avec Heisenberg en septembre 1941.

7. Lettre de Furman à l'auteur, 7 novembre 1991.

8. Mémo d'Howard Dix au colonel John O'Connor, 25 mars 1944, RG 226.

9. Eifler est le héros de *The Deadliest Colonel* (Vantage Press, 1975) de Tom Moon, mais apparaît dans presque toutes les histoires de l'OSS. Voir Richard Dunlop, *Donovan : America's Master Spy* (Rand McNally, 1982), 347 ; et Bradley Smith, *The Shadow Warriors : OSS and the Origins of the CIA* (Basic Books, 1983), 131.

10. David Stafford, *Camp X* (Dodd Mead, 1986), 77-80.

11. *The Deadliest Colonel*, 53 ; *Camp X*, 78.

12. *Donovan : America's Master Spy*, 381.

13. *The Deadliest Colonel*, 53-54 ; entretien avec Carl Eifler, 25 avril 1988.

14. *The Deadliest Colonel*, 141.

15. *Ibid.*, 163 ; Anthony Cave Brown, *Wild Bill Donovan ; The Last Hero* (Times Books, 1982), 413 ; *Donovan : America's...*, 421 et sq.

16. Eifler reçu son « ordre de mission temporaire » signé de Donovan à Washington le 9 décembre 1943. Je dois à Tom Moon d'avoir pu consulter ce document ainsi que d'autres de l'OSS. Voir aussi, *The Deadliest Colonel*, 143 et sq. ; entretien avec Eifler du 25 avril 1988 ; entretien avec Tom Moon du 2 mai 1988.

17. Mémo de Furman, janvier 1944, RG 77. Chadwick dit aussi à Furman qu'il pensait que Heisenberg avait délibérément tenté de faire croire à Bohr qu'il n'y avait aucun programme allemand de bombe atomique.

18. Lettre de Furman à l'auteur, 15 août 1990.

19. Entretien avec Eifler, 25 avril 1988.

20. Transcription des commentaires enregistrés d'Eifler sur le premier brouillon de *The Deadliest Colonel* de Tom Moon, vers 1974. Enregistrement aimablement prêté par Moon. Mentionné aussi dans David Atlee Phillips, *Secret Wars Diary* (Stone Trail Press, 1989), 189-190. J'ai discuté de cet épisode avec Eifler et Furman ; ce dernier dit avoir également parlé avec Eifler sur le moyen de recueillir des informations concernant un éventuel programme nucléaire japonais. Lettre de Furman à l'auteur du 7 novembre 1991.

21. Transcription ; entretien avec Eifler du 25 avril 1988 ; *The Deadliest Colonel*, 182.

22. Entretien avec Eifler, 25 avril 1988.

23. *Ibid.* ; *The Deadliest Colonel*, 181.

24. Archives Oppenheimer, box 291. Groves dit qu'on lui avait proposé « que soient tués leurs principaux scientifiques ». Furman fait ici allusion aux « sept

scientifiques », ce qui laisse à penser qu'au début le projet avait plusieurs cibles. Par la suite, cependant, on n'en mentionna plus qu'une : Heisenberg.

On demanda à Eifler s'il pouvait « kidnapper » Heisenberg ; ce n'était qu'un euphémisme. Jamais Heisenberg n'aurait survécu au plan d'Eifler.

Furman avait déjà discuté du projet Heisenberg au moment où il écrivit à Oppenheimer, le 29 février. A 23 h, le même jour, le général Groves, de Chicago, appela sa secrétaire Jean O'Leary à son domicile pour savoir ce que Furman avait appris d'une note sibylline émanant de l'OSS. Dans l'agenda du jour, Jean O'Leary nota : « Avisé Gén. Groves que l'OSS lui fait dire que ce n'est pas en rapport avec notre travail. »

25. Voir par exemple Anthony Cave Brown, « C » : *The Secret Life of Sir Stewart Menzies* (McMillan, 1987), passim.

26. Entretien avec Carl Eifler 25 avril 1988 : transcriptions.

27. Mémo pour Scribner, « Eifler Mission », 7 mars 1944, et mémo de Scribner au colonel Bruce, 8 mars 1944. Archives de l'OSS, RG 226.

28. Mémo de Furman à Groves, 7 mars 1944, RG 77.

29. Mémo de Lovell à Donovan, 23 février 1944, RG 226.

30. Mémo de Scribner, 8 mars 1944.

31. Eifler à Lovell, « Receipt for Equipment Received », 20 mars 1944, RG 226 ; Lieutenant Richard Wilbur, « Request for Special OSS Equipment », 10 avril 1944, document procuré par Tom Moon.

32. Mémo de Scribner, 7 mars 1944.

33. James Phinney Baxter, *Scientists Against Time* (MIT Press, 1968), 125n., déclare, dans son histoire officielle de l'OSRD, que la Division 19 avait été créée pour « répondre à certains besoins » de l'OSS. On trouve par erreur « Chadburn » à la place de Chadwell dans le mémo de Scribner du 7 mars 1944. Voir aussi Stanley Lovell, *Of Spies and Stratagems*, 35.

34. *The Deadliest Colonel*, 184.

35. Entretien avec Lee Echols, 29 avril 1988.

36. Donovan à Eifler, 27 mars 1944, RG 226.

37. Mémo de Frazee au général John Magruder, 30 mars 1944, RG 226.

38. Entretien avec Eifler, 25 avril 1988. « Nous vivions dans le monde de l'ombre, me déclara Eifler en guise d'explication, nous étions tous des criminels. » Il finit par renoncer à son éthique de guerrier pour devenir docteur en théologie. De toutes les personnes avec lesquelles j'ai parlé de l'opération Heisenberg, Eifler est la seule à s'être exprimée sans réserves.

39. Lettre d'Eifler à Donovan, 12 juin 1944, RG 226.

Notes du chapitre 25

1. Entretien avec Cordelia Hood, 5 septembre 1990. Etant donné que les États-Unis et la France de Vichy n'étaient pas en guerre, Dulles, en tant que diplomate américain, pouvait librement se rendre en Suisse en passant par le Portugal, l'Espagne et la France ; mais une fois les frontières fermées par les Allemands, il se retrouva pris au piège.

2. *Ibid.*

3. Urs Schwarz, *The Eye of the Hurricane* (Westview, 1980), 74.

4. Harris Smith, *OSS : The Secret History of America's First Central Intelligence Agency* (University of California Press, 1972), 204.

5. Stanley Lovell, *Of Spies and Stratagems*, 127. Le récit de Lovell est d'une grande

confusion. Il dit que le câble de Dulles signalait un transport d'eau lourde pour Peenemünde, qu'il avait trouvé le laboratoire allemand de la bombe atomique, et qu'il avait transmis l'inquiétante nouvelle à David Bruce à Londres après en avoir parlé à Bush et Conant, qui se faisaient autant de souci que lui. Le résultat, d'après lui, avait été le raid de la RAF sur Peenemünde du 17-18 août 1943. C'est un tissu d'absurdités ; cela faisait longtemps que les Britanniques avaient Peenemünde à l'œil. Voir Hinsley, *British Intelligence in the Second World War*, vol. 3, 357-455 ; et Martin Middlebrook, *The Peenemünde Raid* (Bobbs Merrill, 1982). Il y eut cependant un grand remue-ménage au milieu de 1943, au moment où parvint le rapport de Respondek sur le programme allemand de bombe atomique, et Dulles confirma à Lovell qu'il avait également envoyé un câble parlant de fusées allemandes ou d'eau lourde, le 19 juin 1943. Lettre de Dulles à Stanley Lovell du 30 juillet 1962, Archives Dulles, Université de Princeton.

6. Le nom de Loofbourow n'apparaît dans aucune histoire de l'OSS, bien qu'il soit fait allusion à lui (« un homme de la Standard Oil ») dans Harris Smith, *OSS : The Secret History...*, 211. Je tiens son nom de Bolard Moore, qui a travaillé avec lui au consulat de Zurich ; il n'avait pas de responsabilités diplomatiques et y était connu comme l'agent de l'OSS. Entretien, 5 avril 1991. Cordelia Hood s'en souvenait aussi vaguement. Entretien du 5 septembre 1990. J'ignore ce qui est arrivé à Loofbourow après la guerre.

7. RG 226.

8. Le nom de Scherrer était déjà connu des autorités américaines en Suisse, y compris l'attaché militaire, le brigadier-général Legge, dont le bureau se trouvait en face du quartier général de Dulles sur Dufourstrasse. En juin, au moment où l'on s'inquiétait sérieusement du programme allemand de bombe atomique, Legge écrivit à l'ambassadeur américain Leland Harrison : « Nous avons remarqué que les Britanniques s'intéressent aussi beaucoup à la question. Le professeur Scherrer, de Zurich, leur a donné un certain nombre d'informations [...] » « Mémorandum pour l'Ambassadeur », 18 juin 1943, RG 84.

Jones croyait se souvenir que c'était Paul Rosbaud qui avait le premier parlé de Scherrer aux Britanniques, lesquels transmirent l'information à l'antenne du SIS de Berne, dirigée par Frederick van den Heuvel. Bush et Groves avaient entendu parler de Scherrer, mais ne prirent contact avec l'OSS qu'à la fin août 1943. Il semble donc vraisemblable que soit Dulles ait trouvé Scherrer tout seul, soit que son nom lui ait été communiqué par Legge, voire par van den Heuvel.

9. Câble de Berne du 18 juillet 1944 ; RG 226. C'est Victor Weisskopf qui m'a parlé du système à rayons X de Scherrer ; entretien du 2 avril 1987.

10. Constance Reid, *Hilbert* (Springer Verlag, 1986), 134.

11. *Ibid.*, 280.

12. Sources sur la vie et la carrière de Scherrer : *Neue Zürcher Zeitung*, 4 février 1960 et 28 septembre 1969 ; *Helvetica Physica Acta* 43, janvier 1970 ; *Festgabe zun 70. Geburtstag von Prof. Paul Scherrer, 3 février 1960;* Kurt Alder, *Paul Scherrer, 1890-1969* (Paul Scherrer Institut, 1990), ouvrage préparé pour le centième anniversaire de la naissance de Scherrer. Copie transmise à l'auteur par Piet Gugelot.

On trouve aussi de nombreuses références à Scherrer dans les histoires classiques de la physique au vingtième siècle et dans les biographies de physiciens. Scherrer n'a laissé aucun mémoire et a brûlé ses papiers au moment de sa retraite. Les seules références à son travail pour l'OSS se trouvent dans David Irving, *The German Atomic Bomb*, 224 et dans Louis Kaufman, *Mœ Berg : Athlete, Scholar, Spy* (Little Brown, 1974) *passim*.

13. Entretien avec Victor Weisskopf, 23 octobre 1991.

14. Rudolf Peierls, *Bird of Passage*, 48-49.

15. *Ibid.* ; Walter Moore, *Schroedinger : Life and Thought* (Cambridge University Press, 1989), 176.

16. Manfred von Ardenne, *Mein Leben für Forschung und Fortschritt* (Lebensbilder, 1984), 272. Ardenne me dit qu'il l'avait appris d'Houtermans, qui le tenait lui-même de Hahn. Entretien avec Ardenne, 17 mai 1989. Voir aussi Ruth Lewin Sime, « Lise Meitner's Escape from Germany », *American Journal of Physics,* mars 1990.

17. Walter Elsasser, *Memoirs of a Physicist in the Atomic Age* (Science History Publications, 1978), 161.

18. Interview de Kurt Alder par Delia Meth-Cohn, février 1989. Mme Meth-Cohn a procédé à plusieurs interviews pour mon compte en Allemagne et en Suisse au début de 1989.

19. Victor Weisskopf, *The Joys of Insight* (Basic Books, 1991), 89. L'amitié entre Pauli et Scherrer subit à ce moment-là quelques tensions ; un peu plus tôt, Scherrer avait dit à Pauli qu'il s'opposait à son mariage avec Franca. Interview d'Alder par Meth-Cohn, février 1989. Connie Dillworth dit que Franca Pauli lui a décrit leur fuite éperdue à travers la France de Vichy, les nazis aux trousses Lettre à l'auteur du 5 octobre 1989.

20. Comme tous les autres câbles de Berne ne faisant pas l'objet d'une note, celui-ci provient des dossiers AZUSA, RG 266.

21. Interview de Res Jost par Meth-Cohn, 22 février 1989.

22. Richard Courant invita Niels Bohr, mentionnant dans sa lettre que Scherrer, entre autres, serait là. Armin Hermann, Wolfgang Pauli, *Briefwechsel* (Munich, 1979), 59.

23. Texte communiqué par Helmut Rechenberg des Archives Heisenberg, Institut Max Planck à Munich.

24. Câble de Berne à Washington, 16 décembre 1943, AZUSA.

25. Mark Walker, *Uranium Machines,* 107.

26. Câble de Berne à Washington, 16 décembre 1943, AZUSA.

27. *Ibid.*, 24 mars 1944.

28. Entrevue avec Ardenne, 17 mai 1989.

29. Berne à Washington, 11 mai 1944, AZUSA.

30. Entretiens avec Earl Brodie, 1er, 4 et 25 juin 1990.

31. *Ibid.*, 4 juin 1990.

32. *Ibid.*, 25 juin 1990.

33. *Ibid.*

34. Gentner a décrit en détail son séjour à Paris dans un court mémoire publié dans un volume de souvenirs compilé après sa mort, en 1980. *Generalverwaltung der Max Planck Gesellschaft München, Wolfgang Gentner, 1906-1980.* Gendenfeier (Wissenschaftliche Verlag-Gesellschaft, 1981).

35. Berne à Washington, 24 avril 1944, AZUSA.

36. Dans le dossier du MED (JRO, Box 34) concernant le major Robert Furman, on trouve un document daté du 21 juillet 1944 qui résume les informations de Gentner transmises par les câbles de l'OSS des 24 avril, 11 mai et 20 juin. Ce résumé dit : « Les physiciens suédois eurent un entretien avec le professeur Gentner [...] » — tentative pour déguiser l'origine de l'information.

37. Berne à Washington, 20 juin 1944, AZUSA. C'est exact. Le résumé du 21 juillet (voir ci-dessus) donne clairement la version qui sera finalement retenue par le bureau de Groves : « Il a été proposé que l'Institut Niels Bohr de Copenhague fût transféré en Allemagne. Heisenberg a refusé d'en prendre la direction si cela se faisait. »

Notes du chapitre 26

1. Entretien avec R. V. Jones, 18 mai 1988. Dans ses mémoires, Jones dit seulement que Welsh et Perrin « se serrèrent la main » à la perspective de continuer à contrôler le renseignement atomique. *The Wizard War*, 478.

2. Interview de Jones par Irving, 6 janvier 1966, Irving Microfilm 31-1341.

3. *The Wizard War*, 167-168, 308. Cela s'est probablement produit à la fin de l'automne 1942, soit six mois après la nomination de Welsh à Tube Alloys.

4. Hinsley, *British Intelligence in the Second World War*, vol. 3, 584.

5. *Discours des papes...* (Vatican, 1986), 54-55. Edoardo Amaldi procura cette citation à William Lanouette, qui m'en donna aimablement copie. Siegfried Flugge avait déclaré que l'énergie d'un mètre cube d'uranium pourrait soulever six kilomètres cubes d'eau de 27 kilomètres en l'air.

6. Rapport conjoint anglo-américain au chancelier de l'Échiquier et au général Groves, « TA Project : Enemy Intelligence », cité dans *British Intelligence...*, vol. 3, 934.

7. Le 2 décembre, Heisenberg fit un exposé sur « Les objectifs actuels de la recherche en physique ». Mark Walker, *Uranium Machines*, 167. Weizsäcker était aussi du voyage, organisé sous le patronage conjoint de la KWG et de l'institut culturel allemand en Hongrie. Rien ne permet de supposer que Heisenberg savait que Planck transmettrait ses remarques (ni qu'il le souhaitait) mais le résultat fut néanmoins d'apprendre aux Alliés que les Allemands faisaient de la recherche fondamentale sur les réacteurs.

8. *British Intelligence...*, vol. 3, 934. On ne sait exactement si cette information provenait de Lise Meitner ou de son jeune collègue Njal Hole. Sur une note d'information du Projet Manhattan on lit : « En avril 1943 Hahn rendit visite à Meitner en Suède. Interrogé sur la façon dont avançait le projet de fission, Hahn répondit, il n'avance pas. » RG 77. Le 9 janvier 1946, Meitner déclara à un émissaire de Groves « que Hahn était ici en 1943 mais que non seulement il ne lui dit pas ce que faisaient les Allemands et lui en particulier, dans le domaine de la bombe atomique, mais qu'elle n'avait pas posé la question. Elle ajouta qu'un membre de la légation norvégienne vint la voir ensuite pour savoir ce que Hahn avait révélé. Indignée, elle avait répondu qu'elle ne révèlerait jamais les confidences qu'aurait pu lui faire un ami. Hahn lui avait certes parlé de la fission, mais d'un point de vue théorique ». Morris Berg, note manuscrite sur papier à en-tête de l'Hotel Reisen, 9 janvier 1946. Il semble néanmoins clair que Hahn souhaitait que l'on sût qu'il n'y avait rien à redouter d'une bombe allemande.

9. *British Intelligence...*, vol. 3, 585. Les câbles de l'OSS parlent aussi de la visite de Clusius en Suisse sans mentionner, toutefois, ses remarques sur la difficulté de séparer les isotopes d'uranium. On ne sait trop si les Américains apprirent ce détail.

D'après l'histoire britannique officielle, « aucun des renseignements reçus après l'été de 1943 ne persuada les autorités de Londres de revoir leurs conceptions ». *British Intelligence...*, vol. 3, 584.

10. Entretien avec Furman, 26 janvier 1989.

11. L'explication de cette attitude parcimonieuse des Britanniques se réduit probablement à la jalousie toute bête des services de renseignements, relativement à leurs sources. C'est ce qui est sous-entendu par cette laborieuse explication de l'histoire officielle : « Étant donné la nécessité de préserver le secret sur les intérêts alliés, les agences de renseignements alliées ne pouvaient être mises au courant de manière détaillée [...] » *British Intelligence...*, vol. 3, 584.

Ces « intérêts alliés » devaient évidemment ne pas être connus des Allemands, et il était tout aussi évident que les agents sur le terrain risquant d'être capturés ne pouvaient être mis au courant « de manière détaillée ». Ce n'était cependant pas une raison pour laisser les « agences de renseignements alliées » (c'est-à-dire américaines) dans le brouillard le plus complet. Il est cependant juste de remarquer que même si les Britanniques avaient partagé avec Groves toutes leurs informations, celui-ci se serait probablement tout de même méfié et n'en aurait pas moins monté ses propres opérations de renseignements.

12. Entretien avec Charles Frank, 21 mai 1988.

13. *British Intelligence...*, vol. 3, 586.

14. *Ibid.*, vol. 3, 587.

15. Lettre d'Oppenheimer à Pauli, 20 mai 1943, cité dans Kimball & Weiner, *Oppenheimer*, 258.

16. Lettre d'Oppenheimer à Furman, 4 mars 1944.

17. Journal de Karl Cohen, 18 mars 1944.

18. Journal de Cohen, 16 avril 1944. Le père de Furman était un quaker chassé de son Église pour avoir épousé une non-quaker. Furman fut donc élevé dans le rite épiscopalien, mais son père travaillait pour une banque quaker et gardait des amitiés dans des familles quakers, si bien que Furman grandit dans cette atmosphère. Lettre de Furman à l'auteur, 7 novembre 1991.

19. Journal de Cohen, 17 avril 1944.

20. *Ibid.*, 18 avril 1944.

21. *Ibid.*, 23 mai 1943.

22. Lettre de Cohen à Furman, 25 mai 1944, communiquée par Cohen à l'auteur.

23. Lettre de Furman à l'auteur, 24 avril 1989. Entretien avec Bruce Old, 30 septembre et 5 octobre 1988.

24. Leslie Groves, *Now It Can Be Told*, 216 ; David Irving, *The German Atomic Bomb*, 182. Ce message fut sans doute aussi recueilli par Walter Heiberg à Stockholm.

25. Lettre de Robert Furman à l'auteur, 15 août 1990.

26. Câble de Washington à Berne, 15 avril 1944, AZUSA.

27. Câble de Berne à Washington, 11 mai 1944, AZUSA. En réalité, l'institut d'Heisenberg fut transféré à Hechingen et celui d'Otto Hahn à Bissingen ; les deux scientifiques suivirent leur laboratoire. L'OSS avait transmis l'information que le labo d'Heisenberg avait été envoyé à Bissingen, mais l'erreur fut rapidement corrigée.

28. *Now It Can Be Told*, 216-217, dit : « [...] L'OSS de Berne signala qu'un scientifique et professeur suisse [Scherrer] avait dit que le Dr Werner Heisenberg [...] habitait près de Hechingen. » *British Intelligence...*, vol. 3, 590, précise : « Au printemps de 1944, l'OSS et le SIS avaient entendu dire que le Kaiser Wilhelm Institut [de Heisenberg] avait été transféré de Berlin à Bissingen, près de Hechingen, vers la fin de 1943 [...] » Scherrer fut en contact avec et les Américains et les Anglais depuis au moins la mi-1943 jusqu'à la fin de la guerre, et il est à peu près certain que le rapport du SIS venait également de Gentner via Scherrer.

Dans *The German Atomic Bomb*, 224, on lit que la « première information solide arriva de l'OSS de Berne : le professeur de physique suisse Scherrer avait appris d'Heisenberg qu'il vivait près de Hechingen, dans la Forêt-Noire ». Pour autant que je sache, il s'agit de la première mention publiée du nom de Scherrer en rapport avec ces événements, mais ce n'est pas avant décembre 1944 que Heisenberg confia à Scherrer l'endroit où il travaillait, comme nous le verrons.

29. Entretien avec Raemer Schreiber, 7 décembre 1990. Mémo de Schreiber à Oppenheimer, 14 mai 1944, et lettre de Priscilla Duffield à Furman du 15 mai 1944. Schreiber faisait partie d'une équipe de quatre personnes chargée d'étudier les isotopes d'hydrogène avec le cyclotron de Purdue pour le Projet Manhattan ; il rejoignit Los

Alamos à l'automne 1943. Il fit plus tard partie de l'équipe qui assembla « Fatman », la bombe qui détruisit Nagasaki. En dépit de la promesse d'Oppenheimer de lui rendre ses négatifs, il ne les revit jamais.

30. Lettre de Morrison à Oppenheimer, 29 mai 1944.

31. Lettre d'Oppenheimer-Alvarez à Furman, 5 juin 1944.

32. Entretien avec Margaret Feldman, 21 janvier 1988. Voir aussi Louis Kaufman, *Moe Berg : Athlete, Scholar, Spy*, 190.

Notes du chapitre 27

1. Shaheen, officier de marine de réserve, avait peut-être entendu parler de la mission Alsos par des amis du service de renseignements de la Navy, probablement en novembre 1943. Voir dossier Projet Larson, Archives de l'OSS.

2. Mémo de Shaheen pour le Projet Larson, « Origine, raisons et objectifs du projet ». 30 décembre 1943.

3. Horrigan était retourné à Washington en septembre 1943 afin de constituer une sorte de corps d'intendance clandestin destiné à fournir en vêtements appropriés et en effets personnels les agents allant en territoire ennemi. Horrigan tomba sur un riche filon en costumes usagés et chaussures éculées parmi les réfugiés qui arrivaient à New York, en provenance du Portugal ou de l'Amérique du Sud. « Si vous aviez besoin d'un type capable de cracher entre ses dents et de parler l'hindoustani, vous n'aviez qu'à venir me voir. » Entretien avec William Horrigan, 25 juin 1990.

4. Le nom de Berg a apparemment été suggéré par le chef des Opérations spéciales, Joseph Scribner. Mémo de Horrigan à John Shaheen, « Projet Larson », 27 décembre 1943.

5. R. V. Jones, *The Wizard War*, 192, *passim*.

6. Mémo de Shaheen, Projet Larson, 30 décembre 1943.

7. Morris Berg, note manuscrite, 12 mars 1964. Berg date sa rencontre avec Dix de « l'automne de 1943 ».

8. Entretien avec William Horrigan, 25 juin 1990.

9. Lettre de Vannevar Bush à Morris Berg, 3 janvier 1944 avec copies pour Stanley Lovell et Bennet Archambault de l'OSRD de Londres. Horrigan en reçut une identique.

10. Lettres de William Kimbel à Ruth Shipley, service des passeports du Département d'État, 9 et 15 décembre 1944. Elles faisaient partie d'un lot d'environ 150 documents de l'OSS dont certains se trouvent aux Archives nationales. Un ou deux de ces documents furent extrêmement précieux ; la plupart concernait des questions pratiques d'un intérêt mineur ; beaucoup de ces dernières touchent aux 21 000 dollars avancés à Berg en monnaies étrangères pendant les dix-huit mois qu'il passa sur le terrain pour l'OSS. Le refus catégorique de Berg de rendre compte de ses dépenses eut le don de mettre les comptables de l'OSS aux cent coups. On ne l'a jamais soupçonné d'avoir détourné les fonds à son profit, et les comptables se seraient contentés du document le plus succinct pourvu qu'il eût comporté sa signature. Berg préféra rembourser fièrement les sommes contestées. Elles furent finalement débitées sur le compte spécial du directeur. Ces documents tâtillons ont toutefois le grand avantage d'établir une chronologie précise des déplacements de Berg pendant cette période.

11. RG 226, dossier Simmons. Voir aussi Smith, 88, 278 ; et Casey, 55, 64.

12. Câble de Buxton à Glavin, 14 janvier 1944, dossier Toledo. « Toledo » était le nom de code d'un organe de renseignements sur la guerre chimique et bactériologi-

que, l'un des nombreux sujets accessoires de nature scientifique destiné à camoufler l'objectif essentiel, l'énergie atomique. Étant donné que Berg a rassemblé des informations sur eux, ses télégrammes figurent parfois dans un dossier, parfois dans un autre.

13. L'auteur de la formule fut le capitaine André Pacatte, envoyé en Italie après l'invasion de la Sicile. Il avait entre autres pour mission d'assurer la liaison entre les agents de l'OSS passant en zone britannique et les officiers de renseignements anglais. Harris Smith, *OSS : The Secret History...*, 390n. ; entretien avec Margaret Feldman, 21 janvier 1988.

14. Mémo de Shaheen à Horrigan et Berg, 11 janvier 1944, dossier Larson.

15. Dossier Larson.

16. Entretien avec Margaret Feldman, 21 janvier 1988.

17. « Permis de départ du territoire des États-Unis », 7 décembre 1943, dossier Larson.

18. Entretien avec Earl Brodie, 4 juin 1990.

19. Berg fit l'objet d'innombrables articles dans la presse tout au long de sa vie, mais sa meilleure biographie reste celle de Louis Kaufman, *Moe Berg : Athlete, Scholar, Spy*. Nicholas Dawidoff en prépare une nouvelle. On trouvera d'utiles informations dans la lettre de dix pages d'Howard Dix au colonel William Quinn, 30 septembre 1946, lettre retraçant la carrière militaire de Berg et le recommandant pour la Médaille du Mérite (dossiers de la CIA) ; dans Harold et Meier Ribalow, *The Jew in American Sport* (Hippocrene Books, 1984). Berg nous a aussi laissé une masse considérable de lettres, de documents et de notes diverses, éléments fragmentaires et difficiles à interpréter sans une connaissance approfondie de ses activités pendant la guerre ; ils sont cependant d'une valeur incalculable. Il est intéressant de relever qu'aucun de ces papiers ne fait allusion aux nombreuses histoires apocryphes qui ont circulé sur lui après la guerre, ce qui montre que ce n'est pas Berg lui-même qui en est la source. Je dois à l'amabilité de Terry Curtis Fox d'avoir pu consulter plusieurs centaines de pages de ces documents sur la période que Berg passa à l'OSS.

20. Dossiers de la CIA.

21. *Moe Berg : Athlete...*, 138.

22. C'est probablement sa connaissance des langues qui le fit choisir, mais Berg n'en tirait aucune vaine gloire. Sur le formulaire qu'il dut remplir, il dit parler « un peu » et « assez bien » six langues, outre l'anglais : « un peu » l'allemand, le japonais et l'italien, « assez bien » le français, l'espagnol et le portugais. Dossiers de la CIA. Nombre de ses rapports comptent cependant ses propres traductions de l'italien ou de l'allemand.

23. *Moe Berg : Athlete...*, 119.

24. Mémo de l'OSS du 17 juillet 1943, Davis Halliwell au colonel Ellery Huttington, dossiers CIA. La lettre est citée dans son intégralité mais non datée dans *Moe Berg : Athlete...*, 157.

25. *OSS : The Secret History...*, 88-89.

26. Dossiers CIA.

27. Mémo d'Halliwell à Huttington, 17 juillet 1943, dossiers CIA.

28. Au début novembre 1943, sans doute alors qu'il achevait son entraînement à l'OSS, Berg déclencha les foudres bureaucratiques en réussissant à entrer dans une usine de construction aéronautique (Glen Martin) à l'aide d'une fausse lettre sur papier à en-tête de la Maison Blanche. Il est fort possible que ce soit cet incident qui ait attiré l'attention de Scribner et l'ait fait se retrouver sur le Projet Larson. Bradley Smith, *The Shadow Warriors* (Basic Books, 1983), 208.

29. Dossiers CIA. L'équipement « spécial » consistait sans doute en une caméra et en une douzaine de paires de bas nylon. Dossier Larson.

30. Morris Berg, notes manuscrites, « Furman : secret », 23 avril 1944. Dossier Berg.

31. Entretien avec George Shine, 2 mai 1988.

32. Lettre de Zirolli à Bruce Old, 12 janvier 1944, copie communiquée à l'auteur par Olds. Voir aussi Leo James Mahoney, *A History of the War Department Scientific Intelligence Mission* (Alsos), 125, n° 7.

33. Entretien avec William Allis, Cambridge, 8 décembre 1988.

34. Entretiens avec Bruce Old, 30 septembre et 5 octobre 1988.

35. Ma version de la mission Alsos vient principalement de Borish Pash, *The Alsos Mission* (Award House, 1969) ; Max Corvo, *The OSS in Italy* (Praeger, 1989) ; d'entretiens avec Pash, Corvo, Allis et Old et des carnets, notes et documents divers que m'a communiqués Old. Les archives officielles de la mission Alsos se trouvent aux Archives nationales, RG 165, Box 138 ; dans les archives du MED, Mission Goudsmit ; dans les papiers de Boris Pash à la Hoover Institution, dans ceux de Samuel Goudsmit, à l'Institut américain de Physique de New York. Leo James Mahoney, *A History of the War Department Scientific Intelligence Mission (Alsos) 1943-1945* (Ann Arbor, 1981) s'est aussi avéré très utile.

36. Le 10 novembre 1943, le quartier général de l'OSS avait demandé à Dulles : « Pouvez-vous contacter ces hommes ? Nous souhaitons les faire venir ici. Nous nous occupons de toutes les dispositions pour leur voyage en plus des avantages que nous leurs offrons. Vous autorisons à faire toute négociation nécessaire. » Dulles ne répondit pas, et au printemps suivant se fit dire de ne pas insister. Dossier AZUSA.

37. Le groupe fit escale à Miami, à Puerto Rico, en Guyane britannique, au Brésil, en Afrique occidentale française, à Marrakech et à Oran.

38. Entretien avec Bruce Old, 5 octobre 1988.

39. *War Report of the OSS* (Walker, 1976), vol. 1, 228-229 ; vol. 2, 71-72. La récupération de Calosi, le 2 janvier, fut organisée par Peter Tompkins, de l'OSS, qui alla à Rome à peu près à la même époque, à la recherche de renseignements pour les Alliés qui espéraient prendre sous peu la ville. Dans ses mémoires, *A Spy in Rome* (Simon & Schuster, 1962), 22 et sq., Tompkins décrit sans erreur possible Calosi, mais dit que son transfert eut lieu dans la nuit du 20 au 21 janvier sur le même bateau qui l'amenait. Le journal de Bruce Old et les interviews montrent clairement que c'est la date du 2 qui est la bonne. En fait, Tompkins n'adressa pas la parole à l'homme qui était recueilli le soir où lui-même était déposé à terre, ce qui peut rendre compte de son erreur. L'OSS espérait répéter l'opération avec Amaldi et Wick.

40. Gasperi est mentionné par Marie Vassiltchikov, *The Berlin Diaries* (Alfred Knopf, 1987), 10.

41. Entretien avec Bruce Old, 5 octobre 1988.

42. Bruce Old, « Book I : Results of Interviews », 52. Communiqué à l'auteur par Old.

43. Max Corvo, *The OSS in Italy*, 147.

44. *The Alsos Mission*, 21.

45. *Ibid.*, 28-29.

46. Mémo de Pash pour le lieutenant-colonel Adams du Military Intelligence Service, 19 juin 1944, RG 165. Dossier Morris.

47. Bruce Old, « Non-technical Report from Alsos Mission », 20 janvier 1944, copie de l'auteur.

48. Mission Alsos, rapport préliminaire, 22 janvier 1944, copie de l'auteur.

49. Robert Furman, notes manuscrites du 5 février 1944, copie de l'auteur.

50. Lettre de Bush à Groves, 29 février 1944. Dossiers Alsos.

51. Mémo de Groves au chef d'état-major adjoint, G-2, dossiers Alsos, 10 mars 1944.

Notes du chapitre 28

1. L'échec de l'opération SHARK fut une petite comédie des erreurs au cœur d'une tragédie plus vaste, au moment où la résistance, à Rome, se faisait décapiter par la Gestapo, entre le débarquement d'Anzio et la prise de la capitale, en juin. On en trouvera le contexte dans Peter Tompkins, *A Spy in Rome*; Max Corvo, *The OSS in Italy*; et Raleigh Trevelyan, *Rome 44* (Viking, 1981). Tompkins ne survécut que par miracle aux cinq mois qu'il passa dans la Ville éternelle et fut rempli d'une grande amertume par la désinvolture avec laquelle le quartier général de l'OSS à Caserta le passa par pertes et profits. Comme le montre bien Corvo, une partie du problème tenait à une âpre bagarre pour le contrôle des opérations en Italie entre le SO et le SI. Mais le cœur du problème tenait à la difficulté de maintenir un réseau de résistants actifs contre l'efficacité des services allemands de sécurité. On trouvera d'autres détails sur SHARK (opération insensée jamais désavouée par l'OSS) dans les dossiers de l'OSS (opérations « Toledo » et « Simmons »).

2. Major Richard Ham, Progress Report, 2 juin 1944, Dossiers Alsos.

3. L'affaire Morris est décrite dans des mémos de Pash de juin 1944 et dans un certain nombre d'autres documents, RG 165, Dossier Morris Case. Les archives d'Alsos s'arrêtent en août 1944 ; on ignore ce qui est arrivé par la suite à Morris. D'après Tompkins (Op. cit., 167), l'un des quatre membres de l'équipe « Vittorio » aurait été abattu en tant qu'agent double au moment où il cherchait à s'échapper d'un local de l'OSS de Naples. Il donne comme nom de la victime Paolo, sans préciser s'il s'agissait d'un nom de code ou de de son vrai prénom. Il est possible que ce Paolo soit Morris.

4. *Rome 44*, 307.

5. Boris Pash, *The Alsos Mission*, 31.

6. Ibid., 32, ne nomme pas Berg. Mais Pash m'a aussi décrit cela dans nos entretiens, puis plus longuement dans une lettre (27 octobre 1989), à laquelle il a ajouté une copie de plusieurs pages de son livre. « Berg est le capitaine décrit dans cet incident », écrit Pash. Berg conserva un statut de civil pendant toute la guerre ; je ne connais aucune autre occasion où on l'ait vu en uniforme.

7. Note manuscrite, 21 mai 1944, Dossier Berg.

8. Dossier Azusa. Berg quitta l'Angleterre le 22 mai pour Casablanca (où il habita, semble-t-il, chez le colonel Nathan Twining), puis gagna la Sicile et Naples. « A Bari à la chute de Rome, envol imédiat pour Rome. » Sam Berg [frère de Berg] « Partial Itinerary, Mœ Berg », document manuscrit sur papier de l'armée américaine, 10 février 1978, Dossier Berg.

9. Louis Kaufman, *Mœ Berg : Athlete...*, 177, identifie Torielli, souvent cité dans les dossiers de l'OSS à Caserta. Un câble du 17 juin de Berg à Buxton, Shephardson et Dix dit seulement que son « contact » l'amena voir Amaldi et Wick. Amaldi m'a dit que « Morris Berg se retrouva chez moi une heure après la prise de Rome ». Entretien avec Amaldi, 27 avril 1989. La version de Pash laisse entendre qu'il le trouva le premier, mais ce fut Berg qui obtint les premières informations de lui.

10. On n'apprécia pas les efforts de Berg ; il reçut comme instruction de faire des rapports courts. Dossier Berg.

11. Lettre de Carroll Wilson à Stanley Lovell, 26 juin 1944, RG 226.

12. Howard Dix à Stanley Lovell, 19 juin 1944, RG 226.

13. Helmut Rechenberg, « The Early S-Matrix Theory and its Propagation 1942-1952) », mai 1987, exemplaire communiqué à l'auteur par Rechenberg.

14. Transcription et traduction manuscrites, dossier Berg. Dans ses notes, Berg dit aussi qu'il subtilisa la lettre d'Heisenberg mais la rendit ensuite à Wick.

15. Un rapport typique, envoyé début juillet, résume documents et interrogatoires de la semaine du 20 au 27 juin. En dix-sept pages tapées à simple interligne, Berg décrit en détails denses et précis environ trente modèles de radars et « systèmes d'identification des amis ou ennemis » allemands, appareils pour avions, altimètres, missiles guidés, détecteurs à infrarouges et torpilles. « Report on Documents and Interrogations pursued in Rome », RG 226.

16. Donovan à Berg, 21 juillet 1944, dossiers OSS ; lettre de Lovell à Berg, 19 juillet 1944.

17. Entretien avec Max Corvo, 1er février 1989 ; *The OSS in Italy*, 172-173.

18. Buxton à Berg, 26 juillet 1944, dossiers OSS ; Berg à Buxton, Lovell et Dix, 10 août 1944, ibid.

19. Entretien avec Max Corvo, 1er février 1989 ; *The OSS in Italy*, 187-188.

20. Lettre de Berg à Lovell et Dix, 21 août 1944, RG 226.

21. Groves, « Comments on *The Virus House* by David Irving », 16, RG 200.

22. Câble de Londres à Washington, 25 mai 1944, Azusa.

23. Lettre de Furman à l'auteur, 7 novembre 1991.

24. Mémo du major Ham au lieutenant-colonel Pash, 25 juin 1944, dossiers Alsos.

25. Entretien avec Robert Furman du 4 novembre 1988.

26. Vincent Scamporino à Whitney Shepherdson, 23 janvier 1945, rendit compte de cet honneur par un diplôme accompagné d'une lettre de Giuseppe Carnoia, président de l'Université de Rome. Dossiers CIA.

27. Mémo de Ham à Pash, 25 juin 1944, dossiers Alsos.

28. Entretien avec Carl Eifler, 25 avril 1988. Voir aussi Tom Moon, *The Deadliest Colonel*, 214 et sq. ; et dans RG 226, des câbles et autres documents liés à « l'unité expérimentale de terrain », titre officiel de la mission Eifler après le 30 mars 1944.

29. Entretien avec Lee Echols, 29 avril 1988.

30. Câble de Donovan à Buxton, 24 juin 1944, RG 226.

31. Foster et Dix à Berg, 21 août 1944, AZUSA.

32. Foster et Dix à Berg, 22 août 1944, AZUSA. En RG 226 on trouvera d'autres télégrammes qui manifestent des changements constants de cibles et de priorités.

33. Une partie de cette correspondance se trouve dans le « Reading File » de Dix, RG 226.

34. Mémo de Goudsmit à Walter Colby, 21 août 1944, Irving Microfilm, 31-1141.

35. Note manuscrite, copie transmise à l'auteur par Furman.

Notes du chapitre 29

1. Mark Walker, *Uranium Machines*, 164-165.

2. Helmut Rechenberg, « The Early S-Matrix Theory and its Propagation (1942-1952) » 1. L'article d'Heisenberg parut dans le numéro du 25 mars 1943. C'est la parution de tels articles qui convainquit les Britanniques qu'il n'y avait aucun programme allemand de bombe atomique, mais qui souleva les soupçons d'Oppenheimer.

3. Lettre de Max von Laue à Theodore von Laue, 27 novembre 1946, archives Max von Laue ; cité dans Alan Beyerchen, *Scientists under Hitler*, 191.

4. *Uranium Machines*, 108.

5. Lettre d'Heisenberg à Sommerfeld, 4 décembre 1941, citée dans *Uranium Machines*, 110-111.

6. Lettre de Prandtl à Göring, 28 avril 1941, cité dans *Uranium Machines*, 118 ; voir aussi *Scientists under Hitler*, 184 et sq.

7. Ramsauer à Rust, 20 janvier 1942, archives Prandtl à Göttingen ; cité dans *Uranium Machines*, 121-122.

8. Interview de Speer par *Der Spiegel*, 3 juillet 1967 ; lettre d'Heisenberg à Telschow, 11 juin 1942, archives Heisenberg.

9. *Uranium Machines*, 118 et sq.

10. Lettre de Gustav Borger, de la Ligue des Enseignants du Parti National-Socialiste, 9 septembre 1942, Institut d'Histoire contemporaine, Munich, cité dans *Uranium Machines*, 126.

11. Lettre de Wolfgang Erxleben à la chancellerie du parti, 9 septembre 1942, citée dans *Scientists under Hitler*, 192.

12. Mémo de Rosbaud à Samuel Goudsmit, 12 août 1945 ; archives Goudsmit, AIP.

13. *Uranium Machines*, 121.

14. Heisenberg à Sommerfeld, 8 octobre 1942, cité dans *Uranium Machines*, 112. Voir aussi David Cassidy, *Uncertainty*, 460-461. Cassidy se réfère à Juilfs sous le nom de Mathias Jules.

15. Interview d'Heisenberg par Beyerchen, 13 juillet 1971 ; *Scientists under Hitler*, 192.

16. Lettre de Weizsäcker à Laue, 2 juin 1943, archives Goudsmit, AIP ; voir aussi *Uranium Machines*, 115. Après la guerre, Goudsmit resta pendant des années en colère contre Weizsäcker ; ses papiers contiennent de nombreuses lettres de protestation adressées à des universités américaines qui l'avaient invité. Voir R.W. Reid, *Tongues of Conscience : War and the Scientist's Dilemma* (Londres, 1969), 59, qui se fondent sur des dossiers procurés par Goudsmit.

17. *Scientists under Hitler*, 65.

18. Rapport de Rosbaud pour Goudsmit, 5 août 1945, archives Goudsmit, AIP.

19. Lettre de Laue à Weizsäcker, 4 juin 1943, ibid.

20. Lettre de Marcus Fierz à l'auteur, 6 mai 1987 ; traduite par Eunice McMillan.

21. Lettre de Fritz Cœster à l'auteur, 13 mars 1989. entretien avec Cœster, 23 mars 1989.

22. Ibid.

23. *British Intelligence...*, vol. 3., 933.

24. Dulles, au cours d'enquêtes de routine, chercha des informations sur cinq scientifiques établis en Suisse : Wentzel, Markus Fierz, Paul Huber, Peter Preiswerk (l'assistant de Scherrer) et Jean-Jacques Weigle. Tous ces noms, sauf celui de Weigle, se retrouvèrent sur une liste de contacts potentiels préparée pour la première mission Alsos en Italie. On en trouve copie dans les dossiers personnels de Berg, dans les papiers de Bruce Old et dans les dossiers de l'OSS.

25. *Uranium Machines*, 140 ; David Irving, *The German Atomic Bomb*, 154.

26. *The German Atomic Bomb*, 154.

27. Ibid., 153.

28. Ibid., 189. Pendant l'été de 1939, Leo Szilard fut écœuré de voir Fermi continuer à faire des calculs pour un réacteur avec un mélange homogène d'uranium et de carbone « seulement parce que c'était plus facile à calculer. Cela me montra que Fermi ne prenait pas cette question réellement au sérieux ». Szilard savait (ce que Fermi finit par admettre) qu'un plan en croisillons serait plus efficace. *Leo Szilard : His Version of the Facts*, 82.

« Heisenberg se trompait manifestement en voulant des plaques d'uranium ; il était simple de démontrer que les cubes étaient plus efficaces. » Lettre de Bethe à l'auteur, 27 novembre 1991.

29. Interview de Baertel van der Waerden par Delia Meth-Cohn, 21 février 1989. Paul Rosbaud dit à Goudsmit que « de grandes quantités de D_2O (environ une tonne)

et le stock d'uranium se trouvaient entreposés dans un abri très secret près de l'institut ». Six cents litre d'eau lourde auraient pesé environ mille cinq cents livres. Mémo de Rosbaud pour Goudsmit, 5 août 1945, AIP.

30. *Uranium Machines*, 151 et sq. ; *The German Atomic Bomb*, 152-155, 174-177.

31. *The German Atomic Bomb*, 198, passim. Gerlach a parlé avec Irving de ses conversations avec Mentzel, Heisenberg et Hahn.

32. Rapport Rosbaud, Op. cit.

33. Rapport Rosbaud pour Goudsmit, « Walther Gerlach », non daté, AIP.

34. Ibid. Ecrit de toute évidence en même temps que les autres rapports destinés à Goudsmit par Rosbaud.

35. Rapport Rosbaud, Op. cit. ; Rosbaud écrivait en anglais.

36. Entretien avec Haxel, 13 mai 1989. D'après Jungk, Weizsäcker lui aurait raconté une histoire très semblable à propos d'Erich Schumann, le premier responsable du projet de la Heereswaffenamt : « Je me souviens que Schumann [...] nous invita vivement à ne jamais souffler mot de la bombe aux dignitaires, si nous le pouvions. Il a dit : " Si jamais le Führer en entend parler, il nous demandera : Combien de temps vous faut-il ? Six mois ? Et si nous ne l'avons pas en six mois, ça bardera ! " » *Brighter Than a Thousand Suns*, 165.

37. Entretien avec Haxel, 13 mai 1989.

38. Rapport de Rosbaud, Op. cit.

39. *The German Atomic Bomb*, 199.

40. Lettre de Maurer à Fleischmann, 20 octobre 1942 ; archives Pash, Hoover Institution.

41. *Uranium Machines*, 136.

42. Interview d'Heisenberg par Irving, 23 octobre 1965.

43. Lettre d'Heisenberg à Dirk Coster, 16 février 1943, archives Heisenberg, cité dans *Uranium Machines*, 169.

44. Samuel Goudsmit, Alsos, 46-49 et *The German Atomic Bomb*, 178. Goudsmit ne pardonna jamais à Heisenberg son incapacité à en faire davantage. En mars 1974, au cours d'une conversation avec Weizsäcker à New York, il lui avoua son amertume. Le lendemain, Weizsäcker tenta d'expliquer les énormes difficultés auxquelles on se heurtait à l'époque et « traduisit » la lettre d'Heisenberg en « bon allemand » — ce que Coster avait dû lire entre les lignes. De cette manière, commenta Weizsäcker, la lettre reconnaissait le peu de moyens dont disposait Heisenberg pour agir, tout en faisant subtilement jouer les arguments qui pourraient pousser les nazis à reculer. Lettre de Weizsäcker à Goudsmit, 1er avril 1974, archives Goudsmit, AIP.

45. Lettre officielle des SS à Heisenberg, 21 avril 1943, archives Heisenberg, cité dans *Uranium Machines*, 170.

46. Lettre d'Heisenberg aux autorités hollandaises, 21 juin 1943 ; archives Heisenberg, cité dans *The Early S-Matrix Theory...*, 9.

47. Ibid., 9-13 ; *Uranium Machines*, 169-176.

48. *The Early Matrix-S Theory...*, 10.

49. Heisenberg au ministère de l'Education, 10 novembre 1943, archives Heisenberg, cité dans *Uranium Machines*, 162.

50. Hendrik Casimir, *Haphazard Reality* (Harper & Row, 1983), 204.

51. Ibid., 208.

52. Ibid.

53. Gerard Kuiper, astronome hollandais alors engagé dans l'armée américaine, consigna la première version de Casimir dans un rapport officiel qui se trouve parmi ses papiers à l'Université d'Arizona. Cité dans *Uranium Machines*, 173-174.

54. Interview de Res Jost par Delia Meth-Cohn, 22 février 1989.

55. *Haphazard Reality*, 209.

56. Rozental, *Niels Bohr*, 171-172 ; Ruth Moore, *Niels Bohr*, 317-318 ; *Uranium Machines*, 178.

57. Suess, *Bulletin of the Atomic Scientists*, juin 1968. Suess se sentit par la suite terriblement coupable de ce qui n'avait été pour lui qu'une petite commission anodine, lorsque la résistance norvégienne coula un ferry sur le lac Tinssjo en février, tuant de nombreux civils.

58. Suess, manuscrit inédit, « Copenhague et l'institut de Niels Bohr », 21 novembre 1988. Suess m'a aimablement communiqué quatre pages des mémoires qu'il est en train de rédiger.

59. Lettre de Weizsäcker à Heisenberg, 18 janvier 1944, pièce H du mémo de Goudsmit pour Alsos du 16 décembre 1944, dossiers Alsos. Dans une lettre à Rudolf Peierls, Goudsmit écrit que Houtermans lui a parlé en avril 1945 de « cette visite » à Copenhague. « Il prétend que l'institut de Bohr devait être aryanisé et que Weizsäcker devait en être le directeur. Weizsäcker aurait pu effectivement protéger Bohr. Heisenberg est alors intervenu pour faciliter la transition. L'échec serait dû à une incompréhension entre Heisenberg et Niels Bohr. Weizsäcker dit que l'histoire est plausible mais fausse. » Archives Goudsmit, AIP. Le rapport original de Goudsmit pour Furman (23 avril 1945) ne fait aucune référence à cela. Il est manifeste que Goudsmit confond deux épisodes ; rien d'autre n'indique qu'on avait envisagé de nommer Weizsäcker au poste de directeur de l'institut de Bohr, en 1941. Le lecteur se rappellera que quelques mois plus tard, en avril 1944, Wolfgang Gentner donna à Paul Scherrer une version embrouillée du rôle qu'avait joué Heisenberg dans cette affaire.

60. David Cassidy, *Uncertainty*, 469. Voir aussi Abraham Pais, *Niels Bohr's Times*, 489-490. Une note de l'OSS, dans les papiers de Berg, remarque : « Heisenberg était apparemment intéressé à prouver aux Allemands que Bohr ne travaillait à aucune arme secrète. Il leur montra donc une correspondance entre lui-même et Bohr qui traita des expériences conduites dans l'institut. »

61. Lettre d'Heisenberg à Jensen, 1er février 1944, Archives Heisenberg.

62. Mémo de Goudsmit pour Furman, 14 mai 1945 ; Gerlach raconta également cette histoire à Irving, *The German Atomic Bomb*, 219.

Notes du chapitre 30

1. Werner Heisenberg, *La Partie et le Tout*, 249 ; Elizabeth Heisenberg, *Heisenberg, le témoignage de sa femme*, chap. 7.

2. Mémo de Rosbaud pour Goudsmit, 5 août 1945.

3. *La Partie et le Tout*, 255.

4. Ibid., 257. Voir aussi David Cassidy, *Uncertainty...*, 462.

5. Entretien avec Martin Heisenberg, Göttingen, 14 mai 1988.

6. On peut dater les premières discussions grâce à une lettre de juin 1943 de Weizsäcker à Heisenberg : « Je trouve excellente ton idée d'un transfert en Allemagne du Sud. Je me demande toujours où nous pourrions trouver un endroit convenable, avec les bâtiments nécessaires. » Archives Pash, Hoover Institution. Ce déménagement fut longtemps retardé ; Heisenberg ne commença à passer l'essentiel de son temps à Hechingen qu'à partir de fin novembre ou début décembre 1943.

7. Werner Heisenberg, *Encounters with Einstein* (Princeton University Press, 1989), 120.

8. Rapport de Wardenburg sur la mission de Strasbourg, 11 décembre 1944 ; rapport de Goudsmit, « Interrogatoire de Mme Anna Haas » [la secrétaire de Weizsäcker à Strasbourg], archives Pash, Hoover Institution.

9. Marie Vassiltchikov, *The Berlin Diaries*, 122-123.

10. Cité dans Irving, *The German Atomic Bomb*, 236.

11. Lettre d'Heisenberg à Sommerfeld, 8 août 1944, Archives Heisenberg, cité dans *Uranium Machines*, 207.

12. John Heilbron, *The Dilemma of an Upright Man*, 193.

13. Otto Hahn, *My Life* (Herder & Herder, 1970), 156-157.

14. Lettre de Max von Laue à Theodore von Laue, 26 mai 1945 ; archives Laue, cité dans Beyerchen, *Scientists under Hitler*, 194-195.

15. Hahn, Op. cit., 156.

16. *The German Atomic Bomb*, 226.

17. Note dictée le 7 octobre 1963, archives Groves, RG 200. Groves fait un commentaire similaire dans l'édition anglaise de *The Virus House* de David Irving : « [...] J'avais demandé certains bombardements pour forcer les Allemands à déplacer leurs laboratoires bien installés. » RG 200.

18. Hahn, Op. cit., 157-158.

19. *Heisenberg, le témoignage de sa femme*, 109-110.

20. Peter Hoffmann, *The History of the German Resistance : 1933- 1945* (MIT Press, 1977), 362-378 ; Terrence Prittie, *Germans Against Hitler* (Atlantic Little Brown, 1964), 147-151 ; Hans Gisevius, *To the Bitter End* (Houghton Mifflin, 1947), 487-489 ; Allen Dulles, *Germany's Underground* (McMillan, 1947), 104, 173-174.

21. *La Partie et le Tout*, 258.

22. Entretien avec Weizsäcker, 16 mai 1988.

23. Ulrich von Hassel, *Die Hassel Tagebücher* (Siedler Verlag, 1988), 335. La nouvelle édition du journal d'Hassel est plus complète que celle de 1946.

24. Klaus Scholder, *Die Mittwochs-Gesellschaft* (Severin und Siedler, 1982), passim.

25. Dulles, Op. cit., 27-29.

26. Hassel, Op. cit., 337.

27. *La Partie et le Tout*, 258.

28. Hassel, Op. cit., 256.

29. Eduard Spranger, *Briefe 1901-1963* (Max Niemeyer Verlag, 1978).

30. La veuve de Wolfgang Schadewaldt, citée dans *Uncertainty...*, 460.

31. *Heisenberg, le témoignage de sa femme*, 110-111.

32. Interview d'Heisenberg par Ermenc, 29 août 1967. André Brissaud, *Canaris*, affirme que Canaris apprit le projet allemand de bombe atomique par Ernst von Weizsäcker, et qu'il prit soin d'étendre la protection de l'*Abwehr* aux scientifiques du Kaiser Wilhelm Gesellschaft contre la curiosité de la Gestapo. Brissaud ne donne aucune source ; la biographie de Canaris par Heinz Hohne, travail qui fait autorité, rapporte en détail et preuves à l'appui les relations de Weizsäcker aîné et de Canaris, sans jamais mentionner Heisenberg ni le projet de bombe.

33. Cité dans Scholder, Op. cit., 351.

34. *La Partie et le Tout*, 258. Le résumé de son exposé montre clairement que son sujet était la fission. Scholder, Op. cit., 351-353.

35. *La Partie et le Tout*, 259.

36. Dulles, Op. cit., 28 ; Heilbron, Op. cit., 194.

37. Hassel, Op. cit., 305. Hassel décrit deux armes en même temps : les fusées, qui seront introduites en 1944 et les têtes nucléaires qui en auraient fait une arme décisive.

38. Interview d'Heisenberg et Weizsäcker par Irving ; 19 juillet 1966, notes manuscrites, 31-620 ; *Uranium Machines*, 173.

39. Interview d'Heisenberg par Irving, 23 octobre 1965. Voir aussi *Uranium Machines*, 176-178.

40. Cité dans Albert Speer, *Infiltration* (McMillan, 1981), 150.

41. Lettre de Speer à Himmler, 23 septembre 1944, citée dans *Infiltration*, 150-151.

42. Lettre de Speer à Gerlach, 19 décembre 1944, cité dans *Infiltration*, 150.

43. Rapport du capitaine David Teeple, « Information obtained by the German Intelligence Service Relative to Allied Atomic Research », Archives Pash, Hoover Institution. L'opération Meiler-Kohler est décrite dans Ladislas Farago, *The Game of the Foxes* (David McCay, 1971), 649-647. Farago pense que se jouait un jeu profond, et que Meiler-Kohler envoyaient par radio des rapports secrets authentiques en plus des messages contrôlés par le FBI. Je n'ai rien trouvé qui vînt confirmer cette hypothèse.

44. Rapport Teeple.

45. Lettre d'Hoover à Hopkins, 9 février 1945. En septembre 1944, l'agent du FBI Frederick Ayer, alors à Paris, avait recruté Hendricks Bergman, citoyen hollandais qui avait travaillé pour l'Abwehr comme courrier entre Paris et Lisbonne. Après l'invasion de l'Italie par les Alliés, Bergman avait conclu que les Allemands allaient perdre la guerre et changea de bord ; il s'adressa au consul américain de Lisbonne auquel il déclara que deux agents allemands aux États-Unis diffusaient des rapports par radio sur le projet de bombe atomique. Arrêté par les Américains après la libération de Paris, Bergman dit à Ayer qu'il ne comprenait pas pourquoi on n'avait rien fait contre les deux agents qu'il avait trahis : ils continuaient à envoyer des rapports. Etaient-ils contrôlés par les Américains ? Ayer savait que c'était le cas. Pour protéger le secret, il fit interrompre les soins médicaux dont Bergman, sérieusement malade, avait besoin. Bergman mourut en novembre 1945. Ayer, *Yankee-G-Man* (Regnery, 1957) 129 et sq.

46. Cité dans *The German Atomic Bomb*, 226.

47. Mémo de Goudsmit d'une conversation avec Gerlach, 11 mai 1945 ; archives Pash. Rapport Teeple. Otto Skorzeny, *Skorzeny's Secret Missions* (Dutton, 1950), chapitre 14, raconte sommairement le travail de Skorzeny sur les armes secrètes, y compris un plan pour bombarder New York avec des V-1 lancés depuis un sous-marin.

48. « Interrogatoires spéciaux de Schellenberg », 15 et 21 septembre [1945], non signé, non daté. Archives Pash.

49. Rapport Teeple ; David Kahn, *Hitler's Spies*, 9-26.

50. « Interrogatoires spéciaux de Schellenberg... » Op. cit.

51. Rapport Teeple.

52. *The German Atomic Bomb*, 240 ; interview d'Heisenberg et de Weizsäcker par Irving, 19 juillet 1966, 31-616-618.

53. Irving, « Note on an interview with Professor Heisenberg », 19 février 1966 ; entretien avec Martin Heisenberg, 14 mai 1988. Les archives d'Heisenberg comportent un compte rendu substantiel de son séjour en Suisse de 1942, mais rien sur celui de 1944.

54. Entretien avec Weizsäcker, 16 mai 1988.

55. Robert Furman, « New information from OSS Switzerland... », 10 novembre 1944, Dossiers Alsos. David Irving, « Note on an interview with Professor Heisenberg », *Op. cit.*, 31-603. Elizabeth Heisenberg, *Heisenberg, le témoignage de sa femme*, 107-108, confond les deux voyages en Suisse de 1942 et 1944.

Notes du chapitre 31

1. Lettre de Robert Furman à Bruce Old, 14 mars 1944, copie communiquée par Old.

2. Entretien avec Will Allis, 8 décembre 1988 ; lettre de Bruce Old au commandant

Jack Horan, 25 mars 1944, copie communiquée par Old. Leslie Groves, *Now It Can Be Told*, 207.

3. A la mi-juillet, le major Ham, l'envoyé de Pash à Rome, se plaignit à son patron que son bureau était inondé de documents scientifiques de tous genres, mais qu'il n'avait personne pour les déchiffrer ou pour parler avec les scientifiques italiens. Soit il s'asseyait dessus en attendant l'arrivée de personnes compétentes, soit il les expédiait à Washington. Il ajoutait que, comme il fallait s'y attendre, le bruit courait que sur le plan scientifique, la mission Alsos ne valait rien. Lettre de Ham à Pash du 14 juillet 1944, copiée communiquée par Old ; Leo James Mahoney, *Op. cit.*, 160 et sq.

4. Lettre de Boris Pash à Bruce Old, 6 août 1944, copie communiquée par Old.

5. James Mahoney, *A History of the War Department Scientific Intelligence Mission* (Alsos) Op. cit., 150.

6. *Alsos*, 47.

7. Lettre de Goudsmit à Lee Dubridge, 25 juin 1943, AIP ; cité dans un brouillon de Stanley Goldberg qui en communiqua copie à l'auteur.

8. Interview de Goudsmit par Irving, 3 juin 1966, 31-1356 c.

9. Interview de Jones par Irving, 18 mai 1988 ; *Wizard War*, 360.

10. Entretien avec Philip Morrison, 30 mars 1988.

11. Entretien avec Robert Furman, 6 mars 1990.

12. Entretien avec William Shurcliff, 22 mars 1990.

13. Lettre d'Oppenheimer à Enrico Fermi, 25 mai 1943 ; reproduite dans *Technology Review*, mai-juin 1985, pour accompagner l'article de Barton J. Bernstein, « Oppenheimer and the Radioactive- Poison Plan. » Voir aussi *Now It Can Be Told*, 199 et sq.

14. Lettre de Vannevar Bush à Leslie Groves, 15 novembre 1943, RG 227.

15. Vannevar Bush, *Pieces of the Action* (William Morrow, 1970), 307.

16. *Now It Can Be Told*, 200-206. Voir aussi les dossiers du MED, « Defensive Measures Taken Against Possible Use by Germans of Radioactive Warfare — Operation Peppermint ».

17. Interview de Goudsmit par Irving, 3 juin 1966, 31-1356 c. Le lecteur se rappellera qu'à peu près au même moment, Walther Gerlach, à Berlin, vérifia si un cratère de bombe alliée n'était pas radioactif.

18. *Pieces of the Action*, 307.

19. Lettre de Bruce Old à T. Sherwood, sans date (début de l'été 1944), copie communiquée par Old. Entretien avec Robert Furman, 26 janvier 1989.

20. Mémo d'Howard Dix à Whitney Shephardson, 18 avril 1944, RG 226.

21. *Alsos*, 15.

22. Entretien avec Philip Morrison, 22 mars 1990.

23. Lors de son premier voyage à Copenhague en 1926, Bohr l'avait amené voir la collection égyptienne de la glyptothèque ; Bohr voulut lui traduire les notices du danois, mais Goudsmit lui dit que c'était inutile, il avait appris à lire les hiéroglyphes à l'Université d'Amsterdam. *Physics Today*, avril 1979.

24. Mahoney, *Op. cit.*, 152.

25. Rosalynd Pflaum, *Grand Obsession : Madame Curie and her World* (Doubleday, 1989), 396 et sq.

26. Câble de l'OSS de Berne à Washington, 11 mai 1944, AZUSA.

27. Mémo de Goudsmit à Walter Colby, 21 août 1944, Irving Microfilm, 31-1141.

28. Boris Pash *The Alsos Mission*, 60-70.

29. Joliot-Curie obsédait littéralement Groves, qui prit des mesures extraordinaires pour lui interdire de venir aux États-Unis en octobre 1944 et l'empêcher d'apprendre quoi que ce soit du Projet Manhattan. Plusieurs centaines de pages des archives y sont consacrées, RG 77.

30. Les rapports officiels de ces quatre interrogatoires figurent dans les dossiers Harrison Bundy du MED, RG 77.

31. Samuel Goudsmit, « Second Interview with J », 31 août 1944, Dossier Harrison Bundy.

32. Ibid.

33. Ibid.

34. Wallace Akers, « Interview with Professor F. Joliot, London... », Dossiers Harrison Bundy.

35. Voir *Now It Can Be Told*, chap. 16, et John Lansdale, « Military Service ». Des documents récemment déclassifiés du MED montrent bien l'importance que Groves attachait à cette affaire. Joliot ne réussit pas à convaincre les autorités que ses travaux scientifiques pour le gouvernement français n'avaient rien à voir avec ses convictions politiques et il fut en fin de compte écarté de la recherche nucléaire.

36. Lettre de Joliot-Curie à Bichelonne, 27 août 1943, Dossiers Harrison Bundy.

37. Câble d'Alsos au War Department, 16 septembre 1944, FOIA.

38. Mémo de Goudsmit, « Heisenberg at. al. », 9 septembre 1944, archives Goudsmit, AIP.

39. Câbles de l'OSS-Londres des 7 janvier et 1er février 1944, AZUSA. Furman se rappelait que la résistance française était à l'origine du renseignement. Entretien du 26 janvier 1989.

40. Entretien avec Robert Furman, 26 janvier 1989.

41. Lieutenant colonel Eckman, « Progress Report N° 6 », 6 octobre 1944, RG 165.

42. Notes manuscrites communiquées par Robert Furman ; entretien avec Furman, 26 janvier 1989 ; *Now It Can Be Told*, 218 et sq.

43. Lettre de Goudsmit à sa femme, 18 septembre 1944 ; Irving microfilm, 31-1137.

44. Pash, *Op. cit.*, 99.

45. *Alsos*, 22-23 ; Pash, 125-126, 133.

46. Interview de Goudsmit par Irving, 7 juin 1966, 31-1353.

47. *Alsos*, 39.

48. Pash, 128, 136-138 ; Interview de Goudsmit par Irving, *Op. cit.*, 31-1354.

49. Lettre de Goudsmit à sa femme, 13 novembre 1944, Irving Microfilm, 31-1138.

50. *Alsos*, 59-60.

51. *Alsos*, 60-65 ; *Now It Can Be Told*, 220.

52. Entretiens avec Furman, 4 novembre 1988 et 26 janvier 1989.

53. Interview de Michael Perrin par Irving, 10 août 1966, 31-1360.

54. Texte complet donné dans Hinsley, *Op. cit.*, vol. 3, 931-943.

55. Autre cible d'Alsos : Eugene Haagen, virologue dont on croyait qu'il travaillait à la recherche en guerre bactériologique. *Alsos*, 66 ; Boris Pash, *Op. cit.*, 87.

56. Mahoney, *Op. cit.*, 209-210 ; Pash, *Op. cit.*, 93.

57. Lettre de A. van der Ziel à *Physics Today*, mai 1991.

Notes du chapitre 32

1. Lettre de Goudsmit à sa femme, 21 novembre 1944, Irving microfilm, 31-1139.

2. Vannevar Bush, *Pieces of Action*, 114.

3. Goudsmit, *Alsos*, 67 ; Boris Pash, *The Alsos Mission*, 151 ; Bush, *Op. cit.*, 114.

4. Pash, *Op. cit.*, 146.

5. *Ibid.*, 155-156 ; interview de Goudsmit par Irving, 31-1135 ; lettre de Goudsmit à sa femme, 10 décembre 1944, 31-1140 ; lettre de Goudsmit à Walter Colby, 1er décembre 1944, 31-1143 ; *Alsos*, 67-68.

6. Rapport de Goudsmit du 16 décembre 1944 ; *Alsos*, 68.

7. Pash, *Op. cit.*, 157 ; *Alsos*, 68-71. Les documents cités proviennent des rapports de Goudsmit de Strasbourg, 8 et 16 décembre, *Alsos*.

8. *Alsos*, 69.

9. Rapport Goudsmit, 8 décembre 1944, *Alsos*.

10. Interview de Goudsmit par Irving, 31-1356b.

11. Goudsmit à sa femme, 10 décembre 1944, 31-1140.

12. Mahoney, *Op. cit.*, 234-235. Ces lettres faisaient de Haagen un homme recherché ; on le captura en avril suivant. Mahoney, *Op. cit.*, 243, n. 4. Voir aussi Pash, *Op. cit.*, 156-157 ; Col. Ham, « Progress Report », 25 juin 1945, *Alsos* ; et Goudsmit à sa femme, 31-1140.

13. Entretien avec Furman, 6 mars 1990.

14. Mémo de Goudsmit à Walter Colby, 21 août 1944, 31-1141.

15. Pash, *Op. cit.*, 160.

16. Ibid., 159.

17. Ibid.

18. « Les nazis voulaient la bombe atomique ; nous le savons. Ils avaient autant de chances que nous [...] nous pensions qu'ils nous serraient de près et qu'ils avaient peut-être même six mois d'avance sur nous [...] Mais les nazis n'avaient même pas atteint la première étape... » Vannevar Bush, Discours à la Johns Hopkins University, 14 juin 1949. Ces arguments ignorent les succès techniques des Allemands dans le domaine des fusées, un projet d'échelle comparable.

19. Bush, *Op. cit.*, 115. Bush vit probablement Goudsmit à Vittel tard, le 6 décembre ; il vit Smith avant le 12, alors qu'il était de retour à Washington.

20. Entretien avec Charles Frank, 21 mai 1988. La lettre n'utilisait évidemment pas le terme de plutonium. Les documents de Strasbourg ne comportent qu'une lettre d'Houtermans à Weizsäcker, datée du 29 juin 1944, mais elle ne mentionne ni un 94ᵉ élément, ni l'article Bohr-Wheeler. Les dossiers de Weizsäcker à Strasbourg conte-naient toute sa correspondance officielle ; les lettres comportaient évidemment des phrases compromettantes sur le Reich et étaient signées de la mention inévitable *Heil Hitler !* Perrin, à leur lecture, en conçut du mépris pour Weizsäcker, mais Frank, qui avait connu Weizsäcker avant la guerre, comprit qu'il s'agissait pour lui de se protéger, et que cela n'avait rien à voir avec ses sentiments politiques.

21. Résumé d'une conversation téléphonique, 12 décembre 1944, agenda de Groves.

22. Ces dossiers bruts existent probablement encore quelque part dans les archives de Washington, mais je n'ai pu les repérer.

23. Entretien avec William Shurcliff, 22 mars 1990.

24. Entretien avec Philip Morrison, 30 mars 1988.

25. Ibid.

26. Groves, *Now It Can Be Told*, 217.

27. Irving, *The German Atomic Bomb*, 253. Voir aussi Irving microfilm, 31-1320. Le renseignement mentionné ici venait probablement de Suisse ; le 28 novembre, l'OSS de Berne câblait à Paris qu'une lettre d'Heisenberg était arrivée (probablement chez Scherrer) avec une oblitération d'Hechingen, mais écrite sur du papier à en-tête de la Kaiser Wilhelm Gesellschaft. AZUSA. Goudsmit la mentionne dans son rapport du 8 décembre 1944.

28. *The German Atomic Bomb*, 253-254 ; Jones, *The Wizard War*, 478.

29. *The German Atomic Bomb*, 252-255 ; microfilm 31-1319 ; *The Wizard War*, 478-479.

30. Comme souvent, les dates sont difficiles à préciser. La lettre de Cherwell à Churchill dit que les premières photos furent prises dans la semaine se terminant le

dimanche 19 novembre 1944. Jones donna l'alerte à Cherwell le 23 novembre, très peu de temps après que Kendall avait attiré son attention. Jones dit à Irving que leurs craintes avaient duré « dix jours » (31-1338), soit la première semaine de décembre. Groves eut le temps de se faire du souci avant que les nouvelles rassurantes arrivent de Londres. *Now It Can Be Told*, 217-218. L'importance de cette chronologie tient à la brusque alternance de bonnes et mauvaises nouvelles en ce début décembre et de leur effet néfaste sur l'impact des documents découverts à Strasbourg.

31. *Now It Can Be Told*, 218.
32. Ibid.
33. Entretien avec Furman, 26 janvier 1989. Agenda de Groves.
34. Entretien avec Furman, 6 mars 1990.

Notes du chapitre 33

1. Câble d'Allen Dulles à Washington, 8 novembre 1944, AZUSA.
2. Câble de Dulles à Edward Buxton, Ibid.
3. Robert Furman, « New Information from OSS in Switzerland... » 10 novembre 1944, Dossiers Pash, Hoover Institution. Walther Dallenbach fut l'objet d'enquêtes poussées au cours des derniers mois de la guerre, mais il ne semble pas avoir joué de rôle important dans la recherche atomique allemande.
4. Mémo de Robert Furman, 10 novembre 1944.
5. Entretien avec Robert Furman, 6 mars 1990.
6. Câble de William Donovan à Dulles, 10 novembre 1944, AZUSA.
7. Câble de Dulles à Donovan, 15 novembre 1944, AZUSA.
8. Entretiens avec Philip Morrison des 30 mars 1988 et 22 mars 1990.
9. Lettres de Hans Bethe à l'auteur, novembre 1991 ; entretien avec Victor Weisskopf, 23 octobre 1991.
10. Lettre de Morrison à l'auteur, 16 décembre 1991.
11. Ibid.
12. Mémo de Goudsmit à Walter Colby, 21 août 1944 ; Irvin microfilm, 31-1142.
13. Lettre d'Howard Dix à Berg, 28 septembre 1944, Archives Berg.
14. Entretien avec Robert Furman, 26 janvier 1989.
15. Note manuscrite de Furman, communiquée à l'auteur par Furman.
16. *Now It Can Be Told*, 216-217.
17. Richard Rhodes, *The Making of the Atomic Bomb*, 348-351.
18. Mémo de Dix à Donovan, « Dr Edwin McMillan, Scientific Division SI, ETO », RG 226.
19. Entretien avec Edmund Mroz, 5 juin 1990.
20. Ibid.
21. Exemple classique du non-respect des règles de sécurité. Mroz et Marsching n'avaient pas à connaître l'opération « agent double » des Britanniques, et il est étonnant qu'ils en aient entendu parler. Voir John Masterman, *The Double-Cross System in the War of 1935 to 1945* (Yale University Press, 1972).
22. Mémo de Dix à Donovan, Buxton et Cheston du 26 octobre 1944 et à Donovan du 9 octobre 1944, RG 226. Tous deux décrivent le contenu du câble de Shephardson in 20823. Un paragraphe est également cité par Donovan pour Dulles et Bruce, 6 novembre 1944, Toledo.
23. Lettre de Dix à Berg, 28 septembre 1944, dossier Berg.
24. RG 226.
25. Dix à Donovan, 26 octobre 1944, RG 226.

26. Entretiens avec Earl Brodie des 1ᵉʳ, 4 et 25 juin 1990 et avec Edmund Mroz du 5 juin 1990. Lettre de Mroz à l'auteur, 18 février 1991, lettre de Brodie à l'auteur, 13 février 1991. Dans celle-ci, Brodie se rappelle qu'Allen Dulles fit une apparition à sa soirée d'adieu en Allemagne, au cours de l'été 1945, disant qu'il était là par hasard, mais qu'il le prit néanmoins à part pour lui confier tout ce qu'il savait de la Section technique, Howard Dix, James O'Connor et les autres.

27. Mémo de Marsching pour Dix, 1ᵉʳ janvier 1945.

28. Câble de Robert McLeod à Shephardson, 23 novembre 1944, Toledo. « Meteor » était le nom de code de Marsching. Il avait déjà eu maille à partir avec un général de l'artillerie pour des histoires de détonateurs de proximité. « Ou c'est ce salopard qui se barre, ou c'est moi », avait dit le général. Entretien avec Mroz, 5 juin 1990. Mais le câble de McLeod montre clairement que ce sont ses ennuis avec Berg qui poussèrent Marsching à partir.

29. Entretien avec Mroz, 5 juin 1990. Dans sa lettre à Berg du 28 septembre 1944, Dix lui dit que Mroz venait et était bien qualifié (polyglotte, diplômes en chimie) pour travailler sur ces questions. Dossier Berg.

30. Entretien avec Edmund Mroz, 5 juin 1990. Le mémo de Marsching du 1ᵉʳ janvier 1945 pour Dix affirme que Kliefoth est arrivé à Londres le 9 novembre 1944 et devait partir en mission pour Cologne au début janvier. En fait, il se rendit en Suisse ; Hechingen n'était qu'à quatre-vingts kilomètres de la frontière helvétique et Cologne encore moins loin des Alliés, alors en Belgique, mais plus au nord. McLeod, qui donna sa mission à Kliefoth, n'a sans doute pas voulu dire à Marsching quelle était la vraie cible. Kliefoth est un personnage très intéressant ; d'après Mroz il s'agirait de « Mac », l'officier de l'OSS chargé de contacter Franz von Papen à Istanbul (Lovell, *Op. cit.*, 174). On trouve une photo de Kliefoth dans *Life* d'avril 1964, juste en-dessous de Richthofen. Après la guerre, O'Connor dit à Brodie qu'il avait envoyé Kliefoth à Istanbul pour réparer les dégâts, lorsqu'il s'était aperçu que ses « agents » allemands travaillaient en fait pour l'autre bord. Entretien avec Brodie, 25 juin 1990. Kliefoth est mort d'un cancer dans le Wisconsin en 1948.

31. Câble de Berne à l'OSS de Londres (« pour Morris Berg ») de « 493 » (Loofbourow), 31 octobre 1944, dossier Berg. Enregistré le 14 novembre par Berg. L'échantillon d'eau lourde passa par le bureau de l'OSS de Londres, d'où Mroz le transporta à l'ambassade pour le transfert en Suisse. Mroz croyait vaguement qu'on donnait cette eau lourde à des Allemands en échange d'informations sur la recherche nucléaire — quiproquo fondé sur le fait qu'il s'agissait effectivement d'une sorte de récompense pour Scherrer qui, jusqu'à la mi-1944, en avait reçu de petites quantités en vue d'une expérience de la société allemande I.G. Farben. Entretien avec Mroz, 5 juin 1990.

32. Chase s'occupait de ces détails pour Dulles.

33. RG 226.

34. Mémo de Goudsmit, « TA Strasbourg Mission », 16 décembre 1944, archives Goudsmit, AIP.

35. Dossiers CIA.

36. Louis Kaufman, *Mœ Berg...*, 174. Voir aussi William Casey, *The Secret War Against Hitler*, 150. Pour le récit des opérations de Casey en territoire allemand, voir Joseph Persico, *Piercing the Reich* (Viking, 1979). Le nom de Casey apparaît sur un ou deux câbles AZUSA, mais il ne joua aucun rôle dans la préparation de la mission en Allemagne.

37. *Mœ Berg...*, 193, cite Goudsmit prétendant avoir obtenu l'eau lourde à Strasbourg. Les télégrammes AZUSA semblent cependant donner raison à Mroz : l'eau lourde serait passée par Londres. Berg mentionne avoir reçu l'eau lourde des mains de Goudsmit dans une note manuscrite, dossier Berg.

38. Entretien avec Robert Furman, 26 janvier 1989.

39. Lettre de Dix à Berg, 22 décembre 1944.

40. Notes de Berg, 6 septembre 1962, 12 mars 1964.

41. Entretien avec Earl Brodie, 4 et 25 juin 1990. Berg fit beaucoup plus tard un récit tout à fait similaire à son ami George Gloss, libraire à Boston. *Mœ Berg...*, 195. Le fils de Gloss, Kenneth, alors adolescent, était présent lorsque Berg décrivit sa mission à Zurich. La version de Kenneth Gloss concorde avec celle donnée par Brodie et par son père à Louis Kaufman : on avait donné pour instruction à Berg d'écouter attentivement Heisenberg pendant sa conférence, il avait un pistolet dans sa poche, et il était autorisé à abattre le physicien si quoi que ce soit suggérait qu'une bombe atomique allemande était imminente. Entretien avec Kenneth Gloss, 22 avril 1986.

Notes du chapitre 34

1. Lettre d'Ernst Stückelberg à Heisenberg, 23 mars 1944, Archives Heisenberg. Stückelberg remarque que Wentzel lui a dit que Weizsäcker venait en Suisse. Lettre citée en partie dans Helmut Rechenberg, Op. cit., 8 et passim.

2. Entretien avec Conrad Bleuler, mars 1989 ; câble de l'OSS de Berne, 2 décembre 1944, AZUSA.

3. Lettre de Carl Friedrich von Weizsäcker à l'auteur, 2 décembre 1988 ; notes de Berg, 18 décembre 1944.

4. Dans ses notes manuscrites, Berg relève que Scherrer soupçonne Weizsäcker d'avoir été envoyé pour surveiller Heisenberg, et le mentionne par deux fois dans des câbles à Washington (23 décembre 1944 et 15 février 1945), disant : « Savons maintenant Weizsäcker envoyé officiellement en Suisse pour accompagner Heisenberg. » AZUSA. Conclusion erronée ; on surveillait bien Heisenberg, mais ce n'était pas Weizsäcker. Cf plus bas.

5. Câble de l'OSS de Berne, 11 mai 1944.

6. Lettre de Piet Gugelot à l'auteur, 4 janvier 1991. Un câble de l'OSS de Berne (24 avril 1944) cite « l'un des aides de Flute » comme la source d'informations sur le travail de Gentner à Paris et à Heidelberg.

7. Entretien avec Piet Gugelot, 20 décembre 1990.

8. Notes de Berg, 18 décembre 1944.

9. Ibid.

10. Câbles de Berg envoyés de Berne à Buxton et Dix, les 23, 30, 31 décembre 1944 et 15 février 1945, tous AZUSA. Ces câbles étaient en général des versions abrégées des notes et brouillons de la propre main de Berg ; on ne trouve certains détails que dans ces notes. A l'exception de la « dépression nerveuse » de Gerlach, toutes ces affirmations sont confirmées par ailleurs.

11. Entretien avec Conrad Bleuler, 2 mars 1989.

12. Les détails de ce récit proviennent des notes de Berg en date du 18 décembre 1944, sauf indication contraire. Res Jost, Marcus Fierz et Konrad Bleuler en ont donné leur propre version. Egalement présents au séminaire, Fritz Cœster et Félix Villars. (Lettre de Jost à l'auteur, 5 mai 1987 et entretien du 22 février 1989.) Berg donne une brève description du séminaire dans son câble du 23 décembre 1944. Groves le mentionne d'une ligne dans ses mémoires (217). Kaufman se fonde sur le récit de Berg au libraire Gloss, sur les interviews de Goudsmit et d'Heisenberg et sur divers documents, mais son récit est confus et certains détails en sont erronés (194). Encore plus embrouillé est le compte rendu de Dix dans une lettre à William Quinn, du 30 septembre 1945 ; Dix semble s'être reposé sur sa mémoire (Dossiers de la CIA).

13. Entretien avec Res Jost, 22 février 1989. Jost trouvait ce comportement typique de Wentzel — décontracté et déterminé à ne pas être impressionné par Heisenberg, Prix Nobel ou pas, mais collègue de jeunesse.

14. Berg signale la présence du pistolet dans sa poche en plusieurs endroits de ses notes. Il en parla aussi à Gloss et à Brodie ; ce dernier vit l'arme à Washington, au début de 1944, ainsi que George Shine pendant le vol intercontinental, comme nous l'avons vu. Les papiers de Berg mentionnaient son port d'arme ; il la rendit à la fin de la guerre ainsi que deux boîtes de cartouches intactes. Dossiers de la CIA.

15. Notes de Berg, 18 décembre 1944.

16. Le brouillon tapé de ce câble ne porte pas de date mais Berg y affirme que l'idée de Scherrer de faire inviter Heisenberg en Amérique par Niels Bohr lui est venue tout de suite après la conférence du 18 décembre. On ignore les suites données à cette proposition, mais le 20 février, à la suggestion de Berg, Scherrer et Wentzel invitèrent Max von Laue à venir donner une conférence à l'ETH de Zurich, le 1er mai, sur le thème de la supraconductivité. « Après consultation avec Flute, von Laue nous parut de loin le plus susceptible de nous informer sur l'Allemagne. » Câble de Berg à Dix et Buxton, 8 mars 1945. Berg laissa aussi un brouillon de ce télégramme dans ses papiers, y compris sa traduction de la lettre de Scherrer. Otto Hahn fut également invité, mais ni Laue ni Hahn ne purent venir. Voir aussi note de Berg du 26 décembre 1944.

17. Lettre de Marcus Fierz à l'auteur, 6 mai 1987.

18. Interview d'Heisenberg par Irving, 19 février 1966. Voir aussi Elizabeth Heisenberg, *Heisenberg, le témoignage de sa femme*, 107 et Kaufman, *Op. cit.*, 197-198. Mme Heisenberg me donna une version identique lors de notre entrevue de Göttingen, le 14 mai 1988.

19. L'estimation qui me paraît la plus juste est le 23 décembre au soir. Ce sont parfois les plus petits détails qui sont les plus difficiles à établir ; cette date vient d'une lettre de Dix au colonel Quinn, du 30 septembre 1946, racontant le travail de Berg pour la Section technique. Elle contient quelques erreurs minimes, mais aucune d'importance. Dix dit que la rencontre entre Heisenberg et Berg eut lieu le 23 décembre ; le contexte se réfère au séminaire du 18 et aux conversations que Berg, apparemment, surprit lors de la soirée chez Scherrer. Etant donné que la date du séminaire ne fait pas de doute, j'en ai conclu que celle du 23, un samedi, est celle de la soirée chez Scherrer. A la vérité, rien d'essentiel ne dépend de cette date.

20. Câble du 23 décembre 1944.

21. Entretien avec Piet Gugelot, 20 décembre 1990.

22. Lettre de Gugelot à l'auteur, 23 septembre 1990.

23. Ibid.

24. « *Es wäre so schön gewesen, wenn wir gewonnen hätte.* » Gregor Wentzel répéta cette échéance à Res Jost après la guerre ; Jost fut choqué. Entretien avec Jost, 22 février 1989.

25. Entretien avec Res Jost, ibid.

26. Goudsmit cite la remarque d'Heisenberg à au moins trois endroits différents. Dans ses mémoires de 1947, *Alsos*, 114, il écrit : « Près de la fin de la guerre, quand les visites en Suisse et tout le reste semblait définitivement perdu, il [Heisenberg] dit : " Comme ç'aurait été merveilleux si nous avions gagné la guerre ! " » Le 11 avril 1973, Goudsmit écrivit au frère de Berg, Sam Berg, médecin qui avait fait partie de l'équipe envoyée à Hiroshima, et donna un bref compte rendu de la rencontre de Mœ Berg avec Heisenberg, mentionnant cette remarque ; il la répéta à peu près à la même époque à Kaufman, en termes pratiquement identiques. *Mœ Berg : Athlete...*, 197.

Goudsmit et Berg se virent beaucoup en Europe pendant la guerre et continuèrent à correspondre et à se voir presque jusqu'à la mort de Berg. Wentzel, de son côté, rapporta l'échange à Jost et à Bleuler, et Heisenberg le mentionna indirectement aux collaborateurs de Kaufman : « J'ai dit à Scherrer que je me rendrai chez lui à une condition : qu'il ne soit pas discuté de politique. Mais il y eut des questions politiques et j'y répondis indirectement. J'ai dit que je ne croyais pas que l'Allemagne pourrait gagner la guerre et je m'en tins là. » *Mœ Berg : Athlete...*, 198.

27. Interview d'Heisenberg par Irving, 19 février 1966, 31-603. A l'époque de cet interview, Heisenberg ignorait tout de Berg mais pensait encore possible qu'il eût été un informateur nazi, source des rapports sur ses propos « défaitistes » arrivés aux oreilles de la Gestapo.

28. Entretien avec Elizabeth Heisenberg, 14 mai 1988.

29. Interview d'Heisenberg par Irving, 19 février 1966, 31-603. Voici le récit de cette rencontre par la veuve d'Heisenberg : « Plus tard, Heisenberg fut raccompagné à l'hôtel par un jeune homme qu'il avait remarqué au cours de la soirée et qui lui avait paru fort sympathique. En route, ils eurent une conversation animée. Heisenberg me parla de cette rencontre. Des années plus tard, nous reçûmes un livre de Mœ Berg intitulé *The Spy*. En feuilletant le livre, Heisenberg reconnut la photo de l'auteur : c'était ce jeune Suisse qui l'avait ramené à l'hôtel et qui avait écouté fort attentivement sa conférence, assis au premier rang, et s'était distingué chez Scherrer par des questions brillantes et intéressées. » *Heisenberg, le témoignage de sa femme*, 107-108.

30. Lettre de Martin Heisenberg à l'auteur, 19 février 1989.

31. Ibid.

32. Lettre de Dix à Quinn, 30 septembre 1946, dossiers CIA.

33. Témoignage de Leslie Groves devant la Commission de l'Energie atomique. *In the Matter of Robert Oppenheimer*, 163.

34. *Now It Can Be Told*, 184.

35. Entretien avec Robert Furman, 6 mars 1990.

36. Notes de Berg, 1er décembre 1965. Le livre de Kaufman va plus loin et dit que les rapports de Berg allaient directement à la Maison Blanche ; FDR aurait dit à Groves : « Parfait, absolument parfait. Prions pour que Heisenberg ait raison. Et Général, mes compliments au joueur [au « catcher », jeu de mots sur un terme de base-ball, « celui qui attrape », Note du traducteur]. » *Mœ Berg : Athlete...*, 198. Aucune source n'est citée.

37. Entretien avec John Lansdale, 24 avril 1989.

38. *Now It Can Be Told*, 217.

39. Dix à Berg, 5 janvier 1945. Dossier CIA.

Notes du chapitre 35

1. D'après Gerlach, décrivant l'accusation dans une lettre à Heisenberg du 16 avril 1946, Archives Heisenberg, Munich. Heisenberg décrivit aussi l'épisode à Irving, 31-603.

2. Lettre de Gerlach à Heisenberg, 16 avril 1946.

3. Lettre d'Heisenberg à Gerlach, 7 mai 1946, Archives Heisenberg.

4. Interview d'Heisenberg par Irving, 19 février 1966, 31-603.

5. Lettre d'Heisenberg datée du 14 janvier 1945 qui ne fut distribuée que le 7 février. Berg la décrivit dans deux câbles datés du 15 février 1945, AZUSA.

6. Rapport de Rosbaud pour Goudsmit, 6 août 1945, Archives Goudsmit, AIP. Voir aussi David Irving, *The German Atomic Bomb*, 267 et sq., qui corrige la chronologie de Rosbaud à l'aide de l'agenda de Gerlach. Rosbaud déclare avoir essayé, sans succès, de déterminer la destination de l'eau lourde et tenté d'avertir de son départ de Berlin le physicien anglais P. Blackett, probablement par l'intermédiaire de

la résistance norvégienne, canal qu'il avait déjà emprunté. *Now It Can Be Told*, 216, fait référence à un rapport antérieur de Rosbaud (début 1944) mais ne parle pas de ce dernier épisode, qui a pu avoir échoué.

7. Interview d'Heisenberg par Irving, 23 octobre 1965.

8. Ibid.

9. Ibid.

10. Philip Morrison n'a pas oublié les paroles de Gerlach, et dit qu'il lut les notes de la réunion dans un document saisi qu'on lui donna dans le bureau de Groves, à la fin de la guerre. Entretiens avec Morrison, 30 mars 1988 et 22 mars 1990. Gerlach, arrêté par Alsos le 1er mai 1945 à Munich, fut interrogé par Goudsmit et d'autres.

11. Rapport de Rosbaud à Goudsmit, 6 août 1945. Il fit preuve d'une grande perspicacité : « Que pensez-vous que je ferais à leur place [celle des Alliés] ? Soit je tuerais tous les physiciens qui se sont engagés de près ou de loin dans ce travail, afin qu'ils ne puissent plus faire de dégâts, soit je les enverrais dans un camp, derrière des barbelés, jusqu'à ce qu'ils aient avoué tout ce qu'ils savent sur la machine ou la bombe. »

12. Robert Jungk, *Brighter Than a Thousand Suns*, 168.

13. Entretiens avec Karl Wirtz, 15 mai 1988, 14 mai 1989.

14. Cité dans *The German Atomic Bomb*, 275.

15. Ibid., 274-275.

16. *Now It Can Be Told*, 230-231 ; *The German Atomic Bomb*, 276-277. Les chiffres sont de Roger Freeman, *The Mighty Eighth War Diary* (Jane's, 1981), 464.

17. Pash, 171 et sq.

18. Goudsmit, *Alsos*, 77 et sq. ; Mahoney, *Op. cit.*, 299.

19. *Alsos*, 79.

20. Interview de Goudsmit par Irving, 7 juin 1966, 31-1355.

21. *Alsos*, 87-88.

22. *The German Atomic Bomb*, 75-276 ; *Alsos*, 87-92 ; TA Report, Stadtlim Operation, 13 avril 1945, RG 65.

23. *Alsos*, 92, passim.

24. Amaldi, 104-107 ; *Alsos*, 142.

25. Irving microfilm, 31-1148.

26. Mémo de Goudsmit, « Conversation avec Houtermans et Kopfermann... », 23 avril 1945, RG 25.

27. Entretiens avec Furman, 4 novembre 1988, 26 janvier 1989 et 6 mars 1990.

28. Entretien avec Furman, 4 décembre 1991.

29. Notes de Berg datées du 25 janvier 1945, Archives Berg.

30. Lettre de Lise Meitner à Paul Scherrer, 26 juin 1945, Archives Berg.

31. Câble de Dulles à Dix, 25 mars 1945, AZUSA. Berg et Horrigan avaient reçu respectivement les noms de code « Romulus » et « Remus » en décembre 1943, quand il était question de les envoyer à Rome pour le Projet Larson.

32. Notes de Berg datées du 1er décembre 1965. Voir aussi Anthony Cave Brown, *Wild Bill Donovan...*, 736-737.

33. Lettre de Lansdale à Groves, 1er février 1960 ; Archives Groves, RG 200. Lansdale raconte aussi l'épisode dans un mémo à Groves (5 mai 1945), dans un brouillon de mémo (10 juillet 1946) et dans ses mémoires, « Military Service ». Voir aussi *Now It Can Be Told*, 236 et sq.

34. *Now It Can Be Told*, 239.

35. Journal de Stimson, 5 avril 1945, Yale University Library.

36. *Now It Can Be Told*, 234.

37. Entretien avec Lansdale, 24 avril 1989.

38. Ibid. Dans ses mémoires, Lansdale cite Smith disant : « Nous ne pouvons pas

nous battre contre les Français... » mais dans l'entretien, il a souligné que c'était un bombardement qu'il voulait, ce que Smith refusa une fois les Français entrés en scène.

39. Lansdale, *Op. cit.*, 57-88.

40. Mémo de Lansdale à Groves, 5 mai 1945, RG 77. Dans ses mémoires, Groves ne parle pas de la demande de bombardement de Hechingen.

41. Pash, *The Alsos Mission*, 189-197.

42. Entretien avec Lansdale, 24 avril 1989.

43. *Alsos*, 76.

44. Ibid., 96.

45. *The German Atomic Bomb*, 258 ; interview d'Heisenberg par Irving, 19 juillet 1966, 31-618.

46. E. Heisenberg, *Heisenberg, le témoignage de sa femme*, 115 ; Werner Heisenberg, *La Partie et le Tout*, 260 ; Interview d'Heisenberg par Irving, 19 juillet 1966.

47. Lettre de Fritz Bopp à l'administration de la Kaiser Wilhelm Gesellschaft à Göttingen, 3 juin 1945, Archives Goudsmit ; AIP. C'est évidemment par Gentner que Goudsmit a obtenu une copie de cette lettre.

48. Otto Hahn, *My Life*, 158-159.

49. Lettre de Fritz Bopp.

50. Interview de Michael Perrin par Irving, 1er août 1966, 31-1357.

51. Ibid. Voir aussi l'interview du même du 17 janvier 1966, 31-1330.

52. Lansdale, Op. cit., 62.

53. Lettre de Fritz Bopp.

54. *Alsos*, 99.

55. Lettre de Lansdale à Groves, 1er février 1960, RG 200.

56. *The Alsos Mission*, 210 ; *Alsos*, 98-99.

57. Lansdale, Op. cit., 63.

58. « Plus tard, le colonel Calvert me raconta qu'en cas de refus, il avait ordre de menacer de bombarder Urfeld et de passer à l'acte s'ils persistaient. » E. Heisenberg, *Heisenberg, le témoignage de sa femme*, 115.

59. Hahn, Op. cit., 166.

60. Colonel Ham, « Progress Report », 25 juin 1945.

61. *Alsos*, 104. Bagge, en particulier, supplia qu'on le laissât avec sa famille. Voir *The German Atomic Bomb*, 284.

62. Interview de Weizsäcker par Irving, 16 juillet 1966. Lansdale, Op. cit., 63 ; *Alsos*, 104.

63. Entretien avec Furman, 24 avril 1989.

64. *Heisenberg, le témoignage de sa femme*, 64.

65. Ce récit des tribulations d'Heisenberg vient de *Heisenberg, le témoignage de sa femme*, 64 et 115 : *La Partie et le Tout*, 261 ; et Jungk, *Op. cit.*, 169.

66. *La Partie et le Tout*, 261 ; entretien avec Elizabeth Heisenberg, 14 mai 1988. Boris Pash raconte en détail comment il a capturé Heisenberg, *Op. cit.*, chapitre 23.

67. *Alsos*, 112.

68. Mémo de Goudsmit, « Interrogatoires d'Heisenberg, Diebner et Gerlach », 11 mai 1945 ; Dossiers Alsos.

69. Interview d'Heisenberg par Irving, 19 juillet 1966.

70. *Alsos*, 113. Heisenberg donne sa version dans une lettre à Goudsmit, 23 septembre 1947 : « Lorsque vous m'avez expliqué à Heidelberg que les physiciens, en Amérique, avaient avant tout travaillé à des problèmes militaires et ne s'étaient pas occupé des questions nucléaires (réponse que vous étiez bien entendu obligé de me faire à l'époque) cela me parut tout à fait plausible et nous étions donc heureux d'avoir produit, apparemment, un travail qui aurait sa valeur en temps de paix. » Archives Goudsmit, AIP.

Dans ses mémoires, Goudsmit ne mentionne pas la question que lui posa directement Heisenberg, et il est manifeste que ce mensonge le mettait mal à l'aise. Voir aussi *Heisenberg, le témoignage de sa femme*, 119.

71. Lettre d'Heisenberg à Goudsmit, 23 septembre 1947.

72. *Heisenberg, le témoignage de sa femme*, 119.

73. *The German Atomic Bomb*, 286.

74. Entretien avec Weizsäcker, 16 mai 1988.

75. Mémo de Lansdale à Groves, 5 mai 1945, RG 77. Voir aussi Otto Hahn, *Op. cit.*, 168.

76. Armin Hermann, *Werner Heisenberg*, 76 ; Hahn, *Op. cit.*, 168-169.

Notes du chapitre 36

1. Lettre de Goudsmit à Richard Tolman, 8 décembre 1944, RG 77, dossier Bush-Conant.

2. Mémo de Goudsmit au major Smith, 31 janvier 1945, ibid.

3. *Alsos*, 178.

4. *Ibid.*, 179-180.

5. *Ibid.*, 113.

6. *Ibid.*, 46-49.

7. Lettre d'Heisenberg à Dirk Coster, 16 février 1943, Archives Heisenberg, cité dans la thèse de Walker, 169.

8. Lettre de Weizsäcker à Goudsmit, 1er avril 1974 ; Archives Goudsmit, AIP. Je n'ai pu trouver la signification de la référence « H. P. ».

9. Lettre de Max Dresden à *Physics Today*, mai 1991.

10. Le texte allemand et sa traduction anglaise figurent dans les Farm Hall Reports, RG 77, Entry 22, Box 163, en abrégé FH.

11. Goudsmit publia quatre articles et un livre sur le programme allemand de bombe atomique. Dans l'ordre chronologique : « War Physics in Germany », *Review of Scientific Instruments*, janvier 1946 ; « How Germany Lost the Race », *Bulletin of the Atomic Scientists*, n° 1, 1946 ; « Secrecy or Science ? », *Science Illustrated*, 1946 ; « Nazi's Atomic Secret », *Life*, 20 octobre 1947 ; et *Alsos* (Henry Schuman, New York, 1947). Goudsmit échangea également une correspondance avec Heisenberg entre septembre 1947 et juin 1949 qui figure dans les Archives Goudsmit à l'American Institute of Physics, à New York.

12. Entretien avec Furman, 4 novembre 1988.

13. Werner Heisenberg, « Research in Germany on the Technical Application of Atomic Energy », *Nature*, 16 août 1947. Cet article resta la référence de la version de Heisenberg sur ses années de guerre, jusqu'à la fin de sa vie ; à de très rares exceptions près, il n'alla jamais au-delà. Mais dans un brouillon préliminaire qui circula parmi les scientifiques allemands impliqués dans la recherche atomique pendant la guerre, il se montre plus explicite : « Pour les chercheurs qui travaillaient au projet d'énergie nucléaire, cette décision avait un autre aspect, humain celui-ci. Ces physiciens étaient conscients de la grande responsabilité qu'il y avait à libérer de telles forces naturelles et dès le tout début, ils se sont consciemment efforcés, le plus honnêtement possible, de répondre à la difficile question de savoir si la cause au service de laquelle on allait mettre ces immenses forces naturelles était juste. Des circonstances extérieures se sont chargées de prendre la redoutable décision — fallait-il ou non fabriquer la bombe atomique — à leur place. » [Manuscrit, Archives Heisenberg, Munich ; cité dans Mark Walker, *Uranium Machines*, 350.]

Je n'ai trouvé qu'un cas où Heisenberg fût allé plus loin, dans une interview du *Nouvel Observateur,* publié le 30 avril 1968 : « En octobre, nous avons été chargés de préparer un rapport officiel. Aucun de nous n'avait envie de voir la bombe se faire. Mais, sachant quel danger elle représentait, nous avons jugé qu'il était de notre devoir de rester en contact avec les autorités de peur qu'elle ne se fasse sans nous. Tout en continuant nos travaux, nous avons donc essayé de faire traîner les choses le plus longtemps possible. »

Le journaliste lui demanda ce qu'il aurait fait si on lui avait donné l'ordre de fabriquer la bombe. Sa réponse : « J'aurais refusé. » Autre revendication d'avoir volontairement pris du retard, la déclaration d'Houtermans à Goudsmit du 23 avril 1945. Dans son rapport, Goudsmit note : « Houtermans prétend qu'on travaillait avec une lenteur intentionnelle sur le projet, parce qu'on ne voulait pas le voir aboutir pendant cette guerre. » Plus tard, Goudsmit prétendit que Houtermans ne faisait pas officiellement partie du projet de bombe (vrai, en gros) et qu'il n'avait jamais appartenu au « cercle intime » d'Heisenberg, ce qui était faux. [Voir *Alsos,* 243-244.]

Dans une lettre à Victor Weisskopf du 7 décembre 1948, Goudsmit laisse entendre que Heisenberg prétendait que Houtermans faisait partie du « cercle intime » seulement pour pouvoir affirmer avoir eu connaissance du plutonium : « Cet extrémisme dans l'amour-propre est réellement tragique. » Weisskopf réagit le 13 décembre : « En ce qui concerne Houtermans [...] mon impression est qu'il appartenait bien au cercle intime [...] il fut toujours en contact personnel étroit avec Heisenberg et le groupe scientifique. » [Archives Goudsmit, AIP.]

Goudsmit tenait beaucoup à croire que Heisenberg ignorait complètement comment faire pour construire la bombe ; il ne changea d'avis que difficilement, à contrecœur.

14. *New York Times,* 26 octobre 1947.

15. Lettre de Goudsmit du 29 octobre 1947 au *New York Times,* publiée avec la réponse de Kaempffert le 9 novembre 1947. Heisenberg avait entamé une correspondance avec Goudsmit sur cette question, dans un esprit amical et modéré, par une lettre écrite à Göttingen, où il enseignait, le 23 septembre 1947. Un point en particulier le troublait : « L'affirmation qu'en Allemagne, nous considérions dans une certaine mesure que le travail sur les problèmes atomiques était une course avec les Américains [...] Cela ne traduit nullement l'atmosphère qui régnait chez nous, mais je comprends facilement qu'il doit vous être bien difficile de vous représenter ce que fut notre situation psychologique pendant la guerre. Il était clair pour nous qu'une victoire en Europe du national-socialisme aurait des conséquences terribles. Par ailleurs, étant donné les germes de haine semés par le nazisme, on ne pouvait guère être optimiste à la perspective d'une défaite totale de l'Allemagne. Une telle situation conduit automatiquement à adopter une attitude plus passive et modeste, dans laquelle on se contente d'aider sur une petite échelle ou de sauver ce qui peut l'être et quant au reste, de travailler à quelque chose qui sera peut-être utile plus tard. »

Au moment où il écrivait ces lignes, Heisenberg n'avait lu ni le livre de Goudsmit ni sa lettre au *Times ;* dans sa réponse du 1er janvier, Goudsmit prend bien soin d'observer qu'il n'avait reçu la lettre d'Heisenberg que le 8 novembre, trop tard pour modifier l'extrait paru dans *Life.* L'échange de lettres, qui se poursuivit pendant deux ans, reste très intéressant même s'il n'arriva jamais à une conclusion. Goudsmit voulait voir Heisenberg avouer ses erreurs scientifiques du temps de guerre et lui faire écrire une attaque sur les interférences nazies dans la science, car la racine du mal, à son avis, se trouvait là. Heisenberg essaya de convaincre Goudsmit qu'il avait en réalité bien compris l'importance du plutonium et la différence entre une bombe et un réacteur. Il y réussit partiellement, et Goudsmit finit par admettre, non sans mal, qu'il l'avait peut-être un peu trop vite accusé d'avoir commis des erreurs scientifiques. En revanche, Heisenberg échoua complètement à amener Goudsmit à se poser la question qui, pourtant, s'imposait alors : si les Allemands avaient su comment construire une bombe, pour quelle raison n'en avaient-ils rien fait ?

16. Erich Bagge, Kurt Diebner et Kenneth Jay, *Von der Uranspaltung bis Calder Hall* (Hamburg, 1957) ; Otto Hahn, *My Life* (Herder & Herder, 1970) ; et Werner Heisenberg, *La Partie et le Tout* (Albin Michel, 1972).

17. Les « Farm Hall Reports » [Rapports de Farm Hall] (279 pages dans la version américaine) ont été rendus publics par les Archives nationales le 24 février 1992, sur autorisation reçue de l'ambassade de Grande-Bretagne. Le refus obstiné des Anglais céda après neuf mois d'efforts de la part de Nicholas Kurti, professeur à Oxford, et une pétition signée de Jones, Zuckermann et d'autres. On compte en tout 23 rapports, numérotés au hasard de 1 à 23/24, préparés hebdomadairement à partir des transcriptions des conversations enregistrées à Farm Hall. Deux facteurs semblent expliquer ce secret prolongé ; plusieurs discussions poussées de physique nucléaire, et un certain nombre de remarques blessantes à propos de plusieurs scientifiques allemands. Ces rapports constituent un portrait très vivant des hommes qui ont travaillé au programme allemand de bombe atomique, de leurs rapports, et de l'esprit dans lequel ils poursuivirent leurs travaux. Aucune biographie d'Heisenberg ou de Hahn ne pourrait se permettre de les négliger.

Outre ces rapports, il existe d'autres sources utiles :

Le récit de Groves dans *Now It Can Be Told*, chap. 24.

La lettre de Groves à Sir William Penney du 13 décembre 1965, dans laquelle il écrit notamment : « Je me rappelle le grand intérêt que je portais [dans les transcriptions] au " terme machine " dans ses différentes acceptions, à cause de ce qu'avait déclaré un des Allemands, Heisenberg je crois, qu'il serait impossible de transporter la " machine " par avion. Je crus tout d'abord qu'il faisait allusion à un réacteur, puis je compris qu'il pouvait tout aussi bien vouloir parler d'une bombe [...]. »

Goudsmit, *Alsos*, 132-139, fait le compte rendu des discussions de Farm Hall du 6 août, avec des citations et des paraphrases.

Lettre de Charles Frank à Jones du 26 octobre 1967 (introduction à la deuxième édition d'*Alsos*, 1983).

Jones, *The Wizard War*, 473 et 483.

Interview d'Heisenberg et de Weizsäcker par Irving, du 19 juillet 1966, Irving microfilm, 31-620.

Lettre de Max von Laue à Theodor von Laue, 7 août 1945, dans Beyerchen, *Scientists under Hitler*, 195-197. Laue écrit : « Toute notre recherche sur l'uranium tendait à la création d'une machine à uranium comme source d'énergie, en premier lieu parce que personne ne croyait à la possibilité d'une bombe dans un avenir prévisible, et en second lieu parce que personne ne voulait mettre une telle arme entre les mains d'Hitler. » Lettre manifestement lue par le Major Rittner et Goudsmit en 1945.

Kramish, *The Griffin*, 245-247 [édition anglaise], cite intégralement une lettre de Max von Laue à Paul Rosbaud du 4 avril 1959, décrivant en particulier cette conversation de Farm Hall, conduite par Weizsäcker, sur les réserves morales des Allemands. D'après Kramish, cette lettre se trouve parmi les papiers du physicien anglais R. S. Hutton.

Karl Wirtz, échange de lettres avec Charles Frank, et documents divers, environ 58 pages, copies communiquées à l'auteur par Wirtz.

Irving, *The German Atomic Bomb*, 11-17.

Jungk, *Brighter Than a Thousand Suns*, 216-220.

Hahn, *My Life*, 168-186.

Elizabeth Heisenberg, *Heisenberg, le témoignage de sa femme*, 112-121.

18. Armin Hermann, *Werner Heisenberg* (Bonn-Bad Godesberg, 1976), 84.

19. Hahn, Op. cit., 170.

20. Conversation du 18 juillet 1945, FH2, 2.

21. Michael Perrin déclara à David Irving, le 17 janvier 1966 : « La manière dont il [Groves] a obtenu [...] cette copie [...] est un point extrêmement délicat. Je doute beaucoup qu'il se la soit procurée officiellement et légalement. » Irving microfilm, 31-1328.

22. Le texte de l'annonce est reproduit dans *The German Atomic Bomb*, 14 : « Le président Truman a annoncé un fabuleux exploit des scientifiques alliés. Ils ont fabriqué la bombe atomique. L'une d'elles a déjà été lancée sur une base militaire japonaise. Elle avait à elle seule une puissance équivalente à deux mille de nos grandes bombes de dix tonnes. Le président a également laissé prévoir l'énorme valeur qu'aurait en temps de paix la maîtrise de l'énergie nucléaire. »

La description d'Hiroshima comme une « base militaire japonaise » est sans doute un des premiers signes de la mauvaise conscience qui a d'emblée entouré l'invention de la bombe atomique.

23. *Alsos*, 134. Goudsmit n'identifie pas Heisenberg, mais la remarque qu'il cite est en substance identique à plusieurs données par Groves, *Now It Can Be Told*, 333 et sq.

24. Gowing, *Britain and Atomic Energy* (McMillan, 1964).

25. *La Partie et le Tout*, 264.

26. Les Allemands ont parfois fait des réserves sur la traduction ; objection difficile à vérifier, car nous ne possédons que les extraits en anglais de ces transcriptions. (La seule exception est constituée par les originaux allemands inclus comme appendice à l'exposé d'Heisenberg du 14 août, et les discours et poèmes lus en l'honneur d'Otto Hahn pour sa nomination au Prix Nobel de chimie, à la mi-novembre.) Voir les remarques de Weizsäcker dans Jungk, op. cit., 218-219 et d'Elizabeth Heisenberg, op. cit., 114 [édition anglaise].

Charles Frank m'a dit avoir eu l'impression d'entendre une conversation en lisant ces transcriptions. Il connaissait bien deux d'entre eux, Weizsäcker et Wirtz, et il lui semblait tout à fait retrouver les deux hommes qu'il avait connus à Berlin avant la guerre. Entretien avec Frank, 21 mai 1988. On remarquera que Goudsmit ne conserva pas de copies de ces transcriptions et n'eut aucune possibilité de les consulter entre 1945 et 1962, soit après la publication du livre de Groves. Il fut obligé, tout au long de sa controverse avec Heisenberg, de se fier à sa mémoire.

27. La réaction commença avec la destruction de Nagasaki. Pour une étude de l'ampleur de l'émotion soulevée, voir Alice Kimball Smith, *A Peril and a Hope : The Scientists' Movement in America* 1945-1947 (MIT Press, 1965).

28. *La Partie et le Tout*, 263. Cette remarque est ce qui se rapproche le plus d'une critique morale jamais adressée aux Américains par Heisenberg. Il soulignait d'ordinaire la situation psychologique très différente des scientifiques alliés qui, contrairement aux Allemands, ne doutaient pas de la justesse de leur cause. Voir Interview d'Heisenberg par Irving, 23 octobre 1965 et les commentaires d'Heisenberg sur le livre d'Irving, *Bulletin of the Atomic Scientists*, juin 1968.

29. FH4, 11 août 1945. Dans ses mémoires, Hahn écrit : « J'étais choqué et déprimé au-delà de tout. » Op. Cit., 170.

30. Toutes les citations proviennent de FH4 sauf indication contraire. Contrairement à ce qu'écrit Hahn, le plutonium est l'élément 94 , et non 93.

31. FH 4, 8. Cité aussi par Groves, *Now It Can Be Told*, 335.

32. Lettre de Max von Laue à Theodor von Laue, 7 août 1945, dans Beyerchen, 196. Une copie en a de toute évidence été conservée par Goudsmit ; il paraphrase de très près la description de Gerlach dans *Alsos*, écrivant même que Gerlach « se

comporta en général vaincu ». 135. Goudsmit écrit que Laue n'avait été « qu'un spectateur, jamais un participant au rêve de puissance des physiciens, la bombe atomique ». Affirmation en partie fausse et trompeuse qui lui permettait d'ignorer le dernier paragraphe de la lettre de Laue, dans laquelle celui-ci dit carrément qu'ils ne voulaient pas mettre une telle arme « entre les mains d'Hitler ». Goudsmit s'est constamment entêté à ne voir dans l'échec allemand que la preuve de leur incompétence. Or si Max von Laue, un homme d'une rare intégrité, dit qu'aucun des scientifiques allemands ne voulait construire de bombe pour Hitler, il faut prendre cette affirmation au sérieux. Ne pas en tenir compte est de l'étroitesse d'esprit, mais refuser de la citer relève de la malhonnêteté intellectuelle. Si, dans sa version des conversations de Farm Hall du 6 août, Goudsmit résume correctement certains passages, il oublie d'en mentionner d'autres — comme la phrase de Weizsäcker citée par Groves. Goudsmit avait parfaitement le droit de rejeter l'idée que les Allemands n'avaient pas réellement tenu à construire la bombe, mais pas de refuser de la mentionner — croyant que personne (en 1947) ne saurait jamais que celle-ci avait été avancée.

Goudsmit était pourtant loin d'être malhonnête ; il semble manifestement qu'en l'occurrence il ait laissé ses émotions s'emparer de lui et déformer les faits. Voir notre dernier chapitre.

33. Journal d'Erich Bagge, cité dans *Brighter Than a Thousand Suns*, 220.

34. Ibid, cité dans *The German Atomic Bomb*, 17.

35. Reproduit en entier dans *Now It Can Be Told*, 336-337.

36. Souligné dans l'original. Lettre de Laue à Rosbaud, 4 avril 1959, Hutton Papers, Cambridge University, cité dans *The Griffin*, 247. La lettre de Laue fut suscitée par le livre de Jungk, qui souligne que les scientifiques allemands, contrairement aux Alliés, ont refusé de construire une arme aussi abominable que la bombe atomique. Aucun des scientifiques allemands impliqués dans le projet n'a émis de telles prétentions. Laue résume très bien ce que certains d'entre eux ont exprimé dans la phrase déjà citée : « Personne ne voulait mettre une telle arme entre les mains d'Hitler. » Beyerchen, 197.

37. FH 4, 27.

38. Lettre de Goudsmit à Weisskopf, 7 décembre 1948.

39. Tiré de FH 4, 11 août 1945. De nombreuses conversations séparées figurent dans ce rapport, la plupart identifiées par la date et le nom des participants. Il est cependant clair que les transcriptions ont subi des altérations, qu'aucune n'est complète et que les omissions ne sont pas nécessairement signalées. Certains commentaires, par exemple, renvoient à d'autres remarques ne figurant pas dans le rapport final. Il semble bien que Groves, Goudsmit et Morrison, entre autres, n'aient lu que les rapports Epsilon, tandis que Jone et Frank auraient consulté, et plus tard commenté, des éléments ne figurant pas dans ce qui avait été envoyé aux Américains. (Voir lettre de Frank dans introduction à la deuxième édition d'*Alsos*, op. cit.)

40. Pour autant qu'on puisse l'affirmer d'après les rapports de Farm Hall. Des discussions similaires ont pu par la suite ne pas être incluses. Dans une lettre à Hans Bethe du 27 avril 1964, Heisenberg expose sa position sur la question morale avec le plus grand soin : « Les physiciens allemands n'avaient aucun désir de construire des bombes atomiques et furent soulagés de ne pas avoir à prendre la décision, grâce à des circonstances extérieures. En ceci, ce que vous appelez conscience sociale a joué un rôle considérable, bien qu'il y ait eu d'autres motivations, la moindre n'étant pas l'instinct d'auto-préservation. Personne ne pourra jamais évaluer objectivement leur poids relatif ; mais il serait injuste de négliger complètement la motivation de conscience sociale. » Bethe accepte courtoisement la formulation d'Heisenberg dans sa réponse du 15 mai 1964.

41 FH 4, 13.

42 FH 4, 16.

43. FH 4, 25.

44. Lettre de Goudsmit à Peierls, 21 janvier 1977.

45. FH 4, 2-5.

46. FH 4, 17. Heisenberg expliqua la fission rapide à Hahn, puis calcula de tête les chiffres d'une bombe imaginaire. Mais il ajouta que les chiffres qu'il donnait (environ une tonne) pourraient être réduits à 250 kilos en enveloppant le cœur dans un « réflecteur » de plomb ou d'uranium naturel. Weisskopf me demanda si Heisenberg comprenait l'importance du réflecteur ; les rapports de Farm Hall répondent à cette question.

47. FH 5, 11.

48. FH 5, 11.

49. FH 5, 20-34. Heisenberg se souvenait que sa dernière estimation de la masse critique, à Farm Hall, avait été 14 kilos. Interview par Irving du 19 juillet 1966.

50. *Alsos*, 179.

51. Lettre de Luis Alvarez à l'auteur, 8 avril 1988. Alvarez cite de mémoire. Le nombre moyen représente la probabilité qu'a un neutron d'être capturé par le noyau d'un atome.

52. Jones croyait se souvenir que Heisenberg était arrivé à une évaluation de la masse critique de 40 tonnes (soit une sphère d'U-235 de 1,5 m de diamètre). Frank se rappelait un chiffre inférieur, mais reconnaissait que l'erreur d'Heisenberg venait de sa méthode d'estimation du rayon d'une sphère assez grosse pour soutenir une réaction en chaîne et donc exploser. Voir Jones, *The Wizard War*, 473, et son introduction à *Alsos*. Leurs souvenirs sont tout aussi intéressants quand ils sont faux que lorsqu'ils sont justes ; ils se sont avérés dans l'ensemble remarquablement précis depuis que l'on peut consulter les Rapports de Farm Hall.

53. L'expression « libre parcours moyen » renvoie à la distance moyenne (quelques centimètres) que doit parcourir un neutron dans de l'U-235 avant de frapper le noyau d'un autre atome, déclenchant ainsi une nouvelle fission et la libération de nouveaux neutrons. Plus le libre parcours moyen est court, plus la masse de matière fissile peut être réduite dans la bombe. Chaque fission dégage également de l'énergie — une quantité minuscule à chaque événement, mais étant donné que chaque fission libère en moyenne un peu plus de deux neutrons supplémentaires (« facteur multiplicateur ») et que le temps entre les fissions est extrêmement court (une fraction de millionième de seconde), 80 générations de fission (chiffre utilisé par Heisenberg) multiplieraient l'énergie d'une seule fission par 10^{24}. C'est un chiffre considérable, signifiant une formidable explosion. Heisenberg avait tout d'abord utilisé un facteur multiplicateur de 1,1, ce qui obligeait à avoir de nombreuses générations de fission pour atteindre 10^{24}. A Farm Hall, il dit s'être rendu compte que le facteur était peut-être 2,5, sinon 3, ce qui réduisait et le temps et la masse critique exigés pour une explosion (le nombre de générations de fission étant l'un des facteurs déterminant la taille de la sphère). FH 5, 22-23.

54. Richard Rhodes, *The Making of the Atomic Bomb*, 321.

55. Lettre d'Einstein au président Roosevelt, 2 août 1939, citée dans *Leo Szilard : His Version of the Facts*, 94-95.

56. Rhodes, Op. cit., 321.

57. Peierls, *Bird of Passage*, 152 et sq. Otto Frisch, *What Little I Remember*, 124 et sq.

58. Les Allemands n'utilisaient évidemment pas le terme « plutonium », mais Heisenberg et les autres grands physiciens allemands avaient tous compris que le bombardement de l'uranium naturel dans un réacteur le transformerait en un nouvel

élément qui, pour des raisons théoriques, serait fissile. D'où à Farm Hall la réaction initiale de Hahn, à la nouvelle d'Hiroshima, que pour « le 93 », ils devaient avoir une machine ayant tourné longtemps. Goudsmit et d'autres ignorèrent cette remarque, mais il est pourtant clair que Hahn pensait que la bombe atomique devait probablement utiliser ce nouvel élément comme explosif. En fait le plutonium est l'élément 94, fruit de l'instable neptunium (93), dont la demi-vie est très courte. FH 4.

59. « Energy Production from Uranium », février 1942, copie d'Erich Bagge, citée dans *Uranium Machines*, 76. Rapport non signé ; Walker l'attribue à Diebner, Berkei, Czulius, Hartwig et Hermann.

60. 16 août 1947.

61. Lettre d'Heisenberg à Goudsmit, 5 janvier 1948, Archives Goudsmit, AIP.

62. Ce document, marqué du tampon *Geheim* (secret), figure dans les microfilms d'Irving, 29-1005.

63. Manfred von Ardenne, *Mein Leben*, 158. Dans une lettre à Rolf Hochuth du 20 janvier 1987, Ardenne rapporte que Hahn lui aurait dit, le 10 décembre 1941, que « un à deux kilos d'isotope 235 serait nécessaire ». Copie communiquée à l'auteur par Ardenne. Version confirmée par Ardenne dans l'entretien que nous avons eu à son laboratoire à Dresde, le 17 mai 1989. Il m'a aussi montré le livre d'or qui datait de l'ouverture de son laboratoire, en 1928 ; on y voyait les signatures d'Heisenberg et de Weizsäcker, datées de leur main.

64. Entretien avec Ardenne, 17 mai 1989.

65. Lettre d'Ernst Telschow à Armin Hermann, cité dans Hermann, *Werner Heisenberg*, 69. Erich Bagge dit à Irving pratiquement la même chose.

Heisenberg déclara à Irving : « Je sais aussi que quelqu'un demanda pendant la discussion quelle serait la taille d'une bombe atomique [...] Il fallait que je réponde quelque chose car c'était toujours sur moi que l'on se tournait dans ces cas-là. Je répondis donc avec désinvolture — comme un petit ballon de football, ou comme une noix de coco, quelque chose comme ça. Il y eut un murmure dans la salle parce que personne n'arrivait à imaginer que quelque chose d'aussi petit puisse détruire toute une ville. » Interview d'Irving, 23 octobre 1965.

66. Dans une lettre, Heisenberg dit à Goudsmit que « certains des participants [à la réunion avec Speer] en particulier une secrétaire de l'Institut Max Planck, Miss Bollmann, et le Dr Telschow, se souviennent encore du fait suivant : après mon exposé, le maréchal Milch me demanda quelle serait la taille approximative d'une bombe destinée à détruire une grande ville. J'ai alors répondu que la bombe, d'une moins sa partie active, aurait la taille d'un ananas ». Lettre d'Heisenberg à Goudsmit, 3 octobre 1948, Archives Goudsmit.

67. Entretien avec Hans Bethe, 19 mars 1992.

68. En fait la bombe d'Hiroshima — à savoir l'engin lancé depuis l'*Enola Gay*, pesait en tout près de cinq tonnes.

69. Entretien avec Hans Bethe, 19 mars 1992.

70. Lettre d'Heisenberg à Goudsmit, 3 octobre 1948. Le fait d'en souligner les difficultés était en soi inhabituel. L'histoire des armes nucléaires depuis la guerre donne à penser qu'il est infiniment plus courant, de la part des scientifiques, d'insister sur la faisabilité d'un nouveau programme que sur ses difficultés, et cela pour une raison bien simple : ils ont envie d'aller voir. Il existe néanmoins des contre-exemples ; Hans Bethe dit qu'il est retourné en 1950 à Los Alamos pour travailler sur la bombe à hydrogène avec l'espoir qu'elle se révélerait techniquement impossible. Dans un esprit similaire, Oppenheimer souligna les difficultés de la bombe à fusion, espérant en empêcher la fabrication. Lorsqu'on en est à des programmes d'armes extrêmement coûteux, se chiffrant en dizaine de milliards de dollars, les études de faisabilité ne sont jamais neutres : ceux qui veulent aller de l'avant minimisent les difficultés, ceux qui s'y

opposent les soulignent. Voir sur ce thème Herbert York, *The Advisors* (Freeman, 1976) ; Fred Kaplan *The Wizards of Armageddon* (Simon & Schuster, 1983) ; George Kistiakowsky, *A Scientist at the White House* (Harvard University Press, 1976) ; Ted Greenwood, *Making the MIRV* (Ballinger, 1975).

71. Weizsäcker, *Bewusteinswandel*.

72. FH 4, 25. Dans ses mémoires, Hahn écrit : « D'après eux, Bohr ne pouvait avoir joué un rôle actif dans le développement de la bombe. » *Op. cit.*, 173.

73. Hahn se trompait ici, évidemment ; Bohr a bien joué un rôle, et c'est même lui qui eut à choisir entre deux types de détonateurs pour la bombe qui détruisit Nagasaki, l'un inventé par Hans Bethe, l'autre par Enrico Fermi. L'éminence des contestants rendait le choix difficile pour Robert Bacher, qui demanda donc à Bohr de décider ; ce dernier désigna le système de Bethe. Lettre de Bethe à l'auteur, 2 décembre 1991. Hahn n'aurait pas été content. Il avait en effet écrit : « S'il [Bohr] avait participé à ce travail, je n'aurais pu me résoudre à écrire quelque chose pour son anniversaire. » *Op. cit.*, 173. Aucun des Allemands ne se doutait encore des explications qu'ils auraient eux-mêmes à fournir.

Notes du chapitre 37

1. Des copies furent adressées à Walther Gerlach, Hans Bethe, Paul Harteck, Karl Clusius et Siegfried Flugge, mais pas à Erich Schumann, ni à Kurt Diebner, ni à Abraham Esau. Telle est la ligne de partage des eaux du programme atomique allemand. Voir Mark Walker, *Uranium Machines*, 344 et sq.

2. La rumeur d'enlèvement, fausse, était l'œuvre d'un obscur agent de renseignements allemand du nom de Schumann travaillant pour les Anglais et qui, dans l'espoir de se faire valoir, avait engagé deux acolytes à la mine suspecte, les chargeant d'arpenter ostensiblement le trottoir devant le domicile d'Heisenberg à Göttingen. Une bonne signala leur présence à Elizabeth Heisenberg qui téléphona à Fraser. On apprit la vérité en quelques jours et Heisenberg retourna chez lui. Entretien avec Elizabeth Heisenberg, 14 mai 1988. Voir aussi *La Partie et le Tout*, 274.

3. Weizsäcker se souvient que Heisenberg le lui dit aussi à l'époque. Entretien avec Weizsäcker, 16 mai 1988.

4. Interview d'Heisenberg par Irving, 23 octobre 1965. Voir aussi Armin Hermann, *Werner Heisenberg*, 67.

5. Lettre d'Heisenberg à Goudsmit, 23 septembre 1947, Archives Goudsmit.

6. Heisenberg, *La Partie et le Tout*, 275.

7. Heisenberg à Goudsmit, 23 septembre 1947.

8. *Ibid.*

9. Lettre de Goudsmit à Heisenberg, 1er décembre 1947. Goudsmit prend soin de commencer en faisant remarquer que la lettre d'Heisenberg est arrivée *après* le 8 novembre, soit après la publication des condamnations d'Heisenberg les plus sévères qu'il eût faites. Les deux hommes voulaient éviter une rupture complète et y parvinrent : mais de justesse.

10. Lettre d'Heisenberg à Escales, 9 décembre 1947, Archives Heisenberg, cité dans Walker, *Op. cit.*, 340.

11. *New York Times*, 28 décembre 1948.

12. *Bulletin of the Atomic Scientists*, n° 3, 1947.

13. *Ibid.*, n° 4, 1948.

14. *Ibid.*

15. Entretien avec Weizsäcker, 16 mai 1988. Interview de Weizsäcker par Jay Lifton, 15 décembre 1977. Jay Lifton m'a aimablement communiqué ses notes de

l'entretien ; il s'intéressait aux dilemmes moraux des médecins allemands d'Auschwitz et Weizsäcker fit remarquer que les physiciens allemands se trouvèrent dans une situation quelque peu identique, quoique moins « extrême ». Lifton nota : « Il déclara quelque chose sur le fait de travailler ou non sur le projet, sans toutefois jamais prétendre l'avoir ralenti ou saboté de quelque manière que ce soit. " Aucun de nous, dit-il exactement, ne se sentait très heureux à la perspective d'une situation dans laquelle Hitler posséderait la bombe. " » On ne saurait donner un exemple plus succinct de l'ambivalence et du flou qui règnent sur les descriptions que Weizsäcker et Heisenberg, nous ont laissées de leur rôle pendant la guerre. Lifton tenta en vain de faire préciser ce qu'il voulait dire à Weizsäcker.

16. Interview de Weizsäcker par Lifton, 15 décembre 1977.

17. Lettre de Weisskopf à Goudsmit, 24 février 1950. Weizsäcker parla à Harvard pendant son voyage et Goudsmit, ayant eu l'impression que Weisskopf l'avait invité, écrivit à ce dernier une lettre de protestation, furieuse et peu amène. Si Goudsmit fut glacial avec Heisenberg, après la guerre, il poursuivit Weizsäcker de sa hargne comme un chien de l'enfer, envoyant des lettres de protestation partout où le physicien devait parler en public aux États-Unis. Deux choses semblent l'avoir rendu vindicatif : la correspondance de Weizsäcker découverte à Strasbourg, et la défense de son père lors du procès de Nuremberg. Les deux hommes se réconcilièrent plus ou moins en 1974. Bien peu d'Allemands trouvèrent grâce aux yeux des Alliés, après la guerre ; l'énormité des crimes nazis faisait du seul fait d'avoir survécu un motif de culpabilité et de complicité.

18. Entretien avec Weizsäcker, 16 mai 1988. Au Met Lab, en juin 1945, Franck rédigea un rapport prémonitoire sur la course aux armements, et exhorta les autorités américaines à faire une démonstration de la bombe avant de l'utiliser sur le Japon pour éviter qu'une « vague d'horreur et de répulsion ne balaie le reste du monde et ne divise peut-être même l'opinion publique du pays ». Groves réussit à faire disparaître ce rapport sur une voie de garage. Voir Alice Kimball Smith, *A Peril and a Hope,* 371 et sq.

19. Entretien avec Elizabeth Heisenberg, 14 mai 1988.

20. Entretien avec Weizsäcker, 16 mai 1988.

21. Entretien avec John Wheeler, 5 mars 1990.

22. Voir Mary Bancroft, *Autobiography of a Spy,* 146-148. Bancroft travaillait pour Allen Dulles.

23. Lettre d'Heisenberg à Robert Jungk, 14 février 1955, Archives Heisenberg ; cité dans Mark Walker, « The Myth of the German Atomic Bomb », manuscrit.

24. Jungk, *Brighter Than a Thousand Suns,* 105.

25. Ibid., 101.

26. Entretien avec Abraham Pais, 11 octobre 1989. Pais dit avoir lu le brouillon de Niels Bohr, conservé à Copenhague.

27. Lettre de Goudsmit à Peierls, 21 janvier 1977, AIP. Goudsmit raconta la même version à Armin Hermann, le premier biographe d'Heisenberg, dans une lettre du 18 octobre 1976, AIP.

28. Interview de Gregor Wentzel par l'AIP, 3-5 février 1964, 11.

29. Victor Weisskopf, *The Joy of Insight,* 131.

30. James Kunetka, *Oppenheimer : the Years of Risk* (Prentice Hall, 1982), 62.

31. Richard Rhodes, Op. cit., 276.

32. Lettre d'Oppenheimer à Rabi, 26 février 1943, dans Kimball et Weiner, *Robert Oppenheimer : Letters and Recollections,* 250.

33. Rabi dans John Else, *The Day after Trinity,* KTEH-TV, San Jose, California, cité dans Rhodes, Op. cit., 676. Rabi fit la même description à Nuel Phar Davis, *Lawrence & Oppenheimer* (Simon & Schuster, 1968), 242.

34. Sam Cohen, *The Truth About the Neutron Bomb* (William Morrow, 1983), 21-22. Cohen m'a également décrit cette scène. Le triomphe d'Oppenheimer, dit-il, était sans ambiguïté et il se souvenait de ses paroles : « Je n'ai qu'un regret, c'est qu'elle n'ait pas été prête à temps pour l'utiliser contre les Allemands. » Entretiens du 23 avril 1984 et du 10 février 1988. Voir aussi Phil Stern, *The Oppenheimer Case*, 82.

35. *A Peril and a Hope*, 77.

36. Entretien avec Robert Bacher, 15 août 1989.

37. Robert Oppenheimer, *New York Review of Books*, 17 décembre 1989.

38. Entretien avec Joseph Rotblatt, 20 mai 1988.

39. Interview d'Hans Bethe par l'AIP, 27-28 octobre 1966.

40. Scène décrite dans Lawrence Badash, *Reminiscences of Los Alamos, 1943-1945*, 70.

41. Lettre d'Oppenheimer à Pauli, 16 avril 1945, dans Smith et Weiner, *Oppenheimer*, 289. Heisenberg, Weizsäcker et Hahn écrivirent tous les trois quelque chose pour l'anniversaire de Niels Bohr.

42. Robert Wilson, *Bulletin of the Atomic Scientists*, août 1985.

43. Edward Teller et Allen Brown, *The Legacy of Hiroshima*, 13-14. Voir *Leo Szilard : His version of the Facts*, 208 et sq.

44. Entretien avec David Hawkins, 29 août 1988.

45. Entretien avec Hans Bethe, 16 décembre 1988. Bethe calcula que la meilleure altitude pour le maximum de destructions se situait entre trois cents et six cents mètres.

46. Rhodes, Op. cit., 630-633.

47. John Moynahan, *Atomic Diary* (Boston Publishing co, 1946), 15. Moynahan était à bord d'un appareil d'escorte pour la mission sur Nagasaki. Il mourut en 1985 d'un cancer qu'il attribuait aux rayonnements auxquels il avait été exposé durant la guerre. *Times-Union* d'Albany, 29 mars 1985.

48. Cité dans une lettre de Marcel Roche à l'auteur, 25 août 1989.

49. David Lilienthal, *The Atomic Energy Years* (Harper & Row, 1964), 118. D'après Lilienthal, Truman répondit : « Je lui dis que c'était moi qui avais le sang sur les mains, qu'il me laisse me débrouiller avec ça. » Voir aussi Philip Stern, *The Oppenheimer Case*, 90.

50. *Bulletin of the Atomic Scientists*, mars 1948.

51. Discours d'Oppenheimer du 2 novembre 1945 ; dans Smith & Weiner, Op. cit., 315.

52. Entretien avec Rabi, 6 novembre 1985.

53. Journal de Lilienthal, 26 juillet 1946. Lilienthal, Op. cit., 70.

54. John McPhee, *The Curve of Bending Energy*, 58.

55. Témoignage d'Oppenheimer, *In the Matter of J. Robert Oppenheimer*, 69.

56. Leona Libby, *The Uranium People*, 247.

57. Atomic Energy Commission, Auditions, 251.

58. *The Oppenheimer Case*, 134.

59. Atomic Energy Commission, Auditions, 242-243.

60. Ibid., 328.

61. Témoignage de Sumner Pike, Atomic Energy Commission, Auditions, 431-432.

62. On pourra trouver l'ensemble du rapport et des documents annexes dans Herbert York, *The Advisors* (Freeman, 1976) 152 et sq.

63. Sloan-11, 26.

64. Voir Ronald Schaeffer, *Wings of Judgement* (Oxford University Press, 1985). Pour le dire crûment, les Anglais, puis les Américains, bombardèrent délibérément

des cibles civiles parce que c'était plus facile et moins dangereux, en le niant officiellement puisque c'était aller à l'encontre des conventions de Genève.

Les bombardements stratégiques de l'Allemagne hâtèrent peut-être l'effondrement du pays, mais n'eurent que peu d'effet sur le cours de la guerre en Europe. En revanche, les attaques aériennes des villes japonaises gagnèrent la guerre, en persuadant les Japonais de se rendre avant l'invasion de leur sol et avant même que les énormes contingents qui leur restaient en Chine eussent été lancés dans la bataille. Bref, un crime de guerre d'une brutalité sans équivalent, le bombardement de populations civiles aux armes conventionnelles et atomiques, sauva peut-être des centaines de milliers de vies parmi les Alliés. Pour les Japonais, les pertes auraient sans doute été approximativement les mêmes dans les deux cas. Je ne connais aucune issue facile, voire même pensable, à ce dilemme moral.

65. *The Oppenheimer Case*, 154.

66. Atomic Energy Commission, auditions, 86.

67. Jeremy Berstein, *Princeton Alumni Weekly*, 9 octobre 1985.

68. Atomic Energy Commission, auditions, 251

69. Ibid., 229.

70. Rudolf Peierls, Op. cit., 315.

71. Otto Hahn, *My Life*, 221 et sq., contient l'intégralité du manifeste, signé par Fritz Bopp, Max Born, Rudolf Fleischmann, Walther Gerlach, Otto Hahn, Otto Haxel, Werner Heisenberg, Hans Kopfermann, Max von Laue, Heinz Maier-Leibnitz, Josef Mattauch, Friedrich-Adolph Panath, Wolfgang Pauli, Wolfgang Riezler, Fritz Strassmann, Wilhelm Wlacher, Carl Friedrich von Weizsäcker, Karl Wirtz. Dans *La Partie et le Tout*, 306, Heisenberg écrit : « Un tel refus était pour nous d'autant plus normal que, pendant la guerre également, nous avions pu éviter — avec beaucoup de chance, à vrai dire — de participer à un effort d'armement atomique. »

72. Lettre de Goudsmit à Heisenberg, 3 juin 1949, AIP. Ce n'était plus l'ignorance d'Heisenberg qui était en question, mais la déception de Goudsmit devant le refus des Allemands de condamner « l'atmosphère étouffante qui règne sous un régime dictatorial ».

73. Entretien avec Weisskopf, 2 avril 1987.

74. Entretien avec Bethe, 16 décembre 1988.

75. Beaucoup plus tard, Heisenberg écrivit à Bethe (27 avril 1964) après avoir vu un article de lui, « The Social Responsabilities of Scientists and Engineers » [Responsabilités sociales des scientifiques et des ingénieurs]. Heisenberg explique laborieusement que les considérations morales ont joué un rôle dans le programme allemand de bombe atomique, sans toutefois tenter de le rendre décisif. Irving Microfilm, 29-1197-1201.

76. Entretien avec Abraham Pais, 11 octobre 1989. Voir aussi l'article de Pais dans Rozental et al., *Niels Bohr*, 215-226.

77. Lettres de Connie Dilworth à l'auteur.

78. Entretiens avec Robert Furman, 4 novembre 1988, 26 janvier 1989. Furman se plaignait que le passage du temps avait brouillé ses souvenirs ; il me dit qu'à chaque fois qu'il avait essayé d'écrire ses mémoires de guerre, il était tombé physiquement malade et avait dû s'arrêter. Il fit cependant preuve d'une amicale patience avec moi pendant plusieurs années. Après avoir lu le manuscrit, il observa : « Vous savez, il y a des tas de choses dont je ne me souvenais pas. Maintenant que vous avez déterré tous ces documents, ça me revient plus ou moins. Il y a un ou deux points que je pourrais corriger, rien d'important. Je crois que c'est bon comme ça, je n'ai envie de rien vous voir changer, laissez-le comme ça. » Deux semaines plus tard, je reçus de lui une lettre (7 novembre 1991) contenant un certain nombre de corrections mineures.

79. *Now It Can Be Told*, 230-231 ; *The German Atomic Bomb*, 291.

80. Lettre de Goudsmit à Groves, 22 septembre 1961, AIP.

81. Journal de David Lilienthal, 3 février 1949, *The Atomic Years*, 454.

82. Entretien avec Joseph Rotblatt, 20 mai 1988.

83. Martin Sherwin, *A World Destroyed*, 110.

84. Lettre de Bohr à Piotr Kapitsa, 21 octobre 1945, AIP.

85. Mémo de l'ambassade de Grande-Bretagne à Groves, 7 novembre 1945, RG 77.

86. Notes manuscrites de Morris Berg, non datées, mais évidemment rédigées le jour de sa rencontre avec Lise Meitner.

87. Lettre de Dix au colonel Quinn, 30 septembre 1946, dossiers CIA.

88. Dossier CIA.

89. Lettre de Piotr Kapitsa à Staline, 25 novembre 1945, traduite dans le *Bulletin of the Atomic Scientists* d'avril 1990.

90. William Borden, « Policy and Progress in the H-Bomb Programm : A Chronology of Leading Events », 1er janvier 1953.

91. *Bulletin of the Atomic Scientists*, avril 1990.

92. Kaptisa ne fut pas touché, très vraisemblablement sauvé par sa célébrité à l'étranger. Une bordée d'honneurs s'abattit d'ailleurs sur lui en 1946 : il fut donc fait membre de l'Académie royale danoise, mais aussi de l'Académie nationale américaine des Sciences, de l'Académie de New York, de l'Institut Franklin de Philadelphie, et reçut un doctorat honorifique de l'université d'Oslo. Je soupçonne (sans en avoir de preuve) que Niels Bohr était derrière tout cela.

93. Entretien avec Medvedev, mai 1988 et lettre de David Schœnberg à l'auteur, 26 août et 20 septembre 1988.

94. Werner Heisenberg, *Philosophical Problems of Nuclear Science* (Pantheon, 1952), 109 et sq.

Notes de l'épilogue

1. L'Union soviétique commença ses premières études de faisabilité en 1942 et s'embarqua dans un programme sérieux à la suite de la rencontre Staline-Truman à Postdam, en juillet 1945. Le premier essai atomique soviétique eut lieu en août 1949. David Halloway, *The Soviet Union and the Arms Race* (Yale University Press, 1983). La Grande-Bretagne, la France et la Chine mirent plus de temps. Pour une chronologie du développement de la bombe chez les cinq puissances nucléaires reconnues, voir *Bulletin of the Atomic Scientists*, mai 1991.

2. Un examen détaillé de l'hypothèse — l'Allemagne aurait-elle pu construire la bombe ? — dépasse le cadre de cet ouvrage, qui s'attache à expliquer quelque chose d'un peu différent : pourquoi aucun effort sérieux n'a-t-il été entrepris ? Robert Bacher (entretien du 15 août 1989) pensait que les Allemands seraient tombés sur des problèmes insurmontables, notamment au niveau des détonateurs. Voire. Les problèmes que les Allemands auraient rencontrés, les solutions qu'ils auraient trouvées ou non, comment le savoir ? Ils n'ont pas essayé. Ce qui est clair est que le statut du programme allemand de bombe atomique aurait été très différent à la fin de la guerre si un effort avait été fait en ce sens.

3. Sans doute Carl Ramsauer et Ludwig Prandtl.

4. Albert Speer, *Der Spiegel*, 3 juillet 1967.

5. Vannevar Bush, discours à l'Université John Hopkins, 14 juin 1949. Après en avoir lu des extraits dans la presse, le lendemain, Goudsmit écrivit à Bush pour lui dire qu'il partageait exactement son analyse. Archives Goudsmit, AIP.

6. Cité dans Beyerchen, *Scientists Under Hitler*, 197.

7. Interview d'Heisenberg par Irving, 23 octobre 1965.

8. Ibid.

9. Heisenberg, « Research in Germany on the Technical Application of Atomic Energy », *Nature*, 16 août 1947.

10. Ibid.

11. Qu'on me pardonne ce jeu de mots...

12. Entretien avec Elizabeth Heisenberg, 14 mai 1988.

13. Entretien avec Erich Bagge, 12 mai 1989.

14. Cassidy, Op. cit.

15. Lettre de Goudsmit à Armin Hermann, 5 janvier 1977, Archives Goudsmit, AIP.

16. Sauf Carl Friedrich von Weizsäcker, s'il le veut. Mais même sans preuves supplémentaires, l'histoire de la bombe atomique allemande, telle qu'elle apparaît à travers les informations des services de renseignements suggère, sans erreur possible, que le plus grand obstacle à son succès a été la désaffection politique quasi unanime des scientifiques appelés à faire les recherches. On peut évaluer approximativement ce niveau de désaffection, en effet, au nombre de scientifiques qui, pendant la guerre, ont laissé filtrer des informations ayant atteint les services de renseignements alliés. On ne trouve pas un seul cas d'indiscrétion semblable parmi les scientifiques alliés qui ont construit la bombe américaine. Les « indiscrétions » majeures relatées dans ces pages s'élèvent à dix-neuf, entre mai 1939 et avril 1945.

INDEX

CRÉDITS PHOTOGRAPHIQUES

Photo 1. AIP Niels Bohr Library, Collection Rudolf Peierls. 2. Niels Bohr Institute, avec l'autorisation de AIP Niels Bohr Library. 3. Agence Ulstein, avec l'autorisation de AIP Niels Bohr Library. 4. AIP Meggers Gallery of Nobel Laureates. 5. AIP Collection *Physics Today*. 6. AIP Niels Bohr Library. 7. Photo de Francis Simon, AIP Niels Bohr Library. 8. AIP Niels Bohr Library. 9. Photo reproduite avec l'autorisation d'Eva Reiche Bergmann. 10. Photo reproduite avec l'autorisation de Giovanna Houtermans Fjelstad. 11. Photo reproduite avec l'autorisation d'Eva Reiche Bergmann. 12. Bildarchiv Preussischer Kulturbesitz. 13. Argonne National Laboratory, avec l'autorisation de AIP Niels Bohr Library. 14. Photo de S.A. Goudsmit, avec l'autorisation de AIP Niels Bohr Library. 15. Los Alamos National Laboratory. 16. Photo reproduite avec l'autorisation de Robert Furman. 17. AIP Niels Bohr Library, Collection Crane-Randall. 18. Los Alamos National Laboratory. 19. Photo reproduite avec l'autorisation de John Lansdale. 20. AIP Niels Bohr Library, Collection Marshak. 21. AIP Niels Bohr Library, Collection *Physics Today*. 22. Photo reproduite avec l'autorisation de Max Corvo. 23. Photo reproduite avec l'autorisation de Carl Eifler. 24. Photo reproduite avec l'autorisation de Richard H. Smith. 25. Photo reproduite avec l'autorisation de Victor Weisskopf. 26. Morris Berg papers, New York Public Library. 27. U.S. Military Academy Library, Special Collections, Collection Leslie R. Groves. 28. Photo reproduite avec l'autorisation de Robert Furman. 29. Photo reproduite avec l'autorisation de Robert Furman. 30. AIP Emilio Segre Visual Archives, Collection Goudsmit. 31. Droits réservés.

REMERCIEMENTS

De nombreuses personnes m'ont apporté une aide précieuse au cours de mes recherches ; en tête de liste, figurent Hannah et Robert Kaiser.

Ma relation de la guerre d'Heisenberg se fonde à parts égales sur trois sources principales : sur les entretiens avec les personnes ayant pris part aux événements rapportés, ainsi que sur leurs lettres ; sur les livres publiés ; sur les documents des archives et des bibliothèques, en particulier ceux de la Niels Bohr Library à l'American Institute of Physics de New York, et la Modern Military Records Branch des Archives nationales de Washington, DC, où j'ai bénéficié de l'aide inestimable de John Taylor et Ed Reese.

Toute ma gratitude à Ruthven Tremain, Toni Hull et Patrick Dirker ; et en particulier à Delia Meth-Cohn, Anglaise vivant à Vienne qui a fait pour moi les interviews en Allemagne et en Suisse et a traduit des centaines de documents de l'allemand à l'anglais.

Remerciements sincères à : George Armstrong, Nicholas Dawidoff, John Dippel, Gregg Herken, David Kahn, William Lanouette, Nancy Leroy, Robert Jay Lifton, Frank Lindsay, Keith Melton, Priscilla McMillan, Tom Moon, Stan Norris, Richard Harris Smith, Stanley Goldberg (qui écrit actuellement une biographie de Leslie Groves), Terry Fox, David Irving, Mark Walker. Irving fut le premier à reconstituer l'histoire du programme allemand de bombe atomique avec son livre *The German Atomic Bomb*, en 1967. Sa collection de microfilms est tout aussi précieuse.

De tous ceux que j'ai approchés pour les interroger, aucun n'a exigé ou décliné l'anonymat. Beaucoup m'ont accordé plusieurs entretiens et laissé partir avec des journaux, des lettres et d'autres documents à photocopier. L'histoire du programme allemand de bombe atomique suscite encore des sentiments divers et forts, et je suis donc d'autant plus reconnaissant à mes interlocuteurs. Je me suis souvent dit que des hommes de soixante-dix ou quatre-vingts ans, interrogés sur ce qu'ils avaient fait à vingt ou trente ans, risquaient de me répondre de manière erronée ou confuse ; or, à de rares exceptions près, les trous de mémoire m'ont paru relever plutôt de réserves diplomatiques. Deux exemples de la rigueur de leurs souvenirs : Gian Carlo Wick me parla dans une lettre (en 1988) de la conversation qu'il avait eue avec Heisenberg en Allemagne en 1942. Je savais (ce qu'ignorait Wick) qu'il l'avait racontée à Mœ Berg à Rome, en 1944, pratiquement dans les mêmes termes. J'ai découvert dans les transcriptions des rapports de Farm Hall, enfin rendus publics par les Britanniques en 1992, une remarque de Erich Bagge, faite en 1945, à propos d'une déclaration de Hans Geiger à Berlin en 1939. Bagge employa les mêmes mots avec moi en 1989 ! L'historien n'a souvent que méfiance pour les témoignages oraux, mais mon expérience m'a montré qu'ils étaient irremplaçables pour aller au cœur des événements, rendre compte d'une personnalité, expliquer les motivations.

Je remercie donc à leur tour :

Kurt Alder, Will Allis, Edoardo Amaldi, Ruth Nanda Anshen, Manfred von Ardenne, Robert Bacher, Erich Bagge, Hans Bethe, Konrad Bleuler, Karl Cohen, Sam Cohen, Frederick Coleman, Max Corvo, Lee Echols, Carl Eifler, Margaret Feldman, Charles Frank, Maurice Goldhaber, David Hawkins, Otto Haxel, Elizabeth Heisenberg, Martin Heisenberg, Cordelia Hood, William Hood, William Horrigan, R.V. Jones, Res Jost, John Lansdale, Francis Loetterle, Eva Ladenburg Mayer, Bolard Moore, Philip Morrison, Edmund Mroz, Bruce Old, Abraham Pais, I.I. Rabi, Helmut Rechenburg, Joseph Rotblat, Stefan Rozental, Glen Seaborg, Raemer Schreiber, Robert Serber, George Shine, William Shurcliff, Hans Suess, Baertel van der Waerden, Carl Friedrich von Weizsäcker, Eugene Wigner, John Wheeler, Karl Wirtz, Paul Zamecnik.

D'autres ont aimablement répondu à mes questions par lettre : Luis Alvarez, Aage Bohr, Mary Briner, Earl Brodie, Jomar Brun, Fritz Coester, Connie Dilworth, Piet Gugelot, Fey von Hassel, Joseph Keller, Boris Pash, Rudolf Peierls, Eva Reiche Bergmann, Hans Reiche, Dean Rexford, Marcel Roche, Harry Traynor, Gian Carlo Wick.

Parmi les érudits et les historiens qui me sont venus en aide sans ménager leur temps, je dois citer : Jeremy Bernstein, Karen Bingel, David Cassidy, Catherine Chevalley, Jorgen Haestrup, John Heilbron, James Hershberg, Peter Hoffman, David Holloway, Forrest Pogue, Fritz Stern et Ruth Sime.

Remerciements pour leur concours financier à Wade Greene, à John D. et Catherine T., à la Fondation McArthur et à ses administrateurs, Robert Manoff et David Rubin.

J'ai également reçu le soutien amical de Susan Walp et Antonia Monroe, et la version finale du manuscrit fut relue par Hans Bethe, Timothy Ferris, Priscilla McMillan, Philip Morrison, Robert Furman et Victor Weisskopf ; tous s'acquittèrent de cet assommant pensum avec le plus grand soin, me faisant de nombreuses et précieuses remarques et suggestions.

Enfin, je ne peux que remercier pour leur patience mes éditeurs, Asbel Green et Charles Elliot, ainsi que mon agent, Susan Urstadt.

Et bien entendu, du fond du cœur, ma femme et ma famille pour leur patience, leur compréhension, leur foi et leur amour.

TABLE

Cet ouvrage a été composé
par l'Imprimerie Bussière
et imprimé sur presse CAMERON
dans les ateliers de B.C.A.
à Saint-Amand-Montrond (Cher)
pour le compte des Éditions Albin Michel

Achevé d'imprimer en février 1993.
N° d'édition : 12836. N° d'impression : 2779-92-451.
Dépôt légal : mars 1993.